Bundesrepublikanisches Lesebuch

[handschriftliche Signatur]
Würzburg, den 14. 2. 1990

Drei Jahrzehnte
geistiger Auseinandersetzung
Herausgegeben von Hermann Glaser

Carl Hanser Verlag

ISBN 3-446-12501-9
Alle Rechte vorbehalten
2. Auflage 1979
© 1978 Carl Hanser Verlag München Wien
Umschlag Klaus Detjen
Gesamtherstellung
May & Co. Nachf., Darmstadt
Printed in Germany

Inhaltsverzeichnis

III. Protest und Tendenzwende.
    Blüte und Altern der Neuen Linken

Zur Anlage des Bandes

Von »damals« bis heute sind über drei Jahrzehnte verflossen. »In jenen Tagen«, als die Stunde Null begann – für die Angehörigen der mittleren und älteren Generation eine sehr gegenwärtige Vergangenheit! –, wußte man noch nicht, wie lange die Fahrt gehen und wohin sie führen werde. Heute ist die Bundesrepublik doppelt so alt wie die Weimarer Republik; sie zeigt Probleme, Krisen, Frustrationen, Aggressionen, aber keine Ermüdungserscheinungen; im letzten Drittel dieses Jahrhunderts wirkt sie so stabil wie nie zuvor. Oder trügt der Anschein? Was haben Trümmer- und Wirtschaftswunderzeit, Protest-Ära und Tendenzwende an kultureller Substanz erbracht, was an Narben und Wunden hinterlassen? Was ist gesicherte und schützende Erfahrung, was ist geheilt, was schmerzt, was blutet weiter – welche »gehabten Schmerzen« hat man gern? Welche Traumata zeigt das Psychogramm, welche Deformationen das Soziogramm dieses Staatsgebildes, das sich vor allem auch als geistiger, kultureller und moralischer Staats-Charakter begreift? Wie ist es um die kollektive Identität unserer Gesellschaft bestellt?

Es handelt sich bei diesem Band um ein nicht-literarisches Lesebuch; herangezogen werden Essays, Aufsätze, Reden, Traktate, Tagebücher, Reportagen etc.; in Komplexen zusammengefaßt, folgt die Anordnung der Texte im wesentlichen den historischen Abläufen. Wie in der Biographie des einzelnen ist freilich auch bei kollektiven Erlebnissen und Erfahrungen die chronologische Ab- und Reihenfolge nicht immer relevant; weiter Zurückliegendes kann viel einprägsamer und wirkungsvoller sein als unmittelbar Erlebtes. Die Texte werden somit zwar in zeitlicher Folge gegliedert; zugleich aber erfolgen immer wieder Rück- und Vorgriffe.

Die Texte können keine bundesrepublikanische »Wetterkarte« in allen Einzelheiten abgeben, wohl aber den *Klimawandel* aufzeigen: wie sich die »Witterungsbeschaffenheit« dieses Landes im Laufe der Zeit verändert hat; beschrieben soll werden die geistige Atmosphäre in ihren Hochs und Tiefs, wie diese langsam oder schnell heranzogen, sich unmerklich aufbauten oder ungestüm hereinbrachen.

Man darf keine Vollständigkeit bei Namen, Bereichen oder Daten erwarten; eine Anthologie kann nur weiträumig die »Lage« sondieren. Die Thematik ist vielschichtig und bewegt; allein Hauptströmungen kann nachgegangen werden; »Mikrozonen« bleiben unberücksichtigt. Beabsichtigt sind Schlaglichter: das bedeutet zwar helles Licht, aber eines, das jeweils lediglich einen Teil der Landschaft beleuchtet. Die Texte sind jedoch so ausgewählt, daß sie *drei Jahrzehnte geistiger Auseinandersetzung* in der Bundesrepublik in ihrer Vielfalt und Eigenart, Ferne wie Aktualität *exemplarisch* zu belegen vermögen.

Der Herausgeber will nicht nur »Merker«, sondern auch Deuter sein. Vorgestellt wird eine Epoche – gesehen durch ein Temperament. Die Bündelung der Texte zu Komplexen, die dialektische Anlage der Zeugnisse, die keine Affirmation des Vorgegebenen, sondern Anregung zur Reflexion sein will, ist bereits ein Stück Interpretation. Dieser dienen auch die Überleitungen zwischen den einzelnen Kapiteln, die den allgemeinen Begründungszusammenhang herzustellen suchen. Zudem wird jeder Einzeltext in seinem biographischen Stellenwert gekennzeichnet. In einem beliebten Rätselspiel werden auf weißem Papier wichtige Punkte durch Zahlen oder Buchstaben markiert; verbindet man diese in der angegebenen Reihenfolge, entwickelt sich das Profil eines Gesichts, einer Landschaft oder eines Gegenstandes. Auf die Anlage dieser Anthologie übertragen: die Texte sind die markierten bzw. markanten Einzelpunkte; um vom einen zum anderen zu »gelangen«, mag die vorgeschlagene, mit den Zwischentexten vorgenommene »Strichführung« vor allem derjenige als hilfreich empfinden, dem die Vergangenheit nicht mehr persönliche Erfahrung bedeutet.

Ein abschließender Essay faßt als Tour d'horizon zusammen, freilich auf sehr persönliche Weise, was in der Anthologie als *reich gegliederte Geisteslandschaft* ausgebreitet wird.

Der Versuch einer Beschreibung des »Klimas« der Bundesrepublik, der Menschen, die in ihr leben, des Geistes, der in ihr waltet, der kulturellen Errungenschaften, auf die sie stolz ist, der Verdrängungen, an denen sie leidet (und zwar mit Hilfe von Texten, die Zeit- wie Momentaufnahmen gleichermaßen darstellen) – ein solcher Versuch dokumentiert die *Präsenz des Vergangenen;* was damals begann, ist heute noch aktuell und wird morgen weiterhin wirksam sein.

Teil 1
Als der Krieg zu Ende war
Nun singen sie wieder

(1) Chronik der letzten Tage

Kirchhorst, 11. April 1945
  Um neun Uhr kündet ein gewaltiges, sich immer mehr ver-
stärkendes Mahlen die Ankunft der amerikanischen Panzer
an . . .
  Ich stehe am Fenster und blicke über den noch kahlen Garten
auf die Chaussee hinaus. Das mahlende Getöse nähert sich.
Dann gleitet langsam, wie ein Augentrug, ein grauer Panzerwagen mit leuchtendweißem Stern vorbei. Ihm folgen, dicht aufgeschlossen, Kriegswagen in ungeheurer Zahl, die Stunden um
Stunden vorüberziehen. Kleine Flugzeuge überschweben sie.
Das Schauspiel macht einen hochautomatischen Eindruck in seiner Verbindung von militärischer und mechanischer Uniformität – als rollte eine Puppenparade vorbei, ein Zug von gefährlichen Spielzeugen. Zuweilen pflanzt sich ein Halt durch die Kolonne fort. Dann sieht man die Marionetten, wie vom Faden gezogen, vornüberschwanken, während sie sich beim Anfahren
wieder zurückneigen. Wie immer unser Blick sich an gewisse
Einzelheiten heftet, so fallen mir besonders die zum Funken aus-
geschwenkten Ruten auf, die über den Panzern und ihren Be-
gleitfahrzeugen wippen: Sie erwecken in mir den Eindruck einer
magischen Angelpartie, vielleicht zum Fange des Leviathans.

Ernst Jünger:
Aus den Tagebüchern

New York, den 15. April 1945
  Vor drei Tagen, Donnerstag, 12. April, starb in Warm Springs
Präsident Roosevelt . . . Als die Meldung auf den Fernschrei-
bern erschien, versammelten sich auf den erschrockenen Zuruf
dessen, der sie zuerst gesehen hatte, alle Anwesenden vor den
tickenden Apparaten, die der lakonischen Todesanzeige Einzelheiten hinzufügten . . . Die hartgesottenen Newsmen, das technische Personal, die Boten, die Sekretärinnen starrten minuten-
lang schweigend auf den Ausquell der Nachrichtenagentu-
ren . . .

Alfred Kantorowicz:
Deutsches Tagebuch

13

Berlin, 15. April 1945
Bei den Übungen von Militär und Volkssturm, denen jeder
Passant zusehen kann, gewinnt man den Eindruck von körperlicher Schwäche der Beteiligten. Es werden in Ruinen Häuser-
kämpfe und im Tiergarten Waldgefechte geübt. Die Männer sind
oft weder uniformiert noch bewaffnet. Sie schleichen durch das
Gelände und markieren das Maschinengewehrfeuer, indem sie
mit Stöcken auf leere Blechbüchsen schlagen . . . Immer noch
gibt es in Berlin Kinos, Theater und Konzerte, in denen aber nur
noch ganz kurze Vorstellungen gegeben werden dürfen. Die
Schulen sind in Berlin geschlossen, dagegen arbeiten die Hochschulen, wenn auch in behelfsmäßigen Räumen, weiter. Die Kirchen Berlins sind fast alle zerstört, doch werden in Wohnungen
noch Gottesdienste abgehalten. Trotz der vielen Fliegerangriffe
sind die Verkehrsverbindungen in Berlin noch immer erstaunlich
gut. Der Berliner Volkswitz meint, daß die S-Bahn bis zum
Kriegsende verkehren werde und daß man dann mit ihr von der
West- zur Ostfront werde fahren können.

Neue Zürcher Zeitung,
18. April 1945

Mayrhofen, 19. April 1945
Obwohl wir hier oben, an Berlin gemessen, im toten Winkel
leben, geht es bunt zu. Wir hören, daß im Südosten und Westen
von Leipzig gekämpft wird, und wir spazieren durch den Berg-
frühling . . . Die Damen schenken den Bäuerinnen Blusen mit
Spitzen aus Valenciennes, und die Bäuerinnen schenken den
Damen ein paar Brotmarken. Wir helfen dem Hauswirt, die
Maikäfer aus den Bäumen zu schütteln und in den Ofen zu
schaufeln, und kaum haben wir die Flugzeuge über unseren
Köpfen gezählt, donnern im Inntal die Reihenwürfe.

Erich Kästner:
Notabene 45

Berlin, 20. April 1945, 16.00 Uhr
Ja, der Krieg rollt auf Berlin zu. Was gestern noch fernes Mur-
ren war, ist heute Dauergetrommel. Man atmet Geschützlärm
ein . . . Zwischendurch Stunden von unheimlicher Lautlosigkeit. Plötzlich fällt einem der Frühling ein. Durch die brand-
schwarzen Ruinen der Siedlung weht in Schwaden Fliederduft

aus herrenlosen Gärten. Der Akazienstumpf vor dem Kino schäumt über vor Grün . . . Gegen drei Uhr fuhr am Kiosk der Zeitungsfahrer vor. Im Nu verschwand er zwischen Händen und Groschen. Gerda vom Portier ergatterte eine Handvoll »Nachtausgaben« – gar keine richtige Zeitung mehr, bloß noch eine Art Extrablatt, zweiseitig bedruckt und ganz feucht . . .

Anonyme Tagebuchaufzeichnungen

Zuchthaus Luckau, im April 1945

In den Fensterlöchern drängten sich bleiche Köpfe und weiße Arme, die zum Tor hinwinkten . . . Wir überrannten unsere Hauptwachtmeister und hinunter! Auf dem riesigen, leeren Zuchthaushof stürzten von allen Seiten Gefangene der Pforte zu. Und dort stand er. Ein riesiger Rotarmist mit Lammfellmütze und Maschinenpistole stand auf dem Hof, schrie und winkte. Der Feind? Der Befreier!

Wir waren bald Hunderte von Gefangenen, die sich wie rasend gebärdeten. Sie schluchzten, sie umarmten einander, schrien und sprangen hin und her. Sie drückten dem Soldaten die Hand und küßten ihn. Einige saßen auf der Erde und weinten.

Günther Weisenborn: Memorial

In Norwegen, am 20. April 1945

Hitlers Geburtstag. Man feiert in Saetermoen mit Streichquartett, Chorgesang, Ordensverleihungen, Beförderungen, Pudding und Sonderzuteilungen.

Udo von Alvensleben:
Lauter Abschiede

Berlin, 20. April 1945

Am Nachmittag stand ich mit Hitlerjungen, die sich durch Tapferkeit an der Front ausgezeichnet hatten, im Garten der Reichskanzlei . . . Hitler schritt die Front der Abordnung ab und reichte jedem die Hand. Er ging gebeugt. Seine Hände zitterten . . . Seinen Appell beendete er mit dem Ruf »Heil euch!« Doch niemand antwortete. Es war still im Garten. Nur in der Ferne hörte man das Grollen der Front . . .

Arthur Axmann:
Das Ende im Führerbunker

Berlin, 21. April 1945

Die nächste Pumpe steht drei Straßenzüge entfernt, neben einem Volkssturmlokal. Über hundert Menschen drängen sich hinter dem Pumpenschwengel . . . Auf der Dienststelle des Volkssturms herrscht unruhige Geschäftigkeit . . . Männer mit der schwarzweißroten Binde, in selbst zusammengestoppelter Kriegsausrüstung, armselig wie Lumpenmätze, strömen hinein und hinaus . . . Mit so was will man Berlin verteidigen! Alles, was Beine hat, scheint heute nach Westen zu ziehen. Zwischen den Lastautos und Wehrmachtwagen schieben sich die Trecks der Flüchtenden. Leiterwagen, Schiebkarren, Kinderwagen, Puppenwagen. Bepackt mit Rucksäcken, Bündeln und Koffern. Als Vorgespann müde Frauen. Als Nachhut erschöpfte Kinder. Blaß, hohlwangig, barfuß . . .

Ruth Andreas-Friedrich:
Der Schattenmann

Zuchthaus Luckau, im April 1945

»Hier sind die Schlüssel«, stammelte der Aufseher. »Aufschließen!« brüllten wir. Er schloß die erste Zelle auf, und wie drei Panther flogen drei Männer aus der Zelle und ihm an den Hals . . . Einige Gefangene traten weinend aus der Zelle, einige weiß im Gesicht, wie betäubt, einige rasend. Und die meisten schlugen ohne Besinnung auf den Mann ein, der die Wehrlosen jahrelang bis aufs Blut schikaniert und geprügelt hatte. Schließlich waren alle Zellen offen, und ein wildes Chaos entstand im Zellenhaus, ein toller Hexensabbat von 600 Männern.

Die Rotarmisten hatten alle Türen geöffnet, aber das Eingangstor hielten sie besetzt und ließen niemand heraus. Wir waren Herren des Zuchthauses, aber in den ersten Stunden gab es nur das gespenstische Tohuwabohu der Raserei. Im fahlen, regnerischen Aprillicht lagen Betrunkene auf dem Hofe, von überall her ertönte das Gebrüll der Aufseherjagd . . . Hier kam eine Gruppe mit russischen Zigaretten, hier kam einer mit einer Flasche Schnaps. Hier erbrach sich einer. Hier wurde ein früherer Kalfaktor verprügelt. Hier flogen Papiere aus einem Bürofenster. Dort brach eine Tür. Aber alle trugen einen irren, hektischen Glanz im Gesicht und den Wahn im Auge, die armseligen, verfrorenen, verhungerten Elendsgesichter.

Günther Weisenborn: Memorial

Frederikshavn, 22. April (Sonntag)
Frederikshavn ist ein durch die jetzigen Zeitumstände redu-
ziertes und in seinen Komforts depraviertes Hafenstadterl.
Wenn ein deutscher Truppentransport durchläuft, das heißt, zur
Einschiffung kommt, dann schließen alle Restaurants und Cafés
der Stadt fest zu, weil sie dem Ansturm so vieler Soldaten nicht
gewachsen wären.

Heimito von Doderer: Tagebücher 1945

Jettingen, 22. April 1945
Stuttgart gefallen. Fünfzig Kilometer stehen sie vor Augsburg.
Hier zogen französische Kriegsgefangene durch . . . Durch die
Straßen rasen flüchtende Wehrmachtsautos. Die Bauern vergra-
ben ihr Silber.

Ursula von Kardorff:
Berliner Aufzeichnungen

Berlin, 23. April 1945
Lang und hager, die Arme auf dem Rücken zusammengebun-
den, baumelt es vor uns am Pfahl. Zwei schlotternde Soldaten-
stiefel schlagen mit gespenstischem Klappern gegen den Later-
nenmast. Aus bläulichem Totenantlitz glotzen blutunterlaufene
Augen blicklos auf das Straßenpflaster . . . Die ihn aufknüpften
haben ihm ein Schild um den Hals gehängt. Aus grauer Pappe,
mit Bindfaden verknotet. Darauf steht in windschiefen Druck-
buchstaben: »Ich, Unteroffizier Heinrich Lehmann, war zu feige, Frauen und Kinder zu verteidigen. Darum hänge ich hier.«

Ruth Andreas-Friedrich:
Der Schattenmann

Berlin, 24. April 1945
Die sterbende Stadt war erfüllt von unheimlichen Geräuschen:
Schüsse fielen irgendwo, näher und ferner, einzeln und in schnellen Feuerstößen. Menschen schrien voller Angst oder im Alko-
holtaumel . . . Kommandos, Geräusche marschierender Ko-
lonnen, Erdarbeiten, Tierlaute. Das charakteristische Surren einer russischen »Nähmaschine«, die über der Stadt kreiste und
ihre kleinen Splitterbomben einzeln fallen ließ . . . Brandfahnen
brachten Staub in die Stube, dazwischen aber auch in einer

17

Windwelle eine Prise Frühling aus dem benachbarten Botanischen Garten.

Ernst Günther Schenck:
Ich sah Berlin sterben

Berlin, 25. April 1945

Das Auto mit dem Lautsprecher kam viermal mit Heeresbericht und den so spärlichen Nachrichten; vorher versammelte sich das Volk auf dem Platz und bewegte sich auf und ab. Das Ganze wirkte fast wie eine italienische Piazza gegen Abend; manche Menschen waren auch gelöst und vergnügt, viele aber verhärmt oder grimmig. Darüber flogen vereinzelte russische Flugzeuge. Heute sind sie in Verbänden fast dauernd über uns, und die Flak macht dazu eine ohrenbetäubende Knallerei . . . Nun sind sie schon ganz nahe. Wir schätzen etwa Bahnhof Halensee – das ist vier Minuten Fahrt mit der S-Bahn.

Margret Boveri:
Tage des Überlebens

Mayrhofen, 26. April 1945

Eben meldet der Rundfunk, Pankow sei zurückerobert worden, in den Schächten der U-Bahn werde, sogar mit leichter Artillerie, gekämpft und Goebbels habe in einem Aufruf an die Berliner Bevölkerung mit Lob und Zuversicht nicht gespart. Nicht einmal die Moskauer Zeitungen hätten, laut Goebbels, bestritten, daß der Widerstand Berlins »ohne Beispiel in der Geschichte« sei . . . Hitler repetiert an der Spree die Belagerung Wiens. 1945 ist 1683, die Russen sind die Türken, er selbst spielt den Starhemberg, und das einzige, was ihm am Gelingen der Inszenierung fehlt, ist der Polenkönig Johann Sobieski mit dem Entsatzheer.

Erich Kästner: Notabene 45

Berlin, 26. April 1945

Neuer Gefechtsstand Anhalter Bahnhof. Bahnsteige und Schalterräume gleichen einem Heerlager. In Nischen und Winkeln drängen sich Frauen und Kinder . . . Lazarettzüge der S-Bahn, die langsam weiterrollen . . . Wasser spritzt in unseren Gefechtsstand. Schreie, Weinen, Flüche . . . Die Massen stürzen über die Schwellen. Lassen Kinder und Verwundete zurück. Menschen werden zertreten . . . Am Spätnachmittag zur Station Potsdamer Platz. Gefechtsstand in der 1. Etage, da untere Schächte noch unter Wasser. Einschläge durch die Decke. Schwere Verluste unter Verwundeten und Zivilisten . . . Draußen explodieren Stapel von Panzerfäusten im russischen Feuer. Nach einem schweren Einschlag beim Bahnhofseingang am Pschorrbräu grauenhafter Anblick: Männer, Frauen, Kinder kleben buchstäblich an den Wänden . . . Der Potsdamer Platz ist ein Trümmerfeld. Die Menge der zerschlagenen Fahrzeuge ist nicht zu übersehen. Die Verwundeten liegen noch in den zusammengeschossenen Sankas. Tote überall. Zum großen Teil von Panzern und Lastwagen überfahren und gräßlich verstümmelt . . . Gegen 4 Uhr morgens verlegen wir unterirdisch zum Nollendorfplatz. Auf der Gegenfahrbahn marschiert der Russe zum Potsdamer Platz.

Tagebuch eines Panzeroffiziers

Berlin, 27. April 1945

Da es seit gestern kein Wasser mehr gibt, zog ich mit einem Eimer los, fand die Straße voller Glassplitter, Ziegelbrocken und abgebrochenen Baumästen, fand den Bäcker geschlossen und ging dann mit meinem Eimer zum Lietzensee in den Park. Leider ist das Wasser recht dreckig, grünlich, aber fürs Klo und die Blumen, eventuell auch zum Waschen, geht es.

Margret Boveri: Tage des Überlebens

Berlin, 30. April 1945

Man hockte im Keller und wartete. Ein Geruch aus Rauch, Blut, Schweiß und Fusel gemischt lag über allem. Einmal riefen sie uns heraus; in den Resten des Hauses gegenüber war ein groteskes Arsenal an Hakenkreuzflaggen und Hitlerbildern gefunden worden. Zwei ganze Räume voll. Würde der Unfug später angetroffen, wer weiß, ob man nicht uns haftbar machen würde. Die Besitzer der beiden Räume voller Gesinnung hatten schon vierzehn Tage zuvor die Stadt in donnernden Limousinen westwärts verlassen. Wir steckten hastig die Fahnen in Brand. Und die Bilder splitterten auf. Das Gewehrfeuer kam näher. Wir duckten uns in die Keller zurück. Beim Sprung in die Haustür sahen wir eine SS-Streife den Kopf über einen Mauerrest heben.

Sie »kämmten noch durch«, nach dem Gesetz, nach dem sie angetreten. Wir preßten uns neben die Tür.

Jetzt pfiffen Gewehrkugeln schon durch den Garten; bedrohlich kam das Simmsen der Querschläger bis zu uns herunter. Dann wurde es stiller. Als wir vorsichtig die schmale Treppe heraufstiegen, nach einer Ewigkeit des lauschenden Wartens, regnete es sacht. Auf den Häusern jenseits des Nollendorfplatzes sahen wir weiße Fahnen glänzen. Wir banden uns weiße Fetzen um den Arm. Da stiegen schon zwei Russen über die gleiche niedrige Mauer, über die so bedrohlich vor kurzem erst die SS-Männer gekommen waren. Wir hoben die Arme. Wir zeigten auf unsere weißen Binden. Sie winkten ab, sie lächelten. Der Krieg war aus.

Friedrich Luft, Berlin 45

Mayrhofen, 29. April 1945

Heute über Tag war der Münchener Sender stundenlang still. Es war, als sende er Schweigen. Abends um zehn Uhr rührte er sich plötzlich wieder. Und was brachte er? »Heiße« Musik! Erst unkommentierte Funkstille, dann undeutschen Jazz ohne Worte, was ist geschehen? Liegt der Münchener Sender im Niemandsland? Liebt der Nachtportier amerikanische Platten?

Erich Kästner: Notabene 45

Berlin, 1. Mai 1945

Den 1. Mai hatten sich die Russen wohl eigentlich für den Sieg in Berlin ausgedacht. In der Früh stand vor uns mehr Wehrmacht denn je, Panzer, Lkws und Motorräder und kaputte Räder. Ich kümmerte mich nicht darum, sondern putzte einige Stunden lang so gründlich wie möglich. Dann sägte und hackte ich Holz (aus Ruinenbrettern) . . . Den Kaiserdamm aufwärts, wo man sonst die Siegessäule in der Ferne sieht, war dicker gelber Qualm . . . Abends waren die Straßen und Plätze bei uns ein wahres Heerlager, – und wieder diese merkwürdige Stimmung: schäkernde Mädchen, erzählende deutsche Soldaten, Umarmungen im Gebüsch. – Ein Mädchen vom Hinterhaus, die im 6. Monat ist, unehelich, ergatterte sich sogar einen 22jährigen Bräutigam, der ihr schriftlich bestätigte, daß das zu erwartende Kind von ihm sei (nachträglich: er ist zurückgekehrt, sie haben geheiratet und beim Kellerplündern mitgewirkt).

Margret Boveri: Tage des Überlebens

Mayrhofen, 1. Mai 1945
Auf den verschneiten Straßen und Wegen stehen die Leute herum und erzählen einander, Hitler liege im Sterben. Göring amüsiere sich, in einer Alpenvilla irgendwo, mit Kinderspielzeug und brabbele vor sich hin. Himmler verhandle erneut mit Bernadotte. Und in Oberitalien hätten sich hundertzwanzigtausend Mann ergeben.

Erich Kästner: Notabene 45

Jettingen, 2. Mai 1945
Als ich heute einigen Leuten von Hitlers Tod erzählte, sahen sie mich gleichgültig an:»So? Endlich! Leider zu spät!« Dann gingen sie zu ihrem Tagesprogramm über . . . Den Menschen hier ist es völlig gleichgültig, ob Hitler, der einst so vergötterte, geliebte Führer, noch lebt oder schon tot ist. Er hat seine Rolle ausgespielt. Millionen starben durch ihn – nun wird sein Tod von Millionen nicht betrauert.

Ursula von Kardorff:
Berliner Aufzeichnungen

Berlin, 2. Mai 1945
Bevor ich noch gefrühstückt hatte, rief Frau Mietusch:»Es gibt Haferflocken« – und ich raste mit meinem Eimer die Treppe hinunter, kam aber, wie immer, zu spät. Sich balgende und beschimpfende Frauen umlagerten ein Wehrmachtsauto . . . Ich sah indessen an der Straßenecke eine Frau mit einem großen Stück Fleisch, fragte, woher das komme und bekam die Antwort, da vorne gäbe es Pferdefleisch. Ich dachte, es werde verteilt, rannte hin und fand ein halbes, noch warmes Pferd auf dem Trottoir und drum herum Männer und Frauen mit Messern und Beilen, die sich Stücke lossäbelten. Ich zog also mein großes Taschenmesser, eroberte mir einen Platz und säbelte auch. Einfach war's nicht. Ich bekam ein Viertel Lunge und ein Stück von der Keule, woran noch das Pferdefell war, und zog blutbespritzt ab . . . Bald darauf mußte ich noch einmal Schlange stehen nach meinem letzten Viertelpfund Butter, und da standen die Russen schon um uns herum. In der Schlange hatten die meisten Leute weiße Binden um den Arm. Es wurde jetzt offen auf die Partei geschimpft, wozu ja nun kein Mut mehr gehörte.

Margret Boveri: Tage des Überlebens

Mayrhofen, 3. Mai 1945

Vorhin verbreitete der Sender »Oberdonau« die Anordnung, im Gedenken an den »Führer« halbmast zu flaggen. Anschließend wurde empfohlen, die Fahnentücher nachts einzuholen. Warum? Hat man Angst vor Andenkensammlern? Die Leute interessieren sich nachts nicht für Hakenkreuzfahnen, sondern für den Londoner Sender. Aus fast allen Häusern dringt, wenn es dunkel geworden ist, sein Pausenzeichen . . .

Wir lauschten im Radio einer Ansprache unseres neuen Außenministers, des Grafen Schwerin-Krosigk. Er sprach über die Abscheulichkeit moderner Kriege und war sehr gerührt.

Erich Kästner: Notabene 45

Zuchthaus Luckau, am 3. Mai 1945

Ich fuhr mit dem Rad in das große Dorf und fragte nach dem Bürgermeister. Er saß mit zwei anderen Männern in seinem Büro, drei schwere, breithändige Bauern . . . Sie sahen mich ungewiß an. Ich war naßgeregnet und trug eine rote Binde am Arm. Ich legte einen Ausweis des russischen Kriegskommandanten auf den Tisch, der bestätigte, daß ich der neue Bürgermeister war. Der Nazi-Bürgermeister las ihn umständlich und genau, dann legte er ein Schlüsselbund auf den Tisch und ein Bündel Stempel . . . Am nächsten Tag wurden Kommandos ausgeschickt, die die Gefallenen auf den Feldern beerdigen, die Mühlen in Gang setzen, das Vieh bergen, das tote Vieh vergraben, die Dorfstraße säubern und die Schule instand setzen sollten.

Günther Weisenborn: Memorial

Mayrhofen, 5. Mai 1945

Heute gegen Abend trafen die ersten Amerikaner ein. In zwei Panzerspähwagen und zwei Kübelwagen mit Maschinengewehren. Sie hatten deutsche Offiziere mit Armbinden der Widerstandsbewegung bei sich und hielten beim Kramerwirt. Auf einem der Panzer lagen ein deutscher Offiziersdegen und ein deutscher Stahlhelm . . . Unmittelbar danach fuhr aus entgegengesetzter Richtung ein Auto mit weißem Wimpel und Parlamentären des Stabs der Wlassow-Armee vor . . .

Während in der Gaststube verhandelt wurde, warteten die Panzerfahrer und MG-Schützen neben ihren Fahrzeugen, rauchten und ließen sich von der Menge bestaunen. Es waren kräftige Burschen mit schmalen Ordensschnallen und breiten Boxergesichtern. Während die Dorfjugend auf den Panzern herumturnte, meinte ein Sergeant, der ein deutsches Sportabzeichen als Siegestrophäe an der Mütze trug, Tyrol sei a beautiful country. Ein Kamerad nickte, warf seine kaum angerauchte Chesterfield achtlos auf die Straße und merkte gar nicht, wie wir dabei zusammenzuckten . . . Sie interessierten sich nicht sonderlich für die vielen kleinen Trupps deutscher Soldaten, die, von den verschneiten Pässen herunterkommend, ohne Orden und Rangabzeichen, fußkrank und schneeblind, auf Zweige gestützt, vorüberhumpelten oder stehenblieben, um sich gefangennehmen zu lassen. Die Amerikaner zeigten nur mit dem Daumen talabwärts, und so zogen die Reste der geschlagenen Armee weiter. Viele Kameraden, erzählten sie, seien im Po ertrunken und andere droben auf den Pässen erfroren. Ein einziges Mal hoben die Amerikaner erstaunt die Brauen. Als ein junger Leutnant mit umgeschnalltem Revolver und sechs Mann auf sie im Gleichschritt losmarschierte und, mit der Hand an der Mütze, einem der Sergeants Meldung erstattete . . .

Erich Kästner: Notabene 45

Kirchhorst, 6. Mai 1945

Die Straßen sind weiterhin von den Insassen der Konzentrationslager erfüllt . . . Am Morgen kamen sechs Juden auf den Hof, die man aus Belsen befreit hatte. Der jüngste war elf Jahre alt. Mit dem Erstaunen, dem Heißhunger eines Kindes, das nie dergleichen gesehen hat, schaute er sich Bilderbücher an.

Ernst Jünger: Aus den Tagebüchern

Tschechoslowakei, 6. Mai 1945

Kühler Morgen, noch Ruhe in W., das mit Flieder getarnte Panzer bewachen; letzter sowjetischer Angriff wird erwartet. Im Divisionsgefechtsstand, dem Kohlenkeller der Schule, der General, dem die Gemeinde eine Einladung zur »Feier anläßlich des Heldentodes Adolf Hitlers« schickte. Der General lehnt ab, so viel sudetendeutsche Treue macht ihn plötzlich boshaft . . . An der Kirchenmauer lehnt ein Propagandaplakat mit dem übergroßen Hitler als Feldherr. Im Rechteck Parteigenossen in brauner Uniform, eine Gruppe »Bund Deutscher Mädel« mit Wimpel, Jugend im Braunhemd mit schwarzer Jungvolkfahne. Dann noch Bauern, Frauen, alte Leute. Das letzte Aufgebot einer irren Treue, wenige tausend Meter hinter der Ostfront. Der Bürgermeister spricht, als sei Hitler Sohn dieses Dorfes. Vor dem Propagandaplakat legt er einen Kranz nieder, während die BDM-Mädel ein todestrauriges Lied Hans Baumanns singen. Dreifaches Siegheil auf den toten Führer, noch einmal der »Deutsche Gruß«. Das Deutschlandlied mit einigem Schluchzen in der kleinen Menge. Horst-Wessel-Lied. Schluß der Vorstellung; die Leute laufen weg wie von einer Beerdigung. Nasse Gesichter, vom Regen, von Tränen. Als ich wieder in die Schule komme, montiert der Heizer den »Deutschen Spruch« im Vorraum der Turnhalle ab.

Wolfgang Paul: Aus dem Tagebuch 1945

Oslo, 7. Mai (Montag), 11 Uhr abends, auf meinem Zimmer
Die Straßen hallen vom Jubel der Norweger. Das ist ein anständiges, wirklich zivilisiertes Volk: Ich bin schon in Uniform und mit umgeschnallter Pistole mitten durch die rufende und schreiende Menschenmenge vor dem »Grand Hotel« gegangen, vom deutschen Kasino kommend, ohne daß mich irgendwer im geringsten behelligt hätte.

Heimito von Doderer: Tagebücher 1945

Mayrhofen, 7. Mai 1945
Noch immer kommen deutsche Soldaten in Rudeln, in Trupps und paarweise von den Pässen herunter. Als wir den Zillergrund hinaufstiegen, sahen wir im Schnee, links und rechts vom Weg, sonderbare Gebirgsblumen leuchten, in Bunt und Gold und Silber: Epauletten, Kokarden, Tressen und Ordensspangen, Alpenflora 1945. Der Sender Flensburg gab bekannt, Jodl habe die Kapitulationsurkunde unterzeichnet und morgen träte sie in Kraft. Der Sender Böhmen nannte in Schörners Auftrag diese Meldung eine Feindlüge.

Erich Kästner: Notabene 45

Berlin, 8. Mai 1945
Ich holte mein Rad herunter – immer eine rechte Prozedur aus dem 4. Stock – und fuhr zum erstenmal in die Stadt, auch zum erstenmal in einem Kleid statt der schmutzstarrenden Hose, die ich seit Wochen anhatte. Je näher ich dem Zoo kam, desto wüster

wurde es. Die Gedächtniskirche sieht von der Kantstraße her direkt komisch aus. Sie ist doch auf spitzturmig gedacht, aber durch die vielen Einschläge ist der Hauptturm ganz gerundet . . . Latrinengerücht: Hitler habe eine halbe Stunde vor seinem Tod seine Sekretärin geheiratet.

Margret Boveri: Tage des Überlebens

Tschechoslowakei, 8. Mai 1945

Klarer Himmel, herrliche Sonne . . . Der Stab tritt an. Der Hauptfeldwebel richtet, wie immer, aus. Meldung an den Chef des Stabes. Der sagt nur: »Bedingungslose Kapitulation. Das einzige, was ich für euch noch tun kann, ist, euch baldigst in den Böhmerwald zu schicken. Dort ist der Amerikaner. Es ist aus. Stillgestanden. Weggetreten.«

Wolfgang Paul: Aus dem Tagebuch 1945

New York, 8./9. Mai 1945 (nachts)

Ich habe mir die Nachtschicht gewählt, meine jungen Reporter zu den Siegesfeiern in den Straßen New Yorks gehen lassen und bin mit meinem Schreibheft allein in dem Abhörraum des Newsroom. Es ist gut, heute allein zu sein. Das also liegt hinter uns . . . Zwölf Jahre, die die Verbrechen von tausend Jahren angehäuft haben . . . Von irgendwoher wird Beethovens Fünfte gesendet. Die Hymne des Sieges? Es gibt keinen Sieg. Es gibt am Ende dieses Krieges nur Besiegte.

Alfred Kantorowicz: Deutsches Tagebuch

Trümmerkinder und
Kaspar-Hauser-Komplex

Die von Henning Schlüter zusammengestellten Texte »Chronik der letzten Tage. Aufzeichnungen vom April und Mai 1945«, denen die vorausgegangenen Auszüge entnommen sind, erschienen aus Anlaß der dreißigsten Wiederkehr des Tages der bedingungslosen Kapitulation in der *Frankfurter Allgemeinen Zeitung* am 3. Mai 1975. »Der große Untergang jener Tage ist verschiedentlich beschrieben worden, obwohl es noch immer an einem Werk fehlt, das auf zureichende Weise darstellt, was alles damals zu Ende ging. Gewiß findet sich auch in den zitierten Augenzeugenberichten kaum eine Ahnung davon: sie rufen lediglich etwas von der Atmosphäre, von dem Geruch und der Farbe jener Tage zurück: zufällige, nicht selten unwichtige, aber durchweg charakteristische Einzelheiten, die das pathetische Spektakel durchsetzten, das Hitler sich zu seinem Abgang bereitet hatte: die unendlichen Mühen des Überlebens, das Glück der Befreiten und die Angst der Entmachteten, die Fahnenverbrennerei, Aufseherjagden im Zuchthaus, Umarmungen in der Hausruine, die Bilder der Sieger, der Geruch nach Pulver, Brand und Frühling, und im Radio der plötzliche Übergang von Götterdämmerungsmusiken zu amerikanischem Jazz.«

Die negative Vision vom »totalen Krieg«, die der nationalsozialistische Propagandaminister Joseph Goebbels mit magischen Formeln in seiner Berliner Sportpalastrede am 18. Februar 1943 zu beschwören suchte (». . . Wollt ihr den totalen Krieg? . . .«), war bei Kriegsende furchtbare Wirklichkeit geworden. Der totale Krieg endete in der totalen Niederlage.

Aus dem Mosaik von Aufzeichnungen der Monate April und Mai 1945 wird die Atmosphäre des Untergangs deutlich; doch zeigt sich auch schon die Hoffnung auf eine bessere Zukunft. Eine Welt brach zusammen; und neues Leben blühte aus den Ruinen. Die geistige »Umstellung« derjenigen, die das Tausendjährige Reich überlebt hatten, vollzog sich im Rahmen des individuellen Psychogramms, aber auch auf eine generationsspezifische Weise. Die Noch-einmal-Davongekommenen, die Bewohner der zerbombten Städte, die Heere der heimkehrenden Soldaten, der Flüchtlinge, Vertriebenen und Verfolgten, deren körperliche wie geistige Physiognomie von schrecklichen Erlebnissen geprägt war, gingen daran, sich in der neuen Situation – angesichts eines vollständigen materiellen und mentalen Zusammenbruchs – »einzurichten«. Die Überlebenskraft war riesengroß; die Bereitschaft zur Verdrängung gleichermaßen. Die Ambivalenz der biographischen wie geschichtlichen Zäsur, wie sie in einem Dialog von Richard Matthias Müller (*Über Deutschland*, Olten und Freiburg i. Br. 1965, S. 10) an- und ausgesprochen wird, bestimmte damals das individuelle wie kollektive Unterbewußtsein; die Trauerarbeit der Loslösung blieb freilich meist ungeleistet.

»*Sohn:* In einem Brief an die Frankfurter Allgemeine Zeitung hat ein Leser vorgeschlagen, wir sollten den 8. Mai zum Nationalfeiertag machen.
Vater: Also den Tag, an dem wir von der Hitler-Regierung befreit wurden. Eine vernünftige Idee.
Sohn: Aber begreifst du denn nicht? Das ist der Tag der bedingungslosen Kapitulation.
Vater: Ich begreife sehr gut. Es ist der Tag der bedingungslosen Kapitulation.
Sohn: Und unsere eigene Kapitulation sollten wir feiern?
Vater: Wir können es auch bleiben lassen.
Sohn: Ich bin für bleiben lassen.
Vater: Es macht mich aber nachdenklich.
Sohn: Was macht dich nachdenklich?
Vater: Daß du das Ende von etwas Schlechtem und den Anfang von etwas Besserem nicht feiern willst.«

Die ursprünglich zum bedingungslosen Gehorsam erzogene Jugend war am impulsivsten bereit, sich neu zu orientieren; aus der Liebe zu Hitler, dem Vaterimago, wurde der Haß auf den Verführer – ein psychodynamischer Kraftakt, der Anpassungsneurosen im Gefolge hatte. Einer aus dieser Generation berichtet:

»Und dann kam der Tag, an dem ich meinen Führer verleugnete. Ein betrunkener polnischer Korporal hatte meine Mutter und mich nachts aus dem Bett geholt. Er bedrohte uns mit der Pistole, stieß unsere Köpfe zusammen und schrie: ›Ich polnische SS!

Du lieben Hitler!‹ In meiner Todesangst fing ich zu reden an wie ein Sturzbach: ›Hitler ist ein Verbrecher, Hitler ist verrückt, wir lieben Hitler nicht, wir hassen ihn, usw.‹ Durch den Lärm im Haus wurden die Hühner aus dem Schlaf gescheucht. Der Hahn krähte mitten in der Nacht. Ich fühlte mich wie Simon Petrus.« (K. H. Janßen: »Eine Welt brach zusammen«, in: *Die Zeit*, 9. Mai 1975.)

Die Metapher macht deutlich, wie sehr die Götterdämmerung das Identitätsgefühl der jungen Generation, die sich angesichts der Stunde Null vielfach als verlorene Generation empfand, lädiert hatte. Die aus späterer Sicht vorgenommene Analyse der individuellen wie generellen Situation – etwa durch Arnulf Baring (2) – zeigt, wie aus dem »Seelenschutt« einer Epoche neues Selbstbewußtsein emporsproß.

Trümmerkinder: Die einen, aufs Land verschickt und so dem Bombenhagel entronnen, waren – soweit sie nicht in letzter Minute noch zum Volkssturm oder als Flakhelfer eingezogen wurden – mit einem Stück Idyll umgeben, aus dem sie, und dies gibt der Szenerie eine fast surreale Atmosphäre, mit der Stunde Null erst in die Manifestation des Schreckens hineingestoßen wurden. Die anderen dieser Trümmergeneration, in den Kellern der zerstörten Städte hausend oder auf der Flucht von Ost nach West, durchlitten eine Odyssee, die mit ihren Ungeheuerlichkeiten nur durch Verdrängung und kindliche Abkapselung zu überstehen war. Diese schutzschildartige, das Unheil sowohl registrierende als auch kupierende Mentalität einer Generation, der die Beschädigung wie die Rettung zunächst kaum bewußt wurden, spiegeln Tausende von Aufsätzen wider, die kurz nach 1945 zum Thema »Kriegserleben« angefertigt wurden. Der dadurch vermittelte Einblick in »Lebensläufe« gibt zugleich einen Einblick in den kollektiven »Erlebnisstoff«, der dann den Aufstieg, die materielle und geistig-seelische Erneuerung, fermentierte.

»Ich bin am 10. Juli 1932 in Nürnberg geboren. Als ich sieben Jahre alt war, brach der Krieg aus. Ihm folgten Hunger, Entbehrungen, Angst, Not, Tränen und furchtbare Fliegerangriffe. Wir verbrachten Wochen im Bunker, bis die Amerikaner kamen. In und um unsere Stadt wurde viel und schwer gekämpft. Wir sehen mit Grauen dem Winter entgegen. Vor einigen Wochen erhielt ich dann die Nachricht, daß mein Papa kurz vor Kriegsende gefallen ist. Dieser Schlag war sehr hart für uns, insbesondere, da ich noch mehr Geschwister habe. Aber es ist besser zu wissen, er ist tot, als daß er irgendwo in Rußland oder Sibirien verhungert oder erfriert. Nun bin ich vierzehn Jahre alt und ich muß daran denken, eine Arbeit anzunehmen. Ich will Korrespondentin werden, und ich muß noch sehr viel lernen, bis ich diesen Beruf voll und ganz erfüllen kann. Aber es wird schon gehen, und mit der Zeit werden auch die Wunden, die der Krieg uns schlug, vernarben.« (Aus unveröffentlichtem Material, *Schul- und Kulturreferat Nürnberg.*)

In Heft 10 der Zeitschrift *Die Sammlung* (Oktober 1949, S. 639) schrieb Rosemarie Winter zum Phänomen solcher Aufsätze (sich auf 10 000 Aufsätze des Landes Nordrhein-Westfalen aus dem Jahre 1948 beziehend): »Viele Stöße beschriebener Blätter – Hefte waren im vorigen Jahr noch selten – offene Auseinandersetzungen, so offen, wie es die Schüler innerhalb der bekannten zwölf Jahre niemals gedurft hätten. Die, die es noch erlebten, haben es vergessen. Einige, die erst jüngst aus der Ostzone kamen, widmen der Möglichkeit, frei schreiben zu dürfen, manchmal ein dankbares Wort.

Und die Lehrerschaft? Sie fühlte sich in vielen Fällen kontrolliert. Einige fragten: ›Sollen wir unseren Feinden diesen Einblick in die Seele unserer Jugend gestatten?‹ Es gab auch andere, die das Ergebnis dieser Sammlung als den Hilferuf auffaßten, der er ist: ›Wir haben es mit einer Jugend zu tun, deren Gemüt mit Erlebnissen und Erinnerungen belastet ist, die sie vielfach gar nicht zu verarbeiten vermag. Denn die Jugend sucht zwischen aller materieller Not auch innere Wege. Und dieser Zwiespalt fordert unsere Hilfe.‹ – Wird die Schule von heute dieser Aufgabe gewachsen sein?«

Ein großer Teil der Davongekommenen befand sich 1945 auf der Flucht. Ein gewaltiger Exodus erfolgte aus den Ostgebieten – ausgelöst von den andrängenden russischen Armeen und angetrieben von der panischen Angst vor Soldaten, die man jahrelang als Untermenschen behandelt hatte und die nun ihrerseits humanitären Überlegungen vielfach nicht mehr zugänglich waren. Wer Wind gesät hatte, mußte Sturm ernten. Die »Flucht über die Weichsel«, wie sie Marion Gräfin Dönhoff in ihren Erinnerungen an Ostpreußen beschreibt, war auch insofern ein Gang über den Rubikon, als eine alte Welt endgültig verlassen und (in einem doppelten Sinne) »ausradiert«, eine neue erwartet und dann auch gestaltet wurde. Es gehört zu den großen sozialen und kulturellen Leistungen der Zeit nach 1945, daß trotz aller Schwierigkeiten die Integration der Flüchtlinge und Depravierten, vor allem mit Hilfe der revolutionären Gesetzgebung des »Lastenausgleichs«, vollzogen werden konnte. Marion Gräfin Dönhoffs Bericht spiegelt bei allem Schmerz über das Verlorene die für eine lange Zeit bei den Heimatvertriebenen nicht sehr häufig anzutreffende Bereitschaft wider, Vergangenheit aufzuarbeiten, Tradition kritisch zu reflektieren und die Terra incognita der Versöhnungsmöglichkeiten zu erforschen. – Der »surrealistische Film« des Zusammenbruchs hatte viele Schnittstellen, die das Überblenden in einen geistig-kulturellen Aufbruch ermöglichten. Was bei der Flucht noch in einem ganz konkret-existentiellen Sinne gemeint war: das »Ankommen« nämlich, war zugleich eine symbolische Vokabel, die das Ankommen bei neuer Hoffnung signalisierte.(3)

Die Trümmerjahre bewiesen, daß die Bereitschaft, es »anders« zu machen, vorhanden war und damit die Grundlage für ein demokratisches Staatswesen geschaffen werden konnte. Unter den ersten Schriften, die nach Kriegsende publiziert wurden, war Reinhold Schneiders Bericht *Das Unzerstörbare* im Verlag Herder in Freiburg. Darin heißt es: »Die Jugend betritt ein Trümmerfeld, auf dem sie ihr Leben bauen soll; Schmerz und Scham müssen sie bewegen, vielleicht auch der Groll auf die Väter, die ihr diese verwüstete Welt vererbt, sie ihr bereitet haben . . . Die Jugend muß nicht mehr aus Träumen gerüttelt werden, sie ist wach.«(4) Solches Wachsein war freilich auch mit Verzweiflung verknüpft. Die Vertreter einer »Generation der Ankunft« – hier nun auf die Kriegsheimkehrer bezogen – fanden sich vielfach »draußen vor der Tür«. In einem Brief Wolfgang Borcherts heißt es:

»Wenn ich nun schreibe: Alle Ankunft gehört *uns*, so meine ich damit nicht uns Deutsche, sondern sie gehört dieser enttäuschten, verratenen Generation – gleich, ob es sich um Amerikaner, Franzosen oder Deutsche handelt. Dieser Satz entstand aus einer inneren Opposition gegen die Generation unserer Väter, Studienräte, Pastoren und Professoren. Es soll heißen, sie haben uns zwar blind in diesen Krieg gehen lassen, aber nun wissen wir Sehend-gewordenen, daß nur noch eine Ankunft zu neuen Ufern uns retten kann, mutiger gesagt: Diese Hoffnung gehört uns ganz allein! Verstehen Sie die Opposition und den Zweifel an der Väter- und Studienratsgeneration? Diese Studienräte kamen aus einem bitteren Krieg – was taten sie? Sie erzählten ihren Kindern Heldentaten, veranstalteten Heldengedenktage, dichteten Kriegsbücher – und diese Generation konnte dann natürlich (in allen Ländern!) den zweiten Krieg nicht verhindern. Sie wurden Bataillonskommandeure, beteten nach dem Gottesdienst um Schutz für Hitler und sie wurden Kriegsgerichtsräte. Die wenigen, die warnten, starben oder mußten Emigranten werden. Die Indolenten aber ließen es zu, daß wir, ihre Söhne, in die Hölle hineinstolzierten, und keiner von ihnen sagte uns: Ihr geht in die Hölle! Es hieß: Mach's gut! und: fürs Vaterland! (Für Deutschland, für Frankreich, für Amerika!) Und nun? Nun sitzen eben diese Studienräte wieder hinter ihren Kathedern und beklagen das mangelnde Vertrauen und die Respektlosigkeit der Jugend!!! Soviel zu der ›Generation ohne Bindung‹ an das Gewesene.« (Zit. nach P. Rühmkorf: *Wolfgang Borchert in Selbstzeugnissen und Bilddokumenten*, Reinbek 1961, S. 159.) Diejenigen, denen Umstellung und Anpassung, Verdrängung und Vergessen nicht gelangen, waren »Hungerkünstler«: ungeborgen, ausgestoßen. In der Auseinandersetzung mit den übermächtigen »Vätern« – die »Aktion Vatermord« des Expressionismus wieder-holend, aber ohne Hoffnung auf die Verwirklichung einer »Brudergesellschaft« – hat Wolfgang Borchert seiner Verzweiflung in seinem Stück *Draußen vor der Tür* eruptiv-explosiv Ausdruck gegeben.(5) Wie dieses nach 25 Jahren wirkt, wie es nachwirkte oder auch an Wirkung verlor, zeigt der Text von Reinhard Baumgart, einem Angehörigen der gleichen Generation.(6)

In einem der ersten Versuche nach 1945, »tiefenpsychologische Probleme in der Gegenwart« zu deuten, hat Alexander Mitscherlich neben dem Ödipuskomplex als sowohl mythische wie aktuelle Vater-Sohn-Problematik das traumatische Erlebnis des Kaspar Hauser herausgestellt. Das Dunkel der (geschichtlichen) Herkunft, die Schwierigkeit, sich zurechtfinden und artikulieren zu können, die Traditionslosigkeit wie Zukunftsangst, die Einsamkeit des Verlorenen wie die Bemühung um Bindung und Zuneigung haben in der Tat die Psychostrukturen von damals bis heute mit geprägt. Die vaterlose Generation der Trümmerzeit, später die des Wirtschaftswunders, schließlich die der gescheiterten Revolte – Kaspar Hauser ist immer präsent geblieben!

»Was sich hier andeutet, ist das Problem der Lieblosigkeit, des Mangels also, und zwar eines Mangels, der geschichtlich biographisch kaum noch aufzuholen ist, wenn er einmal durchlebt werden mußte. Dies hängt damit zusammen, daß der Mensch nur in bestimmten Epochen seines Lebens lernfähig ist, und daß in diese plastische Zeit Grunderfahrungen des menschlichen Lebens fallen müssen, wenn sie auf dieses Menschenleben gestaltenden Einfluß gewinnen sollen. Wird dies versäumt, so entwickeln sich daraus Konsequenzen, die ein ganzes Leben begleiten. Es ist die grundsätzliche Unbelehrtheit über die Welt, die mit dem Kaspar-Hauser-Komplex angedeutet sein soll, eine Unbelehrtheit, die dadurch entsteht, daß der Mensch nicht von der überschwingenden Kraft des Herzens seiner Eltern und der nächsten Menschen seiner Umwelt in diese hineingeleitet wird. Es ist die absolute Vereinsamung gemeint, die den Menschen im Hinblick auf die Welt eigentlich kulturlos und im Hinblick auf seine Mitmenschen eigentlich asozial aufwachsen und damit asozial und kulturverneinend werden läßt. Es ist mit anderen Worten der Komplex des modernen Massenmenschen gemeint, der jeder Vergesellschaftung, jeder Reizung, Verführung, Treulosigkeit gegen sich selbst, jeder Angstreaktion fähig geworden ist, der sich nicht mehr als geschichtliches Wesen kennt, sondern als punktuelles, augenblickbezogenes Triebwesen.

Dieser neu auftauchende Komplex des elementar unbelehrt gebliebenen Menschen zeigt überdies die Fortentwicklung im Denken der Tiefenpsychologie an. Es ist jetzt nicht mehr allein die Kontroverse zwischen der natürlichen Triebbedürftigkeit des Menschen und den Ansprüchen gemeint, die die Zivilisation an ihn stellt, sondern das Problem hat sich mehr in die Richtung der spezifischen Humanität verschoben. Es geht darum, daß der Mensch von allem Anfang an mehr als nur leiblich gesättigt werden muß, daß die Fähigkeiten seiner Anlage durch das Überströmen mitmenschlichen Empfindens erst ihre geschichtliche Form gewinnen. Mit anderen Worten, die Versagung, die in jeder Kultur der ursprünglichen Triebhaftigkeit entgegengestellt wird, muß ihren Ausgleich finden in der Gewährung, in dem Herzen des anderen beheimatet sein zu dürfen.« (»Ödipus und Kaspar Hauser«, in: *Der Monat*, Heft 25, 1950, S. 16 f.)

(2) *Arnulf Baring*
8. Mai 1945

Arnulf Baring wurde 1932 in Dresden geboren; nach dem Studium der Rechts- und Politikwissenschaft Redakteur im Westdeutschen Rundfunk; seit 1969 Professor für Vergleichende Regierungssysteme an der Freien Universität Berlin. Barings hier gekürzter Beitrag erschien in Heft 5 der »Deutschen Zeitschrift für europäisches Denken« *Merkur* (Mai 1975, S. 449–459). Der *Merkur* wurde 1946 von Joachim Moras und Hans Paeschke (geb. 1911, nach dem Tode von Moras alleiniger Herausgeber) gegründet.

Der 8. Mai 1945 – ein strahlender, warmer, wunderschöner Tag – war mein Geburtstag, der dreizehnte. Ich war damals nicht weit jenseits der Berliner Stadtgrenze, im Süden der Stadt. An sich hatten wir in den Westen gewollt, meine Mutter und die Geschwister, weil es zu Hause nicht mehr auszuhalten war, seit die Russen da waren. Irgendwie, zu Fuß, wollten wir los, über die Elbe, zu den Amerikanern, wo es viel besser sein sollte. Mit einem kleinen Handwagen, vollgepackt, unser Kleinkind obendrauf – so waren wir verzeifelt auf und davon. Nach knappen zwei Kilometern hatte ein russisches Fahrzeug dieses Wägelchen gestreift und dabei zwei seiner Räder zerbrochen. Rasch entmutigt gaben wir die Flucht auf. Bei Bekannten in der Nähe, in einem Siedlungshaus in Klein-Machnow, das ihnen auch nicht gehörte, fanden wir Unterschlupf.

Im Kellergeschoß wohnten sowjetische Soldaten; diese bodenständigen russischen Bauern gingen nur ungern in obere Stockwerke, denn sie waren das nicht gewohnt. Deshalb waren Freunde in Charlottenburg im 4. Stock fast unbehelligt geblieben, während es uns zu Hause, neben der Einfallstraße, in einer Erdgeschoß-Wohnung, übel erwischt hatte. Also im Keller wohnten die Russen, zu ebener Erde ein Altkommunist, Rolf Helm, der später in der DDR zu hohen Würden kommen sollte, mit seiner Frau, die in großer Sorge um ihre Söhne war; später stellte sich heraus, daß beide zuletzt noch gefallen waren. Im Dachgeschoß wohnten wir, meine Mutter und drei Kinder, seit 14 Tagen. Mein Vater war vermißt.

Die Russen feierten. Wir wußten nicht, warum an jenem 8. Mai gerade besonders laut, besonders fröhlich, wußten nichts von Keitels Unterschrift jenes Tages in Karlshorst. Unsere Russen sangen, einer spielte Harmonika. Sie saßen auf und neben ihrer »Stalinorgel«, die furchterweckend im Garten stand, aber seit mehr als einer Woche eine malerische Attrappe geworden war. Der Krieg in Berlin war zu Ende, das schien sicher. »Gitler« und »Gebbels« waren, wie unsere russischen Mitbewohner immer wieder freudestahlend versicherten, offenbar tot.

Schon Anfang Mai, als es stille geworden war in der Luft über uns, auch kein Donner aus der Ferne mehr zu hören war, hatte das große Feiern begonnen. Es wurde uns immer dann unheimlich, wenn einer von unseren Russen doch noch Alkohol irgendwo aufgetrieben hatte. Würden sie im Keller bleiben? Oder würden sie, gefährlich angeheitert, doch diesmal hinaufsteigen: »Frau, komm«?

Sie buken friedlich, wie jeden Tag, in ihrem Keller Plinsen, Plindishi, wie sie sie nannten, gaben auch meinem Bruder, der anderthalb Jahre alt war und überhaupt von ihnen verwöhnt wurde, welche ab. Aus großen olivgrünen Büchsen mit amerikanischer Beschriftung – ich bekam eine erste Vorstellung davon, daß die USA also nicht nur Waffen und Lastkraftwagen an die Sowjetunion geliefert hatten – füllte der russische Koch große Brocken weißen Fetts in seine brutzelnde Pfanne, die er hinterher mit einem großen Taschentuch auswischte, das er wegwarf. Meine Mutter wusch es, faltete es zusammen und schenkte es mir zum Geburtstag, zusammen mit Peter Roseggers »Schriften des Waldschulmeisters«, die sie vor Monaten schon gekauft und für mich aufgehoben hatte. Bücher waren so ziemlich das einzige, was in unserer alten Wohnung niemand angerührt hatte.

Jener 8. Mai ist für mich in der Erinnerung der erste Tag, an dem sich das Gefühl verbreitete, daß alles vorüber sei – wirklich, endgültig. Der Einmarsch der Russen war zunächst keine Befreiung gewesen, ganz im Gegenteil: Inferno, Hölle, völliges Ausgeliefertsein; er schien der Beginn allgemeinen Untergangs. Die ersten Tage nach der Eroberung werden ein Alptraum sein, so lange ich lebe.

Aber inzwischen waren die Russen schon vierzehn Tage da. Es gab ab und an wieder Brot zu kaufen, von Lebensmittelkarten war die Rede, also einer Neueröffnung der Geschäfte, und in der

Praxis unseres guten, alten, bescheidenen Hausarztes war nach turbulenten zwei Wochen wieder Ruhe eingekehrt. Statt der Hunderten von verzweifelten Frauen, denen er unermüdlich Tag und Nacht mit Trost und Tat beigestanden hatte, saß da jetzt wieder eine Normalkundschaft mit ihren üblichen Krankheiten, die Dr. Erdmann gut noch nebenher betreuen konnte. Denn weil er schon vor 33 Kommunist gewesen war, wie sich zu allgemeinem Erstaunen herausstellte, war er mittlerweile Bürgermeister geworden. Bald sollten sogar die Schulen wieder anfangen, was wir Kinder allerdings ziemlich voreilig fanden. Als man dann im Juni tatsächlich wieder mit dem Unterricht begann, muß es für Vorübergehende ein eigentümlicher, beängstigender Eindruck gewesen sein, uns Schulkinder auf dem Hof zu beobachten: Wir waren so schwach vor Hunger, daß wir in den Pausen nur herumhockten, auf dem langen Mäuerchen saßen, uns unterhielten – einfach keine Kraft zum Rennen, zum Spielen, zum Toben.

Überhaupt der Hunger. Ich habe damals nicht geglaubt, daß ich irgendwann im Leben wieder satt werden würde. Als wir fluchtartig die Wohnung verließen, hatten andere, wahrscheinlich Nachbarn, unsere bescheidenen, kostbaren Vorräte an sich genommen – zwei Säcke Kartoffeln, zehn Pfund Zucker – »organisiert«, wie man damals beschönigend sagte, denn »stehlen«, das taten nur Russen, die übrigens das Eingemachte, das ihnen ohne Zucker zu sauer war, ärgerlich an die Wand geworfen hatten; noch heute trauere ich den Kirschen nach, die so schwer zu bekommen gewesen waren.

Wir lebten wochenlang von angesengtem Korn, das ich zusammen mit Rolf Helm aus den brennenden Teltower Speichern geholt und viele Stunden lang in der Kaffeemühle gemahlen hatte. Dazu gab es halbverbrannten Sirup, eine dickliche Soße mit schwarzer Ruß-Schicht, von dem wir eine Waschwanne voll, ebenfalls aus Teltow, herangeschleppt hatten.

Das größte Geschenk im Rückblick: die Stille. Wenn ich an den frühen Mai 1945 denke, dann zunächst an diese Lautlosigkeit, diese Ruhe, Tag für Tag unter einem blauen Himmel. In der warmen Sonne sitzen und kaum noch Angst haben. Kein Verkehr, natürlich keine Autos (der russische Verkehr vom Süden her in die Stadt spielte sich, nachdem die Kampftruppen mit ihren Panzern erst einmal vorbeigerauscht waren, im wesentlichen mit Panjewagen ab), keine S- oder U-Bahn, keine Behörden, keine Polizei, Dienststellen, Ämter, Schulen, nichts. Nur zu Fuß, trotz des Hungers, alle Wege. Zu den Tanten nach Charlottenburg, das war mit Ach und Krach an einem Tag zu schaffen, immer in der Hoffnung, dort etwas zu essen zu bekommen. Zu Freunden nach Pankow, da mußte man übernachten. Solche Fernexpeditionen wagte man natürlich erst, nachdem sich die Lage beruhigt, die Kämpfe aufgehört, die schüchterne Hoffnung ausgebreitet hatte, wir würden nicht getötet, nicht verstümmelt, nicht verschleppt, nicht von Mutter und Geschwistern getrennt zur Zwangsarbeit nach Rußland, nach Sibirien, verfrachtet werden. Eine unendlich friedevolle Stille, trotz allen Elends – das ist der hervorstechendste Eindruck in der Erinnerung.

Natürlich, denn dieser Frieden über dem Land war der vollkommenste Gegensatz zu dem sich ständig steigernden, bösartigen Lärm der Zeit vorher. Jede Nacht Luftangriffe. Das Pfeifen und Jaulen der Bomben, das jeder von uns, der damals schon lebte, auf immer im Ohr hat; unwillkürlich zieht man noch in der Erinnerung den Kopf ein. Dumpf dann die Detonationen, anhaltend laut das hilflose Bellen der Flak. Einige lange, schwere Tagesangriffe: Hunderte von Kondensstreifen der anfliegenden, meist amerikanischen Geschwader am blaßblauen Himmel über uns (denn auch im Frühjahr 1945 war das Wetter meist strahlend schön); ihr tiefes, lähmendes Brummen, das den Boden leise beben ließ. Der Himmel rot in den Nächten; Flächenbrände in der Innenstadt, die sich ungehindert ausbreiteten, derer niemand mehr Herr werden konnte. Man glaubte, die Hitze bis zu uns draußen zu spüren. Qualvoller, sich lang hinziehender Untergang einer Stadt, die unter unseren Augen zu Staub zerfiel, zu Geröllbergen.

Was empfand man damals, Anfang 1945? War man zornig, ja haßerfüllt? Oder gleichmütig, inzwischen abgestumpft, ja apathisch? Welche Wirkungen hatte der Bombenkrieg auf uns Deutsche? Man muß versuchen, sich in die damalige Stimmungslage zurückzuversetzen. [. . .]

Angst vor den Russen, Angst bei vielen Luftangriffen, Angst vor dem Ende. Ich konnte mir damals in Berlin die Niederlage nur als Vernichtung, als Vertreibung, Verschleppung oder Erschießung vorstellen, als Nacht ohne Morgen, als das Ende schlechthin, für uns alle. Ich klammerte mich daher – ja an was eigentlich? Wie wohl Hitler auch an irgendwelche Wahnsinns-

Hoffnungen, an irgendeine wunderbare Errettung. Und eigentlich klammerte ich mich an Worte. Noch heute habe ich ganze Passagen von Führerreden aus dem Januar 1945 im Ohr; ich muß sie mir also wohl damals immer wieder vorgesagt haben:

»Ich erwarte von jedem Deutschen (hatte er am letzten 30. Januar gesagt), daß er seine Pflicht bis zum Äußersten erfüllt, daß er jedes Opfer, das von ihm gefordert wird und werden muß, auf sich nimmt; ich erwarte von jedem Gesunden, daß er sich mit Leib und Leben einsetzt im Kampf; ich erwarte von jedem Kranken und Gebrechlichen oder sonst Unentbehrlichen, daß er bis zum Aufgebot seiner letzten Kraft arbeitet; ich erwarte von den Bewohnern der Städte, daß sie die Waffen schmieden für diesen Kampf, und ich erwarte vom Bauern, daß er unter höchstmöglicher eigener Einschränkung das Brot gibt für die Soldaten und Arbeiter dieses Kampfes. Ich erwarte von allen Frauen und Mädchen, daß sie diesen Kampf – so wie bisher – mit äußerstem Fanatismus unterstützen. Ich wende mich mit besonderem Vertrauen dabei an die deutsche Jugend . . . Mehr kann ein Volk nicht tun, als daß jeder, der kämpfen kann, kämpft, und jeder, der arbeiten kann, arbeitet, und alle gemeinsam opfern, nur von dem einen Gedanken erfüllt, die Freiheit, die nationale Ehre und damit die Zukunft des Lebens sicherzustellen . . . Wir werden auch diese Not überstehen . . .«

Nicht Innerasien, so hatte es nach meiner Erinnerung abschließend geheißen, werde siegen, sondern Europa – und an der Spitze jene Nation, die seit eineinhalbtausend Jahren – und in alle Zukunft – Europa als Vormacht gegen den Osten vertrete: die deutsche. Vier Wochen vorher, am Neujahrstag, hatte Adolf Hitler von dem »felsenfesten Glauben« gesprochen, »daß die Stunde kommt, in der sich der Sieg endgültig dem zuneigen wird, der seiner am würdigsten ist: dem Großdeutschen Reiche«. Unserem Deutschland – das hoffte auch ich.

Mein Glaube, mein Vertrauen – oder Hitlers Macht über mich, wenn man will – erlosch ganz plötzlich, kurz darauf, von einem Tag auf den anderen: mit dem 13. Februar in Dresden. Ich war dort bei meiner Großmutter gewesen – in einem Mietshaus in der Johannstadt, Elisenstraße, im Keller, der wie ein Schiff im Sturm auf dem Meere schwankte. Durch den brennenden Hausflur hinaus, kurz ehe das Gebäude zusammenstürzte und alle Mitbewohner begrub, 73 Menschen, über brennende Balken und Geröllberge im Feuersturm, mit angesengten Haaren und vom Rauch erblindet, vor die Stadt getappt, im Morgengrauen, an ungezählten Toten vorbei, Verkohlten, Erstickten, Halbverbrannten, nachdem wir den Rest der Nacht im leeren Becken des Neptunbrunnens auf dem Striesener Platz verbracht hatten, immer von neuem in den Schlamm tauchend, um nicht vom Funkenflug in Brand zu geraten, uns auch gegen die Hitze zu schützen. Ich mochte lange begriffsstutzig gewesen sein. Von da ab wußte ich: es war aus. Wenn dies möglich war, ungehindert, in einer Nacht, dann war das Ende nahe.

Es quälte sich hin indessen, bis endlich Schluß war. Die Russen zögerten mit ihrer letzten Offensive, mit einer Entscheidungsschlacht um Berlin, die längst entschieden war, ehe sie anbrach. Unser Leben damals schien uns eine Gnadenfrist. Ich weiß noch genau, daß wir uns in der Schule weigerten, im März und April, Aufgaben zu erledigen, zu lernen, weil es uns sinnlos, zwecklos schien: war der Krieg erst beendet, war alles Gelernte, davon war jeder überzeugt, für die Katz.

Dann ging es plötzlich ganz schnell. Am 16. April setzte der »Iwan«, wie man damals sagte, über die Oder. Ununterbrochen war seither das dumpfe Grollen des Schlachtenlärms zu hören, immer lauter, immer näher. Tieffliegerangriffe, während man vor den Geschäften in langen Schlangen wartete. Bis zuletzt kein Plündern, aus Angst; vor der Droste-Schule sah ich eine Frau angebunden, mit einem Schild um den Hals, daß sie Volksgenossen bestohlen habe. Später sah man erhängte Soldaten, gleichfalls beschildert: sie seien zu feige gewesen, ihre Familien zu verteidigen. Es half alles nichts mehr. Am 24. April abends, der letzte Soldat im Keller: »Wir ziehen ab. In einer halben Stunde werden die Russen da sein.« – Keiner spricht. Größere Angst als in jener unendlichen Wartezeit zwischen den Fronten, den Welten, kann niemand haben vor dem Ungewissen, dem allzu Gewissen. Die ersten Soldaten, Kampftruppen, das ging noch. Aber dann. Wo sich bloß verstecken? Wohin mit den Müttern, den Schwestern? Nirgendwo ist es sicher; am ehesten noch, wenn wir dicht beisammen bleiben. Mehrfach hinter das Haus geführt, an die Wand gestellt, mit erhobenen Armen, es wurde gezielt, auch geschossen, am Ohr vorbei. Warum? Weil man mich, so lang, wie ich war, für einen Soldaten hielt? Oder auch nur, weil ich keine Uhr herauszurücken hatte? Oder eben nur so? Wer weiß.

Plünderung. Lastwagen, übervoll beladen, auch Möbel, Radios, Stehlampen; es quillt aus Koffern und Kisten heraus. Auf der Straße verstreut Pelzmäntel, Fotoapparate, ganze Bündel großes Geld. Niemand hebt etwas auf. Warum auch? Es wird ja doch gleich wieder weggenommen werden, und der Gipfel der Sinnlosigkeit wäre es, die Geldscheine einzusammeln, die jetzt, nach dem Ende unserer Zeitrechnung, nur noch bedrucktes Papier waren – dachte ich, dachten alle. Niemand ahnte, daß dieses Buntpapier, das noch nach Wochen draußen herumlag, bis 1948 weitergelten würde.

Tote deutsche Soldaten auf den Straßen. Erst nach Tagen wage ich mich während der Dämmerung in die Nähe, um ihre Papiere an mich zu nehmen, damit man später die Familien benachrichtigen kann. Viele, viele Selbstmorde in der Nachbarschaft; die Leichen werden – es ist ja Sommer – in den Gärten vergraben. Keineswegs nur Nazis. Viele Verzweifelte. Unser Zahnarzt mit der ganzen Familie; das Gift reichte nicht, die jüngsten Kinder wurden in der Badewanne ertränkt. »Vom unübersehbaren Heer unserer Toten« sprach Pfarrer Heyden – oder war es Dilschneider? – beim ersten Gottesdienst in der fensterlosen, dachlosen, bis auf die Straße vollen Paulus-Kirche. Und doch spürte man an diesem Tage leise Hoffnung in der groß gewordenen Gemeinde, Dankbarkeit für wunderbare Errettung, Vertrauen auf einen neuen Anfang.

Es war ein neuer Anfang, war wie am Anbeginn der Welt, als die Erde wüst und leer gewesen war, Gott aber das Licht von der Finsternis geschieden, Pflanzen und Tiere und zuletzt den Menschen geschaffen hatte. Wir alle waren neue Menschen, wie neu geboren. Wer es nicht miterlebt hat, kann es kaum nachfühlen, wer es miterlebt hat, kann es nicht vergessen. Er wird sein Leben lang immer wieder eine stille Dankbarkeit für all die Dinge empfinden, die nachfolgenden Generationen selbstverständlich scheinen, aber es eben doch keineswegs sind: nie Hunger haben, immer ein richtiges Dach über dem Kopf, warm anzuziehen und Heizung im Winter, ein ruhiger Nachtschlaf, Frieden, Sicherheit, kein amtlich geförderter Fanatismus – gar nicht zu reden von dem, verglichen mit damals, einfach märchenhaften Wohlstand, der inzwischen über alle bei uns im Westen gekommen ist. Kein einziger von uns hätte das, was wir erreicht haben, vor dreißig Jahren auch nur entfernt für denkbar gehalten. Wir sollten uns vielleicht ab und an unseres Ausgangspunktes erinnern, jener Stunde Null einer neuen Schöpfung. Wer das Gestern vergißt und verdrängt, wird vom Ansturm der Gegenwart übermäßig verwundbar. Ihm fehlen Vergleichsmaßstäbe. Sorgen und Ängste des Tages werden dann übermächtig.

Schon im Sommer 1945 gab es immer wieder Rückfälle in die Angst; der Schock wirkte nach. Einmal stürzten wir aus der Schule nach Hause, atemlos: »Die Mongolen kommen!« Wir rissen alles, was wir noch an Wäsche hatten, aus den Schränken, knüllten es, traten darauf herum, warfen es in den Schmutz, in die hinterste Kellerecke, damit niemand auf den Gedanken käme, es uns doch noch wegzunehmen. Alle Angst umsonst; die Mongolen waren ein Gerücht.

Lange schienen auch die Amerikaner eins zu sein. Dann trafen sie doch noch ein, zunächst nur drei, Anfang Juli, mit einem Jeep, standen vor dem Rathaus, rosig, rundgenährt, pralle Hintern in knappen Hosen, geistesabwesend wiederkäuend, wie es uns schien, dem großen, respektvollen Kreis Neugieriger, die wir auf das Gerücht dieser Ankunft hin in Windeseile zusammengelaufen waren und leise unsere Beobachtungen austauschten. So sahen also die berühmten Amis aus. Würden sie sich gegen die Russen in den Westsektoren durchsetzen? Das schien uns lange fraglich. Würden sie auf Dauer bleiben? Kaum. Anfang Juni 1945 hatte Margret Boveri in ihrem Tagebuch notiert:

»J. [Joachim Schwelien] erklärte mir, er sei Kommunist, aber deutscher Kommunist. Das hinderte ihn nicht, mich davor zu warnen, nach dem Einzug der Westalliierten mit diesen zusammenzuarbeiten. Das werde nämlich denen, die westlich kollaborierten, schlecht bekommen, sobald die Sowjets in Berlin wieder allein herrschten . . .«

Anfang August, also zwei Monate später, heißt es bei Margret Boveri:

»Der jetzige Eindruck ist, daß . . . [die Russen] alles tun, um den Engländern und Amerikanern hier das Leben schwer zu machen mit dem Ziel, dieselben aus Berlin herauszuekeln . . . Die Frage, ob sich die Amerikaner wirklich hier hinausekeln lassen werden, spielt natürlich in unseren Gesprächen über Ost und West eine große Rolle. Wir sammeln . . . Indizien. Einerseits, daß es im angelsächsischen Charakter liegt, vor solcher Behandlung nicht weich, sondern störrisch zu werden, andererseits, daß alle Amerikaner nur den einen Wunsch haben, möglichst schnell nach Hause zu kommen, oder die Tatsache, daß ein sehr komplizierter, schwer beweglicher Apparat, der schon von Frankfurt nach Berlin unterwegs war, aufgehalten wurde, offenbar, weil man fürchtete, ihn im Falle einer Krise nicht rechtzeitig fortschaffen zu können.«

Für Margret Boveri sah es also zunächst eher nach einem baldigen Rückzug der Amerikaner aus. Lange blieb die Lage unübersichtlich. Aber als drei Jahre später die große Krise um Berlin kam, die Blockade, zeigte sich, wie sie richtig vermutet hatte, daß Angelsachsen in solchen Situationen tatsächlich »störrisch« werden. Westalliierte und Deutsche waren 1948 in Berlin zum ersten Male und ganz handfest gegenseitig aufeinander angewiesen. Gemeinsam bestand man die Probe. Sie bedeutete, weit über Berlin hinaus, einen Umschwung der Gefühle auf beiden Seiten; sie schuf eine Bindung zwischen den Gegnern von gestern, zwischen Siegern und Besiegten. Die Erfahrung einer Notwendigkeit gemeinsamen Handelns nahm das Westbündnis der späteren Bundesrepublik vorweg. Nunmehr begann die Rückkehr der Deutschen in den Kreis der westeuropäisch-atlantischen Völker. Am 8. Mai 1949, dem vierten Jahrestag der Kapitulation, verabschiedete man in Bonn das Grundgesetz, die Verfassung der neuen Bundesrepublik Deutschland.

(3) *Marion Gräfin Dönhoff*
Flucht über die Weichsel

Marion Gräfin Dönhoff wurde 1909 in Friedrichstein/Kreis Königs-
berg/Ostpreußen geboren; nach dem Studium der Volkswirtschaft in
Frankfurt am Main und Basel leitete sie mehrere landwirtschaftliche
Großbetriebe in ihrer Heimat. 1946 trat sie in die Redaktion der Wo-
chenzeitung *Die Zeit* ein, deren liberales Profil sie seitdem (ab 1968 als
Chefredakteurin, ab 1973 als Herausgeberin) maßgebend bestimmte.
Ihr Buch *Namen, die keiner mehr kennt,* Erinnerungen an Ostpreußen,
erschien 1962. Der nachfolgende, hier gekürzte Abschnitt daraus wurde
in der *Zeit* am 14. 9. 1962 veröffentlicht.

Man hatte sich damals so daran gewöhnt, mit dem Krieg und den
Absurditäten der Nazis zu leben, daß man, ohne es eigentlich
recht zu merken, auf zwei verschiedenen Ebenen dachte und
handelte. Zwei Ebenen, die sich ständig ineinander verschoben,
obgleich eine eigentlich die andere ausschloß. So wußte ich zwar
seit Jahren (nicht erst seit Ausbruch des Krieges, sondern seit ich
in Frankfurt studierte, damals, als jener die Macht ergriff), daß
Ostpreußen eines Tages verloren sein würde. Und doch lebte
man so, als ob . . . als ob alles so weiterginge, als ob alles darauf
ankäme, den Besitz wohlbehalten und verbessert an die nächste
Generation weiterzureichen. Bei jedem Haus, jeder Scheune, die
wir bauten, bei jeder neuen Maschine, die angeschafft wurde,
pflegten wir Geschwister untereinander zu sagen: »Die Russen
werden sich freuen.« Obgleich man also von der Sinn- und Zu-
kunftslosigkeit des Ganzen überzeugt war, wurde die Gegenwart genauso wichtig genommen wie je. Man konnte außer sich
geraten über einen unzweckmäßig ausgeführten Bau, eine un-
korrekte Abrechnung, ein schlecht bestelltes Feld.

Seit Monaten wußten wir, daß der endgültige Abschied nun
unmittelbar bevorstand. Aber als drei Tage vor dem Aufbruch
meine Schwester mit Mann und Schwiegersohn, die für einen
kurzen Urlaub zu Hause waren, aus der Nachbarschaft herüber-
kamen, da wurden die Schlitten angespannt, und wir fuhren auf
Jagd. Einen ganzen Nachmittag lang glitten wir lautlos durch
den frisch verschneiten Wald, spürten die Dichtungen ab, fuhren
durch den hohen Bestand von einem Revier zum anderen. Über-

all frische Fährten: Damwild, Hasen, ein starker Keiler. Nur um den Keiler ging es an diesem Nachmittag, so, als wäre dies eine Jagd wie eh und je. Und als schließlich ein Damspießer »angeschweißt« worden war, wurde eine stundenlange sachgerechte Suche veranstaltet, so als verbluteten nicht Zehntausende deutscher und russischer Soldaten jeden Tag im Schnee und Eis dieses erbarmungslosen Winters. [. . .]

Doch zu unserem Aufbruch und der Flucht: Auch ich hatte schnell, was mir am unentbehrlichsten schien, in einen Rucksack zusammengepackt: etwas Kleidung und ein paar Photographien und Papiere. Eine Satteltasche mit Waschsachen, Verbandszeug und meinem alten spanischen Kruzifix lag ohnehin fertig gepackt stets griffbereit. Trudchen, meine Köchin, hatte schnell noch Abendbrot gemacht, das wir gemeinsam verzehrten, auch die beiden Sekretärinnen stießen dazu.

Wir aßen also noch rasch zusammen: wer weiß, wann man wieder etwas bekommen würde . . . Dann standen wir auf, ließen Speisen und Silber auf dem Tisch zurück und gingen zum letztenmal durch die Haustür, ohne sie zu verschließen. Es war Mitternacht.

Draußen hatte sich inzwischen der Treck formiert. Ich lief in den Stall, machte mein Reitpferd fertig, von dem ich wußte, daß es allen Strapazen gewachsen sein würde, und trug dem Kutscher auf, meine sehr geliebte Draulitter Schimmelstute an seinen Wagen anzuhängen. Aber der Alte hatte diesen Auftrag in seiner Aufregung vergessen, und so blieb sie zusammen mit allen anderen Tieren zurück.

Bis Preußisch-Holland waren es von Quittainen nur elf Kilometer. Eine gute Stunde Fahrzeit, so rechneten wir normalerweise. An diesem Tag brauchten wir sechs Stunden. Die Straßen glichen spiegelblankem Eis, die Pferde rutschten, das Coupé, in das wir zwei Kranke verladen hatten, stand dauernd quer zur Fahrtrichtung. Aus allen Nebenstraßen kamen sie gequollen und verstopften die Kreuzungen, und einen Kilometer vor der Stadt kam alles endgültig zum Stillstand. Wir standen über zwei Stunden, ohne auch nur einen Zentimeter vorzurücken. Schließlich ritt ich in den Ort, um einmal zu sehen, was dort eigentlich los sei. Auch interessierte mich sehr, was wohl die braunen Funktionäre, die noch vor drei Tagen alle Fluchtvorbereitungen für Defaitismus gehalten und schwer geahndet hatten, was sie jetzt wohl täten.

Ich wand mich durch die Fülle der Wagen und Menschen hindurch zur Kreisleitung der NSDAP. Alle Türen standen offen, verkohltes Papier wirbelte in der Zugluft umher. Auf dem Boden lagen Akten. In keinem Zimmer saß jemand. »Die sind natürlich als erste weg, die Schweine«, sagte ein Bauer, der gleich mir dort herumstöberte. Ja, sie waren weg. Und bald würden sie gottlob alle weg sein. Aber welch ein Preis? Wie vieles wäre uns erspart geblieben, wenn der 20. Juli vor sechs Monaten geglückt wäre, so mußte ich denken.

Die Stadt wirkte wie eine blockierte Drehscheibe: von zwei Seiten waren die Trecks hereingefahren, hatten das Ganze verstopft, und nun ging es weder vor noch zurück. Ich ging zur Post, und siehe da, die gute alte Post funktionierte noch. Während draußen das Chaos an ihre Mauern brandete, die »Führer« das Weite gesucht hatten, saßen die alten Angestellten auf ihren Plätzen und taten ihr Bestes.

Ich konnte sogar noch mit Friedrichstein telephonieren, das 120 Kilometer weiter östlich, jenseits Königsbergs, lag. Dort war die Situation normal, von jener abnormen Normalität, die unser Leben schon so lange charakterisierte. Jedenfalls hatten die dort noch keinen Räumungsbefehl erhalten. Übrigens sollten sie auch nie einen bekommen. Für sie war es ohnehin zu spät. Gerade zu der Zeit, als ich telephonierte, stieß die russische Panzerspitze 25 Kilometer vor uns von Süden zum Frischen Haff durch. Ostpreußen war abgeschnitten und für die, die nicht wie wir in den westlichen Grenzkreisen saßen, erübrigte sich daher der Räumungsbefehl. Ihnen blieb nur noch der Weg über das zugefrorene Haff.

Als ich nach zwei Stunden wieder bei unserem Treck anlangte, waren die Leute schon total erfroren und verzweifelt. Es waren 20 Grad Kälte. Auch Herr Klatt hielt dieses Unternehmen für völlig zwecklos. »Wenn wir doch unter die Russen fallen, dann schon lieber zu Haus« – das war so etwa die Formel, auf die sich alle geeinigt hatten. Und noch etwas anderes hatten sie alle miteinander inzwischen beschlossen: daß ich versuchen sollte, mit meinem Pferd nach Westen durchzukommen, denn mich würden die Russen bestimmt erschießen, während sie selber nun eben in Zukunft für die Russen die Kühe melken und die Scheunen ausdreschen würden. Wie irrig die Vorstellung war, daß den Arbeitern nichts geschehen würde, ahnten damals weder sie noch ich.

Kein großer Abschied. Ich bestieg rasch meinen Fuchs, überlegte nur einen Moment, was ich mit dem Handpferd tun sollte. Es war eine derbe, aber sehr gut gezogene schwarzbraune Vierjährige vom Kormoran aus einer Parzival-Stute, und ich hätte sie gern mitgenommen. Da trat im selben Moment ein Soldat auf mich zu. Er hatte merkwürdigerweise einen Sattel unter dem Arm und fragte, ob er das Pferd reiten dürfte. Also machten wir uns gemeinsam auf den Weg.

Wir sprachen kaum ein Wort miteinander – jeder hatte seine eigenen Gedanken und Sorgen. Den ganzen Tag über ritten wir und waren dabei immer wie in einer »Schlange vor dem Fleischerladen«: vor uns, hinter uns, neben uns Leute, Pferde, Wagen. Hin und wieder sah man ein bekanntes Gesicht oder den Namen eines bekannten Gutes auf einer kleinen Tafel an irgendeinem Wagen baumeln. Hinter dem Städtchen Preußisch-Holland begegneten wir kleinen Handwerkern und Ladenbesitzern, die sich mit einem Handwagen aufgemacht hatten, in dem die Großmutter saß oder auf dem sie ihre Habe untergebracht hatten. Mein Gott, was für Bilder! Und wo wollten eigentlich all diese Menschen hin? Wollten sie sich wirklich Hunderte, vielleicht tausend Kilometer in dieser Weise fortbewegen?

Es war längst Nacht: Wir saßen seit mehr als zehn Stunden zu Pferde und waren noch immer nicht in Elbing. Das Vorwärtskommen wurde immer schwieriger, weil jetzt in unsere Ost-West-Bewegung von Südosten flüchtende Trosse hineinstießen: niedrige Wagen, mit Panjepferden bespannt, die Munition und Gerät beförderten; später auch Panzer, die alle Flüchtlingsfahrzeuge erbarmungslos in die Chausseegräben drängten, wo dann viele zerbrachen.

Plötzlich hielt uns ein Offizier an, der in der Mitte der Straße stand, wie ein Fels im Fluß, und nach flüchtenden Soldaten Ausschau hielt. Er hatte trotz der Dunkelheit erkannt, daß mein Begleiter Uniform trug. »Was, Urlaub? Das gibt's nicht mehr.« Auch meine Bemühungen, ihn zu überreden, waren vergebens. Der Soldat mußte absteigen, verschwand im Dunkeln, und ich stand plötzlich da mit meinem Handpferd, das sich wie ein Kalb, das zum Schlächter geführt werden soll, ziehen ließ. Gar nicht daran zu denken, daß ich mich tagelang so würde fortbewegen können. Ich war recht ratlos: stehenbleiben konnte man nicht, vorwärts wollte die Stute nicht. Da hörte ich plötzlich in der

Dunkelheit meinen Namen rufen, blickte in das Menschengewühl und sah drei Quittainer, darunter Georg, den 15jährigen Sohn unseres Forstmeisters. Sie hatten sich per Rad aufgemacht. *Qu'elle chance.* Org mußte sein Rad an einen Chausseebaum stellen und erklomm die Schwarzbraune.

Wir hatten ausgemacht, alle vier zusammen Rast zu machen auf einem Hof, den ich kannte, kurz vor Elbing. Dort trafen wir uns. Die Besitzer waren schon weg und Militär im Hause. Nach ein paar Stunden Ruhe wurde es mir ungemütlich: die von Südosten kommenden Trosse waren so sehr eilig gewesen. Es war zwei Uhr morgens. Ich weckte die anderen, schraubte den beiden Pferden neue, scharfe Stollen unter, ohne die man sich bei dieser Glätte gar nicht fortbewegen konnte, und ging zu dem Telephonisten, den ich bei der Ankunft in einer improvisierten Schreibstube hatte sitzen sehen, um etwas über die Lage zu erfahren. »Was, Sie sind noch hier? Sie müssen sofort weg. Wir haben eben Befehl bekommen, die Brücke zu sprengen. Machen Sie rasch, daß Sie noch drüber kommen.«

Wieder eisig kalt. Und wieder die »Schlange«, in die wir uns einreihten. Und nach 18 Stunden wieder ein paar Stunden Schlaf, aus dem ich durch eine Stimme geweckt wurde, die laut und monoton rief: »Alle raus, die Russen sind in . . .«

Wir hatten dieses Dorf, dessen Name mir entfallen ist, als letztes passiert, ich wußte also, daß es nur drei Kilometer entfernt war. Es war der Bürgermeister, dem das Haus gehörte und der eben diese Nachricht bekommen hatte. Ich weckte Org, und wir versuchten gemeinsam, die Soldaten wach zu bekommen, die im Vorraum auf dem Fußboden schliefen – vergeblich. [. . .]

Und so ging es tagelang – wochenlang. Von rechts und links stießen immer neue Fahrzeuge, immer mehr Menschen hinzu. Und nicht nur hier im Nordosten; schon seit dem vergangenen Herbst die gleichen Bilder im Südosten Deutschlands: Trecks und wieder Trecks. Aus Bessarabien, dem Banat, aus Siebenbürgen und der Batschka, aus uralten deutschen Siedlungsgebieten wälzten sich die Elendszüge westwärts. Die Heimat hinter ihnen brannte, und wer sich zu bleiben entschlossen hatte, den hatte sein Schicksal längst ereilt. 700 Jahre Geschichte auch in Siebenbürgen ausgelöscht . . .

Nogat und Weichsel lagen hinter uns, und ich hatte geglaubt, daß man hier erst einmal würde verweilen können. Endlich ankommen – ein erlösender Gedanke. Wir ritten durch das Parktor den etwas ansteigenden Weg zum Schloß hinauf. Oben vor dem Hauptportal stand ein Trecker und zwei große Gummiwagen, hoch bepackt mit Kisten. Also sind schon andere Trecks hier eingekehrt, dachte ich: hoffentlich ist noch Platz im Hause. Aber zu meiner größten Überraschung erfuhr ich, daß dies kein ost-preußisches Fluchtgepäck war, sondern vielmehr das Bismarck-sche Archiv, das evakuiert werden sollte. Also auch hier Auf-bruch. Und ich hatte immer geglaubt, hinter der Weichsel gäbe es Ruhe!

Als wir endlich kurz vor Stettin angelangt waren, schoß es so stark und, wie mir schien, so nah, daß ich nicht versuchen wollte, durch diese Mausefalle hindurchzugelangen – wir beschlossen, was viele Trecks taten, ganz herauf an die Küste und über die In-seln Usedom und Wollin zu reiten und dann durch Vorpommern und die Mark.

Einmal schlossen wir uns drei Offizieren an, die sich in der Gegend auskannten und auf Nebenstraßen zu einem Ziel streb-ten, in dessen Nähe auch ich wollte, weil ich dort einen Teil mei-ner Familie zu finden hoffte. Endlich den großen Treckstraßen entronnen, und durch die anderen Pferde animiert, schafften wir in drei Tagen 150 Kilometer.

Selten hatte ich auf einen Moment so zugelebt, wie auf das Wiedersehen mit meiner Schwägerin und den Kindern. Auch freute ich mich seit Wochen darauf, endlich einmal baden und andere Sachen anziehen zu können, denn meinen Rucksack hatte ich schon am zweiten Tag nach dem Aufbruch preisgegeben – weil er sich als zu hinderlich erwies. Aber nun stellte sich heraus, daß die Familie seit drei Tagen weg war. Aufgebrochen, geflüch-tet. Ich konnte es gar nicht fassen, daß man in der Gegend von Prenzlau flüchten mußte. Und wo würden eigentlich alle diese Menschen bleiben? Wovon leben?

Also ging es wieder weiter – ›ankommen‹, das war offenbar eine Vokabel, die man aus seinem Wortschatz streichen mußte. Es ging weiter durch die Mark, durch Mecklenburg, Niedersach-sen nach Westfalen. Drei große Flüsse, die einmal unser östliches Deutschland charakterisierten, hatte ich überquert: Weichsel, Oder und Elbe. Bei Vollmond war ich aufgebrochen, inzwischen war Neumond, wieder Vollmond und wieder Neumond gewor-den.

Im tiefsten Winter war ich zu Haus vom Hof geritten, als ich schließlich bei Metternichs in Vilsebeck in Westfalen ankam, war es Frühling. Die Vögel sangen. Hinter den Drillmaschinen staubte der trockene Acker. Alles rüstete sich zu neuem Beginn. Sollte das Leben wirklich weitergehen – so als sei nichts passiert?

(4) *Reinhold Schneider*
Das Unzerstörbare

Reinhold Schneider, 1903 in Baden-Baden geboren, also bei Kriegsende
42 Jahre alt, hatte sich nach einer Tätigkeit als kaufmännischer Angestellter und längeren Auslandsreisen 1933 in Potsdam als freier Schriftsteller niedergelassen; seit 1938 lebte er in Freiburg. Gegen Ende der nationalsozialistischen Herrschaft war er wegen Hochverrat angeklagt
worden. In dem 1949 herausgebrachten *Autorenlexikon der Gegenwart*
von Karl August Kutzbach wird besonders hervorgehoben, daß Schneider im Dritten Reich sich zunehmend als »Seelsorger« verpflichtet gefühlt habe; er ließ seine religiösen Betrachtungen, Sonette, Erzählungen
und Predigten in privaten Abschriften, zum Teil auch über geistliche
und religiöse Organisationen, zu Hunderttausenden verbreiten und vor
allem zu den Soldaten gelangen. Die autobiographische Prosa *Verhüll-
ter Tag* (1954) und *Winter in Wien* (1958) offenbarte Schneiders tiefen
Pessimismus; gläubiger Katholik auf der einen Seite, erspürte er auf der
anderen »Christi kosmische und geschichtliche Verlassenheit«. Kurz
nach dem Wien-Aufenthalt (November 1957–1958) ist Schneider gestorben. »Endlich geben es die blindwütigen Schmerzen auf, mich zu attackieren; sie sind müde wie ich; bald schlafen wir ein: wir, die Schmerzen und ich, schlafen zusammen; wir werden uns nicht mehr voneinander trennen.« – Der folgende Text stammt aus dem Buch *Das Unzerstörbare*, Freiburg im Breisgau 1945, S. 3–13.

Die Jugend betritt ein Trümmerfeld, auf dem sie ihr Leben bauen
soll; Schmerz und Scham müssen sie bewegen, vielleicht auch der
Groll auf die Väter, die ihr diese verwüstete Welt vererbt, sie ihr
bereitet haben. Nur einige Wünsche werden sich erfüllen lassen;
die Weiten, auf die der Mensch ein natürliches Anrecht hat, sind
verschlossen; das Leben im Reich des Geistes wird auf das bitter-
ste erarbt, erlitten werden müssen. Es wäre ebenso töricht wie
unheilbringend, sich die Härte der Wirklichkeit im mindesten zu
verschleiern, verbirgt sich in dieser Wirklichkeit doch eine Gnade. Die Jugend muß nicht mehr aus Träumen gerüttelt werden,
sie ist wach: so furchtbar ist die Erde, überdeckt von Gräbern
und Trümmern, von Schuld, die zu verschweigen Feigheit wäre.
Ein männlicher Sinn stellt sich der Schuld, sucht sie zu ergründen
und zu verstehen. Vielleicht möchte sich die Jugend dagegen
verwahren, daß sie diesem dunklen Wort, dem Faust erst an sei-

nem Ende nicht mehr ausweichen konnte, in der Morgenfrühe begegnet. Aber das Wort ist da und bestimmt die gegenwärtige Wirklichkeit, in der die Forderung nach dem Einsatz der Jugend liegt.

Napoleon hat einmal gesagt: »Für die Kollektivverbrechen ist niemand haftbar.« Wir denken nicht so –: es ist unser letzter Stolz, daß wir nicht so denken. Ist der Name einer Familie, eines Volkes belastet, so ist jeder Einzelne, der dieser Familie, dem Volke angehört, aufgerufen, sich einen neuen, reinen Wert zu erringen. In diesem Aufgerufensein kann der große erhebende Gehalt eines Lebens liegen. Wir weichen auch dem Worte »Sühne« nicht aus. Wer sühnen will, hält sich einer Sache wert. Er weiß, daß ihm etwas Unverlierbares zu eigen ist: das, was die Heilige Schrift »die Krone« nennt. Ohne die Krone, das Bewußtsein, Gott anzugehören, sein Ebenbild zu sein, kann der Mensch nicht leben. Es ist das spezifische Zeichen der abgelaufenen Zeit, daß sie dem Menschen seine Krone nehmen wollte. Eine Macht war heraufgekommen, die den Menschen haßte, wie er vielleicht noch nie gehaßt worden ist; hinter Greueln und Leiden birgt sich diese dämonische Sucht, den Menschen zu erniedrigen, ihm den Adel seiner Freiheit und seines Erwähltseins zu entreißen und ihn einer Bestimmung zu unterwerfen, die Menschen unter der Gewalt des Dämons erdacht haben, und der sich der Mensch nimmer beugen darf. Es ist auch unser Stolz, uns, was die Schuld betrifft, vorerst auf uns selbst zu beschränken und nicht etwa zu sagen, daß auch andere schuldig seien. Dieses »auch« ist ein kindisches Wort. Gewiß wird keine Schuld begangen, deren Ursprung sich nicht in der Welt verzweigt. Aber in dem »auch« ist keine Haltung, und auf sie kommt es an. Sühne ist die Haltung dessen, der sich seiner Würde, ob sie auch verletzt ist, bewußt bleibt und sie wieder gewinnen will. Wer in die Zusammenhänge der Schuld gestellt ist und nicht sühnt, gibt seine Würde endgültig auf.

Es kann im Leben eines Volkes eine Phase eintreten, da Sühne die einzig mögliche Haltung und damit die geschichtliche Tat dieses Volkes ist. Ein Volk, das sich zu einer einheitlichen Haltung entschlossen hat, ist eine Persönlichkeit in der Geschichte; ein Volk ohne Haltung ist nichts. Eine Persönlichkeit kann nicht übergangen werden; man wird ihr antworten müssen. Ein Gewissen, das wirklich erschüttert worden ist, weckt die Gewissen auf. Die geschehene eigensüchtige Erniedrigung des Menschen gründet in der Tiefe des Abfalls, der Kälte, der Dämonie; es mußte ein weiter Weg durchmessen werden, bis sie aus dieser Grundsätzlichkeit sich ereignen konnte. Das redliche Geständnis der Schuld und Mitschuld, der feste Wille zu sühnen, zu reinigen bleiben gewiß nicht allein, solange noch Menschen guten Willens auf Erden sind; können wir doch auch im eigenen Leben kein Schuldbekenntnis anhören, ohne eigener Schuld innezuwerden und sie auszusprechen. Tragende sühnende Geduld ist die Kraft, die des schwersten Leidens mächtig wird. Insofern ist dem, der die Schuld ergreift und sie in Wahrheit zu seinem Anliegen macht, ein Wort vorbehalten, das weiter in die Zukunft dringt, das geschichtsträchtiger ist als das Wort der Ankläger. Nur wer sich bekehrt, hilft mit zur Bekehrung der Welt. Vom Gewandelten gehen wandelnde Kräfte aus. Und daß die Welt, über die ein Gericht ohne Beispiel gekommen ist, sich wandeln muß, und zwar aus dem Innersten, steht wohl nicht mehr in Frage.

Wie, wenn es die große Gnade, das große Recht der Jugend wäre, das Wort dieser Wandlung zu sein: wenn ihre geschichtliche Bestimmung wäre, zu sagen, daß sie sich von der Erniedrigung des Menschen im Namen toter, vergötzter Macht und von allen Lehren, die zu dieser Erniedrigung geführt, ohne jedes Zugeständnis scheidet? Eine solche Aussage kann nur ein Dasein und Wirken, ein *Dartun* der eigentlichen, von Gott empfangenen, demütig und stolz in Verwaltung genommenen Würde sein. Diese Würde ist unveräußerlich, aber ihre Behauptung kann alle Opfer bis zum Opfer des Lebens kosten. Es ist das Große der vergangenen Jahre, daß einige Wenige dieses Opfer erbracht haben. Diese Toten haben die Jugend in Pflicht genommen. Sie ist verantwortlich dafür, daß der Wert des Opfers dem Volke erhalten werde. Im Leben und Sterben solcher Bekenner kündigte sich eine neue Macht Jesu Christi an – tief in einer Welt und Ära, die ihn beharrlich verleugnete. Höher konnte der Mensch nicht erhoben werden als durch die Menschwerdung Gottes. Die Menschenwürde, die aufs neue gelebt werden soll, ist die Ebenbildlichkeit Jesu Christi, der Widerschein seiner Krone.

Dies ist der große Inhalt des Daseins und Strebens, der auf gar keine Weise verloren noch erstickt werden kann. Das Bekenntnis zur Freiheit in Christus kann und muß überall getan werden.

Und erst wenn der Entschluß dazu unwiderruflich gefaßt ist, könnte die Gestaltung des äußeren Lebens erwogen werden. Dieses Äußere kann ja nur Folge der Bindung an Christus sein, den eigentlich Mächtigen dieser und aller Zeit. Die Jugend, die vor einem Menschenalter vor dem ersten Zusammenbruch stand, hätte den Entschluß fassen müssen, der heute gefaßt werden muß. Aber es ist nicht mit der ganzen Kraft einer Generation geschehen. Vielleicht wäre es leichter gewesen als heute; vielleicht ist die große Forderung heute noch in höherem Grade einsichtig geworden. Denn die dazwischen liegende Zeit ist wahrlich nicht vom Herrn verloren worden, sondern von seinen Feinden und den Lauen unter seinen Bekennern. Inzwischen ist kein Ausweg mehr offen, nur ein Für und Wider: der Glaube daran, daß der Mensch zum Bruder des Gottmenschen erhoben wurde und als solcher sich bewähren muß in der Geschichte; oder der Glaube, daß der Mensch dienstbar ist von Menschen gesetzten Zwecken. Aber wir dürfen uns nicht täuschen: der Mensch kann den Menschen nicht als Werkzeug gebrauchen. Erhebt er diesen Anspruch, so verfällt er einer dämonischen Macht. Was Gottes ist, kann nicht des Menschen Eigentum sein; unweigerlich muß er seine Zuflucht nehmen zum Dämon, der wenigstens über den Schein übermenschlicher Macht verfügt. Und wie der erlöste Mensch vor Gott mehr als der Engel ist, so stürzt der zur Erlösung Berufene, der sich abwendet, unter den Teufel hinab.

Diese Wahrheit und ihr Entweder-Oder sind das Gnadengeschenk der Geschichte an die Jugend. Wie nach einem entsetzlichen Gewitter ist alles klar und greifbar geworden. Die Gipfel leuchten in herrlicher Reinheit; die Schluchten verhüllen sich nicht. Was vor dieser großen Landschaft noch an Erbe geblieben, ist vielleicht nicht allzuviel. Des Mitnehmens wert ist nur, was lebendig in die Entscheidung hineinwirkt. Die Trümmer sprechen eine unwiderlegliche Sprache. Wo so viele Denkmale untergehen, da ist der Geist getroffen, der sie hervorgebracht oder verwaltet hat. Er mag zuletzt ein schlechter Verwalter gewesen sein, was geheiligte Güter angeht; dann soll ein neuer Geist Wächter des in Wahrheit Heiligen sein. Aber die geistige Form, die auf Weimar und Königsberg gegründet war, ist endgültig erschüttert. Es war die Lebensform des Bürgertums geworden. Wir möchten ihm nicht das billige Unrecht zufügen, das zumeist an Sterbenden und Toten geschieht. Echtes Feuer, echte Liebe, echte Menschlichkeit und der redliche Fleiß der Geschlechter sind ehrwürdig für immer. Aber die Formen, aus denen sie wirken, werden von der Geschichte heraufgebracht und von ihr verzehrt. In unserem Glauben an Christus – aber nur in ihm – können wir frei von beengenden Formen sein. Frei sein, das heißt: nicht zerstören, sondern ohne Vorurteil und Fessel bereit sein für Gottes Anruf. Sollen neue Formen sich bilden, so kann es nur langsam geschehen, nicht nach einem Plane oder gar einer selbstherrlichen Konstruktion des Menschen, sondern aus der Wechselbeziehung zwischen dem Menschen, der sich in der Geschichte zu bewähren sucht, und der Gnade, die über der Geschichte waltet.

In dem letzten Kriege ist wahrscheinlich sehr viel mehr untergegangen, als wir uns irgend vorstellen können; vieles, was noch steht, gleicht den Ruinen der Städte, an denen nichts mehr zu retten ist. Aber wir sollen die Geheimnisse Gottes nicht aufzubrechen suchen. Wir sollen vertrauen. Geschichte ist viel größer und zugleich viel reicher an Geheimnissen, als die Wissenschaft von der Geschichte uns zu lehren vermag. Geschichte ist Gottes Brückenbau über unerhörte Abgründe. Wir müssen über die Brücke gehen. Aber einen jeden Tag wächst sie vielleicht nur um die Länge eines Schrittes. Diesen Schritt müssen wir tun. Die Brücke wird weiterwachsen. Wir gehen in eine andere, eine ganz fremde Welt. Wer unterfängt sich, sie zu beschreiben? Wir sollen im täglichen Leben bestehen, nicht in der Zukunft. Der Entschluß, das Heute zu bestehen vor Christus, ist der Anfang der neuen Form. Es werden nur Christen sein und solche, die wider Christus sind. Aber die Christen sind verantwortlich für alle. Welche Abstufungen fallen, welche noch dauern mögen: das eine ist gewiß, daß wir als Christen untereinander einig, miteinander leben können; daß wir uns als Christen des Lebens und der Welt getrösten, ihrer Herrlichkeit uns freuen dürfen.

Geschichte bricht nicht ab, doch ihre Wandlungen erscheinen wie Untergänge. Darum können wir heute nicht sagen, was von der deutschen Geschichte, dem deutschen Vermächtnis bleibt oder untergeht. Es mag auch Stellen der Brücke geben, die wir nur mit geschlossenen Augen betreten können, um so sicherer im Innern, je unheimlicher alles Äußere ist. Etwas bleibt uns von Weimar und Königsberg: es ist der Glaube, daß vom Geiste her unser Sein und Handeln bestimmt werden muß; daß der Geist in keinem Falle einer Macht von unten dienstbar sein darf. Dieser Glaube war einstmals der Adel unseres Volkes. Aber der herrschende Geist muß ein verehrend erkennender sein, der das Wirkliche geschaut und der Offenbarung sich unterwirft: er darf die Welt nicht bauen, er muß sie annehmen, um sie im Namen der fleischgewordenen Wahrheit zu durchherrschen.

In dieser Zeit ist der Jugend die Gnade erwiesen, daß eine Schuld, die sie nicht begangen hat, der sie sich aber im sittlichen und geschichtlichen Zusammenhange der Welt nicht zu entziehen vermag, ihr den Ort, wo sie steht, schonungslos enthüllt; daß sie frei werden kann von der inneren Versklavung an Mächte und Formen, welche Versklavung um vieles gefährlicher ist als äußere Unfreiheit; daß sie aus ehrlich ergriffener Not ein Wort in die Zukunft rufen kann durch ihr Leben, ihr Opfer, ihren unabdingbaren Entschluß zur Heiligung. Unter einem solchen Entschluß wird ein jedes Werk geheiligt, wird ein jeder Raum zum festgefügten Lebensraum, zwar nicht von Menschen gesichert, aber von der Gnade umschirmt, damit das von ihr aufgerufene Geschlecht seiner Bestimmung in der Geschichte genüge und nicht sich selber lebe, sondern der großen Sache des Herrn. Der Zug ins Große ist einmal das Gepräge des deutschen Geistes gewesen, aber es war ein Zug ins Unbestimmte; der Zug zum fest bestimmten Großen könnte sein neues Gepräge sein.

An die Jugend

Der Väter Schuld will Euern Schritt beschweren,
Verzehret sie zu immer höh'rer Glut!
In Schmach und Elend liegt unsterblich Gut,
Und einzig Gottes Ehre wird Euch ehren.

Tief in Euch selbst kann sich die Welt bekehren.
Entscheidet Euch zum Tod vor Trug und Blut!
Und heiligt Euch! Es ist kein höh'rer Mut,
Als Christi Leben in der Zeit begehren.

Beschützt die Dinge alle! Schaut die Welt
Mit gläub'ger Liebe reinen Augen an:
Ein tausendfältig Leben wird Euch lohnen.

Den Geist löscht nie! Die größte Gnade fällt
Auf Unbefleckte zwischen Schuld und Wahn:
Aus tiefem Dunkel leuchten Eure Kronen.

(5) *Wolfgang Borchert*
Draußen vor der Tür

Wolfgang Borchert wurde nur 26 Jahre alt; am 20. 11. 1947, einen Tag
vor der Uraufführung seines Kriegsheimkehrerstücks (»Ein Stück, das
kein Theater spielen und kein Publikum sehen will«), starb er in Basel.
1921 in Hamburg geboren, war er zunächst Buchhändler, dann Schauspieler; er wurde wegen »staatszersetzender« brieflicher Äußerungen
zum Tode verurteilt, dann aber »zwecks Bewährung« an die Ostfront
verschickt und dort verwundet. Schwerkrank kehrte Borchert nach
Kriegsende nach Hamburg zurück, wo er als Regieassistent und Kaba-
rettist tätig war. (Der folgende Text ist die Einleitung zu seinem Stück
Draußen vor der Tür, Hamburg 1956, S. 8.)

Ein Mann kommt nach Deutschland.
   Er war lange weg, der Mann. Sehr lange. Vielleicht zu lange.
Und er kommt ganz anders wieder, als er wegging. Äußerlich ist
er ein naher Verwandter jener Gebilde, die auf den Feldern stehen, um die Vögel (und abends manchmal auch die Menschen) zu
erschrecken. Innerlich – auch. Er hat tausend Tage draußen in
der Kälte gewartet. Und als Eintrittsgeld mußte er mit seiner
Kniescheibe bezahlen. Und nachdem er nun tausend Nächte
draußen in der Kälte gewartet hat, kommt er endlich doch noch
nach Hause.
   Ein Mann kommt nach Deutschland.
   Und da erlebt er einen ganz tollen Film. Er muß sich während
der Vorstellung mehrmals in den Arm kneifen, denn er weiß
nicht, ob er wacht oder träumt. Aber dann sieht er, daß es rechts
und links neben ihm noch mehr Leute gibt, die alle dasselbe erleben. Und er denkt, daß es dann doch wohl die Wahrheit sein
muß. Ja, und als er dann am Schluß mit leerem Magen und kalten
Füßen wieder auf der Straße steht, merkt er, daß es eigentlich nur
ein ganz alltäglicher Film war, ein ganz alltäglicher Film. Von einem Mann, der nach Deutschland kommt, einer von denen. Einer von denen, die nach Hause kommen und die dann doch nicht
nach Hause kommen, weil für sie kein Zuhause mehr da ist. Und
ihr Zuhause ist dann draußen vor der Tür. Ihr Deutschland ist
draußen, nachts im Regen, auf der Straße.
   Das ist ihr Deutschland.

Reinhard Baumgart, Publizist und Romanautor, ist Angehöriger des Jahrgangs 1929; als der Zweite Weltkrieg ausbrach, war er mithin 10 Jahre (Wolfgang Borchert 18 Jahre) alt. Baumgarts Text, erstmals in der *Süddeutschen Zeitung* vom 27./28. März 1971 veröffentlicht, stand unter dem Motto: »Wiedergelesen nach 25 Jahren«.

Von Borchert zu Handke, das hat gut zwanzig Jahre gedauert, zwanzig Jahre Geschichte und Literaturgeschichte, und wer die Zeitspanne etwas entschlossener, lauter »fast ein Vierteljahrhundert« nennt, macht den Abstand schon deutlicher. Wolfgang Borchert, das war damals, 1947, tatsächlich unser Peter Handke: Er drückte uns aus, glaubten wir, er war unser veröffentlichtes Bewußtsein. Hätte damals jemand bewiesen, wie heute an Handke bewiesen wird, daß auch Borchert literarisch sehr unbefangen aus zweiter oder dritter Hand lebte – uns hätte das nichts bewiesen. Im Gegenteil, auch Borchert hatte damals in jeder Kleinstadt gleich ein paar, die nicht nur lesen wollten, wie er sie ausdrückte, sondern die auch sich ausdrücken wollten wie er sie, Epigonen, wie man solche produktive Leser allzu hochfahrend nennt. Ich also war achtzehn und auch einer.

Kein Wunder, daß dieses Wiederlesen zunächst wie eine Wiederbegegnung mit mir selbst in diesem früheren Zustand war, daß ich dieses frühere Ich am liebsten gar nicht gewesen sein wollte, oder, da es sich gar nicht verleugnen ließ, daß ich ihm gern nur von oben herab und herablassend den schwermütigen, unaufgeklärten Kopf gestreichelt hätte.

Kein Wunder auch, daß ich probeweise und in Gedanken zunächst versuchte, dieses knappe, fragmentarische Borchert-Werk loszulösen aus aller autobiographischen Peinlichkeit, einfach kaltzustellen in der Literaturgeschichte, als eine Spezialität unter anderen und unter diesen keine sehr aufregende, eine ebenso wilde wie welke Nachblüte des Expressionismus – das ließe sich doch nachweisen. Auch hier wieder ein spätbürgerlicher Krieg der Hintergrund für eine neue Weltbeben- und

O-Menschen-Poesie, kosmopolitisch, rhapsodisch, pazifistisch. O Mensch, dieser besonders allein gelassene Eine, steht trotz aller Verlassenheit doch riesig und pathetisch wieder als Denkmal für die ganze Menschheit, zugleich Lazarus und Baal. Auch hier nach einer Geschichtskatastrophe der große Satz aus der Geschichte hinaus ins vage Grundsätzliche. Da soll und kann sehr genau nichts werden. Da würde Reflexion dem poetischen Schwung nur ein Bein stellen. Da wird aus voller kranker Brust nur gesungen.

So einfach ginge das, so halbwahr und falsch wäre es.

Oder, ein anderes Ausweichmanöver: es ließe sich ja auch darüber nachdenken, wie Borchert weitergeschrieben hätte, wäre er nicht 1947 mit sechsundzwanzig Jahren gestorben, und sein letzter Geschichtenband »An diesem Dienstag« könnte dafür als Wegweiser dienen. In diesen Prosastücken fällt eine Knappheit auf, ein so kühler, pointierender Umgang mit dem immer noch gleichen Material, Kriegs- und Nachkriegssituationen, daß während dieser Lektüre unser oder mein allzu eindeutiges Borchert-Bild sich schon verändert und neue und geläufigere Konturen annimmt. So einen weiterlebenden Borchert höre ich vorlesen auf der Gruppe 47, sicher in der Technik und sicher im Engagement, im Vortragston schon heruntergestimmt auf Understatement. Er hat genau da aufgehört, wo Böll und Schnurre um die gleiche Zeit anfingen. Daß sein Pathos der ersten Stunde auch ihm nicht mehr geheuer war, daß sein Geschmack ihn einholen würde, daß auch er die vorher groß zur Schau getragenen Wunden desinfizieren würde mit einem scharfen, grotesken Humor, daß er also auf dem besten Wege war vom »Dichter« zum »Literaten« – alles das läßt sich schon aus seinen letzten Geschichten herauslesen. Ob dieser Fortschritt zum Soliden und Professionellen viel mehr gewesen wäre als ein Einfallen in den Schritt der Hauptkolonne, als einleuchtender Konformismus?

Mein Borchert damals und der eigentliche, so schien mir auch beim Wiederlesen, das war der Autor der Geschichten in »Die Hundeblume« und von »Draußen vor der Tür«, ein Rattenfänger und Rhapsode, dem der volle Griff in die Tasten wichtiger war als Geschmackskontrolle und deutliche Artikulation, der auch einen Weltkrieg entschlossen verinnerlicht hat, ein Zweihundert-Seiten-Autor mit Resonanz bis heute, sicher kein Primus in irgendeiner Klasse der Literaturgeschichte, aber geschlagen und begabt mit einem untrüglichen Instinkt für die Situation, für die er und in der er schrieb.

Ein Rattenfänger, denn jetzt läßt sich als Ideologie greifen, was damals wie Musik nur eingeatmet wurde: Borchert hat seiner Generation, allen im faschistischen Krieg Verbrauchten und Enttäuschten eine wunderbare, wenn auch uneingelöste Entlastung angeboten. Heimkehrer Beckmann bringt in der Schlüsselszene von »Draußen vor der Tür« seinem Oberst *die Verantwortung zurück«,* ein Ödipus hinter der Gasmaskenbrille, der den Vater durchaus erkennt, aber nicht erschlägt, dem die Verantwortung auch keineswegs abgenommen wird. Im Stück wie in den Geschichten, unermüdlich hat Borchert diese Entnazifizierung nur kraft gerechten Gefühls betrieben, den Schuldberg zurückgewälzt auf die ältere Generation, die für ihn nur doppelt schuldig wird dadurch, daß sie Schuld und Verantwortung durchaus nicht tragen will. An den Unschuldigen frißt das Gewissen, die Schuldigen sind gewissenlos – so streng, doch bloß moralisch, so schwarz wie unerforschliches Schicksal liest sich diese erste, diese erfolgreichste »Bewältigung der Vergangenheit«.

Sie wäre uns so glatt nicht eingegangen, hätte sie nicht wie im Handstreich etwas durchaus Richtiges tief empfunden vereinfacht. Denn die anderen, die Gewissenlosen, das waren in Borcherts Szenerien immer die Säulen der bürgerlichen Welt, die Popanze eines nationalistischen Militärs, einer leer gewordenen Kultur, des rücksichtslosen Profitgeistes. Doch zu diesen anderen gehört auch »Frau Kramer, die weiter nichts ist als Frau Kramer, und das ist gerade so furchtbar«. In solchen Tiraden schlägt das Situationspathos der verlorenen Generation schon um in alte, wehe Romantik, in die Aggression des Vaganten gegen die Philister. So wird hier laufend Not umgesetzt in Tugend, gesellschaftliche Heimatlosigkeit geschönt zu Freiheit, ein Zeitkonflikt hochgesungen zu einer Konfrontation mit fast Ewigkeitsanspruch.

Freigesprochen und schuldig geblieben, im Recht, doch auf den Hund gekommen, materiell wie philosophisch – so einladend, offen für jedes Selbstmitleid, hat uns Borchert damals ausgedrückt. Denn egozentrisch blieben alle seine Klagen. Nur die verlorenen Jahre und Bräute, das verpfuschte Gottvertrauen, das zerbombte Hamburg und von allem im Krieg Angerichteten immer nur dessen Abbild im eigenen, wehleidigen Gewissen, das sind die Motive dieser Jeremiade, nie also die Opfer, die dieses deutsche Jahrzehnt irgendwo außerhalb von uns gekostet hat, keine Spur auch vom »SS-Staat«, den Kogon damals zum erstenmal dokumentierte.

So läßt sich aus sicherer Entfernung die Gegenrechnung aufstellen, und zweifellos, gerade, was Borcherts scheinbare Schonungslosigkeit unterschlug, half ihr mit zum Erfolg. Doch ebenso sicher, daß ihm gerade deshalb zugehört wurde, weil er eben nichts nur Gewußtes, Vermitteltes, Dokumentiertes, nichts nur vom Hörensagen niederschrieb, sondern immer nur die eigene, unvermittelte Erfahrung. Noch seine heute durchschaubare Ideologie, noch seine steilsten und krummsten Metaphern sind mindestens eines: authentisch. Auch falsche Gefühle, auch wohltuend falsches Bewußtsein hat er durchaus richtig aufgeschrieben.

Überflüssig also alles geschmackssichere Naserümpfen beim Wiederlesen dieser mit starkem Pedal geschriebenen Texte. Gut, hier ist der Ausdruckswille so unermeßlich wie die Information dünn. Ein Gestus von »Es-verschlägt-mir-den-Atem« gerät dauernd in Widerspruch zum breit und wuchtig dahinrollenden Wortschwall. Herbsüß und füllig wird von einem angeblich verbitterten, ausgemergelten Leben erzählt. Eine verbale Sinnlichkeit greift um sich und findet doch keine genauen Gegenstände, findet zu keinem Realismus.

Doch diese Widersprüche sind keineswegs lächerlich, sondern authentisch. Denn Borchert redet eben nicht nur von und zu einer bestimmten Generation in einer bestimmten historischen Lage, er ist auch und immer noch der Barde einer allgemeineren Stimmung, des pubertären Widerwillens gegen alles sogenannte Erwachsenwerden. Weltekel und Welthunger, beides hat er übertrieben groß geschrieben. Alles, das große Ganze, vom lieben Gott bis zu Frau Kramer, hat er in den Anklagezustand versetzt, um es mit dem nächsten Atemzug wieder als das Ganze, »dieses herrliche süße sinnlose tolle unverständliche Leben« zu umarmen. Hinter aller Frontkämpfer-, Heimkehrerbitternis verbirgt sich deutlich genug Erfahrungslosigkeit, und das nicht nur, wenn von Mädchen und Frauen kaum mehr zum Vorschein kommt als etwas Haut und Lippenstift und Seide, lauter warme Papierworte. Hier schreibt ein Hungerkünstler, Entbehrung war seine Muse. Hunger bläht auf, Hunger macht Phantasie, Hunger macht auch geschmacklos. Ein Hungerkünstler, oder etwas genauer: ein positiver Nihilist, fast das volkstümliche Pendant zu Gottfried Benn.

Er schreibt zum Beispiel: »Einsam hockten die Männer über den Ungewißheiten der kommenden Nacht, und die Stadt summte groß und voller Verführung. Die Stadt wollte Geld oder seidene Strümpfe.« Lesen sich solche Sätze nicht wie in Literatur zurückübersetzter Freddy Quinn, und wäre das ein Verdikt? Borcherts frühe Texte haben tatsächlich den Instinkt von Schlagern, sie haben den Leuten die Bedürfnisse, die Tag- und Alpträume aus dem Kopf gelesen. Sie haben breite und intensive Kommunikation mit einem Publikum erreicht, das sich seitdem mehr und mehr im Stich gelassen fühlt von jener konsequent modernen Literatur, in der in letzter Konsequenz die Maxime gilt: »Statt falscher Kommunikation – gar keine« (Karl Markus Michel).

Volkstümlichkeit – das Wort, ich weiß, ist fast unaussprechlich geworden –, doch in ihr hat Borchert nur in Böll noch einen Nachfolger gefunden. Sein Pathos des historischen und metaphysischen Beleidigtseins ist sicher nicht wiederholbar. Ohne seine wichtigste Qualität aber, ohne dieses genaue Situationsbewußtsein, ohne das Vermögen und den Mut, nur der dröhnende Bauchredner dessen zu sein, was Unzählige unartikuliert bewegt, ist eine Zukunft der Literatur, wenn sie eine haben soll, kaum noch vorzustellen. Genau, was heute so vergangen scheint an diesen Texten, könnte das sein, was erst wieder einzuholen wäre.

Der Weg nach innen

In der 4. Szene von Borcherts Stück *Draußen vor der Tür* wendet sich der »Hungerkünstler« Beckmann auf Arbeitssuche an den Direktor eines Kabaretts. Er singt ihm »das Lied von der sau-/ das Lied von der sau-/ das Lied von der sauberen Soldatenfrau« vor: »Tapfere kleine Soldatenfrau –/ ich kenn das Lied noch ganz genau,/ das süße schöne Lied,/ aber in Wirklichkeit: War alles Schiet! . . .« Der Direktor wehrt ab und fordert »Gelassenheit, Überlegenheit«. »Denken Sie an unseren Altmeister Goethe. Goethe zog mit seinem Herzog ins Feld – und schrieb am Lagerfeuer eine Operette.« (*Draußen vor der Tür*, Hamburg 1956, S. 31 f.) »Anstößigkeit« sollte vermieden werden.

Das geistige Leben in den zerbombten Städten hatte zaghaft, unsicher, konventionell begonnen. In der ersten Phase der Trümmerjahre wurde die kulturelle Tradition so fortgeführt, wie sie vor 1933 vom Bildungsbürgertum, aus dem 19. Jahrhundert übernommen, gepflegt und gehegt worden war: Besinnliche Feuilletons aus literarischen Cafés, die es schon lange nicht mehr gab; gutgemeinte, aufbauende Prosa; Pflege der Klassiker, deren Ideenhimmel gepriesen wird; zeitlose, »ewig packende« Worte über Werte – Lebenshilfe spendend.

»Gerade uns Frauen erwarten neue Aufgaben, denen wir mutig entgegentreten müssen. Nach diesen grausamen Kriegsjahren ist uns kein Ausruhen vergönnt. Wir müssen rührig bleiben und wollen es gern, wenn wir wissen, es hat wieder Sinn zu arbeiten, zu sorgen und zu leben. Für uns – für unsere Lieben!« heißt es in Nummer 1 der mit amerikanischer Lizenz herausgegebenen *Nürnberger Nachrichten* (11. Oktober 1945), einer der ersten (und später größten) Regionalzeitungen. Neben dem zitierten »Gelöbnis der deutschen Frau« findet man in dieser ersten Nummer (sechs Seiten, eine Seite Kultur) einen kurzen Bericht über das Konzertleben in den USA, den Abdruck des Gedichts »Die öffentlichen Verleumder« von Gottfried Keller (ein Gedicht, das hektographiert als Zeichen des Widerstandes im Dritten Reich vielfach zirkulierte), ein Feuilleton von Alfred Polgar, ein paar Verse von Friedrich Georg Jünger, eine Kurzgeschichte aus *Readers Digest*.

Es rührt die Beflissenheit, mit der man daran ging, Kultur nach einer barbarischen Zeit wieder zu etablieren: Nachholbedürfnis, das dann zunächst gar nicht viel Neues entdeckte; wohl aber das Alte, gelöst von Ideologie, neu ansah.

In Nummer 5 der *Nürnberger Nachrichten* wird ein Brief Friedrich Schillers an den Herzog Christian von Augustenburg zitiert: »Wenn also die ästhetische Bildung diesem doppelten Bedürfnis begegnet, wenn sie auf der einen Seite die rohe Gewalt der Natur entwaffnet und die Tierheit erschlafft, wenn sie auf der anderen die selbsttätige Vernunftkraft weckt und den Geist wahrhaft macht, so (und auch nur so) ist sie geschickt, ein Werkzeug zur sittlichen Bildung abzugeben. Diese doppelte Wirkung ist es, die ich von der schönen Kultur unnachläßlich fordere, und wozu sie auch im Schönen und Erhabenen die nötigen Werkzeuge findet.« Solches war nun die Hoffnung: daß die rohe Gewalt der Natur entwaffnet und die Tierheit erschlafft sei und die Schönheit wieder das Werkzeug zur sittlichen Bildung abgäbe. Es war ein Schönheitsbegriff, der noch ohne den »Gerichtstag übers eigene Ich« auszukommen glaubte.

Daß dieser Geist einer (oft als Selbstschutz zu charakterisierenden) beschaulichen Innerlichkeit bald aufgebrochen, für kritische Reflexion geöffnet und von Urbanität durchweht wurde, war im besonderen jenen zu danken, die nun die »Heimkehr in die Fremde« wagten. Die Vertreibung des Jahres 1933 wurde zum großen Strom der Rückkehr. Zunächst kamen die Emigranten gastweise ins zerstörte Deutschland; sahen und ergriffen die Chance einer kulturellen Mitwirkung; bewirkten Anstöße, die der Trümmerzeit ihre geistige Vibration verliehen. Solche Rückkehr war freilich mit vielen Anfechtungen und Zweifeln behaftet. Enttäuschungen machten sich breit. Die Solidarität der Verfolgungs- und Emigrantenzeit verfiel; die Souveränität des Feuilletonisten zerrieb sich in der Lohnschreiberei fürs tägliche Leben. Für diejenigen »zu Hause«, die bestenfalls bei Carossa oder Hauptmann »hängengeblieben« waren, verschüttete Klassiker im Kopf, erwies sich jedoch der Feuilletonist westlicher Provenienz als Freiheitsstatue, die den Einzug ins gelobte Land geistiger Umwertung signalisierte. Ein Touch of Hemingway; mit Weltstädten intim; sensibler Beobachter und doch auch – à la Koestler – Täter; nicht aus Fanatismus, sondern Fatalismus heraus. Dies waren Menschen, die »dran« geblieben waren und

»dran« blieben: »Der Mensch kann gar nicht genug wissen, er kann gar nicht genug arbeiten, er muß an allem nahe dran sein, er muß sich orientieren, wo die Welt heute hält.« (Gottfried Benn) Benn wurde überhaupt ein Idol der zunächst verlorenen, dann sich wieder findenden und schließlich sogar, in Maßen, skeptischen Generation; er vermittelte geistige Ortsbestimmung in faszinierender Sprachmelodie (7) – stellte damit freilich den Gegenpol zum »Entscheidungspathos« einer katholisch-religiös fundierten Geschichtsbetrachtung dar, wie sie z. B. aus dem Werk Romano Guardinis sprach: bei Guardini soll die »Unwahrheit des Autonomiegedankens« aufgehoben, der Abfall vom Glauben (das Ende der Neuzeit signalisierend) in Glaubenserneuerung »umgewendet« werden. (8)

Was die deutschen Emigranten an Urbanität sich erhalten und in freiheitlicher Welt weiter entwickelt und angereichert hatten, zusammen mit den Erfahrungen ihrer Ruhelosigkeit, kehrte nun im Rahmen der Reeducation zurück und verband sich mit der in den Enklaven der inneren Emigration gehegten Geistigkeit. Die von der amerikanischen Armee herausgegebene *Neue Zeitung*, zuerst dreimal wöchentlich, dann täglich, erstmals am 18. Oktober 1945 erscheinend, war im besonderen Maße ein »Tor zur Welt«. *Der Monat* wurde geistiger Mittelpunkt der westlichen Liberalität, vor allem auch Forum für viele, die, ehemals linksstehend, dann enttäuscht vom Stalinismus, nun der demokratischen Mitte sich zugehörig fühlten. – Der in der *Neuen Zeitung* veröffentlichte Beitrag von Wolfgang Langhoff (9) und der »Brief nach Deutschland« von Hermann Hesse (10) zeigen die »Stimmungslage« derjenigen auf, die das erniedrigte Deutschland nicht im Stiche lassen wollten. Oft genug stellten sich freilich Erfahrungen ein, die verbitterten, da man zu sehr auf den Wandel in Deutschland gehofft hatte; Erfahrungen, die enttäuschten, da man anstelle eines erhofften großen moralischen Impetus Allzumenschliches und Kleinliches antraf; Erfahrungen von Verständnislosigkeit bei den Zu-Hause-Gebliebenen, die auf ihre »innere Emigration« so stolz waren, daß sie ihre Zugeständnisse an den Ungeist darüber vergaßen. Die Briefe Ludwig Marcuses (11), der lange Zeit noch zwischen Amerika und der Bundesrepublik hin und her reiste, dokumentieren dies genauso wie die Auseinandersetzung des Emigranten Peter de Mendelssohn mit Ernst Jünger (12), der im besonderen – neben Gottfried Benn und Martin Heidegger (13) – die Zwielichtigkeit der Rolle des Intellektuellen im Dritten Reich verkörperte. Carl Zuckmayers »Zeitgenossenschaft«, wie sie mit dem großen Erfolg von *Des Teufels General* erneut deutlich wurde (14), war dagegen exemplarisch für den emigrierten Geist, der sich nun zur Reemigration anschickte, aber dabei weder zu den Siegermächten noch zu den Besiegten gehörte, weder »draußen« noch »drinnen« sich wirklich zu Hause fühlte.

Die Daheimgebliebenen reagierten auf die Bemühungen der »Ausgewanderten« des öfteren mit Aggressivität – vor allem dann, wenn jene draußen weiter erfolgreich gewesen waren und nun in der Rolle des Präzeptors in Erscheinung traten. Der »Fall Thomas Mann« ist hierfür signifikant; die Auseinandersetzung zeigte zwei Phasen: in der ersten war die Enttäuschung darüber vorherrschend (u. a. bei Walter von Molo, Frank Thieß, Manfred Hausmann), daß Thomas Mann es abgelehnt hatte, in das von ihm geliebte und gehaßte, analysierte und mystifizierte Deutschland der Nachkriegszeit auf Dauer zurückzukehren und statt dessen (nach längerem Zögern) in der deutschsprachigen Schweiz sich niederließ; die zweite »Runde« bestimmten junge Publizisten wie Ulrich Sonnemann, Walter Boehlich, Hans Egon Holthusen, die Thomas Mann als Höhepunkt und Ende bürgerlicher Kultur, als einen »Dichter ohne Transzendenz« kritisierten. Die Auseinandersetzung war bei aller Einseitigkeit ein unübersehbarer Hinweis auf eine nun in Erscheinung tretende junge und selbständige Kritikergeneration, die um »Entauratisierung« bemüht war. In der Zeitschrift *Der Monat* (Nr. 6, März 1949, S. 68 ff.) stellte dagegen der Berliner Essayist Arnold Bauer fest: »Wie dem auch sein und werden mag – das erzählerische Werk von Thomas Mann ist der Polemik des Tages seit einem Menschenalter entrückt. Mögen sich heute und morgen die Gelehrten und Deuter streiten. Die Gestalten des Dichters leben längst ihr eigenes Leben. Generationen kommender Leser werden mit ihnen weinen und lächeln. Ob der ›objektive Geist‹ Thomas Mann verlassen oder auch nie ergriffen hat – was tut's? Den großen Augenblicken seiner Gestalten ist ewige Dauer verliehen. In der Transzendenz der Kunst sind sich Madame Bovary und Toni Buddenbrook begegnet, Raskolnikow und Adrian Leverkühn, Mr. Micawber und Mynheer Peperkorn. Sie werden noch leben, Freude und Trauer, Spott und Nachdenken hervorrufen, wenn die Dissonanzen dieses Streites der Literaten und Philologen längst verklungen und die Blätter der Traktate in den Magazinen längst vergilbt und vergessen sind.«

Viel mehr als Thomas Mann vermochte in dieser Zeit Hermann Hesse zur Leitfigur zu werden. Die Brutalität der Wirklichkeit, der tägliche Lebenskampf inmitten der Trümmerwelt verhinderten zwar die Ausprägung eines neuen sentimentalen Pietismus; Larmoyanz konnte sich nicht entfalten; doch kennzeichnete vielfach eine starke Innerlichkeit die junge Generation – eine Innerlichkeit, die dem ruhigen See nach furchtbarem Sturme glich. Hier liegt auch der Grund für den großen Eindruck, den Hermann Hesses *Glasperlenspiel* hinterließ. Für Weihnachten 1946 – so berichtet Siegfried Unseld in seinen *Begegnungen mit Hermann Hesse* – hatte der Suhrkamp-Verlag als Buchereignis die erste deutsche Ausgabe des *Glasperlenspiels* angekündigt. »Ich hatte die Bestellung mit einem Brief an den mir persönlich unbekannten, jedoch legendären Verleger Peter Suhrkamp geschrieben, in dem ich begründete, warum ich unbedingt dieses Buch lesen müßte; und das Wunder traf ein, nicht der Chef des Verlags [bei dem Unseld als Volontär arbeitete], sondern der junge Adept bekam ein Exemplar des ›Glasperlenspiels‹; ich kann nicht beschreiben, was dieser ›Besitz‹ für mich bedeutete; ich ließ die beiden Pappbände neu in Leder binden, damit sie dem zu erwartenden Gebrauch standhalten könnten. Die Lektüre dieses Buches war sicherlich ein solches Leseerlebnis, wie es sich im Leben nicht oft ereignen kann. In ihm war alles zusammengefaßt, was ein Mensch für dieses Dasein an intellektueller Hilfe benötigte, ein Buch, durch das ich mich und meine Situation, aber auch meine Möglichkeiten deutlicher sah und das mir Mut gab, von vorne anzufangen, in ungesicherte Regionen aufzubrechen, nicht an Berufsstudium und Karriere zu denken, sondern das zu machen, was mir persönlich wichtig war.« (Frankfurt am Main 1975, S. 18 f.) Glasperlenspiel bedeutet bei Hesse ein Spiel, das nach absolvierter Meditation den Spieler »so umschließt, wie die Oberfläche einer Kugel ihren Mittelpunkt umschließt«. Es entlasse den Spieler mit dem Gefühl, eine restlos symmetrische und harmonische Welt aus der zufälligen und wirren gelöst und in sich aufgenommen zu haben. Einer solchen Harmonie-Sehnsucht der jungen Generation, die bislang nur die Schwerkraft des Lebens in ihrer zerstörendsten Form kennengelernt hatte, entsprach auch die Ehrfurcht vor der Mission des Dichters, der nicht als »Macher« oder »Wortproduzent«, sondern als Homo religiosus empfunden wurde. »Hochverehrter Herr Hesse«, schrieb Unseld nach der Lektüre des *Glasperlenspiels*, und bereits das Sprachmuster zeigt an, daß Leserschaft vielfach einer Jüngerschaft gleichkam, »es ist ein einmaliges, ein wundersam-schönes Gefühl für einen jungen Menschen, der sich in Ehrfurcht Ihrem Werk naht, zu wissen, daß eine Studie über Ihr Werk [eine solche hatte Unseld als Rezension in den von Hans Bausch herausgegebenen Tübinger *Studentischen Blättern*, Oktober 1948, angefertigt] bei Ihnen einen solchen Widerhall finden durfte.« (a.a.O., S. 39) (15)

Ähnlich schrieb damals auch Otto Friedrich Bollnow in der *Sammlung*, Oktoberheft 1946 (S. 57), über das *Glasperlenspiel*: »Dieses reife Spätwerk des Dichters ist von der beglückenden Stimmung einer besonnen über den Dingen verweilenden Heiterkeit getragen, die vielleicht überhaupt die besondere Gnade des hohen Alters ist.« Nach Altersweisheit ging das Streben der jungen Menschen, wobei die durch Hunger und Krankheit ausgemergelten Gesichter eine ätherische Seelenhaftigkeit bekundeten – freilich in Widerspruch zur Schlauheit stehend, mit der man in der Not sich einrichtete.

So stellte Herman Nohl zur »geistigen Lage im gegenwärtigen Deutschland« fest, daß die Jugend keinen Eigentumswillen habe; ihre Sexualität sei sehr gering; es sei keine erotische Lust bei ihren Wanderungen und Festen. Gewiß spiele dabei die Ernährung eine Rolle, aber ausschlaggebend sei die geistige Linie dieser Generation. Der Freiheitstrieb sei nicht eigentlich vorhanden. (16)

In dieser Mentalität lag auch der Wurzelgrund für die in den verschiedenen Landesteilen entstehenden evangelischen bzw. katholischen Akademien – Örtlichkeiten, die für den besinnlichen »Trümmergeist«, für die engagierte Bereitschaft, Probleme des »Wesentlichen« im Geiste offener Brüderschaft anzugehen, charakteristisch waren: Ausdruck einer in den fünfziger Jahren dann ihren Höhepunkt erreichenden Begegnungseuphorie, die Studienräte und Pastoren, musisch aufgeschlossene Hausfrauen und zaghaft-skeptische Oberschüler, inspiriert von ehemals jugendbewegten Erwachsenenbildern, zu Grundsatzdiskussionen in ländlich abgeschiedener Atmosphäre zusammenführte. Die evangelische Kirche habe, so Heinz Flügel im *Hochland*, Augustheft 1947 (S. 576 ff.), mit den Akademien Stätten der Begegnung geschaffen, wo fortlaufend ein systematischer »dialogus christianus« zwischen der evangelischen Kirche und der Welt geführt werde. Es gehe um den Versuch eines offenen Dialogs mit der Welt, deren Kritik sich die evangelische Kirche mit derselben Offenheit aussetze, mit der sie dem Laien die Antwort auf den Ruf Gottes, »Adam, wo bist du?«, abverlange. Hier werde Ernst gemacht mit der Erkenntnis, daß die Meditation ein in der Geschichte ausschlaggebender Faktor sei und daß für das Schicksal eines Volkes die Existenz einer kleinen Schar gottzugewandter Menschen oft mehr bedeute, als alle durch die sogenannten Bedürfnisse herbeigeführten oder ausgelösten »Aktionen«.

Die in den Akademien sich bald ritualisierenden Kommunikationsformen erfüllten zwar ein – wie es damals hieß – »echtes Bedürfnis«, eben das der Begegnung (Begegnung, die im Totalitarismus so völlig brachgelegen, der Verdächtigung und Bespitzelung zum Opfer gefallen war); doch führten solche Gespräche selten zu wirklicher Kooperation und zu Handlungsstrategien; sie versickerten leicht im Sande der Unverbindlich- und Beliebigkeit.

Innerlichkeit kennzeichnete auch die Phase des Aufbaus des Erziehungswesens. In vielen Orten wurde der Schulbetrieb schon kurz nach der Kapitulation wieder aufgenommen, soweit Räumlichkeiten und Lehrkräfte zur Verfügung standen. In seinem »Lebensbericht aus der Zeit nach 1945«, *Zwischen Amt und Neigung*, berichtet Gerhard Storz, späterer Kultusminister des Landes Baden-Württemberg und Präsident der Deutschen Akademie für Sprache und Dichtung, von dieser Zeit der Tabula rasa am Beispiel Schwäbisch-Halls.(17) Ein besonderes Problem waren natürlich die Unterrichtsmaterialien. Storz hat sich sehr früh um diese Fragen gekümmert und entsprechende Überlegungen angestellt, wie seine *Vorbemerkungen für ein künftiges Lesebuch* deutlich machen (erschienen in: *Die Wandlung*, Heft 3, März 1946). Nüchternheit, Ehrfurcht, Stille, das waren die Leitvokabeln für die Erziehung einer Jugend, die, bislang vom verlogenen Pathos aufgeputscht, in die furchtbare Hektik eines zerstörerischen Krieges hineingetrieben worden war und jeden Sinn für Maß und Muße verloren hatte.

Der Geist sollte nach den materiellen und ideellen Zerstörungen des Nationalsozialismus und des Zweiten Weltkrieges vor allem an den Universitäten eine neue und freie Heimstatt erhalten. Von einer Reise zur Mainzer Universität anläßlich ihrer Eröffnung berichtet Alfred Döblin. (18) Am 6. November 1945 wurde die Hamburger Universität der Jugend übergeben; die Rede des Senators Landahl rief dazu auf, zum »Besten des schwer geprüften Volkes«, »zum Ruhme der ewig jungen Hansestadt Hamburg«, den »deutschen Anteil an der abendländischen Kultur zur Ehre des unsterblichen deutschen Geistes« wieder mehr zur Geltung zu bringen.

»In dieser Stunde der feierlichen Wiedereröffnung der Universität Hamburg, die nicht mehr und nicht weniger als eine Wiedergeburt aus neuem Geiste sein muß und sein wird, gilt unser erster Gedanke den Studenten aller Universitäten und Hochschulen der alten und der neuen Welt, die in dem sechsjährigen Völkerringen auf den Schlachtfeldern und Meeren der ganzen Erde kämpfend den Tod gefunden haben. Ihr Leben war noch im ersten Anstieg, überstrahlt vom Glanze des Idealismus, der jeden echten Jüngling beseelt. Früh hat sich ihr Leben vollendet. Tränen der Mütter, der jungen Frauen, der Bräute sind um sie geflossen und werden noch lange fließen. [. . .]

Wir Deutschen wollen der bitteren Wahrheit mutig ins Auge sehen und uns keinen billigen Selbsttäuschungen hingeben. Nur so werden wir Haltung und Würde angesichts des Zusammenbruches finden und bewahren. In zwei gewaltigen Kriegen militärisch besiegt durch die Schuld einer dilettantischen und verantwortungslosen politischen Führung, stehen wir heute nicht nur inmitten der Trümmer unserer Städte, sondern auch unseres Reiches – und unseres Geistes.« (*Die Sammlung*, Heft 4, Januar 1946, S. 197 ff.)

Es überrascht, wie trotz Katastrophe, Trümmerfeldern und tiefster Erniedrigung die Metaphern spätidealistischer Denkungsart üppig ins Kraut schossen. Die Sehnsucht nach dem »Guten, Schönen und Wahren« war freilich mit dem trotzigen Unterton eines »Dennoch« versehen; der deutsche Geist sei mißbraucht, entehrt, aber nicht zerstört worden. An der Unsterblichkeit der Klassiker hielt man fest; durch ihren Glanz erhielt auch die eigene Misere einen versöhnlichen Schein. Der Kahlschlag war sehr groß gewesen, die geistige Aufforstung sollte in den Pflanzstätten des Geistes (eben den Universitäten) vorbereitet werden. Aber die Dozenten und Professoren, die aufgrund einer einigermaßen unbedenklichen politischen Vergangenheit wieder lehren durften, besaßen kaum das Rüstzeug, wegweisende Orientierungsmarken für Gegenwart und Zukunft zu setzen. Sie regredierten auf das Bewährte. Goethes Lyrik. Kants Ethik. Die Lehensverhältnisse im Mittelalter . . . Statt der Suche nach den »geistigen Ursachen des Zusammenbruchs« in erschütternder Ehrlichkeit, wie sie der Student der Jurisprudenz, Wolfgang Zippel, in Heft 1 der 1945 mit Genehmigung der Militärregierung erschienenen *Göttinger Universitätszeitung* forderte, dominierte der Drang, in Stoffhuberei sich zu vergessen; statt Umwertung der Werte ein Anklammern an den Gott im Detail. – Die klassischen kleinen Universitätsstädte, meist unzerstört, die Aura alter Burschenherrlichkeit, zumindest in ihren altfränkischen, wenn auch ungeheizten Lokalen weiter vermittelnd, kamen atmosphärisch solchem Eskapismus entgegen. Die Kriegsheimkehrer, die diese Universitäten bevölkerten, zogen sich aus den Weiten eroberter Länder zurück in die geistige Muffigkeit der Provinz. Sie hatten die Nase voll von der großen Zeit und ihrem Pathos und vergaßen darüber, verdrängten auch, was zu ihrer Identitätsfindung notwendig gewesen wäre: schonungslose Sichtung dessen, was der schweren Probe stand- und was ihr nicht standgehalten hatte. Die Vorlesungsverzeichnisse dieser Zeit machen jedoch deutlich, daß kaum etwas als zu leicht empfunden wurde.

Auf eine wesentlich mehr bewegende, »beunruhigende« und anregende Weise ereignete sich geistiges Leben in den in dieser Zeit vielfach anzutreffenden Zeitschriften. 1946 war geprägt von einer wahren Gründereuphorie, man konnte geradezu von einer »Flucht in die Zeitschrift« sprechen: *Bogen, Horizont, Lücke, Stuttgarter Rundschau, Heute, Standpunkt, Begegnung, Neues Abendland, Besinnung, Nordwestdeutsche Hefte, Fähre, Literarische Revue, Neubau, Aussaat, Weltbühne, Welt und Wort, Neues Europa, Karussell, Umschau, Goldenes Tor, Weltstimmen, Die Kommenden, Hochland, Prisma, Deutsche Beiträge, Zwiebelfisch, Sammlung, Merkur* – die überwiegende Zahl der Titel bekundet den Willen zur geistigen Konzentration auf das Wesentliche; und dieses Wesentliche war Überlieferung, Besinnung, Erneuerung. Deutschlands Geltung konnte nur noch eine des Geistes sein. Juni 1946 schrieb Rudolf Pechel, Angehöriger des Jahrgangs 1882, in der von ihm wieder herausgegebenen *Deutschen Rundschau* (einer Zeitschrift, die 1874 gegründet und 1942 durch das Reichssicherheitshauptamt verboten worden war): »Für jeden, der mit Druck, Papier und Buch von Berufs wegen zu tun hat, wie auch für alle in geistigen Dingen aufgeschlossene Menschen ist es ein Zeichen der Wiederkehr besserer Zeiten, wenn Bücher und Zeitschriften ins Haus kommen. Wir haben lange warten müssen, bis ein Anlaufen der ersten Verlagstätigkeit bemerkbar wurde. Jetzt aber kommt Sendung auf Sendung, und jede ist willkommen.« (S. 249)

Stellvertretend für diese geistigen Bemühungen, die Besinnung bewirken und Wandlung veranlassen wollten, können die eröffnenden Bemerkungen sein, wie sie in den *Frankfurter Heften*, in der *Wandlung* und im *Merkur* (19) erschienen. Von besonderer Bedeutung war auch die Zeitschrift *Der Ruf*, die erstmals am 5. August 1946 erschien und nach sechzehn Nummern von der amerikanischen Militärregierung wieder verboten wurde. Die Redakteure und Mitarbeiter waren die Vorläufer der »Gruppe 47« und auch weitgehend, als Teilnehmer der ersten Tagung dieser Gruppe, ihre Gründungsmitglieder. An erster Stelle der Forderungen, die vom *Ruf* erhoben wurde, stand die Verwirklichung eines vereinten Europa. Nicht ein Europa der Vaterländer, sondern ein Europa des Sozialismus sollte es sein. (20)

(7) *Gottfried Benn*
Zum Thema Geschichte

Der als Sohn eines protestantischen Pfarrers 1886 geborene Gottfried
Benn, von 1917–1935 Facharzt für Haut- und Geschlechtskrankheiten
in Berlin, danach als Militärarzt tätig (was er als »innere Emigration«
begriff), erlebte als Dichter und Essayist nach 1945 ein eindrucksvolles
Comeback, Benn veröffentlichte seine erste Gedichtsammlung (*Mor-
gue*) 1912; *Gesammelte Gedichte* erschienen 1927 und 1936.

Nach Aufhebung der Zensur ließ Benn, der wieder nach Berlin als
Arzt zurückgekehrt war, neben neuen Arbeiten auch seine während des
Schreibverbots entstandenen Werke erscheinen (u. a. *Statische Gedich-
te*, 1948; *Ausdruckswelt*, 1949; *Provoziertes Leben*, 1955; *Gesammelte
Gedichte*, 1956). 1951 erhielt er den Büchner-Preis; er starb 1956.

»Dieses Leben. Warum mußte es sich in Bewegung setzen, fragt der
Ptolemäer Benn: war es nicht in der Pflanze ganz gut aufgehoben? Und
was will dieses Leben? Wird Gott sich ewig mit ihm abgeben wollen?
›Der Todestrieb in allem Leben ist evident. Das Leben will sich erhalten,
aber das Leben will auch untergehen . . .‹, heißt es im ›gesicht‹, einem
Essay aus dem Jahre 1927. Was soll denn sein? fragen angstvoll oder
trotzig die Menschen. Und die Stimme hinter dem Vorhang, das Große
Wesen, nimmt diese Frage drohend abweisend auf: ›Was soll denn sein‹
– im Dunkel leben, im Dunkel tun, was wir können – das soll sein.‹
Gottfried Benn, ein schöner, wohlklingender Name. Ein Leben von gerade siebzig Jahren in dem zwanzigsten Jahrhundert der Geschichte des
Abendlandes. ›Als ich aus dem Nichts trat, herrschten in China noch die
Mandschu, und in Berlin hatten die Geschäfte noch keine Sonntagsru-
he . . .‹ Als er in Nichts zurücktrat, herrschten in China die Kommunisten und in der anderen Hälfte Berlins auch. Was geschah zwischen
›Nichts‹ und ›Nichts‹? Wer wird dies Leben dereinst so nachzeichnen,
daß uns aus dem Porträt der ganze Mann und seine ganze Zeit entgegen-
tritt? Tausend Daten, hundert Anekdoten allein vermögen das nicht.
Aber vielleicht gibt, was aus frischer Erinnerung so getreu wie möglich
notiert wurde, einiges an Farbe her für jenes künftige Bild.

> Die trunkenen Fluten enden
> als Fremdes, nicht dein, nicht mein,
> sie lassen dir nichts in Händen
> als der Bilder schweigendes Sein.
>
> Die Fluten, die Flammen, die Fragen –
> und dann auf Asche sehn:
> ›Leben ist Brückenschlagen
> über Ströme, die vergehn‹.«

(Thilo Koch: *Gottfried Benn. Ein biographischer Essay*, München 1957, S. 76 f.)

Der Aufsatz »Zum Thema Geschichte« von Gottfried Benn wurde aus dem Nachlaß veröffentlicht; er entstand vermutlich 1943; Erstveröffentlichung in der *Frankfurter Allgemeinen Zeitung* am 11. 7. 1959. (Auszüge zitiert nach *Gesammelte Werke in vier Bänden*, hrsg. v. Dieter Wellershoff. 1. Band, Wiesbaden 1959, S. 375–388.)

Die Genesungsbewegung! [Gemeint ist der Nationalsozialismus!] »Für ein Auge – zwei, für einen Zahn – den ganzen Kiefer«, das war ihr Genesungsmotiv, gegen moralische Beurteilungen erhob sich ihr Gefühl. Anbetung der Macht, ganz gleich, ob sie die gemeinste, dümmste, schakalhafteste Gesinnung vertrat, wenn es nur die Macht war: Führer befiehl, wir folgen! Geborene Lumpen und trainierte Mörder – alles, was an ihnen nicht unter diese beiden Begriffe fällt, ist Blattpflanze, dekorative Arabeske. Mit diesen Dekorationen umgeben sie sich gern, zum Beispiel Goebbels spricht unaufhörlich über Kunst, es wirkt so, als wenn die Regenwürmer sagten, was sind wir doch für ein rapides Geschlecht, ich sah erst gestern einen Vogel, der mußte die Flügel bewegen, um vorwärtszukommen. Der dicke Reichsmarschall mit Orden und Medaillen von der Schilddrüse bis zur Milz, wenn er in seinen Reden nicht weiterkam, flicht er immer ein: – »wie ist das doch gewaltig, meine Freunde« – in der Tat, es ist gewaltig, was diese Bewegung dem einzelnen brachte: Jagdschlösser, Gamsreviere, Inseln im Wannsee, sogar Umlegungen von Autobahnen für die Kühlwagen der Lieferanten –, eine wahre Gesundmachung ging für einige von dieser Genesungsbewegung aus!

Deutschland hat seine Bestien hochgelassen, schrieb Heinrich Mann bald nach seiner Emigration, aber alles, was die Emigranten schrieben, genügte uns hier nicht. Waren es die Bestien oder waren es die Deutschen, fragten wir uns immer wieder, die hier genasen? Sehr verdächtig in dieser Richtung ist der Erlösungsgedanke, der ihre Musik- und Bühnendramen durchzieht. Tannhäuser und seine Variationen, Fliegender Holländer, Parsifal, nicht »Faust«, aber die faustischen Motive –: erst benehmen sie sich wie die Schweine, dann wollen sie erlöst werden. Von irgendeiner »höheren« Macht, die ihnen ihr tumbes, stures Weben und Wabern vergibt. Sie kommen gar nicht darauf, sich selber durch einen Gedanken innerer Erziehung, durch Einfügen in ein

74

Moralprinzip oder eine prophylaktische Vernunft in Ordnung zu halten oder wieder in Form zu bringen, sie haben ihre »Dränge«, das ist faustisch – und dann wollen sie erlöst werden.

Auch die Haltung ihrer führenden Männer, noch in Friedensjahren, bekräftigt Heinrich Mann. Da sitzen sie in der Festsitzung der Deutschen Akademie, zu der Goebbels geladen hat. Die großen Dirigenten, die ordentlichen Professoren für Philosophie oder Physik, Ehrensenatoren noch aus den alten anständigen Zeiten, Pour-le-mérite-Träger der Friedensklasse, Reichsgerichtspräsidenten, kaiserliche Exzellenzen, Verleger, »erwünschte« Romanschreiber, Goethe-Forscher, Denkmalspfleger, Staatsschauspieler, Generalintendanten, der ehrbare Kaufmann und alle ausnahmslos lassen das antisemitische Geschwätz des Ministers ruhig über sich ergehen. Sie rücken interessiert hin und her, sie rühren die Arme – erst vor kurzem hat die philosophische Fakultät Thomas Mann aus der Reihe der Ehrendoktoren ausgestoßen, die naturwissenschaftliche einen Rasseforscher, der die idiotischen Teutonismen nicht mitmachte, ins Lager gebracht; jeder der Anwesenden weiß, einer der edelsten Geistlichen, ehemaliger U-Bootskommandant mit zwölf Feindfahrten, wird im Lager gefoltert, weil er lehrte, daß Gott größer sei als dieser Hitler; jeder der zuhörenden Wissenschaftler ist darüber orientiert, daß die Portiers und Blockwalter gehört werden, ob ein in ihrem Bezirk wohnender Gelehrter einen Lehrstuhl bekommen darf; sie alle ausnahmslos sehen die Lastwagen, auf die jüdische Kinder, vor aller Augen aus den Häusern geholt, geworfen werden, um für immer zu verschwinden: dieses Ministers Werk –: sie alle rühren die Arme und klatschen diesem Goebbels zu. Da sitzen sie: Die Agnaten der alten Familien, aus denen Novalis, Kleist, Platen, die Droste-Hülshoff kamen, Seite an Seite mit den Abkömmlingen der zahlreichen großen Pfarrergeschlechter, von denen vierhundert Jahre lang zweiundfünfzig Mal im Jahr das Gebot der Liebe gepredigt war, Schulter an Schulter mit dem ehrbaren Kaufmann, dessen Gesetz Worthalten und Vertragstreue sein sollte, schlagen mit die Juden tot und bereichern sich an ihren Beständen, überfallen kleine Völker und plündern sie mit der größten Selbstverständlichkeit bis aufs Letzte aus – und nun »zutiefst« und »letzten Endes« und »voll und ganz« reinigen sie kulturell mit. Keiner fühlt sich verpflichtet durch irgendeine Tradition, irgendeine Herkunft familiärer oder gedanklicher Natur, irgendeine Ahnenhaltung, ein Ahnenerbe – aber das Ganze nennen sie *Rasse*. Die Deutsche Akademie! Nicht einer erhebt sich, speit auf die Blattpflanzen, tritt die Kübel mit Palmen ein und erklärt, es ist unstatthaft zu behaupten, daß sich in diesen üblen völkischen Pöbeleien irgendeine dumpfe nationale Substanz etwa ans Licht ringt, hier betätigen sich ganz allein die völkischen Ausscheidungsorgane, durch dieses Sprachrohr läßt die Nation unter sich –: Keiner rührt sich, die großen Dirigenten, die Pour-le-mérite-Träger der Friedensklasse, die internationalen Gelehrten, der ehrbare Kaufmann – alle klatschen.

Eine besondere Rolle spielen wieder die Naturwissenschaften. Die Konstitutionslehre befaßt sich eingehend mit dem Heldentyp, sie weist darauf hin, daß alle den athletischen oder leptosomen Körperbau besaßen (nur Napoleon war Pykniker), und daß sie alle einen zu hohen Blutdruck hatten. Sie fügt harmlos – aber im Hintergrund schimmert die Goethe-Medaille oder der Adlerschild – hinzu, daß auffallend viel a- oder homosexuelle Typen unter ihnen seien. Die Medizin durchforscht die Zusammenhänge (Moltkes Gallenleiden und die verlorene Marne-Schlacht); alles drängt mit Arbeiten herbei, alle möchten sich dem Heldenleben nähern, an ihm teilhaben, zum mindesten in seine Ausdünstungen treten, offenbar umwittert diese etwas von dem tellurischen Reiz des Sexuellen. Die moderne Biologie vollends, selbst völlig unfähig, einen metaphysischen Gedanken aus ihrem Schoß zu entbinden, dafür aber um so begieriger, sich in unauffälliger Weise anzuschließen und hinzugeben, fügt hinsichtlich der Helden hinzu: »Auf jeden Fall ist ihr Ziel wahrhaft kosmisch« (Medizinische Klinik 1943, Heft 4). Der Gynäkologe will nicht fehlen, er hilft den Helden züchten. Bei kinderlosen Ehen soll es nach Prüfung von seiten der Parteidienststellen durch die künstliche Befruchtung (»k. B.«) geschehen. Der »Wasserweg« soll ersetzt werden durch den »Lufttransport«. Alle Mann an die Petrischale und die trocken sterilisierte Spritze mit langer stumpfer Kanüle! Der »Zeugungshelfer« der alten Germanen in Gestalt eines Dritten, der das Sperma liefert, soll wieder in das Brauchtum eingeführt werden; die geistige Anregung hierzu entnahm die Gynäkologie dem Darréschen Buch über den Lebensgrund der germanischen Rasse.

Der Komponist eines Oratoriums »Ruth« tritt mit einer zeitgerechten Textbearbeitung hervor, aus Ruth hat er Li gemacht und die Handlung läßt er nicht mehr auf den moabitischen Äckern Boas' spielen, sondern auf den Reisfeldern Chinas – witzigerweise hat er dem Werk nunmehr den Titel »Das Lied der Treue« gegeben. Ein Balladendichter erbittet vom Propagandaministerium die Erlaubnis, die Heine-Texte der Schubert-Lieder durch dem Volksempfinden näherstehende eigene zu ersetzen – die Presse findet es angebracht. »Die Juden« – sagen die Militärs, wenn die Amerikaner in Nordafrika landen. Die Schlafmittel, sagen die volksbewußt gewordenen Apotheker, sind unrassisch, die Blase soll schuften, bis sie absackt, dann steigt Morpheus schon hernieder. Nein, es ist ganz Deutschland, alles eint sich in dieser Genesungsbewegung, dieser großen geistigen Bewegung, die nach Lodz den »Graf von Luxemburg« und nach Stavanger »Kollege kommt gleich« trägt, an das Parthenon die Marschklänge »Panzer rollen nach Afrika« schmettert und an den Strand von Syrakus eine Führer-Büste spült. Was die Deutschen Idealismus nannten und den sie sich so besonders zusprachen, war immer nur ein Mangel an Formbildung und Gliederungsvermögen. Nun aber wurde er eine Verschlammungsorgie, ein wahres Sumpffieber, an dem die Goebbels und Fritsche groß verdienten, aber auch für die Jaensch und Blunck fiel noch genug ab. Hier wuchs weniger aus der Not eine Tugend als aus moralischer Verwahrlosung hohes Einkommen, aus Erpressung Landhäuser, darin der Wandbehang aus Museumsdiebstählen – das Ganze nannten sie nordisch.

Nein, man muß bekennen, es waren nicht die Bestien, es war Deutschland, das in dieser Bewegung seine Identität zur Darstellung brachte, und nun fällt unser Blick, mit Bedauern, aber unausweichlich noch auf eine besondere Gruppe, eine Gruppe lebhafter Gestalten, selekte Haltung in der Wespentaille, kein Kanonenfutter, exzellent equipierte Herren in Purpur und Gold. Wo immer es galt einen Überfall zu arrangieren, einen Rechtsbruch zu stabilisieren, eine politische Felonie massiv zu untermauern oder einen Offizier alter Gesinnung und alter Qualität erst hinauszusetzen und dann an seine Stelle zu treten oder die alte Kriegsflagge zu verraten, die alte Ehrenauffassung zu sabotieren, wo immer für einen Tresoreinbruch größeren Stils Experten in Sprengungen und Aufknacken fällig waren – überall stand ein General und sagte: Jawohl!

Die deutsche Armee war bis 1938 innerhalb des Nazideutschland die letzte Elite und der letzte Kern von Fond. Der Eintritt in die Armee war, wie ich damals sagte, die aristokratische Form der Emigration. Mit dem Ausstoßen des Generalobersten Freiherrn von Fritsch begann das Ende. Was sich jetzt noch hielt oder hochkam, war Kreatur. Schließlich erschien jener Erlaß, der anordnete, daß bei den Qualifikationsberichten über Offiziere angegeben werden mußte, nicht nur, ob der Betreffende die Weltanschauung des Nationalsozialismus verträte, sondern ob er sie *hinreißend zu übertragen* vermöchte. Das wurde die Vorbedingung zur Beförderung –: stand ein General und sagte: Jawohl!

Ein General will schwören, wem ist nebensächlich, dann ist er glücklich, das Weitere vollzieht sich dann mechanisch. Es ist Befehlsausgabe im Hohen Haus. Er nähert sich: Pharao und seine Günstlinge, sein Gesicht ist fett, braun, behaglich, er könnte in Pantoffeln mit einem Dackel durch Schrebergärten gehn.

Die Flügeltüren öffnen sich. »Meine Herren –«

Die Angeredeten nehmen Haltung an, ziehen die vorgestreckten Körperteile zurück, ordnen die Bäuche.

»Meine Herren Generale, wir werden demnächst wieder ein neues Volk überfallen, es ist klein und nahezu ohne Waffen, mit unseren Fahnen wird der Sieg sein –«

Genugtuung bei den Generalen.

» – sollte wider Erwarten ein bewaffneter Gegner zu Hilfe kommen, – einige taktische Erwägungen! Der Materialwert der Angrenzerländer ist Reichsmark zehntausend für den Morgen, in der Avenue de l'Opéra und auf den Docks von Bône wesentlich höher: demnach Viertonnenbomber nur auf Produktionszentren!«

Volkswirtschaft, denken die Generale, enormer Kopf!

»Einbrechen! Lost auf das angesiedelte Ungeziefer! Sauerstoff an die Tresors! – Die Leere des Schlachtfeldes, dieser bedeutende Begriff, heißt: Schablonen hüben wie drüben, es gibt keine Gegenstände! Feuerleitung! Feuerleitung – Brunnenstube der Haubitzen – Zirbeldrüse der Schlacht – lautlos kriechen die Termiten! –«

Ichverlust, Selbstaufgabe bei den Generalen, alle saughaft am Sprecher.

»Berufen sowohl wie auserwählt! Das Harakiri wurde bereits

durch Kopfabschlagen verweichlicht, und bei den Kannibalen haben höchstens noch die Großväter Menschenfleisch gefressen –: Unser Idealismus heißt Einkesseln, unsere Metaphysik zehntausend Kopfschüsse! Eisern! Mitschreiben! Stichwort Reginald: 13.25 Uhr fünfzig Batterien Steilfeuer auf Bunker Germinal –:«

Die Generale taumelnd: Wachen und schanzen! Bilder, Visionen auf dem Schlachtfeld melden! Dem Feldherrn melden: Fall einer Festung! Hunderttausend Gefangene! Melde gehorsamst: unaufhaltsame Verfolgung – – melde: völlige Vernichtung – –: Cannä –! – melde, melde gehorsamst – – »Sieg, meine Herren! Pylone, wenn Sie heimkehren und ein ewiges Feuer den Toten! Vernichtung! Ein Rausch die Gräben – vorher doppelte Rumportion und die letzten dreihundert Meter, wenn die Maschinen schweigen müssen, die Infanterie – – die Infanterie – –!«

Traumhaft die Generale. Völlig verschleiert. Im Dunst Halsorden, Beinamen wie »Löwe von«, Kranzschleifen bei späterem Todesfall, – Lorbeer und Mythen –

Von diesen Generalen sind viele gefallen, mehr als je in einem anderen Feldzug, und kein Zweifel, sie sind aufs tapferste gefallen, ohne zu zaudern und ohne Tränen. »Der kommandierende General greift an, das Korps folgt« – berühmtgewordenes Wort aus dem Krieg. Sie sind nicht zu Hause geblieben wie die Bonzen, die uk-gestellten Genesungswanzen. Aber überblickt man das Ganze, so gehören sie alle zusammen; wo immer die Genesungsbewegung eine infame Großplanung tätigte, stand ein General und sagte: Jawohl!

»*Geschichte war immer so.*« Seit wann? Seit die Geschichtsschreibung nur von Kriegen handelt, also bei uns, entgegen Schiller und seinen Ideen über Universalgeschichte, etwa seit Friedrich dem Großen. Kriege waren früher erweiterte Arenen, verlängerte Fünfkämpfe (bei den Griechen), dann sich hinziehende Turniere, immer die Angelegenheit von Berufsheeren; tragisch wurden sie erst, seit das Volksheer begann, Vorstufe der Totalität. Man macht viel Wesens von gewissen hessischen Landgrafen, die ihre Untertanen an fremde Feldherren verkauften – aber was machen 1942 die Sizilianer im Donezbecken (um Hitlers Prestige zu sichern), oder eine brandenburgische Panzerbrigade hundertfünfzig Kilometer vorm Nil (um Mussolinis Imperium zu schützen) – freiwillig sind sie bestimmt nicht da.

Erst die griechisch-römischen Städte, dann die europäischen Dynastien, dann die völkischen Phraseologien –: Bezugssysteme, siehe diese.

Der Inhalt der Geschichte. Um mich zu belehren, schlage ich ein altes Schulbuch auf, den sogenannten kleinen Ploetz: Auszug aus der alten, mittleren und neuen Geschichte, Berlin 1891, Verlag A. G. Ploetz. Ich schlage eine beliebige Seite auf, es ist Seite 337, sie handelt vom Jahre 1805. Da findet sich: einmal Seesieg, zweimal Waffenstillstand, dreimal Bündnis, zweimal Koalition, einer marschiert, einer verbündet sich, einer vereinigt seine Truppen, einer verstärkt etwas, einer rückt heran, einer nimmt ein, einer zieht sich zurück, einer erobert ein Lager, einer tritt ab, einer erhält etwas, einer eröffnet etwas glänzend, einer wird kriegsgefangen, einer entschädigt einen, einer bedroht einen, einer marschiert auf den Rhein zu, einer durch ansbachisches Gebiet, einer auf Wien, einer wird zurückgedrängt, einer wird hingerichtet, einer tötet sich – alles dies auf einer einzigen Seite, das Ganze ist zweifellos die Krankengeschichte von Irren.

Seite 369, das Jahr 1849: einer wird abgesetzt, einer wird Gouverneur, einer wird zum Haupt ernannt, einer hält einen pomphaften Einzug, einer verabredet etwas, einige stellen gemeinsam etwas fest, einer überschreitet etwas, einer legt etwas nieder, einer entschließt sich zu etwas, einer verhängt etwas, einer hebt wieder etwas auf, einer trennt, einer vereint, einer schreibt einen offenen Brief, einer spricht etwas aus, einer kommt zu Hilfe, einer dringt vor, einer verfügt einseitig, einer fordert etwas, einer besteigt etwas, überschritten wird in diesem Jahr überhaupt sehr viel – im ganzen ergibt sich auf dieser Seite dreimal Waffenstillstand, einmal Intervention, zweimal Einverleibung, dreimal Aufstand, zweimal Abfall, zweimal Niederwerfung, dreimal Erzwingung – man kann sich überhaupt keine Tierart vorstellen, in der so viel Unordnung und Widersinn möglich wäre, die Art wäre längst aus der Fauna ausgeschieden.

Der Ploetz hat aber vierhundert Seiten. Auf jeder Seite ereignen sich dieselben Verba und Substantiva – von Menes bis Wilhelm, von Memphis bis Versailles. Vermutlich hat aber jeder einzelne der Handelnden sich als geschichtlich einmalig empfunden.

Der gedankliche Hintergrund. Kriege waren Fehden oder Raubzüge, bei denen fern in der Türkei die Haufen aufeinanderschlugen ohne innere Beteiligung der höheren Schichten der Völker. Sie wurden dämonisch erst, als der deutsche Idealismus vordrang, nach dem alles Wirkliche vernünftig war, also auch Kriege Erscheinungen und Ausdruck des Weltgeistes wurden. »Den Staat als ein in sich Vernünftiges zu begreifen und darzustellen«, lautete einer seiner Sätze. »Wenn die Reflexion, das Gefühl oder welche Gestalt das subjektive Bewußtsein haben möge, die Gegenwart für ein Eitles ansieht, über sie hinaus ist, so befindet sie sich im Eitlen, und weil es Wirklichkeit nur in der Gegenwart hat, ist es selbst zur Eitelkeit«, lautet eine weitere seiner gigantischen Thesen. Kritik wurde Blasphemie am Weltgeist, Wertung verging sich an der sich selbst erfassenden Idee, »denn das, was ist, ist die Vernunft«. Das waren die Jahrzehnte der glatten Geschützrohre, wegen der die Österreicher gegen die gezogenen Vorderladekanonen der Franzosen bei Solferino und Magenta verloren: 1859, das Jahr, in dem dann die Motorisierung der Idee erfolgte: es erschien das Werk über die Entstehung der Arten. Darwin verlieh den kämpfenden Haufen naturwissenschaftliche Fahnenbänder und Embleme: Kampf ums Dasein – Auslese der Starken – Überleben des Passenden – nun trat der Parademarsch neben den Satz vom Grunde. »Das Leben«, »Die Wirklichkeit«, »Der Starke« – identisch gesetzt mit der Vernunft, in Durchdringung miteinander als »Züchtung«, »Gesetz«, »Geschichte« zu idealistischer Philosophie, naturwissenschaftlichem Axiom, dithyrambischer Gletscher- und Sonnenvision erhoben: Hegel, Darwin, Nietzsche –: sie wurden die tatsächliche Todesursache von vielen Millionen. Gedanken töten, Worte sind verbrecherischer als irgendein Mord, Gedanken rächen sich an Helden und Herden. [. . .]

Persönliche Bemerkung: Wir wissen nicht im entferntesten, was gespielt wird, universal gesehen, wer oder was wir überhaupt sind, woher und wohin, Arbeit und Erfolg ist in keinen Zusammenhang zu bringen, auch Leben und Tod nicht.

Wir wissen nicht, wer oder was Cäsar ermordete, Napoleon das Magenkarzinom erst auf St. Helena schickte, den Nebel sandte, als die Nivellesche Offensive beginnen sollte, wer manche Winter so hart machte oder die Winde so stellte, daß die Armada zerschellte. Was sich abhebt, ist immer nur das durcheinandergehende Spiel verdeckter Kräfte. Ihnen nachzusinnen, sie zu fassen, in einem Material, das die Erde uns an die Hand gibt, in

»Stein, Vers, Flötenlied«, in hinterlassungsfähigen abgeschlossenen Gebilden –: diese Arbeit an der Ausdruckswelt, ohne Erwarten, aber auch nicht ohne Hoffnung –: etwas anderes hat die Stunde für uns nicht.

Ein Spiel des Äon, ein Spiel der Parzen und der Träume! Welche Haufen in der Geschichte auch siegten, diese Lehre haben sie nie zerstört! Die Lehre von der Ausdruckswelt als Überwinderin des Nationalismus, des Rassismus, der Geschichte, aber auch der menschheitlichen und individuellen Trauer, die unser eingeborenes Erbteil ist. In irgendeinem inneren Auftrag arbeiten oder in irgendeinem inneren Auftrag schweigen, allein und handlungslos, bis wieder die Stunde der Erschließung kommt. Ich habe Größeres nicht gesehen als den, der sagen konnte: Trauer und Licht, und beides angebetet; und dessen Sein sich auf der Waage maß, deren Schalen sich gegeneinander wohl bewegen, sinken und steigen, aber sie selber wiegt sich nicht.

Womöglich sind die abgelegensten Dinge die allerwichtigsten gewesen und die vergessensten die bleibenden, aber irgend etwas Bestimmendes liegt vor, darin gibt es eine Beirrung nicht. Nihilismus als Verneinung von Geschichte, Wirklichkeit, Lebensbejahung ist eine große Qualität, als Realitätsleugnung schlechthin bedeutet er eine Verringerung des Ich. Nihilismus ist eine innere Realität, nämlich eine Bestimmung, sich in der Richtung auf ästhetische Deutung in Bewegung zu bringen, in ihm endet das Ergebnis und die Möglichkeit der Geschichte. In diese Richtung zielt der Satz aus den »Verlorenen Illusionen«: »ein Wort wiegt schwerer als ein Sieg.«

Wünsche für Deutschland: Neue Begriffsbestimmung für Held und Ehre. Ausmerzung jeder Person, die innerhalb der nächsten hundert Jahre Preußentum oder das Reich sagt. Geschichte als Verwaltung mittleren Beamten des gehobenen Dienstes überlassen, aber als Richtung und Prinzip einer europäischen Exekutive öffentlich unterstellen. Die Kinder vom sechsten bis sechzehnten Jahr nach Wahl der Eltern in der Schweiz, in England, Frankreich, Amerika, Dänemark auf Staatskosten erziehen.

Michael Theunissen
Wiedergelesen: Romano Guardini,
›Das Ende der Neuzeit‹

Romano Guardinis (1885–1968) religionsphilosophisch fundiertes
Denken erwies sich von großem Einfluß auf die unmittelbare Nachkriegsgeneration; eines seiner wichtigsten Werke, *Das Ende der Neuzeit*, nennt Michael Theunissen (geb. 1932) jedoch rund dreißig Jahre
nach seiner Veröffentlichung einen »falschen Alarm« (in der *Frankfurter Allgemeinen Zeitung* vom 3. März 1977).

Romano Guardini, damals Inhaber eines Lehrstuhls für Religionsphilosophie und katholische Weltanschauung an der Universität München, nannte sein 1950 erschienenes Buch »Das
Ende der Neuzeit« im Untertitel einen »Versuch zur Orientierung«. Das Buch ist aus Vorlesungen hervorgegangen, die der
1952 mit dem Friedenspreis des deutschen Buchhandels ausge-
zeichnete Autor erstmals im Wintersemester 1947/48 an der
Universität Tübingen gehalten hatte. Daß es für die in Trümmern lebende und verstörte Generation tatsächlich eine Orien-
tierungshilfe war, erklärt die Begierde, mit der es zunächst aufgenommen wurde.
  Sobald mit dem wirtschaftlichen Wiederaufstieg und der Eingliederung der Bundesrepublik in den Westen der Eindruck sich
festsetzte, auch die geistige Krise sei überwunden, verebbte die
Wirkung des Buches rasch. Inzwischen mehrfach neu aufgelegt,
ist es laut Auskunft des Verlags auch heute noch erhältlich; aber
eine rege Nachfrage scheint nicht zu bestehen. Den Studenten
muß man – jedenfalls an Hochschulen, die sich aus der protestantischen Tradition der deutschen Universität verstehen – den
Namen des Päpstlichen Hausprälats buchstabieren.
  Der Orientierungsversuch spiegelt die Aufbruchsstimmung
wider, die nach 1945 in Deutschland herrschte. Motiviert war er
wohl durch das Bedürfnis, die – allerdings nie wirklich beim
Namen genannte – Naziherrschaft aus jahrhundertelangen Entwicklungen zu verstehen. Aber das leitende Ziel ist nicht Kritik
der Vergangenheit, sondern Verständigung über die Tendenzen,
in denen eine neue Epoche sich ankündigt. »Mit genauestem

Recht«, heißt es in dem Buch, »kann man sagen, daß von jetzt an ein neuer Abschnitt der Geschichte beginnt.« Im herannahenden Zeitalter sieht Guardini im Grunde sogar mehr als bloß eine Epoche. In seiner Sicht ist der Augenblick gekommen, in dem der Mensch sich entweder endgültig verliert oder sich so verwirklicht, wie es seiner ewigen Bestimmung entspricht. Es ist das Kierkegaardsche Entweder-Oder, unter das Guardini die Geschichte zwingen möchte. Wie Kierkegaard ist auch er überzeugt, daß der Mensch seine ewige Bestimmung nur im Offenbarungsglauben findet.

Auch dies gehört zur Signatur der damaligen Situation. Das Buch ist nicht zuletzt ein Dokument des Engagements, das die vom Faschismus unversehrt gebliebenen Christen nach und auch schon vor der Niederlage Hitlers in die gemeinsame Besinnung der Deutschen auf ihre Zukunftsaufgaben eingebracht haben. Wie gewiß jeder, dessen Hoffnungen auf einen wirklichen Umbruch durch die nachfolgenden Restaurationsbewegungen enttäuscht wurden, das Entscheidungspathos des Buches beim Wiederlesen fast mit Wehmut aufnimmt, so wird insbesondere der Christ sich schmerzlich berührt fühlen, wenn er Guardinis Prognose einer umfassenden Alternative von entschiedenem Christentum und unverbrämtem Antichristentum mit der tatsächlichen Indifferenz in der Gegenwart vergleicht.

Allerdings kann heute niemand, wo immer er auch stehen mag, über die Fragwürdigkeit des ganzen Unternehmens hinwegsehen. Es spricht gegen das Buch, daß sein Inhalt in wenigen Sätzen zusammengefaßt werden kann: Die Neuzeit entfaltet sich in der Ausbildung des Begriffs einer in sich ruhenden Natur, in der Apotheose der menschlichen Subjektivität als autonomer Persönlichkeit und in der Entstehung der Kultur als eines eigengesetzlichen Zwischenbereichs, dessen Subsysteme sich ebenfalls immer mehr verselbständigen und ausdifferenzieren. Natur, Subjektivität und Kultur gelten als letzte Gegebenheiten, aus denen alles seinen Sinn empfängt. Daß die Neuzeit zu Ende geht, bedeutet: diese Ideen versinken. Die Natur büßt ihre rettende und bergende Kraft ein, sie erscheint unvertraut und gefährlich; an die Stelle der reichen Individualität tritt der Massenmensch; und die Verheißungen der Kultur werden mit der Erschütterung des Vertrauens in einen automatischen Fortschritt unglaubwürdig.

Indessen eröffnet sich dem Menschen gerade hiermit die Chance, nun endlich »Person« zu werden, das heißt die Verantwortung, in die Gott ihn gerufen hat, auf sich zu nehmen. Diese Zuversicht basiert auf der Annahme, daß Personalität und Individualität sich gleichsam umgekehrt proportional zueinander verhalten. Der Mensch muß – das ist das Axiom Guardinis – erst die natürlichen und kulturellen Reichtümer verlieren, die ihm seine individuelle Selbstverwirklichung ermöglicht haben, um die wesentliche Armut seines auf sich gestellten und zugleich absolut beanspruchten Personseins erfahren zu können. Die Heraufkunft der Masse verlangt zwar den Abschied vom Persönlichkeitsideal, nicht hingegen den Rückzug der Person, für deren Existenz sie erst die angemessenen Bedingungen schafft.

Was Guardini, verschleiert durch vornehme Ferne von den historischen Realitäten, in alledem wirklich reflektiert, ist der Zerfall der bürgerlichen Welt. Der Gedanke einer Affinität von Person und Masse birgt auch jetzt noch ein progressives Potential, das den ideologisch konstruierten Gegensatz von Personalismus und Kollektivismus aufzusprengen vermag. Wer das Buch fast dreißig Jahre nach seiner Konzeption wieder in die Hand nimmt, wird jedoch zunächst einmal das darin formulierte Verständnis der Neuzeit mit Fragezeichen versehen müssen.

Auf der einen Seite sind wir in der Zwischenzeit mit einer vergleichbaren Deutung konfrontiert worden, die unendlich tiefer ansetzt. Auf dem Hintergrund des von Heidegger nach dem Zweiten Weltkrieg unternommenen Versuchs, die Neuzeit aus der Metaphysik der Subjektivität zu begreifen, wirkt die Subjektivismuskritik Guardinis oberflächlich, nicht nur weil sie sich vornehmlich gegen eine individuelle Persönlichkeit richtet, die bloß Symptom des vorstellend-herstellenden Verhältnisses zum Seienden im ganzen ist, sondern auch und mehr noch aufgrund ihres Unvermögens, die Neuzeit aus übergreifenden Zusammenhängen verständlich zu machen. Auf der anderen Seite hat uns Hans Blumenbergs Insistieren auf einer »Legitimität der Neuzeit« eines Besseren belehrt. Auf seinen Schultern stehend, sehen wir heute, daß die Subjektivismusthese, sei sie nun seinsgeschichtlich begründet oder Ausdruck christlicher Sorge um den Menschen, generell zu kurz greift.

Sie greift zu kurz, weil sie sich nicht genügend auf ihren Gegenstand einläßt. Im vorliegenden Falle ist ihre Reichweite um so

beschränkter, als sie sich mit der Säkularisierungsthese verbindet. Guardini meinte noch von der »Unwahrheit des Autonomiegedankens« reden zu dürfen, ohne sich rechtfertigen zu müssen, weil er überzeugt war, daß aus dem Abfall vom Glauben nur
der Empörungsglaube des Autonomismus hervorgehen kann.
Das negative Ergebnis, das die schon in den fünfziger Jahren
aufgeflammte Diskussion über die hermeneutische Tauglichkeit
des Säkularisierungsbegriffs gezeitigt hat, straft solche Selbstsicherheit Lügen.

Wenn es Guardinis Interpretation der Neuzeit dermaßen an
Fundiertheit mangelt, dann kann auch seine These über das Ende
der Neuzeit nicht einleuchten. Sie leuchtet heute weniger ein
denn je. Wie brüchig die Grundlagen sind, auf denen sie ruht,
zeigt beispielhaft die Behauptung eines Wandels der Naturauf-
fassung. Den neuzeitlichen Naturbegriff entnimmt Guardini
dem Fragment »Die Natur« aus Goethes Tiefurter Journal von
1782. Daß Goethe die Natur als die alles umfangende Mutter
preist, soll kennzeichnend sein für die Neuzeit überhaupt. Dabei
bleibt im dunkeln, wie das hingebende Naturvertrauen sich zu
dem »Gefühl der Preisgegebenheit, ja der Bedrohung« verhält,
das derselben Theorie zufolge den neuzeitlichen Menschen im
Anblick des entgrenzten Weltalls überkommt. Diese Aussage
muß Guardini auch völlig vergessen haben, wenn er eine Haltung, der die Natur als »etwas Unvertrautes und Gefährliches«
begegnet, für neu ausgibt und aus ihr auf das Ende der Neuzeit
schließt. Die Begründung seiner These weist so unmittelbar auf
die Unzulänglichkeit der sie tragenden Interpretation zurück.

Dem rückwärtsgewandten Propheten entgeht, daß beide, die
neuzeitliche Naturfrömmigkeit und die neuzeitliche Natur-
angst, den Willen zur Naturbeherrschung, den sie aufgeben, je
auf ihre Weise durchaus auch bezeugen. Die Angst entspringt
der Ohnmacht, die mit dem Willen zur Macht zusammenhängt;
und die fromme Verehrung kompensiert, geschichtlich gesehen,
nur die Gewalttätigkeit. Indem Guardini diese Dialektik über-
sah, verstellte er sich auch die Möglichkeit, das, was er als Ende
der Neuzeit deutete, als deren Vollendung wahrzunehmen.
Nicht die Bedrohung durch die Natur müssen wir fürchten, sondern ihr Verschwinden. Das Verschwinden der Natur aber wäre
die letzte Konsequenz ihrer seit den Anfängen der Neuzeit betriebenen Ausbeutung.

Im Rückblick wird man sagen müssen, daß Guardini seinen Anspruch, »zu zeigen, wie tief die Umlagerung greift, die überall vor sich geht«, paradoxerweise eben deshalb nicht erfüllt, weil er die geschichtliche Kontinuität unterschätzt. Deren Vernachlässigung zeigt die durchgehende Ungeschichtlichkeit seines Ansatzes. Die Epochen werden beschrieben, als bedürfte ihre Genese, auf die sich das Interesse gegenwärtiger Geschichtsforschung konzentriert, keiner Aufklärung und als sei ihre Einteilung, von Historikern seit Beginn der fünfziger Jahre zunehmend mehr in Zweifel gezogen, wie selbstverständlich vorgegeben. In Wirklichkeit ist die Neuzeit, die uns das Buch darbietet, ein Konstrukt.

Von besonderer Art ist die Ungeschichtlichkeit dessen, was Guardini »das Kommende« nennt. Seine gedruckten Ausführungen hatten ursprünglich den Zweck, eine Vorlesung über Pascal einzuleiten. Das »Christliche Bewußtsein« aber, das der Titel seines schönen Pascal-Buches von 1934 beschwört, bezieht er in seine Beschreibung der Neuzeit nicht ein. Er betrachtet es wie ein exterritoriales Gebiet, wie eine Insel, die aus dem Strom neuzeitlicher Bewußtseinsgeschichte herausragt.

Auf dieser Insel hat, so scheint er anzunehmen, die Substanz überdauert, die mit dem Ende der Neuzeit in die Geschichte heimkehren soll. Ein solches Konzept schließt nicht nur jede für die moderne Theologie so wichtig gewordene Theorie des neuzeitlichen Christentums aus. Es entlastet sich auch von der Aufgabe, das Christentum der Zukunft in den historischen Kontext einzuzeichnen und selber geschichtlich zu denken.

Daß das Buch nichts Neues voraussagt, sondern nur die Möglichkeiten der Wiederkehr des Alten, hat die Nicht-Christen schon 1950 bewogen, es rasch beiseite zu legen. Nach Anbruch des letzten Viertels unseres Jahrhunderts werden es auch die Christen, die sich damals von seinem Appell zur Erneuerung betroffen fühlten, antiquiert finden, und zwar aus demselben Grunde. Aktuell ist es nur noch, sofern man an ihm studieren kann, um wie viel prekärer die Lage des Christentums geworden ist und wie sehr dementsprechend die Schwierigkeiten christlicher Kulturkritik und Zeitdiagnose gewachsen sind. Selbst die Religiosität, die durch das Erschlaffen utopischer Sehnsüchte einen gewissen Auftrieb bekommen hat, widerlegt noch die Prognose. Denn sie ist bestenfalls richtungslos und keineswegs die christliche, als die allein Guardini sich künftige Religiosität vorstellen konnte.

Eine Art negativer Aktualität gewinnt das Buch vor allem durch den heilsamen Schrecken, den seine Behandlung des christlichen Erbes dem durch Ernst Blochs Werk hindurchgegangenen Leser einjagt. Daß die Neuzeit den Offenbarungsglauben hinter sich läßt und gleichwohl das darin verwurzelte Ethos bewahrt, beurteilt Guardini als »Unredlichkeit«. Demgemäß fordert er: »Der Nicht-Glaubende muß aus dem Nebel der Säkularisationen heraus. Er muß das Nutznießertum aufgeben, welches die Offenbarung verneint, sich aber die von ihr entwickelten Werte und Kräfte angeeignet hat.«

Da der so selbstsicher Glaubende eine moderne Kultur, die auf diese »Werte und Kräfte« verzichtet, für unmöglich hält, weiß er, was er tut: Er verfügt über alle, die sein Entweder-Oder nicht begreifen wollen, die Vorhölle der Barbarei. Man fragt sich nur, warum es der Forderung überhaupt noch bedarf. Denn angeblich verschwindet mit dem Glauben die von ihm geprägte Menschlichkeit von selber. Weder verschwindet sie jedoch ohne weiteres, noch kann der Glaubende wünschen oder gar fordern, daß sie verschwindet. Denn ihr historischer Ursprung ist, auch wenn er verleugnet wird, kein Beweis ihrer Unrechtmäßigkeit. Daß der einfühlsame Interpret religiösen Dichtens und Denkens sich dieser schlichten Einsicht verschlossen hat, entrückt seinen Versuch von 1950 in eine Vergangenheit, die keine orientierende Kraft mehr besitzt.

(9) *Wolfgang Langhoff*
Ein Deutschland-Brief

Wolfgang Langhoffs Brief wurde in der *Neuen Zeitung* vom 18. Februar 1946 veröffentlicht. Der Vorspann zur Veröffentlichung lautete: »Langhoff, der lange Jahre in der Emigration, und zwar als Schauspieler in Zürich, gelebt hatte, war der erste, der nach der Besetzung Deutschlands bei uns wieder auftauchte. Es trieb ihn heim. Jetzt wirkt er als Generalintendant der Städtischen Theater Düsseldorfs. Den Brief, den wir dem *St. Galler Tagblatt* entnehmen, richtete er an die in Zürich verbliebenen Freunde und Kollegen des dortigen Schauspielhauses.«

1946 ging Langhoff nach Ost-Berlin, wo er die Intendanz des Deutschen Theaters übernahm; dort ist er 1966 gestorben.

Meine lieben Kollegen!

. . . Wenn ich zum Fenster hinausblicke, starren mich auf der anderen Straßenseite die leeren Löcher und zerbrochenen Fassaden der ausgebrannten Häuser an: ein Anblick, der dem Rückwanderer in den ersten zwei Wochen das Herz stillstehen läßt, an den er sich aber bald wie alle anderen so sehr gewöhnt, daß sein Auge darüber hinweggeht, als wäre alles in bester Ordnung. Was will man machen, wenn die Zerstörung das Normale, die Unversehrtheit das Anormale ist? Übertragt getrost dieses Bild des äußeren Zerfalles und die Gewöhnung daran auf den seelisch-sittlichen Zustand der Mehrheit der Bevölkerung, dann habt Ihr einen ungefähren Begriff von den Aufgaben, die sich mit den Worten »Wiederaufbau«, »Erneuerung«, »geistige Gesundung« und so weiter verbinden. Die Gewöhnung ist die furchtbarste Kraft und Fessel jeder Aufwärtsentwicklung! Nur der Außenstehende, der einen verschmutzten Wohnraum betritt, hat noch den Blick und das Maß für den Grad der Verschmutzung – der Bewohner, der sich seit Jahren an diesen Zustand gewöhnt hat und die gleiche Verschmutzung bei seinen Nachbarn findet, übersieht sie und empfindet nicht die brennende Notwendigkeit, das »Normale« zu ändern. Und wer weiß, vielleicht dauert es gar nicht lange, bis der Neuangekommene, von der vorherrschenden Haltung angesteckt und aufgesaugt, seine Urteilskraft ebenfalls verliert.

Auf meiner Fahrt nach Düsseldorf kam ich in Berührung mit Kollegen von Stuttgart, München, Heidelberg, Frankfurt und Wiesbaden. Ich habe vor ihnen gesprochen und zur Gründung der Genossenschaft der deutschen Bühnenangehörigen aufgefordert. Ich habe Bericht erstattet von unserer Arbeit in der Schweiz. Ich habe mich umgesehen nach neuen Menschen und Mitarbeitern für die kulturelle Erneuerung – unter den Schauspielern habe ich, abgesehen von ganz wenigen Ausnahmen, keinen gefunden. Altes, enges Denken: kein Bewußtsein von der Katastrophe, in die das deutsche Volk gefallen ist, von der Mitverantwortung jedes einzelnen. Mit einem Wort: Selbst Hitler, der Krieg und das unendliche Elend in seinem Gefolge haben das traditionsgebundene Denken dieser Schichten nicht zu ändern vermocht. Es ist ein pessimistisches Bild, das ich Euch da zeichne, und es wäre auch unvollständig, wenn ich nicht die zweifellos vorhandenen Keimformen einer neuen Entwicklung aufzeigen würde. Aber wir dürfen die deutsche Gegenwart nicht durch die Brille unserer Wünsche und Hoffnungen betrachten und schon etwas erblicken, wo noch gar nichts ist, sondern müssen objektiv und realistisch an die Bestandsaufnahme dessen gehen, was vorhanden ist. Vorhanden ist in Kreisen der Arbeiterschaft ein starker kultureller Erneuerungswille. Nicht vorhanden ist ein Bündnis der fortschrittlichen bürgerlichen Intelligenz mit diesen Kreisen. Vorhanden sind wachsende Parteien der Arbeiterschaft, nicht vorhanden sind vorläufig Köpfe und Kräfte innerhalb dieser Parteien. Es sind hauptsächlich die alten Funktionäre, die sich gerettet haben und mit sich selbst auch ihr zum Teil veraltetes Gedankengut. Vorhanden sind Organisationsansätze zur Zusammenarbeit mit allen demokratischen Gruppen und Parteien, nicht vorhanden ist vorläufig die zu solcher Zusammenarbeit erforderliche Mentalität. Vorhanden ist eine rege Betriebsamkeit in der Gründung von Verlagen, Zeitungen, Theatern – die immer ausverkauft sind! – und anderen Unternehmungen; nicht vorhanden ist die Klarheit über das Fundament, auf dem sich diese Neugründungen erheben sollen. Es wird also noch länger als der Aufbau neuer Häuser dauern, bis sich die Menschen geändert haben werden.

In Düsseldorf fahren etwa elf Tramlinien: bei manchen Wagen fehlen allerdings die Fenster. Die Wagen sind überfüllt, die Menschen hängen oft wie Trauben an den Trittbrettern, und beim

Einsteigen gibt es Krach und Zänkereien. Das Licht, das Gas, das Wasser, das Telefon funktioniert; das viermal zerbombte Stadttheater ist wieder aufgebaut und spielt »Tosca« und »Cosi fan tutte«. Das Schauspiel ist in der Aula und Luisenschule untergebracht. 550 Personen faßt der Zuschauerraum. Die Bühne ist klein, aber gut eingerichtet, Beleuchtung vorhanden. Ab Januar kommen zwei weitere Bühnen dazu mit je 700 Personen Fassungsvermögen, also wunderbare Kammerspieltheater. Verschiedene Kinos lassen alte deutsche Filme laufen: Cafés und kleine Restaurants sind zwischen den Ruinen eröffnet. Auf den Straßen wimmelt es von Menschen, die ihrem Beruf nachgehen, alle mit etwas bleichen und verschlossenen Gesichtern und ziemlich reduzierter Kleidung, aber keine Lumpen . . . Es sieht alles ein wenig nach verschämter Armut aus. Dazwischen tauchen manchmal allerdings unglaublich verwahrloste Kinder der Altstadt auf. Die Schutthaufen sind säuberlich aufgeschichtet: man sieht Männer und Frauen, die ihre 300 Pflichtstunden Aufräumungsarbeit ableisten. Viele Frauen tragen Hosen und Kopftücher. In ganz zerfallenen Häusern haben sich einige Zimmer oder Etagen erhalten, die bewohnt sind. Ofenrohre ragen wie Kanonen aus leeren Fensterhöhlen und verraten durch den Rauch, daß in dieser Trümmerstätte Menschen hausen.

Vergangene Woche war ich bei der ersten Sitzung der Stadtverordneten Düsseldorfs. Sie fand im Saale eines erhaltenen Hochhauses der Schwerindustrie statt. Der englische Kommandeur hatte mit seinen Offizieren auf einer Empore Platz genommen und hielt eine Ansprache. Mit Tannengrün und Stechpalmen war der Saal geschmückt. Düsseldorfs Wappen hing groß im Hintergrund. Stadtdiener in Livree standen an den Wänden, alles war sehr vornehm und feierlich. Nach Schluß sah ich den livrierten Stadtdiener, wie er sich die Zigarettenstummel aus dem Aschenbecher klaubte. Schein und Wirklichkeit! Die Autofahrer beschweren sich oft, daß tollkühne Stummelsucher sich mitten auf die Fahrbahn stürzen, wenn aus einem Militärwagen so ein Stummel fliegt.

Wißt Ihr, was mich oft am traurigsten stimmt? Die abgeschossenen schönen Bäume in den Anlagen, die ihre schwarzen Stümpfe klagend in den schwarzen Winterhimmel strecken. Wenn wir alle mehr oder weniger schuld sind an unserem Schicksal, diese Armen sind unschuldig. Ich höre jetzt Ernst Ginsbergs

Stimme aus den »Letzten Tagen der Menschheit« sagen: »Ich war ein Wald . . .« – Es geht mir seltsam: Im großen und ganzen liebe ich die deutschen Menschen nicht, die ich hier vorgefunden habe. Sie sind kleinlich, meckern, haben keinen Schwung und keine Größe, beschimpfen und mißtrauen sich und hängen an der Gewohnheit: keine angenehmen Zeitgenossen. Das Leben ist hart und schwer, die Ernährung mangelhaft, die Zerstörungen sind trostlos . . . Aber es ist herrlich, wieder in der Heimat zu sein. Was liebe ich also? Die Landschaft? Die Sprache? Die Literatur? Den Rhein? Einen Traum –? Ich habe einmal in der Schweiz in einem Interniertenheim für Mädchen Gedichte gesprochen. Es waren Mädchen aller Nationen. Nach dem Vortrag waren wir noch lustig zusammen. Die Mädchen sangen Lieder in allen Sprachen, weniger schön, aber frisch und laut. Sie nickten den Takt mit den Köpfen. Dann sangen sie ein paar allein: Schlager, Spottverse, auch revolutionäre Lieder. Schließlich sang eine Fünfzehnjährige hell, dünn, glockenrein, ohne jede Sentimentalität, Dehnung oder Färbung: »Sah ein Knab ein Röslein stehn . . .« Das ist es, glaube ich, was ich liebe und was mir den Glauben an Deutschlands Auferstehung erhält.

Seid gegrüßt und umarmt von Eurem

Wolfgang Langhoff

(10) *Hermann Hesse*
  Brief nach Deutschland

Hermann Hesses Brief wurde in der *Neuen Zeitung* vom 2. August 1946
veröffentlicht. Die Redaktion bemerkte vorweg: »Hermann Hesse, der
seit Jahrzehnten in Montagnola in der Schweiz lebt, gehört zu jenen
deutschen Dichtern, die niemals mit den Nazis paktiert haben. Der
nachfolgende Brief ist eine Antwort auf viele Schreiben, die nicht nur er
in seinem tessinischen Bergdorf erhalten hat. Er ist eine klare Absage an
alle jene, die sich gewandelt zu haben glauben, wenn sie plötzlich die
Leitsätze der amerikanischen Demokratie als ihr neues Lebensbekennt-
nis hersagen. Wir entnehmen den Brief der New Yorker Zeitung *Der
Aufbau.*«
   Hesse (1877–1962) hatte in seiner autobiographischen Erzählung *Unterm Rad* (1906) mit der wilhelminischen Schulwelt abgerechnet; der
antichauvinistische Artikel *O Freunde, nicht diese Töne!* brachte ihm
1914 den Haß der offiziellen Presse ein. *Der Steppenwolf* (1927) spiegelte die Welt einer »zerrissenen«, zwischen Hektik und Innerlichkeit,
Lebenslust und der Sehnsucht nach Geborgenheit oszillierenden »wöl-
fischen« Generation. 1946 erhielt Hesse den Goethepreis der Stadt
Frankfurt und den Nobelpreis.

Merkwürdig ist das mit den Briefen aus Ihrem Lande! Viele Monate bedeutete für mich ein Brief aus Deutschland ein überaus
seltenes und beinahe immer ein freudiges Ereignis. Er brachte die
Nachricht, daß irgendein Freund noch lebe, von dem ich lange
nichts mehr erfahren und um den ich vielleicht gebangt hatte.
Und er bedeutete eine kleine, freilich nur zufällige und unzuverlässige Verbindung mit dem Lande, das meine Sprache sprach,
dem ich mein Lebenswerk anvertraut hatte, das bis vor einigen
Jahren mir auch mein Brot und die moralische Rechtfertigung
für meine Arbeit gegeben hatte. Ein solcher Brief kam immer
überraschend, immer auf wunderlichen Umwegen, er enthielt
kein Geschwätz, nur Wichtiges, war oft in großer Hast während
der Minuten geschrieben, in denen ein Rot-Kreuz-Wagen oder
ein Rückwanderer darauf wartete; oder er kam, in Hamburg,
Halle oder Nürnberg geschrieben, nach Monaten auf dem Um-
weg über Frankreich oder Amerika, wohin ein freundlicher Soldat ihn bei seinem Heimaturlaub mitgenommen hatte. Dann

wurden die Briefe häufiger und länger, und hinzu kamen sehr viele aus den Kriegsgefangenenlagern aller Länder, traurige Papierfetzchen aus den Stacheldrahtlagern in Ägypten und Syrien, aus Frankreich, Italien, England und Amerika, und unter diesen Briefen waren schon viele, die mir keine Freude machten und die zu beantworten mir bald die Lust verging. In den meisten dieser Gefangenenbriefe wurde sehr geklagt, es wurde auch bitter geschimpft, es wurde Unmögliches an Hilfe verlangt, es wurde höhnisch an Gott und Welt Kritik geübt und zuweilen geradezu mit dem nächsten Krieg gedroht. Ein Gefangener in Frankreich, kein Kind mehr, sondern ein Industrieller und Familienvater, mit Doktortitel und guter Bildung, stellte mir die Frage, was denn nach meiner Meinung ein gut gesinnter anständiger Deutscher in den Hitlerjahren hätte tun sollen? Nichts habe er verhindern, nichts gegen Hitler tun können, denn das wäre Wahnsinn gewesen, es hätte ihn Brot und Freiheit gekostet, und am Ende noch das Leben. Ich konnte nur antworten: die Verwüstung von Polen und Rußland, das Belagern und dann das irrsinnige Halten von Stalingrad bis zum Ende sei vermutlich auch nicht ganz ungefährlich gewesen, und doch hätten die deutschen Soldaten es mit Hingabe getan. Und warum sie denn Hitler erst von 1933 an entdeckt hätten? Hätten sie ihn nicht zum mindesten seit dem Münchener Putsch erkennen müssen? Warum sie denn die einzige erfreuliche Frucht des ersten Weltkrieges, die deutsche Republik, statt sie zu stützen und zu pflegen, fast einmütig sabotiert, einmütig für Hindenburg und später für Hitler gestimmt hätten, unter dem es dann allerdings lebensgefährlich geworden sei, ein anständiger Mensch zu sein?

Ich erinnerte solche Briefschreiber auch gelegentlich daran, daß das deutsche Elend ja nicht erst mit Hitler begonnen habe, und daß schon im Sommer 1914 der trunkene Jubel des Volkes über Österreichs gemeines Ultimatum an Serbien eigentlich manchen hätte aufwecken können. Ich erzählte, was Romain Rolland, Stefan Zweig, Frans Masereel, Annette Kolb und ich in jenen Jahren durchzukämpfen und zu erleiden hatten. Aber darauf ging keiner ein, sie wollten überhaupt keine Antwort hören, keiner wollte wirklich diskutieren, wirklich an irgendein Lernen und Denken gehen.

Oder es schrieb mir ein ehrwürdiger greiser Geistlicher aus Süddeutschland, ein frommer Mann, der unter Hitler sich tapfer gehalten und vieles erduldet hatte: Erst jetzt habe er meine vor fünfundzwanzig Jahren geschriebenen Betrachtungen aus dem Ersten Weltkrieg gelesen und müsse ihnen als Deutscher und als Christ Wort für Wort beistimmen. Aber ehrlicherweise müßte er auch sagen: wären diese Schriften ihm damals, als sie neu und aktuell waren, unter die Augen gekommen, so hätte er sie entrüstet weggelegt, denn er sei damals, wie jeder anständige Deutsche, ein strammer Patriot und Nationalist gewesen. Häufiger und häufiger wurden die Briefe, und jetzt, seit sie wieder mit der gewöhnlichen Post kommen, läuft mir Tag um Tag eine kleine Sintflut ins Haus, viel mehr als gut ist und als ich lesen kann. Doch sind es zwar Hunderte von Absendern, aber im Grunde doch nur fünf oder sechs Arten von Briefen. Mit Ausnahme nämlich der wenigen ganz echten, ganz persönlichen und unwiederholbaren Dokumente dieser großen Notzeit – und zu diesen wenigen gehört als einer der besten Ihr lieber Brief – sind diese vielen Schreiben Ausdruck bestimmter, sich wiederholender, oft allzu leicht erkennbarer Haltung und Bedürfnisse. Sehr viele von ihren Verfassern wollen bewußt oder unbewußt teils dem Adressaten, teils der Zensur, teils sich selber ihre Unschuld am deutschen Elend beteuern, und nicht wenige haben ohne Zweifel gute Ursache zu diesen Anstrengungen.

Da sind nun zum Beispiel alle jene alten Bekannten, die mir früher jahrelang geschrieben, damit aber in dem Augenblick aufgehört haben, als sie merkten, daß man sich durch Briefwechsel mit mir, dem Wohlüberwachten, recht Unangenehmes zuziehen könne. Jetzt teilen sie mir mit, daß sie noch leben, daß sie stets warm an mich gedacht und mich um mein Glück, im Paradies der Schweiz zu leben, beneidet hätten, und daß sie, wie ich mir ja denken könne, niemals mit diesen verfluchten Nazis sympathisiert hätten. Es sind aber viele dieser Bekenner jahrelang Mitglieder der Partei gewesen. Jetzt erzählen sie ausführlich, daß sie in all diesen Jahren stets mit einem Fuß im Konzentrationslager gewesen seien, und ich muß ihnen antworten, daß ich nur jene Hitlergegner ganz ernst nehmen könne, die mit beiden Füßen in jenen Lagern waren, nicht mit dem einen im Lager, mit dem anderen in der Partei.

Auch erinnere ich sie daran, daß wir hier im Paradies der Schweiz während der Kriegsjahre jeden Tag mit dem freundnachbarlichen Besuch der braunen Teufel haben rechnen müssen, und daß in unserem Paradies auf uns Leute von der schwarzen Liste schon die Gefängnisse und Galgen warteten. Immerhin gebe ich zu, daß je und je die Neuordner Europas uns schwarzen Schafen auch lockende Köder hingehalten haben. So wurde ich zu einer Zeit, als ich bei Goebbels und Rosenberg schon ganz unten durch war, zu meinem Erstaunen durch einen bekannten Miteidgenossen eingeladen, auf seine Kosten nach Zürich zu kommen, um mit ihm eine Aufnahme in den vom Ministerium Rosenberg gegründeten Bund der europäischen Kollaborationisten zu besprechen.

Dann gibt es treuherzige alte Wandervögel, die schreiben mir, sie seien damals, so etwa um 1934, nach schwerem inneren Ringen in die Partei eingetreten, einzig, um dort ein heilsames Gegengewicht gegen die allzu wilden und brutalen Elemente zu bilden und so weiter.

Andere wieder haben mehr private Komplexe und finden, während sie im tiefen Elend leben und von wichtigeren Sorgen umgeben sind, Papier und Tinte und Zeit und Temperament im Überfluß, um mir in sehr langen Briefen ihre tiefe Verachtung für Thomas Mann auszusprechen und ihr Bedauern oder ihre Entrüstung darüber, daß ich mit einem solchen Manne befreundet sei.

Und wieder eine Gruppe bilden jene, die offen und eindeutig all die Jahre mit an Hitlers Triumphwagen gezogen haben, einige Kollegen und Freunde aus früheren Zeiten her. Sie schreiben mir jetzt rührend freundliche Briefe, erzählen mir eingehend von ihrem Alltag, ihren Bombenschäden und häuslichen Sorgen, ihren Kindern und Enkeln, als wäre nichts gewesen, als wäre nichts zwischen uns, als hätten sie nicht mitgeholfen, die Angehörigen und Freunde meiner Frau, die Jüdin ist, umzubringen und mein Lebenswerk zu diskreditieren und schließlich zu vernichten. Nicht einer von ihnen schreibt, er bereue, er sehe die Dinge jetzt anders, er sei verblendet gewesen. Und auch nicht einer schreibt, er sei Nazi gewesen und werde es bleiben, er bereue nichts, er stehe zu seiner Sache. Wo wäre je ein Nazi zu seiner Sache gestanden, wenn diese Sache schief ging? Ach, es ist zum Übelwerden.

Eine kleinere Zahl von Briefschreibern erwartet von mir, ich solle mich heute zu Deutschland bekennen, solle hinüberkommen, solle an der Umerziehung mitarbeiten. Weit größer aber ist die Zahl derer, die mich auffordern, draußen in der Welt meine

Stimme zu erheben und als Neutraler und als Vertreter der Menschlichkeit gegen Übergriffe oder Nachlässigkeit der Besetzungsarmeen zu protestieren. So weltfremd, so ohne Ahnung von der Welt und Gegenwart, so rührend und beschämend kindisch ist das!

Wahrscheinlich kommt Ihnen all dieser teils kindliche, teils bösartige Unsinn gar nicht erstaunlich vor, wahrscheinlich kennen Sie all das besser als ich. Sie deuten ja an, daß Sie mir einen langen Brief über die geistige Situation in Ihrem armen Lande geschrieben haben, ihn aber aus Zensurgründen zurückbehielten. Nun, ich wollte Ihnen nur einen Begriff davon geben, womit jetzt die größere Hälfte meiner Tage und Stunden ausgefüllt ist, und wollte damit auch erklären, warum ich diesen Brief an Sie drucken lasse. Ich kann nämlich die Haufen von Briefen, von denen die meisten ohnehin Unmögliches verlangen und erwarten, natürlich nicht beantworten, und doch sind unter jenen Briefen solche, denen mich ganz zu entziehen mir nicht erlaubt schiene. Ihren Verfassern werde ich nun diesen gedruckten Brief schicken, schon weil sie alle so wohlmeinend und besorgt nach meinem Ergehen fragen . . .

Ich bin alt und müde geworden, und die Zerstörung meines Werkes hat meinen letzten Jahren den Grundton von Enttäuschung und Kummer gegeben. Zu den guten Dingen, für deren Aufnahme und Genuß ich noch Organe habe, die mir Freude machen und das Dunkle übertönen können, gehören die seltenen, aber eben doch vorhandenen Zeichen für das Weiterleben eines echten geistigen Deutschland, die ich nicht in der Betriebsamkeit der jetzigen Kulturmacher und Konjunkturdemokraten Ihres Landes suche und finde, sondern in solchen beglückenden Äußerungen der Entschlossenheit, Wachheit und Tapferkeit, der illusionslosen Zuversicht und Bereitschaft, wie Ihr Brief eine ist. Dafür sage ich Ihnen meinen Dank. Hütet den Keim, bleibt dem Lichte und Geiste treu. Ihr seid sehr Wenige, aber vielleicht das Salz der Erde!

Ludwig Marcuse kehrte erst 1963 wieder endgültig nach Deutschland zurück. 1933 hatte er als Jude seine Heimat verlassen müssen. In den USA mußte der in der Weimarer Zeit bekannte Berliner Feuilletonist und Theaterkritiker eine schwere, entbehrungsreiche Zeit durchstehen, bis er 1940 eine außerordentliche Professur und 1945 einen Lehrstuhl für Philosophie an der Universität Los Angeles erhielt (vgl. auch seine Autobiographie *Mein Zwanzigstes Jahrhundert*, 1960). Nach dem Krieg kam Marcuse des öfteren zu Vortragsreisen nach Deutschland.
   (*Briefe von und an Ludwig Marcuse*, hrsg. und eingeleitet von Harold von Hofe, Zürich 1975, S. 71–79.)

An von Hofes und Townsends   Heidelberg
                                                    7. VII. 49
. . . Mittwoch. Military Government Car, um zu meinem Verlag ›Westkultur Verlag. Anton Hain. Meisenheim am Glan‹ zu fahren. Der Chauffeur sagte: wir müssen um 2 zurück sein. Wo liegt Meisenheim? Wir fragen in Mainz? Wir fragen in Wiesbaden? Wir fragen Schutzleute, Taxi-Chauffeure, Reiseauskunfts-Büros. Niemand kennt Meisenheim am Glan. Schließlich kommt Sascha – das jüdische Köpfchen in meiner Familie – auf die geniale Idee, zum Bahnhof zu fahren. Ich vermutete bereits, daß der ganze Verlag samt Meisenheim und Glan eine listige Erfindung Oprechts ist. Aber Kinder, sowas gibt's wirklich: zwischen Bad Kreuznach und Kaiserslautern. Herrliche Fahrt, wie schön ist diese elende Welt. Wir sind verliebt in den hohen weißen Mohn. Sascha bringt aus dem Fundus ihrer »General Studies« an die Oberfläche: daß in Amerika dieser Mohn nicht gepflanzt wird, weil er am Frucht-Knoten Opium enthält. (Stimmt das?) Besonders reizvoll: Bad Münster am Stein. Salinen. Sascha schlägt vor, eine Woche zu bleiben und unsere Katarrhe auszukurieren. Endlich das Dörfchen Meisenheim. Süßer, winziger Marktplatz. Unser schmaler Wagen zwängt sich kaum durch die Gassen.
   Endlich ein verfallenes Hüttchen – und drunter fließt der Glan: Schild ›Westkultur-Verlag‹. Eine schmale Stiege aufwärts: der Herr Verleger persönlich. Vielleicht einige Sechzig. Ziemli-

cher Korpus. Gold-Plomben. Jovial. Will aber kein Geld raus-
rücken. Ich: »Bitte, verkaufen Sie das Buch entweder an Rowohlt oder an List.« Alle gaben mir Aufträge. Er: »Ich sage weiter nichts als ›ausgeschlossen‹.« Wir einigten uns. Er zahlt am
nächsten Montag 250 DM. Seine Frau (recht nett), sein Sohn
(blonder 20jähriger Jüngling). Ein sehr netter Mitarbeiter. Im
Gasthof, in den wir gingen, trafen wir den eben eingetroffenen
Herausgeber der ›Philosophia naturalis‹. (Von jetzt ab ›Philosophische Forschungen‹) Herr Mai. Sieht aus wie ein intellektuell
verhungerter Habicht. Wollen meinen Vortrag über *Amerikanische Philosophie* drucken. (Ist aber noch nicht druckreif). Der
Verlag scheint was zu werden. Bringt z. B. das Werk Nicolai
Hartmanns heraus. Keine schlechte Gesellschaft. Wir nehmen
Anton Hain bis Bad Kreuznach mit. Er sagt: »Ihre Bücher sind
nicht akademisch, ohne populär zu sein.« (Sehr gute Formulierung für mich.) Rheinaufwärts von Bingerbrück nach Mainz.
Gewitter-Regen. 5 Uhr zu Haus.

8. Vortrag, Amerika-Haus. Abstimmung: ich soll englisch
sprechen (dasselbe passierte in Heidelberg) die wollen sich englisch belernen. Ausgerechnet von mir. Ich begann (wütend!):
»you shall have it. I was born – not in Missouri, but in Berlin.«
Dann legte ich meine Germanismen hin, daß es nur so krachte.
Dachte mit Schadenfreude: Jetzt wird ganz Frankfurt Marcuse-
sches Englisch sprechen. Mit vier Leuten in der ›Insel‹. Erdbeer-
Bowle. Neben mir ein niedliches Schulmädel. Dann zeigte sie
mir eine Photographie: ihre 5 Kinder. Ich bekam einen Schlenker
rückwärts. So etwas habe ich noch nie gesehen. –

Donnerstag. Die Hölle ist los. Telefone, Telegramme, Besuche – ich fange an zu weinen. Und Sascha packt und packt und
packt. Für 4 Tage Heidelberg: einen Koffer und eine Handta-
sche. Ich rase. 12 Uhr: Military government car von Heidelberg:
Mit einer unsagbar blöden, alten Ziege drin. Der Chauffeur ein
Voll-Idiot. Kann nicht rechts von links unterscheiden. Fragt
immerzu nach dem Weg. Ich sage (natürlich nicht so!): »Ich
fahre nicht die von Hitler erbauten Asphalt-Literatur-Straßen –
sondern ziehe vor die Blut-und-Boden-nahe Bergstraße, den
Odenwald entlang. Aber vorher will ich nach Goddelau, wo
Büchner geboren wurde.« Glaubt Ihr, das Rindvieh hätte Goddelau gefunden? So sah ich nicht, wo Deutschlands größter
Dramatiker zur Welt kam.

Bergstraße, Erinnerungen. Jugenheim. Bensheim, Weinheim. Ein Ort heißt »Unkenbach«. Nicht so schön wie im Mai, wenn's blüht. Aber wieder ganz verliebt. Wie kann ich Jugenheim und Euch und den monatlichen Check zusammenbringen? Problem! Darmstadt – so was von zerstört. Die »Traube«, in der einst Kayserlings Rederitis über mich vehementer niederging als der Niagara – ein paar Backsteine. Und wieder dieser edle, hoheitsvolle weiße Mohn. Und dann diese aufreizenden, erotisierenden roten Flecken des Klatschmohn. Wie schön! Wie schön! Und nun der Neckar! Auch nur Wasser, gewöhnliches Wasser – nicht zu unterscheiden von den Wässern in andern Ländern. Und auch wo anders gibt es diese Rebenhügel. Aber es gibt nur einmal dort oben diese Burg des Wetter vom Strahl. Was liebe ich an Deutschland? Das Meiste davon ist im Käthchen von Heilbronn. Werde ich es besuchen? Und nun Heidelberg – und die Belzners. – Fortsetzung folgt. In alter Liebe Euer M.

An von Hofes und Townsends Heidelberg
10. VII. 49

Dear friends;

Es ist Sonntag Morgen. Ich sitze hier in meinem Hotel am Neckar, an der Grenze von Heidelberg und Ziegelhausen, geradeüber von der Stadt. Wenn ich hinaussehe – da ist die Ruine, die Alte Brücke, die Türme der Heiligengeist-Kirche. Großes deutsches Geschnatter im Frühstücks-Raum, einer Mischung aus Terrasse und Raum. (Übrigens: als mich neulich Belzner hier interviewte – und ich mit Stentor-Stimme meine Weisheiten zum Besten gab, sagte ein Herr am Nebentisch: »Sehr richtig! Gestatten Sie, daß ich mich vorstelle: Mr. Fischer aus Beverly Hills. Meine Tochter ist eine Freundin von Shirley Temple«) – Im Moment sind die Deutschen gerade schrecklich laut! –

Soeben einen Rundfunk-Vortrag für Frankfurt vollendet: *Amerika – ganz anders.* Zusammenfassung der falschen Vorstellungen von Amerika, die ich in Paris, Zürich und Deutschland angetroffen habe. Betone aber immer, daß ich kein Experte bin – sondern ein Berliner. – Sitze also hier und denke nach. Es steht nicht gut, meine Lieben. Zunächst das Äußerliche – was vielleicht nicht nur äußerlich ist. Auch in unzerstörten Städten wie Heidelberg klappt's nicht. Der berühmte deutsche Dienst am Kunden – sehr schwach. Hotel-Portiers, Kellner, Stubenmädchen, Chauffeure – recht elend. Der Chauffeur vom Amerika-Haus hat weder eine Uhr noch eine Landkarte. Man ist wurschtig. Niemand weiß recht Bescheid. Ja, und dann die politische Situation. Kriegsgefangene kamen aus Rußland zurück; zeigten einen deutschen *anti-faschistischen* Mit-Kriegsgefangenen, der Aufseher war, wegen Mißhandlungen an. Wurde von einem deutschen Gericht zu Zuchthaus verurteilt. Belzner zeigte mir einen Brief von Sieburg. – Und wenn man mir jeden Tag zehn Blaue Blumen aufs Katheder stellen würde und daneben ganze Felder von Klatschmohn – nein, nein, nein: ich ginge an mein Tischchen zurück und würde eher Lippegau und Vogel als Doktoranden annehmen. Es ist wenig Hoffnung: Ich prophezeie für die nächsten 5 Jahre (falls kein Krieg kommt) eine große materielle Blüte und eine ebenso große moralische Fäulnis. Herrschend: Narretei – alle Professoren der Neueren Geschichte wollen Deutschlands Schicksal lenken; und Dünkel – Dolf Sternberger erzählte mir die folgende sehr deutsche Geschichte. Kam er da um 4 Uhr in den Frankfurter »Kaiserkeller«. »Ein Bier bitte.« – »Bedaure.« – »Weshalb?« – »Wir servieren Bier nur zum Essen.« – »Ja, sind Sie verrückt; früher habe ich zu jeder Zeit mein Bier bekommen.« – »Mein Herr, Sie vergessen, der Kaiserkeller ist jetzt ein Luxus-Restaurant.« Deutschland 1949!! – Ich ärgere mich über die deutsche Sitte, zu zwingen. Man muß Wein trinken, wenn man Bier trinken möchte. Man muß sein Morgen-Frühstück im Hotel einnehmen, wo man übernachtet. Überlege: was verändert sich eigentlich durch Kriege, Revolutionen, Zerstörungen? Die oberste Schicht im äußersten Fall, vielleicht nur der Firmen-Name. Was verändert sich nicht: das tägliche Leben. Was nicht geblieben ist (der »Römer« und der »Hitler«) – das ist auffällig, das steht in den Zeitungen. Man übersieht, was geblieben ist: die Bücklinge, das Hackenzusammenschlagen, die frechen Barone aus den Ostsee-Provinzen. Professor Böckmann (eindeutig als Antisemit diagnostiziert; leidenschaftlicher Feind Heines). War in meinem Vortrag. Hat sich aber nicht vorgestellt. Übrigens: eine Episode aus meinem Vortrag, der mich drückt. Einer fragt mich was; ich antworte. Sehe erst, nachdem meine Antwort schon heraus ist – ein Kriegs-Blinder. Außerordentlich edles, junges Gesicht. Hätte mit ihm privat reden müssen. Vielleicht hat er Hoffnungen auf mich gesetzt. –

Gestern, Sonnabend. Durch die »Hauptstraße« gebummelt.

Was ist der Unterschied zwischen so einer Hauptstraße und der Main Street. Der Unterschied, der zwischen mir besteht und der Zeichnung von Menschen in (sagen wir:) einem medizinischen Lehrbuch.

Den Film *Ehe im Schatten* gesehen. Kam zerbrochen heraus. Wollte nicht mehr leben. Will solche Filme nicht mehr sehen. Meine Nerven sind zu verbraucht.

Zu Belzners. Die gute Marianne stopfte Kuchen in mich hinein. Aßen (schreckliches Wort!) zu Abend in einem kleinen Beisel des Dorfes Handschuhsheim. Lachten enorm. Ich war maßlos unanständig. Belzner lachte am meisten über Folgendes. Er hatte Sonntag ein 4 Spalten langes Feuilleton über mich veröffentlicht mit: »Fortsetzung folgt«. Sagte mir: »Die Fortsetzung kann nicht vor Mittwoch folgen.« Ich: »Ich würde für die, welche es nicht aushalten können bis Mittwoch, im Sport-Blatt des Montag eine Notiz bringen: ›Vorabdrucke können bei der Rhein-Neckar-Zeitung abgeholt werden‹.« – Himmlischer Nacht-Spaziergang durch das Dorf in den Wald. Vollmond. An Eva gedacht. Glühwürmchen. Sascha, die Naturwissenschaftlerin: »Das ist das reinste Licht.« Belzner, der Poet: »Das ist erotische Lockung.« Stellt Euch vor, bei mir würde immer eine Glühbirne hinten aufleuchten, wenn mir so zu Mute ist. – Belzner und Marianne waren in high spirit.

Dies ist der Schluß-Satz des Briefes: Da ist kein Tag, an dem wir nicht von Euch reden. Trennungen verbinden. –

Euer M.

(12) *Peter de Mendelssohn*
Gegenstrahlungen
Ein Tagebuch zu Ernst Jüngers Tagebuch

Peter de Mendelssohn wurde 1908 in München geboren; 1933 wanderte er nach England aus, war als politischer Journalist und Übersetzer während des Krieges im britischen Staatsdienst tätig. Von 1950–1970 Londoner Korrespondent des Bayerischen Rundfunks.

Ernst Jünger, geb. 1895, mit seinen Büchern über den Ersten Weltkrieg von der nationalen Bewegung vereinnahmt, zog sich – wie Gottfried Benn – nach 1933 immer mehr in die »unpolitische, private Existenz« zurück; bei Ausbruch des Zweiten Weltkriegs »emigrierte er in die Armee« (gehörte zum Stab des deutschen Militärbefehlshabers in Paris, wo er mit Sympathie, aber ohne direkte Teilnahme die Vorbereitungen für den Staatsstreich des 20. Juli 1944 beobachtete). Der Roman *Auf den Marmorklippen* erschien 1939; die Kriegstagebücher *Strahlungen* 1949.

Peter de Mendelssohns Essay erschien in der von Melvin J. Lasky herausgegebenen »internationalen Zeitschrift« *Der Monat*, Nummer 14 (November 1949, S. 149–174; bei nachfolgendem Text handelt es sich um Auszüge).

> »Wenige sind wert, daß man ihnen widerspricht.«
> *Ernst Jünger, Blätter und Steine*

Konstanz, 26. Juli 1949

Dies sind meine letzten Tage in Deutschland, die letzten eines mehr als vierjährigen Lebens im Lande meiner Väter, das doch nicht das Land meiner Kinder ist. Ich betrat es von Norden, als die letzten Rauchfahnen noch vor den Geschützrohren standen, und verlasse es an seinem südlichsten, friedlichsten, unversehrtesten Zipfel. Nicht weit von hier, in Nonnenhorn, steht in einem verwilderten Apfelgarten das Haus, in dem wir zuletzt auf deutschem Boden wohnten, ehe man uns, im Frühling vor sechzehn Jahren, über die Grenze und in neue Heimatländer verwies. Ich war neulich dort; ein französischer Besatzungsbeamter wohnt darin. Ich dachte an meine Kinder und wie sie im Garten und am Seeufer spielen würden. Dann fiel mir ein, daß ich sie in einigen Tagen in Italien wiedersehen würde.

Die wichtigsten Dinge treffen immer erst im letzten Augenblick ein; oder es stellt sich das, was im letzten Augenblick eintrifft, unversehens als das Wichtigste heraus. So bin ich nach vier Jahren Nachkriegsdeutschland erst gestern endlich des deutschen Textes der »Marmorklippen« habhaft geworden, die ich bisher nur in der englischen Übersetzung kannte. Das ist kurios. Ich bin Ernst Jünger in all diesen Jahren nicht aus dem Weg gegangen, aber er ist auch nicht auf mich zugekommen. Jetzt höre ich, daß er nicht weit von hier wohnt, und Dr. Weyl sendet mir den schönen Nachdruck des ansonsten unerhältlichen Buches in seiner Prachtzeitschrift *Vision* herüber.

Den größten Teil des Tages im Hotelgarten mit der Lektüre zugebracht. Der schmale Umfang der Arbeit überraschte mich; im Zeitschriftenabdruck enthüllt sie ihre wahre Form, die einer ausgewachsenen Novelle. Dennoch ist es im Grunde ein Romanstoff, und etwas *Krampfhaftes* bleibt bei dieser höchst bewußten und kunstvollen Reduktion auf den kleineren Maßstab zurück. Die Oberfläche des Gemäldes wird allzu glatt, das Ganze geradezu unkörperlich. Man möchte gern zuweilen etwas vom Pastosen des Farbauftrags unter dem Finger spüren. Auch zwingt die Komprimiertheit der Form zu völligem Verzicht auf die direkte Rede; dies trägt zusätzlich zur Entkörperlichung und geradezu Entseelung bei und rückt die Figuren, wohl kaum unabsichtlich, weiter als nötig scheint, in die verdünnte Luft der Allegorie hinaus. Dabei hat der Glanz, der über dem Ganzen liegt, etwas eigentümlich Barbarisches; die atemlose Stille und Gesammeltheit dieser Prosa kreischt plötzlich, Stunden nachdem man das Buch weggelegt hat, schrill im inneren Ohr [. . .]

Konstanz, 27. Juli 1949

Nachmittags mit L. E. Reindl, der sich erbot, die Bekanntschaft zu vermitteln, nach Ravensburg gefahren, wo Jünger, offensichtlich sehr beengt, im ersten Stock eines an einer staubigen, halbfertigen Straße gelegenen Arbeiter-Siedlungshäuschens wohnt. Er war allein, es war ein drückend heißer Tag, doch waren die Fenster seines Arbeiterzimmers, wo wir während der mehr als dreistündigen Unterhaltung saßen, fest verschlossen. Unmengen von Fliegen taumelten, blöd von Hitze, darin herum, aber auch, als draußen ein erlösender Regenschauer niederging, wurden die Fenster nicht geöffnet. Dieser bewußte Nachdruck auf die »Klausen-Atmosphäre« war mir allzu künstlich. Kopfschmerzen und Konzentration sind nicht dasselbe.

Merkwürdigerweise konnte ich mich schon bei der Rückkehr ins Hotel nur noch an das Wenigste aus der langen Unterhaltung zu dritt erinnern, obwohl viel für mich Interessantes gesprochen wurde. Jünger gab uns unter anderem einen kurzen Aufriß seines neuen, eben beendeten Romans »*Heliopolis*«, der in einer fernen Zeit, fünfundzwanzig Jahre nach dem Zusammenbruch des ersten und fünfundzwanzig Jahre vor dem Beginn des zweiten »Weltreiches«, spielt und aus dem ich mir einige scharfe Formulierungen zu merken hoffte, aber sie entfielen mir auf dem Heimweg. Er deutete an, daß er hier den Versuch gemacht habe, das in seinem »*Arbeiter*« dargestellte soziale System der völlig durchtechnisierten Welt mittels noch weiter greifender technischer Beherrschung des Weltalls zu überwinden, wie »auch Nietzsches Übermensch nur wiederum durch den Menschen überwunden werden konnte«. Oder den Untermenschen? Ich unterließ die frivol klingende Frage.

Leider erläuterte er dies nicht genauer, wie denn überhaupt die Unterhaltung mit ihm sprunghaft schien und er gern mit fast unfreundlich anmutender Brüskheit von Dingen abgleitet, bei denen der Gesprächspartner verweilen möchte. Ich wies ihn auf Werfels »*Stern der Ungeborenen*« hin, ein Buch, das er nicht kannte. Er schien sich ein wenig im Zweifel, ob sein eigenes Buch gelungen sei. Seine Frau, so meinte er, die von der Kälte der »*Marmorklippen*« bereits befremdet gewesen, fände die »Herzenskälte« des neuen Romans »unerträglich«.

Ich beteiligte mich an der Unterhaltung nur sparsam fragend und beschränkte mich darauf, mir den mittelgroßen, schmächtigen, fast zart wirkenden Mann mit dem ergrauenden Haar über der gefurchten Stirn, seinen Habitus, seine Gestik, seine Stimme einzuprägen. Das Bewußtsein, daß dieser Mann im heutigen Deutschland von zahllosen aus fast allen politischen Lagern gleichsam als der »heimliche König« des deutschen Geistesreiches angesehen und sein Name allerorten und in den seltsamsten Gruppen und Zusammenhängen mit raunendem Respekt genannt wird, ist natürlich bei einer solchen Begegnung gegenwärtig. Dennoch ist kein Zweifel, daß eine echte, starke Anziehungskraft von seiner schmalen Erscheinung ausgeht, und ebensowenig, daß er sich ihrer bewußt ist. Mich stört das an sich nicht; ich habe nichts dagegen, daß bedeutende Menschen sich ein wenig »inszenieren«, obwohl die wirklich bedeutenden es ja fast niemals tun.

Die überraschend hohe, scharfe und metallische Stimme, die in einem rapiden, fast schneidenden Kommandoton spricht, befremdet zuerst, doch gewöhnt man sich rasch an sie, und zum Schluß klingt sie fast angenehm. Die leicht geröteten Lider hielt er zumeist dreiviertel geschlossen, was ihm den Anschein der Unbeteiligtheit, aber auch des listigen Lauerns gibt; hin und wieder öffnen sie sich jedoch überraschend und enthüllen erstaunliche Weite, Tiefe und Wärme in dem schmalen, dem Ignatius von Loyola – wie Reindl bemerkt – nicht unähnlichen Antlitz. Ebenso der schmale, scharf geschnittene Mund, der eines hellen und freien Lachens fähig ist. An dem Fünfundfünfzigjährigen ist etwas Mutwillig-Knabenhaftes, das heiter stimmt und ein wenig ungehalten macht. Er hat Charme.

Ich war völlig unvoreingenommen gekommen, ja eigentlich eher günstig disponiert und willig, mich einnehmen zu lassen; doch wurde mir der starke Eindruck der Persönlichkeit leicht gestört durch eine befremdliche Preziosität, die man auch gerade heraus Eitelkeit nennen mag. Etwas allzu bereitwillig, für meinen Sinn, zeigte er uns die Handschriften seiner Bücher, darunter das Manuskript der »*Marmorklippen*«, ganze dreiundvierzig, von einer hauchdünnen, winzigen, spinnenartigen Schrift bedeckte Büttenblätter, und die schweren, goldgeprägten, prachtvoll gearbeiteten Lederkassetten, die er sich für diese Blätter in Paris bei Gruot eigens anfertigen ließ. Merkwürdig, wie die Eitelkeit hier die geistige Disziplin einfach überspielt.

Auf dem Schreibtisch lag der dicke, sechshundert Seiten starke Band der »*Strahlungen*«, des Pariser Kriegstagebuchs, soeben mit französischer Lizenz erschienen, von dem ich Auszüge in Zeitschriften gesehen hatte. Sie hatten mich bewogen, mich überhaupt mit der mir bisher recht fremden Erscheinung Jüngers zu beschäftigen und auch seine früheren Bücher nachzulesen. Ich spürte daraus einen Intellekt, der mich häufig emphatisch bejahen, ebenso häufig heftig widersprechen hieß; aber einen Intellekt auf alle Fälle, der in Geistes- und Erfahrungsgegenden herumzudenken schien, in die ich letzthin von anderwärts kommend, auch geraten war.

Bedenklich stimmt einen allerdings die Tatsache, daß neuerdings so viele dicke Bücher über ihn erscheinen, drei oder vier allein in den letzten Monaten, von denen mir das des Jesuitenpaters Hubert Becher am informativsten vorkam. Freilich wird hier der Versuch gemacht, Jünger für die katholische Kirche zu beschlagnahmen. Jemand erzählte mir einen möglicherweise apokryphen Ausspruch Jüngers. Gefragt, ob er tatsächlich katholisch zu werden beabsichtige, soll er geantwortet haben: ja, aber nur im Sommer. Das gefiel mir.

»*Strahlungen*« ist die Fortsetzung von »*Gärten und Straßen*«, das 1942 verboten wurde. Ein abschließender Teil steht noch aus [. . .]

Konstanz, 30. Juli 1949

»*Diese sechs Tagebücher fasse ich als meinen geistigen Beitrag zum Zweiten Weltkrieg auf, soweit ihn die Feder leistet.*« Dieser Satz ist möglicherweise der wichtigste im ganzen Buch, aber ist er klar? Was heißt »geistiger Beitrag zum Zweiten Weltkrieg«? Beitrag zur Führung dieses Krieges, also geistige Kampfleistung, und wenn ja, auf welcher Seite? Oder Beitrag zur nachträglichen Durchleuchtung des Krieges und der Kräfte, die ihn führten? Etwas, das erst vier Jahre nach Beendigung des Krieges ans Licht kommt, kann unmöglich einen Beitrag zu diesem Krieg, welcher Art auch immer, darstellen. Es muß also das zweite gemeint sein. Das ist im Auge zu behalten. Die schlampige Formulierung an dieser Schlüsselstelle verheißt leider nichts Gutes.

Wichtiger jedoch vorderhand die Frage nach dem Tagebuch als literarischer Form. Seit den Goncourts ist es natürlich etabliert, aber zur vollen Entfaltung kommt es erst jetzt. Unsere Tage bringen uns einige große Monumente dieser Gattung: die Journale André Gides, die Tagebücher Franz Kafkas, den Faustus-Kommentar Thomas Manns. »*Strahlungen*« gehört in diese Reihe.

Die Form ist dem heutigen Menschen überaus gemäß. Man fühlt sich als Leser zum Tagebuch leichter hingezogen als zum fest gefügten, geschlossenen Werk; die Maschen des gedanklichen Gewebes, durch die man hineinschlüpfen kann, sind lockerer, zugänglicher. Dazu kommt erstens die Ungeduld unserer Epoche mit fest gefügten Gedankenwelten, denn das Komplette und Abgeschlossene ist uns verdächtig geworden wie die Patentlösungen und Patentmedizinen; zweitens das erstaunliche Intimitätsbedürfnis unserer ansonsten so entpersönlichten Zeit, der Hang und Drang, überall, auch beim vertraulichsten Vorgang, dabei zu sein, über die Schulter schauen zu dürfen.

Andererseits vom Schriftsteller aus gesehen: in dieser allenthalben in Stück- und Flickwerk arbeitenden Zeit, die ihrer Konstitution und ihren Umständen nach außerstande scheint, irgend etwas zu Ende zu bringen und alles halbfertig am Wege liegen läßt (einesteils, weil sie das Vertrauen zur »Stimmigkeit« des Abgeschlossenen verloren hat, andernteils, weil die rollende Dynamik des Daseins ihr die Systeme unter den Händen zerknackt, noch ehe sie sie halb fertig gebastelt hat), die sich in allem mehr und mehr auf die reine Feststellung der Phänomene beschränkt und es fast ganz aufgegeben hat, ihnen einen zusammenhängenden Sinn abzugewinnen – in dieser Zeit ist das Tagebuch als gültige literarische Hervorbringung symptomatisch. Für Jünger, der seit den »*Stahlgewittern*« über den »*Arbeiter*« und die »*Marmorklippen*« einen ungeheuren Bogen der Umorientierung beschrieben hat und dessen Wegrand die zerknackten Denksysteme in verwirrender Vielfalt säumen, ist diese Form der offensichtliche Ausweg. Doch das legitimiert sie nicht [. . .]

Konstanz, 1. August 1949
Abreise-Tag. Hätte mir vor vier Jahren, als ich nach Deutschland kam, einer gesagt, ich würde das Land mit dem neuesten Jünger als Reiselektüre verlassen, ich hätte es als einen schlechten Scherz genommen. Nun, ein Scherz ist es nicht mehr. Der Mann, der sich standhaft und selbstherrlich geweigert hat, vor einer Spruchkammer zu erscheinen oder auch nur einen alliierten Fragebogen auszufüllen, hat sich mit seinem selbstsicheren Eigensinn durchgesetzt:

»Auch habe ich, wenn es darauf ankam, nie einen Zweifel gelassen, wie ich denke und wer ich bin.«

Das ist eine wichtige Behauptung, wenn man zu ermessen versucht, welche Wirkung dieses Buch in Deutschland haben wird. Es kommt in einem entscheidenden Moment der Neukanalisierung nationalistischer Tendenzen. Seine arrogante, selbstherrliche Tonlage wird viel mitschwingen machen, das im Lager Jüngers ansonsten nichts zu suchen hat. Zweifellos erhofft er sich selbst eine bedeutende Wirkung auf das junge Deutschland.

»Früher hielt ich es für undenkbar, Schüler zu haben, während

mich heute die Nachfolge freut. Damit hängt es zusammen, daß ich mich damals für eine solitäre Erscheinung hielt, während ich heute glaube, daß ich nichts anderes zum Ausdruck bringe als was wir alle sind.«

Mir scheint, entscheidender wird sein, ob es die anderen, die Schüler glauben. Da liegt der Hund begraben. Um so wichtiger die Frage: Was hat der Mann zu lehren? [. . .]

Zürich, 1. August 1949

Was Jünger zu lehren sich bemüht, ist wohl vornehmlich, so scheint mir: Haltung. Das heißt, *seine* Haltung in dieser Zeit. Er sagt nirgends, daß er sie für vorbildlich halte; für derlei Direktheit besitzt er zuviel Geschmack. Aber er gibt es deutlich zu verstehen. Am deutlichsten an dieser Stelle:

»Zu meiner Autorschaft, meiner Existenz überhaupt. Das Exemplarische daran, ihre Figur. Sie könnte in einer besonderen Art der Schleife liegen: wie man aus schwieriger, ja aussichtsloser Lage zurückfindet, nachdem man ihre äußersten Grenzen erstrebte – moralisch, metaphysisch, rational, rein leiblich in den Wirbeln der Feuerwelt.«

Auf diesen Schlüsselsatz wird man noch mehrfach zurückkommen müssen. Die Schüler und »Jünger« werden ihn ohne weiteres akzeptieren; sie erwarten, daß man ihnen »vorlebt«. Wie steht es mit den anderen? Zu diesen würde auch ich mich rechnen.

Zweifellos werden viele, die mit Jüngers geistiger und politischer Vergangenheit trotz der »*Marmorklippen*« keineswegs ausgesöhnt sind, dieses Tagebuch unter anderem oder gar vornehmlich als eine Rechtfertigungsschrift, als eine Präzision seines nunmehrigen Standortes ansehen und ihn danach beurteilen. Daran ist nichts zu ändern, und der Autor kann sich, trotz seiner Versicherung, er habe nie einen Zweifel gelassen, wer er sei und wie er denke, darüber nicht beklagen. Es ist ein Gesichtspunkt, der sich einfach nicht ignorieren läßt.

Wie steht es also mit der Evidenz? Wie lebte ein deutscher Offizier, der mit dem Regime auf gespanntem Fuß stand, im besetzten Paris vom Februar 1941 bis zum August 1944? Das will man vor allem wissen. Weiterer Nachteil der Tagebuch-Form: man muß sich die Evidenz, die Belegstücke, die zur Sache gehörigen Aussagen aus allen Ecken zusammentragen. Das wäre eigentlich

Arbeit des Autors; wenn er sie dem Leser, also mir, überläßt, und ich sie mangelhaft durchführe und, nach seinem Ermessen, unzuläßliche oder fehlerhafte Schlußfolgerungen ziehe, so ist dies seine eigene Schuld. Ich werde mir davon keinesfalls etwas abhandeln lassen. In diesem Sinn: *allons–y.*

Notiert: »– *wenn man den langen, gefährlichen Anstieg bedenkt, besonders dessen, der sich nicht schonte und in den beiden großen Kriegen auf gefährlichem Posten stand – im ersten in den Wirbeln der Materialschlacht und während des zweiten in den dunklen Fährnissen der Dämonenwelt.*«

Weiterhin: »– *meine Lage ist die eines Mannes, der in der Wüste zwischen einem Dämon und einem Leichnam haust. Der Dämon fordert ihn zur Handlung auf, der Leichnam zur Sympathie.*«

Hierzu ebenfalls: »– *mein Ort ist an der Spitze einer Brücke, die über einen dunklen Strom geschlagen wird. Die Existenz auf diesem vorgeschobenen Bogen wird mit jedem Tag unhaltbarer, der Absturz drohender, falls nicht von drüben spiegelbildlich ihm die Entsprechung, die Vervollkommnung entgegenwächst. Aber das andere Ufer liegt in dichtem Nebel – und nur zuweilen dringen unbestimmte Lichter und Töne aus der Dunkelheit. Das ist die theologische, die psychologische, die politische Situation.*«

Schließlich: »– *obwohl ich in diesem zweiten Weltkrieg zum größten Teil von den Kulissen des Komforts umgeben bin, lebe ich doch in größerer Gefährdung als während der Somme- oder der Flandernschlacht.*«

Für den Komfort finden sich reichlich Belege, für die Gefährdung nur gelegentliche vage Andeutungen. (Es ist nicht meine Schuld, wenn ich nicht alle gefunden habe!) Jünger wird im Juni 1941 auf Veranlassung Speidels dem Stab des Oberbefehlshabers (v. Stülpnagel) zugeteilt und bleibt bei ihm bis zur Auflösung des Stabes im August 1944. Von seiner Tätigkeit berichtet er so gut wie nichts: er bearbeitet die Akten des Unternehmens »Seelöwe«, stellt Material zusammen »*über den Kampf der Vorherrschaft in Frankreich zwischen Heer und Partei*«, erhält zur Sicherung seiner Akten einen Stahlschrank in seinem Zimmer im »Majestic«, unternimmt zur Zeit des Stalingrad-Débâcles eine sechswöchige Tour zu verschiedenen Befehlsstellen im Kaukasus ohne ersichtlichen Auftrag und möglicherweise, um in Paris drohenden Komplikationen zeitweise aus dem Wege zu gehen, und wird am 20. Oktober 1944 aus der Armee entlassen. *»Man scheint in Berlin sogar Eile gehabt zu haben, sich meiner auf diese Weise zu entledigen.«*

Soweit das »Dienstliche«: Was die tatsächliche Kriegführung betrifft, so hat Jünger sich offensichtlich an ihr nicht beteiligt; er ist bei Stülpnagel und seinem Kreis in Paris *»untergeschlüpft«*, wo man schlecht und recht eine Beschäftigung für ihn gefunden hat: er befaßt sich mit nebensächlichen und unerheblichen Angelegenheiten, und viel zu tun hatte er offensichtlich nicht.

Denn »außerdienstlich« sehen wir den Hauptmann Jünger fast zu allen Tageszeiten in Paris und Umgebung spazieren gehen, Besuche und Einkäufe machen, Studien aller Art treiben, in Museen, Kirchen, bei Freunden, in Antiquitätengeschäften – ein Flâneur in der Welt des Angenehmen und Schönen. Er kauft in dieser Zeit eine mehr als ansehnliche Menge wertvoller Bücher zusammen (*»– gedachte der Seineufer zwischen den Brücken und der so reichen Fischzüge –«*) und erwähnt nur einmal, ein Ankauf habe seine Verhältnisse überstiegen; ein anderes Mal muß ein Kauf wegen des zu hohen Preises unterbleiben. Aber er erwirbt die berühmte Pariser Vulgata-Ausgabe von 1664. Schließlich begegnen wir ihm nahezu auf jeder dritten Seite in einem der berühmten Pariser Restaurants. An einer einzigen, einzeiligen Stelle wird erwähnt, daß die Nahrungsmittel in Paris äußerst schwer zu beschaffen seien. Im übrigen liest Jünger heißhungrig, und bringt den *»Frieden«* zu Papier.

Ob man will oder nicht, ob sie nun paßt oder nicht, die Parallele mit dem besetzten Deutschland und dem Leben alliierter Offiziere und Beamter dort drängt sich auf. Über Geld wird auf diesen sechshundert Seiten nicht ein einziges Mal gesprochen. Gewiß ist es eine Privatsache und geht mich nichts an; aber ich hätte doch gern einiges über die ökonomische Seite dieser Existenz erfahren. Mit Zigaretten scheint nicht gehandelt worden zu sein; doch wie bezahlt man vom Hauptmannssold die Vulgata? Haben die Honorare aus den französischen Ausgaben der *»Marmorklippen«* und der *»Gärten und Straßen«* hierzu ausgereicht? In diesen ungewöhnlichen Umständen haben solche Fragen moralisches Gewicht. Sie haben auf die »Haltung«, auf das »Exemplarische« Bezug. Oder nicht? Im Falle der Amerikaner in Deutschland jedenfalls pflegt man es so zu betrachten.

Dies gilt, so scheint mir, in anderer Hinsicht auch für den persönlichen Umgang. Jünger erwähnt, daß Hitler seinen Aufenthalt in Paris mit Mißtrauen betrachte, und nach den »*Marmorklippen*« und dem Verbot der »*Gärten und Straßen*« glaubt man das gern. Er notiert, daß Speidel bereits früher von Keitel vor ihm gewarnt worden sei und daß er, falls er sich nach Berlin versetzen ließe, »*dort nicht den Schutz finden würde, den mir hier der Oberbefehlshaber gewährt*«. Ich habe keine Veranlassung, an der Notwendigkeit dieses Schutzes zu zweifeln; daß zwischen Jünger und den Herrschenden alles andere als Sympathiebeziehungen bestanden, bedarf nicht der Unterstreichung. Dennoch fallen mir die Leute auf, mit denen er unter diesem Schutz zusammentrifft oder umgeht: de Brinon, Sacha Guitry, Arletty, Drieu la Rochelle, Cocteau, Montherlant, Morand, Gallimard, Fabre-Luce, Picasso, Braque, Benoist-Méchin, Jouhandeau, und einmal auch Marcel Déat. Das ist von allem etwas, und gewiß kann man sich als Offizier einer Besatzungsmacht seinen Umgang nicht immer aussuchen, aber es sind die Kreaturen Hitlers und Goebbels' für meinen Geschmack darunter etwas reichlich vertreten [. . .]

Im Zug nach Genf, 2. August 1949
Augenblicksweise habe ich das ärgerliche Gefühl, dieser Gegenstand lohne nicht die Mühe, die ich auf ihn verwende. Oder gröbstens gesagt: wer ist schon Ernst Jünger! Doch solche Anwandlungen kommen einem heutzutage bei fast allen geistigen Beschäftigungen. Es lassen sich Situationen des Unbehagens, der *malaise* vorstellen, in denen selbst der Theologe unwillig ruft: wer ist schon der liebe Gott! Und die Bibel in die Ecke wirft.
Es liegt mir fern, blasphemische Vergleiche auszusprechen; doch ist zu bedenken, daß alle möglichen dicken Bücher heutzutage, hast du nicht gesehen, zu Bibeln werden. Dieses hier wird, glaube ich, eine enorme Bedeutung für die zukünftige Geisteshaltung der Deutschen gewinnen, insbesondere ihrer Jugend. Die unwahrscheinlichsten Gestalten werden sich unter Hinweis auf das »Exemplarische« darauf berufen. Wiederum wird Jünger die Scheidungslinie, die er zwischen sich selbst und dem verflossenen Regime zieht (und er schiebt einen großen Teil seiner zeitgenössischen Landsleute in diesem Buch deutlich von sich und ebenso deutlich hinter die Linie auf die andere Seite), nicht viel

helfen und ihn vor ungerufenen Gefolgsleuten nicht bewahren. Die Linie läuft zu sehr im Zickzack-Kurs; auf solcherlei unübersichtlichen Fronten wimmelt es von Überläufern. Für diese wird *»Strahlungen«* zu einem Handbuch und Wegweiser: »Wie entnazifiziere ich mich selbst?« werden, unter Ignorierung alles Nichtzutreffenden. Daran ist wiederum vornehmlich die Form des Buches schuld.

Ein Kriegsdasein wie dieses verlangt ein außerordentliches Maß von Überzeugung hinsichtlich der Unanfechtbarkeit und Untadeligkeit der eigenen moralischen und ethischen Position. Jünger nimmt dieses Maß für sich in Anspruch. Dieser Anspruch ist weiter zu prüfen. Schon heute kenne ich mehr Menschen, als mir lieb ist, für die der Autor der *»Marmorklippen«* eine Art Lieber Gott ist.

Verließ auf einige Zeit das Abteil und ließ das Buch auf dem Sitz liegen. Bei meiner Rückkunft fand ich ein halbwüchsiges Schweizerlein mir gegenüber darein vertieft. Er gab es mit rotem Kopf zurück [. . .]

Culoz, 3. August 1949
Stundenlanges nächtliches Warten auf diesem kleinen Grenzbahnhof, umstanden von den mondscheinübergossenen Riesen des Jura. Wie fern, wie unsagbar fern Deutschland von dieser harten kleinen Bahnsteig-Bank aus erscheint. Wieder ertappe ich mich bei dem Gedanken: wozu und warum schleppe ich dieses dicke Buch quer durch Europa mit mir? Was ist darin, das auch außerhalb Deutschlands mir noch interessant und wichtig wäre, was jenseits seiner Grenzen Bedeutung, Allgemeingültigkeit besäße? Darüber bin ich mir nicht im klaren; seine Spannweite wächst und schrumpft gleichzeitig, man atmet darin parochiale Enge zugleich mit einem Lufthauch, der von ganz weit her zu kommen scheint und dem man unter anderen, fernen Himmeln schon begegnet ist. Gleichviel: das Buch zerrt an mir herum, wie ein Hund, der sich in die Rockschöße festgebissen hat und nicht abzuschütteln ist. Er kommt knurrend über alle Grenzen mit.

Zum Vorigen noch nachzutragen:
»– es gibt Untaten, die die Welt im Ganzen, in ihrem sinnvollen Zusammenhang berühren; dann kann auch der musische Mensch sich nicht mehr dem Schönen, er muß sich der Freiheit weihen. Das Fürchterliche ist indessen, daß man sie bei keiner der

Parteien findet und sich ganz ohne Kameraden zu fechten rüsten muß.«

Diese Überlegung war auch mir, war auch uns auf der anderen Seite höchst vertraut, und ist es noch immer (denn wir sind ja noch nicht am Ende der Untaten, und die Gefährdung des sinnvollen Zusammenhangs scheint zwar verringert, ist aber noch keineswegs abgewendet). Dennoch liegt in ihr ein ebenso gefährlicher wie für den musischen Menschen angenehmer Fehlschluß. Es überrascht mich, daß Jünger ihn so bedenkenlos zieht. Die Freiheit als Ganzes, so wie wir sie »meinen«, ward noch nie ohne Abstriche und Einschränkungen bei einer Partei gefunden, und daran ist nichts *»Fürchterliches«*, weil das Selbstverständliche nicht (oder nicht mehr) fürchterlich ist; was einleuchtet, flößt kein Grauen ein.

Vielmehr handelt es sich um die alte Geschichte vom kleineren Übel. Was Jünger von der Wahrheit sagt, nämlich, daß man sie heutzutage nehmen muß, wo man sie findet, gilt weit mehr noch für die Freiheit. Die Wahrheit muß man keineswegs nehmen, wo man sie findet oder wo sie angeboten wird; ihre Substanz und ihr Volumen können als konstant angenommen werden; im günstigen Fall vergrößern sie sich gar. Außerdem ist heutzutage die Wahrheit an die Opportunität gebunden, wie Jünger selbst mit Zorn und Bitterkeit feststellt: sie wird einem von denselben Hurenbuben angepriesen, die gestern die Unwahrheit feilhielten und es morgen wieder tun können. Es ist nicht ausgemacht, daß das nicht abfärbt.

Mit der Freiheit steht es anders, und nur in ihrem Abhängigkeitsverhältnis zur Opportunität gleichen sich die beiden. Von der Freiheit ist heutzutage nur noch so wenig übrig, daß man nicht lange wählen kann, und obwohl nicht der erste Beste zum Bundesgenossen taugt, kann man in der Wahl so lange zaudern, bis es zu spät ist und es nichts mehr zu wählen gibt. Wir entschlossen uns für das kleinere Übel, oder besser, für das größere Unübel, kämpften mit der Partei, auf deren Seite nachweisbar um einiges mehr Freiheit war als auf der anderen, und vergrößerten, indem wir ihr zum Sieg verhalfen, im Endeffekt das Gesamtmaß an Freiheit in der Welt. Darauf allein kam es an, und das taten wir. Wer's uns heute abhandeln will, stelle sich die Gegenprobe vor, die ja um ein Haar gelungen wäre.

Das Fechten ohne Kameraden denkt sich gut und liest sich noch besser; aber es ist eine praktische Unwahrheit. Es kommt zu diesem Waffengang nie, und in der Welt der »Arbeiter« und »Lemuren« schon gar nicht. Das weiß Jünger besser denn irgendwer. »*Die Technik ist jetzt in solcher Tiefe organisiert, daß auch nach Brechung der Vorherrschaft des Technikers und seiner Leitgedanken mit ihrem Bestand gerechnet werden muß. Die eigentliche Frage lautet, ob man die Freiheit an sie verliert. Wahrscheinlich ergibt sich daraus eine neue Form der Sklaverei.*« Das ist weit vorausschauend gedacht, und trifft vermutlich zu; aber das unmittelbare Problem liegt wesentlich näher, und seine Beantwortung bestimmt unsere heutige Haltung.

Das Problem besteht darin, daß Substanz und Volumen der Freiheit seit einiger Zeit in der Welt im Schrumpfen begriffen sind. Deshalb, da in der gegenwärtigen Konstellation der das Volumen der Freiheit bestimmenden Mächte neue Zuflüsse vorderhand nicht zu erwarten sind, ist die Freiheit eine eminent praktische Angelegenheit geworden, die mit beiden Händen, mit Zähnen und Klauen festgehalten und verteidigt sein will. Ihr wichtigstes Merkmal in unserer Zeit ist, daß man, um das Gros zu sichern, die Vorposten opfern muß. Das hat gerade Jünger schon früh genau erkannt, und mich wundert, daß er sich erlaubt, es zu vergessen. Der vergangene Krieg hat allen Beteiligten gezeigt, daß man, um mit Tyrannen fertig zu werden, wenn schon nicht ihre Denkart, so doch zeitweise ihre Methoden übernehmen muß; und trotz bester Absichten bleibt nachher immer etwas Unabwaschbares zurück. Auch erweisen sich einige aus Opportunität und zwingender Notwendigkeit übernommene Methoden in den nachfolgenden Verhältnissen als unentbehrlich und müssen beibehalten werden.

So geht aus jedem Kampf um die Erhaltung der Freiheit die Substanz der Freiheit um einiges verringert hervor, weil man, um sie überhaupt wirksam gegen ihre Feinde verteidigen zu können, sich eines Teils von ihr begeben muß, und diesen Teil erhält man nicht zurück. Die Taktik besteht darin, diesen Teil so gering wie möglich zu halten. Einstweilen ist der Schrumpfungsprozeß stetig, und es handelt sich darum, ihm das denkbar langsamste Tempo aufzunötigen, bis die Größenverhältnisse und Machtkonstellationen in der Welt sich so geändert haben, daß ganz neue Konzeptionen der Freiheit möglich werden. Es besteht immerhin die Hoffnung, daß von der letzten gehaltenen Insel aus sich der ganze Archipel und von dort die Kontinente werden zurückerobern lassen. Aber das wird eine andere Freiheit sein, und Jünger äußert eine Schulbubenweisheit, wenn er prophezeit, daß sie mit der des neunzehnten Jahrhunderts nichts mehr gemein haben werde. Ich möchte hinzufügen: ebenso wenig wie die kommenden Weltreich-Imperatoren mit den letzten Ritter-Kaisern des Mittelalters.

Vorderhand jedoch wird die Freiheit noch von jenen Nationalstaaten und Gruppen von Nationalstaaten verwaltet, die Jünger (und auch mir) als »Lebensraum« zu eng geworden sind, und ist nur durch sie zu beziehen. Um auch nur über die Freiheit spekulieren, geschweige denn für oder gegen sie auftreten zu können, muß dieses Ordnungssystem, so sehr es auch im Übergang begriffen sein mag, als bestehend akzeptiert werden, und Jüngers Berufung darauf, daß er sich bereits als außerhalb dieses Systems stehend empfinde, ändert hieran nichts und entläßt ihn nicht aus der Entscheidung, was hier und jetzt, angesichts der gegebenen Mächte und Konstellationen für oder gegen die Freiheit zu tun ist. Selbstverständlich kann man den Standpunkt einnehmen, daß man lieber gar keine Freiheit habe als die gegenwärtige rationierte Ausgabe, und daß diese Art der Freiheit sich um sich selbst kümmern möge, so wie man es auch mit dem Krieg tut, den man sich selbst überläßt, da er einen nicht »betrifft«; doch im Gegensatz zum Krieg, der einem nachläuft, läßt einen die Freiheit sitzen. Das zeigte sich an Jünger selbst. Er hätte nicht vier Jahre auf seine publizistische Freiheit im System der Nationalstaaten warten müssen, wenn er zu dem bißchen Freiheit, welches diese Staaten unter anderem auch ihm erkämpften, etwas hinzugetan hätte.

Deshalb ist sein Schwur aus den »*Marmorklippen*«, in aller Zukunft »*lieber mit den Freien zu fallen als mit den Knechten in Triumph zu gehen*« prächtig und dramatisch klingender Unsinn; wie auch die Meinung, »*die Tapferen dieser Erde machen im Streit die Grenzen der Freiheit aus*«, reine Rhetorik ist. Die Zeiten, in denen die Freien, von denen hier die Rede ist, etwas zu sagen hatten, ist längst vorbei; es gibt diese Freien nicht mehr, wenn es sie überhaupt je gegeben hat außer in den Heldensagen von Gustav Schwab, und im »Streit der Tapferen« haben sich zumindest in neuerer Zeit die Grenzen der Freiheit nur stetig verengt. Diese »*Freien*« und »*Tapferen*« sind eine Illusion, und zwar, glaube ich, eine bewußte und absichtliche Vorspiegelung, um der weniger pittoresken und dramatischen Entscheidung zwischen den relativen Graden der Unfreiheit zu entgehen. Diese Vorstellung von einem Rittertum der Freien, hineinprojiziert in die Welt der Technokraten, ist eine Strähne Gedankenkitsch, die um so mehr irritiert, als sie historisch unlauter ist. Doch wo Stefan George ist, da ist auch der Cornet Rilke gewöhnlich nicht weit.

Die exemplarische Haltung wäre also *in summa*: Anteilnahme statt Parteinahme; zwischen Handeln und Sympathie; zwischen Feindschaft und Freundschaft; zwischen der Freiheit und dem Schönen. Das heißt nichts anderes als: die Sache hat mit mir nichts zu tun und ich nichts mit ihr; ich muß sehen, wie ich mit heiler Haut hindurchkomme. Das ist an sich ein zulässiger, legitimer Standpunkt; man kann ihn einnehmen. Doch läßt sich seine Gültigkeit niemals über das Individuum hinaus ausdehnen; wird er für exemplarisch erklärt, drückt er nur aus, was »*in uns allen ist*«, so sind sämtliche Beteiligten aus der Verantwortung entlassen. Diese Generalamnestie jedoch beabsichtigt Jünger keineswegs.

Außerdem hängt die moralische Erlaubnis zur Einnahme dieses Standortes doch wohl ein wenig von dem Grad ab, in dem man selbst an dem Heraufkommen der Sache beteiligt war. Wird dieser Umstand ignoriert, so wird dieses Buch zu einem geradezu diabolischen Leitfaden der Unaufrichtigkeit. Da kann man sich dann nicht wundern, wenn man darin billigste Koketterien findet wie diese: »– *überrasche mich dabei, daß ich die Bündnisse verwechsele; zuweilen überfällt mich die Täuschung, daß sie (die Japaner) uns den Krieg erklärt hätten. Das ist so unentwirrbar wie Schlangen in einem Sack.*«

Der *Chef de Gare* hat das Licht auf dem Bahnsteig ausgedreht. Das war auch Zeit und ist auch besser so. Zuweilen kommt mir vor, ich läse nachts Dinge in Büchern, die morgens gar nicht mehr darin stehen. Oder ist es im Dunkeln einfach heller als im Licht? Bei den Dunkelmännern und Obskuranten wäre das geradezu anzunehmen.

Am gefährlichsten allerdings sind die Dunkelmänner aus Glas. Man sieht ihre Kapuzen nicht. Und so weiter [. . .]

Das Anziehende, Fesselnde, ja, das in gewissem Sinn wirklich
»Exemplarische« an der Erscheinung Jüngers schien mir immer
darin zu liegen, daß er wirklich zu den echten, den großen
Schiffbrüchigen unserer Zeit gehörte. Stellt sich nun heraus, daß
auch er nur mal wissen wollte, »wie es ist«? Oder ist seine Rückkehr zur Religion, der er früh im Leben den Rücken gewendet,
der eigentliche Beweis für die Echtheit, die Authentizität seines
Schiffbruchs; ist seine Aufforderung zum Gebet das letzte
Rauchfähnlein, das wir von seiner einsamen Insel erblicken, ehe
sie im heraufkommenden Gewitter versinkt?

Das müßte man wissen. Doch weiß er es selbst? Die Frage ist
erlaubt angesichts dieses »Anmarsches zu Gott«, selbst wenn er
nicht, wie die apokryphe Äußerung unterstellt, saisonbedingt
ist. Denn auch dieser Anmarsch – und absichtlich wähle ich einen militärischen Ausdruck – ist so stark stilisiert, daß, wie so oft
und so befremdlich bei diesem Autor, Substanz und Form beinahe auswechselbar scheinen. Wohin reitet der Teufel der Worte
ihn, wenn er schreibt:

*»Was kann man dem Menschen, und vor allem dem einfachen
Menschen empfehlen, um ihn der Normung, an der auch die
Technik ununterbrochen mitwirkt, zu entziehen? Nur das Ge-
bet.«* Oder: *»Von allen Domen bleibt nur noch jener, der durch
die Kuppel der gefalteten Hände gebildet wird. In ihm allein ist
Sicherheit.«*

Reitet er ihn zu Gott? (Das Merkwürdige ist übrigens, daß gerade die Dome allerorten im zerstörten Deutschland unversehrt
geblieben sind. Doch seit wann ist eine Kathedrale ein Ort der
Sicherheit?)

Und wer ist dieser Gott? Er ist – und das versöhnt mich fast,
denn es zeigt mir, daß die Haut den Mann nicht heraus läßt, so
dringlich er aus ihr herausschlüpfen möchte – kein anderer denn
der Gott der *»Stahlgewitter«.* Er ist eine militärische Größe.
Und das beruhigt mich hinsichtlich des Gebetes.

*»Wir müssen uns in unserer Eigenschaft als Rationalisten
überwinden lassen, und dieser Ringkampf findet heute statt.
Gott tritt den Gegenbeweis gegen uns an.«* Und an anderer Stelle: *»Daher ist der Entschluß in unseren Tagen, sich zunächst an
ein Glaubensgesetz zu halten, auch ohne innere Berufung, gar
nicht so sinnlos, wie man gemeinhin denkt. Er gibt vielmehr die*

angemessene Eröffnung der metaphysischen Partie. Gott muß ja gegenziehen.«

Ob nun General oder Schachspieler – es ist einerlei. Beide werden zuweilen zu Göttern gemacht, die Feldherren wie die Weltmeister, aber man betet zu ihnen nur vorübergehend. Machen sie den falschen Zug, greifen sie im falschen Abschnitt an, so werden sie geschlagen, und der Ringkampf hat sich erledigt. Lehnen sie es ab, gegenzuziehen, so ist der Krieg ebenfalls aus und man geht nach Haus, zu dem, *»was man sonst treibt«*.

Von einem Gott, der *»gegenziehen muß«*, der *»antritt«*, der einen *»Gegenbeweis«* zu liefern hat, ist nicht zu befürchten, daß er den Schiffbrüchigen wirklich retten und damit den letzten Akt des Schauspiels verderben wird. Und ich glaube auch nicht, daß Ernst Jünger es ernstlich von ihm erwartet. Er muß sich *»Gott zunächst beweisen, ehe ich an ihn glauben kann«*. Er muß, ehe er *»mit der ganzen Person und ohne jede Einschränkung«* sich *»über den Strom der Zeit zum anderen Ufer wagt«*, erst *»kunstreiche Brücken«* bauen, *»subtile Pionierarbeit«* vornehmen. *»Schöner wäre gewiß die Gnade, doch entspricht sie nicht der Lage und nicht dem Stande, in dem ich bin.«*

Das ist ehrlich. Denn hieraus spricht bereits die heimliche Vermutung, daß die Brücken nicht fertig werden, die Pionierarbeit nicht vollendet werden wird. Der *»Gott, der gegenziehen muß«*, ist nicht ohne Grund von seinem Schöpfer so konstruiert, daß er einem nicht hilft, wo man keine Hilfe will. Er ist so konstruiert, daß er zumindest versagen kann, daß er nicht unbedingt funktionieren muß.

Auf dieses Versagen hofft, trotz aller Gebete, der Steuermann. Denn nur wenn Gott versagt, geht die Reise weiter. Und weiter gehen muß sie. Ja, er wird Gottes eigenes Standbild anbohren und in die Luft sprengen, wenn es ihm die letzte Meerenge versperrt.

Um dieser Möglichkeit willen fahre ich weiter mit ihm. Nicht wider Willen, sondern aus freien Stücken. Obwohl er nicht mein Bruder ist und, fiele er über Bord, ich ihn bedenkenlos den Lemuren der Tiefsee überließe. Allerdings würde ich jemanden bitten, für ihn zu beten. Zum Beispiel St. Henry de Montherlant. Der weiß wenigstens, wo Gott wohnt.

Martin Heidegger und die Politik
Ein Dossier

Martin Heidegger (1889–1976) hatte sich nach dem Studium der Philosophie, Theologie und Mathematik bei E. Husserl habilitiert; seit 1928 lehrte er in Freiburg. Für sein Philosophieren (*Sein und Zeit*, 1927; *Was ist Metaphysik?*, 1929; *Holzwege*, 1950) gründet die »Seinsfrage« in der Endlichkeit, die als »Vorlaufen zum Tod« als »Sein zum Ende« als »Sein zum Tod« erfahren wird. Menschliches Dasein muß sein Sein erst »entwerfen«, wobei es die Möglichkeit hat, zur Selbstverwirklichung vorzustoßen oder aber in der Selbstentfremdung sich zu verlieren. Menschliches Dasein ist durch Seinsverständnis ausgezeichnet. In der »Grundbefindlichkeit der Angst« ängstigt sich das Dasein vor dem »Nichts«; doch kann es in seinem Freisein für die Freiheit sich selbst wählen und damit neue Identität gewinnen.

Nach 1945 geriet Heidegger ins Kreuzfeuer der Kritik: seine Äußerungen zu Beginn des Dritten Reiches wurden als »Verrat am Geist« verstanden; die Beharrlichkeit, mit der Heidegger zu den Vorwürfen schwieg, verstärkte den Unmut über sein Verhalten. Zudem glaubte man, in ihm einen Repräsentanten jener Denkweise vor sich zu haben, die mit Hilfe einer mystifizierenden Sprache den Durchbruch des aufgeklärten Bewußtseins zu verhindern trachtet. In nuce gibt somit die Kontroverse um Heidegger einen Einblick in die geistige Auseinandersetzung dreier Jahrzehnte, auf die das nachfolgende, vom Herausgeber zusammengestellte »Dossier« einige Schlaglichter wirft.

I.
»Etwas Metaphysisches, das dem Verstand allein kaum mehr begreifbar ist, hat sich in den zwölf Raubjahren des Dritten Reiches mit dem deutschen Volk abgespielt. Aus dem bayrisch-österreichischen Innviertel, wo die Überlieferungen des wilden Heerbanns zwischen Weihnacht und Epiphanie noch am lebendigsten sind, kam ein Mann, dem die Niedrigkeit in Form einer schwarzen Haartolle in die Stirn gestrichen und die Lächerlichkeit unter die Nase gewachsen war. Er trommelte, trommelte über das Land hin – in einem Advent des Hasses sich selbst als Erlöser kündend, bis um die Zeit der Wende sein Sturm brausend sich erhob und Deutschland mitriß. Ob sie ängstlich am Boden kauerten in der Hoffnung, es werde ohne Schaden über sie hinweg-

ziehen, oder erhobenen Hauptes der national-sozialistischen Streitkraft sich beigesellten, Parteigenossen, Wehrwirtschaftsführer, HJ-Bannerträger, Frauenschafts-Leiterinnen, Blockwarte, Maiden, Soldaten, Soldaten, Soldaten, deren Blitzkriege Europa zerschmetterten – sie waren alle gebannt von ihm. Eingehüllt in ein gleißendes nationalistisches Blendwerk jagte er sie in den apokalyptischen Feuer- und Bombenregen der jüngsten Tage. In den Abgrund der Not und der Verkommenheit gestürzt, erwachte schließlich der Rest inmitten von Trümmern und Leichen zur Dumpfheit eines neuen Bewußtseins. Was war geschehen? Wie war es geschehen? Es war nicht möglich! ›*Das alles haben wir gar nicht gewußt!*‹«

So begann Eugen Kogon seinen bahnbrechenden Aufsatz »Gericht und Gewissen« in den *Frankfurter Heften,* Heft 1, April 1946, S. 25 f. Damit war die geistige Situation charakterisiert, mit der sich diejenigen konfrontiert sahen, die nun an den »Aufbau einer neuen Moral« gingen. Kogon konstatiert mit Betroffenheit und Trauer, daß die Stimme des Gewissens in diesem Lande noch nicht erwacht sei. Nach einer differenzierenden und kritischen Auseinandersetzung mit der These der »Kollektivschuld«, der »alliierten Erziehungs- und Aufklärungsarbeit« sowie der Frage, was die Deutschen von den Konzentrationslagern gewußt hätten, kommt er zu der Aufforderung: »So rückblickend möge Deutschland sich selbst erkennen: seine edlen und seine entsetzlichen Züge, damit das entstellte Antlitz wieder Gleichmaß gewinne. Es wird den Richter dann nicht mehr zu füchten brauchen, weil es sich selber ehrlich beurteilt hat. Und wenn er die Frage erneut an Deutschland stellt: ›Kennt ihr mich jetzt?‹ dann wird es in ihm den Erlöser sehen aus Irrtum, Verbrechen, Blutschuld, Schande und Not, den Erlöser zur Freiheit und Menschenwürde. Weit werden die Konzentrationslager dann hinter dem erneuerten Deutschland liegen – nur noch eine Mahnung aus den Zeiten der Finsternis dieses Dritten Reiches.«

»Sich selbst erkennen!« – diejenigen, die guter Absicht waren, hofften bei einem solchen Läuterungsprozeß mit einer heute nur noch schwer nachvollziehbaren Intensität auf das klärende Wort »ihrer« Dichter und Denker – vor allem auch solcher, die im Dritten Reich im Lande geblieben waren und nun Gerichtstag über sich selbst, über ihre Äußerungen und Bekenntnisse von damals hätten halten sollen. Einige zogen in Ehrlichkeit Bilanz;

manche rechtfertigten sich in larmoyanter Weise; viele schwiegen. Einer der »großen Schweiger« war Martin Heidegger. Sein
Diktum, daß sich das Gewissen als »Ruf der Sorge« offenbare, schien in seiner eigenen geistigen Existenz kein Echo zu
finden.

Was hatte dieser Philosoph 1933 gesagt und getan? Hatte er in
einem Augenblick, in dem die letzten Bastionen kritischer Rationalität von der Barbarei hinweggefegt wurden, Widerstand zu
leisten versucht, oder hatte er den Aufstieg der Barbarei gefördert? War er ein Musterbeispiel für die »Verführbarkeit des Geistes« oder nur für kurze Zeit, eigentlich gegen seine Überzeugung, in ein Fahrwasser geraten, dem er sich dann entschieden zu
entziehen wußte? Aus Anlaß des 80. Geburtstags im Jahre 1969
hat Hannah Arendt Heideggers Verhältnis zum Nationalsozialismus mit folgenden gleichermaßen verständnisvollen wie »ver-
gebenden« Worten kommentiert (*Merkur,* Heft 10, Oktober
1969, S. 901 f.):

»Nun wissen wir alle, daß auch Heidegger einmal der Versuchung nachgegeben hat, seinen »Wohnsitz« zu ändern und sich
in die Welt der menschlichen Angelegenheiten »einzuschalten« –
wie man damals so sagte. Und was die Welt betrifft, so ist es ihm
noch um einiges schlechter bekommen als Plato, weil der Tyrann
und seine Opfer sich nicht jenseits der Meere, sondern im eigenen Lande befanden. Was ihn selbst anlangt, so steht es, meine
ich, anders. Er war noch jung genug, um aus dem Schock des Zu-
sammenpralls, der ihn nach zehn kurzen hektischen Monaten
vor 35 Jahren auf seinen angestammten Wohnsitz zurücktrieb,
zu lernen und das Erfahrene in seinem Denken anzusiedeln. Was
sich ihm daraus ergab, war die Entdeckung des Willens als des
Willens zum Willen und damit als des Willens zur Macht. Über
den Willen ist in der Neuzeit und vor allem der Moderne viel geschrieben, aber über sein Wesen trotz Kant, trotz Nietzsche
nicht sehr viel gedacht worden. Jedenfalls hat niemand vor Heidegger gesehen, wie sehr dieses Wesen dem Denken entgegen-
steht und sich zerstörerisch auf es auswirkt. Zum Denken gehört
die »Gelassenheit«, und vom Willen aus gesehen muß der Denkende nur scheinbar paradox sagen: ›Ich will das Nicht-Wollen‹;
denn nur ›durch dieses hindurch‹, nur wenn wir ›uns des Willens
entwöhnen‹, können »wir uns . . . auf das gesuchte Wesen des
Denkens, das nicht ein Wollen ist, einlassen‹.

Wir, die wir die Denker ehren wollen, wenn auch unser Wohnsitz mitten in der Welt liegt, können schwerlich umhin, es auffallend und vielleicht ärgerlich zu finden, daß Plato wie Heidegger, als sie sich auf die menschlichen Angelegenheiten einließen, ihre Zuflucht zu Tyrannen und Führern nahmen. Dies dürfte nicht nur den jeweiligen Zeitumständen und noch weniger einem vorgeformten Charakter, sondern eher dem geschuldet sein, was die Franzosen eine *déformation professionelle* nennen. Denn die Neigung zum Tyrannischen läßt sich theoretisch bei fast allen großen Denkern nachweisen (Kant ist die große Ausnahme). Und wenn diese Neigung in dem, was sie taten, nicht nachweisbar ist, so nur, weil sehr Wenige selbst unter ihnen über ›das Vermögen, vor dem Einfachen zu erstaunen‹, hinaus bereit waren, ›dieses Erstaunen als Wohnsitz anzunehmen‹.

Bei diesen Wenigen ist es letztlich gleichgültig, wohin die Stürme ihres Jahrhunderts sie verschlagen mögen. Denn der Sturm, der durch das Denken Heideggers zieht – wie der, welcher uns nach Jahrtausenden noch aus dem Werk Platos entgegenweht – stammt nicht aus dem Jahrhundert. Er kommt aus dem Uralten, und was er hinterläßt, ist ein Vollendetes, das wie alles Vollendete heimfällt zum Uralten.«

Damit waren die Vorgänge, um die es in der langdauernden Auseinandersetzung um Martin Heidegger ging, aus der Distanz heraus gesehen und gedeutet. – Der Philosoph selbst hatte sein damaliges Verhalten ebenfalls erst sehr spät interpretiert – und zwar in einem *Spiegel*-Gespräch (geführt am 23. 9. 1966), das nicht zu seinen Lebzeiten veröffentlicht werden durfte. Heidegger sah in diesem Gespräch, das dann nach seinem Tode in Nummer 23/1976 veröffentlicht wurde, einen Beitrag zur »Aufklärung meines Falles«.

In diesem Gespräch (»Wir haben immer wieder festgestellt, daß Ihr philosophisches Werk ein wenig umschattet wird von nicht sehr lange währenden Vorkommnissen Ihres Lebens, die nie aufgehellt worden sind«) fragt der *Spiegel,* wie es denn dazu gekommen sei, daß Heidegger 1933 Rektor der Universität Freiburg geworden ist.

Heidegger: »Im Dezember 1932 wurde mein Nachbar, von Möllendorf, Ordinarius für Anatomie, zum Rektor gewählt. Der Amtsantritt des neuen Rektors ist in der hiesigen Universität der 15. April. Wir sprachen im Wintersemester 1932/33 öfters über die Lage, nicht nur über die politische, sondern im besonderen über die der Universitäten, über die zum Teil aussichtslose Lage der Studierenden. Mein Urteil lautete: Soweit ich die Dinge beurteilen kann, bleibt nur noch die eine Möglichkeit, mit den aufbauenden Kräften, die wirklich noch lebendig sind, zu versuchen, die kommende Entwicklung aufzufangen.«

Heidegger stellt fest, daß das eigentliche Motiv, das ihn bestimmt habe, das Rektorat zu übernehmen, in der Freiburger Antrittsvorlesung im Jahre 1929 (»Was ist Metaphysik«) genannt wurde:

»Die Gebiete der Wissenschaften liegen weit auseinander. Die Behandlungsart ihrer Gegenstände ist grundverschieden. Diese zerfahrene Vielfältigkeit von Disziplinen wird heute nur noch durch die technische Organisation von Universitäten und Fakultäten zusammen und durch die praktische Abzweckung der Fächer in einer Bedeutung erhalten. Dagegen ist die Verwurzelung der Wissenschaften in ihrem Wesensgrund abgestorben.«

Was er im Hinblick auf diesen, inzwischen heute ins Extrem ausgearteten Zustand der Universitäten während seiner Amtszeit beabsichtigt habe, werde in seiner Rektoratsrede dargelegt. In dieser Rektoratsrede hieß es u. a.: »Die vielbesungene akademische Freiheit wird aus der deutschen Universität verstoßen: denn diese Freiheit war unecht, weil nur verneinend.«

Im *Spiegel*-Gespräch steht Heidegger nach wie vor zu dieser Aussage: die akademische Freiheit erweise sich nur zu oft als eine negative: als Freiheit von der Bemühung, sich auf das einzulassen, was wissenschaftliches Studium an Nachdenken und Besinnung verlange. Im übrigen dürfe dieser Satz nicht als herausgerissenes Zitat, sondern müsse im allgemeinen Zusammenhang gelesen werden, damit deutlich werde, was er mit »negativer Freiheit« gemeint habe.

In dieser Rektoratsrede ist auch, vier Monate nach Hitlers Ernennung zum Reichskanzler, von der »Größe und Herrlichkeit dieses Aufbruchs« die Rede.

Er (Heidegger) habe damals keine andere Alternative gesehen. »Bei der allgemeinen Verwirrung der Meinungen und der politischen Tendenzen von 22 Parteien galt es, zu einer nationalen und vor allem sozialen Einstellung zu finden, etwa im Sinne des Versuchs von Friedrich Naumann. Ich könnte hier, nur um ein Beispiel zu geben, einen Aufsatz von Eduard Spranger zitieren, der weit über meine Rektoratsrede hinausgeht.« Gegen die falsche, von den Nationalsozialisten angestrebte Politisierung der Wissenschaft habe er sich in dieser Rektoratsrede ausgesprochen.

»Und deswegen haben Sie«, fragt der *Spiegel*, »in ihrer Rektoratsrede diese drei Säulen proklamiert: ›Arbeitsdienst‹, ›Wehrdienst‹, ›Wissensdienst‹?«

Heidegger: »Von ›Säulen‹ ist nicht die Rede. Wenn Sie aufmerksam lesen: Der Wissensdienst steht zwar in der Aufzählung an dritter Stelle, aber dem Sinne nach ist er an die erste gesetzt. Zu bedenken bleibt, daß Arbeit und Wehr wie jedes menschliche Tun auf ein Wissen gegründet und von ihm erhellt werden.«

Hat Heidegger, will der *Spiegel* wissen, sich an den Bücherverbrennungen der Studentenschaft oder Hitler-Jugend beteiligt? – Er habe sie sogar verboten! – Hat er Bücher jüdischer Autoren aus der Bibliothek der Universität oder des Philosophischen Seminars entfernen lassen? – Er sei den wiederholten Aufforderungen, die Bücher jüdischer Autoren zu entfernen, nicht nachgekommen, doch konnte er als Direktor des Seminars nur über dessen Bibliothek verfügen. Jüdische Autoren, vor allem Husserl, seien wie vor 1933 zitiert und besprochen worden. – Wie er sich das Entstehen solcher Gerüchte erkläre? – Er nehme Bösartigkeit an.

Auf das Verhältnis zur Karl Jaspers eingehend, mit dem Heidegger doch befreundet gewesen sei, fragt der *Spiegel* schließlich, ob die Abkühlung der Beziehungen etwa darauf zurückgeführt werden könnte, daß Jaspers eine Jüdin zur Frau hatte. Heidegger verweist in seiner Antwort auf die Tatsache, daß er und seine Frau den Freund im Sommersemester 1933 besucht und Jaspers ihm zwischen 1934 und 1938 alle Veröffentlichungen »mit herzlichen Grüßen« zugeschickt hatte.

II.

In seinen 1978 posthum erschienenen Notizen zu Heidegger (»Unter den deutschen Philosophieprofessoren unserer Zeit hat mich nur einer interessiert: Heidegger«) hat Karl Jaspers sein Verhältnis zu seinem großen »Gegenspieler« ausführlich kommentiert. Die *Frankfurter Allgemeine Zeitung* nannte sein Buch *Martin Heidegger* eins der erregendsten Dokumente der Philosophiegeschichte, ja der Literaturgeschichte überhaupt – eine »geistige Auseinandersetzung von höchstem Rang«. »Heidegger weiß nicht, was Freiheit ist«, stellt Jaspers fest; man könne ihn nicht dämonisch nennen, aber er besitze einen Zauber wie der Zwerg, der in Bergesgründen in verschlungenem Wurzelgeflecht, in trügerischem Boden, der als fester Mooswuchs sich zeigt und doch Sumpf ist, sich kundgibt. Das Gnomische in Heidegger, das ungewußt Lügenhafte, das Tückische, das Irrtümliche und das Treulose habe in Augenblicken magische Wirkung. Dies Wesen sei in seinem Philosophieren wiederzuerkennen. Schön und verführerisch, kostbar gearbeitet und unwahr, versprechend und in nichts sich auflösend, erdnah und verderblich, angstvoll, ständig verfolgt, nie ruhend in einer Liebe, unwirsch, und dann klagend, rührend, mitleiderweckend, Hilfe begehrend, im Machtgefühl sich überschlagend, im Kollaps ratlos und würdelos. Immer bemüht, stets indirekt, mit berechnendem, aber sich selbst nicht durchschauendem Instinkt. Auf dieser Ebene lasse sich nicht diskutieren. Heidegger denke polemisch, aber nicht diskutierend – er denke beschwörend, nicht eigentlich begründend –, er sage aus, vollziehe aber nicht Gedankenoperationen. Auseinandersetzung habe da einen ganz anderen Charakter als bei wissenschaftlicher Diskussion mit Gründen und Gegengründen – diese selber seien nur ein Ausdrucksmittel im Dienst der sich hier gegenüberstehenden ursprünglich geistigen Mächte. Zu Heideggers »Sündenfall« bemerkt Jaspers:

»1933: der Verfall an den Betrieb – an die großen Worte, die Rhetorik ohne Gehalt – die Emotionen der Selbst- und Massenberauschung in Wechselwirkung – an das ›man‹ – und das ›Technische‹. Die erstaunliche Blindheit dessen, der in dieser Blindheit, aber eben nur formal gehandelt hat: als ob ein Wissen des auch eigenen Unfugs eines Plebejers, der heraustreten möchte, aber erst recht hineingerät.

Der Satz: ›Größe‹ des N.S. ›die Begegnung mit dem technischen Zeitalter‹. Das eigene Schicksal, der Gedanke einer Berufung, die Egozentrizität im scheinbar absolut Sachlichen – daher die häufigen Entgleisungen. Im Umgang ein Echtes – in der Zeit von objektiver Ohnmacht und geringer Hoffnung – in der Jugend. Ein Wille und Antrieb – der als ein ›roter Faden‹ schmal, aber sichtbar, die Masse des schlechten Stoffes des Lebens hindurch durchdringt.

Die Sprache der N.S.-Reden Heideggers ist dieselbe wie in seiner Philosophie. Hier aber steht diese Sprache in Konfrontation mit der Realität. Sie zeigt sich als hohl, von fern an Hitler erinnernd, Wendungen Hitlers aufgreifend, in dieser Linie sprachlich fortproduzierend in ständiger Unwahrhaftigkeit.

Wodurch das Ende 1934? Keine Dokumente. Jedenfalls kein Kampf gegen N.S., nicht Einsicht, sondern objektive Unbrauchbarkeit in der Politik. Er war wie ein Hampelmann gewesen, den man nun in die Ecke warf, als man ihn für den Anfang verwendet hatte.«

III.

Der schillernde Nebel des Mythos lege sich, nicht ganz ohne eigene Schuld des Philosophen, um Heidegger – eine Gestalt, deren Gedanken und Schriften Deutschland und die Welt mehr beeinflußt hätten als die irgendeines anderen deutschen Denkers in unserem Jahrhundert, konstatierte Paul Hühnerfeld (damals Leiter des Feuilletons der *Zeit*, 1960 an den Folgen eines Autounfalles vierunddreißigjährig gestorben) in seinem Buch *In Sachen Heidegger. Versuch über ein deutsches Genie*, Hamburg 1959. Die Arbeit stellt einen Höhepunkt in der Auseinandersetzung um Heidegger dar.

In dem Kapitel »Wissensdienst für Hitler« führt Hühnerfeld aus, daß es keine Theorie des Nationalsozialismus gebe, keine nennenswerte Philosophie, keine originale Auffassung vom Menschen, die in dieser Massenbewegung ihren Niederschlag gefunden habe. Anders als der Kommunismus, der in Hegel und Feuerbach, Marx und Lenin Philosophen von Weltrang bemühen könne, hätten sich die Nationalsozialisten nur auf einen Denker von Rang – und hier noch fälschlicherweise – berufen: auf Nietzsche. »Der Nationalsozialismus ist weder eine Philosophie noch eine Weltanschauung; er entstammt deutschem kleinbürgerlichen Lebensbezug, auf Plüsch ersonnen und in den Gasöfen von Auschwitz und Theresienstadt praktiziert. Was da freilich auf Plüsch ausgedacht war, kam nicht von ungefähr. Es gründete auf verschiedenen Impulsen und Ideen des ausgehenden neunzehnten und des beginnenden zwanzigsten Jahrhunderts.« (S. 96) Diese »dünne« nationalsozialistische Doktrin sei 1933 von wirklichen Denkern dadurch verstärkt worden, daß sie sich in Hitlers »Wissensdienst« stellten. Heideggers Sympathie für den Nationalsozialismus sei nicht eine rein zufällige Angelegenheit gewesen. »Wer Heideggers innerer Entwicklung heute nachgehen, wer die mannigfachen Sentiments und Ressentiments, die seine Philosophie trotz seiner scheinbaren ›Objektivität‹ durchkreuzen, analysiert, wer die tiefen und dunklen Gründe seines Lebens zu durchleuchten versucht, der kann die Hinwendung des Freiburger Denkers zum deutschen Faschismus nicht als Tagesirrtum empfinden. Sie war vielmehr folgerichtig und notwendig. – Die gemeinsamen Wurzeln des deutschen Faschismus und des Heideggerschen Denkens liegen zu klar vor jedem, der sehen kann. Es war derselbe Irrationalismus, dieselbe gefährliche Romantik, gemischt mit Nationalismus und Intoleranz gegen den Andersdenkenden. In den Nationalsozialisten stellte das mißgeleitete Deutschland seine skrupelloseste Massenbewegung, in Heidegger sein subtilstes Genie. Ihr Unterschied ist in der Tat gewaltig – es ist der Unterschied zwischen Massenhysterie und schöpferischem Individualismus. Aber es ist dennoch nur ein Unterschied des *Niveaus* und nicht der *Art*. So blieb es denn auch Heidegger vorbehalten, die wohl klügste und subtilste faschistische Rede zu halten – die Rede, ›gehalten bei der feierlichen Übernahme des Rektorats der Universität Freiburg am 27. Mai 1933‹, ›Die Selbstbehauptung der deutschen Universität‹. Zu Recht hat Karl Löwith von ihr gesagt: ›Verglichen mit den zahllosen . . . Reden, die nach dem Umsturz die gleichgeschalteten Professoren von sich gaben, ist diese Rede philosophisch und anspruchsvoll, ein kleines Meisterwerk . . . Der ›Arbeits-‹ und ›Wehrdienst‹ wird eins mit dem ›Wissensdienst‹, so daß man am Ende des Vortrages nicht weiß, ob man Diels Vorsokratiker in die Hand nehmen soll oder mit der SA marschieren.‹« (Seite 103 f.)

Hühnerfeld bezog sich bei seiner Auseinandersetzung mit Heidegger u. a. auch auf einen Aufsatz von Jürgen Habermas, der im Sommer 1953 in der *Frankfurter Allgemeinen Zeitung* erschien und in heftigen Vorwürfen gegen den Philosophen gipfelte (dabei weder die Rektoratsrede noch andere »Kampfaufrufe« zum Thema hatte). Das Erscheinen von Heideggers Buch *Einführung in die Metaphysik* hatte Habermas zum Anlaß genommen, das »Problem der faschistischen Intelligenz« anzusprechen. Er tat das an Hand eben dieser Vorlesungen aus dem Jahre 1935, die Heidegger 1953 unverändert hatte drucken lassen. Auf Seite 1952 handelt Heidegger vom Nationalsozialismus, von der »inneren Wahrheit und Größe dieser Bewegung«. Da die

Sätze ohne Anmerkung veröffentlicht worden seien, so Habermas, könne man unterstellen, daß sie unverändert Heideggers heutige Auffassung wiedergäben.

»Es wäre müßig, das Wort von der inneren Wahrheit und Größe des Nationalsozialismus zu zitieren, wenn es sich nicht aus dem Zusammenhang der Vorlesung ergäbe. Das aber ist der Fall. Denn Heidegger bringt ausdrücklich die Frage aller Fragen, die Frage nach dem Sein, mit der geschichtlichen Bewegung jener Tage zusammen. Wir befragen Heideggers Vorlesungen daraufhin, woran er appelliert, wozu er aufruft und in Frontstellung wogegen. Und wir erkennen unschwer, daß Heidegger aus dem Erlebnis Hölderlins und Nietzsches mit dem exzessiven Pathos der 20er Jahre und dem unmäßigen Selbstbewußtsein einer persönlichen und einer nationalen Mission den starken Auserwählten gegen den Bourgeois, das ursprüngliche Denken gegen den Commonsense und das Todesmutige des Außerordentlichen gegen die Gewöhnlichkeit des Gefahrlosen ausspielt, das eine erhebend, das andere verdammend. Überflüssig zu bemerken, daß ein solcher Mann unter den Bedingungen des 20. Jahrhunderts als ideologischer Einpeitscher wirken mußte, unter den exaltierten Bedingungen von 1935 als Prophet.« (Zit. nach Hühnerfeld, S. 117 f.)

IV.

Martin Heideggers Buch *Holzwege* erschien 1949; in einer Besprechung der *Süddeutschen Zeitung* im gleichen Jahr bemerkte Reinhold Schneider, das gemäße Gespräch mit dem Philosophen habe noch gar nicht begonnen; »vielleicht sind die Voraussetzungen dieses Gespräches noch gar nicht erfüllt.« Kurt Roßmann schrieb im *Monat* (Heft 21/1950, S. 236 ff.), das Buch gebe die »Stimmung« wieder, die der Historismus seit Nietzsche aus sich heraus erzeugt habe: man fühle sich dem Untergang nahe; der dem Selbstruin sich entgegenstellende Planungsoptimismus würde mit seinen mehr und mehr sich vervollkommnenden und verselbständigenden Werkzeugen der Wissenschaft und Technik den Fortschritt auf dem Wege des Verderbens noch fördern. Ähnlich wie bei Gottfried Benn zeige sich bei Heidegger stets ein schicksalhaftes, mythisches Untergangsdenken, das sich mit einem starken Antiaffekt der Technik gegenüber verbinde und in einer Sprache ausdrücke, die mit ihren raunenden Mystifikationen »Aufklärung« (Erhellung durch Ratio und »logisches« Denken) verhindere.

Die Verpackung als Botschaft! Theodor W. Adorno nannte solches »Sprechen« »Jargon der Eigentlichkeit«: Heuchelei werde zum Apriori: alltägliche Sprache jetzt und hier gesprochen, als wäre sie die heilige. »Dieser könnte eine profane sich nähern durch Distanz vom Ton des Heiligen, nicht durch Nachahmung. Blasphemisch frevelt daran der Jargon. Bekleidet er die Worte fürs Empirische mit Aura, so trägt er dafür philosophische Allgemeinbegriffe und Ideen wie die des Seins so dick auf, daß ihr begriffliches Wesen, die Vermittlung durchs denkende Subjekt, unter der Deckfarbe verschwindet: dann locken sie als Allerkonkretestes. Transzendenz und Konkretion schillern; Zweideutigkeit ist das Medium einer sprachlichen Haltung, deren Lieblingsphilosophie jene verdammt.« (*Jargon der Eigentlichkeit. Zur deutschen Ideologie.* Frankfurt am Main 1964, S. 14)

Adornos Schrift war zum größten Teil als Auseinandersetzung mit Martin Heidegger gedacht. Der »bestimmte neudeutsche Wortschatz«, der ein »falsches Bewußtsein« offenbare, wird aus der Unwahrheit der Philosophie abgeleitet, die jenen Wortschatz geprägt habe. Heidegger erscheint somit als Mitwirkender an einer »mächtigen gesellschaftlichen Entwicklungstendenz«, welcher der Faschismus entsprang: »Die Sprache gewährt ihm Asyl; in ihr äußert das fortschwelende Unheil sich so, als wäre es das Heil.«

»Jargon der Eigentlichkeit«: das ist der systematische Gebrauch bestimmter Schlüsselworte. Heidegger gebraucht diesen Jargon am bewußtesten. »Der Jargon der Eigentlichkeit ist Ideologie als Sprache, unter Absehung von allem besonderen Inhalt.« (Seite 132)

Adorno, wandte Otto Pöggeler in seiner Schrift *Philosophie und Politik bei Heidegger* (Freiburg/München 1972) ein, habe sich Heideggers Frage nach dem Sein nur in der Weise zu vergegenwärtigen vermocht, wie etwa der kleine deutsche Moritz nach dem Besuch von Brechts Mahagonny-Oper sich den *american way of life* oder wie Heidegger sich den Neopositivismus vorstellt. Vor allem »hat er nie aufgehört Heideggers Explikation der Seinsfrage so zu lesen, als habe er doch noch einen scholastischen Traktat vor sich. Selbst der Entwicklung von Heideggers

Bezug zur Politik geht er nicht nach. Heidegger kann aber mit Recht fordern, man müsse, wenn man auf die unglücklichen Folgen seines fatalen politischen Engagements von 1933 verweise, auch sagen, was er seit 1934 als Universitätslehrer zur Entlarvung des Nazismus und Totalitarismus getan habe. Nur wenn man den Weg, den Heidegger gegangen ist, im ganzen sieht, kann man zu einer Auseinandersetzung mit ihm kommen.« (S. 37 f.)

V.

In seinem Aufsatz »Heidegger und Hebel oder die Sprache von Meßkirch« (*Dichter in der Gesellschaft. Erfahrungen mit deutscher und französischer Literatur,* Frankfurt am Main 1966, S. 210 ff.) hat Robert Minder im besonderen das Phänomen von Heideggers »Wurzeldeutsch« aufgegriffen und in seiner Eigenart zu deuten versucht. Heidegger stehe in einer alten (alemannischen) Tradition – freilich in ihrer letzten, pervertierten Phase. »Blutrot« beginne das Wort »alemannisch« zu schimmern, als 1933 ein hochindustrialisiertes, rassisch besonders buntgemengtes Volk sich arische Ahnen beilegte und bald darauf im ganzen besetzten und terrorisierten Europa Tod und Leben des einzelnen davon abhängen ließ, ob er von Siegfried abstamme oder nicht. Ein Massenrausch, für den eine bestimmte Art von rassisch unterbauter Heimatliteratur – Literatur in Sütterlinschrift – besonders anfällig war, die Fiedel strich, die Vöglein im Walde hörte, aber nicht das Stöhnen der Opfer, wo doch Dichter und Denker schon in den Fingerspitzen das ungeheure Leid der Zeit hätten spüren und auf der Zunge die Verdorbenheit einer Sprache hätten schmecken müssen, die mit Volkssprache, Heimatsprache, Muttersprache nichts mehr zu tun hatte: wüster Parteijargon war, Zersetzungsprodukt, Abfall, Abhub im niedersten Sinne des Wortes, zu barbarischen Endlösungen manipuliert im Rahmen einer ungeheuren technischen Maschinerie. Im Kontext des aller Natürlichkeit entfremdeten, ins Kitschig-Pathetische hinaufstilisierten »Alemannismus« müsse man Heideggers Sprechen und Philosophieren verstehen.

In dem Buch *Hundejahre* von Günter Grass (Neuwied 1963) besucht Walter Matern, einer der »Helden« des Romans, »Scheuchen« aus der braunen Vergangenheit. (Ein Freund von Matern, Eddi Amsel, der schon in seiner Jugend Vogelscheuchen gebaut hat, eröffnet in der Bundesrepublik eine Scheuchen-

Großproduktion in einem ausrangierten Kalibergwerk: mit philosophischen und historischen, kleinbürgerlichen und uniformierten Scheuchen, mit Nahkampf- und Diskussionsscheuchen, mit Hallelujascheuchen, Inneren-Emigrationsscheuchen, Trachtenfestscheuchen, Berg- und Flachlandscheuchen, Jungscheuchen, Altscheuchen). Bei einer seiner Reisen kommt Matern zusammen mit seinem Hund – einem Tier, das der »Führer« einst geschenkt bekam, das aber seinen Herrn »rechtzeitig« genug verließ – auch zu Martin Heidegger nach Freiburg; eine Parodie auf die Heideggersche Sprache und Philosophie durchsetzt die zweite Hälfte des Buches. »Die Alemannische Mütze zipfelt zwischen Todtnau und Freiburg. Das Seyn wird fortan mit ›y‹ geschrieben.« Matern erklärt seinem Hund: »Der schreibt jetzt Sein mit »y«. Der trägt eine Zipfelmütze, die zipfelt länger als alle Vormarschwege und Rückzugstraßen. Den hab ich nämlich im Brotbeutel von Warschau nach Dünkirchen, von Saloniki nach Odessa, von der Miusfront in die Batterie Kaiserhafen, aus dem Untersuchungsgefängnis nach Kurland, von dort – und das sind Entfernungen! – in die Ardennen mitgehen lassen, mit dem lief ich über bis Südengland, den schleppte ich ins Munsterlager, den hat Eddi in der Tagnetergasse antiquarisch erstanden: Ein Exemplar erste Auflage, Anno zwosieben, noch dem kleinen Husserl zugeeignet, den er später mit der Zipfelmütze . . . Hör gut zu, Hund: Der wurde geboren in Meßkirch. Das liegt bei Braunau am Inn. Der und der Andere wurden abgenabelt im gleichen Zipfelmützenjahr. Der und der Andere haben sich gegenseitig erfunden. Der und der Andere werden einst auf dem gleichen Denkmalsockel. Der ruft mich immerzu. Denk mal nach Hund, aber ohne Vernunft.« (*Hundejahre*, S. 474 f.)

Walter Jens nannte in einer Besprechung (*Die Zeit*, 6. 9. 1963) diese Grass'sche Heidegger-Parodie »albern«; sie zeige weder Kenntnis noch Geschmack. »Wenn ich schon nicht bemerke, daß die ›alemannische‹ Diktion und die faschistische Sprache – oder den Nachrichten-Argot – nichts miteinander verbindet . . ., dann sollte mich doch die Beachtung der simpelsten ästhetischen Gebote, hier wie anderswo, davor bewahren, in den Fidelitäts-Jargon einer Primanerzeitschrift zu verfallen.«

VI.

»Heidegger ist da«, schrieb Hans-Georg Gadamer in seinem Aufsatz »Martin Heidegger« (*Frankfurter Allgemeine Zeitung*, 26. September 1964). »Man kommt an ihm nicht vorbei und ist auch nicht – leider – über ihn in der Richtung seiner Frage hinausgekommen. So ist er auf eine bestürzende Weise im Wege. Ein erratischer Block, den die Flut eines auf technische Perfektion gerichteten Denkens umspült und nicht von der Stelle bringt. Vielleicht lebt dennoch einiger Dank.« Dieser Dank an Heidegger wurde besonders an seinem 80. Geburtstag 1969 offenbar. »Kaum ein anderer deutscher Philosoph dieses Jahrhunderts hat die geistige Physiognomie der Zeit so entscheidend mitbestimmt wie Martin Heidegger. Weder Sartre noch Herbert Marcuse sind ohne seinen Einfluß denkbar«, schrieb die *Süddeutsche Zeitung* (27./28. 9. 1969).

Nach Heideggers Tod (1976) mußte man angesichts des Tenors der vielen Nekrologe den Eindruck gewinnen, daß die Auseinandersetzung mit den politischen Aspekten seines Lebens und Lebenswerkes ein besonders sublimiertes Niveau erreicht hatte – und daß die Kontroverse über die »Episode 1933« zu Ende gekommen war. Ivo Frenzel schrieb in der *Süddeutschen Zeitung* (28. 5. 1976): »Nicht nur ›Sein und Zeit‹, für Habermas das bedeutenste philosophische Ereignis seit Hegels ›Phänomenologie‹ wird bleiben, sondern die vielfältige Aufnahme seiner Gedanken hat dem Geist dieses Jahrhunderts unwiderruflich auch Heideggersche Signaturen eingeprägt. Heidegger, 1889 als Sohn eines Küfermeisters in Meßkirch geboren, wo er auch begraben wird, war der letzte Vertreter jener 200jährigen Epoche bürgerlicher deutscher Philosophie, die mit Kant begann und deren Ende Nietzsche voraussah. Abschied von Heidegger heißt Abschied von dieser Epoche.«

In der *Frankfurter Rundschau* (29. 5. 1976) bemerkte Hans Jürgen Heinrichs: »Heideggers Denken war nicht progressiv, sondern rückgewandt, konservativ und unpolitisch, und doch nahm dieses Denken der sich als progressiv verstehenden futurologischen, technologischen und pragmatischen, auch der angelsächsisch-analytischen Richtung ein wenig von ihrem Elan.«

In der *Frankfurter Allgemeinen Zeitung* (29. 5. 1976) versuchte Jürgen Busche die verfeindeten weltanschaulichen Lager, die sich in der Auseinandersetzung um Heidegger gebildet hatten, die der »linken« und der konservativen Philosophie, miteinander zu versöhnen:

»Die Frankfurter ›Kritische Theorie‹ aber, von der es schien, als könnte sie endgültig in Deutschland dem Heideggerschen Denken den Garaus machen und innerhalb derer Theodor W. Adorno mit dem ›Jargon der Eigentlichkeit‹ den massivsten Angriff gegen Heidegger vortrug, die Frankfurter Schule schließlich nahm vielleicht nur den Heidegger wieder auf, der ungeduldig, selbstbewußt und rücksichtslos Ende der zwanziger Jahre bei den dann berühmt gewordenen Davoser Hochschulwochen der akademischen Seminarphilosophie das Ende verkündet hatte.

Wie sehr Adorno selber, wo er Philosoph war und als Denker im Sinne Heideggers dachte, von dem Entwurf des Heideggerschen Impulses betroffen war, wird noch zu zeigen sein. Er, der den Jargon der Eigentlichkeit verspottete, nannte Schönberg den ›authentischsten Komponisten seiner Zeit‹.

Mehr noch ist Herbert Marcuse, der sich bei Heidegger mit einer ihm gewidmeten Arbeit über Hegel habilitiert hatte, ein Anhänger jener Version der Lebensphilosophie, wie sie von Nietzsche kommend bei Heidegger eine entscheidende Umwandlung erfuhr.

Gerade aber die lebensphilosophischen Elemente waren es, von denen die Studentenbewegung, deren Anhänger von Heidegger nichts hören wollten, am tiefsten aufgerührt war. Die Kritik des Lebens, das Mißtrauen gegen das rechnende Denken, die Rationalität der Dingwelt, die Mechanismen der anonymen Macht von Wirtschaft, Wissenschaft und Technologie gehen auf Stimmungen zurück, die Heidegger in ›Sein und Zeit‹ nach Paragraphen gegliedert auf ein nicht unbeträchtliches Niveau philosophischer Solidität gebracht hatte.

Anfang der siebziger Jahre waren es dann unorthodoxe jugoslawische Marxisten, die Heidegger neu entdeckten. Der gemeinsame Nenner seines Werks mag – abgesehen von dem, was es will – sein, daß es auf eine überall festzustellende Hilflosigkeit und Erwartungsbereitschaft antwortet, wo die sogenannten äußeren Umstände sich doch gerade auf dem Höhepunkt gebildeter Aufgeklärtheit und souveräner Naturbeherrschung wähnen. In der tiefsten ›Weltmitternacht‹, wie Heidegger mit Nietzsche hätte sagen können, in totaler Seinsvergessenheit, wie er sagte.«

Der *Frankfurter Allgemeinen* war es auch zu danken, daß eine intensive Diskussion über das »Erbe« Heideggers einsetzte. In mehreren Beiträgen (u. a. von Michael Theunissen, Eberhard Jüngel, Joachim Lotz) wurden – und werden gewiß auch weiterhin – »Fragen an sein Werk« gerichtet. Die Serie begann mit einem Beitrag von Bernhard Willms (»Erwartung des Geniestreichs?«, 14. Mai 1977), der die Meinung vertritt, die vordergründige Behandlung des Problems »Heidegger und die Nazis« oder, nur scheinbar tiefergreifend, »Heidegger und der Faschismus« bestätige nur ideologische Präokkupationen; kein einziges politisches Problem werde damit angegangen, auch nicht das des Politischen in der Philosophie Heideggers. Diesem nachzufragen sei freilich sehr wichtig: der Fragende würde dann einer Politikauffassung ansichtig, die eins der wichtigsten theoretischen Beispiele für das Elend des bürgerlichen Subjekts in der Gegenwart darstelle.

»Hätte Heidegger nicht so bewußt und mit subjektiv guten Gründen auf philosophischer Esoterik bestanden, hätte er auch seine politische Haltung vor 1933 mehr publiziert, statt sie ›auf der Hütte‹, wie er sagt, bloß zu meditieren, dann wäre er schon längst und eindeutiger als ein Vertreter jenes Denkens erkannt, das als das Denken der ›Konservativen Revolution‹ bestimmbar ist. Freilich ist mit dieser Zuordnung auch wieder soviel nicht gewonnen, denn trotz Armin Mohler ist man sich über die Inhalte dessen, was das politische Denken der ›Konservativen Revolution‹ ausmacht, ja keineswegs verbreitet im klaren. Immerhin ist mit diesem Hinweis auch jener Scheinproblematik der Fragen nach dem politischen Heidegger zu begegnen: für die ›Konservative Revolution‹ war es ebenso typisch, daß sich ihre Vertreter kurzzeitig – und zögernd – mit dem Nationalsozialismus einließen, wie es typisch war, daß dieser sie gleichzeitig oder sehr bald abstieß und daß sie schließlich sogar zu Verfolgten werden konnten.

Der Hinweis auf die ›Konservative Revolution‹ hat natürlich wiederum nur Sinn, wenn er dazu dient, auch anderes zu sehen als ›Wegbereitung des Nationalsozialismus‹ – wobei ja die Klappe vor einem ideologiegeschichtlich differenzierten Zugang heruntergeht. In ihren besten Vertretern hatte die ›Konservative Revolution‹ mindestens ein intensives Bewußtsein von der Bedeutung des Staates, das der Aufklärungstradition abging, also ein Bewußtsein von der Bedeutung der Territorialität und Institutionalität als der Voraussetzung jeder Möglichkeit von Gesellschaft schlechthin. Und diese Auffassung vom Staat als *Werk* der Politik läßt sich sehr substantiell bei Heidegger nachweisen.«

Als Heidegger einst den Hauch einer »großen Welt« verspürt habe, sei die Welt für ihn im Aufbruch gewesen; als sich dann zeigte, daß man sich geirrt hatte, war ihm von nun an die ganze Welt »in der Irre«.

(14) *Carl Zuckmayer*
     Des Teufels General

Leben und Werk Carl Zuckmayers ist in einem ganz besonderem Maße
mit den Wegen und Irrwegen der deutschen Geschichte dieses Jahrhunderts verbunden. Sein energisches Auftreten gegen die Nationalsozialisten trugen dem Dichter, der mit dem *Fröhlichen Weinberg* (1925) ein
deftiges Volksstück und mit dem *Hauptmann von Köpenick* (1931) ein
bitteres »Märchen vom Untertanengeist« geschrieben hatte, 1933 das
Aufführungsverbot seiner Stücke ein. Nach dem »Anschluß« Österreichs konnte Zuckmayer sich der Verhaftung durch die Flucht in die
Schweiz entziehen; er emigrierte in die USA und verdiente sich seinen
Lebensunterhalt als Pächter einer Farm. Dort schrieb er *Des Teufels
General* – ein Stück, das nach seiner Aufführung 1946 leidenschaftliche
Diskussionen auslöste. 1945 war Zuckmayer als Zivilbeauftragter der
amerikanischen Regierung für Kulturfragen nach Deutschland zurück-
gekommen; 1958 siedelte er in die Schweiz über; wo er 1977 starb.
    (Text aus Carl Zuckmayer: *Als wär's ein Stück von mir. Horen der
Freundschaft*, Frankfurt am Main 1969, S. 451–456.)

Im Dezember des Jahres 1941, nicht lange vor dem Eintritt der
Vereinigten Staaten in den Krieg, war in den amerikanischen Zeitungen eine kurze Notiz erschienen: Ernst Udet, Generalluft-
zeugmeister der deutschen Armee, sei beim Ausprobieren einer
neuen Waffe tödlich verunglückt und mit Staatsbegräbnis beer-
digt worden. Sonst nichts. Es gab keine Kommentare, keine
Mutmaßungen über seinen Tod. Verunglückt, Staatsbegräbnis.
    Immer wieder mußte ich daran denken. Immer wieder sah ich
ihn, wie ich ihn bei meinem letzten, leichtsinnigen Besuch in Berlin gesehen hatte: 1936. Wir trafen uns zum Essen in einem kleinen, wenig besuchten Lokal. »Nicht bei Horcher«, hatte er gesagt – das war früher unser Treffpunkt gewesen –, »da hocken
jetzt die Bonzen.«
    Er trug Zivil, aber er war schon ein hoher Offizier der Luft-
waffe. »Schüttle den Staub dieses Landes von deinen Schuhen«,
sagte er zu mir, »geh in die Welt und komm nie wieder. Hier gibt
es keine Menschenwürde mehr.«
    »Und du?« fragte ich.
    »Ich«, sagte er leichthin, fast beiläufig, »bin der Luftfahrt ver-

fallen. Ich kann da nicht mehr raus. Aber eines Tages wird uns alle der Teufel holen.«

Wir sprachen nicht mehr davon. Wir tranken uns an, umarmten uns zum Abschied.

Jetzt, an einem Spätherbstabend im Jahre 1942, ein Jahr nach Udets Tod, stieg ich mit meinem Tragkorb den Weg zur Farm hinauf.

Die beiden Wolfshunde begleiteten mich und sprangen manchmal an dem Korb in die Höhe, weil ein paar Kilo Fleisch darin waren. Auf einmal blieb ich stehen. »Staatsbegräbnis«, sagte ich laut.

Das letzte Wort der Tragödie.

Was in Wirklichkeit vorgegangen war, wußte ich nicht, und es kümmerte mich nicht.

Die Tragödie stand mir vor Augen – lückenlos.

Wenn nicht meine Tochter Winnetou zu den Weihnachtsferien 1942 gekommen wäre und einen Schulfreund mitgebracht hätte, wenn nicht diese beiden jungen Menschen drei Wochen lang, bis Mitte Januar 1943, für mich die Abendarbeit im Stall, das Holztragen und Ofenheizen übernommen hätten, wäre das Drama ›Des Teufels General‹ nie begonnen worden.

So schrieb ich in den Abendstunden, zwischen sechs und neun, wie in einer Trance den ersten Akt, an dem ich nie mehr ein Wort geändert habe, und den Entwurf des letzten.

Meine Frau wußte nicht, was ich da droben in meinem kleinen Schlafzimmer wie ein Besessener heruntertippte. Ich wußte selbst nicht, wenn ich morgens die Ziegen melkte, was ich abends schreiben würde. Ich mußte schreiben. Das war eine wiedergeschenkte Gnade. In einer eiskalten Nacht, Ende Januar 1943, las ich meiner Frau den ersten Akt und den Entwurf des gesamten Stückes vor. Sie war bis an die Nase in Wolldecken eingehüllt, denn der Nordwestwind blies. Wir tranken dabei alles Bier und den Rest von Whisky, der noch im Hause war. »Das ist mein erstes Stück«, sagte ich, »das ich für die Schublade schreibe. Es wird nie gespielt werden, aber ich muß es tun.«

Die Katastrophe von Stalingrad war damals im Gang, aber noch nicht bekannt, sie entschied sich erst Anfang Februar. Daß ein solches Stück jemals in Deutschland zu Gehör kommen könnte, schien unwahrscheinlich. Und für die anderen Länder gab es darin zu viele ›sympathische Deutsche‹, besonders Offiziere. Es war eine aussichtslose Arbeit, aber sie begeisterte uns beide bis zu einer Art von Ekstase.

»Ja«, sagte meine Frau, »so ist es. So muß es sein.« In dieser Nacht fiel ich halbtot, berauscht, beglückt, verzweifelt ins Bett und vergaß – es war das einzige Mal in all diesen Wintern – die Öfen nachzuheizen.

Am nächsten Tag war das Wasser eingefroren, ich arbeitete sechsunddreißig Stunden, neben der Farmtätigkeit, um es wieder in Gang zu bringen. Wir mußten Schnee kochen. Meine Frau, der die Kälte im Haus einen schweren Ischiasanfall eingetragen hatte, wurde mit dem Rücken zum Kaminfeuer, mit Decken umwickelt, auf einen Stuhl gesetzt wie auf einen Thronsessel, das zwei Tage lang ungespülte Geschirr und ein großer Kessel mit geheiztem Schneewasser zum Abwaschen vor ihr aufgebaut.

Für den ersten Akt und den Entwurf des letzten hatte ich knappe drei Wochen gebraucht. Für den Mittelakt und zur Vollendung des Ganzen brauchte ich mehr als zwei Jahre. Wochenlang kam ich durch die tägliche Arbeit nicht zum Schreiben. Aber ich lebte mit dem Stück, ich lebte mit Deutschland. Und als der Krieg zu Ende ging, war auch das Stück vollendet. Einer der ersten Briefe, die ich später, ein Jahr nach dem Kriegsende, darüber erhielt, als das Manuskript des Stückes schon drüben in Umlauf war, kam von Lernet-Holenia. Er schrieb: »Du bist nie fort gewesen.«

Das finsterste Jahr war das Jahr 1944. Gegen Ende Januar starb mein Freund Schiebelhuth in den Armen seiner Frau ›Aellys‹ in Easthampton. Zwei Tage darauf erhielt ich die Nachricht, daß Carlo Mierendorff im Dezember in Leipzig von einer Fliegerbombe getötet worden war. Zwei Jahre vorher, im Frühling 1942, hatte sich Stefan Zweig in Brasilien das Leben genommen. Ein Jahr später starben in Hollywood Franz Werfel und Bruno Frank. Max Reinhardt war tot. Man war von Toten umgeben, man fühlte sich von dem großen Sterben bedrückt.

Am 12. März hielt ich in New York, in einer öffentlichen Trauerfeier für Carlo Mierendorff, die Totenrede. Ich sagte darin:

»Wenn ein Carlo Mierendorff in Deutschland gelebt, sein Leben lang für das deutsche Volk gewirkt hat und ihm in Not und Leiden treu geblieben ist – dann ist dieses Volk nicht verloren, dann ist es wert zu leben, dann wird es leben! Und während ich dieses Wort ausspreche und niederschreibe – *leben*–, trifft es mich mit der ganzen Gewalt, daß Carlo wirklich tot ist, daß mit ihm ein Stück unseres eigenen Lebens dahin ist, daß wir alle seinen sinnlosen Tod in unseren Herzen mitgestorben sind.

Aber aus der Erkenntnis des Todes erwächst uns das Lebensbild. Nur aus der Totenmaske erhebt sich das wahre Angesicht, nur aus dem Grab die Auferstehung, nur aus der Vergängnis das Zeichen der Ewigkeit.

Deutschland, Carlo und unser Vaterland, sind durch eine Tragödie gegangen, die so tief und so schaurig ist wie der Tod. Deutschlands Schicksal erinnert an jenes dunkle Christuswort von dem Ärgernis, das in die Welt kommen muß – aber wehe dem, der es in die Welt gebracht hat. Deutschland ist schuldig geworden vor der Welt.

Wir aber, die wir es nicht verhindern konnten, gehören in diesem Weltprozeß nicht unter seine Richter. Zu seinen Anwälten wird man uns nicht zulassen. So ist denn unser Platz auf der Zeugenbank, auf der wir Seite an Seite mit unseren Toten sitzen – und bei aller Unversöhnlichkeit gegen seine Peiniger und Henker werden wir Worte und Stimme *immer für das deutsche Volk erheben*.«

Zwei Beamte des amerikanischen Geheimdienstes, die deutsch verstanden, saßen bei dieser Trauerversammlung dabei und hinderten mich nicht in der härtesten Kriegszeit, solche Worte zu sprechen. Am 20. Juli 1944 kam durchs Radio die Nachricht von dem verzweifelten, todesmutigen, hoffnungslosen Aufstand der deutschen Offiziere und der Männer des Widerstands. Dann begann das große, erbarmungslose Morden, dem viele meiner persönlichen Freunde zum Opfer fielen: Haubach, Leuschner, Graf Moltke. Das aber erfuhren wir erst später, nach dem Krieg. Doch waren wir uns der Schwere, auch der Größe des tragischen Geschehens bewußt. Wir lebten in Furcht und Trauer.

Es gab hellere Stunden. Eines Sommernachmittags kam ein Mann allein durch den Wald, meine Tochter Winnetou kam vom Stall herein, wo sie zwei vorübergehend von uns übernommene Kühe versorgt hatte, und sagte: »Da streicht einer ums Haus, der ist ganz umheimlich. Ein abgerissener Kerl, vielleicht einer von den kanadischen Holzfällern.«

Ich ging hinaus und sah einen Mann mit Lederkappe, schlecht rasiert, und mit einer lose um die Schultern hängenden Lederjakke. Das war Brecht.

Wir hatten damals für Elisabeth Bergner in der Nähe von Woodstock ein Sommerhaus auftreiben können, in dem sie mit ihrem Mann Paul Czinner die Ferien verbrachte, sie hatte Brecht eingeladen, damit er ihr bei der Bearbeitung eines elisabethanischen Stückes, ›Die Herzogin von Malfi‹, das sie in New York zu spielen vorhatte, helfen sollte; unweit von uns hatten wir Berthold Viertel und seine neue Frau Lisl Neumann für einen Sommeraufenthalt untergebracht. Von dort hatte er den Weg zu unserer Farm gefunden.

»Bert!« rief ich. Wir schauten uns an und mußten zunächst sehr lange lachen. Wir lachten noch, als wir uns in der Stube gegenübersaßen.

»Mit dir«, sagte Brecht, »kann man lachen, auch wenn es gar nichts zu lachen gibt.«

Dann saßen wir ein paar Stunden und redeten miteinander, als seien wir gestern noch an der Isar spazierengegangen, ernst und heiter. Er schaute sich alles genau an in unserem Haus.

»Das hat Heimcharakter«, sagte er einige Male, »ja, das hat Heimcharakter.«

Es kam der Frühling des Jahres 1945, ein harter Frühling mit späten Schneestürmen. Morgens und abends saß man am Radio, in banger Sorge. Die Nachrichten widersprachen einander. Einige verkündeten die baldige Kapitulation Deutschlands, von dessen Zerstörung und Jammer man nur eine schwache Vorstellung hatte, andere stellten die Behauptung auf, daß Hitler sich mit einem Teil seiner noch intakten Streitkräfte in der ›Alpenfestung‹, dem südlichen Bayern und dem westlichen Österreich, verschanzen werde und daß dort die letzte Entscheidungsschlacht ausgekämpft werden müsse. Meine Eltern in Oberstdorf – wir hatten seit Monaten keine Nachricht von ihnen, wir wußten nicht, ob sie noch lebten –, das geliebte Salzburger Land, es war ein Alptraum, daß es dort, zum Schluß, noch einen Kriegsschauplatz geben, daß Tod und Verwüstung auch dort noch Einzug halten würden.

In diesen letzten Kriegswochen, in der täglichen Bangnis um dieses letzte Stück Heimat und das Schicksal meiner Eltern, schrieb ich zwei kleine Bücher, mit denen ich das brennende Heimweh und die nagende Sorge wenigstens bei der Arbeit überwand: den heiteren ›Seelenbräu‹, in dem das verlorene Paradies Henndorf beschworen wurde, und eine Schrift über die Brüder Grimm, ein ›deutscher Beitrag zur Humanität‹, zu der meine Frau mich aus der Bibliothek des Dartmouth-College mit Material versorgte.

Anfang Mai erfuhr man vom mutmaßlichen Tode Adolf Hitlers. Am 5. Mai 1945 meldete das Radio die deutsche Kapitulation. Der Krieg in Europa war zu Ende.

Alles Durchlebte brach noch einmal über uns herein. Jetzt schien es mehr, als man ertragen kann.

Am 6. Mai erhielt ich, aus der Schweiz, ein Kabel meines Freundes Henry Goverts, der sich im letzten Moment vor der Verhaftung durch die Gestapo hatte retten können: »Eltern am Leben.«

> Ich weiß, ich werde alles wiedersehn,
> Und es wird alles ganz verwandelt sein.
> Ich werde durch erloschne Städte gehn,
> Darin kein Stein mehr auf dem andern Stein.
> Und selbst wo noch die alten Steine stehen,
> Sind es nicht mehr die altvertrauten Gassen.
> Ich weiß, ich werde alles wiedersehen,
> Und nichts mehr finden, was ich einst verlassen.
>
> Der breite Strom wird noch zum Abend gleiten,
> Auch wird der Wind noch durch die Weiden gehn,
> Die unberührt in sinkenden Gezeiten
> Die stumme Totenwacht am Ufer stehn.
> Ein Schatten wird an unsrer Seite schreiten,
> Und tiefste Nacht um unsre Schläfen wehn.
> Dann mag erschauernd in den Morgen reiten,
> Wer lebend schon sein eignes Grab gesehn.
>
> Ich weiß, ich werde zögernd wiederkehren,
> Wenn kein Verlangen mehr die Schritte treibt.
> Entseelt ist unsres Herzens Heimbegehren,
> Und was wir brennend suchten, liegt entleibt.
> Leid wird zu Flammen, die sich selbst verzehren,
> Und nur ein kühler Flug von Asche bleibt –

Bis die Erinn'rung über dunklen Meeren
Ihr ewig Zeichen in den Himmel schreibt.

Dieses Gedicht hatte ich im Jahre 1939 geschrieben, bevor noch eine Bombe auf Deutschland gefallen war. Ich schrieb es damals in Hollywood, zu Beginn des Krieges – in einer Zeit, in der mir das ›Elend‹, in der ursprünglichen Wortbedeutung nicht anders als das Aus-Land, in das man vertrieben ist, die Fremde, das Exil, bewußt wurde, ein unabänderliches Schicksal.

›Elegie von Abschied und Wiederkehr‹ nannte ich das Gedicht. Ich zeigte es nur meiner Frau und wenigen, vertrauten Freunden.

Dann habe ich viele Jahre kein Gedicht mehr geschrieben.

Jetzt nahte die Stunde der Wiederkehr, aber sie wurde noch durch eine lange Wartezeit verzögert – und jetzt hatte das Heimbegehren sich neu beseelt, in Furcht und in Hoffnung.

(15) *Joachim Kaiser*
Hermann Hesse, Das Glasperlenspiel
Wiedergelesen nach 25 Jahren

Joachim Kaiser wurde 1928 in Milken/Ostpreußen geboren; als Kritiker war er von maßgebendem Einfluß für die Entwicklung der »Gruppe 47«. Leiter des Feuilletons der *Süddeutschen Zeitung.* (»Ich habe mich nie entscheiden wollen und können, was mir lieber sei: Musik oder Literatur. Mein Studium in Göttingen begann ich mit Musik, in Tübingen beschloß ich es mit einer germanistischen Dissertation. Solange die Leser oder die Spezialisten sich nicht beschweren, will ich wie bisher bei meinen Kritiken, Radio-Essays, Fernseh-Auftritten, Aufsätzen und Büchern zwischen Wort und Ton wechseln, um weder des einen noch des anderen überdrüssig zu werden.«)

Hermann Hesse arbeitete am *Glasperlenspiel* von 1931–1942; es erschien 1943 in Zürich und wurde in Deutschland erst in den Nachkriegsjahren verbreitet.

Kaisers Beitrag erschien in der *Süddeutschen Zeitung* vom 13./14. März 1971.

Es hat wohl etwas Besonderes zu bedeuten, wenn der Titel eines Buches oder Dramas ins allgemeine Bewußtsein eingeht. Vom »Glanz und Elend der . . . (Kurtisanen)« reden und schreiben auch Leute, die nie Balzac gelesen haben. Der Titel »Warten auf . . . (Godot)« ist zum Symbol geworden für alles, was verzweifelt erhofft wird. Und »den Aufstand proben . . .« mittlerweile nicht nur die Plebejer.

In diese Titel-Reihe gehört auch der von Hermann Hesse ins öffentliche Bewußtsein gehobene Begriff des »Glasperlenspiels« beziehungsweise des *Glasperlen-Spielers.* Das ist jemand, der seiner Gegenwart keine Produktivkraft mehr zutraut oder zubilligt, sondern der mit den Werken, Werten, Methoden und Einsichten einer riesigen Vergangenheit – nachdem alles das erst einmal kunstvoll gleichnamig gemacht worden ist – spielt wie mit Glasperlen.

Hermann Hesse hat diesen wohl umfangreichsten und ehrgeizigsten seiner Romane in den zwölf Jahren zwischen 1931 und 1943 geschrieben. In Deutschland kam der »Versuch einer Lebensbeschreibung des Magister Ludi Josef Knecht samt Knechts hinterlassenen Schriften« 1946 auf den Markt. 1949 war bereits die 35. Auflage gedruckt, und zwar, wie es damals noch hieß, im »Suhrkamp Verlag Berlin vorm. S. Fischer«.

Als »wir« – und dieses »wir« umfaßte damals nicht nur eine knappe, altersmäßig begrenzte Generation, sondern die 17jährigen ebenso wie die 35jährigen: denn sie alle hatten nach 1945 erstmals wieder Zugang zur weiten Weltliteratur, gingen alle in eine neue Schule des Nachholens und des Sich-neu-Orientierens – dem »Glasperlenspiel« begegneten, da mischte sich mit hohem Respekt für die intellektuelle Konstruktion des Buches eine zarte Langeweile. Man bewunderte gewiß die Brillanz des »Feuilletonismus«-Kapitels, man respektierte den durchgehaltenen Bildungsroman-Charakter des zweibändigen Werkes. Lyrische Schönheiten blieben ebenso haften wie pseudo-mystische Einzelheiten. (Etwa das pädagogische Sich-Opfern Knechts, seine Wunderkind-Karriere in Kastalien, der Schrecken des Ordensmeisters bei Knechts wilder Flucht aus dem Orden, die Begegnung der beiden hilfesuchenden Weisen im Lebenslauf vom »Beichtvater«.)

Aber alles in allem schien uns dieses empfindsame Buch doch auch seinerseits in den großen Bereich fast müßiger Glasperlenspielereien zu gehören. Von der Warte einer elitär-asketischen Zivilisationsverachtung griff es, halb mystisch, halb spöttisch, eben jene demokratisch-tatenfrohe Öffentlichkeit an, die sich uns Deutschen 1945 gerade wieder erschlossen hatte. Wäre nicht der Nobelpreis gewesen, den Hesse 1946 erhielt, wäre nicht die lebhafte Fürsprache des weitaus gegenwärtiger, aktueller, konkreter, politischer und bedeutender scheinenden Thomas Mann gewesen, das Buch wäre mit einem »Gewiß sehr schön, aber leider doch etwas spätromantisch nebulos« sogleich vergessen worden. Und ich zweifle daran, ob es damals so oft zu Ende gelesen worden ist, wie es gekauft wurde.

Um ganz ehrlich zu sein: hätte nicht diese Vergleichs-Reihe mich wieder zur Lektüre des »Glasperlenspiels« genötigt, ich hätte es wahrscheinlich nie wieder vom Regal geholt. Mag sein, daß diejenigen, die das Buch damals nicht gelesen haben, von der mittlerweile erfolgten Hesse-Renaissance leichter dazu gebracht worden sind, es auch mit dem »Glasperlenspiel« zu versuchen . . . Ich hatte es ja schon gelesen, mir stand es in seiner tranigen Verträumtheit ziemlich deutlich vor Augen. Offenbar hegt man manchmal gerade dann ein Vorurteil (beziehungsweise ein vorurteilsartiges Nachurteil), wenn man ein Buch gelesen hat, und man wäre sozusagen freier, offener, wenn man nur *darüber* gelesen hätte.

Bei der neuerlichen Lektüre fiel mir auf: Die Kritik, die Hermann Hesse am unverbindlichen Kulturbetrieb übt, am »Personenkult« (das Wort steht ganz am Anfang des »Glasperlenspiels«, damals hatte es noch längst nicht seinen heutigen Sinn), an den unfruchtbaren Zerstreuungen des Drüber-hin-Schwätzens und des gebildeten Tändelns, an der Eitelkeit der Ordinarien, am Ehrgeiz der Fachleute, der universellen konjunktur-demokratischen Halbbildung: diese Kritik trifft weitaus härter, richtiger und unerbittlicher zu, als ich es damals – geblendet von der frischen Bildungsfülle, von neu hereinbrechender westlicher, östlicher, amerikanischer Literatur – auch nur entfernt ahnte.

Weiter: die Glasperlenspiel-Technik selber hat, als universale Methode, zwar einerseits gewiß zu tun mit der anfechtbaren romantischen Theorie von der Ursprungs-Ähnlichkeit aller Künste, aller wissenschaftlichen Aktivitäten. Doch andererseits steckt in ihr auch ein phantastisches, ja utopisches Element. Wenn man weiß, daß es analoge Science-fiction-Systeme gerade in der Subkultur des vergangenen Jahrzehnts gab, daß Informations-Theorien oder Synthesizer oder mit notwendig einander vergleichbaren Daten gefütterte Elektronenhirne existieren, dann liegt es nahe, auch in der Glasperlen-Kultur eine Science-fiction des Immateriellen, des »Geistigen«, des Innenlebens zu erkennen.

So blaß die Figuren auch bleiben: der Roman zehrt offenkundig sowohl vom Superioritätsgefühl, wie auch vom Inferioritätsgefühl des Geistes gegenüber der Materie, des Theoretikers gegenüber dem Praktiker – was sich im Konflikt zwischen Knecht und Plinio deutlich darstellt. Nichts kann weniger zufällig sein als das Opfer, das Knecht dem Sohn des zugleich bewunderten und belächelten Skeptikers Plinio bringt.

Verblüfft mußte ich mich jüngst (hier ist das »ich« am Platze, denn der Kritiker ist ja keine Maschine zur Urteilsfindung, sondern jemand, der sich verändert und in einer sich gleichfalls verändernden Welt mit einem nur scheinbar unveränderten Buch zusammentrifft) darum fragen, warum ich das alles nicht gesehen hatte und was ich eigentlich damals im »Glasperlenspiel« sah.

Wer, wie ich, wichtige und prägende Leseerlebnisse noch in der Zeit des Dritten Reiches haben mußte, der las etwa 1944 Hermann Hesse als faszinierenden, nicht-völkischen, nicht optimistischen, nicht-strammen Autor eines großen, melancholischen Protestes. Die gelbe S.-Fischer-Ausgabe des »Knulp«, des »Demian«, des »Steppenwolf«, mehr noch »Klingsors letzter Sommer« und »Siddharta«: an dergleichen konnte sich ein bestimmt unpolitisches, aber doch heftiges Aufbegehren gegen die stramme »Kraft durch Freude«-Mentalität berauschen.

Als es dann aber die kleinen und großen Freiheiten wieder gab für die Nachkriegs-Generation, rückte Hesses indische Weltflucht fern. Thomas Mann, Sartre, die großen Amerikaner, Eliot, Anna Seghers, Brecht, Adorno, Musil und viele, viele andere wurden uns wichtiger.

Heute verdrängt man, wie sehr man Hermann Hesse zwischen 1950 und 1960 verdrängt hat. Verdrängt man, daß beispielsweise der Suhrkamp-Chef und Hesse-Dissertant Siegfried Unseld nur mit niedergeschlagenen Augen zugab, sich für diesen 1965 nahezu unverkäuflichen Autor einst ein wenig interessiert zu haben. Als mir im Gespräch 1960 der damals für unanständig geltende Henry Miller sagte, er schätze Hesse, hielt ich das für ein Zeichen offenbarer Senilität, erzählte es in Hamburg weiter, und alle, alle grinsten über den alten Miller. Schließlich hatte ja Benn 1950 über Hesse geschrieben: »Den empfand ich immer als einen durchschnittlichen Entwicklungs-, Ehe- und Innerlichkeitsromancier – eine typisch deutsche Sache.« Schließlich hatte in der weiten Welt kein Mensch begriffen, warum man diesem typisch deutschen Gegenstand den Nobelpreis verlieh, schließlich hatte ja Karlheinz Deschner nachgewiesen, daß der Hesse überhaupt nicht schreiben kann, und der Unseld verständnisvoll zugegeben, daß kein Mensch mehr Hesse kauft.

Aber dann kam die Wendung und das Rätsel. Nicht nur Henry Miller schwärmte offenbar für Hesse, sondern der amerikanische LSD-Professor Timothy Leary schrieb lang und breit über Hesses Bücher und fragte 1965 in einer Kapitel-Überschrift seiner »Politics of Ecstasy« in aller Unschuld: »Did Hesse Use Mind-Changing Drugs?« (Nahm Hesse bewußtseinsverändernde Drogen?) Und: »Wir lesen das hier, ich kann's auswendig. Jedes verdammte Wort davon«, sagte alsbald ein Mädchen in der Jugendkolonie im Haight-Ashbury-Distrikt von San Francisco zu George Steiner und zeigte auf ein zerlesenes Exemplar des »Glasperlenspiels«.

Trotz der mittlerweile sichtbar gewordenen utopischen, intellektuellen und poetischen Qualitäten des »Glasperlenspiels« scheint nach wie vor fraglich, ob dieses Buch sich so halten wird wie die großen Romane der Weltliteratur. Die Gründe für diese Skepsis werden auch erst bei zweiter Lektüre deutlich. Obwohl Hesse von unverbindlich feuilletonistischer Kulturkritik abrückt und die »eigentlichen« Werte museal glasperlenspielhaft vorführt, bleibt er das Entscheidende schuldig: die Konkretion. Das »Glasperlenspiel« ist weite Strecken lang ein Roman über Musik. Doch während Thomas Mann genau weiß und plausibel macht, wovon er spricht, redet Hesse nebulos, ja fast dilettantisch über Kompositionen des 17., 18. und ganz selten des 19. Jahrhunderts. Im Namen von Gediegenheit und »Unbedingtheit« bleibt es bei vagem Musik-Gerede! Als oberstes Leitendes wird der geistige Bestand gefeiert. Kontrast dazu ist aber weniger die »Realität« als vielmehr eine träumerische Schwärmerei für Blut, Gefahr und Untergang – ähnlich, wie bei der Vision des Schnee-Kapitels von Thomas Manns »Zauberberg« auch die Grausamkeit ihren Platz findet. Josef Knecht verläßt Kastalien weniger, weil er die nicht-elitäre *Wirklichkeit* sucht, als weil er so »eigentlich« (man erinnere sich an Adornos »Jargon der Eigentlichkeit«) ist, daß es ihn nach direktem Existenz-Risiko gelüstet.

Pietistische Schwerfälligkeit kränkt den Stil. »Edles, vielleicht tragisches Leid«, feinsinniges »um« (»Es ist ja auch immer aufs neue etwas Wunderbares und rührend Schönes um die schweifende Entdeckungs- und Eroberungslust eines Jünglings . . .«) – daran leidet das Buch. Seltsam eklektisch wirken die Verse. Wer »Zu einer Toccata von Bach« dichtet: »Urschweigen starrt . . . Es waltet Finsternis . . . / Da bricht ein Strahl aus zackigem Wolkenriß«, der ist fast in Kitschnähe. Und wer gar reimt: »Denn sind die Unentwegten wirklich ehrlich, /Und ist das Tiefensehen so gefährlich, / Dann ist die dritte Dimension entbehrlich«, der muß sich den Vergleich mit Kästners humoristischen Versen (»Die Sache zerschlug sich. Und zwar deswegen? / Das Huhn ist auf Eier eingerichtet / So wurde schon manche Idee vernichtet«) gefallen lassen.

Trotz alledem: das »Glasperlenspiel« berührt im Augenblick zahlreiche Schriftsteller »irgendwie« verwandt. Es wird respektiert. Russische Künstler schreiben, es ließen sich lange Beispiele zitieren, umfangreiche Privatbriefe darüber, froh über die soeben in der UdSSR erschienene »Glasperlenspiel«-Übersetzung. Hermann Hesse hat, so scheint es, zu wirken noch lange nicht aufgehört.

(16) *Herman Nohl*
Die geistige Lage im gegenwärtigen Deutschland

Der Aufsatz erschien im 11. Heft der »Zeitschrift für Kultur und Erziehung« *Die Sammlung* (November 1947, Auszug S. 601–604); ihm lag der Text einer Rede zugrunde, die Herman Nohl, Herausgeber der Zeitschrift (in Gemeinschaft mit O. F. Bollnow, W. Flitner, E. Weniger), im Juli 1947 im Bedford College London gehalten hatte. (Herman Nohl, Philosoph und Erziehungswissenschaftler, geboren 1879 in Berlin, gestorben 1960 in Göttingen. Von W. Dilthey ausgehend, behandelte er in seinen Arbeiten vor allem ästhetische und ethische Probleme auf der Grundlage der Lebensphilosophie.)

Als ich den Auftrag bekam, hier vor Ihnen über die geistige Lage im gegenwärtigen Deutschland zu sprechen, fragte ich mich, wie kann ich das? Jeder Fremde, der frei in Deutschland reisen kann, kennt es besser als unsereiner, der in seine Stadt gebannt ist und von der Welt draußen nur vom Hörensagen weiß. Wie ist die geistige Lage in Bayern oder in der Ostzone oder auch nur im katholischen Rheinland? Aus eigener lebendiger Erfahrung kenne ich nur Niedersachsen und auch hiervon eigentlich nur Göttingen und hier wieder nur wirklich meine Studenten und Kollegen und was der Zufall einem von draußen an den Strand spült, und auch das ist meist akademische Jugend im Alter von 20 und 30, kommt allerdings aus allen Teilen Deutschlands und aus sehr verschiedenen Schichten.

Die zweite Quelle der Orientierung sind dann die Zeitschriften, die einem ins Haus kommen und die einstweilen noch die hauptsächlichste geistige Nahrung unseres Volkes darstellen. Aber es gäbe ein sehr schiefes Bild, wenn man nach ihnen unsere geistige Wirklichkeit bestimmen wollte, denn sie haben alle eine pädagogische oder politische Tendenz, sagen nicht, was ist, sondern was sein sollte, verschweigen das eine und überbetonen das andere. Herbart würde sagen, sie malen den *subjektiven* Charakter des Volkes, wie sie ihn haben möchten, wir wollen aber den *objektiven* kennen, denn er allein ist Gegenstand des Pädagogen.

Sieht man zunächst einmal von der großen äußeren Not ab, die sich so grell bei uns vordrängt, daß alle geistigen Fragen bloßer Luxus zu sein scheinen, dann sind unsere Probleme in Deutschland dieselben, die heute allen Völkern aufgegeben sind. Das Problem der *Masse* und ihre demokratische Durchbildung, das Problem der *Elite* und das Problem des *Nihilismus*. Die Frage ist, welches besondere Gesicht diese Probleme unter den Bedingungen in Deutschland haben?

Zunächst das Problem der *Masse*. Da ist gleich der entscheidende Unterschied, daß sich bei uns die Masse nicht vom Sozialismus her organisiert hat, sondern vom Nationalismus. Und das reicht zurück bis in die Tage der französischen Revolution. Die große Bewegung auf die autonome Vernunft, die unsere damalige Geistigkeit teilte, schlug nach 1806 in den Nationalismus um. *Fichte*, der in seinem »offenen Handelsstaat« noch Sozialist war, hielt jetzt seine »Reden an die deutsche Nation«. Und das wiederholte sich im Lauf des nächsten Jahrhunderts ein paarmal. Selbst *Treitschke* war ursprünglich sozial eingestellt, ehe er der große Nationalist wurde.

So schlug auch die große demokratische Welle, die wir nach dem ersten Weltkrieg hatten, in eine nationale um. Dem Nationalsozialismus gelang es damit, zum erstenmal in Deutschland eine *wirkliche Massenorganisation*, die alle Schichten des Volkes umfaßte, zu schaffen. Und auch heute ist das Grundgefühl in den Massen und insbesondere in der Jugend nicht primär das soziale, sondern das nationale. Von dem sozialen wird *geredet,* aber das *nationale* ist das empfindliche, lebendige Herz und die eigentliche ethische Substanz. Wie denn auch der Sozialismus keine wirkliche *selbständige* Geistigkeit bei uns entwickelt, er lebt geistig nur aus der Wurzel der Konfessionen oder eben des Nationalen, die ja beide starke soziale Energien in sich tragen. Diese religiöse oder nationale Erregung ist nun eigentümlich gemischt mit dem tiefen Schuldgefühl, dem sich niemand entziehen kann. Aber die jungen Menschen können diese Schuld nie ganz für sich realisieren, wenn sie sie auch für unser Volk zugestehen. Sie selbst sind sich nur bewußt, in einem gesteigerten ethischen Enthusiasmus gelebt zu haben, der alle positiven Parolen des Nationalsozialismus ernst nahm in Zucht und Haltung, in der gläubigen Verbundenheit mit ihrem Volk und dem opferbereiten Dienst an der Gemeinschaft. So sind sie im Augenblick zwar fassungslos, aber wer mit ihnen arbeiten will, wird wissen müssen, daß die nationale Erregung latent ganz stark in ihnen lebt. Wo der nationale Ton angeschlagen wird, nehmen sie ihn sofort begeistert auf, sie leiden unter dem ständigen Beschimpftwerden ihres Volkes und sind in ihrem innersten Selbstgefühl verletzt.

Eine eigentlich politische Bedeutung hat das einstweilen nicht. Ein Wille entsteht ja immer nur, wenn er glauben kann, sich durchsetzen zu können. So steht diese Jugend und im Grunde auch das breite Volk, in dem im wesentlichen dieselbe Stimmung besteht, selbst den wichtigsten Fragen seiner politischen Zukunft, z. B. ob Zentralismus oder Föderalismus, fast *gleichgültig* gegenüber. Sie sagen, das entscheiden andere Mächte, und so bleibt kein Raum für den eigenen Einsatz und scheint jede politische Beschäftigung *unwirklich* und bloßes Geschwätz. Man kann sagen, daß in der Geistigkeit dieser jungen Generation die Politik eine ganz verschwindende Rolle spielt. Für die politischen Parteien besteht kein Interesse, ja meist Verachtung. Der Pädagoge steht hier vor einer schwierigen Aufgabe. Predigt er die Demokratie, den Pazifismus, den Internationalismus, so findet er taube Ohren und geheime leidenschaftliche Abneigung. Er wird für eine gesunde Entwicklung dieses Nationalgefühls sorgen müssen, wird ihm, wo das noch nötig ist, die Giftzähne des Egoismus ausziehen müssen und ihn nach *innen* wenden auf die *Höherbildung* des deutschen Geistes, wird Liebe zu unserem schönen Land, seiner Sprache, seiner Musik, seiner Dichtung und Philosophie lehren und alle Kräfte aufrufen, um unser Volk wieder aufzubauen in Treue zu allem Großen und Edlen in der Vergangenheit. Das wird sich dann von selbst verbinden mit einem echten Humanismus, der jedem fremden Volk mit Ehrfurcht begegnet und für das Wohl der Menschheit arbeitet.

Die *andere Seite dieser politischen Erziehung,* die Führung zur selbstverantwortlichen Aktivität der Demokratie, wird ja in den nächsten Tagen angesprochen werden, sie darf jedenfalls nicht von oben kommen, sondern muß *Demokratie von unten* sein, muß gelernt werden in der Tätigkeit kleiner Gruppen, in der Selbstverwaltung von Haus und Schule, Vereinen, Bünden und Ausschüssen aller Art, in denen sich die *Elite* bildet.

Hier zeigt sich bei uns nun ein merkwürdiger Zug, es fehlt der Wille zur Führung. Das ständische Bewußtsein ist durch den Nationalsozialismus und den Krieg verschwunden, von einem Pochen auf soziale Rechte ist keine Rede mehr, aber es fehlt die Bereitschaft zur Übernahme von Pflichten, die eine Elite charakterisiert. Diese Jugend ist sehr bereit zum *Helfen,* zu aktivem *so-*

zialem Einsatz, aber sie sträubt sich gegen das Führenmüssen, die politische Aktivität. Es findet sich niemand für das Amt, gerade die guten Kräfte halten sich zurück. In der Regierung klagt man, daß die Lehrerinnen sich weigern, Rektorinnen oder Schulräte zu werden, sie wollen lieber bei ihren Kindern als Lehrerinnen bleiben. Als das Ministerium den Pädagogischen Hochschulen anbot, daß je zwei ihrer Besten mit voller Unterstützung das Studium auf der Universität fortsetzen dürften, meldete sich niemand: man wollte als einfacher Lehrer aufs Dorf gehen, heiraten und seinen Garten bebauen.

Was ist da am Werk? Ich fragte kürzlich die Studenten meines Seminars, was sie denn als das Treibende in sich ansähen. Sie haben keinen *Eigentumswillen*. Die *Sexualität* ist sehr gering, es ist keine erotische Luft bei den Wanderungen und Festen, ganz anders wie nach 1918 mit den Tanzorgien und dem Auslebenwollen. Gewiß spielt die Ernährung dabei eine Rolle, aber die geistige Linie ist eine ganz andere in dieser Generation. Auch der *Freiheitstrieb* ist nicht da; das Wort Freiheit weckt kein Echo bei ihr. Eine Hochschule forderte mich zu einem Vortrag auf, in dem ich ihren Studenten die Freiheit predigen sollte, was ja doch ein bißchen komisch ist. Was bewegt sie also? Da sagte einer der Seminarmitglieder: *Das einfache Leben*. Und an einem der nächsten Tage brachte mir ein Mädchen aus dem Kreis einen Sonettenkranz, in dem ihre Situation ausgesprochen war und der in den Versen gipfelte:

> O Meister, lehr uns Freude! Jene kleinen
> vertieften Freuden, die den Alltag schmücken,
> lehr uns das Schauen, lehr uns das Entzücken,
> und lehre uns zu sein, da, wo wir scheinen.
> Als zweites lehre uns den Blick nach innen,
> wo wir uns an das Draußen ganz vergeben,
> und weiter lehr uns Stille, eine klare
> erfüllte Stille: lehr uns das Besinnen!
> Und, Meister, als das Höchste: Lehr uns leben!
> Das ist das Große und das einfach Wahre.

Ist dieser Rückgang aus der lauten Öffentlichkeit in das »einfache Leben« nun *Nihilismus*?

Wir leben alle in zwei Ebenen, in der Trivialität des Alltags und in dem Sonntag des Geistes, aber für keine Generation ist die

Spannung zwischen diesen beiden Welten so groß gewesen wie für die unsrige. Diese Jugend lebt über einem Inferno des Alltags. Da ist zunächst die *physische* Not mit Hunger und Kälte, Raumlosigkeit und Lichtlosigkeit – und ist bewundernswert, wie sie den letzten Winter in Göttingen durchhielten, über 6000 junge Menschen in der völlig überfüllten Stadt, von fünf Uhr nachmittags im Dunkeln, frierend, bei jämmerlicher Ernährung, ohne irgendeinen Mißton sich eisern an die Arbeit haltend – da ist das *moralische* Unglück des schwarzen Marktes mit seinen gefährlichen Verlockungen, da ist weiter das andere moralische Unglück der *Entnazifizierung* mit ihrem seelischen Druck, ihrer Verführung zur Lüge und zu jeder Charakterlosigkeit. Und da ist schließlich die *Parteiwirtschaft* mit ihrem Egoismus, ihrem Stellenkampf, ihren Gehässigkeiten – es ist wie ein Wunder, daß sich über dieser Hölle eine geistige Wirklichkeit in den jungen Seelen aufbaut, die von alledem wie unberührt bleibt. Sie hat ein tiefes Mißtrauen gegen alle Behörden, alle Ämter, alle Parolen, und sie hat keine Hoffnung in die Zukunft, aber sie ist nicht *nihilistisch*. Dieser Rückzug in das einfache Leben ist auch nicht eine bloße Flucht in das ästhetisch-idyllische, er hat eher etwas von dem religiösen Willen der großen Russen, ist aber glücklicher und weltgläubiger. Wie es in dem Sonettenkranz heißt:

> Statt daß wir um verlorne Jugend klagen,
>   Muß Geist und Herz nach höchster Krone langen.

Bei aller Skepsis gegen die großen Worte und die laute Propaganda, gegen die Theorien der Konfessionen jeder Art, ist ein ganz sicheres Gefühl da für die *einfache Sittlichkeit,* die elementare Tugend der Wahrhaftigkeit, Gerechtigkeit und Treue, eine tiefe Verehrung des Geistigen und der Schönheit und eine dogmenlose Frömmigkeit, die das Ewige sucht.

(17) *Gerhard Storz*
Tabula rasa

In seinem »Lebensbericht aus der Zeit nach 1945« *Zwischen Amt und Neigung* schildert Gerhard Storz (geb. 1898 in Rottenacker/Oberschwaben, nach dem Studium Schauspielregisseur und Gymnasiallehrer in Schwäbisch-Hall, ab 1946 dort Schulleiter und von 1958–1964 Kultusminister von Baden-Württemberg) die Anfänge des Schulwesens nach 1945 in seinem Heimatort (Stuttgart 1976, S. 29–34).

»Die neue tätige Anteilnahme an den öffentlichen Dingen bedeutete nicht etwa den Widerruf der früheren, privateren Existenz. Wie die banale, aber nicht zu widerlegende Spruchweisheit sagt: ›Das Leben geht weiter‹, so geschah es auch damals in diesem so spürbaren Einschnitt zwischen zwei Epochen, und mit diesem Allerweltsleben ging auch der eingeborene, eigene Mikrokosmos weiter. So stark ich von der großen Veränderung im Frühjahr 1945 bewegt wurde, hatte sich doch keineswegs so etwas wie Bekehrung an mir vollzogen. Denn was mich in den Jahren der Unterdrückung getragen hatte, das bestand weiter, ungemindert und ungetrübt. War es doch aller Aktualität voraus. Verändert hatte sich die Situation, und dies von Grund aus. Das gab eine neue Perspektive, neue Einsichten, neue Pflichten, aber der Blick zurück wurde dadurch nur vorläufig verstellt: hernach, als die Dinge erst eine gewisse Standfestigkeit gewonnen hatten, erwies es sich weder als unmöglich noch als unstatthaft« (ebenda, S. 7 f.).

Zusammen mit Dolf Sternberger und W. E. Süskind (geb. 1901, von 1933 bis 1943 Herausgeber der Zeitschrift *Die Literatur*, dann Redakteur der *Frankfurter Zeitung*, nach 1945 bei der *Süddeutschen Zeitung*) schrieb Gerhard Storz ab Heft 1 der *Wandlung*, November 1945, die Kolumne »Aus dem Wörterbuch des Unmenschen«. »Der Verderb der Sprache ist der Verderb des Menschen. Seien wir auf der Hut! Worte und Sätze können ebensowohl Gärten wie Kerker sein, in die wir, redend, uns selbst einsperren, und die Bestimmung, Sprache sei allein die Gabe des Menschen oder eine menschliche Gabe, bietet keine Sicherheit. Denn der Begriff des Menschen schließt die Möglichkeit und Wirklichkeit des Unmenschen in sich; im andern Falle ist er ein unzulänglicher Begriff, und eben daran können und müssen wir prüfen, da wir das Unmenschliche kennen. So hat der Mensch auch als Unmensch seinen Wortschatz, seine eigentümliche Grammatik und seinen eigentümlichen Satzbau« (S. 74).

Mit dem Wiedereinrichten im »Schwanen« kamen wir gerade bis zur Wiedereröffnung der Schule am 23. November 1945 zurecht. Wahrscheinlich würde ich mich an Datum und Faktum nicht mehr mit solcher Bestimmtheit erinnern, wäre dies nicht ein so besonderer Schulanfang gewesen. Im Sommer waren die polnischen Zwangsarbeiter aus den Dörfern um Hall gesammelt und in unserem unzerstörten Schulhaus untergebracht worden. Dann hatte es monatelang leergestanden, aber der Zugang war gleichwohl für Deutsche untersagt gewesen. Deshalb roch es zum erstenmal bei Schulbeginn nicht nach Bodenöl. Wohl waren inzwischen zerbrochene Fensterscheiben durch Holzplatten ersetzt worden, aber noch standen Bänke und Pulte gestapelt in den Fluren herum. In den Bibliothekszimmern waren die Regale geleert, man hatte die Bücher in eines der Lehrerzimmer zusammengetragen, dort lag nun auf dem Boden ein so gewaltiger Stoß, daß der Zutritt kaum möglich war. So ging denn für Lehrer und Schüler neben dem improvisierten Unterricht eine Zeitlang einiges an Aufräumungsarbeit her. Bald mußte auch für Öfen gesorgt werden. Denn die für den Betrieb der Zentralheizung nötige Kohlenmenge gab es noch nicht. Einzelne Schüler, auch Schülergruppen, bald dieser, bald jener Lehrer brachten durch Bittgänge zu Eltern und in Werkstätten noch vor Weihnachten die nötige Zahl an eisernen, meist auch etwas archaischen Ungetümen zusammen. Lag der Kamin-Anschluß in diesem oder jenem Klassenzimmer zu weit ab, so führte man das Ofenrohr eben durch ein Fenster. Dabei, aber auch sonst, wenn wir anderswie nicht zurechtkamen, halfen Handwerksleute aus der Nachbarschaft oder einige der wenigen Arbeiter, über welche damals die Stadt verfügte. Wie zu Hause, so kam es jetzt auch in der Schule weithin auf Selbsthilfe an, und das zeitigte, wie später zu verspüren war, hier wie dort recht günstige Wirkung für das Zusammenleben der Insassen.

Als sich die Lehrerschaft am ersten Schultag versammelte, fand ich keineswegs den gewohnten Kreis wieder. Denn die Kollegen, die ehedem das Hakenkreuz-Zeichen, den »Angstknopf«, mehr übel als wohl im Knopfloch getragen hatten, fehlten zum größeren Teil. Nur einer oder zwei waren von der »Spruchkammer«, der neuen, deutschen Behörde für die »Entnazifizierung« des öffentlichen Dienstes, bereits als unbelastete »Mitläufer« rubriziert und von der Besatzungsbehörde zum Unterrichten zugelassen worden. Andere Kollegen waren bei der Spruchkammer noch nicht an der Reihe. Einer brauchte darauf nicht mehr zu warten: zum Volkssturm eingezogen, hatte er auf einer Schwarzwaldstraße wenige Tage vor Kriegsende durch einen Granatsplitter den Tod gefunden. Neue Kollegen, die zuvor in Stuttgart gewohnt und unterrichtet hatten, gehörten jetzt zu unserem Gymnasium. Außerdem solche aus Mitteldeutschland, aus dem Osten, aus dem Banat, sogar ein Kollege, der vor der Vertreibung der Deutschen an einem Gymnasium in Dorpat tätig gewesen war. Ihm sah man die Strapazen der Flucht und die nachfolgenden Entbehrungen noch deutlich an. Zwei der neuen Lehrer hatten nicht nur den Wohnort, sondern, zeitweilig, auch den Beruf gewechselt: ein Ingenieur, gleichfalls aus dem Baltikum; ein Chemiker aus der Industrie, der seinen Wohnsitz im Rheinland gehabt hatte. Beide warteten in Hall auf die Rückkehr in ihre Berufe und stellten sich einstweilen der Schule zur Verfügung. Mit der Schulleitung war interimistisch der dienstälteste Lehrer aus unserem Kollegium beauftragt worden. Den Major der Reserve, den er mit Kriegsende ausgezogen hatte, rechneten ihm die Amerikaner glücklicherweise nicht als politische Belastung an.

Vollzählig schienen hingegen die Schüler zu sein; in fast jeder Klasse hatten sich überdies neue eingefunden, die zusammen mit ihren Eltern nach der Zerstörung ihres Wohnsitzes in Stuttgart oder in einer der rheinischen Großstädte in Hall oder seiner Umgebung untergekommen waren. Sogar die vorzeitig zum Heer, zur Flak, dann zum Volkssturm eingezogenen Schüler der Oberklassen waren zum größten Teil wieder da. Einige hatten abenteuerliche, lange Wege hinter sich, manche aber steckten immer noch in Gefangenenlagern, in französischen und russischen. Einer galt als vermißt. Für die kurzfristigen Uniformträger machte ein Behördenerlaß ein weiteres Schuljahr obligat. Die davon Betroffenen pochten demgegenüber nicht allzusehr auf den Reifevermerk, der ihnen gleichsam als Quittung für ihren vorzeitigen Stellungsbefehl erteilt worden war. Wußten sie doch, daß es in praktischen Berufen vorläufig keine Anfängerstellen gab, begriffen auch, daß Universität und Technische Hochschule, sofort nach ihrer Wiedereröffnung übervoll besetzt, zunächst den weit älteren Studienanfängern und Fortsetzern vorbehalten bleiben mußten. Ihr früheres Klassenzimmer mochte ihnen jetzt als ganz passabler Aufenthaltsort erscheinen, nachdem sie inzwischen eine Kostprobe von der Welt außerhalb der Schule und des Elternhauses genommen hatten, eine Probe, welche sie vorläufig nicht nach mehr verlangen ließ.

Wenige Tage nach Schulbeginn wurden wir vom Vater des für vermißt gehaltenen Schülers benachrichtigt: sein Sohn war in den letzten Kriegstagen gefallen, in einem Ackerfeld bei Heilbronn hatte man die Leiche gefunden und zur endgültigen Bestattung nach Hall gebracht. An einem feuchtkalten Novembernachmittag begaben wir uns drum, die Oberklassen und die Lehrerschaft, auf den Kirchhof von Steinbach. Dort fand das erste öffentliche Auftreten der soeben wiedereröffneten Schule statt. Die karge, unsagbar traurige Szene am Grab eines Schülers trat also für eine Feier zur Wiedereröffnung der Schule ein. An einen Eröffnungsakt hatte, wie zu erwarten, niemand gedacht, aber dieser düstere entsprach – genauer, als wir es damals wußten – der allgemeinen, insbesondere der deutschen Situation.

Wir Lehrer sahen uns Tag für Tag in ungewohnten Zuständen: es fehlte ja nicht nur an Räumen, an Büchern, an Wandtafeln, sondern vor allem an Klarheit über den Kenntnisstand der jeweiligen Klasse. Bei einigen Schülern hätte man mit dem neuen Pensum beginnen, bei anderen – und nicht nur bei neu hinzugekommenen – Schülern zeigten sich Lücken, die verschieden weit in das Soll zurückliegender Jahre reichten: Hier war das Gelernte nur vergessen, dort war es offenbar noch nie gelernt worden. Manche der neuen Kollegen hatten Schwierigkeiten mit den Klassen, weil es ihnen an Erfahrung im Unterrichten fehlte oder weil ihr Unterrichtsstil, ihre Sprechweise den Schülern fremd waren. Aber das Zureden der ihnen bekannten Lehrer half immer wieder für eine Weile über Spannungen weg. Denn von Aufsässigkeit gab es nicht die Spur: die neuartige Schulsituation war für die Schüler interessant, regte ihre Aktivität an, auch eine immer vorhandene Hilfsbereitschaft. Außerdem hatte es für sie an Außerordentlichem und zumeist Unangenehmem so viel gegeben, daß sie nun mit der Wiederkehr der Regelmäßigkeit ganz zufrieden waren. So stand es auch bei ihren Eltern und nicht anders bei uns Lehrern. Betrachtete doch jedermann den Schulbeginn als das erste Anzeichen einer allgemeinen Wiederherstellung. Freilich war der wiederaufgenommene Schulbetrieb, genauer betrachtet, eine Summe von Improvisationen, die hier mit

Geschick, auch mit fortwirkendem Ertrag, dort mit gutem Willen, aber ohne rechtes Gelingen unternommen wurden.

Angesichts der *tabula rasa*, vor der man bei diesem Schulbeginn stand, erscheint es auf den ersten Blick ganz plausibel zu fragen, ob man damals nicht besser ganz neu begonnen hätte – mit anderer Schulorganisation, mit anderen Lehrplänen – statt mit dem Überkommenen. Aber es ist ja nicht nur das Schulwesen, auf das sich heutige Kritik an dem damaligen Verhalten der Verantwortlichen bezieht, sondern vielmehr der gesamte Wiederaufbau: die »Restauration in den Nachkriegsjahren« ist ja bereits zum Topos der linksorientierten Zeitkritik geworden. Indessen, der Anschein von Berechtigung löst sich alsbald von diesem Urteil, auch der vom Wort »Restauration« verursachte Schreck wird zunichte, wenn jenem Vorwurf mit der Frage begegnet wird: Welche neuen Einrichtungen, was für eine »Gesellschaftsordnung« hätten denn an die Stelle der früheren gesetzt werden sollen, und dies just in der Trümmerwelt der Nachkriegsjahre? Woher hätte denn, ganz abgesehen von den minimalen Möglichkeiten im Praktischen und Faktischen – woher hätte denn der Entwurf für eine grundsätzliche, aber zugleich durchdachte und ausführungsreife Neuordnung in den ersten Jahren nach 1945 genommen werden sollen? Jenseits der Elbe kam er von der Besatzungsmacht, und auch an Ausführungsbestimmungen und Ausführungszwang ließ sie es nicht fehlen. Diesseits der Elbe beobachteten die Besatzungsmächte in dieser Hinsicht Zurückhaltung, und damit waren die Einwohner Westdeutschlands durchaus einverstanden. Jedenfalls habe ich damals keine einzige Stimme vernommen, welche die Vorschrift einer Neuordnung von den Besatzungsmächten gewünscht hätte, und gar einer solchen, wie sie in Mittel- und Ostdeutschland allem Anschein nach praktiziert wurde. Auch im Westen herrschten Mangel und Sorge, doch was man von der Neuordnung in der Ostzone hörte, genügte, die Einwohner Westdeutschlands mit dem Gefühl einer unverdienten Bevorzugung durch das Schicksal zu erfüllen.

Aber um auf das Schulwesen zurückzukommen: Erwarten denn die Kritiker, die mit dem Verdikt »Restauration« so flott bei der Hand sind, daß ausgerechnet in den ersten Nachkriegsjahren eine Schulreform hätte angepackt werden sollen, wie sie seit Mitte der sechziger Jahre proklamiert und diskutiert wird, ohne daß sie im Lauf eines Jahrzehnts – trotz voll ausgebauten, reibungslos funktionierenden Verwaltungen – über Ansätze, über eine neue Terminologie hinauskam? Während der zwanziger Jahre war das deutsche Schulwesen aus allzulanger Beharrung herausgetreten; neue pädagogische Ideen, neue didaktische Impulse waren wirksam geworden. Dies geschah allerdings ohne spektakulären Aufwand und sozusagen vor Ort: innerhalb der Schule und der Schulverwaltung. Der dokumentarische Niederschlag findet sich in den mancherlei Lehrplänen der Bundesländer, die gegen Ende der zwanziger Jahre in Kraft gesetzt wurden, wenige Jahre also vor Hitlers Beginn. Das neue pädagogische Ethos, das in jenen Lehrplänen spürbar ist, hatte drum gar nicht mehr die Zeit, in die Tiefe und Breite zu wirken. Jenen pädagogisch-didaktischen Entwürfen der zwanziger Jahre antwortete jetzt, in den ersten Jahren nach 1945, eine verspätete, aber um so ernsthaftere Bereitschaft. Dazu trug nicht wenig der Umstand bei, daß die Gewalt des Umschlagens auch auf die Schule gewirkt hatte, daß auch sie in die Außerordentlichkeit der Lebensverhältnisse hineingezogen wurde. So konnten denn das Lernen und das Lehren neu, sozusagen in ihrer Eigentlichkeit, erfahren werden. Wenn jetzt die Schule von nazistischem Ungeist gereinigt und dem voll zur Geltung verholfen wurde, was durch die Gewaltherrschaft niedergehalten oder gar erstickt worden war, dann war das wahrhaftig nicht Restauration, sondern Reform. In der Tat sprach man damals in der Schulverwaltung und in den einzelnen Schulen unablässig von »innerer Reform«. Endlich ist eines zu bedenken: das Urteil der Menschen über die Tradition bleibt keineswegs konstant. Herrschen Sicherheit und Wohlstand, dann erwacht die Neigung, das Hergebrachte zu verwerfen und es mit dem Neuen – schließlich um des Neuen willen – zu versuchen. Hängen hingegen die allgemein-öffentlichen Einrichtungen und das private Dasein in einer gefahrvollen Schwebe, stecken sie gar in jämmerlicher Verelendung, dann suchen die Menschen Halt am Überlieferten – wonach denn sonst könnten sie greifen?

Reise zur Mainzer Universität

Alfred Döblin (1878–1957), der bis 1933 als Arzt und Schriftsteller in Berlin gewirkt hatte, mußte – als Jude und Linksintellektueller – bei Ausbruch des Dritten Reiches Deutschland verlassen. Er lebte in Frankreich, erhielt dort die Staatsbürgerschaft und arbeitete im französischen Informationsministerium. 1940 floh er vor den deutschen Truppen über Portugal in die USA. Bereits im November 1945 kehrte er als kulturpolitischer Mitarbeiter der französischen Militärregierung nach Deutschland zurück. Er gab die Zeitschrift *Das Goldene Tor* heraus und wurde 1949 Mitbegründer und Vizepräsident der Akademie der Wissenschaften und Literatur in Mainz. Aus seinen vielen Romanen ragt das Sozio- und Psychogramm einer Großstadt *Berlin Alexanderplatz. Die Geschichte vom Franz Biberkopf* (1929) besonders hervor. Nach dem Zweiten Weltkrieg überraschte Döblin durch sein Bekenntnis zum Katholizismus, eine »Kehre«, die er in der Emigration vollzogen hatte.

Der nachfolgende Text erschien in *Das Goldene Tor* (September 1946, Auszug S. 100–102).

Die Zeit des Festgottesdienstes haben wir verpaßt; man erzählt uns später, welchen tiefen Eindruck dieses feierliche Hochamt auf die Anwesenden machte. Wir geraten im Vorraum der Halle, die wir betreten wollen, in ein Menschengewühl, drängen durch die Sperre und nun nimmt uns ein weiter lichter Raum auf. Zartrote Fenstervorhänge, weiße gut aufgeteilte Wände und das helle Holz, das die Bühne eines Podiums umrahmt, machen ihn heiter. Rechts an der Wand haben sich Filmoperateure installiert. Das Podium ist noch frei. Man drängt aber mehr und mehr in den Saal. In Scharen sind Studenten und Studentinnen gekommen; nur ein kleiner Teil findet Platz. Um zehn Uhr setzt man seitlich Stühle ein. Zivilisten und Militärs aller Grade sitzen und blättern in den Übersetzungen der Reden, die man verteilt hat. Man sieht auch englische und amerikanische Uniformen. Die Temperatur in dem gefüllten Saal steigt.

Gegen zehn Uhr beginnt hinten im Vorraum eine zarte, ja wunderfeine Musik zu spielen, aus Mozarts »Zauberflöte«, und währenddem rührt sich der Saal. Es nähern sich Schritte, und dies ist der Einzug der Universität. Man kennt diese feierlichen

Prozessionen, zu zweien nebeneinander und langsamen Schrittes gelehrte Herren in weiten Roben, meist von schwarzer Farbe, sie tragen auf ihren nicht mehr dunklen, oft weißen, oft kahlen Häuptern die schwarzen Tellermützen, die ihnen ein vergangenes Jahrhundert hinterlassen hat. Merkwürdig, daß sich unsere Wissenschaftler, Träger und Verbreiter des Fortschrittes, so kostümieren. In Amerika sah ich sogar die jungen Abiturienten so geschmückt zur Feier ihrer »Graduation« über die Straßen stolzieren. Es scheint: der Mensch traut seinen Künsten nicht zu sehr, er hat den Wunsch, sich irgendwo zu befestigen. Manche Herren Professoren haben sich farbig emanzipiert, und einer wandert sogar in einem erstaunlich hellen, ja lustigen Rot. Wer zählt die Völker, nennt die Namen? Wir wissen, sie besetzen 57 Lehrstühle, alle Fakultäten, Medizin und Naturwissenschaften öffnen erst im Herbst. Die Herren blicken alle gerade aus, wir starren sie an. Um diese Gelehrten zu hören, haben sich 3000 Studenten gemeldet, zur Hälfte aus der englischen und amerikanischen Zone, 1000 Studenten und 500 Studentinnen wurden angenommen, dazu 300 Hörer. Der dritte Teil von ihnen wird in der Universität selber wohnen, sie haben in Scharen und begeistert an der Einrichtung der Räume mitgearbeitet.

Der Prozession folgt eine Reihe bürgerlicher Herren, Honoratioren, Beamte, und darauf Uniformen. Wir kennen sie, den Direktor der Education Publique, General Schmittlein, den Chef der Zivilverwaltung der Zone, Mr. Laffon, zuletzt das Haupt der Militärregierung, General König. Man hört gelegentlich die süßen Klänge aus der »Zauberflöte«, aber das Rauschen, Scharren und Flüstern verschlingt die Musik.

Auf dem Podium hat man Platz genommen. Die Zeremonie nimmt ihren Anfang. Wir lauschen andächtig, denn dazu sind wir hierher gekommen von Baden-Baden und haben unterwegs viel Angenehmes erfahren und auch zwei Pannen in Kauf genommen. Dies sind die »discours des personnalités allemandes«. Als erster erhebt der Bürgermeister seine Stimme und der Lautsprecher trägt sie zu den Hunderten draußen im Vorraum, auf der Treppe und auf dem Hofe. Der Bürgermeister kann nicht umhin, zu gestehen, er hätte, als man ihn dazu drängte, eine Studienkommission für die Neuerrichtung der Universität zu bilden, nicht an ein greifbares Resultat dieser Studien geglaubt. Zu groß wäre die Zerstörung der Stadt und die Niedergeschlagenheit der Bevölkerung gewesen. Und die Sorge um die tägliche Nahrung, um Kleidung und Unterkunft waren so vordringlich, daß alles, wie ihm schien, für lange dahinter zurücktreten mußte. Mit Vergnügen bekenne er, sich getäuscht zu haben. Nach knappen neun Monaten befinde man sich hier und weihe die Universität ein. Man hat sich, nebenbei bemerkt, in der Tat übermenschlich angestrengt. Das volle gesunde Gesicht des nunmehrigen Rektors Dr. Schmid, der oft in Baden-Baden am Tisch neben uns saß, wurde dabei blaß und blasser, seine freundlichen Augen begannen zu zwinkern, wurden klein und kleiner, und in den letzten Tagen fand man den rastlosen Mann ein paarmal neben seinem Sessel am Boden liegen, vom Schlaf überwältigt.

Der Regierungspräsident von Hessen-Rheinland, nun an der Reihe, nennt die Gutenberg-Universität den Schlüssel zum materiellen und kulturellen Aufbau dieses Gebietes – in ein schönes Bild kleidet der Mainzer Bischof, der ihn ablöst, seine Wünsche für die neue Schöpfung: so wie der Mainzer Dom in seiner Architektur alle Stile vereinigt, so möge dieses geistige Zentrum alle intellektuellen Dinge an sich nehmen, sie assimilieren und durch die ewigen Wahrheiten krönen – eine Orgel für den Festraum spenden die evangelischen Gemeinden, der Regierungspräsident Dr. Boden ruft der Universität zu: sie möge wachsen, blühen und gedeihen, und Professor Geiler bringt einen Ausspruch des englischen Geschichtsamateurs Wells mit, wonach Geschichte ein Wettlauf zwischen Erziehung und Katastrophe sei: möge die Universität zum Siege der Erziehung beitragen.

Ja, man will diese Hochschule nach den Erfahrungen der letzten Jahrzehnte auf eine neue Basis stellen und nach neuen Prinzipien leiten – das geht aus der Rede der ersten Magnifizenz von Mainz, des Dr. Schmid, hervor. Man will vom Typ der Spezialistenminorität abgehen und Erziehung und Menschenbildung treiben. Dr. Schmid seinerseits erinnert an das Wort des Grafen Sforza: »Das europäische Problem ist ein moralisches Problem« und an ein Wort von Thomas Carlyle, vor 50 Jahren geprägt, neu wie von heute: »Trauriges Schauspiel, wir sind zur höchsten Spitze der Zivilisation gelangt, aber neun Zehntel der Menschheit muß den schwersten Daseinskampf kämpfen und einen wilden tierischen Kampf gegen den Hunger führen. Der Wohlstand der Länder erreicht einen nie gesehenen Stand, dabei sind die Menschen dieser Erde arm, ärmer als je an inneren und äußeren

Gütern, arm an Geld und Brot, arm an Erkenntnis und Glauben.« Ja, woran liegt es? Was antwortet Dr. Schmid darauf? Er zeichnet die Fehlentwicklung der Universitäten, die eine lebende Einheit der Wissenschaft, eine Universalität anstreben müßten. Und er erinnert noch an ein vorzügliches Zitat von Pestalozzi (wieviel gute Zitate, ganze Bäume mit Wahrheiten behängt, wir haben nur nach den Früchten zu greifen, aber wenn wir greifen, essen wir nicht, und wenn wir essen, mögen wir sie nicht): »Werden wir wieder Menschen, um wieder Bürger zu werden, und Bürger, um Staaten zu werden«, die Reihenfolge, die die Diktaturstaaten auf den (fehlenden) Kopf stellten.

General Schmittlein charakterisiert die französischen Männer, die dem Werk vorstanden: General König rettete die Sache der Freiheit, indem er vor vier Jahren die ungeheure Flut aufhielt, die im mittleren Orient die alliierte Stellung überrennen sollte, General Monsabert focht in Tunis, in Italien, Frankreich und Deutschland an der Spitze einer Befreiungsarmee, Herr Laffon wurde während der finsteren Besatzungszeit inmitten unsäglicher Schwierigkeiten Chef einer freien unterirdischen Verwaltung. (Von sich selbst spricht General Schmittlein nicht; ein abenteuerlicher Weg führte ihn 1940 von Norwegen über Rußland nach Afrika, er selbst einer der Männer, auf die seine Rede hinweist, die sich durch die Tat bewiesen haben und legitimiert sind, »von den künftigen Studenten der Universität zu erwarten, daß sie der Freiheit, für sich und andere, einen der obersten Plätze unter den sittlichen Werten einräumen«.)

General König endet die Reihe der Ansprachen mit einem Appell an die Deutschen: »Wenn die Militärregierung es sich gerne hat angelegen sein lassen, die Arbeiten an der Universität zu erleichtern – denn wie hätten die Deutschen allein die schweren materiellen Aufgaben zu einem glücklichen Ende führen können –, so lege ich doch nunmehr Wert darauf zu erklären: Sie sind hier zu Hause!«

Zarte Musik aus dem Vorraum, der Zug formiert sich wieder, das Podium leert sich. Die Zeremonie ist zu Ende, eine schöne, erfreuliche Zeremonie. Hier saßen nicht Sieger und Besiegte beieinander; man sah bei den Deutschen beruhigte und hoffnungsvolle Gesichter, es waren Worte an ihre Ohren geklungen, die ihnen wohl tun, dabei auch jenes Wort von den Menschen, die guten Willens sind und denen der Frieden beschieden. regnet draußen, man nimmt einen Imbiß zu sich. Als es si geklärt hat, wandert man durch die arme zerbrochene Straße um Straße ohne Menschen. Es ist nicht nur abenteuer traurig, es ist unheimlich und man kann es nicht lange ertrag wenn man an die Toten denkt, die hier noch liegen, und an da furchtbare Schicksal, das sich an diesen Steinen entladen hat. In einigen Ruinen regt es sich, vom Boden hebt sich eine Luke, ein Kopf streckt sich heraus, in den fensterlosen Kellern hausen Menschen. Man zeigt uns noch den Dom mit seinen verschiedenen Stilen, ich habe im Augenblick wenig Sinn dafür. Nach einer Weile erscheint der Lenker unseres Autos wieder, das, wie er lockend verkündet, völlig genesen sei und auf uns warte. Wir beglückwünschen den Lenker, ziehen aber ein Autocar vor. Er verhöhnt uns wegen unseres Mißtrauens und nennt uns feige. Wir lassen den Makel auf uns sitzen. Er schwört, er werde vor uns in Baden-Baden sein. Wir stecken auch diesen Fluch ein.

Und dann auf den bequemen Lederbänken des Autocars zurück, durch all die Orte, die wir gestern und heute passiert haben. Es hat sich nichts geändert, aber es sieht alles anders aus, jetzt, da wir es kennen. Unser Blick streichelt wehmütig die Ruinen, die gestürzte Brücke jammert uns, wir begrüßen die Weinberge und fragen die grünen Reben, was sie zu diesem Elend sagen. Sie sind still und treiben weiter aus ihren Träumen den köstlichen Saft. Nebel ziehen über den Rhein. Welch ein schönes, fruchtbares Land, wie gemacht, irgend jemandes immer wieder ersehnte und geliebte Heimat zu sein – und so von dem Wahnsinn und der Barbarei des Krieges zertreten. Es wird Nacht. Wir fahren lange, lange. Wir haben keine Panne, nein, das nicht; aber es scheint, wir haben uns im Finstern verfahren. Auch das ist eine Möglichkeit für ein Auto. Als wir gegen Mitternacht ankommen, erfahren wir, der kleine Wagen ist schon seit eineinhalb Stunden da.

Das »Geleitwort« für die im November 1945 erstmals erscheinende, von Dolf Sternberger und Lambert Schneider redigierte Zeitschrift *Die Wandlung* schrieb Karl Jaspers.

Das erste Heft der *Frankfurter Hefte. Zeitschrift für Kultur und Politik* erschien im April 1946. Als Herausgeber zeichneten Eugen Kogon und Walter Dirks. Kogon, geb. 1903 in München, war von 1938–1945 Häftling im KZ Buchenwald; 1949 wurde er zum ersten Präsidenten der Europa-Union in Deutschland gewählt, 1951 als Professor für wissenschaftliche Politik an die Technische Hochschule Darmstadt berufen.

Dirks, geb. 1901 in Dortmund, war seit 1935 Redakteur der *Frankfurter Zeitung*; nach dem Krieg, ab 1956, beim Westdeutschen Rundfunk tätig.

Die Ziele der Zeitschrift *Merkur. Deutsche Zeitschrift für europäisches Denken* charakterisierten die Herausgeber Joachim Moras und Hans Paeschke erst in Heft 10/1948; der nachfolgende Text, der Vorspann zu Heft 100 der Zeitschrift, zitiert eröffnend diese seinerzeitige »Erklärung« (*Merkur*, Heft 100, Juni 1956, S. 501–504).

Geleitwort. ›Die Wandlung‹

Wir haben fast alles verloren: Staat, Wirtschaft, die gesicherten Bedingungen unseres physischen Daseins, und schlimmer noch als das: die gültigen uns alle verbindenden Normen, die moralische Würde, das einigende Selbstbewußtsein als Volk. Es ist wie am Ende des Dreißigjährigen Kriegs, als Gryphius schrieb:

> Doch schweig ich noch von dem, was ärger als der Tod,
> Was grimmer denn die Pest und Glut und Hungersnot:
> Daß auch der Seelen Schatz uns gar ist abgezwungen.

Haben wir wirklich alles verloren? Nein, wir Überlebenden sind noch da. Wohl haben wir keinen Besitz, auf dem wir ausruhen können, auch keinen Erinnerungsbesitz; wohl sind wir preisgegeben im Äußersten; doch daß wir am Leben sind, soll einen Sinn haben. Vor dem Nichts raffen wir uns auf.

Eindeutig ist nur das äußere Geschehen: das wortlose Verschwinden der Gewalthaber, das Ende selbständiger deutscher

Staatlichkeit, die Abhängigkeit unseres gesamten Tuns von dem Willen der Besatzungsmächte, die uns befreit haben vom nationalsozialistischen Joch. Unsere Initiative ist beschränkt auf den Spielraum, den sie uns gewähren.

Eine solche Chance für unsere Initiative ist die Erlaubnis einer Zeitschrift. Wir dürfen öffentlich miteinander reden. Sehen wir zu, was wir einander zu sagen haben!

Wir sind innerlich und äußerlich verwandelt in zwölf Jahren. Wir stehen in weiterer Verwandlung, die noch unabsehbar ist. Aus ihr wollen wir mitwirken, indem wir Deutsche bitten, zu sprechen, ihre Gedanken mitzuteilen, Bilder zu gestalten, öffentlich fühlbar werden zu lassen, daß und wie sie leben. Wir wollen aber auch die Stimmen der Welt vernehmen und vernehmlich machen.

Ein Anfang muß sein. Indem wir beginnen, die Verwandlung sich offenbaren lassen und fördern, hoffen wir auf dem Wege zu sein dahin, wo wir wieder einen Grund legen werden. Wir fangen so ganz von vorn an, daß wir noch nicht einmal dieser Fundamente gewiß sein können.

Wir machen kein Programm. Niemand dürfte es heute wagen, über den Dingen zu stehen, einen Plan des Ganzen zu entwerfen, den einen einzigen Weg als den von ihm vermeintlich gewußten anzugeben. Wir wollen – in Meditation und Diskussion, in Berichten und Gebilden – den Boden bereiten.

Da wir wieder frei miteinander reden können, ist die erste Aufgabe, wirklich miteinander zu reden. Das ist keineswegs leicht. Niemand von uns ist Führer, keiner ist Prophet, der giltig sagte, was ist und was zu tun sei. Alle »Führer« sind unheilvolle Phantome gewesen. Sie haben die Freiheit geraubt, erst innerlich, dann äußerlich. Aber sie waren möglich, weil so viele Menschen nicht mehr frei, nicht mehr selbstverantwortlich sein wollten. Heute haben wir die Folge dieses Verzichtes. Wir müssen wieder wagen, verantwortlich zu sein, jeder für sich. Wagen wir es nicht, so ist nicht nur das Reich, sondern auch der Mensch verloren. Wir wollen gemeinsam suchen als freie Menschen, denen Wahrheit aufgeht, wenn sie einander vertrauen. Aber wir wissen, wie schwer das in Deutschland ist. Wir wollen lernen, als Einzelne zwar streng mit uns zu sein, aber gelassen gegen den Anderen zu bleiben. Wir wollen mißtrauisch gegen dunkle Antriebe sein, sie der unerbittlichsten Prüfung unterwerfen, aber aus einem liebenden Vorurteil den Anderen entgegenkommen. Wir glauben nicht an sich ausschließende »letzte Standpunkte«, sondern an den gemeinsamen Ursprung des Menschseins. So hoffen wir, auch in radikalen Auseinandersetzungen doch solidarisch miteinander zu werden.

Wo wir angesichts der Grenzen des Menschlichen leben, vor dem Äußersten stehen, da gilt uns als das eigentlich Böse der Nihilismus. Wir verwerfen, auch gegen den Augenschein entsetzlicher Realitäten, die Menschenverachtung, den verruchten Cynismus. Aber aus der Verwerfung des Bösen und aus der Freiheit des Einzelnen ist noch kein Leben möglich. Der Einzelne ist er selbst nur, wenn auch der Andere er selbst ist. Freiheit ist nur in dem Maße, als alle frei sind. Miteinander bauen wir nicht nur die Welt unseres materiellen Daseins, sondern den Geist und die Sitte unserer Gesellschaft. Auch der Staat, auch die Ordnung der Millionen beginnt in den Einzelnen. Aber der Einzelne ist machtlos. Er bedarf des öffentlichen Geistes, der ihn trägt. Dieser Geist ist unser aller Verantwortung. Wir wollen in öffentlicher Diskussion uns der Bindungen bewußt werden, aus denen wir leben.

Einer der möglichen Wege dahin ist die Geschichte. Wir haben keineswegs alles verloren, wenn wir nicht, in Verzweiflung wütend, auch noch das vergeuden, was uns unverlierbar sein kann: den Grund der Geschichte, für uns zunächst in dem Jahrtausend deutscher Geschichte, dann der abendländischen Geschichte, schließlich aber der Menschheitsgeschichte im Ganzen. Aufgeschlossen für den Menschen als Menschen dürfen wir uns vertiefen in diesen Grund, in die nächsten und fernsten Erinnerungen. Wir werden überall nicht nur das schaurig Ausweglose finden, sondern auch das, was uns ermutigt. Wir werden Fühlung gewinnen mit dem, was Menschen in aller Welt im Äußersten erfahren haben. In der Weite dieser Menschlichkeit fand mancher Deutsche seinen Halt, wenn er im Vaterlande geächtet war.

Was und wie wir erinnern, und was wir darin als Anspruch gelten lassen, das wird mit entscheiden über das, was aus uns wird. Dort finden wir den Grund der Geschichte, dem wir gehorsam sein wollen – »einen anderen Grund kann niemand legen, als der von Anfang gelegt ist«. Aber so wie wir fortfahren und sprechen wollen, was er sei, wird er unendlich vieldeutig. Nur durch den Ernst des Hörens auf diese Vieldeutigkeit können wir im Gehorsam zu der Gewißheit kommen, die nach außen keinen Anspruch begründet, von außen nicht zu gewinnen ist, auf die niemand sich berufen darf, und aus der doch jeder von uns lebt, wenn er eigentlich lebt: der Gewißheit, gehorsam gegen Gott zu sein.

Erinnerung aber wird nicht genügen. Aus der Erinnerung wird beseelt, was heute zu tun ist. Die Gegenwart und die Zukunft sind unsere Aufgabe. Alles Denken, das für sie wesentlich sein kann, soll in dieser Zeitschrift Raum finden, Politik, Wirtschaft, Technik, Recht, Wissenschaften, Kunst und Dichtung, Theologie und Philosophie. Nicht die Geschichte, sondern dieses Gegenwärtige, so hoffen wir, wird den Hauptraum einnehmen. Alles das möchte nicht in einem vordergründlichen Zweck sich erschöpfen. Der Sinn kommt aus dem Grunde, den wir nicht wissen, wenn wir von ihm geführt werden möchten.

So wollen und müssen wir versuchen, wie wir uns denkend in dieser ungeheuren Not zurechtfinden.

Karl Jaspers
im Auftrag der Herausgeber und des Verlegers

An unsere Leser. ›*Frankfurter Hefte*‹

Wir schreiben es nachdenklich nieder, dieses Wort »An unsere Leser«. Wer wird zu ihnen gehören? Wir stehen in einem Kreis, der uns kennt; aber wir gehen durch ihn hindurch ins Volk, in die Welt, in das Unbekannte. Es ist ein Abenteuer, wie alles, was heute neu beginnt.

Wird der Lehrer, der eine veränderte Jugend vor sich hat, unsere Hefte zur Hand nehmen, um den Strom der Gedanken zu spüren, der Deutschland erneuern soll? Der heimgekehrte Soldat, der auf Straßen und Bahnhöfen müden und doch wachen Auges nach Spuren von Sympathie und Verständnis gesucht hat? Der Student mit vielen unausgesprochenen Forderungen, Ansprüchen, Erwartungen? Der Geistliche, der sich auf einem Felsen weiß, aber die Flut um die Füße spürt? Die Frau, die in der »Volksgemeinschaft« trieb und nun auf neuen Boden zu kommen trachtet? Oder ihre Mitschwester, die aus der Unbeirrbarkeit des weiblichen Gefühls Widerstand geleistet hat und nun zur Gewißheit des Herzens die Sicherheit der Einsicht sucht? Der Politiker mit den großen Aspirationen und dem nagenden Zweifel im Herzen, der Arbeiter mit dem geprägten Parteidenken und dem unterscheidenden Blick für Utopien und Möglichkeiten, der Wirtschafter mit dem Drang zur gewohnten Aktivität und den pessimistischen Anwandlungen angesichts der Trümmer, die ihn umgeben, der abnehmenden statt sich ergänzenden Vorräte? Der Intellektuelle, der an die Kraft des Geistes glaubt, und der »Praktiker«, der nur sehen will, »was die Theoretiker da wieder zusammenschreiben«? Oder werden auch die Nur-Lesehungrigen, weil Bücher heute Mangelware sind, nach unseren Heften greifen, um neugierig und skeptisch darin herumzublättern?

Wir wissen nichts von unseren Lesern, die doch unsere Partner, unsere Teilhaber, unsere Freunde werden sollen.

Aber vielleicht ist das gut so. Ohnehin entschlossen, ihnen nicht nach dem Munde zu reden, werden wir keine falsche Rücksicht auf sie nehmen, sondern sagen, was wir für richtig und für notwendig halten. Das wird nicht selten hart und unbequem klingen. Auch nicht immer leicht, denn manche Dinge und Zusammenhänge dieser dunklen Erde und dieser besonders dunklen Gegenwart sind verwickelt und lassen sich nicht in Fibelart für jeden Unmündigen deutlich machen. Wir werden um Klarheit sehr bemüht sein, aber der Leser wird sich ebenfalls anstrengen müssen. Die gängige Phrase, das Nebelwort, das man so leicht einsog und rasch aus dem Hirn wieder verdampfen ließ, hat die Atmosphäre des Denkens verdickt. Wir können nicht atmen in ihr, wir wollen gute Sicht und einen präzis funktionierenden Verstand, – das lebendige Herz, das im Rhythmus der Zeit für die ewigen Ziele schlägt, versteht sich von selbst.

Wir erwarten also »nachdenkliche« Leser. Wir glauben, daß wir so der Erneuerung Deutschlands einen Dienst erweisen – wir, das heißt die Herausgeber, die Mitarbeiter und jene Leser schon inbegriffen. Das Dunkel um uns soll sich lichten. Wir wollen alle mithelfen, das Undurchsichtige und das Rätselhafte, das uns bedroht, zu klären, soweit das uns, die wir eben aus einem Abgrund kommen, und dem Menschengeist überhaupt vergönnt ist.

Wir möchten indes mehr: nämlich den Leser, den wir nachdenklich gemacht haben, aus dieser Nachdenklichkeit zu notwendigen Scheidungen und Entscheidungen bringen, ihm Mut zum Nein geben und noch mehr Mut zum Ja. Wir wiederholen es, weil es wichtig ist: Mut zum Nein und noch mehr Mut zum Ja, und wir möchten die Kraft des Herzens und des Geistes, die dazu gehört, mit Einsicht nähren. Das klärende und nährende Wort, das hier zu lesen sein wird, soll vom christlichen Gewissen bestimmt sein; die Welt aber, auf die es sich bezieht, ist nicht etwa »das Religiöse«, sondern die ganze, vielschichtige, reiche, arme Wirklichkeit.

Wir hoffen, obgleich wir noch fast allein sind, daß alle in Deutschland, die wach und unruhig sind, ein solches Wort und eine solche Sprache verstehen werden, alle »Aufgeschlossenen«, die Lebendigen und Fragenden – eine Elite, die aus allen sozialen Schichten, Altersklassen und »Richtungen« kommt. Wir hoffen, denn sonst hätten wir nicht den Mut gehabt, anzufangen. Mancher, der durchaus etwas zu sagen hätte, ist aus zweifelnder Vorsicht, die fast betäubten Ohren des Volkes möchten noch nicht aufnahmefähig, die Herzen noch immer verschlossen sein, und aus der Besorgnis vor vorschnellen Parolen bisher lieber stumm geblieben; auch war die Geschichte der letzten dreißig Jahre nicht gerade dazu angetan, in den Schriftstellern die Lust und den Mut zu programmatischer Arbeit zu erwecken. Auch wir hatten es mit solchen Bedenken zu tun. Aber wir sind am Ende doch zu der Meinung gekommen, daß viele Menschen im Lande gerade jetzt, da sich die Wasser einer propagandistischen Sintflut verlaufen haben, nach Sichtung und Orientierung verlangen. Und so sind wir denn an die Arbeit gegangen.

Geleitwort. ›Merkur‹ Nr. 100

> *Im Sozialen und Geistigen schafft*
> *man durch das, was man voraussetzt.*
> Hofmannsthal
> (Zum Plan einer Zeitschrift, 1920)

»Merkur« ist ins Leben getreten, ohne seinen ersten Lesern Auskunft über seine Bestrebungen zu geben: sie sollten nicht feierlich proklamiert, sondern Schritt für Schritt am Gegenstande erprobt werden. Er vertrat kein Dogma, keine Doktrin, keine Ideologie, sondern eine Haltung. Was *nicht* in seinen Heften stand, war für diese Haltung zuweilen ebenso kennzeichnend wie das, was in ihnen zu finden war.

An der Stelle, wo der Leser der ersten Nummer einer neuen Zeitschrift ein Programm zu finden gewohnt ist, druckten wir einen Aufsatz aus dem Jahre 1776 ab, von »Schwärmern und Enthusiasten« handelnd, eine Antwort Lessings auf eine Preisfrage des »Teutschen Merkur« – nicht als ein Kuriosum, sondern als ein hohes Beispiel eines Geistes gewissenhafter Unterscheidung, als ein Muster kritischer Selbstbesinnung und Selbstbestimmung.

Indem Lessing die Verkehrtheit der Problemstellung jener Preisfrage erweist, mit der er sich auseinandersetzt, schien er uns im besonderen auf eine Aufgabe hinzudeuten, die auch heute zu den wesentlichen Aufgaben eines unabhängigen Kopfes gehört: die Aufdeckung von Scheinproblemen, die Beseitigung falscher Gegensätze und gleißnerischer Antithesen.

Indem wir auch heute darauf verzichten, ein Programm zu verkünden, indem wir – statt eines solchen – erklären, daß wir keiner (wie es hierzulande einmal hieß) »verschworenen Gemeinschaft« angehören, daß wir uns weigern, uns (mit dem nun in Frankreich gängig gewordenen Begriff) zu »engagieren«, müßten wir uns im gleichen Augenblick mit dem Vorwurf des »Escapismus« (wie man heute in England sagt) auseinandersetzen. Es wird in unseren Heften Gelegenheit genug sein, zu begründen, warum wir es als Zeichen eines kräftigeren Verantwortungsgefühls betrachten, wenn man es vorzieht, sich die Entscheidung selber, und das heißt allerdings von Fall zu Fall, vorzubehalten – um einer letzten Entschiedenheit willen, deren Glaubwürdigkeit jedoch nichts davon zu gewinnen hat, daß man sie dauernd im Munde führt.

Heft 10, II. Jahrgang 1948

Die Leser, die den »Merkur« von seinen Anfängen an begleitet haben, werden es verstehen, daß wir, statt uns grundsätzlich noch einmal selbst zu kommentieren, an die Spitze seines 100. Heftes einige Sätze aus einem Geleitwort stellen, mit dem wir – im Moment, als die Deutsche Verlags-Anstalt den »Merkur« aufnahm – sein 10. Heft einleiteten. Wie könnten wir unsere Freunde, wie uns selbst besser der Kontinuität unserer Haltung vergewissern und zugleich den Willen bekräftigen, sie auch in Zukunft zu bewähren?

Gerade sie wissen, daß in den nahezu 10 Jahren, die seit der

Gründung dieser Zeitschrift ins Land gegangen sind, die kritische Aufgabe, die sie sich stellte, nichts von ihrer Dringlichkeit eingebüßt hat. Hat nicht vielmehr jener »Schwarm machende«, jener in Parolen und Antiparolen befangene Geist, dem wir mit Lessing den Kampf ansagten, hat nicht eine Sprache, die Meinungen und Allgemeinheiten, Programme und Gegenprogramme wie am Fließband befördert, ständig weiter am Schleier einer Pseudowirklichkeit gewoben, die »die schöpferischen Kräfte des Bildens wie diejenigen des Glaubens und Handelns verdirbt; welche (wie wir schon damals hinzusetzten) sich im übrigen heute ebensosehr und ebensowenig von selbst verstehen wie je?« Oder wäre die Forderung einer Richtigstellung der Bezeichnungen, die wir in unserem ersten Heft erhoben, weniger akut als damals? Was heißt Restauration, wenn sich der Fortschritt zunehmend selbst restauriert? Was Non-Konformismus, wenn er sich zum Programm erhebt und nun seinerseits konform geht? Was ein Traditionalismus, der sich selbst nicht kennt – und schon längst nicht mehr bloß auf Rädern läuft, sondern – mit den professionellen Film- und Fernsehphantomen um die Wette – freiwillig jede Distanz zur jeweiligen Jetztzeit aufhebt? Und was ist ein Modernismus, der das Überkommene oder Wiedergekommene in sich selbst so wenig gewahrt, wie das Akute in der Tradition, und einer Manier verfällt, die, sich absolut setzend, die Grazie verleugnet, dereinst jeglichen Manierismus bestes Teil?

Freilich, wie unsere Methode, die Begriffe am Gegenstand zu erproben, wie unser Bemühen, die Dinge in Frage zu stellen, auf daß sie vielleicht selber zu antworten begännen, Geist präsent zu machen, statt zu repräsentieren, so sind sich auch unsere Kritiker gleichgeblieben. »Engagement«, »Escapismus« – die Schlagworte, die man uns seinerzeit entgegenhielt, sind ein wenig aus der Mode gekommen wie so vieles seither; außer der Mode selbst. Ästhetizismus wirft man uns vor, weil wir einem Inhalt mißtrauen, der seine Form nicht fand. Gegenwartsnähe im Sinne gebrauchsfertiger Antwort auf die Frage des Tages wird vermißt – der »Blick für die Realität jenseits einer so außerordentlich besorgten Umzäunung«, so hieß das vor kurzem in einer anderen Zeitschrift, die freilich nicht umhin konnte, noch einmal rasch über den engen Zaun zu langen, indem sie sich eines vor Jahren erstmalig im »Merkur« erschienenen Textes stillschweigend an der gleichen Stelle bediente.

Wir halten nun einmal – damals wie heute – nicht alles für real und aktuell, was in unaufhörlich wechselnder Folge in der Öffentlichkeit dafür gilt. Wenn sich aber, im Bereich intellektueller Diskussion, die Sprache zunehmend genötigt sieht, Worte und Begriffe nur noch in Anführungszeichen zu setzen, weil der Vorstellung keine Wirklichkeit, der Wirklichkeit keine Vorstellung mehr entsprechen will, so ist zu vermuten, daß die Stunde des Aufräumens mit leergewordenen Allgemeinbegriffen zum mindesten noch nicht vorüber ist – heute wie damals.

Gewiß: wer empfände nicht, im Rückblick auf dieses erste Nachkriegsjahrzehnt, wie sehr sich auch und vor allem unser geistiges Klima veränderte? Um so aufmerksamer freilich haben wir zu prüfen, inwieweit diese Wandlung ein Ausdruck echter Fortentwicklung ist, und inwieweit Funktion einer – Stauung, bei der die Probleme selbst gleichsam auf der Stelle treten. Nur allzu viele Symptome sprechen für das letztere. Indem man, im Zuge der Restauration, die alten Ideologien auf neue Wirklichkeiten anwandte, für die sie nicht gedacht waren, entfremdeten sich die meisten Allgemeinbegriffe ihrer ursprünglichen Bedeutung derart, daß die ideologischen Positionen vielfach doppeldeutig und von Fall zu Fall sogar auswechselbar geworden sind. Auf politischem Gebiet haben sich die verschiedenen (sozialistischen, liberalen und konservativen) Programme immer mehr ineinander verzahnt und liefern oft Freund und Feind gleicherweise die Prämissen; zeitweilig kommt es zwischen links und rechts zu einem wahren *chassé-croisé* (auf breitester Ebene im West-Ost-Konflikt zum Beispiel, wo die konservative Idee des Friedens dem Umsturz, die revolutionäre der Freiheit den Besitzenden zur Parole dient). Eine analoge Verwirrung der Fronten verrät sich innerhalb der Kultur- und Kunstkritik schon rein äußerlich dadurch, daß heute die Vertreter der Moderne vornehmlich defensiv, Traditionalisten offensiv argumentieren.

In dieser Lage sieht sich das Denken, auf der Suche nach Zentren inmitten von soviel Dialektik, fast zwangsläufig auf Indifferenz-Haltungen zugetrieben. Immer stärker wird die Tendenz zu einem reinen Formalismus: zum Absolutsetzen des methodologischen Prinzips in den Wissenschaften, des allegorischen in Literatur und Kunst. Genau in dem Maße, in dem die Inhalte beliebig werden, gebärden sich die Formen selbstherrlich. Mangels echter Synthesen wird das Synthetische erzeugt. Vom Existentialismus zum Positivismus, vom Denken in Konflikten und Entscheidungen zur systematischen Neutralisierung der Denkinhalte –: gleicht dieser Weg nicht einem Krebsgang zurück zu eben jenen Nullpunktsituationen, von denen man vor einem Jahrzehnt auszugehen meinte?

Indem wir diese kritische Frage aussprechen, nehmen wir zugleich die Leitworte auf, die uns in einhundert Heften ständig begleiteten. Eben *weil* wir den »totalen Ideologie-Verdacht«, den wir im ersten Heft formulierten, ernst genommen haben, übten wir Distanz gegenüber allen Resolutionen des Tages, die, von Nullpunkten aus denkend, entweder voraussetzungslos die Erneuerung oder nihilistisch den Verfall beschworen. Eben *weil* wir alle heimatlos geworden waren, auf der Linken wie der Rechten, bemühten wir uns darum, die verschiedenen geistigen Positionen ebenso wie die Generationen und die Nationen in die Begegnung und, wenn möglich, ins Gespräch zu führen. Polarisierung der Kräfte – so hieß unser Leitprinzip bei der Wahl der Autoren wie der Themen. Welche Aufgabe aber könnte gerade heute aktueller sein – zu einem Zeitpunkt, da das intellektuelle Gründungsfieber, in Reaktion auf die Hochspannung der Hoffnungen wie der Ängste in den ersten Nachkriegsjahren, in Untertemperatur umgeschlagen scheint? Wir werden auch in Zukunft die Probleme jeweils dort aufsuchen, wo Spannungen erzeugt und ausgehalten werden müssen: in den verschiedenen Schnittpunkten vor allem – den politischen von links und rechts, den wissenschaftlichen von Natur- und Geisteswissenschaft, den künstlerischen von Tradition und Experiment, den weltanschaulichen von Moral und Technik, Metaphysik und Psychologie, zeitlosem und zeitgebundenem Geist.

Einen Beitrag zur Korrektur des Zeitgeistes zu geben – das sehen wir, wie gestern so morgen, als unsere Aufgabe an. Eine vielleicht unbequeme Aufgabe, insofern sie genaue Fragestellungen einer patenten Antwort vorzieht und dem Leser die Lösungen weniger gibt als eben – aufgibt. Um so dankbarer fühlen wir uns denen verpflichtet, die uns bisher zur Seite standen und uns, wie wir ihnen, die Treue halten wollen: unseren Lesern und Mitarbeitern, dem Verlag und den uns verbundenen Helfern, die sich im »Kreis der Freunde europäischen Denkens« zusammenfanden.

(20) Alfred Andersch
  Das junge Europa formt sein Gesicht

»Die ›unabhängigen Blätter der jungen Generation‹ mit dem Haupttitel
Der Ruf, deren erste Ausgabe am 15. August 1946 in München erschien,
haben eine Vorgeschichte. Sie führt in die Jahre 1944 und 1945 zurück, in amerikanische Kriegsgefangenschaft. *Der Ruf. Zeitung der
deutschen Kriegsgefangenen in USA* war, zumindest was die wichtigsten
Mitarbeiter betraf, Ausgangspunkt für den *Ruf* in Deutschland, Konzeption und Inhalt richteten sich nach den Aufgaben, die sich stellten
und die natürlich im zerstörten Deutschland andere waren als in amerikanischen Kriegsgefangenenlagern. In einem stand der ›deutsche‹ *Ruf*
seinem amerikanischen Vorgänger allerdings nicht nach: In der rigorosen Offenheit, mit der gesagt wurde, was zu sagen nötig schien. Wir haben uns daran gewöhnt, Zeitungen als Institutionen zu betrachten, aus
dem einfachen Grund, daß sie sich auch so gebärden. Beim *Ruf* war das
anders. Den *Ruf* heute wieder zu lesen, bedeutet eine Welt von Zivilcourage zu entdecken. Die Sprache ist unverstellt, dient der Verständigung. Meinung wird vehement vorgetragen, Irrtümer werden zugestanden – inzwischen sind sie, ebenso wie die richtigen Prognosen, bewiesen, was sich nach dreißig Jahren leicht konstatieren läßt, was aber
nicht zugleich bedeutet, die damals aufgeworfenen Fragen seien alle beantwortet, geschweige denn sie seien zufriedenstellend gelöst.
   1946 in Deutschland. Noch ging es ums nackte Überleben. Doch der
erste Artikel von Alfred Andersch, mit dem auch das erste Heft des *Ruf*
beginnt, trägt die Überschrift: ›Das neue Europa formt sein Gesicht‹ –
und zwar selbstverständlich unter Beteiligung der Deutschen. Von
vornherein ist diese Zeitschrift auf Zukunft ausgerichtet. Gerade in einer Gegenwart, in der den Menschen die Schrecken der Vergangenheit
noch auf der Haut brannten, wurde hier versucht, es diesmal richtig zu
machen, den Neuaufbau einer Gesellschaft und ihres Staates mitzuge-
stalten, eine Ordnung zu schaffen, die Freiheit verhieß, wirkliche Freiheit.« (Hans A. Neunzig in der Einleitung zu: *Der Ruf. Unabhängige
Blätter für die junge Generation,* eine Auswahl, Vorwort von Hans
Werner Richter, München 1976, S. 10 f.)
   Anderschs Artikel, hier zitiert nach der »Auswahl«, S. 19–25, erschien in der Nummer 1 am 15. August 1946; der Verfasser, geb. 1914 in
München, desertierte 1944 an der Italien-Front; 1945/46 war er Redak-
tionsassistent bei der *Neuen Zeitung*; 1946 gab er zusammen mit H. W.
Richter (geb. 1908, 1943 ebenfalls in Italien in amerikanische Kriegsge-
fangenschaft geraten) die Zeitschrift *Der Ruf* heraus.

In dem zerstörten Ameisenberg Europa, mitten im ziellosen Gewimmel der Millionen, sammeln sich bereits kleine menschliche Gemeinschaften zu neuer Arbeit. Allen pessimistischen Voraussagen zum Trotz bilden sich neue Kräfte- und Willenszentren. Neue Gedanken breiten sich über Europa aus. Der auf die äußerste Spitze getriebenen Vernichtung entsprang, wie einst dem Haupt des Jupiter die Athene, ein neuer, jugendfrischer, jungfräulich-athenischer Geist. Die Bedrohung, die hinter uns liegt, und diejenige, die uns erwartet, hat nicht zur lähmenden Furcht geführt, sondern nur unser Bewußtsein dafür geschärft, daß wir uns im Prozeß einer Weltwende befinden.

Die Träger dieses europäischen Wiedererwachens sind zumeist junge, unbekannte Menschen. Sie kommen nicht aus der Stille von Studierzimmern – dazu hatten sie keine Zeit –, sondern unmittelbar aus dem bewaffneten Kampf um Europa, aus der Aktion. Ihr Geist ist der Geist der Aktion. In Frankreich scharen sie sich um die Gruppe der »Existentialisten« und deren Mentor Jean Paul Sartre, zu dem sich Albert Camus und Simone de Beauvoir gesellen, oder sie bilden Experimentierzellen in den bestehenden Parteien, so etwa Emanuel Mounier mit dem »Esprit« in der jungen Partei Bidaults oder Aragon bei den Kommunisten. Ihr Leben in den letzten Jahren war gleichbedeutend mit dem Leben der französischen »résistance«. Kristallisationspunkt des jungen Italiens sind der aus der Emigration zurückgekehrte Dichter Ignazio Silone, der eine Synthese von Sozialismus und religiösem Denken versucht, oder Ferruccio Parri, der Leiter der Aktionspartei. Der Sieg der Labour Party in England ist nicht denkbar ohne die innere Erneuerung der Arbeiterbewegung durch ihre jungen Kräfte. Skandinavien gab seine besten Geister in diesem Krieg: den dänischen Pfarrer Kaj Munk und den jungen norwegischen Dichter Nordahl Grieg, der über Berlin abstürzte. Diese Namen sind nur die äußerlichen Zeichen einer Bewegung, in der sich, wenn auch noch zögernd und unklar, so doch schon in großer Tiefe und Breite, die europäische Jugend manifestiert. – Das Gesetz, unter dem sie antritt, ist die Forderung nach europäischer Einheit. Das Werkzeug, welches sie zu diesem Zweck anzusetzen gewillt ist, ist ein neuer, von aller Tradition abweichender Humanismus, ein vom Menschen fordernder und an den Menschen glaubender Glaube, ein sozialistischer Humanismus.

Sozialistisch – das meint in diesem Fall, daß Europas Jugend »links« steht, wenn es sich um die soziale Forderung handelt. Sie vertritt wirtschaftliche Gerechtigkeit und weiß, daß diese sich nur im Sozialismus verwirklichen läßt. In einem wirklichen Sozialismus, nicht in »sozialen Reformen«. Der Menschengeist hat eine Stufe erreicht, in dem ihm der private Besitz von Produktionsmitteln ebenso absurd erscheint wie vor 2000 Jahren die Sklaverei. Die sozialistische Forderung schließt die Forderung nach einer geplanten Wirtschaft und eine – trotz allem – Bejahung der Technik ein. »Links« steht dieser Geist ferner in seiner kulturellen Aufgeschlossenheit, seiner Ablehnung nationaler und rassischer Vorurteile, seiner Verhöhnung des provinziellen Konservativismus.

Humanistisch aber ist Europas Jugend in ihrem unerschöpflichen Hunger nach Freiheit. Humanismus bedeutet ihr Anerkennung der Würde und Freiheit des Menschen – nicht mehr und nicht weniger. Sie wäre bereit, das Lager des Sozialismus zu verlassen, wenn sie darin die Freiheit des Menschen aufgegeben sähe zugunsten jenes alten orthodoxen Marxismus, der die Determiniertheit des Menschen von seiner Wirtschaft postuliert und die menschliche Willensfreiheit leugnet. Fanatismus für das Recht des Menschen auf seine Freiheit ist kein Widerspruch in sich selbst, sondern die große Lehre, welche die Jugend Europas aus der Erfahrung der Diktatur zieht. Sie wird den Kampf gegen alle Feinde der Freiheit fanatisch führen.

Eine starke Wurzel dieses doppelten Suchens nach Freiheit und sozialer Gerechtigkeit liegt in dem religiösen Erlebnis, das die junge Generation aus dem Kriege mitbringt. Echte religio ist nicht möglich, wo der Mensch Bluts- oder Klassengesetzen unterstellt wird, die er angeblich nicht durchbrechen kann. Nichts beweist die Freiheit des Menschen mehr als seine freie Entscheidung für oder gegen Gott.

Der Inhalt des jungen Denkens bedingt die Haltung seiner Träger. Sie fordern nicht nur richtiges Denken, sie fordern auch das dazugehörige Leben. Sie können es fordern, weil sie sich für ihre Grundsätze eingesetzt haben, weil viele von ihnen dafür ihr Leben hingegeben haben. Besonders Sartre und die jungen Kämpfer aus der »résistance« fordern diese Übereinstimmung von Tat und Gedanken, die bruchlose Existenz.

Von hier aus spannt sich ein dünnes, sehr gewagtes Seil über einen Abgrund hinweg zu einer anderen Gruppe junger Europäer, die sich in den letzten Jahren ebenfalls unter rücksichtsloser Hingabe ihrer ganzen Person eingesetzt hat. Wir meinen das junge Deutschland. Es stand für eine falsche Sache (und sie war nicht nur falsch, weil sie jetzt verloren ist). Aber es stand. In durchaus jenem existentiellen Sinne, den Sartre und seine französischen Kameraden meinen. Das dünne Seil, das die feindlichen Lager verknüpft, heißt also *Haltung*. Gemeinsamkeit der Haltung und des Erlebens, unabhängig von Ideologie und Ethos. Eines Tages werden einige waghalsige Seiltänzer versuchen, über den Abgrund zu kommen, neue Taue zu knüpfen, vielleicht eine stabile Brücke zu errichten, auf der die jungen Deutschen in das gemeinsame europäische Lager kommen können. Uns scheint – trotz aller Verbrechen einer Minderheit – der Brückenschlag zwischen den alliierten Soldaten, den Männern des europäischen Widerstandes und den deutschen Frontsoldaten, zwischen den politischen KZ-Häftlingen und den ehemaligen »Hitlerjungen« (sie sind es schon längst nicht mehr!) durchaus möglich. Eher möglich jedenfalls als der zwischen den neuen, aus dem Kampf geborenen Tendenzen Europas und dem Denken der älteren deutschen Generation, die in der Unverbindlichkeit ihres Toleranzbegriffs, ihrem Zurückschrecken vor dem letzten Einsatz, dem Unhold seinen Gang zur Macht erlaubte.

Wir sehen im großen ganzen nur zwei Mittel, mit Hilfe derer ein solcher Brückenbau möglich wäre. Eines ist heute in aller Munde. Es heißt »reeducation«. Kein schönes Wort. Jedenfalls nicht sehr viel schöner als das nationalsozialistische Wort von der »Umschulung«. Hat man sich einmal wirklich vorgestellt, *wen* man rückerziehen will? Können junge Menschen, die sechs Jahre lang fast ununterbrochen dem Tod gegenüberstanden, noch einmal zu Objekten eines Erziehungsprozesses gemacht werden? Soll Erziehung, Bildung, Belehrung hier konkurrieren mit einer Erlebnissphäre, in der in jeder Stunde die ganze menschliche Existenz aufs Spiel gesetzt wurde?

Vielleicht geht es. Aber nur, wenn dann wirklich der ganze Enthusiasmus der angelsächsischen Völker für Erziehung wie eine alles mitreißende Woge über das Land geht. Wenn wirklich die besten Lehrer, Erzieher, Künstler und Jugendführer nach Deutschland kommen. Wenn Bildung nicht Belehrung bleibt, sondern zum tiefsten Erlebnis wird, zu einem Erlebnis, welches das andere große Erlebnis, den Tod, in sein Schattenreich zurückdrängt. Daß so etwas möglich ist, beweist das große Experiment, das man mit 30 000 deutschen Kriegsgefangenen in den USA angestellt hat. Ob man den Versuch im großen wiederholen wird, wissen wir nicht; wir können ihn uns wünschen, aber wir können ihn nicht fordern.

Es bleibt also nur der andere Weg, der selbständige, der, den die junge Generation Deutschlands allein zu gehen hat. Die Wandlung als eigene Leistung.

Und sie ist schon im Gange. Der Beitrag, den Deutschland zur europäischen Neuformung liefert, ist nicht gering. Ein Teil dieser deutschen Arbeit wird vom Ausland her geleistet, aus den versprengten Gruppen der Geflüchteten. Nicht nur alte bekannte, sondern auch junge unbekannte Wissenschaftler aus den Reihen der deutschen Emigration wirken vornehmlich an den Universitäten und Instituten der USA, in Yale und Harvard, am Institute of World Affairs in New York und arbeiten dort an der Synthese von sozialistischen und humanistischen Gedanken. Die analytische Arbeit in Geschichte, Staatswissenschaft und Soziologie, die sie vollbringen, wird, wenn sie erst einmal in Deutschland bekannt wird, das deutsche Weltbild entscheidend beeinflussen. Doch verkörpern sie nur einen Teilausschnitt aus dem reichen politischen, wissenschaftlichen und künstlerischen Leben der deutschen Emigration. Diese aus Deutschland geflüchteten jungen Männer und Frauen haben ihr Leben im Exil, in Spanien und im europäischen Untergrund existenziell »richtig« gelebt. Seinen bisher bedeutendsten Niederschlag fand das Wesen der jungen Emigration in der Persönlichkeit Arthur Köstlers. Mit seinem Leben und seinem Werk ist er zu einer Figur von weltweiter Bedeutung aufgestiegen.

Indem Amerika alle diese Menschen aufnahm und ihnen die Möglichkeit des Arbeitens gewährte, schuf es sich selbst ein Feld der geistigen Einwirkung auf die zukünftige europäische Entwicklung. Überhaupt scheinen Amerika und Europa die Rollen vertauscht zu haben: mit seiner zweihundertjährigen republikanischen Tradition und seiner Fähigkeit, den Geist der Freiheit zu pflegen und zu behüten, ist Amerika im Begriffe, zur mütterlichen Brutstätte einer europäischen Erneuerung zu werden. Das bedeutet für Deutschland, daß die Emigration für uns fruchtbar werden muß. Emigration kann überhaupt nur leben aus der Erwartung der Heimkehr. Wir fordern und erwarten die Vereinigung der Emigration mit Deutschlands junger Generation.

Denn diese junge deutsche Generation, die Männer und Frauen zwischen 18 und 35 Jahren, getrennt von den Älteren durch ihre Nicht-Verantwortlichkeit für Hitler, von den Jüngeren durch das Front- und Gefangenschaftserlebnis, durch das »eingesetzte« Leben also – sie vollziehen die Hinwendung zum neuen Europa mit leidenschaftlicher Schnelligkeit. Das Ausland hat diese Entwicklung noch nicht bemerkt, zum Teil, weil es sie nicht bemerken will, zum Teil, weil es die Symptome falsch deutet. Die Negation, in der heute die jungen Deutschen leben, ist nicht das Zeichen eines endgültigen Triumphs des Nihilismus, sondern sein Gegenteil. Die negierende Haltung aller »Belehrung« gegenüber beweist, daß man das *Erlebnis* der Freiheit sucht, daß man den radikalen Neubau will. Der neue Geist der deutschen Jugend drückt sich auch in dem unermeßlichen Hunger aus, die geistige Entwicklung der letzten Jahre nachzuholen. Aber eben nicht im Sinne einer nachzuholenden Schule, sondern eines zu lebenden Lebens. Dazu müssen die neuen Gedanken Europas in Deutschland freilich erst bekannt gemacht werden. Die Bestrebungen, in Kontakt zu kommen, sind zahllos. Gruppen von europäisch sehr fortgeschrittenen jungen Menschen beeinflussen die redaktionelle Gestaltung der »Gegenwart«, des »Aufbaus« und der »Wandlung« oder verschaffen sich unmittelbar Ausdruck in »Ende und Anfang«. Die europäische Bewegung zur Einheit in sozialistischer Praxis und humanistischer Freiheit wird gerade von den jungen Kräften in den beiden größten deutschen Parteien unermüdlich vorwärtsgetrieben. So entsteht langsam ein Bild, das sich von dem üblen Klischee, das man mit dem Wort von der »verlorenen Generation« schuf, wesentlich unterscheidet.

Es wird nicht lange mehr dauern, bis die junge Generation Deutschlands »aufgeholt« haben wird. Ihre Losung lautet schon jetzt: Die Erzieher müssen überholt werden. Auf keinen Fall wird sich das junge Deutschland von dem jungen Europa abschneiden lassen. Es wird auch nicht schwerfällig und widerstrebend dahinterher trotten. Schon deshalb nicht, weil das junge Europa ohne das junge Deutschland nicht existieren kann.

Im dunkelsten Deutschland

Die Existenz des »jungen Deutschland« war mehr Vision denn irgendwie real begründet. Die Not der Wirklichkeit lähmte immer wieder die Schwingen des Geistes. Am Beispiel Frankfurts beschreibt 1947 Rudolf Krämer-Badoni das Elend einer Großstadtbevölkerung. (21) Visualisiert wurde die Atmosphäre der trostlosen wie hektischen Großstadtwelt, in deren grauen Ruinen die Überlebenden eines totalen Krieges sich einzunisten suchten, durch die düstere Ballade vom »Dritten Mann« (1949), einem Film von Graham Greene und Carol Reed, der bezeichnenderweise einen Teil seiner dramatischen Handlung in die Abwasserkanäle (Wiens) verlegte. Die Begleitmusik, ein später weltberühmt gewordenes Zitherspiel, intonierte die Zwielichtigkeit und Untergangsstimmung einer lädierten Gesellschaft, die ihre Misere durch gewagte Schwarzmarktgeschäfte zu kompensieren und ihr mentales Vakuum mit Surrogaten aufzufüllen suchte.

Ein Text aus Dolf Sternbergers *Tagebuch* (veröffentlicht in der *Wandlung* 1947), der mit Fragen des geistigen Wiederaufbaus und der Tradition, ihrer Rolle und Möglichkeit im »dunkelsten Deutschland« sich auseinandersetzte, ist sozusagen ein topographischer Beitrag zu den kulturellen Anfechtungen der Trümmerjahre. (22) War der Neubau des Goethehauses, umgeben von Wohnhäusern für lebendige Menschen, ein Symbol für den Neubau des deutschen Geistes? Oder sollte die Ruine des Hauses stehen bleiben – Relikt einer unseligen Epoche, nach der Kunst und Kultur nicht mehr, zumindest nicht mehr in Anknüpfung an eine große Vergangenheit, möglich waren? Konnte man nach Auschwitz noch um einen Goethe von innen bitten? Ungeachtet solcher Fragen – neues kulturelles Leben blühte inmitten der Ruinen! Von der Situation in Berlin berichtet Max Frisch in seinem *Tagebuch* dieser Jahre. (23) Das Kabarett, das als satirischer Kommentar zur Trostlosigkeit der Lebensmittelkarten- und Schwarzmarktwelt entstand, sorgte dafür, daß weder Kulturpessimismus noch weinerliches Selbstmitleid überhandnahmen. Es war allerdings eine Lustigkeit, bei der den Leuten das Lachen in der Kehle steckenblieb. (24)

»Auf dem Rest einer Bank
neben dem Rest eines Rummels,
sitzt der Rest einer Generation,
raucht den Rest eines Stummels
und den Rest unseres Gefühls,
den beresten wir zu Zweit!
Ohne Hoffnung auf den Rest unsrer Zeit!«

so lautete die letzte Strophe des Lieds *Das deutsche Liebespaar* aus der »Revue der Stunde Null« *Schwarzer Jahrmarkt,* die Günter Neumann 1947 in Berlin herausbrachte.

»Die Waffen schwiegen, die Menschen krochen aus den Luftschutzkellern und Bunkern und besahen ihre Stadt. Sie bot einen trostlosen Anblick. Jedes fünfte Haus war zerstört, jedes zweite beschädigt. Der schwarze Markt war das einzige, was in Berlin blühte, abgesehen vom Unkraut in den Ruinen. Er hat vielen das Leben gerettet, vielen auch den Weg ins Gefängnis geebnet. In jener Zeit schossen an der Spree die Kabaretts aus dem Boden wie die Pilze im regenfeuchten Herbstwald. Ein Ventil war geöffnet worden, nun konnte politischer Dampf abgelassen werden. Auch an Themen war kein Mangel. Sie wurden gratis geliefert: von der Zeitgeschichte, von der Entnazifizierung, vom verwalteten Mangel, vom beginnenden Kalten Krieg, von den vier Besatzungsmächten, die schon ein Jahr nach Kriegsende durchaus nicht immer einträchtig in einem Jeep saßen.

Die Zuschauer hockten, in Mänteln, Mützen und Schals vermummt, mit knurrenden Mägen frierend im Saal, auf der Bühne wurden ihre Probleme verhandelt, und deren gab es im Kältewinter von 1947 mehr als genug: den Hunger, den Brennstoffmangel, die Ungereimtheiten der Besatzungspolitik, die sich im Rückblick wie makabre Gags in einem Frühwerk des absurden Theaters ausnehmen [. . .] Theater und Wirklichkeit widerspiegelten, kommentierten und karikierten einander wechselseitig. Der Erfolg war enorm, und die Berliner Presse konnte zu Recht konstatieren, daß das Berliner Kabarett im ›Ulenspiegel‹ zum ersten Male nach Kriegsende weltstädtische Relevanz gewonnen und damit den Anschluß an seine große Tradition gefunden hatte.« (H. Kotschenreuther/V. Ludwig: *Kabarett mit K.,* Berlin 1974; zit. nach dem Nürnberger Programmheft zur Neuinszenierung des »Schwarzen Jahrmarkt« 1975.)

Zustand einer Großstadtbevölkerung am Beispiel Frankfurts

In Heft 9 der Zeitschrift *Die Wandlung* (Dezember 1947, S. 812 ff.) analysierte der Schriftsteller Krämer-Badoni, geb. 1913, damals Redakteur der Zeitschrift, das Leben in einer »Trümmerstadt«. Zur Ernährung heißt es da:

»Aller Betrachtung voraus mögen die Zahlen des Lebensmittelverbrauchs eines durchschnittlichen deutschen Verbrauchers für vier Wochen des Jahres 1935 mit den Zahlen eines sogenannten Normalverbrauchers der 104. Kartenperiode (21. 7. bis 17. 8. 1947) verglichen werden. Die erste Zahl betrifft 1935, die zweite jeweils 1947:

Fleisch	3700 g –	400 g	Zucker	1670 – 500 g	
Käse	370 g –	125 g	Malzkaffee	200 g – 125 g Ersatz	
Fisch	760 g –	500 g	Vollmilch	9 l – 1 l Magermilch	
Fett	1930 g –	150 g	Nährmittel	30 g – 1250 g (o. Grieß)	
Kartoffeln	13400 g –	6000 g	Gemüse	3400 g – 588 g Konserven	
Brot	10500 g –	9500 g	Obst	2300 g – unbestimmbar	
Bier	4 l – unbestimmbar (ferner Qualitätsunterschied)				

Den folgenden Zahlen für vier Wochen 1935 steht 1947 jeweils eine Null gegenüber: 9 Eier, 180 g Hülsenfrüchte, 30 g Honig, 60 g Nüsse, 70 g Kakao, 600 g Südfrüchte.

Das heißt also: Der durchschnittliche Verbrauch eines Erwachsenen im Jahre 1935 und die Ration eines Normalverbrauchers der 104. Zuteilungsperiode betrugen täglich

	1935	1947
Kalorien	3075	1300
g Eiweiß	77	39
g Fett	109	10«

Zur Wohnungslage wird festgestellt: »Man hat errechnet, daß der Wiederaufbau der Stadt mit den vorhandenen Facharbeitern bei reibungsloser Lieferung des erforderlichen Materials achtzehn Jahre dauern würde. *Würde* – zwei sind schon verstrichen, ohne daß Nennenswertes geschehen konnte. Der Verlust an Wohngebäuden durch Kriegseinwirkungen beträgt im Jahr 1946 noch 26,2 Prozent, an Wohnungen 36,4 Prozent, an Wohnräumen 44,4 Prozent. Die Wohndichte wird ahnen, wer die runde Bevölkerungszahl von 550 000 vor dem Kriege mit den heute hier lebenden 440 000 vergleicht.

Die heutige Wohndichte von 1,37 Personen je Raum gibt keine Möglichkeit zum Vergleich mit normalen Zeiten. In normalen Zeiten errechnete sich die Wohndichte aus den bewohnten Räumen, wofür sich für Frankfurt eine Dichte von 0,8 Personen je bewohnten Raum im Jahre 1939 ergeben würde. Heute ist die Wohndichte viel größer, als die Spanne zwischen 0,8 und 1,37 glauben machen möchte. Heute wohnen in jeder Mansarde und in jeder Küche von mehr als Puppenstubenmaß, in einer Menge notdürftig hergestellter Räume, in allen ›wohnwürdigen‹ (und ich möchte nicht errechnen, in wieviel ›unwürdigen‹) Räumen 1,37 Menschen.«

Im zweiten Teil seiner Betrachtung ergänzt der Verfasser die systematisch gegliederten Darlegungen durch »Fallstudien« (»jeder individuelle Fall hat Teil an allen getrennt dargestellten Phänomenen zugleich«, S. 827–833):

Die Macker

»Fleisch, Fett, wer hat?«
»Zigaretten, wer braucht?«
In einer bestimmten Ecke der Bahnhofshalle und in einem Stehkaffee auf der Kaiserstraße sind diese Fragen, die den Satzbau zugunsten der klaren und vor allem schnellen Mitteilung vergewaltigen, ununterbrochen zu hören. Wer Zigaretten kaufen will, wendet sich an eine der abenteuerlich zerlumpten Gestalten und kann sicher sein, keine Fehlfragen zu tun. Dabei fällt auf, daß die Abenteuerlichkeit immer mehr hinter der Zerlumptheit zurücktritt. Sie bestreiten den Kleinverkauf bis zur einzelnen Zigarette. Die Nahrungsmittel werden nur in Form von Lebensmittelmarken in kleinen Mengen gehandelt. Auf den ersten Blick ist klar, daß es sich nicht um gemeingefährliche Groß-Schieber handelt; diese jungen, vom Krieg und der politischen Entwicklung auf die Seite gespülten Existenzen fristen an den Ufern des illegalen Stromes nur eben ihr unstetes Dasein.

Tatkräftige Jugend

Zwar erzählt mir ein junger Mann aus einer zwölfköpfigen religiösen Jugendgruppe, die ein apostolisches Abenteuer unternahm und für mehrere Wochen unter die Macker am Bahnhof ging, daß später am Abend die spezialisierten, kapitalkräftigen, meist von einem kassenführenden Mädchen dirigierten Gruppen und selbständige jugendliche Großhändler auftauchen. Aber auch er stimmt in meine Beobachtung ein, daß diese jungen

Leute keine soziale Förderung aus ihrer Tätigkeit ziehen. Sie essen unregelmäßig, schlafen ebenso unregelmäßig, selten in einem Bett und können sich in keiner Weise pflegen; ein hygienisch und sozial gefährdetes Vegetieren. Es gibt auch keine Restaurants, wo diese Leute gegen hohe Preise friedensmäßig essen könnten; ich beobachtete sie immer wieder, wie sie ihre finanzielle und markenmäßige Überlegenheit so ausübten, daß sie den üblichen Schlangenfraß der Restaurants zwei- und dreimal hintereinander hinunterwürgten.

Die zwölf jugendlichen Apostel haben neben ihrem hungererschwerten Tagewerk Abend für Abend ihr Nachtwerk im Makkerkostüm am Bahnhof betrieben. Sie wollten kennenlernen, bevor sie helfend zugriffen. Erschütternd ist die Feststellung meines Gewährsmannes, der mit einigen wenigen das Vorhaben bis zum geplanten Zeitpunkt durchhielt: »Wer älter ist als siebzehn Jahre, ist für jede soziale oder religiöse Bemühung verloren.« Wenn man sich unter den Burschen Vertrauen und Gleichberechtigung erworben habe und behutsam das Gespräch auf geregelte soziale Aussichten lenke, schneide ein freundliches, aber hartnäckiges »Wozu?« jede weitere Erörterung ab.

Der Rendeler Bunker

In der Rendelerstraße hat die Stadtverwaltung einen Luftschutz-Hochbunker für solche schweifende Jugendliche eingerichtet, die sich freiwillig in die geordnete Gesellschaft zurückbegeben wollen. Sie wohnen dort, werden durch die Volksküche verpflegt, arbeiten eine Zeitlang in einer Frankfurter Firma oder bei Bauern der Umgebung, und schließlich erhalten sie Zuzugs- und Bürgerrecht und kommen in den Genuß dieser Rechte: Lebensmittelmarken und Anteil an der das Fast-Nichts lenkenden Versorgung.

Zwei Drittel der Schweifenden, so sagt der Leiter des Bunkers, kommen für eine Aufnahme in das Heim (das zu einem Barakkenkomplex mit 180 ständigen Plätzen, dem »Jugendhof Bornheim«, ausgebaut werden soll) nicht in Frage. Auch hier also die Überzeugung, daß der größere Teil dieser Jugend in einem oder dem anderen Sinne »verloren« sei.

»Woher haben die Jungen, die hier wohnen und sich eingewöhnend in Frankfurt arbeiten, Schuhe und Arbeitskleidung?«

»Von Spenden oder vom schwarzen Markt«, sagt er achselzuckend. Im vergangenen Winter hätten 5 seiner 120 Mann starken Belegschaft barfuß in den Trümmern gearbeitet. Aber krank dürfe keiner werden, die Krankenhäuser könnten nur in den allerschwersten Fällen einen solchen Jungen aufnehmen.

Ich habe mit einem der Jungen denselben Weg in die Stadt. Er zeigt mir einen Zettel: »War vom 7.–11. 9. 47 im hiesigen Polizeigefängnis in Haft. Unterschrift. Stempel.« Ich blicke ihn fragend an. »Sie haben mich bei einer Razzia mit einer Flasche Schnaps erwischt.« Und? »Nach vier Tagen haben sie mich wieder laufen lassen. Sie haben keinen Platz.« Ob er keine Arbeit habe? »Doch, hier.« Er zeigt mir ein belegendes Papier. Nun, er habe doch Hunger bei der schweren Arbeit. Von der Volksküche könne er nicht leben. Lebensmittelmarken bekomme er keine. Also müsse er sich am schwarzen Markt ernähren, bis er »Zuzug« habe. Und dann? Dann wolle er's lassen, es lohne sich nicht. Er verdiene nichts, alles werde durch den illegalen Nahrungskauf für den eigenen Bedarf wieder aufgezehrt. Ich betrachte mir den Zwanzigjährigen. Wendig, anstellig, gepflegt, mit einem schlauen Glimmen in den Augen, das sogleich wieder von weltmännischer Indifferenz überdeckt wird. Das Photo fällt mir ein, das ich beim Bunkerleiter gesehen habe. Aufgenommen im Februar vor dem eingeschneiten Bunker. Der erste, ein sächsischer Chauffeur, hat Arbeit und ist in der Stadt ordentlich untergekommen. Der zweite, ein Berliner Junge mit einer verkrüppelten Hand, wurde auf der Straße in jämmerlichem Zustand aufgegriffen, eingekleidet, in eine Stelle vermittelt, hing sehr an seinem Wohltäter und verschwand eines Tages. Später kamen seine Grüße »vom schwarzen Markt einer Hansestadt«. Der dritte ist nach unbekannt »weitergereist«. Der vierte, ein neunzehnjähriger Berliner Elektriker, ist zu einem heimlichen Besuch seiner Eltern aufgebrochen, will wiederkommen, falls die Luft dort immer noch »dicke« ist. Der fünfte beendet inzwischen seine Schuhmacherlehre in Frankfurt, tut gut, arbeitet acht Stunden als Schuster und acht Stunden als Schwarzhändler. Der sechste ist nach unbekannt weitergereist. Der siebte ist ein vierzehnjähriger Gymnasiast, sehr intelligent, spricht mehrere Sprachen perfekt, hat im Frankfurter Sperrgebiet mit Hilfe eines falschen Passes gebettelt und ist heute verschollen. Der letzte, ein mit Hungergeschwulst aus Rußland Gekommener, ist in einer landwirtschaftlichen Pflegestelle untergebracht. (Manche Bauern, die ein soziales Interesse haben – das gibt es also –, nehmen solche hilfsbedürftige Menschen als bessere Knechte auf.)

Bei der Schwarzmarktpolizei, die zahlreich in Zweiergruppen durch die berüchtigten Viertel patrouilliert, lasse ich mir die Methode der mehrtägigen Haft und des Wiederlaufenlassens bestätigen. »Die größte Strafe ist ja«, sagt mir ein Polizist, »den Burschen die Ware abzunehmen und sie zum Teufel zu jagen.« Wo sie denn auch hingehen.

Die des corpore quaesita

Ich berichtete schon über die Zunahme der heimlichen Prostitution. (Auch die eingeschriebenen Dirnen machen das Doppelte der Vorkriegszahl aus.) Ein paar Beispiele. Ein Ausländer, verführerisch schöner und dummer Mensch, erzählt mir im Wartezimmer eines eleganten Zahnarztes, er habe sich des öfteren mit der Assistentin dieses Arztes amüsiert. Der Zufall will, daß ich die ordentliche kleinbürgerliche Herkunft des Mädchens kenne. Bis hierher wäre nichts einzuwenden. »Aber ich tue es nicht mehr«, fährt der leichtzüngige Mann fort, »sie verlangt zuviel. Noch eine Schachtel und noch eine und wieder eine. Das geht über meine Kräfte. Und außerdem hat sie die Krätze.«

Auf der Hautabteilung des Städtischen Krankenhauses höre ich von einem zehnjährigen Mädchen, das unter dem Verdacht einer verschleppten Gonorrhöe untersucht wird. Sie reagiert bei der Untersuchung wie eine Alte. Nun ja, die Eltern vermieten heimlich ein Bett zu hohen Preisen, und das Mädchen schläft bei dem Mieter im Bett. Lumpenproletariat? Der Vater ist Handwerker. – Ein höherer Beamter der Schulverwaltung, dem ich diesen Fall vortrage, bezeichnet ihn als Ausnahme, und er hat sicherlich mit der Behauptung recht, daß die Sitten der Kinder ein Spiegel der elterlichen Sitten sind. Aber auch er kann nicht umhin, einem ganzen Stadtviertel, in dem ein paar Kasernen liegen, das Zeugnis auszustellen, daß dort viele Menschen jeder sozialen Schicht ihre Frauen und Töchter vermieten. Sie lebten besser als im Frieden.

Eine frühere Prostituierte, die durch Heirat in ein geordnetes bürgerliches Leben eingetreten war, erscheint nun wieder bei den regelmäßigen Untersuchungen. Nun? »Was soll ich machen? Ich habe ein Kind, mein Mann ist noch nicht zurück. Wenn ich arbeiten gehe, wo lasse ich das Kind? Und was gebe ich dafür? Und wie würde das Kind gepflegt? Und von was leben wir dann? Hier bin ich wieder.«

Markenfreies Essen

In einer Kneipe am Rande der Altstadt höre ich von markenfreiem Essen. Ich setze mich in eine Ecke und beobachte das Publikum. Ausläufer, kleine Kanzlisten, ein paar Frauen, alles ältere Leute und nach ihrem Gehabe Stammkunden. Das Essen ist fertig, man holt es sich am Schalter, der Ober steht dabei und schaut wohlwollend zu. Die graue Suppe in henkellosen Tassen läßt sich mit weitherzigen zeitgemäßen Sinnen eben noch hinuntergießen. Dann sehe ich Teller im Schalterausschnitt erscheinen. »Noch etwas?« frage ich meinen Nachbarn. »Ja, zwei Gänge, immer«, antwortet er mit dem Stolz des Eingesessenen, »heute gibt es Gemüse.« Ich stelle mich an und sehe, wie sich die Leute gleich zwei Teller mitnehmen. Einen Augenblick sitze ich vor meinem Teller und betrachte sinnend die grünliche Gelatine. Ob ich es wage? Ich versuche. Erschrocken lege ich den Löffel zurück. Oft redet man so hin von einem »Geschmack wie Spülwasser«. Aber hier . . . ich rieche . . . Spülwasser, exakt, mit einem glasigen Stoff zum Gelieren gebracht. Bin ich verwöhnt? Bisher bildete ich mir das Gegenteil ein. Ich versuche es noch einmal. Ich suche alle Sinne zu drosseln und schiebe einen Löffel voll in den Mund. Wer A sagt, muß B sagen. Ich schlucke das Zeug hinunter. Aber nun packt mich endgültig der Ekel, ich fürchte, eine Gelbsucht zu kriegen. Gelbsucht? Ekel? Was ich jetzt sehe, könnte mir die Tränen in die Augen treiben, wenn mich die letzten Wochen des soziologischen Studiums – so nannte ich das am Beginn – nicht hart gemacht hätten. Da sitzen sie alle, die braven Leute, und löffeln heiter. Und weg den leeren Teller, und her den zweiten, und weiter.

Wer das kann, muß weit sein. Der Eremit Antonius hätte dem lieben Gott solche Brühe vor den Kopf gegossen. Voller Entsetzen werfe ich eine Mark auf den Tisch und gehe. Ich glaube, das ist das schlimmste von allem, was ich gesehen habe.

Kellerwohnungen

Herr L. lebt als Philosoph – im Keller. Er ist behaglich eingerichtet da unten, ein Holzboden ist im hohen Saal eingezogen, und Wohn-, Schlaf-, Arbeits-, Lese- und Spiel-Zimmer erstehen unter einer abteilenden Handbewegung willig in den einzelnen Nischen und Ecken. Seine Frau liegt zu Bett, er versichert, ihre Krankheit habe nichts mit den Wohnbedingungen zu tun. Die Wände sind naß, drum muß er seine reiche Bibliothek immer wieder umgruppieren. Er hat einen Garten hinter den Trümmern des Hauses. »Heute essen wir Bohnen, Sie auch? Nein? Sehen Sie.« Aber das Fett? Hm, das nächste Opfer ist einer der Perserteppiche. Im übrigen hat er alte Freunde . . . in diesem Punkt will er nicht recht mit der Sprache heraus. Sonst aber ist der urwüchsige, korpulente, dabei sehr gemagerte Frankfurter bester, wenn auch bissigster Laune, und er führt mich durch den Kellervorraum, der wie eine großzügige Diele in einer Wildwestfarm anmutet, in den Garten. In der hintersten Ecke des Gartens ist unter hohen alten Bäumen eine Laube errichtet. Ein Eichhörnchen hüpft federleicht vor uns her und verschwindet hinter einem Stamm. Mitten in Frankfurt. Ich verplaudere den ganzen Vormittag mit meinem neuen Bekannten.

Herr L. hat Glück. Nachdem ihn die Bomben seiner Habe beraubt hatten, konnte er von einem Ausländer, der das sinkende Schiff verließ, eine Wohnung kaufen. Daher die behagliche Kellereinrichtung. Aus seiner früheren Tätigkeit in irgendeiner Branche-en-gros hat er Beziehungen. Im übrigen ist er ein epikuräischer Philosoph.

Herr L. führt mich bis vor einen anderen Keller, wo es mir nicht so gut gefallen solle. Ich trete allein die Höllenfahrt an. Diese Kellerwohnungen haben die Eigenart, daß man sie da, wo sie sind, nicht vermutet. Schließlich lande ich vor einem schwarz gähnenden Loch. Aus dem Innern dringen energische Weiberstimmen. Ein vierzehnjähriger Junge, der gerade »nach Hause« kommt, erbarmt sich meiner und führt mich an der Hand. Ich nehme mir vor, nach den früheren Lebensbedingungen der Leute zu forschen. Sicher, die Frau, die mir in dem elektrisch erhellten Raum entgegenkommt, macht nicht den besten Eindruck, aber die beiden Buben von dreizehn und vierzehn Jahren würde ich nicht unter die Karl Marxsche Kategorie zu zählen wagen. Ist es hier, wo der tuberkulöse Junge auf zwei Stühlen liegt? Ja, aber er habe Gelenkrheumatismus gehabt und drei Monate lang auf zwei Stühlen gelegen, weil die Betten zu naß seien. Sie schlägt die Kolter zurück. Das Seegras ist feucht, ja naß. Die Quäker hätten das schon photographiert, alles Unsinn, sie habe eine Tüte Grütze, ein halbes Pfund Zucker, eine Dose Milch und ein Müffelchen Fett bekommen. Einmal. Und dann noch dreimal eine Tüte Grütze. Eine winzige Luke ist in der Höhe des Gewölbes nach außen gebrochen. Steinboden. Zwei eiserne Betten; die hölzernen sind ihr verfault. Ein kleiner Ofen, ein Militärspind, eine Lade, Schluß. Wo und wie sie früher gewohnt habe? In der Obermainstraße in zwei Zimmern und Küche. Ihr Mann sei 1937 an Tuberkulose gestorben. Sie gehe arbeiten, Rente beziehe sie nicht, da der Mann zu wenig geklebt habe. Brand habe sie noch keinen, im Mai seien ihr die Hausbrandkarten und verschiedenes andere gestohlen worden; sie zeigt mir die kriminalpolizeiliche Bestätigung. Bis jetzt habe sie trotz vieler Lauferei niemand gefunden, der ihr ein Doppel ausgestellt habe. Im Winter nach der Schneeschmelze stünden 30 cm Wasser im Keller. »Jawohl«, bestätigt ein Schwatzbesuch, eine kleine, resolute Frau, »wenn man einen Augenblick auf dem Bett sitzt, hat man einen nassen Hintern. Fühlen Sie.« Sie wendet sich entsprechend nach mir um, ich suche nach einem gehörigen Abgang.

So wohnen sie jetzt seit zwei Jahren. »Da bauen sie Kirchen«, sagt die Höhlenbewohnerin bitter. »Wenn die Paulskirche fertig ist, ziehe ich in die Sakristei.« (Sie hat es wirklich gesagt – ich kann nichts dafür.)

Gedanken zum Realeinkommen

Ich besuche einen Beamten in einer Frankfurter Behörde. Ein Mann mit genauem Blick empfängt mich. Bald sind wir in eindringlichem Gespräch. Er bringt mich auf neue Gedanken. Gewiß habe ich auf meinen Forscherfahrten die Inseln des Wohllebens bemerkt, die von Lebensmittelhändlern, Händlern in bewirtschafteten Artikeln und kompensationsfähigen Produzenten bevölkert werden. Wie wenig auch produziert wird, es reicht immer, um einige wenige wohl über Wasser zu halten; gerade weil wenig produziert wird. Ich spiele mit dem Gedanken, diese Kategorien der Zahl nach festzuhalten – ich lasse ihn fallen; wer weiß, wieviel Berufsverbände wie ein Mann aufstünden: »Aber erlauben Sie mal!« Nun kommt ein neuer Gedanke hinzu: auch in den Behörden kann man kompensieren, nämlich durch Macht. Man kann seine Macht verkaufen. Dazu gibt es geeignete und weniger geeignete Behörden. Wieviel Beamte und Angestellte gehen diesen Weg?

Es ist ein Kampf aller gegen alle, sagt der nachdenkliche Mann. Es bilden sich immer mehr Gruppen, die durch Zusammenschluß die Gewalt legalisieren, mit der sie größere Stücke aus dem winzigen Kuchen herausreißen. Die ersten dieser Gruppen waren die Prioritätengruppen und Arbeitsleistungskategorien. Es folgen die Betriebe, die ihre geschlossene Kraft in die Waagschale werfen, es folgen die Kompensationen, an denen die ganze Belegschaft beteiligt wird (meist als Leistungen für die Werksküche), es folgen die Ämter, die mit Macht und Einfluß handeln. Dabei geht die größte Gruppe der Schwerarbeiter, die Gruppe der Hausfrauen, leer aus.

Das Wohlleben liegt virtuell überall dort, wo einer die Hand auf den Gütern selbst oder auf ihrer Verwaltung hat. Wer an den Hebelpunkten und an den Röhren des Warenpumpwerkes sitzt, hat die Möglichkeit, gut zu leben. Diese Besserstellung hat gar nichts zu tun mit der gesellschaftlichen Höhe oder der Höhe des Nominaleinkommens. An der richtigen Stelle der halb eingetrockneten Pumpe liegen, und sei es mit dem Maul am Boden oder mit den Füßen im Grundwasser, – das macht das wirkliche Einkommen.

Das bürokratische Privileg

Ich treffe einen Bekannten, der aus Hamburg kommt. Er steigt aus dem Schlafwagen. Auf meine erstaunten Blicke lacht er. »Ich habe einen meiner Angestellten drei Tage lang hinter dem Berechtigungsschein hergejagt«, sagt er. »Schließlich gelang es. Ich kam zehn Minuten vor Abgang des Zuges und fand meinen Platz frei. Je Abteil zwei Menschen, soviel der Wagen Betten hat. Sehr schön. Der übrige Zug ist zum Bersten voll und zeigt die menschliche Gesellschaft in Trauben- und Quellform. Aber was bedeutet das? Es bedeutet eine fast unerträgliche soziale Spannung. Und wer sitzt oben? Nicht der kapitalkräftige Privilegierte der normalen Zeit, sondern die mit Ausweisen ausgerüsteten Funktionäre der Öffentlichkeit.«

Er weist darauf hin, daß jedes staatliche planwirtschaftliche System zu einem solchen Zustand der privilegierten Bürokratie führen müsse und noch immer geführt habe. Aber zu unser aller Trost sei auf *einen* wichtigen Umstand hingewiesen: Unser Zustand ist *aus der Not* entstanden, er ist *nicht* von Staats wegen oder sozialtheoretisch *gewollt*. Und, so erwarten wir alle, er wird mit der Not verschwinden.

Wo beginnt die Korruption?

Ein anderer Beamter, den ich kenne, sitzt in seinem Büro und macht sich selbst die Hölle heiß. »Du weißt«, sagt er, »wie es bei mir zu Hause aussieht, was Krankheit und Unterernährung bei mir zu Hause angerichtet haben. Von Zeit zu Zeit bekomme ich ein Paket von einem englischen Freund, das könnten wir zu einer Mahlzeit aufessen, ohne uns anzustrengen. Heute mittag haben wir die letzte Kartoffel gegessen. Was soll ich nun machen? Ich bin Beamter, ich habe Kinder, ich bin ein Mensch. Drei Wege gibt es: Diebstahl, schwarzer Markt oder die Verbindungen, die ich von Amts wegen habe. Was soll ich machen? Denn meine Kinder muß ich ernähren, selbst wenn ich von mir absehen will. Zum Diebstahl fehlt mir immer noch der Mut, aber lange nicht mehr, das bekenne ich dir. Zum schwarzen Markt fehlt mir das Geld, und dann weiß man nie, welche gewaltsame oder blutige Geschichte an den kauffähig hergerichteten Schwarzwaren klebt. Zu dem letzten Weg habe ich mich nun fast entschieden. Ein Untergebener in einem ländlichen Bezirk hat sich angeboten, einen Zentner Kartoffeln zu besorgen. Daß ich aber ihm gegenüber, daß er seinem Bauern gegenüber nicht mehr ganz frei sein wird, das ist, was mir den Kopf so schwer macht. Weißt du etwas Besseres?«

Ich lache ihn aus. »Wenn du das Korruption nennst?«

»Es könnte ein Anfang sein«, sagt er und schüttelt den Kopf. »Die ausgewachsene Korruption sieht freilich anders aus.«

(22) *Dolf Sternberger*
Das Frankfurter Goethehaus

Dolf Sternberger, geb. 1907 in Wiesbaden, bis zur Streichung von der Berufsliste wegen »politischer Unzuverlässigkeit« (1943) Redakteur der *Frankfurter Zeitung*, veröffentlichte seit 1945 in der von ihm unter Mitwirkung von Karl Jaspers, Werner Krauss und Alfred Weber herausgegebenen Zeitschrift *Die Wandlung* ein »Tagebuch«, in dem er vor allem die Erfahrungen seiner Reisen »im dunkelsten Deutschland« festhielt. Der nachfolgende Tagebuchauszug erschien in Heft 3 der *Wandlung* (April 1947), S. 191–197.

In den letzten Märztagen kam ein langer Brief aus Frankfurt an. Die Datumszeile lautete:
Frankfurt a. M., den 24. März 1947
Goethehaus, Großer Hirschgraben 23.
Es ist ein alter Briefbogen, der Briefkopf ist vorgedruckt. So geisterhaft rührt einen das an. An dem Tage, an dem dieser Brief geschrieben wurde, waren gerade drei Jahre vergangen, daß das Haus endgültig zusammengestürzt war. Drei Jahre, und noch immer ist alles unverändert dort – ich meine, noch immer liegt der Große Hirschgraben in Staub und Trümmern, – wie soll ich nur diese Empfindung ausdrücken: es sind schon drei Jahre, wenn man es nachrechnet, und also muß es wohl wahr und wirklich sein, daß das Haus und die Straße (die da auf dem Briefkopf angegeben sind) *endgültig* vernichtet und verschwunden sind. Es ist kein Traum gewesen, es kann ja kein Traum gewesen sein, da doch schon drei Jahre darüber hingegangen sind und nichts sich daran verändert hat – außer daß man natürlich etwas aufgeräumt, daß man die Trümmer gesichtet und etliche kostbaren Reste aufgesammelt hat, aber darum handelt es sich jetzt nicht. Ich kann jeden Tag nach Frankfurt fahren, vom Bahnhof die Kaiserstraße hinaufgehen, am Salzhaus einbiegen und von der Ecke des Goethe-Museums aus nachsehen, die Straße hinunter. Die Straße? Ja, der Schutt ist verbacken und zu einer Art zweiter Natur geworden – trocknes Erdreich, woraus nur hie und da verquer irgendein zerknicktes eisernes Gestäng hervorragt, Fußwege drüberhin, auch ein kleiner schmaler Schienenstrang, der auf Arbeit

deutet. Man könnte die Landschaft dort auch etwas freudiger und zuversichtlicher beschreiben, könnte die Pfosten und Fenstergitter und was sonst noch aufzählen, die hervorgezogen, gesäubert, frisch hergerichtet worden sind, könnte von dem Brunnenhöfchen erzählen, dicht beim Goethemuseum, das noch und wieder zu erkennen ist für den, der es kannte und liebte. Aber das macht keinen großen Unterschied. Nein, es macht keinen großen Unterschied, so schmerzlich das zu sagen ist. Jedesmal, wenn ich hinkam, war es doch dasselbe. Und jedesmal, bevor ich dort bin, wirklich an Ort und Stelle, also in der Wirklichkeit, jedesmal erwarte ich doch im Grunde meines Sinnes (beinahe ohne es zu wissen), alles so zu finden wie es ehedem war, und gerade nicht so, wie es wirklich ist. Zwar beginnt es in manchen Zügen zu verblassen, das Bild dessen, wie es ehedem war, aber trotzdem behauptet es sich. Natürlich kennt man längst diese Trümmerlandschaft, den verbackenen Schutt, die Pfade darüber, das zerknickte Gestänge und so weiter, aber man muß sich diese Wahrnehmungen absichtlich und mühsam zusammenklauben, und eigentlich vermag ich nichts Rechtes zu sehen, wie oft und wie lange ich auch hinblicke. Sie wird nicht zum Bilde, diese »Wirklichkeit«, sie ist öde und langweilig und macht das Auge und den Geist blöde. Man schämt sich geradezu, mit Worten zu beschreiben, was man in Wahrheit doch gar nicht sieht. Die Sinne sind ohnmächtig vor der Zerstörung, und das ist demütigend. Es ist ein Trieb in uns, dies alles nicht wahrzuhaben, eine Einbildungskraft, die alle Tage »wieder aufbaut«, was doch alle Tage unverändert im Staube liegt.

Ich habe die Zerstörung Frankfurts, die Zerstörung des Hirschgrabens nicht miterlebt. *Ernst Beutler*, der Leiter des Goethemuseums und des Freien Deutschen Hochstifts, der Mann, der mit allen Nerven und Gedanken in diesem Erbe lebt, hat den Vorgang schon damals beschrieben:

»Während das Museum sofort von unten bis oben in hellen Flammen gestanden hat, brannte das Dichterhaus nur langsam nieder, wohl weil es zu feucht war und weil am Vortage aus Vorsicht auch noch die Bohlen herausgetragen worden waren, so daß sich leicht Entzündliches nicht mehr vorfand. Das Wasser, das in die Flammen gespritzt wurde, zersetzte den Widerstand des Baues ebensosehr wie das Feuer. Am Morgen des 23. war das Giebelzimmer des Dichters verschwunden, es standen noch die

Fensterreihen einschließlich des zweiten Stockes; gegen Abend stürzte das Treppenhaus ein; am 24. vormittags neigte sich das Haus von Süden nach Norden und brach dann prasselnd zusammen.«

Das ist definitiv, endgültig, unwiderruflich. Wieviel von den Mauern des Erdgeschosses, wieviel Stufen vom Anfang jener freien bequemen Treppe nach Wegräumung des Schuttes noch mögen zutage gekommen sein. Und doch kann es so nicht bleiben. Es ist unerträglich. Das Haus muß wieder aufgebaut werden. Wieder? Kann man ein Haus, irgendein beliebiges Haus wieder aufbauen, das einmal bis auf den Grund zerstört wurde? Wird nicht alles anders sein als zuvor?

Eben davon handelte der Brief, der drei Jahre nach dem Einsturz geschrieben worden ist. Der Schreiber, eben Ernst Beutler, warb darin für den Plan des Wiederaufbaus und bat um Unterstützung. »Kommende Geschlechter«, schrieb er, »werden es uns danken, wenn wir ihnen die Möglichkeit schaffen, die Atmosphäre von Goethes Jugend aus der Kraft der eigenen Phantasie und der Stärke des eigenen Herzens nachzuerleben.« Man könne dieses Haus, das Geburtshaus des größten Deutschen, so gut rekonstruieren wie kein zweites, denn von allem und jedem Detail seien Zeichnungen oder Fotografien angefertigt worden, von Schlössern, Paneelen, Tapeten und Stukkaturen; alles könne neu nachgebildet, das Erhaltene eingefügt werden an seinem Ort, und zu alledem sei die innere Einrichtung, Möbel und Geräte und Bilder, ohne jeden Verlust bewahrt worden. Es ist ein beschwörender Brief – in doppeltem Sinne: der Schreiber hat seine ganze Leidenschaft daran gewendet, den Plan zu begründen und die Adressaten zu beschwören – und zugleich scheint er die Geister zu beschwören, es *muß* doch alles wiederkehren, es kann so nicht bleiben, es darf nicht verloren sein, wenigstens dieses eine Haus, dieses geliebteste, soll wiedererstehen, wie es einstmals war, sichtbar und greifbar, wirklich.

Es ist so überzeugend. Jener Trieb der inneren Vorstellung, jene Einbildungskraft, die unter dem gestaltlosen öden beharrlichen Trümmereindruck so rege geblieben ist, wird hier beglückt, sie soll recht behalten oder recht bekommen. Trotzdem wußte ich nicht, was ich antworten sollte.

Ich bin »als alter Frankfurter« angesprochen. In der Tat, das bin ich durch Geschick und Wahl, Beruf und Liebe geworden.

Aber das ist nur die eine Hälfte der Wahrheit. Ist dieses alte Frankfurt denn an jenem 22. März 1944 untergegangen? Nein, hundertfach und tausendfach war es zerstört und untergegangen, lang ehe es prasselnd zusammenstürzte. Wenn ich an Frankfurt denke, so höre ich das erregende, unablässige, unheimliche, gellende nächtliche Gebimmel der Feuerwehr – nicht aus Bombennächten, sondern früher, viel früher, es ist schon lange her, bald neun Jahre; so fühle ich mich erstarrend hinter dem geschloßnen Fenster stehen und hinaushorchen, höre von weither durch breite unversehrte Straßen einzelne Motorräder rattern, bösartige, alles durchdringende Geräusche, die die Stille der Nacht töten, fühle abermals und immer wieder die Ahnung unerhörter Gewalttat, sehe Brandschein von der nahen Synagoge, denke an die Nacht des 8. November 1938; denke an den folgenden Morgen, sehe einen Burschen mit hohen Stiefeln und einer langen Eisenstange stumm und methodisch befehlsgemäß Schaufenster einschlagen und scheue Menschen von der andren Straßenseite aus zusehen oder auch vorübergehen, als hätten sie nichts Besonderes bemerkt oder als seien sie dergleichen zu sehen gewohnt; höre ich es abermals nächtlich am Tor klingeln, fühle ich dieses ausgestorbene Gefühl (das ist es wahrscheinlich, was man Mut nennt), mit dem ich die Treppe hinuntergehe, um zu öffnen, höre ich die zwei armseligen Schergen nach einem anderen Hausgenossen fragen – nicht nach uns!, aber nur nicht frohlokken! –, höre ich die alte Frau im Erdgeschoß durch die verschlossene Glastür mit zitternder Stimme fragen, was es gebe, fühle ich mich unschlüssig daneben stehen, brummig abweisend zu den Männern reden; sehe ich abermals diese Motorräder, am hellen Tage, Kerle darauf, immer mit Aktentaschen (das sind die Behältnisse ihrer Mordbefehle), um die Saalburg herum durch den kahlen Wald jagen kreuz und quer, am Feiertag, Buß- und Bettag, sie jagen nach Menschen, Nachbarn, Mitbürgern, die ins Freie geflüchtet, sich verborgen hatten, die ihnen noch fehlten und die sie noch aufzutreiben hatten, Menschentreiber, damit die Zahl der Opfer voll werde, höre ich eine Frau, am ganzen Leibe zitternd, mit aufgerissenen Augen, mit hoher Stimme berichten, alle Juden seien in der Festhalle zusammengetrieben worden, SA-Leute ließen sie dort zu ihrem Vergnügen in der Kniebeuge singen – und was? was für ein Lied?: »Kommt ein Vogel geflogen« hätten sie dort singen müssen, bis an mein Lebensende werde ich diese geliebte Stimme hören, wie sie mitten in den Worten »Kommt ein Vogel geflogen« ins Wimmern geriet, zersprang wie dünnes gespanntes Glas; sehe ich im Hauseingang gegenüber die Familie dicht gedrängt stehen mit ein paar Koffern, und von den Revers ihrer Mäntel sehe ich Gepäckscheine baumeln; als seien es Frachtgüter, bereit zur Verschickung; und so immer weiter, Angst, verzweifelte Gebetsversuche, Wohltat schweren Schlafs, Schrecken des Erwachens, letzte Nacht in fremdem Bett ohne allen Schlaf, früher Gang zum Bahnhof, ungewiß des Endes, durch die Anlage, am Teich vorbei, noch dämmrig-farblose Gräser – und alles und noch sehr viel mehr geschah in Häusern, Straßen, Gärten dieser selben Stadt Frankfurt. Der Goethe-Stadt. Jahrelang ist Frankfurt zerstört worden, inwendig, ganz ohne Krieg, erstickt, zerpreßt, ausgehöhlt.

Ich weiß, daß man dergleichen Erinnerungen heute nicht mehr hören mag. Ich mag es selbst nicht hören und nicht denken. Aber es sind Erinnerungen eines alten Frankfurters. Sie sind wohl nicht aktuell, jetzt ist anderes an der Tagesordnung. Aber das ist alles wirklich geschehen. Es ist vorbei, gewiß. Aber es ist einmal geschehen und nicht wegzuwischen. Geschichte. Und das bedeutet eben Geschichte: daß es vorbei ist und gerade darum nicht wegzuwischen.

Damals ist der Geist Goethes vertrieben worden aus der Luft dieser Stadt, sein glücklicher heiterer Atem, der Ruhm und Stolz der Stadt getilgt. Was nachher geschah, war nur Nachspiel, Exekution, es betraf nur noch Kulissen, leblose Schalen.

Das ist es, warum ich auf den Brief aus dem Großen Hirschgraben nicht sogleich zu antworten wußte. Aber was soll nun geschehen? Es kann ja – trotz alledem – wirklich nicht so bleiben. Es muß anders werden, wenn es gut werden soll. Einmal bleibt es ja wahr, daß diese Stadt Frankfurt oder doch eine Stadt, die auch Frankfurt geheißen hat, das alte Frankfurt der alten Frankfurter, in der Tat die Geburtsstadt Goethes gewesen ist. Und zum zweiten: müssen wir nicht gerade jetzt das Wagnis unternehmen – zu allen übrigen Wagnissen, und um allen übrigen Wagnissen einen belebenden Hauch mitzuteilen –, diese kostbarste Erinnerung zu erneuern? Nicht als ob er »unser« wäre, nicht als ob wir auf Goethe schauen könnten, dürften als auf ein gerettetes Gut, einen tröstlichen Besitz. »Erwirb es, um es zu besitzen!«

Was ist zu tun? Das Grundstück am Großen Hirschgraben

einzäunen und mit einer Tafel versehen: »Hier stand Goethes Geburtshaus«? So haben einige vorgeschlagen. Was aber nicht sichtbar ist, kann auch nicht wirken, nicht ermuntern, nicht beleben und nicht verpflichten. Der asketische Verzicht auf sichtbare Formen und Gestalten, diese heiße Innerlichkeit und Inbrunst, wie sie in *Reinhold Schneiders* Urteil durchklingt, diese Leidenschaft der Armut ziemt sich für den Jüngsten Tag – *Dies irae, dies illa* –, doch nicht für diese unsere Erdentage. Hier sollen und wollen wir uns einrichten, da wir leben sollen. Wir müssen uns Häuser bauen. Wir müssen auch Zeichen des Gedenkens errichten, des guten Gedenkens, nicht freilich im historischen Sinne, sondern als sanften Aufruf und heitere Hinleitung zum Gültigen, auch als Zeugnis der liebenden Verehrung. Diese ist uns wohl erlaubt, ja herzlich geboten, die liebende Verehrung für den Genius, nicht aber mehr der stolze Besitz. Wie aber können wir sie bezeugen?

In Frankfurt hat man sich unterdessen entschieden. Die Stadträte haben dem Plan des Freien Deutschen Hochstifts, das Goethehaus »in der alten Form und am alten Ort« wieder aufzubauen, also getreu zu rekonstruieren, fast einhellig zugestimmt. Bis zum Jahre 1949, bis zum zweihundertsten Geburtstag Goethes, soll es wieder erstanden sein. Es muß gleichwohl erlaubt sein, auch *nach* diesem Beschluß die Frage öffentlich nach vielen Seiten zu erwägen, denn es ist eine Frage von hohem symbolischen Rang: wie sie gelöst wird, das entscheidet zu einem guten Teil (weil eben in einem symbolischen Fall) über das Wesen unserer künftigen Kultur, es prägt ihr Gesicht. Und die Steine reden. Darum gibt es hier eine öffentliche Verantwortung.

Ich glaube nicht, daß ich übertreibe. Solch eine markante, weithin sichtbare Entscheidung wie diejenige, die den Aufbau des Frankfurter Goethehauses betrifft, bildet sogar nicht allein Züge im *Gesicht* unserer künftigen Kultur, sondern antwortet eben dadurch auch auf die Frage nach dem *Sinn* dieser Kultur. Man kann aber auf jede Frage eine rechte Antwort geben oder eine schlechte Antwort; man kann auch recht und schlecht antworten. Große Schwierigkeit, dies begreiflich zu machen. Schrecklich hat sich die Redensart vom »kulturellen Gebiet« eingefressen, als welches durch eine üble Konvention etwas vom wirtschaftlichen, politischen oder sozialen Gebiet unterschieden zu werden pflegt. Die Kehrseite: Wirtschaft, Politik und Sozialleben wären also hiernach von der Kultur verlassen, der Kultur entzogen, unterstünden anderen Fachleuten, anderen Spezialisten. Und wir haben es ja erlebt, daß solche andere Fachleute sich in Raub, Mord und Brandstiftung ergingen, während zu gleicher Zeit die »kulturellen Veranstaltungen« (Klassiker-Aufführungen, Meisterkonzerte und weiß der Teufel was für Gaben aus dem Schatzkästlein deutscher Dichtung) einander jagten und überboten.

Die Frage ist: ob wir eine Kultur der Kulturdenkmäler oder eine Kultur des Lebens ausbilden wollen. Nein – man kann dergleichen natürlich überhaupt nicht wollen. Aber man kann sich im einzelnen Fall entscheiden. Und hier ist ein solcher einzelner Fall – von exemplarischer Würde.

Die Stadt Frankfurt liegt zu großen Teilen in Trümmern. Viele deutsche Städte liegen in Trümmern. Viele Menschen wohnen – wenn man es so nennen darf – zusammengepfercht in Mauerresten, Kellern, Bunkern. »Geh vom Häuslichen aus und verbreite Dich, so Du kannst, über alle Welt« – lautet ein Satz Goethes, den sich das Hochstift, den sich die Verwalter des Frankfurter Goethe-Erbes zum Motto gemacht haben. Nun, so denke man doch an die Unbehausten: wie sollen sie sich je über alle Welt verbreiten können – sei es leiblich und wirklich, sei es auch nur geistig, im Aufschwung des Verstehens, gar der Verständigung –, da sie nicht dies Häusliche haben, wovon sie ausgehen könnten, diese erste und einfachste Zelle des Friedens! So denke man jener düsteren Löcher und nassen Baracken, die – kein deutscher Berichterstatter, die vielmehr ein Engländer, ein englischer Jude noch dazu, in Hamburg und anderswo gesehen und beschrieben und fotografiert hat! So denke man jenes neuesten »dunkelsten Deutschlands«, das *Victor Gollancz* bereist, ergründet, erforscht und geschildert hat! Dieses unvergleichliche Buch (*In darkest Germany. The Record of a Visit*, London 1947) enthält nichts als Fakten, nichts als eigene persönliche Wahrnehmungen, es ist erbarmungslos bezüglich der Tatsachen und voll Erbarmen bezüglich der Menschen. Es ist aber nirgends sentimental. Es ist exakt, arbeitet mit Zahlen und Bildern, es ist kritisch gegenüber den Verantwortlichen in der Zone und daheim in England, es ist tätig und noch einmal tätig mit praktischen Vorschlägen zur Hilfe. Was Gollancz seinen Londoner Freunden sagt, wie er ihre Illusionen zerstört, ihre trügerischen Informationen aufklärt – immer durch persönlichen Augenschein (es ist das Muster eines »Records«, einer Reportage!) –, das geht uns nichts oder fast nichts an. Ich meine: in moralischer Hinsicht. Jeder kehre vor seiner Tür! Gollancz ist kein Deutschenfreund, sondern ein Menschenfreund, auch in Deutschland. (Damit kein Mißverständnis entsteht.) Aber die Tatsachen gehen uns etwas an. Und da hier von einem Haus, von Häusern und vom Häuslichen die Rede ist, so will ich eine Stelle aus dem Buch auf Deutsch wiedergeben, die hierher gehört – als Probe, und damit wir eine Anschauung gewinnen und nicht abstrakt reden. Es sind Passagen aus einem Brief des Verfassers an seine Frau, geschrieben am Freitag, dem 25. Oktober 1946, dreiviertelsechs Uhr morgens in Hamburg:

»Ich möchte zu Papier zu bringen versuchen, was ich gestern abend gesehen habe. Ich ging mit den Heilsarmee-Leuten, die großartige Arbeit leisten, um zwei oder drei Fälle zu untersuchen, auf die man sie aufmerksam gemacht hatte, und um dann Kellerwohnungen im allgemeinen kennenzulernen.

In einem Zimmer – ich werde die Größe gleich angeben – wohnten ein Soldat, der Anfang Oktober entlassen worden war, seine Frau (die in vierzehn Tagen ein Kind erwartet) und seine zweiundsiebzigjährige Mutter. Sie wohnen, essen, kochen, arbeiten und schlafen in dem einen Zimmer. Sie haben ein Bett, einen Tisch, zwei Stühle, einen sehr kleinen Abstelltisch und einen kleinen Kochherd. Der freie Raum, der zwischen dieser Möblierung übrig bleibt, beläuft sich auf ungefähr 32 Quadratfuß – etwa 2 x 2 zwischen Tisch und Tür, 5 x 2 zwischen Tisch und Bett und 6 x 3 Fuß zwischen Tisch, Wand und Herd.

Die alte Mutter schläft im Bett; auf dem Fußboden, auf einer schmutzigen Decke, nicht etwa einer Matratze, schlafen der Mann und die Frau – die in vierzehn Tagen ein Kind bekommen wird. Sie schlafen in dem 6 x 3-Raum. Ich fragte die Frau, ob sie schlafen könne: sie lächelte recht tapfer und zuckte die Achseln. Ihre Kleider waren armselig, und sie war barfuß; ich fragte sie, warum, und sie zeigte mir ihr einziges Paar Schuhe – ein kaputtes Paar, es war mehr oder weniger nutzlos. Sie hat weder Kinderwäsche noch eine Wiege – nichts. Leute wie diese haben buchstäblich nichts. Sie wird für acht Tage ins Krankenhaus gehen und dann mit ihrem Kind in dieses »Zimmer« zurückkehren.

Ihre Hauptsorge ist, einen Korb zu kriegen oder irgendwas, wo sie das Kind hineinlegen kann – wahrscheinlich innerhalb des Raums, den ich mit 5 x 2 Fuß angegeben habe, oder aber auf dem Tisch – die Leute schlafen vielfach auf Tischen hier in der Freien Stadt Hamburg. Sie waren alle recht heiter; ich fragte die alte Mutter, ob sie genug zu essen hätte, und sie antwortete lächelnd »Nein nein, ich bin immer hungrig« – als ob das der Fehler ihres Appetits wäre.

Das war schon ziemlich erschütternd; aber es war noch himmlisch – ich meine das wirklich so – im Vergleich mit der nächsten Wohnung, vermutlich weil die Leute heiter waren . . . Ich zweifle, ob es hoffnungsloseres Elend geben kann oder eine scheußlichere Karikatur des Menschseins (humanity) . . . Dann versuche ich, meinen Sinn für Proportionen aufzufrischen, indem ich mich daran erinnere, daß Belsen und Auschwitz viel, fast unendlich viel gemeiner waren.

Die Wohnung war ein Keller unter Trümmern innerhalb eines der weiten zerstörten Gebiete. Für Licht (am Tag) und Luft gab es ein einziges winziges Fenster. Auf einem Tisch stand eine Art offner Lampe mit nackter Flamme – so eine Art Petroleum-Ding. Es gab ein Bett, ungefähr so groß wie meines zu Hause, darin schliefen Mann und Frau; auf einer Art Couch lag der Sohn, im Krieg verkrüppelt, ich nehme an, in den Zwanzigern; und auf dem Fußboden, auf einer unbeschreiblich schmutzigen »Matratze«, überall zerrissen, so daß das Sägemehl herausdrang, lag die Tochter. Sie sah aus wie fünfzig, aber ich vermute, sie war ungefähr fünfundzwanzig . . .«

So geht das fort und fort. Ich zitiere hier nicht das Kapitel über die Ernährung und Gesundheitsverhältnisse (Hunger-Ödeme und dergleichen), nicht das niederschmetternde – und doch großartige – Kapitel über Schuhe, wozu allein vierundzwanzig Photos gehören, die nichts als Schuhwerk von Hamburger und Düsseldorfer Schulkindern zeigen, nicht das Kapitel über die Erziehung, die Bücher, die Jugend – nur dieses eine Stück aus »People's Homes«, weil wir hier von Häusern reden.

»Geh vom Häuslichen aus . . .«!

Nun, man wird hier bei uns verzweifelt mit den Achseln zukken und alles aufzählen, was uns fehlt, alle Gründe, aus denen wir nicht, noch immer nicht, und jedenfalls von ferne nicht in dem nötigen Umfang Wohnungen bauen können. Man wird sagen: soll das, kann das ein Argument gegen die Rekonstruktion des Frankfurter Goethehauses sein, daß wir so viel grauenhaftes Wohn-Elend haben und keine Mittel, ihm zu steuern?

Nein, es soll kein Argument gegen das Goethehaus sein, wirklich nicht. Es soll zeigen, wo die »Kultur«, die Pflege des menschlichen Daseins, anfängt oder doch anfangen sollte. Das Zitat aus dem Buche von Victor Gollancz, der ein verantwortlicher, aktiver Menschenfreund ist, soll auch uns hier die Verantwortlichkeit, unsere eigene Verantwortlichkeit vor Augen führen. Nicht, daß man auf das Goethehaus verzichten müßte, weil soundso viel tausend Leute, auch in Frankfurt, in Löchern hausen. Aber: kann man sich das wieder- oder neuerrichtete Goethehaus am Großen Hirschgraben im Jahre 1949 vorstellen inmitten der Trümmerwüste, die das ganze Straßenviertel dort darstellt? Kann man sich vorstellen, wie die Gäste aus aller Welt dieses genau nachgebildete »Milieu« des Genius, dieses Modellhaus alter bürgerlicher Bauweise und Wohnkultur, von außen und von innen besehen und treten heraus aus der Tür und bemerken (oder werden sie es nicht bemerken?), daß da weit und breit in dem ganzen Areal keinerlei Modell *heutiger*, nötiger, himmelschreiend nötiger Bauweise und Wohnkultur zu finden ist, auch nicht von der bescheidensten, »behelfsmäßigsten« Art?

Man könnte vielleicht ein Beispiel geben. Die Stadt Frankfurt könnte es, das Freie Deutsche Hochstift könnte es, und warum sollten sich die ausländischen Freunde des Goethehauses, die amerikanischen und englischen Kenner und Verehrer Goethes etwa, die sich ja ebenfalls rüsten, die Zweihundertjahrfeier zu begehen, und die auch (wie aus den Vereinigten Staaten zu hören ist) Sammlungen veranstalten zur Wiederherstellung der Erinnerungsstätten – zumal in Frankfurt, aber auch in Weimar –, warum sollten sie sich einem solchen Plan und einem solchen Appell verschließen? Ich kenne die Gesamtbaupläne der Stadt Frankfurt nicht. Am Großen Hirschgraben und ringsherum um das Goethehaus standen einmal Wohnhäuser. Wäre es nicht denkbar, wäre es nicht eine große und schöne und hoffnungsvolle – und goethische – Aufgabe, in einem und demselben Zuge mit der Denkstätte, mit dem historischen Modell, das umgebende Areal in Angriff zu nehmen und wiederum mit Wohnstätten, gegenwärtigen Modellen, zu bebauen? Wäre es nicht eine unvergleichliche Chance, Überlieferung und Gegenwart in einer und derselben Verpflichtung zu vereinen? Das Museale (das wir nicht verachten wollen) mit dem Lebendigen? Wäre es nicht eine Gelegenheit, den unsterblichen Namen Goethes an eine sichtbare und fühlbare, leidenden wirklichen Menschen fühlbare Tat der Kultur zu knüpfen? Eine kleine Helligkeit in seinem Geiste auszubreiten mitten im dunkelsten Deutschland? Wäre es nicht eine Gelegenheit, den illusionären Besitzstolz (daß Goethe ein Deutscher war) einzutauschen gegen ein gültiges, praktisches, schönes Verdienst? Da wir doch kein Verdienst daran haben, daß Goethe ein Deutscher war, wohl aber uns Verdienste zu unseren Lebzeiten erwerben können – und in seinem Sinne!

Geh vom Häuslichen aus . . .! Wenn der Neubau des Goethehauses am 28. August 1949 wirklich dastünde – es ist eine feine, aber entscheidende Grenzlinie, die den geistgetreuen Neubau von der nachahmenden Rekonstruktion trennt, aber davon will ich schweigen –, wenn der Neubau wirklich dastünde, umgeben von neuen, beispielhaften Wohnhäusern für lebendige Menschen! Das hieße das Erbe verwalten, das hieße es zu erwerben, um es zu besitzen. Man könnte ein Beispiel geben. Oder ist dies ein allzu kühner Gedanke?

(23) *Max Frisch*
Tagebuch 1946–1949

Der 1911 in Zürich geborene Max Frisch, zunächst als Architekt tätig, besuchte kurz nach dem Krieg Deutschland und Österreich sowie andere »Kriegsländer«. Aus der Sicht des neutralen, aber engagierten Beobachters registrierte er den äußeren und inneren Zustand Europas. (Der folgende Text aus dem *Tagebuch 1946–1949*, Frankfurt am Main 1950, S. 208–219.) In solchen Erfahrungen wurzeln auch die ersten Dramen Frischs: *Nun singen sie wieder*, 1945; *Die chinesische Mauer*, 1946; *Als der Krieg zu Ende war*, 1949; *Graf Öderland*, 1950.

»Frischs beste Romane und Theaterstücke kamen in die fünfziger Jahre und befriedigten zwei Bedürfnisse beim westdeutschen Leser: erstens ein moralisch-politisches, das unter dem Schlagwort ›Vergangenheitsbewältigung‹ zusammengefaßt ist. Zweitens ein ästhetisch-intellektuelles, das man mit Sehnsucht nach ›moderierter Moderne‹ umschreiben könnte. Ohne subjektiv jemals Abstriche gemacht zu haben an jenen moralischen Rechnungen, die er sich selbst und seinen Lesern präsentierte, gestattete er ihnen allemal, auf eine vernünftige Weise aus der Misere der Selbstbezichtigung und Unsicherheit herauszukommen und dies mit dem köstlichen Gefühl von Läuterung, ja Katharsis, die eigentlich keine Gründe mehr dafür anzugeben weiß, sondern schöne, tröstliche Bilder. Dieses Verfahren, human, weil mit immensem Instinkt für Praxis begabt, hob etwas Einmaliges, die Verbrechen des Dritten Reiches, in die höhere Dimension von Parabel, Gleichnis, Metapher und entsprach damit jenen allgemeinen Tendenzen einer bundesrepublikanischen Öffentlichkeit, die endlich aus dem Casus von Besonderheit in die Regel von Allgemeinheit entlassen werden sollte. Da dies mit einer skeptischen, stets überraschenden Wendung jenseits approbater Ideologien geschah, ja solche tröstlichen Auswege integriert blieben in das Leitmotiv des poetischen Moralisten Frisch, in die Frage ›Wer sind wir?‹, verwandelte sich die verschärfte politische Beichte unmittelbar in ein Exerzitium über Existenz und Psychologie. Der Deutsch-Schweizer legte den Nachkriegsdeutschen Balsam auf ihre Wunden. Das Gefühl ›Wir sind noch einmal davongekommen‹, nicht von ungefähr der Titel eines der erfolgreichsten Theaterstücke der Nachkriegszeit, hat Frisch ebenso wie Thornton Wilder vermittelt.«

(Karl Heinz Bohrer, »Max Frisch und wir Leser«, in: *Frankfurter Allgemeine Zeitung*, 14. Mai 1971.)

Einfahrt im Morgengrauen. Die Havelseen, die aufgehende Sonne hinter den Kieferstämmen, Wolken, die Brücken knien im Wasser, und die Sonne spiegelt wie Messing darin. Die Dächer sind naß. Zwischen den Stämmen eine wirre Gruppe von zerschossenen Scheinwerfern. Dann die ersten roten Fahnen, grell wie frisches Blut vor dem bleiernen Himmel. Rot als die Farbe der Alarme; man denkt an Schießfahnen und so.

Lichterfelde.

Der amerikanische Offizier, den ich in der Bahn zum erstenmal getroffen habe, bittet uns zum Frühstück, das damit endet, daß wir überhaupt seine Gäste bleiben; damit ist die Zimmersorge schon gelöst.

Vormittag am Alexanderplatz. Die jugendlichen Gangster und Dirnen. Es wird viel verhandelt; Dreigroschenoper ohne Songs. Hinter allem wittert man Geheimsprache. Das Unheimliche ist nicht, daß dich jemand überfallen könnte, wenigstens nicht bei Tag; sondern die Gewißheit, daß unsereiner, plötzlich in dieses Leben ausgesetzt, in drei Tagen untergehen würde. Auch dieses Leben, man spürt es genau, hat seine Gesetze; sie kennenzulernen braucht Jahre. Ein Wagen mit Polizisten; plötzlich stiebt alles auseinander, andere bleiben stehen und grinsen, ich schaue zu und habe keine Ahnung, was gespielt wird. Vier Burschen, drei Mädchen werden verladen; sie hocken sich zu den andern, die schon anderswo geschnappt worden sind, gleichgültig, undurchsichtig. Die Polizei hat Helm und Maschinenpistole, also die Macht, aber keine Ahnung, hat man das Gefühl. Auch sie nicht! Das Leben in der Tiefe entwickelt ganz andere Formen; ich muß an die Krebse denken, die gefangenen, damals in Portofino . . .

Später zum Brandenburger Tor.

Gelegentlich stolpert man über die Geleise einer Rollbahn; ich wische die Hosen, horche in die Dämmerung. Stille wie in den Bergen. Nur ohne das Rauschen eines Gletscherbaches. In der Zeitung gibt es eine Spalte für tägliche Überfälle; es kommt vor, daß man eine kleiderlose Leiche findet, und die Mörder stammen regelmäßig aus dem andern Lager. Ganze Quartiere ohne ein einziges Licht. Nicht abzuschätzen ist die Menge von Schutt; doch die Frage, was jemals mit dieser Menge geschehen soll, gewöhnt man sich einfach ab. Ein Hügelland von Backstein, darunter die Verschütteten, darüber die glimmernden Sterne; das Letzte, was sich da rührt, sind die Ratten.

Abends in die Iphigenie.

»Was sagen Sie zu Berlin?«

Das lobende Wort eines Ausländers steht hoch im Kurs; der Bedarf an Anerkennung ist riesengroß; wer jetzt versichert, Berlin sei ungebrochen in seinem Geistesleben, ist ein bedeutender Kopf . . .

Das Wetter ist wieder herrlich, Novemberhimmel, die hohe und fast silberne Bläue; es ist schon wahr, daß diese Stadt eine unvergleichliche Luft hat, man ist wacher als anderswo. Sogar nach beinahe schlaflosen Nächten. Es brennen die Sohlen, da ich den ganzen Tag unterwegs bin, aber der Kopf ist wie eine Fackel im Wind. Mittagsrast im Tiergarten. Eine baumlose Steppe mit den bekannten Kurfürsten, umgeben von Schrebergärten. Einzelne Figuren sind armlos, andere mit versplittertem Gesicht. Einer ist offenbar vom Luftdruck gedreht worden und schreitet nun herrisch daneben. Anderswo ist es nur noch ein Sockel mit zwei steinernen Füßen, eine Inschrift; der Rest liegt im wuchernden Unkraut. Außer einem Hund, der mein Picknick riecht, bin ich allein. Im Hintergrund ragt das Denkmal der Roten Armee, das in der Nacht beleuchtet ist.

Viel Gesichter!

Viel Geschichten!

Ich komme nicht zum Aufschreiben, obschon mir fast alles nennenswert scheint; tagelang keine einzige Zeile; ein Urwald von Schicksalen, eine Flut von Eindrücken, alles durcheinander, Widersprüche, es gibt keine Deutung, nur Geschichten, Anblikke, Einzelnes –.

Ausstellung sowjetischer Kultur. Es ist nicht unnötig, daß man die Bilder von Smolensk oder Sebastopol sieht, die Verwüstungen, die der täglich sichtbaren vorangegangen sind. Im übrigen kennt man die Ausstellungen dieser Art, das Unbehagen, gleichviel welche Macht es ist, die sich selber preist. Ich verstehe nicht, warum es solche Retuschen braucht: Rußland besiegt Japan. An der Türe ein kleiner Briefkasten: Was haben Sie von dieser Ausstellung für einen Eindruck? Äußern Sie sich offen und frei! Der kleine Kasten ist leer. Eine gute Stunde lang bin ich der einzige Besucher. Regenwetter; die Räume, glaube ich, sind geheizt. Um nicht im Stimmungshaften zu bleiben, erkundige ich mich nach dem russischen Wohnbau, nicht ohne mich als Schweizer und als Architekt auszuweisen. Ein freundlicher Offizier, Hauptmann ohne Uniform, führt mich in die Bibliothek. Bild eines klassizistischen Palastes mit dreistöckigen Säulen.

»Vor allem möchte ich Wohnbau sehen«, sage ich: »Siedlungen für Arbeiter und so.«

»Hier wohnen Arbeiter.«

»Hinter diesen großartigen Säulen?«

»O ja.«

Meine Miene, meine etwas sprachlose Verwunderung, da wir unter Architektur etwas so anderes verstehen, wird offensichtlich als Zweifel gedeutet, als Mißtrauen beantwortet:

»O ja, hier wohnen Arbeiter.«

»Wieso denn solche – solche Säulen?«

»Das ist die Hauptstraße in Moskau.«

Mit der Zeit, und da es mich ernsthaft interessiert, kommen wir, viele Bücher blätternd, dem Gegenstand doch näher; mein Interesse: ob die Grundrisse, Chiffren einer Lebenshaltung, sich wesentlich von den kleinbürgerlichen Grundrissen unsrer Siedlungen unterscheiden und wie? Bild eines kleinen Eigenheims: mit zwei kleinen Säulen.

»Das ist auf dem Land?« frage ich.

»O ja.«

»Aber nicht als Siedlung, ich meine, das ist wohl eher ein Einzelhaus«, sage ich in Betrachtung der beiden Säulchen: »oder wie ist das?«

»O ja, hier wohnen Arbeiter.«

Wir verstehen uns nicht ganz; meine Fragen, ich fühle es, wirken so, wie sie genommen werden, etwas polizeilich. Einen Grundriß suchend, um Auskunft ohne weitere Worte zu finden, gestatte ich mir, eigenhändig zu blättern; daß ich so beharrlich bei hölzernen Häuschen verweile, die keine Säulen haben, verschlechtert die Stimmung noch weiter. Ein Grundriß: Stube, Schlafraum, Küche. Nett, einfach, bekannt. Zu sagen wage ich nichts mehr. Ich bin die Treppe hinaufgegangen, um etwas kennenzulernen auf dem Gebiet, wo ich fachliche Voraussetzungen habe; ich stehe da wie ein Spitzel, blätternd, spürbar von der Seite betrachtet –

(Mißtrauen als körperliches Unbehagen.)

Jeden Abend im Theater. Viel gute Schauspieler, aber keine Spielleiter, keine neuen. Und keine eignen Dichter, keine neuen. Oder sie spielen sie nicht; auch möglich. Als könnte es ohne lebende Dichter, eigene, ein lebendiges Theater geben! Nachher wieder in Gesellschaft, Künstler, Kritiker, Offiziere der Besatzung, Ärzte, Beamte, Wirtschaftler, alles redet vom Theater, klug, lebhaft und neugierig. Etwas Betörendes; mindestens für unsereinen: Theater als öffentliches Interesse. Mit der Zeit erschrickt man vielleicht, indem man es als Ausflucht empfindet. Später begreift man es wieder; worüber sollen sie denn sprechen?

»Haben Sie Gründgens gesehen?«

»Noch nicht.«

»Müssen Sie aber!«

»Ich weiß.«

»Hier tut sich was, wissen Sie, wie vielleicht nirgends in der Welt –!«

(Was?)

Grunewald, Krumme Lanke, Schlachtensee, Wannsee, eine Landschaft, die mich schon heute, kaum haben wir die Fahrkarten bestellt, mit sicherem Heimweh erfüllt. Was ist es? Die Kiefern im Sand, der Himmel zwischen den Kiefern, die Luft, die spröde Weite – jedenfalls fühle ich mich unbändig wohl, man kennt sich selber nicht, oft versteige ich mich zur fixen Idee, daß ich in dieser Luft ein ganz andrer, ein durchaus fröhlicher und sprühender Kerl geworden wäre, komme mir vor wie ein Fisch gesetzteren Alters, der eines Tages, Gott weiß wieso, nicht mehr im Aquarium ist mit den spärlichen Bläschen, sondern im fließenden Wasser: Ha! denkt er . . .

Frank, unser Gastgeber, erzählt mir einen Fall aus der sogenannten Russenzeit, die auf den Nerven mancher Frauen, aber auch vieler Männer schwerer lastet als die Bombenzeit.

Seine Schilderung:

Mai 1945, Berliner Westen, Keller eines schönen und wenig zerstörten Hauses, oben die Russen, Lärm, Tanz, Gelächter, Siegesfeier, im Keller verstecken sich die Frau und ihr Mann, Offizier der Wehrmacht, der aus der Gefangenschaft entwichen ist, keinen andern Anzug hat und keinesfalls erblickt werden darf. Eines Tages kommt einer herunter, Wein suchend, sprengt die Waschküchentüre. Die Frau muß öffnen. Ihr Mann versteckt sich. Ein ziemlich betrunkener Bursche, Ordonnanz. Natürlich soll sie hinaufgehen. Ob der Kommandant deutsch verstehe? Der Bursche bejaht. Ihre Hoffnung, sich durch Sprechen retten zu können. Sein Gestammel über die vielen feinen Bücher. Sie erbittet sich eine Frist von einer halben Stunde. Ihr Mann will sie nicht gehen lassen; aber wenn die Russen herunterkommen und ihn sehen? Sie zieht ihr bestes Kleid an, ein Abendkleid; sie versprechen sich, gemeinsam aus dem Leben zu gehen, wenn es nicht gelingt. Oben trifft sie eine Gruppe von ziemlich betrunkenen Offizieren. Sie als große Dame. Nach etlicher Anrempelung, die sie mit einer Ohrfeige erfolgreich verwehrt, gelingt es immerhin, den Oberst allein zu sprechen. Ihr Anliegen, ihre Bitte um menschliche Behandlung und so weiter. Er schweigt. Getrieben von seinem Schweigen, das sie nur für grimmiges Mißtrauen halten kann, geht sie so weit, die Geschichte ihres Mannes preiszugeben: um sein Vertrauen zu erzwingen. Als sie endlich begreift, daß der Oberst kein deutsches Wort versteht, bricht sie zusammen. Sie sieht sich in einer Falle. Der Oberst holt den Burschen, er solle übersetzen; in diesem Augenblick kommt sie in den Besitz einer Waffe, die sie unter ihrem Kleid versteckt, hoffend, daß sie geladen ist. Dann ihr verzweifeltes Angebot: Wenn er alle andern aus dem Hause schickt, und zwar für immer, wird sie ihm zu Willen sein, sagt sie etwas verborgen, jeden Tag zu einer bestimmten Stunde. Damit gewinnt sie mindestens Zeit; im übrigen ist sie entschlossen zu schießen, sobald er sich vergreift. (Auf ihn oder auf sich?) Es geschieht aber nichts. Eine Woche lang geht sie jeden Abend hinauf, um dem Oberst sozusagen Gesellschaft zu leisten, immer im Abendkleid; unten im Keller tut sie, als spreche er wirklich deutsch, erfindet Gespräche, die sie mit dem Russen geführt habe, Gespräche über Rußland und so. Ihr Mann ist einigermaßen beruhigt, spürt aber, daß sie nicht ungerne hinaufgeht, daß sie ihm selten in die Augen blickt, daß sie sich wirklich kämmt, um wirklich schön zu sein und so weiter. Mit der Zeit (der Bericht ist sehr sprunghaft) hat sich offenbar eine Liebe ergeben, die auch gelebt wird. Ohne Sprache. Es endet damit, daß der Oberst sie auf dienstlichen Befehl plötzlich verlassen muß, weg von Berlin; beide hoffen auf Wiedersehen. Er ist nicht wiedergekommen. Der Mann, der gerettete, spricht von dem Russen stets mit kameradschaftlicher Achtung; die russischen Verhältnisse und Einrichtungen, wie seine Frau sie damals im Keller erzählt hat, scheinen ihn nicht wenig überzeugt zu haben. Woher sie ihre Wissenschaft hatte, da der Oberst doch nur russisch konnte und sie nur deutsch? Vom russischen Sender in deutscher Sprache, den sie abzuhören pflegte, als ihr Mann im Osten gefangen war . . .

Zeitungen melden den Tod von Ricarda Huch.

Kleiner Empfang durch den Kulturbund, der im Westen verboten ist. Einige bekannte Gesichter, die als Emigranten in der Schweiz gewesen sind. Verlage bieten sich an; ernsthaft und mit verblüffenden Auflagen, mit ordentlicher Herstellung. Kleines Nachtessen in der sogenannten »Möwe«, wo die Künstler ohne Marken speisen können: zwei Kartoffeln, Fleisch, etwas Grünes sogar, Bier.

Vormittags im amerikanischen Funk.

Beide Seiten werben Söldner . . .

Dann in der Untergrundbahn: fast alle mit einem Bündel, einem Rucksack, einer geschnürten Schachtel. Neben Gesichtern, die aus Lehm und Asche sind, gibt es auch gesunde, straffe, volle, aber ebenso verschlossen, oft larvenhaft. Worüber wird geschwiegen? Erst aus der Nähe, zusammengepfercht, sieht man die Armut am Kragen, am Ellbogen. Berlin in seinen letzten Anzügen. Die Frauen, auch wenn sie Hosen tragen, schwere Schuhe und Kopftücher, sind meistens sehr gepflegt.

Am Abend bei Freunden.

Überall Menschen, die einander auf Anhieb verstehen, überall wenige; die Unterschiede, wenn man sie nicht leugnet, haben ihren eigenen Segen. Warum gelingen die meisten Freundschaften in der Fremde?

Heute bei den Russen. Höflicher Empfang von den beiden Herren, die tadelloses Deutsch sprechen. Wir unterbreiten das Anliegen, das mienenlos entgegengenommen wird. Dann zum gemeinsamen Mittagessen, chambre séparée, ein einfaches, doch reichliches Essen aus simplem Geschirr, dazu Wodka in großen Gläsern. Ihre Kenntnis der deutschen Literatur, der deutschen Philosophie; Gespräch über drei Stunden. Die Russen nehmen den Geist sehr ernst; offensichtlich entsenden sie ihre besten Leute, denen auf der andern Seite, von wenigen Ausnahmen abgesehen, viel freundliche Nullen gegenüberstehen. In Frankfurt trafen wir einen Amerikaner, einen Prachtkerl an Hilfsbereitschaft, der durch uns zum erstenmal von Eliot gehört hat; Theatre Officer. Freilich haben die beiden Russen, die uns drei Stunden lang in ein höfliches Verhör nehmen, auch keine Wahl, ihre Posten zu verlassen, wenn sie eine andere Aufgabe lockt. Für einige Augenblicke erscheint Oberst Tulpanow. Ein sehr fremder, undurchschaubarer, starker Kopf, rund und kahl. Kurze Begrüßung im Stehen. Unser Gespräch, das sich immer wieder mit Bedacht an Theaterfragen hält, hat keinen einzigen Namen zutage gefördert, der ihnen nicht bekannt ist, literarisch und politisch bekannt. Gefühl von Kartothek. Nachher bin ich so müde, daß ich sitzend, ohne den Mantel auszuziehen, einschlafe – in einer Garderobe des Deutschen Theaters, das dem Jüngling einst wie ein Olymp erschienen ist; als ich gelegentlich erwache, sehe ich mich allein, die Vorstellung hat bereits begonnen . . .

»Tartuffe.«

Unser Anliegen wird übersetzt und nach Moskau gedrahtet. Übermorgen kann die Antwort da sein. Es wird ein Nein sein, ein höfliches. Es gibt Dinge, die man versuchen muß, bevor man sie mit Anstand aufgeben darf.

Kurfürstendamm.

Kurt kauft eine kleine Skizze von Liebermann. Ferner gäbe es: drei Täßlein aus Meißner Porzellan, ein alter Stich, darstellend die Garnisonskirche zu Potsdam, ein Aschenbecher aus Messing, Brieföffner, Ohrringe und was man sonst nicht braucht. Alles unerschwinglich, wenn man mit Löhnen rechnet, aber billig, wenn man mit Zigaretten rechnet. Ein kleiner Buddha, ein schöner, für fünfhundert Zigaretten. Hundert Schritte weiter stehen die sogenannten Trümmerweiber, die sich mit Schaufel und Eimer gegen das Unabsehbare verbrauchen. Es wirkt nicht wie Arbeit, sondern wie Strafkolonie. Vierzig Mark in der Woche, das sind vier Zigaretten. Natürlich sind es nicht die Leute, die diese Ruinen verschuldet haben. Die sitzen in geheizten Gefängnissen,

genährt, gesunder als alle andern, oder in ihrem Landhaus . . .
»Hier tut sich was.«

Es ist nicht zu leugnen, daß es Stunden von prickelnder Begeisterung gibt, viele versichern, daß sie nirgends anders leben
möchten, insbesondere Künstler, und das ist keine Ausrede. Wer
liebt den Ort nicht, wo er eine Rolle spielt? Viele spielen eine
größere, als sie es sich jemals hätten träumen lassen, walten über
Stätten, die man noch immer, gleichviel wer sie verwaltet, mit
Ehrfurcht betritt, und das ist ja gut so; der Ruhm ist eine Brücke,
die sich streckenweit auch ohne Pfeiler trägt. Streckenweit.
Mancher hält sich zwar für einen Pfeiler, einfach weil es keine
anderen gibt. Die Arbeit, die aus solchem Ansporn wächst, ist
erstaunlich, oft übermenschlich als Anstrengung; hinzu kommt
das natürliche, oft fieberhafte Bedürfnis, verlorene Jahre einzuholen. Es ist jetzt wichtig, mit älteren Menschen zu sprechen; die
Gegenwart hat kein Maß. Man müßte jetzt einen Begleiter haben
wie Wölfflin. Das letzte Maß, das die meisten haben, ist bereits
aus der Hitlerzeit. Der Ausfall an Menschen ist überall spürbar,
und wenn es auch erklärlich ist, daß jede geschichtliche Ablösung zuerst einen gewissen Rückschritt bringt, schon weil den
neuen Männern jahrzehntelang die fachliche Übung versagt war,
so hat der Zustand doch etwas Melancholisches, sogar etwas Gefährliches; wir werden stets versucht sein, daß wir schließlich das
Beste, was wir in unsren Tagen antreffen, bereits für das Gute
halten . . .

Das Nein ist eingetroffen.

Gestern im Kabarett, aber ich finde die Berliner, wenn man sie
auf der Straße oder in der Untergrund hört, unvergleichlich wit-
ziger. Selbstmitleid gibt kein Kabarett. Es ist so überflüssig, mit
dem Strom zu schwimmen, und ein Kabarett, das nicht seine Zuhörer attackiert, was soll es? In den Logen aber sitzen die Uniformen der Besatzung; ich frage mich, was unseren Kabaretts
beispielsweise unter deutscher Besatzung andres übrig geblieben
wäre – als ebendies: Verzicht auf jede Selbstkritik . . .

Letzter Abend.

Unterwegs in eine Pinte mit Musik und Wasserbier, Kellner
spielen ihre Rolle mit verklecksten Westen. Ich habe Hunger.
Heißgetränk mit Rumgeschmack. Das Lokal erinnert an Warte-

säle; nicht allein wegen der Rucksäcke. Alle wie von einem schlechten Zeichner, der keine Sitzenden zeichnen kann. Selbst wenn sie anlehnen, sind sie nicht da. Rast der Lemuren. Von der Decke herunter, die von marmornen Säulen getragen wird, hangen die nackten Glühbirnen. Reste von weißem Stuck, darunter das übliche Schilfrohr. Auch hier riecht es nach Abort. Dazu der etwas groteske Frack eines Klavierspielers, dem die Schwindsucht bereits auf den Handgelenken sitzt–.

Abfahrt von Lichterfelde.

Ein amerikanischer Major weigert sich, im gleichen Abteil zu schlafen mit einem Neger, der ebenfalls die amerikanische Uniform trägt. Der deutsche Schaffner, ein Schwabe, soll dafür sorgen, daß der schwarze Sieger anderswo verstaut wird. Der Schaffner nickt, wie wenn man sagt: Verstehe, verstehe, darüber müssen wir nicht reden! dann pirscht er durch den Korridor, nicht ohne ein schadenfrohes Grinsen, das er uns nicht verheimlicht, es richtet sich nicht gegen den Neger. Nur so; Rassenfrage, Umerziehung. Der Neger, ein junger Sergeant, steckt sich unterdessen eine Zigarette an, um etwas zu begründen, warum er draußen im Korridor steht. Er starrt durch die verregnete Scheibe, obschon es draußen Nacht ist, nichts als Nacht. Als der schwäbelnde Schaffner zurückkommt und ihm bedeutet, wo er schlafen dürfe, nickt er, ohne den Schaffner, der die Nummer wiederholt, anzusehen. Er bleibt stehen, raucht weiter, blickt in die schwarze Scheibe . . .

(Die Weltgeschichte ist noch nicht zu Ende.)

Langer Halt in der Nacht, Bahnhof ohne Dach, nirgends ein Schild, aber viel Volk auf Bündeln und Schachteln, es regnet in Strömen. Zonengrenze? In einer Zeitung lese ich, daß Wolfgang Borchert, die Hoffnung unter den jungen deutschen Dichtern, in Basel gestorben ist . . .

Erich Kästner
Marschlied 1945

Ihre Nachkriegskarriere als Kabarettistin startete Ursula Herking 1946
an der Münchner »Schaubude« unter dem Patronat von Erich Kästner,
der für sie neben vielen anderen Texten auch das »Marschlied 1945« geschrieben hatte (zit. nach Klaus Peter Schreiner, *Die Zeit spielt mit. Die
Geschichte der Lach- und Schießgesellschaft*, München 1976, S. 32 ff.).

In den letzten dreißig Wochen
zog ich sehr durch Wald und Feld.
Und mein Hemd ist so durchbrochen,
daß man's kaum für möglich hält.
Ich trag Schuhe ohne Sohlen,
und der Rucksack ist mein Schrank.
Meine Möbel hab'n die Polen
und mein Geld die Dresdner Bank.
Ohne Heimat und Verwandte,
und die Stiefel ohne Glanz –
ja, das wär' nun der bekannte
Untergang des Abendlands!

Links, zwei, drei, vier,
links, zwei, drei –
Hin ist hin! Was ich habe, ist allenfalls:
links, zwei, drei, vier,
links, zwei, drei –
ich habe den Kopf, ich hab' ja den Kopf
noch fest auf dem Hals.

Eine Großstadtpflanze bin ich.
Keinen roten Heller wert.
Weder stolz, noch hehr, noch innig,
sondern höchstens umgekehrt.
Freilich, als die Städte starben . . .
als der Himmel sie erschlug . . .
zwischen Stahl- und Phosphorgarben –
damals war'n wir gut genug.

Wenn die andern leben müßten,
wie es uns sechs Jahr' geschah –
doch wir wollen uns nicht brüsten.
Dazu ist die Brust nicht da.

Links, zwei, drei, vier,
links, zwei, drei –
Ich hab' keinen Hut. Ich habe nichts als:
links, zwei, drei, vier,
links, zwei, drei –
Ich habe den Kopf, ich habe den Kopf
noch fest auf dem Hals!

Ich trage Schuhe ohne Sohlen.
Durch die Hose pfeift der Wind.
Doch mich soll der Teufel holen,
wenn ich nicht nach Hause find'.
In den Fenstern, die im Finstern
lagen, zwinkert wieder Licht.
Freilich nicht in allen Häusern.
Nein, in allen wirklich nicht . . .
Tausend Jahre sind vergangen
samt der Schnurrbart-Majestät.
Und nun heißt's: Von vorn anfangen!
Vorwärts marsch! Sonst wird's zu spät!

Links, zwei, drei, vier,
links, zwei drei –
Vorwärts marsch,
von der Memel bis zur Pfalz!
Links, zwei, drei, vier,
links, zwei, drei –
Denn wir hab'n ja den Kopf, denn wir
hab'n ja den Kopf
noch fest auf dem Hals!

Schuld und Sühne

Das tiefgreifendste Problem, das alle Bereiche des kulturellen und geistigen Lebens dieser Zeit überschattete, war die Frage der deutschen Kollektivschuld. Hatten die Nationalsozialisten den deutschen Geist »verführt«? Hatten sie, selbst deklassierte Verbrecher, mit der Fassade bürgerlicher Wohlanständigkeit ihre ruchlosen Ziele kaschiert, oder hatte es sich um eine Komplizenschaft von Verbrechern und Volk gehandelt? War der Nationalsozialismus im deutschen Wesen und in deutscher Kultur »angelegt« oder ein »Betriebsunfall« deutscher Geschichte? In der *Neuen Zeitung* vom 25. Oktober 1945 hatte die Romanschriftstellerin und Nobelpreisträgerin Sigrid Undset, die während des Krieges nach den USA emigriert war, zur »Umerziehung der Deutschen« sich geäußert und dabei pessimistische Feststellungen getroffen. (»Das größte Hindernis auf dem Wege der Umerziehung Deutschlands ist nicht die deutsche Gedankenwelt, sondern die Taten sind es, die, infolge des deutschen Denkens, begangen worden sind.«) Ihr antwortete Karl Jaspers, wobei er – unter Bejahung der deutschen Kollektivschuld (»die Empörung der Norwegerin Sigrid Undset ist uneingeschränkt berechtigt«) – an die schließlich doch alles überwindende und versöhnende Menschlichkeit appellierte: »Wer hoffnungslos verurteilt ist, kann nicht mehr antworten. Er hätte in völliger Ohnmacht nur gehorsam zu sein und zu dulden, sofern er noch weiterleben will. So nun ist unsere Lage nicht. Von Siegermächten, deren Völker die Menschenrechte anerkennen und auch dem Schuldigen gegenüber achten, ist uns gesagt worden: das deutsche Volk solle nicht vernichtet werden, das heißt, uns wird eine Lebenschance gegeben. Und das deutsche Volk solle erzogen werden, das heißt: wir dürfen unsere eigentliche, gute geistige Welt wieder aufbauen und weiterentwickeln.« (25)

Die von den alliierten Siegern und deutschen demokratischen Kräften eingeleitete Umerziehung der Deutschen verfolgte zwei Ziele: einmal mußten die geistigen Werte, die unter dem ideologischen Schutt des Nationalsozialismus begraben lagen, wieder zugänglich gemacht werden; zum anderen sollten alle Tendenzen des Nationalsozialismus und Militarismus endgültig ausgetilgt werden. Dwight D. Eisenhower, der Oberkommandierende der amerikanischen Streitkräfte in Deutschland, drückte dies in seinen »Geleitworten« zur ersten Nummer der *Neuen Zeitung* (18. 10. 1945) wie folgt aus:

»Der moralische, geistige und materielle Wiederaufbau Deutschlands muß aus dem Volk selbst kommen. Wir werden den Deutschen in diesem Wiederaufbau helfen, aber die Arbeit selbst werden wir für die Deutschen keineswegs besorgen. Das deutsche Volk muß erkennen, daß es, um diesen harten Winter zu überstehen, sich losmachen muß von jenem Herdengeist, mit dem es 12 Jahre hindurch behaftet war. Deutschland muß ein Land friedlicher Arbeiter werden, in dem der einzelne fähig ist, seine Initiative zu gebrauchen – oder Deutschland wird keine Zukunft haben.

Die Säuberung von Nazis und Nazitum wird mit allen zu Gebote stehenden Mitteln durchgeführt werden. Sie wird nicht nur Parteimitglieder betreffen, sondern all jene, die – auf die eine oder andere Weise – Nutznießer des Nationalsozialismus gewesen sind. Es gibt nirgends ›unentbehrliche‹ Nationalsozialisten. Der Nationalsozialismus muß vernichtet werden und alle Parteimitglieder sowie alle Mitglieder einer der NSDAP angegliederten Organisation müssen aus ihren Stellungen entfernt werden.

Neben dem Nationalsozialismus muß aber auch der Militarismus vernichtet werden. Die physische Entmilitarisierung Deutschlands wird erfolgreich durchgeführt, aber sie allein bietet keine Sicherheit, daß Deutschland in der Zukunft die Welt nicht wieder in einen Krieg zwingt. Militarismus muß aus der deutschen Gedankenwelt ausgerottet werden. Für alle Kulturvölker der Erde ist Krieg etwas an sich Unmoralisches, die Deutschen aber müssen zu dieser selbstverständlichen Wahrheit erst erzogen werden. Auch hier muß das deutsche Volk die gefährlichen Keime seiner Philosophie selbst ausrotten.«

Die im Gefolge solchen Wollens eingeleitete Entnazifizierung (mit dem Fetisch »Fragebogen« als Erkundungsinstrument moralischer und politischer Schuld) bürokratisierte den Reinigungsprozeß im Laufe der Zeit immer mehr und entwickelte sich zu einer Tragikomödie – zur versäumten Revolution die Farce nachliefernd. »Wird das Experiment der Denazifizierung gelingen?« fragte Karl Heinrich Knappstein in einem Beitrag der Zeitschrift *Die Wandlung* (Heft 8, November 1947, S. 644 ff.). Ihm zufolge handelte es sich um den ersten Versuch in der Geschichte, zwar nicht die Revolution selbst, wohl aber ihr wichtigstes Produkt, die Ablösung der Elite, durch Organisation und Gesetzgebung »legal« herbeizuführen. Anstatt sich jedoch bewußt auf die Entfernung der wirklichen Führungsschicht des Nationalsozialismus zu beschränken und im übrigen »unglückliche Opfer« dieser Säuberung weise und klug zu vermeiden, zielten die Väter der künstlichen Revolution der Denazifizierung auf eine Massenanklage, die noch weit über die Reichweite einer »wilden« Revolution hinausgehe.

Die Ursache des allgemeinen Mißbehagens werde besonders deutlich, wenn man die Massenanklage einmal nüchtern und ohne Ressentiment der nationalsozialistischen Wirklichkeit jener zwölf Jahre gegenüberstelle. »Die Denazifizierung ist dazu berufen, die Verantwortlichen des nationalsozialistischen Gewaltregimes zur Verantwortung zu ziehen und sie aus den wichtigen Positionen im demokratischen Gemeinwesen auszuschalten und fernzuhalten. Wer war nun die Führungsschicht des Nationalsozialismus? Sollten es in der US-Zone wirklich jene 3,3 Millionen Menschen gewesen sein? Haben wir vergessen, daß der Nationalsozialismus eine totale Diktatur war, gipfelnd in einem einzigen – freilich wahnsinnigen – Kopfe? Daß seine Führungsschicht im Unterschied von der Elite anderer Staatsgebilde aus einer besonders kleinen zentralistischen Clique bestand, die mit besonders raffinierter Anwendung bisher und anderswo unbekannter Beeinflussungsmittel das Problem der Beherrschung der Massen in ihrer Weise zu lösen versuchte? Das Arsenal dieser Mittel enthielt ebenso das gelinde Mittel einer liebenswürdig erscheinenden Massenschmeichelei wie den direkten wirtschaftlichen Druck und den blutigen Terror. Es wäre eine verdienstvolle Tat, einmal nüchtern die wahre innenpolitische Herrschaftsstruktur des ›Dritten Reiches‹ in seiner ganzen teuflischen ›Reichhaltigkeit‹ und skrupellosen Zweckmäßigkeit zu rekonstruieren. Die Atmosphäre jenes Regimes war der Zwang – das sollte nicht vergessen werden –, Zwang in hundert offenen und verhüllten Formen, angefangen vom Suggestions-Zwang einer mit allen Mitteln massenpsychologischer Reklametechnik arbeitenden Propaganda, den der derart Gezwungene kaum bewußt verspürte, über eine lange Skala des ›freiwilligen Zwanges‹ –

welch ein Wort hätte die Perversion jenes Systems treffender enthüllen können! – bis zum Zwang der vorgehaltenen Pistole oder mit der Drohung des Abtransportes nach Buchenwald. Und all dieser Zwang ward ausgeübt durch eine relativ kleine Räuberbande und ihre zahlreichen Söldner – die anderen waren die Objekte. Gewiß war die Zahl der Komplizen, Helfershelfer, Henker und Handlanger jenes Regimes recht groß – aber eines ist sicher: sie betrug nicht 28 Prozent der gesamten erwachsenen Bevölkerung. Sie umfaßte gewiß mehr als ein Dutzend Menschen, auch mehr als hundert und mehr als tausend. Aber wenn man einige ›zigtausend‹ zugibt, kommt man schon an die obere Grenze der Wirklichkeit. Auf jeden Fall waren nicht Hunderttausende verantwortlich für das Terrorsystem, erst recht nicht Millionen Menschen. Wenn man sie trotzdem vor Gericht stellt, steht man – schlicht und einfach gesagt – mit der Wirklichkeit im Widerspruch.«

Das Ringen um Schuld und Sühne fand außerhalb formalistischer Spruchkammerverfahren statt. Die Tiefe des Problems lotete Hannah Arendt in einem Beitrag aus, der im April 1946 erschien. (26)

Zu einer lebhaften Diskussion führte die 1945 vom Rat der Evangelischen Kirchen in Deutschland auf seiner Sitzung in Stuttgart der Vertretung des Ökumenischen Rats der Kirchen übergebene Erklärung zur deutschen Kollektivschuld. Darin heißt es u. a.: »Mit großem Schmerz sagen wir: durch uns ist unendliches Leid über viele Völker und Länder gebracht worden. Was wir unseren Gemeinden oft bezeugt hatten, das sprechen wir jetzt im Namen der ganzen Kirche aus: Wohl haben wir lange Jahre hindurch im Namen Jesu Christi gegen den Geist gekämpft, der im nationalsozialistischen Gewaltregiment seinen furchtbaren Ausdruck gefunden hat; aber wir klagen uns an, daß wir nicht mutiger bekannt, nicht treuer gebetet, nicht fröhlicher geglaubt und nicht brennender geliebt haben.« (Zit. nach E. Gross: Die Schuld der Kirchen; in: *Die Wandlung*, Heft 2, 1947, S. 133 ff.)

Einfühlend versuchte Max Frisch, von einer außenstehenden Position her, ohne ethische Beckmesserei, die sowohl tragischen wie kriminellen, unreflektierten wie kalkulierten Verflechtungen der Denker mit den Tätern, der Getriebenen mit den Anführern, der Verführten mit den Verführern aufzuzeigen.(27) Am nachdrücklichsten wurde das deutsche Volk mit den nationalsozialistischen Verbrechen durch ein Buch konfrontiert, das einer der Überlebenden der Konzentrationslager mit unbestechlicher analytischer Schärfe nur ein Jahr nach Kriegsende vorgelegt hatte und das seitdem ein Standardwerk der zeitgeschichtlichen Forschung geblieben ist: Eugen Kogons Werk *Der SS-Staat*. »Es steht an der Grenze des Sittlich-Erlaubten, denn es bringt inhaltlich kaum etwas Gutes. Aus den abgründigen Zonen, die ich in sieben Jahren, inmitten Geblendeter und Verdammter, die wie besessen gegen jede Spur von Menschenwürde anrasten, durchwandert habe, läßt sich nichts Gutes berichten. Da es aber ein Ecce Homo-Spiegel ist, der nicht irgendwelche Scheusale zeigt, sondern dich und mich, sobald wir nur dem gleichen Geiste verfallen, dem jene verfallen sind, die das System geschaffen haben, mußte er uns vorgehalten werden. Vielleicht konnte es dazu beitragen, Deutschland vor der Wiederholung des Gleichen und die Welt vor Ähnlichem zu bewahren.« (Vorwort zum 151–162. Tausend, Frankfurt am Main 1959, S. IX.)

Die nach der Gründung der Bundesrepublik (die mit ihrem »Grundgesetz« ein für allemal die Möglichkeiten eines verbrecherischen Staatswesen auszuschalten suchte!) einsetzende Absorption des deutschen Bewußtseins durch Wiederaufbau und Wohlstandsmehrung verhinderte, daß die moralische Besinnung weitergeführt und abgeschlossen wurde. Die »Unfähigkeit zu trauern« wurde für lange Zeit Teil des deutschen Psychogramms. Erst der Auschwitzprozeß fast zwei Jahrzehnte später (28) setzte »Bewältigungsbemühungen« in einem Maße in Gang, wie sie die Trümmerjahre nicht hatten auslösen können. (29)

In Max Frischs erstem, 1945 im Züricher Schauspielhaus aufgeführtem Theaterstück *Nun singen sie wieder* wird die Welt der Toten, einundzwanzig hingerichteter Geiseln, die während ihrer Exekution sangen, mit der Welt der um die Bewältigung ihrer Schuld ringenden Lebenden konfrontiert. Bleibt die Erinnerung an den Gesang der Leidenden vergeblich oder wird der darin liegende Aufruf zur Menschlichkeit Beachtung finden? Das betroffene deutsche Publikum, vor die unabweisbare Schuldfrage gestellt, reagierte heftig; Frisch hatte den Nerv dieser Zeit, als der Krieg zu Ende war, getroffen: »Kümmere sich jeder um seine eigene Schuld.«

Der nachfolgende Text ist ein Auszug aus dem Beitrag von Karl Jaspers (1883–1969, damals Professor für Philosophie in Heidelberg) in der *Neuen Zeitung* vom 4. November 1945. Jaspers, der sich 1913 habilitiert hatte, war 1921 nach Heidelberg berufen worden. Während des Dritten Reiches verfemt, wurde er 1937 entlassen, 1945 wieder in sein Amt eingesetzt; 1948 übersiedelte er nach Basel. Neben seinen, für die Psychologie und Philosophie dieses Jahrhunderts maßgebenden Werken hat Jaspers auch immer wieder zu politischen und geschichtlichen Fragen der Zeit Stellung bezogen, so etwa in *Die geistige Situation der Zeit* (1931), *Vom Ursprung und Ziel der Geschichte* (1949), *Die Atombombe und die Zukunft des Menschen* (1958), *Wohin treibt die Bundesrepublik* (1966).

Hinsichtlich der Umerziehung wage ich einige Hinweise:

Erstens: Die rückhaltlose Auffassung der Tatsachen der letzten zwölf Jahre und unserer gegenwärtigen Lage ist die wichtigste Voraussetzung. Es ist eine harte Aufgabe, der Wahrheit ins Angesicht zu blicken. Wir müssen erkennen: die Taten des Nationalsozialismus, die Wurzeln und die Zusammenhänge dieser Taten, die Ermöglichung dieses Regimes durch geistige Bereitschaft in allen Kreisen unserer Bevölkerung, die gegenwärtige politische Realität (die endgültige politische Ohnmacht Deutschlands mit ihren Folgen), die weltgeschichtliche Lage und die in ihr verborgenen Möglichkeiten, deren Entwicklung unser eigenes Schicksal ist, ohne daß wir als selbständiger politischer Faktor für dessen Gang zur Geltung kommen können. All das müssen wir klar vor Augen haben. Jedes Unheil, das wir jetzt in der Folge des Zusammenbruchs erfahren, zwingt zu der Einsicht: Dahin hat uns der Nationalsozialismus geführt, und das alles ist möglich, wenn der Gehorsam kritiklos alles dem Führer anvertraut. Aber diese Einsicht würde zu einer neuen Gefahr, wenn sich irgend jemand damit rechtfertigen wollte, daß er die Schuld Hitler zuschöbe. Das ist so wenig erlaubt wie früher jener Verzicht auf eigene Freiheit im absoluten Gehorsam. Die Verarbeitung der nunmehr über uns gekommenen Wirklichkeit ist erst im Anfang. Wir müssen sie bis in den Grund unserer Seele durchführen. Diese Aufgabe löst kein Aufsatz und kein Buch. Aber sie kann vorantreiben.

Wählen wir ein Beispiel. Wir hören den beschwörenden Satz: Es sind vier Millionen Deutsche gefallen, das kann nicht für nichts gewesen sein, das muß doch einen Sinn haben! Die Antwort: Der Sinn dieses Sterbens ist aus Zielen in der Welt schlechthin nicht positiv zu begreifen. Die furchtbare Tatsache, die wir uns kaum einzugestehen wagen, ist vielmehr: Schätzungsweise vier Millionen Deutsche sind gefallen für einen Staat, der schätzungsweise vier Millionen wehrlose Juden (darunter knapp eine halbe Million deutscher Juden) methodisch tötete – der seit 1933 Volksgenossen zu Zehntausenden in Konzentrationslagern quälte und zum Teil vernichtete – der das eigene Volk zu einer Sklavenmasse machte – der den Terror entwickelte, in dem schließlich jeder den anderen durch Furcht zu Handlungen oder Unterlassungen trieb – der alles, was wahr und gut war in Deutschen ausrottete – dessen Sieg, soweit wir zu sehen vermögen, das Ende des Deutschtums geworden wäre. Diesen Tatbestand müssen wir uns so anschaulich vor Augen stellen und mit allen Einwänden gegen solche Behauptungen, so klar erörtern, daß daraus eine wirkliche Überzeugung erwächst. Es kommt darauf an, unser deutsches Leben unter den Bedingungen der Wahrheit zu gewinnen.

Zweitens: Wir müssen lernen, miteinander zu reden. Wir üben es, wenn es uns gelingt, über die im ersten Punkt angedeuteten Tatbestände in eine ehrliche Auseinandersetzung miteinander zu kommen. Das dogmatische Behaupten, das Anbrüllen, das trotzige Empörtsein, die Ehre, die bei jeder Gelegenheit gekränkt die Unterhaltung abbricht, all das darf es nicht mehr geben.

Drittens: In geschichtlicher Selbstbesinnung müssen wir uns den Grund des Jahrtausends, aus dem wir leben, vergegenwärtigen. Das neue geschichtliche Bild kann nur in gründlicher Forschung erwachsen. Der wissenschaftliche Rang der politischen Historiker Sybel, Dove, Lenz, Treitschke u. a. dürfte nicht unterschritten werden, während ihre philosophisch-geschichtliche Gesinnung radikal überwunden werden muß. Der Weg von Friedrich dem Großen zu Hitler war, aufs Ganze gesehen, eine langfristige, nun abgeschlossene Episode.

Jetzt in der Not spüren wir stärker als je: die hohen Geister unserer Ahnen wollen wieder zu uns sprechen und die verführenden inhumanen Idole durchleuchten. Hitler-Deutschland ist nicht unser Deutschland. Aber Deutschland hat dieses Regime hervorgebracht, hat es geduldet und hat, zu großen Teilen aktiv oder durch Furcht gezwungen, mitgemacht. Wir können uns nicht entziehen. Wir sind es selber und sind es doch gar nicht. Der Boden unseres Wesens hat einst auch den holländischen und schweizerischen Freiheitskampf hervorgebracht. Nicht eine dunkle Rasseneigenschaft, sondern die politischen Schicksale mit den Folgen des Absolutismus und Militarismus haben die nicht im ursprünglichen Wesen begründete Trennung hervorgebracht. Geistig aber ist auf dem Gebiet des politisch unglücklichen, unter Bismarck nur scheinbar glücklichen Deutschland trotz allem das Herrlichste erwachsen. Daran dürfen wir uns halten.

Viertens: Wir müssen den abendländischen Boden in Bibel und Antike für unsere gesamte Bevölkerung wieder gewinnen. Hier ist der Ursprung und Maßstab, hier der Ausgang verwandelnder Aneignung für unser gegenwärtiges Leben.

Fünftens: In all dem ist die Hauptsache die Erweckung der Selbstverantwortlichkeit des einzelnen. Weder der blinde Gehorsam, noch die leidenschaftliche Willkür sind menschenwürdig. Selbstverantwortung wird durch Selbsterziehung erreicht. Hüten müssen wir uns vor allem, unserer Situation und der uns gestellten Aufgabe auszuweichen.

Unser brennender Eifer geht auf die Wiederherstellung und Einigung unserer Seele durch unsere eigene Erziehung. Sigrid Undset wollte mit ihren Darlegungen uns dabei offenbar nicht helfen. Aber es ist für uns Anlaß zum Nachdenken, wenn eine Persönlichkeit ihres Ranges so spricht.

(26) *Hannah Arendt*
Organisierte Schuld

Der Beitrag von Hannah Arendt (1906–1975, Schülerin von Karl Jaspers) erschien in Heft 4 der Zeitschrift *Die Wandlung* (April 1946, Auszug S. 337–344). Die Vorbemerkung der Redaktion lautete: »Es ist wichtig zu wissen, daß der folgende Beitrag von Hannah Arendt im November 1944 in Amerika verfaßt und in englischer Übertragung im Januar 1945 in der Zeitschrift ›Jewish Frontier‹ veröffentlicht worden ist. Dies hier ist die Originalfassung, die die Autorin ihrem Lehrer Karl Jaspers gewidmet hat. Die genannte jüdische Zeitschrift maß dem Aufsatz solche Bedeutung zu, daß er auch in eine ›Anthologie‹, einen Band ausgewählter Beiträge aus den Jahren 1934 bis 1944, aufgenommen wurde und zwar als einzige Äußerung zum deutschen Thema.

Hannah Arendt stammt aus Königsberg und promovierte in Heidelberg mit einer Arbeit über den Begriff der Liebe bei Augustin. Sie wanderte im Anfang der nationalsozialistischen Herrschaft, weil sie politisch bedroht war, illegal über die Tschechoslowakei und die Schweiz nach Frankreich aus und von dort erst nach dem Jahre 1938 nach den Vereinigten Staaten. Sie lebt seitdem als freie philosophische Publizistin in New York.

Als wir sie jetzt um einen Beitrag baten, schrieb sie, es sei ihr nicht möglich, einfach und selbstverständlich ›zurückzukommen‹ – und Mitarbeit an einer deutschen Zeitschrift sei doch eine Form des Zurückkommens –, ohne ›als Jude‹ willkommen zu sein.«

Inzwischen geht es weder darum, das Selbstverständliche zu beweisen, nämlich daß Deutsche nicht seit Tacitus Zeiten bereits latente Nazis waren, noch das Unmögliche zu demonstrieren, daß alle Deutschen eine nazistische Gesinnung haben; sondern darum sich zu überlegen, welche Haltung man einnehmen kann, wie man es ertragen kann, sich mit einem Volke konfrontiert zu finden, in welchem die Linie, die Verbrecher von normalen Menschen, Schuldige von Unschuldigen trennt, so effektiv verwischt worden ist, daß morgen niemand in Deutschland wissen wird, ob er es mit einem heimlichen Helden oder einem ehemaligen Massenmörder zu tun hat. Vor dieser Situation wird uns weder eine Definition der Verantwortlichen noch die Verhaftung der »Kriegsverbrecher« schützen. Dabei kann man von den Hauptschuldigen, welche nicht nur die Verantwortung auf sich genommen, sondern diese ganze Hölle inszeniert haben, ganz absehen. Auch die in einem weiteren Sinne Verantwortlichen gehören nicht hierher. Denn zu ihnen gehören alle jene, welche in Deutschland und im europäischen Ausland solange wie möglich mit Hitler sympathisiert, seinem Aufstieg zur Macht Vorschub geleistet und sein Renommee innerhalb und außerhalb Deutschlands gefestigt haben. Und wer würde auch wagen, alle die Herrschaften der guten Gesellschaft als Kriegsverbrecher zu brandmarken? Sie sind es wirklich nicht; sie haben zweifellos ihre Unfähigkeit, moderne politische Gruppierungen zu beurteilen, unter Beweis gestellt – die einen, weil sie Prinzipien in der Politik für baren moralisierenden Unsinn hielten, die anderen, weil sie für Gangster, die sie mit »Seeräubern« verwechselten, eine romantische Vorliebe hegten. Schuldig im engeren Sinne haben sie, die Verantwortlichen im weiteren Sinne, sich zumeist nicht gemacht. Sie, die der Nazis erste Komplizen und ihre besten Helfershelfer waren, wußten wahrlich weder was sie taten, noch mit wem sie es zu tun hatten.

Die ungeheure Erregung, in die nachgerade jeder Mensch guten Willens gerät, wenn die Rede auf Deutschland kommt, hat ihren Grund weder in der Existenz jener verantwortungslos Verantwortlichen, über die vermutlich nur die Geschichte ihr Urteil sprechen wird, noch in den Taten der Nazis selbst. Sie ist vielmehr erzeugt von jener ungeheuerlichen Maschine des »Verwaltungsmassenmordes«, zu deren Bedienung man nicht Tausende und nicht Zehntausende ausgesuchter Mörder, sondern ein ganzes Volk gebraucht hat und gebrauchen konnte. In der Organisation, die Himmler für die Niederlage etabliert hat, gibt es nur noch Exekutoren, Opfer und Marionetten, welche über die Leichen ihrer Kameraden, die man früher beliebig aus jeder SA-Kolonne und heute aus jedem Truppenteil und aus jeder anderen Massenformation herausschießen kann, weitermarschieren. Daß in dieser Mordmaschine jeder auf diese oder jene Weise an einen Platz gezwungen ist, auch wenn er nicht direkt in den Vernichtungslagern tätig ist, macht das Grauen aus. Denn der systematische Massenmord, der die reale Konsequenz aller Rassentheorien und aller Ideologien von dem »Recht des Stärkeren« in unserer Zeit ist, sprengt nicht nur die Vorstellungskapazität des Menschen, sondern auch den Rahmen und die Kategorien, in welchen politisches Denken und politisches Handeln sich vollziehen.

228

Wie auch immer das künftige Schicksal Deutschlands aussehen wird, es wird nie mehr enthalten können als die unseligen Folgen eines verlorenen Krieges; und solche Folgen sind der Natur der Sache nach temporär. Eine politische Antwort auf diese Verbrechen gibt es in keinem Fall; denn eine Ausrottung von 70 oder 80 Millionen Deutschen oder auch nur eine langsame Aushungerung, an die natürlich niemand außer ein paar psychotischen Fanatikern denkt, würde auch nur bedeuten, daß die Ideologien der Nazis gesiegt hätten, wenn auch die Macht und das »Recht des Stärkeren« sie zu praktizieren auf andere Völker übergegangen sind.

Wie an dem »Verwaltungsmassenmord« der politische Verstand des Menschen still steht, so wird an der totalen Mobilisierung für ihn das menschliche Bedürfnis nach Gerechtigkeit zu schanden. Wo alle schuldig sind, kann im Grunde niemand mehr urteilen. Denn dieser Schuld gerade ist auch der bloße Schein, die bloße Heuchelei der Verantwortung genommen*. Solange die Strafe das Recht des Verbrechers ist – und auf diesem Satz beruht seit mehr als zweitausend Jahren das Gerechtigkeits- und das Rechtsempfinden der abendländischen Menschheit –, gehört zur Schuld ein Bewußtsein, schuldig zu sein, gehört zum Strafen eine Überzeugung von der Verantwortungsfähigkeit des Menschen. Wie es mit diesem Bewußtsein durchschnittlich bestellt ist, hat ein amerikanischer Korrespondent in einer Geschichte geschildert, deren Frage- und Antwortspiel wohl der Einbildungs- und Gestaltungskraft eines großen Dichters wert wäre:

Q. Did you kill people in the camp? A. Yes.
Q. Did you poison them with gas? A. Yes.
Q. Did you bury them alive? A. It sometimes happened.
Q. Were the victims picked from all over Europe? A. I suppose so.

---

* Daß die aus Deutschland Geflüchteten, welche entweder das Glück hatten, Juden zu sein oder rechtzeitig von der Gestapo verfolgt zu werden, von dieser Schuld bewahrt worden sind, ist natürlich nicht ihr Verdienst. Weil sie dies wissen, und weil sie noch nachträglich ein Grauen vor dem Möglichen packt, bringen gerade sie in alle derartigen Diskussionen jenes unerträgliche Element der Selbstgerechtigkeit, das schließlich, bei Juden vor allem, nur in der vulgären Umkehr der Nazi-Doktrinen über sie selbst enden kann und ja auch längst geendet hat.

Q. Did you personally help kill people? A. Absolutely not. I was only paymaster in the camp.

Q. What did you think of what was going on? A. It was bad at first, but we got used to it.

Q. Do you know the Russians will hang you? A. (Bursting into tears) Why should they? *What have I done?*

(Italics mine. PM, Sunday, Nov. 12, 1944.)

Deutsche Übersetzung

Frage: Habt Ihr Leute im Lager getötet? *Antwort:* Ja.

Frage: Habt Ihr sie mit Gas vergiftet? *Antwort:* Ja.

Frage: Habt Ihr sie lebendig begraben? *Antwort:* Das kam manchmal vor.

Frage: Wurden die Opfer aus ganz Europa aufgegriffen? *Antwort:* Das nehme ich an.

Frage: Haben Sie persönlich geholfen, Leute zu töten?
Antwort: Durchaus nicht. Ich war nur Zahlmeister im Lager.

Frage: Was dachten Sie sich denn bei diesen Vorgängen? *Antwort:* Zuerst war es schlimm, aber wir gewöhnten uns daran.

Frage: Wissen Sie, daß die Russen Sie aufhängen werden? *Antwort* (In Tränen ausbrechend): Warum sollten sie das? *Was habe ich denn getan?*

Er hat in der Tat nichts getan – er hat nur Befehle ausgeführt. Und seit wann war es ein Verbrechen, Befehle auszuführen? Seit wann war es eine Tugend zu rebellieren? Seit wann konnte man nur ehrlich sein, wenn man in den sicheren Tod ging? Was also hat er getan?

In seinem Stück »Die letzten Tage der Menschheit«, in welchem er die Vorgänge des letzten Krieges darstellte, ließ Karl Kraus den Vorhang fallen, nachdem Wilhelm II. ausgerufen hatte: »Dies habe ich nicht gewollt.« Und das komisch Grauenhafte lag darin, daß dies in der Tat stimmte. Wenn der Vorhang diesmal fallen wird, werden wir einem ganzen Chor von Spießern zu lauschen gezwungen sein, die ausrufen werden: »Dies haben wir nicht getan.« Und wenn uns auch inzwischen das Lachen vergangen ist, das Grauenhafte wird wieder darin liegen, daß es in der Tat stimmt.

Um zu wissen, welches die eigentliche Triebfeder im Herzen der Menschen ist, durch die sie in die Maschine des Massenmords einzuschalten waren, werden uns Spekulationen über deutsche Geschichte und den sogenannten deutschen Nationalcharakter, von dessen Möglichkeiten die besten Kenner Deutschlands vor 15 Jahren noch nicht die leiseste Ahnung hatten, wenig nutzen. Aufschlußreicher ist die eigentümliche Figur dessen, der sich rühmen kann, das organisatorische Genie des Mordes zu sein. Heinrich Himmler gehört nicht zu jenen Intellektuellen, welche aus dem dunklen Niemandsland zwischen Boheme- und Fünf-groschen-Juden-Existenz stammen und auf dessen Bedeutung für die Bildung der Nazi-Elite in neuerer Zeit wiederholt hinge-wiesen ist. Er ist weder ein Bohemien wie Goebbels noch ein Se-xualverbrecher wie Streicher noch ein pervertierter Fanatiker wie Hitler noch ein Abenteurer wie Göring. Er ist ein Spießer mit allem Anschein der Respectability, mit allen Gewohnheiten des guten Familienvaters, der seine Frau nicht betrügt und für seine Kinder eine anständige Zukunft sichern will. Und er hat seine neueste, das gesamte Land umfassende Terror-Organisa-tion bewußt auf der Annahme aufgebaut, daß die meisten Men-schen nicht Bohemiens, nicht Fanatiker, nicht Abenteurer, nicht Sexualverbrecher und nicht Sadisten sind, sondern in erster Linie jobholders und gute Familienväter.

Es war, glaube ich, Péguy, der den Familienvater den »grand aventurier du 20e siècle« genannt hat; er ist zu früh gestorben, um in ihm noch den großen Verbrecher des Jahrhunderts zu er-leben. Wir sind so gewohnt gewesen, in dem Familienvater die gutmütige Besorgtheit, die ernste Konzentriertheit auf das Wohl der Familie, die feierliche Entschlossenheit, Frau und Kindern das Leben zu weihen, zu bewundern oder zu belächeln, daß wir kaum gewahr wurden, wie der treusorgende Hausvater, der um nichts so besorgt war wie Sekurität, sich unter dem Druck der chaotischen ökonomischen Bedingungen unserer Zeit in einen Abenteurer wider Willen verwandelte, der mit aller Sorge des nächsten Tages nie sicher sein konnte. Seine Docilität war in den Gleichschaltungen zu Beginn des Regimes bereits bewiesen wor-den. Es hatte sich herausgestellt, daß er durchaus bereit war, um der Pension, der Lebensversicherung, der gesicherten Existenz von Frau und Kindern willen Gesinnung, Ehre und menschliche Würde preiszugeben. Es bedurfte nur noch der teuflischen Genialität Himmlers, um zu entdecken, daß er nach solcher Degradierung aufs beste präpariert war, wortwörtlich alles zu tun, wenn man den Einsatz erhöhte und die nackte Existenz der Familie bedrohte. Die einzige Bedingung, die er von sich aus stellte, ist, daß man ihn von der Verantwortung für seine Taten radikal freisprach. Es ist der gleiche Durchschnittsdeutsche, den die Nazis trotz wahnsinnigster Propaganda durch Jahre hindurch nicht dazu haben bringen können, einen Juden auf eigene Faust totzuschlagen (selbst nicht, als sie es ganz klar machten, daß solch ein Mord straffrei ausgehen würde), der heute widerspruchslos die Vernichtungsmaschinen bedient. Im Gegensatz zu den früheren Formationen von SS und Gestapo rechnet die Himmlersche Gesamtorganisation weder mit Fanatikern noch mit Lustmördern noch mit Sadisten; sie rechnet einzig und allein mit der Normalität von Menschen vom Schlage Herrn Heinrich Himmlers.

Daß kein besonderer Nationalcharakter erforderlich ist, um den neuesten Typ des Funktionärs zum Funktionieren zu bringen, bedarf wohl nach den traurigen Nachrichten über Letten, Litauer, Polen und sogar Juden in Himmlers Mordorganisation keiner besonderen Erwähnung. Sie alle sind nicht von Natur Mörder und nicht aus Perversion Verräter. Es ist noch nicht einmal sicher, ob sie funktioniert hätten, wenn nur ihr eigenes Leben und ihre eigene Existenz auf dem Spiel gestanden hätten. Sie fühlten sich, nachdem sie Gott nicht mehr fürchteten und ihr Gewissen ihnen durch den Funktionscharakter ihrer Handlungen abgenommen war, nur noch ihrer Familie verantwortlich. Die Verwandlung des Familienvaters aus einem an den öffentlichen Angelegenheiten interessierten, verantwortlichen Mitglied der Gesellschaft in den Spießer, der nur an seiner privaten Existenz hängt und öffentliche Tugend nicht kennt, ist eine moderne internationale Erscheinung. Die Nöte unserer Zeit – »bedenkt den Hunger und die große Kälte in diesem Tale, das von Jammer schallt« (Brecht) – können ihn jeden Tag zum Spielball allen Wahnsinns und aller Grausamkeit machen. Jedesmal, wenn die Gesellschaft in der Erwerbslosigkeit den kleinen Mann um sein normales Funktionieren und seine normale Selbstachtung bringt, bereitet sie ihn auf jene letzte Etappe vor, in der er jede Funktion, auch den Job des Henkers zu übernehmen bereit ist. Ein aus Buchenwald entlassener Jude entdeckte unter den SS-Leuten, die ihm seine Entlassungspapiere aushändigten, einen ehemaligen Schulkameraden, den er nicht ansprach, wohl aber ansah. Darauf sagte der so Betrachtete sehr spontan: Du mußt verstehen – ich habe fünf Jahre Erwerbslosigkeit hinter mir; mit mir können sie alles machen.

Es ist richtig, daß dieser moderne Typus Mensch, den wir mangels eines besseren Namens noch mit dem alten Wort Spießer bezeichnet haben, auf deutschem Boden eine besonders gute Chance des Blühens und Gedeihens hatte. Kaum ein anderes der abendländischen Kulturländer ist von den klassischen Tugenden des öffentlichen Lebens so unberührt geblieben; in keinem haben privates Leben und private Existenz eine so große Rolle gespielt. Diese Tatsache haben die Deutschen in Zeiten nationaler Not immer wieder mit viel Erfolg verschleiert, aber nicht geändert. Hinter der Fassade behaupteter und propagierter »Nationaltugenden« wie »Vaterlandsliebe«, »deutscher Mut«, »deutsche Treue« usw. versteckten sich entsprechende wirklich existierende National-Laster. Es gibt kaum irgendwo durchschnittlich so wenig Patriotismus wie gerade in Deutschland; und hinter der chauvinistischen Anmaßung von »Treue« und »Mut« verbirgt sich ein verhängnisvoller Hang zur Untreue und zum Verrat aus Opportunismus.

Der Spießer selbst aber ist eine internationale Erscheinung und wir täten gut daran, ihn nicht im blinden Vertrauen, daß nur der deutsche Spießer solch furchtbarer Taten fähig ist, allzusehr in Versuchung zu führen. Der Spießer ist der moderne Massenmensch, betrachtet nicht in seinen exaltierten Augenblicken in der Masse, sondern im sicheren oder vielmehr heute so unsicheren Schutz seiner vier Wände. Er hat die Zweiteilung von Privat und Öffentlich, von Beruf und Familie, so weit getrieben, daß er noch nicht einmal in seiner eigenen identischen Person eine Verbindung zwischen beiden entdecken kann. Wenn sein Beruf ihn zwingt, Menschen zu morden, so hält er sich nicht für einen Mörder, gerade weil er es nicht aus Neigung, sondern beruflich getan hat. Aus Leidenschaft würde er nicht einer Fliege etwas zu Leide tun.

Wenn man einem Individuum dieser neuesten Berufsgattung, die unsere Zeit hervorgebracht hat, morgen sagen wird, daß es zur Verantwortung gezogen wird, so wird es sich nur betrogen fühlen. Wenn es aber im Schock der Katastrophe zum Bewußtsein davon kommen sollte, daß es in Wahrheit nicht nur ein beliebiger Funktionär, sondern ein Mörder ist, so wird es auch nicht den Weg der Rebellion, sondern den Weg des Selbstmordes gehen – wie ihn schon so viele in Deutschland, wo es offenbar eine Selbstmordwelle nach der anderen gibt, gegangen sind. Und damit wäre uns auch nicht sehr viel geholfen.

Seit vielen Jahren begegnen mir Deutsche, welche erklären, daß sie sich schämten, Deutsche zu sein. Ich habe mich immer versucht gefühlt, ihnen zu antworten, daß ich mich schämte, ein Mensch zu sein. Diese grundsätzliche Scham, die heute viele Menschen der verschiedensten Nationalitäten miteinander teilen, ist das einzige, was uns gefühlsmäßig von der Solidarität der Internationalen verblieben ist; und sie ist bislang politisch in keiner Weise produktiv geworden. Die Menschheits-Schwärmerei unserer Väter hat nicht nur leichtfertig die sogenannte »nationale Frage« übersehen; sie hat, was ungleich schlimmer ist, den Ernst und den Schrecken der Idee der Menschheit und des jüdisch-christlichen Glaubens an einen einheitlichen Ursprung des Menschengeschlechts noch nicht einmal geahnt. Es war schon nicht sehr angenehm, die trügerische Hoffnung auf den »edlen Wilden« begraben und entdecken zu müssen, daß Menschen auch Kannibalen sein können. Seither haben die Völker einander besser und besser kennengelernt, haben sie mehr und mehr über die Möglichkeiten zum Bösen im Menschen erfahren. Der Erfolg ist, daß sie mehr und mehr vor der Idee der Menschheit zurückscheuen und immer anfälliger für Rasse-Doktrinen werden, welche die Möglichkeit der Menschheit prinzipiell verneinen. Sie spüren instinktiv, daß in der Idee der Menschheit, gleich ob sie in religiöser oder humanistischer Form auftritt, eine Verpflichtung zu einer Gesamtverantwortlichkeit mitenthalten ist, die sie nicht zu übernehmen wünschen. Denn die Idee der Menschheit, gereinigt von aller Sentimentalität, hat politisch die sehr schwerwiegende Konsequenz, daß wir in dieser oder jener Weise die Verantwortung für alle von Menschen begangenen Verbrechen, daß die Völker für alle von Völkern begangenen Untaten die Verantwortung werden auf sich nehmen müssen. Die Scham, daß man ein Mensch ist, ist der noch ganz individuelle und unpolitische Ausdruck für diese Einsicht.

Politisch gesprochen ist die Idee der Menschheit, von der man kein Volk ausschließen und innerhalb derer man keinem ein Monopol des Lasters zubilligen kann, die einzige Garantie dafür, daß nicht eine »höhere Rasse« nach der anderen sich verpflichtet glauben wird, den Naturgesetzen des »Recht des Stärkeren« zu folgen und die »niederen lebensunfähigen Rassen« auszurotten – bis schließlich am Ende des »imperialistischen Zeitalters« wir uns auf einer Bahn bewegen werden, auf der die Nazis wie dilettantische Vorläufer einer zukünftigen Politik sich ausnehmen werden. Eine nicht-imperialistische Politik zu machen, eine nicht-rassistische Gesinnung sich zu bewahren wird täglich schwerer, weil täglich klarer wird, was für eine Last die Menschheit für den Menschen ist.

Vielleicht haben jene Juden, deren Vätern die erste Konzeption der Idee der Menschheit zu danken ist, etwas über diese Last gewußt, wenn sie alljährlich im »Owinu Malkenu chotonu lefonecho« nicht nur alle in der Gemeinde begangenen Sünden, sondern alle menschlichen Verfehlungen überhaupt auf sich nahmen. Diejenigen, die heute bereit sind, in moderner Form diesen Weg wieder zu gehen, haben sich vermutlich nicht pharisäisch mit dem Stoß-Seufzer des »Gott-sei-Dank-ich-bin-nicht-so« über die ungeahnten Möglichkeiten des »deutschen Nationalcharakters« entsetzt; dafür haben sie in Furcht und Zittern endlich begriffen, wessen alles der Mensch fähig ist – und dies ist in der Tat eine Vorbedingung modernen politischen Denkens. Sie werden sich vermutlich nicht sehr gut zu Funktionären der Rache eignen. Eines aber ist sicher: auf sie und nur auf sie, die eine genuine Angst vor der notwendigen Verantwortung des Menschengeschlechts haben, wird Verlaß sein, wenn es darum geht, gegen das ungeheure Übel, das Menschen anrichten können, furchtlos und kompromißlos und überall zu kämpfen.

(27) *Max Frisch*
   Drei Entwürfe zu einem Brief
   nach Deutschland

Der nachfolgende Text erschien zuerst in der Zeitschrift *Die Wandlung*,
Heft 6, August 1947 (S. 478–483). Die Redaktion bemerkte vorweg:
   »Der Schreibende ist ein schweizerischer Dichter und lebt in Zürich.
Alle sonstigen Daten, die diesem Brief vorausliegen, gehen aus dem Text
selbst hervor.«

Erster Entwurf

Sie schreiben mir als Deutscher, als junger Obergefreiter, der vor
Stalingrad war, und Sie schreiben sehr höhnisch; es empört Sie,
daß ein Ausländer, ein Verschonter, vom Tod schreibt.
   Was kann ich Ihnen antworten?
   Sie haben nämlich recht, ich habe nie gesehen, wie ein Soldat
fällt, und es fehlte denn auch, wie Sie aus dem kleinen Vorwort
wissen, nicht an eigenen Bedenken, ob uns eine Aussage überhaupt anstehe. Als kleiner Bub mußte ich meiner Großmutter
eine Nelke in den offenen Sarg legen, es war mir widerlich, und
schon größeren Eindruck machte mir ein sterbendes Pferd, das
einmal vor unserem Hause lag; später dann, als ich Ihres Alters
war, stand ich vor dem verzinkten Sarg einer jungen Frau, die ich
liebte, übrigens war es eine Deutsche, und die Erinnerung an sie,
der ich soviel verdanke, hat mich oft gesondert, wenn man die
Deutschen haßt. Das alles und vieles andere, ich gebe es zu, war
nur ein Anblick des Todes, oder wie Sie sehr spöttisch sagen, ein
bloßes Schauspiel. Ich frage mich, was es ändern würde, wenn
ich sehen könnte, wie ein Soldat fällt; für mich, der ich ihn über-
lebe, wäre es wiederum nur ein Anblick, und ich hätte, wie Sie
mir beweisen, abermals nichts erlebt. Einmal stand ich vor einem
Kinderbett und vor einem ganz kleinen Kind, das über Nacht erstickt war, und draußen war es ein herrlicher Morgen, während
ich die junge Mutter halten mußte, die immer wieder versuchte,
ob sich die bläulichen Ärmchen nicht wecken lassen; oder wir
standen an einem friedlichen Bahnhof, schöpften Tee und gaben
ihn den Skeletten, die damals gerade aus deutschen Lagern ka-

men; man konnte darauf warten, daß ihnen der laue Tee, den sie nicht mehr halten konnten, sofort wieder zum After hinauslief, und es ließe sich noch vieles erzählen, was ich für ein Erlebnis hielt, und es änderte nichts daran, daß Sie irgendwie recht haben; es gibt noch eine andere Seite des Todes, eine ungewöhnliche, die nur der Krieg zeigt: ich habe noch niemals schießen müssen, und vielleicht liegt darin das Entscheidende, was Sie erlebt haben, was Sie anders erlebt haben –

Warum sprechen Sie nicht davon?

»Die einzigen, die uns raten und helfen können, werden letzten Endes nur wir selber sein. Die Erfahrungen haben uns gelehrt. Ich glaube, daß wir, die diese Erlebnisse hinter uns haben, eher dem Ausland helfen können als umgekehrt, ausgenommen vielleicht in materieller Hinsicht.«

Dennoch bitten Sie um eine Antwort, und je öfter ich Ihren leidenschaftlichen Brief lese, der mich bald eine Woche beschäftigt, um so ratloser bin ich; das alles haben Sie in bittrer Kälte geschrieben, hungrig, und ich sitze in einer kleinen warmen Dachstube; Sie sind für mich der junge Deutsche, und ich bin für Sie das bekannte Ausland, und Sie antworten auf Vorwürfe, die ich nicht erhoben habe:

»Es ist nicht wahr, daß das deutsche Volk all diese abscheulichen Dinge kannte, wie das Ausland meint, wohl hat mancher Vereinzelte um solche Erschießungen gewußt oder sie als Soldat selber mitgemacht, aber alle seine Kameraden, alle seine Freunde, seine Eltern und Bekannten wußten nichts davon und waren fürchterlich entsetzt, wenn ihnen davon berichtet wurde; nur die wenigsten schenkten solchen Berichten überhaupt Glauben –.«

Wenn Sie solche Sätze wiederlesen, haben Sie nicht selber den Eindruck, daß Sie im Kreise herumschlagen, daß Sie sich immerzu wehren und nicht wissen, wogegen Sie sich eigentlich wehren, und daß es wahrscheinlich genügen würde, wenn Sie selber es wüßten. Was Sie zuvor über Rat und Hilfe sagten, glaube ich auch, wenigstens zum Teil; das Stück*, das Sie empört, ist nicht aus der vermessenen Absicht entstanden, dem deutschen Volk zu raten, sondern einfach aus dem Bedürfnis, eine eigene Bedrängnis loszuwerden.

---

* Es handelt sich um ein Theaterstück von Max Frisch; es heißt: »Nun singen sie wieder«.

»Was Ihr alter Pope über die Liebe sagt: sie sei schön, denn sie wisse, daß sie umsonst sei, und dennoch verzweifle sie nicht – woher wissen Sie das?«

Ich weiß es nicht.

Eine Deutung, die jemand versucht, ist kein Befehl, daß Sie sich dieser Deutung unterwerfen müssen. Ich werde mich auch der Ihren nicht unterwerfen, wenn Sie eine solche äußern, sondern wir müßten versuchen, ob ich Sie begreifen kann. Das bedeutet vorerst: ob ich hören kann, was Sie sagen möchten. Im weiteren müßte ich prüfen, wieweit Ihre andere Deutung, die aus Ihren anderen Erlebnissen hervorgeht, auch für mich gilt, wieweit sie meine bisherige Deutung erweitern, umstürzen, beschränken oder vertiefen kann. Das Ganze wäre dann ein Gespräch, und es wäre noch immer schwierig genug, daß wir zusammen über diese Dinge sprechen, die mindestens unseren ganzen Erdteil angehen und die wir an so verschiedenen Orten natürlicherweise sehr verschieden erlebt haben. Ihr Verhalten, das ein Gespräch so erschwert, kommt vielleicht daher, daß Sie bisher nur das Gehorchen und das Befehlen üben mußten, aber noch keine eigene Ansicht haben von den Dingen, die Sie aus nächster Nähe sehen; jedenfalls äußern Sie keine, sondern schreiben zum Schluß:

»Ich möchte übrigens betonen, daß alles, was ich Ihnen da schreibe, nichts mit einer politischen Ansicht zu tun hat!«

Wäre das ein Schaden?

Es ist nicht unmöglich, daß wir uns in den nächsten Monaten einmal in München treffen. Jedenfalls will ich Ihre Adresse bewahren. Vielleicht kommt mehr zustande, wenn wir mündlich über diese Dinge sprechen; solange ich kein Gesicht sehe, spüre ich mehr und mehr, daß ich nicht mit Ihnen rede, sondern mit allen deutschen Briefen, die bisher gekommen sind, und es ist eine ordentliche Schachtel voll. Fast alle, obschon sie uns wertvoll sein müßten, haben eine Arroganz, die keine Antwort mehr zuläßt, und aus dem empfindlichen Unwillen, daß man abermals den Krieg verloren hat, wuchert es von hastigen Mißverständnissen, mehr als man jemals berichtigen kann, und in der ganzen Schachtel ist fast kein Gedanke, den man nicht als Schablone schon kennt. Ich sage mir dann selber: Das ist der Hunger, die Kälte, das Elend. – Aber warum soll ich, und das fordern so viele, eben dieses Elend anbeten?

Elend bringt Reife, hin und wieder mag das stimmen, und jedenfalls fehlt es unsrer Zeit nicht an Elend. Daß es auch Elend gibt ohne sittlichen Ertrag, Elend, das sich auch in Geist und Seele nicht lohnt, eben darin besteht das eigentliche Elend, das hoffnungslos ist, tierisch und nichts als dies, und jede Verbeugung davor schiene mir schamlos, eine Weihung der Bomben, eine literarische Ehrfurcht, die immer noch auf eine Vergötzung der Kriege hinausläuft, also auf das Gegenteil unsrer Aufgabe, die darin besteht, daß wir das Elend bekämpfen: mit Brot, mit Milch, mit Wolle, mit Obst und nicht zuletzt eben damit, daß wir das Elend nicht als solches bewundern, daß wir vor dem Elend nicht in die Knie sinken und in Andacht verstummen, und zwar auch dann nicht, wenn der Leidende selber diesen Anspruch an uns stellt. Man kann sich, so schauerlich es ist, auch mit dem Elend brüsten; schon das spräche gegen den sittlichen Wert des Elendes. Daß es den Durchschnitt der Menschen verwandle und vertiefe und erhöhe, wenn sie auf Schutt und Asche leben, das bleibt eine Hoffnung, die wir aus der Belletristik kennen. Eine gefährliche Hoffnung, die vielleicht auch Sie bestimmt: Sie sind nicht mehr der Sieger, aber der Mann, der dabei war und als solcher erhaben über alle andern, die nichts erlebt haben, weil sie nicht den Krieg erlebt haben; Ihr armes Volk ist nicht mehr das herrenhafteste, aber das Volk, das auf dieser Erde am meisten leidet, sofern wir die Juden und die Polen und die Griechen und alle anderen vergessen; es ist das Volk, das von Gott am meisten geprüft wird, woraus hervorgeht, daß Gott mit diesem Volk am meisten vorhat. Ihre besten Dichter finden Worte dafür: Völker der Welt, wir leiden für euch und eure Verschuldungen mit! Als ob es an den eignen Verschuldungen nicht genügte, als ob niemand gelitten hätte in den Jahren, da Ihre eignen Kameraden und Eltern und Bekannten, wie Sie sagen, solchen Berichten überhaupt keinen Glauben schenkten. Warum ist es niemals ein Volk unter Völkern? Das ist es, was ich vorhin mit der Arroganz meinte, und ich bitte Sie, daß Sie mich das böse Wort zurücknehmen lassen. Ich habe, solange ich in dieser warmen Dachstube sitze, weniger Anrecht als Sie, einem empfindlichen Unwillen nachzugeben. Immer wieder sehe ich Ihren handschriftlichen Nachsatz, der dringend um Antwort bittet. Was aber soll ich antworten können, solange Sie eine menschliche Gleichberechtigung, die uns selbstverständlich scheint, anzunehmen sich nicht begnügen?

Sie schreiben mir als Obergefreiter, der vor Stalingrad war, und ich habe schon einmal eine Antwort versucht. Ihr Brief hat mich betroffen, und zwar, wie ich glaube, in einem Bereich, wo es nicht darum geht, daß wir verschiedene Vaterländer haben. Anfang dieses Jahres war ich in Deutschland; auch dort verging kein Tag, ohne daß ich urteilte, bald so, bald anders, es reißt einen hin und her, und was es noch mühsamer macht: man macht sich Vorwürfe, daß man überhaupt urteilt. Und ich meine das ganz allgemein, irgendwie ist man immer ein Ausländer. Wie können wir über eine Frau urteilen, da wir niemals ein Kind gebären werden? Wie können wir über einen Vater urteilen, dessen Lebensalter wir noch nicht erfahren haben? Wie können wir überhaupt urteilen über einen Menschen, der immer ein andrer sein wird? Jedes Urteil bleibt eine Anmaßung, und darin hat Ihre Empörung wahrscheinlich recht, gleichviel, daß auch die Deutschen, wie Sie wissen, über andere Völker urteilen. Was tun? Niemand möchte ein Pharisäer sein, alles, nur das nicht; vielleicht ist man aber wirklich einer, vielleicht nicht immer, mindestens aber dann, wenn ich besorgt bin um den guten Anschein der eignen Person, nicht um das Elend, das wir vor Augen haben, nicht um die Erkenntnis seiner Gründe. Auch das Verzeihen, das sich als nächster Ausweg anbietet, setzt natürlich schon eine Verurteilung voraus; es ist eigentlich kein Unterschied in der Anmaßung, es kommt nur noch die Angst hinzu, daß man sich einer Anmaßung schuldig mache, und man ist also feige obendrein, man greift nicht zum Messer, weil man sich nicht ins eigne Fleisch schneiden will, indem man urteilt. Man schweigt und kommt sich christlich vor, indem man sein eigenes Erbarmen genießt, eine Art von Erbarmen, das nichts verändert, der bloße Verzicht, sich in das Wagnis eines Urteils einzulassen, ist ja noch keine Gerechtigkeit, geschweige denn Güte oder sogar Liebe. Er ist einfach unverbindlich, weiter nichts. Nun ist aber gerade die Unverbindlichkeit, das Schweigen zu einer Untat, die man weiß, wahrscheinlich die allgemeinste Art unsrer Mitschuld.

Sie schreiben mir als Obergefreiter, der vor Stalingrad war, und
da ich Sie, je öfter ich den Brief lese, immer weniger begreifen
kann, bleibt vielleicht nichts anderes übrig, als daß ich von unserem Standort berichte, wenn Sie dafür Interesse haben. Die Frage
nach unsrer Zuständigkeit, die Sie aufwerfen, gehört tatsächlich
zu den Fragen, die uns schon während des Krieges, als unsere
Verschonung durchaus nicht sicher war, bis zur Verwirrung beschäftigt haben. Wer in jenen Jahren schrieb und zu den Ereig-
nissen schwieg, die uns zur Kenntnis kamen und manches teure
Vertrauen erschütterten, am Ende gab natürlich auch er eine
deutliche und durchaus entschiedene Antwort dazu; er begegnete der Zeit nicht mit Verwünschungen, nicht mit Sprüchen eines Richters, sondern mit friedlicher Arbeit, die versucht, das
Vorhandensein einer andern Welt darzustellen, ihre Dauer aufzuzeigen. Er äußerte sich zum Zeitereignis, indem er es nicht,
wie andere fordern, als das einzig Wirkliche hinnahm, sondern
im Gegenteil, indem er ihm alles entgegenstellte, was auch noch
Leben heißt. Vielleicht wäre das, sofern es nicht zur bloßen Ausflucht wird, sogar die dringendere Tat, die eigentlich notwen-
dende. Die Gefahr allerdings, daß sie zur bloßen Ausflucht wird,
liegt bei den Verschonten aller Art immer in nächster Nähe. Die
Dichter eines Kriegslandes sind durch ein Feuer gegangen, ein
öffentliches, ein allgemein sichtbares, und was zu sagen ihnen
noch bleibt, hat jedenfalls eine Probe bestanden. Auch in unseren Augen, vor allem in unseren Augen erscheinen sie mit der
Gloriole eines Geläuterten. Natürlich kamen auch falsche Glo-
riolen, und sie haben, wie erwartet, Helvetier auf Knien gefunden. Halten wir uns aber an die wirklichen. Was haben, verglichen mit ihnen, die Schaffenden unseres Landes auszusagen?

Die Frage scheint bedrängend.

Wir haben den Krieg nicht am eignen Leib erlitten, das ist das
eine, und andererseits haben natürlich auch wir ein gewisses Erleben von Dingen, die unser Schicksal bestimmen. Daß der Krieg
uns im höchsten Grade anging, auch wenn er uns nochmals verschonen sollte, wußte jedermann. Unser Glück blieb ein schein-
bares. Wir wohnten am Rande einer Folterkammer, wir hörten
die Schreie, aber wir waren es nicht selber, die schrien; wir selber
blieben ohne die Tiefe erlittenen Leidens, aber dem Leiden zu

nahe, als daß wir hätten lachen können. Unser Schicksal schien die Leere zwischen Krieg und Frieden. Unser Ausweg blieb das Helfen. Unser Alltag, den wir auf dieser Insel verbrachten, war voll fremder Gesichter: Flüchtlinge aller Art, Gefangene und Verwundete. Wir hatten, ob wir mochten oder nicht, einen Anblick dieser Zeit, wie er für ein Volk, das außerhalb des Krieges steht, nicht aufdringlicher hätte sein können. Wir hatten sogar, was die Kriegsländer nicht haben: nämlich den zwiefachen Anblick. Der Kämpfende kann die Szene nur sehen, solange er selber dabei ist, der Zuschauer sieht sie immerfort. Zwar hatten wir durchaus unsere leidenschaftlichen Wünsche, aber nicht die Not des Kämpfers: nicht die Versuchung zur Rache. Vielleicht liegt darin das eigentliche Geschenk, das den Verschonten zugefallen ist, und ihre eigentliche Aufgabe. Sie hätten die selten gewordene Freiheit, gerecht zu bleiben. Mehr noch! Sie müßten sie haben. Es ist die einzig mögliche Würde, womit wir im Kreise leidender Völker bestehen können –

(Nicht abgeschickt)

(28) *Horst Krüger*
Gerichtstag

Für die Zeitschrift *Der Monat* schrieb Horst Krüger 1964 seine Reportage vom Auschwitzprozeß, dazu initiiert von Fritz Bauer, dem hessischen Generalstaatsanwalt. Der Text, etwas überarbeitet und erweitert, ist nun in die Neuausgabe von Krügers Erinnerungsbuch *Das zerbrochene Haus. Eine Jugend in Deutschland* (Hamburg 1976, erstmals 1966 erschienen) aufgenommen; dort der nachfolgende Auszug S. 197–212.

(Horst Krüger, Jahrgang 1919, im Nachwort zum *Zerbrochenen Haus*, S. 227 f.: »Die Generation derer, die Zuschauer, Mitspieler, Gegenspieler, auf jeden Fall Zeitgenossen Adolf Hitlers waren, beginnt sich zu lichten. Der Zeitpunkt ist absehbar, da es Augenzeugen jener zwölf Jahre kaum noch geben wird. Was lehrbar und lernbar aus dieser Epoche war, ist heute in vielen historischen Werken und Schulbüchern aufbereitet. Was sich aber zwischen den mörderischen Felsblöcken der Geschichte, die damals in Bewegung waren, an privatem Versagen, an menschlichem Verhalten und gesellschaftlichem Klima ereignete, ist in Geschichtsbüchern nicht zu fassen. Das humane Hintergrundfresko einer Epoche bedarf der persönlichen Erinnerung und der literarischen Darstellung. Unverändert durch zehn Jahre Entwicklung, bekenne ich: Das Buch enthält authentische Nachrichten aus einem Reich, das, schon versunken, niemals vergessen werden darf. Es enthält die Erfahrung einer Generation, die den neuen, nachwachsenden Generationen, sofern sie wissen wollen, wie es wirklich war, das mit Hitler und den Deutschen, hilfreich sein kann.«)

Ich bin als ein Fremder, ein deutscher Journalist gekommen; ich wollte nur Zuschauer sein, aber während ich jetzt wieder der Stimme folge, spüre ich, daß hier niemand Zuschauer bleiben kann. Die Zeitschranken sind verschoben, Vergangenheit ist Gegenwart geworden, der Film des Lebens ist zurückgespult und läuft noch immer ruckartig an. Und warum soll in diesem Film jetzt nicht gleich ein Bild kommen, das mich zeigt, mich unter lauter Uniformierten, mich im Feldzug gegen den Osten, und was werde ich auf diesem Bild tun? Wer werde ich sein?

»Die Sitzung wird für zehn Minuten unterbrochen.« Ich muß etwas abwesend gewesen sein, ich höre den Satz wie nachträglich und sehe, wie sich plötzlich alles erhebt und rechts und links den beiden Ausgängen zustrebt. Und auch ich erhebe mich wie ein

Träumender, gehe wie abwesend der linken Tür zu, durch die sich jetzt alles drängt, und stehe dann draußen im Foyer und weiß eine Weile nicht, was ich tun soll. Hier geht es zu wie in einer Theaterpause. Das Publikum schöpft Luft, zündet sich Zigaretten an, steht in Gruppen zusammen und bespricht kritisch die Eindrücke. Einige Herren haben sich an die Garderobe begeben und lassen sich von der Garderobenfrau ihre Mäntel reichen. Sind das die Enttäuschten, die Unzufriedenen, die Kenner der Tragödie, die das Stück schon jetzt in der Pause verlassen?

Zwei ältere Herren mit schwarzen Seidenroben, es müssen wohl Anwälte sein, kommen eben aus der Toilette; der eine bleibt vor dem Spiegel stehen und zupft sich bedächtig und ein wenig eitel an seiner weißen Krawatte. Der andere ist zur Garderobenfrau gegangen, hat einige Münzen hingelegt und verlangt eine Coca-Cola, und dann gehen die beiden wieder zurück ins Foyer. Der eine mit der Colaflasche hat wohl einen Witz gemacht, denn der andere beginnt plötzlich unbändig zu lachen: breite, behäbige Frankfurter Bürgergesichter, deftiges Lachen wie in Sachsenhausen, weinfroh und lebenslustig. Alltag des Anwalts – warum soll ein Rechtsanwalt nicht in seiner Arbeitspause lachen?

Da spricht mich jemand an. Es ist ein Kollege, ich kenne ihn seit Jahren, ein Journalist aus Hamburg, er saß selber einmal im KZ, und er beginnt mir nun zu erzählen. Er ist seit dem ersten Tage hier, er kennt alles, berichtet jeden Abend telefonisch für seine Radiostation nach Hamburg. Er hat zahllose Papiere und Notizen bei sich, er spricht von den Richtern, Schöffen, Anwälten und Angeklagten vertraulich wie ein Theaterkritiker von alten bekannten Mimen. »Und die Angeklagten?« frage ich gespannt. »Wo sind denn die eigentlich?« Der Kollege sieht mich etwas erstaunt an, lächelt ironisch, legt die Hand wie zum Flüstern an seinen Mund und sagt: »Na, Mensch, sehen Sie denn nicht, hier direkt neben Ihnen und da hinten die Herren im Sessel. Und die da am Fenster und der da an der Garderobe. Und so.« Und da begreife ich zum erstenmal, daß all diese freundlichen Leute vorhin im Saal, die ich für Journalisten oder Anwälte oder Zuschauer hielt, daß sie ja die Angeklagten sind und daß man sie natürlich nicht unterscheiden kann von uns allen. Zweiundzwanzig Männer sind hier angeklagt, acht sind in Haft, vierzehn gegen Kaution in Freiheit, und alle sehen mit ganz wenigen

Ausnahmen natürlich aus wie alle anderen, benehmen sich wie alle anderen, sind wohlgenährte, gutgekleidete Herren im gehobenen Alter: Akademiker, Ärzte, Kaufleute, Handwerker, Hausmeister, Bürger unserer neudeutschen Gesellschaft im Überfluß, freie Bundesbürger, die draußen wie ich ihr Auto vor dem Römer stehen haben und zur Verhandlung kommen wie ich. Da ist nichts zu unterscheiden. Und ich muß plötzlich an den Film denken, den ich bald nach Kriegsende sah. Er hieß: »Die Mörder sind unter uns«. Das war vor siebzehn Jahren.

Nun ist ein ganz neues Interesse in mir erwacht. Ich bin wieder da, wieder lebendig. Ich möchte sie sehen, beobachten, erkennen. Es muß doch da etwas zu unterscheiden sein. Irgendwie muß es sie doch bedrücken, absondern, einsam machen. Man kann doch nicht mit der Last von Auschwitz auf den Schultern hier herumspazieren, als sei eine Theaterpause. Und ich nähere mich vorsichtig der großen, ledernen Sitzgruppe an der Wand. Fünf wohlbeleibte, gutmütige Herren sitzen dort, etwas massig und aufgequollen, trinken Coca-Cola und Sinalco, rauchen Zigaretten und führen miteinander Gespräche. Herren in der Pause einer Aufsichtsratssitzung. Zwei von ihnen scheinen gehbehindert zu sein, sie haben schwarze Spazierstöcke mit Gummifüßchen bei sich. Sie werden einiges durchgemacht haben. Der Älteste im tadellosen dunkelblauen Anzug hat ein etwas rötliches Gesicht, das Haar schlohweiß, und mein Kollege sagt: »Das ist Mulka, Robert Mulka, SS-Obersturmbannführer und Adjutant des Lagerkommandaten Höß. Heute Exportkaufmann in Hamburg. Er wohnt hier im Frankfurter Hof, und in den verhandlungsfreien Tagen fährt er mit einem TEE rasch einmal nach Hamburg, um nach seinen Geschäften zu sehen. Die Anklage wirft ihm unter anderem vor, für die Einrichtung und Sicherung der Vergasungsanlagen und für die Herbeischaffung des für die Vergasung erforderlichen Zyklon B verantwortlich gewesen zu sein. Mitwirkung bei der Aussonderung an der Rampe, Mitwirkung beim Transport der zur Vergasung ausgesonderten Personen zu den Gaskammern mit Lastkraftwagen.«

Und ich stehe da, bin sprachlos, blicke verstohlen hin und blicke wieder weg, möchte ja nicht aufdringlich wirken, möchte diese Gruppe nicht anstarren, wie man im Zoo seltsame wilde Tiere anstarrt, und bin fassungslos, daß Mörder so aussehen, so harmlos, so freundlich und väterlich. Aber dann wird mir bewußt, daß diese gutmütigen Herren ja keine gewöhnlichen Mörder sind, keine Affekttäter, die jemanden aus Leidenschaft oder Lust oder Verzweiflung umbringen. Das ist ja alles menschlich. Das gibt es. Aber das hier sind die modernen, bisher unbekannten Mörder, die Verwalter und Funktionäre des Massentodes, die Buchhalter und Knopfdrücker und Schreiber der Maschinerie: Techniker, die ohne Haß und Gefühl operieren, kleine Funktionäre aus dem großen Reich von Eichmann – Schreibtischmörder. Hier wird ein neuer Stil des Verbrechens sichtbar: der Tod als ein Verwaltungsakt. Die Mörder sind angenehme und korrekte Beamte.

Der Saal beginnt sich langsam wieder zu füllen. Der Grüne am Eingang hatte dem Publikum im Foyer einen diskreten Wink gegeben, und was eben noch plaudernd und rauchend wie auf einer Party während der Buchmesse miteinander zirkulierte, teilt sich nun wieder auf, übernimmt wieder seine Rollen, ist plötzlich getrennte, geschiedene Gruppe, ist Partei, spielt seine juristische Rolle weiter. Juristen haben immer auch etwas von Schauspielern.

Plötzlich verstehe ich nun auch die Sitzordnung im Saal. Die Angeklagten sitzen direkt vor mir: vier Reihen und jede Reihe sechs Sitze tief bis vor zum Gericht. Die acht Inhaftierten kommen von rechts durch einen Seiteneingang, begleitet von zwei blauen Polizisten. Der eine Inhaftierte mit einem brutalen Lächeln um den Mund hat sich eben zu seinem Anwalt gebeugt und spricht eine Weile mit ihm.

Auch die vierzehn freien Angeklagten haben Platz genommen, jeder hat rechts von sich zwei Anwälte sitzen, die dicke gelbe Leitzordner auf ihren Tischen ausbreiten. In schwarzer Blockschrift steht darauf »Aktenzeichen 4 Ks 2/63«, und daneben in Klammern: »Komplex Auschwitz«. Es berührt mich seltsam, eine solche Chiffre auf Kanzleideckeln wiederzufinden. Und in Klammern und davor auch noch das Wort Komplex.

Einiges hier im Saal ist mir nun klarer. Der Herr direkt vor mir, den ich vorhin schon einmal von hinten angetippt hatte, um ihn nach den Angeklagten zu fragen, aber er gab keine Antwort, ist Schlage, Bruno Schlage, Angeklagter Nr. 8, Hausmeister und Maurerpolier, ein einfaches, etwas primitives Gesicht, schüttere Stehhaare, verkniffene Züge deutscher Subalternfiguren. Die Anklage wirft ihm vor, an den sogenannten Bunkerentleerungen teilgenommen zu haben, das heißt, die Häftlinge aus ihren Zellen zur Erschießung an der sogenannten schwarzen Wand herausgeholt zu haben. »Der Angeschuldigte soll sich an diesen Erschießungen beteiligt haben.« Direkt vor ihm sitzt ein interessanter, intelligent wirkender Kopf. Er heißt Breitwieser, war Jurist und Rechtsberater, seit 1940 nach Auschwitz abkommandiert. Er ist der Angeklagte Nr. 13. Er wirkt so sympathisch und ruhig, daß ich ihn als Angestellten jederzeit engagieren würde. »Die Anklage wirft ihm vor, vom Oktober 1941 ab bei der ersten Vergasung von Menschen, die im Keller des Blocks II durchgeführt wurde, das Giftgas Zyklon B in die Kellerräume eingeführt zu haben, wodurch etwa 850 sowjetische Kriegsgefangene und etwa 220 Häftlinge aus dem Krankenbau getötet wurden.« Gut tausend Tote, das ist in diesem Prozeß sozusagen eine begrenzte Sache, und vielleicht denkt der Angeklagte: Es waren doch nur Russen, keine Juden – nicht wahr? Sein Beruf ist heute Buchhalter.

Ich blättere in den Drucksachen, die mir mein Hamburger Kollege in die Hand gedrückt hat, und da das Gericht noch nicht eingetreten ist, überfliege ich rasch, was da zu dem Angeklagten Boger steht: Wilhelm Boger, 1906 in Stuttgart geboren. Er sitzt vorn, trägt die Anklage-Nr. 3, ist kaufmännischer Angestellter, auch Buchhalter. Was soll das, denke ich? Bestand denn die ganze SS aus Buchhaltern? Ich dachte immer, es wären Helden, Recken, deutsche Männer gewesen. Ich überfliege, was da über Selektionen, Aussonderungen, Vergasungen, Massenerschießungen und »schwarze Wand« steht. Das alles sind Delikte, die ins Zahllose gehen, Massenmorde, unvorstellbar und anonym. Im Grunde sagen sie wenig zum Fall Boger, aber dann lese ich: »Daneben hat sich Boger für viele Einzelhandlungen zu verantworten. So wird ihm unter anderem zur Last gelegt, die Häftlingssekretärin Tofler im Block 11 mit zwei Pistolenschüssen getötet zu haben; einen 60jährigen Geistlichen in der Gefangenenküche so lange unter Wasser gedrückt zu haben, bis er tot war; ein polnisches Ehepaar mit drei Kindern aus einer Entfernung von etwa drei Metern mit der Pistole erschossen zu haben; den polnischen General Dlugiszewski, der zum Skelett abgemagert war, zu Tode getreten zu haben, im Herbst 1944 nach der Niederschlagung des Aufstandes des Sonderkommandos am Krematorium etwa 100 Häftlinge, die sich auf den Boden legen mußten, zusammen mit anderen SS-Angehörigen durch Pistolenschüsse in den Hinterkopf erschossen zu haben.« Und ich blättere weiter und lese schließlich: »Ohne polizeiliche Anmeldung hielt sich Boger nach dem Kriege mehrere Jahre in der Gegend von Crailsheim auf, wo er bei Bauern arbeitete. Später war er in Stuttgart als kaufmännischer Angestellter tätig.«

Und ich denke: Das war er also wieder, ein braver, zuverlässiger Buchhalter, wie man ihn in Stuttgart braucht, ein Mann, auf den man sich verlassen kann, ein Mann, der sich wieder eingerichtet hatte, der wieder schlafen konnte und sicher wieder seine Kameraden und Freunde und eine Familie hatte – die Toten traten nicht in seine Träume. Und gäbe es nicht hier in Hessen, in diesem roten Hessen, diesen mutigen und couragierten Mann, den Generalstaatsanwalt Bauer, einen Glücksfall in unserer Justiz, ein Wunder in unserem Beamtenstaat, und hätte dieser Fritz Bauer nicht schon vor Jahren entschieden: »Wir machen diesen Prozeß, ob er nun populär ist oder nicht, wir machen ihn hier in Frankfurt!«, so könnte Boger vielleicht noch immer in Stuttgart getreulich hinter seinen kaufmännischen Listen sitzen, zöge Linien und Striche und Summen, rot, blau und grün, würde noch immer nicht in seinen Träumen von seinen Opfern heimgesucht. Und Mulka, intelligenter, gebildeter, älter, ehemaliger Adjutant von Höß und erfolgreicher Bundesbürger, würde von Hamburg aus weiter seine Kaffeeimportgeschäfte machen, würde sich gut mit dem Ausland verstehen, wäre sicher ein Demokrat, »abendländisch« gesinnt, CDU-freundlich, aber nicht aktiv, unterwürfig gegenüber dem Westen, hart gegenüber dem Osten, »gegenüber dem Osten müssen wir zusammenhalten«. Und wenn er von Unmenschlichkeit hört, und man hört ja so viel von Unmenschlichkeit aus dem Osten, dann wird er immer an die Kommunisten denken: an Bautzen, Waldheim und Hilde Benjamin – nie an sich selbst.

Wie kann man eigentlich nach Auschwitz wieder ein so ziviler und tüchtiger Bundesbürger werden? Wie geht das? Was sagen die Ärzte, die Psychologen, die Psychiater dazu? Keiner der Angeklagten ist wieder »auffällig« geworden. Alle haben sich wieder ihre Ordnung, ihr Heim, ihre Position geschaffen, waren wieder verdiente und geachtete Bürger ihrer Gemeinden, tüchtig und erfolgreich, oft waren sie beliebt. Da vorn sitzt Kaduk, Angeklagter Nr. 10, Oswald Kaduk, von Beruf Metzger und Krankenpfleger. Er gehört zu den wenigen abstoßenden Gesichtern hier. Er muß das gewesen sein, was man sich unter einem KZ-Schläger in Angstträumen vorstellt: immer brutal, oftmals betrunken. Die Anklage wirft ihm Tausende von Tötungen vor, aber auch hier scheinen mir die kleinen Privatbestialitäten, die sozusagen im Vorübergehen und außer Dienst geschahen, viel aufschlußreicher: erdrosseln, erschlagen, mißhandeln, Häftlinge gegen den Stacheldraht werfen, einen Erhängten, weil der Strick riß, auspeitschen und dann wieder erhängen, Häftlingen den Strick um den Hals legen und dann den Schemel, auf dem sie standen, fortstoßen, einen jungen jüdischen Häftling mit eigenen Füßen zu Tode trampeln, anderen in den Bauch schießen, und das so über Jahre, weil es Hitler doch wollte, und derselbe Kaduk kam 1956 nach West-Berlin, wurde unter der Stadtregierung von Willy Brandt Krankenpfleger, und seine Patienten berichten heute in Briefen an dieses Frankfurter Gericht, daß er ein guter, ein warmherziger, ein fürsorglicher Pfleger war. »Papa Kaduk« wurde er im Krankenhaus genannt.

Wieder dieses Erschrecken in mir: Ist das also der Mensch? Ist er so? Oder ist es vielleicht Reue, Wiedergutmachung, innere Umkehr, Tod des alten Adams? So, wie Kaduk da vorn jetzt neben seinem Anwalt sitzt, breit, massig und selbstbewußt, ein dicker, halsloser Metzgertyp, der seine Sache schlau zu vertreten weiß, macht er nicht diesen Eindruck. Er ist nur der alte Adam, der sich an nichts mehr erinnern kann. Und wenn man ihn nicht eines Tages aus seinem Krankenhaus herausgeholt hätte, wäre er wohl mit Siebzig oder Achtzig in Berlin gestorben, ein betagter und verdienter Bürger der Stadt, der seine Rente und irgendeine Verdienstplakette bekommen hätte, ein Bürger der freien Welt.

Und zum erstenmal begreife ich jetzt, warum es Juden gibt, die in diese zweite deutsche Republik, die doch wieder anständig und erträglich geworden ist, nicht zurückkommen. Angst, ganz private Angst: Der Straßenbahnführer, der Schalterbeamte an der Post oder bei der Bahn, der Apotheker oder eben dieser tüchtige Krankenpfleger aus West-Berlin – natürlich, sie alle könnten es gewesen sein. Man weiß es wirklich nie, New York oder Tel Aviv sind da sicherer, und wer nur Tote in diesem Land zu betrauern hat, darf er nicht, muß er nicht diese kleine private Todesangst vor uns Deutschen haben?

Seit zehn Minuten spricht nun wieder die Stimme über den

Lautsprecher. Ich weiß inzwischen, daß sie dem ersten Zeugen der Anklage gehört, dem ersten Zeugen von hundertfünfzig, die folgen werden. Der Zeuge heißt Dr. Wolken, ist ein Arzt aus Wien, ein weißhaariger, älterer Herr, der in seinen Bewegungen etwas steif und starr wirkt. Er ist schwerbeschädigt. Auch er hat überlebt, auch er hat sich wieder eingerichtet, auch er ist wieder ein Bürger seines Landes geworden mit Familie, Freunden und Kollegen – Täter und Opfer haben beide überlebt. Ihr Überleben und ihre Konfrontation ist die Voraussetzung dieses Prozesses. Was sie trennt, ist heute vor allem die Psychologie der Erinnerung, der Mechanismus des Vergessens. Die einen wollen vergessen, aber können es nicht. Die anderen sollten sich hier erinnern, aber sie können es nicht. Sie haben alles vergessen, nur Radieschen gepflanzt und Kindergärten angelegt und Sport getrieben. Ich weiß nicht, was qualvoller ist: Erinnern oder Vergessen. Freud hat immer gelehrt, daß Schuld nie vergessen, sondern nur verdrängt werden kann und daß sie aus der Verdrängung zu Neurosen und Zwängen führt.

Aber stimmt Freud angesichts von Mulka und Genossen? Wo sind da Neurosen? Und ist Bewußtmachen, Aussprechen wirklich Erlösung? Ist es nicht eine neue Tortur des Erlebens? Ich höre wieder die Stimme: »Eine Gruppe von neunzig Kindern kam, blieb einige Tage im Quarantänelager, dann trafen Lastwagen ein, auf die sie verladen wurden, um zu den Gaskammern gefahren zu werden. Einer war da, ein etwas älterer Junge, der rief ihnen zu, als die Kinder sich sträubten: Steigt's nur hinauf aufs Auto, schreit doch nicht. Ihr habt's doch gesehen, wie eure Eltern und Großeltern vergast wurden. Dort oben sehen wir sie wieder. Und dann wendete sich der Junge zu den SS-Leuten und rief: Aber glaubt nur nicht, daß euch das geschenkt wird. Ihr werdet krepieren, wie ihr uns krepieren laßt.« Und die Stimme im Lautsprecher fügt nach einer Pause hinzu: »Es war ein mutiger Junge. Er hat in diesem Augenblick gesagt, was er sagen mußte.«

Es ist ein qualvoller Augenblick. Elf Uhr siebenunddreißig zeigt die Uhr im Saal. Aber stimmt diese Zeit eigentlich? Steht sie hier nicht für einen Augenblick still? Es ist einer jener Momente, wo das Gericht nicht mehr Gericht ist, wo sich die Wände öffnen, wo es zum Tribunal des Jahrhunderts wird. Es geht doch jetzt gar nicht um diese vielen kleinen Bösewichte, diese Mulkas und Bogers und Kaduks. Hier wird Geschichte bezeugt, Geschichte geschrieben, Bestand aufgenommen, Zeugnis vom Totentanz im 20. Jahrhundert abgelegt. Die Spieler dieses schauerlichen Stückes sind versammelt, die Täter und die Opfer, sie sollen sich hier sehen, sollen bezeugen, was war, sollen der Welt sagen, was da einmal geschah. Und auch dies war geschehen: »Es waren da viele nackte Frauen, die nach einer Selektion auf einen Lastwagen hinaufgeprügelt und dann zur Gaskammer gefahren wurden. Wir standen Appell vor der Baracke, und sie schrien zu uns Männern herüber, sie erhofften von uns Hilfe . . . wir waren doch ihre natürlichen Beschützer. Aber wir standen nur da, zitternd, wir konnten ja nicht helfen. Dann fuhren die Lastwagen fort, und am Ende jeder Kolonne fuhr der Wagen mit dem roten Kreuz. Aber der hatte keine Kranken, er hatte das Giftgas.«

Ich blicke mich im Saal um: überall verlegene Gesichter, betretenes Schweigen, deutsche Betroffenheit – endlich einmal. Links sitzen die Journalisten und schreiben wie gebannt mit. Links oben auf der Empore sitzt das Publikum, etwa hundertzwanzig bis hundertdreißig Menschen, dicht gedrängt, die sich jeden Morgen, schon vor acht Uhr, hier in einer Nebenstraße in einer Schlange anstellen, um die wenigen Eintrittskarten zu bekommen. Wer ist das? Wer kommt von den Deutschen freiwillig hierher? Es sind gute, hoffnungsvolle Gesichter, viel Jugend, Studenten und Schüler, die mit fassungslosem Staunen einem Schauspiel beiwohnen, das ihre Eltern veranstaltet haben sollen. Ihre Eltern? Ach nein, sicher nicht ihre, aber sicher doch andere Eltern. Meine Eltern? Ach nein, sicher nicht meine, aber sicher doch andere Eltern. Ein paar alte Gesichter sind auch da, Sechzig- oder Siebzigjährige, denen man ansieht, daß sie hierher nicht aus Sensationslust kommen. Was da oben fehlt, ist meine Generation, die mittlere Generation, die es doch wohl angeht, die dabei war. Aber die wollen davon nichts mehr wissen, die wissen ja alles, die kennen es, die müssen jetzt kurz vor zwölf arbeiten, verdienen, müssen das Wirtschaftswunder in Gang halten. Wer zurücksieht, ist verloren.

Rechts neben mir sitzen drei Ordensschwestern, mädchenhaft schmal und früh gealtert. Es müssen evangelische Schwestern sein aus Darmstadt. Marienschwestern, die sich nach dem Kriege zum erstenmal zu einer ordensähnlichen Gemeinschaft zusammenschlossen. Sie wollen der christlichen Sühne am Judentum dienen und schicken immer einige Ordensfrauen hierher, damit sie auch wissen, wofür sie beten sollen: Typ einer neuen, modernen Kirche. Beten die Marienschwestern in diesem Augenblick für die nackten Frauen auf dem Lastwagen? Helfen hier Gebete? Helfen hier Richtersprüche und Urteile? Was kann hier überhaupt helfen? Ich weiß es nicht, ich schon gar nicht, ich weiß nur plötzlich, daß ich nun wirklich im Auschwitz-Prozeß bin und daß es gut war, zu kommen.

Denn so wird es nun weitergehen: wochenlang, monatelang, vielleicht jahrelang, Hunderte von Menschen werden kommen aus Amerika und Israel, aus Kanada und England, all die verstreuten Kinder dieser toten Stadt werden aus ihrer kleinen winzigen Häftlingswelt, Stein um Stein, ein Mosaik des Schreckens zusammensetzen, sie werden ein Labyrinth der Schuld öffnen, dem sich niemand entziehen kann. Dieses Labyrinth wird schrecklich verwirrend sein und alle Selbstgerechtigkeit, alle Überheblichkeit und Klarheit der Ferne grausam zerstören. Es wird hier Zeugen geben, die für SS-Offiziere anerkennend, ja dankbar eintreten. Es gab das. Es gab einige Träger des Totenkopfzeichens, die sich fair und mutig verhielten und sagten: Ich tue das nicht. Sie wurden aufgrund von Häftlingsaussagen schon bald nach dem Kriege freigesprochen. Und es gab Häftlinge, politische Verfolgte, die im Lager zur Macht kamen, Funktionshäftlinge wurden und mehr schlugen, marterten und töteten als mancher Uniformierte. Zum Beispiel der Herr rechts vor mir: Bedenarek, Kaufmann Emil Bedenarek, kein SS-Mann, sondern ein Hitleropfer, hier angeklagt, als politischer Schutzhäftling und Blockältester im Block 8 Mithäftlinge bis zum Tode gepeinigt zu haben. »In zahlreichen Fällen soll er Häftlinge der Strafkompanie gezwungen haben, sich so lange unter die kalte Dusche zu stellen, bis sie unterkühlt waren, erstarrten und umfielen.« Ein Hitleropfer, das nun selber seine Opfer suchte. »Sodann soll der Angeklagte sie auf den Hof des Strafblocks haben heraustragen lassen, wo sie während der Nacht liegenblieben, so daß der größte Teil von ihnen verstarb. Im Sommer 1944 soll sich der Angeklagte besonders dadurch hervorgetan haben, daß er bei der Liquidierung des Familienlagers B II b gemeinschaftlich mit SS-Dienstgraden auf jüdische Häftlinge einschlug, die sich dem Abtransport zur Gaskammer widersetzten. Hierbei kamen mindestens zehn Häftlinge ums Leben.«

Und die Anklageschrift gegen Kaufmann Emil Bedenarek, der heute ein Geschäft und die Bahnhofsgaststätte von Schirnding besitzt, ist damit nicht zu Ende. Ein Hitleropfer, das selber mordete. Das ist das Labyrinth von Auschwitz. Nein, es ist wirklich nicht weit her mit dem Gerücht, hier würde in einer neuen Welle der Justiz Entnazifizierung betrieben, hier suche man späte Sündenböcke, späte Rache an der SS, Hexenjagd auf kleine Nazis. Die Frage der politischen Gesinnung und Organisation wird hier überhaupt nicht gestellt. Es geht nur um Mord. Hier konnten auch Juden zu Verbrechern und SS-Angehörige vereinzelt zu Widerstandskämpfern werden.

Denn das Lager ist nicht nur ein politischer Alptraum, es ist auch eine soziale Realität, eine Extrawelt mit neuen Hierarchien und Privilegien und neuen Formen der Unterdrückung und Bevorzugung. Du kommst aus irgendeinem Grund ins Lager; wenn du aber einmal drinnen bist, gehörst du in diese neue zweite Welt, zu der isolierten Ordnung des Lagers, in dem man nach neuen Gesetzen wieder steigen oder fallen kann. Und wer wollte schon fallen? Ich denke an Filmaufnahmen aus dem Getto in Warschau; man sah da Juden, ausgemergelte jüdische Polizisten mit Armbinden, und die schlugen auf ihre Glaubensbrüder mit Knüppeln ein und hofften so, der SS zu gefallen. Die wollte sich nicht die Hände schmutzig machen. Auch in Deutschland gab es Judenräte, die vernünftig, konziliant und einsichtig waren und noch 1938 zu ihren Gemeindemitgliedern sagten: Das müßt ihr doch verstehen, das ist doch verständlich, registrieren müssen wir uns lassen, wir sind doch nun einmal Juden, da ist doch nichts dabei. Und ich höre von Prozessen aus Israel, wo heute noch Juden verurteilt werden, weil sie die gefürchtetsten Schläger im Lager waren. Hier in Frankfurt, Unterlindau 87, praktiziert heute ein Rechtsanwalt und Notar, der war SS-Richter, und als er nach Auschwitz kam und die Hölle sah, begann er, die Folterknechte einzeln anzuklagen. Dr. Morgen heißt er, er wird in diesem Prozeß noch aussagen, aber schon heute steht fest, daß dieser SS-Offizier den Mut hatte, gegen SS-Dienstgrade in Auschwitz Gerichtsverfahren durchzuführen. Es wurden Zuchthausstrafen bis zu zwölf Jahren ausgesprochen. Sogar gegen den Lagerkommandanten Höß soll dieser Mann in Weimar vor dem SS-Gericht 1943 ein Strafverfahren eröffnet haben, das natürlich im Sande verlief. Thema für Ionesco oder einen anderen Absurden: SS-Justiz führt hochnotpeinliche Prozesse wegen Häftlingsmißhandlung in Auschwitz – Verstoß gegen Führererlaß. Zuchthausstrafen werden vollstreckt, und daneben brennen die Krematorien Tag und Nacht hell – kein Verstoß gegen Führererlaß. Aber nein, kein absurdes Theaterstück von heute. Das war die Wirklichkeit von damals.

Als im Jahre 1963 in Frankfurt der große Auschwitz-Prozeß begann, schrieb Jean Améry den ersten Aufsatz im Zusammenhang mit seinen Erlebnissen im Dritten Reich nieder, nach zwanzig Jahren Schweigen. »Ich kann nicht sagen, daß ich in der Zeit der Stille die zwölf Jahre des deutschen und meines eigenen Schicksals vergessen oder ›verdrängt‹ hätte. Ich hatte mich zwei Jahrzehnte lang auf der Suche nach der unverlierbaren Zeit befunden, nur, daß es mir schwer gewesen war, davon zu sprechen. Nun aber, da durch die Niederschrift des Essays über Auschwitz ein dumpfer Bann gebrochen schien, wollte plötzlich alles gesagt sein.« So kam es zu dem Buch *Jenseits von Schuld und Sühne. Bewältigungsversuche eines Überwältigten*, München 1966. (Daraus der nachfolgende Text, S. 121–130.) Améry wurde 1912 in Wien geboren; er studierte Literatur und Philosophie in Wien, emigrierte 1938 nach Belgien. Verhaftung durch die Gestapo 1943; im Konzentrationslager bis Kriegsende.

Ich bin belastet mit der Kollektivschuld, sage ich: nicht sie. Die Welt, die vergibt und vergißt, hat mich verurteilt, nicht jene, die mordeten oder den Mord geschehen ließen. Ich und meinesgleichen sind die Shylocks, den Völkern nicht nur moralisch verdammenswert, sondern auch schon geprellt um das Pfund Fleisch. Die Zeit tat ihr Werk. In aller Stille. Die Generation der Vernichter, der Gaskammernkonstrukteure, der jederzeit zu jeder Unterschrift bereiten, ihrem Führer verpflichteten Feldherrn wird in Würden alt. Die Jungen aber anzuklagen, wäre gar zu unmenschlich und nach Allgemeinbegriffen auch geschichtswidrig. Was sollte denn ein zwanzigjähriger Student, aufgewachsen im windstillen Klima einer neuen deutschen Demokratie, zu schaffen haben mit den Taten seiner Väter und Großväter? Nur gestockter alttestamentarisch barbarischer Haß könnte seine Last dahertragen und sie schuldloser deutscher Jugend auf die Schultern wälzen wollen. Teile der Jugend, nicht alle, glücklicherweise, protestieren denn auch mit dem guten Rechtsbewußtsein derer, die auf dem soliden Boden des natürlichen Zeitgefühls stehen. In einer deutschen Wochenschrift lese ich die Zuschrift eines offensichtlich jungen Mannes aus Kassel, der den

Unmut der neuen deutschen Generationen über die schlechten, weil in jedem Bezuge unzeitgemäßen Hasser und Ressentiment-geladenen beredt ausdrückt. Da heißt es: ». . . schließlich sind wir es leid, immer wieder zu hören, daß unsere Väter sechs Millionen Juden umgebracht haben. Wie viele unschuldige Frauen und Kinder haben die Amerikaner mit ihren Bombenwürfen ermordet, wie viele Buren die Engländer im Burenkrieg?« Der Protest tritt mit dem moralischen Nachdruck eines, der seiner Sache sicher ist, vor uns hin. Kaum wagt man gegen ihn noch einzuwenden, daß die Gleichung »Auschwitz–Burenlager« falsche moralische Mathematik ist. Denn die ganze Welt versteht ja der jungen Deutschen Entrüstung über die grollenden Haßpropheten und stellt sich entschlossen an die Seite derer, denen die Zukunft gehört. Zukunft ist offenbar ein Wertbegriff: Was morgen sein wird, ist mehr wert als das, was gestern war. So will es natürliches Zeitempfinden.

Wenn ich mich selbst frage, ob ich der deutschen Jugend nachtrage, was die ältere Generation mir zufügte, finde ich die Antwort nicht ganz so leicht. Daß die Jungen frei sind von individueller und die individuelle zur kollektiven aufsummierter Schuld, ist einsichtig. Ich muß und will ihr den Vertrauenskredit einräumen, der dem vorwärtslebenden Menschen zukommt. Nur kann man allenfalls von dieser Jugend verlangen, daß sie ihre Unschuld nicht gar so frisch und keck in Anspruch nehme wie der oben zitierte Briefschreiber. Solange nämlich das deutsche Volk einschließlich seiner jungen und jüngsten Jahrgänge sich nicht entschließt, ganz und gar geschichtsfrei zu leben – und kein Anzeichen deutet darauf hin, daß die am tiefsten geschichtsbewußte Nationalgemeinschaft der Welt plötzlich eine solche Haltung einnähme –, solange muß es die Verantwortung tragen für jene zwölf Jahre, die es ja nicht selber endigte. Die deutsche Jugend kann sich nicht auf Goethe, Mörike, den Freiherrn vom Stein berufen und Blunck, Wilhelm Schäfer, Heinrich Himmler ausklammern. Es geht nicht an, nationale Tradition dort für sich zu reklamieren, wo sie eine ehrenhafte war, und sie zu verleugnen, wo sie als die verkörperte Ehrvergessenheit einen wahrscheinlich imaginären und gewiß wehrlosen Gegner aus der Menschengemeinschaft ausstieß. Wenn deutsch sein heißt, der Nachkomme des Matthias Claudius sein, dann meint es doch wohl auch, daß man den NS-Parteilyriker Hermann Claudius in der Ahnenreihe

hat. Das wußte Thomas Mann, als er in seinem Aufsatz
»Deutschland und die Deutschen« schrieb: »Es ist für einen
deutschgeborenen Geist unmöglich zu erklären: Ich bin das
gute, gerechte, edle Deutschland im weißen Kleid . . . nichts
von dem, was ich Ihnen über Deutschland sagte, kam aus fremdem, kühlem, unbeteiligtem Wissen; ich habe es auch in mir, ich
habe alles am eigenen Leibe erfahren.«

Die Ausgabe des Essaybandes, aus dem ich zitiere, nennt sich
»Schulausgabe moderner Autoren«. Ich weiß nicht, ob die Aufsätze Thomas Manns tatsächlich in deutschen Schulen gelesen
und wie sie von den Lehrern kommentiert werden. Ich kann nur
hoffen, daß deutscher Jugend die Anknüpfung an Thomas Mann
nicht allzu schwer fällt und daß die Mehrzahl der jungen Menschen sich nicht teilt in die Entrüstung des oben angeführten
Briefschreibers. Wiederholt sei: Zur deutschen Geschichte und
deutschen Tradition gehören fürderhin auch Hitler und seine
Taten.

Und in den Bereich deutscher Geschichte und Geschichtlichkeit kehre ich ein, wenn ich weiterspreche von den Opfer-Res-
sentiments. Ich habe sie vorerst nur subjektiv zu rechtfertigen
versucht. Doch bin ich auch gehalten, ihre objektive Aufgabe zu
definieren. Vielleicht ist es nur das Anliegen persönlicher Läuterung, aber ich möchte, daß mein Ressentiment, das mein persönlicher Protest ist wider das moralfeindliche natürliche Zeitver-
wachsen und in dem ich den eigentlich humanen absurden Anspruch der Zeitumkehrung erhebe –, ich möchte, daß es auch
eine geschichtliche Funktion ausübe. Würde es die Aufgabe erfüllen, die ich ihm stelle, dann könnte es historisch als ein Stadium moralischer Fortschrittsdynamik der Welt stehen für die
ausgebliebene deutsche Revolution. Der Anspruch ist nicht weniger absurd und nicht weniger sittlich als das individuelle Verlangen nach Reversibilität irreversibler Prozesse.

Zu erhellen und zu vereinfachen, was ich meine, habe ich nur
anzuknüpfen an die bereits ausgesprochene Überzeugung, daß
der nicht ausgetragene Konflikt zwischen den Opfern und den
Schlächtern exteriorisiert und aktualisiert werden muß, wenn es
beiden, Überwältigten und Überwältigern, gelingen soll, die in
ihrer radikalen Gegensätzlichkeit doch auch gemeinsame Vergangenheit zu meistern. Exteriorisierung und Aktualisierung –
sie können ganz gewiß nicht bestehen in einer proportional zum

Erlittenen ins Werk zu setzenden Rache. Ich kann es nicht nachweisen, doch bin ich gewiß, daß es kein Opfer gibt, das auch nur daran gedacht hätte, den Menschen Bogner aus dem Auschwitz-Prozeß in die Bogner-Schaukel zu hängen. Noch weniger hätte irgendein Vollsinniger unter uns sich je in die moralische Denkunmöglichkeit verstiegen, es sollten vier bis sechs Millionen Deutsche gewaltsam vom Leben zum Tode geführt werden. Nirgendwo anders könnte das Jus talionis weniger geschichtlich-moralische Vernunft haben als in diesem Falle. Weder kann es sich um Rache auf der einen Seite handeln, noch um eine problematische, nur theologisch sinnvolle und darum für mich gar nicht relevante Sühne auf der anderen Seite und selbstverständlich um keinerlei ohnehin historisch undenkbare Bereinigung mit Brachialmitteln. Worum also doch, da ich ja ausdrücklich von einer Austragung im Felde der geschichtlichen Praxis gesprochen habe?

Nun denn, ausgetragen könnte dadurch werden, daß in einem Lager das Ressentiment bestehen bleibt, und, hierdurch geweckt, im anderen das Selbstmißtrauen. Gestachelt von den Sporen unseres Ressentiments allein – und nicht im mindesten durch eine subjektiv fast immer dubiose und objektiv geschichtsfeindliche Versöhnlichkeit –, würde das deutsche Volk empfindlich dafür bleiben, daß es ein Stück seiner nationalen Geschichte nicht von der Zeit neutralisieren lassen darf, sondern es zu integrieren hat. Daß Auschwitz Deutschlands Vergangenheit, Gegenwart und Zukunft ist, hat, wenn ich mich recht entsinne, Hans Magnus Enzensberger einmal geschrieben, auf den es aber leider nicht ankommt, denn er und seine moralischen Ranggenossen sind nicht das Volk. Hält aber unser Ressentiment im Schweigen der Welt den Finger aufgerichtet, dann würde Deutschland vollumfänglich und auch in seinen künftigen Geschlechtern das Wissen bewahren, daß es nicht Deutsche waren, die die Herrschaft der Niedertracht beseitigten. Es würde dann, so hoffe ich manchmal, sein vergangenes Einverständnis mit dem Dritten Reich als die totale Verneinung nicht nur der mit Krieg und Tod bedrängten Welt, sondern auch des eigenen besseren Herkommens begreifen lernen, würde die zwölf Jahre, die für uns andere wirklich tausend waren, nicht mehr verdrängen, vertuschen, sondern als seine verwirklichte Welt- und Selbstverneinung, als sein negatives Eigentum in Anspruch nehmen. Auf geschichtlichem Felde würde sich das ereignen, was ich vorhin hypothetisch für den engen individuellen Kreis beschrieb: Zwei Menschengruppen, Überwältiger und Überwältigte, würden einander begegnen am Treffpunkt des Wunsches nach Zeitumkehrung und damit nach Moralisierung der Geschichte. Die Forderung, erhoben vom deutschen, dem eigentlich siegreichen und von der Zeit schon wieder rehabilitierten Volke, hätte ein ungeheures Gewicht, schwer genug, daß sie damit auch schon erfüllt wäre. Die deutsche Revolution wäre nachgeholt, Hitler zurückgenommen. Und am Ende wäre wirklich für Deutschland das erreicht, wozu das Volk einst nicht die Kraft oder nicht den Willen hatte und was später im politischen Mächtespiel als nicht mehr bestandsnötig hat erscheinen müssen: die Auslöschung der Schande.

Wie dies in praxi gegenwärtig werden soll, mag jeder Deutsche sich selber ausmalen. Der dies schreibt, ist kein Deutscher und hat diesem Volk keine Ratschläge zu erteilen. Bestenfalls kann er sich undeutlich eine Nationalgemeinschaft vorstellen, die alles, aber auch schon alles verwürfe, was sie in den Tagen der eigenen tiefsten Erniedrigung vollbracht hat und was da und dort sich so harmlos ausnehmen kann wie Autobahnen. In seinem ausschließlich literarischen Referenzsystem verharrend, hat Thomas Mann dies einmal in einem Briefe ausgesprochen: »Es mag Aberglaube sein«, schrieb er an Walter von Molo, »aber in meinen Augen sind die Bücher, die zwischen 1933 bis 1945 in Deutschland überhaupt gedruckt werden konnten, weniger als wertlos und nicht gut in die Hand zu nehmen. Ein Geruch von Blut und Schande haftet ihnen an; sie sollten alle eingestampft werden.« Die geistige Einstampfung durch das deutsche Volk, nicht nur der Bücher, sondern alles dessen, was man in den zwölf Jahren veranstaltete, wäre die Negation der Negation: ein in hohem Maße positiver, ein rettender Akt. Erst durch ihn würde das Ressentiment subjektiv befriedet und objektiv unnütz geworden sein.

Was für einer ausschweifenden moralischen Träumerei ich mich doch da überlassen habe! Schon sah ich ja die Gesichter der deutschen Fahrgäste auf dem Bahnsteig von 1945 angesichts der aufgeschichteten Leichen meiner Kameraden in Zorn erbleichen und sich drohend gegen unsere, ihre Peiniger richten. Schon sah ich, dank meines Ressentiments und der durch seine Spuren bewirkten deutschen Läuterung, die Zeit umgekehrt. Hat nicht ein deutscher Mann dem SS-Mann Wajs das Schlagwerkzeug Schaufel entrissen? Hat nicht den nach der Folterung Betäubten und Zerschlagenen eine deutsche Frau aufgenommen und seine Wunden gepflegt? Was ich nicht alles sah in zügelloser, die Vergangenheit in der Zukunft umgekehrten und nunmehr in der Tat und für immer bewältigten Vergangenheit!

Nichts dergleichen wird sich ereignen, ich weiß, trotz allen ehrenhaften Bemühungen deutscher Intellektueller, die freilich wirklich am Ende das sein mögen, was die anderen ihnen vorhalten: wurzellos. Alle erkennbaren Vorzeichen deuten darauf hin, daß die natürliche Zeit die moralische Forderung unseres Ressentiments refüsieren und schließlich zum Erlöschen bringen wird. Die große Revolution? Deutschland wird sie nicht nachholen, und unsere Nachträgerei wird das Nachsehen haben. Das Reich Hitlers wird zunächst weiter als ein geschichtlicher Betriebsunfall gelten. Schließlich aber wird es Geschichte schlechthin sein, nicht besser und nicht übler als es dramatische historische Epochen nun einmal sind, blutbefleckt vielleicht, aber doch auch ein Reich, das seinen Familienalltag hatte. Das Bild des Urgroßvaters in SS-Uniform wird in der guten Stube hängen, und die Kinder in den Schulen werden weniger von den Selektionsrampen erfahren als von einem erstaunlichen Triumph über allgemeine Arbeitslosigkeit. Hitler, Himmler, Heydrich, Kaltenbrunner, das werden Namen sein wie Napoleon, Fouché, Robespierre und Saint Just. Schon heute lese ich ja in einem Buch, das sich »Über Deutschland« nennt und imaginäre Dialoge eines deutschen Vaters mit seinem sehr jungen Sohn enthält, daß in des Sohnes Auge kein Unterschied springt zwischen Bolschewismus und Nazismus. Was 1933 bis 1945 in Deutschland geschah, so wird man lehren und sagen, hätte sich unter ähnlichen Voraussetzungen überall ereignen können – und wird nicht weiter insistieren auf der Bagatelle, daß es sich eben gerade in Deutschland ereignet hat und nicht anderswo. In einem Buch des Titels »Rückblick zum Mauerwald« schreibt der ehemalige deutsche Generalstabsoffizier Prinz Ferdinand von der Leyen: ». . . von einer unserer Außenstellen kam eine noch grauenhaftere Nachricht. Dort waren SS-Kommandos in die Häuser eingedrungen und hatten aus den oberen Stockwerken Kinder, die noch nicht gehen konnten, durch die Fenster auf das Pflaster

hinuntergeworfen.« Aber die solcherart von einem hochzivili-
sierten Volk mit organisatorischer Verläßlichkeit und nahezu
wissenschaftlicher Präzision vollzogene Ermordung von Millionen wird als bedauerlich, doch keineswegs einzigartig zu stehen
kommen neben die mörderische Austreibung der Armenier
durch die Türken oder die schändlichen Gewaltakte der Kolo-
nialfranzosen. Alles wird untergehen in einem summarischen
»Jahrhundert der Barbarei«. Als die wirklich Unbelehrbaren,
Unversöhnlichen, als die geschichtsfeindlichen Reaktionäre im
genauen Wortverstande werden *wir* dastehen, die Opfer, und als
Betriebspanne wird schließlich erscheinen, daß immerhin manche von uns überlebten.

Ich fahre durch das blühende Land, und es wird mir immer
weniger wohl dabei. Ich kann nicht sagen, daß man mir nicht
allenthalben freundlich und verständnisvoll entgegenkäme. Was
kann unsereins denn auch mehr verlangen, als daß deutsche Zeitungen und Funkstationen uns die Möglichkeit einräumen, deutschen Menschen grobe Taktlosigkeiten zu sagen und sich hierfür
noch honorieren zu lassen? Ich weiß, selbst die Wohlwollend-
sten müssen am Ende so ungeduldig mit uns werden wie jener
vorhin zitierte junge Briefschreiber, der »es leid« ist. Da stehe ich
in Frankfurt, Stuttgart, Köln und München mit meinen Ressentiments. Was ich nachtrage, meinetwillen, aus Gründen persönlichen Heilsvorhabens, gewiß, aber doch auch wieder dem deutschen Volk zugute – niemand will es mir abnehmen außer den
Organen der öffentlichen Meinungsbildung, die es kaufen. Was
mich entmenscht hatte, ist Ware geworden, die ich feilhalte.

Schicksalsland, wo die einen ewig im Licht stehen und die anderen ewig im Dunkel. Ich durchfuhr es kreuz und quer in den
Evakuierungszügen, die uns aus Auschwitz unter dem Druck
der letzten Sowjetoffensive westwärts fuhren und danach von
Buchenwald gen Norden nach Bergen-Belsen. Wenn der Schie-
nenweg durch den Schnee uns über einen Zipfel böhmischen
Landes führte, kamen die Bäuerinnen an den Todeszug gelaufen
mit Brot und Äpfeln und mußten durch Blindschüsse der Be-
gleitmannschaft verjagt werden. Im Reich aber: die Gesichter
von Stein. Ein stolzes Volk. Ein stolzes Volk, immer noch. Der
Stolz ist ein wenig in die Breite gegangen, das sei zugegeben. Er
preßt sich nicht mehr in mahlenden Kiefern heraus, sondern
glänzt in der Zufriedenheit des guten Gewissens und der begreif-

lichen Freude, es wieder einmal geschafft zu haben. Er beruft sich nicht mehr auf die heroische Waffentat, sondern auf die in der Welt einzig dastehende Produktivität. Aber es ist der Stolz von einst, und es ist auf unserer Seite die Ohnmacht von damals. Wehe den Besiegten.

Ich muß die Ressentiments einkapseln. Noch kann ich glauben an ihren moralischen Rang und ihre geschichtliche Gültigkeit. Noch. Für wie lange? Allein, daß ich mir eine solche Frage stellen muß, zeigt das Ungeheure und Ungeheuerliche des natürlichen Zeitgefühls. Vielleicht wird es mich schon morgen zur Selbstverurteilung führen, indem es nämlich das moralische Verlangen nach Umkehrung mir als den absurden Halbklugschwatz erscheinen lassen wird, der es für die weltvernünftigen Ganzklugen heute schon ist. Dann wird das stolze Volk, in dem meine Herbert Karp, Willy Schneider, Meister Matthäus und die paar Intellektuellen von heute ertrinken, endgültig gesiegt haben. Im Grunde waren die Befürchtungen Schelers und Nietzsches nicht gerechtfertigt. Unsere Sklavenmoral wird nicht triumphieren. Die Ressentiments, Emotionsquelle jeder echten Moral, die immer eine Moral für die Unterlegenen war – sie haben geringe oder gar keine Chancen, den Überwältigern ihr böses Werk zu verbittern. Wir Opfer müssen »fertigwerden« mit dem reaktiven Groll, in jenem Sinne, den einst der KZ-Argot dem Worte »fertigmachen« gab; es bedeutete soviel wie umbringen. Wir müssen und werden bald fertig sein. Bis es soweit ist, bitten wir die durch Nachträgerei in ihrer Ruhe Gestörten um Geduld.

Teil 11
Wirtschaftswunderwelt
Nachrichten aus der Provinz

Grundlegung der Bundesrepublik

Im Juni 1949 veröffentlichte *Der Monat*, die von amerikanischer Seite unterstützte, von Melvin J. Lasky herausgegebene »internationale Zeitschrift für Politik und geistiges Leben« (neben der *Neuen Zeitung* eins der wichtigsten publizistischen Foren für den Dialog zwischen Europa und den USA), ein Sonderheft, das dem Thema »Erwacht Deutschland schon wieder? Der neue deutsche Nationalismus und seine Gefahren« gewidmet war. Im Vorspann zu der Diskussion, an der sich unter anderem Richard H. S. Crossman, Raymond Aron, Dolf Sternberger, Emmanuel Mounier, Manuel Gasser, Lindley Fraser, A. J. P. Taylor, Peter de Mendelssohn, Wilhelm Röpke, Eugen Kogon und Franz Borkenau beteiligten, hieß es unter Bezug auf die verfänglichen »Weckrufparolen« des Wilhelminismus und Nationalsozialismus (»Deutschland erwache!«): »Unmittelbar nach dem Ende des zweiten, ungerechteren und noch viel gründlicher verlorenen Krieges haben sich Deutsche und Ausländer über den zerfetzten deutschen Volkskörper gebeugt und den Blick des Daniederliegenden auf neue und wesentlichere Ziele zu lenken versucht. Ihre Stimmen, aus denen unser Symposium auf den folgenden Seiten eine repräsentative Auswahl zu Gehör bringt, drangen offenbar, solange der Zustand anfänglicher Erschlaffung vorhielt, noch vernehmlicher an sein Ohr als heute, da man vom Umlernen und neuer Orientierung nur mit Hohn zu sprechen pflegt. Droht Deutschland noch ein dritter Weckruf und ein noch schlimmeres Erwachen? Die Deutschen scheinen das einzige Volk auf der Erde, das sich veranlaßt fühlt, aus einem natürlichen Weltbürgertum sich von Zeit zu Zeit in einen militanten Nationalismus hineinzusteigern. Sollten sie nicht endlich begreifen, daß sie wach sind, wenn sie weltbürgerlich, und in tiefem Schlaf, wenn sie nationalistisch denken?« (*Der Monat*, Heft 8/9, 1949, S. 3.)

Dolf Sternbergers Beitrag »Die deutsche Frage« konstatierte allgemeine Verwirrung: alles treibe; keine Stabilität; die Schuldfrage unbewältigt; neuer Nationalismus ante portas; die deutsche Einheit eine Fiktion. Die Deutschen wüßten nicht, wer sie seien und wohin die Reise ginge. (1) Als Sternberger ein derart pessimistisch gefärbtes Bild der Situation gab, wurde das Fundament für den exorbitanten Aufbau der Bundesrepublik gelegt: die »Wirtschaftswunderwelt« begann im Jahre 1949; die westdeutsche Bundesrepublik (11 Länder) wurde mit vorläufiger Verfassung und der Hauptstadt Bonn gegründet. Die Wahl zum ersten Bundestag, der seine konstituierende Sitzung in der Pädagogischen Akademie Bonn am 7. September abhielt, brachte die Vertreter von zehn Parteien ins Parlament – in der Reihenfolge der Sitzordnung von rechts nach links: die Unabhängigen mit 3, die Deutsche Rechtspartei/Deutsche Konservative Partei mit 5, den Südschleswigschen Wählerverband mit 1, die Wirtschaftliche Aufbauvereinigung mit 12, die Bayernpartei mit 17, die FDP mit 53, die CDU/CSU mit 139, das Zentrum mit 10, die Deutsche Partei mit 17, die SPD mit 136 und die KPD mit 15 Mandaten.

Während man allgemein angenommen hatte (die Wetten ausländischer Pressekorrespondenten standen auf 70:30!), daß Kurt Schumacher, der Führer der Sozialdemokraten, über seinen Gegenspieler Konrad Adenauer siegen werde – zumal Schumachers charismatische Ausstrahlung und seine kraftvoll-patriotischen Reden großen Eindruck hinterließen –, kam es zum Erfolg von CDU und CSU. Der 73jährige Adenauer, entscheidend unterstützt vom damaligen Direktor der westdeutschen Wirtschaftsverwaltung, Ludwig Erhard (den Schumacher einen »dicken Propagandaballon des Unternehmertums«, gefüllt mit den Abgasen des »verwesenden Liberalismus«, geschmäht hatte), wurde Sieger, und zwar mit einer Stimme Mehrheit. »Am Anfang war Adenauer . . .« (A. Baring) – ein erratischer Block in einem unreguliert, ungesichert dahintreibenden Strome. Von 1949 bis 1963 leitete er als Bundeskanzler die Geschicke des neuen Staates (2), ehe er sein Amt an Ludwig Erhard, den er als Wirtschaftsminister schätzte, aber dem er ansonsten als »Gummilöwen« die Führungsqualitäten absprach, weitergab.

Der Liberale Theodor Heuss, Erfinder des Staatsnamens »Bundesrepublik Deutschland«, wurde Bundespräsident. Er war Angehöriger des Jahrgangs 1884, bei der Amtsübernahme 65 Jahre alt. Der neue Staat war überhaupt ein Staat der Großväter- und Vätergeneration; nicht biologisch gesprochen: die mittlere und jüngere Generation war politisch durchaus vertreten – etwa mit dem 34jährigen CSU-Generalsekretär Strauß (der sich damals noch Franz Strauß nannte), oder mit dem 35jährigen Willy Brandt (der als Journalist erstmals zum Nürnberger Prozeß aus der norwegischen Emigration in seine Heimat zurückgekommen war); geistig jedoch wurde der neue Staat bestimmt von Politikern, die den Ersten Weltkrieg und die Weimarer Republik wie die Zeit des Nationalsozialismus bewußt erlebt und zum größten Teil in der inneren oder äußeren Emigration durchlitten hatten. So war auch das »Grundgesetz der Bundesrepublik Deutschland«, am 24. Mai 1949 in Kraft getreten, geprägt durch die Erfahrungen mit einem Jahrhundert deutscher Geschichte – einer Geschichte, in deren Verlauf die Deutschen (was Aufklärung und Demokratie betraf) als »verspätete Nation« sich erwiesen hatten; nun sollte endlich der Anschluß an eine auf freiheitlichen Grundsätzen basierende Staatsform gefunden werden. Der feste Wille, diesen Staat nicht mehr zum Opfer totalitärer Verführer werden zu lassen, formte im besonderen die Aussagen über die Grundrechte; fortschrittliches Gedankengut, in der Sprache des deutschen Idealismus formuliert, war hier eingebracht. Persönlichkeiten wie Konrad Adenauer, Theodor Heuss, Kurt Schumacher, Herbert Wehner, Willy Brandt, Ludwig Erhard, Fritz Erler, Carlo Schmid stellten – so unterschiedlich sich ihre Biographien, Mentalitäten und Zielsetzungen auch erwiesen – stabilisierende Faktoren in einer politischen Szene dar, die sich am Anfang als äußerst turbulent erwies (die neue deutsche Volksvertretung, berichtete ein britischer Korrespondent im Spätherbst 1949 nach Hause, gebärde sich als »ein Drittel Reichstag und zwei Drittel Kindergarten«). Die Sorge um diesen Staat, der keine demokratische Tradition hatte, im besonderen die Sorge, ob es gelänge, den Nationalsozialismus endgültig zu überwinden und die Gefahren eines wiedererstarkenden Nationalismus zu bannen, bewegte Gemüt und Verstand der demokratisch orientierten Politiker. Die Auspizien schienen nicht sehr günstig, zumal der tiefe Schock des Jahres 1945 wie die Aufbruchsstimmung der Trümmerjahre von einer neuen nationalistischen Trotzhaltung absorbiert zu werden drohten. Vielfach standen sich die großen Parteien unversöhnlich gegenüber; Kurt Schumachers Vorwurf an Adenauer, er sei ein »Kanzler der Alliierten« (1949), wie Adenauers Äußerung, ein Sieg der Sozialdemokratischen Partei bedeute den »Untergang Deutschlands« (1957), markierten als »Eckwerte« den damals häufig feststellbaren Mangel an demokratischer Solidarität. Auf der anderen Seite ermöglichten es diese Gegensätze, daß die antagonistischen politischen Überzeugungen der westdeutschen Bevölkerung den großen demokratischen Parteien integriert werden konnten.

Die Parteien verstanden es zudem, mit ihren Programmen einer vielfältig gespaltenen und durch vielerlei Ängste zerrütteten Nation konkrete Hoffnungen zu vermitteln. Das kapitalistische Wirtschaftssystem sei den staatlichen und sozialen Lebensinteressen des deutschen Volkes nicht gerecht geworden, hieß es im Ahlener Wirtschaftsprogramm (Februar 1947) der Christlich Demokratischen Union; »nach dem furchtbaren politischen, wirtschaftlichen und sozialen Zusammenbruch als Folge einer verbrecherischen Machtpolitik kann nur eine Neuordnung von Grund aus erfolgen.

Inhalt und Ziel dieser sozialen und wirtschaftlichen Neuordnung kann nicht mehr das kapitalistische Gewinn- und Machtstreben, sondern nur das Wohlergehen unseres Volkes sein. Durch eine gemeinschaftliche Ordnung soll das deutsche Volk eine Wirtschafts- und Sozialverfassung erhalten, die dem Recht und der Würde des Menschen entspricht, dem geistigen und materiellen Aufbau unseres Volkes dient und den inneren und äußeren Frieden sichert.« (Zit. nach W. Mommsen: *Deutsche Parteiprogramme*, Berlin/München 1961, S. 11 f.) Zu den Aufgaben und Zielen der deutschen Sozialdemokratie stellte Kurt Schumacher 1946 fest: »Wir haben als Sozialdemokraten gar keine Veranlassung, den Marxismus in Bausch und Bogen zu verdammen und über Bord zu werfen. Einmal wissen ja die Kritiker am Marxismus gar nicht, was Marx ist. Zweitens haben aber die östlichen Entwicklungs- und Entartungsformen des Marxismus gar nichts mit dem zu tun, was die deutsche Sozialdemokratie aus und mit Marx macht. Der Marxismus ist in seinen wichtigsten Formen, der ökonomischen Geschichtsauffassung und der des Klassenkampfes, nichts Überaltertes, weil er durch die Realitäten wirklich bejaht wird. Er ist kein Ballast. Ich erkenne gern an, daß er nicht eine ausschließliche Begründung des Sozialismus ist, auf die jeder Sozialdemokrat hören muß. Ich gebe jedem Sozialdemokraten gern das Recht, aus anderen Motiven und mit anderen Argumenten vom Philosophischen über das Ethische zum Religiösen her seinen Sozialdemokratismus zu begründen. Wenn der Marxismus uns auch kein Katechismus ist, so ist er doch die Methode, der wir, besonders in der Analyse angewendet, mehr Kraft und mehr Erkenntnisse und mehr Waffen zu verdanken haben als jeder anderen wissenschaftlichen und soziologischen Methode der Welt. Der Klassenkampf ist erst beendet, wenn alle Menschen gleiches Recht und gleiche Pflichten haben.

In den politischen Parteien, wie sie sich jetzt herausbilden, sind gar viele Kräfte des bloßen Traditionalismus lebendig. Es ist beinahe eine Musterleistung der Ignoranz, wenn wir sehen, wie viele Menschen, die wir früher als politisch aktiv und lebendig und tüchtig gekannt haben, heute die neuen Situationen nicht verstehen und erkennen wollen. Besonders die Führer der wiedererstehenden bürgerlichen Parteien leben noch ganz in der Vorstellungswelt von 1932. Sie haben noch gar keine Ahnung, daß eine Welt zusammengestürzt ist und eine neue sich aus ihr herausarbeitet. Sie merken noch nicht, daß ihre Ambitionen auf Herrschaft und Führung gegenstandslos und im Effekt für das deutsche Volk auch ganz uninteressant sind.

Die Art der politischen Praxis von damals hat sich im Eiskeller der Diktaturperiode leider nur zu gut erhalten. Es wäre besser gewesen, die vergilbten Manuskripte dieser Menschen wären verbrannt und nicht die wertvolle sozialistische Literatur. Sie wollen den Faden weiterspinnen, wo sie 1932 haben aufhören müssen. Das wird besonders dann sichtbar, wenn man die CDU betrachtet, wie sie glaubt, die taktische und geistige Position des Zentrums der damaligen Zeit ausnützen zu können. Sie ist erstaunt und erschreckt, wenn man ihr klarmacht, daß sie nicht mehr in der Lage ist, andere Parteien aus ihrer besonderen Stellung in der Mitte zu dirigieren oder gar zu erpressen.« (Zit. nach W. Mommsen: a. a. O., S. 49 f.)

Der Weg, den man außenpolitisch antrat, war bestimmt durch das große Ziel der Aussöhnung und des Versuchs, Deutschland vor allem moralisch zu rehabilitieren. Adenauer orientierte sich dabei fast ausschließlich nach dem Westen; sein (ihm auch vielfach vorgeworfener) starrer Antikommunismus bewirkte Immobilität gegenüber dem Osten. Die Verständigung mit Frankreich war schwerer zu bewerkstelligen als die enge Verbindung zu den USA, die in der Freundschaft Adenauers mit dem langjährigen US-Außenminister John Foster Dulles und dem realpolitischen Kalkül, daß die Bundesrepublik einen wichtigen Partner im »kalten Krieg« abzugeben vermochte, gründeten. Amerika erschien dabei in einem allgemein kulturellen Sinne als das Land der Freiheit und der unbegrenzten Möglichkeiten. Deutsche Politiker, Universitätsprofessoren, Studenten, Dichter, Denker, Philosophen, vor allem auch Pädagogen, reisten enthusiasmiert ins gelobte Land – und kehrten, mit Reformgepäck beladen, inspiriert in die Heimat zurück. Robert Jungks aus Erfahrungen in den USA entwickelte technologische Vision *Die Zukunft hat schon begonnen* (1952) ließ freilich die zunehmende Skepsis bereits deutlich werden; die Euphorie hatte ihren Höhepunkt überschritten. Das Buch erschien zu einer Zeit, als in Europa aus dem Bombenschutt neue Industrien entstanden; auf einer Studienreise durch die Vereinigten Staaten hatte Jungk sich vor allem den zukunftsträchtigsten Branchen der neuen Technologie gewidmet: der Flug- und Raketenforschung, der Nuklearphysik, den Methoden der Produktivitätssteigerung in Landwirtschaft und Industrie, der Betriebspsychologie, dem Umweltschutz, der Zukunftsplanung. Die Mischung von aktueller Reportage, kritischer Reflexion und düsterer Prognose machten den großen Erfolg des Buches aus, dessen Titel zum geflügelten Wort wurde. Jungk schrieb im Nachwort seines Werks (»Brief an einen, der an der Zukunft verzweifeln möchte«), unter Bezug auf seine Gespräche mit Atomforschern: »Das ist aber etwas ganz Neues für unser industrielles Zeitalter, ist vielleicht das erste Anzeichen zu einem gewandelten Berufsethos, das nicht mehr nur fragt: ›Was produziere ich?‹ oder ›Wieviel produziere ich?‹, sondern ›Wozu produziere ich?‹ oder ›Für wen produziere ich?‹ Und schließlich: ›Welche Wirkung hat meine Arbeit? Ist sie gut? Ist sie böse?‹« (Stuttgart 1952, S. 319)

Daß die Bundesrepublik verhältnismäßig früh als moralischer, kultureller und geistiger Faktor in Erscheinung treten konnte, ist vor allem dem ersten Bundespräsidenten Theodor Heuss zu danken, der in der deutschen Parlamentsgeschichte eine der ganz seltenen Erscheinungen des politischen *homme des lettres* war. Heuss setzte nie auf die Macht seines Amtes, das sowieso verfassungsmäßig nur wenig Einflußmöglichkeiten bot, sondern auf die Kraft seiner in vielen Reden sich artikulierenden humanen Persönlichkeit. Er wurde zur großen Integrations- wie Identifikationsfigur einer Gesellschaft, die sich zwar gerne als »Volk der Dichter und Denker« bezeichnete, aber nur selten diesen Dichtern und Denkern entsprechende Anerkennung zuteil werden ließ. Im Gesicht des Theodor Heuss, meinte Carl Zuckmayer, fänden sich Erbe und Alter seines Volkes ganz und zu gleichen Teilen vermischt mit frischer, lebendiger Gegenwärtigkeit. Es sei unabhängig von Tracht und Mode, und – obwohl durchwoben von einer ganz bestimmten Geistesbildung, ihrer Tradition und ihrer Erneuerung – auch unabhängig von Lehre und Doktrin: fern von den physiognomischen Verengungen der Dogmatik, doch in seiner natürlichen Fülle und Flächigkeit immer gehalten vom goldenen Schnitt der bewußten Humanität. (3)

Heuss fand insofern meist das »richtige Wort«, als es das wahre Wort war. Er redete den Menschen nicht nach dem Mund, doch so, daß sie bereit waren, auch »Bedenkliches« bedenkenswert zu finden. Wenn er am 19. 7. 1954 in seiner Gedenkrede zum 20. Juli 1944 davon sprach, daß das Vermächtnis der Widerstandskämpfer noch in Wirksamkeit sei und die Verpflichtung ihres Handelns erst eingelöst werden müsse, so entsprach dies seinem Bemühen insgesamt: dem deutschen Volk zu einer neuen nationalen Identität zu verhelfen, indem es dazu gebracht wurde, seine Schuld anzunehmen. (4)

Heuss' Briefwechsel mit Konrad Adenauer über die deutsche Nationalhymne macht die geistigen Gegensätze beider deutlich. Auf der einen Seite der »geriebene Idealist« Adenauer, der gefährliche Um- und Querwege zu begehen bereit ist, wenn sie nur dem Ziele näher bringen; auf der anderen der liberale Idealist Heuss, der angesichts der Macht der Tatsachen schließlich resigniert, aber darüber die Ermahnung zur Humanität nicht vergißt. (5) Konrad Adenauer ist freilich die Geister, die er rief (und von denen er glaubte, daß er sie auch beliebig abberufen könne), nicht immer wieder losgeworden – was z. B. seine »Vereinnahmung« durch Kurt Ziesels reaktionäre »Deutschland-Stiftung« auf besonders fatale Weise demonstrierte. Die Lockerung des von Heuss verkörperten »moralischen Rigorismus« führte überhaupt dazu, daß nationalistische und nationalsozialistische Tendenzen entbunden wurden.

Der Schoß war fruchtbar noch . . . Die antisemitischen Schmierereien an der Kölner Synagoge am Weihnachtsabend des Jahres 1959 mit der daraus sich ergebenden »Kettenreaktion«, wie die bei einer Umfrage zum Auschwitzprozeß 1964 ermittelte Aussage von 39 Prozent der Bevölkerung, die einen solchen Prozeß für überflüssig hielten, »weil man nach so vielen Jahren diese

Dinge nicht mehr aufrühren soll«, sind symptomatisch für die in den 50er und 60er Jahren stattfindende Renazifizierung; in der ersten Phase bildete diese sich mehr im kollektiven Unterbewußtsein aus oder blieb sektiererisch zersplittert; in der zweiten Phase führte sie dann zum Aufstieg der NPD, die mit den Parolen von »Blut und Boden«, »Ruhe und Ordnung«, »Sieg und Ehre« eine erschreckend große Gefolgschaft fand. Der Einbruch ins demokratische Lager konnte jedoch auf- bzw. abgefangen werden – nicht zuletzt deshalb, weil die SPD, unter dem Einfluß von Willy Brandt (6) und Herbert Wehner (7), bei Revision ihres Programms, sich stärker zur »Mitte« hin orientierte und so entscheidend dazu beitrug, die Bildung eines politischen Vakuums zu verhindern.

Das Kultur- und Geistesleben der Wirtschaftswunderzeit entwickelte sich innerhalb einer Konstellation, die markiert war durch die von dem Schweizer Journalisten F. R. Allemann ausgegebene Parole »Bonn ist nicht Weimar« (8) und die von Erich Kuby bang formulierte Frage: »Siegt Hitler bei Bonn?«

Was ist deutsch? Diese Frage wurde mit Vehemenz gestellt, sowohl von Angehörigen der älteren als auch der jüngeren Generation. (9) Die »Unfähigkeit zu trauern« (10) förderte eine Entwicklung, die eine solche »Gewissensfrage« immer mehr zurückdrängte bzw. affirmativ dahingehend beantwortete, daß »das Deutsche« vor allem im materialistischen Wohlbefinden, im lauten Glück eines Neon-Biedermeier zu finden wäre. Ludwig Erhard signalisierte die Regression auf die Provinz. Als den »guten Menschen von Tegernsee« bezeichnete ihn Hermann Schreiber im gleichnamigen *Spiegel*-Report Nr. 37/1965.

Mit einigen mildernden Worten von Rudolf Augstein versehen (»Es ist manchmal nicht leicht, politisch interessierter Herausgeber einer Zeitschrift zu sein«), war der Bericht typisch für die »überscharfe Brille«, mit der dieses »deutsche Nachrichtenmagazin« seit seiner Gründung die Protagonisten der deutschen Politik ansah und abkonterfeite. Als Dreiundzwanzigjähriger hatte Rudolf Augstein 1946, in Nachahmung angelsächsischer Vorbilder, den *Spiegel* gegründet – eine Zeitschrift für Leser, die (wie Erich Kuby meinte) »voraussetzungslos, ungeschichtlich, ungebildet, aber gescheit« Appetit nach Dingen hatten, die in der Tagespresse mit ein paar Zeilen abgetan wurden. Die kritischen Bestandsaufnahmen des *Spiegel* waren bitter, aber mit menschlichen *faits divers* verzuckert – und so auf eine gewisse Weise amüsant. »Erhards Image ist unpolitisch«, schrieb Hermann Schreiber, »aber es ist stark gefühlsecht. Sein angemessener Hintergrund wäre beispielsweise ein Weihnachtsbaum oder der Brunnen vor dem Tore. Alle mit Erhard assoziierten Verwandtschaftsgrade (Großvater, Onkel, Vater, Mutter) haben jedenfalls ›die Dominanz von Gemütsqualitäten‹ gemeinsam. Gemeint ist, so ergänzt Motivforscher Ohde, immer der ›liebe‹ Großvater, der ›gute‹ Onkel, der ›gütige‹ Vater, die ›bergende, mütterliche‹ Mutter. ›Im Grunde haben wir es hier also mit einem Mutter-Image zu tun. Die angefallenen Vater-Nennungen gehen auf ein ›falsches‹ Vater-Bild zurück. Der Vater hat in diesen Fällen primär Mutter-Funktion, spendet in erster Linie Wärme und Geborgenheit, statt das Prinzip der Festigkeit und Ordnung zu verkörpern.‹

Ganz ohne äußere Entsprechung ist dieses Vorstellungsbild nicht. Dem ›Dicken‹ fehlt im Grunde jede männliche Kontur. Er ist überall weich und rund – bis auf das seltsam abgeplattete Profil. Und auch aus der Fülle des Gesichtes schwinden alle männlichen Merkmale, sobald Erhard statt der Zigarre eine Zipfelmütze als Zutat nimmt. Dann ist das Mütterchen perfekt.

Die Landesmutter Erhard – politisch mag das eine Karikatur sein, menschlich hingegen hat dies Bildnis Vorzüge. Das Gefühls-Engagement ist nämlich, so versichern die Motivforscher, in den Beziehungen der Wähler zu Erhard nicht nur einseitig wirksam, sondern: ›Man fühlt gleichsam eine – womöglich auf Dankbarkeit basierende – Verantwortung für das Wohlergehen Erhards. Dem ,lieben guten Onkel‘, der ,Mutter‘ darf ungestraft niemand etwas tun.‹

Das ist des Bilderrätsels Lösung, ist das Geheimnis der Anteilnahme, die Erhards Image weckt: die Wechselwirkung nämlich zwischen dem Beschützer, dessen massige Gestalt mit dem passiv beschirmenden ›Deich‹ assoziiert wird, und dem gemütlichen, geh-behinderten ›Dicken‹, der seinerseits beim Publikum familiäre, fast sentimentale Beschützer-Instinkte wachruft; oder, um es mit Motivforscher Ohdes Worten zu sagen: ›der zur Rührung stimulierende Kontrast zwischen dem beinahe numinösen ideellen Gehalt und dem unvollkommenen, Verletzlichkeit signalisierenden äußeren Habitus seiner Person‹.«

(1) *Dolf Sternberger*
Die deutsche Frage

Der Monat stellte den Autor des Beitrags (Heft 8/9, 1949, Auszug S. 16–20) u. a. mit folgenden Worten vor: »Eines seiner Hauptanliegen im Rahmen allgemeiner Bemühungen um das demokratische Denken seiner Landsleute war die Bekämpfung des Verhältniswahlrechts nach dem Muster der Weimarer Republik, das sich ungeachtet der von ihm 1946 begründeten ›Deutschen Wählergesellschaft‹ seinen Weg in fast alle Länderverfassungen gebahnt hat und auch der deutschen Bundesrepublik treu zu bleiben scheint. Trotz seines Lehrauftrags für ›Wissenschaft der Politik‹ an der Universität Heidelberg hat Sternberger, wie seine zahlreichen Aufsätze und Rundfunksprachen beweisen, nicht den Kontakt mit der gelebten Politik verloren.«

Alles treibt. Das Muster der politischen Weltkonstellation hat sich seit dem Ende des letzten Krieges beständig, aber immer mit plötzlichen, ruckenden Bewegungen verändert. Noch ist keine Stabilität, kein Ruhezustand, kein Friede erreicht. Wir wissen nicht, was bevorsteht. Wie die bunten Steine im Kaleidoskop finden wir uns immer wieder in neuen Lagen, Umgebungen, Anordnungen und meinen doch, dieselben geblieben zu sein, die wir vordem waren.

Vor vier Jahren war Deutschland ein besiegtes und besetztes Land, auf dem der Druck der in ihrer Gegnerschaft vereinten Welt lastete; zugleich aber war der Druck der inneren Gewaltherrschaft von ihm genommen, und die Hoffnung konnte aufglimmen, die vollkommene Entstaatlichung eröffne gleichsam den Weg zu unmittelbarer Weltbürgerschaft. Kaum hatten wir mit solchen Empfindungen die Konzeption der »einen Welt« aufgenommen, so war dieselbe Welt entzweit und Deutschland mit ihr. Oder: Vor vier Jahren wurde zwar die wirtschaftliche Einheit Deutschlands als ein Friedensziel der Alliierten verkündet, aber als Einheit eines Acker- und Weidelandes. In dem Maße, wie die deutsche Industrie im Geiste der Sieger und in der Wirklichkeit restauriert wurde, ging die wirtschaftliche Einheit in Stücke. Oder: Kaum hatten die Deutschen der westlichen Hälfte – aus was für Motiven auch immer – den Begriff eines europäischen Bundes gefaßt und diese neue Einheit – froh, der souveränen Alleinverantwortung ledig zu werden – herzlich anzustreben begonnen, so erwies sich auch schon, daß dieses werdende »Europa« weder das alte Europa war noch eine »dritte Kraft« zu werden versprach, sondern daß es nur ein Faktor, eine Zone in dem noch weiteren und umfassenderen atlantischen System sein konnte. Kaum war Europa begriffen, so tauchte Atlantis auf. Und schließlich: Kaum hatten wir die Augen schüchtern zur Freiheit aufgeschlagen, so verdüsterte sich die Aussicht durch Schande und Schuld, und kaum wiederum hatte man ernstliche Einkehr bei sich selbst zu halten begonnen – unter tausend Ärgernissen, Beschönigungen, Quälereien und Widerspenstigkeiten –, so war offenbar mit einem Male fast alles vergessen und in Gottes Namen auch vergeben. (*Fast* alles: ein deutscher Pianist konnte in den Staaten nicht spielen, ein deutscher Boxer nicht boxen, aber – was tut's – die deutsche Exportausstellung in New York fand großen Zulauf!)

Wir wissen nicht, wer wir sind. Das ist die deutsche Frage. Es gibt nahezu nichts, kein Ziel, keine Form des gemeinsamen Lebens, die hier mit *ganzem* Herzen ergriffen und ausgebildet werden könnte. Auf jeder möglichen Gestalt deutschen Daseins liegt ein Schatten.

Die unbedingte Neutralität im Weltkonflikt muß den Verdacht der furchtsamen Unentschiedenheit hervorrufen – der Unentschiedenheit in einer Sache, die die Menschheit angeht.

Der »Antifaschismus« trägt noch die Erinnerung an Widerstand und Verfolgung an sich, aber er ist lahm geworden oder ohnmächtig-ingrimmig oder ein bloßes Instrument zu ganz anderen Zielen. Er ist nur eine negative Bestimmung, darum mehr und mehr monopolisiert von den feindlichen Konkurrenten der Faschisten, die nicht weniger totalitäre Pläne hegen als sie. Man fühlt, man muß eine positive neue Ordnung schaffen und darum ein weites Herz haben, viele Chancen geben, viele tolerieren, die gestern Feinde waren.

Welche neue Ordnung? Die Demokratie. Aber wenn die bestehenden Parteien in ihrer Vielzahl, in ihrer Ämter-Gier und in ihrer wechselseitigen Lähmung es sind, die die Demokratie hüten sollen: Wie kann hier die Freiheit der Person und die Souveränität des Volkes durchgesetzt werden? Wird nicht jede Aussicht der Demokratie im Westen durch das Vielparteiensystem und das Koalitionswesen verdunkelt? Wird der freie einzelne nicht stets der Bloßgestellte sein, der Dumme?

Wiederum – ein letzter, schon verzweifelter Ausweg: Reiche und Staaten gehen zugrunde, Völker können zerstreut werden. Vielleicht ist dies unser Schicksal. Die deutsche Geschichte ist zu Ende. Halten wir uns also in der Zerstreuung an das Band der deutschen Sprache und an den Geist, der sich in dieser Sprache eigentümlich artikuliert! Aber ist das nicht die letzte Ausflucht des »Dichter-und-Denker-Volkes«? Waren wir nun nicht gerade aufgefordert, endlich gesellig und verantwortlich zu werden in der Welt, das heißt politisch?

Aber was für eine Politik sollen wir machen, zu welchem Ende? Die Politik der Einheit, der Freiheit und des Friedens – gewiß. Aber das sind Worte. Sind es Worte? Wie können sie zu Taten werden? Wo ist der Pfad in diesem Gestrüpp der verdorbenen Ideale, der vergessenen Vergangenheiten, der halben Möglichkeiten und der zweischneidigen Lösungen?

Das ist die deutsche Frage. Das sind deutsche Fragen.

In beiderlei Sinne: es sind *einmal* Fragen, die sich Deutsche stellen mögen oder – wenn sie es nicht zu hellem Bewußtsein bringen – die sie doch irritieren oder – noch weniger – Fragen, die doch umgehen, auch wenn man ihnen ausweicht und sich forttreiben läßt. Und es sind zugleich die Ungewißheiten und tiefen Bedenklichkeiten, welche insgesamt Deutschland und das deutsche Volk vor der Welt zu einer einzigen Frage machen. Auch mit dem Beigeschmack, daß es unzuverlässige Leute seien, daß man nicht wissen könne, was sich bei ihnen ausgebären mag, daß man jedes Rückfalls und jeder Treulosigkeit von ihnen gewärtig sein müsse. Und schließlich auch mit der nüchternen Wendung, daß diese deutsche Frage objektiv eine offene Frage sei, auf die es keine befriedigende Antwort gebe.

Beginnen wir mit dieser objektiven Seite der Sache. Ich habe schon angedeutet, daß ich denjenigen nicht zustimmen kann, welche meinen, alle Probleme der deutschen Situation lägen in dem einzigen Problem der Wiederherstellung der deutschen *Einheit* beschlossen. Selbst in dem Falle, daß uns die deutsche Einheit durch irgendein wunderbares Ereignis, ein weltpolitisches Pfingstwunder, plötzlich geschenkt werden würde – was würden wir mit ihr anfangen? Genauer gesagt: es blieben auch in diesem hypothetischen Falle mindestens zwei Dinge noch offen:

einmal die Frage nach der *Freiheit* oder der inneren Verfassung und sozialen Beschaffenheit, also nach dem Geist und Wesen dieses vereinten Körpers; und zweitens die Frage nach der politischen *Heimat* derer, die in diesem Gebiet leben, nach ihrem Ort unter den Nationen und zwischen den Weltparteien und das heißt zugleich nach der Souveränität oder Nichtsouveränität eines gesamtdeutschen Gemeinwesens.

Diese Fragen nach der Freiheit, nach der Einheit und nach der Heimat der Deutschen hängen selbstverständlich aufs engste miteinander zusammen. Die Einheit Deutschlands ist so lange ein leerer Begriff oder eine rein statistische Gegebenheit, als nicht klargemacht wird, wie dieses vereinte Land regiert wird, und was der Mensch darin gilt. Sie ist so lange ein bloßes Schema, ja ein Schemen, als wir nicht wissen oder womöglich nicht wissen wollen, ob dies ein Reich oder eine Kolonie sein und vor allem, ob darin die Willkür oder die Freiheit herrschen soll. Gewiß empfindet jedermann den innigen Wunsch, sich mit den Seinen zu vereinigen, mit Verwandten, Freunden, Stätten der Erinnerung und der Hoffnung, Menschen gleicher Sprache und verwandter Überlieferung. Jedoch bleibt im selben Atemzug zu bedenken, ob mit der Art der öffentlichen Ordnung oder Unordnung eben diese Bande der Familie, der Freundschaft, ja der Sprache und der Überlieferung gestärkt oder aber gerade zerrissen, ob diese Beziehungen belebt oder erstickt werden. Die Wiederherstellung Deutschlands ist eine Funktion des Friedens der Weltmächte. Gegenwärtig haben wir im Westen den »Frieden von Washington« – mit diesem Worte haben ausländische Betrachter die Vereinbarungen der drei westlichen Mächte bezeichnet, die sich unmittelbar an den Abschluß des atlantischen Paktes angeschlossen haben – und im Osten, wenn man will, einen de-facto-Frieden von Moskau, der auf der durchgängigen und zentralisierten Einparteiherrschaft innerhalb des »Ostblocks« beruht. Zwei Frieden sind ein Unfriede. Sowohl in der Welt wie in Deutschland. Würde dieser Unfriede durch *Krieg* beendigt oder würde der kalte Krieg in einen heißen Krieg übergehen, so würden die jetzt lebenden Deutschen mitsamt ihren Hoffnungen darunter begraben werden. Würde er durch einen einzigen *Frieden* beendigt und also auch durch einen Frieden über Deutschland, eine Rekonstruktion Deutschlands, so bliebe noch immer fraglich, wohin dieses eine Deutschland gehören soll, und was für eine Figur das deutsche Volk unter den Völkern macht: es bliebe die Frage nach der politischen Heimat. Wir wissen sehr genau, daß wir nicht allein auf der Welt sind, und nicht einmal der naivste oder gröbste nationale Schwärmer kann sich vor den weltpolitischen Wirklichkeiten in anachronistische Illusionen flüchten. Man sieht die fremden Soldaten auf der Straße. Jeder Geldschein, den man in der Hand hat, erinnert an die Konstellation der Macht, mag es ein Westmark- oder ein Ostmarkschein sein. Unter diesen Umständen hat es wenig Sinn, von nationaler Souveränität zu träumen, irgendeine triebhafte Patentlösung des deutschen Rätsels auszudenken. Gehen wir lieber daran, die Wirklichkeit im Lichte jener drei Fragen zu betrachten.

Wir haben uns von der Gewaltherrschaft des Dritten Reiches nicht selbst befreit. Wir sind aber auch nicht im eigentlichen Sinne befreit worden. Die Gewaltherrschaft wurde vernichtet, zugleich aber das deutsche Volk insgesamt besiegt, das deutsche Land insgesamt besetzt. Unvermeidlicherweise und höchst verhängnisvollerweise. Wir haben uns nicht selbst befreit, wird sind auch nicht befreit worden, wohl aber sind uns bestimmte, definierte »Befreiungen« auferlegt worden.

Von diesen auferlegten Befreiungen ist eine einzige erfolgreich gewesen: die Befreiung vom *Militarismus*. Die totale Niederlage, mit der der totale Krieg für uns endete, und die Vernichtung oder Entfernung aller Waffen und militärischen Ausrüstungen, Zerstörung, Tod und Mangel haben bei der überwiegenden Majorität des Volkes einen gründlichen Überdruß an Krieg und Militär bewirkt. Man hat genug davon. Ob dieser Überdruß gleichbedeutend ist mit Friedfertigkeit, mag dahingestellt bleiben. Jedenfalls ist er das Gegenteil von Militarismus. Gewiß gibt es noch junge Leute – oder auch ältere Leute –, die gern hohe Stiefel tragen. Gewiß gibt es ehemalige Offiziere, die davon überzeugt sind, daß die westlichen Alliierten, wenn sie die westliche Hälfte Deutschlands in das atlantische System und in das europäische Programm einbeziehen, von den Bewohnern dieser westlichen Hälfte Deutschlands über kurz oder lang auch gewisse militärische Leistungen erwarten, und die diese Erwartung der anderen vielleicht nicht ungern vermuten. Gewiß bilden diejenigen, die mit hellstem Bewußtsein und aus eigenem Entschluß friedfertig sind und bleiben wollen, eine Minderheit, während die Mehrheit sich in Müdigkeit und Furcht treiben läßt. Gewiß kann der Zustand der erzwungenen Waffenlosigkeit keine volle Klarheit über die Stimmungen und Neigungen geben, die da in den Massen ungewiß umherziehen mögen. Man hat das Volk darüber nicht befragt, und man kann es darüber auch nicht befragen. Aber alles das ändert nichts daran, daß es keinen positiven Militarismus mehr gibt.

Anders steht es mit der zweiten der auferlegten Befreiungen, mit der »Befreiung vom Nationalsozialismus«, der *»Entnazifizierung«*. Diese Befreiung ist mißlungen. Nicht deswegen, weil der »Nationalsozialismus« als Ideologie sich so mächtig erwiesen hätte, daß er die Niederlage überlebte und den rechtlichen und politischen Maßnahmen trotzte, die zu seiner Ausrottung ergriffen wurden. Der Nationalsozialismus als Ideologie ist nicht das Problem. Das Problem sind die Menschen, die Schuldigen, die Belasteten, die Mitläufer, die »Betroffenen« insgesamt und in ihrer Masse. Weder können wir uns von diesen Menschen befreien, noch kann uns irgend jemand sonst auf der Welt von ihnen befreien. Niemand aber kann sich selbst von seiner Vergangenheit befreien außer durch Reue. Es gibt freie Reue und es gibt erzwungene Reue. Ja, es gibt sie; man sollte es sich nicht so leicht machen, die erzwungene Reue für unecht zu erklären. Um Reue aber zu erzwingen, braucht es Ketzergerichte. Die Inquisition bezeugt das, und die Moskauer »Schauprozesse« bezeugen es abermals (vielleicht bezeugte es sogar der Mindszenty-Prozeß in Budapest – wir wissen es nicht). Spruchkammern aber sind keine Ketzergerichte. Dazu fehlt es ihnen an dogmatischer Macht. Sie konnten keine Reue erzwingen, sie konnten nur armselige Selbstentschuldigungen oder Gegenbeweise oder Gekränktheit hervorrufen oder dies alles zusammen. Oder Spott. Das Experiment einer moralischen Politik mit dem Mittel des Rechts ist gescheitert. (Ich will damit nicht sagen, daß eine moralische Politik nur dann Aussicht auf Erfolg böte, wenn sie Recht und Gesetz überginge.) Man hat Finten und Ausflüchte zu hören bekommen, man hat die Masse in die Verteidigung getrieben und billige Märtyrer gemacht. Die Verantwortung des Individuums aber, an die doch durch die Befreiungsgesetze appelliert werden sollte, ist in der Praxis ihrer Anwendung vollends zerronnen. Sie war nicht zu fassen, sie ist durch die Maschen gegangen. Und »die Kosten trägt die Staatskasse« – wie es in dem Hamburger

Schwurgerichtsurteil gegen den Filmregisseur Veit Harlan so symbolisch heißt.

Dies waren die auferlegten Befreiungen. Wo aber blieb die freie Reue? Die Befreiung von der Schuld – wenn und soweit sie eine eigene menschliche Leistung sein kann? Wie viele Deutsche haben sich während des Dritten Reiches, zum Beispiel während der Pogrome vom November 1938, entsetzt, empört, bekümmert und geschämt. Und wie wenige hinterher, nachdem es zu Ende war, und nachdem alle Schandtat mit gräßlicher, photographischer Deutlichkeit offenbar geworden war! Dies ist ein Rätsel, aber ein begreifliches. Jenes Entsetzen und jene Scham war freie eigene Leistung; niemand forderte sie außer dem eigenen Gewissen. Und hier liegt ein schwer erträgliches Geheimnis: Das eigene Gewissen gibt dem Selbstgefühl, ja dem Stolze noch Nahrung, wir können seiner Forderung mit einer Art von verborgener Eitelkeit folgen. »Die Jahre des Kampfes gegen Hitler waren moralisch gute Zeit«, schreibt Thomas Mann inmitten der Skrupel des Nachkriegs*, und das Wort gilt auch für diejenigen, die hier im Lande widerstanden. Scham und Entsetzen fallen uns unendlich viel schwerer, wenn sie von außen verlangt oder doch erwartet werden. In einem bestimmten Sinne ist das Gewissen, selbst die Qual des Gewissens leichter als die Beichte, zumal die Beichte in der Öffentlichkeit. So verstockten sich nun viele, die zuvor im eigenen Kreise und »im Kämmerlein« ein durchaus beredtes Gewissen gehabt hatten. Bisweilen nahm dieser Trotz geradezu die Form einer Verklärung des Bösen an. Gleichsam in dem lästerlichen Sinne: Ich bin der Wolf Gottes, der der Welt Sünde tut. Man konnte das unheimliche Phänomen des pharisäischen Sünders wahrnehmen, der sich dem Gerechten – das ist hier: dem Amerikaner oder auch dem harmlos und grob verurteilenden Antifaschisten – unerhört überlegen fühlte. Und es gab jene anderen, die sich aus lauter Widerwillen gegen die Rolle des braven Beichtkindes, dem der alliierte Ablaß gewährt wird, lieber auf die Seite der Böcke schlugen als auf diejenige der Schafe. Oder die behaupteten, man könne Böcke und Schafe überhaupt nicht voneinander trennen, mindestens nicht auf dieser Welt und mit irdischen Maßen. Ich habe einen Mann getroffen, der sich so

---

* »Die Entstehung des Doktor Faustus«, S. 144.

weit verstieg, die Unterscheidung von Gut und Böse für eine Erfindung des Teufels zu erklären – weil es im Paradies die Schlange war, die die Worte sprach: Ihr werdet sein wie Gott, *scientes bonum et malum*. Diese Menschen krochen vor den Anklagen, den Enthüllungen und den Bekenntniserwartungen gleichsam in sich selbst hinein und akzeptierten ihre erklärte Verworfenheit wie Kobolde, wie grüne verschrumpfte Trolle, die sich ihrer prämoralischen Natur freuen und mit den Menschen ihren Schabernack treiben.

Solchen höhlenhaften Wesen ganz entgegengesetzt verhielten sich diejenigen, die luftig über alle eigene deutsche Vergangenheit und Gegenwart hinweg auf geradem Weg in die europäische Föderation oder in Weltbürgertum und Weltregierung eilten. Sie erklärten, es müsse ein dicker Strich gezogen und vollkommen neu angefangen werden. Wir können aber nicht abends als Deutsche zu Bett gehen und morgens, wie neugeboren, als Europäer aufstehen.

Und zwischen jenen extremen Verhaltungsweisen treibt die Menge der Menschen einher, vergißt gern und will wenig gelten lassen, dabei doch stets bedürftig nach Hoffnungen, ja nach Utopien. Oder auch – da dies alles doch nicht so recht zu stimmen scheint, das Europäertum und das Weltbürgertum und das Kollaborieren und die Moral: so kann man sich immer noch darauf zurückziehen und auf die Naturtatsache verlassen, ein Deutscher zu sein, schlechthin ein Deutscher. Teils mißtrauisch, teils furchtsam nach den Mächten blickend und auf die öffentlichen Parolen horchend, halten sie wenigstens diese eine Gewißheit fest. Wahrscheinlich ist dies die Wurzel jenes schillernden und nicht ganz greifbaren »neuen Nationalismus«, der das eine Mal als eine Art Verschwörung, das andere Mal (nach General Clay) als natürliche Vaterlandsliebe erscheint.

Und doch habe ich einmal, im Sommer 1945, ein junges Mädchen aus der Pfalz, ein täppisch-ländliches Wesen mit großen Augen, fassungslos heulen gesehen, als sie von gewissen Verfolgungen erfuhr, von Flucht vor der Polizei und geheimem Versteck in Angst und Gefahr. Ein einziges Mal habe ich es gesehen. Und heißt es nicht, daß *ein* reuiger Sünder mehr sei denn tausend Gerechte?

Golo Mann, ein Sohn Thomas Manns, wurde 1909 in München geboren; er studierte Geschichte und neuere Sprachen und war nach der Vertreibung seiner Eltern aus Deutschland von 1933–1937 als Lektor an
französischen Universitäten tätig. Mann emigrierte dann in die USA,
lehrte als Professor für Geschichte und kehrte als Angehöriger der amerikanischen Armee nach Deutschland zurück. Von 1960–1964 Professor für neuere Geschichte und politische Wissenschaft an der Technischen Hochschule Stuttgart; seither als freier Schriftsteller tätig.
(Hauptwerke: *Friedrich von Gentz, Geschichte eines europäischen
Staatsmannes,* 1946; *Vom Geist Amerikas,* 1954; *Wallenstein,* 1971.)
Sein Werk *Deutsche Geschichte des 19. und 20. Jahrhunderts,* Frankfurt
am Main 1958, war ein leidenschaftlicher Versuch der »Vergangenheitsbewältigung«: »Fassen wir also das Mörderhaus, das inmitten unserer
Gemeinde steht, festen Blicks ins Auge. Leugnen wir nicht, was in ihm
vorgegangen ist. Glauben wir aber auch nicht, es hätten alle Wege der
deutschen Geschichte mit Notwendigkeit diesem einen schlechten Ende
zugeführt. Und denken, handeln wir nicht so, als hätten wir überhaupt
keine Vergangenheit, als würde dies tätige, wimmelnde Leben der Gegenwart mit seinen Genugtuungen und Sorgen uns genügen. Die Geschichte ist nicht tot. Durch das, was vor uns war, sind wir geworden,
was wir sind, und können uns von ihm nicht losreißen . . . Es gibt kein
bloßes Leben in der Gegenwart; wenn es ein solches einmal gäbe, wenn
eine Zivilisation sich um jeden bewußten Kontakt mit ihrer Geschichte
brächte, so würde sie nicht lange heil bestehen. Sie wäre dann keinem
neuen Erlebnis gewachsen. Jeder unerwartete Sturm würde sie umwer-
fen; durch ein vermessenes, törichtes Verhalten würden sie ihren Untergang noch beschleunigen. Sind nicht die größten Katastrophen unserer
Zeit aus einer solchen pöbelhaften Unwissenheit erwachsen? die noch
wüsteren Katastrophen, die drohen, wären sie nicht eine Folge derselben Vermessenheit?« (S. 13 f.)
   Golo Manns Würdigung des Staatsmannes Konrad Adenauer erschien in der *Frankfurter Allgemeinen Zeitung* am 14. Februar 1976;
daraus der nachfolgende Auszug.

Als Bismarcks hundertster Geburtstag flüchtig begangen wurde,
tobte der Weltkrieg. Die Erscheinung des Reichsgründers ver-
dämmerte. Seine Entlassung lag 25, sein Tod 17 Jahre zurück.
Daß sein Werk sich in heller Auflösung befand, erkannten die

wenigen, die mit politischem Scharfblick begabt waren, zum Beispiel Max Weber. Die angeblich Orthodoxen hängten dem »Eisernen Kanzler« Grundsätze an, die ihre eigenen waren, nicht seine. Ein Bild, schwankend zwischen dem Felde historischer Erkenntnis, die erst begann, und verfälschendem Mythos, das war er nun; einer versunkenen Welt schon zugehörig, aktuell nur durch Mißverstehen.

Wie anders Konrad Adenauer in seinem Centenarium. Der Unterschied liegt zunächst in der schieren Chronologie der Lebensläufe: der eine war nur ein Jahr jünger am Anfang als der andere am Ende seiner Amtsführung, lebenszäher überdies; derart, daß sein Rücktritt bloße zwölfeinhalb Jahre her ist, sein Entschwinden neun. Der Unterschied liegt auch im Charakter der Leistung. Adenauers Werk, im Vergleich mit der bismarckischen so pomplos und wie nur vorläufig, die Bundesrepublik, die Verhältnisse der Bundesrepublik zu Westeuropa und den Vereinigten Staaten, ist im wesentlichen intakt geblieben. Die von ihm in ihrer Wirklichkeit geschaffene »Kanzlerdemokratie« erwies sich als dem neuen Staat dauerhaft angemessen. Noch leben wir von dem Kapital, das er, nicht er allein, aber vor allem er gesammelt hat. »Am Anfang war Adenauer . . .« (Arnulf Baring). Und er wirkt noch nach, er ist noch da. Andererseits hat die historische Wissenschaft bereits erstaunlich viel an ihm getan; wohl mehr als an Bismarck in dem entsprechenden Zeitraum. Die zeitgeschichtliche Forschung arbeitet heute rascher, genauer, vorurteilsfreier, freier überhaupt als zu Kaisers Zeiten.

Noch immer stehen die Jahre 1945 bis 1963 im Zentrum des Interesses. Hier handelt es sich um das Werk, was nachwirkt, um den Staatsmann, den die weite Welt zu kennen anfing, um bald ihn sehr gut zu kennen. Die eigenen »Erinnerungen« beginnen eben dann; der Band über die Weimarer Republik hätte zuletzt geschrieben werden sollen und wurde es nie. Dieser Verlust verstärkt den Eindruck, als habe Adenauers öffentliches Leben erst mit dem Zusammenbruch von 1945 begonnen, als sei er damals von irgendwoher zuerst erschienen. Der Eindruck trügt, wir wissen es; das Leben beginnt ja nicht im siebzigsten Jahr, gewiß nicht Adenauers Leben. Wahr ist, daß zwölf Jahre des Schweigens, einer leidvollen Verborgenheit hinter ihm lagen. Weiter rückwärts? Zwischen 1918 und 1933 ist er der Grenze, jenseits derer historisches Wirken beginnt, stetig nahe gewesen, gele-

gentlich sehr nahe. Er überschritt sie nicht. Festigung, Verfall,
Auflösung der Ersten Deutschen Republik hätten sich nicht anders abgespielt, wenn es den Oberbürgermeister von Köln gar
nicht gegeben hätte. Schicksal, insoweit es überhaupt von der
Politik gemacht wurde, wurde im »Reich« gemacht, nicht in der
Kommune, wie schöpferisch sie auch verwaltet wurde, nicht im
Lande Preußen, das nur noch eine überdimensionierte Verwal-
tungseinheit war, kein souveräner Staat. Bekannt sind die Umstände, unter welchen Adenauer nach dem Amt des Reichskanz-
lers nicht griff, als er es hätte haben können. Klugheit, Skepsis,
Augenmaß: die Basis war ihm zu schmal. Dabei frappieren eine
Frage, ein spekulativer Gedanke. Wie konnte ein dem Politischen schon so leidenschaftlich ergebener, so gereifter Mensch
seinem Ehrgeiz so klugen Zwang antun? Es hätte wohl jeder vergleichbare andere im vergleichbaren Fall sich gedacht, einmal
dran, werde er es schon irgendwie hinbringen. Die Spekulation:
Wäre Adenauer 1926 Reichskanzler geworden, so hätte er sich
rasch verbraucht und die ganze späte Ernte seines Lebens wäre
nicht gewesen. So daß man hier versucht ist, von einer »anschei-
nenden Absichtlichkeit im Schicksal des einzelnen« zu sprechen.
Über den rheinländischen Politiker müßte im besonderen gesprochen werden, zumal für die Wintermonate 1918/19 und
1923/24. Da, in Zeiten höchster Verwirrung, spielte er eine zentrale Rolle, als Oberhaupt der großen Stadt und dank der schieren Kraft seiner Persönlichkeit. Der Industrielle Louis Hagen
zum Präsidenten der Interalliierten Rheinland-Kommission:
»Ich bemerkte dabei, daß Herr Adenauer das Vertrauen des gesamten besetzten Gebietes in so hervorragender Weise besitze,
daß überhaupt auf seine Mitwirkung nicht verzichtet werden
könne, und daß fraglos nach den mir von ihm gemachten Äußerungen nicht nur eine gänzlich falsche Auffassung über Herrn
Adenauer bei ihm, seiner Regierung und namentlich dem französischen Volk bestehe, sondern daß auch gerade Herr Adenauer
berufen sei, kraft seiner Autorität, seiner Energie und seiner
Übersicht, an die Spitze jedes (jenes?) zu bildenden Staatsgebildes zu stehen.« Gemeint ist der Rheinlandstaat, den Adenauer
als ein besonders charakterisiertes deutsches Bundesland schon
1919 gewünscht hatte, im Zeichen der Ruhrbesetzung vier Jahre
später für unvermeidlich hielt; wobei er, dessen Denken einer
realistisch-pessimistischen Komponente selten entbehrte, eine

völlige Abtrennung seiner Heimat vom Deutschen Reich schlechtesten Falles in seinem Kalkül miteinbezog, indes er in Berlin wie in seinen Verhandlungen mit seinen französischen Partnern das Äußerste, Geschickteste tat, um einen solchen Unfug zu verhindern.

Die von Erdmann veröffentlichten Dokumente, Protokolle, Notizen sind für diese kurze, hektische Epoche von kapitaler Bedeutung. Sie zeigen schon den Meister der Kunst: vorsichtig sich schützend und abdeckend, immer nach allen Seiten spähend, nach der wünschbaren Möglichkeit, dem »kleineren Übel« zielend, vor allem, immer bemüht, die andere Seite ihr wahres Interesse, gleichzeitig aber die eigenen Landsleute erkennen zu lassen, wo des Gegners berechtigte Ansprüche lägen. Recht auf Reparationen, und besonders auf Sicherheit, das habe er. Jedoch: Ein von Deutschland künstlich abgetrennter, neutraler, schwacher, auf nichts beruhender Rheinstaat könnte ihm niemals nützen, was habe selbst die verbriefte belgische Neutralität ihm genützt? Wie anders ein befriedetes deutsches Bundesland am Rhein; nicht mehr militärisch besetzt, nur noch durch eine alliierte Gendarmerie poliziert und entmilitarisiert, ein Land, das zwischen Frankreich und Deutschland die Brücke bildete. Wie anders eine Verbindung realer Interessen, die Entstehung eines französisch-belgisch-deutschen Wirtschaftskomplexes im Westen! So in persönlichen Gesprächen und Verhandlungen, so, ungefähr, auch in öffentlicher Rede . . . Man halte dagegen die von beherrschter Freude zitternde Erklärung auf der Bonner Pressekonferenz vom 9. Mai 1950, nachdem am gleichen Tag Robert Schuman ihm seinen Vorschlag zur Montan-Union übermittelt hatte. ». . . es ist ein Vorschlag, der konkret ist, der nicht nur allgemeine Redensarten enthält, und es ist ein weitgehender Vorschlag, und es scheint mir – und seit mehr als 25 Jahren hat mir dieses Ziel vorgeschwebt –, es scheint mir die Zusammenlegung dieser Grundproduktion wirklich eine echte Voraussetzung dafür zu schaffen, daß zwischen Frankreich und Deutschland in Zukunft jeder Konflikt ausgeschaltet ist.«

Dagegen wieder eine kleine Beschreibung in den unlängst veröffentlichten Erinnerungen des Botschafters Seydoux, deren Szene etwa zehn Jahre später spielt: »Jedes Jahr am 14. Juli, wenn unser Empfang auf voller Höhe war, meldete man mir, daß sein Wagen gekommen sei. In großartiger Stimmung, hielt er sich nicht in den Salons auf, sondern begab sich auf die Terrasse, die auf den Abhang hinausführt, an dessen Fuß der prächtige Rhein seinen Ursprung zu nehmen scheint. Die Gäste, zu Hunderten versammelt, applaudierten ihm. Auf diesem Stückchen französischer Erde, vor dem sagenumwobenen Fluß, mit den ununterbrochen dahingleitenden Schiffen, sah Adenauer seinen Traum zum Leben erweckt.« Wenn und insoweit sein Traum damals zum Leben erweckt war – 35 Jahre früher konnte er es nicht. Der Träumer war schon damals reif dafür, aber seine Deutschen nicht, die Franzosen auch nicht; die Autorität auch des angesehensten Mannes im Rheinland konnte bei weitem nicht ausreichen, sie eines Besseren zu belehren. So fiel er in der großen Politik aus und gingen die Dinge ihren grauen Weg, ohne ihn. Bis zum Abbruch der deutschen Geschichte, so wie sie gewesen war, seit er lebte, oder seit sein Vater gelebt hatte, der Leutnant von Königgrätz.

Wenn da ein tiefer Bruch liegt – in seinem Leben ist keiner, vielmehr die erstaunlichste Kontinuität. Daß alles im Fluß sei, daß man auf die vergängliche Situation des Augenblicks nicht bauen dürfe, als ob sie das Definitive wäre, hat er wohl betont; eine schlichte Weisheit. Sie galt für die wechselnden Gegenstände und Bedingungen seines Denkens und Handelns, nicht für die Person. Die Rede, gehalten bei der Eröffnungsfeier der Kölner Universität 1919, die Rede, gehalten in Madrid 48 Jahre später, handeln buchstäblich vom gleichen: von der Notwendigkeit eines vereinigten, mit sich selbst versöhnten Europa, wenn es, 1919, seine Privilegien bewahren, wenn es, 1967, in einer gefährlichen Umwelt sich nur eben noch behaupten wollte. Welcher Mut, welche Unabhängigkeit 1919 dazu gehörte, daran zu erinnern, daß die alte Kölner Universität durchaus übernational und eine Tochter der Sorbonne gewesen sei, können spätere Generationen sich kaum vorstellen. Was die »Weltanschauung« betrifft: »Geistige Dämme zum Schutze des Idealen gegen den alles überflutenden Strom des rein materiellen Denkens und Strebens zu errichten«, forderte der Oberbürgermeister 1919, der Altbundeskanzler in seiner letzten Münchner Ansprache, Februar 1967. Solche Dauerhaftigkeit des Geistes und Charakters bringt eine gewisse Monotonie mit sich. Um den Vergleich noch einmal zu wagen: Der Verächter der »Grundsätze«, der verwegene geistige Abenteurer, der alles kann oder zu können glaubt, Erhaltung und Revolution, Königsherrschaft und Demokratie, Marktwirtschaft und Sozialismus, im Moralischen Ehrlichkeit und Roßtäuscherei, nach außen Bündnis mit dem Zaren und Bündnis mit den Jakobinern – unbestreitbar ist Bismarck der literarisch Interessantere. Aber das Geheimnis von Adenauers Erfolg liegt eben da; nicht nur, sicher auch da.

Womit übereinstimmt, daß die Adenauer-Forschung bisher nichts an den Tag gebracht hat, was das Bild des Mannes wesentlich verändern könnte. Sie hat Wissenslücken gefüllt, Zusätze, Retuschen angebracht; mehr nicht. Sie hat übrigens für die Bundeskanzlerzeit die »Erinnerungen« sehr stark zu Rat gezogen und mit gutem Recht. Ganz überwiegend beruht ja das Werk auf Protokollen, Arbeitsnotizen, Analysen, Briefen des Augenblicks; was, noch einmal, dem literarischen Reiz Abbruch tun mag, indem es den Quellenwert steigert.

Was hat unsereiner, zugleich Bewunderer und Kritiker Adenauers, ihm zu Lebzeiten vorgeworfen? Daß seine Politik nach Westen hin großartig konstruktiv sei, wenn man die Anfänge bedachte, trotz aller Rückschläge erfolgreich bis zum Unglaublichen, daß aber nach Osten hin ihr nichts entspreche; daß hier nichts sei als starre Verneinung, irreales Versprechen; daß, selbst wenn, unbeweisbarer, ja unwahrscheinlicher Weise eine Vereinigung der beiden deutschen Teilstaaten in den ersten Jahren noch unter leidlich freien Bedingungen möglich gewesen wäre, Adenauers Option für den Westen sie absolut ausschließe; daß dann nur die Konsequenz bleibe, die Adenauer nicht zog: anzuerkennen, was nicht mehr zu ändern war und mit den kommunistischen Staaten einschließlich der DDR zu einem erträglichen, völkerrechtlich geregelten Verhältnis zu gelangen. [. . .]

Die Furcht, die ihn bis zu seinem Tod nicht mehr verließ, ging auf zweierlei, in sich Verwandtes: ein amerikanisch-russisches Doppelgeschäft, um Europa zu neutralisieren – mithin etwas später zu sowjetisieren; eine Wiederkehr des alt-amerikanischen Isolationismus. Es war dieser klare, ängstliche Blick auf das Amerika Kennedys und Johnsons, auf das schon in Vietnam verstrickte Amerika, der Adenauer schärfer als je sich sorgen ließ; der letzte, Fragment gebliebene Band seiner Erinnerungen könnte »Sorge um Europa« heißen.

Wie denn überhaupt viel Sorge, viel Furcht im Herzen dieses hart geprüften Mannes war. Es hängt dies mit seiner so sehr langen, wach erlebten Lebensgeschichte zusammen. Der deutsche Bürgersohn aus der Bismarckzeit hatte so sehr viel Neues, Schlimmes mit seinem Denken bewältigen müssen. 1918/19 war ihm das vergleichsweise glatt gelungen; unter wie bitteren Leiden und Anfechtungen 1933 bis 1945, darüber sind wir wohl noch nicht genügend unterrichtet. Die scheinbar so machtvolle, glanzvolle Anordnung, in die er hineingeboren worden war, gab er auf, aller späteren Theorien vom »Rechtsnachfolger« ungeachtet. Statt dessen »Europa« und die Bundesrepublik eingebettet in ihm. Das war nicht Wiederherstellung dessen, was vor 1914 gewesen war, des ihm von Haus aus gewohnten.

Ungefähr jedoch wie Arnold Toynbee kam Adenauer von der Erinnerung an das weltbeherrschende Europa nicht los. Was war Europa einmal gewesen? Alles. Was war es jetzt? Nichts. Was sollte es wieder werden? Etwas. Und es wurde wieder etwas; der seiner Regierung anvertraute Teil Deutschlands, der bei weitem größere, wie er immer wieder betonte, der auch. Wiederherstellung nicht; trotzdem in gewissem Sinne Restauration. Wiedererstarken Europas; Affirmation alter, lang schimpfierter menschlicher Werte und Grundsätze. Restauration war wirklich; es liegt kein Tadel darin. Immer aber ist sie für den, der sie vollzieht, der all die schlimmen Erfahrungen hinter sich hat, mit der Furcht verbunden, sie könnte nicht halten. Es war alles noch so neu, so zerbrechlich im Inneren, so ungesichert nach außen. Auch von der Erinnerung an die blutigen Narreteien, auf welche die Deutschen sich zweimal eingelassen hatten, kam er nicht los. Seine Landsleute waren noch nicht zur Ruhe gekommen; sie könnten wieder Narren werden, wenn man sie in Versuchung führte . . . Die Geschichte spricht ihr letztes Wort nie. Immerhin wird man, was diese Sorge betrifft, neun Jahre nach Adenauers Tod sagen dürfen, daß sein Werk solider war, als er glaubte, von seinen Nachfolgern fortgeführt, von heranwachsenden Generationen als Normalität akzeptiert wurde. Sein Tun war auf die Zukunft gerichtet, jedoch bestimmt und beschwert von einer Vergangenheit, welche für die um anderthalb oder zwei Generationen Jüngeren solche Last nicht mehr bedeuten kann. Nicht als ob die weite Welt zu seiner Zeit zur Furcht keinen Anlaß gegeben hätte und heute keinen gäbe. Wie einer die auf ihn eindringende geschichtliche Wirklichkeit erlebt, hängt auch von ihm selber ab, Standort, Temperament, Lebensdaten.

Diese mußten dem epochalen Verstehen Adenauers Grenzen setzen, wie sehr er auch, tapfer und neugierig, sie zu erweitern strebte. Die historisch beispiellose Situation von 1945 hatte er früh und klar verstanden: die Teilung Europas, die beiden Weltmächte, die immensen, der amerikanischen Demokratie gestellten neuen Aufgaben. Hier war ein neues Weltbild, eine Art von erträglicher, wenn auch immer gefährdeter Ordnung. Maos China kam dazu, zumal seit Chruschtschow ihm seine chinesischen Sorgen offenbart hatte: eine andere Weltmacht, die dritte, oder wenn auch sein Europa eine würde, die vierte, von der er sich machtlogisch sogar etwas erhoffte. Die vier ergaben ein System, welches, obgleich neu, doch unter die ihm vertrauten Kategorien ungefähr noch zu bringen war. Anders Afrika, Südostasien, Lateinamerika. Ich kenne keine Zeugnisse, die uns lehren könnten, daß, oder wie er sich mit dem Aufstand der »dritten«, der »vierten« Welt auseinandersetzte; ich glaube, daß er es ernsthaft gar nicht mehr versuchte. Die Schaffung »dieser vielen kleinen neuen Staaten« hielt er für einen »furchtbaren Fehler«, was sie, vom europäischen Standpunkt aus, ja auch war. Nicht sah er die fehlerhafte Unvermeidlichkeit; nur uralte Verwirrung.

Sein Verhältnis zu Israel widerspricht dem keineswegs. Sollte die amerikanische Politik wirklich, wie ihr vorgeworfen wird – aber ich bezweifle es sehr –, im Staate Israel sich einen Brückenkopf im Mittleren Osten erhalten wollen – das war Adenauers Interesse nicht. Es war ausschließlich moralischer Art. Das große Verbrechen, in den engen Grenzen des Möglichen, wiedergutzumachen, mit dem Staat der Juden ins reine zu kommen, darauf allein war sein Sinn gerichtet, daran hielt er, trotz arabischer Proteste, unbeugsam fest. Er fürchtete die Araber nicht. Ihre aufsteigende Macht, von deren Zukünftigkeit einige Politiker seiner eigenen Partei recht wohl schon wußten, paßte nicht in sein Weltbild. So nicht die Verwandlung der »Vereinten Nationen« aus einer Koalition der Siegermächte in ein universales Welttheater, auf dem die Staaten der Dritten Welt, zusammen mit den kommunistischen, stets die Mehrheit haben würden. Was überhaupt dachte er von der UN? Ungefähr wie de Gaulle? Möglich, sogar wahrscheinlich; wieder war er nicht in der Lage seines Freundes, der, was immer er dachte, laut sagen durfte in aller Feierlichkeit.

In dem letzten Gespräch mit Rudolf Augstein, von diesem veröffentlicht ein paar Tage vor seinem Tod, spürt man ein Gefühl gequälten Fragens ohne Antwort, beinahe ein »ich verstehe die Welt nicht mehr«, das etwas anderes ist als die klassische, man möchte sagen die wohlgeordnete Sorge, die Adenauer während seiner vierzehnjährigen Regierung so oft zur Schau trug. Regelmäßig war es damals um die Faktoren gegangen, die sein neues, letztes Weltbild formten: ob sie sich noch so zueinander verhielten, wie das System es verlangte. Nun begann das Ganze sich zu verformen durch wildfremde Einflüsse von außen. Sein sensitiver Geist ahnte es. Seine Arbeit war getan. Er konnte da nicht mehr mitmachen.

Wir waren traurig, als er starb. Und doch war es Gnade, daß er nicht 95 oder 98 Jahre alt wurde. Es blieb ihm erspart, die beiden neuesten Nahost-Kriege zu erleben, die Anwendung der »Ölwaffe« und »Energiekrise«, Europas gespalten-erbärmliches Verhalten ihr gegenüber; den Terrorismus der Palästinenser auf seinem Höhepunkt; die Internationale des Terrorismus samt ihren Sympathisanten und der Hilfe von Mächten, mit deren Vertretern wir umgehen müssen, als seien sie Gentlemen. Die zerstückelte Weltrevolution, gefördert von dem nacktesten, starrkonservativsten Imperium, das es in modernen Zeiten gab – diese ungewöhnlich widerwärtige Verbindung war, als er starb, bei weitem noch nicht so erfolgreich, wie sie heute ist. Mir fallen vier Zeilen aus einem Gedicht ein, in dem Algernon Swinburne den unbekannten Göttern dankt dafür:

> That no life lives for ever;
> That dead men rise up never;
> That even the weariest river
> Winds somewhere safe to sea . . .

Von dem Staatsmann der Sorge war hier die Rede. Von dem erzpraktischen Politiker ist anderswo viel die Rede gewesen: dem rauhen Wahlkämpfer und schlauen Wahlgeschenkmacher, dem Menschenverächter, der Mitarbeiter am Zügel hielt, verbrauchte, schnöde beiseite schob, dem lauernden, dreisten Unterhändler und kalkulierenden Menschenbehandler, dem Konstrukteur der breit und tief gesicherten, eigensten Machtfestung. Gewiß doch. In der parlamentarischen Demokratie regiert man nicht aus bloßer Unschuld und Güte vierzehn Jahre lang wie ein König, reich und milde, der alten Zeit. Andererseits ist von dem Manne der Grundsätze gehandelt worden, dem Christen, der in einer historisch informierten, schlichten, starken Philosophie Rat fand. Was mir dabei etwas zu kurz gekommen scheint, ist der im Innersten von Anfechtungen Heimgesuchte, der Skeptiker, der Zarte, der Zögernde. Davon steht freilich in seinen Erinnerungen gar nichts, auf Distanz legte er Wert. Es ist ferner, zumal ja in der einzelnen Seele soviel zusammenhaust und sie nie auf einen Nenner gebracht werden kann, der Menschenfreund, ja, der Idealist und Träumer. Das war er auch. Wenn er über das seinem Europa Mögliche sich Illusionen machte, so kamen sie nicht aus Unkenntnis. Sie kamen aus seinem Traum von dem, was den Europäern gut wäre, ihr Leben erhöhen würde. Über die Montanunion, die doch ein vergleichsweise sachlich-dürres Unternehmen war: »Ich war überzeugt, daß die Montanunion in ihren Auswirkungen nicht nur die wirtschaftlichen Verhältnisse unseres Kontinents, sondern das ganze Denken und das politische Empfinden des europäischen Menschen verändern würde. Ich war überzeugt, daß sie die Europäer aus der Enge ihres nationalstaatlichen Lebens herausführen würde in die Weite des europäischen Raumes, die dem Leben des einzelnen einen größeren und reicheren Sinn geben würde. Die Jugend aller europäischen Völker sehnte sich danach, in anderen Ländern Erfahrungen zu sammeln, zu lernen und zu wirken . . . Aus Menschen, deren Gefühle noch zu diesem Zeitpunkt wesentlich durch Mißtrauen, Konkurrenzsucht und Ressentiments bestimmt wurden, würden Nachbarn und Freunde werden.« Er konnte es besser nicht sagen, die blühenden Phrasen lagen ihm nicht. Aber solche Sätze kommen aus dem Herzen.

Von Plato stammt der Begriff des »geriebenen Idealisten«, des Burschen, der zäh und schlau ist, selbst hinterhältig, bei der Durchsetzung des von ihm für recht Erkannten. Die Benennung paßt ein wenig zu Adenauer; gerieben war er allerdings, aber Idealist auch und schöpferisch aus der Idee. So, im heimatlichen Rahmen, als Oberbürgermeister; so als Staatsmann. Einer nach Millionen zählenden Schar von Menschen hat er nachweislich Gutes getan; von den 28 000 in Rußland Gefangenen, die er aus Sklaverei befreite, bis zum »Wohlstand für alle«, den entspannten Nerven der Menschen in jenen behaglichen fünfziger Jahren, den Campingplätzen, wo die Bürger Europas freundnachbarlich sich kennenlernten, eben wie er es von der Montanunion erhofft hatte. Sollte er dagegen auch Schaden gestiftet oder doch zugelassen haben, so wäre es ein in der Zukunft liegender, spekulativer, indirekter, ihm gar nie genau nachzuweisender. Selten sind die Politiker historischen Namens, von denen man im Guten so Reichliches, Sicheres, im Schlechten nur so Ungesichertes behaupten kann.

(3) *Max Rychner*
  Theodor Heuss:
  Ein starkes Herz voll Zuversicht

Die nachfolgende Besprechung der Lebenserinnerungen von Theodor
Heuss erschien in der *Zeit* vom 1. November 1963. Ihr Verfasser war
seit 1922, als er die Zeitschrift *Neue Schweizer Rundschau* gründete, ei-
ner der profiliertesten Literaturkritiker des deutschsprachigen Raumes.
»Rychner half mit, das Geistige neu zu erwecken und politische Miß-
töne fernzuhalten . . . ›Was not tut, sind Mittler!‹ schrieb er 1929 bei
Hofmannsthals Tode. Intellektuelle Mittlerschaft ist sein Thema.
Rychner variiert es auf dem Wege literarischer Kritik seit drei Jahrzehn-
ten. Der Tenor gesamteuropäischer Gesinnung blieb sich stets gleich.«
(Helmuth de Haas)

Nicht vielen wird die Gabe der Erinnerung zugeteilt, Theodor
Heuss aber, der ehemalige Präsident der Bundesrepublik
Deutschland, besitzt auch sie, und er zieht Kraft noch aus zwar
verflossenem,, jedoch erinnertem Leben. An der Welt und ihren
Geschöpfen, auch an dem, das er selber ist, vermochte sich der so
Empfängliche zu freuen, ja, noch aus dem schwersten Mühen
seines beladenen Tages wehte immer wieder ein Hauch von jener
Heiterkeit zu, die den Überlegenen vor den Menschen angenehm
macht und sie mit ihm versöhnt. »Nur kein düster Streben!« –
den Rat dieses Goethe-Verses findet man im Leben von Theodor
Heuss verwirklicht, als habe er ihn von jung auf gekannt und zu
seinem Wahlspruch gemacht. Seine Anlage bestimmte ihn zu
solcher Weisheit, noch bevor er Einsicht und Willen danach zu
ordnen vermochte –

Wie schon aus den voraufgehenden »*Vorspielen des Lebens*«
(1953) spricht ein glücklich veranlagter Mensch zu seinem Volk,
das sich schwer tut mit dem von ihm so leicht verdächtigten
Menschenglück, dessen horazische Figuren dann überschattet
werden von den tragisch ragenden Begriffen Schicksal (1914),
Untergang (1918), Herrenvolk (1933), Scheitern (1945). Seine
Vorfahren stammen aus dem Lande, wo pietistische und aufgeklärte Tendenzen umschlugen in die Schöpfungsfülle des philosophischen Idealismus – Schiller, Hegel, Schelling waren Schwa-

ben –, wo spekulativer und Weltsinn sich immer wieder zusammenfanden, so daß von dem vorausdenkenden Friedrich List bis zu Robert Bosch die moderne Industrie-Entwicklung weder ausgelassen noch übertrieben wurde. Das »Muschterländle«, wie es sich nicht ungern nennen ließ, war für einen aufs lebhafteste wißbegierigen Kopf wie Heuss bald überblickbar, sowohl die treibenden wie die beharrenden Kräfte, die Auseinandersetzungen auf beleuchteter Bühne wie die »Dinge im Winkel«, wobei Kenntnisse und die Lust an ihnen bei beidem gleich groß sind.

Heilbronn, seine Vaterstadt, ist ihm sein Leben lang nahe geblieben, dort hat er schon als junger Mensch Wahlreden gehalten, Zeitungsartikel geschrieben, Wortgefechte in Versammlungen mit seiner Schlagfertigkeit durchgeführt, mit der er so gut zu kämpfen wie zu versöhnen versteht, Heilbronn, wo er nach 1945 in einem städtebaulichen Preisgericht saß, um über den Neuaufbau der zerstörten Stadt mitzuberaten, wobei es sich ergab, »daß in dem Gremium ich der einzige war, der die alte Reichsstadt mit ihrem Gewinkel, mit ihren Intimitäten, auch mit ihren Kostbarkeiten kannte!«

An diesem Tiefpunkt der deutschen Geschichte setzte Heuss mit ungebrochener Tatfreude sogleich wieder ein, nachdem ihm in der Nazizeit Tun, Reden, Schreiben verboten gewesen waren; in seiner Heimat ergreift ihn dann die Welle, die ihn hochträgt und oben absetzt an der höchsten Stelle der Bundesrepublik Deutschland.

Die schwäbischen Dinge im Winkel kannte er, das aber in weiten Perspektiven. In Paris vor 1914, vereint mit dem Münchner Studienfreund Wilhelm Hausenstein (dem nach 1945 ersten deutschen Botschafter dort), fühlte er sich, trotz sprachlichen Schwierigkeiten, auch in seinem Element, so daß er erinnernd sprechen kann von »meiner Melodie der Heiterkeit, die diese paar Wochen getragen hat«.

Da schwamm er, von eigenen Neigungen und den Kenntnissen des kunstkritischen Freundes geleitet, in dem geliebten Element der Kunst. Der junge Heuss hat sich selbst durchaus als Künstler verstanden, noch in der späteren Vollentfaltung seiner politischen Gaben hat er diese Selbstdeutung auch auf sie bezogen, nie aufgegeben. Ihm waren Avenarius, der Herausgeber des *Kunstwart*, Lichtwark, der künstlerische Pädagoge, namentlich aber sein bewunderter Friedrich Naumann starke Potenzen, deren Einflüssen er, jung und weltgierig wie er war, gern sich öffnete.

Männliche Entschiedenheit der Äußerung wirkte in Wahlverwandtschaft auf ihn; es war fast natürlich, daß er zu Hodler, Max Klinger, Richard Dehmel fand (seine Frau wurde von Stefan George stärker angezogen). Man legte damals gern Bekenntnisse zum Modernismus ab; in Belgien suchte Heuss eigens ein Gewerkschaftshaus auf, weil sein politisches Gewissen es verlangte und weil es von Henry van de Velde erbaut worden war. Über Kunst und Literatur hat er als junger Redakteur an Naumanns Zeitschrift *Die Hilfe* untersuchend und urteilend geschrieben: »Naumann«, schreibt er, »blieb für mich das Vorbild.« Das ist umfassender zu verstehen als nur auf die Kunst bezogen. Auch in seinem Verhältnis zu ihr stieß er, ohne erkennbar darum zu leiden, an Grenzen; von seinem Freunde Gustav Stolper heißt es da: »Er hat es mir nie übelgenommen, daß ich nicht musikalisch bin . . .« Wer hätte es auch dem im Schauen bis zum Glück sich erhebenden, selber auch toleranten Augenmenschen übelnehmen mögen!

In den Augen des Studenten, wie ihn Aufnahmen in »*Vorspiele des Lebens*« zeigen, bekundet sich bereits eine Energie, die auf Bewältigung vieler und nicht leichter Aufgaben, das heißt auf Widerstände hin ausgerichtet scheint. Auf mehr als einem Feld geht er gegen sie an, auch auf dem literarischen; eine Novelle über seinen Heilbronner Landsmann Waiblinger zeigte ihm indessen, wie er schreibt, »daß ich doch kein ›Dichter‹ sei. Das war eine ganz wohltätige Einsicht. Das Schicksal wollte mich offenbar doch in die Politik führen.«

Das wollte es; gerade was er noch mehr und anderes in sich hatte als den Nurpolitiker, machte aus ihm den außergewöhnlichen Politiker.

Rückblickend in die Vergangenheit seiner Sippe, glaubt man Wesenszüge zu erkennen, die in ihm dann eine Metamorphose erfuhren: Auf Vaterseite waren es durch Generationen Neckarschiffer, die Mutterseite weist lauter Förster auf. Dem strömenden Element sich, das Ruder führend, vertraut fühlen, das war dem bewegten jungen Heuss demnach von lange her bekannt, ebenso das Hegen aus lebendiger Verbundenheit mit Baum und Tier und allem Lebendigen in der Natur und im Menschlichen der Stadt.

Das schnelle Handeln des Flusses wie die Gesetze langsamen Wachstums kennt er und kennt die Analogien auf der alles verwandelnden Ebene der menschlichen Geschichte. Früh gerät er an den Politiker, der den für ihn wohl bedeutsamsten Namen trägt: Friedrich Naumann, 1860 geboren, in seiner Generation, nach Heuss, »die stärkste rednerische Begabung«.

Es gibt von Liebermann eine Porträtzeichnung, die an diesem bewegenden Redner die innere Bewegtheit in der Gebärde von Schulter und Hand ausdrückt. An ihm hat Heuss seine politische Erweckung erfahren. *Die Hilfe,* deren Leitung ihm Naumann anvertraute, trug im Untertitel die Worte: *Gotteshilfe, Selbsthilfe, Staatshilfe, Bruderhilfe* – eine Quaternität edler ethischer Begriffe, die Richtpunkte einer anzustrebenden Lebensordnung abgaben, in welcher das Soziale mit dem Religiösen sich so verbinden sollte, daß dem in beiden Bereichen verantwortlichen einzelnen die größtmögliche Freiheit erwirkt und gewahrt würde.

Sozial, das wollten damals, im kaiserlichen Deutschland, alle sein, die Sinn hatten für die Größenordnung und Rangfolge der Zeitfragen. Es gab viele Übergänge bis zu Bebels Sozialdemokratie und innerhalb dieser auch. Linksliberale Luft erfüllte den Raum, in dem Naumann seine Ziele mit seinem Schwung und, darin noch Theologe, mit gewissenhaften Skrupeln verfolgte, in Max Weber, dem Freund, eine hohe Urteilsinstanz anerkennend, an dem viel jüngeren, hochbegabten Adepten Heuss an seiner Seite sich freuend, denn der war gegenwärtig und war zugleich schon Zukunft, wie sie sein sollte.

Der packte an, wo er im Augenblick nötig war; er leitete (und machte zur Hauptsache) im Zwei-Mann-Betrieb die *Neckarzeitung* in Heilbronn, schrieb sogar im Ersten Weltkrieg tagtäglich einen Leitartikel, sich dabei ohne Absicht mit dem Ruhm militärischer Weissagung bedeckend, denn er, ein Nichtmilitär, prophezeite die Somme-Schlacht.

Lange konnte das nicht so bleiben; er kam in den ihm nicht natürlicheren, aber angemessenen größeren Rahmen in Berlin. Sein Lernwille, seine Tatfreude, seine Begabung für den Umgang mit Menschen, alles Tugenden ohne Krampf, kamen hier in die bewegte Vielfalt, die ihnen gemäß war, wo auch seine von der Kleinstadt etwas beengte Frau lehrend und in der Sozialhilfe unermüdlich sich eher am rechten Platz fühlte. Er berichtet von

Abenden bei Hans Delbrück, dem Historiker, wo neben anderen auch Harnack, Troeltsch, Meinecke, Dernburg teilnahmen.

Das war gegen das Ende der Zeiten, da die Hauptstadt des Reiches noch viel von Deutschlands geistiger und künstlerischer Prominenz als ihre Substanz, die zu strahlen vermochte, in sich versammelt hielt, bis dann im Umbruch 1933 das Beste zertrampelt wurde und zerstob, worauf sich die giftige Mittelmäßigkeit eines Mannes namens Goebbels einrichten konnte. Bis zu diesem Zeitpunkte reichen die »Erinnerungen«, bis zu der Abschiedsrede im Reichstag, die Heuss, dessen Mitglied bei den Demokraten, am 11. Mai 1932 gehalten hat, von Goebbels mit dem Zuruf unterbrochen: »Was wollen Sie eigentlich in diesem Haus? Sie haben ja gar keinen Anhang mehr!«

Nachdem es dem Berserkertum der Tausendjahrspekulanten innerhalb von zwölf Jahren gelungen war, das Reich zu ruinieren, stieg der Mann ohne Anhang mit dem ebenfalls verfemten Konrad Adenauer an die Spitze der Bundesrepublik, und siehe, ein ganzes taumelndes Volk war nun plötzlich auf seiner Seite, an seiner Seite und war dankbar für sein väterliches, gescheites Walten als Staatsoberhaupt inmitten so vieler Kopflosigkeit.

Heuss hat die schwere Aufgabe auf sich genommen, ohne nachtragende Verbitterung, ohne den Hochmut der allzu selbstgefällig Gerechten. Er nahm es hin, daß die Lösung eines der deutschen Rätsel seinen Namen trug; das verwunderte ihn, und er bedachte es von vielen Seiten, selbst dann noch, als er sich längst ans Werk gemacht hatte. Wohin war der eigenköpfige, dichtende, Maler kritisierende Jüngling geraten, der politisch kämpfende Außenseiter, der bei den Wahlen 1932 aus dem Häuflein klein seiner Reichstagsfraktion hinweggeschmolzen wurde?

Er sagte es selbst: »An die Stellung des Ebert und des Hindenburg«, wobei er seiner Gewohnheit treu bleibt, vor einen Namen gern den Artikel zu setzen, wenn er ihn mit Nachdruck versehen und auf schwäbisch-vertrauliche Weise, ohne Personenkult zu treiben, ein wenig erhöhen will.

Seine Stellung hat ihn, was er war und tat, entfernter betrachten lassen, aber die Grundwerte, denen er treu gewesen, wurden von dort aus noch einmal bestätigt, die Freunde als wahrhafte Freunde, die Feinde eben nochmals und unaufhebbar als Feinde. Aber die Kraft der Sympathie überwiegt in diesem Mann, der so gut Partei zu sein verstand und dann ebensogut Überpartei, Präsident, der in allen Lagern Menschen wußte oder kannte, deren Glaube vielleicht nicht seiner war, aber deren Art er von seiner Art her bejahte. Eine Reihe von Kurzporträts trägt zum Reichtum des Bandes bei; Freunde: Ludwig Frank, ein Mann der Linken, dessen populäres Führertum ihn an Jaurès denken läßt, der Maler Weisgerber, Wolf Dohrn, Ernst Jäckh, »ein Genie der Menschenbehandlung«, Gustav und Toni Stolper, Poelzig, Karl Renner, der österreichische Bundespräsident im Nachkrieg, um nur einige der ihm Nächsten aus jenen Jahren zu nennen. Kalt ist seine Kennzeichnung Erzbergers, Stresemanns, Schachts, Carl Schmitts, ohne daß er dabei polemische Formeln aus der Tagespolitik übernehmen würde. Die Geschichte geht weiter; eine auf Stetigkeit hin angelegte Politik verlangt beides: Erinnern und Vergessen, der Erfahrene weiß in beiden Fällen *was,* indem er das leitende Sternbild fest im Auge behält.

Leicht war das nicht in den, nach Heuss, seither von Erinnernden zu rosig gefärbten zwanziger Jahren, wo die Sieger von 1918 Europas Heil in einem politisch willenlosen, mithin nicht störenden, zudem für die Reparationen arbeitsamen Deutschland sahen, wo dann in verfahrener Lage die Zwischenlösungen von Young-Plan, Dawes-Plan, Hoover-Moratorium zu spät und zu halb getroffen wurden, bis dann die Wirtschaftskrise Millionen von Arbeitslosen auf die Straße schickte, die der zaudernde, völlig undemagogische Brüning in seinem Anstand den Radikalinskis beider Flügel überließ.

Heuss weiß viel davon; am schärfsten unterscheidet sein Blick die Probleme und ihre Bezüge auf dem Gebiete der inneren Politik und ihren allzu vielfältigen Tendenzen, allzu zahlreichen Parteien, die einander zwar schwächten, aber ein gedankenbewegtes Klima der Freiheit vor ihrem Untergang ergaben. Flaggenstreit, Fürstenenteignung, Bau eines Panzerkreuzers – welche Stichworte tauchen da wieder auf, Bezeichnungen von Konflikten, die mit Erbitterung, Haß, auch Niedertracht ausgetragen wurden, alles bereits Symptome des sich vorbereitenden »monolithischen Blocks«, jenes Einparteistaates, der dann all das mit ungeheurem Krachen erdrückte.

Diese Zeit, wo nach einem Wort Jacob Burckhardts die »Schnellfäule« in Deutschland einsetzte und die meisten angebotenen Heilmittel schlimmer waren als das Übel, ist in der Erinnerung unseres Chronisten, dem ein starkes Herz voll Zuversicht verliehen war, von Schatten verdunkelt. Doch er schreibt ohne Untergefühle in der Zucht seines Gerechtigkeitswillens darüber und mit einem Sachernst, der sich alle pädagogische Rhetorik verbietet.

Der Vielerfahrene weiß, daß die Menschlichkeit seines gelebten und erinnerten Lebens ein Element enthält, das sich nicht in Lehre übertragen läßt, weil es mehr ist, ein Element, in dem hohe Liebenswürdigkeit in die arme Welt tritt – dichterisch unzurückführbar auf anderes und doch auch, wie könnte es anders sein beim Heuss, für alle, die sie zu fühlen vermögen, eine Hilfe.

»War Heuss ein Staatsmann? Theodor Schieder hat gesagt, Bismarck sei einer der wenigen Männer unserer Geschichte, die diesen Namen verdienten. Mag man ihren Kreis weit oder eng ziehen – Heuss gehört sicher nicht zu ihnen. Er war eher eine kontemplative als aktive Natur, nach seinen eigenen Worten ein ›Funktionär des öffentlichen Wohlwollens‹, der im neuen Staat vor allem ein neues Klima, einen besseren Stil zu schaffen suchte. Wer ihn je hat reden hören, weiß, wie Theodor Heuss die Menschen anzusprechen, zu lösen, im Sprechen zusammenzuführen vermochte; wer ihn nicht mehr erlebt hat, spürt noch auf diesen Seiten die sanfte Gewalt seiner Reden, in denen er – wie Golo Mann im Vorwort sagt – ›auf beispielhafte Weise‹ die Aufgabe erfüllte, seinem Amt, dem neu geschaffenen, unbewährten, einen Stil zu geben und durch sein Amt der Nation.« (Arnulf Baring in einer Besprechung der *Reden, Aufsätze und Briefe aus den Jahren 1949–1955*, Tübingen 1955, in: *Der Monat*, Heft 210, März 1966, S. 88 f.) Die Rede »Ein Mahnmal« hielt Theodor Heuss am 30. November 1952 bei Bergen im Rahmen eines feierlichen Staatsaktes zur Weihe des Mahnmals für die Opfer des Konzentrationslagers Bergen-Belsen; sie wurde im *Monat*, Heft 52, Januar 1953, S. 355–358, veröffentlicht.

Als ich gefragt wurde, ob ich heute, hier, aus diesem Anlaß ein Wort zu sagen bereit sei, habe ich ohne lange Überlegung mit Ja geantwortet. Denn ein Nein der Ablehnung, der Ausrede, wäre mir als eine Feigheit erschienen, und wir Deutschen wollen, sollen und müssen, will mir scheinen, tapfer zu sein lernen gegenüber der Wahrheit, zumal auf einem Boden, der von den Exzessen menschlicher Feigheit gedüngt und verwüstet wurde. Denn die bare Gewalttätigkeit, die sich mit Karabiner, Pistole und Rute verziert, ist in einem letzten Winkel immer feige, wenn sie, gut gesättigt, drohend und mitleidlos, zwischen schutzloser Armut, Krankheit und Hunger herumstolziert.

Wer hier als Deutscher spricht, muß sich die innere Freiheit zutrauen, die volle Grausamkeit der Verbrechen, die hier von Deutschen begangen wurden, zu erkennen. Wer sie beschädigen oder bagatellisieren wollte oder gar mit der Berufung auf den irregegangenen Gebrauch der sogenannten »Staatsraison« begründen wollte, der würde nur frech sein.

Aber nun will ich etwas sagen, das manchen von Ihnen hier erstaunen wird, das Sie mir aber, wie ich denke, glauben werden, und das mancher, der es am Rundfunk hört, nicht glauben wird: Ich habe das Wort Belsen zum erstenmal im Frühjahr 1945 aus der BBC gehört, und ich weiß, daß es vielen in diesem Lande ähnlich gegangen ist. Wir wußten – oder doch *ich* wußte – Dachau, Buchenwald bei Weimar, Oranienburg, Ortsnamen bisher heiterer Erinnerungen, über die jetzt eine schmutzig-braune Farbe geschmiert war. Dort waren Freunde, dort waren Verwandte gewesen, hatten davon erzählt. Dann lernte man frühe das Wort Theresienstadt, das am Anfang sozusagen zur Besichtigung durch Neutrale präpariert war, und Ravensbrück. An einem bösen Tag hörte ich den Namen Mauthausen, wo sie meinen alten Freund Otto Hirsch »liquidiert« hatten, den edlen und bedeutenden Leiter der Reichsvertretung deutscher Juden. Ich hörte das Wort aus dem Munde seiner Gattin, die ich zu stützen und zu beraten suchte. Belsen fehlte in diesem meinem Katalog des Schreckens und der Scham, auch Auschwitz.

Diese Bemerkung soll keine Krücke sein für diejenigen, die gern erzählen: Wir haben von alledem nichts gewußt. Wir *haben* von den Dingen gewußt. Wir wußten auch aus den Schreiben evangelischer und katholischer Bischöfe, die ihren geheimnisreichen Weg zu den Menschen fanden, von der systematischen Ermordung der Insassen deutscher Heilanstalten. Dieser Staat, der menschliches Gefühl eine lächerliche und kostenverursachende Sentimentalität hieß, wollte auch hier *tabula rasa,* »reinen Tisch« machen, und der reine Tisch trug Blutflecken, Aschenreste – was kümmerte das? Unsere Phantasie, die aus der bürgerlichen und christlichen Tradition sich nährte, umfaßte nicht die Quantität dieser kalten und leidvollen Vernichtung.

Dieses Belsen und dieses Mal sind stellvertretend für ein Geschichtsschicksal. Es gilt den Söhnen und Töchtern fremder Nationen, es gilt den deutschen und ausländischen Juden, es gilt auch dem deutschen Volke und nicht bloß den Deutschen, die auch in diesem Boden verscharrt wurden.

Ich weiß, manche meinen: War dieses Mal notwendig? Wäre es nicht besser gewesen, wenn Ackerfurchen hier liefen, und die Gnade der sich ewig verjüngenden Fruchtbarkeit der Erde verzeihe das Geschehene? Nach Jahrhunderten mag sich eine vage Legende vom unheimlichen Geschehen an diesen Ort heften.

Gut, darüber mag man meditieren; und Argumente fehlen nicht, Argumente der Sorge, daß dieser Obelisk ein Stachel sein könne, der Wunden, die der Zeiten Lauf heilen solle, das Ziel der Genesung zu erreichen nicht gestatte.

Wir wollen davon in allem Freimut sprechen. Die Völker, die hier die Glieder ihres Volkes in Massengräbern wissen, gedenken ihrer, zumal die durch Hitler zu einem volkhaften Eigenbewußtsein schier gezwungenen Juden. Sie *werden* nie, sie *können* nie vergessen, was ihnen angetan wurde; die Deutschen *dürfen* nie vergessen, was von Menschen ihrer Volkszugehörigkeit in diesen schamreichen Jahren geschah.

Nun höre ich den Einwand: Und die anderen? Weißt du nichts von den Internierungslagern 1945/46 und ihren Roheiten, ihrem Unrecht? Weißt du nichts von den Opfern in fremdem Gewahrsam, von dem Leid der formalistisch-grausamen Justiz, der heute noch deutsche Menschen unterworfen sind? Weißt du nichts von dem Fortbestehen der Lagermißhandlung, des Lagersterbens in der Sowjetzone, Waldheim, Torgau, Bautzen? Nur die Embleme haben sich dort gewandelt.

Ich weiß davon und habe nie gezögert, davon zu sprechen. Aber Unrecht und Brutalität der *anderen* zu nennen, um sich darauf zu berufen, das ist das Verfahren der moralisch Anspruchslosen, die es in allen Völkern gibt, bei den Amerikanern so gut wie bei den Deutschen oder den Franzosen und so fort. Es ist kein Volk besser als das andere, es gibt in jedem solche und solche. Amerika ist nicht »*God's own country*«, und der harmlose Emanuel Geibel hat einigen subalternen Unfug verursacht mit dem Wort, daß am deutschen Wesen noch einmal die Welt genesen werde.

Und waren die Juden das »auserwählte Volk«, wenn sie nicht gerade auch zu Leid und Qual auserwählt wären? Mir scheint, der Tugendtarif, mit dem die Völker sich selber ausstaffieren, ist eine verderbliche und banale Angelegenheit. Er gefährdet das klare, anständige Vaterlandsgefühl, das jeden, der bewußt in seiner Geschichte steht, tragen wird, das dem, der die großen Dinge sieht, Stolz und Sicherheit geben mag, ihn darum aber nicht in die Dumpfheit einer pharisäerhaften Selbstgewißheit verführen darf. Gewalttätigkeit und Unrecht sind keine Dinge, die man für eine wechselseitige Kompensation gebrauchen soll und darf. Denn sie tragen die böse Gefahr in sich, im seelischen Bewußtsein sich zu kumulieren; ihr Gewicht wird zur schlimmsten Last im Einzelschicksal, ärger noch, im Volks- und Völkerschicksal. Alle Völker haben ihre Rachebarden, oder, wenn diese ermüdet sind, ihre Zweckpublizisten in Reserve.

Es liegen hier die Angehörigen mancher Völker. Die Inschriften sind vielsprachig, sie sind ein Dokument der tragischen Verzerrung des europäischen Schicksals. Es liegen hier auch viele deutsche Opfer des Terrors, und wie viele am Rande anderer Lager? Aber es hat einen tiefen Sinn, daß Nachum Goldman hier für alle sprach. Denn hier, in diesem Belsen, sollten gerade die Juden, die noch irgendwo greifbar waren, vollends verhungern oder Opfer der Seuchen werden. Goldman hat von dem schmerzvollen Weg des jüdischen Volkes und seiner den Geschichtskatastrophen trotzenden Kraft gesprochen. Sicher ist das, was zwischen 1933 und 1945 geschah, das Furchtbarste, was die Juden der Geschichte gewordenen Diaspora erfuhren. Dabei war etwas Neues geschehen. Goldman sprach davon. Judenverfolgungen kennt die Vergangenheit in mancherlei Art. Sie waren ehedem teils Kinder des religiösen Fanatismus, teils sozial-ökonomische Konkurrenzgefühle. Von religiösem Fanatismus konnte nach 1933 nicht die Rede sein. Denn den Verächtern der Heiligen Schriften des Alten *und* des Neuen Bundes, den Feinden aller religiösen Bindungen, war jedes metaphysische Problem denkbar fremd. Und das Sozialökonomische reicht nicht aus, wenn es nicht bloß an Raubmord denkt.

Aber das war es nicht allein. Im Grunde drehte es sich um etwas anderes. Der Durchbruch des biologischen Naturalismus der Halbbildung führte zur Pedanterie des Mordens als schier automatischem Vorgang, ohne das bescheidene Bedürfnis nach einem bescheidenen quasi-moralischen Maß. Dies gerade ist die tiefste Verderbnis dieser Zeit. Und dies ist *unsere* Scham, daß sich solches im Raum der Volksgeschichte vollzog, aus der Lessing und Kant, Goethe und Schiller in das Weltbewußtsein traten. Diese Scham nimmt uns niemand, niemand ab.

Mein Freund Albert Schweitzer hat seine kultur-ethische Lehre unter die Formel gestellt: »Ehrfurcht vor dem Leben«. Sie ist wohl richtig, so grausam paradox die Erinnerung an dieses Wort an einem Orte klingen mag, wo es zehntausendfach verhöhnt wurde. Aber bedarf sie nicht einer Ergänzung: »Ehrfurcht vor dem Tode«?

Ich will eine kleine Geschichte erzählen, die manchen Juden und manchen Nichtjuden mißfallen mag. Von beiden Seiten werden sie sagen: Das gehört doch nicht hierher! Im ersten Weltkrieg sind 12 000 junge Menschen jüdischen Glaubens für die Sache ihres deutschen Vaterlandes gefallen. Im Ehrenmal meiner Heimatstadt waren auch sie in ehernen Lettern mit den Namen aller anderen Gefallenen eingetragen, Kamerad neben Kamerad, »als wär's ein Stück von mir«. Der nationalsozialistische Kreisleiter ließ die Namen der jüdischen Toten herauskratzen und den Raum der Lücken mit irgendwelchen Schlachtennamen ausfüllen. Ich spreche davon nicht, weil Jugendfreunde von mir dabei ausgewischt wurden. Das war mein schlimmstes Erkennen und Erschrecken, daß die Ehrfurcht vor dem Tode, dem einfachen Kriegstode, untergegangen war, während man schon an neue Kriege dachte.

Das Sterben im Kriege, am Kriege hat dann die furchtbarsten Formen gewählt. Auch hier an diesem Ort Belsen hat der Krieg dann mit Hunger und Seuchen als kostenlosen Gehilfen zur Seite gewütet. Ein zynischer Bursche, ein wüster Gesell mochte sagen: In der Hauptsache waren es ja bloß Juden, Polen, Russen, Franzosen, Belgier, Norweger, Griechen und so fort. Bloß? Es waren Menschen wie du und ich, sie hatten ihre Eltern, ihre Kinder, ihre Männer, ihre Frauen! Die Bilder der Überlebenden sind die schreckhaftesten Dokumente.

Der Krieg war für dieses Stück Land hier im April 1945 vorbei. Aber es wurde als Folge von Hunger und Seuchen weitergestorben. Britische Ärzte haben dabei ihr Leben verloren. Aber ich bin in den letzten Tagen von hervorragender jüdischer Seite gebeten worden, gerade in dieser Stunde auch ein Wort von diesem Nachher zu sagen, von der Rettungsleistung an den zum Sterben bestimmten Menschen, die durch *deutsche* Ärzte, durch *deutsche* Pfleger und Schwestern im Frühjahr und Frühsommer 1945 vollbracht wurden. Ich wußte von diesen Dingen nichts. Aber ich ließ mir erzählen, wie damals vor solchem Elend Hilfswille bis zur Selbstaufopferung wuchs, ärztliches Pflichtgefühl, Scham, vor solcher Aufgabe nicht zu versagen, christliche, schwesterliche Hingabe an den Gefährdeten, der eben immer »der Nächste« ist. Ich bin dankbar dafür, daß mir dies gesagt und diese Bitte ausgesprochen wurde. Denn es liegt in dieser Bewährung des unmittelbar Rechten und Guten doch ein Trost.

In den Worten des englischen *Land Commissioner* ist Rousseau berufen worden. Rousseau beginnt eines seiner Bücher mit der apodiktischen Erklärung: »Der Mensch ist gut.« Ach, wir haben gelernt, daß die Welt komplizierter ist als die Thesen moralisierender Literaten. Aber wir wissen auch dies: *der* Mensch, *die* Menschheit ist eine abstrakte Annahme, eine statistische Feststellung, oft nur eine unverbindliche Phrase; aber die *Menschlichkeit* ist ein individuelles Sich-Verhalten, ein ganz einfaches Sich-Bewähren gegenüber dem anderen, welcher Religion, welcher Rasse, welchen Standes, welchen Berufes er auch sei. Das mag ein Trost sein.

Da steht der Obelisk, da steht die Wand mit den vielsprachigen Inschriften. Sie sind Stein, kalter Stein. *Saxa loquuntur,* Steine können sprechen. Es kommt auf den Einzelnen, es kommt auf dich an, daß du ihre Sprache, daß du diese ihre besondere Sprache verstehst, um deinetwillen, um unser aller willen!

(5) *Konrad Adenauer – Theodor Heuss*
Ein Briefwechsel

Die »hymnenlose Zeit« nach 1945 (die Alliierten hatten mit dem Horst-Wessel-Lied auch »Deutschland, Deutschland über alles . . .« verboten) wurde bei offiziellen Anlässen versuchsweise dadurch überbrückt, daß man »Ich hab' mich ergeben . . .« oder »Freude schöner Götterfunken . . .« singen ließ. Silvester 1950 schlug Theodor Heuss vor, die »Hymne an Deutschland« von Rudolf Alexander Schröder (1878–1962) zur Nationalhymne zu erheben:

> Land des Glaubens, deutsches Land,
> Land der Väter und der Erben,
> uns im Leben und im Sterben
> Haus und Herberg, Trost und Pfand,
> sei den Toten zum Gedächtnis,
> den Lebend'gen zum Vermächtnis,
> freudig vor der Welt bekannt,
> Land des Glaubens, deutsches Land!
>
> Land der Hoffnung, Heimatland,
> ob die Wetter, ob die Wogen
> über dich hinweggezogen,
> ob die Feuer dich verbrannt,
> du hast Hände, die da bauen,
> du hast Herzen, die vertrauen.
> Lieb und Treue halten stand,
> Land der Hoffnung, Heimatland.
>
> Land der Liebe, Vaterland,
> heil'ger Grund, auf den sich gründet,
> was in Lieb und Leid verbündet
> Herz mit Herzen, Hand mit Hand.
> Frei, wie wir dir angehören
> und uns dir zu eigen schwören,
> schling um uns dein Friedensband,
> Land der Liebe, Vaterland!

Der Vorschlag fand bei der Bevölkerung wenig Gegenliebe; da Theodor Heuss meinte, daß ein Lied nur dann zur Nationalhymne werden könne, wenn es von weitesten Volkskreisen freiwillig getragen werde,

gab er den Plan auf; am 6. Mai 1952 setzte er das »Deutschlandlied«
wieder als Nationalhymne ein. (Der Briefwechsel wird zitiert nach *Das
Parlament*, April 1977.)

Bundesrepublik Deutschland
Der Bundeskanzler

Bonn, 29. 4. 52

Sehr geehrter Herr Bundespräsident!

Die Frage einer »National-Hymne« ist in den vergangenen
zwei Jahren wiederholt zwischen uns besprochen worden. Ich
achtete, wenn auch mit Zweifel an dem Gelingen, Ihren Versuch,
durch einen neuen Text und durch eine neue Melodie über die
unliebsamen Zwischenfälle hinwegzukommen, die bei der Wie-
dergabe oder bei dem Absingen des »Deutschland-Liedes« sich
ereignet haben; es sollte vermieden bleiben, hier einen neuen
Streit in unser Volk zu tragen.

Sie haben mir selber gelegentlich zum Ausdruck gebracht, daß
Sie das Bemühen als gescheitert betrachten müssen. Die Gründe
mögen jetzt unerörtert bleiben. Als das Kabinett Sie vor Monaten durch mich bitten ließ, sich für die dritte Strophe des
»Deutschland-Liedes« zu entscheiden, gab ich zu, daß Ihre damalige Gegenargumentation eine innere Berechtigung besaß.

Inzwischen ist nun die Frage dringend geworden, und ich muß
den Wunsch der Bundesregierung darum pflichtgemäß wiederholen. Sie wissen selber um die Lage, in der bei amtlichen Veranstaltungen unsere ausländischen Vertretungen sich befinden. Ich
will in diesem Augenblick die innerdeutschen Gefühlsmomente,
deren Gewicht von uns beiden gleich hoch gewertet wird, gar
nicht in Anschlag bringen. Es ist wesentlich der außenpolitische
Realismus, der uns, Ihnen wie mir, nahelegen muß, die Entscheidung nicht weiter hinauszuzögern; ich möchte auch hoffen dürfen und glaube, dazu Grund zu haben, daß die innenpolitischen
Vorbehalte, die sich auf den Mißbrauch des »Deutschland-Liedes« durch die Vernichter des alten Deutschland beziehen, an
Schärfe verloren haben – war es doch der Reichspräsident Friedrich Ebert, der das »Deutschland-Lied« durch eine staatsmänni-
sche Entscheidung zur Nationalhymne erklärte.

Daher die erneute Bitte der Bundesregierung, das Hoffmann-Haydn'sche Lied als Nationalhymne anzuerkennen. Bei staatlichen Veranstaltungen soll die dritte Strophe gesungen werden.

Mit freundlichen Grüßen

Ihr

gez. Adenauer

Der Präsident
der Bundesrepublik Deutschland

Bonn/Berlin, 2. 5. 1952

Sehr geehrter Herr Bundeskanzler!

Sie haben recht: ich wollte vermieden wissen, daß in öffentlichen Veranstaltungen mit einem vaterländischen Akzent, gleichviel wie ihre Ausdehnung oder wie ihr Rang sei, ein Mißklang ertöne, weil sehr, sehr viele Menschen unseres Volkes Haydns große Melodie nur eben als Vorspann zu dem »dichterisch« und musikalisch minderwertigen Horst-Wessel-Lied im Gedächtnis haben, dessen banale Melodie den Marsch-Takt in ein Volksverderben abgab.

Doch das ist es nicht allein. Als mich die Frage nach einer Nationalhymne bewegte – und das liegt innerlich längst vor meiner Wahl zum Bundespräsidenten – glaubte ich, daß der tiefe Einschnitt in unserer Volks- und Staatengeschichte einer neuen Symbolgebung bedürftig sei, damit wir vor der geschichtlichen Tragik unseres Schicksals mit zugleich reinem und freiem Herzen, in klarer Nüchternheit des Erkennens der Lage bestehen werden. Ich weiß heute, daß ich mich täuschte. Ich habe den Traditionalismus und sein Beharrungsbedürfnis unterschätzt. Man hat mir wegen meines Planes manche herzhafte Zustimmung gegeben, und zwar aus schier allen heute wesentlichen politischen Gruppen, man hat mich bewegend, entrüstet, töricht, banal in zahllosen Briefen, Telegrammen, Resolutionen belehrt, daß man in der Not die Vergangenheit nicht verleugne und so fort und so fort. Wenn mich jemand über geschichtliches Würdegefühl belehren wollte, habe ich das kühl auf die Seite geschoben. Denn ich bin stolz und selbstbewußt genug, zu meinen, daß einige meiner in der Vergangenheit liegenden literarischen und wissenschaftlichen Arbeiten der deutschen Würde bekömmlicher waren als die Leistung mancher »prominenter« Protestler von heute, die besser schweigen.

Da ich kein Freund von pathetischen Dramatisierungen bin und mit mir selber im reinen bleiben will, muß ich nach meiner Natur auf eine »feierliche Proklamation« verzichten. Wenn ich also der Bitte der Bundesregierung nachkomme, so geschieht das in der Anerkennung des Tatbestandes.

Ich möchte daran zwei Erwartungen und Wünsche knüpfen. In den letzten Jahren habe ich, zum Teil durch recht prominente Mitglieder aus den Reihen der CDU, der FDP, der SPD Versicherungen erhalten, wie richtig, wie falsch das sei, was ich versucht habe – es wäre ein Glück, wenn nun das Kapitel der Parteiauffassungen abgeschlossen wäre, das auch in einigen Landtagen abgehandelt wurde. Zum anderen: Man hatte mir nahegelegt, bei der Freigabe von Helgoland den erwarteten Akt der »Proklamation« zu vollziehen, weil bekanntlich auf dieser Insel Hoffmann seine Verse gedichtet hat. Das ist nun so: Hoffmann von Fallersleben war ein Schwarz-Rot-Goldener, sogar leicht verärgert, daß nach 1870 sein Gedicht gar nicht in Aufnahme kam. Ich würde sehr froh sein, wenn alle, die sich jetzt in Briefen und Entschließungen und Artikeln so lebhaft zu ihm bekannt haben, auch die Folgerungen daraus weiter ziehen, und es wäre verdienstlich, Herr Bundeskanzler, wenn die Bundesregierung mit dafür sorgen könnte, daß diese Farben bei festlichen Anlässen, da man die Worte von Hoffmann von Fallersleben singen will und singen wird, nicht bloß an den Amtsgebäuden wehen, sondern von den Mitgliedern der Gruppen, die sich dafür in Beschlüssen erklärt haben, als das Symbol unseres Staates auch öffentlich bekannt würden.

Mit guten Grüßen
Ihr
gez. Theodor Heuss

(6) *Willy Brandt*
Wieder in Deutschland

Der nachfolgende Text ist das Nachwort zu den von Günter Struve herausgegebenen Schriften Brandts während der Emigration (*Draußen*, München 1966, S. 365–369). Im *Spiegel* schrieb Günter Grass in einer Besprechung (»Von draußen nach drinnen«): »Als Willy Brandt 1933 als Neunzehnjähriger emigrieren mußte, war der Rezensent des Buches ›Draußen‹ fünf Jahre alt. Als vor Jahresfrist, während der Wahlveranstaltungen zur Bundestagswahl, Neunzehnjährige keine Bedenken hatten, den Kanzlerkandidaten der SPD mit Verleumdungen zu behängen, deren Quellen, von Passau bis zum Bundeskanzleramt, ihnen unbekannt waren, versuchte ich, die Zwischenrufer nachdenklich zu stimmen: ›Was wäre uns erspart worden, wenn alle Neunzehn- bis Sechsundzwanzigjährigen im Jahre 1933 den politischen Scharfblick und die moralische Verantwortlichkeit eines Willy Brandt bewiesen hätten?‹«

»Wo war Brandt 1948? – In Sicherheit!« Dies war der Text auf Spruchbändern, die zwei Flugzeuge hinter sich herzogen, als ich im September 1965 den Bundestagswahlkampf führte. Das war nur eine von vielen Diffamierungen in einer widerwärtigen Kampagne, die einen nicht geringen Teil meiner Kraft während zweier großer Wahlkämpfe und in den Jahren dazwischen absorbiert hat.

1948 in Sicherheit – was soll das eigentlich heißen? Ich hatte den norwegischen Paß gegen den deutschen eingetauscht, hatte damit meine wirtschaftliche Lage keineswegs verbessert, wurde vom Angehörigen eines diplomatischen Dienstes zum Angestellten einer Partei. Das geschah nicht irgendwann, sondern *vor* der Währungsreform, *vor* der Blockade Berlins, *vor* Gründung der Bundesrepublik Deutschland.

Ich habe mich oft gefragt: Mußt du nicht Verständnis für diejenigen aufbringen, die es offensichtlich so schwer haben, dich zu begreifen, obwohl sie nicht gerade sanft mit dir umgehen? Vielleicht fällt mir das seit dem September 1965, den ich als eine gewisse Zäsur empfinde, leichter. Denn die Haltung, auf die ich damals stieß, zeigte mir, daß es meinen Gegnern, die einen Gewohnheitsanspruch auf politische Macht erheben, nicht allein darum ging, mich als Alternative auszuschalten. Es ging auch darum, daß mein Lebensweg von dem der meisten meiner Landsleute so sehr abweicht. Eine neue Generation wird viele Anlässe sehen, sich darüber zu wundern, welches Maß in diesen Jahren angelegt worden ist.

Ich war nicht gegen Deutschland, sondern gegen seine Verderber. Ich hatte nicht mit Deutschland gebrochen, sondern mich hat die Sorge um unser Volk bewegt. Ich habe nicht den bequemen Weg gewählt, sondern mehr als einmal meinen Kopf riskiert. Wer nach 1933 aus Deutschland flüchtete, hatte bestimmt nicht die Sonnenseite des Schicksals gewählt.

Und dennoch muß ich vielen als ein extremer Fall erscheinen: zeitweiliger Wechsel der Staatszugehörigkeit – nicht freiwillig, aber immerhin. Veränderung des Namens – zum Schutz vor Verfolgern und dann als Bekenntnis, aber immerhin. Die Entschlossenheit eines jungen, radikalen Linkssozialisten – aus dem der Vorsitzende der Sozialdemokraten geworden ist, aber immerhin.

Ich möchte die Gesinnung meiner jungen Jahre ebensowenig missen wie die Erfahrung, die ich seitdem gewonnen habe. Heute weiß ich, daß meine Hoffnung auf eine »dritte Kraft«, wie sie noch aus dem Brief an Schumacher am Tag vor Heiligabend 1947 spricht, angesichts des beginnenden Kalten Kriegs aussichtslos bleiben mußte. Heute weiß ich auch mehr über die deutsche Geschichte und über das Preußentum. Heute komme ich nicht mehr mit übereinfachen Klassenkategorien aus, auch nicht, wenn es darum geht, den Sieg des Nationalsozialismus im Jahre 1933 zu erklären. Heute würde ich ein Geschehen wie den Krieg in Spanien differenzierter und abgewogener beurteilen. Heute bin ich über meine antiklerikalen Vorurteile längst hinweg und habe mich dazu bekannt, »daß die Kirchen in einer freien Gesellschaft nicht nur einen Anspruch haben, toleriert zu werden, sondern daß sie ihren festen Platz in unserem Bilde von der Gesellschaft haben und mit unserer Hilfe rechnen können«.

Da eine weite Strecke des Wegs, der zu diesen Erkenntnissen geführt hat, für viele in einem Halbdunkel zu liegen scheint, war es mein Wunsch, meine frühe politische Entwicklung in einem Buch zu dokumentieren. Wer will, kann sich nun ein besseres Bild machen von dem, was ich »draußen« erlebt, gedacht und geschrieben habe.

Nun liegt dieses Buch vor mir. Ich habe nicht ohne Beklemmung nachgelesen, was Günter Struve aus meinen Schriften zusammengestellt hat. Er hat aus seiner Verantwortung als Herausgeber einen Querschnitt präsentiert, der nach seiner Überzeugung objektiv und fair ist. Ich selbst muß mich für befangen erklären. Gewiß habe ich Hinweise gegeben, aber über die Auswahl habe nicht ich entschieden.

Statt dessen habe ich mich gefragt, ob ein solches Buch überhaupt Anspruch auf Interesse erheben könne. Andere Fragen kommen hinzu: Wird man verstehen, was 1933 von einem Neunzehnjährigen oder 1937 von einem Dreiundzwanzigjährigen zu Papier gebracht wurde? Wird man begreifen, daß es hier nicht um eine Rechtfertigung geht, sondern allenfalls um den Versuch, das Denken eines Mannes zu erklären und zu zeigen, woher er kam und wie er zu dem wurde, der er heute ist?

Ich habe mich immer bemüht, aufgeschlossen und ehrlich angemessene Antworten auf die offenen Fragen unserer Zeit zu finden. So habe ich in meiner Dortmunder Rede vor dem Parteitag der SPD am 1. Juni 1966 formuliert:

Vor zwanzig Jahren haben wohl wenige die großen wirtschaftlichen Leistungen für möglich gehalten, die ein fleißiges und tüchtiges Volk seitdem erbracht hat. Die meisten haben es allerdings auch nicht für möglich gehalten, daß Deutschland zwanzig Jahre später noch immer geteilt leben würde, in der Teilung gegeneinander gerüstet und ohne konkrete Aussicht auf einen Friedensvertrag. Damals, vor zwanzig Jahren, wußte jedermann, daß Deutschland den Krieg verloren hatte. Heute wollen es manche nicht mehr wissen. Damals gab es eine starke Aufgeschlossenheit für einen Aufbruch zu neuen Ufern. Im Laufe der Jahre wurde die Neigung zur Restauration stärker. Damals gab es neben erheblichen Verdrängungen die Rückbesinnung auf Gemeinsinn, auf moralische Werte, auf geistige Reserven. Danach wurde der wirtschaftliche Erfolg zum Maßstab des Erfolges schlechthin gemacht.

Vor dem ganz ursprünglichen Auftrag der Sozialdemokratie bleibt noch viel zu erfüllen. Breite Schichten fühlen sich noch vom staatlichen Geschehen ausgeschlossen. Die Integration der Arbeiterschaft ist bei weitem nicht abgeschlossen. Gleiche Chancen, nicht zuletzt gleiche Bildungschancen, und alles, was darüber hinaus zur Demokratisierung gehört, also auch die Überwindung des Feudalismus im wirtschaftlichen Bereich, dies ist das Generalthema. Für uns ist der demokratische und soziale Bundesstaat ein permanenter Auftrag. Wer systematisches Vorausdenken verketzern will, der verketzert den Fortschritt. Was für unser Land notwendig ist, schaffen wir nur mit einer Politik neuen Stils, einer Politik der Redlichkeit, der Sachlichkeit, der Zusammenarbeit, des Ausgleichs. Wir müssen alles tun, um das als richtig Erkannte auch durchzusetzen. Das ist unsere Lehre aus Weimar.

Vor dem Kommunismus als Ideologie brauchen wir keine Angst zu haben. Wir haben keine Politik der chinesischen Mauer nötig. Auch im kommunistisch regierten Teil der Welt steht die Entwicklung nicht still. Die entscheidenden politischen Fragen beantworten wir gegensätzlich. Ob es uns Spaß macht oder nicht: Die Kommunisten sind eine Größe der Politik auf deutschem Boden. Aber von den Kommunisten trennt uns grundsätzlich und praktisch-politisch eine Kluft, die uns zwanzig Jahre nach der Zwangsvereinigung im anderen Teil Deutschlands noch besonders bewußt geworden ist.

Das Verhältnis zwischen Politik und Geist ist in der Bundesrepublik Deutschland gestört. In deutschen Landen gibt es ein verbreitetes Pharisäertum. Man darf mündige Staatsbürger nicht abspeisen wollen, als wären sie geistig Geschädigte. Für den Ausbau des demokratischen Bundesstaates ist es schlechthin entscheidend, ob sich viele einzelne mitverantwortlich fühlen. Durch das Überwuchern des Materiellen wurden geistige Kräfte über Gebühr gebunden. Selbstzufriedenheit, Selbstsucht, mangelndes Verantwortungsgefühl haben um sich gegriffen. Aber die Nation ist im ganzen kraftvoll und im Kern gesund.

Das Volk muß *ja sagen können zum Vaterland,* sonst kann es auf die Dauer nicht leben, ohne sein inneres Gleichgewicht zu verlieren, ohne in Stunden der inneren und äußeren Anfechtung zu stolpern. Wir Deutsche dürfen nicht die Geschichte vergessen. Aber wir können auch nicht ständig mit Schuldbekenntnissen herumlaufen, die junge Generation noch weniger als die ältere. Der beste Untertan ist nicht der beste Patriot. Wir sind Patrioten, wenn wir in unserem Land die Freiheit des einzelnen sichern, wenn wir die Demokratie auch im Wirtschaftlichen und im Sozialen durchsetzen helfen. Wir wollen alles tun, soviel wie möglich von Deutschland für die Deutschen zu retten. Unser Patriotismus versteht sich zugleich als europäische und weltpolitische Verantwortung. Gemessen am Frieden ist die Nation nicht mehr das höchste aller Güter. Wenn unsere Bundesrepublik mehr sein will als korrigierte Vergangenheit, dann muß sich auch ihr Gesellschaftskleid Änderungen gefallen lassen. Unsere Nation kann sich nur mit einer modernen mobilen und humanen Gesellschaftsform behaupten. Die politische Führung muß den Mut haben, Wahrheiten zu sagen, auch wenn sie unbequem sind. Unser Volk braucht Klarheit über die Lage der Nation und Wachsamkeit gegenüber Phrasen und Illusionen.

(7) *Günter Gaus*
Der Schwierige –
Versuch über Herbert Wehner

Günter Gaus, Jahrgang 1929, wechselte 1969, dem Jahr, da der nachfolgende Beitrag erschien (*Der Monat*, Heft 244, Januar 1969, Auszüge S. 51–55), vom Amt des Direktors des Südwestfunks in die Chefredaktion des *Spiegel* über.

In der Sendereihe des Zweiten Deutschen Fernsehens »Zur Person« porträtierte er u. a. Hannah Arendt, Willy Brandt, Otto Brenner, Thomas Dehler, Ludwig Erhard, Eugen Gerstenmaier, Erich Mende, Martin Niemöller, Franz Josef Strauß, Herbert Wehner (die Texte der Interviews wurden in *Zur Person. Porträts in Frage und Antwort*, München 1964, veröffentlicht). Gaus übernahm 1973 das Amt des Ständigen Vertreters der Bundesrepublik Deutschland in der DDR.

Herbert Wehner, am 11. Juli 1906 als Sohn eines Schuhmachers in Dresden geboren, hat in den nun bald fünfzig Jahren, in denen er sich der Politik niemals entzogen hat, alle Beschimpfungen quittieren müssen, die im öffentlichen Leben dieses unglücklichen Deutschlands *feindliche Positionen* markieren sollten.

Er war Kommunist und wurde Sozialdemokrat. Beide Gesinnungen waren in den Augen der jeweiligen Feinde verächtlich, ja verbrecherisch. Der fünfzigjährige ideologische Krieg – und noch immer kein Ende, und ein neues Aufflackern vielleicht schon wieder nahe bevor, und die Waffenruhe wäre dann so kurz gewesen, und die Erschöpfung ist doch so tief – hat Wehner keine der politischen Chiffren erspart, mit denen gebrandmarkt werden sollte, die eine Einladung zum Ächten waren, eine Kennzeichnung von Aussätzigen, Kommunist, Faschist, sozialdemokratischer Arbeiterverräter, Landesverräter, Klassenfeind, Handlanger Moskaus und Handlanger der Reaktion: er hat alle Signalements auf sich gezogen; manche gleichzeitig, was die Verketzerung nicht aufhob, sondern oft verdoppelte.

Er hat auch selber kräftig ausgeteilt. Die Einhaltung der Grenze, jenseits der ein bekämpfter Gegner zum gejagten Feind gemacht wird, ist erst dem älteren Wehner selbstverständlich geworden. Er ist unverbindlich bis zur Schroffheit. Viele fühlen sich in seiner Nähe unbehaglich. Auch Parteifreunde erschrekken vor den Ausbrüchen seiner Wut, vor dem Gebrüll, zu dem er sich selbst im kleinen Kreis steigern kann, bis er mit sichtbarer Mühe sich wieder zu mürrischer Wortkargheit bändigt. Er höhnt gern. Die Bitterkeit des Hohns gelingt ihm besser als die Boshaftigkeit des Spotts. Er scheut sich nicht, zu verletzen. Gallebitter, grob, maßlos aufbrausend – das sind die Vokabeln für seinen politischen Umgangston.

Er hat nichts Spielerisches an sich, nichts Leichtes, sobald er politisch agiert und reagiert. Wenn gesprächsweise dieses oder jenes Verhalten als Spiel oder Schachzug bezeichnet wird, oder wie sonst die Metaphern lauten mögen, mit denen im politisch-journalistischen Jargon manche Vorgänge arglos charakterisiert werden –, er weist den unschuldigen Begriff sogleich zurück und besteht auf einem Ausdruck, der ohne leichtfertigen Beigeschmack ist.

Ein Relikt aus seiner kommunistischen Vergangenheit, in der jedes Wort auf die Goldwaage gelegt werden mußte? Dabei ist seine eigene Sprache voll schöner Bilder und ungenierter, kräftiger Vergleiche. Aber sie ist niemals zynisch. Mit keinem Wort und wohl auch mit keinem Gedanken stellt er die Politik als seines Lebens Mittelpunkt jemals in Frage. Das bedeutet aber: seine Kategorie des Politischen ist gänzlich anders beschaffen als die derzeit landläufige. Er kann nur durch eine ungeheure Selbstdisziplin die Maßlosigkeit seines politischen Engagements eindämmen. Die Explosionen, zu denen es dennoch kommt, stehen in keinem Verhältnis zu dem Fanatismus, den er verabscheut und der ihm doch eigen wäre, ließe er sich gehen. Zügelte er sich nicht – wohl unter Qualen –, so müßte er inbrünstig hassen, verachten und verfluchen, was sich ihm in den Weg stellt.

Der Kern seiner politischen Kraft, das, was unterhalb seines Vergnügens an parlamentarischen Debatten und taktischen Kalkulationen ihn treibt: es ist von derselben Art wie der Antrieb, der die Wortführer und Heerführer der Religionskriege beflügelte.

Der unüberwundene Religionskrieg?
Der ideologische Krieg ein Religionskrieg: Feinde ringsum; das Heil unteilbar, nur bei der eigenen Sache; der Kompromiß eine Todsünde. Alle Anlagen hat Wehner für diesen mörderischen Kampf, jede Fähigkeit für diese Politik des geistigen Totschlags.

Sein ganzes Trachten aber ist es, dieses Schlachtfeld veröden zu lassen, auf dem es nur Feinde gibt und keine Gegner, wo die Vernichtung alles gilt und der Ausgleich nichts.

Welch ein Leben der Umwege, Mißverständnisse und Fehldeutungen. Ein Feinmechaniker vermittelt der zunächst geistig eher frei schweifenden, nur auf eine allgemein sozialistische Grundhaltung eingeschworenen Jugendgruppe, zu der Wehner gehört, den ersten Kontakt mit dem Marxismus. Herbert Wehner suchte nach einem Standpunkt, seitdem der Schock über die blutige Intervention der Reichswehr im sächsischen Arbeiteraufstand 1923 die herkömmliche Selbstverständlichkeit eines sozialdemokratischen Engagements erschüttert hatte. Über drei Jahre bleibt der Heranwachsende, der Lehrer hätte werden mögen und sich zeitweilig als kaufmännischer Angestellter durchschlug, unter dem Einfluß des etwas älteren, lesehungrigen, tüftelnden Facharbeiters. Noch heute spricht er von diesem Mann mit Achtung und Zuneigung. Es ist noch nicht die kommunistische Lesart des Marxismus, die Wehner in diesem Kreis zwischen 1924 und 1927 kennenlernt. Vor einem Dogmatiker hätten die Diskussionen der Gruppe kaum bestehen können. Man hat den Eindruck, die jungen Leute nahmen vom Marxismus auf, was sie in ihrer personalen Substanz zu bestätigen vermochte, und ließen weg, was diese bedrohte. Der lehrende Feinmechaniker jedenfalls stellt das Individuum über die Klasse. Wehner sagt heute von sich, angezogen an Karl Marx habe ihn die Hoffnung, die dieser den Massen gegeben habe: sie hatten ein Ziel, eine Vorstellung über die tägliche Fron hinaus. Mit *Hoffnung* taucht eines der Schlüsselworte auf, die nicht immer Wehners Wege, wohl aber seine Absichten kennzeichnen. Die anderen sind: *helfen* (dies vor allem; fast in allen persönlichen Bekenntnissen und in vielen Reden), *Mitleid* und *Geduld*.

Die rote Karriere

Der Einundzwanzigjährige löst sich von der undogmatischen Gruppe im Jahre 1927 und tritt der Kommunistischen Partei bei. Am Marxismus stört ihn nach wie vor das Mechanistische, das die Lehre für den Ablauf von Politik und Geschichte postuliert. Ein Trost in der ideologischen Fesselung sind die Gedanken Lenins, deren Aktivismus ihn anspricht. Seinen Eintritt in die KPD begründet er mit der Erwartung, dort *etwas tun* zu können. Entsprechend ist seine Haltung in dem damaligen internationalen Konflikt des Kommunismus, in der Frage: Sozialismus in einem Land oder Weltrevolution? Wehner ist für den Stalinschen Versuch, in einem Lande anzufangen: denn das Warten auf die Erfüllung der globalen Verheißung verhindert, den Menschen jetzt zu helfen. Ein paar Jahre lang steigt das junge Parteimitglied über Wahlämter nach oben; schließlich ist er 1930 sächsischer Landtagsabgeordneter. Aber schon 1931 muß er auf Beschluß der Partei das Mandat niederlegen; als Parteibediensteter kommt er nach Berlin. Wehner empfindet rückblickend den Unterschied sehr stark, der zwischen der Arbeit in Sachsen als gewählter Mandatsinhaber und der in Berlin im Dienste des Apparats für ihn bestand. Der Mechanismus, wie er sagt, ergreift ihn. Die kommunistische Religion fordert die Unterwerfung. Häresien mögen gedacht werden, aber die kommunistische Kirche gerät in Deutschland in die Verfolgung: für Abweichungen von der Heilslehre sind nicht die Zeit noch der Ort. Hinzu kommt, daß Wehner stets stark in seinen Freundschaften war; menschliche Bindungen festigen sich noch in der Katakombenzeit, die bald nach seiner Übersiedelung nach Berlin anbricht.

Wehner erläutert im Rückblick, er habe damals bei der Partei ausgehalten, weil er nicht feige hätte sein können und niemals etwas tun mochte, was von denen nicht verstanden worden wäre, die seine Freunde waren. Der politische Soldat geht 1933 in den Untergrund. Er richtet geheime Druckereien ein, organisiert illegale Treffs und versucht immer wieder, das Netz einer kommunistischen Widerstandsorganisation gegen das nationalsozialistische Regime zu knüpfen. Dazu gehören auch Reisen in Deutschlands Nachbarländern: In Prag wird er 1935 verhaftet und über Polen in die Sowjetunion verfrachtet.

Abgeschoben

Im Kreis von Vertrauten erzählt er heute dann und wann von den Prager Haftwochen: wie er vor dem Abschub aus dem Gefängnis in die Stadt geführt wurde, um gebadet und frisiert den Polen übergeben zu werden. Ein Friseur, der ihm Haare und Bart im Auftrag der Polizei zu stutzen hatte, solidarisierte sich mit dem Häftling. Über zwei Stunden hielt er ihn im Frisierstuhl fest mit Schneiden, Waschen, Kämmen, Bürsten und noch einmal Waschen und wieder Schneiden und Parfümieren, mit Gesichtspakkungen und Kopfmassage, damit die Zeit außerhalb der Zelle recht lang sei. Wehner berichtet dies (»Ich stank am Ende wie ein ganzer Puff«) mit dem Sinn für erzählerische Steigerungen, für Einzelheiten und die richtige Wortwahl, den er auch in Debatten beweist. Er erzählt nicht im modischen Konversationsstil, der schnell, witzartig auf eine Pointe zielt, sondern breit, unbesorgt um Abschweifungen, mit Freude an Details. Am Ende ist die ganze Szene, die er schildert, ausgeleuchtet, und nicht nur ein Scheinwerfer auf einen Punkt gesetzt. So malt er den Friseur Schwejik, der mit klappernder Schere, Kamm auf, Kamm ab, Kölnisch Wasser und heißen Tüchern einem Gefangenen zwei Stunden Hafterleichterung beschert. Man lacht. Und erschrickt dann: der Erzähler hat preisgegeben, wie gut sein Gedächtnis ist. Es steht zu vermuten, daß die Kraft, sich zu erinnern, nicht auf die Harmlosigkeit eines abenteuerlichen Lebens beschränkt ist. Die Qual der Erinnerung muß schwer auf dem gedächtnisstarken Manne lasten: nichts vergessen können und immer weiter marschieren mit solchem Gepäck. Wehner berichtete nach dem Kriege, daß er bei seinem ersten Aufenthalt in Moskau etwa fünfhundert Namen von in Deutschland hingerichteten oder eingekerkerten Genossen aus dem Kopf niedergeschrieben habe, damit die Toten und Geschundenen unvergessen blieben.

Abgeschoben nach Moskau also. Als der Eisenbahnzug die Grenze der Sowjetunion erreicht, ist es für Wehner – 1935 – durchaus die Ankunft auf einer Station hoffnungsvoller Erwartungen; das Gefühl ist nicht mehr ungebrochen, nicht schrankenlos, aber es bleibt doch noch das Empfinden einer Art Heimkehr. Gewiß hat sich Moskau für den von der deutschen Front Kommenden bereits als blind für den Charakter der Vorgänge in Hitlers Staat erwiesen; als geschlagen mit der typischen Blindheit von Dogmatikern, für die nicht sein kann, was nicht geschrieben steht, für die unfaßbar blieb, daß große Teile der Arbeiterklasse nun in der SA marschierten. Aber die Enttäuschungen Wehners über diese Verblendung der Zentrale gründen damals wohl noch nicht tiefer als die Skepsis des Frontsoldaten gegenüber dem Hauptquartier in der Etappe. Die Abkehr Wehners vom Kommunismus, die schließlich eine vollständige sein wird, eine wahre Kehrtwendung, erstreckt sich über Jahre hin. Sie ist nicht das Damaskuserlebnis einer einzigen Reise, eines einzelnen datierbaren Vorgangs. Kein Blitz schlug ein wie neben Martin Luther auf dem Wege nach Erfurt: die verschiedenen Bekehrungen der Generation Wehners sind noch nicht zur leicht faßlichen Lesebuchparabel geronnen. Sie sind noch gegenwärtig, bleiben Zweifeln ausgesetzt und rufen oft weniger Respekt als Mißtrauen hervor.

Wehner hat später als Sozialdemokrat zu spüren bekommen, daß die quälende Langwierigkeit seiner Wandlung in westdeutschen Wahlkämpfen billige Gelegenheit bot, ihn zu verunglimpfen. Wer nur oberflächlich engagiert ist, vermag den unbehaglichen Vorgang eines Gesinnungswandels *von Grund auf* allenfalls zu begreifen, wenn jener Blitz niederzuckt, der Luther zum Eintritt ins Kloster bewog. Die Blitzartigkeit, in der die Entscheidung scheinbar erfolgt, läßt die vorangegangene lange Phase der selbstquälerischen Zweifel, Rufe und Widerrufe im gnädigen Dunkel und erspart so dem gewöhnlichen Zeitgenossen das Verständnis für die schwer durchschaubare Glaubenskrise eines überdurchschnittlich engagierten Menschen. Herbert Wehner kann die Stelle nicht zeigen, wo der Blitz einschlug.

Bekehrung in Etappen

Schrittweise löst er sich; so schreibt er im Jahre 1939 eine Arbeit nicht zu Ende, in der er die kommunistische Lehre vom Staat interpretieren soll: Zum Beenden reicht die bisherige Überzeugung nicht mehr aus, auch wenn die neue noch längst nicht gewonnen ist. Vom ersten Aufenthalt in Moskau an gerechnet braucht Wehner fast ein Jahrzehnt, um seinen Schlußstrich zu ziehen. Dann aber bekennt er sich zu seinem Frontwechsel in einer Zeit – in den ersten Nachkriegsjahren –, in der die Verlokkung besonders groß ist, doch noch einmal mit dem Kommunismus zu gehen: als dieser im geschlagenen Deutschland nämlich den Zusammenschluß mit der Sozialdemokratie betreibt und so nachzuholen scheint, was zur Abwehr Hitlers aus dogmatischer Enge einst versäumt worden war. Diesem geradezu romantischen Ziel der wiedervereinigten Arbeiterbewegung widmet der Bekehrte nur noch die entschiedensten Abwehrkräfte. Er gesellt sich zu Kurt Schumacher, der denselben Kampf führt. Zweifel an der Richtigkeit des in Jahren gewonnenen, neuen politischen Standorts plagen den vierzigjährigen Mann nicht mehr. Diese Sicherheit blieb ihm erhalten bis heute. Die Umwege waren zu Ende. Die Mißverständnisse und Fehldeutungen setzten sich fort – bis heute.

Sein erster Aufenthalt in der Sowjetunion war kurz. Noch einmal wurde er für einige Monate hinausgeschickt. Dann, vom Jahre 1937 an, mußte er über vier Jahre die Stalinschen Säuberungen in Moskau durchstehen. In dieser Zeit entwickelten sich die Ansätze der neuen Überzeugung. Im Jahre 1941 gelang es ihm, einen Auftrag für Untergrundarbeit in Deutschland zu erhalten, was ihm die Ausreise ermöglichte. Die erste Etappe auf diesem Wege war Schweden, wo er illegal seine Tätigkeit in Hitlers Reich vorbereiten mußte. Er wurde verhaftet und zu einem Jahr Zuchthaus verurteilt. Nach der Strafverbüßung erhielt er eine Arbeitsbewilligung als Fabrikarbeiter. Er las viel, er schrieb viel. Nach Kriegsende kam er nach Deutschland zurück und arbeitete für die Sozialdemokratische Partei in Hamburg, bis er 1949 Mitglied des ersten Bundestags in Bonn wurde.

Winterfeste Zuflucht

Heute besitzt Wehner ein Haus auf der schwedischen Insel Öland. Er sagt, er habe in Schweden seine geistige Heimat gefunden: Toleranz, praktische Vernunft, Demokratie. Das geräumige Haus ist winterfest; Wehner und seine Familie verbringen jeden Ferientag dort, den sie haben. Er liebt die einfachen Genüsse: Kartoffeln roden im Garten und sie abends am eigenen Tisch mit Hering und einem klaren Schnaps servieren. Am Strand sitzen, Kaffee trinken und von Brotsorten und Kuchen sprechen, die es gab, bevor die Backfabriken entstanden. Ein Krebsessen mit Freunden: Freude an den Kerzen auf dem Tisch, Spaß daran, die meisten Krebse gegessen zu haben. Kammermusik in einer der schlichten Kirchen der Insel; eine Schallplatte mit Liedern nach Kalle Bellmann. Immer noch einmal die Schloßruine von Borgholm besichtigen; von einer Steilküste aus die Sonne hinter dem Festland untergehen sehen. Sein Leben hier ist nicht frei von Sentimentalität. Er beschwört Erinnerungen an tote Freunde, an die Kindheit in den Hungerjahren des ersten Weltkrieges, aber auch an verschmitzte Späße am Rande der Politik: so an den, wie der junge Kommunist Wehner Anfang der dreißiger Jahre eine Wahlrede im Oberbayerischen hielt und vorher gewarnt worden war, der kontrollierende Gendarm werde die Versammlung schließen, sobald radikale Töne angeschlagen würden. Erstes Zeichen für die Gefahr der Aufhebung der Versammlung sei der Griff des Gendarmen nach seinem

Helm vor ihm auf dem Tisch. Wehner behielt den Ordnungshüter im Auge und flocht, sooft er ihn den Helm aufsetzen sah, in seine Rede ein, dieser eben angeprangerte Skandal sei kennzeichnend für Preußen. Helm ab beim Gendarm, Bayern war nicht tangiert, der Kommunist konnte weiterreden.

Gern geht Wehner in eines der Geschäfte, in denen schwedisches Glas verkauft wird. Die Weingläser in seinem Haus erfreuen ihn, sooft er sie in die Hand nimmt. Der Kauf einer derben, sauber gefugten Sitzbank für die Küche ist für ihn das schiere Glück. Er steht früh auf und schätzt einen regelmäßigen Tagesablauf. Wenn Gäste aus seinem Haus auf Öland abreisen, so spielt er ihnen auf der Mundharmonika ein Abschiedslied; dazu bleibt er oben auf seinem Zimmer.

Sozialdemokratischer Abgeordneter im Bundestag; stellvertretender Vorsitzender der SPD seit 1958; Mitverfechter des Godesberger Programms 1959; der unerbittliche Gegenspieler Adenauers ebenso wie der Mann, der in einer einzigen – Freund und Gegner beschwörenden – Rede (am 30. Juni 1960) seine widerwillige Partei an die Seite der widerwilligen CDU stellt; selbstbewußter Befürworter eines Zwei-Parteien-Wahlrechts; gelassen, aber zielbewußt gegenüber den Notstandsgesetzen; der zähe Parlamentarier, der das Mitregieren der Sozialdemokraten unter einem CDU-Kanzler durchsetzt; Minister für Gesamtdeutsche Fragen seit Dezember 1966.

Was also ist die politische Grundhaltung dieses Mannes, der heute – nach zwei Jahren Großer Koalition – gelegentlich Müdigkeit zu erkennen gibt, der oft über Wochen hin mit Schmerzen lebt und seinem Körper gram ist, weil der ihn dann und wann zur Rücksichtnahme zwingt? Konrad Adenauer, der ihn taktisch stets richtig einzuschätzen wußte, niemals guthieß, was Wehner gesellschaftspolitisch wollte, aber als resignierter Politiker schließlich doch seinen Wert (oder seinen Nutzen?) erkannte – dieser Vereinfacher hätte sagen können: der Mann will einen sozialdemokratischen Staat.

Flucht zur Fahne

Soweit sich überhaupt erkennen läßt, was ein Mensch als Ziel hinter allen vorgelagerten Zielen hat, ist diese simple Formel für Wehners politisches Trachten und Handeln seit Kriegsende ganz und gar zutreffend. Aber wiederum: Welche Mißverständnisse und Fehldeutungen ruft sie wach, wieviele Barrieren aus Ressentiments und Klischees sind vor ihrem richtigen Begreifen aufgerichtet. Um mit dem Einfachsten zu beginnen: Die Formel bedeutet keineswegs, daß in einem solchen Staat stets die Sozialdemokraten regieren müssen. Auch muß klar gesehen werden, daß ein so formuliertes Ziel bewußt glanzlos ist, ohne verführerische Kraft. Nicht einmal als Postulat ist es dazu angetan, die Kleinkariertheit der Sozialdemokratischen Partei, die sie wie jede andere Partei hat, ihre Beschränkungen und Funktionärseigenheiten vergessen zu machen. Das Ziel ist scheinbar bescheiden. Leicht kann es schäbig wirken in einer Zeit, die zunehmend gekennzeichnet ist von einer umgekehrten Fahnenflucht, einer *Flucht zur Fahne hin*, zur neuerlichen Geborgenheit unter einer ideologischen Totalität. Was also meint Wehner – da er doch bescheiden ist in seiner Politik, sondern maßlos in seinen Idealen wie ein Student?

Absage an die Ideologie

Den ersten Aufschluß gibt die sorgfältige Analyse seiner Abkehr vom Kommunismus, eben jenes Vorgangs, der sich einem schnellen Erfassen entzieht, weil sich nicht alles mit einem Blitzschlag änderte. Die landläufige Vorstellung vom kommunistischen Renegaten gründet sich auf eine Bewegung von weit links nach weit rechts; namhafte Kolumnisten von Sonntagsblättern sind beredte Zeugen für diese übliche Entwicklung. Wehner jedoch hat seinen linken Standpunkt in der Gesellschaft bis heute nicht aufgegeben. Er hat sich nicht nach rechts bewegt, als er sich vom Kommunismus abwandte, sondern hat die Bühne ganz verlassen, auf der Kommunisten wie durchschnittliche Abtrünnige gemeinsam, wenn auch feindselig gegeneinander agieren. Wehners Wandlung war, am Üblichen gemessen, radikal. Er hat nicht eine Ideologie gegen eine andere ausgewechselt, sondern ist aus der ideologisch bestimmten Politik ausgeschieden. Um zu kennzeichnen, was er verlassen hat, spricht er oft vom Prokrustesbett, dessen Maßen das Lebendige gewaltsam angepaßt wird. Er geht davon aus, daß jedwede Ideologie ihren Wert zur Regelung des gesellschaftlichen Zusammenlebens in den hochindustrialisierten Nationen eingebüßt hat. Wer entgegen dieser Einsicht dennoch die Politik nach den dogmatischen Gesetzen eines allumfassenden Weltbildes formen will, muß früher oder später Entscheidungen gegen die praktische Vernunft treffen, um gewaltsam die Einheit von Theorie und Praxis in der ideologisierten Gesellschaft aufrechtzuerhalten.

Den Preis für eine solche politische Gottähnlichkeit, für die mit Macht behauptete Gesetzmäßigkeit aller gesellschaftlichen Abläufe muß immer der Schwächste bezahlen. Erbarmen mit ihm hat Wehner bestimmt, den Ideologien abzuschwören. Diese Haltung ist für ihn keineswegs identisch mit dem Verzicht auf Wertmaßstäbe. Nur die zuverlässige Beibehaltung solcher Maßstäbe und die Fähigkeit, Prioritäten zu setzen, bewahrt die ideologiefreie Politik vor dem Abgleiten in den bloßen Pragmatismus. Eine Politik, die mit Wertkategorien versehen ist, aber das gesellschaftliche Freund-Feind-Verhältnis überwunden hat, nennt Wehner *sozialdemokratisch*. Politiker, die ihr folgen, haben nach seiner Auffassung auf die Hilfsmittel einer politischen Ersatzreligion zu verzichten, die sozusagen Rat in allen Lebenslagen spenden könnte. Statt dessen ist »der Sozialismus eine ständig neu zu formulierende Aufgabe«. Man muß Wehner über sogenannte bürgerliche Politiker sprechen gehört haben, um ohne Zweifel zu wissen, daß er nach wie vor eine linke Position behauptet: freilich keine, die andere gesellschaftliche Kräfte allenfalls aus taktischen Gründen vorübergehend duldet, am Ende aber darauf zielt, sich selbst absolut zu setzen, und eine totale Macht zu etablieren. In Wehners Gesellschaft leben Partner mit starken Minderheitenrechten, nicht Feinde.

Die Voraussetzung für eine solche Politik – die Planung kennt, aber keine mechanistisch-ehernen Gesetze – ist die Versöhnung der Arbeiterklasse mit dem Staat. Dieser Satz – *die Versöhnung der Arbeiterklasse mit dem Staat* – erklärt alle maßgebenden Entscheidungen Wehners in den letzten zwanzig Jahren. Wehner ist überzeugt, daß die erste deutsche Republik vor allem deswegen Hitler anheimgefallen ist, »weil die deutschen Führer der Kommunisten leider daran festgehalten haben, daß der Staat auch als demokratischer Staat für die Arbeiter nicht akzeptabel sei, sondern erst dann, wenn er unter der Führung der kommunistisch geführten Arbeiterklasse umgestürzt sei. Daran lag es. Diese Theorie war das Unglück«. Auch hier taucht im Grunde wieder das Verlangen Wehners auf, die Politik zuallererst als eine handwerkliche Fertigkeit aus Lehren der Vergangenheit und Gegenwartserkenntnisse zu verstehen und nicht als eine Vollkommenheitslehre im bezugslosen Raum. Die Diktatur des Proletariats zu errichten, mag eine bestechende Forderung sein; verwirklichen läßt sie sich nur unter Opfern von Proletariern, die nicht einmal für deren Enkelkinder einen Zins in Gestalt humaner Lebensbedingungen erwarten lassen. Von der Einsicht beherrscht, daß die herkömmlichen Revolutionsideologien sich in Europa verbraucht haben und das Festhalten an ihrer leeren Hülle eine praktisch hilfreiche Politik hemmt, hat Herbert Wehner seinen Kompromißfrieden mit den Unzulänglichkeiten der Gesellschaft gemacht. Dieser Friedensschluß trägt in seiner Unbedingtheit fast schon wieder die Züge eines ideologisch bestimmten Schrittes.

(8) *F. R. Allemann*
    Bonn ist nicht Weimar

Der Titel dieses »Briefes aus Westdeutschland« des Schweizer Journalisten F. R. Allemann (geb. 1910 in Basel), erschienen im *Monat*, Heft 76, Januar 1955, S. 337–341 (später ausgeweitet zu einem Buch gleichen Titels), wurde in den folgenden Jahren häufig zitiert; er regte viele Nachbetrachtungen an – wobei auch immer wieder die Skepsis, ob Bonn nicht doch Weimar sei, durchschlug.

Diese innere und äußere *Sezession ganzer Volksschichten vom Staat,* an der die Weimarer Republik von ihrem Anfang bis zu ihrem Ende (und, wie gesagt, auch auf der Höhe ihres Weges) zu leiden hatte – sie hat bisher in der Bonner Republik nicht ihresgleichen gefunden. Demokratie und Parlamentarismus mögen da und dort umstritten, sie mögen von manchen Seiten her gefährdet sein; *umkämpft* sind sie nicht. Das heißt gewiß keineswegs, daß der neue Staat im Bewußtsein des Volkes schon unverbrüchlich verankert wäre. Es gibt viele Deutsche, die allem, was das Wort »*Bonn*« bezeichnet, kritisch, zweifelnd, ohne sonderlichen Respekt und ganz bestimmt ohne echte Zuneigung gegenüberstehen. Aber wenn man auch den Staat nicht liebt (und wenn man ihn vielleicht nicht einmal achtet), so akzeptiert man ihn doch: ganz ohne Pathos gewiß, nüchtern-rechnerisch, vielleicht sogar als ein notwendiges Übel – aber man akzeptiert ihn. Es gibt keine große und geschlossene Gruppe von Deutschen mehr, die sich auf einen Aventin zurückzieht und sich als außerhalb der staatlichen Ordnung stehend empfindet. Der Kommunismus ist trotz der gewaltigen Unterstützung, die ihm aus der sowjetischen Besatzungszone zufließt, zur bloßen Sekte abgesunken (nicht zuletzt eben deswegen, weil das Satellitenregime jenseits der Elbe und Werra dem deutschen Volk tagtäglich die *Wirklichkeit* der totalitären Bürokratie vor Augen hält). Die Schwäche des Rechtsradikalismus hat nichts besser demonstriert als das hoffnungs- und hilflose Zusammensacken der Sozialistischen Reichspartei, der einzigen halbwegs ernstzunehmenden Nachfolgeorganisation des Nationalsozialismus, nach ihrem Verbot durch das Bundesverfassungsgericht: Ideen kann man nicht durch Gerichtsbeschluß verbieten, aber Gespenster von Ideen verfliegen vor jedem Anhauch von Macht, dem sie begegnen. Und wenn die »Reaktion« wilhelminisch-hugenbergischen Typs nicht tot ist, so zollt sie doch allein schon mit der demokratischen und »europäischen« Mimikry, in der sie auftritt, der Realität und Stärke der Republik Tribut; sie mag den Staat zu »unterwandern« versuchen, aber sie kann auch diesen Versuch nur unternehmen, indem sie sich bundesrepublikanisch tarnt.

Das ist ein großer Unterschied gegenüber der Zeit vor 1933, und möglicherweise ein entscheidender. Denn er bedeutet, daß es keine lebendigen Gegenbilder gegen die Idee des demokratisch und parlamentarisch geordneten Gemeinwesens mehr gibt – nicht weil Demokratie und Parlamentarismus als positive Zielsetzungen vom ganzen Volke *auf*genommen wären, sondern weil sie als Gegebenheiten *hin*genommen werden.

Aber die Tatsache, daß solche Gegenbilder fehlen, macht noch keineswegs den ganzen Unterschied zwischen Weimar und Bonn aus. Die radikale Akzentverschiebung in der Innenpolitik spiegelt nicht nur Wandlungen der Mentalität wider; ihre Wurzeln liegen auch in der grundanderen *außenpolitischen* Situation, in die sich der republikanisch-demokratische Staat hineingestellt sieht.

Der Staat von Weimar wie der von Bonn sind zwar beide Produkte einer Niederlage. Aber ihr Verhältnis zu dieser Niederlage ist nicht dasselbe. Die erste Republik war mit dem Odium des verlorenen Krieges belastet: Millionen von Deutschen waren zutiefst überzeugt davon, daß der Sieg im ersten Weltkrieg nicht an der Front, sondern im Hinterland durch »Verrat« (eben durch den »Dolchstoß in den Rücken des kämpfenden Heeres«, der zum eisernen Bestand des anti-republikanischen Schlagwortkatalogs gehörte) verspielt worden sei. Daß die kaiserlichen Armeen noch im Augenblick des Zusammenbruchs weite Gebiete Europas außerhalb der deutschen Grenzen besetzt hielten, daß außerdem innere Revolution und äußere Kapitulation zeitlich zusammenfielen, mußte diesen Eindruck bestärken, als seien Revolution und Republik nicht so sehr das Produkt, sondern vielmehr die Ursache der Niederlage, die aufs Konto der neuen staatlichen Ordnung geschrieben wurde und dieses von vornherein schwer belastete.

Die Bundesrepublik hat demgegenüber den ungeheuren Vorteil, daß diese Hypothek der Verantwortung mit einer unbezweifelbaren Eindeutigkeit nicht in ihren Büchern, sondern in denen des nationalsozialistischen Bankrotteur-Regimes verzeichnet steht. Der verzweifelte Versuch Adolf Hitlers, diese Bankrotterklärung bis zum letzten Tag hinauszuschieben und einen bereits verlorenen Krieg mit Teufels Gewalt bis zur totalen Vernichtung Deutschlands weiterzuführen, war gewiß ein Kapitalverbrechen am deutschen *Volke* – aber dieses Verbrechen ist, wahrhaftig durch eine »List der Vernunft« (oder der totalen Unvernunft), zu einer geschichtlichen Garantie für die deutsche *Demokratie* geworden, indem es die Verantwortlichkeiten mit einer erschütternden Präzision ein für allemal festgelegt hat.

Und, von einer andern Seite her gesehen: die alliierte Politik der »bedingungslosen Kapitulation« war weltpolitisch sicherlich ein verhängnisvoller Fehler, weil diese Politik jede Chance für die Wiederherstellung eines europäischen Gleichgewichts mit selbstmörderischer Konsequenz zunichte machte; sie war auch Deutschland gegenüber ein gefährliches und problematisches Unterfangen, weil sie die *innere* Abrechnung des deutschen Volkes mit dem Nationalsozialismus erschwerte, ja vielleicht verhinderte – aber sie hat mit ihrer kruden Einseitigkeit wenigstens das eine sichergestellt: daß der nachhitlerische Staat wohl mit den *Konsequenzen* der Niederlage, aber sicherlich nicht mit der *Schuld* an der Niederlage behaftet werden konnte.

Das aber heißt: die Weimarer Republik wurde jedenfalls von einem Teil ihrer (widerwilligen) Bürger als ein Sturz von einer (wenngleich nur scheinbaren) Höhe deutscher Machtentfaltung empfunden; die Bundesrepublik ist wohl aus einem solchen Sturze hervorgegangen, aber ihre staatliche Entwicklung ist heute identifiziert mit der neuen Konsolidierung Deutschlands (wenn auch, gewiß, woran man immer wieder erinnern muß, nur Teil-Deutschlands, Rumpf-Deutschlands). Weimar hatte, im Innern wie nach außen hin, das schwere Erbe des Reiches mitzuschleppen, aus dem es hervorgegangen war; Bonn hat als »Staat aus dem Nichts« beginnen müssen, aber eben deswegen steht seine Leistung um so sichtbarer und unabstreitbarer vor den Bürgern der »zweiten Republik«. Gerade die Tiefe des Absturzes, in die das totalitäre Regime das deutsche Volk und den deutschen Staat hineingerissen hat, läßt die steile Kurve, in der sich der innere und äußere Wiederaufstieg von Volk und Staat vollzog, desto leuchtender hervortreten – und dieser Wiederaufstieg, man kann das nicht oft genug betonen, ist im Bewußtsein der Deutschen nun eben zwangsläufig verbunden mit Demokratie, Parlamentarismus und rechtsstaatlicher Ordnung. Der totale Staat ist in Deutschland zuerst zum Inbegriff der totalen Katastrophe geworden und ist heute (nicht zu vergessen!) durch die Entwicklung in der sowjetischen Zone obendrein mit der Fremdherrschaft identifiziert; die Demokratie erscheint demgegenüber im Erlebnis der Deutschen nach dem zweiten Weltkrieg als der Weg nicht nur zum Wiedergewinn der inneren, sondern auch der äußeren Freiheit.

Man soll die Bedeutung dieser verschiedenen Ausgangspositionen, durch die Bonn gegenüber Weimar zweifellos begünstigt erscheint, gewiß nicht überbewerten. Aber es wäre noch viel gefährlicher, sie zu übersehen. Die Mehrheit des deutschen Volkes mag heute dem nationalstaatlichen Mythos kritisch, dem europäischen mit einer außerordentlichen Aufgeschlossenheit gegenüberstehen. Nichtsdestoweniger bleibt es ein gewichtiger Umstand, daß auch jene Kreise, die an einer überwiegend nationalen Betrachtungsweise der Politik festhalten, sich der Erkenntnis schlechterdings nicht entziehen können, daß auch der nationale Wiederaufstieg Deutschlands sich im Bonner Rahmen vollzogen hat und nur in diesem Rahmen vollziehen *konnte*. In der Weimarer Republik mochte es zeitweise den Anschein haben, als ob »nationale« Politik und Staatsfeindschaft Hand in Hand gehen könnten, ja vielleicht gehen müßten; heute ist auch das nationale Bewußtsein unausweichlich an die Existenz des demokratischen Staates (und *durch* diese Existenz) gebunden. Selbst wenn man der These zuneigt, daß der europäische Nationalstaat – und der deutsche mehr als jeder andere – durch die geschichtliche Entwicklung letztlich bereits überholt und unaktuell geworden sei, ist es deswegen noch lange nicht unerheblich, daß die Bundesrepublik gerade durch eine Politik, die bewußt und konsequent über den Nationalstaat hinaus in eine europäische Zukunft zielt, zugleich die nationale Stellung des deutschen Rumpfstaates gekräftigt hat. Diese Kräftigung bringt, vom europäischen Standpunkt her gesehen, natürlich ihre schweren Gefahren mit sich; in einem geschichtlichen Augenblick, da der Schritt über die nationalstaatliche Enge in die kontinentale Weite zum zentralen Problem europäischer und damit deutscher Politik geworden ist, erscheint keine »Restauration« so gefährlich wie die der nationalen »*Souveränität*«. Aber unter dem Aspekt der Stabilität des demokratischen Rechtsstaates, der uns hier beschäftigt, wird man es trotzdem als einen nicht zu unterschätzenden Gewinn verbuchen müssen, daß die Auseinandersetzung zwischen einer »europäisch« und einer »national« ausgerichteten Politik *innerhalb des Staates selbst* verläuft und daß die Trennungslinie zwischen den beiden Konzeptionen nicht zusammenfällt mit der anderen Linie, die Staatstreue und Staatsfeindschaft scheidet.

Sieht man die Dinge unter solchem Blickwinkel, dann wird man auch die Haltung der deutschen Sozialdemokratie von heute etwas anders bewerten, als es unter rein ideologischen Gesichtspunkten geschehen mag.

Gewiß muß es bedauerlich erscheinen, daß die SPD sich von den entscheidenden Ansätzen übernationaler Lösungen so feindselig distanziert und daß sie damit – mag sie lange gegen die *soziale* »Restauration« kämpfen – im vollendeten Widerspruch zu ihrer geistigen Tradition die *nationale* »Restauration« auf ihre Fahnen schreibt. Aber andererseits ist diese selbe Sozialdemokratie auch in der Oppositionsstellung, in die sie 1949 halb freiwillig und halb gezwungenermaßen gegangen ist, aus ihrer republikanisch-demokratischen Tradition heraus eine der sichersten Stützen der bundesrepublikanischen Staatsordnung (und daran ändert es auch nichts, wenn sie unentwegt den provisorischen, den fragmentarischen Charakter dieser Ordnung unterstreicht und allen Bestrebungen widersteht, den westdeutschen Rumpfstaat mit dem deutschen Nationalstaat schlechthin zu identifizieren). Sie sorgt damit in ihrer Weise dafür, die nationale Auffangstellung innerhalb der deutschen Demokratie auszubauen, d. h. der Identifizierung der Begriffe »national« und »antidemokratisch« entgegenzutreten. Und das ist von entscheidender Bedeutung in einer Zeit, da die Auseinandersetzung von nationalen und »übernationalen« Ideenkräften noch keineswegs beendet, sondern im vollen Gange ist.

Solange der Sieg der europäischen Politik über die nationalstaatliche Reaktion nicht endgültig entschieden ist (und wir sind von einer solchen Entscheidung noch weit entfernt), hängt die

Zukunft der Demokratie davon ab, daß die noch vorhandenen nationalen Kräfte demokratisch gebunden werden, d. h. daß eine starke politische Gruppierung von unzweifelhaft demokratischem Charakter vorhanden ist, die eine nationale Politik zu formulieren und zu vertreten vermag. Das allein enthält eine gewisse Garantie dafür, daß ein Rückschlag des politischen Pendels in der Richtung auf eine solche Nationalpolitik nicht über den bundesrepublikanischen Rahmen hinausschlägt, falls und wenn er erfolgen sollte.

Aber noch in einer anderen Beziehung erscheint die gegenwärtige *parteipolitische* Struktur des Bonner Staatswesens gegen Rückschläge besser gesichert als die seines Weimarer Vorgängers. Die scharfe und manchmal schroffe, ja bedenklich schroffe Trennung einer Regierungskoalition und einer Opposition, die sich beide jedenfalls in ihren entscheidenden Kräften zum Staate und seinen verfassungsmäßig verankerten Grundsätzen und Grundlagen bekennen, bietet zum mindesten den einen Vorteil: daß sie auch innen- und sozialpolitisch einen ungleich weiteren Spielraum für die Fluktuationen der öffentlichen Meinung (und damit auch für das Auffangen einer politischen, ökonomischen oder sozialen Krisensituation) bietet, als er der Weimarer Republik je zu Gebote stand. Und das hängt wiederum eng mit der hier bereits skizzierten Tatsache zusammen, daß es staatsfeindliche und staatsfremde politische Kräfte in der Bundesrepublik heute praktisch, jedenfalls in organisierter Weise, kaum gibt, daß von einer geistigen Sezession ganzer Volksschichten vom Staate nicht die Rede sein kann.

In der Weimarer Republik war die Existenz der demokratischen Ordnung tatsächlich nur dann einigermaßen (und selbst dann nur halbwegs) gesichert, wenn und falls *eine ganz bestimmte politische Kräftekonstellation* herrschte: dann nämlich, wenn die »*Weimarer Koalition*«, die politische Allianz von Sozialdemokratie, Zentrum und bürgerlich-freisinniger Demokratie, über eine genügend breite Basis in Volk und Reichstag verfügte. Sobald das Pendel von der Mittellage dieser Koalition nach rechts oder nach links (oder gar, wie meistens, nach rechts und links zugleich) ausschlug, gab es keine regierungsfähige demokratische Mehrheit mehr, und die Regierung war gezwungen, sich auf Gruppen zu stützen, die wie die Deutschnationalen aus ihrer Feindschaft gegen den Staat kein Hehl machten. Schon die

Wahl des kaiserlichen Generalfeldmarschalls von Hindenburg zum Reichspräsidenten und damit zum Hüter einer Verfassung, der er von Grund auf gleichgültig, wenn nicht feindlich gegenüberstand, war ein Symptom dieser politischen Labilität, ein Zeichen dafür, auf einer wie schmalen Grundlage die demokratische Ordnung letztlich ruhte. Die Weimarer Republik konnte nur regiert werden, wenn es entweder keine rein republikanische Regierung oder keine republikanische Opposition gab – und dies, wie gesagt, längst *vor* jener Krise, die seit den Reichstagswahlen von 1930 der Regierung überhaupt jede parlamentarische Basis entzog und sie auf den Weg der »Notverordnungen«, d. h. der autoritären Gesetzgebung auf Grund der präsidialen Notstandsvollmachten, also der Selbstliquidierung der Demokratie trieb.

Die Entscheidung Kurt Schumachers von 1949, als der Führer der SPD seine Partei bewußt aus der Regierungsverantwortung heraushielt (und damit die zu jener Zeit innerlich noch keineswegs homogene CDU zur Bürgerblock-Politik Adenauers geradezu zwang), ist vielfach – auch in den sozialdemokratischen Reihen selber – umstritten worden. Sie hat zweifellos, auf kurze Sicht gesehen, die inneren Spannungen in der Bundesrepublik in einer Weise verstärkt und die politischen Blöcke in einer Weise verhärtet, die oft unnötig und übertrieben erscheinen mag. Aber unter einer weiteren Perspektive wird man zugeben müssen, daß diese Politik, welche Gefahren ihr auch innewohnen mögen, jedenfalls den einen und wohl entscheidenden Vorteil bot, hinter der Position einer starken und in ihren entscheidenden Kräften unzweifelhaft staatstreuen Regierung die Reserve-Position einer ebenso staatstreuen Opposition aufzubauen, die imstande ist, im Falle eines »Erdrutsches« die in Bewegung kommenden fluktuierenden Wählermassen aufzufangen, d. h. ihnen eine *demokratische Alternative* zur Regierungspolitik zu bieten.

Die Weimarer Republik hat diese Alternative praktisch nie bieten können: als der Erdrutsch 1930 im Gefolge des ökonomischen Zusammenbruches kam, riß er daher das gesamte Gebäude der verfassungsmäßigen Ordnung mit sich – weil einfach nichts da war, was das Geschiebe und Geröll der Unzufriedenheit und der Revolte, das durch die Wirtschaftskatastrophe von seinem Grunde losgelöst wurde, in die ungefährliche Richtung eines demokratischen Regierungswechsels hätte ablenken können. Da es keine demokratische Opposition gab, die einen solchen Regierungswechsel hätte ermöglichen können, stürzten im ökonomischen Erdbeben auch die politischen Pfeiler des Regimes ein.

Damit soll keineswegs gesagt sein, daß die Bundesrepublik ihrerseits einfach wegen der Auffangstellung, die die SPD besetzt hält, ein wirtschaftliches Debakel vom Ausmaß der Weltwirtschaftskrise von 1929 ungefährdet überstehen könnte. Ein solcher Optimismus wäre schon deshalb ruchlos, weil er die Gefährdungen übersehen würde, die in der Wirtschafts- und Sozialstruktur Westdeutschlands begründet liegen, in der – gegenüber den zwanziger Jahren noch gesteigerten – Einseitigkeit einer überwiegend industriellen (und weitgehend exportabhängigen) Wirtschaftsform und in dem sozialen Druck, der auf diese Form schon von der viel größeren Volksdichte her ausgeübt wird. Aber auf der anderen Seite wird man doch nicht übersehen dürfen, daß heute nicht bloß die Wirtschaftspolitik dem Phänomen der Krise weniger hilflos gegenübersteht als 1929, sondern auch die allgemein-politischen Voraussetzungen zum mindesten eine größere Chance bieten, das Unheil zu vermeiden, das vor einem Vierteljahrhundert die Weimarer Republik zum Untergang bestimmte.

Das alles bedeutet nicht im geringsten, daß die Bundesrepublik ihrer Zukunft mit fröhlicher und ungetrübter Zuversicht entgegensehen kann.

Wir maßen uns hier nicht an, eine politische Prognose für Bonn zu stellen. Der westdeutsche Staat steht vor Aufgaben und Problemen, die manche Gefahr des Scheiterns in sich bergen; die innenpolitische Last der Wiederbewaffnung etwa (von der außenpolitischen und militärischen ganz zu schweigen) wird niemand, der die deutsche Szene von Bonn aus offenen Auges überschaut, auf die leichte Achsel nehmen wollen. Es handelt sich hier nicht darum, leichtfertig die vorhandenen Gefahren zu leugnen und so zu tun, als bewege sich das Bonner Staatsschiff im offenen Wasser und brauche weder Klippen noch Eisberge zu scheuen. Aber daß die Gewässer klippenreich sind, heißt noch lange nicht, daß die Bundesrepublik nun an jenen Klippen scheitern muß, an denen der Weimarer Staat auf seinem ganz anderen Kurs zerschellt ist. Nichts trübt den Blick des politischen Schiffers mehr, als wenn er unentwegt auf imaginäre Gefahren starrt –

und einige der Gefahren, die Weimar nicht zu meistern vermochte, *sind* heute imaginär.

Und schließlich: es gibt nicht nur einen leichtfertigen Optimismus, sondern auch einen ebenso leichtfertigen Pessimismus. Vorhandene Chancen nicht wahrnehmen und wahrhaben zu wollen, kann so bedenklich werden wie der Versuch, vorhandene Bedrohungen zu vernebeln.

Theodor Wiesengrund Adorno wurde 1903 in Frankfurt geboren; zusammen mit Max Horkheimer war er in den dreißiger Jahren Mittelpunkt der »Frankfurter Schule« und ihrer »Kritischen Theorie«. »Ihre Basis bildet die Überzeugung, daß wir das Gute, das Absolute nicht darzustellen vermögen, jedoch bezeichnen können, worunter wir leiden, was der Veränderung bedarf und alle darum Bemühten in gemeinschaftlicher Anstrengung in Solidarität verbinden sollte.« (M. Horkheimer, *Frankfurter Allgemeine Zeitung*, 8. 8. 1969.)

Emigration in die USA; nach dem Krieg Rückkehr nach Deutschland; Professor für Philosophie und Soziologie und Direktor des wiedergegründeten Instituts für Sozialforschung an der Johann-Wolfgang-Goethe-Universität Frankfurt. Zu Adornos Tod am 6. August 1969 schrieb Joachim Kaiser in einem Nachruf, der zwei Tage später in der *Süddeutschen Zeitung* erschien, die hohe Intellektualität dieser »Jahrhundert-Figur« sei zum Bestandteil gegenwärtigen Denkens schlechthin geworden. »Wer heute schreibt, spekuliert, politisiert, ästhetisiert, hat mit Adorno zu tun. Nicht, weil die lange Reihe seiner Bücher zum Bestandteil jeder besseren Bibliothek wurde, weil er in Zeitungsaufsätzen, Rundfunksendungen, Fernsehauftritten, Kampfgesprächen allgegenwärtig schien. Sondern natürlich auch, weil diejenigen, die von ihm gelernt hatten, seine Sprache und seine Denkweise (oft zum Jargon versimpelt, beziehungsweise überkompliziert) sogar an jene Zeitgenossen weiterleiteten, die nie ›bewußt‹ eine Adorno-Zeile gelesen hatten. Sein Schatten ist auf die deutsche Philosophie, die deutsche Soziologie, die deutschen Musikgespräche, die deutschen literar-kritischen Erörterungen und übers deutsche Feuilleton gefallen.«

Der nachfolgende Text erschien erstmals in der *Frankfurter Allgemeinen Zeitung* vom 2. April 1966.

»Was ist deutsch?« – darauf vermag ich nicht unmittelbar zu antworten. Zuvor ist über die Frage selbst zu reflektieren. Belastet wird sie von jenen selbstgefälligen Definitionen, die als das spezifisch Deutsche unterstellen, nicht was es ist, sondern wie man es sich wünscht. Das Ideal muß zur Idealisierung herhalten. Bereits der puren Form nach frevelt die Frage an den unwiderruflichen Erfahrungen der letzten Dezennien. Sie verselbständigt die kollektive Wesenheit ›deutsch‹, von der dann ausgemacht werden soll, was sie charakterisiere. Die Bildung nationaler Kollektive jedoch, üblich in dem abscheulichen Kriegsjargon, der von dem Russen, dem Amerikaner, sicherlich auch dem Deutschen redet, gehorcht einem verdinglichenden, zur Erfahrung nicht recht fähigen Bewußtsein. Sie hält sich innerhalb jener Stereotypen, die vom Denken gerade aufzulösen wären. Ungewiß, ob es etwas wie den Deutschen, oder das Deutsche, oder irgendein Ähnliches in anderen Nationen, überhaupt gibt. Das Wahre und Bessere in jedem Volk ist wohl vielmehr, was dem Kollektivsubjekt nicht sich einfügt, womöglich ihm widersteht. Dagegen befördert die Stereotypenbildung den kollektiven Narzißmus. Das, womit man sich identifiziert, die Essenz der Eigengruppe, wird unversehens zum Guten; die Fremdgruppe, die anderen, schlecht. Ebenso ergeht es dann, umgekehrt, dem Bild des Deutschen bei den anderen. Nachdem jedoch unterm Nationalsozialismus die Ideologie vom Vorrang des Kollektivsubjekts auf Kosten von jeglichem Individuellen das äußerste Unheil anrichtete, ist in Deutschland doppelt Grund, vorm Rückfall in die Stereotypie der Selbstbeweihräucherung sich zu hüten.

Mündigkeit
Während der letzten Jahre zeichnen Tendenzen dazu sich ab. Sie werden heraufbeschworen von den politischen Fragen der Wiedervereinigung, der Oder-Neiße-Linie, auch mancher Ansprüche der Vertriebenenorganisationen; einen Vorwand bietet eine nur in der Einbildung vorhandene internationale Ächtung des Deutschen, oder ein nicht minder fiktiver Mangel an jenem nationalen Selbstgefühl, das manche so gern wieder aufstacheln möchten. Unmerklich langsam formiert sich ein Klima, das verpönt, was am notwendigsten wäre: kritische Selbstbesinnung. Wieder bereits kann man das unselige Sprichwort vom Vogel zitiert hören, der das eigene Nest beschmutzt, während die, welche über jenen Vogel krächzen, die Krähen zu sein pflegen, die keiner anderen das Auge aushacken. Nicht wenige Fragen gibt es, über die ihre wahre Ansicht zu sagen fast alle mit Rücksicht auf die Folgen sich selbst verbieten. Rasch verselbständigt sich solche Rücksicht zu einer inneren Zensurinstanz, die schließlich nicht nur die Äußerung unbequemer Gedanken, sondern diese selbst verhindert. Weil die deutsche Einigung geschichtlich zu spät, prekär und unstabil nur gelang, neigt man dazu, um über-

haupt als Nation sich zu fühlen, das Nationalbewußtsein zu überspielen und jede Abweichung gereizt zu ahnden. Dabei wird dann leicht regrediert auf archaische Zustände vorindividuellen Wesens, ein Stammesbewußtsein, an das psychologisch um so wirksamer angeknüpft werden kann, je weniger es mehr aktuell existiert. Jenen Regressionstendenzen sich zu entziehen, mündig zu werden, der eigenen geschichtlichen und gesellschaftlichen Situation und der internationalen ins Auge zu sehen, wäre gerade an denen, die auf deutsche Tradition sich berufen, die Kants. Sein Denken hat sein Zentrum im Begriff der Autonomie, der Selbstverantwortung des vernünftigen Individuums anstelle jener blinden Abhängigkeiten, deren eine die unreflektierte Vormacht des Nationalen ist. Nur im einzelnen verwirklicht sich, Kant zufolge, das Allgemeine der Vernunft. Wollte man Kant als Kronzeugen deutscher Tradition sein Recht verschaffen, so bedeutete das die Verpflichtung, der kollektiven Hörigkeit und der Selbstvergötzung abzusagen. Freilich sind die, welche am lautesten Kant, Goethe oder Beethoven als ein deutsches Gut reklamieren, regelmäßig die, welche mit dem Gehalt von deren Werken am wenigsten zu schaffen haben. Sie verbuchen sie als Besitz, während, was sie lehrten und schufen, die Verwandlung von Geistigem in ein Besessenes verwehrt. Die deutsche Tradition wird verletzt von jenen, die sie zum gleichzeitig bewunderten und unverbindlichen Kulturgut neutralisieren. Wer indessen von der Verpflichtung jener Ideen nichts weiß, wird prompt von Wut ergriffen, wo auch nur ein kritisches Wort fällt über einen großen Namen, den man als deutschen Markenartikel beschlagnahmen möchte.

Damit ist keineswegs gesagt, daß die Stereotypen jeglicher Wahrheit entbehren. Erinnert sei an die berühmteste Formel des deutschen kollektiven Narzißmus, die Wagnersche: deutsch sein heißt, eine Sache um ihrer selbst willen tun. Unleugbar die Selbstgerechtigkeit des Satzes, auch der imperialistische Oberton, der den reinen Willen der Deutschen dem vorgeblichen Krämergeist zumal der Angelsachsen kontrastiert. Richtig jedoch bleibt, daß das Tauschverhältnis, die Ausbreitung des Warencharakters über alle Sphären, auch die des Geistes – das, was man populär mit Kommerzialisierung bezeichnet –, im späteren achtzehnten und im neunzehnten Jahrhundert in Deutschland nicht so weit gediehen war wie in den kapitalistisch fortgeschritteneren Ländern. Das verlieh zumindest der geistigen Produktion einige Resistenzkraft. Sie verstand sich als ein An sich, nicht nur als ein Für anderes und Für andere sein, nicht als Tauschobjekt. Ihr Modell war nicht der nach den Marktgesetzen handelnde Unternehmer, sondern eher der seine Pflicht gegenüber der Obrigkeit erfüllende Beamte; an Kant ist das häufig hervorgehoben worden. In der Lehre Fichtes von der Tathandlung als Selbstzweck hat es seinen konsequentesten theoretischen Ausdruck gefunden. Was an jenem Stereotyp seine Wahrheit hat, wäre vielleicht am Fall Houston Stewart Chamberlain zu studieren, dessen Name und Entwicklung mit den verhängnisvollsten Aspekten der neueren deutschen Geschichte, dem völkischen und antisemitischen, verknüpft ist. Fruchtbar wäre, zu verstehen, wie es zur finsteren politischen Funktion des eingedeutschten Engländers kam. Sein Briefwechsel mit seiner Schwiegermutter Cosima Wagner bietet dafür das reichste Material. Chamberlain war ursprünglich ein differenzierter, zarter, gegen das Abgefeimte kommerzialisierter Kultur überaus empfindlicher Mensch. An Deutschland insgesamt, zumal an Bayreuth, zog ihn die dort verkündete Absage ans kommerzielle Wesen an. Schuld daran, daß er zum Rassedemagogen wurde, trägt weniger natürliche Bosheit noch selbst Schwäche gegenüber der paranoisch-herrschsüchtigen Cosima, sondern Naivetät. Chamberlain nahm, was er an der deutschen Kultur im Vergleich zum total entfalteten Kapitalismus seiner Heimat liebte, absolut. Er sah darin eine unveränderlich-natürliche Beschaffenheit, nicht das Ergebnis ungleichzeitiger gesellschaftlicher Entwicklungen. Das führte ihn sprunglos zu jenen völkischen Vorstellungen, die dann unvergleichlich viel barbarischere Konsequenzen hatten als das amusische Wesen, dem Chamberlain entfliehen wollte. Ist es schon wahr, daß ohne jenes »um seiner selbst willen« zumindest die große deutsche Philosophie und die große deutsche Musik nicht hätte sein können – bedeutende Dichter der westlichen Länder haben der durchs Tauschprinzip verschandelten Welt nicht weniger widerstanden –, so ist das doch nicht die ganze Wahrheit. Auch die deutsche Gesellschaft war, und ist, eine Tauschgesellschaft, und das Etwas um seiner selbst willen tun nicht so rein, wie es sich stilisiert. Vielmehr versteckte sich dahinter auch ein Für anderes, auch ein Interesse, das in der Sache selbst keineswegs sich erschöpft. Nur war es weniger das individuelle als die Unterordnung von Gedanken und Handlungen unter den Staat, dessen Expansion erst dem einstweilen gezügelten Egoismus der einzelnen Befriedigung verschaffen sollte. Die großen deutschen Konzeptionen, in denen die Autonomie, das reine Um seiner selbst willen, so überschwenglich verherrlicht wird, waren durchweg auch zur Vergottung des Staates bereit; die Kritik der westlichen Länder hat darauf, ebenfalls einseitig, immer wieder insistiert. Der Vorrang des Kollektivinteresses über den individuellen Eigennutz war verkoppelt mit dem aggressiven politischen Potential des Angriffskriegs. Drang zu unendlicher Herrschaft begleitete die Unendlichkeit der Idee, das eine war nicht ohne das andere. Geschichte erweist sich daran, bis heute, als Schuldzusammenhang, daß die höchsten Produktivkräfte, die obersten Realisierungen des Geistes verschworen sind mit dem Schlimmsten. Noch dem Um seiner selbst willen ist, im unerbittlich integern Mangel an Rücksicht auf den anderen, auch Inhumanität nicht fremd. Sie manifestiert sich in einer gewissen auftrumpfenden, nichts auslassenden Gewalttätigkeit gerade der größten geistigen Gebilde, ihrem Willen zur Herrschaft. Ausnahmslos fast bestätigen sie das Bestehende, weil es besteht. Wenn man etwas als spezifisch deutsch vermuten darf, dann ist es dies Ineinander des Großartigen, in keiner konventionell gesetzten Grenze sich Bescheidenden mit dem Monströsen. Indem es die Grenzen überschreitet, möchte es auch unterjochen, so wie die idealistischen Philosophien und Kunstwerke nichts tolerierten, was nicht in dem gebietenden Bannkreis ihrer Identität aufgeht. Auch die Spannung dieser Momente ist keine Urgegebenheit, kein sogenannter Nationalcharakter. Die Wendung nach innen, das Hölderlinsche Tatenarm doch gedankenvoll, wie es in den authentischsten Gebilden um die Wende des achtzehnten und neunzehnten Jahrhunderts sich offenbart, hat die Kräfte gestaut, und bis zur Explosion überhitzt, die dann zu spät sich realisieren wollten. Das Absolute schlug um ins absolute Entsetzen. Waren tatsächlich über lange Zeiträume der früheren bürgerlichen Geschichte hinweg die Maschen des zivilisatorischen Netzes – der Verbürgerlichung – in Deutschland nicht so eng gesponnen wie in den westlichen Ländern, so erhielt sich ein Vorrat unerfaßt naturhafter Kräfte. Er erzeugte ebenso den radikalen Ernst des Geistes wie die permanente Möglichkeit des Rückfalls. Sowenig darum Hitler als

Schicksal dem deutschen Nationalcharakter zuzuschreiben ist, sowenig zufällig war doch, daß er in Deutschland hinaufgelangte. Allein schon ohne den deutschen Ernst, der vom Pathos des Absoluten herrührt, Bedingung des Besten, hätte der Hitler nicht gedeihen können. In den westlichen Ländern, wo die Spielregeln der Gesellschaft den Massen tiefer eingesenkt sind, wäre er dem Lachen verfallen. Der heilige Ernst kann übergehen in den tierischen, der mit Hybris sich buchstäblich als Absolutes aufwirft und gegen alles wütet, was seinem Anspruch nicht sich fügt.

Motive zur Rückkehr

Derlei Komplexität: die Einsicht, daß an dem, was deutsch ist, das eine nicht ohne das andere sich haben läßt, entmutigt jede eindeutige Antwort auf die Frage. Die Forderung solcher Eindeutigkeit geht auf Kosten dessen, was der Eindeutigkeit sich entzieht. Mit Vorliebe macht man dann das allzu komplizierte Denken des Intellektuellen verantwortlich für Sachverhalte, die ihm, will er nicht lügen, einfache Bestimmungen nach dem Schema Entweder-Oder verwehren. Darum ist es vielleicht besser, wenn ich die Frage nach dem, was deutsch sei, ein wenig reduziere und bescheidener fasse: was mich bewog, als Emigrant, als mit Schimpf und Schande Vertriebener, und nach dem, was von Deutschen an Millionen Unschuldiger verübt worden war, doch zurückzukommen. Indem ich versuche, einiges mitzuteilen, was ich an mir selbst erfahren und beobachtet habe, glaube ich der Bildung von Stereotypen am wirksamsten entgegenzuarbeiten. Daß Menschen, die von einer Tyrannis willkürlich, blind aus ihrer Heimat vertrieben wurden, nach deren Sturz zurückkehren, ist eine antike Tradition. Ihr wird einer, der den Gedanken, ein neues Leben anzufangen, haßt, fast selbstverständlich folgen, ohne lang zu fragen. Zudem ist einem, der gesellschaftlich denkt, der auch den Faschismus sozial-ökonomisch begreift, die These, es läge an den Deutschen als Volk, recht fremd. Keinen Augenblick habe ich in der Emigration die Hoffnung auf Rückkunft aufgegeben. Die Identifikation mit dem Vertrauten in dieser Hoffnung ist nicht zu verleugnen; nur darf sie nicht zur theoretischen Rechtfertigung für etwas mißbraucht werden, was wahrscheinlich nur so lange legitim ist, wie es dem Impuls gehorcht, ohne sich auf umständliche Hilfstheorien zu berufen.

Daß ich bei meinem freiwilligen Entschluß das Gefühl hegte, in Deutschland auch einiges Gute tun, der Verhärtung, der Wiederholung des Unheils entgegenarbeiten zu können, ist nur ein anderer Aspekt jener spontanen Identifikation.

Ich habe eine eigentümliche Erfahrung gemacht. Menschen, die konformieren, die sich mit der gegebenen Umwelt und ihren Herrschaftsverhältnissen generell eins fühlen, passen jeweils im neuen Lande viel leichter sich an. Hier Nationalist, dort Nationalist. Wer prinzipiell nicht ungebrochen mit den Verhältnissen einig, wer nicht vorweg gesonnen ist, mitzuspielen, der bleibt oppositionell auch im neuen Land. Sinn für Kontinuität und Treue zur eigenen Vergangenheit ist nicht dasselbe wie Hochmut und Verstocktheit bei dem, was man nun einmal ist, so leicht sie auch dazu ausartet. Solche Treue verlangt, daß man lieber dort etwas zu ändern trachtet, wo die eigene Erfahrung sich zuständig weiß, wo man zu unterscheiden, vor allem die Menschen wirklich zu begreifen vermag, als daß man der Anpassung ans andere Milieu zuliebe sich aufgibt. Ich wollte einfach dorthin zurück, wo ich meine Kindheit hatte, wodurch mein Spezifisches bis ins Innerste vermittelt war. Spüren mochte ich, daß, was man im Leben realisiert, wenig anderes ist als der Versuch, die Kindheit einzuholen. Darum fühle ich mich berechtigt, von der Stärke der Motive zu sprechen, die mich heimzogen, ohne in den Verdacht von Schwäche oder Sentimentalität zu geraten, oder gar dem Mißverständnis mich auszusetzen, ich unterschriebe die fatale Antithese von Kultur und Culture. Nach einer zivilisationsfeindlichen Tradition, die älter ist als Spengler, glaubt man sich dem anderen Kontinent überlegen, weil er nichts als Eisschränke und Autos hervorgebracht hätte und Deutschland die Geisteskultur. Indem jedoch diese fixiert, sich zum Selbstzweck wird, hat sie auch die Tendenz, von realer Humanität sich zu entbinden und sich selbst zu genügen. In Amerika aber gedeihen in dem allgegenwärtigen Für anderes, bis ins keep smiling hinein, auch Sympathie, Mitgefühl, Anteilnahme am Los des Schwächeren. Der energische Wille, eine freie Gesellschaft einzurichten, anstatt Freiheit ängstlich nur zu denken und selbst im Gedanken zu freiwilliger Unterordnung zu erniedrigen, büßt sein Gutes nicht darum ein, weil seiner Realisierung durchs gesellschaftliche System Schranken gesetzt sind. Hochmut gegen Amerika in Deutschland ist unbillig. Er nutzt nur, unter Mißbrauch eines

Höheren, den muffigsten Instinkten. Man braucht den Unterschied zwischen einer sogenannten Geisteskultur und einer technologischen nicht zu leugnen, um gleichwohl über die sture Entgegensetzung sich zu erheben. So verblendet das nützlichkeitsgebundene Lebensgefühl sein mag, das, verschlossen gegen die unablässig anwachsenden Widersprüche, wähnt, alles sei zum besten bestellt, sofern es nur funktioniert, so verblendet ist auch der Glaube an eine Geisteskultur, die vermöge ihres Ideals selbstgenügsamer Reinheit auf die Verwirklichung ihres Gehalts verzichtet und die Realität der Macht und ihrer Blindheit preisgibt. Schon vor langen Jahren hat Max Frisch triftig gegen jene Art Geisteskultur, die sich selbst zum Wert und zur Ersatzbefriedigung wird, eingewendet, einige der für die Nazigreuel Verantwortlichen hätten ausgezeichnet Klavier gespielt oder in ihren Hauptquartieren als Kenner Platten von Beethoven- und Bruckner-Symphonien gelauscht.

Dies vorausgeschickt, riskiere ich, von dem zu reden, was mir den Entschluß zur Rückkehr erleichterte. Ein Verleger, übrigens ein eingewanderter Europäer, und wie diese häufig amerikanischer als die gebürtigen Amerikaner, äußerte den Wunsch, den Hauptteil der »Philosophie der neuen Musik«, dessen deutsches Manuskript er kannte, auf englisch zu publizieren. Er bat mich um einen Rohentwurf der Übersetzung. Als er ihn las, fand er, das ihm bereits bekannte Werk sei »badly organized«, schlecht organisiert. Ich sagte mir, in Deutschland würde mir das wenigstens, trotz alles Geschehenen, erspart bleiben. Einige Jahre danach wiederholte sich das gleiche, grotesk gesteigert. Ich hatte in der Psychoanalytischen Gesellschaft in San Francisco einen Vortrag gehalten und der zuständigen Fachzeitschrift zur Publikation gegeben. In den Korrekturfahnen entdeckte ich, daß man sich nicht mit der Verbesserung stilistischer Mängel begnügt hatte, die dem Einwanderer unterlaufen waren. Der gesamte Text war bis zur Unkenntlichkeit entstellt, die Grundintention nicht wiederzuentdecken. Auf meinen höflichen Protest empfing ich die nicht minder höfliche, bedauernde Erklärung, die Zeitschrift verdanke ihren Ruf eben ihrer Praxis, alle Beiträge einem solchen editing, einer solchen Redaktion, zu unterwerfen. Sie verschaffe ihr die Einheitlichkeit; ich sei mir nur selbst im Wege, wenn ich auf ihre Vorzüge verzichtete. Ich verzichtete dennoch; heute steht der Aufsatz in dem Band »Sociologica II«, unter dem Titel

»Die revidierte Psychoanalyse«, in einer recht getreuen deutschen Übersetzung. An ihr mag man überprüfen, ob der Text durch eine Maschine hätte filtriert werden müssen, gehorsam jener fast universalen Technik der Adaptation, der Bearbeitung, des Arrangements, die in Amerika ohnmächtige Autoren über sich ergehen lassen müssen. Ich nenne die Beispiele nicht, um mich über das Land zu beklagen, wo ich gerettet ward, sondern um zu verdeutlichen, warum ich nicht blieb. Verglichen mit dem Grauen des Nationalsozialismus waren meine literarischen Erlebnisse läppische Bagatellen. Aber nachdem ich einmal weiterlebte, war es wohl entschuldbar, daß ich mir Bedingungen der Arbeit aussuchte, welche diese möglichst wenig beeinträchtigten. Bewußt war mir, daß die Autonomie, die ich als unbedingtes Recht des Autors auf die integrale Gestalt seiner Produktion verfocht, gegenüber der hochrationalisierten wirtschaftlichen Verwertung auch geistiger Gebilde zugleich etwas Rückschrittliches hatte. Was man von mir verlangte, war nichts anderes als die folgerechte Anwendung der Gesetze hochgesteigerter ökonomischer Konzentration auf wissenschaftliche und schriftstellerische Produkte. Aber dies nach dem Maß von Anpassung Fortgeschrittenere bedeutete unweigerlich nach dem Maß der Sache den Rückschritt. Anpassung schneidet ab, wodurch geistige Gebilde über das selbst bereits gesteuerte Konsumentenbedürfnis sich erheben, ihr, vielleicht, Neues und Produktives. Hierzulande ist die Forderung, auch den Geist anzupassen, noch nicht total. Noch wird, sei's auch oft genug mit problematischem Recht, zwischen seinen autonomen Erzeugnissen unterschieden und solchen für den Markt. Derlei ökonomische Rückschrittlichkeit, von der ungewiß ist, wie lange sie noch geduldet wird, ist der Schlupfwinkel von all dem Fortschrittlichen, das in den geltenden gesellschaftlichen Spielregeln nicht alle Wahrheit sieht. Wird einmal der Geist, wie freilich Unzählige es möchten, auf Touren gebracht, auf den Kunden zugeschnitten, den das Geschäft beherrscht, indem es seine Inferiorität zum Vorwand der eigenen Ideologie erkürt, so ist es mit dem Geist so gründlich aus wie unter den faschistischen Knüppeln. Intentionen, die sich beim Bestehenden nicht bescheiden und sich dem Anderen, nicht schon Daseienden verpflichten: ich würde sagen qualitativ moderne Intentionen, leben von Rückständigkeit im ökonomischen Verwertungsprozeß. Auch sie ist keine nationale deutsche Eigentümlichkeit, sondern bezeugt gesamtgesellschaftliche Widersprüche. Bisher kennt Geschichte keinen geradlinigen Fortschritt. Solange er einsträhnig verläuft, in der Bahn bloßer Naturbeherrschung, verkörpert sich, was geistig darüber hinausreicht, eher in dem mit der Haupttendenz nicht ganz Mitgekommenen als in dem, was up to date ist. Das mag noch in einer politischen Phase, die Deutschland als Nation in weitem Maß zur Funktion der Weltpolitik relegiert – mit allen Gefahren eines wiedererwachenden Nationalismus, die das mit sich bringt –, die Chance des deutschen Geistes sein.

Deutsche Sprache und Philosophie

Der Entschluß zur Rückkehr nach Deutschland war kaum einfach vom subjektiven Bedürfnis, vom Heimweh motiviert, sowenig ich es verleugne. Auch ein Objektives machte sich geltend. Das ist die Sprache. Nicht nur, weil man in der neu erworbenen niemals, mit allen Nuancen und mit dem Rhythmus der Gedankenführung, das Gemeinte so genau treffen kann wie in der eigenen. Vielmehr hat die deutsche Sprache offenbar eine besondere Wahlverwandtschaft zur Philosophie, und zwar zu deren spekulativem Moment, das im Westen so leicht als gefährlich unklar – keineswegs ohne allen Grund – beargwöhnt wird. Geschichtlich ist die deutsche Sprache, in einem Prozeß, der erst einmal wirklich zu analysieren wäre, fähig dazu geworden, etwas an den Phänomenen auszudrücken, was in ihrem bloßen Sosein, ihrer Positivität und Gegebenheit nicht sich erschöpft. Man kann diese spezifische Eigenschaft der deutschen Sprache am drastischsten sich vergegenwärtigen an der fast prohibitiven Schwierigkeit, philosophische Texte obersten Anspruchs wie Hegels Phänomenologie des Geistes oder seine Wissenschaft der Logik in eine andere zu übersetzen. Das Deutsche ist nicht bloß Signifikation fixierter Bedeutungen, sondern hat von der Kraft zum Ausdruck mehr festgehalten jedenfalls, als an den westlichen Sprachen der gewahrt, welcher nicht in ihnen aufwuchs, dem sie nicht zweite Natur sind. Wer aber dessen versichert sich hält, daß der Philosophie, im Gegensatz zu den Einzelwissenschaften, die Darstellung wesentlich sei – jüngst hat Ulrich Sonnemann sehr prägnant formuliert, keinen großen Philosophen hätte es gegeben, der nicht auch ein großer Schriftsteller gewesen wäre –, der wird auf das Deutsche verwiesen. Zumindest der geborene

Deutsche wird fühlen, daß er das essentielle Moment der Darstellung, oder des Ausdrucks, in der fremden Sprache nicht voll sich erwerben kann. Schreibt man in einer ernsthaft fremden Sprache, so gerät man, eingestanden oder nicht, unter den Bann, sich mitzuteilen, es so zu sagen, daß die anderen es auch verstehen. In der eigenen Sprache jedoch darf man, wenn man nur die Sache so genau und kompromißlos sagt wie möglich, auch darauf hoffen, durch solche unnachgiebige Anstrengung verständlich zu werden. Für die Mitmenschen steht im Bereich der eigenen Sprache diese selbst ein. Ob der Tatbestand fürs Deutsche spezifisch ist, oder viel allgemeiner das Verhältnis zwischen jeweils eigener und fremder Sprache betrifft, wage ich nicht zu entscheiden. Doch spricht die Unmöglichkeit, nicht nur hoch ausgreifende spekulative Gedanken, sondern sogar einzelne recht genaue Begriffe wie den des Geistes, des Moments, der Erfahrung, mit all dem, was in ihnen auf deutsch mitschwingt, ohne Gewaltsamkeit in eine andere Sprache zu transponieren, für eine spezifische, objektive Eigenschaft der deutschen. Fraglos hat sie dafür auch ihren Preis zu zahlen in der immerwährenden Versuchung, daß der Schriftsteller wähnt, der immanente Hang ihrer Worte, mehr zu sagen als sie sagen, mache es leichter und entbinde davon, dies Mehr zu denken und womöglich kritisch einzuschränken, anstatt mit ihm zu plätschern. Der Zurückkehrende, der die Naivität zum Eigenen verloren hat, muß die innigste Beziehung zur eigenen Sprache vereinen mit unermüdlicher Wachsamkeit gegen allen Schwindel, den sie befördert; gegen den Glauben, das, was ich den metaphysischen Überschuß der deutschen Sprache nennen möchte, garantiere bereits die Wahrheit der von ihr nahegelegten Metaphysik, oder von Metaphysik überhaupt. Vielleicht darf ich in diesem Zusammenhang gestehen, daß ich das Buch »Jargon der Eigentlichkeit« auch darum geschrieben habe. Weil ich der Sprache als einem Konstituens des Gedankens soviel Gewicht beilege wie in der deutschen Tradition Wilhelm von Humboldt, dränge ich sprachlich, auch im eigenen Denken, auf eine Disziplin, der die eingeschliffene Rede nur allzugern entläuft. Der metaphysische Sprachcharakter ist kein Privileg. Nicht ist von ihm die Idee einer Tiefe zu erborgen, die in dem Augenblick verdächtig wird, in dem sie sich ihrer selbst rühmt. Ähnlich etwa ward, was immer am Begriff deutsche Seele einmal daran war, tödlich beschädigt, als ein ultrakonservativer Komponist sein romantisch-retrospektives Werk danach betitelte. Der Begriff der Tiefe selbst ist nicht unreflektiert zu bejahen, nicht, wie die Philosophie es nennt, zu hypostasieren. Keiner, der deutsch schreibt und seine Gedanken von der deutschen Sprache durchtränkt weiß, dürfte die Kritik Nietzsches an jener Sphäre vergessen. In der Tradition war selbstgerechte deutsche Tiefe ominös einig mit dem Leiden und mit dessen Rechtfertigung. Darum hat man die Aufklärung als flach verketzert. Ist etwas noch tief, nämlich unzufrieden mit blind eingeschliffenen Vorstellungen, dann die Aufkündigung von jeglichem verdeckenden Einverständnis mit der Unabdingbarkeit des Leidens. Solidarität verwehrt seine Rechtfertigung. In der Treue zur Idee, daß, wie es ist, nicht das letzte sein solle –, nicht in hoffnungslosen Versuchen, festzustellen, was das Deutsche nun einmal sei, ist der Sinn zu vermuten, den dieser Begriff noch behaupten mag: im Übergang zur Menschheit.

(10) *Alexander und Margarete Mitscherlich*
Die Unfähigkeit zu trauern

Die folgenden Abschnitte sind dem Buch *Die Unfähigkeit zu trauern. Grundlagen kollektiven Verhaltens,* München 1967, entnommen (S. 77–83).

Mitscherlich (Jahrgang 1908), der nach 1948 mit einem Buch über die Verbrechen deutscher Ärzte im Dritten Reich (*Medizin ohne Menschlichkeit*) hervortrat, zunächst als Privatdozent für Neurologie an der Universität Heidelberg, dann als Ordinarius an der Universität Frankfurt und Direktor des Sigmund Freud Instituts wirkte, brachte in einer großen Anzahl von Publikationen das psychoanalytische Instrumentarium in die Kulturkritik ein. Mit Freud ist es für Mitscherlich »die Schicksalsfrage der Menschheit, ob und in welchem Maße es ihrer Kulturentwicklung gelingen wird, den Störungen des Zusammenlebens durch den menschlichen Aggressions- und Selbstzerstörungstrieb Herr zu werden«.

Margarete Mitscherlich ist Ärztin und Psychoanalytikerin; auch sie ist publizistisch vielfältig hervorgetreten.

Was geht eigentlich in uns vor, wenn wir um einen Menschen trauern, den wir seiner eigenen Qualitäten wegen geliebt haben, also nicht unter der Voraussetzung, daß er uns unsere Selbstverliebtheit zu bestätigen habe? »Die Realitätsprüfung hat gezeigt, daß das geliebte Objekt nicht mehr besteht, und erläßt nun die Aufforderung, alle Libido aus ihren Verknüpfungen mit diesem Objekt abzuziehen. Dagegen erhebt sich ein begreifliches Sträuben. – Es ist allgemein zu beobachten, daß der Mensch eine Libido-Position nicht gerne verläßt, selbst dann nicht, wenn ihm Ersatz winkt. Dieses Sträuben kann so intensiv sein, daß eine Abwendung von der Realität und ein Festhalten des Objektes durch eine halluzinatorische Wunschpsychose zustande kommt . . .«[1] In der Trauer wird das verlorene Objekt introjiziert. Bis hin zu der phantasierten Vorstellung, man könne mit ihm noch umgehen wie in den Tagen seines Lebens, muß nun in einer innerlichen Auseinandersetzung die Einwilligung in die Realität des Verlustes gelernt und vollzogen werden. Wir sprechen deshalb

[1] S. Freud *Trauer und Melancholie.* Ges. Werke X, 430.

in der Psychoanalyse von »Trauerarbeit«. »Die Trauerarbeit ist das auffallendste Beispiel für die mit der Erinnerungsarbeit verbundenen Schmerzen . . . So wird das Erinnern ein stückweises, fortgesetztes Zerreißen der Bindung an das geliebte Objekt und damit ein Erlebnis von Rissen und Wunden im Selbst des Trauernden.«[2] Trauer ist also mit den Abwehrvorgängen, die uns in dieser Abhandlung beschäftigt haben, nicht zu vereinen, da es gerade deren Aufgabe ist, Realitätseinsicht und die damit verbundenen Schmerzen zu vermeiden. Trauer um einen geliebten Menschen, dem unsere »Objektlibido« sich zugewandt hatte, ist ein lange sich hinziehender Vorgang der Ablösung; vom Objekt, das der Befriedigung unserer »narzißtischen Libido« gedient hat, können wir uns unter Umständen rasch lösen, denn es diente nur als Werkzeug unserer Selbstliebe. Wir geben es nicht zögernd auf, jederzeit bereit, es in unserer Erinnerung wieder zu beleben, wir lassen es vielmehr fallen, ohne noch viel Gedanken daran zu verschwenden. Aber die Folgen dieser Untreue sind bedeutungsvoller, als diese kalte Abwendung zunächst erwarten läßt.

In der Trauer um ein verlorenes Objekt versuchen wir, auch den Idealen dieses Menschen, der uns genommen wurde, nachzueifern. Erst langsam, mit dem Ende der Trauerarbeit, werden Kräfte für neue Objektbesetzungen, neue Identifizierungen, neue Liebes- und Interessenzuwendungen frei. Anders in der Trauer, wenn das Objekt auf narzißtischer Basis geliebt wurde. Mit seinem Verlust ist stets ein Verlust an Selbstwert verbunden. Der Objektverlust bewirkt einen psychischen Energieverlust, führt zu einer »großartigen Ich-Verarmung«. Es kommt nicht zum Schmerz in der Trauer um das verlorene Objekt, sondern zur Trauer über einen selbst und in der Verbindung mit ausgeprägter Gefühlsambivalenz zum Selbsthaß der Melancholie. Immer aber ist der Schmerz dadurch charakterisiert, daß er nicht das Ende einer Beziehung meint, sondern daß er einen Teilverlust des Selbst betrifft, als sei es amputiert worden. Der Trauerklage um das verlorene Objekt steht die melancholische Selbstanklage gegenüber. Die Selbstzerfleischung der Melancholie ist im Grunde eine Anklage gegen das Objekt, das dem eigenen Selbst einen solchen Verlust zugefügt hat.

[2] Paula Heimann *Bemerkungen zum Arbeitsbegriff in der Psychoanalyse.* Psyche, 20, 1966, 321.

Hätten, so war unser Gedankengang, nicht die Abwehrmechanismen der Verleugnung, der Isolierung, der Verkehrung ins Gegenteil, des Aufmerksamkeits- und Affektentzugs vor allem, also der Derealisation, der ganzen Periode des Dritten Reiches gegenüber eingesetzt, so wäre im Nachkriegsdeutschland der Zustand schwerer Melancholie für eine große Zahl von Menschen die unausweichliche Konsequenz gewesen, als Konsequenz ihrer narzißtischen Liebe zum Führer und der in ihrem Dienst gewissenlos verübten Verbrechen. In der narzißtischen Identifikation mit dem Führer war sein Scheitern ein Scheitern des eigenen Ichs. Zwar hat die Derealisation und haben die übrigen Abwehrvorgänge den Ausbruch der Melancholie verhindert, aber sie haben nur unvollständig die »großartige Ich-Verarmung« abwenden können. Dies scheint uns die Brücke zum Verständnis des psychischen Immobilismus, der Unfähigkeit, in sozial fortschrittlicher Weise die Probleme unserer Gesellschaft in Angriff zu nehmen.

Der Unfähigkeit zu trauern ist also unsere weniger einfühlende als auf Selbstwertbestätigung erpichte Art zu lieben vorangegangen. Die Anfälligkeit für diese Liebesform ist ein kollektives Merkmal unseres Charakters. Die Struktur der Liebesbeziehung der Deutschen zu ihren Idealen oder deren Inkarnationen scheint uns eine lange Geschichte des Unglücks zu sein. Zumindest im politischen Feld dient unser Sendungsbewußtsein der Kompensation von Kleinheitsängsten, der Bekämpfung unseres Gefühls der Wertlosigkeit. Ebenso wichtig ist, daß wir durch Idealisierung die unvermeidbare Ambivalenz unserer Gefühle zu verleugnen suchen, um sie dann projizieren zu müssen. Menschen oder gar Kollektive wie »das Vaterland« sind keine eindeutigen Ideale, wir machen sie höchstens dazu. Zu den Reifungsaufgaben gehört es, daß man die Ambivalenzspannungen mildern, verstehen und integrieren kann. Wir sollten nicht in eine Art multiple Persönlichkeit zerfallen, deren Teile nur idealisieren, hassen oder durch abgewehrten Haß sich verfolgt fühlen können. Einfühlung hilft bei diesem Ausgleich am entschiedensten. Eine solche Beziehung, die sich Ambivalenz bewußt macht, verarbeitet und erträgt, eine solche reife Beziehung zu uns selbst, zu unseren Mitmenschen und zum Lauf der Welt haben wir im Verhaltensstil unserer Kultur, vor allem in den politischen Affekten, bisher nur in Ansätzen gezeigt; wir schwanken nur allzu oft wie weiland in den Duodezfürstentümern zwischen Provinzialismus und imperialen Größenträumen, zwischen Überheblichkeit und Selbsterniedrigung, die aber weniger die Züge der Demut als der Melancholie trägt und sich in der geheimen Anklage äußert, daß die anderen an unserer Erniedrigung, an unserer Niederlage, daran, daß es uns so schlecht ergangen ist, daß man uns so mißversteht, schuld sind.

Die Trauerarbeit ist nicht auf Restitution schlechthin aus, sie bringt uns langsam dazu, die definitive Veränderung der Realität durch den Verlust des Objektes zu akzeptieren. In dieser Arbeit kann auch die Ambivalenz der Beziehung nacherlebt und anerkannt werden. Das hat zur Folge, daß am Ende der Trauerarbeit das Individuum verändert, das heißt gereift, mit einer größeren Fähigkeit, die Realität zu ertragen, aus ihr hervorgeht. Gerade das Eingeständnis der ambivalenten Beziehung kann aus der narzißtischen Position heraus nie geleistet werden. Das narzißtisch geliebte Objekt, so dramatisch dieser Ablauf höriger Idealisierung sein mag, verschwindet ziemlich spurlos, wenn nicht sein Verlust zu starker Selbstentwertung führt und diese zu einer melancholischen Reaktion, wie beschrieben wurde. Wenn die Phase solches symbiotischen Einheitserlebnisses abgeschlossen ist, kann sich der gleiche Vorgang mit neuen Partnern noch ein- oder mehrmals wiederholen. So versuchen wir mit einer unveränderten Grundeinstellung, die wir mit dem Nationalsozialismus vereinigen konnten, nun auch die Geschäfte unserer Bundesrepublik zu betreiben, wobei wir wesentlich heftigere Idealisierungen unserer politischen Vormünder in West und Ost vornehmen, als es durch die objektive Lage gefordert würde. Wir richten unser arg lädiertes Selbstbewußtsein durch diese Identifikationen auf. Uns vermittelt das subjektiv ein Gefühl der Sicherheit, während in unserer Umgebung gerade die Folgenlosigkeit der Verbrechen des Dritten Reiches auf unser Verhalten, auf unseren Charakter Befremden und Angst hervorrufen mögen.

Wir haben keine kleinliche Wiedergutmachungsleistung an jenen Überrest europäischer Juden bezahlt, die wir verfolgten und noch nicht töten konnten. Aber die wirklichen Menschen, die wir da unserer Herrenrasse zu opfern bereit waren, sind immer noch nicht vor unserer sinnlichen Wahrnehmung aufgetaucht. Sie sind ein Teil der derealisierten Wirklichkeit geblieben. Liest man zum Beispiel in manchen ärztlichen Gutachten, die wegen körperlicher oder seelischer Verfolgungsschäden erstattet werden, so begegnet man einem erschreckenden Ausmaß von Einfühlungslosigkeit. Der Gutachter ist durchaus befangen und unbewußt mit der Seite der Verfolger identifiziert geblieben. Er kann sich nicht vorstellen, was es heißt, wenn eine vierzehnjährige Tochter eines Textilhändlers einer badischen Landstadt von der Macht eines Polizeistaates, von uniformierten, wohlgenährten, selbstbewußten Männern ergriffen und in der Art eines Ungeziefers behandelt wird. Er kann sich nicht vorstellen, daß das auch seiner vierzehnjährigen Tochter hätte widerfahren können. Er kann sich nicht in ein Mädchen hineindenken, dessen Eltern im gleichen Lager, in dem es selbst gewesen ist, vergast wurden und in dem es dann allein zurückblieb und schließlich nur durch Zufall der Vernichtung entging. Sollten solche Schrecken keine Narben hinterlassen? Kurt R. Eißler[3] hat die für uns beschämende Frage gestellt, die Ermordung von wie vielen seiner Kinder ein Mensch symptomfrei ertragen müsse, damit ihm unsere Gutachter eine normale Konstitution zubilligen. Zwischen dieser *Form* administrierter Wiedergutmachung und den Formen administrierter Tötung einer ganzen Volksgruppe ist kein prinzipieller Unterschied. Zunächst verhinderte die emphatische Selbsthingabe und Auflösung des eigenen Ichs in den Ideen und Ansprüchen des Führers eine Einfühlung in die Verfolgten als Menschen. Schuldgefühle über Unmenschlichkeiten, über Morde in einer Zahl, die wir nur objektiv wissen, aber nicht erlebend nachzuvollziehen vermögen, sind ebensowenig aus der unbewußten Wahrnehmung zu entfernen wie die Scham darüber, daß wir unser Gesicht als zivilisierte Nation verloren haben. Als Konsequenz der Abwehr fehlen uns in unserer psychischen Ökonomie ständig die Energien, die wir im Dienste unseres Selbstgefühls darauf verwenden, die Vergangenheit zu entwirklichen, um Schuld und Scham zu vermeiden.

Die Getöteten können wir nicht zum Leben erwecken. Solange es uns aber nicht gelingen mag, den Lebenden gegenüber aus den Vorurteilsstereotypen unserer Geschichte uns zu lösen – das Dritte Reich stellte nur eine letzte Epoche dar –, werden wir

---

[3] K. R. Eißler *Die Ermordung von wie vielen seiner Kinder muß ein Mensch symptomfrei ertragen können, um eine normale Konstitution zu haben?* Psyche, 17, 1963/64, 241.

an unseren psychosozialen Immobilismus wie an eine Krankheit mit schweren Lähmungserscheinungen gekettet bleiben. »Die kollektive Verantwortung einer Nation für einen Abschnitt ihrer Entwicklung«, schreibt Georg Lukács, »ist etwas derart Abstraktes und Ungreifbares, daß sie an den Widersinn streift. Und doch kann ein solcher Abschnitt wie die Hitlerzeit nur dann im eigenen Gedächtnis als abgetan und erledigt betrachtet werden, wenn die intellektuelle und moralische Einstellung, die ihn erfüllte, ihm Bewegung, Richtung und Gestalt gab, radikal überwunden wurde. Erst dann ist es für andere – für andere Völker – möglich, auf die Umkehr zu vertrauen, die Vergangenheit als wirklich Vergangenes zu erleben.«[4] Man kann aber nur auf Grund eines zuverlässig im Bewußtsein verankerten Wissens, auch eines solchen, das zunächst peinigen muß, »radikal überwinden«, da das, was geschah, nur geschehen konnte, weil dieses Bewußtsein korrumpiert war. Was unter einer über zwei Jahrzehnte andauernden Zensur unseres Bewußtseins nicht als schmerzliche Erinnerung eingelassen wird, kann ungebeten aus der Vergangenheit zurückkehren, denn es ist nicht »bewältigte« Vergangenheit geworden: Vergangenheit, um deren Verständnis man sich bemüht hat. Trauerarbeit kann nur geleistet werden, wenn wir wissen, wovon wir uns lösen müssen; und nur durch ein langsames Ablösen von verlorenen Objektbeziehungen – solchen zu Menschen oder zu Idealen – kann die Beziehung zur Realität wie zur Vergangenheit in einer sinnvollen Weise aufrechterhalten werden. Ohne eine schmerzliche Erinnerungsarbeit wird dies nicht gelingen können, und ohne sie wirken unbewußt die alten Ideale weiter, die im Nationalsozialismus die fatale Wendung der deutschen Geschichte herbeigeführt haben. Aber fordern wir nicht Unerfüllbares? Unser Ich war in dieser Vergangenheit unserem Narzißmus zu Diensten. Das narzißtische Objekt, das wir verloren haben, war in der Vorstellung von uns selbst als Herrenmenschen zentriert. Nicht der geschichtlichen Belehrung, daß dem nicht so ist, wäre also nachzutrauern. Vielmehr müßten wir die Einfühlung in uns selbst erweitern, so daß wir uns in jenen Szenen wiedererkennen wie der des deutschen Offiziers im dänischen Café und in den entsetzlichen, in denen 100, 500 oder 1000 Leichen vor uns lagen – Leichen von

---

[4] G. Lukács, *Von Nietzsche bis Hitler*, Frankfurt (Fischer-Bücherei) 1966 S. 21.

uns Getöteter. Das würde eine einfühlende, nachfühlende Anerkennung der Opfer lange nach den Schreckenszeiten bedeuten. Psychologisch wäre es keine Unmöglichkeit, nach der Tat einzusehen, was wir im Dritten Reich taten, uns also von der narzißtischen Liebesform zur Anerkennung von Mitmenschen als Lebewesen mit gleichen Rechten weiterzuentwickeln. Diese Korrektur unseres falschen und eingeengten Bewußtseins, das Auffinden unserer Fähigkeit des Mitleidens für Menschen, die wir hinter unseren entstellenden Projektionen zuvor nie wahrgenommen haben, würde uns die Fähigkeit zu trauern zurückgeben.

Das schwitzende Idyll

Wohin der Weg der Bundesrepublik denn gehe, fragte Dolf Sternberger 1949, im Jahre der Gründung der Bundesrepublik, mit großer Sorge. »Wohin treibt die Bundesrepublik«, fragte Karl Jaspers im Jahre 1965 mit gleichermaßen großer Sorge; Staat und Gesellschaft schienen konsolidiert; die Profite blühten; das Leben im Wohlstand war höchst angenehm. Doch was drohte hinter der Fassade? (11)

Die Seelenlandschaft, die sich zwischen der Trümmerwelt mit ihrem markanten, verwitterten Profil und der gegen Ende der sechziger Jahre sich ausprägenden, von Eruptionen des kulturellen Unbehagens erschütterten »Protestzone« ausbreitet, gleicht einem eingeebneten, wohlbestellten, aber wenig abwechslungsreichen fruchtbaren Gefilde, dem der Vorwurf, total plattes Land zu sein, mit Nachdruck gemacht wurde. Es war das Land der großen Mitte. (12)

Feuilletonistische Kulturkritik, vom Psychogramm der Durchschnittlichkeit, Gleichgültigkeit, Angepaßtheit und Saturiertheit »erschüttert«, als sensibler Seismograph der Malaise sich erweisend, sprach vom »schwitzenden Idyll«. »Männer hinter Schaufenstern, Schaltern, Windschutzscheiben: farblos, flach, manche etwas aufgeschwemmt. Das scharfe Profil der Romanen dazwischen: Gastarbeiter. Es erstaunten ihn die vielen aschblonden Frauen vor Ausverkaufstischen, die Stoffreste vorteilhaft suchten. Eine Weile fielen ihm die breiten Hüften, die starken Busen, die stämmigen Beine auf. Es war alles etwas ins Massige und Schwere geraten – Deutschland, der große Konsumverein, und gut gepanzert. Sie aßen zuviel, schleckten zuviel Schlagsahne und warfen sich dann etwas zu schwer in den Opel Rekord, der einen Augenblick federnd stöhnte. Sie hatten eingekauft: Elektrogeräte, Tiefkühlkost, Schuhe, eine neue Fernsehantenne. Sie hatten das alles in praktischen Tragtüten und bunten Kartons in den Kofferraum gelegt, sehr vorsichtig, sehr kennerisch, beinahe liebevoll. Auf die Fläche vor dem Rückfenster, dort wo der Plüschtiger stand, legten sie Illustrierten. Man sah ein braunes, nacktes Mädchen, die große Badende, die noch von Wasser troff. Darunter stand: Urlaub auf Sylt – Sonne, Sand und

Sünde.« (H. Krüger: »Galerie der Kleinbürger«, in: *Deutsche Augenblicke. Bilder aus meinem Vaterland*, München 1969, S. 254.)

Damit war freilich nur die Oberfläche einer Gesellschaft charakterisiert, die »in der Tiefe« durch die Widersprüche der Modernität geprägt war. Die seit den fünfziger Jahren rapide einsetzende Technisierung, bewirkt durch das Fließband etwa und die (im Jargon der damaligen Zeit gerne »Roboter« genannten) sich selbst steuernden Apparaturen und Maschinen, brachte das Wachstum auf Hochtouren – ohne daß dabei die »Grenzen des Wachstums«, die erst viel später, verbunden mit Konjunkturkrisen, offen zutage traten, bedacht und in die Planung einbezogen wurden; Planung war überhaupt ein Schreckenswort für das Wirtschaftssystem, das sich zwar ideologisch auf »Maß und Mitte« bezog, aber weder Maß noch Mitte halten konnte. Hand in Hand mit dieser, in vielem durchaus bewunderungswürdigen Expansion einer Wirtschaft und Gesellschaft, die zur Stunde Null völlig auf den Hund gekommen waren, nun aber wieder etwas »bedeuteten« und damit (lange Zeit enttäuschte) Selbstwertgefühle stabilisieren konnten, ging geistige Veröldung einher. Die Kulturindustrie suchte das Vakuum für ihre Zwecke zu nutzen. – Widerspruch der Modernität, das hieß in diesem Zusammenhang »Dialektik der Aufklärung«: Die ehemals emanzipatorischen, auf Ausweitung menschlichen Empfindens und Denkens gerichteten Zielsetzungen verkehrten sich zu Befriedigungsmechanismen, die dem Massengeschmack bedingungslos sich unterwarfen, lediglich noch mit geistigen Surrogaten die Bedürfnisse einer vorwiegend materiell orientierten Gesellschaft abzusättigen suchten. Kulturindustrie in diesem Sinne bedeutete:

– Aufstieg des deutschen Trivialfilms;
– Einrichtung der vor allem mit ihren Shows besonderen Beliebtheitsgrad erreichenden Fernsehprogramme;
– Massenauflage von Magazinen und Illustrierten, Schallplatten und Taschenbüchern.

Die Kulturindustrie wie die Reklamewelt insgesamt waren nach den Prinzipien der Warenästhetik angelegt: die Verpackung erwies sich als die Botschaft selbst; das allgemeine »Frischwärts«, in eine Fülle von »Trivialmythen« aufgefächert, sollte einer Gesellschaft Halt geben, die bei allem materiellen Fortschritt vielfach Zeichen der Verunsicherung zeigte. Die »Einzelheiten« der Wirtschaftswunderwelt hat Hans Magnus Enzensberger, der mit einer Radiosendung über die Sprache des *Spiegel* (»Moral und Masche eines Magazins«) debütierte (13), in einer Reihe kulturkritischer Essays festgehalten:

– Scherbenwelt. Die Anatomie einer Wochenschau (1957);
– Eine Theorie des Tourismus (1958);
– Bildung als Konsumgut. Analyse der Taschenbuch-Produktion (1958);
– Das Plebiszit der Verbraucher. Der Herbstkatalog des Versandhauses N. (1960).

Der Kult um die »Schönheitskönigin« – Miß-Wahlen gehörten zum Standard-Repertoire der Kulturindustrie! – war für Hans Egon Holthusen (in einem Essay in der *Süddeutschen Zeitung* 1955) ein unübersehbares Zeichen für eine sich desintegrierende, in schiere, ungegliederte Menschenmassen sich verwandelnde Gesellschaft: »Erst wo alle Instinkte für Rang, Ordnung und Diskretion unscharf geworden oder verlorengegangen sind, da kann man auf den Gedanken kommen, eine Anzahl von weiblichen Individuen vor den Augen einer frigidlüsternen Jury mit dem Zentimetermaß zu Leibe zu gehen, um den Umfang ihrer Waden, Taillen und Brustkörbe festzustellen, sie in Abendkleidern und Bikinis über einen Laufsteg marschieren zu lassen und dann die ›Schönste‹ zu Miß Berlin, Bayern, Germany, Europa und schließlich zur Miß Universum zu erklären, und ihr eine entsprechende Schärpe umzuhängen.«

Die »Sexwelle«, die nun vehement den Wohlstandsbürger ergriff und in »Sonne und Amore« davontrug, bedeute – meinte Joachim Bodamer (*Süddeutsche Zeitung*, 16./17. März 1957) – den Verlust des Eros: »Diese Hypertrophie und Gehaltlosigkeit der heutigen Sexualität, ihre Wucherungstendenz über den Raum der Intimität hinaus in die Öffentlichkeit, in Reklame, Film und Bildzeitung, findet ihr getreustes Spiegelbild in der zeitgenössischen Literatur, die ihren Stolz darin sucht, das Unbeschreibbare so exakt und nüchtern wie möglich festzuhalten, das Unsagbare so direkt auszusagen, als bestünde Dichtung nicht darin, das Wesentliche und Tiefste zu verschweigen und durch dieses Schweigen eben diese Tiefe zu erhalten und zu schützen.«

Auf solche und ähnliche Weise wurden der Gesellschaft, die ihre langweilige Biederkeit mit den von der Kulturindustrie gelieferten fiktiven Ausschweifungen auflockerte, von der Kulturkritik, häufig sauertöpfisch, die Leviten gelesen. Die »Lust am Untergang« (Titel eines Buches von Friedrich Sieburg, 1954) war auf beiden Seiten die des Mittelmaßes; Moral und Masche lagen nicht nur beim *Spiegel* eng beisammen.

Widersprüche der Modernität: das bedeutete nach Wilhelm Röpke (»Der Eintopf als Dogma. Der Wohlfahrtsstaat ist das Ende der Wohlfahrt«, *Frankfurter Allgemeine Zeitung*, 26. 10. 1957), daß dem sich immer mehr ausbreitenden Wohlfahrtsstaat jede selbsttätige Bremse fehle, der Schwerpunkt der Gesellschaft immer mehr von unten nach oben verschoben werde – »hinweg von den echten, überschaubaren und mit menschlicher Wärme erfüllten Gemeinschaften und hinauf zum Zentrum der unpersönlichen Staatsverwaltung und der seelenlosen Massenorganisationen«. Der Effekt müsse bezahlt werden mit den Kosten einer immer mächtigeren Staatsmaschine, mit der Abstumpfung der Leistungsfreudigkeit wie Selbstverantwortung und mit dem langweiligen Grau einer Gesellschaft, in der oben der Ärger und unten der Neid immer mehr Bürgersinn, freie Leistungen für das Ganze, schöpferische Muse, Freigebigkeit und echte Gemeinschaft erstickten. Es bleibe die Pumpmaschine des Leviathan, des modernen unersättlichen Staates.

Der Wohlfahrtsstaat brachte keineswegs Wohlfahrt für alle. Konzentriert darauf, die freie Marktwirtschaft sehr frei zu handhaben, wurden die weißen Flecken auf der sozialen Landkarte unbeachtet gelassen. Auch in der Wirtschaftswunderwelt gab es Armut, die freilich nun, da sie im »fünften Stand« angesiedelt war, der Artikulationskraft des ehemals vierten (proletarischen) Standes entbehrte und somit wenig wahrgenommen wurde – zumal die Gewerkschaften sich als mehr affirmatives denn gegensteuerndes Element der Wachstumseuphorie erwiesen. Die Rücksichtslosigkeit, in die das profitorientierte Denken und Handeln auswucherten, zeigte sich z. B. in der »Unwirtlichkeit unserer Städte«, in denen Menschen zu Randgruppen abgestempelt wurden, wenn sie innerhalb der Kosten- und Ertragsberechnungen als zu wenig »ergiebig« sich erwiesen. Im Vorwort zu seinem gleichnamigem Buch (Frankfurt am Main 1965) schrieb Alexander Mitscherlich: »Deutschland, beruhige dich – sie wird nicht kommen die Revolution. Es wird alles beim alten bleiben. Diese Seiten werden vergilben wie Manifeste und Pamphlete vor diesem. Darum widmet der Autor es auch gleich jenen Leuten, die dem Todestriebe unserer Zivilisation mit soviel naiver Emsigkeit und durchtriebener Schläue dienen: den Hausbesitzern in Deutschland und anderswo. Der Blick auf die wachsenden Gebilde, die einstmals Städte waren, zeigt uns, daß sie einem Menschen gleichen, der verzehrt wird durch krebsige Tochtergeschwülste. Vielleicht gibt es keinen Todestrieb; aber Umstände, die tödlich wirken. Davon ist hier die Rede, obgleich wir – wie alle, die je auf dem Pulverfaß saßen – so tun, als wäre alles unstörbar in bester Ordnung.« (S. 7f.)

»Klara Heydebreck«, ein Fernsehfilm über das Leben und Sterben einer alten, einsamen Frau in Berlin, zeigte exemplarisch die Kehrseite der Wirtschaftswunderwelt auf – und zwar (was den Text betrifft) mit dem Instrumentarium protokollierender, dokumentarischer Prosa, die akzentuiert dem »Jargon der Eigentlichkeit« mit seinem verblasenen, vagen, vor der Realität ins »Wesentliche« fliehenden Pseudo-Idealismus entgegengesetzt war. (14) Die von Wolfgang Koeppen vor allem auf die Bonner politische Szene angewandte Metapher vom »Treibhaus« (in seinem gleichnamigen Roman) kann insgesamt zur Charakterisierung der Bundesrepublik in dieser Phase ihrer Entwicklung herangezogen werden, wobei freilich, gefördert durch die Einseitigkeit der Kulturkritik, gerne die Tatsache übersehen wurde, daß in solchem Treibhaus sehr vieles sehr saftig und fruchtbringend gedieh. (15)

Karl Jaspers
  Wohin treibt die Bundesrepublik?

Das Vorwort seines Buches *Wohin treibt die Bundesrepublik? Tatsa-chen, Gefahren, Chancen,* München 1966 (der nachfolgende Auszug gibt die Seiten 176–183 wieder), eröffnete Karl Jaspers mit der Feststel-lung: »Ein Freund meinte, dieses Buch sei einer der schärfsten Angriffe auf die Bundesrepublik durch einen Deutschen. Ich halte dies nicht für richtig. Das Dasein der Bundesrepublik ist unser Glück als Chance für einen neuen deutschen Staat. Kritik wird an Wegen geübt, die die Bun-desrepublik heute geht. Nicht Verneinung ist die Absicht, sondern eine, wenn auch noch so winzige Hilfe durch die Besinnung.«

In einer Besprechung des Buches stellte Jürgen Habermas fest, daß Jaspers nicht zu denen gehöre, die der professionellen Unruhestiftung verdächtig seien. Die Politiker eines Volkes, das sich gern seiner Dichter und Denker rühme, würden wohl auf die Stimme der Vernunft eher hö-ren, wenn sie sich der Sprache des Katheders bediene.

Als das Grundgesetz vom Parlamentarischen Rat diskutiert, geschrieben und beschlossen wurde, waren die Männer, die das große Verdienst für dieses Werk haben, in einer ganz anderen in-neren Verfassung und Stimmung als die heute regierenden Poli-tiker.

Deutschland war ohnmächtig. Es war in großer Not. Das Wirtschaftswunder war noch nicht da und wurde von nieman-dem erwartet. Aufrüstung kam nicht in Frage. »Nie wieder« hieß es nicht nur in der Forderung der Alliierten, sondern auch im Planen der Deutschen. Militärischer Wille und Machtwille waren erloschen. Entschieden war aber der Wille, sich in die po-litische Freiheit des Westens durch die eigene republikanische Regierungsweise (republikanisch im Sinne Kants) in sittlich-po-litisch reiner Weise einzugliedern.

Es ist heute unser Glück, daß wir dies Grundgesetz besitzen (trotz der Mängel, die aus dem Mißtrauen gegen das Volk zu weitgehendster Ausschaltung des Volkes geführt haben). Denn hier sind die unantastbaren Grundrechte klar formuliert. Hier sind die Bedingungen gegeben, unter denen wir die Chancen zur Entwicklung unserer Freiheit haben. Hier liegt der Fels, auf dem allein der freie Staat der Bundesrepublik steht, solange der Fels hält. Das Grundgesetz muß eingeprägt werden in die Herzen der Staatsbürger. Die Politiker dürfen es nie vergessen. Den Regierenden und den Beamten muß es jeden Augenblick gegenwärtig sein. Wir haben keinen anderen festen Punkt in unserem Staatswesen. Das Rütteln an den Grundrechten läßt uns in die Anarchie der Niedrigkeiten fallen, aus der Gewalt und Diktatur der Ausweg sind.

Der gegenwärtige unheilträchtige Zustand wird gefördert dadurch, daß man die Grundrechte nicht immer ernst nimmt. Das Grundgesetz ist im Volke so gut wie nicht bekannt. Es fehlt das Bewußtsein, die Verletzung des Grundgesetzes sei das größte politische Verbrechen, weil es unser staatspolitisches Dasein in Frage stellt. Es ist das Verderben der Freiheit, wenn die Grundrechte beiseite geschoben werden. Es bedarf, wo es erlaubt ist, dies Gesetz zu ändern oder zu ergänzen, der größten Behutsamkeit, öffentlicher Diskussionen, der Teilnahme des Volkes, bevor eine Zweidrittelmehrheit entscheidet.

In das *Fundament* unseres gegenwärtigen politischen Lebens sind *Unwahrheiten* dann eingeschlossen, wenn die faktische Herkunft unseres Staates, unsere noch unerfüllte Aufgabe und das Grundgesetz vergessen werden. Die Unwahrhaftigkeit aufzuhellen, ist Voraussetzung jeder gedeihlichen Entwicklung. Jetzt geht ein Zug von Verlogenheit durch unser politisches und damit auch persönliches Leben.

Die Lügen in ihrem Grunde sind das Gift der Staaten.

Bei uns aber gehen die Lügen viel tiefer, begegnen uns sozusagen auf Schritt und Tritt. Man kann sie vielleicht alle um die eine gruppieren: Die Deutschen waren eigentlich nie Nationalsozialisten. Sie sind einem bösen Verbrecher durch ein unbegreifliches Verhängnis in die Hände gefallen. Ihre Denkungsart mag durch den Terror, wie es menschlich ist, hier und da getrübt worden sein. Aber im Grunde waren sie immer anständig, wahrheitsliebend und friedfertig geblieben, waren es vorher und sind es heute.

Man hat von einem *Vakuum* unseres politischen Bewußtseins gesprochen. Wir haben in der Tat noch kein in den Herzen gegründetes politisches Ziel, kein Bewußtsein, auf einem selbstgeschaffenen Grunde zu stehen, keine Beschwingtheit durch den

Willen zur Freiheit. Wir haben nicht einmal das Bewußtsein von dem Felsen des Grundgesetzes, ohne das alles anarchisch oder diktatorisch würde. Die Bevölkerung läßt sich eine Verletzung der Grundrechte, deren Sinn als Bedingung unserer Menschenwürde und Bürgerehre sie nicht begriffen hat, gefallen. Unser Volk ist noch nicht demokratisch gesinnt. Wir haben eine parlamentarische Regierungsform, die man Demokratie nennt, die sich jedoch so eingespielt hat, daß sie das demokratische Bewußtsein eher verdunkelt als fördert, das Verantwortungsgefühl der Bürger nicht nur nicht anspricht, sondern lähmt. Sie verhindert, »Bürger« zu werden.

Das Vakuum wird nicht erfüllt durch ein Nationalbewußtsein. Dieses fehlt entweder oder ist künstlich. Dann ist es die Fesselung an die Vergangenheit eines endgültig verlorenen Deutschen Reiches, das man vergeblich wiederherstellen möchte. Es konzentriert sich in der Forderung der Wiedervereinigung. Diese spielt praktisch keine andere Rolle, als den Frieden mit den Oststaaten zu verhindern. Sie erzeugt keine eigene politische, dem Ziel sich nähernde, aufbauende Aktivität. Hier verpuffen Gefühle ins Leere und richten Unheil an.

Das Vakuum zeigt sich in der Ungewißheit und der Unsicherheit des politischen Bewußtseins der Bevölkerung und ebenso der Parlamentarier. Man hat keine Freude an der Regierung und keine am Bundestag. Man fühlt sich in beiden nicht eigentlich vertreten. Sie werden heimlich und von manchen Schriftstellern öffentlich verachtet. Sie werden aber andererseits als Regierungsgewalt im Untertanengeist respektiert wie in der wilhelminischen Zeit. Die Unsicherheit zeigt sich im Wechsel von forciertem Stolz und Mangel an Vertrauen zu sich und seinem Staat.

Vergeblich ist versucht worden, nationale Feiertage zu kreieren, an denen man sich der gemeinsamen Substanz bewußt würde. Das gescheiterte Attentat vom 20. Juli 1944, dessen politischer Sinn vieldeutig blieb, konnte ebenso wenig gefeiert werden wie das Scheitern des Arbeiteraufstandes in Ostberlin am 17. Juni 1953. Auch konnte der Tag der Verkündigung des Grundgesetzes, die fast unmerklich und ohne Widerhall im Bewußtsein eines seine Freiheit konstituierenden Volkes geschah, kein Feiertag werden. Als das vor langen Jahren einmal in den Schulen eines Landes versucht und die Richtlinien für die zu haltenden Ansprachen von dem Ministerium den Direktoren mitgeteilt wurden, kam, wie man mir berichtete, in dieser Rede das Wort Freiheit überhaupt nicht vor. Der Versuch scheiterte an der Unlust der Lehrer und Schüler.

Es gibt für uns noch immer keinen politischen Ursprung und kein Ideal, kein Herkunftsbewußtsein und kein Zielbewußtsein, kaum eine andere Gegenwärtigkeit als den Willen zum Privaten, zum Wohlleben und zur Sicherheit.

Es gibt Wege zur Überwindung des Vakuums: Erstens die Tilgung jeder Lüge im Grunde unserer politischen Bewußtheit; zweitens den Willen zur Freiheit auf dem Grunde der Freiheiten, die in unserer Geschichte vorkamen, aber verdarben; drittens das Ergreifen unserer Aufgabe in der Weltsituation heute.

Die *Schriftsteller* eines Volkes sagen, was ist. Sie können das Denken eines Volkes in Bewegung bringen durch Wahrhaftigkeit. Sie können den Willen zur politischen Freiheit heller und entschiedener werden lassen. Aber sie reden in den Wind, wenn das Volk, die Politiker, die Regierungen sie nicht beachten. Wie ist das in der Bundesrepublik?

Vor fünf Jahren hatte ich über »Freiheit und Wiedervereinigung« geschrieben, nachdem vorher in einem Fernsehgespräch die These ausgesprochen war: Es kommt nicht auf Wiedervereinigung an, sondern darauf, daß die Deutschen im Osten frei werden. Für die Freiheit könnten wir auf Wiedervereinigung verzichten. Da schrieb mir ein Student, der mit einigen Kameraden nach Bonn gefahren war, um sich für Aufsätze, die in ihrer Zeitschrift geplant waren, zu informieren. Sie wurden von drei prominenten Männern der drei Parteien empfangen, deren Namen mir mitgeteilt wurden. Der Student schrieb: Wir mußten bei unseren Fragen immer wieder Bezug nehmen auf Ihre Schrift. Es wird Sie interessieren, daß die drei Politiker, unabhängig voneinander, dasselbe sagten: Über Jaspers' Thesen läßt sich diskutieren. Daß er aber seine privaten Meinungen durch Massenmedien (Fernsehen) verbreitet, ist zu verwerfen, mag das nun von ihm oder vom Fernsehen ausgegangen sein. – Als ich das las, an sich eine Bagatelle, ging mir doch auf, woran ich bisher nicht gedacht hatte. Der Instinkt dieser Politiker, und zwar aller Parteien dieser Parteienoligarchie, wehrt sich gegen den Einfluß des unabhängigen Geistes. Sie wollen die Bearbeitung der im Volke verbreiteten Meinungen allein in ihrer Hand haben. Der unabhängige Geist mag bestehen. Die Presse mit einer Auflage von 100 000 oder 300 000 ist für sie nicht aufregend. Sie erreicht ja doch nur eine relativ kleine Zahl. Bücher sind unwichtig. Denn sie werden doch nicht in irgend bedenklicher Breite bekannt. Aber die Massenmedien! Da beginnt ihre Empfindlichkeit. Da möchten sie allein reden. Den gegnerischen Parteien zwar räumen sie das Recht ein, aber gemeinsam möchten sie, wenn sie es könnten, allen anderen, den unabhängigen Schriftstellern und Professoren, hier zu sprechen verwehren. Die Massenmedien sollen ihre politische Vorstellung als selbstverständliche einprägen und im übrigen politisch gleichgültige Dinge bringen. Noch haben sie ihr Ziel nicht erreicht. In Radio und Fernsehen sind bedeutende informierende und kritische Kräfte am Werk. Man findet andere Anzeichen derselben Gesinnung.

Im Bundestag konnte von Regierungsseite gegen Hochhuth Stellung genommen werden. Der Kanzler konnte ihn einen Pinscher nennen, allgemein von entarteter Kunst reden, von Banausen und Nichtkönnern unter den deutschen Dichtern, wenn sie politisch werden. Die politischen Schriftsteller werden disqualifiziert als Sachunkundige und Störenfriede. Es besteht also nicht einmal Achtung vor dem freien Geist, geschweige denn Freude an seiner Wirksamkeit. Dieser aber gibt der Öffentlichkeit Leben und bringt dem Staat in der Welt Prestige ein. Vor allem aber kann er für das Ethos und die Einsicht der Bevölkerung bestimmend sein.

Wo die sittlich-politischen Entscheidungen je im einzelnen Menschen fallen, wo die Umkehr gewonnen wird aus Irrtum, Illusion und verkehrten Antrieben, da ist der Geist als dritte Kraft zwischen Regierung und Volk gegenwärtig. Sie könnte auch das Denken in den Parteien mitbestimmen, es aus der Dumpfheit herausheben. Sie ist das Schöpferische und Erfinderische, wenn auch bloß in Gedanken und Vorstellungen. Sie ist die demokratische Öffentlichkeit, in der und mit der die Urteilskraft der Bürger geübt wird. Durch sie gewinnen die Menschen Liberalität und Vernunft zu eigen.

Regierung und Parteien haben bei uns bisher die Tendenz, diesen Geist als dritte Kraft, diesen Ursprung der Helligkeit des Denkens und Fühlens, unwirksam zu machen. Diese Tendenz scheint zu wachsen.

Die deutschen politischen Schriftsteller, soweit sie auf den

Wegen vernünftiger Einsicht gehen, halten es für sinnvoll, die Tatsachen aufzudecken, um Wahrheit sich bedingungslos zu bemühen, die Öffentlichkeit ihres Denkens selber für ein Zeichen der Möglichkeit der Freiheit zu halten. Sie erwarten, ohne selber zu handeln, daß sie mitwirken am politischen Denken des Volkes und seiner Parlamentarier.

Im Volk ist noch nicht durchweg die Hellsicht für die wirklichen Gefahren da. Noch wächst nicht ein Wille, den Weg zu ändern. Noch hat die Leidenschaft derer keine Macht, die aus dem Ursprung ihres Lebens suchen, was ihrem Dasein vor dem Tode Sinn verleiht. Noch ist nicht eine wirksame Tätigkeit der sich in bezug auf die große Aufgabe verbindenden politischen Menschen sichtbar.

Keineswegs sind die Schriftsteller gleicher Art. Es gibt die bloße Empörung, aus der heute zwar manches Richtige gesagt wird, die jedoch einen Zug des literarischen Spiels zu haben scheint, das den Feststellungen ihren Ernst nimmt.

Nur eine Realität möchte ich herausheben. Die Spiegelaffäre als Ereignis und ihre Folgen scheinen mir eine Wendung im Gang der Bundesrepublik. Im Kampf gegen den ›Spiegel‹ sollte der unabhängige Geist getroffen werden. Er wurde von Staatsseite mit Mitteln der Illegalität und der Verlogenheit angegriffen mit dem Ziel, ihn zu vernichten. Aber der ›Spiegel‹ überstand den gefährlichsten Schlag, der einem Organ der Presse zugefügt werden konnte. Daß dieser Sieg möglich war, zeugt für die Kräfte des Realitätssinns und der Freiheit in der Bundesrepublik, die noch da sind, wenn es zu toll wird, und für die Rechtsstaatlichkeit.

Die Folgen waren: Erstens wurde etwas für die Freiheit des Geistes Gefährliches im Großen offenbar. Von fast der gesamten Presse, wenn auch manchmal erst zögernd, wurde es erkannt und der Öffentlichkeit gezeigt. Es gab etwas wie eine Volksempörung gegen Unrecht, wie sie bei uns selten ist.

Zweitens offenbarten sich fragwürdige Typen unter den Politikern. Namen von Rang fielen dahin, aber andere – ein Symptom unseres Zustandes – blieben in ihren Stellungen.

Drittens stürzte, trotz der »Ohnmacht des Geistes«, an der Spiegelaffäre ein Minister. Das ausführende Organ war die FDP, denn nur eine politische Macht kann solchen Sturz bewirken. Aber der ›Spiegel‹ lieferte ihr die Waffen.

Doch nicht nur in der Bundesrepublik wurde etwas anders. Auch der ›Spiegel‹ scheint sich gewandelt zu haben. Er hat nicht nur triumphiert. Der Versuch, ihn auszulöschen, ist gemacht worden, mit dem Erfolg, daß der ›Spiegel‹ nun erst eigentlich zu sich selber kam. Augstein versagte nicht in der ihm von den geistig beschränkten Regierungsmächten aufgezwungenen Situation. Sein Kampf der Abwehr war maßvoll, zuweilen großmütig, aber unbedingt. Er hat triumphiert, ohne übermütig zu werden.

Der ›Spiegel‹ handelt nicht, außer durch Offenlegen von Tatsachen und durch Kritik. Er ist in der bundesdeutschen Welt vielleicht das erste Blatt, das zum unabhängigen Machtfaktor geworden ist. Er bringt Ereignisse zur Kenntnis, von denen man sonst nichts erfährt. Er zeigt in diszipliniert geführten Gesprächen die Männer der Zeit, was sie denken und wie sie argumentieren. Er läßt in sich selbst die Widersprüche zu, denn er ist in der Bewegung, nicht im Besitz der Wahrheit.

Unangemessen aber wäre es, aus seiner Mitte, etwa in Augstein, einen kommenden handelnden Politiker zu erwarten. Es ist etwas ganz anderes, aufmerksam zu machen, Kontrolle zu üben und zu verlangen. Es ist daher konsequent, daß der ›Spiegel‹ nicht eigentlich Stellung nimmt. Das habe ich ihm früher vorgeworfen, jetzt sehe ich darin seine Weisheit. Er soll für freie Menschen in einem freien Volk da sein. Sie wollen belehrt, nicht gegängelt sein.

Der ›Spiegel‹ ist zum großen, auch von fremden Geldmitteln und von den Inserierenden unabhängigen kritischen Oppositionsblatt geworden. Er ist da und wird bleiben, so ist zu hoffen, als Macht, solange die Bundesrepublik nicht mit Hilfe des Instruments der Notstandsgesetze eines Tages an die Diktatur und Unfreiheit verfällt. Der ›Spiegel‹ ist ein wesentlicher Faktor der öffentlichen Erziehung zum Tatsachensinn und unabhängigen Urteil.

Der Zustand der Bundesrepublik heute liegt zum Teil an der *Auslese* der politisch führenden Persönlichkeiten. Es sind wahrscheinlich nicht die besten.

Bei der Gründung der Bundesrepublik haben die Unbelasteten, die in ihrer politischen Gesinnung jederzeit Unerschütterten, diese vielleicht 500 000 Deutschen nicht die Führung ergriffen oder nicht ergreifen können.

War es eine unlösbare Aufgabe? Ein Volk, das in der Mehrzahl seiner Glieder, wenn auch in verschiedenem Maß und in verschiedener Weise, schwer belastet ist, soll einen neuen Staat bilden, der den vorhergehenden als einen Verbrecherstaat verneint. Das Volk blieb zunächst dasselbe. Die Menge setzte sich durch. Die Minderheit wurde nicht aktiv und schwieg. Diese Minderheit war in einzelnen Figuren den anderen zunächst willkommen, weil sie den Siegern gegenüber als Vertreter des neuen Deutschland gleichsam zum Schutze der Mehrzahl diente. Die Großmut oder der Opportunismus dieser Unbelasteten kam den Belasteten zu Hilfe mit Duldsamkeit. Diese Unbelasteten selber hatten die Radikalität der notwendigen Umkehr nicht begriffen, trieben gemütliche, bequeme Politik, gewannen ihre hohen Stellungen durch Zustimmung der Belasteten, weil sie mit ihren Forderungen eines wirklich freien Staates nicht eigentlich ernst machten, sondern sich mit dem Rhetorischen begnügten. Sie waren erwünscht, solange bis der neue, in der Gesinnung alte Staat selbständige Macht gewonnen hatte, und immer weniger als ein neuer Staat sich zeigte. Nun wurden sie überflüssig.

Jene schätzungsweise 500 000 aber, die stets ihr klares Urteil bewahrt hatten und unbelastet blieben, wurden in der Folge eher beiseite gedrängt oder mußten dulden, daß ihre Freiheitsidee nicht verwirklicht, sondern stillschweigend bekämpft wurde.

Für den Neubau des Staates aber war es vorläufig entscheidend, welche Menschen in der Breite der führenden Schichten Ämter annahmen und wer die weitere Personalpolitik beeinflußte. Der Tatbestand ist nicht zu leugnen, wenn auch schwer statistisch und in voller Anschaulichkeit zu fassen: Einst prominente Nationalsozialisten wurden wieder wirksam und maßgebend. Sie haben sich nicht begnügt, unöffentliche Berufe redlich zu erfüllen. Sie haben vielmehr mit der ihnen eigenen Rücksichtslosigkeit und ihrem unbekümmerten Selbstbewußtsein Ansprüche erhoben und diese ständig gesteigert. Es gab ein unausgesprochenes Zusammenhalten, das sich auch gegen Unbelastete, gegen freie Menschen wandte, deren Dasein als solches ihnen ein Vorwurf war.

Es gibt eine faktische, wenn auch nicht organisatorisch geplante Interessenpolitik aller, die sich belastet und irgendwie möglicherweise angreifbar fühlen, weil irgend etwas in ihrer Vergangenheit ist, das sie wegwünschen.

Ein einzelner, aber besonders wichtiger Fall ist die Bundeswehr. Sie ist aufgebaut und geführt von Offizieren, die in der nationalsozialistischen Armee gedient haben, Hitler gefolgt sind, am Geiste dieser Armee teilnahmen, das Attentat vom 20. Juli verwarfen. Aber man hatte keine anderen Offiziere. Wollte man eine Armee, mußte man sich ihrer als der technisch-sachkundigen Leute bedienen. Analog liegt es bei den Richtern, den Professoren, der Polizei usw.

Dies Fortwirken der alten Nationalsozialisten ist ein Grundgebrechen der inneren Verfassung der Bundesrepublik. Alle verdammen sie Hitler, alle behaupten, nicht eigentlich Nationalsozialisten gewesen zu sein. Die Amerikaner sagten 1945 spöttisch: In ganz Deutschland ist kein Nationalsozialist zu finden. Wie kleinlaut waren sie 1945! Sie rechtfertigten sich, sie seien mißbraucht worden. Wie bescheiden und vorsichtig noch 1948! Seitdem wurden sie mit der Macht der Wirtschaft und der neuen Geltung des Staates in der Welt immer selbstbewußter als Mitlenker einer scheinbar wieder aufrückenden Großmacht.

Mit ihnen im Bunde waren die Unklaren, in dieser für die Bundesrepublik wesentlichen Frage nicht eigentlich Entschiedenen. Sie begriffen die Notwendigkeit der Umkehr nicht. Wenn sie davon hörten, hielten sie es für ein irrealistisches Geschwätz. Sie wichen dieser Grundentscheidung aus, die den konkreten Entscheidungen in der Situation des neuen Staatswesens vorhergehen müßte.

(12) *Norbert Muhlen*
Das Land der großen Mitte
Notizen aus dem Neon-Biedermeier

Der Beitrag wurde von dem in Amerika lebenden, 1910 in Bayern geborenen Journalisten Norbert Muhlen anläßlich einer längeren Deutschlandreise 1953 verfaßt und im *Monat* veröffentlicht (Heft 63, Dezember 1953, S. 237–244).

Dem Westdeutschland bereisenden Berichterstatter fällt es schwer, seiner Gewohnheit gemäß lang in den Tag hineinzuschlafen; in aller Frühe weckt ihn Hämmern, Klopfen und anderer Lärm von nebenan, wo ein Haus fertiggestellt, von gegenüber, wo eine Ruine ausgebaut wird, bis er sich schließlich griesgrämig an sein Tagwerk macht und – infolge deutschen Fleißes und deutschen Wiederaufbaus etwas unausgeschlafen – über ebendiese seine Notizen macht.

Am Abend, nachdem er fleißig geschaut, gehorcht, gefragt, gelesen und geschrieben hat, geht er in das mit uralt-behaglichem Wirtszeichen und sehr neuer Neonleuchtschrift einladende Gasthaus, wo er zur Not noch einen freien Stuhl findet. Aber zur Ruhe kommt er auch hier nicht; am Tisch nebenan und am Tisch gegenüber geht es laut und lustig zu. Die Gäste »schunkeln« – eine neue, gesamtwestdeutsche Massengewohnheit, früher gab's das doch nur im rheinischen Karneval? Eingehängt am Tisch sitzend, pendeln sie, im Takt und zufrieden, von rechts nach links und von links nach rechts, um am Schluß immer wieder zur richtigen, aufrechten Mitte zurückzufinden, zum *juste milieu*, mit dem sie begannen. Und dazu singen sie von einem Hofbräuhaus, das in München steht, von einem rheinischen Mädchen beim rheinischen Wein, von anderen althergebrachten, gutbürgerlichen Gegenständen. Die Frage, wer das bezahlen soll und wer so viel Geld hat, wird nur noch selten, und dann mit Schmunzeln gestellt; beliebter ist ein neues Lied, das mit noch froherem Schmunzeln kategorisch wiederholt: »Weil wir ja so brav sind, weil wir ja so brav sind . . .«

Ein Staatsanwalt in Nürnberg hat das Steckenpferd, die Stille in der Großstadt entdecken zu wollen. Wie Diogenes mit der La-

369

terne, so geht er mit seinem tragbaren Tonaufnahmegerät umher und besteigt nächtens die Burg, die seine Stadt überragt, um von dort den stillen Augenblick dokumentarisch aufs Band zu bannen. Aber trotz fleißigen Bemühens ist ihm dies noch nicht gelungen. Wenn er am nächsten Morgen seine Aufnahme vorspielt, ertönt unweigerlich auf dem Band von irgendwoher unstilles Gehupe, Gehämmer oder Gesang.

Doch hinter dem aus Fleiß, Behagen und Betrieb gewebten Vorhang des Lärms verbirgt sich die Stille, die über Westdeutschland liegt. [. . .]

Die allerjüngste Vergangenheit, die zum »Zusammenbruch« führte und deren Monument die Ruinen sind, verschwindet schneller aus dem Blickfeld Westdeutschlands als aus seiner Wirklichkeit. Wie sehr die Ruinen auch noch da sind und auf Jahre hinaus da bleiben werden, im Bild der Städte, so wie es Bewohnern und Besuchern bewußt wird, spielen sie kaum eine Rolle mehr. In fast zehn Jahren hat man sich so an ihren Anblick gewöhnt, daß man sie kaum mehr wahrnimmt; und da das Wachsende, sich Verändernde, Lebende uns mehr anzieht als das Tote, lenken die restaurierten alten und die ganz neuen Häuser den Blick von den Trümmerfeldern, in denen sie stehen. Die Ruinenstraße in Köln, aus der ein einsamer Wolkenkratzer ragt – ein Versicherungskonzern hat ihn gebaut – scheint nur noch der etwas verwilderte Vorgarten dieses Neubaus. Ruinen sind das Riesenmahnmal eines Alpdrucks, der noch nicht einmal ganz Vergangenheit ist und den man schon vergessen möchte; sie erinnern an vieles, was das Gefühl der Sicherheit bedroht und was man deshalb nicht wahrhaben will. Das Trauma wird, weder geklärt noch geheilt, da sein Ursprung ja nicht bewußt geworden ist, in das Unterbewußtsein abgedrängt. Wenn unmittelbar nach dem Kriege oft gesagt wurde, das neue Leben werde zwischen den Ruinen weitergehen, so könnte man heute eher sagen, daß die Ruinen zwischen dem neuen Leben stehen bleiben. Aber man spricht von ihnen nicht, sie sind ebensowenig honorig wie die Dirnen und Diebe, denen sie in vielen Städten heute noch als Schlupfwinkel dienen. Der in Frankfurt am Main gemachte Vorschlag, einen Straßenblock in Ruinengestalt als Denkmal des Zweiten Weltkriegs für immer stehen zu lassen, hat wenig Gegenliebe bei der Bevölkerung gefunden. Aber in dem Trümmerviertel, in dem 1949 Goethe-Haus und Römer zuerst restauriert wurden, entsteht jetzt ein neuer Wohnhausblock neben dem andern.

Denn in ganz Westdeutschland wächst zwischen und neben dem Alten das Neue. Es wird kaum mehr beachtet und nur wenig mehr geliebt als die Ruinen, denen es nachfolgt. »Die Ruinen helfen wenigstens noch der Erinnerung nach, wie alles ausschaute, bevor sie Ruinen waren; die Neubauten aber löschen alles Erinnern aus, sie formen eine fremde Stadt«, sagte ein Freund zu mir, während wir an den neuen Wohnhäusern Schwabings vorbeigingen, und in diesem Moment haßten wir wohl beide dieses neue Schwabing, das die Erinnerung an unsere gute, scheinbar gesicherte Jugend auslöschte. So stolz man auch auf das wiederhergestellte Alte ist, das ganz Neue – die neuen Kaufhöfe, Bankkolosse, Versicherungskasernen in den Innenstädten, die neuen Wohnsiedlungen und Fabriken an den Stadträndern – pflegt man dem Besucher mit einer gewissen Verlegenheit, wenn nicht gar Wehmut oder Verachtung, zu zeigen.

Die neuen Bauten des neuen Deutschland sind nüchtern, anspruchslos und hell, solide, ohne Phantasie, Verspieltheit oder Pomp, sie scheinen Traditionen der Vergangenheit ebensowenig zugetan wie zukunftsfrohen, wagemutigen Experimenten. Sie mußten billig und schnell erstellt werden und dienen nur dem Fleiß, dem Behagen, der Sicherheit der Gegenwart. Produkte eines zukunftsträchtigen Zeitalters, mögen sie dem, der Amerika nicht kennt, ganz »amerikanisch« vorkommen; doch sie ermangeln gerade Amerikas (aus dessen Tradition fortwirkenden) Pioniergeistes, der sich in jedem Werk bewußt ist, seinen Beitrag zur besseren »Neuen Welt« zu leisten. Eine unfrohe, fast mürrische Energie spricht aus dem neuen deutschen Baustil, das »Moderne« daran scheint wie eine lästige Verpflichtung absolviert zu werden, während die Vitalität der Amerikaner in Farbe und Form schwelgt. So wenig »neu« scheint der Stil des neuen deutschen Bauens, daß man ihn weder als »Neue Sachlichkeit« (wie vor dreißig Jahren, als er entwickelt wurde) bezeichnet noch mit einem anderen eigenen Namen.

Freude und Geheimnis des Individuums scheinen in den neuen deutschen Bauten wenig Platz zu finden; ästhetisch kann wenig gegen sie, aber auch wenig für sie gesagt werden – sie sind halt da, man freut sich, wenn man die Statistiken zunehmender

Bautätigkeit und neuen Wohnraums liest, aber man freut sich nicht ihres Anblicks, so wie man sich des Anblicks alter Bürger- und Bauernhäuser erfreut.

Wie geologische Schichten, die das Wesen einer Landschaft bestimmen, fügen sich also im Jahre 1953 vier Elemente in den Städten Westdeutschlands zusammen, die heutige Gestalt des Landes zu formen. Da ist erstens das erhaltene Alte – die Tradition; zweitens das zerstörte Alte – die Ruinen; drittens das wiederhergestellte Alte – die Restauration; viertens das Neue schlechthin. So verschieden die Dosierung auch gemischt sein mag, es steht doch überall der restaurative »Wiederaufbau« im Blickpunkt, unterstützt von dem Erhaltenen, während Ruinen und die neuesten Bauten gleichsam an der Peripherie bleiben.

Im Wahlkampf des Herbstes 1953 proklamierten zu meiner Verwunderung die Redner aller Parteien die gleiche Staatsordnung. Abend für Abend, in Versammlung auf Versammlung versprachen die Sprecher ihrem Publikum den Rechtsstaat.

Kein Streit, nicht einmal eine Diskussion mehr wurde um die politische Gestalt Westdeutschlands geführt, wie es im Weimar-Deutschland üblich gewesen war, als Republik, Monarchie, Diktatur des Proletariats, Wirtschaftsdemokratie, Ständestaat, nationaler Sozialismus ihren Anspruch auf die Zukunft angemeldet und ihre Anhänger sich in Wort, Tat und Untat schlugen. Mit gelegentlichen Nuancen (»freier Rechtsstaat« oder »sozialer Rechtsstaat«), die wenigen etwas bedeuteten, war sich 1953 eigentlich alles einig; so auch darüber, daß die Bundesrepublik, wie sie heute ist, ein Rechtsstaat sei und daß sie es – mit einigen notwendigen Veränderungen und Verbesserungen durchaus nicht grundsätzlicher Art – auch bleiben solle.

Wie das Baugefüge der westdeutschen Städte hat die politische Ordnung des westdeutschen Staates ihren Schwerpunkt in Tradition und Restauration, während noch Ruinen und schon Modernes dazwischen stehen. In erster Linie ist der Rechtsstaat Ausdruck eines schroffen Gegensatzes zum Unrechtsstaat, wie er von den totalitären Diktaturen des Nationalsozialismus und des Kommunismus verkörpert wird. Im Rechtsstaat soll niemand allein seiner Klasse, Rasse, Religion, Nation, Weltanschauung, Handlungen wegen vom Staat verfolgt oder gar umgebracht werden. Und sein Recht soll in gleicher Weise für alle gelten, für König oder Windmühlenbesitzer. Aber obschon der Rechtsstaat auf den Ruinen steht, die man den totalitären Diktaturen zu verdanken hat, ist seine Idee viel älter als diese; im Kampf gegen die absolute Monarchie entstanden, restauriert auch der »Rechtsstaat« Ideale der guten, alten Zeit.

Mit dem gleichen sprachlichen Instinkt, der den Neuaufbau lieber Wiederaufbau nennt, wird die heutige westdeutsche Staatsordnung als Rechtsstaat statt als Demokratie bezeichnet, da sie in der Tat erheblich mehr Elemente des ersteren als der letzteren in sich trägt – zwar kann jede Demokratie als Rechtsstaat, aber nicht jeder Rechtsstaat als Demokratie gelten, da er ja auch als autoritäre Republik etwa oder als konstitutionelle Monarchie auftreten kann. Die Demokratie beruht auf der Gemeinschaft der Bürger, die tätig am öffentlichen Leben teilnehmen und sich für den Gang ihres öffentlichen Lebens verantwortlich fühlen. Wenn sie die Politik ihrer Regierung nicht billigen, dann verlangen sie eine andere Politik oder gar eine andere Regierung, so lange und so intensiv, bis sie da ist – *l'Etat c'est nous* – We, the people – die Gemeinschaft der Bürger.

Eine sehr große Zahl von Deutschen scheint heute noch ein ganz anderes, viel älteres Verhältnis zu Staat und Politik zu haben. Wie die Spitzweg-Deutschen des Biedermeiers (deren Versponnenheit und übergroße Friedfertigkeit Balzac dem damals in Deutschland verbreiteten Genuß des Tabaks aus langen Porzellanpfeifen zuschrieb – oh, wie sich die Rassentheorien und die eingefleischten Nationalcharaktere doch ändern!), wie die Untertanen der Serenissimi vor hundert Jahren, betrachten sie sich als »Unpolitische« und sind es auch. Es charakterisiert den Unpolitischen, daß er sozusagen den Totalitätsanspruch seines Privatlebens aufrechterhält. Er ist ein totaler Privatmann, er will seine absolute Ruhe haben, um am Tag seiner Arbeit, am Abend seinem Behagen zu leben, und die öffentlichen Dinge den Politikern zu überlassen. Politik ist für ihn wie das Wetter, von dem Mark Twain sagt, jeder spräche davon und keiner tue etwas dagegen. Wie das Wetter, wird seiner Meinung nach die Politik in einer Sphäre gemacht, die ungreifbar hoch über ihm, dem Unpolitischen, und seiner Welt liegt, – er nimmt sie hin. Wie das Wetter ist die Politik ein nicht ganz regelmäßiger Ablauf von besseren und schlechteren Tagen. Gewiß, auch die Politik hat, wie das

Wetter, gelegentlich Schneestürme, Hitzewellen und Orkane aufzuweisen; Kriege, Diktaturen und Katastrophen aller Art; in solchen Fällen bleibt der Unpolitische möglichst daheim und dichtet seine Fenster besonders gut mit den Zeitungen der vergangenen Woche ab, bis das Wetter wieder ruhig, sicher und behaglich wird; was kann er schon sonst dagegen tun, was hätte er sonst schon dagegen tun können? Er ist ja nur ein kleiner Mann, ein Privatmann, ohne Pflicht, Auftrag und moralisches Gebot, sich um seinen Nächsten zu kümmern, oder gar um seinen Bruder Abel, um die Gemeinschaft, die es für ihn kaum gibt. Als das Produkt seiner Tradition und Geschichte ist er geneigt, der Demokratie als einem aus dem Ausland importierten, aufgezwungenen und ihm fremden, wenn nicht gar feindlichen System zu mißtrauen und sie bestenfalls als eine etwas sonderbare Abart des Obrigkeitsstaats zu mißdeuten. Sie verspricht ihm schöne Dinge, aber sie gewährt sie nicht, da sie ja von ihm und seinen Mitbürgern erst erkämpft werden müßten; so ist er denn von der Demokratie enttäuscht, und ihr Name erhält in seinem Munde einen sehr ironisch-polemischen Unterton. Der Unpolitische steht seinem Staat, seiner Gemeinschaft, seiner Politik passiv gegenüber, auch wenn man ihm die Werkzeuge des demokratischen Handelns in Reichweite hingelegt hat.

In den Augen des Unpolitischen wird die Politik von »den Obrigkeiten« gemacht, wird der Staat von »den Obrigkeiten« geführt; der Gang der öffentlichen Angelegenheiten wird nicht aus der eigenen Gemeinschaft heraus, sondern von oben her geregelt, aus jener gehobenen Atmosphäre, in der eben der Staat waltet. Wenn man auch über ihn schimpft wie über Petrus, wenn er kein gutes Wetter schickt, nimmt man ihn doch als gegebene Tatsache hin, mit allem Respekt, den man der höheren Gewalt schuldet. Sein Vertreter auf Erden, zwischen den Unpolitischen wandelnd und »die Obrigkeit« personifizierend, die wahrhaft herrschende Klasse im Reich des Unpolitischen sind daher die Beamten, deren Prestige in das vorhitlerische Jahrhundert zurückreicht und die nach dem Zusammenbruch des Führerstaates als alleiniges Element unparteiischer Ordnung, als Hüter des Rechts zwischen den Ruinen, als Inbegriff des Rechtsstaates übriggeblieben waren. [. . .]

Sogar die infolge ihrer Lage, ihrer Neigung oder von Beruf tief

Unzufriedenen scheinen angesteckt von dieser allgemeinen Zufriedenheit; wie ein Feuerwerkskörper in feuchter Luft nicht losgeht, so verpuffen Kritik und Opposition in der von Behaglichkeit durchtränkten, von Sicherheit gesättigten Atmosphäre des neuen Deutschland. Ja, das Unbehagen an der Restauration der Vergangenheit, das zum Hauptangriffspunkt der Unzufriedenen geworden ist, scheint sich zumeist selber in restaurierten, der heutigen Wirklichkeit gar nicht mehr gemäßen Klischees aus der Vergangenheit zu erschöpfen.

Man sieht in den aktuellen Kabaretts – sonst gute Barometer der Unzufriedenheit, ist doch die Aufdeckung des Faulen im Staat durch liebenswürdig-bösen Witz gerade ihr Geschäft –, wie wurzellos eigentlich die Unzufriedenheit ist, die sich in einem Vakuum bloßer Negation künstlich am Leben erhält. Ob sie nun »Kleine Freiheit« oder »Die Amnestierten«, »Kommödchen« oder »Haferstängels«, »Stachelschweine«, »Die Schmiere«, oder – am aufschlußreichsten – einfach »contra« heißen, alle diese zeitkritischen Kabaretts präsentieren Programme, die, sofern sie Politik und öffentliche Angelegenheiten zum Thema haben, ebensogut im Jahre 1928, wenn nicht gar 1908 hätten dargebracht werden können. Meist sind sie nur wenn sie Liebe, Literatur und Privatleben zur Zielscheibe nehmen – »unpolitische« Gegenstände, die quantitativ den Großteil ihrer Darbietungen bestreiten – wirklich aktuell und deshalb amüsant. Die Satire der politischen und gesellschaftlichen Gegenwart aber wirkt schal und töricht: ihre Gegenstände sind nur restaurierte Figuren aus der vergangenen wilhelminischen Welt des *Simplizissimus* und aus der vergangenen Weimarer Welt der *Weltbühne*. Damit entfernt sich die Satire noch viel weiter von der Gegenwart als die restaurative Wirklichkeit, die sie angreift. Im Grunde ist sie nicht bestimmten Gestalten und Entwicklungen der Politik abhold, sondern der Politik selbst, weshalb sie – nach Art aller »Unpolitischen« – Politik als schmutziges Geschäft lächerlich macht, alle politischen Parteien gleich komisch findet, alle politischen Forderungen gleich belachenswert, und gar die beiden großen Feinde im Kampf unserer Zeit – Freiheit und Diktatur, die von Sowjetrußland kommandierte östliche und die von Amerika geführte westliche Welt – mit genau gleich bemessenen Dosen von Spott und Ironie abtut. Diese Unzufriedenen sind gleichsam die Unpolitischen der Opposition; sie sind für nichts, sie sind gegen alles.

Deshalb ist es auch nicht verwunderlich, obschon ein wenig grotesk, gerade jene Gestalten, die einst vom *Simpl* und der *Weltbühne* so bitterböse verhöhnt wurden, als Publikum in den Zuschauerräumen der politischen Kabaretts wiederzufinden, wo sie bieder und zufrieden das Programm beklatschen. Mögen sie auch noch immer so »reaktionär« sein wie damals, als George Grosz sie ein für allemal abkonterfeite; eben deshalb behagt ihnen die gewohnheitsmäßig links-orientierte, zahnlose und zeitlose Witzelei, die niemandem wehtun kann als dem guten Geschmack und der Wahrheit. Das Gesicht der herrschenden Klasse, deren Glatzen und Speckhälse aus dem Dunkel des Zuschauerraums leuchten, verzieht sich zu zufriedenem Grinsen. Sie fragen sich: ist es möglich, daß wir 1913 oder 1928 noch den Kadi zum Schutz vor diesen harmlosen, netten Leutchen holten? Die machen ja genau die gleichen Witze wie wir – am Stammtisch, beim Direktoren-Frühstück, beim Herren-Abend . . .

Während Wolfgang Koeppen in seinem neuen Roman die Hauptstadt des Rechtsstaates mit fast tropischer Fieberphantasie als »Treibhaus« demoliert, aus dem es nur den Ausweg des Selbstmords gibt, also die Selbstzufriedenheit der Verzweiflung, das Nichts als *juste milieu*, schauen sich die Bonner – wie die anderen Bundesbürger – die aus echter Unruhe und schöpferischem Unbehagen entstandenen Stücke von Tennessee Williams oder Samuel Beckett, von T. S. Eliot oder Anouilh an, gelassen hören sie mit an, wenn auf ihrer Bühne Paul Claudel über die Deutschen sagt, sie seien dazu gemacht, »ewig am Kochen zu sein«, »immerwährende Brandung und Gärung«, »ein Widerspruch in der Mitte Europas«. Andere Bürger sitzen unterdes im Gasthaus Ruland am Markt, wo zum erstenmal vor mehr als hundert Jahren »*Der Mai ist gekommen*« vorgetragen wurde (wie man von einem handgeschriebenen Zettel an der Wand des vor kurzem erst aus seinen Ruinen erstandenen Hauses ablesen kann), während ihre Kinder in der »Tabu-Bar« sich an wohlanständigen, ein wenig verschlafenen Abwandlungen amerikanischer Tänze vergnügen. Das mit Geranien und Kakteen freundlich verzierte Fenster gehört zu einem Bürgerhaus, nicht einem Treibhaus.

Wo gibt es im deutschen Rechtsstaat noch Dialog, Spannung, Kampf um Ideen und Zukunftsziele? Nachdem die Wahlniederlage der größten Oppositionspartei ziemlich einhellig damit erklärt worden war, daß sie keine Alternative zur bestehenden Wirklichkeit habe vorlegen (oder verständlich machen) können, erklärte mir der Vorsitzende ihres Parteivorstandes voller Zufriedenheit, daß es innerhalb seiner Partei keine Richtungskämpfe und tiefgehenden Meinungsverschiedenheiten mehr gebe, wie sie früher üblich gewesen seien. Wo immer heute in Deutschland Politik gemacht wird, geht es um ein bißchen mehr oder ein bißchen weniger, aber nie um ein »So oder So«, nie um polar sich widersprechende Ideen. »Freie soziale Marktwirtschaft« – im Grund will niemand etwas anderes; »Europäische Vereinigung«, »Verständigung mit dem Westen«, »Weltfriede«: alle sind sich einig, wenn auch um die Details der Verwirklichung und um die Frage, wer die Dinge ausführen soll, zwischen den beteiligten Interessenten unvermeidliche Konflikte ausbrechen.

Mitte der dreißiger Jahre nannte der Schweizer Bernhard Diebold im Titel eines Romans, der die deutsche Geschichte der zwanziger Jahre zum Hintergrund hatte, Deutschland »Das Land ohne Mitte«. Im Jahre 1953 scheint Deutschland nur noch aus Mitte zu bestehen, ein fast totales *juste milieu,* das keine Extreme kennt, keine tiefen Spannungen und Gegensätze. Ist das Volk, trotz aller Energie, vielleicht noch müde? Ist das Land, trotz aller Zufriedenheit, vielleicht seiner selbst noch nicht sicher? Und wo ist der Ansatzpunkt für neue Kräfte, ein neues Wachsein, eine neue innere Sicherheit? Wenn Deutschland auch ein Land der alles-umspannenden Mitte geworden ist, so fehlt ihm doch der Mittelpunkt. [. . .]

Aber täuscht nicht die restaurative Fassade über die neuen Inhalte hinweg, die von der neuen Wirklichkeit geradezu erzwungen werden – sei es auch nur, um in dieser Realität bestehen zu können? Im Zeitalter der Maschinen, der Massen, des globalen Kampfes zwischen Freiheit und Diktatur entwickelt sich gerade aus der Sehnsucht nach alten Werten eine Suche nach neuen Institutionen, die diese ermöglichen; während man die Vorkriegszustände wiederherstellen will, die gute alte Zeit vor nationalistischen Aggressionen und weltanschaulicher Weltbeglückung, schreitet man geradewegs über sie hinaus und wird zum Rufer nach europäischer Integration in dieser oder jener Form. In Gesprächen mit den Unpolitischen Westdeutschlands, welcher Alters- oder Sozialschicht sie auch angehörten, stieß ich immer wieder auf eine sehr intensive, oft warme und herzliche Verteidigung des europäischen Einigungsgedankens; diese Menschen haben erfaßt, daß ihre Sicherheit, die Prosperität, die Freiheit ihres totalen Privatlebens nur fortbestehen kann, wenn dieser Gedanke Wirklichkeit wird. Ihr einziger Einwand gegen den westlichen Nachbarn ist, daß dieser »leider noch so nationalistisch« sei, sich dieser Vereinigung in den Weg zu stellen.

Langsam aber sicher entsteht in heute noch nicht klar bestimmbaren Umrissen das Neue hinter der Fassade der Restauration. Das Biedermeier-Gasthaus ist stilecht wieder aufgebaut worden, aber Küche, Keller und Speisekarte sind modern, aus unserer Zeit; das Neon-Licht über der Fassade lädt die Gäste, die auf dem Motorrad angerast kommen. Der Sitz einer der größten westdeutschen Banken ist ein Barock-Palais, das sie gekauft und stilecht restauriert hat, die rosarote Fassade mit ihren eleganten Säulen erinnert noch an die aristokratische Weltdame, die vor mehr als zweihundert Jahren hier Hof hielt. Die große Treppe mit ihren glatten Wänden führt zu den Büros, die sich unmerklich in unscheinbare neue Nebenflügel verlieren; sie sind moderner und zweckmäßiger als die meisten Bank-Büros, die ich in anderen Ländern, einschließlich Amerikas, gesehen habe.

Die Restauration war der erste Schritt zur Evolution; auch wenn noch, wie in Westdeutschland, das behagliche Gewand der Vergangenheit sie umkleidet – die Zukunft hat unweigerlich begonnen.

(13) *Hans Magnus Enzensberger*
Die Sprache des ›Spiegel‹

Der Text wurde im Februar 1957 als Radio-Essay im *Süddeutschen Rundfunk* gesendet und erregte größeres Aufsehen. Im *Spiegel* selbst wurde eine gekürzte Fassung (»Die Sprache des Spiegel. Moral und Masche eines Magazins«) am 6. März 1957 veröffentlicht. (Der nachfolgende Abdruck erfolgt aus H. M. Enzensbergers Buch *Einzelheiten*, Frankfurt am Main 1962, Auszüge S. 78–86) 1963 wurde das lyrische und essayistische Werk des 1929 in Kaufbeuren geborenen und in Nürnberg aufgewachsenen Dichters *(verteidigung der wölfe*, 1957; *landessprache*, 1960) mit dem Büchner-Preis ausgezeichnet. 1958 schrieb Alfred Andersch in einem Beitrag über Enzensberger (zit. nach J. Schickel: *Über Hans Magnus Enzensberger*, Frankfurt am Main 1970, S. 10 ff.): »Eine eminente Begabung, in zehn Minuten hervorschüttelnd, worüber andere, die sich schwerer tun, lange brüten, bedient er verächtlich die Apparate und die Funktionäre, wirft ihnen Modell-Manuskripte hin oder routinierte Mache, greift in einer blendenden Analyse den Machtapparat in seiner Schein-Opposition, den allmächtigen ›Spiegel‹ an und verkauft eben jenem ›Nachrichten-Magazin‹ das Recht, den Angriff, aller wirksamen Stellen beraubt, in der Öffentlichkeit zu kastrieren. Nur in seinen Gedichten ist er ganz er selbst, da wird er sich klar über die ›harte poetik fester tarife‹, der ennui überwältigt ihn, der Ekel über die Weiber, ›ich habe den scheckigen ritus satt/ den sudelzauber mit laich, die blinde/ besamung im süßen schlamm‹, über die Metzger, denn ›seufzend verbergen die metzger sich/ vor dem wilden auge der unschuld‹, über die Fahnen, ›tut mir doch die fahne aus dem gesicht, sie kitzelt‹, kurz der Ekel über alles und jedes, jener Ekel, der dem kalten Haß vorausgeht.«

Das Geheimnis dieser Zeitung liegt an der Oberfläche. Sie charakterisiert sich selbst am schärfsten durch die Sprache, derer sie sich bedient. Daß sie es verstanden hat, eine eigentümliche, außerhalb ihrer Spalten nicht existierende Sprache sich zu schaffen, belegen die beiden folgenden Zitate, die als eine Versuchsanordnung gelten können; jeder Bewohner der Bundesrepublik wird ihre Quelle erraten – oder zu erraten glauben.

»X, der am 9. November im Hospital von S. starb, war im Kulturbetrieb seiner Zeit eine Rarität. In seinem kurzen Leben spielte er die Rolle eines Clowns und erreichte auf diese Weise zweierlei: man zahlte ihm seine Drinks, ohne die er nicht auskommen konnte, und man nahm ihm die bitteren Wahrheiten seiner Dichtung nicht übel. Er wurde schließlich zu einer Art Nationalphänomen. Seine neunzig Gedichte mußten siebenmal nachgedruckt werden. Mit sechzehn Jahren verließ er die Schule – aus Abneigung gegen das, was er dort lernen sollte. Ein Jahr lang versuchte er sich als Reporter, mit wenig Erfolg. In den Kneipen erwarb er sich einen bedeutenden Ruf – als Geschichtenerzähler, aber noch mehr durch seinen ungeheuren Bierkonsum. Als sich endlich niemand mehr fand, der ihn aufnehmen oder seine Schulden bezahlen wollte, kehrte er indigniert in seine Heimat zurück. Bettelei um Almosen kam ihm ebenso selbstverständlich vor wie seine schmutzige Umgebung und die alkoholischen Orgien, die sich meist über mehrere Tage hinzogen. Mehr und mehr entglitt ihm jegliche Selbstkontrolle. Sogar wohlmeinenden Bekannten erschien er bald nur noch als schreibender Possenreißer. Er verschmähte es schließlich nicht mehr, seinen Gastgebern Oberhemden zu stehlen. Für seinen Biographen war der Dichter schon zu seinen Lebzeiten ein psychisch toter Mann. Als während einer Tournee auch der physische Tod eintrat, entstand in Literaturkreisen eine ungewöhnliche Erregung. Die widersprüchlichsten Versionen über die Todesursache wurden laut, darunter als wohl absurdeste die, X sei von Dichter-Konkurrenten vergiftet worden. Die glaubwürdigste und wohl auch einzig richtige Version ist die des Arztes vom Gesundheitsamt in S., die besagt, daß X an einer Alkoholvergiftung starb, die durch eine Lungenentzündung kompliziert worden war.«

»Y, 27, Verwaltungsjurist, wurde am 11. Juni vom Staatspräsidenten von P. als Staatssekretär für besondere Aufgaben ins Kabinett berufen. Damit fand eine Blitzkarriere ihren vorläufigen Abschluß, die vor sieben Jahren einigermaßen unrühmlich begonnen hatte. Die juristische Fakultät der Universität Z. hatte damals die Dissertation des jungen Y kurzerhand in den Papierkorb gesteckt. Seiner einflußreichen Familie war es trotzdem gelungen, den genialisch angehauchten Versager als Referendar an den Bundesgerichtshof zu lancieren, nachdem er sich durch intime Eroberungen in den Kreisen der Hochfinanz einen gewissen Namen gemacht hatte. Das Aktenderby ließ den eher gefühlig veranlagten Anfänger jedoch zunächst kalt. Stattdessen verfiel er auf die Idee, sich als Sensationsschriftsteller zu versuchen, wobei er rasch einen beachtlichen Riecher entwickelte. Bereits der erste, keß hingehauene und sentimental verbrämte Skandalroman schockierte das internationale Publikum und hatte eine Selbstmordepidemie zur Folge. Den Druck eines unförmigen Ritterdramas, des nächsten Werks aus der Hobby-Schublade des dilettierenden Juristen, mußte er allerdings selbst bezahlen, weil er keinen Verleger dafür fand. Beim Chef der Regierung von P. hatte sich der Sonntagsdichter durch ausgedehnte Saufabende, Parforceritte und Herrenparties eingeführt. Die Bevölkerung war von dieser kostspieligen Form halboffizieller Geselligkeit freilich wenig angetan. Auch einflußreiche Regierungskreise betrachteten sie kaum als Befähigungsnachweis für den hochdotierten Posten im Kabinett. Minister Q. erhob sogar gegen die Berufung des weinseligen Benjamin offiziell Einspruch. Y sicherte sich jedoch rechtzeitig durch schöngeistige Leseabende und wohlgezielte Charme-Offensiven den Einfluß der Damen-Koterie aus der nächsten Umgebung des Regierungschefs. Sagte Y, als seine Berufung gesichert war: ›Der Alte kann ohne mich nicht mehr schwimmen noch waten.‹«

Die erste dieser beiden Geschichten stand in der Nummer 51/1956 des *Spiegel*. Die Chiffre X steht hier für den Namen des größten englischen Dichters seit Eliot und Pound, des Waliser Dylan Thomas. Die zweite Geschichte handelt von Johann Wolfgang Goethe. Sie stand nie im *Spiegel;* einzig und allein deshalb nicht, weil es den *Spiegel* im Jahre 1776 noch gab.

Das Experiment erweist, daß die Sprache der Zeitung unkenntlich macht, was sie erfaßt. Unter der Drapierung durch ihren Jargon sind weder die Züge Goethes noch die von Dylan Thomas wiederzuerkennen. Es wäre falsch, von einem *Spiegel*-Stil zu sprechen. Stil ist immer selektiv; er ist nicht anwendbar auf beliebig Verschiedenes. Er ist an den gebunden, der ihn schreibt. Hingegen ist die *Spiegel*-Sprache anonym, das Produkt eines Kollektivs. Sie maskiert den, der sie schreibt, ebenso wie das, was beschrieben wird. Es handelt sich um eine Sprache von schlechter Universalität: sie hält sich für kompetent in jedem Falle. Vom Urchristentum bis zum Rock and Roll, von der Poesie bis zum Kartellgesetz, vom Rauschgiftkrawall bis zur minoischen Kunst wird alles über einen Leisten geschlagen. Der allgegenwärtige Jargon überzieht das, worüber er spricht, also alles und jedes, mit seinem groben Netz: die Welt wird zum Häftling der Masche. Genauer als mit jedem anderen Ausdruck läßt sich die *Spiegel*-Sprache mit diesem Wort kennzeichnen, das aus ihrer eigenen Sphäre stammt.

Ideologisch wird diese Masche mit dem Argument zu rechtfertigen gesucht, sie verbürge allgemeine Verständlichkeit. Das Magazin *Time* begründet seinen Jargon in einem programmatischen Jubiläums-Aufsatz folgendermaßen:

»Das ganze Magazin sollte verständlich sein für *einen* beschäftigten Mann – eine Auffassung, vollkommen verschieden von derjenigen der Rubriken in den Tageszeitungen, die sich jeweils an besondere Gruppen wenden. Um den gesamten Inhalt von *Time* den Weg in den Kopf des Lesers finden zu lassen, mußte er zunächst in eine Sprache übersetzt werden, die ein Mann verstehen konnte. Später wurde aus dieser Idee heraus die Maxime formuliert: *Time* ist so, als ob es von einem Mann für einen Mann geschrieben wäre.«

Die Ausbildung einer eigentümlichen Sprache für die journalistischen Zwecke des Blattes wird hier offen als redaktioneller Grundsatz ausgerufen; der Artikel spricht sogar davon, daß eine »Übersetzung« erforderlich sei, und betont damit die Fremdheit des Magazin-Jargons gegenüber der kurrenten Schriftsprache. Mit ihr wird kurzer Prozeß gemacht, und zwar angeblich aus Rücksicht auf den Leser, dem sie schlechterdings nicht zuzumuten sei, da sie über seinen Horizont gehe.

Dieser Leser ist eine mythologische Figur, die in allen Sparten der Kulturindustrie anzutreffen ist; er erinnert an die Anima-Figur des deutschen Films, die den Namen Lieschen Müller trägt. »Die *Spiegel*-Redakteure betrachten sich«, mit den Worten ihres Herausgebers, »selbst als Durchschnittsleser . . . Das bedeutet, daß *Spiegel*-Redakteure nicht allzu klug sein dürfen.« Selbstverständlich gibt es »den« *Spiegel*-Leser erst, seit es den *Spiegel* gibt: die Zeitschrift produziert ihn als ihre eigene Existenzgrundlage. Nicht nur macht sie ihre Gegenstände diesem Leser kommensurabel, sondern auch den Leser dem Magazin. Sie zieht ihn auf ihre Ebene, sie bildet ihn aus. Das ist kein einfacher Vorgang, sondern ein komplizierter Prozeß der Domestizierung, der sich an den Leserbriefen im Detail studieren läßt, die das Magazin jede Woche auf vielen Spalten abdruckt. Sie beweisen, daß der Dressur-Akt, jedenfalls bei einem Teil der Leserschaft, durchaus gelungen ist. Viele Briefschreiber haben die Sprache des *Spiegel* regelrecht erlernt; manche versuchen sogar, sie zu überbieten. Es liegt in der Natur der »Masche«, daß sie leicht aufzunehmen ist; sie bietet sich dazu an. Denn obgleich sie keineswegs simpel, sondern ganz artifiziell ist, so kann doch jeder über sie verfügen, weil sie weder mit der Person dessen, der sie gebraucht, noch mit der Sache, über die sie spricht, irgend etwas zu tun hat. Was an ihrer Struktur komplex scheint, ist gerade das Trickhafte, das Taschenspielerische: also das Erlernbare schlechthin. Die Koketterie mit der eigenen Gewitztheit, die rasch applizierte Terminologie, die eingestreuten Modewörter, der Slang der Saison, die hurtige Appretur aus rhetorischen Beifügungen, dazu eine kleine Zahl syntaktischer Gags, die sich meist von angelsächsischen Mustern herschreiben: das sind einige der auffälligsten Spezialitäten der *Spiegel*-Sprache. Wie das Immergleiche als ein Besonderes verpackt und an Ahnungslose verkauft wird, die sich, je ahnungsloser sie sind, um so mehr einbilden, Bescheid zu wissen, das hat Theodor W. Adorno in seinen Arbeiten über die Kulturindustrie exakt beschrieben. Das tiefe Bedürfnis, mitreden zu können, beutet die Sprache des *Spiegel* geschickt aus. Sie ist insofern der wäßrigen, widerstandslosen Sprache des *Reader's Digest* verwandt. Freilich ist sie weniger bieder: sie führt sich nicht auf, als wäre sie *Das Beste,* sondern als wäre sie das Letzte. Wie ein einfacher Satz in diese hochspezialisierte Sprache übertragen wird, zeigt das folgende Beispiel: »Bei der Schlußfeier der XVI. Olympischen Sommerspiele schickten die australischen Salutschützen dem Muskelkrieg von Melbourne ein martialisches Echo nach. Die Artilleristen Ihrer Majestät der englischen Königin lieferten den aktuellen kriegerischen Kulissendonner zu jenem olympischen Schauspiel, das inmitten einer sehr unfriedlichen Welt zum schlechten Stück geworden war. Sie kanonierten die wie einen Zylinderhut aufgestülpte Schlußfeier-Stimmung und alle preisenden Reden von der Gleichheit und Brüderlichkeit unter Sportsleuten zu eitel Schall und Rauch.«

Eine detaillierte Analyse dieser Passage erübrigt sich. Im *Spiegel,* so äußert sich sein Herausgeber, »soll knappes, farbiges Deutsch geschrieben werden«. Versucht man, das Zitat aus seiner Zeitschrift ins Deutsche zurück zu übersetzen, so ergeben sich zwei Sätze, die in der Tat knapp sind: »Bei der Schlußfeier der Olympiade wurde Salut geschossen. Das hat uns mißfallen.«

Hätte sich der Verfasser der Passage so ausgedrückt, so wären dem vielbeschäftigten Durchschnittsleser neun Zeilen überflüssiger Lektüre erspart geblieben. Auch die Verständlichkeit der Mitteilung hätte nicht gelitten. Die Vermutung, es wäre dem Schreiber nicht darum zu tun gewesen, daß man ihn verstehe, liegt nahe. In der *Spiegel*-Fassung ist die bescheidene Nachricht von ihrer Auslegung nicht zu unterscheiden. Information und Kommentar sind derart in die Masche verstrickt, daß sie sich nicht mehr trennen lassen.

Was den *Spiegel*-Text von jeder anderen Fassung des Sachverhaltes unterscheidet, ist aber nicht nur dessen Trübung durch Jargon und verstecktes Vorurteil, sondern auch seine angestrengte Humorigkeit. Der verzweifelte Witz eines Alleinunterhalters ist ihm anzuhören, der um jeden Preis sein Publikum bei der Stange halten muß. Nun läßt sich über das, was komisch ist, schlecht streiten. Wenn das Magazin etwa über den amerikanischen Schlagersänger Presley schreibt, er sei »sextraordinär« und »transportiere« seine Zuhörer »von Dixieland nach Kinseyland«, so ist das zwar miserables Deutsch, aber gewiß nicht ohne eine gewisse Komik, die der Primitivität des Gegenstandes entspricht. Die Zuckungen des Sängers, dem eine elfseitige Titelgeschichte zugedacht ward, »erweckten«, wie *Der Spiegel* schreibt, »den Eindruck, als habe er einen Preßlufthammer verschluckt«. Das schallende Gelächter über derartige Scherze wird fatal, wenn Gide und Claudel, Sartre und Freud durch ihresgleichen charakterisiert werden. Als in Ostberlin der junge Philosophieprofessor Wolfgang Harich verhaftet wurde, kramte *Der Spiegel* aus seinem Leben eine Episode mit einer Dame aus Thailand aus und fragte »sich, ob es nun metaphysische oder physische Gründe hatte«, daß er mit der »siamesischen Dame in die Berliner Podbielski-Allee 1 gezogen war«.

In solchen Scherzen drückt sich ein Humor aus, der zwischen Zote und Ehrabschneiderei die Mitte hält. Er erinnert an die albtraumartigen Bunten Abende, die vor zwei Jahrzehnten unter dem Motto »Kraft durch Freude« sich so viele Freunde gewinnen konnten. Neu an ihm sind allein die Verzierungen: auf solche Art und Weise werden Konsumgüter älterer Konstruktion mit Chromleisten auffrisiert. Wer sich auf die trüben Quellen eines derartigen Gelächters besinnt, der weiß, daß die Maxime »Lächerlichkeit tötet« eine sehr finstere Bedeutung annehmen kann: der Applaus für den Alleinunterhalter schlägt leicht in den Jubel derer um, die Gemälde mit Taschenmessern traktieren und ihren Beifall kundtun, wenn der Totschläger in Aktion tritt.

Was derart den Leser des »deutschen Nachrichtenmagazins« unterhalten soll, straft diesen Untertitel Lügen. In der Tat ist *Der Spiegel* keineswegs ein Nachrichtenblatt. Der redaktionelle Inhalt besteht vielmehr aus einer Sammlung von »Stories«, von Anekdoten, Briefen, Vermutungen, Interviews, Spekulationen, Klatschgeschichten und Bildern. Gelegentlich stößt der Leser auf einen Leitartikel, eine Landkarte, eine statistische Tabelle. Unter allen Mitteilungsformen kommt diejenige am seltensten vor, nach der das Magazin benannt ist: die schlichte Nachricht. »Die Form, in der der *Spiegel* seinen Nachrichtengehalt an den Leser heranträgt«, so heißt es im *Spiegel*-Statut, »ist die Story.« Diese typische Darbietungsform bedarf einer genaueren Erörterung. Auf den ersten Blick scheint sie dem flüchtigen Leser Vorteile zu bieten: sie nimmt ihm die synthetische Arbeit ab, indem sie den Stoff für ihn zerkleinert und die einzelnen Informationen zu einem eingängigen Ganzen ordnet. Dem Verfahren liegt eine atomistische Vorstellung von der Natur der Information zugrunde, derzufolge sich jede Nachricht in eine homogene Menge von Partikeln auflösen läßt. (Diese Vorstellung wird von der modernen Kybernetik geteilt; dort heißen die elementaren Informationspartikel *bits*.) Wie aber wird die derart aufbereitete und homogenisierte Masse zur Story synthetisiert?

Die Übersetzung in die *Spiegel*-Sprache genügt dazu nicht. Entfernt der Auflösungsprozeß die Nachricht aus dem Kontext der Situation, aus der sie entsteht, so verwandelt die Synthese zur Story sie in ein pseudo-ästhetisches Gebilde, dessen Struktur nicht mehr von der Sache, sondern von einem sachfremden Gesetz diktiert ist. Jede Nachricht hat eine Quelle, die sich angeben läßt; Zeit, Ort und Urheber sind von ihr nicht ablösbar. Diese Angaben gehören deshalb zum unentbehrlichen Minimum jeder, auch der kleinsten Zeitungsmeldung. Im *Spiegel* fehlen sie, weil sie mit dem Prinzip der Story nicht vereinbar sind: Story und Nachricht schließen einander aus. Während die Nachricht im allgemeinen für Unterhaltungszwecke ungeeignet und kein Genuß-, sondern ein Orientierungsmittel ist, stellt die Story ganz andere Bedingungen: Sie muß Anfang und Ende haben, sie bedarf einer Handlung und vor allem eines Helden. Echte Nachrichten ermangeln häufig dieser Eigenschaften: um so schlimmer für die Nachrichten!

Das *Spiegel*-Statut stellt die Unentbehrlichkeit des Helden ausdrücklich fest: »Nichts interessiert den Menschen so sehr wie der Mensch. Deshalb sollten alle *Spiegel*-Geschichten einen hohen menschlichen Bezug haben. Sie sollten von Menschen handeln, die etwas bewirken.« Was unter einem »hohen menschlichen Bezug« zu verstehen ist, bleibt dabei offen; die gleichzeitig hochtrabende und hinkende Formulierung läßt nichts Gutes ahnen. Auf den ideologischen Hintergrund des Story-Helden kommt das *Spiegel*-Statut nicht zu sprechen. Das amerikanische Magazin *Time* drückt sich in dieser Hinsicht deutlicher aus: »Nachrichten«, so heißt es dort, »entstehen nicht durch ›geschichtliche Kräfte‹ oder Regierungen oder Klassen, sondern durch Individuen.« Damit ist der Held gerechtfertigt. *Human interest*, Stories aus Fleisch und Blut: solche Parolen gründen auf der Scheinwahrheit, daß Geschichte vom Einzelnen gemacht werde. Der primär gesellschaftliche Charakter historischer Erscheinungen wird mit einem Seitenhieb auf den marxistischen Klassenbegriff geleugnet. Die Anekdote bestimmt die Struktur einer solchen Berichterstattung; die Historie wird zum Histörchen.

(14) *Eberhard Fechner*
Nachrede auf Klara Heydebreck

Eberhard Fechner, Jahrgang 1926, trat mit einer Reihe höchst ein-
drucksvoller dokumentarischer Fernsehfilme hervor. 1969 drehte er in
Berlin – »denn die alte Hauptstadt verzeichnet die höchste Quote an
Selbstmorden in der Bundesrepublik« – den Film über das Schicksal des
72jährigen Fräuleins Klara Heydebreck, das sich am 10. März 1969 mit
einer Überdosis Schlaftabletten das Leben genommen hatte. Der Text
des Drehbuchs erschien im *Monat*, Heft 266, November 1970, S. 23–48
(hier gekürzt).

Feuerwehrmann: 11 Uhr 40, hilflose Person, Lehrter Straße 68.
FSW von Wache 41. Es fährt Brandobermeister Piper ATW.
Verstanden.

    Kommentar: Ort: Eine Feuerwache in Berlin – im Winter 1969
– auf der Suche nach einem Menschen, den es nicht mehr gibt.
    Feuerwehrmann: Tablettenvergiftung haben wir oft. Ich
möchte sagen, im Monat über zwanzig haben wir auf alle Fälle.
Und dann steigt's natürlich vor Feiertagen, vor Ostern, vor
Weihnachten, dann schnellt es sprungartig hoch, nicht. Also vor
irgendeiner großen Feier – wo Familienfeste, wo's denen da
würgt, nicht, sind wir alleine, also da kann man warten drauf.
Das geht dann sprungartig nach oben.
    Kommentar: In der Bundesrepublik sind es fast 13 000 im
Jahr. Einen der in Berlin gemeldeten Fälle habe ich willkürlich
herausgegriffen. Das war Klara Heydebreck, geboren am 16. Juli
1896 in Berlin, evangelisch, ledig, ohne Kinder. Wohnhaft in
Berlin-Wedding, Grünthaler Straße 59a, kleiner Aufgang. Gegenüber dem Haus liegt die Grenze, die hier von dem S-Bahn-
Damm gebildet wird. Die Straßenunterführung hat man zuge-
mauert.
    Klara Heydebreck wohnte sehr lange in diesem Hause – über
50 Jahre – genau seit dem 1. April 1913. Als sie einzog, war sie 17
Jahre alt, als sie es verließ 72.
    Und doch wußten die Nachbarn nicht mehr über sie zu sagen
als . . .
    Nachbarn: . . . die kenn' ich ja gar nicht . . . sie hat ja, wie ge-
sagt, kaum mit jemand gesprochen . . . also im Haus selbst hat

sie gar nicht Kontakt gehabt . . . sie wohnte sehr zurückgezogen . . . nein, nein, nein, nein . . . also, die hat alles allein gemacht . . .

Kommentar: Ihre Wohnung lag im vierten Stock: ein Zimmer mit Küche, Innentoilette und Balkon. Dort lebte sie bis zum 10. März 1969. Was geschah an diesem Tage?

Polizist: Der Herr Heydebreck, also der Neffe, hat die Fubizet angerufen, ja, weil er vermutete, daß ein Unglücksfall in der Wohnung eben vorgefallen ist, weil er die Tante eben lange nicht mehr gesehen hat.

Klara Heydebrecks Neffe: Eine Woche vorher hatte sie Nachbarsleute hierher geschickt gehabt mit einem Zettel, wir möchten mal rüberkommen. Es ginge ihr nicht gut. Wir gingen dann rüber. Ja nun, war ich ein bißchen erschüttert über na, nach zehn Jahren, der Mensch wird nicht jünger, fahlblaß im Gesicht und knapp Luft gekriegt. Und – na wie geht's und was machste und ja und so . . . Ich sage, weißt du was, es muß ja mit dir was geschehen, du kannst hier so alleine nicht weitermachen. Sie wohnte vier Treppen, und sie hat ja hier in der Wohnung schon gejapst, und da soll sie nun noch die Treppen laufen, also ausgeschlossen.

Kommissar: Der Neffe schildert die alte Dame als ziemlich einsiedlerisch, ein bißchen eigenbrötlerisch, und sie hatte auch mit der Familie keinen Kontakt gehabt. Und hat jetzt vor kurzem eine Nachbarin zu ihm geschickt. Sie fühlt sich krank. Dann ist er rumgegangen und hat gesagt: Was ist los. Der wohnt in der Nähe. Und da sagte sie, sie war beim Arzt.

Neffe: Der Arzt hatte sie gar nicht untersucht den ersten Tag, der sagte: Frau, Sie sind zuckerkrank. Weil sie ja immer sprach von Trinken, Trinken . . . Und da sagte er: Gehn Sie nach Hause, bringen Sie den Urin dann und dann mit von Tag und Nacht, also abends und morgens den Urin, und dann kommen Sie wieder her, dann untersuche ich Sie. Das hat sie gar nicht mehr geschafft.

Arzt: Ich weiß nicht, wie's aussah, das weiß ich nicht. Da hab ich nur gefragt: Haben Sie Kinder, sind Sie verheiratet, rauchen Sie, saufen Sie, wie ich das so tue. Schreiben Sie, lassen Sie's, ja der Doktor sagt nicht saufen, der sagt trinken, aber ich sage saufen, ich bin Rheinländer, ich sage saufen. War sie entsetzt, und da hab ich gemerkt, aha, ist wohl 'ne Jungfrau, da mußt du achtgeben, bei den andern kannst du's ruhig sagen, aber bei Nichtverheirateten nicht, die den Ton des Mannes nicht kennen, die sind dann entsetzt. Also hat mal eine zu mir gesagt: Ja, Sie sehen eigentlich versoffen aus. Ja, so geht das dann. Das war alles.

Kommissar: Das war alles. Jetzt ist der Neffe zu ihr gegangen und sagte: Na, Tante, so alleine brauchst du dich hier ja nicht rumquälen, dann muß ja der Arzt mal kommen. Und ist zu dem Arzt hingegangen.

Neffe: Und da hörte ich schon vom Sprechzimmer, wie der Mann sagt: So alt war die Dame noch gar nicht, die kann ruhig hierherkommen. Und nun kam ich vom Sprechzimmer aus zu ihm hin. Ich sage: Entschuldigen Sie bitte, wenn ich was dazu sage, ich bin der Neffe. Ich komme direkt von meiner Tante, jetzt. Die kann nicht mehr, gesundheitlich, sonst wäre ich nicht hier. Hier muß dringend etwas geschehen! Zumindestens ein ärztlicher Besuch ist dringend erforderlich.

Kommissar: Da sollte die Frau von dem Neffen hingehen in die Wohnung, damit jemand da war zwischen zwei und vier. Kurz vor zwei war sie da, und da hat keiner mehr aufgemacht.

Arzt: Am 10. 3. war ich da, falscher Aufgang. Ich wußte nicht, daß es zwei gab, und da hat sich nochmal einer gemeldet und hat mir gesagt . . .

Nachbarn von Klara Heydebreck: . . . na hören Sie mal, Sie können nicht einfach abfahren. Hier ist eine Frau in Lebensgefahr, die liegt hier, Sie können doch nicht einfach abhauen!

. . . na, ich wollte die schon auf'm Mittag holen, denn um eins, zehn vor eins hatte die Frau Heydebreck bei uns geklingelt, da nachgefragt, und sie traute sich irgendwie nicht, und dann der Arzt, der sollte kommen, nicht, zwischen 14 und 16 Uhr . . .

Neffe: Jedenfalls kurz danach, nachdem dieses Gespräch beendet war, sagte ich dann zu dem jungen Mann, da, wo wir telefonierten, ich sage: Ja, nun muß ich Sie bitten, doch die Feuerwehr anzurufen.

Polizist: Und die prüfen dann, wie sie am besten in die Wohnung eindringen können. Ja, und die versuchen erstmal auch das billigste Mittel, nicht gleich die Tür einschlagen, sondern haben versucht, von der Nachbarwohnung übern Balkon. Und da haben sie erstmal geprüft, ob's überhaupt geht, und denn hat sich dann einer angeseilt und ist rüber auf den Balkon; und zum Glück war die Balkontür auf, und ist eingedrungen und hat dann uns die Tür aufgemacht. Naja, und dann kommen wir rein, und da haben wir die Frau eben im Sessel – lag sie vollbekleidet – also angezogen.

Interviewer: Im Sessel?

Polizist: Jaja, im Sessel lag sie. Und hatte noch geatmet, und dann wird natürlich auf dem schnellsten Wege mit einem ÜW von der Feuerwehr sofort ins Krankenhaus.

Pförtner des Krankenhauses: Eine Frau Heydebreck an Tablettenvergiftung. Lag die bei euch?

Krankenschwester: Das kann ich Ihnen nicht genau sagen. Ich meine, die Feuerwehr hat die Frau gebracht und hat sie hier abgeladen.

Pförtner (telefoniert): . . . die ist schon tot hergekommen – ach so, die lag im Feuerwehrraum. Aha, aber bei euch hinten, auf der zweiten. Ja, na gut, dankeschön. Also die – auf der Station Zwo.

Kommissar: Ich habe mir die Leiche im Krankenhaus angesehen. Und habe den Abschiedsbrief mit amtlichen Unterlagen verglichen. Und aufgrund des Abschiedsbriefes – wir haben doch die Meldeunterlagen beim Revier, Personalausweis usw., dann sieht man natürlich schon, ob die Handschrift identisch ist des Abschiedsbriefes mit den amtlichen Unterlagen von der Meldestelle.

Mal sehen, was wir hier haben. Herr Ernst Heydebreck, in Berlin, Grünthaler Straße 59, *daß er am heutigen Tage mit seiner Tante, Frau Klara Heydebreck, Grünthaler Straße 59, kleiner Eingang, wohnhaft, verabredet war. Da sie auf mehrmaliges Klopfen und Klingeln und Klopfen an ihrer Wohnungstür nicht geöffnet hatte, vermutete Herr Heydebreck einen Unfall. Es ist der Neffe. Die Feuerwehr stieg über den Balkon in die Wohnung ein und öffnete diese.*

Neffe: Also wir sollten da nicht rein. Das mußte die Polizei zuerst mal alles sortieren, was da sich nun abspielte. Und dann kam ein Polizist raus und sagte: Ist hier ein Ernst Heydebreck bei? Ich sagte: Ja, der bin ich. Ja, an Sie ist hier ein Umschlag geschrieben, direkt, und machen Sie am besten gleich mal auf, ob da was drin ist, daß wir was erfahren können, warum, wieso und was.

Kommissar: Ein Abschiedsbrief wurde auf dem Tisch vorgefunden und liegt dem Vorgang bei.

Neffe: Berlin, den 10.3. – war der Montag – *Lieber Ernst, ver-*

zeih mir bitte, daß ich Dir so viele Unannehmlichkeiten bereite. Würdest Du bitte noch einmal zum Postscheckamt fahren und die Gelegenheit regeln? Vorausgesetzt natürlich, daß mir der Abschied von dieser Welt geglückt ist. In meinem Geldtäschchen liegt das restliche Geld. Davon müssen aber noch die Bewag und Gasag bezahlt werden.

Kommissar (liest weiter): *Man kann also nicht allzuviel Geld zurückverlangen. Aus meinem Nachlaß kannst Du Dich schadlos halten. Den Brief an W. Rasener – ich weiß nicht, wer das ist – stecke bitte in den Briefkasten.*

Neffe (liest weiter): *Ich selbst weiß nicht, was unten in meinem Hausbriefkasten liegt. Bin totunglücklich. Vergebt mir alle und seid gedankt – Tante Kläre.*

Kommissar: In der Küche wurden zwei leere Tablettenschachteln vorgefunden, Marke Betadorn. Durch die Feuerwehr wurde Frau Heydebreck dem jüdischen Krankenhaus zugeführt, wo sie verbleibt. Lebensgefahr besteht. Die Wohnung wurde vom Unterzeichneten ordnungsgemäß verschlossen, gesichert, die Wohnungsschlüssel wurden an die diensthabende Schwester übergeben. Frau Heydebreck kam auf Station Zwo. [. . .]

Nachbarn: . . . das war ein Einzelgänger, wie man so sagt . . . soweit wie ich weiß, hat sie sich mit keinem abgegeben oder – hier, hier zusammen harmoniert oder irgend etwas, nicht . . .

. . . kaum, daß wir uns begrüßt haben und, sie hat sich auch gar nicht aufgehalten, wenn man sie angesprochen hat . . .

. . . na ja, zu Hitlers Zeiten, da so'ne Wohlfahrtsgeschichte . . . damals war sie wohl in der – na ja, wat gab et da – NS-Frauenschaft . . .

. . . da hat sie dann mitgeholfen, und da ist sie – naja, also so Sammlerin, nicht wahr, und wir haben das damals gesammelt, Winterhilfswerk, nicht wahr . . .

. . . da ist sie ja zu jedem Mieter gegangen, und trotzdem weiß kein Mensch, also irgendwie, daß man mal so wie von 'ner Nachbarin mal'n bißchen näher was weiß – wissen wir doch alle nicht . . .

. . . also fleißig war sie immer . . .

. . . die ging arbeiten, die ging arbeiten und . . .

. . . sie hat sich ihren Kreis ausgesucht – und so im Haus wüßt ich überhaupt nicht, daß sie mit irgend jemand hier Kontakt gehabt hätte . . .

Kommentar: Was blieb ihr – außer der Arbeit? Der Balkon und der Grunewald. Die Fotos einer Spreewaldfahrt hat sie aufbewahrt.

Einmal 1926 war sie mit dem Arbeitervolkschor in Wien, ein Urlaub im Harz und zwei Wochen in den Alpen. Aber immer allein.

Neffe: Wir sind doch eigentlich 'ne Familie, die die Verwandtschaft pflegt, möcht ich sagen. Wir, die Verwandten kommen doch alle zusammen. Sie ist nie dabeigewesen. Nie! Sie hat sich von uns vollkommen losgesagt. Wir kommen doch zu den Feiern immer zusammen, zu den Geburtstagsfeiern. Sie war eben nie dabei. Zurückgezogen hat sie sich zeitlebens. Zeitlebens – und ist dann ihren – ihren Ambitionen nachgegangen. Die Freunde sind aber denn nicht hier in die Wohnung gekommen.

Kommentar: Einen muß es gegeben haben: Franz Schittel – Universalartist. Hier als kunstschießender Trapper und hier als Schnellmaler, als Klaviervirtuose und als Harlekin.

Im März 39 schreibt er:

»Mein liebes Fräulein Heydebreck! Recht herzlichen Dank für das liebe Geburtstags-Gedenken. Ein kleines Gedicht von mir möge Ihnen Freude und Dank für Ihr Gedenken sein:

Fliehe, fliehe, auf deiner Seele Schwingen! / Frühling mit allen Liedern, / laß erwidern / seine Lust – deine Brust. / Streicheln dich die Winde / wird heilen dir gelinde / jeder Schmerz – deinem Herz. / Bis im letzten Hügel / unsre Seele flieht hinaus / ruhn des Lebens Flügel, / Kalt das Herz im ewig letzten Haus.

Franz Schittel«

Familienangehörige: Na, aber das blieb sehr platonisch –

. . . Ja, eben, nicht?

. . . eine sehr hübsche Frau war sie, sah doch sehr ansprechend aus, jaaa – ich staune. Ich hab' sie ja nun auch – wie lange kenn' ich sie, 20 Jahre . . .

. . . sah se aus, daß sie doch eigentlich müßte jederzeit 'n Mann gekriegt haben.

. . . Wir haben nie mitgekriegt, daß jemanden hat, bis auf diese Schwester, die jetzt noch lebt. Mit der ist sie nach Möglichkeit so oft wie möglich zusammengekommen. Aber da die ja nu in – in dreißiger Jahren nach Westdeutschland gezogen war, also war das ja man auch sehr selten immer gewesen, daß die zusammen waren . . .

. . . ich kann mir kein Weihnachtsfest vorstellen, wo sie nicht bei uns war. Ja? Immer, nicht?

Kommentar: Und immer noch hatte sie nicht mehr als 4,– Mark am Tag zum Leben.

Neffe: Und nun kamen dann die Kriegsjahre, schlimmen Nachkriegsjahre, und sie ist ein Mensch, sehr, sehr zart besaitet gewesen. Und wenn man der einmal grob gekommen wäre, dann wäre sie ins Mauseloch gekrochen, also da konnte sie sich schlecht behaupten, und da muß sie wohl den richtigen Knacks vom Lebensmut überhaupt weggekriegt haben.

Nachbarn (auf Frage): . . . naja, natürlich war sie unten, aber wie gesagt, nicht so, daß man sagen könnte, wir haben zusammen gesessen und haben uns unterhalten oder so. Das hat man gar nicht empfunden, daß sie dabei war . . .

. . . ich war alleine hier – wir mußten alle in den Keller – die Russen sind von drüben eingedrungen, und dann kamen die Panzer und mit sämtlichen . . . vielleicht drei, vier Stunden später, kam ein Offizier mit 'ner Mannschaft, und haben sich so langsam schon hier angesiedelt, hier im Hause, mit Pferden und allen usw. und haben die Werkstatt beschlagnahmt, hinten. Nu hieß es, im ganzen Hause, die Mieter müssen raus, ja, müssen nach Pankow – hier war noch Beschuß gewesen, immer nach Pankow zu . . . Keiner wußte mehr wohin, nicht? Jeder suchte nun irgendwie eine Unterkunft . . .

Schwester: Die Wohnung war zerstört, die war so zerstört, da mußte sie dann – also mein Bruder, der älteste Bruder, wohnte genau *vis-a-vis*, und da haben die Leute noch mitgeholfen, da alles zurechtzumachen. Da war ja so viel durch die Brandbomben – sie hatte ein ganz großes Loch da in der Decke. Sie hat sich so viel selbst geholfen, hat auch ihre Möbel selbst gestrichen, früher, und hat sie alles selbst gemacht nach dem Kriege – so zurechtgeflickt.

Kommentar: In den Kriegsjahren gelang es ihr zum ersten Mal, von ihrem kleinen Gehalt 700,– Mark zu sparen. Jetzt, wo das Geld nichts mehr wert war. Diese 700,– Mark wurden später abgewertet: auf 11,65 DM.

Warum war sie aber nach dem Kriegsende gezwungen, ihren Beruf aufzugeben?

Frau des Neffen: Das war 1945, da war sie alt 49 Jahre, nicht? Und hier die Firma, Hass und Wrede, die war damals nicht mehr nach dem Krieg. Naja, und wer nimmt 'ne Angestellte im Büro mit 49 Jahren? Das ist ja ein Unding.

Kommentar: Hiermit bescheinigen wir, daß Fräulein Klara Heydebreck in der Zeit vom 15. 10. 45 bis 13. 6. 46 bei uns als Maschinenarbeiterin tätig war. Fräulein Heydebreck war stets pünktlich und führte die ihr übertragenen Arbeiten zu unserer Zufriedenheit aus. Der Austritt erfolgte auf eigenen Wunsch.
[. . .]

Neffe: Sie war, ich glaube hier vor zehn Jahren das letzte Mal in der Wohnung, oder ist es noch länger her – das ging da gerade um ihre Rente, da . . .

Frau des Neffen: . . . das muß vor zwölf Jahren bald sein . . .

Neffe: . . . also da haben wir ihr noch so ein paar Tips gegeben, was sie alles machen kann und machen soll usw. Bis das dann auch klar war. Und dann, dann kam sie auch nicht mehr, sie hat keinen Kontakt zur Umwelt mehr gefunden.

Nachbarn: . . . ein übriggebliebenes Frollein, verschrumpft – oder wie sagt man so – versnobt, so'n bißchen, ihre Art. Kaum jemand gegrüßt – kaum jemand gekannt. Immer so ist sie gelaufen . . . Kopf nach unten und bloß keinen sehen, keinen hören, tatsächlich. Ist an uns so oft vorbeigegangen. Ich hab' sie immer höflich gegrüßt, sie hat gar nicht reagiert drauf. Eigentümlicher Mensch gewesen . . .

. . . Und wenn sie die Tür – woll'n mal sagen, wie jetzt die Mieterhöhung war, geklingelt hat, dann war die Frau so gewesen, als ob sie Angst hatte, wissen Sie, so ängstlich war sie . . .

. . . Ich hatte immer den Eindruck, als wenn, naja – wir sagen Angst vor andern Leuten, vor andern Leuten hat oder so nicht ganz richtig ist, so dachte ich immer, nicht? Aber ich hab's eigentlich mehr oder weniger aufs Alter geschoben, nicht? . . .

. . . Man hatte ja auch nie gesehen, daß jemand zu ihr gekommen ist oder so, daß man vielleicht mal gesehen hat, daß die Frau Besuch bekommen hat . . .

. . . Wir wissen gar nicht, wo sie nun den ganzen Tag überhaupt verbrachte, nicht? Wo sie rumgelaufen ist . . .

Neffe: So ist keiner geartet aus der ganzen Verwandtschaft. Von den Geschwistern – keiner. Und war alles so verwunderlicher für alle Beteiligten, die sie kannten.

Patensohn: Dann hab ich sie mal getroffen, nicht? Sagte: Tag, Tante Kläre. Hast du . . . Habe keine Zeit, ich muß weg! Also ganz kurz – abgebrochen, nicht mal hingestellt, nichts, gar nichts. Ja, hat's immer eilig gehabt, immer.

Nachbarin: . . . Und jetzt, letzte Zeit, da ist sie immer – hab ich sie immer abends so um sechs Uhr auf der Straße getroffen. Da ist sie aber nicht nach Hause gekommen, ich meine, wo man ja eigentlich bei der Jahreszeit, und wenn es kalt und windig ist und dunkel wird, zeitig nach Hause geht, da ist die erst – hab ich sie immer in der Soldiner getroffen, ist sie erst fortgegangen. Und da hab ich immer angenommen, sie hat – es hieß immer, sie hat'n Bruder oder wen – ich sage, vielleicht geht sie nun immer zu ihrem Bruder abends noch hin – jetzt, die letzte Zeit, also – nun weiß ich nicht, wo sie ihre – wo ihre Wege sie hingeführt haben . . .

Schwester: Denn jedenfalls sagt sie zu uns, sie wird erst nachmittags um fünf Uhr fertig. Da sagen wir, wie ist denn sowas möglich, was macht sie da eigentlich den ganzen Tag? Ja, da hat sie – dauert lange, ehe sie sich anzieht, das haben wir hier gemerkt, nicht, das dauert sehr lange, dann ruht sie sich erst wieder aus, und dann – naja, es ging eben nicht mehr, das Herz. Sie sagte, sie kriegt keine Luft und – das war das.

Nachbarn: . . . Sie kam immer mit schweren Taschen an, und da hab ich einmal – bin ich da zwei Treppen hochgegangen – sie wohnte doch vier Treppen, und da hab ich gesagt: Na, geben Sie mir mal 'ne Tasche her, ich stell' sie zwei Treppen ab, dann haben Sie nur noch eine Tasche. Nicht mal Dankeschön gesagt, nichts, also sie hat das alles so hingenommen. Wenn ich's nun nicht gemacht hätte, also wär – ungefähr wär's genauso gut gewesen . . .

. . . Ich hab auch versucht, ihr die Taschen hochzutragen, weil sie fast jeden Tag mit mir zusammen hochgekommen ist . . .

. . . hatte immer zwei Taschen in der Hand gehabt und dann hochgetragen. War sie immer so gegen fünfe heimgekommen. Und, nachdem sie's mir ein paarmal abgelehnt hat, hab ich gar nicht mehr gefragt – ich trau mich ja dann nicht mehr, nochmal zu fragen . . .

. . . ich trag sie Ihnen nach oben und stell sie Ihnen dann vor die Tür, und dann können Sie ja langsam hochlaufen. Ja, und das hab ich eigentlich ein paarmal gemacht und – ich möchte sagen, das war auch so das einzige, daß sie dann nach und nach bißchen abgebaut hat, diese, diese Kontaktscheue – wie soll ich mich ausdrücken –. Ja, ja, irgendwie hat sie das abgebaut, und dann ließ sie ohne Bedenken ihre Taschen mit hochtragen, also, das war dann kein Problem mehr. Und dann war sie auch verbindlicher schon, merkte man so'n bißchen. Und da hat sie denn sich erkundigt nach – manchmal ein bißchen so gesprochen, 'n schönen Sonntag gewünscht, was man eigentlich so macht, und mir tat sie ja im Grunde genommen leid die Frau, nicht? Denn merkte, die war vollkommen verstopselt und vollkommen andern immer auf Distanz . . .

Neffe: Ja, ja, ja, jeder ist ihr aus dem Wege gegangen, nicht aus dem Wege, kann man nicht sagen, aber gesucht hat sie keiner mehr. Genau. Ja. Und das wollte sie vielleicht auch.

Nachbarn: . . . Wir haben sie ja wochenlang manchmal nicht gesehen, daß man sich denn sagte, oh, Fräulein Heydebreck? Haben wir schon ewig nicht gesehen. Naja, vielleicht ist sie wieder verreist, naja so – wenn Sie denn geklingelt hätten, die hätte ja gar nicht aufgemacht. Also wenn man da machmal liest, daß Leute wochenlang in der Wohnung liegen, die sind ganz alleine schuld . . .

. . . Mal zum Beispiel, da kann ich mich noch erinnern, da hat 'ne Zeitung hier auf'm Treppenpodest gelegen, Reklame wahrscheinlich, die hatte da zwei, drei Tage gelegen, und da dachte ich mir, Mann, hoffentlich ist da nichts passiert. Und – war wohl sonnabends, haben sie sie wohl hingelegt, und am Montagfrüh, da habe ich dann doch mal geklingelt. Na, es hat 'ne Weile gedauert, eh die Frau aufgemacht hat und – na hab ich dann gefragt, ich wollte bloß wissen, ob die Zeitung ihr gehört, wollt gar nicht erst so groß drauf anspielen irgendwie, daß sie vielleicht dachte irgendwie, nachher wünschen wir ihr noch'n Tod oder so. Na und da sagte sie: Ne, ne, ach ist alles in Ordnung usw. Ich hatte immer den Eindruck, die hat mal bessere Zeiten gesehen, die Frau. Und daß sie hier mit den Leuten eigentlich nichts zu tun haben wollte. Daß also die Gegend für sie nicht fein genug war, dachte ich mir so . . .

. . . Ich hab mich ja gewundert, daß sie überhaupt zu der Frau Quick gesagt hat, sie will nicht mehr – die hat mir das erzählt –, sie will nicht mehr, soll sie noch gesagt haben. Ich sage, na, daß Fräulein Heydebreck das zu Ihnen noch gesagt hat überhaupt . . .

. . . Ach so, ja, manchmal dann hat sie noch gesagt, ich soll mich nicht drum kümmern, wenn das Licht ausgeht, soll ich's Licht ruhig auslassen, sie macht dann auf dem Treppenpodest 'ne Weile Pause, das hat sie mir noch erzählt. War so ganz eigenartig. Und ich soll dann auch nicht das Licht anmachen, es dauert schon fünf bis zehn Minuten, ehe sie oben ist. Ja, ja, ach, das hat 'ne Ewigkeit gedauert, ehe sie aufgeschlossen hatte, also dann ging meist nochmal das Licht aus, bevor sie drin war. Dann machte sie nochmal an das Licht und dann – ich möcht sagen, das hat 'ne Ewigkeit gedauert. Und dann wußte sie nicht, welche Schlüssel manchmal – ich glaube, einmal hab ich ihr sogar noch die Schlüssel rausgesucht . . .

. . . Man weiß ja nicht, was in so'nem Menschen vorgeht, nicht? Aber Lebensmut hatte sie auf keinen Fall, denn sie sagte auch zu mir, daß sie eben – sie will nicht mehr . . . hm – sie will nicht. Sie kann nicht mehr, und sie will auch nicht mehr. – Naja . . .

(15) *Wolfgang Koeppen*
Das Treibhaus

Der Roman, 1953 erschienen (hier zitiert nach der Ausgabe Frankfurt 1972, S. 25–34), erfuhr zunächst zwiespältige Aufnahme. F. R. Allemann nannte ihn das »rundherum mißratene Buch eines talentierten und undisziplinierten Zeitkritikers«. Koeppen habe den Begriff der Restauration maßlos überdehnt; das Buch mit seinen Entstellungen, Schiefheiten, Unwahrhaftigkeiten stehe nicht für die Realität Bonn, sondern für eine seelische Verfassung, die die Betrachtung dieser Realität in manchen Deutschen auslöse – allerdings nicht in den schlechtesten. (*Der Monat*, Heft 67, April 1954, S. 81 ff.)

Enthusiastisch äußerte sich Karl Korn in der *Frankfurter Allgemeinen Zeitung*: das *Treibhaus* stelle eine Klasse Literatur dar, wie sie nur selten erreicht werde.

Anläßlich der Verleihung des Immermann-Preises an Koeppen stellte Benno von Wiese fest (*Die Zeit*, 21. April 1967): »Koeppens Zeitromane kamen zu früh. Ihre Aggressivität gegen das nazistische Erbe bis in unsere Gegenwart hinein, ihre bohrend unerbittliche Rückerinnerung an das Vergangene paßten nicht zu dem beginnenden neuen Zeitstil des Wohlstands und zu der bequemen Formel ›nur keine Experimente‹. Wer wollte schon sein Gewissen durch solche Literatur noch zusätzlich belasten?«

Viele Wege führten zur Hauptstadt. Auf vielen Wegen wurde zur Macht und zur Pfründe gereist.

Sie kamen alle, Abgeordnete, Politiker, Beamte, Journalisten, Parteibüffel und Parteigründer, die Interessenvertreter im Dutzend, die Syndiken, die Werbeleiter, die Jobber, die Bestecher und die Bestochenen, Fuchs, Wolf und Schaf der Geheimdienste, Nachrichtenbringer und Nachrichtenerfinder, all die Dunkelmänner, die Zwielichtigen, die Bündlerischen, die Partisanwahnsinnigen, alle, die Geld haben wollten, die genialen Filmer *zu Heidelberg am Rhein auf der Heide in der Badewanne für Deutschland am Drachenstein*, die Schnorrer, Schwindler, Quengler, Stellenjäger, auch Michael Kohlhaas saß im Zug und Goldmacher Cagliostro, Fememörder Hagen witterte ins Morgenrot, Krimhild hatte Rentenansprüche, das Geschmeiß der Lobby lugte und horchte, Generäle noch im Anzug von Lodenfrey marschierten zur Wiederverwendung auf, viele Ratten, viele gehetzte Hunde und viele gerupfte Vögel, sie hatten ihre Frauen besucht, ihre Frauen geliebt, ihre Frauen getötet, sie hatten ihre Kinder in den Eisladen geführt, sie hatten dem Fußballspiel zugesehen, sie waren im Meßgewand dem Priester zur Hand gegangen, sie hatten Diakonissendienste geleistet, sie waren von ihren Auftraggebern gescholten worden, von ihren Hintermännern angetrieben, sie hatten einen Plan entworfen, eine Marschroute aufgestellt, sie wollten ein Ding drehen, sie machten einen zweiten Plan, sie hatten am Gesetz gearbeitet, in ihrem Wahlkreis gesprochen, sie wollten oben bleiben, an der Macht bleiben, beim Geld bleiben, sie strebten der Hauptstadt zu, der Hauptstadt der Kleinstadt, über die sie witzelten, und sie begriffen nicht das Wort des Dichters, daß die innerste Hauptstadt jedes Reiches nicht hinter Erdwällen liegt und sich nicht erstürmen läßt.

Freie Bahn dem Volksvertreter, Spott aus dem billigsten Ramschladen, schon zu des Kaisers Zeit mit Bart verkauft *ein Leutnant und zehn Mann Deutschland erwache an die Latrine geschrieben*, man sah vor lauter Bart den Witz nicht mehr. Was meinte das Volk, und wer war das eigentlich, das Volk, wer war es im Zug, wer auf der Straße, wer auf den Bahnhöfen, war es die Frau, die nun in Remagen die Betten ins Fenster legte, Geburtsbetten, Kopulationsbetten, Sterbebetten, Granatsplitter hatten das Haus getroffen, war es die Magd mit dem Melkeimer, die zum Stall wankte, so früh schon auf so früh schon müde, war er, Keetenheuve, das Volk? Er sträubte sich gegen den simplifizierenden Plural. Was sagte das schon, das Volk, war es eine Herde, zu scheren, zu scheuchen, zu leiten, setzte es sich aus Gruppen zusammen, die je nach Bedarf und nach der Sprechweise der Planer einzusetzen waren, in die Schlacht zu werfen, ins Grab zu treiben, der deutsche Junge im Einsatz, das deutsche Mädchen im Einsatz, oder waren Millionen von Einzelnen das Volk, Wesen ein jedes für sich, die für sich dachten, die selber dachten, die sich von einander fort dachten, auseinander dachten, zu Gott hin dachten, zum Nichts hin oder in den Irrsinn hinein, die nicht zu lenken, nicht zu regieren, nicht einzusetzen, nicht zu scheren waren? Keetenheuve wäre es lieber gewesen. Er gehörte einer Partei an, die auf die Mehrheit setzte. Was meinte also das Volk? Das Volk arbeitete, das Volk bezahlte den Staat, das Volk wollte vom Staat leben, das Volk schimpfte, das Volk frettete sich so durch.

Es sprach wenig von seinen Deputierten. Das Volk war nicht so artig wie das Volk im Schullesebuch. Es faßte den Abschnitt Staatsbürgerkunde anders als die Verfasser auf. Das Volk war neidisch. Es neidete den Abgeordneten den Titel, den Sitz, die Immunität, die Diäten, den Freifahrschein. Würde des Parlaments? Gelächter in den Schenken, Gelächter auf den Gassen. Die Lautsprecher hatten das Parlament in den Stuben des Volkes entwürdigt, zu lange, zu willig war die Volksvertretung ein Gesangverein gewesen, ein einfältiger Chor zum Solo des Diktators. Das Ansehen der Demokratie war gering. Sie begeisterte nicht. Und das Ansehen der Diktatur? Das Volk schwieg. Schwieg es in weiterwirkender Furcht? Schwieg es in anhänglicher Liebe? Die Geschworenen sprachen die Männer der Diktatur von jeder Anklage frei. Und Keetenheuve? Er diente der Restauration und reiste im Nibelungenexpreß.

Nicht alle Abgeordneten reisten im Bundesbahnbett. Andere kamen im Auto zur Hauptstadt gefahren, quittierten das Kilometergeld und standen sich gut dabei; sie waren die schärferen Hechte. Auf der Rheinstraße brausten die schwarzen Mercedeswagen neben dem Wasser stromabwärts. Stromabwärts der Schlick, stromabwärts das Treibholz, stromabwärts Bakterien und Kot und die Laugen der Industrie. Die Herren hockten neben ihrem Fahrer, sie hockten hinter ihrem Fahrer, sie waren eingenickt. Die Familie hatte einen strapaziert. Körperabwärts, unter dem Mantel, der Jacke, dem Hemd, lief der Schweiß. Schweiß der Erschöpfung, Schweiß der Erinnerung, Schweiß des Schlummers, Schweiß des Sterbens, Schweiß der Neugeburt, Schweiß des Wohingefahrenwerdens und wer weiß wohin, Schweiß der nackten, der bloßen Angst. Der Fahrer kannte die Strecke und haßte die Gegend. Der Fahrer konnte Lorkowski heißen und aus Masuren sein. Er kam aus den Tannenwäldern; da lagen Tote. Er gedachte der Seen in den Wäldern; da lagen Tote. Der Abgeordnete hatte ein Herz für die Vertriebenen. Das soll hier nun schön sein, dachte Lorkowski, ich scheiß doch auf den Rhein. *Er schiß auf den Rhein, Lorkowski, Abgeordnetenfahrer aus Masuren, Lorkowski, Leichenfahrer aus dem Gefangenenlager, Lorkowski, Sanitätsfahrer von Stalingrad, Lorkowski, NSKKfahrer aus Kraftdurchfreudetagen, alles Scheiße,*

*Leichen, Abgeordnete und Verstümmelte, dieselbe Ladung, alles
Scheiße, er schiß nicht nur auf den Rhein.*

»Puppe.«

Der Interessenvertreter verließ den Abort, schlenkerte das
Hosenbein, nichts Menschliches war ihm fremd. Er trat zu den
anderen Interessenvertretern in den Vorraum des Wagens, ein
Mann unter Männern.

»Bißchen blaß ist sie.«

»Macht nichts.«

»Durchgeschüttelt, durchgerüttelt, durchgerollt.«

»Zu lange unten gelegen.«

Wagalaweia.

Das Mädchen kam wehenden Gewandes, Engel des Schienen-
stranges, ein Nachtengel, wehenden Nachtgewandes, Spitzen
streiften den Staub Rotz und Dreck des gefirnißten Ganges,
Brustspitzen, pralle Knospen rieben die Gewandspitzen, die
Füße trippelten in zierlichen Pantöffelchen, Bändergeschnür, *die
Füße der Salome sind wie kleine weiße Tauben sind*, die Zehen-
nägel leuchteten rot, verschlafen war das Kind, launisch, mürrisch, viele Mädchen trugen den Ausdruck des Mürrischen im
hübschen Puppengesicht, es war eine Mädchenmode, mürrisch
zu sein, im Hals kratzte der Raucherhusten, die Männer sahen
zu, wie das Mädchen trippelnd, lackiert, hochbeinig, hübsch und
mürrisch auf den Lokus ging. Parfum kitzelte die Nasen und
mischte sich hinter der Tür mit des Interessenvertreters strengem
Ablauf am Abend genossener Bockbiere – an ihm war Hopfen
und Malz nicht verloren.

»Feinen Koffer haben Sie da. Richtige Diplomatenkiste. Wie
neu aus dem AA. Schwarzrotgoldene Streifen.«

»Schwarzrotmostrich, wie wir früher sagten.«

Wagalaweia.

Der Rhein schlängelte sich nun, ein gewundenes, silbernes
Band, durch flache Ufer. Fern aus dem Frühdunst wölbten sich
Berge. Keetenheuve atmete die milde Luft, und schon spürte er,
wie sehr sie ihn traurig stimmte. Verkehrsvereine, Fremden-
lockbetriebe nannten das Land die rheinische Riviera. Ein
Treibhausklima gedieh im Kessel zwischen den Bergen; die Luft
staute sich über dem Strom und seinen Ufern. Villen standen am
Wasser, Rosen wurden gezüchtet, die Wohlhabenheit schritt mit
der Heckenschere durch den Park, knirschenden Kies unter dem

leichten Altersschuh, Keetenheuve würde nie dazu gehören, nie hier ein Haus haben, nie Rosen schneiden, nie die Edelrosen, die Nobiles, die Rosa indica, er dachte an die Wundrose, Erysipelas traumaticum, Gesundbeter waren am Werk, Deutschland war ein großes öffentliches Treibhaus, Keetenheuve sah seltsame Floren, gierige, fleischfressende Pflanzen, Riesenphallen, Schornsteinen gleich voll schwelenden Rauches, blaugrün, rotgelb, giftig, aber es war eine Üppigkeit ohne Mark und Jugend, es war alles morsch, es war alles alt, die Glieder strotzten, aber es war eine Elephantiasis arabum. Besetzt, stand auf der Klinke, und hinter der Tür pinkelte das Mädchen, hübsch und mürrisch, die Schwellen an.

Jonathan Swift, Dechant von St. Patrick zu Dublin, hatte sich zwischen Stella und Vanessa gesetzt und war empört, daß sie Leiber hatten. Keetenheuve hatte im alten Berlin den Doktor Forelle gekannt. Forelle unterhielt eine Kassenpraxis in einer Mietskaserne am Wedding. Er ekelte sich vor den Körpern, arbeitete seit Jahrzehnten an einer psychoanalytischen Studie über Swift und legte am Abend Watte um seine Türschelle, um ja nicht zu einer Geburt geholt zu werden. Nun lag er mit all den verabscheuten Leibern zusammen unter den Trümmern der Mietskaserne. Die Interessenvertreter mit entleerter Blase, befreitem lebensfrohem Gedärm schnatterten, schnodderten, sie waren ihres Appetites sicher.

»Gehen Sie man zu Hanke. Hanke war schon immer im RWM. Sagen Sie ihm, Sie kommen von mir.«

»Kann ihm schließlich keine Bockwurst vorsetzen.«

»Essen im Royal. Dreihundert. Aber wirklich erste Klasse. Rentiert sich immer.«

»Sonst sagen Sie eben dem Hanke, daß wir den Artikel dann nicht mehr herstellen können.«

»Soll sich doch der Minister um die Bürgschaft kümmern. Wozu ist er Minister?«

»Plischer war bei mir in der Fachschaft.«

»Dann verlaß ich mich auf Plischer.«

»Weiche Knie.«

Wagalaweia.

Das Mädchen, hübsch und mürrisch, trippelte ins Bett zurück. Das Mädchen, hübsch und mürrisch, war für Düsseldorf bestimmt, es konnte noch einmal ins Bett kriechen, und die Geilheit der Männer schlüpfte mit ihr, der Hübschen und Mürrischen, unter die Decke. Die Geilheit wärmte. Das Mädchen war in der Mode tätig, Mannequinkönigin irgendeiner Wahl. Das Mädchen war arm und lebte, nicht schlecht, von den Reichen. Von Timborn öffnete die Tür seines Abteils, von Timborn wohlrasiert, von Timborn korrekt, von Timborn schon jetzt wie in Downing Street akkreditiert.

»Guten Morgen, Herr Keetenheuve.«

Woher kannte er ihn? Von einem Bankett der ausländischen Presse. Man prostete sich zu und belauerte einander. Keetenheuve erinnerte sich nicht. Er wußte nicht, wer ihm begegnete. Er nickte einen Gruß. Aber Herr Timborn hatte ein rühmliches Personengedächtnis, und er trainierte es um seiner Karriere willen. Er stellte seinen Koffer auf das Gitter der Gangheizung. Er beobachtete Keetenheuve. Timborn schob die Lippe etwas vor, ein schnüffelndes Kaninchen im Klee. Dem Abgeordneten gab es vielleicht der Herr im Schlaf. Das Kaninchen hörte das Gras nicht wachsen, aber das Flüstern im Amt. Keetenheuve spurte schlecht, er war nicht zu lenken, er war unbequem, er eckte an, er war in seiner Fraktion das enfant terrible, sowas bekam einem im allgemeinen schlecht, konnte einem schaden, für Timborn wäre es das Ende aller Hoffnung gewesen, aber diese Außenseiter, man konnte es nie wissen, die machten mit ihren Fehlern ihr Glück. Es gab schöne Posten, Druckposten, Bundesposten, Abstellposten, fern von Madrid, und Timborn war wieder mal genasführt, trottend auf dem schmalen Pfad nicht grade der Tugend, aber des Avancements, Schritt für Schritt, Stufe für Stufe, aufwärts oder abwärts, das wußte man in dieser Zeit nicht so genau, immerhin, man saß wieder in der Zentrale, vor acht Jahren saß man in Nürnberg, vor weiteren acht Jahren hatte man auch in Nürnberg gesessen, damals auf der Tribüne, die Nürnberger Gesetze wurden verkündet, die ersten, immerhin, die Katastrophenversicherung auf Gegenseitigkeit funktionierte, man war wieder im Amt, und alles war drin, und viel konnte geschehen. Und wenn Herr Keetenheuve nun auf die Wahlen setzte, vielleicht ein Portefeuille erwartete? Dann würde Keetenheuve sich wehren. Wie dumm – Gandhi melkte nicht mehr seine Ziege. Keetenheuve und Gandhi, sie hätten Hand in Hand am Ganges spazieren können. Gandhi wäre ein Magnet für Keetenheuve gewesen. Timborn zog die Lippe wieder ein und blickte träu-

mend über den Rhein. Er sah Keetenheuve unter Palmen – keine
gute Figur. Timborn würde der Tropenanzug besser sitzen. Das
Tor nach Indien war geöffnet. Alexander tötete den Freund mit
dem Speer.

Der Zug hielt in Godesberg. Herr von Timborn lüftete den
Hut, den korrekten, kleidsamen Mister-Eden-Filz. In Godesberg wohnten die feinen Leute, die Bruderschaft vom Protokoll.
Herr von Timborn schritt elastisch über den Perron. Der Loko-
motivführer fluchte. Was war das für eine Strecke! Dampf geben
und drosseln. Schließlich fuhr er einen Expreß. Durch Godesberg und Bonn war man mal durchgerast. Jetzt hielt man. Die
Interessenvertreter blockierten die Tür. Sie waren Ellbogenritter
und die ersten in der Hauptstadt. Schulkinder liefen die Tunnel-
treppe herauf. Man roch die Provinz, das Muffige enger Gassen,
verbauter Stuben, alter Tapeten. Der Bahnsteig war überdacht
und grau –

*und da vor der Sperre, in der nüchternen Halle, er betrat die
Hauptstadt, hetz ihn, faß ihn, o Gott Apollon o, da packten sie
ihn wieder, überkamen ihn, fielen über ihn her, da hatten ihn
Schwindel und Atemnot, ein Herzkrampf schüttelte ihn, und ein
eiserner Reif legte sich ihm um die Brust, wurde festgeschmiedet,
wurde geschweißt, vernietet, jeder Schritt schmiedete, nietete
mit, der Auftritt seiner nun steifen Beine, seiner nun tauben Füße
war wie ein Hammerschlag, der Nieten in ein Wrack hämmerte
auf eines Teufels Werft, und so ging er, Schritt für Schritt (wo war
eine Bank, sich zu setzen? eine Mauer sich anzuklammern?),
ging, obwohl er des Gehens nicht mehr fähig zu sein glaubte,
nach einem Halt wollte er tasten, obwohl er es auch wieder nicht
wagte, die Hand nach einem Halt auszustrecken, Leere, Leere
dehnte sich gewaltig in seinem Schädel aus, preßte, stieg an wie in
allzuferner verschwindender abschiednehmender die Erde ver-
lassender Höhe der Innendruck in einem Ballon, aber wie in einem Ballon der mit dem reinsten Nichts gefüllt war, einem
Nichtstoff, einem Unstoff, etwas Unbegreiflichem, das den
Drang hatte, zu wachsen, das aus Knochen und Haut dringen
wollte, und schon vernahm er, vernahm er noch ehe es so weit
war, vernahm er wie Eiswind das Zerreißen der Seide, und dies
war der extreme Augenblick, eine unsichtbare, selbst in der Ge-
heimschrift der Mathematik nicht mehr zu bezeichnende Weg-
marke, wo alles aufhörte, ein Weiter gab es nicht, und hier war*

die Deutung, sieh!, sieh!, du wirst sehen, frage!, frage!, du wirst hören, und er senkte den Blick, feig, feig, feig, geschlossen blieb der Mund, arm, arm, arm, und er klammerte sich an, klammerte sich fest an sich selbst, und der Ballon war eine enttäuschende schmutzige Hülle, er war schrecklich entblößt, und dann begann der Sturz. Er zeigte den Fahrausweis vor, und seine Empfindung war, daß der Sperrenwächter ihn nackt sah, so wie Gefängniswärter und Feldwebel den ihnen ausgelieferten Menschen vor seiner Einkleidung zu Haft und Sterben sehen.

Schweiß stand auf seiner Stirn. Er ging zum Zeitungsstand. Die Sonne war zu Besuch, kam durch ein Fenster und warf ihr Spektrum über die neuesten Nachrichten, über das Gutenbergbild der Welt, es war ein irisierendes, ein ironisches Flimmern. Keetenheuve kaufte die Morgenblätter. KEIN TREFFEN MIT DEN RUSSEN. Natürlich nicht. Wer wollte wen treffen oder nicht treffen? Und wer kam schon gerannt, wenn er gepfiffen wurde? Wer war ein Hund? Eine Verfassungsklage – war man sich uneinig? Wer konnte nicht lesen? Das Grundgesetz war geschaffen. Bereute man die Bemühung? Was tat sich in Mehlem? Der Hohe Kommissar war auf der Zugspitze gewesen. Er hatte einen wunderbaren Fernblick gehabt. Der Kanzler war leicht erkrankt, aber er waltete seines Amtes. Sieben Uhr früh – er saß schon an seinem Schreibtisch. In Bonn arbeitete nicht nur Frost-Forestier. Keetenheuve war seiner Beklemmung noch nicht Herr geworden. Der Hauptsaal des Bahnhofrestaurants war geschlossen. Keetenheuve ging in den Nebenraum, Schulkinder hockten am runden Tisch, reizlos angezogene Mädchen, Jungens, die schon Beamtengesichter hatten, verstohlen rauchten, auch sie waren fleißig, wie der Kanzler, hatten Bücher aufgeschlagen, lernten, strebten (wie der Kanzler?), eine Jugend verbissenen Gesichts, was für vernünftig galt, was dem Vorankommen diente, steuerte ihr Herz, sie dachten an den Stundenplan und nicht an die Sterne. Die Kellnerin meinte, man müsse hier Flügel haben, Keetenheuve sah sie schweben, ein Butt mit Schwingen, der Betrieb war dem Andrang nicht gewachsen, dem Auswurf der großen Züge, die Interessenvertreter schimpften, wo blieben ihre Eier, Keetenheuve bestellte ein Helles. Er verabscheute Bier, aber der bittere prickelnde Trank beruhigte diesmal sein Herz. Keetenheuve schlug die Lokalseite der Zeitung auf. Was gab es Neues in Bonn? Er war der Kurgast, der allzulang in einen trostlosen Badeort verbannt, schließlich dem Dorfklatsch lauscht. Sophie Mergentheim hatte sich zum Wohle von Flüchtlingen mit Wasser bespritzen lassen. Sieh', sie schaffte es immer. Auf einem Empfang für Gott weiß wen hatte sie sich mildtätig unter die Gießkanne gebeugt. Sophie, Sophia, ehrgeizige Gans, sie rettete das Capitol nicht. Wer zahlte, durfte spritzen. Schöne Tulpe. Die Zeitung brachte das Bild der Sophie Mergentheim, naß im durchnäßten Abendkleid, bis in die Hose naß, naß bis auf die duftbetupfte, die puderbestreute Haut. Kollege Mergentheim stand hinter dem Mikrofon und starrte durch seine dicke schwarze Hornbrille mutig ins Blitzlicht. Zeig mir deinen Uhu! *Nichts Neues in Insterburg. Ein Hund hat gebellt.* Mergentheim war Spezialist für jüdische Witze; am alten Volksblatt hatte er den Humor des Tages redigiert. *Was, wer bellte in Insterburg? Gestern? Heute? Wer bellte? Juden? Schweigen. Hundewitz.* Im Kino – Willy Birgel reitet für Deutschland. *Der widerliche Schaum des Bieres auf den Lippen. Elke, ein Name aus der nordischen Mythologie. Die Nornen Urdh, Verdhani und Skuld unter dem Baum Yggdrasill. Blankgewichste Stiefel. Der Tod in Kapseln, Bier über ein Grab.*

Reisen in eine Lebensform

Eine Bestandsaufnahme der Bundesrepublik in der Zeit der Wirtschaftswunderära bedeutet, als Topographie, Beschreibung von Provinz, Beschreibung des Provinzlers und seines Schicksals. (16) Das katholische Milieu (eine mit »Sekundärtugenden« ausstaffierte »Schmücke-dein-Heim-Kultur«) griff Carl Amery heftig in seinem Buch *Die Kapitulation oder Deutscher Katholizismus heute* (Reinbek 1963) an. Im Nachwort des Buches bemerkte Heinrich Böll: »Die Grundstimmung dieses kleinen Buches ist Melancholie, doch nicht Resignation, und es steht fast allein gegen einen aufgeblähten publizistischen Apparat, wie er dem deutschen Katholizismus zur Verfügung steht: Amerys Buch ist unerbittlich, genau in seiner historischen Analyse, aber nicht unversöhnlich, es ist fair – und steht einem Apparat gegenüber, dem Fairneß nicht die vertrauteste aller Vokabeln ist. Das Buch eines deutschen Katholiken über den deutschen Katholizismus, dazu bedarf es einiger Vorbemerkungen. Was ein deutscher Katholik ist, läßt sich einigermaßen klar definieren: wer katholisch getauft, nicht exkommuniziert ist, seiner deutschen Staatsangehörigkeit nicht verlustig ging oder sich ihrer entledigte. Der deutsche Katholizismus, wie er hier verstanden wird, existiert in Gremien, Komitees, auf Konferenzen. Es gibt nicht die Einheit: deutsche Katholiken – deutscher Katholizismus; gäbe es sie, dann hätte Reinhold Schneider auf einem Katholikentag seine Rede gegen die Wiederaufrüstung halten dürfen. An keiner Person besser als an der Reinhold Schneiders läßt sich nachweisen, wie schnöde der deutsche Katholizismus an deutschen Katholiken zu handeln vermag. Reinhold Schneider hatte alles, was ›man‹ sich nur wünschen konnte: er war auf eine ritterliche Weise konservativ, er war ein Dichter des inneren Widerstands, gelobt, geehrt und vorgezeigt, als er aber die ersten Anzeichen der Kapitulation des deutschen Katholizismus vor dem Nachkriegsopportunismus angriff, zeigte sich, welcher Natur seine Partner gewesen waren: er wurde denunziert und diffamiert.« (S. 124)

Reisen in die Lebensform der Provinz: Bayern erwies und erweist sich dabei, nicht nur wegen seiner deftigen politischen Urgenies (in Franz Josef Strauß kulminierend), als ein ganz besonderes Bundesland; Fahrten durch den »weiß-blauen Dunst« vermitteln einen spezifischen Eindruck vom bundesrepublikanischen Provinzialismus in seinen Gründen wie Abgründen – einschließlich seines landschaftlichen Charmes und seiner folkloristischen Spontaneität, die sich noch nicht von des Gedankens Blässe angekränkelt fühlt. (17)

Reisen in die Provinz: das waren Reisen in eine Lebensform, die auch immer wieder die Sehnsüchte nach der großbürgerlichen Welt, die nun Patina angesetzt hatte, erspüren ließen (18); und es waren Reisen in die Zwielichtigkeit von spießbürgerlicher Doppelmoral, die sich, über die Jahrzehnte hinweg, »frisch« am Leben erhalten hatte.

Als der Eichmann-Prozeß stattfand, sprach Hannah Arendt von der »Banalität des Bösen«: »Solange er (Eichmann) irgend imstande war, zu der jeweiligen Stimmung die ihr entsprechende erhebende Redensart zu finden, war er ganz zufrieden und merkte überhaupt nicht, daß da so etwas wie eine ›Inkonsequenz‹ zutage trat. Diese schaurige Begabung, sich selbst mit Klischees zu trösten, verließ ihn auch nicht in der Stunde seines Todes. In seinen letzten Worten unter dem Galgen erklärte er erst, daß er ›gottgläubig‹ sei, was im Sprachgebrauch der Nazis hieß, daß er kein Christ war und nicht an ein Leben nach dem Tod glaubte. Und dann fuhr er fort: ›In kurzer Zeit, meine Herren, werden wir uns alle wiedersehen. Dies ist das Schicksal aller Menschen. Es lebe Deutschland, es lebe Argentinien, es lebe Österreich. Ich werde sie nicht vergessen.‹

Im Angesicht des Todes fiel ihm nichts ein, als was er in unzähligen Grabreden gehört hatte. Unter dem Galgen spielte sein Gedächtnis ihm den letzten Streich, fühlte sich ›erhoben‹ wie bei einer Beerdigung und hatte vergessen, daß es seine eigene war.

In diesen letzten Minuten war es, als zöge Eichmann selbst das Fazit der langen Lektion in Sachen menschlicher Verruchtheit, der wir beigewohnt hatten – das Fazit von der furchtbaren Banalität des Bösen, an der das Wort wie der Gedanke scheitert.« (*Merkur*, Nr. 186, August 1963, S. 776)

Was der Nationalsozialismus im besonderen Maße verkörperte, nämlich »Spießerideologie«, basierend auf und profitierend von der Verprovinzialisierung des deutschen Geistes in mehr als einem Jahrhundert, war weiterhin am Werk, wenn auch modisch überlagert. Mit Überraschung stellten freilich die ausländischen Besucher fest, daß der deutsche Mann keineswegs mehr auf Tirolerhut und Bierkrug, die deutsche Frau nicht mehr auf keuschlangen Rock und Haardutt, das deutsche Mädel nicht mehr auf strohblonde Zöpfe und der deutsche Schuljunge nicht mehr auf den Matrosenanzug festgelegt waren; auch die Deutschen bezogen nun Modernität aus der Boutique. Doch bei der »Vermessung« des mentalen Provinzialismus zeigte sich, daß Provinz nach wie vor der »Ort« des vorherrschenden Gefühls (dumpfer Ahnung, unbewußter Angst) war, den Anschluß an Urbanität verpaßt zu haben; daraus ergab sich, als Kompensation provinziellen Versäumnisses, die eifrig betriebene Vortäuschung und Selbsttäuschung, eigentlich ganz vorne zu liegen.

Provinz war mythische Regression: »Ort« für Flucht in jene »Bilder«, welche die Ratio, und damit Reflexion wie Selbstreflexion, zu betäuben suchten; Faszination durch materialisierte Symbole, die suggestiv von der Misere der Enge ablenken wollten.

Provinz, das war das unheimliche Idyll: »Ort« für Innerlichkeit, die nicht ausgehalten wurde; Versagung, die sich als solche nicht wahrhaben wollte. Hinter der als Schein nach außen gestülpten Innerlichkeit wuchs Frustrationsaggressivität, die zum Ausbruch bereitstand und leicht manipuliert werden konnte.

An markanten Kriminalfällen, vor allem den Morden des Jürgen Bartsch, konnte die Aggressivität des Milieus exemplarisch erfahren werden. Die »Banalität des Bösen« war hier zwar ohne politische Dimension, scheinbar extremer Einzelfall; doch die rechtsradikalen Strömungen machten deutlich, daß Provinz als Mentalitätsform auch politisch, in Stadt und Land, zu aktivieren war.

Der amerikanischen Millionenillustrierten *Look* berichtete Erich Fromm im Mai 1964, er habe bei seinen regelmäßigen Deutschlandbesuchen die gleichen kranken, hassenden, verwirrenden Gesichter gesehen wie in den dreißiger Jahren. Die große deutsche Kleinbürgerklasse kenne auch heute keine »wirklichen Werte«; sie sei darauf aus, »die Welt zu zerstören, von der sie, wie sie meint, beiseite geworfen worden ist«. Noch schlimmer war Fromms Urteil über die deutsche Jugend: sie sei »völlig bindungslos«, »amoralisch« und »ohne Glauben«; »ungeführt und bar jeglicher Motive« den »Verlockungen der Hysterie und Absurdität« ausgesetzt; sie empfinde keinerlei »Loyalität«, »weder gegenüber sich selbst, noch gegenüber der Gesellschaft«; sie sei »wahrhaft nihilistisch«. »Wir werden einst von ihr hören und es werden keine guten Nachrichten sein.« Ende Februar des gleichen Jahres besucht der amerikanische Theaterschriftsteller Arthur Miller den Frankfurter Auschwitz-Prozeß. Eine Woche später warf er in der *New York Herald Tribune* die Frage auf, ob jemals wieder in Deutschland eine Bewegung entstehen könne, die solchen Männern, wie den zweiundzwanzig Angeklagten des Auschwitz-Prozesses, Gewalt über Leben und Tod verleihen würde – und fand sie »unbeantwortbar« (laut *Spiegel,* Nr. 30/1964).

Waren solche Berichte natürlich auch durch allerlei Vorurteile getrübt – die Reisen in die Provinz, als Reisen in eine deutsche Lebensform, brachten manche Bedenklichkeiten, zumindest Frag-Würdigkeiten zutage. Strukturell gesehen befände man sich – führte Alexander Mitscherlich in einem vielbeachteten Buch 1963 aus – auf dem »Weg zur vaterlosen Gesellschaft«; vor sich gehe eine »Entväterlichung in der überorganisierten Gesellschaft«. Ein Jahrhundertthema war angeschlagen: das Unbehagen am Patriarchat mit seinen die freie Entwicklung verdrängenden Repressionen; die Revolte gegen die Väter (»Aktion Vatermord«); die Vision von der Brudergesellschaft, die zur Beute der Betrüger wurde; der tastende Versuch, zu einer die charismatische Autorität ablösenden »Kompetenz« als gesellschaftlichem Ordnungsprinzip zu gelangen; die Gleichgültigkeit und Beziehungslosigkeit eines der materiellen Expansion allein sich überlassenden gesellschaftlichen Bewußtseins.

Provinz in diesem allgemeinen Sinne war der Verlust eines ideellen Bezugssystems, das zur Ichstärke via Identifikation hätte führen können.

(16) *Carl Amery*
Der Provinzler und sein Schicksal

Carl Amery, geboren 1922 in einem katholischen Elternhaus, gab 1964 das Buch *Die Provinz. Kritik einer Lebensform* heraus (Text nach der Taschenbuchausgabe, München 1966, S. 7–14).

Der Wiener, stets auf legere Grausamkeit bedacht, hat den bösartigsten Witz über das Schicksal des Provinzlers erfunden: ein aus der Metropole nach Linz verschlagener Beamter schildert einem alten, zufällig wiedergefundenen Freund die eigene Entwicklung wie folgt: »Im ersten Jahr – da maanst du stirbst. Im zweiten Jahr – na, da wirst allmählich a bisserl deppert. Und im dritten – im dritten, da bist eben a Linzer.«
      Ist damit unser Thema vielleicht schon erschöpfend behandelt? Keineswegs; aber der Witz bietet einen guten Ausgangspunkt für unsere Betrachtung. »Der Linzer«: das ist ein Kollektiv-Begriff, ein Kollektiv-Vorurteil, so wie »der Jude«, »der Neger«. Kollektiv-Begriffe sind Resultat und Vorwand der Diskriminierung – und damit taucht schon ein wichtiges, wenn nicht das wichtigste Symptom des Selbstverständnisses der Provinz auf: der Provinzler ist ein Objekt der Diskriminierung. Aber während es eine immer stärkere Weltmeinung gibt, die gegen rassische und religiöse Diskriminierung ankämpft, ist der Provinzler nach wie vor ein wehrloses Objekt. Wenn dem Kabarettisten, dem Feuilletonisten, dem Komödienschreiber der Dampf ausgeht (und oft schon lange vor diesem Stadium), vermag er sich immer noch mit Ortsnamen wie Komotau, Tittmoning, Scheibbs oder Wanne-Eickel seine sicheren Lacher zu verschaffen. Und der Scheibbser, der Komotauer oder Wanne-Eickeler, der im Parkett sitzt, wird sich hüten, nicht mitzulachen. Er weiß sich gehandicapt; und er kann es bis zu einem gewissen Grade sogar verstehen, daß man über sein Handicap amüsiert ist.
      Das Handicap ist so alt wie die Stadt selbst; das heißt, so alt wie die Großstadt, die Metropole. Der erste, der perfekteste und arroganteste Großstädter war wohl der Athener; und seine Witze über die Böotier sind bekannt. Mühelos verdrängte er dabei die Tatsache, daß die glitzernde Pracht seiner Kapitale im wesentli-

chen aus den Geldern eben jener Provinztrottel errichtet war, über die er sich lustig machte. Auch daran hat sich nicht so sehr viel geändert; die Metropolen, das sind eben die Zentren, in denen Geld ausgegeben wird, und noch die Millionenstadt ist insoweit Provinz, als sie schuftet und nicht kassiert – oder ausgibt.

Auch das weiß heute der Provinzler. Er ist schließlich kein Analphabet, wie weiland der Böotier. Er ist (stellen wir das gleich fest) teilweise sogar solider gebildet als der Großstädter. Er ist durch viele Stränge (durch Verwandtschaft, Geschäft, Rundfunk, Auto, Zeitung und Funk) eng mit den Metropolen verbunden. Er hat sogar objektive Gründe, sich dem Großstädter in vielem überlegen zu fühlen: die Lebensmittelpreise in der Provinz sind im ganzen günstiger, das Bauen entschieden billiger, das Leben geselliger, die Achtung der Mitbürger ist leichter zu haben. Und dennoch, dennoch: es bleibt ein Handicap, Provinzler zu sein.

Dabei ließe sich das Schicksal und die Eigenheit des Provinzlers auch aus einer entgegengesetzten Perspektive definieren: der des Dorfes nämlich. Der Provinzler ist eine Zwischenform, ein kultur-anthropologisches Amphibium. Ihm fehlt die aus der Begrenzung erwachsende Selbstsicherheit des Dörflers ebenso wie die aus der Unverschämtheit erwachsende des Großstädters. Und merkwürdig: was die Rastlosen, die Großstadtsüchtigen an der Provinz nicht mögen, was sie an ihr verspotten oder verfluchen, das ist keineswegs das Dörfliche, wie sie es verstehen. Im Gegenteil: Romantik, übers Dorf gebreitet, das ist eine großstädtische Projektion. Nein, es muß Spezifika der Provinz-Existenz geben, die sich ebenso vom Dorf wie von der Großstadt unterscheiden. Wie lassen sich diese Spezifika beschreiben?

Da ist das erste wichtige Phänomen die Verspätung der kulturellen Signale. Sie gehen von der Großstadt aus; und kein Journal, kein Wort- oder Bilderstrom über Presse und Ätherwellen vermag dieses Schicksal zu ändern. Während der Dörfler (soweit er nicht selbst Provinzler geworden ist) auf die Marotten der Großstadt pfeift und oft genug die Gaudi erlebt, daß der Großstädter wie Antäus zur Scholle zurückflüchtet, fühlt die Provinz den gar nicht so dunklen, aber immer starken Drang, *up to date* zu sein; und immer wieder sieht sie dieses Ziel entschwinden. Sie ist ein schnellfüßiger Achilleus, dem die großstädtische Schildkröte immer wieder davonläuft. Da baut ein eifriger Provinzler ein modernes Café mit Resopal-Bar, indirekter Beleuchtung und Mixdrinks – und muß erfahren, daß inzwischen das formlose Espresso schick geworden ist. Er redet von Autofahrten nach Italien und hört, daß »man« jetzt nach Mallorca fliegt. Er beeilt sich, eine Chartermaschine zu heuern, und muß zur Kenntnis nehmen, daß »man« bereits in Sardinien Ferien macht, ohne fließendes Wasser und Strom.

Wohlgemerkt: das hat nichts mit Bildung zu tun – jedenfalls nicht im akademischen Sinn. Wiederholen wirs: der Provinzler legt mehr Wert auf Bildung als der Großstädter. Seine Gymnasien sind im Durchschnitt besser, die Bildungsprogramme der Rundfunkanstalten haben nirgends treuere Hörer als in der Provinz, und nicht viel anders steht es mit den Abonnements der Metropolitan-Theater. (Es wäre einmal eine Umfrage wert, festzustellen, wie viele Großstädter nur anläßlich des Besuchs von Provinzverwandten ins Theater kommen.) Und der Provinzler *arbeitet* an dieser Bildung. Er reist in die Metropole, um ein Stück von Shakespeare in der neuen Inszenierung von X zu sehen. Er hat das Stück nochmals gelesen, auf Englisch und Deutsch. Er hat einiges über X gelesen, in sogenannten Weltblättern oder Wochenzeitschriften. Er bemüht sich, einzudringen. Und dann lacht sein großstädtischer Freund und sagt: »Wenn du die Inszenierung verstehen willst, brauchst du nur zu wissen, daß X kokst« (oder spinnt, oder seine dritte Frau losgeworden ist – Zutreffendes bitte anzukreuzen).

Mit anderen Worten: dem Provinzler fehlt das *Element*. Er ist, schwerbewaffnet mit Schnorchel, Barracuda-Flossen und Harpune, ins Wasser der Großstadt gestiegen – und muß zusehen, wie ihm ein windiger Hecht vor der Nase wegschwimmt. Besser noch: die Schildkröte schwimmt ihm davon; ihm, dem schnellfüßigen Unterwasser-Achilleus.

Nun ist der Provinzler von Haus aus geduldig. Aber es kann nicht ausbleiben, daß er sich zumindest unbewußt in einem Zustand permanenter Gekränktheit befindet. Man diskriminiert ihn. Er will Sartre kennenlernen, kommt ins Café Flore und stellt fest, daß Sartre längst ausgerückt ist – vor ihm, ja, vor ihm, dem Provinzler. Die Großstädter, diese flatterhaften, hat er sich ja noch gefallen lassen – aber seit sie mit dem Bus aus Maubeuge anreisen, ist er getürmt. Warum? Sind die ernsthaften Bewohner von Maubeuge vielleicht schlechtere Gesprächspartner als wildgewordene Studenten mit Kinnbärten? Sind sie vielleicht keine *Menschen?* – Ja, die Frage wurde gestellt. Es sind in Deutschland Heimatbücher erschienen mit dem Titel: ›Komotauer (oder Wanne-Eikeler, oder Tittmoninger) sind auch Menschen!‹ Daß diese Art der Apologie von umwerfender Komik ist, gehört zur Tragödie der Provinz.

Gelegentlich verwandelt sich diese Gekränktheit in sehr interessante öffentliche Überzeugungen. So läßt sich in Bayern ein besonders hartnäckiges, wenn auch wesenloses Gespenst beobachten: der Münchener Zentralismus. Vor allem in fränkischen und schwäbischen Gauen wird er gefürchtet und bekämpft. Ich muß gestehen, daß ich dieser Überzeugung vom Münchener Zentralismus lange Zeit verständnislos gegenüberstand. Bayern wird doch im wesentlichen nicht von Münchenern, sondern von Franken und Oberpfälzern verwaltet und regiert, und was die Münchener Kommunalverwaltung anbetrifft, so ist sie bestimmt eine der lässigsten und kommodesten, die an der Spitze irgendeiner Millionenstadt zu finden ist. Woher sollte also dieser Münchener Zentralismus kommen? Ich fürchte, er ist eine Rationalisierung; die Rationalisierung der urbanen Strahlkraft, die sozusagen automatisch von der Metropole ausgeht. Ähnliche Mißverständnisse sind in den USA festzustellen: so etwa die im Mittelwesten tief eingefressene Überzeugung von der »Verschwörung« des urbanen Ostens gegen die eigentlichen amerikanischen Werte.

Was aber sind nun die Gründe für diese kulturelle Signalverspätung? Sind sie vermeidbar? Sind sie abzuschaffen? Vielleicht; aber nur, wenn der Provinzler seine wichtigsten gesellschaftlichen und menschlichen Vorteile aufgibt. Mit anderen Worten: wenn er seine besondere Art der sozialen Bindung aufgibt. Der Großstädter gewinnt ja seine vielberufene Freiheit aus der Tatsache, daß er wieder zum Jäger geworden ist; Mensch, Mitmensch ist für ihn das Mitglied seines Clans, oder mehrerer durch die Pluralität seiner Interessen gebildeter Clans. Mit ihnen, seinen Clangefährten, jagt er im Dschungel aus Steinen, Asphalt, Autos und Individuen, die er nicht kennt und die ihn nichts angehen. Der Dörfler andererseits ist nach wie vor auf den universalen nachbarlichen Zusammenhalt angewiesen, der zwar Feindschaften, Todfeindschaften, aber keine rigorose Kastenbildung erlaubt.

Der Provinzler ist nicht so frei wie der Großstädter, seine kongenialen Jagdgefährten zu wählen – aber auch mit der universalen Nachbarschaft ist es bei ihm vorbei. Er ist gezwungen, aus den Tausenden seiner Mitbürger die Gruppe herauszufinden, in der er funktionieren kann. Meist wird hier freilich gar keine Wahl vollzogen, sondern die Gruppe wählt ihn, determiniert ihn, legt ihn fest. Man geht wohl nicht fehl in der Annahme, daß hier eine der tiefsten Wurzeln provinzieller Malaise zu finden ist; und aus ihr wachsen allzurasch und allzuleicht zwei unausrottbare provinzielle Überzeugungen: erstens die Überzeugung, daß der größte Teil der sozialen Umgebung schicksalhaft ist, unvermeidlich wie das Wetter oder das Finanzamt – und zweitens das speziell provinzlerische Subjekt-Objekt-Gefühl gegenüber dem Nächsten. Das ist die Malaise, die vielleicht den größten Prozentsatz von »bright young men« heute in die Großstädte treibt; und es ist gar keine Frage, daß ein drückender gesellschaftlicher Zustand aus diesen Voraussetzungen entsteht und entstehen kann. Die Mehrheit der sozialen Kontakte in der Provinz (das wird wohl jeder bestätigen können, der dort lebt oder gelebt hat) ist aufgezwungen, vom gesellschaftlichen Pflichtbewußtsein diktiert. Relativ wenig gefühlt wird das in der breiten Basis der sozialen Pyramide, unter Arbeitern und kleinen Gewerbetreibenden – aber das Problem verschärft sich, je weiter oben auf der Pyramide der Provinzler zuhause ist, und findet seinen prägnantesten Ausdruck in der mühevollen Runde der Pflicht-Einladungen, an die man geschnallt ist wie der orientalische Sklave an sein Mühlrad. Seit vielen Generationen ist dieser Aspekt provinziellen Daseins zum literarischen Anlaß geworden.

Eng verbunden mit diesen sozialen Zwängen ist die »Konvention« – auch das haben die Literaten erkannt, und sie greifen die Konvention seit ebensovielen Generationen an, ohne sie auflösen zu können. Sie *kann* sich gar nicht auflösen, weil sie situationsbedingt ist. Mit Zucht und Sitte im engeren Sinne, umgekehrt gesprochen mit »Heuchelei« oder »Puritanismus« hat sie nur mehr entfernt zu tun. Der Provinzler lebt genau so moralisch bzw. unmoralisch wie der Großstädter; ja, Kenner versichern, daß man gut daran tut, in die Provinz zu gehen, wenn man wahre Sittenlosigkeit kennenlernen will. Der Sektumsatz per capita auf Faschingsfesten der provinziellen Jeunesse dorée ist erheblich, die vorausgehenden, parallellaufenden oder nachfolgenden »Affären« desgleichen. Die moralische Schnellstraße, die das Auto dem Menschen eröffnet hat, kennt der Provinzler mindestens genausogut wie der Großstädter. Nein, die Konventionen der Provinz sind sozialer Art: sie haben dafür zu sorgen, daß die Kontinuität der unentrinnbaren Gruppe gewahrt bleibt. Der Großstädter, der Jäger im kleinen Clan, tut sich leicht: er kann jede beliebige soziale Katastrophe zurücklassen und morgen einen neuen Haufen finden – oder eine neue Einsamkeit, je nachdem. Er kann gewissermaßen sein Leibpferd zum Konsul ernennen wie weiland Caligula, und niemand wird sich darum scheren. Aber in der Provinz will man, muß man den Hut vor dem Herrn Konsul ziehen – und so wird nie, nie ein Pferd zum Konsul in Komotau werden.

Das erklärt die Notwendigkeit der kulturellen Signalverspätung. Kulturelle Signale können erst aufgenommen werden, wenn sie konventionsfähig werden, wenn sie eine neue Konvention aus sich entlassen – oder der bestehenden Konventionen angepaßt werden können. Es gibt in der Provinz kaum ein unkonventionelles Element. Wer wirklich unkonventionell sein will (und es auch fertigbringt), der wird notwendig zum Einsiedler, zum Hieronymus im Gehäuse. Je nach landschaftlicher Begabung (Bayern und alemannische Gaue verfügen über mehr Talente dieser Art) findet man überall in der Provinz diese Eremiten. Sie sind kulturell unfruchtbar; das heißt, sie sind in ganz wenigen Fällen vielleicht erst für das 22. Jahrhundert fruchtbar. Genausogut aber (und wesentlich öfter) sind sie Käuze, Erfinder von längst Erfundenem, Denker von längst Gedachtem, Querköpfe, Querlieger und Querschießer. Sie stellen keine neuen Signale, jedenfalls keine solchen, die sinnvoll abgelesen werden können, und ihre Nachbarn, von denen sie sich abschließen, verstehen ihre Sprache nicht.

Nun hat natürlich dieser Zustand der Konvention seine positive Seite: nur der geistige Vagabund würde es begrüßen, von einem Pferd regiert zu werden. Der Provinzler ist, aufs Ganze gesehen, politisch und sozial leistungsfähiger als der Großstädter. Seine Konvention, das heißt der Zwang, innerhalb klar erkannter und erkennbarer Gruppierungen zu leben, nötigt ihn zur politischen Aktivität im weitesten Sinne. Auch wo die Interessen regieren (und wo regieren sie nicht?), sind sie nirgends anonym, sondern leicht mit Personen zu identifizieren. Ja, man kann sagen, daß auf der provinziellen Ebene das große legitime Feld der politischen und sozialen Interessen liegt. Auf diesem Feld trainiert die Provinz eine große Schar von Politikern und entsendet sie auf weitere Felder der Aktion. Gäbe es Statistiken über die Herkunft von Politikern, Beamten, Funktionären, sie würden bestimmt einen ungewöhnlich hohen Prozentsatz von Provinzlern aufweisen. Und selbst der Politiker, der geographisch aus der Großstadt stammt, kommt bestimmt eher aus ihrer provinziellen Schicht oder Komponente als aus der eigentlichen metropolitanischen Crème. Adenauer ist in diesem Sinne ein Kölner Provinzler, Strauß ein Münchener; aber schärfer als in Deutschland wird diese Provenienz der Politiker in den USA sichtbar, wo sich mächtige politische Maschinen vorzugsweise um provinzielle, ärmliche, noch von dem Zusammenhock-Bedürfnis der Immigration oder der Segregation gezeichnete Viertel bilden.

Diese politische Begabung der Provinz hat auch handfeste geistige Gründe. Gut gemachte Politik kommt ohne herzwärmende, positive, allzeit als Begriffsmünzen verfügbare Klischees nicht aus; und diese Klischees müssen mit einem hohen Grad von Überzeugung vorgetragen werden, wenn sie wirken sollen. Diese Notwendigkeit ist aber dem heutigen großstädtischen »Trend« diametral entgegengesetzt. Vor allem das Gespräch der Intelligentsia lebt vom raschen Verschleiß der Klischees, lebt vom Aufzeigen der Lüge, der Halbheit, der Schiefheit im Denk- und Redeklischee, und das geheiligte Schlagwort der Herbstsaison wird zum Spottwort des Frühjahrs.

Dies, mehr als alle Doktrinen, trennt den Politiker von den »zersetzenden Intellektuellen«. Es geht längst nicht mehr darum, ob der Politiker demagogische oder demokratische, faschistische oder sozialistische, klerikale oder atheistische Begriffsmünzen verwendet; entscheidend wichtig ist für ihn, daß diese Begriffsmünzen einen soliden geistigen und emotionalen Kurs behalten müssen, wenn sein Geschäft einen Sinn haben soll. Es ist bezeichnend, daß weder die konservative noch die »fortschrittliche« Partei, weder die institutionelle Kirche noch der verfaßte Sozialismus mit ihren Intellektuellen viel anfangen können und wollen; denn der Intellektuelle kann, wenn er sich ernst nimmt, keine starren Valuten gelten lassen – und keine Klischees. Er muß zersetzen, das ist sein Geschäft. Und die Großstadt ist dafür die ideale Operationsbasis. Vielleicht auch das kleine Dorf, wo er mit seiner Kühnheit allein ist. Auf keinen Fall aber die Provinz. Hier ist das bißchen Clan nicht vorhanden, das er braucht, um seinem Geschäft nachzugehen; von gesellschaftlicher Macht ganz zu schweigen.

Nun ist diese gesellschaftliche Macht auch in der Großstadt kaum vorhanden – oder doch nur in wenigen ihrer Oasen. Aber der Provinzler überschätzt, wie man immer wieder erfährt, eben die Macht der Zersetzer maßlos. Er vermutet, daß diese Zersetzer ihr Geschäft mit der gleichen unschuldigen gesellschaftlichen Aggressivität betreiben, die ihm gang und gäbe ist. Er nimmt eine Verschwörung an, wo noch nicht einmal eine Clique am Werk ist. Er vermutet, daß die Geister in den Lüften nach einer wohlgeplanten Strategie vorgehen; daß sie sein Schicksal bestimmen oder doch bestimmen möchten. Und darum ergreift er Maßnahmen, die ihm nötig erscheinen, um sich vor dieser Gefahr zu schützen.

Ja, der Provinzler ist schicksalsgläubig. Besser gesagt, er hält den Bereich des Machbaren für sehr begrenzt, genau auf seinen überschaubaren Lebensbereich begrenzt. Die Welt, sie ist ihm ein riesiges *en-soi* (um einen existentialistischen Terminus anzuwenden), ein undurchschaubares und objektiv determiniertes Gebilde, aus dem es ein bescheidenes Segment, einen bescheidenen Gewinn herauszuschneiden und zu verwerten gilt: eine Beförderung, einen Profit, einen billigen Baugrund, eine metaphysische oder philosophische Gewißheit. Darauf allein kann und will er seine Maßnahmen beziehen. Sein Verhältnis zur Obrigkeit und zu den Honoratioren, über das so viel gewitzelt wird, ist letzten Endes ein Verhältnis zum Schicksal: eine Vorentscheidung zugunsten der überkommenen Hierarchie, zugunsten der Konvention – und damit eine Vorentscheidung zur Hinnahme dessen, was die »Vorsehung« schickt.

Er weiß nicht, daß Schicksal nichts anderes ist als die Resultante von Millionen solcher Vorentscheidungen. Mit anderen Worten: er weiß nicht, wie sehr er sich selbst und andere durch seine Schicksalsgläubigkeit – und seine scheinbar so bescheidenen Maßnahmen determiniert.

17) *Reinhard Baumgart*
Durch den weiß-blauen Dunst
Stimmen, Daten, Bilder aus Bayern

Reinhard Baumgart wurde 1929 in Breslau geboren; er studierte in
München, Freiburg und Glasgow englische Literatur und Geschichte.
Als Lektor, dann als freier Schriftsteller tätig (u. a. die Romane *Der
Löwengarten*, 1961; *Hausmusik. Ein deutsches Familienalbum*, 1962).
Der nachfolgende Text (Auszüge) erschien in der *Neuen Rundschau*,
zweites Heft, 1975, S. 311–326.

Die einen nennen das Land schon wieder die Ordnungszelle der
Republik, die anderen halten es für deren Dunkelkammer. Seit
gut vierhundert Jahren, seit den Zeiten der Reformation und Gegenreformation sind solche Bayernklischees im Umlauf, viel länger also als die bekannteren Andachtsbilder der barocken Hei-
matliebe und Fremdenverkehrswerbung. Wer durch diesen
dichten weiß-blauen Dunst hindurchwill, der sagt über Bayern
am besten zunächst ein paar nüchterne und banale, dafür unum-
stößliche Zahlen und Daten auf:

Bayern ist groß, nämlich 70 549 Quadratkilometer, das wäre
ein Rechteck von 200 mal 350 Kilometer, Bayern ist also größer
als die drei Beneluxstaaten, also doppelt so groß wie die Schweiz,
das größte deutsche Bundesland, und sicher auch das älteste.
Obwohl, die Autoren der bayerischen Verfassung nehmen in der
Präambel den Mund etwas zu voll, wenn sie von einer mehr als
tausendjährigen Geschichte des bayerischen Volkes raunen.
Denn erst unter Napoleon, erst im Zuge seiner rigorosen europäischen Flurbereinigung ist der bayerische Staat in seinem heutigen Umriß zusammengeleimt worden, dieses satte, aufrecht-
stehende Rechteck mit den charaktervollen Beulen. Seitdem
müssen sich auch die damals in dieses weiß-blaue Imperium hin-
einintegrierten Franken und Schwaben ›Bayern‹ nennen lassen.
Sie selbst nennen sich so eigentlich nur am Strand von Rimini
oder in Berlin.

Bayern ist groß, aber im Vergleich zur übrigen Bundesrepublik auch leer. Wer durchfährt, dem wird immer wieder sehr
grün vor Augen. In weiten Landstrichen wächst nur Nadelwald

419

und Gestein, in anderen will stundenlang die Landwirtschaft nicht aufhören, und die wenigen Städte zwischen reichlich Dörfern erreichen nur Marktgröße. Zwei Wahrzeichen wachsen dort in der agrarischen Provinz überall in den Himmel, Silos und Kirchtürme.

Was dieser erste Augenbefund verrät, das belegt die Statistik: Fast die Hälfte aller Bayern lebt immer noch in Gemeinden unter 5000 Einwohnern. Von den Erwerbstätigen arbeiten in der Landwirtschaft doppelt so viele wie in der übrigen Bundesrepublik. Katholisch sind im Landesdurchschnitt über 70 Prozent, davon in Niederbayern gut 90 Prozent der Bevölkerung. Noch immer also ist die bayerische Provinz das steife, feste Rückgrat des Landes, noch immer ist sie agrarisch und mittelständisch, von einer katholischen Dorf- und Kleinstadtkultur geprägt. ›Konservativ‹ wäre dafür nicht ganz das treffende Wort, klingt zu ostelbisch. Ein Lehrer im Allgäu bietet eine hörenswerte bayerische Variation: »stockliberal«.

Doch die Statistik, indem sie alle bayerischen Zahlen, ob aus dem Allgäu oder Mainfranken, auf einen Nenner bringt und zwingt, verschleiert schon wieder, wie vieldeutig die Herkunft dieser zwischen 1803 und 1816 zusammengetriebenen Staatsbayern ist: Reichsstädtische Handwerker waren das, Stiftsbauern und Freibauern, Duodezfürsten, Winzer und Almhirten, Kleinststaat-Franken und königsfromme Altbayern, Alemannen und Nahezu-Thüringer, gut preußisch gesonnene Protestanten und andererseits Katholiken, die erst eine scharfe Gegenreformation und dann ein menschenfreundlicheres Barock tief eingefärbt hatte. In Eichstätt, fast in der Mitte des Landes, ist noch heute zu sehen und zu hören, was damals zusammengezwungen wurde. Dort wird ein Dialekt gesprochen, in dem breite bayerische Vokale, fränkisches Nuscheln, schwäbischer Singsang miteinander auskommen müssen. In Eichstätt strahlt auch der bischöfliche Barock schon so heiter reinlich wie Rathausfassaden drüben in den württembergischen Reichsstädten, so fränkischnüchtern wie oben in Ansbach.

Damals 1806, als am Neujahrsmorgen das nagelneue, künstliche Königreich Bayern ausgerufen wurde, sagte der eben zum König geschlagene Maximilian I. auf einem Galaempfang nur drei Sätze: »Es freut mich, Euch zu sehen. Ich wünsche Euch allen ein gutes neues Jahr. Und – wir bleiben die Alten!« Schlichte Worte für gemischte Gefühle. Die Alten wären die Altbayern gern geblieben, aber Kriegsgewinnler waren sie eben auch, erst 1806 und dann wieder nach 1945. Über zwei Millionen Neubayern haben zunächst das neue Königreich, und wieder zwei Millionen Neubayern haben nach dem Zweiten Weltkrieg den heutigen Freistaat nach vorn bewegt, man darf sagen: gezwungen.

Den Titel ›Freistaat‹ auf den weiß-blauen Grenzpfählen lesen die Patrioten mit Triumph, Landfremde mit Mißtrauen, beide zu Unrecht. Denn die stolze Formel verspricht nicht etwa irgendwelche Sonderrechte gegenüber dem Bund, und der CSU ist sie keineswegs zu verdanken, sondern ausgerechnet Kurt Eisner und der Münchner November-Revolution. ›Freistaat‹ sollte damals nichts weiter heißen als ›Republik‹, und Wilhelm Hoegner, erster bayerischer Ministerpräsident gleich nach dem Krieg, hat das Wort und damit ein festliches Mißverständnis in die neue Verfassung von 1946 setzen lassen. Nein, kein Bayernklischee hält, was es verspricht, und die meisten wurden ohnehin nur für Oberbayern erfunden. Ach, dieser weiß-blaue Bierdunst, Almduft, Weihrauch zergeht auf jeder neugierigen Reise nach Westen, Osten, Norden, tief in die unberühmtere Provinz, löst sich auf in einem Stimmengewirr aus Widersprüchen. Auch der Himmel stand, statt in Landesfarben, oft naßgrau über meinen Fahrten. Im Allgäu trieften die Fichten und quatschten die Wiesen, über die Main- und Weinhänge stiegen Regenbogen, durch den Bayerischen Wald liefen die Urlauber im gelben Ölzeug. Die kurzen Aufheiterungen kamen nur im Wetterbericht vor. [. . .]

In der Kreisstadt Tirschenreuth, 20 Kilometer vor der tschechoslowakischen Grenze, röhrt eine Bundesstraße über den langen, niedrig bebauten Marktplatz, und das ist dort für Auge und Ohr das einzige Signal von Welt und Leben. Gleich hinter dem Markt versickert alles ins Dörfliche, in eine fast leblose Stille. Nachmittagshitze steht zäh in den Gassen, und mir kommt sie wie unpassend vor: diese kahlen, geduckten Häuser scheinen für Sonne, Sommer, Helle, Heiterkeit so gar nicht gebaut. In sich gekehrt, scheinen sie schon auf November zu warten, auf einen dann fast ewigen Schnee. Wir sind hier weltenfern von oberbayerischem Glamour und Barock. Lebensfreude klingt plötzlich wie ein Wort aus dem Italienischen.

Von den zwanzig Stadträten in Tirschenreuth stellt die SPD sechs. Ihre Wahlergebnisse krebsen also immer noch unterhalb der 30-Prozent-Barriere. Im Gespräch mit dem SPD-Fraktionssprecher häufen sich vorsichtige, entschuldigende Redensarten: »Bitte nehmen Sie's nicht bös. / Ich möchte niemandem etwas nachsagen. / Trotz aller Bescheidenheit. / Wir müssen da tolerant sein. / Vielleicht mit Geduld und Spucke. / Das ist wieder nicht bös gemeint.« Nicht bös gemeint sind etwa die folgenden Auskünfte: »Unser Stiftland hier ist schwarz. / Das Lohnniveau, entschuldigen Sie das Wort, beschissen. / Unsere Jusos wollten doch nur auf die Pauke hauen, gebracht hat's nichts.«

»Wer was vorschlägt, soll es erstens begründen und zweitens sagen, wie das zu finanzieren ist. Alles andere is doch Schmarrn«, sagt der CSU-Sprecher Anton Hamm, der ein kleines »Sie entschuldigen schon« nicht mehr hinterherfädelt, der geradezu und mit einem leichten Donner in der Stimme spricht. Wuchtig sitzt er zwischen wuchtigen Möbeln, und wenn er aus dem Fenster blickt, sieht er immer noch auf sein Eigentum, auf eine Maschinenfabrik und hundert Jahre Familienbesitz, Jahresumsatz 30 Millionen, 200 Beschäftigte. Ich hatte ihn erst in seinem knittrig grauen Kittel für einen seiner Werkmeister gehalten. Der Hamm Donerl braucht keinen Schlips, keinen Minderwertigkeitskomplex und auch kein Blatt vor dem Mund. Er zahlt am Ort die weitaus besten Löhne. Er stimmt mit ruhiger, sachlicher Wut auch einmal gegen die eigene CSU-Fraktion. Er sagt, er hätte im neuen Werk drüben in Marktredwitz auch gleich einen Betriebsrat wählen *lassen*. »Ein Pragmatiker von Gottes Gnaden«, wird mein Begleiter vor dem Werktor sagen.

Je weiter ich in den Tirschenreuther Stadtrat hineinfrage, sozusagen nach links und nach rechts, desto weniger will sich das unterscheiden. Im großen und ganzen, in den Bekenntnissen mag der Abstand zwischen den Fraktionen noch wie ein ganzes Jahrhundert aussehen, doch im Konkreten, in der Praxis schrumpft alles auf wenige, trotzige Abweichungs-Zentimeter zusammen, kaum meßbar. Alle wollen doch in Großer Koalition das neue Schwimmbad, die Schulbusse, endlich die Turnhalle und mehr Ärzte, diese Fortschritte in Infrastruktur, und vor allem: etwas mehr Industrie, bitte. Die läßt sich hier in diese Revierferne kaum hereinbetteln, aber eine Zinngießerei will sich nun doch herbequemen, das bringt zunächst zwei oder drei Dutzend neue Arbeitsplätze. Wieviel? frage ich nach, aber es werden auch dadurch nicht mehr, es könnten nur einmal mehr werden, hoffentlich . . .: »Bei so wenig Geld im Haushalt, worüber soll man sich da schon streiten!« Da denke ich an den bayerischen Wahlkampf, an die apokalyptischen Parolen von rotem oder schwarzem Abgrund und Himmel, und merke, wie fern dieses hohe Geschrei und Entweder-Oder über Tirschenreuth hinweggefegt ist, hoch in ideologischer Stratosphäre. [. . .]

Tatsächlich kommen rund drei Viertel der CSU-Stimmen immer noch von traditionell bestimmten Stammwählern, die also durch ihre grundsätzlich veränderte soziale Lage oder durch aktuell neue Interessen gar nicht umzumotivieren sind. Die SPD genießt zwar selbst in Bayern sehr allgemein den Kredit, die Partei der sozialen Gerechtigkeit zu sein, doch man traut ihr im Land keine Durchsetzungskraft zu, und diese Resignation reicht tief auch in die Köpfe der sozialdemokratischen Wählerschaft. Bestenfalls gilt die SPD als *pressure group*. Sie soll vorschlagen, antreiben, dann wird die CSU sorgfältig abbremsen und fach- und sachgerecht auch etwas machen. Im Parallelogramm der Kräfte ergibt sich dann, was nach Übereinkunft der absoluten Bayernmehrheit auch sein soll: ›Fortschritt nach Maß‹.

Hört man ins SPD-Stimmengewirr draußen in der Provinz, so erklärt und bestätigt das die hoffnungsarmen Befunde von Infratest. So geduckt und aufrichtig, so stolz auf die bessere Sache, so verzweifelt über deren Chancen haben früher Diaspora-Christen geredet. Gerade die Hilfsbedürftigsten glauben kaum an den Nutzen der Solidarität: »Im Grund denken die Leute hier immer noch: einer, der selbst nix hat, wie soll der mir helfen?« Zwar hat die bayerische Sozialdemokratie sich von Georg von Vollmar bis Hoegner und Knoeringen fast entstellt vor Mühe, sich den gegebenen Verhältnissen anzubequemen, um ja auch ins ländliche Proletariat, in patriarchalische Denkweisen, in katholische Kleinbürger- und Kleinbauernköpfe einzudringen. Doch auch, als die Verhältnisse sich umwälzten, als der Sprung in die Industrialisierung vollzogen war, begann der Genosse Trend nicht zu galoppieren. Vor allem in Landtagswahlen tröpfelten die Erfolgsprozente gar nicht oder nur zäh. 1974 fiel die bayerische Partei nach leichten Erholungen wieder auf ihr Ergebnis von

1958 zurück: 30,2 Prozent. Nur in zwei Volksentscheiden zu kulturpolitischen Themen, gegen die Bekenntnisschule und für die Rundfunkfreiheit, gelang es einer sozial-liberalen Protest-Koalition, die regierende CSU in die Defensive zu drängen. Plausibel klingt also der schlichte Schluß, zu dem der Politologe Wolfgang Behr nach einer über Hunderte von Seiten getriebenen Untersuchung über ›Sozialdemokratie und Konservativismus‹ in Bayern kommt: danach hat die bayerische SPD kurz- und mittel-fristig erst dann eine Chance, »wenn das Vertrauen weiter Kreise der bayerischen Bevölkerung in die CSU durch eine schwerwie-gende politische, wirtschaftliche oder personelle Krise erschüt-tert würde«. Genau dieser Hoffnungsschimmer für die SPD liegt vorerst noch hinter dem Horizont, denn »Die CSU wird in Bay-ern immer stärkste Partei sein, weil sie der bayerischen Lebensart am besten entspricht –«, diesen Locksatz der Motivforscher be-jahen in Bayern auch SPD-Wähler.

Wer dieser christlich-sozialen Wahl- und Regierungsmaschine zusieht, durch den ideologischen Giftdampf hindurch, den sie vor allem aus dem ›Bayernkurier‹ und dem Mund des Vorsitzen-den ausstößt, wer nur mit machiavellistisch interessiertem Blick das Funktionieren dieses politischen Apparates beobachtet, dem muß schon ein kühles Entzücken durchs Hirn ziehen. Denn nichts oder fast nichts an ökonomischen und soziologischen Da-ten scheint neuerdings für die CSU zu sprechen, doch alle Tradi-tionen der königlich-bayerischen Geschichte und deren politi-sche Restbestände, in den Institutionen wie den Köpfen, läßt sie für sich arbeiten.

Als die CSU 1945 antrat, war ihr ganz sicher kaum mehr als der Segen der katholischen Kirche. Gegen sie mußten ›eigent-lich‹, der Papierform nach, die Heimatvertriebenen stimmen, die Industriestädte, das protestantische Franken. Gleich nach der Währungsreform begann sogar das altbayerische, altkonservati-ve Stammpublikum überzulaufen zur Bayernpartei unter Josef Baumgartner. In Niederbayern, der klassischen Agrarprovinz, standen 1949/50 die Zeichen auf Untergang: von 6 Bundestags-wahlkreisen fielen 5 an die Bayernpartei, die hohen CSU-Mit-gliederzahlen schrumpften auf ein Drittel zusammen, in den Par-teikassen war nicht einmal mehr Portogeld. Bis 1968 brauchte dann die niederbayerische CSU, um ihren Mitgliederstand aus der Vorwährungsreformzeit wieder zu erreichen.

Doch die Parteimaschine, der Parteiinstinkt hatte längst vorher zu reagieren begonnen. Man nahm die antiklerikalen sowohl wie die Anti-Bonn-Ressentiments der bäuerlichen Protestwähler behutsam selbst in Pflege. Man entwich Schritt für Schritt der kirchlichen Bevormundung, nahm aber kirchliche Unterstützung weiterhin an. Man wetterte für bayerische Eigenständigkeit und ließ doch durch den CSU-Finanzminister Schäffer den Bonner Finanz-Zentralismus erst einbetonieren. Mit solcher Doppelstrategie hat die CSU seitdem, eher instinktsicher als planvoll, alle politischen Klaviere bespielt, das kommunale, das bayerische, das bundesrepublikanische. Sie hat die lokalbayerische Spezln- und Honoratiorenwirtschaft sowohl unterstützt wie unter Kontrolle gebracht, aber auch die auf straffen Zentralismus trainierte bayerische Verwaltungs- und Beamtentradition für sich in Dienst genommen. Sie lockt landfremde Kapitalinteressen in die Wachstumsoase Bayern, gewinnt aber durch pragmatische Tüchtigkeit Mehrheiten auch in neuen Arbeiterstädten wie Ingolstadt. Sie spielt zu Hause die patriotische, föderalistische Heimatpartei und haut dann in Bonn doch nationalistisch auf die Pauke. Weiß-blau und schwarz-weiß-rot, mehr Staat und viel weniger, liberale Naturwüchsigkeit und konservative Zucht, Lola Montez, Bismarck oder Josef Filser: wo immer eine traditionell bayerische, publikumswirksame Position oder auch nur Stimmung zu entdecken ist, die CSU hat sie gepachtet. Ganz unähnlich ist sie der ›eierlegenden Wollmilchsau‹, dem Fabeltier bayerischer Wählerwünsche also nicht. »Grundsätze muß man so hoch hängen, daß man darunter durchgehen kann«, soll schon das Gründungsmitglied Michael Horlacher befunden haben. So hält's die Partei noch heute. Wer sie nur reden hört, dem wird leicht schwindlig. Doch erfolgreicher als ihre Parolen war ihr Pragmatismus, ein vorerst unverwüstlicher Anpassungsinstinkt.

Auch in der Parteispitze hat sich inzwischen eine massenwirksame Arbeitsteilung durchgesetzt. Über allem schwebt, jenseits von Gut und Böse und oft auch von Informationen, der Landesvater Goppel in der Rolle des nun wirklich letzten Prinzregenten. Den anderen altbayerischen Part, die Lust- und Drecksarbeit des letzten Volkstribuns hat Franz Josef Strauß übernommen. Theater, auch in der Politik, wird ja hier immer noch genossen, und erst ein Schuß verbaler Brutalität ›gibt Farbe‹. Das jagt norddeutschen Journalisten dann gewöhnlich empfindsame

Schauder durchs Hirn. Aber der letzte Tribun ist Strauß wohl doch, denn was für nüchterne, trockene Köpfe sind da um ihn herum nachgewachsen, diese Zimmermann und Heubl, die Tandler, Streibl, Huber und Maier. Leidenschaft kann man ihnen nicht nachsagen, doch ihr demagogisches Pflichtpensum servieren sie ohne spürbaren Lustgewinn. Auf dem CSU-Parteitag sehe ich sie aufgereiht auf dem Podium, lauter gefaßte Klosterschul- und Einserjuristengesichter, während Strauß gerade schweißtreibend drüben am Rednerpult schuftet. Er ist nicht gerade ein Objekt für Nostalgie, aber hier wirkt er doch wie ein letzter Überrest aus fernen Zeiten, ein altbayerisches Vollblut-Denkmal, ein Polit-Dinosaurier.

Schon vor zwanzig Jahren, als die CSU von der Vierer-Koalition unter Hoegner aus der Regierung gedrängt worden war, haben der kühle Franke Seidel und der kältere Generalsekretär Zimmermann die Partei nach dem Muster eines Verwaltungsapparates neu aufgebaut, also von oben nach unten. In den späteren sechziger Jahren holte der neue Generalsekretär Streibl dann immer mehr wissenschaftlich geschultes Planungs- und Beratungspersonal in die Landesleitung. Jetzt trifft man Leute aus dem Streibl-Team als Oberbürgermeister, Landräte und in den Münchener Ministerien. Über Mitte dreißig sind wenige, soziale Aufsteiger die meisten. Sprachlos, oder genauer: wortreich vage werden sie nur, wenn sie über die *Grundsätze* ihrer Arbeit reden sollen. Diese smarte Jung-CSU redet unter vier Augen lieber und flüssiger vom Nächstliegenden, von Sachzwängen als von Perspektiven. Sie seufzt auch mal, sanft frech über den Posier- und Stammtischstil der altbayerischen Honoratiorenpolitik. Man weiß ja als junger Landrat, was zeitgemäßer, funktioneller ist: »Ich hab da in Berlin bei IBM verschiedene Führungsmodelle studiert . . .« Andererseits: das alte Instrumentarium provinzieller Politik, das Basteln von Kadern in Sport- oder Trachtenvereinen, unter Ärzten, Lehrern, Ladenbesitzern, Pfarrern, das wird immer noch durchgespielt, nur jetzt sozusagen herzlos, strategisch. So wird das in dem ›*Leitfaden für Kandidaten*‹ empfohlen, den die CSU-Landesleitung entworfen hat, einem wahren Brevier von Public-Relations-Schlauheiten, kühl, knapp, nirgends der Fettfleck einer Phrase. Die Partei, die mit Tremolo oder Theaterdonner immer noch ans bodenständig konservative Gemüt appelliert, arbeitet längst technokratisch. [. . .]

Auf Montgelas, also wieder auf eine gut eingefleischte bayerische Tradition, kann sich der neue CSU-Planungsrationalismus berufen. Seine Reformen fuhren nach 1806 wie eine Planierraupe durch das bunt und widersprüchlich zusammengeflickte Land. Dreiundachtzig eben noch selbständige Territorien wurden in acht Provinzen hineinabstrahiert, verwaltet von einem straff gegliederten Funktionärsapparat, dem auf die Zentrale München ausgerichteten Beamtentum. Das war im Maßstab der Zeit durchaus progressiv, doch schon damals kam diese sogenannte Aufklärung nur als Verordnung von Münchener Schreibtischen, von oben. Vor allem bei der Auflösung der Klöster und der kirchlichen Herrschaftsgebiete wurde im christkatholischen Bayern mit einem Rigorismus verfahren, den die heutigen Erben des Montgelas vermutlich ›bolschewistisch‹ schimpfen würden. Neureiche Fabrikanten ersteigerten Ordenskirchen, Klostergebäude wurden Zuchthäuser, Kapellen Heuschober. Eben noch angebetete Reliquienschreine kamen ebenso unter den Hammer wie Klostervieh, Bischofsstäbe, Glocken. Feldkreuze wurden umgeschlagen, Wegkapellen geschleift, ganze Bibliotheken der Frömmigkeit zu Papierbrei verarbeitet.

»Damals ging der Commissär«, so berichtet Ludwig Steub ein halbes Jahrhundert später, »der nach Andechs beordert worden war, mit brennender Pfeife in die Fürstengruft hinunter und befahl, die Särge des Herzogs und seiner Gemahlin aufzusprengen. Albrecht lag da unverwest, nur eingetrocknet, in langem, blausamtenem Gewande mit langen, weißen Haaren. Der Beamte schnitt eine Locke ab und ein Stück vom Kleide, nahm die goldene Kette, die um den Hals hing, brach den Finger weg, der den goldenen Siegelring trug, weil dieser nicht von ihm lassen wollte, und steckte ihn in die Westentasche. Zur selben Zeit begab es sich auch im Stifte zu Wessobrunn, daß der Aufhebungscommissarius der Jungfrau Maria auf dem Hochaltar die goldene Kette abnahm, um sie der Wirtin umzuhängen, welche er liebte.«

Da fragt man doch, wohin sich nach solchen Schocks die vielbeschriebene bayerische Bauernfrömmigkeit verkrochen hat und wie das die ebenso vielbeschriebene Treue zu König und Staat überstand. Wer sucht, findet nur ein paar demütige, stokkend vorgetragene Bittgesuche. Man möge doch diese eine Kapelle, dieses eine Passionsspiel verschonen, nur das. Kaum der Hauch einer Rebellion. Schon der kurfürstliche Staat, schreibt der Historiker Karl Bosl, hatte seine Untertanen so zentralistisch verwaltet, daß ihnen politische Eigeninitiative fremd blieb: »Darum überläßt der Altbayer das Regieren zu gerne dem Neubayern, weil er nie an Politik gewöhnt wurde; er räsonniert und kritisiert, er grollt und schimpft überlaut, gibt aber am Schlusse dann doch klein bei und redet sich sogar ein, als sei alles immer schon so gewesen. Der Altbayer ist von Natur aus ein konservativer Zeitkritiker.«

Im Jahr 1918 hört Oskar Maria Graf einen Roten seine Versammlung mit einer Parole anschrein, die alle bayerischen Bedürfnisse in eins zusammenreißt: »Also guat, Genossen, mach ma a Revalution. Damit a Ruah is!« Früher schien diese »Ruhe«, die höchste altbayerische Lebensqualität, ein Naturgewächs. Jetzt muß auch sie offenbar geplant werden.

»Hier in der Gegend sind wir uns ja alle einig, bis hinauf zum Regierungspräsidenten in Landshut: wir bremsen, wo es geht, bremsen, bremsen, bremsen –«, diese »stockliberalen« Sätze höre ich auf einer neuen Reise durch die Provinz, durch das sehr grüne, in breiten Streifen korngelbe Niederbayern, durch Maisfelder, Krautfelder, dann Hopfengärten. Dort in der Holledau werden die Täler plötzlich enger und krummer, auf den Hügeln schießt der Hopfen über Gerüste schräg in den Himmel, und plötzlich sehen auch die Orte nicht mehr so niederbayerisch sachlich und bieder aus. Man möchte sie ›heiter‹ nennen, ›schmuck‹, lauter Gottfried-Keller-Worte wären hier richtig. Zu dem Brauereibesitzer und Postwirt Winhard, bei dem wir sitzen, sagen die Bauern immer noch: »Du, Posthalter.« Er hat sich weit vorgebeugt, quer über den Gartentisch, so nah wie möglich möchte er mir sein, es ist ihm dringend mit seinen Bekenntnissätzen: »Bremsen, bremsen, bremsen. Schauen Sie sich doch dieses Oberbayern an, wie de-ge-ne-riert die Menschen da schon sind vor lauter Industrie und Tourismus, richtig de-ka-dent. Ich hab mir jetzt einen Pächter in die Wirtschaft gestellt, den werden Sie ja gesehen haben, der Bleiche, der immer wie unausgeschlafen ausschaut, und mürrisch ist der, maulfaul, total undevot, zu den Gästen und auch zu mir, aber absolut zuverlässig. Solche Leute müssen wir wieder haben, da wären wir fast schon gerettet.«

Um uns herum schwärmen die Winhard-Töchter, werden zu Besorgungen ausgesandt und kommen wieder, still, freundlich, wie Komtessen aus einer Gottfried-Keller-Novelle. So heile Welt möchte man natürlich festhalten, da kann die Bewegung rundherum nur stören. Sehr beiläufig und sicher unvollständig erfahre ich, was der Posthalter außer Brauerei und dreihundertjährigem Gasthof sonst noch sein eigen nennt: die Rede ist von einem Elektrizitätswerk im Chiemgau, von Grundstücken jenseits der Donau und wohl auch in Südwestafrika, von Mitspracherechten, also vielleicht einem Aktienpaketchen bei der Bayerischen Hypo. Aber nicht beiläufig, sondern wieder dringend, quer über den Tisch gebeugt, sagt dieser bürgerliche Landbaron auch: »Mir wäre es schrecklich, wenn meine Töchter in diese Gesellschaft, wie ich sie da in Salzburg oder Bayreuth sehen muß, wenn die da hineingeraten würden. Wissen Sie, ich mag die Reichen nicht, ich hab diese Leute noch nie ausstehen können, ich mag sie einfach nicht.«

Und ich mit meinem immer noch heimatvertriebenen, also heimatlosen, also haltlosen Kopf merke in diesem Hopfen- und diesem Getreidebayern schon wieder, wie ich stundenweise mit dem Kopf dieser Leute zu denken anfange, haltlos vor Sympathie. Drei Stunden lang sehe ich Ober- und Niederbayern, die Dekadenz, die Schönheiten und Schrecken des Reichtums mit den feurigen Theateraugen des Brauers Winhard. Doch am Abend lehnt sich ein anderer in einer Wirtschaft quer zu mir über den Tisch, dem ist es also auch dringend, und der hat ein anderes Niederbayern vor Augen, denn gebremst, sagt er, haben sie doch hier schon immer: »Da hatten wir doch hier nach dem Krieg die böhmischen Geigenbauer, aber die sind so schnell wie möglich wieder ausquartiert worden. Bloß keine Industrie nach Langquaid, hieß es, das gibt Arbeiter, das gibt Sozialdemokratie. Und jetzt sitzen die Geigenbauer oben in Franken und jeder hat ein Haus, manche zwei. Ob die noch SPD wählen?« Dieser Kinskofer Heinrich, nach dem Krieg einer von sieben Tischlern im Tausendfünfhundert-Seelen-Markt Langquaid, hat die Selbständigkeit längst fahrenlassen und pendelt jetzt als Facharbeiter in eine Fertighausfabrik. Über den Wohnzimmertisch hat er für mich die Zeugnisse seiner drei Kinder ausgelegt, Gymnasialzeugnisse aus Regensburg. Ich verstehe, auch ihn: seine Kinder sollen ihn rächen, sie werden aufsteigen und niemand darf sie bremsen.

In jedem Kopf eine andere Zukunft, andere Sorgen, ein anderes

Niederbayern. Die einen möchten nach München, die anderen fürchten, dieser Stadtpolyp würde bald zu ihnen hinaus wachsen. Die Eisdielen heißen dort in der Provinz immer noch *Napoli*, und das scheint fern wie die Südsee. Irgendwo quält in der Mittagsstille eine Hand Tonleitern übers Klavier. Am Abend donnern aus den Dörfern die Motoren in die Kleinstädte, denn die Dorfwirtschaften draußen werden nur noch so alt wie die Wirtinnen. Wenn die sterben, bleibt der Schanktisch leer, wird nur noch Flaschen- und Fernsehbier für die Bauernwohnküchen verkauft. Ich sitze auch in einer solchen Wohnküche am Wachstuchtisch und lasse mir ein wieder anderes Niederbayern erklären. Wie also läuft ein rentabler Hof mit 100 Tagwerk Getreide, Futter, Klee, 20 Tagwerk Holz, der nach dem Krieg noch acht Leute beschäftigt hat und jetzt nur noch von einem Bauernehepaar bewirtschaftet wird? Er läuft mit einem Arbeitstag von morgens fünf bis abends sieben, mit einer Sechs-bis-sieben-Tage-Woche. Und Urlaub? Der Froschhammer Sepp lacht über das Fremdwort, seine Frau nur fast. Das Vieh im Stall steht schon wie ein Fremdkörper zwischen Bestrohungs-, Entmistungs-, Abmelkanlagen, richtig atavistisch. Was auf dem Hof verdient wird, geht wieder in den Hof, in Maschinen. Die unermüdliche Arbeit dieser Froschhammers, so begreife ich, ernährt nur ihre Arbeit, aber genau das begreife ich nicht. Eher verstehe ich wieder den Bruder Froschhammer, der immer schon aus dem Hof heraus wollte und den wir in einem Bahnhofsvorsteher-Idyll drüben in Eggmühl finden. Er sitzt über einer Tasse Kaffee und einem Fortbildungsheftchen. Wenn es läutet, greift er im Stellwerk zu einem der blauen, roten, grünen Hebel. Hier sieht Technik noch so hübsch und übersichtlich aus wie in Kinderbüchern. Wer von den Brüdern Froschhammer ist nun Spitzweg und Ganghofer näher, der behäbig und zeitgemäß versorgte Beamte hier, der schuftende Millionen- und Maschinen-Bauer drüben? Aber sein eigenes Haus hat sich auch der Stationsvorsteher schon hochgemauert.

Ein Haus bauen – das scheint in Niederbayern den Familien über Jahre die Freizeit zu vertreiben. Man kauft den Grund und läßt ihn liegen, kauft Ziegel und wirft sie auf den Grund, beginnt mit dem Aushub und läßt ihn klaffen, mauert den Rohbau hoch und läßt ihn stehen, holt die Kinder zum Dachdecken, die Wochenendhandwerker zur Schwarzarbeit, die Nachbarn zum Verputzen. Ist die Provinz fleißiger als wir oder reibt sie uns Durchfahrenden, Zuschauenden ihren Fleiß nur so heftig unter die Nase? Samstagabend rechts und links von der Straße: auf Gerüsten, in Gärten, unter ihren Autos überall Männer, ernten Tomaten, schleppen Steine, Fensterstöcke oder Wasser, Schweiß auf der braunen Haut. Feste Bäuche hängen über kurzen Hosen. Die niederbayerische Provinz schuftet, und mein Münchener Beifahrer sinniert: »Das ist eben auch Provinz, die haben alle zwei oder drei Berufe, aber sie genießen einfach alles, der Bereich der kleinen Freuden existiert noch. Nachdem die großen ausgeblieben sind . . .«

Als wir von kleinen Freuden redeten und von der größeren Resignation dahinter, fiel mir wieder Franken ein, Weinfranken am Main. So fern von Zugspitze und Isar, so selbstzufrieden, in sich eingesponnen, ist mir keine der bayerischen Provinzen vorgekommen. Dieser bayerische Norden wirkt wie ein sanft angegammelter Süden, hier könnte doch das Elsaß oder Neuchâtel gleich um die Ecke liegen. Im schwülen Regenlicht standen die Häuser aus grauem oder dumpfrotem Sandstein, so mürbe und müde, daß die Blumenkästen überall vor den Fenstern sich wie der reinste Übermut ausnahmen. Aus Fachwerkfassaden bröckelte erschöpftes altes Mauerwerk. Ich schlage in den Büchern nach und lese: in diesen Dorfstädten hängt tatsächlich eine tausendjährige Geschichte herum wie Spinnweben. Provinz, das heißt nicht nur: wenig Gegenwart, sondern auch: viel, zuviel Vergangenheit. »Ist heute Samstag?« fragt plötzlich eine dünne Stimme am Nebentisch. Dort sitzt mit seiner Frau noch immer das alte dürre Männlein, das nun schon eine halbe Stunde reglos ins Leere gestarrt hat. Seine Schultern hängen schmal herab wie seine Mundwinkel. Aber nun hat er tatsächlich drei Worte gesprochen. Ist also heute Samstag? Nur kurz lacht seine Frau auf. Dienstag, sagt sie dann, wäre heute, denn wäre heute Samstag, wäre doch Trude da. »Dienstag!« Darüber denkt er nun wieder intensiv und starrend viele Minuten nach. Er ist der Zeit, ihm ist die Zeit abhanden gekommen. Wir sind in Franken.

Aber an einem neuen Tag mit neuem Wetter, unter einer schwülen Sonne beginnt dieses Mainfranken vor meinen Augen zu dampfen, vor Fruchtbarkeit, Fleiß und Frömmigkeit. Wo ich hinsehe, wuchern Sandsteinmadonnen aus den Hausfassaden, als hätten die Mauern die Glaubensinbrunst der Bewohner einfach nicht halten können. Auch die Weinberge sind hier katholisch: Madonnensäulen, Marienkapellen wachsen zwischen den Reben hoch, dann wieder verwitterte Bildstöcke, auf denen Christus das Gleichnis vom Weinstock verkündet, auf denen der Abendmahlskelch kreist, voll Frankenwein vermutlich.

Alles hat der eiserne Besen des Rationalisten Montgelas also doch nicht aus der Landschaft gekehrt. Dabei ist doch klar: diese zweideutigen Visionen in Sandstein, dieses inbrünstige Hängen an einer Mutter Maria, die wohl immer noch die alte Mutter Erde ist, diese Christusbilder, in denen sich der alte Bacchus versteckt – das alles konnte den brauchbaren Staatsbürger und Steuerzahler nicht fördern. Als leichtlebig, leichtsinnig, ja geradezu als ein weinseliges Landproletariat haben dann die königlich-bayerischen Hofcommissäre die mainfränkischen Kleinbauern tatsächlich beschrieben. Noch immer sind heute die meisten Weingärten winzig, erreichen nur Schrebergartengröße und werden im Nebenerwerb bewirtschaftet. Noch immer leben diese Arbeiter-Winzer von der Hand in den Mund, aber sorglos.

»Durch die Leute geht hier alles leicht durch, die sind wie durchlässig – wenn Sie wollen: sanguinisch. Sie nehmen sich und das Leben einfach nicht ernst genug«, sagt mein neuer Gewährsmann, mit dem ich eine lacht lang knapp jenseits der Tauber über Frankenwein sitze. Er spricht eilig und angenehm feucht nuschelnd, eben die Sprache einer Weingegend. Zu Fuß ist er also mainaufwärts, saaleabwärts, am Spessart und am Steigerwald die bayerisch-fränkischen Weinnester abgewandert, doch gegen Mitternacht weiß er mir trauernd, verbittert nur noch drei sichere Adressen für ehrlich durchgegorene Frankenweine zu nennen. Nach Mitternacht hat mein Gewährsfranke dann endgültig vergessen, daß alles leicht durch ihn durchgeht. Ernster als er jetzt kann niemand sich und das Leben nehmen. Eine Katastrophe, die ökologische Katastrophe hat uns nachts im Taubertal eingeholt: »Was hier waltet, ist doch Wahnsinn!« Auf ihren halben Hektar führen die Winzer mit einem stinkenden Traktor, düngten das Zehnfache, aber der zu Tode erschöpfte Boden gäbe nicht mehr heraus. Wie, beherrschen und lenken könne man die Natur? Nur ausnützen und kaputtmachen! Und staunend höre ich, daß er sich oben am Hang ein Grundstück von 17 mal 80 Meter gekauft hat, nur um es mit ei-

nem letzten Stück authentischem Mischwald und mit Steppen-
heide zu bepflanzen, die sich von der Eiszeit bis jetzt in der Gegend gehalten hat, die aber nun auch untergeht, außer in diesem
ökologischen Trotzgarten, diesem Denkmal – für wen? Für seine
Töchter, die mit sechzehn kein Moped kriegen würden, die sich
an dem Garten da oben freuen sollten. [. . .]

Jetzt ist mir klar, daß der Fortschritt, ganz gleich ob die Maximierung des Profits oder die Maximierung der sozialen Gerechtigkeit ihn weiter antreibt, ob die Schüler des Grafen Montgelas
oder die Erben von Karl Marx ihn in die Hand nehmen – daß der
Fortschritt dieses Bayern so abschleifen, so ›umlegen‹ wird wie
die Weinberge am Main. Das Leben in Ingolstadt und an der We-
ser, in Gelsenkirchen und an der Isar werden sich immer ähnli-
cher. Die Heimat in ihrer weiß-blauen Frische wird ins Heimat-
museum auswandern müssen. Schlimm, denn mich wird sie dort
kaltlassen.

(18) *Horst Krüger*
   Der grüne Salon
   Auskunft über Baden-Baden

Der Beitrag (hier gekürzt) erschien zuerst in den *Frankfurter Heften*,
Heft 2, Februar 1964, S. 115–124, und dann in dem von Carl Amery herausgegebenen Buch *Die Provinz. Kritik einer Lebensform*, München
1964.

Es ist schön, hier als Fremder einzukehren. Es ist schön, durch
die vornehme, grüne Stille der Lichtentaler Allee zu fahren –
»Allee der Könige« wurde sie früher genannt. Alte, silberge-
schmückte Damen sitzen auf den Bänken und sehen mit dem
rechthaberischen Blick reicher Greisinnen den Autofahrern
nach. Wer aus dem lauten, ein wenig plebejischen Treiben unserer Großstädte kommt, Düsseldorf, Essen, Hamburg, wer dem
Chaos der Autobahn zwischen Mannheim und Heidelberg entronnen ist, atmet auf, fühlt sich von einer Oase der Stille umfan-
gen. Wie grün und still hier alles ist. Tannen, Kiefern, Zedern,
blaue Berge – laßt uns hier bleiben. »Kommen Sie nach Baden-
Baden«, schrieb Turgenjew an Flaubert, »hier gibt es Bäume, wie
ich noch keine gesehen habe.« Und Turgenjew blieb hier von
1863 bis 1868.

Ein letztes Fluidum großbürgerlicher Eleganz schwingt mit:
Hotelpaläste, Gartenlandschaft, Golfplätze. Brenners Park-Ho-
tel: vor dem Portal, ausladender Jugendstil, stehen schwarz- und
grünlivrierte Diener, heben ehrwürdige Mumien respektvoll aus
schwarzen Karossen. Schwere, teure, dunkle Wagen rollen an.
Der Schofför wartet ehrerbietig neben der Wagentür, ein kleiner
Herr kommt aus dem Portal, Diener daneben, Trinkgelder werden ausgeteilt, der Schofför hat die Schirmmütze abgenommen
und hält sie stramm an der Brust angewinkelt. Der kleine Herr
steigt ein. Der Wagen fährt ab. Das rückwärtige Schild zeigt eine
Nummer aus Mailand. Wer fährt von Mailand nach Baden-
Baden?

Die Diener sind badische Jungens, braun und adrett wie hier
die ganze Jugend, und was sie herausheben, kommt aus den
neuen Metropolen des Geldes: aus Hamburg, Düsseldorf oder

Frankfurt. Es kommt auch aus den alten Metropolen Europas: aus Paris und London, Brüssel und Rom. Noch immer gibt es dort Familien, deren Ahnfrau von Baden-Baden schwärmt. Hier muß man Bridge spielen, hier Baccarat, im August ist in Iffezheim das Rennen, zum Abschluß der Großen Woche ein Gala-Abend: Eintritt 75 Mark. Wer hier nicht war, zählt der eigentlich in Oxford oder Essex zur Gesellschaft?

Jedes Jahr zur Sommerzeit wird hier ein Stück aufgeführt, das von liebenswerter und komischer Antiquiertheit ist, kein Stück eigentlich, ein Fragment nur, ein Reststück von jener Gesellschaft, die sich tatsächlich hier einmal ein Stelldichein gab. 1860 glanzvolles Fürstentreffen, Kongreß des Adels im Neuen Schloß, 1863 kamen Kaiser Franz Joseph von Österreich, Alexander von Rußland und Napoleon III. von Frankreich hier zusammen – wer weiß noch etwas davon? Die Gesellschaft ist ausgestorben, der Adel dahin, Turgenjew, Dostojewskij und Berlioz sind tot. Aber die Komparsen des Stückes sind noch da, Diener und Zimmermädchen, Hausknechte und Kutscher. Hier gibt es noch Aufgänge »nur für Herrschaften« und Türen »für Lieferanten«. Hier gibt es noch besorgte Hoteliers und eilfertige Kellner.

Das Stück heißt Gesellschaft. Sein Bühnenbildner ist die anmutige badische Landschaft zwischen dem Oberrhein und den Schwarzwaldhängen. Sein Regisseur ist das Kapital, das mächtige Männer, Mitte Fünfzig, fernab in Norddeutschland und im Ruhrgebiet verdienen. Industrie spielt hier gern große Welt.

Sie kommen auf ein Wochenende mit ihrem Mercedes und lassen die alten Herrschaften für ein paar Wochen da. Denn Baden-Baden ist ein grüner Salon, ein Salon der alten Welt. Hier kann man – sofern man Geld hat – Schwiegermütter und kranke Großväter, betagte Tanten und ehrwürdige Cousinen auf das angenehmste abstellen. Hier wird das Alter, sofern es reich ist, noch geehrt. Hier erwartet sie alle, die nun durch die gepflegten Parks an silbernen Stöcken wandeln, ein Abglanz der alten Welt, der alten Eleganz: hier macht man »Kur«. Es erwartet einen das Kurhaus (Weinbrenner erbaute es zu Beginn des 19. Jahrhunderts) mit Wandelsaal und Gartensaal, mit Blauem Zimmer und Gelbem Zimmer, mit dem Kleinen und dem Großen Bühnensaal, mit Spiegelsaal und Rundem Saal und Terrassen, Bars und Kongreßsaal. Die ganze feine Welt war hier zu Hause. Man wandelt vor den weißen Säulen des Kurhauses. Das Orchester spielt noch immer Berlioz, Flotow und Grieg.

In der Spielbank sind die Gäste etwas jünger. Herren zwischen Vierzig und Sechzig beherrschen das Bild, große und kleine Könige der freien Marktwirtschaft. Sie verspielen hier atemberaubende Summen lässig.

Auch hier wieder, nach dem großen französischen Vorbild, Säle: den Weißen Saal im Stil Ludwigs XVI., den Roten Saal, den Gelben Saal, Salon Pompadour – wo am Wochenende nur mit Gold- und Silbermünzen gespielt wird –, den Grünen Saal im Renaissance-Stil Ludwigs XIII. Festliche Umgebung mit höfisch livrierten Dienern, die dem Schnürsenkelfabrikanten aus Mannheim und dem Schrottkaufmann aus Frankfurt höflich die Zigarrenasche abklopfen.

Man spielt mit hohen Einsätzen, denn man hat mit Energie und Maßhalten gut verdient. Blaue Hundertmarkscheine liegen auf den grünen Tischen herum. Ein Croupier sagt: »Danke, hundert für die Angestellten.« Aus einer Ecke fliegt ein rot gebündelter Hundertmarkscheinblock über den Tisch: jemand kauft für 5000 DM gleich beim Croupier Chips. Niemand sieht auf. Die Kugel rollt. »Nichts geht mehr«, ruft der Croupier; es geht wirklich nichts mehr, denn der grüne Spieltisch ist überfüllt, übersät mit Einsätzen, es sieht gelb und rot und golden gesprenkelt aus, die weiße Kugel rollt in dem großen, hellbraunen Roulette: Freuden des reichen Alters.

Und da ist das Thermalbad: Bade-, Trink- und Inhalatorien-Freuden, sanfte Strapazen, Thermalquellen, Friedrichsquellen, Murquellen. Schon seit der Römerzeit wird hier gebadet: 68 Grad heiß fließt das Wasser, das Leben spenden soll. Radioaktives Kochsalz. Täglich liegen hier unbeschreiblich dicke Männer im Wasser, im Schlamm, im Dampf, im Sand und lassen sich kalt und heiß abspritzen, lassen sich reiben, trocknen und massieren. Es ist ein hoffnungsloser Kampf mit dem Wohlstand, der hier täglich mit Seifenschaum und Dampf neu zelebriert wird. Glauben sie an den Erfolg? Aber man muß dabeigewesen sein. Man muß es kennen.

Wer die Fremersbergstraße emporfährt, sollte kurz vor dem Golfhotel links auf ein kleines, blaues Schild achten. Man kann Jahre in Baden-Baden leben, ohne zu wissen, daß die schmale

Abzweigung links in eine andere Welt führt. Nach wenigen Metern öffnet sich der Blick auf die Funkhöhe.

Hier liegen, auf die sanften, grünen Bergzüge verteilt, fast versteckt, zahlreiche moderne Pavillons: Glas, Beton, flache Dächer, Parkplätze, die den jüngsten Stand der deutschen Motorisierung spiegeln. Eine deutsche Sendestation unterhält hier ihre Zentrale, Hörfunk- und Fernsehstudios. Hier werden Fernseh-Spiele und Features produziert, die man in Hamburg und München akzeptiert, als wenn sie in Hamburg oder München produziert worden wären. Konzerte der europäischen Avantgarde werden hier öffentlich aufgeführt; die ärgerliche Modernität von Donaueschingen hat hier ihre spirituellen und organisatorischen Ursprünge. Von Stockhausen bis Boulez sind sie hier immer wieder zu Gast gewesen.

Am Nachmittag zwischen zwei Proben herrscht in dem kleinen Fernseh-Kasino, das auf vier hohen, schmalen Betonsäulen etwas verloren gleichsam in der Luft hängt, ruheloses Kommen und Gehen. Es ist schwer zu sagen, ob man sich in einem Kasino in Zürich oder Berlin, in München oder Hannover befindet. Junge Farbige, die zu einer Jazz-Aufnahme aus Amerika kamen, hocken mit ihren Mädchen, Coca Cola trinkend, nervös und gelangweilt an den Tischen, bis irgendein Lautsprecher sie plötzlich abruft. Schauspieler, die übermorgen wieder in Zürich oder Berlin auf der Bühne stehen werden, sitzen vor ihren Manuskripten und werden bis tief in die Nacht hinein im Hörspielstudio an einem Böll- oder Andersch-Text arbeiten. Hier wird moderne Bewußtseinsindustrie produziert: ein Fernsehprogramm (Sechs-Prozent-Anstalt), zwei Hörfunkprogramme je 18 Stunden täglich. Das alles muß mit der Qualität und Präzision moderner Kulturindustrie erarbeitet, geprobt, getestet und durchgespielt werden.

Ist das überhaupt in Baden-Baden zu machen? Ja, es ist zu machen, sagen die Sachverständigen. Der Ort mit seiner Abgeschiedenheit bietet mehr Ruhe zu ernsthafter Arbeit als irgendeine Großstadt heute. Man ist hier dem Druck mächtiger Massenorganisationen weniger direkt ausgesetzt. Man nimmt die Sensation, die in der Stadt heute groß und morgen vergessen ist, hier erst gar nicht wahr. Lästige Besucher sind selten. Gute Leute kann man sich holen. Freilich oft unter Schwierigkeiten: Produktion ist eine Sache des Fahrplans geworden. Ja, es ist möglich, in Baden-Baden ein Kulturprogramm zu machen, das nichts mit Baden-Baden zu tun hat und das doch im geheimen diesem Ort noch verbunden ist: seiner Abgeschiedenheit, seiner Stille. Vieles an Zwietracht, an Intrigen, das den Geist der Großstadtbetriebe so oft vergiftet, erledigt sich hier von selbst. Berge, Wiesen und Wälder sprechen ihre stille Sprache der Besänftigung. Alle Anflüge zu einer anonymen Mammutbürokratie scheitern hier. Kein Portier mit mißtrauischer Amtsmiene versieht den Besucher mit Laufzetteln und Sprecherlaubnisscheinen. Bis spät in die Nacht stehen die Glastüren der Pavillons hell erleuchtet und unbewacht offen. Hier könnten Gangster mit Lastwagen vorfahren und noch spät in der Nacht die technischen Studios und Redaktionen ausräumen.

Aber Verbrecher gibt es hier nicht, Ganoven sind im weiten Umkreis von Baden-Baden Mangelware, und Revolutionäre, die in Stunden der Machtergreifung eine schwer zu unterdrückende Vorliebe für Rundfunkstationen haben, hat es hier auch nur im Ruhestand gegeben. Hier wandelten gekrönte Häupter regierender Häuser inkognito. Russischer Adel kam gern her: Fürst Menschikoff, dessen Troika-Ausfahrten berühmt waren, Fürst Gortschakow, der Gegenspieler Bismarcks. Niemals wurde Weltgeschichte von Baden-Baden aus gemacht, aber wenn die Weltgeschichte fertig war, kamen die Mächtigen gern für ein paar Wochen zur Erholung hierher.

Nach 1945, als sich die französische Militärregierung in Baden-Baden niederließ, machte der vom Krieg unzerstörte Ort einen schwachen Ausflug zur politischen Bedeutsamkeit. Aber auch das war ein seltsames, kurioses und irgendwie sehr französisches Regiment. Die Sûreté saß hier, und Alfred Döblin in der Uniform eines französischen Obersten. Die Franzosen brachten viel Literatur, viel Eifer für rééducation, eine ganze Menge Pariser Flair mit. Als sie gingen – mancher hat es bedauert –, hinterließen sie die Rundfunkanstalt als ihre Schöpfung. Noch immer ist sie die französischste Stimme im Konzert der deutschen Sender. Eine europäische Stimme zwischen den Münstern von Straßburg, Freiburg und Basel. Europäische Kultur aus Baden-Baden? Gewiß nicht mit Baden-Baden, aber sicher doch nicht ganz ohne seinen genius loci.

Die Wahrheit, sagt man, liegt in der Mitte. Liegt die Wahrheit von Baden-Baden in der Mitte zwischen Weltbad und Funkstation? Manches spricht dafür, denn in dieser Mitte, im Tal der Oos, liegt das badische Kleinstädtchen: 42 000 Einwohner, ein langgestrecktes Talstädtchen, das eigentlich nur über eine einzige Straße verfügt, die sich von Baden-Oos bis Lichtental und Oberbeuern zieht. Provinz ist Idylle, Geruhsamkeit, mitmenschliche Nähe und Überschaubarkeit des Raumes – in diesem Sinne ist der Kern dieser Stadt sicher immer Provinz geblieben.

Über »kurörtliche Belange« wird gern und leidenschaftlich im Stadtrat debattiert, alte Palais müssen abgerissen, neue Parkplätze erschlossen werden. Das entzückende kleine Stadttheater – es wurde gerade hundert Jahre alt – macht Ärger, weil es, gräßlicher Verstoß gegen den Geist des Ortes, Brecht spielen wollte: Mutter Courage. Eine Weile schlagen die Wellen hoch, man ist ein wenig geehrt, daß sich für einen Augenblick lang die große Presse mit diesem Skandälchen beschäftigt. Konturen von geistigen Fronten werden flüchtig sichtbar: Reaktionäre und Fortschrittliche bekämpfen einander im »Tagblatt«. Christliches Abendland und Freiheit heißen auch hier die Parolen; aber der pathetische Ton, mit dem beides hervorgepreßt wird, verrät deutlich den Ton der Provinz. Man liebt hier noch den Zungenschlag der Väter.

Einiges an der sozialen Urformation fällt auf, weicht ab. Es gibt fast gar keine Arbeiterschaft hier, denn wirkliche Industriebetriebe sind wegen der »kurörtlichen Belange« wenig geschätzt. Es gibt wenig Jugend im Straßenbild, denn Jugend, sobald sie dem Schulalter entwachsen ist und nicht ins Hotelfach will, muß nach draußen. Dafür gibt es den seltsamen Kreis der Sonderlinge und Einzelgänger, der verkauzten Pensionäre und spintisierenden Greise. Adlige Damen, die in altmodischen Villen hausen und an »bessere Herren« vermieten. Pensionierte Generäle, die zuhause im Geiste Krieg spielen und sich bei jedem Einkauf ihres Titels respektheischend erfreuen können. Rentner und reiche Käuze, die sich in einem versponnenen Lebensabend sonnen.

Um diesen Kern der Ureinwohner hat sich nach 1950, seitdem es mit der Kurstadt wieder bergauf ging, ein ganzes Geflecht von Zuwanderern gelegt. Die Militärregierung siedelte einige zehntausend Franzosen an, die draußen in Oos wohnen: Militärs und Zivilangestellte mit ihren Familien: kultivierte, lebensfrohe Franzosen, die von Paris her oft eine seltsame Schwäche für Ba-

den-Baden haben. Kein Besatzer- und Ami-Typ mit Boxerge-
sicht und Bürstenhaarschnitt wie auf der Kaiserstraße in Frankfurt, sondern romanisch mit Bärtchen, ironischem Lächeln, der
Baskenmütze, Pernod-Gesicht und leise surrenden Peugeots.
Der Funk brachte gut tausend Angestellte, Journalisten und Sekretärinnen, Leute vom Film und vom Unterhaltungsgewerbe –
mißtrauisch beäugt von den Ureinwohnern, aber auch wieder
geschätzt als zahlungskräftige Mieter. In den letzten Jahren entdeckte der Grundstücksmarkt Baden-Baden als idealen Alters-
sitz. Reiche Industrielle aus dem Rheinland, Zigarettenkaufleute
aus Hamburg, mauermüde Millionäre aus Berlin siedeln sich an.
Schriftsteller nach dem Fest ihres sechzigsten Geburtstages ziehen sich hierher zurück, um ihre Memoiren zu schreiben, denn
dies ist eine Stadt zum Erinnern, zum Sinnieren, zum Stöbern in
der Vergangenheit. Karlsruhe ist nahe und hat ein Bundesge-
richt, einen Atomreaktor und eine Unfallklinik. Wer es sich dort
leisten kann, wohnt in Baden-Baden. Es ist nur ein Sprung über
die Autobahn.

Das alles – und Croupiers und Masseure und Badeärzte und
Kurdiener – wohnt im Tal der Oos auf engstem Raum zusammen. Aber es schließt sich nicht zur Kleinstadtgesellschaft zusammen. Sie alle leben nebeneinander, berühren einander kaum,
kennen einander selten. Baden-Baden hat nie eine wirklich geschlossene Kleinstadtgesellschaft gehabt wie andere deutsche
Städtchen. Es ist eine grüne Enklave des Individualismus im
Zeitalter der modernen Industriegesellschaft. Die Zäune und
Mauern, die die Villen und Palais umschließen, sind hoch; altes,
verschnörkeltes Eisen und moderne Mauersichtblenden verwehren den Kontakt – Mauern, die das Bürgertum baut.

Nein, eine typische Provinzstadt ist Baden-Baden kaum. Es ist
ein Sonderfall, eine Mischung aus Kleinstadt, ambitioniertem
Badeort und Rentner-Asyl für Millionäre. Seltsame Gegensätze
sind hier also zuhause. Die Croupiers im Casino sehen wie englische Lords aus, sprechen aber nicht Französisch, sondern ein
handfestes einheimisches Badisch. Man kann livrierte Kurdiener
für private Parties mieten, man kann Golfspielen, Reiten und Jagen, aber wenn man krank wird, muß man sich nach Karlsruhe
oder Freiburg legen. Man kann im Rebland Weine von einer
Güte trinken, wie man sie wahrlich nicht überall und sicher nicht
in London bekommt, aber eine wissenschaftliche Bibliothek

wird man vergebens suchen. Man kann im Kasino Zehntausende von Mark verlieren oder gewinnen, aber wehe, wenn du wegen eines geringen Vergehens hier in die Hände der lokalen Justiz fällst: du wirst mit entrüsteten Schöffen, mit strengeren Richtern, mit höheren Strafen als in Hamburg oder Berlin zu rechnen haben. Weltbad und Kleinstadt haben sich nie integriert, leben geschieden nebeneinander her. Man kann in Baden-Baden die elegantesten Salon-Appartements der europäischen »dolce vita« mieten, aber die leichten Mädchen und Playboys, die in Monte Carlo und Nizza solche Salons mit ihrem Leben und Treiben erfüllen, wird die Kleinstadt nicht dulden; die Partner sind mitzubringen.

Das und einiges mehr ist gewiß provinziell. Es gibt auch den Stammtisch mit seiner Lokalpolitik, es gibt an der Stiftskirche oben den Markt, auf dem Bauersfrauen wie früher ihr Gemüse verkaufen, es gibt am Ort eine Literarisch-Philosophische Gesellschaft, in der sich wohlmeinende Studienräte sorgenvoll über die Bedrohung des Menschen heute äußern, es gibt Klatsch und Neid und rivalisierende Gruppen, fröhliche Wandergruppen, Heimatdichter mit einer Schublade voll ungedruckter Geschichtsdramen, Lokalpoeten, die mit Genieblick wie Schopenhauer vormittags durch die Allee stapfen und von den Einheimischen als verkannte Schiller angesehen werden. Es gibt auch Standesdünkel und Borniertheit wie überall, aber es wäre falsch, dies als typisch für diesen Ort anzusehen. Man kann es übersehen. Es beherrscht nicht den Geist des Ortes. Es gibt hier nur viele Einzelne.

Echt provinziell ist eigentlich nur die Gemächlichkeit, die badische Ruhe, der Anflug von Langeweile, der sich einstellt, ist man länger zu Gast als drei Wochen. Die Geschäfte schließen alle geruhsam über die Mittagszeit. Lange Siesta ist üblich. Am Mittwoch haben die Läden nur vormittags auf. Du kannst kein Brötchen, keinen Briefbogen am Mittwochnachmittag kaufen. Sonntage sind hier lang und von kleinstädtischer Zähflüssigkeit: Spazierengehen im Kurpark, Kaffeetrinken im Rumpelmayer, Kurmusik: immer noch Flotow, gleichgültige Gespräche über den Arzt; die Zeit zwischen fünf und sieben Uhr nachmittags löst leichte Ehekrisen aus. Der Kreis der Freunde ist klein und rasch erschöpft, die Telefonnummern vierstellig: – Wen soll man noch anrufen? Am besten, man fährt in die Berge oder zum

Abendbrotessen nach Straßburg. Die Grenze ist nahe. Über dem Elsaß steht die untergehende Sonne blutrot. Von Frankreich fällt spätes Licht über Baden-Baden. Frankreich, das wäre ein Ausweg. [. . .]

Gräßliche Zeiten für Junggesellen. Es bleibt nur die Arbeit. Wehe, wenn freie Stunden dich treffen. Abende sind kaum zu gestalten, Wochenenden wollen langerhand vorgeplant sein, zu Weihnachten mußt du wegfahren. Wer bleibt, hat mit inneren Verlusten, mit existentiellen Schrumpfungen zu rechnen, mit dunklen Straßen, toten Plätzen, heruntergelassenen Jalousien, leeren Restaurationen. Es ist die Zeit, November, wo jetzt in den Großstädten die Saison beginnt. Du irrst durch die dunklen Straßen, es regnet. Der Bahnhof liegt kalt und tot und leer da. Alles geschlossen. Auf dem verblichenen Sommerfahrplan kannst du im trüben Lampenlicht ferne Namen, lockende Ziele, Großstadtnamen entziffern: Paris und Brüssel, Rom und Mailand . . ., das gibt es! Und du denkst an den Hauptbahnhof in Frankfurt, in München, in Hamburg: Licht und pulsierendes Leben, Züge, Cafébars und Ströme von Menschen, Grüße aus aller Welt, wirbelnde Drehscheibe moderner Kommunikation, Lautsprecher und Zeitungshändler, Gepäckträger und Taxifahrer, Eleganz und Keßheit, und mit einem Mal spürst du, daß du hier nicht bleiben kannst, daß das Leben an dir vorbeizieht. Du hast Halluzinationen vom Dammtorbahnhof zehn Uhr abends, vom Piccadilly Circus, von der Hauptwache in Frankfurt. Schwabing taucht mit seinen Künstlerkneipen wie eine Fata Morgana auf.

Du stehst im Dunkeln, es regnet. Ein Bus fährt nach Gernsbach ab. Gernsbach? Noch dunkler, noch stiller, lauter Berge und Grün, kaum ein Kino mehr. So gesund, daß man krank werden kann. Du mußt weg. Es hämmert dir durch den Kopf: Du mußt weg. Du vertust dein Leben, es verrinnt, andere leben dein Leben in anderen Städten. Du mußt weg.

Es ist schön, in dieser Stadt als Fremder einzukehren. Es ist schön, durch die vornehme, grüne Stille der Lichtentaler Allee zu fahren. Du kommst auf Besuch, und mit einem Mal hast du den klaren, den gerechten, den zutreffenden Blick: Wälderidyll und Fremdenindustrie, gesegnete Wasser und schöne Drei-Wochen-Anmut. Darunter die alten Strukturen der Kleinstadt, die sich langsam dem Neuen öffnen.

Diese Stadt ist ein Sonderfall: sie ist nicht wirklich Provinz und nicht wirklich Weltbad, sondern ein seltsames Kompositum: Mischung aus Montreux und Lahr-Dinglingen, ein kleiner, grüner Salon für ein Land ohne Metropole, ein kleiner französischer Salon für ein Land, das selber schon Züge der Provinz trägt. Restaurativer Stern im Baedecker, weinfreudig, eßfreudig, geldfreudig. Grüner Salon für kurze Gastspiele: eine Stadt – zum Sterben schön.

Das andere Deutschland

Die Verprovinzialisierung der deutschen Gesellschaft in der Wirtschaftswunderzeit hing – in der politischen Dimension – auch damit zusammen, daß das gespaltene Land auf nationale Identität verzichten mußte. Die Entwicklungen in der BRD und in der DDR, die lange Zeit nur als SBZ bezeichnet werden durfte (was den Mangel an Realitätsbezug auch sprachlich dokumentierte), führten zu einem immer stärker werdenden Auseinanderleben, Auseinanderdenken, Auseinanderfühlen. Zugleich aber zeigt ein deutsch-deutscher Vergleich, daß im sowohl »westlich« als auch »östlich« grassierenden Provinzialismus durchaus ein gemeinsamer Nenner bestand – wobei die Gängelung individueller Denkungsart im Osten von »klaren«, aufdringlichen politischen Dogmen her erfolgte, während sie in der BRD subtiler, über Innensteuerung (verinnerlichte Mentalitätsmuster) erfolgte – und natürlich in der BRD der entscheidende Vorteil darin bestand, daß die Freiheits- und Menschenrechte kritische Artikulationen, »Anstiftungen zum Unfrieden« (Alexander Mitscherlich), ohne zu großes Risiko erlaubten.

Der erfolglose Arbeiteraufstand vom 17. Juni 1953 in Ost-Berlin, von sowjetischen Panzern niedergeschlagen (im gleichen Jahr starb Ernst Reuter, der regierende Bürgermeister von West-Berlin!), wie der Bau der »Mauer« 1961 (im gleichen Jahr wurde Konrad Adenauer zum 4. Mal vom Bundestag zum Bundeskanzler gewählt!) verstärkten die Trennung eines Volkes, das sich, um mit dem Titel eines Buches von Erich Kuby zu sprechen, als ein Volk von »70 Millionen in zwei Wartesälen« darbot. (19) Der Zug war jedoch bereits abgefahren. Einblicke in die »Geschichte einer Spaltung« und die damit verknüpften Bewußtseinsveränderungen vermitteln die Tagebuchaufzeichnungen eines DDR-Flüchtlings (20) und der Bericht eines Studienrats über eine Schülerfahrt nach Berlin. (21)

Der meist plumpe Antikapitalismus einer sich im roten Plüsch einmöblierenden kommunistischen Spießermentalität traf dabei häufig auf einen wesentlich sublimeren Antikommunismus, der sich aus den Enttäuschungen einer Generation von Schriftstellern und Künstlern speiste, die ehemals selbst Kommunisten ge-

445

wesen oder links eingestellt waren, für die aber der »Gott«, an den man geglaubt, versagt hatte. Der »Kongreß für kulturelle Freiheit« in Berlin im Jahre 1950 stellte in diesem Sinne eine Versammlung westlichen Geistes dar, die in einer »Frontstadt« über das Verhältnis von Kunst, Künstler und Freiheit, über die Gefahren und Chancen der Freiheit, über den Bürger in einer freien Gesellschaft und über die Verteidigung von Frieden und Freiheit nachdachte.

Zu diesem Bild gehören freilich auch – auf der Negativseite – die Positionen eines zelotischen Provinzialismus, wie sie etwa der österreichische Schriftsteller Friedrich Torberg einnahm (Jahrgang 1908, vor den Nationalsozialisten über die Schweiz, Frankreich, Spanien in die USA emigriert, nach dem Krieg nach Wien zurückgekehrt), als er die Frage stellte, ob man Brecht im Westen überhaupt noch spielen solle.

»Was in der Bundesrepublik betrieben wird, ist keine Auseinandersetzung mit Brecht, sondern ein Brecht-Kult, der (wie jede kultische Übung) aus irrationalen Quellen gespeist wird und von den klinischen Merkmalen der Hysterie nicht immer ganz frei ist. Es würde viel zu weit führen, all diese klinisch-irrationalen Symptome zu untersuchen. Sie reichen vom Unbehagen am Wirtschaftswunder und vom schlechten Gewissen seiner geistigen Nutznießer bis zu jenem sonderbaren Phänomen, das ich in einem anderen Bezug – nämlich auf die manische Protestier- und Unterschreibwut der bundesdeutschen Intellektuellen – als ›Nachholbedarf an Zivilcourage‹ zu definieren versucht habe. Zufolge einer rätselhaften optischen Verschiebung wird es nämlich in der Bundesrepublik als ›mutig‹ angesehen, für Brecht zu sein – wonach es offenkundig feige wäre, die Minderheitenrolle eines Brecht-Gegners zu übernehmen. Daß es eine Minderheitenrolle ist, steht außer Zweifel. Mit Verblüffung und etlichem Neid – denn ich hatte nicht gewußt, daß es in der Bundesrepublik so viele Intendanten gibt, geschweige denn so viele mutige Intendanten – entnahm ich einer Meldung, die unter dem Titel ›66 Intendanten protestieren‹ durch die deutsche Presse ging, daß man sich ›vor jeder tendenziösen Beeinflussung der Spielpläne durch Gruppen außerhalb des Theaters‹ hüten müsse. Natürlich waren damit nicht jene außerhalb des Theaters stehenden Gruppen gemeint, die an den Hebeln der kommunistischen Propaganda-Maschine stehen, sondern wieder einmal jene, die sich von dieser Maschine nicht widerstandslos überrennen lassen wollen. Und natürlich würde man in der gesamten Bundesrepublik vergebens nach 66, ja auch nur nach 6 Theaterintendanten suchen, die den Mut besäßen, sich zu einem Manifest gegen Bertolt Brecht zusammenzuschließen. ›Eine unerläßliche Voraussetzung für die künstlerische Arbeit an den deutschen Theatern‹, so heißt es in der Erklärung der 66, ›ist die persönliche Verantwortung des Intendanten für den Spielplan. Seinem künstlerischen Gewissen und seiner politischen Einsicht muß es überlassen bleiben, ob Brecht gespielt werden soll oder nicht.‹ Und zur krassen Veranschaulichung der Gefahr, welche der künstlerischen Freiheit nicht etwa von den Anwälten der politischen Unfreiheit droht, sondern von deren Gegnern, warnt das Manifest: ›Was heute mit Brecht geschieht, kann morgen Claudel blühen‹; und fügt, damit niemand sich zurückgesetzt fühle, auch noch hinzu: es sei bekannt, daß in einer Stadt konfessionelle Jugendverbände es abgelehnt hätten, den ›Nathan‹ zu besuchen . . . Nun, das sind erstaunliche Mitteilungen, und nicht just geeignet, das künstlerische Gewissen oder die politische Einsicht der 66 Intendanten ins beste Licht zu rücken. Denn indem sie Claudel gegen das Schicksal, von dem sie Brecht bedroht glauben, vorsorglich in Schutz nehmen, setzen sie nicht nur eine unwahrscheinliche Hypothese, sondern sie operieren – zweifellos unbewußt, und wie immer in solchen Fällen aus den lautersten Motiven – mit jenem Gleichsetzungs-Trick, der schon in der großen Politik so viel unheilvolle Verwirrung gestiftet hat: nämlich mit der Gleichsetzung von Ost und West, mit der Gleichsetzung zweier scharf antagonistischer Weltbilder und Wertinhalte. Sie tun ihrem künstlerischen Gewissen die Gewalt an, Claudel mit Bertolt Brecht, der doch der ungleich bessere Dramatiker von beiden ist, in einem Atem zu nennen, und halten sich für diese Konzession dadurch schadlos, daß sie Brecht als politisch völlig unverfänglichen Faktor erscheinen lassen. Sie wollen nichts davon wissen, daß ein etwaiges Verbot Claudels sich gegen einen der edelsten Repräsentanten abendländischer Geistigkeit richten würde und ein etwaiges Verbot Bertolt Brechts gegen einen Repräsentanten eben jener Ideologie, der es um die Versklavung und Vernichtung der abendländischen Geistigkeit zu tun ist.« (*Der Monat,* Heft 159, Dezember 1961, S. 60 f.)

Solche Ausführungen riefen zwar den Widerspruch einzelner

hervor (»Wie schön wäre es«, replizierte z. B. Joachim Kaiser im *Monat,* Heft 162, März 1962, S. 60 ff., »wenn man eine Anti-Brecht-Institution wieder in eine fixe Idee, und eine fixe Idee wieder in einen privaten Spleen zurückverwandeln könnte«), doch sie brachten ihrem Autor auch große Sympathie ein bei vielen »kalten Kriegern« – eben solchen, denen im Schwarz-Weiß-Denken provinzieller Herkunft das Differenzierungsvermögen abhanden gekommen war.

19) *Erich Kuby*
  Siebzig Millionen in zwei Wartesälen

Der nachfolgende Beitrag erschien als Vorabdruck von Kubys Buch *Das
st des Deutschen Vaterland. 70 Millionen in zwei Wartesälen* (1957) in
len *Frankfurter Heften*, Heft 7, Juli 1957, S. 486–489 (Auszug).
  Erich Kuby wurde 1910 in Baden-Baden geboren. Er »gehörte zu der
Generation, welche die deutsche Demokratie vor Hitler gerade noch
bewußt und bejahend erlebt hat. Er war immun gegen den Nationalsozialismus und deshalb im Dritten Reich staatspolitisch besonders wert-
os. Als der Fünfunddreißigjährige aus sechs Jahren Krieg, die er als einfacher Soldat durchstand, nach Hause kam, befand er sich erst am Start
zu einem aktiven Leben.« (Verlagsvorspann zu *Das ist des Deutschen
Vaterland*, Reinbek 1959)

Hinter Cottbus geht die Autobahn noch einige dreißig Kilometer, durch schönen melancholischen Wald. Große Schilder verkünden: Nicht von der Straße abweichen, in den Anpflanzungen
noch Minengefahr vom Krieg her. Schließlich erscheint ein noch
größeres Schild, weiße Schrift auf blauem Grund: letzte Ausfahrt
in der DDR. Wenn ich weiterführe, käme ich an die polnische
Grenze. Ich fahre von der Bahn herunter, ein Wegweiser streckt
seine Arme nach Norden und Süden: Forst–Muskau steht darauf. Mein Ziel ist Forst. Vierzehn Tage vorher war ich schon
einmal da. Es handelt sich darum: Herr Stumpf, Chefredakteur
des Westfalenblattes, war von 1935 bis 1942 ebenfalls Chefredakteur gewesen, und zwar in Forst. Vom Forster Tageblatt gibt
es, soviel ich feststellen konnte, nur noch im Stadtarchiv dieser
Stadt die vollständigen Jahresbände. Ich möchte in diesen Bänden blättern, ich möchte wissen, was dieser Herr Stumpf vor
1945 geschrieben hat, nachdem er nach 1945, nämlich heute, und
in der Bundesrepublik so schreibt, als ob das Jahr 1945 nicht
stattgefunden hätte. Mit einem Wort: ich will mich über einen
Mann objektiv informieren, nicht weil er ein ausgepichter Nationalsozialist war, sondern weil er heute so schreibt, als ob er es
noch wäre.
  Vierzehn Tage vorher habe ich festgestellt, daß die Sammel-
bände vorhanden sind. Damals war der Bürgermeister, an den

449

man mich verwies, auf Dienstreise abwesend. Für heute haben wir uns telefonisch verabredet.

»Rat der Stadt« steht auf einem großen Schild, das zwischen den Fensterreihen eines roten, häßlichen Ziegelbaues hängt, der aus den zwanziger Jahren stammen wird. In das gleich einem Schwimmbad ausgekachelte Treppenhaus ist im ersten Stock aus neuem, ungestrichenem Holz eine Pförtnerbude eingebaut. Ich will zum Bürgermeister, sage ich zum Pförtner. Er scheint Bescheid zu wissen und weist mich noch eine Treppe höher.

Im Vorzimmer sitzt eine strenge, den Fünfzig nahe Sekretärin, deren Bekanntschaft ich schon bei meinem ersten Besuch gemacht habe. Die Sekretärin sagt, ich möge warten. Sie geht zum Bürgermeister hinein und kommt nicht wieder.

Es ist ganz still. Nicht einmal ein Radio ist zu hören. Ich sitze auf einem Stühlchen zwischen der Tür, durch die ich hereingekommen bin, und der Seitenwand eines Aktenschrankes, auf dem die Sekretärin Ansichtspostkarten mit Reißnägeln angeheftet hat. Solche Arrangements finden sich in vielen Büros zwischen Köln und Forst. Die Postkarten in Köln kommen aus Mallorca und Sizilien. Die Postkarten in Forst kommen aus dem Erzgebirge und von der Ostsee.

Es dauert sehr lang, bis die Sekretärin wieder erscheint. Dann versucht sie, ein Gespräch mit Cottbus herzustellen auf der Dienstleitung. Offenbar will der Bürgermeister, bevor er mich empfängt, sich noch einmal beim Bezirk, seiner vorgesetzten Stelle, vergewissern, wie er sich eigentlich verhalten soll. Das Gespräch kommt ebenfalls lange nicht; als es kommt, höre ich durch die weißgestrichene Doppeltür meinen Namen. Meine Vermutung trog nicht.

Als das Gespräch vorbei ist, darf ich eintreten. Das Büro ist mit Fahnen an der Wand dekoriert, mit Pieck und Grotewohl. Der Bürgermeister sieht so aus, daß ich mir sofort sage: Das wird eine harte Sache.

Ich fange an, zu erklären, was mich herführt, obwohl er es ja bereits aus einem Brief weiß. Er unterbricht mich: Erst zeigen Sie doch mal Ihre Ausweise.

Ich lege meinen bundesdeutschen Paß auf den Tisch und die vom Innenministerium der DDR ausgestellte Reiseerlaubnis.

Das ist nur eine polizeiliche Bestätigung, daß Sie sich in der DDR aufhalten dürfen, sagt der Bürgermeister.

Ja, sage ich, mehr habe ich auch nicht.

Sie brauchen eine Bescheinigung vom Presseamt.

Tut mir leid, sage ich, die habe ich nicht. Aber Sie können ja beim Presseamt anrufen. Schließlich habe ich doch die polizeiliche Genehmigung nur bekommen, weil das Presseamt mir seinerseits eine Genehmigung gegeben hat. Mündlich.

Mündlich, sagt er. Für mündliche Genehmigungen hat er nur Verachtung.

Also, sagt er, was wollen Sie? Sie kommen aus München? München scheint für ihn eine sehr gefährliche Stadt zu sein. So gefährlich wie Pankow für einen Münchener.

Ich sage ihm, was ich will. Was will ich? Nichts weiter als dies: Einen Tisch, einen Stuhl, auf den Tisch sieben Jahresbände des Forster Tageblattes von 1935 bis 1942. Und ein paar Stunden Zeit, in diesen Bänden zu lesen und mir Auszüge zu machen.

Das kann ich Ihnen nicht ohne weiteres erlauben, sagt er. Sie brauchen eine Genehmigung von Berlin.

Nun hören Sie aber, sage ich, was soll das? Ich will doch nichts, womit die heutige Regierung der DDR oder Sie etwas zu tun haben. Und dann schwieg ich. Mehr war hier nicht zu sagen.

Der Bürgermeister von Forst in seiner verstockten Dummheit des Funktionärs traute sich nicht einmal, eine so einfache Sache auf die eigene Verantwortung zu nehmen. Die »Demokratisierung«, wie man in der DDR den Vorgang nennt, die untergeordneten Organe wieder verantwortungspflichtig und verantwortungswillig zu machen, hatte den Bürgermeister von Forst jedenfalls noch nicht erreicht. Das gesamtdeutsche Gespräch über alte und neue Nazi fand im Rathaus von Forst nicht statt. Ich sagte dem Bürgermeister, ich würde für eine entsprechende Bestätigung vom Presseamt in Berlin sorgen, und damit schied ich.

Den Pförtner im ersten Stock fragte ich: Wie heißt der Bürgermeister?

Hartkopf, sagte er.

Na, antwortete ich, so heißt er nicht nur, das ist er auch.

Jede einzelne der grünblauen Kacheln an der Wand hätte sich die Ohren zugehalten, wenn sie Ohren gehabt hätte. So despektierliche Äußerungen waren sie nicht gewöhnt.

Das Theater am Schiffbauerdamm ist altmodisch und gemütlich. Die angeklebten Bürozimmerchen haben ein Stück Berliner

Theatergeschichte gesehen aus der großen Zeit der zwanziger Jahre; jetzt wird dort wieder ein Stück Berliner Theatergeschichte gemacht, die sich vor jener der zwanziger Jahre nicht zu verstecken braucht. Ein Spaßvogel hat über dem Schild an der Tür des Sekretariats einen Zettel befestigt: Reisebüro. Wahrscheinlich wollte er darauf hinweisen, daß das Berliner Ensemble viel unterwegs ist. Als ich eintrete, sehe ich durch die Schiebetür, die ins Zimmer der Direktion führt, Helene Weigel sitzen.

Ach, sagt sie, kommen Sie herein, mein Freund.

Es gibt nur eine Unterhaltung in der Kantine ein paar Tage zuvor, die diese Anrede kaum rechtfertigt. Aber wer wünscht sich nicht, so angeredet zu werden?

Ich störe nicht?

Ich habe ein wenig Zeit, sagt sie.

Das Zimmer ist höher als lang und breit. Die Außenwand besteht nur aus Fenster, einem altmodischen, in kleine Scheiben geteilten Fenster. Der Tisch, an dem die Witwe Brechts, die Herrin dieses Theaters sitzt, ist ein schwerer Bauerntisch. Stuhl und ein Schrank sind ebenfalls gewichtige, teure, aber einfache Möbel. Auf einer Bank liegt ein längliches Paket, das Einwickelpapier ist lose gefaltet.

Frau Weigel wirft das Ende ihrer Zigarette in eine halbvolle Aschenschale und zündet sich sofort eine neue Zigarette an.

Am Abend zuvor habe ich »Furcht und Elend des Nationalsozialismus« gesehen und war am Nachmittag vor der Aufführung im Sekretariat gewesen, weil ich nur auf diesem Wege noch eine Karte für die ausverkaufte Vorstellung hatte bekommen können. Als ich den Bühnenausgang verließ, war gerade ein junger Bursche in Uniform vom Magazingebäude über den Hof gekommen. Ein SA-Mann vom Scheitel bis zur Sohle: braunes Hemd, schwarze Reithosen, Schaftstiefel, Schulterriemen, Mütze, Armbinde, wie aus der Reichszeugmeisterei entsprungen. Ich schaltete nicht sofort auf Theater. Das kann wohl nicht wahr sein, dachte ich, und fühlte einen Schlag gegen die Stirn. Es war eine ganz dumme Reaktion. Im Hof standen Theaterarbeiter, und alle schauten auf den SA-Mann, der im Bühneneingang verschwand, um auf die Probe zu gehen, und sie hatten alle ein verlegenes Lächeln im Gesicht, und ich sah, daß es ihnen ähnlich ergangen war wie mir: der optische Eindruck hatte die Sicherungen der Vernunft einen Augenblick durchschlagen.

Ich erzählte Frau Weigel von dieser Begegnung und von der Aufführung, wie sie auf mich gewirkt hatte. Sie hatte stark gewirkt.

Sie nennen Ihr Theater Berliner Ensemble, sagte ich, und man spürt es – es ist gar nicht so sehr die Leistung der Einzelnen, die man bewundert. Da auf der Bühne horcht einer auf den andern, das ist so . . . Ich lege meine Hände ineinander und presse sie zusammen.

Das hat aber auch ein Stück Arbeit gekostet, sagt sie. Es ist doch nicht nur die Arbeit auf der Bühne, man muß doch für alle sorgen . . ., wie sie leben. Ich habe es fertiggebracht, daß jetzt fast jeder seine eigene Wohnung hat. Keine möblierten Zimmer bei gräßlichen Wirtinnen. Man muß die Tür hinter sich zumachen können. Und in jeder Wohnung ein schönes Stück. Schönheit erzieht. Ein schöner Stuhl, eine Kommode, ein Schrank. Nicht ganze Einrichtungen, aber ein Stück, das man ansehen kann und das standhält. So Sachen wie hier. Sehen Sie, was ich heute gekauft habe.

Sie wickelt das Paket aus. Zwei große, langgestreckte Platten eines Meißner Services mit sparsamem Dekor kommen aus dem Papier. Das Service sammle ich, es ist schwer, alle Stücke zusammenzubekommen. Das sind die Fischplatten. Und wissen Sie, was ich noch getan habe, sagt sie. Ich bin doch eine Tyrannin. Ich habe die Vorhänge für die Wohnungen vorgeschrieben. Rupfen. Naturfarbener grober Rupfen. Billig und schön. Nicht dieses Zeug mit den Mustern, daß man schwindlig wird, wenn man es nur anschaut.

Gnädige Frau, sage ich, ich bin eigentlich gekommen, um Ihre Sekretärin zu fragen, wo es Ihre Platten von Mutter Courage gibt. In den Läden sind sie nicht zu haben.

Sie ruft durch die offene Tür der Sekretärin zu, sie möchte doch bei der Firma anrufen, um zu erfahren, wo die Platten zu bekommen seien. Die Verbindung klappt nicht gleich. Als wir durch die Tür hören, daß nun offenbar die richtige Stelle an der Leitung ist, nimmt Frau Weigel den Hörer vom Apparat auf ihrem Tisch und sagt: Lassen Sie mich . . .

Hier Helene Weigel, spricht sie mit ihrer tiefen, rostigen Stimme ins Telefon. Wer ist dort? . . . Aber junger Mann, höre ich sie sagen, Sie heißen doch nicht Schallplatte.

In Leipzig ging ich ins Nachtlokal. Es war Sonnabend, und das Nachtlokal war wegen Überfüllung gesperrt. Ein Scherengitter war vor die Tür gezogen. Ich klopfte, der Portier erschien. Ich sagte, ich sei nun bis von München gekommen, um in Leipzig das Nachtleben kennenzulernen, und ob er nicht . . .

Er ließ sich erweichen und schob das Gitter einen Spalt zurück. Ich schlüpfte hinein. Bei der Garderobe stand der Geschäftsführer. Er sagte zu dem Portier, Sie wissen doch, es ist kein Platz mehr frei. Der Portier antwortete irgend etwas. Der Geschäftsführer wurde laut. Der Portier wurde lauter. Ich sagte: Aber, aber . . . Die Herren stritten sich. Der Portier sagte auf sächsisch etwas, das auch auf hochdeutsch nicht fein ist, und erklärte, nun habe er genug und gehe nach Hause. Er knallte seine Mütze auf den Garderobentisch. Ich verließ die Walstatt. Innen war es so voll, wie der Geschäftsführer gesagt hatte. Auf dem Parkett schwenkte ein Mädchen Beine. Als die Nummer vorbei war, schlängelte ich mich durch den Raum in eine kleine Bar. Dort war es nicht so voll, weil man von dort aus das Programm nicht sehen konnte. Ich hatte mir das Heft gekauft. Das Mädchen, das seine Beine gereckt hatte, war unter der Überschrift »Sinfonie der Gelenke« verzeichnet. Danach kam ein ehemaliger UFA-Star und trug Ringelnatz und Tucholsky vor. Der Conferencier war eher verbindlich als witzig.

Hinter der Theke der Bar bedienten einige jüngere Leipzigerinnen in durchbrochenen Blusen. Gute Weine sind so teuer, wie guter Sekt billig ist. Man muß russischen Sekt mit dem schwarzen Etikett kaufen, nicht mit dem goldenen. Er ist wirklich gut.

Das Mädchen, das mich bediente, war sehr jung und sah aus, als ob es auch stricken könne. Eine gewisse Üppigkeit, deren Dynamik von einem immer wieder offenen Knopf an der durchbrochenen Bluse unterstrichen wurde, sagte: Sekt???!!!

Ich sagte: Ja, bitte, aber nur den mit dem schwarzen Etikett.

Gibt es da verschiedene? fragte das Mädchen.

Ich denke doch, meinte ich, Sie beziehen doch auch von der HO.

Gewiß doch, sagte das Mädchen auf sächsisch.

Sehen Sie, sagte ich, und HO führt zwei Sorten. Die schwarze ist besser und deshalb seltener, wie alles Bessere.

Was Sie nicht alles wissen, meinte das Mädchen, sind Sie bei der HO?

Leider nein, sagte ich, da müßte man Aktien haben.

Was? sagte das Mädchen. Ich hörte, daß man auch »was« auf sächsisch sagen konnte.

Aktien, sagte ich. Wie heißen Sie?

Haha, hihi, lachte das Mädchen, als hätte ich es gekitzelt.

Sie müssen sagen: Loser! meinte ich; noch besser: Ei, du Loser!

Ach nee, sagte das Mädchen, ebenfalls auf sächsisch. Sie konnte überhaupt nur diese Sprache.

Ich werde Sie jetzt mal trainieren, sagte ich, Sie sind wohl noch nicht lange dabei?

Nein, sagte das Mädchen, ich heiße Margit. Die Bar ist noch nicht lange eröffnet. Sie sind nicht von hier?

Gar nicht, erwiderte ich, überhaupt nicht. Ich bin aus München.

Ach nee, sagte Margit.

Draußen klatschte es. Die Nummer von dem UFA-Star war vorbei.

Habt ihr jeden Abend so einen Betrieb? fragte ich.

Ooch, sagte Margit, ziemlich dolle ist es schon.

Das ist ja fein. Wie wär's jetzt mit dem Sekt?

Sie lachte wieder, als ob ich sie gekitzelt hätte. Dann ging sie zu einer älteren Kollegin, sie tuschelten miteinander, dann brachte sie die Flasche. Sie bemühte sich, sie zu öffnen. Ich schaute ihr zu. Dann sagte ich: Viele Sektflaschen haben Sie noch nicht aufgemacht, Margit?

Nein, sagte sie, das ist die erste.

(20) *Gerhard Zwerenz*
    Aus dem Tagebuch eines Geflohenen
    Reflexion und Kritik

Gerhard Zwerenz, geboren 1925 in Gablenz, war nach der Entlassung aus russischer Kriegsgefangenschaft Volkspolizist in Zwickau. Ab 1952 studierte er bei Ernst Bloch in Leipzig. Als Mitglied der antistalinistischen Opposition um Wolfgang Harich verfolgt, floh er 1957 nach Westberlin (sein Leben beschreibt Zwerenz in dem Buch *Kopf und Bauch. Die Geschichte eines Arbeiters, der unter die Intellektuellen gefallen ist,* 1971). Die nachfolgenden Tagebuchblätter erschienen im *Monat,* Heft 135, Dezember 1959, S. 44–52.

Die Grenze ist also überschritten. Die Flucht liegt hinter mir. Ich bin kein DDR-Bürger mehr und noch kein Bürger der Bundesrepublik. Ich bin Flüchtling. Emigrant ist zu hochtrabend. Emigrant – das klingt nach Einzahl, Koffern, fremder Sonne, unbekannten Lauten. Nichts davon. Flüchtlinge sind in der Mehrzahl. Flüchtlingsfamilie: das ist die kleinste Einheit. Nach oben unbegrenzbar, in die Millionen steigend.

Der Flüchtling, ins Lager gekommen, hebt sein Hemd. Die ewig-alte Prozedur, immer sich selbst gleichbleibend, wie die Scheibe des gelben Mondes immer das gleiche Bild zeigt. Erinnerungen: Nackt marschierten wir an der sowjetischen Ärztin vorüber. Sie befühlte uns die Gesäßbacken: Arbeitsgruppe I, II oder III, oder Oka oder auch Dystrophie. So war das Grundschema, damals, als Wojna Pleni, Kriegsgefangener in Rußland. Man war nackt und wurde eingestuft. Man war nackt und fühlte sich schuldig. Schuldig an Hitler, an seinen Kriegen, an den Toten. Besonders an den Toten, die man jetzt fotografiert sah: abgemagerte, zermarterte Gestalten, verhungert, erschlagen, niedergeschossen. Besonders die Skelette ließen uns schaudern. Auf zweirädrigen Karren lagen sie, ein Fuder menschlichen Untergangs. So sieht es in den deutschen KZs aus, stand darunter. Wir schämten uns. Wir verließen die Baracke und standen draußen in der Lagerstraße vor zweirädrigen Karren. Darauf lagen Skelette, übereinandergeworfen, Knochenhaufen mit faltigen Hautfetzen. Wir waren in keinem KZ. Wir waren kriegsgefangen. Wir waren im Lager.

Nein, fort mit diesen Erinnerungen. Dies Flüchtlingslager kennt den Tod nicht. Vieles ist anders. Nur manches ähnelt sich, wird wohl in jedem Lager so sein. Gleich der Anfang, das Hemdheben, die Blöße zeigen, das gibt dir den symbolischen Schlag, der den Schreck auslöst: Lagerleben – das ist ein Abschied vom eigenen Entschluß.

Dich befragen Amerikaner, Engländer, Franzosen, Deutsche. Du hast gegen keinen etwas, du bist ihnen sogar wohlgesonnen, anfangs; am Ende möchtest du davongehen. Denn sprechen kannst du mit keinem von ihnen. Sie sprechen nur mit dir. Sie *befragen* dich. Und du – mußt deine Blöße zeigen.

Sprach einen militanten Katholiken. Glaube, der Katholizismus bietet die einzige intakte und geschlossene Gegenfront. Habe das Gefühl, hier eine Art Auffangstellung zu finden. Sie verstehen den Kommunismus wenig, was seine Oberfläche betrifft. Seine innere Struktur kennen sie gefühlsmäßig, aus ihrer organisatorischen Nähe. Erinnere mich eines Gesprächs mit Paul Wandel, der den Aquiner scherzhaft einen frühen Kommunisten nannte. Es ist wenig Sinn in dieser Übertreibung, und dennoch genug für ihre Berechtigung.

In Leipzig kannte ich Kommunisten, die, ginge es nach ihnen, das Pluszeichen abschafften, weil es ans kirchliche Kreuz erinnere. Jetzt begegne ich Leuten, die gut dafür wären, das Minuszeichen mit einem Querbalken zu versehen, damit der Symbolgehalt sich in ihrem Sinne erhöhe. Wie sich die Fanatismen in ihrer geistigen Beschränkung doch gleichen.

Ein Kriminalpolizist des Lagers, bei dem jeder Flüchtling »anlaufen« muß, machte sich lustig über die Dialektik. Habe den Verdacht, daß dieser Spaß bei ihm Routine ist. Frage also zwei Leute, die nach mir zu ihm kamen. Wirklich, beide wurden über Dialektik befragt. Der eine war ein Bauer aus Kottbus, der andere ein Chemnitzer Schlosser. Beide konnten nichts antworten. Eigentümlicherweise befragte mich auch ein Amerikaner nach der Dialektik. Die Ignoranz meines Befragers war so handgreiflich, daß ich die Dialektik zu verteidigen begann. Entdeckte dabei, daß mein Amerikaner auch von den Schlußfiguren der formalen Logik nie etwas gehört hatte.

Besagter Amerikaner holte mich ab. Ich ahnte, leidgeprüft,

Schlimmes. Doch wir fuhren zur Freien Universität. Er führte mich durch das passable Gebäude, und sein unvermittelter Stolz über diese Ford-Stiftung hatte etwas Rührendes an sich. So zeigen in Moskau die Russen ihre neue Universität vor. Dieser Stolz ist jung, ein wenig naiv – aber echt.

Mit dem militanten Katholiken gesprochen. Thema: Stalins Säuberungen. Wir verurteilten sie natürlich in schöner Einmütigkeit. Dann ritt mich der Teufel. Ich erzählte von Quedlinburg. Dort hatte man im Jahre 1589 im Frauenstift genau einhundertdreiunddreißig »Hexen« öffentlich verbrannt, freilich unter Gewährung der seltenen Gnade, daß ihnen Pulversäcke auf die Brust gebunden wurden. Mein Gesprächspartner erkundigte sich, was es mit den Pulversäcken auf sich habe. Ich erklärte. Das Pulver bedeutete schnellen Tod. Kam die Flamme an den Leib hoch, explodierte das Pulver und verkürzte die Leiden. Mein Gesprächspartner nickte und sprach wieder von Stalin. Ich kenne das aus meiner früheren Zeit, als ich Kommunist war. Oft liegt kein böser Wille vor. Von den Verbrechen der anderen zu reden ist süß, der Bitternis tiefgehender Selbsterforschung und -anklage enthebt ein allgemeiner Mechanismus. Ein gutes Gewissen ist meist die Folge eines unscharfen Auges. Unscharfe Augen aber sind die Regel.

Groteske Situation: Der Staatssicherheitsdienst war mir auf den Fersen. Die Flucht war die Flucht vor dem Kerker. Jetzt aber, tagtäglich taucht die Frage vor mir auf: Wogegen bist du eigentlich? Ich weiß nicht einmal mehr, ob ich jetzt noch Kommunist bin. Bin ich's, weshalb floh ich dann? Bin ich's nicht mehr, was bin ich also? Ein Sozialist? Das ist wohl zu einfach und zu leicht, als daß man danach greifen sollte. Ich muß mir hier diese westlichen Sozialisten genau ansehen. Gehöre ich zu ihnen?

Nein, sie verstehen hier immer noch nicht, was Kommunismus heißt. Sie sehen nicht, daß im Kommunisten der ganze Zorn einer enttäuschten und enttäuschenden Welt aufblitzt. Kommunismus –: das lebt von Weltenttäuschung. Von Ressentiment auch, ja, doch ebenso vom gerechten Zorn. Man kann doch nicht zwei Jahrtausende hindurch christlich reden und heidnisch handeln. Der Mensch wäre kein denkendes Wesen, riefe das nicht eine Sturmflut hervor. Heißt das Gesetz dieser Welt wirklich Heuchelei, so heißt Kommunismus die Quittung dafür.

Die Bundesrepublik imponierte uns, auch den Kommunisten, vorweg den jungen, kritisch eingestellten. Was imponierte uns am meisten? Daß die Bundesrepublik ohne Mitteldeutschland leben konnte. Der Gedanke daran war ärgerlich und böse, doch nichts weniger als falsch. Währenddessen vegetierten wir in Mitteldeutschland in einer elenden Diallele von Staatszwang, einer Mischung von Hochmut und Neid, Zorn und Enttäuschung, Ressentiment und Verzweiflung. Unser Stolz war verletzt, weil der Westdeutschen Stolz unverletzlich schien. Langsam wuchs in uns die Bösartigkeit unerwidert Liebender.

Der Stolz, der verletzte Stolz bringt mich wieder auf die Frage meiner Ulbricht-Feindschaft. Ich sage gern, daß ich gegen Ulbricht bin, gegen Stalin und sein System. Ungern erkläre ich, gegen den Kommunismus zu sein. In uns ist ein sakraler Raum enthalten und erhalten, eine Weihestätte, ein Tabu des innersten Gefühls. Kommunismus ist demnach etwas unverändert Heiliges, Großes, Unerreichtes. Der polnische Schriftsteller Marek Hlasko antwortete, nach seiner Stellung zum Kommunismus befragt: Es gibt keinen Kommunismus! Er hat recht, die Herrschaft der kommunistischen Parteien hat nichts mit Kommunismus zu tun, nichts auch mit Sozialismus, alles aber mit dem geschichtlichen Nachholbedarf zurückgebliebener Völker. Und gleichzeitig hat Hlasko unrecht, denn indem er die Existenz des Kommunismus verneint, verschiebt er das Problem ins Ideale, die ganze Sicht wird romantisch. Diese Romantiker sind deshalb enttäuscht, weil der ihnen vorschwebende idealisierte Kommunismus keine Entsprechung findet. Sie ähneln religiösen Fanatikern, die in puritanischer Verkennung der Menschennatur der Bergpredigt absolute Geltung verschaffen wollen, aus Enttäuschung darüber aber, daß die Menschen ihnen nicht folgen können und die kirchlichen Institutionen sich gar gegen sie wenden, den Umschlag zur Negation vollziehen. Der Rest ist Nihilismus, die Endphase der Romantik oder auch ihr Pendant.

Weshalb also bin ich gegen den Kommunismus? Wegen Stalins Verbrechen? Aber wie viele Stalins hat die nichtkommunistische Welt hervorgebracht?

Wegen der kollektiven Eigentumsformen? Volkseigentum? Sozialisierte, verstaatlichte Betriebe? Ich argwöhne, auch diese Wirtschaftsform, auf einen kultiviert-liberalen Nenner gebracht, wird funktionieren.

Wegen der allgemeinen Unfreiheit? Das kann eher stimmen. Vielleicht muß ich die Frage begrenzen. Denn allgemeine Unfreiheit ist nicht unbedingt nur ein Merkmal kommunistischer Länder. Der Spanier ist heute unfreier als der Pole. Ich muß fragen: Weshalb bin ich gegen das Ulbricht-System?

Die Antwort: Es verträgt sich nicht mit dem einfachen menschlichen Stolz.

Diese Antwort wird im Westen, hier, wohin Millionen aus dem Osten flüchten, ein müdes Lächeln finden. Dennoch, konfrontiert mit den Praktiken der Ulbrichtschen Diktatur, meine ich, formuliert sich ein Gesetz unseres Jahrhunderts: das Streben nach Demokratie. Allen Pessimismen zum Trotz. Bürger dieser »Deutschen Demokratischen Republik« sein – das bringt die Einsicht nahe, daß man kein Bürger ist. In Hitlerdeutschland fühlten sich die meisten wohl, weil sie der Bürde aller Selbstbestimmung enthoben waren. Bürger im Ulbricht-Staat sein, das bringt die Sehnsucht auf nach Selbstbestimmung, Mitbestimmung. Nein, diese Diktatur ist mit dem einfachen menschlichen Stolz unvereinbar. Das Handicap Ulbrichts folgt aus seiner zeitlichen Nachfolge Hitlers. Diese Menschen in Mitteldeutschland fühlen sich auf urtümliche unwiderstehliche Weise nach bürgerlicher Selbstbetätigung und Selbstbestätigung gedrängt. Was der Deutsche nie zu sein schien: ein Demokrat; was er, wie es hieß, seiner innersten Natur nach nicht sein könne, dies will der Mitteldeutsche heute gerade deshalb sein, weil ihm das Recht darauf vorenthalten wird. Es steckt zuviel oberflächliche Menschenverachtung in dem Satz, daß der Mensch nicht aus seinem Schicksal lerne. Die Diktatur schafft keine Demokraten, aber sie weckt die Sehnsucht danach. Diesem naturgesetzlichen Vorgang muß sich auch die Ulbrichtsche Diktatur stellen. Der einfache, unpathetische menschliche Stolz ist stärker.

Die Geschichte kennt viele Emigrationen. Nehmen wir nur die jüngst vergangene Zeit, so stehen wir vor einem undurchdringlichen Dickicht aus Jammer und Furcht: Spanier, die vor Franco nach Frankreich flüchteten und dort in Lager gesteckt wurden;

Franzosen, die vor den Deutschen flohen, ins unbesetzte Gebiet, nach Afrika, nach Spanien und von dort weiter nach Amerika; Deutsche, die vor Hitler ebenso fliehen mußten wie Tschechen, Slowaken, Polen und Juden. Und dann der Nachkrieg mit den Millionen deutscher Flüchtlinge aus allen Himmelsrichtungen und in alle Himmelsrichtungen; und zugleich das Massenelend zwischen Indien und Pakistan, zwischen Juden und Arabern, Algeriern und Franzosen.

Emigration ist heutzutage eine Alltagserscheinung geworden. Früher gab es die stolze Emigration. Victor Hugo, der außer Landes ging und die stolzen Worte sprach: Wo ich bin, ist Frankreich! Mit Heinrich Heine war Deutschland nach Paris gegangen, auf vollgestopften Auswandererschiffen kam Deutschland nach Amerika, die 1848 niedergeschlagene Revolution schickte ihre besiegten Demokraten in alle Welt. Es war eine stolze Emigration, trotz aller Armut und Not. Auch Heines Matratzengruft war noch mehr Deutschland als das geographisch fixierte Gebiet. Mit Georg Büchner floh ein größeres Stück Deutschland in die Schweiz, als in jenem hessischen Fürstentum zurückblieb.

Die Emigranten, die vor Hitler flohen, nahmen Deutschland mit. Die Fronten waren klar. Dazu kam die Innere Emigration. Hier waren die Fronten naturgemäß weniger klar. Geographische Grenzen überschreiten – das ist sichtbarer als jene innere Grenze. Quislinge und Kollaborateure möchten – *post factum* – ebenfalls gern als Innere Emigration gelten. Schwer lassen sich die Schafe von den Wölfen scheiden. Wie schwer das ist, sieht man jetzt wieder. Heinz Zöger und Gustav Just, Chefredakteur und Stellvertreter der Kulturbundzeitung *Sonntag*, vor Jahren stramme Ulbrichtleute, mauserten sich zu umsichtigen Sozialisten. Der *Sonntag* wurde unter ihren Händen zur Zeitung der vernünftigen Liberalisierung. Just erklärte mir in der Redaktion: Wir wollen später einmal sagen können, die neue sozialistische Literatur fand im *Sonntag* ihren sichersten Freund und Geburtshelfer. Das Zeitalter des Stalinismus ging auch in der DDR zu Ende, der Sozialismus fand seine erste Freiheit in der neuen Literatur.

Mancher, der Just und Zöger von früher her kannte, würde es nicht glauben wollen, daß diese beiden Stalinisten sich so ändern konnten. Einem Gyula Hay glaubt man es. Die ungarischen Vorgänge, so tragisch und unglücklich sie nicht nur für Ungarn, sondern für die gesamte Liberalisierung waren, sie machten doch eines evident: daß Kommunist und Kommunist nicht das gleiche ist. Eine Welt, die nicht imstande ist, den Kommunismus abzuschaffen, sollte die ihm innewohnenden liberaleren Tendenzen unterstützen.

In einer »Anleitung« sagte Ulbricht zu Just: Ihr habt euch mit eurer Zeitung getäuscht. Ihr habt auf das polnische Pferd gesetzt, aber bald werdet ihr im Sande liegen. Wenige Monate später wurden Just und Zöger verhaftet. Ebenfalls verhaftet wurde der tapfere Walter Janka, Leiter des Aufbau-Verlages. Unsere Zeit glaubt nicht mehr an Helden. Glücklicherweise. Doch die eigene Erbärmlichkeit schaut bei diesem Urteil mit über die Schulter. Janka benahm sich so, daß man ihn nur einen Helden nennen kann. Ganz ohne Pathos und ganz ohne Übertreibung. Ich kenne viele SED-Mitglieder, die Janka den deutschen Gomulka nennen.

Kantorowicz. Als er über den Sender Freies Berlin sprach, war ich noch nicht geflüchtet, hielt mich aber versteckt. Ich hörte seinen Zornausbruch an. Große Freude. Endlich hatte einer aus der Prominenz den Mut gefunden, mit Ulbricht zu brechen. Ich erfuhr, im Schriftstellerheim saßen sie am Fernsehgerät, um Kantorowicz, den geflüchteten Verräter, mit Ernest J. Salter sprechen zu sehen. Als die Sendung vorüber war, herrschte betroffene Stille unter den parteiprominenten Schriftstellern. Man ging auseinander. Ich zog Erkundigungen ein, wie Kantorowiczs Auftritt gewirkt habe. Stellte bezeichnende Differenzen fest. Viele meinten, es sei schäbig, von diesem kommunistischen Professor, die Seite, der er so lange gedient habe, derart zu beschmutzen. Die andere Reaktion war unvermittelter und kam einer seelischen Befreiung gleich. Besonders jüngere Parteimitglieder machten aus ihrer Begeisterung für Kantorowiczs Schritt keinen Hehl.

Jetzt, nachdem ich selbst in den Westen gegangen bin, finde ich hier eine weitgehende Ablehnung Kantorowiczs. Das nimmt groteske Formen an. Leute, die zu der Zeit, als Kantorowicz noch wohlbestallter Professor an der Ostberliner Humboldt-Universität war, von ihm recht oft als einem untadeligen Literaturexperten sprachen, beteiligen sich jetzt an der Abwertungskampagne der SED. Der politische Frontenwechsel ist ihnen also Anlaß zur fachlichen Diffamierung. Seltsames Paradox: die verlogen-heimtückische Haltung der Ulbrichtschen Kulturprominenz wird eher akzeptiert als der tragisch-aufrichtige Schritt Kantorowiczs. In dieser Wertung schwingt das alte böse und unsäglich dumme Wort mit vom Verrat, den man liebt, und vom Verräter, den man verachtet. Als ob die heutige ideologisierte Weltsituation noch unter den Feudalbegriff des Verräters paßte. Entsetzlich, zu sehen, wie westliche Intellektuelle mit dem unüberhörbar erhobenen Anspruch literarisch-künstlerischen Avantgardismus gleichzeitig atavistischen Geistes sind. Statt der Überwinder eines Marx sehe ich nur Eigenbrödler, die Marx erst noch als Klassenziel erreichen müßten.

Man muß es noch deutlicher sagen: Der Traum, daß die Nichtkommunisten den Kommunismus oder der Kommunismus die nichtkommunistischen Länder überwinden könne – dieser Traum ist heute ausgeträumt. Miteinander leben heißt aber nichts anderes als nach bestem Maße miteinander auskommen. Erklärlich, daß der Kommunismus daraus nur parteipolitische Schlüsse zieht, unter dem Stichwort »Koexistenz«. Die Erkenntnisschranke der Doktrin verhindert die tieferreichende Analyse. Der Westen nun, im Besitz einer stattlichen Anzahl freier Geister, dürfte, wären diese Geister auch so unerschrocken und konsequent wie frei, sich dieser Analyse nicht entziehen. Das Ergebnis könnte nur eines sein: eine Unterstützung der sozialistisch-kommunistischen Theorie des dritten Weges, der im Kommunismus enthaltenen liberalen Kräfte also; wobei die illegale »Unterstützung«, durch Geheimdienste also, ausfallen sollte. Aber, betrachtet man die westliche Politik, so lief diese gerade aufs glatte Gegenteil hinaus. Die Oppositionsbewegungen wurden sabotiert.

In der Bundesrepublik ist es Mode geworden, Wolfgang Harich, den Ulbricht zu zehn Jahren Zuchthaus verurteilen ließ, als eine Art Schinder-Hannes hinzustellen. Die gebräuchlichen Attribute sind: naiver Politiker, wirrer Empörer, demoralisierter Kommunist, Wirrkopf. Man kann von diesen Attributen zwar keineswegs auf den Charakter Harichs, wohl aber auf den Charakter derer schließen, die ihn damit belegen. Sie verstehen weder Harich noch überhaupt die Situation der Jahre 1956/57. Davon abgesehen, drückt sich in der Abwertung Harichs mehr das Schuldgefühl der Abwerter aus, dieser sich noch auf dem Trokkenen wähnenden Analytiker. Man kann gewiß gegen Harich manches vorbringen, aber es geht nicht um die Person, sondern um das, was Harich in der Zeit nach dem 20. Parteitag darstellte, eine in Deutschland wahrhaftig selten vorzufindende Synthese von Geist und Tat.

SBZ-Flüchtlinge – DDR-Flüchtlinge – Republikflüchtige: was sind das für Leute? Politisch Ausgebombte. Opfer eines Krieges ohne Ende, Gefallene des Nachkriegs, freilich auch Kriegsfreiwillige des Nachkriegs. Nachkriegsmutwillige. Die Ulbricht-Diktatur währt heute schon fast anderthalb Jahrzehnte. Hitler brachte es auf zwölf Jahre. Die Diktatur über Mitteldeutschland geht also insgesamt übers Vierteljahrhundert hinaus. Wer kann daran denken, ohne zu schaudern? Aber man schaudert nicht, sondern enthebt sich der Mühe, daran zu denken.

Unter den Flüchtlingen gibt es alle Variationen, die möglich: Personen, die Ulbricht loyal gegenüberstanden. Aktive Feinde: Ehemalige SED-Mitglieder, aktive Kommunisten. Es gibt Mitläufer, Karrieristen, Opportunisten, Idealisten, enttäuschte Romantiker, Abenteurer, Wirtschaftswundergläubige; Männer und Frauen, die eines Morgens einfach davongingen; Leute die die Welt sehen wollen, Männer und Frauen, die unglaublich hohe Zuchthausstrafen hinter sich bringen mußten.

Jetzt, da ich also die Bundesrepublik genauer kenne, möchte ich, einem unverständlichen Zwange folgend, fortwährend ausrufen: Bildet euch bloß nicht ein, ihr wäret, so wie ihr jetzt beschaffen seid, imstande, die mitteldeutsche SED-Macht zu überwinden, zu überlisten oder auch nur zu überdauern. Die Voraussetzungen sind nicht zu sehen. Mit bloßem Freiheitsgeschwätz kommt man nicht weiter.

In welcher glücklichen Position befanden sich die westlichen Politiker. 1956/57 geriet eine Welt ins Schwanken. Jetzt schreiben wir 1959 und Ulbricht sitzt fester im Sattel denn je. Ulbricht, der Diktator, Ulbricht, der Kleinbürger. Was zeichnet ihn aus? Der Sinn für Macht. Hierin ist er Stalin verwandt, ähnelt er Chruschtschow. In diesem Leipziger Kleinbürger ist nichts enthalten, was zur guten proletarischen Tradition gehörte: Einfachheit, schlichtes Menschenverständnis, aus Not geborene Güte. In diesem Mann ist nur negatives Proletariat: der zu allem fähige unbedingte Wille zur Macht, idiomgebundene banale Denkweise mit auffallender Vorliebe für militärische Kategorien: Kampf, Schlacht, Besiegen, Schlagen, Überwinden, kämpferisch sein; empirisch gebundene Schlauheit, eine hinterhältige Art von geduckter Intelligenz, der ein gewisses pervertiertes Format nicht abzusprechen ist.

Traf einen Exkommunisten. Unsere verwandten Seelen schwelgten. Wohin mit aller Sentimentalität, die Hybris der Besserwisserei leuchtete. Danach der Rückschlag, die Auslotung der Seele mittels Selbstironie. Mein Partner fühlte das gleiche. Schrieb ihm einen Brief; darin heißt es:
    »Item, einmal ganz realistisch betrachtet, was sind wir Exkommunisten doch in einer glücklichen Lage. Siegt einmal der Westen, handelten wir in weiser Voraussicht, als wir uns vom Kommunismus lossagten. Siegt aber einmal der Osten, so genießen wir das unbeschreibliche Glück, der verhaßten Bourgeoisie Untergang sich vollziehen zu sehen. Mögen darum die jeweiligen Sieger schon jetzt wissen, daß wir auf ihrer Seite stehen.«
    Sei's wie es sei. Die üble Nachrede, Exkommunisten seien den Proportionen ihrer Seele nach verkappte Kommunisten, sie scheint nicht zu stimmen. Ein Kommunist ist unfähig zur Selbstironie, gar Selbstparodie. Der Exkommunist, dem beides gelingt, hat den alten Adam in sich überwunden.

Die SED spricht von ihrer »proletarischen« Literatur. Ich kannte in Leipzig viele Schriftsteller. Nicht einer dieser »proletarischen« Dichter war »proletarisch«.
    Proselytenmacher. Parteianbiederer. Mit-in-die-Kerbe-Hauer. Ja-Sager um jeden Preis. Eingeschriebene Mitglieder des Staatssicherheitsdienstes: daraus bestand der innere Parteikreis. Darum herum gruppierte sich das Ferner-Laufende: gute Autoren, sich zurückhaltend; bekannte Namen, in Ängsten sich windend; Unschlüssige und Ratlose, auf literarische Nebengebiete abwandernd. Dazwischen ein halbes Dutzend junger Leute, anfangs fanatisiert, ich gehörte selbst dazu, mit der Zeit zu Selbstbewußtsein findend, kritisch werdend, Oppositionskräfte bildend. Um Namen zu nennen: Erich Loest, sieben Jahre Zucht-

haus; Günter Zehm, vier Jahre Zuchthaus; Jochen Wenzel, in der Haft zu Tode gekommen.

Zur Literatensphäre gehört der Geldmachertyp. Er ist heute noch gesamtdeutsch. Kenne ihn aus Leipzig und Ostberlin, treffe ihn jetzt in seiner westlichen Variante. Unter verschiedenfarbigen Masken die gleichen schiefen Augen. Das hat die gleichen Handbewegungen, das gleiche böse Lachen, die gleichen schlotternden Knie. Das ist die gleiche Schreibmanufaktur. Produkte literarischer Konfektion. Literatur am Fließband.

Der Kommunismus in seiner jetzigen Theorie und Praxis ist des Künstlers extremster Feind. Angenommen, die kommunistische Staatsmacht hätte sich tausend Jahre früher formieren können, so entbehrte die Welt des Dante ebenso wie des Tolstoi, Balzac, Schiller, Grimmelshausen. Der große Meyerhold, als er gegen den Niedergang der Kunst protestierte, ward verhaftet und verschwand spurlos. Noch seine Frau wurde ermordet. Kein Zweifel: Der so verstandene Kommunismus ist der Feind der Kunst.

Wir Ost-West-Flüchtlinge sind gewohnt und angehalten, beide Welten zu kritisieren. Die Waffe der Kritik kann die Kritik der Waffen nicht ersetzen, meinte Marx. Wir meinen heute, die Waffe der Kritik kann und soll und muß sehr wohl die Kritik der Waffen ersetzen. Alles andere wäre kollektiver Selbstmord. Nun gehen wir also an die westliche Spezies des Künstlers. Was darf das Genie hier? Kein Zweifel, das Talent verdient Geld, das Genie darf noch immer an der Schwindsucht sterben. Oder eine Spezerei aufmachen und dicke Wänste mästen. Erkannt, mit genialischem Auge, hat es einer: Rimbaud, der große Apostat.

Verlegen wir ihn ganz in unser Jahrhundert. Der von allen guten Geistern Verlassene wäre wohl in die KP eingetreten, ein Becher oder Brecht geworden. Nein, Becher nicht, daran hinderte ihn die genialische Natur; oder nicht? Brecht aber auf alle Fälle, Brecht könnte er sein: verschlagen mit gutmütiger Grausamkeit; im Banne einer Idee, an die man nur in den kurzen Intervallen des Zorns unabdingbar zu glauben vermag; geschlagen ans Kreuz einer Disziplin, gegen die man verstößt, um ihre Notwendigkeit beweisen zu können; zähneknirschend einverstanden, wenn die Geschäftsleitung gewisse Briefstellen zur Geschäftsreklame verwendet.

Ja, Rimbaud gäbe einen gute Brecht ab. Auch mit dem einen

Bein. Auch mit der Sklavenjagd. Auch mit der ganzen Affektver-
schiebung. Auch im Vergleich armseliger Wichte, die in Nach-
folgeschaft machen. Paraphrasierende Worthandwerker aus Ko-
tau. Ich meine das nicht gegen Rimbaud selbst und nicht gegen
Brecht. Der eine machte seinen Frieden mit der Geschäftswelt,
der andere mit dem Staatskerker. Beide aber hatten vorher genügend Werke in Gang gesetzt, die der Geschäftswelt und dem
Staatskerker wider den Stachel löckten. Nur erheben die Schüler
den Anspruch, den Ruhm der Meister zu erlangen, ohne deren
vorhergehende Qual teilen zu wollen.

Wie seltsam zerrissen wir sind. Ich sage nicht: schizophren, das
wäre zu modisch. Natürlich sind wir schizophren, ich meine
aber unsere gewissermaßen natürliche Schizophrenie. Den
Franzosen, auch und gerade den intellektuellen, zollen wir Achtung, wenn sie von ihrem Widerstand gegen Hitler reden und
schreiben. Und zugleich betrübt uns das französische Vorgehen
in Algerien. Haben sich da die Fronten nicht gedreht? Ist jetzt
Oradour in Algerien gelegen? Spricht die Gestapo französisch?
In Gedanken also ist uns die Heimatverteidigung nicht neu. Widerstand gegen den Eindringling – das ist ehrenvoll. Und nun
unsere eigene Situation. Wahrscheinlich waren wir Deutschen
noch nie in unserer Geschichte so berechtigt zur Verteidigung
unserer Nationalität wie jetzt. Mehr noch, zum Widerstand, zur
Einheit. Und gerade die Zeit unseres Rechts trifft uns in geistig-
moralischer Demobilisation.

Seltsam, diese Kunst hier im Westen. Eindeutig atavistische
Züge. Rückkehr zum Pantomimischen auf Kosten des Wortes,
nein, genauer: des Sinns im Worte. Vernachlässigung des Gedankens, wohl als Pendelschlag gegen den Rationalismus. In der
modernen Literatur ist der Jazz enthalten, rhythmische Bewe-
gungsabläufe, skandiert und vital, doch nicht ernst, immer mit
tänzelnder Parodie. Die Bewegungen gutmütig nachäffend bis
zur leichten Bösartigkeit. Verulkend und geistesscharf, doch
nicht sonderlich aggressiv. Dafür sind die Methoden zu indirekt.
    Die gesamte Kunst, auch Malerei und Literatur, ist von der
Musik, und diese vom Tanz her inspiriert, genauer von der mimi-
schen Bewegung. In allem steht das jugendliche Gesicht, ein bißchen Halbstarken-Grimasse, ein bißchen Teenager-Gläubigkeit.

Ja, die künstlerischen Situationen sind überschaubar geworden, die Konstruktionsmöglichkeiten in ihrer Begrenzung klassifiziert, alles wurde zum Erbrechen schon nachvollzogen, nachempfunden, abempfunden. Ohne parodistisches Element liegt die Gefahr der Verkitschung nahe. In Ironie liegt Rettung, zumal noch nicht erforscht ist, wieviel Böden sie hat. Brechts Verfremdung, als poetisches wie dramaturgisches Mittel nichts Neues, traf doch den Nerv der Zeit. Wo die Verfremdung ohne Humor – und moderner Humor ist Parodie – einhergeht, bleibt Brecht klassisch. In seinem Humor aber liegt seine Novität. Die Rückkehr zur Vorklassik.

Wenn wir etwas sind, so sind wir tapfer am falschen Ort, zäh im Festhalten unwichtiger Traditionen, gehässig im Gehorsam, anästhesiert gegenüber dem Leid der anderen. So besitzen wir nun als Resultat unserer Geschichte zwei Vaterländer zum Aussuchen, einen Staat und einen Gegenstaat, eine Wehrmacht und eine Gegenwehrmacht; und mit pedantischer Logik geht das so weiter über alle Gebiete hinweg und in alle Möglichkeiten.

Wir besitzen Führer zum Aussuchen, Ideen zum Fortwerfen und eine goutierte Vielfalt langer Grenzen mit und ohne Stacheldraht. Alle Mühe aber wird darauf verwandt werden müssen, diesen Zustand beizubehalten, damit die jeweiligen alten Kämpfer nur ihre Pensionsberechtigung nicht verlieren.

Man flüchtet gern in ein Deutschland, das mit Frankreich in Freundschaft lebt. In Anerkennung dieser verspäteten Erscheinung sind wir geneigt zu übersehen, wie unsere Freundschaft einen Krieg unterstützt, den Frankreichs beste Geister selbst ablehnen. Die Zeit unserer Geschichte scheint zur Zeit der Vernunft in einem inkommensurablen Verhältnis zu stehen, zwei verschobene Phasen, zwei Königskinder – unsere Geschichte und die Vernunft –, sie konnten zueinander nicht kommen, das Wasser war viel zu tief.

Achthunderttausend tote Algerier: so soll die Bilanz des algerischen Krieges heute schon heißen. Das wären genausoviel, wie Europäer als Siedler in dieses Land gekommen sind. Das heißt: auf jeden dieser weißen Siedler kommt ein getöteter Algerier. Muß man erst selbst Algerier sein, um das Wort »Mörder« auf der Zunge zu spüren? Zusammen mit der Scham? Wir Ostflüchtlinge begäben uns unseres Rechts, gegen die Ulbrichtsche Diktatur zu stehen, unterstützten wir nicht den Anspruch der Algerier auf Algerien.

Ich komme darauf zurück: der Kommunismus ist mit Kunst unvereinbar. Chruschtschow erklärte den sowjetischen Schriftstellern, die Literatur habe sich nicht um Mängel der Gesellschaftsordnung zu kümmern, das käme allein der Partei zu. Damit ist alle gesellschaftskritische Kunst diskreditiert und verboten, mithin genau jene Kunstrichtung, deren sich Kommunisten und Sozialisten verschrieben, solange sie nicht an der Macht waren. Die Kunst schrumpft zur Idylle ein, oder zur Propaganda, was sich begegnet und beinahe dasselbe ist. Bewundernswert, wie der alte Plato das schon erkannte und in seinem projektierten Musterstaat die Kunst kurzerhand verbot. Sind die Kommunisten heute darüber hinausgekommen? Keineswegs; der Skandal ist, daß es noch immer der gleiche Skandal ist: die Kunstfeindschaft einer organisierten Bewegung, die sich dem Fortschritt zuschreibt. Aber vielleicht ist sie im Sinne der Massengesellschaft wirklich »fortschrittlich«? Vielleicht begegnet uns in dieser Kunstfeindschaft das »Kunstunverständnis« unserer eigenen Zukunft? Daß Dichtung keinen Sinn und Grund mehr habe und keinen Leser mehr finde, diese alte Zukunftsangst – zeigt sie uns im Kommunismus ihr erstes Schreckensantlitz? Überhaupt bleibt es kurios, daß die erklärten Materialisten beim »Erzidealisten« in die Kunstlehre gingen. Wie aber, so ist die Frage, werden sich die Künstler selbst verhalten? Dem Untergang, der absoluten Reglementierung der Kunst zusehen? Am schlimmsten wird es die Dichter treffen. Aber auch die bildenden Künstler. Werden die Künstler ihr Recht auf Kunst verteidigen? Oder wird jener Naturschutzpark, jene Reservation allgemeiner und gleicher Unverbindlichkeit, in die das jetzige Zeitalter sie trieb, zugleich ihr Museum sein?

Ein Mitglied des Sozialistischen Studentenbundes erzählte mir in Berlin voll flammender Empörung, Ernest J. Salter habe kurz nach der Niederschlagung des ungarischen Aufstandes in einer öffentlichen Versammlung zornroten Kopfes ausgerufen, er werfe den Amerikanern vor, daß sie nicht eingegriffen haben. Noch in den Sanitätsfahrzeugen hätte man Waffen für die ungarischen Freiheitskämpfer einschleusen müssen. Die Empörung des sozialistischen Studenten darüber war eindeutig und verwunderte mich nicht. Verwunderlich fand ich meine eigene Reaktion. Zuerst war ich gegen Salter, die ablaufende Gedankenkette blieb im Bett untergründiger Affektpropaganda, etwa: So also sieht die wahre westliche Politik aus – offene Drohung mit Gewalt – Imperialismus. Waffenlieferung an die – hier stockte der Mechanismus. Waffenlieferung an die Konterrevolutionäre? An die Revolutionäre? An die Freiheitskämpfer?

In diesem Konflikt ist mehr enthalten. Einmal das Gefühl, selbst Kommunist zu sein. Parteimitglied, jenseits aller Differenzierungen, ohne Gedanken an Oppositionen. Dieser alteingesessene kleine Kommunist, der da innen drinsteckt, regt sich immer am ehesten und ursprünglichsten. Er lehnt Salter am striktesten ab.

Die Gegenpartei bildet das, was man neuerdings »Revisionismus« nennt. Demnach wäre die Waffenlieferung eine Unterstützung der Nagy und Hay, der eigenen Partei also, und das führt zur Zustimmung. So weit – so gut; käme nicht mehr hinzu, verbliebe man mit den berühmten zwei Seelen in einer Brust.

Doch die Schwierigkeiten beginnen erst. Salter ist Exkommunist, profilierter Antikommunist. Seine Stärke, die zugleich die allgemeine Stärke seiner Spezies ist: Ideologische Umpolung bei größtmöglicher Einsicht in die strukturelle Geheimnisposition des Kommunismus. Allergische Affinität zu Machtfragen, wobei die ursprünglich zugrundeliegende Empörung zeitlich drei Stadien durchläuft: 1. das anfängliche anarchistische Stadium, eine noch nicht ideologisierte allgemeine Empörung, ein zorniges Jungsein und Aufmucken; 2. die kommunistische Disziplinierung, die der Empörung einheitliche Stoßrichtung gibt und antibürgerlich ist, wobei zwangsläufig Schizophrenie auftaucht: die ursprünglich anarchistisch strukturierte Empörung wird geteilt, als Antibürgerlichkeit bleibt sie erhalten, als kommunistische Ideologie und Disziplin zwingt sie zur Anerkennung der (kommunistischen) Macht. Nur rein rational veranlagte Menschen überstehen diesen Dualismus ohne psychopathologische Folgen. Die geringste gefühlsmäßige Veranlagung führt zum langwährenden Dilemma innerer Auseinandersetzung zwischen Machtverneinung und Machtbejahung. Der Gedanke, beim Gegner zu verneinen, was man bei der eigenen Partei bejaht, verstößt gegen einwohnendes Rechtsempfinden und ursprüngliche Empörung gegen das Unrecht. In diesem inneren Zwiespalt verharren manche Kommunisten Jahrzehnte. Die Parteidisziplin ist ihnen ein Panzer, gewisse Situationen sprengen ihn jedoch, und heraus tritt ein Nagy, Hay, Harich. Ein Kommunist im parteiorthodoxen Sinn entsteht erst dann, wenn der innere Kampf eindeutig zu kommunistischen Gunsten entschieden. Damit geht die Moral zum Teufel, oberstes Gebot ist der Parteiauftrag, die Parteidisziplin. Das Parteimitglied ist frei von inneren Bewertungen und Maßen. Es ist ausgebrannt.

Der Exkommunist durchläuft noch ein drittes Stadium. Weil es ihm unmöglich ist, den inneren Zwiespalt im orthodoxen Sinne niederzukämpfen, wechselt er die Fronten. Wahrscheinlich ist es sehr schwer, nun elastisch genug zu bleiben. Die Verführung ist groß, den Fanatismus, den man als Kommunist spielen mußte und innerlich nie gänzlich erreichte, nun als Antikommunismus zu vollziehen. Der Verführung nachgeben heißt aber nichts anderes, als den Kommunismus mit kommunistischer Haltung zu bekämpfen. Daraus folgen alle weiteren Konsequenzen.

Man sieht, im Extrem liegt nicht nur die kommunistische, sondern auch die antikommunistische Verführung. Die Tragik mancher Exkommunisten besteht darin, daß sie, was ihnen an kommunistischem Fanatismus nicht gelang, an antikommunistischer Engstirnigkeit nachholen. Denn der Paulus ist eben nicht nur ein Salus mit ausgewechselten Vorzeichen; er wächst vielmehr meist als Paulus erst existentiell in jene Rolle hinein, die er als Saulus (wenn auch in anderer Stoßrichtung) nur spielen konnte.

Der Prozeß wird unterstützt durch die Faulheit, Lauheit und Dekadenz, die der Exkommunist in seiner neuen Umgebung sieht. Das bestärkt ihn in seiner Meinung, der einzige Retter, der wirkliche Beschützer vor dem Kommunismus zu sein. Die Hybris steht nahebei, das rechte Maß geht im Kampf um den vielfältigen Verführungen bald verloren. Der Satz, wonach die letzte Schlacht zwischen Kommunisten und Exkommunisten stattfinde, besteht aus einem wahren Kern und einer hemmungslosen Übertreibung, die nur als literarischer Aphorismus zu entschuldigen wäre.

Camus' trefflich einseitige Kafka-Interpretation gelesen. In einer Fußnote meint Camus, man könne Kafka mit gleicher Berechtigung auch gesellschaftskritisch auffassen. Und interpretiert existentiell-absurd weiter, ohne sich den Teufel ums Gesellschaftskritische zu kümmern. Symptom der westlichen Welt. Metaphysisches Schwelgen unter rüder Mißachtung des nächsten Tages.

Man muß einen neuen, jüngeren Exkommunismus zimmern. Nicht den der Salter, nicht den der Koestler, nicht den der Silone, ihrer Lehren aber eingedenk, ihrer Dogmen ungeachtet. Sie sind Männer des Westens, wie sie vorher Männer des Ostens waren. Sie wechselten die Ideologie, blieben aber in ihr. Alte Generation. Der junge Exkommunismus umfaßt Ost und West. Insofern ist er kein Exkommunismus, kein Antikommunismus, kein Kommunismus, keine Ideologie. Er stützt sich auf die Unzufriedenheit in Ost und West über Ost und West. Er ist intellektuell in seiner Kritik, utopie-ablehnend, illusionslos. Metaphysisch unbestechlich, steht er zwischen Sartre und Camus, ohne der Gedankenakrobatik mehr Beachtung zu schenken, als ihr zukommt. Ihr Nihilismus bezieht seinen bleibenden Wert von Dostojewski her: im Wissen, daß alles letztlich sinnlos, muß das Leben eingerichtet und bestanden werden. Kerngedanke auch bei Camus; nur daß alle Energien auf die Sinnlosigkeit und Leere gerichtet sind, die Lebenseinrichtung aber Phraseologie bleibt. Die Lebenseinrichtung gerade, deren Philosophie und Kultur das Absurde ruhig sein soll, wäre der wichtigere Gegenstand. Der neue Exkommunismus müßte die ökonomischen Differenzen zwischen Ost und West betrachten wie der Historiker die mittelalterlichen Religionskriege: es lohnt nicht, sich darüber die Köpfe einzuschlagen.

Sprach mit einem alten Bekannten von drüben. Das Gespräch stieß schnell auf Schranken. Wir verstanden uns früher gut. X. gab mir zu verstehen, daß er sich trotz seiner Flucht noch als Kommunist fühle. Das war ein Hieb gegen meine Meinung, die Lehre unseres Schicksals müsse zum Übertritt in den demokratischen Sozialismus führen. X. argumentierte nicht ungeschickt. Er sagte etwa: Gomulka ist Kommunist. Nagy war Kommunist und wurde hingerichtet. Tibor Dery, Gyula Hay sind Kommunisten. Wolfgang Harich ist Kommunist. Das beweist, der Kommunismus hat durchaus eine Zukunft. So wie es innerhalb der bürgerlichen Kräfte die verschiedensten sich bis aufs Messer bekämpfenden Schattierungen gibt, so ist es auch innerhalb des Kommunismus. Die strenge Einheit ist geschichtlicher Natur und vergänglich, was jetzt beginnt, ist der Anfang kommunistischer Vielfältigkeit.

Erstaunlich, aber nicht ganz unbegründet war auch seine Antwort auf meine Frage über die Bundesrepublik. Er äußerte sich sehr skeptisch über die Bevölkerung und in einer schon gehässig zu nennenden Weise über die Intelligenz, wobei ein Pauschalurteil das andere ablöste. Erstaunlicherweise bewertete X. aber die Bundesrepublik als den freieren Teil Deutschlands. Er verglich die Lage mit der Frankreichs nach der Niederlage 1940. Es gäbe ein besetztes Gebiet und ein unbesetztes, wobei sich der Widerstand im besetzten Gebiet langsam zu einer Résistance verdichten könne. Ich wendete ein, daß eine solche Wendung keinesfalls im Sinne der Bundesregierung liege. Die Antwort war: Die französische Résistance lag auch nicht im Sinne Pétains. Nationale Unterdrückung rufe nationalen Widerstand hervor, auch heute noch und auch in Deutschland.

Das Gespräch ging mir lange im Kopf herum. Die deutsche Teilung birgt Konfliktstoff, das weiß jedes Kind. Wie aber, wenn sich die Teilung wirklich jetzt schon ihr Bewußtsein schafft? Auf alle Fälle wendet sich damit der kommunistische Gedanke von der Veränderbarkeit der Welt gegen den Kommunismus selbst. Die Parteischüler Ulbrichts wenden sich gegen die eigene Schule. Die Konflikte von morgen bereiten sich in den Gedanken von heute vor.

(21) *Hartmut von Hentig*
Berliner Gespräche

Hartmut von Hentig, Jahrgang 1925, war zunächst als Lehrer der alten Sprachen an einem humanistischen Gymnasium in Tübingen tätig, ehe er Professor an der Universität Göttingen wurde. Er erwies sich seit den sechziger Jahren als einer der profiliertesten und kenntnisreichsten Bildungstheoretiker. Mit der Übernahme der Leitung der »Laborschule« in Bielefeld wandte er sich erneut der Erziehungspraxis zu.

Die Berlin-Reise unternahm Hentig mit einer Gruppe von dreißig Abiturienten im März 1961. Der Beitrag erschien im *Merkur*, Nr. 165, November 1961, S. 1062–1072 (Auszug).

Wir haben unsere Gespräche im Osten geführt; wir sind nach Potsdam gefahren; wir sind dabei den »geschulten Ideologen« nicht unterlegen; wir haben auch nicht nur höflich aneinander vorbeigeredet. Wir haben nicht nur mit einem politisch, sondern auch mit einem menschlich guten Gewissen diskutiert. Im übrigen hat es eine Schulklasse leicht: sie kann ihre Themen wählen und abbrechen, wie sie will – sie spricht nicht unter dem *savage eye* der Öffentlichkeit.

Im *Museum für Geschichte in der Klara-Zetkin-Straße* werden wir von einer freundlichen Dame durch die Revolutionszeit (November 1918) geführt. Wiederum ist nicht wichtig, ob die Ereignisse so dargestellt sind, »wie es wirklich gewesen ist«: Diese Forderung hat für eine Generation, die die Krise des Historismus hinter sich hat, ohnedies an Absolutheit und damit auch ihren Sinn eingebüßt. Wichtiger ist es zu erfahren, daß man hier die Dinge *so* zu sehen entschlossen oder gewohnt ist. Die Verzerrungen nehmen sich von uns her gesehen grotesk aus. Unsere Schüler widersprechen lebhaft; sie lösen Erstaunen aus durch ihre Kenntnisse von Dingen, von denen man gemeint hat, sie würden im Westen unterdrückt, und Verlegenheit, wo die Kenntnisse nicht Kenntnisse bleiben, sondern aus ihnen folgerichtig ein Argument entsteht.

Die scharfen Fragen der jungen Meute treiben die Frau in die Enge, verlangen Bekenntnisse, Eingeständnis, Verzicht, was nicht besser, sondern nur schlimmer wird, als dem armen zitternden Huhn (wie von ungefähr) weitere Beamte des Museums zuhilfe kommen. Wir spüren: Es hat keinen Sinn, in die Fanfare der Freiheit zu stoßen, wo ihr Klang nicht vernommen wird oder nicht vernommen werden darf. Hier gilt es, nicht *von* der Freiheit, sondern *in* der Freiheit zu sprechen. Und gerade dazu gehört, daß wir auf Bekenntnisse mit Brustton verzichten. Wir klären vielmehr die Positionen – mit aufzeigbaren *Tatsachen:* auf den Vorwurf des Militarismus bittet der Fahrtleiter seine Gesellschaft: »Mal Hand hoch, wer von Ihnen schon einmal ein Gewehr in der Hand gehabt hat!« – Einer! und an die Funktionärin gewendet: »Wie würde das bei Ihnen aussehen?« – Oder mit *Definitionen:* für euch in der DDR heißt »Demokratie« Herrschaft *für* das Volk – alles, was seinem erdachten, kollektiven Wohl dient; und es gehört zu diesem Wohl, daß alle dazu gebracht werden, es anzuerkennen. Für uns ist Demokratie Minderheitenschutz, die Möglichkeit, daß ich unrecht habe, das Aushalten ohne endgültiges Wissen davon, was unser aller Wohl ist, und ein Mechanismus, wie man sich ohne Gewaltanwendung darüber einigen könnte. Oder: für euch heißt »Partei« ein Instrument, durch das die noch verschiedenen Interessen in das eine vorgefaßte Interesse eingeschmolzen werden; für uns die Möglichkeit, unsere Interessen nicht in der allgemeinen Notwendigkeit untergehen zu lassen. Oder: für euch heißt »Freiheit« Erfüllung der Geschichte; für uns heißt sie Offenheit der Geschichte. Oder: für euch heißt »Recht« die (gesetzliche) Ordnung, durch die der Staat (*dieser* Staat) sich vor seinen Feinden sichert; für uns heißt es der Konsensus, durch den die Gesetze entstehen, die vor dem Staat da sind und aus denen er selbst erst hervorgeht. Alle diese Unterschiede bestehen, und es gibt keinen Satz, den wir hier über die Novemberrevolution oder die Weimarer Republik oder das Dritte Reich oder die Bundesrepublik und die DDR reden, der nicht von diesen Unterscheidungen durchsetzt ist. Wir sprechen eine sehr verschiedene Sprache – und nur, wenn wir das wahrnehmen, wir und der andere, werden wir uns belehren, widerlegen oder verständigen können.

In *Potsdam:* der Stadtrat hat den Rektor der Beethovenschule gebeten, uns einen Führer zu stellen. Er findet sich selbst nicht zu gut dafür, steht am Schlagbaum in Drei Linden und geleitet uns zuerst zu seiner Schule. Wir lehnen recht bestimmt ab, mit hineinzugehen und uns überhaupt seinem Programm zu unterziehen: Schulbesichtigung, Aussprache, Gästebuch; dann Fahrt nach Cecilienhof, dort Mittagessen mit dem Stadtschulrat, Besichtigung der verschiedenen Schlösser . . . Wir haben vorsorglich unseren Proviant ins Gepäcknetz gehängt und behaupten, in Zeitnot zu sein: wir wollen die Stadt sehen, Sanssouci, das Neue Palais, den Park und wieder heimkehren; uns gehe es um Historie und was aus ihr geworden ist. Und sei es nicht besser, statt unmittelbar aufeinander loszugehen, einen gemeinsamen Gegenstand zu haben, an dem sich das Gespräch entwickeln könne? Das heißt, wir möchten vorschlagen, daß seine Schüler und einige Lehrer uns auch weiter begleiten und mit uns gemeinsam essen. – So ist die Einladung gleichsam neutralisiert und wir können in die gegenseitigen Wünsche einwilligen. Etwas betreten, aber ohne Widerstand macht sich der Herr Rektor an die Umdisposition. Unsere Gastgeber sind taktvoll bemüht, uns nichts zuzumuten, was sie selbst im umgekehrten Falle als unangenehm empfinden müßten – kein diskreditierendes Zeremoniell, keine Bekenntnisse, keine Unterschriften. In das erwähnte Gästebuch der Schule, dem wir anfangs so unmutsvoll mißtrauen, tragen wir uns am Ende mit unverbindlicher Liebenswürdigkeit ein, wie bei Tante Emma mit Dank für Kaffee und Kuchen; und dann wird die Seite mit Unterschriften gefüllt, so daß kein Tüttel eines Zusatzes mehr Platz hat. All dieser Vorsicht schämen wir uns später ein wenig, dieser Indianerschläue, des Mangels an Gelassenheit und Selbstvertrauen.

Es kommt uns schnell wieder, als wir bei der Fahrt durch die Stadt mit sachlicher Kompetenz unseren Plan durchsetzen – diesmal ganz offen. Man will uns sozialistischen Aufbau zeigen, kümmerliche Bauplätze, Arbeitsfrontämter im Dutzend, Armeemuseum »mit ganz neuer Tradition«, Bahnhöfe und Trümmerkahlschlag. Aber wir wollen das andere – die Reste des alten Potsdam – sehen. Nicht weil das wirklich interessanter ist, sondern weil es die Autonomie unseres Aufenthaltes sichert. Die Geschichte ist hier unser Bundesgenosse, und so wandert das Mikrophon zwischen dem Fahrtleiter und unserem Potsdamer Führer in pointiertem Ritornell hin und her.

Dann geht es nach Cecilienhof. Hier hat die Potsdamer Konferenz stattgefunden und hier ist das Potsdamer Abkommen unterzeichnet worden. Man hat ein historisches Institut gegründet, um diese Reliquie der sowjetischen Außenpolitik mit dem nötigen wissenschaftlichen Schrein zu umgeben. Noch sammelt man Material, aber man hat es noch zu keinen Publikationen, keinem ordentlichen Archiv, keinem rechten Arbeitsgang gebracht, wie man uns gesteht. Die dort beschäftigten Kräfte reichen gerade aus, die Besucher zu führen, mit dem Anschauungsmaterial zu hantieren, die allgemeinen Lehrmeinungen zu diesem Thema mit ein paar Zahlen zu »dokumentieren«. All das ist für ein unkritisches, befangenes, sagen wir es ruhig: ein entmündigtes (östliches) oder ein feiges und unwissendes (westliches) Publikum gedacht – und genügt. Die junge Dame führt gescheit in die historische Szene ein, während sich unsere Schüler abwechselnd in Stalins Stuhl setzen und wiederholt besorgt gebeten werden, keine »Souvenirs« mitzunehmen; die Räumlichkeiten erlauben einige Seitenhiebe auf das Haus Hohenzollern (die »militaristisch-reaktionäre« Bibliothek), auf die asoziale Aufwendigkeit (eine eingebaute Zentralheizung!), auf den schlechten Geschmack des Kronprinzen (er hatte die verruchte hohenzollernsche Willkür, sich gegen seinen Architekten durchzusetzen); und dann führte sie die auf Holztafeln gemalten Teilungsvorschläge der westlichen Alliierten vor, die unser nationales Blut in den Adern gerinnen lassen; sie attackiert den Marshallplan; im Nu sind wir bei der Gründung der Bundesrepublik . . .

Aber auch sie weiß nur, was sie wissen soll; und auch sie hat offenbar nie einen unbekümmerten Gesprächspartner, der ihre Zahlen schnell einmal überschlägt und als falsch erweist; der sich seiner Sache sicher genug ist, um den kühnen Behauptungen aus dem Munde dieser roten Minerva entgegenzutreten; der vor allem sein Publikum nicht zu fürchten hat. Unter uns sind die Schüler der Potsdamer Beethovenschule eingemischt, und für die ist es ein schlecht verhohlener Genuß, wenn einer ihrer Lehrer etwa »seine antimilitaristische Platte auflegt« und damit herzlich schlecht ankommt; oder wenn er von uns zum drittenmal belehrt wird, daß wir keine »Delegation« sind.

Nach dem Besuch in Cecilienhof kommt das gemeinsame Mahl. Je zwei Potsdamer Schüler sitzen mit zwei Westdeutschen zusammen, und hier und da ist das unstatthafte Wunder vollbracht: daß *ein* Potsdamer allein mit drei Westdeutschen am Tisch sitzt. Die Spielregel lautet *do ut des,* wobei es darauf ankommt, für kleine Zugeständnisse große einzuhandeln. Jetzt hat es unser einsamer Mann, der Herr Stadtschulrat, schwer, denn seine »Errungenschaften« sind so schnell verspielt wie die Produktionsziffern. Die Schulgeldfreiheit und das Honnefer Modell werden uns wohl nur höflichkeitshalber geglaubt; aber die Volkswagenaktie und die Art ihrer Verteilung, oder die doch im Marxismus selbst verankerte, also nicht zu leugnende Tatsache, daß die kapitalistischen Länder an der Überproduktion leiden und nicht an einem Produktions-, sondern höchstens an einem Konsumwettbewerb interessiert sind – sie lassen ihm schließlich nur die alten Klamotten: die ehemaligen Nazis, den Militarismus, den Revanchismus. Nachdem wir alle drei herzhaft verurteilt haben, haben *wir* immer noch die Frage nach der Demokratie. Und eben da hat er nichts mehr einzuhandeln; vergeblich versucht er uns eine »Demokratie« schmackhaft zu machen, die in der Beteiligung – sprich Betriebsamkeit – der Massen besteht: viele Kader bauen von unten her den Staat auf. Gut – aber nach welchen Direktiven? – Die kommen natürlich von der Partei. – Ist die Partei oben oder unten? – Oben. – Na also. Wir wenden uns wieder dem gutbürgerlichen Gericht zu, loben das Bier und wissen wohl beide, daß wir nicht von dem Eigentlichen sprechen können, weil er der Herr Stadtschulrat ist. *Wir* müßten (u. a.) sagen dürfen: Ulbrichtregime; Machtkampf; ihr armen Schweine! *Er* müßte (u. a.) sagen dürfen: wir wollen eben auch leben; unsere Wirklichkeit ist anders als eure; in ihr hat es Sinn, wenigstens das zu wollen, was an ihr erträglich ist. – Wir schenken der kleinen Minerva, die uns durch die historische Stätte geleitet hat, am Ende ein zweipfündiges Marzipanei, und die Stadt Potsdam schenkt uns ein kleines Bilderbuch über die Stadt. Mit echter Selbstentfremdung denkt der Fahrtleiter daran, wie er von seinen Behörden daheim vor dem Austausch solcher Gaben gewarnt worden war.

Interessanter als diese frontalen politischen Diskussionen sind die indirekten: Im *Pergamonmuseum* werden wir von einem jungen Archäologen geführt, der großen Wert darauf legt, uns die geschichtlichen Hintergründe des Pergamonfrieses zu erklären, dann aber sein Bekenntnis zu einer Kunst ablegt, in der sich der Mensch von dem feierlichen Zwang des (bürgerlichen) Idealismus abwendet zur bewegten »expressiven« Realität: Ein junger Held (er nennt ihn Otho) begegnet da der jungen Artemis – sie sollen sich töten und wollen es nicht; ihr schmerzlich ohnmächtiges Zögern zeugt von der Menschlichkeit der neuen Zeit, die gegen den Wahnsinn des Krieges aufbegehrt! Und nun tritt die ganze romantische Betrachtungsweise in marxistischem Gewand gegen die westliche Dekadenz auf, gegen die Gefühlslosigkeit unserer Reaktionen (das Pathos des Frieses wird von der Mehrzahl unserer Schüler offen abgelehnt), gegen die Abstraktion (von der man meint, sie allein habe im Westen Geltung), gegen das Fehlen eines Engagements, gegen eine Auffassung, die die Kunst auch jenseits ihrer Geschichtlichkeit ernst nimmt! Wir belächeln die naive, naturalistische, pathetische Kunst von drüben und verwechseln nur allzugern den Zwang, den der Staat ihr antut, mit dem Zwang, den die eigene Seele ausübt: wie das Kind sich dem zuwendet, was die Eindeutigkeit der Gefühle erheischt, wie der einfache Mann vor dem flieht, was die Seele in den kalten Raum der Freiheit, des Zufalls, der Relativität und am Ende gar der Verantwortung setzt – so hat hier eine noch unerwachsene Gesellschaftsschicht sich dem Pathos der Verständlichkeit verschrieben. – Wir kehren nach einem dissonanten Gespräch zu den archaischen und klassischen Skulpturen zurück und gestehen, daß der Abstand zwischen uns und dem jungen Archäologen weiter und tiefer ist als die politische Entzweiung. Wer den Hellenismus für einfach und eindeutig halten kann, wer die artistisch bewegte Oberfläche hinnimmt als den »wahren Expressionismus«, wer das *pathos* mitmacht, statt daran zu leiden, und wer das alles für einen auch unsere Zeit umgreifenden Ausdruck hält, der steht auf einer andern Stelle als wir, die wir in der Kunst auch die Heilung von uns selbst suchen und nicht nur den Spiegel; die wir Kunst als Erforschung des Möglichen treiben und nicht nur als Metapher des Gewohnten und Gesollten. Daran ist nicht der Hellenismus schuld, sondern die enge Deutung, die man der Menschlichkeit gibt, die alle Kunst ausdrückt, und somit auch er.

Wie armselig da der Ostzonen-Marxismus ist, erleben wir in Sanssouci, wo ein alter Museumsdiener »Geschichte, Gegenstand und tiefere Bedeutung« erklärt: Marxismus auf Filzpantoffeln und nicht auf dem eigenen Parkett, unwillens, in dieser Stunde auf das nationale Pathos zu verzichten, und zugleich unfähig zu sagen, wie diese Gegenwelt des Arbeiter- und Bauernstaates ihm zum Ruhm gereichen könne – eine Welt, höfisch und elitär in der Herkunft, aufgeklärt und bürgerlich in der Gesinnung, romantisch im Empfinden, schön, weil das alles reich und überflüssig, geistig und erdfern und sogar ein wenig undeutsch ist.

Sehr direkt und gleichwohl unkonventionell sind die Diskussionen an der *Humboldt-Universität*. Professor H. von der Deutschen Akademie der Wissenschaften hat eine Liste von etwa acht Vorlesungen zusammengestellt aus Geschichte, Literatur, Politik, den Rechtswissenschaften, die uns interessieren dürften – mit Angabe des Dozenten, der Zeit, des Raumes und den jeweiligen Telephonadressen, so daß wir uns nach eigenem Belieben mit den Herren ins Benehmen setzen können. Wir sind angenehm berührt von der gelassenen und offenen Handhabung unseres Besuchs. Daß wir zweimal Pech haben mit Verlegungen und am Ende mit einer Vorlesung über moderne Literatur vorliebnehmen müssen, bestätigt, daß eine »show« für uns nicht geplant ist. Das Rektorat hat offiziell keine Kenntnis von unserem Besuch.

Die Ausfälle führen immerhin zu improvisierten Diskussionen mit Studenten und Professoren. Die Studenten (im leeren Vorlesungsraum) äußern scharfe Kritik am eigenen Universitätsbetrieb und sind sich offenbar untereinander sicher genug, um auch ihre politische Meinung nicht zu verbergen – aber Vertrauen oder gar Liebe zu uns bedeutet das nicht: wir sind mit unserem Liberalismus in ihren Augen Illusionisten, nein, nicht einmal das. Wir verwechseln unseren materiellen Spielraum mit der Möglichkeit, »frei«, nicht eingebunden, nicht engagiert zu sein schlechthin. Und in diesem Mangel an Realismus sind wir für sie in erster Linie uninteressant, in zweiter Objekt eines gelegentlichen menschlichen – nämlich unpolitischen – Neides.

Zu harter, wiewohl höflich gehaltener Aussprache kommt es mit zwei Mitgliedern der Professorenschaft. Frau Professor W., die für antike Sozialgeschichte zuständig ist, lädt uns in ihr geräumiges Arbeitszimmer ein, wo ein reichliches Dutzend von uns Platz und eine erfreuliche Aussagebereitschaft findet. Hier geht es fast ohne Schlagworte zu. Als Humanisten sind wir gleichsam unter uns: wir können von der Sache reden.

Das Gespräch führt von der Wissenschaft bald fort zu aktuellen Fragen oder solchen, die es bei diesen Begegnungen immer wieder werden: der freien Meinungsäußerung, dem Reiseverkehr zwischen den Staaten, dem Föderationsvorschlag von Ulbricht. Eine Wiedervereinigung werde in absehbarer Zeit nicht stattfinden können und wenn, dann nur unter Beibehaltung gewisser sogenannter Errungenschaften. Du lieber Gott, das wissen wir. Was dann immer noch Widerstand leistet, wird etwa so formuliert: das Interesse zunächst der Besatzungs- und späteren Schutzmächte und sodann die Identifizierung der Deutschen auf jeder der beiden Seiten mit dem Interesse und der Lebensweise dieser Schutzmächte. Wir unsererseits bezweifeln die Echtheit und Dauer dieser Identifizierung in der östlichen Hälfte und daß, wo sie schon bestehe, sie mit fairen Mitteln erreicht worden sei. Eine Föderation würde Übereinstimmung auf der einen Ebene (Außenpolitik, Wirtschaft, Rechtsinstitutionen) zu erreichen suchen, die die Übereinstimmung auf der anderen (Lebensanschauungen, -formen und -ziele) voraussetzt; diese Ebene aber werde durch die Föderierung vor einer solchen Übereinstimmung ausdrücklich bewahrt. Damit sind wir bei der entscheidenden Frage; und nun kommt die bedächtige, aber darum nicht weniger energische Apologie eines Intellektuellen und Humanisten für die Anschauungen und Praktiken des Zonenstaates: »Eure Gefahr ist Laxheit, Hemmungslosigkeit, Leere, damit Profit einkommt; eure Gefahr sind die *secret persuaders,* unsere die des Bürokratenterrors, eure - unheilbare Dekomposition, unsere – heilbare Kinderkrankheit; Schmutz und Schund untergraben eure Freiheit und lassen das Gute nicht erwachsen; es ist kein Beweis für eure Freiheit und für unsere Unfreiheit, daß man bei euch in einem Lokal laut sagen kann ›nieder mit Adenauer!‹ und bei uns nicht ›nieder mit Ulbricht!‹; wir haben eine völlig andere staatspädagogische Aufgabe zu erfüllen; der eigentliche Beweis für eure Freiheit wäre überdies, wenn ihr zu sagen (und danach zu handeln) wagtet, daß ihr ein ›Freund der Sowjetunion‹ oder ein Anhänger ihrer Abrüstungs- und Friedensvorschläge seid; man verwehrt meinen Münchner Freunden von westdeutscher Seite zwar nicht, mich zu besuchen, aber sie *fürchten* sich, es zu tun; umgekehrt kämen wir wohl gern zu euch, aber wir sind nur noch dann willkommen, wenn wir auch sagen, was ihr hören wollt: daß wir ungern in der DDR leben.« – Und nun könnte Frau W. wohl sagen: all das stehe schon in Platons Politeia, und es sei kein Zufall, daß es um unsere Demokratie schlecht stehe – sie sei ja ein Abfall von einem Abfall, ein gründliches, seit Jahrtausenden erwiesenes Mißverständnis.

Wie vieles davon trifft zu, und wieviel mehr müßte erwidert werden! Unsere Schüler tun es nach Kräften:

1. Freiheit ist unteilbar oder doch nur so weit teilbar, wie man auch bereit ist, auf sie zu verzichten. Also: Rechtsmittel allein können entscheiden, was »gefährliche« Ware ist und was nicht; und eben diese Rechtsmittel verhindern, daß der Schutz gegen eine vergiftende und verdummende Literatur bei uns so weit vorgetrieben wird, wie wir es vielleicht gerne möchten. Die Freiheit für den »Spiegel« ist zugleich auch die Freiheit für »Revue«, »Quick« und Groschenhefte. Der eigentliche Schutz besteht darin, daß man lernt, mit der Gefahr umzugehen.

2. Freiheit kann nur in Freiheit gelernt werden.

3. Ob man sich als Freund der Sowjetunion bekennt, ist eine Frage der Zivilcourage; es sei gar nicht bestritten, daß man von vielen scheel angesehen wird, wenn man sich zur Sowjetunion bekennt, geradeso wie man jemandem aus dem Weg geht, der einen üblen Mundgeruch hat; aber er hat gleichsam sein Recht auf beides, mögen auch die Gründe, aus denen wir ihn dulden, oft nicht aufgeklärter sein als die, aus denen wir ihn meiden.

4. Daß ein solcher Mensch um seiner Anschauung willen sachlich beeinträchtigt wird, mißbilligen wir, weil wir finden, daß wir ihn brauchen – als Herausforderung und Korrektiv.

5. Daß man bei uns den *secret persuaders* verfällt, ist eine deutliche Gefahr, aber man kann sie benennen und sich dagegen wehren.

6. Was den Reiseverkehr betrifft: *wir* sind jetzt hier; *wir* waren gestern in Potsdam; *wir* haben keine Scheu, an dieser Stelle offen zu reden und Ihnen zu sagen: Ich X bin mit der Rüstungspolitik von Minister Strauß, ich Y mit der Bündnispolitik von Kanzler Adenauer, ich Z mit der Kontrolle des innerdeutschen Reiseverkehrs durch Minister Schröder nicht einverstanden – und wir bekennen das voreinander. Wer von *Ihnen* zu uns kommt, kommt nicht als freier Verband: Sie sind sich so unheimlich einig.

Über die zahllosen Einzelgespräche kann der Chronist nicht berichten. Er selbst hat im Hause eines *hochgestellten Intellektuellen* zu Abend gegessen, in bürgerlich gepflegter Atmosphäre. Wenn wir nicht Angst vor dem Titel der Person haben, wenn wir ihr unterstellen, daß sie uns versteht, wenn wir das Gespräch urban führen wie unter unseresgleichen – dann werden wir alle Bekenntnisse hören, die wir hören wollen; und was uns darüber hinaus fremd bleibt, ist fremd und nicht vorsichtige Verstellung. Vor zwei und drei Jahren war das dem Chronisten noch nicht gelungen, und er zweifelt, daß es an der eigenen Gesprächstechnik gelegen hat. Daß die Intelligenz sich auf die Dauer nicht ausschalten läßt, daß man sie im verschärften Lebenskampf der Völker und Systeme braucht, und daß sie ohne Kritik und Freiheit nicht sein kann, ist eine der großen Hoffnungen, die der Welt immer wieder bleiben. Die scheinbar totale Unterwerfung der Intelligenz unter den Nazis ist kein Gegenbeweis. Der Nationalsozialismus entstieg einem vieldeutigen Notstand (des verlorenen Krieges) und mündete nach sechs Jahren in einen anderen, sehr eindeutigen Notstand (des zu verlierenden Krieges). Das Ganze hat zwölf Jahre gedauert, vier weniger als das kommunistische Regime in der Ostzone, und noch im letzten Jahr gab es den 20. Juli, im vorletzten die Geschwister Scholl.

Die Intelligenz wird auch in der Ostzone nachrücken, wie in der Sowjetunion: über das fachliche Können. Der *Widerstand der Kompetenz* ist das Schlüsselwort für die Liberalisierung, und daß er zum Zuge kommt, ist nur bei allmählichem Ausfall (Tod) der ideologischen älteren Führungsschicht zu erwarten. Wer vorprellt wie Harich, gerät unter die Räder. Es gilt abzuwarten. Über die wissenschaftlichen Beziehungen zu Westdeutschland wird rosiges Licht gebreitet: man verstehe sich im Grunde ausgezeichnet. Die Einmischung der politischen Instanzen mache sich jedoch zunehmend bemerkbar. Auffällig ist die Gelassenheit, mit der über diese Fragen gesprochen wird.

Die Sorge um das Studium der eigenen Söhne (der eine ist aufgrund des Auswahlgutachtens davon ausgeschlossen und der hochgestellte Vater schildert, wie er mit sich gerungen habe, den Jungen nun einer praktischen handwerklichen Ausbildung zu überantworten oder seine Beziehungen zu mobilisieren); die Probleme der Hausfrau; die Unbequemlichkeiten, die die Kündigung des Handelsabkommens mit Westdeutschland nach sich gezogen hat (»wir wären um ein Haar zusammengebrochen«); die peinliche Isolierung von der übrigen Welt (Englands Visumsperre); ein Besuch in Indien in Begleitung eines banausischen Staatssekretärs – dies alles zeigt ein Leben voller Beschwer, aber nicht ohne redliche Lösungen. Man »versteht« vieles, und am

Ende, wenn von den Flüchtlingslagern die Rede ist oder von dem Währungstauschproblem oder von dem Mangel an Ärzten, dann sieht man, wie die Not der Regierung (an der wir uns freuen) zu einer Not der Bevölkerung wird (an der wir uns nicht mehr freuen können): Der Sohn hat einen Freund; der fällt durchs Staatsexamen; zum Teil hat er seinen Marx nicht gekonnt, aber das war es nicht allein. Der Junge bricht aus; erste Nachricht über Dritte aus dem Flüchtlingslager West; Überredungsversuche wiederzukommen; erste Kontakte mit westlichen Agenten; beständiges Mißtrauen, seit er wieder zurück ist.

Überhaupt die gegenseitige Agententätigkeit: man flüchtet, kehrt zurück, gibt an, was man im Westen gefragt worden ist, flüchtet wieder und gibt an, was man im Osten gefragt worden ist; nichts hat wirklich Bedeutung, aber die Akten schwellen, die Behörden wachsen, der Sicherheitsdienst gedeiht auf seinen eigenen Exkrementen.

Bei einer *Studentin* der Humboldt-Universität erlebt der Chronist den seelischen Jammer, der nicht das Los aller drüben ist (mit solchen Übertreibungen nehmen wir der Sache ihren fürchterlichen Ernst), wohl aber der Empfindsamen. Sie hat ein gut bürgerliches Zimmer gemietet und zieht sich hübsch an. Wir gehen in die Ostberliner Staatsoper und hinterher in ein Westberliner Weinlokal, wo es je in seiner Weise aufwendig und unecht zugeht. Später steht man auf dem windigen Bahnsteig, wo man sich trennen wird. Wovon ist die Rede? Von Auseinandersetzungen innerhalb der studentischen Fachschaften, oder wie die Gruppen heißen mögen, von der Rücksichtslosigkeit der »Anderen«, von kleinen Erfolgen der Gesinnungsgenossen und von ihrem unaufhaltsamen Rückzug. Es geht um kleine Maßnahmen, und sie sind mitten in Berlin für diesen Menschen die große bewegende Wichtigkeit: soviel Trauer, Scham, Verzagen, Sich-selbst-und-die-Welt-nicht-Verstehen! Alles drängt ihn fort in die private Sphäre, denn der andere Bereich ist Niederlage, Lärm, Hoffnungslosigkeit: die Welt, die mir gehört, um jeden Preis trennen von der, die allen gehört. Das haben die Gewalthaber erreicht mit der totalen Politisierung des Lebens. Wie anders erscheint in dem Augenblick das Problem des Westens: die Welt, die mir allein gehört, um keinen Preis trennen lassen von dem, was alle gemeinsam angeht. Wir sind in Gefahr, daß die Politik mit unserem Leben nichts mehr zu tun hat; sie sind in Gefahr, daß die Politik ihr Leben ganz verschlingt. – Einmal ist von den Geschwistern Scholl die Rede: »Hätten sie ihre Tat nicht getan, sie wären wohl noch am Leben und könnten sich und andere glücklich machen. So haben sie nichts erreicht. Deutschland ist zerbrochen und sie selbst haben ihr junges Leben verloren, ihre Eltern und Freunde unglücklich gemacht.« Ihr junges Leben, ihre Eltern, ihre Freunde – das ist das Eigentliche. Das »Beispiel«, von dem wir reden, wenn der Name Scholl fällt, die Rettung des anderen Deutschland, was bedeuten sie dort, wo solche Beispiele nicht wirken können, ja das eigene Leben seiner Unwahrheit und Unwürde überführen – wo die Hoffnung auf ein anderes Deutschland der Realität eines Undeutschland hat weichen müssen! »Deutschland ist zerbrochen« – das hat die Mehrzahl von uns vergessen.

Fazit

Ja, zerbrochen . . . Erinnern wir uns daran, wieviel mehr zerbrochen ist als die politische Landkarte Deutschlands. Wir haben in Berlin den Bombenschutt gesehen, in dem die Wohnblocks der Gründerzeit untergegangen sind, und Reste des einst gemütlichen Wohnelends hinter alptraumerregender Fassade; wir haben an dem Denkmal in der Bendlerstraße gestanden und haben gespürt, wie nah hier überall die Vergangenheit noch ist: wir sehen die noch offene Wunde, und der Krieg, der sie schlug, ist nicht nur ein unsinniges Gespenst, das uns in vergangener Nacht überfallen hat – er hat seine Konsequenz zwischen dem wilhelminischen Wahn und den Opfern des deutschen Widerstands. Hätten wir die Mietskasernen von allein und rechtzeitig abgerissen? Hätten wir uns von allein und ohne die tiefste Demütigung vom Tyrannen befreit? – Erinnern wir uns daran, daß vieles zerbrechen *mußte,* und daß manches noch nicht gründlich genug zerbrochen ist, um darauf das Neue zu bauen:

Wir passieren die Zonengrenze auf dem Heimweg nach Deutschland. Die Schüler haben sich für die schon ermüdete Fahrt noch einige Propagandafetzen aus den Baracken geholt – wüste, unsagbar törichte Pamphlete. Da, am westdeutschen Kontrollpunkt, plötzlich Unruhe. Vorn hat ein Grenzbeamter den Wagen bestiegen und sammelt die Propagandaschriften ein. Mit welchem Recht eigentlich? »Wenn Sie noch weiter Schwierigkeiten machen, untersuchen wir den ganzen Bus und dann sitzen Sie in fünf Stunden noch hier!« Nun beschließen wir erst recht, die Freiheiten, die wir eine Woche lang in der Ostzone für unseren Westen in Anspruch genommen haben, nicht widerstandslos preiszugeben. Wir verlangen den richterlichen Befehl zu sehen, unsere Laienhaftigkeit mit dem festen Bewußtsein des richtigen Grundsatzes überspielend. Man läßt uns die Schriften, soweit sie nicht vom Ausschuß für deutsche Einheit sind, dessen Erzeugnisse angeblich alle auf der Liste des Staatsanwalts stehen; wir notieren uns die Titel und den Namen des Polizeioffiziers, der uns die Anweisung, nach der er handelt, zu zeigen schuldig bleibt. Wir haben bis heute keine Gewißheit, ob es eine solche Liste gibt. Wir sind bis heute überzeugt, daß eine diesbezügliche Verfügung auf uns keine Anwendung findet oder gesetzwidrig ist. Im Strafgesetzbuch heißt es:

§ 93 (Verfassungsverräterische Publikationen) »Wer Schriften, Schallaufnahmen, Abbildungen oder Darstellungen, durch deren Inhalt Bestrebungen herbeigeführt oder gefördert werden sollen, die darauf gerichtet sind, den Bestand der Bundesrepublik Deutschland zu beeinträchtigen oder zur Unterdrückung der demokratischen Freiheit einen der in § 88 bezeichneten Verfassungsgrundsätze zu beseitigen, außer Geltung zu setzen oder zu untergraben,

1. herstellt, vervielfältigt oder verbreitet oder

2. zur Verbreitung oder Vervielfältigung vorrätig hält, bezieht oder in den räumlichen Geltungsbereich dieses Gesetzes einführt, wird mit Gefängnis bestraft . . .«

Das trifft auf uns nicht zu.

Wir wollen den Fall nicht übertreiben: Ermessensmißbrauch gibt es überall, wo es Ermessensfreiheit gibt, wenn er auch nicht gerade hier, am Schlagbaum zur Unfreiheit, geschehen sollte. Die pädagogische Parabel jedoch geht tiefer: Das Vaterland ist zerstört, und es ist sinnvoll, daß man die Verfassung an seine leergewordene Stelle gesetzt hat. Sie aber wird zum Fetisch, wenn wir ihr die gleiche blinde Verehrung zuwenden, wie sie vergangene Generationen dem Vaterland schenken konnten. Unsere Verfassung schützt unsere Mündigkeit und darf nicht ihrerseits durch unsere Entmündigung geschützt werden. Das ist das eine. Das Gespräch bedarf – wenn es wirklich ein Gespräch und keine gegenseitige Deklamation sein soll – der Mündigkeit.

Das ist das zweite. Denn die Mündigkeit kann nur durch die Mündigkeit verteidigt werden. Diese Einsicht ist die eigentliche Voraussetzung und das eigentliche Ergebnis aller Gespräche im Osten.

Linke Intelligenz

1960 veröffentlichte Wolfgang Weyrauch eine Taschenbuchanthologie unter dem Titel *Ich lebe in der Bundesrepublik. Fünfzehn Deutsche über Deutschland.* In den »Bemerkungen des Herausgebers« hieß es: »Ich liebe meine Heimat. Weil ich sie liebe, sorge ich mich um sie. Weil ich mich um sie sorge, habe ich diesen kleinen und unvollständigen Band zusammengestellt und herausgegeben . . . Kritik zu üben, leidenschaftliche, sich selbst preisgebende Kritik, gehört zum Schriftsteller, wie der Buchstabe. Sie muß sich, wenn es notwendig ist, zum Widerstand erhöhen, wie damals am 20. Juli. Die Übereinstimmung der Meinung des Schriftstellers mit der des Staates – so in der DDR und in Spanien, beispielsweise – bekommt weder dem Schriftsteller noch dem Staat. Staaten ohne die Freiheit des Wortes erstarren, modern, verkommen und gehen unter. Schriftsteller, die nicht gegen den Stachel löcken, verzichten auf sich selbst, verraten die Wahrheit und schänden ihre Ehre.« Und als »Wunsch« äußerte der Herausgeber: »Als ich ein Junge war, endeten die Vorworte in meinen Schulbüchern oft mit einem Satz, der etwa so anfing: ›möge dieses Buch dazu beitragen . . .‹ Ich scheue mich nicht, diese Primitivität nachzuahmen, und an den Schluß meiner Bemerkungen zu setzen: Möge dieses Buch, zu seinem kleinen Teil, dazu beitragen, aus der BRD ein Modell zu machen, ein Modell des Maßes, der Vernunft und einer friedlichen Ordnung.« (München 1960, S. 7 ff.) Solche Äußerungen können insgesamt die Rolle der kritischen Intellektuellen in der Wirtschaftswunderwelt charakterisieren: diese waren, auch wenn selbst oft wegen des Gefühls der Einflußlosigkeit verzagend, von nicht zu unterschätzender Bedeutung. Als »Merker« in den Redaktionen der Zeitungen, Zeitschriften, Rundfunk- und Fernsehanstalten tätig, stellten sie insgesamt eine gewichtige, der Verprovinzialisierung des deutschen Geistes entgegensteuernde Kraft dar. Häufig Angehörige der Trümmergeneration, die nun zu Einfluß und Ansehen gekommen waren und an wichtigen Schalthebeln des öffentlichen Lebens wirkten, bemühten sie sich um steten Diskurs; sie versuchten damit eine Gesellschaft wach zu halten, die in Gefahr war, infolge ihrer »Verfettung« geistig träge und lethargisch zu werden. Exemplarisch verkörperte die »Gruppe 47« den Einfluß der linken Intelligenz. (22)

Bei der Entgegennahme des Georg-Büchner-Preises 1959 sagte Günter Eich in seiner Dankesrede: »Es wird ernst gemacht, die perfekt funktionierende Gesellschaft herzustellen. Wir haben keine Zeit mehr, ja zu sagen. Wenn unsere Arbeit nicht als Kritik verstanden werden kann, als Gegnerschaft und Widerstand, als unbequeme Frage und als Herausforderung der Macht, dann schreiben wir umsonst, dann sind wir positiv und schmücken das Schlachthaus mit Geranien. Die Chance, in das Nichts der gelenkten Sprache ein Wort zu setzen, wäre vertan.

Meine Damen und Herren, indem ich mich zu einer Dichtung bekenne, die Gegnerschaft ist, bekenne ich mich zu Georg Büchner. Jedenfalls vermute ich, daß eine solche Literatur seinem Geiste nicht ganz widerspricht. Ich möchte aber in dieses Bekenntnis noch einige Bundesgenossen einschließen, von denen ich annehme, daß auch Büchner, der den Woyzeck und den Lenz geschrieben hat, ihnen gewogen ist. Sie gehören alle der Ritterschaft von der traurigen Gestalt an, sind ohnmächtig und Gegner der Macht aus Instinkt. Und doch, meine ich, ist der Menschheit Würde in ihre Hand gegeben. Indem sie rebellieren und leiden, verwirklichen sie unsere Möglichkeiten.

Ich schließe alle ein, die sich nicht einordnen lassen, die Einzelgänger und Außenseiter, die Ketzer in Politik und Religion, die Unzufriedenen, die Unweisen, die Kämpfer auf verlorenem Posten, die Narren, die Untüchtigen, die glücklosen Träumer, die Schwärmer, die Störenfriede, alle, die das Elend der Welt nicht vergessen können, wenn sie glücklich sind.« (Zit. nach *Akzente*, Heft 1, 1960, S. 46 f.)

Neben den »Darmstädter Reden« der mit dem Büchner-Preis Ausgezeichneten gibt im besonderen auch Walter Höllerers Lyrikanthologie der Jahrhundertmitte, *Transit* (23), einen Einblick in die Denkmuster der linken Intelligenz dieser Zeit, die durch Kosmopolitismus und Urbanität geprägt war und sich schon dadurch in Gegensatz zum dominanten Provinzialismus stellte. Im bildnerischen Bereich bedeutete die *documenta* – eingerichtet in einer »Provinzstadt« (Kassel) – Öffnung nach außen, Anschluß an »Weltläufigkeit«.

»Den Vorstoß ins Bewußtsein der Epoche hat die Brüderschaft der Kunstverbundenen seit langem vollbracht. Vorerst existiert sie dort als Ärgernis und außenseiterische Impertinenz. Die Zeitgenossen in zwingend augenfälliger Weise mit den durchaus differenten Empfindungsstrukturen zu konfrontieren, die ein Zweckleben beruhigend überdeckt, kommt wohl auch einer Provokation gleich. Auch wenn die neue Kunst also als negatives Phänomen aufgefaßt wird, ist doch der Objektivationsprozeß, dessen sie bedarf, in Gang gesetzt. Wie es ihr zukommt, wird die Universalsprache der gegenwärtigen bildnerischen Äußerungen allmählich aus dem Sonderdasein herausgelangen und das Bewußtsein bilden. Die zweite große Kunstinventur in Kassel, gestützt auf das Prestige der documenta I, befördert notwendig diesen Vorgang.« (M. G. Buttig anläßlich der *documenta II*, in: *Der Monat*, Nr. 131, August 1959, S. 82)

Die rhetorische Frage, ob wir noch ein »Volk der Dichter und Denker« seien, ebenfalls in einem Taschenbuch behandelt und angegangen (hrsg. von Gert Kalow, 1964), konnte dahingehend beantwortet werden, daß es in der Bundesrepublik genügend Dichter und Denker gab, die dazu beitrugen, das internationale geistige und kulturelle Ansehen ihres Landes zu stärken – eines Landes, das ansonsten mehr wegen seines beispiellosen materiellen Aufstiegs (und seines »Fräuleinwunders«) bekannt wurde. Dichter wie Grass (24), Böll (25), Handke, Hochhuth (26), Eich (27) bewirkten, daß der Zeitgeist nicht auf dem Polster der Platitüde einschlief, sondern durch Provokation zu Reaktionen (die freilich dann oft recht feindlich ausfielen!) gezwungen wurde. Tabus, die im gesellschaftlichen wie politischen, im ästhetischen wie religiösen Bereich immer noch um sich griffen und kritisches Denken zu verhindern suchten, wurden auf diese Weise aufgebrochen. »Tut das Unnütze, singt die Lieder, die man aus eurem Mund nicht erwartet!/ Seid unbequem, seid Sand, nicht Öl im Getriebe der Welt!« (Günter Eich)

In die Wirtschaftswunderzeit fällt auch eine der bedeutendsten literarischen Reden dieses Jahrhunderts: Thomas Manns kurz vor seinem Tod sowohl in West- wie in Ostdeutschland zum 150. Todestag Schillers gehaltene Ansprache »Versuch über Schiller« (1955). Man kann diese Rede als Höhe- und Endpunkt einer wichtigen Phase des deutschen Geisteslebens bezeichnen: Die mit ihrem aufklärerischen Impetus und liberalen Humanismus auf dem Boden des Idealismus stehende Generation der »Väter« hatte den Gipfel ihres Einflusses erreicht; die Peripetie kündigte sich an. (28)

Die Bundesrepublik trat in die dritte Phase ihrer Entwicklung ein: Die »Söhne und Töchter« versuchten auf ihre ganz eigene Weise, Staat und Gesellschaft zu gestalten – und das hieß: zu revolutionieren; nicht »Liebe« zum Staat, sondern Abneigung, ja Haß auf ihn, motivierte ihr Denken und Handeln. Die neue Generation erwies sich als »ungeratene Generation«: »Produkt« einer vaterlosen Gesellschaft, einer Gesellschaft, die – ganz auf materielle Expansion gerichtet – das dadurch entstandene geistig-seelische Vakuum unbeachtet gelassen hatte. Abgebrochen wurden die Brücken zur liberalen Tradition der deutschen Intelligenz, der man vorwarf, die Welt »beredet«, aber nicht verändert zu haben. Die junge Generation setzte auf den revolutionären Frühling (dem freilich dann nur ein kurzer Sommer folgen sollte) und hielt der älteren unbarmherzig ihr Versagen vor:

»Die Kasse war leer. Diese linke Intelligenz war literarisch fleißig und fruchtbar, doch politisch im tiefsten Sinn unproduktiv. Sie bestand in der Hauptsache aus gebrannten Kindern, aus Alt-Sozialdemokraten, Neo-Liberalen und Spät-Jakobinern. Die einzige theoretische Basis, die sie verband, war eine unbestimmte Negation, nämlich der Antifaschismus. An das historische Trauma von 1945 blieb diese Intelligenz gebunden, fixiert an spezifisch deutsche Komplexe und Erscheinungen, von der Kollektivschuld bis zur Mauer, unfähig zu einem Internationalismus, der über die Rhetorik der Völkerverständigung hinausgegangen wäre. Moral ging ihr vor Politik. Der Sozialismus, dem sie anhing, blieb nebulös, schon aus Mangel an Kenntnissen; ihre soziologische Bildung war gering, ihre Auseinandersetzung mit dem Kommunismus neurotisch und vordergründig. Pazifismus und Philosemitismus waren vorherrschende Tendenzen; mit wissenschaftlichen, technologischen und ökonomischen Fragen hat sich diese Intelligenz wenig und spät beschäftigt. In politischen Dingen hat sie sich eher reagierend als agierend geltend gemacht. Zu Erfolgen hat sie es, nicht von ungefähr, nur auf einem einzigen Gebiet gebracht: bei der Verteidigung der Meinungsfreiheit, also bei der Vertretung ihrer eigenen Interessen und der Behauptung ihrer eigenen Privilegien – einer sicherlich legitimen, aber schwerlich hinreichenden politischen Aktivität. Anständig, bescheiden und sentimental, immer darauf bedacht, das Schlimmste zu verhüten oder doch zu verzögern, haben diese Musterschüler des Reformismus zwanzig Jahre lang systemimmanente Verbesserungsvorschläge, aber keine radikalen Gegenentwürfe geliefert. Vielleicht hätten sie dem Namen, auf den ihre Gegner sie tauften, weniger Glauben schenken sollen; denn mit der Linken anderer europäischen Länder hatten die ›Links-Intellektuellen‹ in Deutschland bis vor kurzem kaum etwas gemein; ja sie konnten nicht einmal für den nötigen Austausch internationaler Informationen und Erfahrungen sorgen. Eine politische Theorie, die diesen Namen verdienen würde, haben sie nicht hervorgebracht. Die Niederlage der reformistischen Intelligenz in Deutschland ist vollkommen. Die Große Koalition von 1966 hat sie besiegelt, der Berliner Sommer von 1967 hat sie vor aller Augen demonstriert. Mit ihrem Narrenparadies ist es vorbei, die Zeit der schönen Selbsttäuschungen hat ein Ende.« (Hans Magnus Enzensberger, »Berliner Gemeinplätze«, in: *Kursbuch* 11, 1968, S. 157 f.)

In einem Haus am Bannwaldsee (bei Hohenschwangau im Allgäu) kamen am 16. September 1947 eine Reihe von Dichtern und Publizisten
zusammen – zum Teil der Redaktion und dem Mitarbeiterkreis des ver-
botenen *Ruf* zugehörend, darunter Hans Werner Richter, Walter Kol-
benhoff, Walter Maria Guggenheimer, Wolfdietrich Schnurre, Walter
Hilsbecher. Dieser Gesprächskreis war der Ursprung der »Gruppe 47«,
die rund 30 mal zusammenkam (zuletzt in der Pulvermühle bei Wai-
schenfeld in Oberfranken 1967). »Wer die ›Gruppe 47‹ war, bestimmte
von Anfang bis zum Ende Hans Werner Richter – der einzige also, von
dem feststeht, daß er dazugehörte. Und er sagte es deutlich auf der Tagung in Saulgau (1963): ›Viele bilden sich ein, zur ›Gruppe 47‹ zu gehören, aber wer wirklich dazugehört, weiß nur ich; und ich werde es nicht
sagen . . .‹ Als ›Mitglieder‹ durften sich wenigstens drei Tage lang immer diejenigen verstehen, die sich zu einer Tagung eingeladen fanden,
ohne ausdrücklich als ›Gäste‹ bezeichnet worden zu sein. Das waren am
Anfang 17, am Ende bis zu 150 Leute. Und da diese Einladungen von
Hans Werner Richter nach ganz eigener und persönlicher Entscheidung
auf Postkarten verschickt wurden, nannte Hermann Kesten die Gruppe
einen ›autoritären Autorenverband auf postalischer Grundlage‹.« (R.
W. Leonhardt, »Gruppenbild nach 30 Jahren«, in: *Die Zeit*, 1. Juli
1977.)

Rolf Schroers, geboren 1919, war nach dem Kriege Schriftsteller,
Journalist und Verlagslektor; er trat mit einer Reihe von Romanen hervor (u. a. *Jakob und die Sehnsucht*, 1953) und ist nun Leiter der Theo-
dor-Heuss-Akademie Gummersbach. (Text: *Merkur*, Nr. 206, Mai
1965, S. 448-458.)

Heinrich Böll, geboren 1917, dem katholischen Kleinbürgertum ent-
stammend, im Krieg viermal verwundet, begann seine schriftstellerische
Laufbahn mit Kurzgeschichten 1947. Mit seinen Romanen – darunter
Und sagte kein einziges Wort, 1953; *Haus ohne Hüter*, 1954; *Billard um
halbzehn*, 1959; *Ansichten eines Clowns*, 1963; *Gruppenbild mit
Dame*, 1971 – erwies er sich als engagierter Zeitkritiker, der immer mehr
im In- und Ausland als »moralische Instanz« anerkannt wurde – und
dabei oft in starken Gegensatz zur Bonner Politik geriet. Bölls Artikel
erschien als Antwort auf Rolf Schroers Beitrag im *Merkur*, Nr. 209, August 1965, S. 775-783.

Literatur ist einmal die Summe der Werke, ihrer Konzeption und Niederschrift; eine Tätigkeit einzelner, die den einzelnen Leser auffordert. Da kommt es auf die Voraussetzungen an, die der Leser mitbringt, auf den Augenblick der Lektüre, auf die jeweilige und die spezielle Empfänglichkeit, auf den Geschmack und auf die Vormeinung. Und die Lektüre wirkt in der Erinnerung fort, ist weiteren Prozessen unterworfen, trifft auf neue Erfahrungen des Lesers: ein Aneignungsprozeß, der nicht zu Ende kommt und der von Leser zu Leser verschieden ist, wie er von Kritiker zu Kritiker verschieden ist, was man deren Äußerungen entnehmen kann. Überdies gibt es Bücher, Verse, die sich nur einem bestimmten Aggregatzustand der geistigen Befindlichkeit erschließen, dem auch dieselbe Person nicht jederzeit offen ist. Dieses Ungefähr aber macht, in so persönlicher Brechung, die Literatur zu der spannend intimen, auch abenteuerlichen Sache, die uns Aufschluß über uns selbst gibt.

Die Literatur in diesem konkreten Sinne wird im folgenden nicht abgehandelt. Aber es soll doch vor Augen bleiben, daß sie eigentlich keine andere Bestimmung hat, sofern man sie selbst meint. Es gehört schon zur Kritik unseres Literaturverhältnisses, daß sie immer weniger als sie selber genommen wird, immer mehr nur als spezielles Zeichen für etwas, z. B. für Unzufriedenheit und Sozialkonflikte. Aus den Äußerungen und letzten Werken von Heinrich Böll – mit dem Grundthema der Desertion – ist abzulesen, welche zerstörerische Wirkung die einschlägige Ignoranz gegenüber dem Werk als Werk auf den Autor hat. Autor und Werk und schließlich der Leser sind betrogen, werden nur die Sekundärmerkmale des Literarischen noch wahrgenommen; das sind politische Aussagen, soziale Kümmernisse, Parteilichkeiten, mißverstandenes Engagement in dem, was der Literatur äußerlich ist.

Es handelt sich dabei um den ganzen Komplex dessen, was an der Literatur gesellig oder, mit der Schärfe moderner Terminologie begriffen, soziologisch ist. Diese Terminologie räumt den Rest von Privatem aus, der im Worte Geselligkeit einst mitschwang (und zum Beispiel Goethes Anmut beförderte). Unsere Überlegung befaßt sich also nicht mit Werken und Autoren als solchen, sondern mit Literatursoziologie.

Bei solcher Fragestellung ist die »Gruppe 47« unübersehbar, und zwar auf eine Weise, die nichts anderes neben ihr sichtbar werden läßt. Die Gruppe hat alle Ansätze zu anderen Bedeutsamkeiten in der Nachkriegszeit aufgesogen, blieb als einzig bedeutend über auf unserem Feld. Sie ist, wie man so sagt, in aller Munde, auch bei des höheren Lesens Unkundigen. Jedenfalls kann niemand von deutscher Nachkriegsliteratur handeln, ohne dabei die »Gruppe 47« zu berücksichtigen. Zunächst wirkte der Gruppenname wie ein Plakat; er rief massive Assoziationen hervor: die alte Parole vom »Kahlschlag« hallt nach, Vor-Währungsreform-Stimmung. Und es vermehrte die plakative Wirkung dieses Namens beträchtlich, daß Jahr für Jahr neue Assoziationen in ihm deponiert werden. »Heimatlose Linke«, nonkonformistisch, antifaschistisch, philosemitisch, humanitär, auch engagiert: da sind die Unterschriften und Manifeste, sind Aktivitäten politischer Art – »Grünwalder Kreis«, »Anti-Atom« – alles das aber nicht greifbar gruppenoffiziell, bestenfalls gruppenatmosphärisch. Denn die »Gruppe 47« ist auf keine satzungsmäßige Weise vorhanden, hat sich als solche nie geäußert und verantwortlich gemacht.

Doch erweckt sie den Anschein. Sie ist öffentlich – und nicht nur im literarischen Bereich – höchst wirksam; aber auf eine geisterhafte Weise, die man nicht haftbar machen kann. Was immer dem Anschein nach von der »Gruppe 47« verlautbart, stammt im Ernstfall nicht von der Gruppe, und das gehört unmittelbar zum Charakter ihrer Verlautbarungen, die die ihren nicht sind, sondern solche von ein paar Leuten, die die Gruppe zu den ihren zählt; vielleicht sogar von allen diesen Leuten, deren Addition aber doch die Summe »Gruppe 47« nicht ergibt (sondern schon immer ist). Die Aktivität der Gruppe hat keinen verantwortlichen Akteur. So finden denn Gegner der Gruppe zwar in deren unberufenen Verteidigern, nicht aber bei ihr selbst den Adressaten.

Wer von der »Gruppe 47« spricht, spricht von einem soziologischen Phänomen der Literatur; er spricht nicht von Literatur. Er spricht nicht vom – durch die Gruppenzugehörigkeit charakterisierten – Werk eines einzelnen Autors oder den Werken einer Autorengruppe. Er spricht von Schriftstellern ohne Hinblick auf ihr eigentümliches Werk. Tatsächlich steht der Begriff »Gruppe 47« für kein innerliterarisches Kennzeichen. Er meint keinen gemeinsamen Stil, der mit ästhetischen Kategorien zu erfassen wäre, vergleichbar den Stilen der Gruppen in den 20er Jahren: des Expressionismus, des Dadaismus, der Neuromantik, des Klassizismus, des ironischen oder heroischen Realismus. Zu diesen alten Stilbegriffen fallen uns unmittelbar Autoren ein; sogar die Namen von Verlegern und Zeitschriften. Die Stile waren nicht auf die Literatur beschränkt, sie bezeichneten künstlerische und intellektuelle Haltungen in Musik, Malerei, Wissenschaft und Philosophie. Die heftige Konfrontation der möglichen Engagements konturierte eine geistige Auseinandersetzung, die der politischen Heftigkeit jener Tage nicht nachstand.

Doch das künstlerische Werk übertraf in seiner Wirksamkeit jede Gruppe. Gerhart Hauptmann wurde nicht Naturalist, sondern er schuf recht eigentlich den deutschen Naturalismus (ohne dafür vom Monde gefallen zu sein, gewiß), und Gottfried Benn wurde nicht Expressionist, er brachte den Expressionismus mit zu Erscheinung. Von keinem Autor der »Gruppe 47« ließe sich Ähnliches zu sagen auch nur versuchen. Weder gaben sie der Gruppe einen literarischen Stil noch empfingen sie diesen Stil von der Gruppe. Wer von sich oder anderen behauptet, er sei ein 47er, sagt nichts über seine künstlerische Haltung aus. Auch dem Beobachter der Gruppe fällt nichts literarisch Bestimmtes in die Hand.

Es ist vielmehr umgekehrt. Die Gruppe ist ästhetisch ein erstaunlicher Vielfraß, dem schlechterdings alles zu schmecken scheint und alles verdaulich – außer dem, versteht sich, was sie für neofaschistisch oder postfaschistisch hält, also prima vista keine ästhetische, sondern eine politische Kritik herausfordert. Diese Ablehnung hat die Gruppe mit jeder derzeitigen Öffentlichkeitsarbeit gemeinsam, wenn auch freilich die Limitierung dessen, was als nazistisch gelten soll, differiert. Solche Unbestimmtheit ist ja schon dem Gegner zu danken, dem Schwammgebilde der NS-Weltanschauung, das nicht durch substantielle Inhalte, sondern nur durch deren komparative Steigerungen zu definieren wäre; deren eine allerdings, die vom Mord zum Massenmord, auf alles durchfärbt, was sich hat steigern lassen.

Auf Befragen hat sich die »Gruppe 47« aus berufenem Mund als Freundeskreis bekundet. Besser wäre es, sie als einen Stammtisch zu bezeichnen, denn nicht jeder ist Freund mit jedem; doch kommt man zum gemeinsamen Bier. Der interne Charakter kann dabei durchaus auf seine Kosten kommen: man trifft sich, früher halbjährlich, seit geraumer Zeit jährlich, sieht sich wieder, lernt sich kennen und findet darin den Wert der Veranstaltung. Doch das verändert sich, wenn dieser Wert sich Anerkennung heischend nach außen, an die Öffentlichkeit wendet. Dann ist »geselliges Beisammensein« kein vorweisbares Resultat.

Im Jahre 1947 fing es bedeutungslos an, in der Wohnung einer Frau, die seit langem aus den Annalen der Gruppe verschwunden ist, und mit ein paar Freunden (nicht nur Schriftstellern), die sich über Jahre hin ganz natürlicherweise auseinander- und nicht immer wieder zusammenrauften. Erste Bekanntschaften datierten aus amerikanischer Kriegsgefangenschaft und brachten die Initiative für die Zeitschrift »Der Ruf«. Als die amerikanische Besatzungsmacht diese Zeitschrift verbot, hatten deren Mitarbeiter keine Publikationsmöglichkeit mehr. Sie bildeten die spätere Gruppe, die also durch die amerikanische Zensur forciert wurde. Die Autoren hatten, von Gesinnungen abgesehen, zweierlei gemeinsam: ihre literarische Unschuld und ihre absolute Anonymität für die Öffentlichkeit.

Diese Kennzeichnung trifft nicht ihren Wert, der ohnehin keine Sammelbeurteilung zuläßt, sondern ihren sozialen Ort. Sie sagt darüber hinaus etwas über die Startbedingungen *aller* deutschen Nachkriegsliteratur. Das hatte zumeist seinen Grund in dem Alter ihrer Autoren; aber auch in einer inneren Emigration, in die Schriftsteller gezwungen waren, die ohne früheren Ruhm erst nach 1933 zu schreiben begannen (Hans Erich Nossack zum Beispiel). Das deutsche Verlagswesen war ideell und materiell zerstört. Es gab wenige und nur lizensierte Zeitungen, kaum Zeitschriften. Der Rundfunk bespielte noch nicht jedermann, die Stationen lagen brach, und wenige hatten Empfangsgeräte. Natürlich gab es auch noch nicht das heute gewohnte Zusammenspiel von Literatur und Funk, von dem die Literatur jetzt lebt. Es gab die Handvoll zorniger, abgerissener Schriftsteller aller Provenienz, vom Krieg unterbrochene Lebensläufe, denen der »Ruf« verboten wurde. Sie lasen sich gegenseitig vor – grimmig und vor reduziertem Publikum –, was sie hatten drucken wollen. Das war 1947 am Starnberger See, und nicht damals, sondern später wurde das Datum als Gruppenbezeichnung gewählt.

Eine nennenswerte Buchproduktion setzte erst 1949/50 wieder ein. Doch bedeutete sie, wie sich schnell erwies, nur eine neue Blockade für die Nachwuchsautoren. Der Nachholbedarf war zu groß. Gewiß schlüpften einige durch, so erschienen die ersten Erzählungen von Heinrich Böll 1949 bei Middelhauve; sie fanden damals kaum Leser. Doch die meisten jungen Autoren blieben im Warteraum, denn die großen Verlage – Fischer, Suhrkamp oder Rowohlt – hatten erst knapp die Kapazität, die bislang verfemte Literatur wieder heimisch zu machen, die großen Alten, die auch ihre großen Namen mitbrachten; zudem die wichtige unbekannte Weltliteratur, die seit 1933 die Grenzen nicht hatte passieren können. Es gab wieder Thomas Mann und Franz Werfel und Riesenauflagen von Stefan Zweig, von Hermann Hesse; Franz Kafka war für Deutschland erst wieder zu entdecken. Und es gab zum Beispiel Hemingway, der eigenartig stellvertretend für die ungedruckten deutschen Autoren die blutige Stimme des Krieges artikulierte. »Wem die Stunde schlägt« wurde so etwas wie der erste deutsche Nachkriegsroman vom Krieg – gerade weil er die Revolutionskämpfe in Spanien beschrieb, die Sphäre ideologischer Grausamkeit, in der sich das alte, heroische oder pazifistische Kriegsbild zersetzt hatte.

Die literarische Welt war plötzlich räumlich, historisch und inhaltlich so groß und so kompakt, daß den jungen Deutschen ihre buchstäbliche Ärmlichkeit in jeder Hinsicht fast den Atem verschlug. Gegen dies weltliterarische Aufgebot – das, wie die Auflagenziffern demonstrieren, von einem wirklich rasenden Nachholbedarf aufgenommen wurde – war kein Gehör für den trostlosen Klang binnendeutscher Anklagen zu gewinnen und wurde kein Gehör gewonnen. Es gab damals das Wohlstandswunder noch nicht; dafür eine intensive geistige Neugier.

Doch diese Neugier galt nicht den neuen Autoren; ja, deren Existenz blieb eigentlich verborgen. Sie vegetierten in der damals ganz unrepräsentativen »Gruppe 47«, die nach dem Schweiß der Armut roch, die burschikos, grobschlächtig, gemütlich bösmäulig war und eine Verachtung für »Bildung« – qua luxuriöse Geistigkeit – betonte. Wer es im Krieg zu mehr als zum berühmten Obergefreiten gebracht hatte, war eigentlich schon suspekt und reinigungsbedürftig. Der Staat, und alles was ihn ausmachte, war durch die eben geplatzte Hypertrophie verleidet und hassenswert. Jedes Pathos galt als verlogen, und ein Wort wie Ehrfurcht konnte nur lächerlich klingen.

Das war die Stunde Hans Werner Richters. Er übernahm den Vorsitz in der Gruppe, den er bis heute unangefochten behauptet. Er hatte Gespür fürs Arrangement so widerspenstiger Geister, und seine Autorität war durch keinen Anspruch auf persönliche literarische Bedeutung behelligt. Ehrfurchtslos, verlangte er auch keine Ehrfurcht. Ohne ästhetisches Vorurteil, strebte er keine ästhetische Bestimmtheit an. Der jeweils einsetzende literarische Disput blieb für die Gruppe als solche bedeutungslos, weil er für Hans Werner Richter, als deren Richtungsinstanz, nichts bedeutete. Er bildete vielmehr die paar festen Gewohnheiten der Tagung heraus, die den Gruppenkonventen den Rahmen geben und die lange genug nur der Anlaß fürs rauhbeinige Beisammensein, nicht aber das Ereignis selber waren: vorn vorm Halbrund der bunt gemischten Zuhörerschaft männlicher und weiblicher Autoren nebst ihrer Verwandtschaft zwei möglichst bequeme Stühle, deren einer bald der »elektrische Stuhl« hieß; der andere diente der Leitung, geprägt von einer Miene lässig gewährender Bonhomie, die freilich zu ätzender Strenge zu gerinnen weiß, wo der Autorität Nachdruck zu verschaffen ist. Einer Autorität nie in Sachen der Literatur, sondern immer nur in Sachen der Gruppengesinnung, für die Richters Instinkt die Maßstäbe setzt.

Die Gruppe wäre ohne Hans Werner Richter nie entstanden, wäre jedenfalls ohne ihn längst zerfallen. Er bleibt unersetzlich und hat recht, wenn er sich selbst als die Gruppe bezeichnet: so recht, daß ihn zu beschreiben tatsächlich das *Wesen* der Gruppe beschreiben heißt. Wovon ihre *Wirkung* noch abzuheben wäre. Jede erdenkliche andere Besetzung (mit Alfred Andersch oder Walter Jens oder der später hinzustoßenden, freilich wieder zwiespältigen Suhrkamp-Crew) hätte die Gruppe zu einer *literarischen* Schule geformt und damit etwas anderes aus ihr gemacht. Zu allererst war so ein Ansatz auch gegeben – eine Tendenz zum harten Kahlschlag-Realismus, das Genre, in dem Hans Werner Richter sich selber versucht hat; ein illusionsloser Vorstoß in die brutale Faktizität, die alle bürgerliche Heuchelei auch schon sprachlich ausschwefeln wollte. Das setzte sich nicht durch, und chon die Lyrik Günter Eichs, des ersten Preisträgers der Gruppe (1950), ist in solche Kategorien nicht einzuordnen. Dieser literarische Ansatz ist nur zu erwähnen, eben weil er, ungeachtet der Vorliebe Richters, für die Gruppe nicht verbindlich wurde.

Wie lange dieser Ur-Zustand der Gruppe dauerte, ist schwer zu datieren: dieser Zustand ungehobelter Kameraderie, der Hemdsärmeligkeit, der geschlossenen Duzbrüderschaft, dieses tatsächlich etwas »Obergefreitenhafte-nach-Entfernung-der-Vorgesetzten« (das sich gut im Haß auf Ernst Jünger erkannte); das manchen fernhielt, vor dem mancher sich zurückzog, das auch natürlich anzog; in dem bittere Kränkungen möglich waren und Jahre nachwirkten.

In diesen Abschnitt fällt als Ereignis die Entdeckung der Gruppe für den Funk, der wir insbesondere einen heute hoch ausgebildeten Zweig der neueren Literatur, nämlich das Hörspiel, verdanken. Das Hörspiel als ernst zu nehmende literarische Gattung gehört entstehungsgeschichtlich zur »Gruppe 47«. Denn hier bot sich eine Publikationsmöglichkeit, die nicht aufs Papier angewiesen war. Das Interesse des Funks galt der materiellen Chance, zu qualifizierten Sendungen zu kommen, und der ideellen Chance einer funkeigenen Gattung. Gewiß hatte das Hörspiel Vorläufer in frühen Rundfunktagen; doch war sein Eigenwert noch nicht entwickelt, es war auch weltliterarisch erst noch zu entdecken. Die »Gruppe 47« bot dem Funk dafür einen Kreis von interessierten Talenten an, Günter Eich wurde ihr Protagonist. Heute wäre der Nachkriegsautor kaum zu finden, der sich in dieser Gattung nicht wenigstens versuchte (die auch einen starken pekuniären Anreiz ausübt).

Langsam konnten die Autoren sich etablieren, auch die Verlage öffneten sich der neueren deutschen Literatur. Die Situation der Notgemeinschaft zerfiel und wurde durch die Tendenz auf eine Interessengemeinschaft hin ersetzt; ihr galt die Zeitschriftengründung der Gruppe »Die Literatur«. Das Blatt signalisierte aber nur die gegebene Krise. Eine allgemeine Kameraderie konnte literarische Bestimmtheit und Profilierung nicht ersetzen. Es blieb bei Feuilletonismus und antipolitischer Schwärmerei, wenn man von dem antifaschistischen Verschwörergeist absieht, der den Mangel seines post festum durch die Aktualisierung der Restbestände wettzumachen suchte. Der Nonkonformismus begann Feinde zu suchen, aber seinem Engagement entsprach nichts Greifbares. An dieser Vergeblichkeitsstimmung kränkelte die Publikation bis zu ihrem Tod. Die »Gruppe 47« stagnierte, doch überlebte sie.

Aber sie änderte sich. Eine Anzahl ihrer Mitglieder wurde bekannt, wurde berühmt: nicht durch die Gruppe und keineswegs durch Gruppenmanipulationen, wie einige Gruppengegner behaupten, sondern schlicht durch sich selbst, durch die endlich erscheinenden Bücher und die wachsameren Feuilletons und Zeitschriften. Die Gruppe konnte sich mit Recht rühmen, einigen der nun anerkannten Autoren als noch unbekannten mit ihrem Preis gehuldigt zu haben: zu einer Zeit, als die Öffentlichkeit noch nicht die geringste Notiz genommen hatte. Die unberühmte Gruppe machte nicht berühmt, sie wurde berühmt durch ihre berühmt gewordenen Mitglieder.

Das war die Veränderung, eine allerdings radikale Veränderung. Die »Gruppe 47« wurde eine öffentliche Macht. Sie blieb es bis heute, obwohl sie sich in ihren Anfängen kaum selber wiedererkennen könnte.

Bevor wir näher untersuchen, wie diese Veränderung sich auswirkte, sind einige Nachträge angebracht. Merkwürdigerweise hat sich die so entschieden antinazistische Gruppe nie erweitert um die heimkehrenden, ehedem verfemten Schriftsteller. Sie gelangte da über Ansätze nicht hinaus. Die Verfemten waren durch schlimme Situationen gegangen, aber ihr Erlebnisbereich war nicht die Existenz der Obergefreiten, die traditionslose Bildungsfeindlichkeit der Autodidakten; sie hatten ein anderes Deutschlandbild, eine andere Sprechlage. Viele suchten nach 1945 ein Vor-1933. Ihre Schwierigkeit war nicht, neue Gunst für alte Bücher zu gewinnen; sie lag darin, in der Gegenwart für die Gegenwart zu schreiben. Man hört das oft polemisch angemerkt über Autoren, die ins kommunistische Deutschland remigrierten: Bert Brecht, Anna Seghers, Arnold Zweig. Tatsächlich ist es auf unserer Seite kaum anders gewesen, und Thomas Mann blieb nicht ohne Grund in der Schweiz und kam nur gelegentlich zu festrednerischen Einsätzen als Gast in beide Deutschland. Die Literatur der Emigration hat im Deutschland nach dem Krieg – hüben wie drüben – keine produktive Fortsetzung gehabt; man kann nicht sagen, daß dem äußere Bedingungen entgegenstanden.

Hier verbirgt sich ein Generationenproblem. Denn auch Autoren, die in Deutschland geblieben waren, fanden keinen Zugang zur Gruppe, wenn sie über einer gewissen, etwa durch Richter selbst bezeichneten Alterslinie standen. Die Alten –

Hermann Kasack, Ricarda Huch, R. A. Schröder – schon gar nicht; aber auch die damals im mittleren Lebensalter Stehenden – Hans Erich Nossack, Wolfgang Koeppen, Marie-Luise Kaschnitz – nicht. Weder Hans Henny Jahnn noch Erich Kästner. Hier muß ein subkutanes Gefühl gegen die andere Generation mitgewirkt haben, denn politische Vorbehalte – wie etwa Ernst Jünger gegenüber – standen nicht an. Eher wäre dabei an die Neigung zu unbehelligter – unbehelligt durch bereits achtbaren Ruf und gegebene Würde – Unverbindlichkeit zu denken; man wäre mit diesen Leuten nicht so unter sich gewesen. Und umgekehrt scheuten diese Leute, die schon ausgewiesen waren durch ihr Werk, wohl die hemmungslose Respektlosigkeit dieser ersten angry young men Europas mit ihrer Kahlschlag-Theorie.

Der Erlebnisgrund der Autoren der »Gruppe 47« war die unbewältigte Vergangenheit, nicht Weimar. Das konservative und das klassisch-humanistische Element waren wegen ihrer Verstrickungen und ihrer Honoratiorenbürgerlichkeit abgeschrieben, wobei das Urteil die Untersuchung vorwegnahm, wenn nicht ersetzte. Man war sich in der negativen Bestimmung der literarischen Vergangenheit im Zeichen rechtsstehender Weltanschauungen einig, die man kurzweg dem Nazismus subsumierte. Ablehnung durch die Gruppe warf insofern auch zugleich einen Schatten politischer Diskriminierung auf die Verschmähten. Wer zur Gruppe gehörte, war dadurch »entnazifiziert«, was sich in einer Anzahl von Fällen belegen läßt, hier aber nicht belegt wird, weil derlei Geschäfte ausreichend besorgt werden. Ein beliebter Zirkelschluß war (und ist) hier, daß die politisch Üblen auch literarisch übel sind, die literarisch-politisch Guten aber zur Gruppe gehören oder ihr – wie die Schweizer Max Frisch, Friedrich Dürrenmatt, aber auch Arno Schmidt – »nahestehen«. Gerade darum aber ist die künstlerische Indifferenz der Gruppe so verblüffend. Denn das Engagement müßte doch im eigenen Metier, der Literatur als Literatur, am empfindlichsten und genauesten sein. Wohl geht es um Qualität, jedoch nicht um eine bestimmte – sieht man von den tabuierten Negativkriterien einmal ab –, sondern um eine ästhetisch unbestimmte, die wohl für den einzelnen Autor verbindlich sein mag, es aber nicht für den Konsens der Gruppe ist. Man könnte das praktizierten Pluralismus nennen – gleich viel umschließend wie der sonstige Pluralismus in der Bundesrepublik auch; denn literarisch haben Günter

Grass und Martin Walser und Ingeborg Bachmann sich nichts zu sagen, was auch nur etwa sich literarisch so decken würde wie die Literatur, die wir unter Begriffen wie Expressionismus oder Surrealismus unterscheiden konnten. Soweit das Werk der einzelnen Autoren als solches zur Debatte steht, wird man sagen können, daß nichts Gruppengemeinsames durchfärbt und imprägniert, außer vage politisch.

Ästhetisch gibt es also kaum neuere deutsche Literatur, die den Rahmen der Gruppe sprengen würde. Das hat man manchmal vermutet, schon weil der Gruppenboß – der so heißt – gewisse lyrische Experimente nicht begreift (was ihn nicht mindert, denn wer begreift das alles schon?). Hier liegt jedenfalls kein abgrenzendes Kriterium. Die Zugehörigkeit, Ablehnung, Feindschaft, Zurückhaltung in allen ihren Spielarten und Datierungen betrifft durchweg die Person, und keinen literarischen Wert. Niemals wurde ein Schriftsteller ausgeschieden, weil er literarisch durchfiel, nahm er's nur wacker hin. Allerdings führt der erwähnte Zirkelschluß leicht dazu, in Fällen ausgesprochener Feindschaft eben auch literarische Minderwertigkeit zu konstatieren. Das kann, wenn es sich auf Traditionsbestände ausweitet, ganze Kettenreaktionen von Verteufelungen auslösen. Doch die Beweisführung für solche Behauptungen bleibt gefährlich, weil die Gruppe ja nur als der dreitägige Debattierclub einiger Oktobertage erscheint und auch bei dieser Gelegenheit jeder auf seine Kappe redet. Mancher hat es versucht, doch keinem ist es gelungen, die »Gruppe 47« verantwortlich zu stellen.

Es hat etwas Trickhaftes: die Gruppe handelt nur in ihren Gliedern. Und Hans Werner Richter setzte stets seine ganze Autorität gegen jeden Versuch ein, sie zu einer geschlossenen, direkten Äußerung zu veranlassen, egal wofür oder wogegen. Das öffentliche Establishment wird durch die Mitglieder fortwährend besorgt, ohne daß sie – in ihrer Absicht oft weit davon entfernt – als Beauftragte auftreten, vielmehr als die einzelnen, die sie sind. Davon, was sie als einzelne tun, ist aber nur der nonkonformistische Habitus wirksam für die Profilierung der Gruppe, nicht ihre je spezifische, literarische Eigenheit. Eben ein literarisches Profil hat die Gruppe nicht; sie ist literarisch immun.

Diese Immunität hat die seltsame Folge, daß es in der deutschen Nachkriegsliteratur nicht zur Ausbildung spezifisch literarischer Gruppen, spezifisch literarischer Konflikte und, im soziologischen Zusammenhang damit, spezifisch literarischer Bindungen und Traditionen im Verlagswesen, im Buchhandel und bei der Leserschaft gekommen ist.

Tatsächlich hat die Tätigkeit einer literarischen Gruppe die eigentlich *literarische* Substanz bisher gesellschaftlich unwirksam gemacht. Es ist ja nicht nur bezeichnend, daß sie den eigenen, vagen Kahlschlagbeginn weder ernsthaft behauptete noch durchhielt; auch in der Folge hat sie durchweg alle anderen gruppenbildenden Ansätze – der Studenten um »konkret« herum, zuletzt der »Oberhausener« – in sich eingesogen. So verschwinden hinter dem Plakat »Gruppe 47« die literarischen Kontroversen und Unterschiede der deutschen Nachkriegsliteratur: nicht literarische Inhalte und Formen, sondern politisch eingefärbte, übrigens ziemlich allgemeinplätzig nonkonformistische Arrangements machen das Establishment aus, das weithin bestimmt, was »literarisch« in Deutschland durchkommt. Es darf thematisch nicht gegen das politische Sentiment oder Ressentiment verstoßen – eine Bedingung, die auch dann erfüllt erscheint, wenn es solche Forderungen artistisch-esoterisch unter sich läßt. Es gehört zur einschlägigen Diktion, wenn Marcel Reich-Ranicki in der »Zeit« die deutschen Autoren auffordert, den Auschwitz-Prozeß als Lektion zu absolvieren. Und es stimmt zur Sache, daß solche Appelle zur politischen Moralität übereingehen mit dem literarischen Abbau aller überlieferten (zumal sexuellen) Tabus der privaten Moralität zugunsten einer Unverbindlichkeit, die Freiheit zu nennen den Mangel an entschieden politischem Sinn demonstriert.

So kam es zu der wohlgepflegten Suggestion, daß das literarisch Bedeutende nur bei der »Gruppe 47« geschieht, wobei man ein paar Außenseitern gern die Lebensberechtigung konzediert und sie durch eben diese Konzession doch in den Dunstkreis der Gruppen-Zugehörigkeit einbezieht. Doch geschieht ja gerade literarisch durch die Gruppe nichts: über die Kritik bei der Tagung wird noch zu sprechen sein. Die Wirkung solcher Fixierung des öffentlichen Bewußtseins vom literarischen Wert macht dann auch die – kommerziell geförderte – Erinnerungslosigkeit der Gegenwartsliteratur verständlich. Kaum die 20er Jahre sind präsent, vom 19. Jahrhundert und früheren zu schweigen. Die Klassiker sind – bis hin zu Hofmannsthal – zu konservativ, die Konservativen von Hebel (trotz Kafka) bis zu Georg Britting zu völkisch, die Seher von Hölderlin bis George zu pathetisch, die Naturalisten zu verstaubt, die Romantiker zu deutsch. Man mag es als symptomatisch begreifen, daß Walter Jens, Professor der klassischen Philologie, in seinem Fach kaum hervortritt, dafür um so mehr als Liebhabergermanist, ohne doch im Bereich dieser Liebhaberei seine Kenntnisse Griechenlands zu aktivieren. Er mag den Humanismus-Verdacht scheuen, auf den man vordem eher stolz war. Wo dennoch frühere Literatur in die – allerdings meist sporadische – Diskussion kommt, ist unschwer der politische Kern des Interesses zu erkennen: der neue Literatur-Preis von Graden lautet auf Georg Büchner, nicht auf Heinrich von Kleist.

Heinrich Böll: Angst vor der »Gruppe 47«?

Wer über die »Gruppe 47« schreibt oder spricht, begibt sich auf ein weites Feld, kein quadratisches oder rechteckiges, keins, das ausmeßbar wäre. Er betritt ein unregelmäßiges Vieleck, dessen einer Eckpunkt – etwa Ilse Aichinger – vom anderen – etwa Gisela Elsner – Distanzen entfernt liegt, die nur ein Astronaut ermessen könnte (»Sag mir wieviel Sternlein stehen . . .«). Andere Punkte liegen näher beieinander, doch wenige auch nur in Rufweite. Es gibt natürlich Gruppen innerhalb der »Gruppe 47«, sie sind nicht literarisch, sondern generationsmäßig einander zugeneigt, und das Problem der Absentierung ist eigentlich ein Generationsproblem (also ein Problem der bürgerlichen Gesellschaft!); wenn einer über die Fünfunddreißig hinaus ist, werden halt gewisse Lausbübereien peinlich, und weil er sie als für sich unangemessen erkennt, muß er – wie es zur Automatik der bürgerlichen Gesellschaft gehört, zum Gegenstand der Lausbübereien gewählt werden. Genaueres über die »Gruppe 47« und ihre Probleme ließe sich sagen, lägen alle Tagungen, alle Lesungen, alle Gespräche, alles, was kritisch innerhalb und außerhalb der jeweiligen Aula gesagt wurde, im Protokoll vor; dazu gehörten Gesichter, Geräusche, müßten Stimmungsbarometer und Meßgeräte für das, was man Tagungsgefälle nennen kann, aufgestellt gewesen sein.

Die »Gruppe 47« hat nicht, wie Schroers fürchtet, literarische Richtungen und Bewegungen verhindert (so wenig wie sie das einzig mögliche Forum für Erfolg war: nicht nur Hochhuth, sondern auch Koeppen, Nossack u. a. beweisen das Gegenteil) – wo wäre eine literarische Bewegung, die sich verhindern ließe! Inzwischen gibt es deutlich sichtbar »Schulen« innerhalb der Gruppe: die Schulen Höllerer, Heißenbüttel, Wellershoff etwa; die Gruppe hat alle Strömungen aufgenommen, und die Strömungen haben sich aufnehmen lassen, das ihnen gebotene Forum nicht verschmäht. Damit wird das wichtigste Merkmal der »Gruppe 47« deutlich: sie ist ein Publikationsinstrument.

Soweit die »Gruppe 47« je eine Gesamttendenz erkennen ließ, dann war es eine Art »kritischer Realismus«, ganz und gar unmagisch; schon als sie ihren ersten Preis verlieh, an Günter Eich, handelte sie Gott sei Dank dieser latenten Tendenz zuwider. Die Gruppe ist voll von solch scheinbaren Widersprüchen, sie ergeben sich aus der Natur ihres Entstehens: daß sie ohne Hans Werner Richter nicht denkbar wäre und doch er allein sie nie ausgemacht hat und ausmachen wird. Sie ist auch nie Clique gewesen, das macht sie in einer Gesellschaft, die nur noch taktisch denken kann, fast mythisch, jedenfalls unfaßbar; und doch ist dieses Nicht-Clique-Sein gar nicht ihr Verdienst, es entspricht ihrer Natur. Es müßte für einen fleißigen Journalisten oder einen interessierten Studenten aufschlußreich sein, einmal festzustellen, wie sich die bestallte Kritik über Publikationen geäußert hat, die aus dem weiten Feld stammten. Da wäre die Mannschaft Blökker, Hohoff, Horst, Korn, Krämer-Badoni – eine Mannschaft, zu der auch Sieburg gezählt werden konnte, keiner davon der Gruppe zugehörig; die andere Mannschaft: Enzensberger, Jens, Kaiser, Mayer, Höllerer, der Gruppe zugehörig. Ich glaube nicht, daß die letztgenannte weniger »zerrissen«, »abgeschlachtet«, »abgeschossen« hat, was aus dem weiten Feld kam, als die erstgenannte. Natürlich gab und gibt es Sympathien, Antipathien, unüberwindliche Abneigungen, Mißverständnisse und Dummheiten, und hin und wieder mag der eine aus dieser und der andere aus jener Mannschaft anfechtbar oder anfällig sein. Da steckt manches Splitterchen in manchem Äugelein und manches Telefon wird heiß und heißer. Doch solche Ausnahmen betreffen nicht die Gruppe, sie gehören zu diesem merkwürdigen Gewerbe, das sich Literatur nennt. Es gehört schon Größe dazu, die Gelegenheit, dem oder jenes eins auszuwischen, nicht wahrzunehmen, und Größe ist selten in der schäbigen neuen Welt.

Jede Veröffentlichung ist eine Aufforderung zu einem Duell, aber es gibt bei dieser Herausforderung keine Sekundanten, die Distanz und Art der Waffe kontrollieren, und manche Herausforderung zu einer Partie Florett wird mit dem Jauchekübel beantwortet.

Die Gruppe war (ist teilweise noch), was Deutschland nach 1945 fehlte: Treffpunkt, mobile Akademie, literarische Ersatz-Hauptstadt; und lange bevor es Mode wurde, war sie, was die bundesrepublikanische Gesellschaft inzwischen als selbstverständlich für sich in Anspruch nimmt: pluralistisch. Die Gruppe ist pluralistisch geblieben, die Gesellschaft ist es geworden. Inzwischen ist Pluralismus nur noch ein Schlag-Wort, Knüppel in jedermanns Hand, mit dem man einzelne als das totschlagen kann, was sie am wenigsten sind: Individualisten oder Anarchisten. Die Gruppe hat auch den Charakter einer Redaktionssitzung, aus der sie entstand, behalten, eine Art erweitertes Vorlektorat; daß sie selbst nie ein dauerhaftes Organ fand oder bildete, lag an ihrem Pluralismus. Von dem Almanach abgesehen, wäre eine Möglichkeit, sich selbst darzustellen, die schon erwähnte Publikation eines Protokolls – wenigstens einer ganzen Tagung, ohne Kommentar, nur die gelesenen Texte und die dazu ad hoc geäußerte Kritik. Da würde auch die Kritik faßbar, kontrollierbar.

Da immer vorauszusetzen war, was längst nicht jeder wußte oder begriff: daß die Einladungen zu den Treffen von Hans Werner Richter persönlich ausgingen und jeder beim nächsten oder übernächsten Mal ohne Begründung nicht mehr eingeladen, also ausgeladen, werden konnte, entstanden undefinierbare Bindungen und Gekränktheiten, die zum Charakter der Gruppe gehören. Auf den Treffen sind viel Freundschaften entstanden, wie sie kennzeichnend für unsere Gesellschaft geworden sind: privat sind sie herzlich und echt, öffentlich sind sie nicht vorhanden. Und mancher, der nicht mehr eingeladen wird, ist noch mit manchem befreundet, der immer noch zu den Treffen fährt. Über das »System« der Einladungen (das eben kein System ist) zu sprechen, wäre nicht der Mühe wert, blieben die Treffen wirklich privat, eine Art literarischer Salon; aber Literatur, sogar im Salon alter Prägung, war eben nie ganz privat, mochte der »Kreis« oder das »Kränzchen«, in dem einer debütierte, noch so klein sein. Einige Jahre lang blieben die Treffen der Gruppe immerhin »mehr oder weniger« privat, sie fanden in einem »entre-nous-Geist« statt. Soweit die Öffentlichkeit daran teilnahm, geschah das in ziemlich herablassender Weise; sie wußte – sie war ja noch nicht pluralistisch – mit dieser Gruppe nichts anzufangen. Inzwischen ist das Private der Einladung – nicht etwa eine Fiktion: immer noch lädt Richter ein und aus, nach seinen Sympathien, Antipathien, möglicherweise – wozu er das Recht hätte – nach Willkür und Laune; er läßt sich von Freunden beraten und Autoren empfehlen, wobei übrigens der verflossene Dienstgrad in der deutschen Wehrmacht nie eine Rolle spielte (die mögliche Über- oder Mehrzahl an »Obergefreiten« ergab sich wahrscheinlich aus der simplen statistischen Tatsache, daß es in einer Armee – auch unter ihren Überlebenden – immer mehr »Obergefreite« als Majore gab; ich möchte wetten, daß die Gruppe im statistischen Sinne so repräsentativ ist, daß sich, nimmt man überhaupt den verflossenen Dienstgrad als Merkmal, aus ihr zwei kriegsstarke Kompanien von Überlebenden, vielleicht gar inzwischen ein Bataillon, zusammenstellen ließe, mit der erforderlichen Anzahl von Hauptleuten, Oberleutnanten, Leutnanten, Feldwebeln etc.!). Das Private der Einladung ist nur noch eine Organisationsform, an der etwas zu ändern töricht wäre. Die Einladung erfolgt immer, nachdem Richter oder dem Empfehlenden eine »Talentprobe« vorgelegen hat, die nicht publiziert zu sein braucht. Das Ausladen hängt nie allein von der literarischen Qualität ab, wie »jeweilig« diese auch auf der oder jener Tagung ausgelegt worden sein mag. Es gibt Autoren, an denen nie ein gutes literarisches Härchen gefunden wurde, die aber immer wieder eingeladen werden und immer wieder kommen. Andere nahmen Kritik – was ihr gutes Recht war – persönlich, blieben weg, die Nachwirkungen solcher Gekränktheiten sind bis in die gegenwärtige Journalistik und Publizistik hinein abzulesen. Hans Werner Richter hat, wenn er auf seinen eigenen Veranstaltungen als Autor auftrat, nie viel Freundliches zu hören bekommen. Er hat es hingenommen, ohne nun etwa die, die ihn kritisierten, auszuladen.

Die während der Treffen geübte ad hoc-Kritik ist, auch Damen gegenüber, ohne jede Höflichkeit. Es gibt Ansätze von Ironie, die aber meistens auf den Autor peinlicher wirken als Grobheiten, weil er nicht replizieren darf. Es gehört ja schon eine ganz hübsche Schamlosigkeit dazu, öffentlich eine Bosheit zu formulieren, wenn man weiß, daß dem Betroffenen Replik nicht erlaubt ist. Unsere Sprache hat keine angemessenen Sprech-Manieren entwickelt, bietet kaum Möglichkeit, boshaft und höflich zugleich zu sein. Mochte das Verbot der Replik im »entre-nous-Air« angehen, als die Kritik noch Formen des (alle Einschränkungen, die dieser Terminus verdient, vorausgesetzt) »Werkstattgespräches« hatte: angesichts der Publicity, die die Treffen jetzt haben, wird diese Regieanweisung fast eine Aufforderung zu einem perversen Gesellschaftsspiel. Ich rate jüngeren Autoren, die mich um eine Empfehlung bitten, meistens (und fast immer ohne Erfolg) ab. Was die Treffen einmal waren, eben »Werkstattgespräche«, sind sie längst nicht mehr; und diese Veränderung ist nicht der sinkenden Qualität der Kritik zuzuschreiben, die immer schwankend war, sondern der Quantität der Veranstaltungen und ihrer Massen-Publicity. Während die Fernsehkameras zuschauen und mit ihnen Millionen potentieller Zuschauer, die hinter diesem Auge des großen Bruders stehen; während die Tonbänder an der Wand horchen, in dieser gespannten Atmosphäre, die voll alter Freundschaften, alter Feindschaften, Gereiztheit und Gekränktheit ist (man sage mir nur nicht, auch nur *ein* Schriftsteller wäre unempfindlich; mag er auch nicht die Haut eines Elefanten haben, das Gedächtnis eines Elefanten muß er haben, sonst wäre er kein Schriftsteller) – in dieser Aula wird jedes Experiment zur Exhibition, und das ist nicht einmal gut für exhibitionistische Literatur, die in die Aktenschränke der psychiatrischen Kliniken gehört. In dieser Atmosphäre wird auch die ad hoc-Kritik zum potentiellen Mord, die Bezeichnung elektrischer Stuhl für den Sitzplatz des Vorlesenden verliert jegliche Scherzhaftigkeit. Da außerdem der Unterschied zwischen Anhören und Lesen eines Textes nie geklärt wurde (man sollte einen Kritiker verpflichten, einmal am Exempel darüber zu referieren), kommen zahlreiche Imponderabilien hinzu. Öffentliche Eitelkeit, die ich immer noch für eine Erscheinungsform der Dummheit halte, ist, wenn Fernsehkameras aufgestellt sind, die nächstliegende aller Versuchungen, und das Tribunal wird zur Plattform inhumaner Zufälligkeiten.

Die Veränderung ist in dem Augenblick eingetreten, als sich die deutsche Öffentlichkeit für deutsche Nachkriegsliteratur zu interessieren begann. Von da ab waren die Treffen der Gruppe endgültig zur öffentlichen Institution geworden, und was an den Treffen – an der Publicity, die sie jedem gewähren und antun – problematisch ist, ergibt sich aus dieser Veränderung der Situation und der inzwischen veränderten bundesrepublikanischen Gesellschaft, der ich das Recht abspreche, an einer erweiterten Redaktionssitzung, an einem öffentlich abgehaltenen Vor-Lektorat hinter dem Auge des großen Bruders versteckt teilzunehmen. Der »panem et circenses«-Charakter einer solchen Schau ist allzu eindeutig und der gesenkte Daumen – einst mehr oder weniger scherzhaft als Zeichen benutzt, wenn einer zu lange Langweiliges las – kehrt unsichtbar in die Runde zurück. Die Gruppe macht sich zum Forum eines Gesellschaftsspiels.

Angesichts dieser veränderten Situation wird auch der Status der privaten Einladung immer problematischer. Natürlich ist und bleibt es Hans Werner Richters gutes Recht, seine Sympathien, Antipathien, sogar Laune, Willkür, Zufall walten zu lassen; es ist erstaunlich genug, wie er die ungeheure Macht, die ihm zugewachsen ist, überstanden hat. Wen das Nicht-mehr-eingeladen-werden trifft, wobei das Gern-kommen-wollen-und-dabei-sein ihn natürlich in eine schwache Position drängt – den trifft es öffentlich und möglicherweise hart. Wird das Nicht-mehr-eingeladen-werden des einen oder anderen dann noch privat ungenau im Politischen begründet, werden Klatsch und Gerede schnell zu Denunziation, wirken wie Bann und Terror.

Nähme einer die Macht jedes einzelnen, der zu diesem weiten Feld gerechnet werden kann – seine Macht als Autor, Kritiker, Kolumnist, Redakteur, Verleger, Lektor, Regisseur (es ist ein weitverbreiteter Irrtum zu glauben, wer schreibe, übe keine Macht aus) – und addierte diese »Mächte«, so ergäbe sich ein erstaunliches Macht-Potential, das brach liegt, weil es nie gesammelt werden kann. Wahrscheinlich ist es diese Macht, die Politiker hin und wieder spüren und die sie zu Angriffen oder Annäherungsversuchen verleitet. Die Politiker selbst sind ja machtlos oder ohnmächtig, weil sie nur »taktische« Macht haben, während die Macht eines Schriftstellers immer »strategisch« ist; versucht er »taktisch« vorzugehen und auf diese Weise Einfluß zu gewinnen, spürt er schnell, wie ohnmächtig er ist. (Das Brachliegen »strategischer« Mächte und die Virulenz der rein »taktischen«, die typisch für unsere Gesellschaft ist – und einer der Gründe, warum Diskussionen zwischen Autoren und irgendwelchen anderen Vertretern dieser Gesellschaft, Politikern, Klerikern, Funktionären ganz und gar sinnlos sind – das wäre ein besonderes Thema.) Dieses erstaunliche Potential an »Mächten« gründet zum größeren Teil auf der biologischen Tatsache, daß einer, der im Jahre 1945 fünfundzwanzig Jahre alt und ein junger Autor war, inzwischen fünfundvierzig ist und verantwortlicher Leiter eines großen Verlages sein kann; daß ein anderer 1945 dreißig gewesen und inzwischen zum Intendanten avanciert sein mag; daß die Jahrgänge 1914 bis 1924 aus Gründen, nach denen jedermann in jedem Geschichtsbuch suchen kann, dünn besetzt, Männer in den »besten Jahren« knapp sind; daß, grundsätzlich gesprochen, ein junger Autor älter, dann alt wird (nur die Verleger haben das noch nicht begriffen und neigen dazu, einen jungen Autor gleich vor die Tür zu setzen, wenn sein drittes, viertes, gar sein zweites Buch nicht gleich »zu gehen« anfängt). Da jedes Jahr zu den Treffen der Gruppe neue Autoren hinzukommen, bildet sich im Laufe von fast zwanzig Jahren ein massiver Stamm mit vielen Jahresringen.

Das Problem der Gruppe ist ihre Quantität und die bittere Einsicht (die sie nicht vollzieht, da sie als »Gruppe« nichts vollziehen kann), daß sie schon lange nicht mehr das Kose- oder Schimpfwort »nonkonformistisch« verdient. Es ergeht ihr mit ihrem Pluralismus wie der Gesellschaft, in der sie lebt und aus der sie sich rekrutiert; nach einer gewissen Zeit schlägt der Pluralismus in Promiskuität um, und selbst diese ist schon lange nicht mehr »up to date«. Die Gesellschaft erwartet ja inzwischen von der Literatur geradezu Prügel, aber kann es denn wirklich noch Spaß machen, mit dem Knüppel dauernd in einen immensen Brei von Schlamm zu schlagen? Vielleicht sollte die Literatur – und mit ihr die »Gruppe 47« – wieder mit der Trockenlegung beginnen: nicht »feste druff«, sondern Festigkeit. Ein Gefälle, bei dem man weder weiß, wo einer zu rutschen beginnt noch wo er möglicherweise aufschlagen könnte, wird zur »Jubel-Trubel-Heiterkeit«-Rutschbahn, also genau so zufällig und unverbindlich wie die Politik der Bundesregierung. Auf die Gruppe bezogen: das »Gefälle« zwischen Gisela Elsner und Carl Amery ist mindestens ebenso groß wie das zwischen den Herren Katzer und Schmücker innerhalb der CDU.

In einem unterscheidet sich die Gruppe von der Gesellschaft: sie ist nicht korrupt, jedenfalls nicht als Gruppe (mag sie auch möglicherweise so viele korrupte Mitglieder haben, wie ihr anteilig in dieser Gesellschaft zustehen) – und vielleicht ist das Nicht-korrupt-sein eher eine ihrer Schwächen, nicht ihrer Stärken. Es gibt auch keine Gruppen-Solidarität. Aus diesem Grund sind alle politischen Initiativen schnell ausgelaufen, der »Grünwalder Kreis« und sein Söhnchen, der »Club republikanischer Publizisten«, sind nicht einmal mehr als Stammtisch vorhanden. Gerade das, als was sie gilt: nämlich engagiert ist die Gruppe nicht. Eine gute Gelegenheit, wenigstens Solidarität zu beweisen, bot sich, als der WDR Wolfdietrich Schnurre, einem Ur-Zugehörigen der Gruppe, eines harmlosen Kommentars wegen die Mitarbeit kündigte; ein erstmaliger Vorgang, denn die Kündigung erfolgte auf den nachdrücklichen Protest eines CDU-Landtagsabgeordneten hin und nachdem der WDR Schnurre als Berlin-Kommentator regelrecht »aufgebaut« hatte. Die Kündigung der Mitarbeit beim WDR seitens einer Gruppe von Autoren hätte diesen bestimmt nicht umgebracht, doch war es eine Gelegenheit, wenigstens Solidarität zu bekunden; aber nicht einmal dieses Minimum ist in der Gruppe »drin«. Der Pluralismus ergibt dann, wie in der Gesellschaft, die so hübschen wie üblichen Ausreden ästhetischer, politischer oder persönlicher Art, und daß man sich nicht »identifizieren« könne. Daß man sich, indem man solchen Boykott duldet, mit dem Apparat identifiziert, wird nicht begriffen, kann wohl nicht begriffen werden, wenn sich der Ruf, »links«, irgendwo und irgendwie links zu sein, als unbegründet erweist und die schnödeste Form der Liberalität praktiziert wird. Zwanzig Jahre nach 1945 genügt es eben schon lange nicht mehr, kein Faschist, kein Antisemit gewesen oder beides nicht mehr zu sein. Man müßte den immanenten, demokratischen, im Proporz gefestigten Faschismus der Apparate erkannt haben und sich in einem solchen Fall wenigstens, *wenigstens* solidarisch erklären, auch wenn man sich nicht »identifizieren« kann. Dieses Sich-nicht-identifizieren-können ist eine schlüpfrige Ausrede, die man auf der Rutschbahn aufgeschnappt hat. Die Selbstverständlichkeit, zu predigen, daß man gegen den Faschismus und kein Antisemit zu sein hat, das hat die Gesellschaft längst übernommen. Nichts ist so mörderisch für einen Autor und eine Gruppe von Autoren, honoriert zu bekommen oder gar honoriert haben zu wollen, was selbstverständlich und honorarfrei sein sollte: seine oder ihre (jeweils) gute Gesinnung.

Es wirkt und bewirkt, kämpft oder resigniert also jeder Autor als der, der er ist – ob er zum weiten Feld der Gruppe gehört oder nicht, wird dann zur Privatsache. Die Gruppe ist also ganz und gar ungefährlich.

Das Peinliche an der von »ihrer« (ich muß die Anführungszeichen noch einmal in Erinnerung bringen) Mehrheit im Augenblick vollzogenen Annäherung an die SPD: diese Annäherung wird der SPD kaum mehr als 25 Stimmen einbringen, sie möglicherweise mehr kosten. Es ist ja auch entweder albern oder selbstmörderisch (an einen Selbstmord aus Albernheit zu denken, wage ich nicht), einer Partei Sträußchen zu binden, die in puncto »Notstandsgesetze« offensichtlich bereit ist, sich nicht jetzt, aber später zu arrangieren; die in puncto »Wiederaufrüstung« päpstlicher ist als alle Päpste miteinander; die ihren Parteitag mit Transparenten schmückt »Die Grenzen von 1937« (was wird dabei eigentlich aus dem Memelland – oder spielen solche Kleinigkeiten keine Rolle?); die aus Opportunismus die erste und einzige Anti-Atombewegung in der Bundesrepublik verraten hat; die keinen Hehl draus macht, daß sie auf die große Koalition aus ist – die große Koalition wäre genau das, was uns noch gefehlt hat: absolute politische Promiskuität. Die Herren Barzel und Jaeger umarmen öffentlich die Herren Brandt und Wehner und im Hintergrund murmelt eine heisere Stimme: »Ich kenne keine Parteien mehr, ich kenne nur noch Deutsche.«

Eine gute politische Gelegenheit, den Hauptgeschäftsführer der CDU zu verklagen, als er die Gruppe mit der Reichsschrifttumskammer verglich – diese Gelegenheit ist verschlampt, verspielt, verschenkt worden, um eines (wahrscheinlich süffisanten) Lächelns willen. Bei diesem Arrangement sprang nicht etwa für irgendeinen der Beteiligten etwas heraus: kein Brotkorb wurde niedriger gehängt, kein Kaviarschüsselchen näher gerückt. Nein, die Gruppe ist wirklich nicht korrupt. Ein Prozeß gegen diesen Herrn, in die ausländische Presse lanciert, denn da draußen ist die CDU empfindlich – hätte der SPD doch vielleicht mehr als 25 Stimmen eingebracht. Man hatte einen ganz hübschen Fisch an der Angel und ließ ihn um jenes (wahrscheinlich süffisanten) Lächelns willen wieder frei. Rührender kann es ja kaum zugehen in dieser schönen neuen Welt. Nur ist leider die Bundesrepublik kein rührendes Land, erst recht kein Land der Rührung. Sie ist ein Land nichtssagend-lächelnder Regierungspolitiker, sie ist ein Land von höchster wirtschaftlicher und militärischer Potenz und von kompletter politischer Impotenz. In einem solchen Land kann man nicht mit Albernheiten Politik zu machen versuchen.

Die Gruppe gehört zu diesem Staat, sie paßt zu ihm, sie ist politisch so hilflos wie er, sie hat nicht alle, aber einige Eigenschaften mit der bundesrepublikanischen Gesellschaft gemeinsam, und damit ist sie in der wirklichen und einzigen Gefahr, eine Institution zu werden und eine Funktion zu übernehmen; also: zu funktionieren. Noch ist sie der Gefahr nicht ganz erlegen, aber was würde »sie« tun, wenn (ich wage kaum, es hinzuschreiben, es könnte ja wirklich einer auf die Idee kommen) – wenn die CDU ihren nächsten Bundesparteitag mit einem Empfang für die »Gruppe 47« so verschönern wie abschließen möchte? Absagen kann sie nicht, und durch eine Absage an der Ehrbarkeit von Herrn Bundeskanzler Prof. Dr. Erhard Zweifel aufkommen zu lassen, wäre nicht nur unhöflich, es wäre ganz und gar unangebracht. Sie ist als Gruppe weitaus weniger links als einige Abgeordnete der CDU und politisch genauso hilflos wie diese Abgeordneten; und was einige der ihr Zugehörigen an »jugendgefährdender« Literatur hevorbringen, erscheint sicher manchem Bundestagsabgeordneten als recht harmloser Tobak.

Gerade weil sie, was ihr droht (nämlich »repräsentativ« zu werden), nie gewesen ist, ist es ihr gelungen, was keiner Partei, keiner Bundesregierung gelingen kann: Beziehungen, wenn auch keine diplomatischen, zu den Autoren der DDR aufzunehmen. Und es liegt eine erstaunliche, fast schon wieder mythische Richtigkeit darin, daß sie ihren jüngsten Preis an Johannes Bobrowski vergab, wiederum nicht an einen Realisten (Peter Weiss wäre auf eine andere Weise genau so richtig gewesen). Daß Bobrowski dort drüben inzwischen den Heinrich-Mann-Preis bekommen hat – wer Augen hat zu lesen, hat's gelesen. In einem Staat wie der DDR ist das weder bloßer Zufall noch ein Akt reiner Gerechtigkeit. Schriftsteller sollten es fertig bringen, von der fürchterlichen Herablassung des westlichen, des reichen Bruders ganz zu lassen; denn auch der »literarische Reichtum« der Bundesrepublik hängt vielleicht mit der nichts als »Seht, wie reich wir sind«

sagenden politischen Unverbindlichkeit dieses Staates zusammen, der längst nicht so souverän ist, wie er sich gibt. Es besteht nicht der geringste Grund, irgendwie auf deutschem Boden, ob in Bonn oder Buxtehude, großmäulig »westlich« aufzutreten und mit Freiheiten zu prahlen, die in Leipzig bezahlt werden müssen. Auch der Teil Deutschlands, der Bundesrepublik heißt, hat sich nicht selbst befreit – es war fünf *nach* zwölf, und es hätte gut fünfzehn Uhr des folgenden Nachmittags werden können und nicht einer der Autoren und Kritiker, der heute älter als zwanzig ist, lebte noch. Die hiesige Freiheit, von der die literarische nur ein winziger, fast unerheblicher Teil ist, ist nicht von *Deutschen* gebracht worden.

Außer einigen kirchlichen Stellen (es liegt ein gut Teil unvermeidlicher Ironie in dieser Parallele) ist die »Gruppe 47« die einzige Mannschaft, die eine Chance hat, ohne die west- wie ostdeutschen Politikern gemeinsame Großmäuligkeit festzustellen, ob es eine Grenze zwischen DDR-deutsch und BRD-deutsch schon gibt, und wo sie möglicherweise verläuft. Dabei käme der Gruppe die Tatsache, daß sie unpolitisch und nicht korrupt ist, zu statten. Was politisch geschehen darf, wird ohnehin weder in Bonn noch in Pankow bestimmt. Es ist ja auch nicht aus politischen Gründen so gekommen, daß der Kredit, den die deutsche Nachkriegsliteratur der Bundesrepublik eingebracht hat, höher einzuschätzen ist als alles, was die Außenminister bewirken konnten; und das ist nicht Schuld der Außenminister, sie sind, wie wir alle, auch nur Befreite, nicht Freie.

Es wäre falsch zu glauben, die »Gruppe 47« befinde sich »in einer Krise«; sie befand sich permanent in einer Krise und von Jahr zu Jahr wurde ihr der baldige Untergang prophezeit. Ihre Gefahr ist, daß ihr Zustand immer weniger kritisch wird, daß sie sich institutionalisiert und funktioniert. Ein Schriftsteller, der funktioniert, ist keiner mehr. Ob eine Gruppe von Schriftstellern, wenn sie anfängt zu funktionieren, sich nicht auf eine absurde Weise mit der Gesellschaft konform erklärt? Es war nicht Schuld der »Gruppe 47«, daß es nach 1945 nicht zur Bildung literarischer Bewegungen und Richtungen kam; bis zum Jahre 1955, also in den entscheidenden Jahren nach Kriegsende, war »ihr« Macht-Potential fast unerheblich, wurden ihre Treffen von der Öffentlichkeit kaum beachtet, war »sie« – und das dank Günter Eich –

fast nur im Rundfunk vorhanden; und außerdem: ist etwa die »Schule« Heißenbüttel durch die Gruppe behindert worden, zu werden, was sie ist? Nein, die »Gruppe 47« ist geblieben, was sie war: ein Publikationsinstrument, ein Forum, ein Medium, natürlich auch ein Markt; und sie besteht immer noch aus Hans Werner Richter plus Unbekannt – ihr mythischer Charakter ist unverkennbar. Sie ist vorhanden und doch nicht faßbar, man bekommt sie nicht zu packen. Und auch darin gleicht sie der bundesrepublikanischen Gesellschaft, die nicht die geringste Angst vor ihr zu haben braucht.

»*Ergriffenes Dasein – Deutsche Lyrik 1900–1950*« hieß der Titel einer
Anthologie, die Hans Egon Holthusen und Friedhelm Kemp 1953 im
Verlag Langewiesche-Brandt herausgaben – Dokument einer beschaulichen und teilweise resignierenden Innerlichkeit: »Kaum jemand wird
sich heute noch einbilden, durch künstlerischen und politischen Radikalismus der Welt ein gänzlich neues Gesicht geben zu können . . . Wir
befinden uns heute, wie im Politischen und Sozialen, so im Künstlerischen, offenbar in einer nachrevolutionären Situation« (S. 347). Im
Vorwort seines *Museums der modernen Poesie* (1960) setzte sich Hans
Magnus Enzensberger mit dem »schlechten Traditionalismus«, der
»schlechten Avantgarde« auseinander; der Prozeß der modernen Poesie
sei bisher noch nicht hinreichend durchschaut. Die Weltsprache der
modernen Poesie stelle ein durchaus aktuelles Medium dar: »Der Zwist
zwischen Form und Inhalt beruht, wie der zwischen poésie pure und
poésie engagée, auf einem Scheinproblem. Wer sich darauf einläßt, wird
seine Gründe haben. Die Fürsprecher der Reaktion möchten den Formalismus am liebsten ins Zuchthaus bringen, die der schlechten Avantgarde versteifen sich auf ihn als auf eine Ideologie, mit deren Hilfe sie ka-
schieren möchten, daß sie nichts zu sagen haben. Da kann es nicht schaden, an eine Wahrheit zu erinnern, die in Vergessenheit gerät, weil sie
einfach ist und keinen Zweifel leidet: auch die moderne, wie jede Poesie,
spricht von etwas, spricht aus, was uns betrifft.« (Zit. nach der dtv-Aus-
gabe, München 1960, S. 27 f.)

Walter Höllerers *Lyrikbuch*, zeitlich zwischen den beiden Anthologien gelegen, versammelte etwa 300 Gedichte von 120 Autoren, zumeist
lebenden, vor allem von damals jungen und jüngsten (Günter Eich war
mit 17, Karl Krolow mit 11, H. M. Enzensberger mit 6, Höllerer
mit 13 Gedichten vertreten). Das Neue, das in den Gedichten der
Gegenwart als Ahnung und Andeutung stecke, sollte offenbar werden. »Stellen wir uns vor«, hieß es auf dem Klappentext, »das Jahr 1955
wäre ein enger Durchgangspass für den lyrischen Strom der Jahrhundertmitte. Dort hat Walter Höllerer Reusen ausgelegt. Er hat sie auf bestimmte Beobachtungsfelder eingestellt, so daß sich in ihnen fängt, was
ihn beschäftigt, was ihn angeht: Gedichte, vielleicht halb erschlossene
erst, die weiterdeuten, über unsere gegenwärtige Situation hinaus, indem sie unserem Selbst Ausdruck geben mit gemäßen neuen Mitteln.
Das fischt er nun heraus aus den lyrischen Gewässern . . . Das Glatte, Epi-
gonale, Gefällige glitt durch die Reusen hindurch, wurde nicht notiert.«

Höllerers Biographie spiegelt den Aufbruch der Provinz zur Urbanität – von der Beschaulichkeit zur hektischen Aktivität, aus der konservativen Innerlichkeit zur revolutionären Extraversion. 1922 in Sulzbach-Rosenberg (Oberpfalz) geboren, studierte er Philosophie, Germanistik, Romanistik und Geschichte in Erlangen, Göttingen und Heidelberg. 1959 als Professor an die Technische Universität Berlin berufen, wurde er zum Mittelpunkt vielfältiger geistiger und künstlerischer Aktivitäten. In seiner »Dankrede auf meine Heimatstadt Sulzbach-Rosenberg«, »Hier, wo die Welt anfing« (als ihm dort der Kulturpreis 1974 verliehen wurde), sagte er: »Der Motor rast, und die Gefühle strengen sich an, auf ihren altmodischen Beinen daneben herzulaufen. Versuchen wir das in Einklang zu bringen, versuchen wir uns in dem Stichwort ›Lebensmöglichkeit‹.«

Der folgende Text ist ein Auszug aus Höllerers Vorwort zu seiner 1956 in Frankfurt am Main erschienenen Anthologie, S. IX-XVII.

Kapitel dieses Buches zeichneten sich ab, bevor noch der Plan zum Ganzen gefaßt war.

Auf dem Pincio in Rom steht seit alters her eine Uhr, deren Räderwerk vom Wasser getrieben wird. Ringsum bewegt sich, immer neu, das Spiel der römischen Abende: die Wendungen der Profile; das Tanzen der Gesten; Rufe, Gesprächsstücke; Ausblicke auf eine Stadt von irisierenden Lichtern, in der sich das Einzelne, das Jetztundniemehrso millionenfach verbirgt. Jedes Augenpaar macht sich zum Mittelpunkt der Welt, jede Lust und jeder Schmerz wissen sich einmalig, nehmen kaum Notiz von der zahllosen Nachbarschaft ähnlichen Schmerzes. Und dies, ein Meer von Augenblicken, bewegt sich vor dem Geräusch des Wasserpumpwerks, das mühsam die Stete der Zeigerbewegung aufrecht erhält. In diesem Moment wurde die Imaginationskraft des Augenblicks offenbar, zeigte sich, im Nachdenken, wie viele moderne Gedichte aus der Faszination des Augenblicks und des Nebeneinander der Augenblicke geboren sind, der kleinsten Erlebniseinheit, deren Funke ungetrübt blieb, die Einzelnes scharfrandig herausschneidet aus dem Allzuvielen, es aneinandersetzt, mit Klüften der Fremdheit dazwischen.

Der Umriß eines anderen Kapitels trat an einem herbstlichen Vormittag aus dem Vagen einer bloßen Überlegung vor den aus Stein gehauenen Chimären über dem Dach der Kathedrale von Notre Dame. Eine lange Vorstellungkette verknüpfte die Erlebnisse und Gegenstände der Gegenwart zurücklaufend über die eigene Kindheit bis hin zu diesen Chimären aus ältesten Zeiten, die verwandt sind mit den ägyptischen Tier-Mensch-Gestalten drüben im Louvre und mit den Höhlenzeichnungen. Erinnerungswellen, Erinnerungsbrücken, über die Dächer von Paris und über die Seine hinausreichend, Wellen des Bewußtseins, Ausblicke aus dem winzigsten Auslug auf Ebenen und Labyrinthe des Gedenkens, das im einzelnen Wort eingemauert ist wie in den Gestalten vom Vogel Roc und vom Elephanten: wie viele Verse, fremde Verse und deutsche, versammeln sich auf dieser Wellenbewegung überindividueller Erinnerung und dokumentieren, daß diese Dimension der Wirklichkeit unser vortastendes Bewußtsein beschäftigt, daß sie Kräfte erregt, die unser Selbst aus seiner Lethargie herausführen.

Oder der Flug über eine weite Meerfläche, über die geometrischen Formen der Strömungen, über ein Dasein, das wie im Spiel vorhanden ist, Spiel, das nichts bedeuten will als eben die Oberfläche dieses Daseins selbst. Diesen Dreiecken und Quadraten gegenüber erkannte sich das Ich als Punkt, der hinausgeschleudert ist aus seinem Kommandostand. Indem es den alten Kreis seiner Erfahrungen zerbrochen sah, atmete es die Luft eines neu betretenen Kreises, ahnte es, welche Freiheit es bedeutet, den Blick zu weiten auf Unerfahrenes, Unabgestecktes. In diesem Moment wurde erkennbar, was das Wort ›Abstraktion‹ zumeist eher verstellt als ausspricht: das Überschreiten einer Schwelle, das den Abschied von einem umfriedeten Raum mit sich bringt, und das Erkennen, daß jeder umfriedete Raum in einem größeren sich befindet, und daß auch dessen Zäune nicht die letzten Zäune sein werden. Auch diese Erfahrung des Weggangs und des Fortgangs aus den Zäunen, die die Erfahrung der geometrischen Figuren überbot, fand sich in den Versen wieder. In Versen freieren Atems; sie gibt ihnen Überlegenheit über fixe Deutungen, aber zugleich die Bedrängnis des Niezuendekommens, von Vergeblichkeit und Verantwortung.

Diese drei Momente waren alle nicht starr. In ihnen war lebhafter Widerstreit. Die Augenblicke bedrängten die langsame Zeigerbewegung. Die Erinnerungswellen eroberten die starren Steinchimären. Die Bewegung des Fortgangs erschien zwischen Linien und Flächen. – Jedes Kapitel dieses Buches lebt aus einem mehr offenkundigen oder mehr verborgenen Spiel und Gegenspiel und zeigt Gedichtgestalten, die nicht nach äußeren Inhaltsmotiven, sondern nach ihren Baugesetzen zusammengehören.

Momente der Klarsicht inmitten der Städte und Landschaften ringsum, in den Jahren 1950 bis 1955, suchten Verbindung mit den Gestaltmomenten moderner Gedichtlandschaften als mit ihren Brüdern. Die Ahnung davon verstärkte sich, daß diese Gedichtlandschaften unser Selbst wiedergeben, wie es sich in solchen entblößten und versteckten Momenten aus der Uniformität dessen drängt, der sich Zeitgenosse nennt. Der Moment 1945, der dem Ich ein wahreres Gegenüber befreite, der Bestand und Nichtbestand erwies bei verbrannten Versicherungskarteien und Organisationslisten, stehengebliebenen Fahrstühlen und entmythisierten Uniformstücken, mußte weiterwirken als ein moment créateur. Die Wahrheit des lyrischen Moments will kein verschlafenes, unverwandeltes Zurück zulassen, keinen Ausverkauf an die Vergangenheit. Das Gedicht stößt sich dabei an entgegenstarrenden Vorgängen ringsum. – *Der individuellste Ausdruck wird so der objektivste.* Denn es besteht eine, wenn auch oft komplizierte, Beziehung des Gedichtes zu dem, was nicht nur vom Dichter, sondern von seiner Zeitgenossenschaft als erreichbarer Bewußtseinshorizont geahnt wird, der aber außerhalb der Dichtung noch nicht mit Worten benannt ist. [. . .]

Aus der Art der Entstehung ergibt sich, daß dieses Lyrikbuch sich von einer Anthologie, einer Blütenlese unterscheidet. Indem es Bewegungszentren der Moderne (und nicht nur der Moderne) zeigt, die zugleich Bewegungszentren von Gedichten sind, veranstaltet es nicht eine Ausstellung ausgewählter, arrivierter Autoren und ebensowenig eine Ausstellung einzelner, für perfekt gehaltener lyrischer Gedichte nach dem Grad ihrer Beliebtheit oder ihrer Kunstfertigkeit. Vielmehr sammelt es nach Schwerpunkten. Es sind die Gedichte gewählt, in denen sich diese Schwerpunkte ausdrücken und die künstlerische Ansprüche erfüllen. Nicht überall hält die Fähigkeit zur Gedichtgestaltung mit der Einsicht ins Notwendige Schritt. Das mußte bei der Aufgabe, die sich dieses Buch gestellt hat, mit in Kauf genommen und berücksichtigt werden.

Als Aufgabe war dem Buch gesetzt, eine Bestandsaufnahme und Dokumentation des modernen deutschen Gedichts nach dem Expressionismus, dem Dadaismus und dem Surrealismus zu geben, ohne dabei wichtige Versuchsreihen und Gruppen zu vernachlässigen oder auszuklammern. Die Bemühungen kleiner Gruppen und mutiger kleiner Zeitschriften wirken auf dieses Buch, persönliche Begegnungen, Gespräche, Korrespondenzen. Es verdankt viel dem Entgegenkommen von Autoren und Verlegern, denen gedankt sei. An der Komposition dieses Buches und an der Formulierung der Zwischentexte waren Herbert Heckmann und Franz Löffelholz in vielen Beratungsstunden beteiligt.

Die Auswahl stützte sich vor allem auf jüngere und jüngste und auf noch nicht inthronisierte Autoren, die auch in Anthologien nicht auftreten. So kann das Buch in der Mehrzahl Gedichte bringen, die noch nicht als Veröffentlichungen in Büchern erschienen oder auch überhaupt noch nicht gedruckt sind. Das Buch gewann mehr und mehr seine Eigengesetzlichkeit. Gedichtreihen schlossen sich oder forderten neue Nachbarkapitel, Lücken zeigten sich, Rückblendungen auf einige ältere Gedichte boten sich an.

Von den älteren Dichtern sind nur solche Verse aufgenommen worden, die Marksteine sind auf Wegen, die weiterhin beschritten wurden und die in weiterlaufende Linien einmündeten. Soweit die Dichter älteren, abgeschlossenen Dichtungsgruppen angehören, stehen Verse von ihnen in diesem Buch, die über die Grenzen dieser Dichtungsgruppen hinausreichen. Die meisten der zu Wort kommenden Autoren leben noch; die verstorbenen gehören den in der Jahrhundertmitte noch weiterlebenden Geburtsjahrgängen an. – Die Gedichte stammen von Deutschen aus der Bundesrepublik, aus der DDR, von den Deutschen, die im Ausland leben, und von Österreichern und Schweizern.

Diese Verse kennen den unmittelbaren Zugriff, doch auch die Mittelbarkeit; sie kennen die Umwege, die sich angesichts der Verfälschung von Worten zu Schlagworten und angesichts der Anzeichen, die noch nicht zu benennen sind, eröffnen. Sie scheinen keine streckenhaften Entwicklungen mehr zu deuten. Sie sehen die menschlichen, irdischen Strecken einer anderen, überlegenen Zeit- und Raumgesetzlichkeit gegenüber, die unsere bisherige Sicherheit im Aufzeigen anthropozentrischer Abläufe und Entwicklungen widerlegt. Die Gedichte erscheinen so im Prüffeld einer Ungesichertheit, auf die alle kleinen Unsicherheiten unserer Tage und die Süchte nach Versicherungen zulaufen. Die Verse werden zu Versuchen, Zeit- und Raumverschränkungen zu ergreifen, die von den menschlichen Sinnen und vom menschlichen Bewußtsein noch nicht zu umzirken sind. Diese ›andere Zeit‹ ist nichts Mystisches; sie ist ein Faktum, dessen Vorformen auch die Wissenschaft zu definieren sucht und das die Mathematik, die Atomphysik, die Raumfahrtforschung beschäftigt. Angesichts der anderen Zeit erscheinen alltägliche Lebenssituationen in einem befremdlichen Licht. ›Wichtiges‹ und ›Unwichtiges‹ konzentriert sich, entlarvt sich oder kentert ins Absurde. Gefahren fordern, mehr und mehr drängend, Nähe der Kreatur zueinander. Manches, was Anspruch auf Zielstrebigkeit, auf das Telos erhob, erscheint, zu einem winzigen Punkt geschrumpft, einem Karussselltanz mit ironischen Lichtern zugeordnet (*Transit* hat ein Kapitel ›Jahrmarkt‹); anderes, das am Rande der Banalität zu liegen schien, rückt in die Mitte entscheidungsvoller Augenblicke. Verschränkungen zeigen sich zwischen bisher systematisch getrennten Sphären. In der Art von Fugen erweisen Gedichte weite Ausmessungen von Wirklichkeit dort, wo vor kurzem noch Wirklichkeit als abgesteckte Strecke selbstverständlich hingenommen, nachgedacht und nachgesprochen wurde.

Worte, Verse bestätigen ja nicht nur; sie schaffen dem Bewußtsein ein neues Grad-Netz im noch nicht definierten Bereich von Wirklichkeit. Oder anders ausgedrückt und im Abstand gesehen: sie schaffen neu das Alte, das schon Sappho und Catull schufen, und das an kein Ende kommt. Sie schaffen im Gedicht eine Fugen- und Kaleidoskop-Welt, die neue Nachbarschaften und erwachende Gegenkräfte bereithält, die Rhythmen der Verwandlung entstehen läßt, Beschwörungsformeln. Schon eine unverfälschte Reihe von Formwörtern (Basalt - Antlitz – geflochten) vermag Orientierungsmöglichkeiten zu schaffen, wenn sie ihren Erfahrungshintergrund bewältigt. Wahrhaftigkeit kann nicht arrangiert werden; sie entspringt dem désire pur, der reinen Bewegung, die nicht nachahmt und nicht nachahmbar ist, die Anstöße gibt und auffordert. Sie ist der Feind der Phrase, der nur vorgetäuschten oder erstarrten Vollzugsgebärde; denn die Phrase besitzt die ›Wirklichkeit‹ schon vorgeprägt, als etwas Zuhandenes, ehe sie sie ergriffen hat. Ein ›sinnvoller‹ Vers ist Bewältigung der Wirklichkeit (er ist nicht die Wirklichkeit selbst): er ist Vorgang. Phrase ist festgelegt, nachsprechbar, vertauschbar. Sie ist ohne Verlust oder Gewinn an Welt wegzulassen oder einzufügen, ein leeres Sinngebilde. Eingegrenzte, vollständige

Sprachlandschaften können, im lyrischen Vorgang der Bewältigung, zu Splittern zerfallen, und in der Gegenbewegung erheben
sich aus Starre und Splitterwerk Hymnen für neue Feste und
Konturen neuer Landschaften. Maskenhafte Einkleidungen zeigen sich für die Annäherung des einzelnen Zerstreuten zueinander. Verse antworten weniger auf die Frage: ›Was bedeutet es?‹
Sie antworten auf die Fragen: ›Was ist es?‹, ›Welcher Art ist der
Vorgang?‹

Die Geste, die hinausweist in Räume jenseits der Legende von
Anfang und Ende, bringt die Gedichte des Fortgangs mit sich,
der Bewegung des immer neuen Sich-Aufraffens und Gehens,
die sich der Starre entziehen will. Diese Geste, die als Sprachge-
ste eine Bewegung unseres Selbst ist, läßt sich nicht festlegen auf
Zwischenstationen. Ihr Ungenügen beruft sich darauf, daß stets
andere Ausblicke warten, und daß das Angeeignete umsonst
zum Verweilen auffordert, weil das Unbekannte an kein Ende
kommt. Immer wieder ziehen sich Verse am eigenen Schopf aus
dem von ihnen hervorgerufenen vorübergehend Heimi-
schen.[. . .]

Das Wort *Transit* heißt auf deutsch: ›es geht hindurch‹, aber
auch: ›es geht darüber hinaus‹. Das menschliche Selbst in der
Jahrhundertmitte geht durch das Gestrüpp seiner Epoche hindurch; aber es kommt – zumindest ist das zu hoffen – in seinen
besten Augenblicken auch darüber hinaus. Wird es von denen
gefragt, die Programme und Parolen setzen, worauf es sich denn
berufen könne, so könnte es antworten: auf seine Wachsamkeit
und seine Bereitschaft zur Kritik, zur Selbstkritik vor allem; auf
seine Bemühung, in jedem Moment, nach Einsicht in die Verhältnisse und mit dem Blick auf die unbegrenzte, noch nicht definierte Wirklichkeit, neu zu entscheiden. So ergeben sich, im
Wechselspiel der Antinomien, immer wieder Ausblicke auf die
Wahrheit und neue Verantwortungen gegenüber der Wahrheit.
Dieser Fortgang läßt, wenn er sich vor Erstarrung bewahrt, die
Koinzidenz erkennen der Entscheidungen in Vergangenheit und
Gegenwart, den Zusammenfall dessen, was wir erfahren haben,
mit dem, was sich als neue Erfahrung ankündigt, indem es in
Versen ausgesprochen wird.

(24) *Günter Grass*
Rückblick auf die Blechtrommel
Oder: Der Autor als fragwürdiger Zeuge

Günter Grass, 1927 in Danzig geboren, nach dem Krieg zunächst Steinmetz, dann in einem Kalibergwerk tätig, begann 1949 ein Studium an der Düsseldorfer Kunstakademie; nach einer Lesung aus dem Manuskript des Romans *Die Blechtrommel* bei der »Gruppe 47« wurde er rasch bekannt. Zusammen mit Heinrich Böll verkörpert Grass den politisch und zeitkritisch engagierten Schriftsteller, der politisches Handeln als moralisches Handeln begreift. In seiner »Rede von der Gewöhnung«, die er 1967 in Tel Aviv und Jerusalem hielt, sagte er: »Ich komme aus einem Land, dem ich durch Herkommen und Sprache, durch verpflichtende Tradition und geschichtliche Verschuldung, durch Liebe und Haß verbunden bin. Im Jahre 1927 wurde ich in Danzig geboren. Als 14jähriger war ich ein Hitlerjunge; als 16jähriger wurde ich Soldat, und mit 17 Jahren war ich ein amerikanischer Kriegsgefangener. Diese Daten besagten viel in einer Zeit, die zielstrebig den einen Jahrgang dezimierte, den nächsten schuldig werden ließ, einen anderen Jahrgang aussparte. Mein Geburtsjahr: ich war zu jung, um ein Nazi gewesen zu sein, aber alt genug, um von einem System, das von 1933 bis 1945 die Welt zuerst in Staunen, dann in Schrecken versetzte, mitgeprägt zu werden . . . Das besiegte und zerstörte Deutschland zeigte der Welt, was die Welt ohnehin wußte: Wie tüchtig die Deutschen sein können. Aber war das genug? Ist es uns gelungen, nach dem zweiten verlorenen Krieg endlich den Frieden zu gewinnen? Haben wir unseren Nachbarn in Ost und West die Angst vor der Kehrseite unserer Tüchtigkeit genommen? Haben wir glaubhaft machen können, daß Revanchegelüste bei uns keinen Boden gefunden haben, daß dem Nazismus weder unterschwellig noch in aller Offenheit jede Wiederkehr verwehrt ist, daß unser Imperialismus im Kaukasus, am Nordkap begraben liegt? Nach bald zwei Jahrzehnten ignoranter und schizoider Außenpolitik sind die beiden deutschen Staaten trotz stereotyper Loyalitätserklärungen der einen wie der anderen Seite innerhalb ihrer Bündnissysteme isoliert. Man begegnet uns mit Argwohn und distanziertem Respekt. Unser Unvermögen, Staat neben Staat, also Deutschland neben Deutschland, Ruhe zu finden, wird, wenn nicht heute, dann morgen die Geduld unserer Nachbarn erproben.« (*Frankfurter Allgemeine Zeitung*, 20. März 1967)

Der nachfolgende, zu Beginn leicht gekürzte Text wurde in der *Süddeutschen Zeitung* vom 12./13. Januar 1974 veröffentlicht.

Keine kreative Gewißheit (ob und wie), kein seit langem zugespitzter Entschluß (Ich werde jetzt!), kein höherer Auftrag und Fingerzeig (begnadetes Müssen) stellten mich vor die Schreibmaschine; das zuverlässigste Triebwerk war wohl – weil ja Distanzen eingeholt werden mußten – mein kleinbürgerliches Herkommen, dieser miefgesättigte, durch abgebrochene Gymnasialbildung – ich blieb Obertertianer – gesteigerter Größenwahn, etwas Unübersehbares hinstellen zu wollen. Ein gefährlicher Antrieb, der oft die Hybris ansteuert. Und nur weil ich mein Herkommen und seine Triebkraft kannte, bediente ich es, bei aller Anstrengung, spielend und kühl: Schreiben als distanzierter, darum ironischer Vorgang, der sich privat einleitet, so öffentlich seine Ergebnisse später auftrumpfen oder zu Fall kommen.

1954 starb meine Mutter im Alter von sechsundfünfzig Jahren. Und weil Helene Grass nicht nur ein kleinbürgerliches Gemüt gehabt hat, sondern auch entsprechend theaterliebend gewesen ist, hat sie ihren zwölf-, dreizehnjährigen Sohn, der gerne Lügengeschichten tischte und ihr Reisen nach Neapel und Hongkong, Reichtum und Persianermäntel versprach, spöttisch Peer Gynt genannt. Fünf Jahre nach ihrem Tod erschien die Blechtrommel und wurde zu dem, was sich Peer Gynt womöglich unter Erfolg vorgestellt haben mag. Immer schon hatte ich meiner Mutter irgendwas beweisen wollen; doch erst ihr Tod setzte den Antrieb frei.

Insofern blieb ich wohl im Nachteil, wollte ich mich mit Autoren messen, denen gesellschaftliche Verpflichtung die Schreibmaschine salbt, die also nicht heillos ichbezogen, sondern sozial aufs Ganze bedacht ihrer Aufgabe nachgehen. Mich hat nicht edle Absicht getrieben, die deutsche Nachkriegsliteratur um ein robustes Vorzeigestück zu bereichern, und auch der damals billigen Forderung nach »Bewältigung deutscher Vergangenheit« wollte und konnte ich nicht genügen, denn mein Versuch, den eigenen (verlorenen) Ort zu vermessen und mit Vorzug die Ablagerungen der sogenannten Mittelschicht (proletarisch-kleinbürgerlicher Geschiebemergel) Schicht um Schicht abzutragen, blieb ohne Trost und Katharsis. Vielleicht gelang es dem Autor, einige neu anmutende Einsichten freizuschaufeln, schon wieder vermummtes Verhalten nacktzulegen, der Dämonisierung des Nationalsozialismus mit kaltem Gelächter den verlogenen Schauer regelrecht zu zersetzen und der bis dahin ängstlich zurückgepfiffenen Sprache Auslauf zu schaffen; Vergangenheit bewältigen konnte (wollte) er nicht. [. . .]

Abermals waren es private Anlässe, die mich freisetzten. Denn als ich nach dem Tod meiner Mutter im Frühjahr 1954 Anna Margaretha Schwarz heiratete, begann eine Zeit der Konzentration, der bürgerlichen Arbeits- und Leistungsmoral und auch des strammen Vorsatzes, all jenen etwas beweisen zu wollen, die mir (angeheiratet) ins nicht vorhandene Haus geschneit waren: Solide Schweizer Bürger von bescheiden-puritanischer Lebensart, die meinem zappelnden Turnen an zu großen Geräten mit Nachsicht und liberalem Kunstverstand zuschauten.

Ein komisches Unterfangen, zumal Anna, seit kurzer Zeit erst der großbürgerlichen Obhut entlaufen, eher Unsicherheit suchte und sich (wenn auch behutsam) inmitten Berliner Nachkriegsbohème ausprobieren wollte. Gewiß hatte sie nicht vor, Ehefrau eines sogenannten Großschriftstellers zu werden.

Doch so interessant die Interessen des kleinbürgerlichen Aufsteigers mit den emanzipatorischen Wünschen der Tochter aus großbürgerlichem Haus kollidiert haben mögen, die Heirat mit Anna machte mich zielstrebig, auch wenn das auslösende literarische Moment für die spätere Niederschrift der Blechtrommel vor unserer Bekanntschaft zu datieren ist.

Im Frühjahr und Sommer 1952 machte ich eine Autostoppreise kreuz und quer durch Frankreich. Ich lebte von nichts, zeichnete auf Packpapier und schrieb ununterbrochen: Sprache hatte mich als Durchfall erwischt. Neben (ich glaube) reichlich epigonalen Gesängen über den entschlafenen Steuermann Palinurus entstand ein langes und auswucherndes Gedicht, in dem Oskar Matzerath, bevor er so hieß, als Säulenheiliger auftrat.

Ein junger Mann, Existentialist, wie es die Zeitmode vorschrieb. Von Beruf Maurer. Er lebte in unserer Zeit. Wild und eher zufällig belesen, geizte er nicht mit Zitaten. Noch bevor der Wohlstand ausbrach, war er des Wohlstandes überdrüssig: schier verliebt in seinen Ekel. Deshalb mauerte er inmitten seiner Kleinstadt (die namenlos blieb) eine Säule, auf der er angekettet Stellung bezog. An langer Stange versorgte ihn seine schimpfende Mutter mit Mahlzeiten im Henkelmann. Ihre Versuche, ihn zurückzulocken, wurden von einem Chor mythologisch frisierter Mädchen unterstützt. Um seine Säule kreiste der Kleinstadtverkehr, versammelten sich Freunde und Gegner, schließlich eine aufblickende Gemeinde. Er, der Säulenheilige, allem enthoben, schaute herab, wechselte gelassen Stand- und Spielbein, hatte seine Perspektive gefunden und reagierte metapherngeladen.

Dieses lange Gedicht war schlecht gelungen, ist irgendwo liegengeblieben, hat sich mir nur in Bruchstücken erhalten, die allenfalls zeigen, wie stark ich gleichzeitig von Trakl und Apollinaire, von Ringelnatz und Rilke, von miserablen Lorca-Übersetzungen beeinflußt gewesen bin. Interessant allein blieb die Suche nach einer entrückten Perspektive: Der überhöhte Standpunkt des Säulenheiligen war zu statisch. Erst die dreijährige Größe des Oskar Matzerath bot gleichzeitig Mobilität und Distanz. Wenn man will, ist Oskar Matzerath ein umgepolter Säulenheiliger.

Noch im Spätsommer des gleichen Jahres, als ich mich, aus Südfrankreich kommend, über die Schweiz in Richtung Düsseldorf bewegte, traf ich nicht nur zum erstenmal Anna, sondern wurde auch, durch bloße Anschauung, der Säulenheilige abgesetzt. Bei banaler Gelegenheit, nachmittags, sah ich zwischen kaffeetrinkenden Erwachsenen einen dreijährigen Jungen, dem eine Blechtrommel anhing. Mir fiel auf und blieb bewußt: die selbstvergessene Verlorenheit des Dreijährigen an sein Instrument, auch wie er gleichzeitig die Erwachsenenwelt (nachmittäglich plaudernde Kaffeetrinker) ignorierte.

Gute drei Jahre lang blieb diese »Findung« verschüttet. Ich zog von Düsseldorf nach Berlin um, wechselte den Bildhauerlehrer, traf Anna wieder, heiratete im Jahr drauf, holte meine Schwester, die sich verrannt hatte, aus einem katholischen Kloster, zeichnete und modellierte vogelartige Gebilde, Heuschrekken und filigrane Hühner, verunglückte an einem ersten längeren Prosaversuch, der »Die Schranke« hieß und dem Kafka das Muster, die Frühexpressionisten den Metaphernaufwand geliehen hatten, schrieb dann erst, weil weniger angestrengt, die ersten lockeren Gelegenheitsgedichte, zeichnend geprüfte Gebilde, die vom Autor Abstand nahmen und jene Selbständigkeit gewannen, die Veröffentlichung erlaubt: »Die Vorzüge der Windhühner«, mein erstes Buch, englische Broschur, Gedichte und Zeichnungen.

Danach – aber immer noch Bildhauer, hauptberuflich – entstanden kurze Szenen, Einakter wie »Onkel, Onkel« und

»Hochwasser«, die ich, mittlerweile eingeladen zu den Tagungen der »Gruppe 47«, mit einigem Erfolg vortrug. Auch entwarf ich (weil Anna tanzte) Ballettlibretti.

So hat es Versuche gegeben, einige Handlungsabläufe, die später zu Blechtrommel-Kapiteln wurden, als Ballettvorlagen zu konzipieren, etwa das Anfangskapitel »Der weite Rock«, die Geschichte der Galionsfigur »Niobe«, »Die letzte Straßenbahn«, mit der später Oskar Matzerath und sein Freund Vittlar durchs nächtliche Düsseldorf fuhren, auch Szenen, in denen die polnische Kavallerie deutsche Panzerwagen attackierte. Daraus wurde nichts. Das blieb liegen. Das wanderte alles in den epischen Reißwolf.

Mit solchem Gepäck – gestauter Stoff, ungenaue Vorhaben und präziser Ehrgeiz: ich wollte meinen Roman schreiben, Anna suchte ein strengeres Ballett-Exercice – verließen wir Anfang 1956 mittellos, aber unbekümmert Berlin und zogen nach Paris. In der Nähe von der Place Pigalle fand Anna in Madame Nora eine gestrenge russische Ballettmutter; ich begann, noch während ich an dem Theaterstück »Die bösen Köche« feilte, mit der ersten Niederschrift eines Romans, der wechselnde Arbeitstitel trug: »Oskar, der Trommler«, »Der Trommler«, »Die Blechtrommel«.

Und hier genau sperrt sich meine Erinnerung. Zwar weiß ich genau, daß ich mehrere Pläne, den gesamten epischen Stoff raffend, graphisch entworfen und mit Stichworten gefüllt habe, doch diese Pläne hoben sich auf und wurden, bei fortschreitender Arbeit, entwertet.

Doch auch die Manuskripte der ersten und zweiten Fassung, schließlich der dritten, fütterten jenen Heizungsofen in meinem Arbeitsraum, von dem noch die Rede sein wird; bei aller mir damals möglichen Verstiegenheit ist es dennoch nie meine Absicht gewesen, Germanisten und deren Geilheit nach Sekundärem mit Textvarianten zu füttern.

Mit dem ersten Satz: »Zugegeben: ich bin Insasse einer Heil- und Pflegeanstalt . . .« fiel die Sperre, drängte Sprache, liefen Erinnerungsvermögen und Phantasie, spielerische Lust und Detailobsession an langer Leine, ergab sich Kapitel aus Kapitel, hüpfte ich, wo Löcher den Fluß der Erzählung hemmten, kam mir Geschichte mit lokalen Angeboten entgegen, sprangen Döschen und gaben Gerüche frei, legte ich mir eine wildwuchernde

Familie zu, stritt ich mit Oskar Matzerath und seinem Anhang um Straßenbahnen und deren Linienführung, um gleichzeitige Vorgänge und den absurden Zwang der Chronologie, um Oskars Berechtigung in erster oder dritter Person zu berichten, um seinen Anspruch, einen Sohn zeugen zu wollen, um seine wirklichen Verschuldungen und um seine fingierte Schuld.

So ist mein Versuch, ihm, dem Einzelgänger, ein boshaftes Schwesterchen zuzuschreiben, an Oskars Einspruch gescheitert; es mag sein, daß die verhinderte Schwester später als Tulla Pokriefke auf ihrem literarischen Existenzrecht bestanden hat.

Um eine oft gestellte und allseits beliebte Frage noch einmal zu beantworten: Ich schrieb für kein Publikum, denn ein Publikum kannte ich nicht. Aber erstens, zweitens und drittens schrieb ich für mich, für Anna, für Freunde und Bekannte, die zufällig anreisten und sich Kapitel anhören mußten; und für ein imaginäres Publikum, das ich mir kraft Vorstellung herbeizitierte, habe ich geschrieben. Es hockten um meine Schreibmaschine Tote und Lebende: mein detailversessener Freund Geldmacher, mit dickglasiger Brille mein literarischer Lehrer Alfred Döblin, meine literaturkundige und gleichwohl an das Schöne, Wahre, Gute glaubende Schwiegermutter, Rabelais, flüchtend auf Durchreise, mein ehemaliger Deutschlehrer, dessen Schrullen ich heute noch nützlicher nenne als das pädagogische Dörrobstangebot unserer Tage, und meine verstorbene Mutter, deren Einwänden und Berichtigungen ich mit Dokumenten zu begegnen versuchte; aber sie glaubte mir nur mit Vorbehalt.

Wenn ich genau zurückhöre, habe ich mit diesem nicht unkritischen Publikum längere Gespräche geführt, die, wären sie aufgezeichnet und als Anhang geordnet worden, dem Endprodukt gute zweihundert Seiten angereichert hätten.

Oder der Heizungsofen in der Avenue d'Italie 111 hätte den Anhang geschluckt. Oder auch diese Gespräche sind nachgelieferte Fiktion. Denn viel genauer als an Schreibvorgänge erinnere ich mich an meinen Arbeitsraum: ein feuchtes Loch zu ebener Erde, das mir als Atelier für angefangene, doch, seit Beginn der Blechtrommelniederschrift, bröckelnde Bildhauerarbeiten diente. Gleichzeitig war mein Arbeitsraum Heizkeller unserer darüber liegenden winzigen Zweizimmerwohnung. In den Schreibvorgang war meine Tätigkeit als Heizer verzahnt. Sobald die

Manuskriptarbeit ins Stocken geriet, ging ich aus einem Kellerverschlag des Vorderhauses mit zwei Eimern Koks holen. In meinem Arbeitsraum roch es nach Mauerschwamm und anheimelnd gasig. Rinnende Wände hielten meine Vorstellung in Fluß. Die Feuchte des Raumes mag Oskar Matzeraths Witz gefördert haben.

Einmal im Jahr, während der Sommermonate, durfte ich, weil Anna Schweizerin ist, ein paar Wochen lang in freier Luft im Tessin schreiben. Dort saß ich unter einer Weinlaubpergola an einem Steintisch, schaute auf die flimmernde Kulissenlandschaft der südlichen Region und beschrieb schwitzend die vereiste Ostsee.

Manchmal, um die Luft zu wechseln, kritzelte ich Kapitelentwürfe in Pariser Bistros, wie sie in Filmszenen konserviert sind: zwischen tragisch-verschlungenen Liebespaaren, alten, in ihren Mänteln versteckten Frauen, Spiegelwänden und Jugendstilornamenten etwas über Wahlverwandtschaften: Goethe und Rasputin.

Fortwährend blieb Anna diesem, vier Jahre anhaltenden Arbeitsvorgang konfrontiert. Gemeint ist nicht nur das Anhörenwollen und manchmal auch -müssen längerer, oft nur im Detail schwankender Zwischenergebnisse, denn – rückblickend – mag es wohl schwieriger für Anna gewesen sein, in diesem entrückten und allenfalls in Gestalt von Zigarettenqualm anwesenden Mann jemanden zu erkennen, mit dem man verheiratet ist. Als ihr mögliche Person war ich weitgehend unbekümmlich, weil nahezu ausschließlich vom Personal meiner Fiktion abhängig: ein koordinierendes Instrument, das eine Vielzahl von Schaltungen bedienen mußte, angeschlossen an mehrere, einander ins Wort fallende Bewußtseinsschichten; man nennt es: besessen.

Und dennoch muß ich während der gleichen Zeit kräftig gelebt, fürsorglich gekocht und aus Freude an Annas Tanzbeinen bei jeder sich bietenden Gelegenheit getanzt haben, denn im September 1957 – ich steckte inmitten der zweiten Niederschrift – wurden unsere Zwillingssöhne Franz und Raoul geboren. Kein Schreib-, nur ein finanzielles Problem. Schließlich lebten wir von genau eingeteilten 300,– Mark im Monat, die ich wie nebenbei verdiente: auf den alljährlichen Tagungen der Gruppe 47 verkaufte ich Zeichnungen und Lithographien; Höllerer kam ab und zu nach Paris und förderte, seiner Natur entsprechend, durch Aufträge und Manuskriptannahme; im fernen Stuttgart ließ Heißenbüttel meine unaufgeführten Theaterstücke als Hörspiele senden; doch im Jahr drauf, als ich schon an der letzten Fassung bosselte, bekam ich mit dem Preis der Gruppe 47 zum erstenmal dickes Geld in die Hand: runde 5000,– Mark; davon kauften wir einen Plattenspieler, der heute noch Laut gibt und unserer Tochter Laura gehört.

Manchmal glaube ich, daß mich die bloße, doch Vater und Mutter grämende Tatsache, kein Abitur gemacht zu haben, geschützt hat. Denn mit Abitur hätte ich sicher Angebote bekommen, wäre ich Nachtprogramm-Redakteur geworden, hätte ich ein angefangenes Manuskript in der Schublade gehütet und als verhinderter Schriftsteller wachsenden Groll auf all jene gehortet, die auf freier Wildbahn so vor sich hin schrieben, und der himmlische Vater nährte sie doch.

Zwischendurch Gespräche mit Paul Celan; oder besser, war ich Publikum seiner Monologe. Zwischendurch Politik nahbei: Mendès-France und die Milch, Razzien im Algerierviertel – oder in Zeitung verpackt: der polnische Oktober, Budapest, Adenauers absoluter Wahlsieg. Zwischendurch Löcher.

Die Arbeit an der Schlußfassung der Kapitel über die Verteidigung der Polnischen Post in Danzig machte im Frühjahr 1958 eine Reise nach Polen notwendig. Höllerer vermittelte, Andrzej Wirth schrieb die Einladung, und über Warschau reiste ich nach Gdansk. Mutmaßend, daß es noch überlebende ehemalige Verteidiger der Polnischen Post gäbe, informierte ich mich im polnischen Innenministerium, das ein Büro unterhielt, in dem Dokumente über deutsche Kriegsverbrechen in Polen gestapelt lagen. Man gab mir Adressen von drei ehemaligen polnischen Postbeamten (letzte Anschrift aus dem Jahr 49), sagte aber einschränkend, diese angeblich Überlebenden seien von der polnischen Postarbeitergewerkschaft (und auch sonst offiziell) nicht anerkannt worden, weil es im Herbst 1969 nach deutscher und polnischer Fassung öffentlich geheißen habe, alle seien erschossen worden: standrechtlich. Deshalb habe man auch alle Namen in die steinerne Gedenkplatte gehauen, und wer in Stein gehauen sei, lebe nicht mehr.

In Gdansk suchte ich Danziger, fand auch zwei der ehemaligen polnischen Postbeamten, die mittlerweile auf der Werft Arbeit gefunden hatten, dort mehr als auf der Post verdienten und eigentlich zufrieden waren mit ihrem nicht anerkannten Zustand. Doch die Söhne wollten ihre Väter heldisch sehen und betrieben (erfolglos) deren Anerkennung: als Widerstandskämpfer. Von beiden Postbeamten (einer war Geldbriefträger gewesen) erhielt ich detaillierte Beschreibungen der Vorgänge in der Polnischen Post während der Verteidigung. Ihre Fluchtwege hätte ich nicht erfinden können.

In Gdansk suchte ich Danziger, fand auch zwei, sprach ich auf Friedhöfen mit anheimelnden Grabsteinen, saß ich (wie ich als Schüler gesessen hatte) im Lesesaal der Stadtbibliothek und durchblätterte Jahrgänge des *Danziger Vorposten*, roch ich Mottlau und Radaune. In Gdansk war ich fremd und fand dennoch in Bruchstücken alles wieder: Badeanstalten, Waldwege, Backsteingotik und jene Mietskaserne im Labesweg, zwischen Max-Halbe-Platz und Neuer Markt; auch besuchte ich (auf Oskars Anraten) noch einmal die Herz-Jesu-Kirche: der stehengebliebene katholische Mief.

Und dann stand ich in der Wohnküche meiner kaschubischen Großtante Anna. Erst als ich ihr meinen Paß zeigte, glaubte sie mir: »Nu Ginterchen, biss abä groß jeworden.« Dort blieb ich einige Zeit und hörte zu. Ihr Sohn Franz, ehemals Angestellter der Polnischen Post, war nach der Kapitulation der Verteidiger tatsächlich erschossen worden. In Stein gehauen fand ich seinen Namen auf der Gedenkplatte, anerkannt.

Auf der Rückreise machte ich in Warschau die Bekanntschaft des heute in der Bundesrepublik namhaften Kritikers Marcel Reich-Ranicki. Freundlich wollte Ranicki von jenem jungen Mann, der sich als deutscher Schriftsteller ausgab, wissen, welcher Art und gesellschaftlichen Funktion sein Manuskript sei. Als ich ihm die Blechtrommel in Kurzfassung erzählte (»Junge stellt dreijährig Wachstum ein . . .«), ließ er mich stehen und rief verstört Andrzej Wirth an, der unsere Bekanntschaft vermittelt hatte: »Paß auf! Das ist kein deutscher Schriftsteller. Das ist ein bulgarischer Agent.« – In Polen fiel es auch mir schwer, meine Identität zu beweisen.

Als ich im Frühjahr 1959 die Manuskriptarbeit beendet, die Druckfahnen korrigiert, den Umbruch verabschiedet hatte, erhielt ich ein viermonatiges Stipendium. Höllerer hatte mal wieder vermittelt. In die Vereinigten Staaten sollte ich reisen und vor

Studenten ab und zu Fragen beantworten. Aber ich durfte nicht. Damals mußte man noch, um ein Visum zu bekommen, eine penible ärztliche Untersuchung durchlaufen. Das tat ich und erfuhr, daß sich an etlichen Stellen meiner Lunge Tuberkulome, knotenartige Gebilde, gezeigt hatten: Wenn Tuberkulome aufbrechen, machen sie Löcher.

Deshalb, auch weil in Frankreich inzwischen de Gaulle an die Macht gekommen war und ich nach einer Nacht in französischem Polizeigewahrsam geradezu Sehnsucht nach bundesdeutscher Polizei bekam, verließen wir, kurz nachdem die Blechtrommel als Buch erschienen war (und mich verlassen hatte), Paris und siedelten uns wieder in Berlin an. Dort mußte ich mittags schlafen, auf Alkohol verzichten und kleine weiße Tabletten, die, glaube ich, Neoteben hießen, dreimal täglich schlucken: was mich gesund und dick gemacht hat.

Doch noch in Paris hatte ich mit den Vorarbeiten für den Roman »Hundejahre« begonnen, der anfangs »Kartoffelschalen« hieß und nach falscher Konzeption begonnen wurde. Erst die Novelle »Katz und Maus« zerschlug mir das kurzatmige Konzept. Doch dazumal war ich schon berühmt und mußte beim Schreiben nicht mehr die Heizung mit Koks füttern. Schreiben fällt schwerer seitdem.

Habe ich alles gesagt? – Mehr als ich wollte. Habe ich Wichtiges verschwiegen? – Bestimmt. Kommt noch ein Nachtrag? – Nein.

(25) *Heinrich Böll*
    Was heute links sein könnte

Der folgende Aufsatz entstand im Jahre 1962; er wurde dem Band *Aufsätze, Kritiken, Reden* (Köln/Berlin 1967, S. 124-127) entnommen.

Ich weiß nicht, was heute links sein könnte. Die offizielle Linke hat ihren rechten Flügel, die Rechte ihren linken Flügel, ich höre die Flügel rauschen und weiß doch: kein Vogel erhebt sich in die Lüfte. Es gibt so viele Mitten, die Mitte der Rechten, die Mitte der Linken, die Mitte des rechten Flügels der Linken und die Mitte des linken Flügels der Rechten. Es gibt auch eine heimatlose Linke, ohne Flügel.

Die heimatlose Linke würzt die Feuilletons, rauft sich mit einer Art heimatloser Rechter. Das ist für das Publikum besonders unterhaltsam, weil sich literarische Fehden, Gekränktheiten, Eitelkeiten ins Politische hineinmischen lassen. Zornbebend fegt man den letzten Dreck zusammen, es riecht ein wenig nach Denunziation, ein übler Geruch, und immer bleibt etwas hängen. Hauptsache, es gibt etwas, das man »literarisches Leben« nennen kann, ein Leben aus der Retorte. Die Flügel der Parteien rauschen weiter, und kein Vogel erhebt sich in die Lüfte, aus einem dummen Grund: der Vogel sitzt im Käfig, bekommt sein Futter schon lange dorthin gebracht, und ob er mit dem linken oder rechten Flügel rauscht – es ist ja doch nur »Literatur«, der Käfig ist sicher. Ich wüßte ein Rätsel: » Er steht nicht links, er steht nicht rechts, nicht in der Mitte und ist doch kein Exzentriker. Wer ist das?« Antwort: »Ein Deutscher vor einem Wahllokal, der sich nicht entschließen kann, einen lahmen Flügel zu wählen.« Ich wüßte noch ein Rätsel: »Fängt mit K. an und vertritt im Feuilleton die Linke, fängt mit K. an und vertritt im Feuilleton die Rechte. Ist es tatsächlich ein und derselbe?« Antwort: »Nein, sie sind nur beide sentimental.«

Die Politiker haben sich auf ein seltsames Vokabularium geeinigt. Statt Krieg sagen sie »Ernstfall«, aber wenn's dann um Details geht, löst sich der Ernstfall wieder auf: in einen Atomkrieg und den konventionellen Krieg. Das klingt wie Kaffeeklatsch. Bombardierte Städte, Panzer, Maschinengewehre, erschossene

Gefangene – konventioneller Krieg. Es wundert mich, daß die SPD, nachdem ihr Vorschlag, jedem Deutschen ein Gewehr in die Garderobe zu hängen, gescheitert ist, nicht nun vorschlägt, jedem Deutschen eine Atomhandgranate ins Handschuhfach seines Autos zu legen. Der Traum vom Schweizer Modell, da fehlen der Rütlischwur und ungefähr dreihundert Jahre Geschichte. Das machen wir schon, wir sind ja ein flottes, tüchtiges Volk, das holen wir in zehn Jahren auf.

Die heimatlose Linke wärmt ihren verhängnisvollen Traum von den goldenen Zwanzigern auf, und niemand fragt sich, warum die meisten Emigranten es vorziehen, im Tessin, in England, Frankreich, Italien oder den USA zu bleiben. Vierzig Jahre sind seit den Zwanzigern vergangen, es wäre Zeit zur Mündigkeit, zu einem eigenen Stil – Zeit, die Schizophrenie der Zeitungen nicht länger für witzig zu halten. Wenn die Zeitungen noch länger die Chance haben, auf drei Ebenen zu arbeiten, Politik, Wirtschaft, Feuilleton, jeweils die eine Ebene als Alibi für die andere zu benutzen, da werden die gelegentlich ganz hübschen Frechheiten im Feuilleton immer mehr zu einer Art höherem Biertisch. Nicht Adenauer ist an Adenauer schuld – der ist, wie er ist und bleibt, wie er ist –, sondern die anderen sind schuld, redliche, vernünftige Männer, die sich langsam ausbeuteln lassen und bald nicht mehr wissen werden, ob sie noch Männer sind. Ein so redlicher Mann wie Brüning, ganz Reserveoffizier, war seinem Präsidenten, dem »greisen Marschall«, gegenüber nicht so untertan, wie die redlichen Männer um Adenauer diesem untertan sind. Ein alter Mann verschleißt nicht nur eine, gleich zwei Generationen und züchtet einen unartikulierten Groll, der auf unsere Häupter kommen wird. »Ich hab's ja immer gesagt«, wird die Parole sein. »Ich hab's ja nicht gewollt«, die Ausrede. Biertischparolen, Parolen einer Politik, die nicht gemacht wird.

Eine Linke, die sich jetzt noch als heimatlos bezeichnet, ist nur noch weinerlich. Das Recht, sich heimatlos zu nennen, hatten die Emigranten, ein teuer erkauftes, bitter erworbenes Recht. Hier, heute, in diesem Land, aus dem niemand zu emigrieren braucht, zum Alibi erhoben, klingt es wie ein aufgewärmter Traum. Mein Gott, wieso kann man eigentlich Parteien nicht spalten und sich eine Heimat schaffen, eine Partei, die einer wählen könnte, ohne daß er das windige Gefühl haben muß, einen lahmen Flügel zu wählen? Das Verhängnis der SPD ist ihr Name: eine alte Sache, die vor Jahrzehnten gelegentlich großartig war. Sie ist die einzige Partei mit Tradition, ein weiteres Verhängnis. Die CDU braucht nur ihr Ahlener Programm zu verraten, das ohnehin keiner mehr kennt. Lauter schlechte Witze, lauter Zweideutigkeiten. Sich vorzustellen, daß der alte Windhorst in Köln, gegen den ausdrücklichen und sehr nachdrücklichen Rat des Papstes, das Nein der Zentrumspartei gegen Bismarcks Wehretat proklamierte. Das war keine Biertischpolitik, sondern offener Widerstand. Damit verglichen das elende, feige Geflüster, wenn Politiker heute »privat« – um Gottes willen, nur nicht weitersagen – ihre Ansichten über Ostpolitik, Grenzfragen äußern! Biertisch, nicht von denen betrieben, denen man ein gewisses Recht dazu zugestehen muß, sondern von denen, die Politik zu ihrem Handwerk erklären.

Was soll da noch links sein? Ich weiß es nicht. Ich sehe nur Schablonen: die »rechten« Feuilletonisten beschwören das Schattenspiel vom Feind, der von links komme. Viel Schaum vor dem Mund, viel Denunzierung, und eigentlich sind sie diejenigen, bei denen Chruschtschow gesiegt hat. Wenn man ihnen glauben würde, dann bestimmt Chruschtschow, wer sich hier noch katholisch, evangelisch, links, rechts nennen darf. Die Schablone wird in Moskau hergestellt.

Die »linken« Feuilletonisten beschwören das Schattenspiel von der alles beherrschenden Trinität: Kardinal Frings, Konrad Adenauer, *Rheinischer Merkur*. Ich zweifle daran, ob im *Vorwärts* so heftig gegen Herrn Wehner polemisiert werden dürfte, wie im *Rheinischen Merkur* polemisiert werden kann, wenn den Redakteuren bestimmte Dinge einfach nicht passen. Lauter Klischees der Selbsttäuschungen wie jene uralte, immer wiederholte, Geist und Fortschritt wären von der Linken gepachtet. Die fortschrittlichste Kunst wird von jungen Leuten gemacht, deren Habitus so konservativ ist wie der eines Gardeleutnants aus dem Jahre 1910. Imaginäres Monokel (bald werden's wirkliche sein, wenn jemand auf die Idee kommt, das könnte »Air« verleihen, oder wenn die optische Industrie einen guten Werbeeinfall hätte), verächtlich (odi profanum vulgus!) herabgezogene Mundwinkel, und so müde, so müde wie eben jener Gardeleutnant nach einer durchzechten Kasinonacht. Kein Wunder, daß die Affinität der Industrie zum Gegenstandslosen nicht nur steigt, sondern Formen echter Verliebtheit annimmt.

Was heute links sei? Wie es sich auch deklarieren mag, es sitzt am Biertisch oder steht am Sektbüffet. Es nennt sich heimatlos, ohne das Recht dazu zu haben. Was links ist, bestimmt nicht die Linke, sondern die Rechte, und die Linke, in schnödem Opportunismus, rückt ihr nach, in plattem Erfolgsdenken, und ist nahe daran, den linken Flügel der Rechten zu überholen. Links und rechts sind nur Hilfsbezeichnungen, die jede Art der Täuschung in sich schließen, und so mancher Gutmeinende wird getäuscht, aufs Glatteis geführt. Wir nähern uns dem Einparteienstaat, der ein paar linke Flügelchen rauschen lassen wird. Im übrigen: lauter Mitten. Ein Titel für ein Bild: »Zwischen den Mitten«, rund wie Mühlsteine müßten die Mitten sein, in dauernder Bewegung um sich selbst, und was dazwischengerät, wird zermahlen.

(26) *Wolfgang Hildesheimer*
Unbewältigtes Schweigen
Zu Rolf Hochhuths ›Stellvertreter‹

Das Papststück *Der Stellvertreter* des 1931 geborenen Rolf Hochhuth, unter Berufung auf Friedrich Schillers historische Dramen verfaßt und auf umfangreichem Quellenstudium beruhend, wurde 1963 uraufgeführt; es behandelte die Haltung des Vatikans und insbesondere des ehemaligen Nuntius in Berlin und späteren Papstes Pius XII. zur nationalsozialistischen Ausrottung der Juden. »Es sollte der Geschichte wieder ein Sinn abgewonnen werden. Auseinandersetzung mit der ›unbewältigten Vergangenheit‹ stand an. Die allmählich heranwachsende Nachkriegsjugend stellte Fragen an die Väter, auch an das Theater der Väter. Das Theater konnte nicht länger dem schönen Schein oder gar der Verdrängung dienen. ›Nach Auschwitz‹ – ein damals gängiger Begriff – müsse auch das deutsche Drama ›anders‹ sein, hieß es.« (Hans Daiber, *Deutsches Theater seit 1945*. Stuttgart 1976, S. 249.)

Der Beitrag von Wolfgang Hildesheimer, Jahrgang 1916, erschien in der Zeitschrift *Merkur*, Heft 186, August 1963, S. 809-811.

> »So einfach wie dieser junge Mann sich die Sache vorstellt, war es ja nun nicht. Es war alles unendlich viel komplizierter.«
> *(Beliebter deutscher Ausspruch, vielseitig anwendbar)*

Zu sagen, das Stück sei mißlungen, hätte zu bedeuten, daß die Verarbeitung dieses Stoffes einem anderen Autor hätte gelingen können. Eben das ist unmöglich. Unbewältigte, bedrückendste Gegenwart kann nur gleichnishaft oder in Verfremdung auf die Bühne gebracht werden, als fiktives Parallelgeschehen oder Parodie. Niemals aber können die Exponenten dieser Gegenwart als Figuren des Theaters überzeugen. Vielmehr fordern sie zum Vergleich mit der geschichtlichen Wirklichkeit heraus, verursachen also eine Reaktion, die einer Katharsis entgegengesetzt ist. Der Sinn eines Theaterstückes kann es nicht sein, im Zuschauer den Wunsch zu erwecken, das Bühnengeschehen an der Wirklichkeit zu messen. Vielmehr ist es sein Sinn, eine übertragene Wirklichkeit erstehen zu lassen. Hier aber ist keine Übertragung vollzogen. Die Banalität des Textes soll die schreckliche Banalität des Bösen darstellen; aber Imitation stellt nicht nur nichts dar, sondern macht das Dargestellte zur Farce. Für das Theater müßte der widerliche Wortschatz des Unmenschlichen in eine verfremdete, quasi höhere Widerlichkeit transponiert werden.

Die Willkür des Versmaßes mag absichtlich sein, sie wirkt aber unabsichtlich. Gebundene Sprache gibt es nur dort, wo es Sprache gibt, die sich binden läßt. Dieses Spiel, diese Skala von menschlichem Versagen bis zum Diabolischen, vom Schäbigen bis zum Ekelhaften, läßt nichts von seinen mannigfachen negativen Prinzipien in einer Transzendenz aufleuchten. Was in seiner ganzen Unverhohlenheit transzendiert, ist die polemische Absicht des Autors. Gewiß: vielleicht hat er Recht, aber aus Recht allein wird noch kein Theaterstück. Ein Stück, welches zu ergänzender Verständlichkeit eines Anhangs von Quellenmaterial bedarf; das man für den Zweck der Aufführung um über die Hälfte kürzen kann; dessen der historischen Realität entnommenen Figuren mit Figuren der Phantasie konfrontiert werden müssen, damit sie ihre Eigenschaften entfalten können und damit beweiskräftig werden – ein solches Stück ist voller Anomalie. Ja, es haftet ihm ein Beigeschmack subalterner Fälschung an, auch wenn seine These richtig wäre.

Dennoch befinden sich darin Passagen (wie zum Beispiel die Monologe im fünften Akt), die dichterische Potenz verraten und damit Anlaß zu größeren Erwartungen geben mögen. Sie werden dann zu Wirklichkeit, wenn Hochhuths Schaffen nicht mehr vom Zorn beherrscht wird – wohlgemerkt: ich meine nicht den Zorn der »zornigen jungen Männer«, sondern den Zorn eines Mannes, dessen Absichten anzuzweifeln ebenso töricht wie unredlich ist –, sondern von dem Versuch, anstatt der Vergangenheit die Form zu bewältigen.

Nun kann man die Richtigkeit dieser These, nämlich daß Papst Pius XII. seine Sympathie den Faschisten und Nationalsozialisten nicht versagte, nicht mehr beweisen. Die Wenigen, welche wissen, wie es sich verhielt, werden ihr Schweigen mit ins Grab nehmen, so wie Pius XII. selbst manches Rätsel mit ins Grab genommen hat. Daß aber die Lösung dieser Rätsel negativ ausgefallen wäre, ist wahrscheinlicher als das Gegenteil. Alles spricht dafür, nichts dagegen, daß Pacelli versagt hat. Dies zu leugnen, wäre so falsch wie eine Leugnung, daß die Sympathien der Kirchenfürsten von je auf Seiten der Diktatoren gestanden haben, soweit sie katholisch waren. Franco und Salazar und auch die Allerniedrigsten der Menschenverächter wie Batista oder Trujillo brauchten die Kirche nicht zu fürchten; denn sie distanziert sich nicht von der Gewalt, wenn diese Gewalt katholisch ist. Sie hat sich auch von Kardinal Stepinac nicht distanziert, der das Treiben der kroatischen Mörder mit seinem Segen versah. Gewiß, davon handelt das Stück von Hochhuth nicht. Dennoch ist es wichtig, dies im Auge zu behalten.

Als Angehörigem der Besatzung standen mir in den Jahren 1946-1949 die Nürnberger Archive offen, sowie auch die Sammlung der Gegenstände, die von den Greueltaten der Nationalsozialisten zeugten. Heute bedaure ich, daß der Schrecken über die Möglichkeiten des Menschlichen, der angesichts dieses Materials mich und jeden Betrachter befiel, mich anderes Material hat vergessen lassen, weniger schrecklich vielleicht und damit von weniger unmittelbarer Wirkung, und dennoch voller Bedeutung: Aktennotizen, Zeitungsausschnitte, die den Vatikan und seine Haltung im Spiegel der offiziellen deutschen Meinung betrafen. Da es in Nürnberg bekanntlich keine Prozesse gegen Mitwisser gab, wurde von diesem Material nur jener Teil benutzt, der es ermöglichte, Angeklagte des sogenannten »Wilhelmstraße-Prozesses« zu belasten oder zu entlasten. Aber es leuchtete im Verlauf der Verhandlungen hin und wieder ein kurzer Blitz der Erkenntnis auf, etwa wenn es hieß, daß bei dieser oder jener Aktion Widerspruch von Seiten des Vatikans nicht zu erwarten oder nicht erfolgt sei. Ich erinnere mich an Sekunden lähmender Enttäuschung auf der Seite der Anklage, wenn ein Satz fiel, der einen – wenn auch nur geringen – Blick auf die Tatsache freigab, daß der Papst niemals mit den Alliierten sympathisiert hat. Freilich: auch seine Neutralität wäre für sie nicht gut genug gewesen. Sie waren der Meinung, daß der Begriff der Neutralität zwischen zwei Seiten dann ad absurdum geführt sei, wenn die eine Seite nicht nur die der Angreifer, sondern auch der Mörder sei. Aber »es war wohl alles viel komplizierter«.

In der Tat sah es eine Zeitlang so aus, als sei der einzige Gegner Hitlers im Vatikan der deutsche Botschafter von Weizsäcker gewesen. Ob es heute noch so aussieht, weiß ich nicht. Das Bild der päpstlichen Nachsicht gegenüber den Nationalsozialisten hat sich jedenfalls nicht geändert, und es wird sich nicht ändern, bis von katholischer Seite eine sachliche Widerlegung des Stückes von Hochhuth erfolgt. Infamie ist es, Hochhuth zu unterstellen, er habe die Nationalsozialisten entlasten wollen, indem er einen Teil der Schuld der katholischen Kirche zumesse. Dennoch behaupte ich, daß die Mehrheit des deutschen Volkes bis 1944 von den Greueltaten in den Konzentrationslagern nicht gewußt hat (wobei ich offen lasse, wie sie reagiert hätte, hätte sie davon gewußt). Der Papst aber war unterrichtet. Die Frage, warum er nicht eingriff, wird nicht beantwortet werden. Um »Schlimmeres zu verhüten?« Um »Hitler nicht in Raserei zu bringen?« Freilich hatten das Schlimmste und die Raserei sich nicht auf den Vatikan ausgedehnt. Wenn es galt, dies zu verhüten, so wird das Verhalten des Menschen Pacelli verständlich und, wenn man so will, entschuldbar. Nicht aber das Verhalten eines Papstes.

Vielleicht war es zu früh, um ein Stück über diesen Papst zu schreiben. Jedenfalls ist es zu spät zu einer genauen Einschätzung des Maßes seiner Schuld oder seiner Unschuld. Es wäre zu wünschen, daß sich nun Schweigen über ihn ausbreite und sein unbegründeter Nimbus erlösche. Wenn Hochhuths Arbeit dazu beiträgt, zu verhindern, daß Pius XII. als einer der großen Päpste in die Kirchengeschichte und damit in die Weltgeschichte eingeht, dann war diese Arbeit trotz allem nicht umsonst.

Ich besitze eine Ansichtskarte, die Pius XII. im Gebet darstellt. Vor einem durch Retouche ausgesparten, hellblauen Hintergrund kniet der Papst auf einem Betschemel, auf weißer Seide mit Goldbesatz und Borte. Er stützt seine Unterarme und damit seine im Gebet aneinandergelegten Hände auf einen antiken Betstuhl. Er ist im Ornat, dessen Faltenwurf verrät, daß sein Träger sich nicht auf natürliche Weise zum Knien niedergelassen hat, sondern daß er sich sein Gewand mit Raffinesse so hat zurechtziehen lassen, als sei er mit gewaltigem Schwung aus einem Flug herabgeschwebt; seine diagonale Hingabe gleicht der eines Engels auf einer Renaissance-Verkündigung. Ich habe diese Karte in Rom gekauft, in keiner anderen Absicht als der: sie mir in Ruhe zu betrachten und ihren Sinn zu erforschen, wie man jede Darstellung auf ihren Sinn prüft, indem man sich in das Dargestellte vertieft. Die Prüfung ergab, daß der Papst sich nicht im

Gebet hat photographieren lassen, sondern daß er die Pose des Gebets angenommen hat, um sich in dieser Pose photographieren zu lassen. Pose also, die mir mit der Würde des Stellvertreters Christi auf Erden unvereinbar erscheint und jeden intelligenten Gläubigen peinlich anmuten muß. Wäre Pius XII. wirklich die Persönlichkeit gewesen, als die man ihn gegenüber der Welt darzustellen suchte: ein Mensch, der Wunder an sich erfahren und sich das Recht erworben hat, einmal heiliggesprochen zu werden, so hätte er die Pose gar nicht gekannt; er hätte sich nicht schminken lassen, um in einem Film über den Vatikan aufzutreten, er wäre überhaupt nicht aufgetreten. Aber dieser Mann hat sich nicht gescheut, an seinem Nimbus selbst zu arbeiten. Er hat die für naivste Betrachter augenfälligste Rolle gespielt, um sich selbst, in polychromem Glanz, als einen Mann hinzustellen, den Gott liebt.

Günter Eich, 1907-1972, Büchnerpreisträger des Jahres 1959, begann nach dem Krieg als Lyriker – dem Natur- wie Zeiterlebnis einer »verlorenen Generation« unverwechselbar Ausdruck gebend (». . . meine Phantasie hat immer den Hinteraufgang benutzt. Da, wo der Müll befördert wird und die Wahrheiten, die man nicht möchte«); führender Hörspielautor in den 50er und 60er Jahren (u. a. *Träume*, erste Fassung 1951). »Eichs Sprache in Dialog und Darstellung ist knapp, klar und von ergreifender Einfachheit im Wesentlichen: Konzentration des Alltags auf die reinen Chiffren. Er weicht dem Trivialen nicht aus und ironisiert es ohne Reflexion, ihm damit seinen rechten Platz zuweisend. Vor allem aber: er schreibt ohne Prätentionen eben für das akustische Instrument, durch das er sich verdeutlichen will. Darauf beruht sein ungewöhnlicher Erfolg, der Millionen von Konsumenten, die der Literatur entfremdet sind, in den magischen Kreis eines Dichters gelockt und in ihm festgehalten hat.« (Christian Ferber zur Buchausgabe der Hörspiele, 1966.)

Nachfolgend die Schlußsätze des Hörspiels *Träume* (Berlin und Frankfurt am Main 1953, S. 189-190). Die ersten Aufnahmen des Hörspiels (Uraufführung am 19. April 1951) enthalten noch nicht die berühmten letzten Zeilen des Schlußgedichts, die zu den meistzitierten Gedichtzeilen Eichs, wenn nicht der Nachkriegszeit überhaupt, gehören.

Wacht auf, denn eure Träume sind schlecht!
Bleibt wach, weil das Entsetzliche näher kommt.

Auch zu dir kommt es, der weit entfernt wohnt von den Stätten,
                              wo Blut vergossen wird,
auch zu dir und deinem Nachmittagsschlaf,
worin du ungern gestört wirst.
Wenn es heute nicht kommt, kommt es morgen,
aber sei gewiß.

»Oh, angenehmer Schlaf
auf den Kissen mit roten Blumen,
einem Weihnachtsgeschenk von Anita, woran sie drei Wochen
                                    gestickt hat,

oh, angenehmer Schlaf,
wenn der Braten fett war und das Gemüse zart.
Man denkt im Einschlummern an die Wochenschau von gestern
abend:
Osterlämmer, erwachende Natur, Eröffnung der Spielbank in
Baden-Baden,
Cambridge siegte gegen Oxford mit zweieinhalb Längen, –
das genügt, das Gehirn zu beschäftigen.

Oh, dieses weiche Kissen, Daunen aus erster Wahl!
Auf ihm vergißt man das Ärgerliche der Welt, jene Nachricht
zum Beispiel:
Die wegen Abtreibung Angeklagte sagte zu ihrer Verteidigung:
Die Frau, Mutter von sieben Kindern, kam zu mir mit einem
Säugling,
für den sie keine Windeln hatte und der
in Zeitungspapier gewickelt war.
Nun, das sind Angelegenheiten des Gerichtes, nicht unsre.
Man kann dagegen nichts tun, wenn einer etwas härter liegt als
der andere.
Und was kommen mag, unsere Enkel mögen es ausfechten.«

»Ah, du schläfst schon? Wache gut auf, mein Freund!
Schon läuft der Strom in den Umzäunungen, und die Posten sind
aufgestellt.«

Nein, schlaft nicht, während die Ordner der Welt geschäftig
sind!
Seid mißtrauisch gegen ihre Macht, die sie vorgeben für euch er-
werben zu müssen!
Wacht darüber, daß eure Herzen nicht leer sind, wenn mit der
Leere eurer Herzen gerechnet wird!
Tut das Unnütze, singt die Lieder, die man aus eurem Mund
nicht erwartet!
Seid unbequem, seid Sand, nicht das Öl im Getriebe der Welt!

(28) *Thomas Mann*
   Versuch über Schiller

Bei dem folgenden Text handelt es sich um den Schluß der Rede, die
Thomas Mann (geboren 1875) kurz vor seinem Tod im Schillergedenk-
jahr 1955 nacheinander in Stuttgart und Weimar hielt (Berlin und Frankfurt am Main 1955, S. 99–104). Thomas Mann, der Europa erstmals
nach dem Krieg 1947 aus Anlaß einer Tagung des internationalen PEN-
Clubs in Zürich wieder besucht hatte, kam 1949 nach Deutschland zurück, wo er den Goethe-Preis der Städte Frankfurt und Weimar erhielt;
1954 ließ er sich in Kilchberg am Züricher See nieder. Zu Ehren seines
80. Geburtstages erhielt er die Ehrenbürgerschaft seiner Vaterstadt
Lübeck, die Ehrenmitgliedschaften der Deutschen Akademie der
Künste zu Berlin und der Deutschen Akademie für Sprache und Dichtung in Darmstadt sowie die Ehrendoktorate der Universitäten Jena
und der Technischen Hochschule Zürich verliehen. Dies waren Zeichen
der äußeren Rehabilitation eines Dichters, der in beiden Teilen
Deutschlands geachtet und geehrt wurde – eines Dichters, der in seinem
Leben und Schaffen durch ein »Leiden an Deutschland« geprägt war
und vor allem mit dem Roman *Dr. Faustus* (1947) eine »Lebensbeichte«
abgelegt und den »Roman der Epoche« geschrieben hatte.

Wie wohl ein Organismus kränkeln, ja siechen mag, weil es seiner Chemie an einem bestimmten Element, einem Lebensstoff,
einem Vitamin mangelt, so ist es vielleicht genau dies unentbehrliche Etwas, das Element »Schiller«, an dem es unserer Lebens-
ökonomie, dem Organismus unserer Gesellschaft kümmerlich
gebricht. So wollte es mir scheinen, als ich seine »Öffentliche
Ankündigung der Horen« wieder las, dieses herrliche Stück Prosa, worin er das auch seiner Zeit schon ungemäß Dünkende zum
Dringlichst-Zeitgemäßen erhebt, es zum Labsal macht jedem
Leidenden. Er spricht da von einer Zeit, wo »das nahe Geräusch
des Kriegs das Vaterland ängstigt, der Kampf politischer Meinungen und Interessen diesen Krieg beinahe in jedem Zirkel erneuert und weder in den Gesprächen noch in den Schriften des
Tages vor diesem allverfolgenden Dämon der Staatskritik Rettung ist«. Je mehr, sagt er, das beschränkte Interesse der Gegenwart die Gemüter in Spannung setze, einenge und unterjoche,
desto dringender werde das Bedürfnis, durch ein allgemeines
und höheres Interesse an dem, was *rein menschlich* und über al-

len Einfluß der Zeiten erhaben ist, sie wieder in Freiheit zu setzen und die politisch geteilte Welt unter der Fahne der Wahrheit und Schönheit wieder zu vereinigen. Sache seiner Zeitschrift, erklärt er, sollte es sein, dem Geist und Herzen des Lesers, den der Anblick der Zeitbegebenheiten bald enttrüste bald niederschlage, mitten im politischen Tumult, auf spielende sowohl wie ernsthafte Weise, Trost und Befreiung zu bringen. Verbannt aus ihr solle alles von einem unreinen Parteigeist Gestempelte sein. Aber während sie sich alle Beziehungen auf den *jetzigen* Weltlauf und die *nächsten* Erwartungen der Menschheit verbiete, wolle sie über die vergangene Welt die Geschichte und über die kommende die Philosophie befragen, zu dem durch die Vernunft aufgegebenen, in der Erfahrung aber so leicht aus den Augen gerückten Ideal veredelter Menschheit einzelne Züge sammeln und arbeiten an dem stillen Bau besserer Begriffe, reinerer Grundsätze und edlerer Sitten, *von dem zuletzt alle Verbesserung des gesellschaftlichen Zustandes abhänge.* »Wohlanständigkeit und Ordnung, Gerechtigkeit und Friede werden also der Geist und die Regel dieser Zeitschrift sein.«

Hüten wir uns nur, solche Vorsätze schwächlich-ästhetizistisch zu nennen, zu meinen, sie hätten irgend etwas zu tun mit dem, was heute escapism heißt. Arbeit am Geist der Nation, ihrer Moral und Bildung, ihrer seelischen Freiheit, ihrem intellektuellen Niveau, das sie in den Stand setze, zu gewahren, daß andere, unter verschiedenen historischen Voraussetzungen, einem verschiedenen Ideensystem, einer anderen sozialen Gerechtsame Lebende, *auch* Menschen sind; Arbeit an der Menschheit, welcher man Anstand und Ordnung, Gerechtigkeit und Friede wünscht statt gegenseitiger Anschwärzung, verwilderter Lüge und speiendem Haß, – das ist nicht Flucht aus der Wirklichkeit ins Müßig-Schöne, es ist bewahrender Dienst am Leben, der Wille, es zu heilen von Angst und Haß durch seelische Befreiung. Was dieser Mensch anstrebte mit dem Schwung des Redners, der Begeisterung des Dichters: das Universelle, Umfassende, rein Menschliche, ist ganzen Generationen als verblaßtes Ideal, als überholt, abgeschmackt, veraltet erschienen, und so mußte ihnen denn auch sein Werk erscheinen. Was als neu, notwendig, wahr und lebensvoll hervortrat und den Zeitgeist beherrschte, war das Besondere, Spezifische, Positive und Nationale. Schon Carlyle in seiner sonst liebevollen Schiller-Biographie übte in diesem Punkt Kritik an seinem Helden, dessen Herz, gleich dem des Marquis Posa, »der ganzen Menschheit schlug, der Welt und allen kommenden Geschlechtern«. Schiller hatte von »uns Neueren« gesprochen, im Gegensatz zu Griechen und Römern, als er »das vaterländische Interesse« für unreif und nur der Jugend der Welt geziemend erklärte. »Es ist«, las man bei ihm, »ein armseliges kleinliches Ideal, für eine Nation zu schreiben; einem philosophischen Geist ist diese Grenze durchaus unerträglich. Dieser kann bei einer so wandelbaren, zufälligen und willkürlichen Form der Menschheit, bei einem Fragmente (und was ist die wichtigste Nation anders?) nicht still stehen; er kann sich nicht weiter dafür erwärmen, als soweit ihm diese Nation oder National-Begebenheit als Bedingung für den Fortschritt der Gattung wichtig ist.« Gegen dies »Neuere« setzt Carlyle das Neueste. »Wir fordern«, sagte er, »einen einzelnen Gegenstand für unsere Zuneigung. Das Gefühl, welches sich auf die ganze Menschheit erstreckt, wird eben durch die große Ausdehnung so sehr geschwächt, daß es für den Einzelnen nicht wirksam ist . . . Allgemeine Menschenliebe gibt nur eine willkürliche und sehr schwache Verhaltungsregel, und es wird sich ausweisen, daß der ›Fortschritt der Gattung‹ ebenso wenig geeignet ist, die Einbildungskraft mächtig aufzuregen . . . Der erhabene, erleuchtete Enthusiasmus, der das Werk (Schillers Geschichtswerk) durchdringt, würde unser Herz mehr angesprochen haben, wäre derselbe auf einen engeren Raum beschränkt.«

Das ist führende Sprache, die Sprache eines Führenden, dem eine ganze Epoche Gefolgschaft leisten sollte, die Epoche des Nationalismus. Es ist – die Sprache von gestern. Denn die Wellen der Geistesgeschichte kommen und gehen, und wir erleben es heute, wie das Schicksal das Neue veralten läßt und das vermeintlich Abgelebte wieder zum Gedanken der Zeit beruft, es zu brennendster, vitalster Zeitgemäßheit erneuert, ihm eine Notwendigkeit auf Leben und Tod verleiht, wie es sie nie zuvor besaß. Wie steht es heute? Tief sinkt die nationale Idee, die Idee des »engern Raumes« ins Gestrige ab. Von ihr aus, jeder fühlt es, ist kein Problem, kein politisches, ökonomisches, geistiges mehr zu lösen. Der universelle Aspekt ist die Forderung der Lebensstunde und unseres geängstigten Herzens, und längst hat der Gedanke an die Ehre der Menschheit, das Wort Humanität, die weiteste Teilnehmung aufgehört, eine »schwache Verhaltungsregel« zu sein, bei der »unsere Empfindungen verdunsten und hinwegschwinden«. Gerade dies umfassende Gefühl ist es, was not-, nur allzu nottut, und ohne daß die Menschheit als Ganzes sich auf sich selbst, auf ihre Ehre, das Geheimnis ihrer Würde besinnt, ist sie nicht moralisch nur, nein, physisch verloren.

Das letzte Halbjahrhundert sah eine Regression des Menschlichen, einen Kulturschwund der unheimlichsten Art, einen Verlust an Bildung, Anstand, Rechtsgefühl, Treu und Glauben, jeder einfachsten Zuverlässigkeit, der beängstigt. Zwei Weltkriege haben, Roheit und Raffgier züchtend, das intellektuelle und moralische Niveau (die beiden gehören zusammen) tief gesenkt und eine Zerrüttung gefördert, die schlechte Gewähr bietet gegen den Sturz in einen dritten, der alles beenden würde. Wut und Angst, abergläubischer Haß, panischer Schrecken und wilde Verfolgungssucht beherrschen eine Menschheit, welcher der kosmische Raum gerade recht ist, strategische Basen darin anzulegen, und die die Sonnenkraft äfft, um Vernichtungswaffen frevlerisch daraus herzustellen.

> Find' ich so den Menschen wieder,
> Dem wir unser Bild geliehn,
> Dessen schöngestalte Glieder
> Droben im Olympus blühn?
> Gaben wir ihm zum Besitze
> Nicht der Erde Götterschoß,
> Und auf seinem Königsitze
> Schweift er elend, heimatlos?

Das ist die Klage der Ceres im »Eleusischen Fest«; es ist Schillers Stimme. Ohne Gehör für seinen Aufruf zum stillen Bau besserer Begriffe, reinerer Grundsätze, edlerer Sitten, »von dem zuletzt alle Verbesserung des gesellschaftlichen Zustandes abhängt«, taumelt eine von Verdummung trunkene, verwahrloste Menschheit unterm Ausschreien technischer und sportlicher Sensationsrekorde ihrem schon gar nicht mehr ungewollten Untergange entgegen.

Als man, November 1859, seinen hundertsten Geburtstag beging, hob ein Sturm der Begeisterung einigend Deutschland auf. Damals bot sich, so heißt es, der Welt ein Schauspiel, das die Geschichte noch nicht kannte: das immer zerrissene deutsche Volk in geschlossener Einheit durch ihn, seinen Dichter. Es war ein nationales Fest, und das sei das unsrige auch. Entgegen politischer Unnatur fühle das zweigeteilte Deutschland sich eins in seinem Namen. Aber ein anderes, größeres Vorzeichen noch muß die Zeit unserer Gedenkfeier verleihen: sie stehe im Zeichen universeller Teilnehmung nach dem Vorbild seiner hochherzigen Größe, die nach einem ewigen Bunde rief des Menschen mit der Erde, seinem mütterlichen Grund. Von seinem sanft-gewaltigen Willen gehe durch das Fest seiner Grablegung und Auferstehung etwas in uns ein: von seinem Willen zum Schönen, Wahren und Guten, zur Gesittung, zur inneren Freiheit, zur Kunst, zur Liebe, zum Frieden, zu rettender Ehrfurcht des Menschen vor sich selbst.

Teil III
Protest und Tendenzwende
Blüte und Altern der Neuen Linken

Die ungeratene Generation

Als sozialpsychischer Hintergrund für das die Protestära einleitende jugendliche Unbehagen sind wohl vor allem die Wohlstandsverhältnisse anzusehen, da diese – unter dem individuell wie kollektiv akzeptierten Motto »Es ist erreicht!« – Erstarrung und Saturiertheit, Selbstzufriedenheit und Immobilismus förderten. Gerade in Rückerinnerung an die »schönen Trümmerjahre« und ihre geistige Beweglichkeit wird deutlich, in welche Gefahren das »Etablierte« und damit auch das »Establishment« die Gesellschaft versetzten: Die notwendige Zweidimensionalität, die Konfrontation von »Stofflichkeit« und Geist, Statik und Dynamik, Affirmation und Opposition, wurde weitgehend aufgegeben zugunsten einer im Konsumtionsprozeß sich nivellierenden Einheitlichkeit, aus der nur noch sporadisch Impulse, die auf das »ganz andere« ausgerichtet waren, ausbrachen.

Günter Grass, der den Schreibtisch verließ und für die ESPEDE als Wahlhelfer »trommelnd« durchs Land zog – von ihr den Durchbruch zur »Zweidimensionalität« erhoffend –, hat die damalige allgemeine Stagnation in seiner »Rede über das Selbstverständliche«, anläßlich der Verleihung des Büchner-Preises 1965, beschrieben. (1) Grass gehörte der Generation der Trümmerjahre an; in der Jugend der Wirtschaftswunderära jedoch artikulierte und präsentierte sich zunächst eine weitgehend unpolitische Drop-out-Mentalität.

Die »Gammler« erwiesen sich dabei als Ausdruck pubertärer Verhaltensweisen, die sich dem allgemeinen Konformitätsdruck zu entziehen suchten. So ist es durchaus symptomatisch gewesen, daß Wahlreden von Ludwig Erhard des öfteren von Gammlerchören gestört wurden; der Kanzler ersuchte denn auch die Innenministerien der Bundesländer, schleunigst mitzuteilen, in welchem Umfang »Gammler« die öffentliche Sicherheit und Ordnung gefährdeten, ob »Gammler« identisch mit Landstreichern seien, schon randaliert und demoliert hätten und ob sich unter ihnen auch Ausländer befänden. Das niedersächsische Innenministerium charakterisierte die Gammler wie folgt: Zumeist unter fünfundzwanzig, Jungen wie Mädchen, vielfach geistig aufgeschlossen, oft gutsituierte Eltern, gruppenweise auftretend, teils politisch engagiert, gesellschaftliche Wiedereingliederung nach Reifeprozeß wahrscheinlich. *Der Spiegel* schrieb in einem Report (Nr. 39, 1966, S. 70): »So sehen sie aus – Deutschlands Gammler. Langhaarig, trinkfest, schmuddelig, gleichgültig, lungern sie an den Ecken der Nation: am Ohr oder um den Hals blechernes Geschmeide, um die Hüften zerfranste Jeans, an jedem Fuß eine andersfarbige Socke, eher aber noch ohne Strümpfe und Schuhe. Ihre Gewänder beschriften sie mit Protest-Gestammel oder Nonsens-Floskeln: ›Beethoven for ever‹, ›Die Mauer muß weg‹, ›Gammler vermehrt euch‹. Sie waschen sich, wenn überhaupt, unter dem Springbrunnen oder auf Warenhaus-Toiletten. Sie ernähren sich von milden Gaben trockenen Brotes und Wurststullen, die ihnen von Obersekundanerinnen aus der Straßenbahn gereicht werden. Sie nächtigen in Parks, Streusandkisten, Autowracks und halbfertigen Neubauten. Sie sorgen nicht um ihr Leben und erstreben keinen persönlichen Besitz (ein nacktfüßiger Berliner Gammler mit Bart und Abitur: ›Ich halte es wie Kalle Marx, der hielt auch nichts von dieser Eigentumsscheiße‹). Und sie kennen auch ein Vorbild: ›Jesus war der erste Gammler‹.«

Die in der Wirtschaftswunderwelt besonders ausgeprägte Abneigung gegen das Experiment, die Vorstellung, daß »Keine Experimente!« letztlich Ruhe und Sicherheit garantierten, da der hohe Stand des Erreichten am besten erhalten werden könne, wenn man an den Verhältnissen nicht rühre, traf auf den Widerstand einer Jugend, die aufgrund ihres anthropologischen wie historischen Status eine besondere Sensibilität für Zukunft und zukünftige Entwicklungen zeigte; zumindest unbewußt spürte diese Jugend, daß das Experiment eigentlich ein Vorausgreifen der Vernunft in die Zukunft darstellt, gewissermaßen ein Stück Zukunft im Voraus »aufklärt« (überschaubar macht) und so die Menschen von dem Druck und der Angst befreit, die durch das Gefühl erzeugt werden, heute nicht zu wissen, was das Morgen bringen wird.

Die Kritik der Linksintellektuellen an den bestehenden Verhältnissen, popularisiert durch einen agilen Feuilletonismus, fiel auf besonders fruchtbaren Boden bei der Schülerschaft der Gymnasien, die sich als Vorreiter für den späteren, dann vor allem von den Studenten getragenen Protest erwiesen.

Auch Mentalitätsmuster der »Halbstarken«, die zehn Jahre

vorher die Gesellschaft beunruhigt hatten, wirkten weiter – Signale jugendlicher Unsicherheit und Kontaktlosigkeit in einer zunehmend technisierten Welt. In einem Beitrag der *Süddeutschen Zeitung* (4./5. August 1956) schrieb Richard Kaufmann, daß in der arbeitsgeteilten, von Betriebswissenschaftlern regierten Welt heute nicht mehr die Persönlichkeit des Chefs, des Meisters, des Alten oder des Vaters vor dem Jungen stehe, sondern ein anonymes, auswechselbares Wesen. Ein Spezialist mit Schein, ein Manager; von dem Können des anderen lasse sich profitieren, von seiner Persönlichkeit nicht. An die Stelle des freundschaftlichen Knuffs, der Vorhaltung, des Lobs trete häufig schon der Fragebogen und das Punktsystem. »Ist der Betrieb noch klein und überschaubar, so kann sich noch so etwas wie eine Familie bilden. Ist er ein Mammutbetrieb oder ist er überhaupt kein richtiger Lehrbetrieb – diese beiden Kategorien dürften das Gros der verwilderten Halbstarken stellen –, dann veröden die seelischen Bezirke völlig, dann wird vielleicht von oben kunstvoll ›kontaktet‹ – mit Pamphleten und lustigen Schilderungen von Betriebsausflügen. Doch den persönlichen Kontakt, nach dem es den Jungen drängt, kann der papierne akademische Kontakt nicht ersetzen. Etwas bleibt unausgesprochen, etwas wird nicht angesprochen. Und da es den Jungen wirklich bedrängt, sucht er den Kontakt jetzt in einer anderen Familie. Dies ist die Bande, die Horde, in der es oft strenger nach selbstgewähltem Etikett zugeht als in der psychologisch eingerichteten Lehrlingswerkstatt. Die Bande ist ein quid pro quo; sie hat den unbestreitbaren Vorzug, daß sie lebendig ist, dynamisch, eine echte Hierarchie, keine am Schreibtisch erfundene. Dies macht ihre geheimen Reize aus.«

Belastet durch eine laszive, infame Sexualpropaganda, durch Aufreizung zur Gewalttat und Abwertung der hergebrachten Normen, rumore es im jungen Menschen. Die Frage sei nicht nur, wieviel er vertrage, sondern wieviel Möglichkeiten er finde oder erhalte, um diese Spannungen auf natürliche Weise auszugleichen.

Der Weg von den Halbstarken inmitten von Horde und Bande zu der durch vielfältige subkulturelle Attitüden »ausgeschmückten« Underground-Bewegung war gekennzeichnet durch die »Signale« einer »vaterlosen Gesellschaft«, die, fixiert auf Wohlstand, Karriere, Sicherheit, die seelischen Probleme und Nöte der jungen Generation nicht oder nur noch peripher wahrnahm. In seinem Buch *Die skeptische Generation* (1957) stellte Helmut Schelsky fest, daß die Jugend die Wertetafeln der Gesellschaft nicht mehr bejahe; die Halbstarkenkrawalle wären Rebellion gegen eine Ordnung, an der man sich ärgere; das selbstverständliche Anliegen der Jugend, die Autoritäten der Ordnung zu provozieren, sei aber in unserer Gesellschaft nicht mehr allzuleicht zu verwirklichen; die sowohl aufgeklärten als auch ängstlichen Eltern und die psychologisch dressierten Lehrer ließen sich kaum noch reizen; vielleicht liege ein Geheimnis der Halbstarkenkrawalle darin, daß man hier eine der letzten Autoritäten herausfordern könne: die Polizei. Die »skeptische« oder besser: »unzugängliche« Generation führe keine Diskussionen. Die Vater-Sohn-Auseinandersetzungen fänden nicht statt, nicht einmal politisch, aber das läge nicht nur an den Jungen.

Die »Frage nach dem Vater«, die etwa Joachim Bodamer in *Christ und Welt* (25. 8. 1955) aufwarf, blieb bestehen – fand aber keine Antwort. Männlichkeit als Gelassenheit der Welt gegenüber, als inneres Sichersein, als Wohlwollen, Güte, Überlegenheit und Verantwortungsgefühl vor der Zukunft gingen verloren; der Mann mit seinem Berufspathos und seinem Leistungswillen habe für den inneren Menschen und für die Familie meist keine Zeit. »Sein kurzschlüssiger Glaube ist, daß die wichtigste und alles beherrschende Aufgabe für ihn darin gegeben sei, daß er seine Familie ökonomisch sicherstelle und mit dem Lebensstandard auf der Höhe halte. In Wirklichkeit verhält es sich so, daß er familienflüchtig geworden ist, die Familie und ihre seelischen Ansprüche oft geradezu scheut, weil er sich ihnen nicht gewachsen fühlt, weil sein Inneres auf das Innere der Familie nicht mehr anspricht, weil er sich in der technisch überschaubaren Welt seines Berufs sicherer und heimischer fühlt.« Der Verhaltensforscher Konrad Lorenz sprach in diesem Zusammenhang von einem »Krieg der Generationen« (*Christ und Welt*, 30. 1. 1970: »Unsere Kultur wird bedroht von einer schlagartigen Zerstörung durch den Zusammenbruch unserer kulturellen Tradition. Die Bedrohung entsteht aus den Gefahren, die ein Stammeskrieg zwischen zwei aufeinanderfolgenden Generationen auslöst. Die Ursachen des Krieges, vom Standpunkt des Verhaltensforschers und des Psychiaters gesehen, liegen offenbar in einer Massenneurose von ungeahnten Ausmaßen.«).

So ergab sich eine enge Korrespondenz zwischen Wohlstandswelt, »vaterloser Gesellschaft« und »ungeratener Generation«; der letzteren »Stimmungsbild« war das einer verzweifelten Heiterkeit, eines verbissenen Nichtstuns, eines fröhlichen Nihilismus. Gleichgültigkeit, Lässigkeit, plötzliche Vitalitätsanfälle, Bildungsfetzen (malerisch einem ahistorischen Zeitgefühl aufgesetzt), Hilfsbereitschaft und Hintergründigkeit waren unentwirrbar ineinander verschlungen. Die Jugend entdeckte die Sinnlichkeit körperhafter Beziehungen, die Zärtlichkeit jenseits der Konvention; ihrer Vorliebe fürs Vegetative und Androgyne (in den »Blumenkindern«, den Hippies, besonders ausgeprägt) entsprachen Ausbrüche in psychedelische Rauschzustände – und beides wurde clever von der Vergnügungsindustrie vermarktet. (Der Film *Blow up* z. B. diente der ästhetischen Stilisierung des neuen Lebensgefühls.) Inmitten einer prosperierenden Zivilisation zog es die »Kinder von Karl Marx und Coca Cola« (Jean-Luc Godard) in das innere Exil, das die Weltsprache dieser Jahre »Underground« nannte. Hier fanden sich Künstler, Bohemiens, Wehrdienstgegner, Provos, Gammler, Beatniks, Maschinenstürmer, revoltierende Schüler und Studenten, Drogenesser, Friedenskämpfer im Rahmen einer Weltanschauung zusammen, die durch einen abenteuerlich anmutenden Synkretismus charakterisiert war, eine Mischung aus christlichen, buddhistischen, marxistischen, sozialistischen, anarchistischen, astrologischen und hedonistischen Glaubensvorstellungen, mit einer besonderen Allergie gegenüber autoritären Verhaltensweisen. Der Medienforscher McLuhan prophezeite eine »völlig neue Gesellschaft, die sämtliche alten Wertkategorien, vorgeformten Lösungen, Verhaltensweisen und Institutionen ersetzt«. Das Motto – im besonderen auch dem US-Engagement in Vietnam entgegengesetzt – hieß: »*Make love not war!*« Der moralische Bankrott des Establishment wurde deklariert; die Nacktheit, im übertragenen (als seelische Entblößung) wie im konkreten Sinne, erwies sich als bevorzugtes Vehikel für Emanzipation; Normen, Tabus und Repressionen (auch repressive Toleranz) waren »out«, Pornographie und Obszönität »in«. »Fuck« und »Scheiße« galten als Entree-Billetts zur neuen »scene«.

Alternative culture: Umgeben von den »Charaktermasken« ehrgeiziger Existenzen und inmitten der Oberflächenreize einer Konsumwelt, der die Mehrzahl fetischistisch anhing, wollte man mit neuer Sensibilität das »Eigentliche« und »Wesentliche« finden. Statt Horizontale Vertikale, statt Expansion Meditation, statt Aktivität Introspektion. Absage an den amerikanischen Traum und den American way of life. Aber das Ausbrechen war schwer; in den gigantischen Stadtwüsten der Zivilisation, voll von Frustration und Aggressivität, ließ sich das »gute Leben« nicht verwirklichen; man floh; probte aber auch bereits den Aufstand.

Flankiert von diffusen künstlerischen Strömungen, die im Gegensatz zum etablierten Kulturbetrieb der Spontaneität sich überantworteten, entwickelte sich zunehmend eine Philosophie des Protests, die aus einem reichen gedanklichen Wurzelgrund Kraft sog und rasch zur Blüte gedieh. Maßgebend für diese Bewegung war Herbert Marcuse, der die Eindimensionalität des technisierten, automatisierten, bürokratisierten spätkapitalistischen Staats- und Gesellschaftssystems dekuvrierte und das revolutionäre Aufbegehren gegen die Apparaturen, Systeme, Maschinerien propagierte.

Marcuse (1898 in Berlin geboren, mit Max Horkheimers »Institut für Sozialforschung« nach der nationalsozialistischen Machtergreifung über Genf nach New York geflohen, seit 1965 Professor an der University of California) hat man einen »freudianischen Heidegger-Marxisten« genannt; er glaubt zwar nicht wie Marx an die heilbringende Kraft des Proletariats, teilt aber dessen Hoffnung auf ein Reich der Freiheit, in dem dann auch eine (repressionsfreie) »libidinöse Moral« waltet. Marcuses Bücher, vor allem *Triebstruktur und Gesellschaft* (1965), *Der eindimensionale Mensch* (1967) und die Essays *Über den affirmativen Charakter der Kultur* (1937 bzw. 1965), *Repressive Toleranz* (1966) waren von großem Einfluß auf die Protestbewegung.

Von einem »Auftritt« Marcuses in Berlin 1967 hieß es in der *Zeit* (21. Juli 1967): »Berlins Studenten-Opposition zeigte, wie artig sie sein kann: Einer ihrer Repräsentanten trug 25 rote Nelken auf das Podium des Auditorium maximum der Universität. Der Geehrte, ein alter Herr, bedankte sich für das Gebinde mit einem Augenzwinkern, das die etwas deplacierte Feierlichkeit der Zeremonie wieder aufhob. Lang anhaltender Applaus dankte schließlich Herbert Marcuse, dem Star und geistigen Vater der Jugendrevolten in aller westlichen Welt, für sein kurzes Gastspiel an der Freien Universität. Das Blumenpräsent war übrigens mehr als Artigkeit. Es war eine Demonstration. Denn an der gleichen Stelle hatten wenige Tage zuvor dieselben Studenten Abschied von ihrem ehemaligen Idol, Theodor (›Teddy‹) Adorno, gefeiert. Das Geschenk für ihn: ein roter Gummiteddy. Abschiedswehmut erstickte im lautstarken Hohn. Das geistige Scheiden schien nur Adorno weh zu tun.

Habermas, Horkheimer, Adorno – gestern noch die Väter der jungen deutschen Linken – sind aufs Altenteil abgeschoben worden. Sie werden abgelöst von einem, der seinen Schülern die Gesellschaft nicht nur mit Marx ›miesmacht‹, sondern sie auch zum revolutionären Handeln aufruft. Herbert Marcuse hat den Eier- und Tomatenwerfern vor der Berliner Oper den Arm geführt. Eine neue Studentengeneration hat sein Taschenbuch in der Kollegmappe. Marcuse macht jeden Jungakademiker zum potentiellen Revolutionär. Und die Schlußsätze seiner Kritik der ›repressiven Toleranz‹ sind Alibi und politisches Glaubensbekenntnis der jungen Aufständischen nicht nur in Berlin: ›Ich glaube, daß es für unterdrückte und überwältigte Minderheiten ein ›Naturrecht‹ auf Widerstand gibt, außergesetzliche Mittel anzuwenden, sobald die gesetzlichen sich als unzulänglich herausgestellt haben . . . Wenn sie Gewalt anwenden, beginnen sie keine neue Kette von Gewalttaten, sondern zerbrechen die etablierte. Da man sie schlagen wird, kennen sie das Risiko, und wenn sie gewillt sind, es auf sich zu nehmen, hat kein dritter, und am allerwenigsten der Erzieher und Intellektuelle, das Recht, ihnen Enthaltung zu predigen.‹«

In einem Interview (*Kursbuch 9*, Juni 1967, S. 1 ff.) antwortete Herbert Marcuse auf die Frage, ob nicht derjenige, der heute von »Revolution« spräche, einer Mystifikation Vorschub leiste, wie folgt:

»Die Idee der Revolution ist eigentlich nie ›Mystifikation‹. Das Bestehende war immer als Ganzes schlecht: im Kampf gegen die realen Möglichkeiten der Bewältigung des Elends und der Grausamkeit. Daß sie keine identifizierbaren ›Adressaten‹ mehr hat, keine organisierte Bewegung, auf die sie sich stützen könnte, annulliert nicht die Notwendigkeit von Revolution. Und hat sie heute wirklich keine ›Adressaten‹? Weder der ideologische Schleier der pluralistischen Demokratie noch der materielle Schleier verschwenderischer Produktivität ändert etwas an der Tatsache, daß im Bereich des Spätkapitalismus das Schicksal des

Menschen bestimmt ist durch den aggressiven und expansiven Apparat der Ausbeutung und der mit ihm verfilzten Politik. Die in diesem Herrschaftssystem erlaubten und verwalteten Freiheitsrechte vermindern nicht die Gewalt einer Herrschaft, welche die Welt zur Hölle gemacht hat. Gegenwärtig ist die Hölle auf den Schlachtfeldern von Vietnam und den anderen Opferländern des Neokolonialismus konzentriert; dort ist freilich auch die Menschheit konzentriert: nicht unmittelbar, in den Guerillakämpfern, die dem Grauen der Eroberer mit dem Grauen der Verteidigung begegnen, sondern, sehr vermittelt, in der Chance, daß sie, die in ihrer extremen Armut und Schwäche schon seit Jahren die reichste und technisch höchst-entwickelte Zerstörungsmaschine aller Zeiten in Schach halten, die innere Grenze des Systems markieren. ›Innere‹ Grenze, weil es im globalen System des Spätkapitalismus kein Außen mehr gibt; weil selbst die Entwicklung der sozialistischen Länder, bei allem Gegensatz in den Produktionsverhältnissen, dem Zwang der globalen Konkurrenz und den Geboten der Koexistenz gehorcht. Aber jede romantische Idee der Befreiungsfront ist falsch. Der Guerillakampf als solcher stellt keine fatale Bedrohung des Systems dar: auf die Dauer kann er der technischen ›Endlösung‹ nicht standhalten. Das System behält sich die Entscheidung vor, ob und wann es den ›Sieg‹ durch totale Verbrennung und totale Vergiftung beschließen wird. Die ›Endlösung‹ in Vietnam wäre die endliche Sicherung der Macht des Kapitals, das seine Interessen mit Hilfe von Militär- und Besitzdiktaturen weiter ausdehnen und die sozialistischen Länder zu immer anstrengenderer Verteidigung (oder zu ohnmächtiger Neutralität) zwingen würde. Diese Tendenz kann nur gebrochen werden, wenn der Widerstand der Opfer des Neokolonialismus eine Stütze findet in der ›Gesellschaft im Überfluß‹ selbst, in der Metropole des Spätkapitalismus und in den von der Metropole in ihrer Selbständigkeit bedrohten schwächeren kapitalistischen Ländern. In den kapitalistischen Ländern des europäischen Kontinents jedenfalls bleibt die politische Reaktivierung der Arbeiterbewegung im internationalen Rahmen Voraussetzung für die Wirksamkeit der Gegenbewegung.«

1975 sagte Marcuse jedoch in einem Gespräch (»Die Revolution in der Krise«, *Deutsche Zeitung – Christ und Welt*, 28. November 1975): »Niemand in der Neuen Linken hat ernsthaft geglaubt, in absehbarer Zeit eine Mehrheit zu gewinnen. Deshalb ist sie nicht ›gescheitert‹. In der monopolkapitalistischen Periode bedeutet Revolution eine radikale Umwertung der Werte, eine Umwälzung nicht nur der politischen und ökonomischen, sondern auch der ideologischen, ich möchte beinahe sagen – der psychologischen, biologischen Hierarchie: der historische Sprung in eine qualitativ andere Lebensweise, qualitativ andere ›Natur‹ – eine neue Vernunft und eine neue Sinnlichkeit. Ein solcher Prozeß ist nur in einem Zeitraum von vielen Jahrzehnten vorstellbar.«

Neben Herbert Marcuse erwies sich Ernst Bloch als bedeutender Mentor der Protestgeneration – ein »Prophet mit Marx- und Engelszungen«, welcher der allgemeinen Frustration das »Prinzip Hoffnung« entgegensetzte. (2) Bloch vertrat eine ganz in der Diesseitigkeit verwurzelte »Theologie vom glücklichen Menschen«, der von »Träumen nach vorwärts« bewegt werde, aber ständig dadurch gefährdet sei, daß seine Tagträume zur Beute von Betrügern würden.

Die in der »Jugendbewegung« der 60er Jahre zutage tretende soziale, politische und ästhetische Sensibilität blieb ohne pädagogische Resonanz. Das Versagen des Bildungssystems gerade in dieser Phase der bundesrepublikanischen Entwicklung vertiefte die Kluft zwischen der um Veränderung bemühten Jugend und der auf Beharrung versessenen Erwachsenenwelt. Georg Pichts 1964 veröffentlichte, später auch als Buch erschienene Artikelserie »Die Deutsche Bildungskatastrophe« beschäftigte sich vor allem mit Fragen des Schülerzuwachses bei fehlendem Lehrpersonal und des Bildungsdefizits unterprivilegierter Schichten. (3)

In einer solchen Atmosphäre des gegenseitigen Miß- wie Unverständnisses und eskalierender Gewalt konnte eine Abiturrede wie die der Schülerin Karin Storch, 1967 in Frankfurt gehalten, als Sensation empfunden werden – weil sie, obgleich in durchaus »wohlgesetzten« Worten, Probleme der Schule offen und auf eine nicht-affirmative Weise ansprach.

Das Schulsystem, das doch auch zum Widerstand gegen Anpassung und, um mit dem Titel der Abiturrede zu sprechen, zum »rechtverstandenen Ungehorsam« hätte erziehen sollen, entzog sich (wie die Universitäten) den Forderungen auf Veränderung; eine Demokratisierung fand nicht statt. Die von Vertretern idealistischer Pädagogik vorgelegten Reformkonzepte, wie sie im besonderen dem seit 1966 um die Zusammenarbeit von Wissenschaft und Politik bemühten Gremium des »Bildungsrats« zu danken waren, scheiterten weitgehend am Widerstand oder der Indifferenz der Politiker.

In Teilbereichen freilich gab es durchaus erkennbare Fortschritte. Curriculare Forschung verhalf zu einer Revision der Lehrziele, Lehrstoffe und Lehrmethoden (wobei der audiovisuelle Bereich zunächst stark überschätzt wurde). Die Kritik an den noch stark durch Blut-und-Boden-Ideologie bestimmten Lesebüchern bewirkte wesentliche Veränderungen bei der Schulbuchgestaltung. Mit dem »Sexualkundeatlas«, 1969 im Auftrage des damaligen Bundesministers für das Gesundheitswesen Käte Strobel von der Bundeszentrale für gesundheitliche Aufklärung herausgegeben, setzten Bemühungen um die bislang völlig vernachlässigte Sexualerziehung ein; die heftige Kritik an diesem Versuch auch aus dem linken Lager zeigte exemplarisch, daß Reform und Revolte nicht mehr zur »Synthese« zusammenfanden.

Sexuelle Emanzipation bedeutete in der linken Bewegung zugleich Überwindung gesellschaftlicher Repression. »Libidinöse Moral«, Lust mit gutem Gewissen, wurde dem gigantischen Striptease der Plakat- und Konsumwelt (als Ausdruck eines Enterotisierungsprozesses) entgegengestellt. Sexsucht wie Sexangst sollten gleichermaßen beseitigt, die physische wie psychische Isolierung in neuen Gemeinschaftsformen (wie Wohnkommunen) aufgehoben werden. Die »Pille« diente dem Kampf gegen die sexuelle Benachteiligung der Frau und damit dem Kampf gegen das Patriarchat. Dem »Konsumterror« versuchte man sich, zugleich in Absage ans Sozialprestige, zu entziehen. Die Kritik der Warenästhetik erstrebte im Gegenzug die »Schönheit« menschlicher Beziehungen (und das hieß vor allem Humanisierung der Arbeitswelt).

»Der Schein, auf den man hereinfällt, ist wie ein Spiegel, in dem die Sehnsucht sich erblickt und für objektiv hält. Wo den Menschen, wie in der monopolkapitalistischen Gesellschaft, aus der Warenwelt eine Totalität von werbendem und unterhaltendem Schein entgegenkommt, geschieht, bei allem abscheulichen Betrug, etwas Merkwürdiges, in seiner Dynamik viel zu wenig Beachtetes. Es drängen sich nämlich an die Menschen unabsehbare Reihen von Bildern heran, die wie Spiegel sein wollen, einfühlsam, auf den Grund blickend, Geheimnisse an die Oberfläche holend und dort ausbreitend. In diesen Bildern werden den Menschen fortwährend unbefriedigte Seiten ihres Wesens aufgeschlagen. Der Schein dient sich an, als kündete er die Befriedigung an, er errät einen, liest einem die Wünsche von den Augen ab, bringt sie ans Licht auf der Oberfläche der Ware. Indem der Schein, in dem die Waren einherkommen, die Menschen ausdeutet, versieht er sie mit einer Sprache zur Ausdeutung ihrer selbst und der Welt. Eine andere, als die von den Waren gelieferte, steht schon bald nicht mehr zur Verfügung. Wie verhält, vor allem wie verändert sich jemand, der beständig mit einer Kollektion von Wunschbildern, die man ihm zuvor abspioniert hat, umdienert wird? Wie verändert sich jemand, der fortwährend erhält, was er wünscht – aber es nur als Schein erhält? Das Ideal der Warenästhetik wäre es, das zum Erscheinen zu bringen, was einem eingeht wie nichts, wovon man spricht, wonach man sich umdreht, was man nicht vergißt, was alle wollen, was man immer gewollt hat. Widerstandslos wird der Konsument bedient, sei es nach der Seite des Schärfsten, Sensationellsten, sei es nach der Seite des Anspruchslosesten, Bequemsten. Die Gier wird ebenso zuvorkommend bedient wie die Faulheit.

Indem die Warenästhetik den Menschen nach dieser Richtung ihr Wesen auslegt, scheint die progressive Tendenz des Treibenden in den Menschen, ihres Verlangens nach Befriedigung, Lust, Glück, umgebogen. Das Treibende scheint eingespannt und zu einem Antrieb zur Anpassung geworden zu sein. Manche Kulturkritiker sehen darin einen Vorgang umfassender Korruption geradezu der Gattung. Gehlen spricht von ihrer Entartung, indem sie sich ›an allzu bequeme Lebensbedingungen‹ anpaßt. Es ist in der Tat eine Hinterhältigkeit in der Schmeichelei der Waren: Was sie bewegt, sich derart anzudienen, herrscht eben dadurch. Die vom Kapitalismus Bedienten sind am Ende nurmehr seine bewußtlosen Bediensteten. Nicht nur werden sie verwöhnt, abgelenkt, abgespeist, bestochen.« (W. F. Haug: *Zur Kritik der Warenästhetik*, in: *Kursbuch* 20, März 1970, S. 154f.)

Die Kritik an der Ausbeutung der Dritten Welt, am »imperialistischen Krieg« der USA gegen Vietnam, an den sozialen Mißständen der westlichen Industriegesellschaften gründete in einer marxistisch orientierten Kapitalismusanalyse.

Die Protestbewegung war zunächst vorwiegend auf gewalt-freien Widerstand angelegt; die dann um sich greifende »Gewalt gegen Sachen« stellte eine erste Abweichung von diesem Weg dar. Die Tabuverletzung wurde instrumentalisiert; die gesell-schaftliche Doppelmoral und die sie kaschierenden Rituale soll-ten durch »Schocks« verunsichert werden: Teach-ins, Sit-ins, obszöner Jargon, Verletzung der Reinlichkeits- und Kleider-normen wie der »Sekundärtugenden« insgesamt dienten diesem Ziel und sollten »Lernprozesse« einleiten. Kritisches und utopi-sches Denken wurden in einer Wissenschaftssprache vermittelt, die aus bislang vom Bildungsbürgertum weitgehend negierten ökonomischen, psychoanalytischen und soziologischen Denk-systemen sich herleitete. Diese Sprache wandte sich in ihrer Ab-straktion und Präzision gegen das hohle Pathos des »Jargons der Eigentlichkeit« (Adorno).

Auf der anderen Seite zeigte sich bald eine Erstarrung des ei-genen Sprechens, was mit der Ideologisierung der eingenomme-nen weltanschaulichen Position Hand in Hand ging. Der »Jar-gon der Dialektik« reproduzierte, wenn auch reziprok, was man am Establishment bekämpft hatte (4); die revolutionäre Auflok-kerungsstrategie wurde selbst Ritual, das die Gruppe zur »ver-schworenen Gemeinschaft« zusammenbinden und den politi-schen Gegner als Feind mit Hilfe von Psychoterror lähmen soll-te. Diejenigen »Liberalen«, die in Sorge um die bundesrepubli-kanische Demokratie mit der linken Bewegung sympathisiert oder sie unterstützt hatten, erkannten bald die aufgetretenen Ge-fahren. (5) Auch Jürgen Habermas, maßgeblicher Vertreter der Frankfurter Schule, der die philosophischen Grundlagen der lin-ken Bewegung mitgeschaffen hatte, warnte auf dem Höhepunkt des Protests bereits vor einer »linksfaschistischen« Entar-tung. (6)

Das Altern der Neuen Linken ging rasch vor sich; sie schei-terte an ihren eigenen Widersprüchen und an der erstarkenden Restauration, die zum »Gegenstoß« ansetzte und – unter Hin-weis auf die kriminellen Aktionen von Terroristen, die freilich mehr als Produkt eines bourgeoisen denn eines sozialistischen Milieus anzusehen sind – weitverbreitete Emotionen gegen »Linksradikalismus« zu mobilisieren vermochte.

(1) *Günter Grass*
Rede über das Selbstverständliche

Die *Süddeutsche Zeitung* (16./17. Oktober 1965) schrieb im Vorspann zum Abdruck der hier in Auszügen wiedergegebenen Rede: »Am 9. Oktober hat der Schriftsteller Günter Grass in Darmstadt den Büchner-Preis der Deutschen Akademie für Sprache und Dichtung in Empfang genommen. Die Rede, die er aus diesem Anlaß hielt, hat nicht nur Applaus provoziert, sondern auch Widerspruch und Kritik. Sie hat in der deutschen Öffentlichkeit mehr Aufsehen erregt als wohl je eine Darmstädter Büchner-Rede.« Über sein politisches Engagement sagte Grass im Rückblick 1973 («Der Schriftsteller als Bürger – Eine Siebenjahresbilanz«. In: *Vorwärts*, 1. März 1973): »Als er 1965 zum erstenmal mit drei Wahlreden bestückt unterwegs war, um als Wahlkämpfer das zu betreiben, was man später im schönsten Seminardeutsch ›Basisarbeit‹ nannte, schien sein Ansehen noch feuilletonistisch-reputierlich zu sein. Freigiebig gingen Rezensenten und Literaturbetrachter mit Adjektiven um, die ihn zu kleiden hatten. Er wurde anarchisch-genialisch, berserkerhaft-sprachgewaltig, episch-langatmig, schockierend und bürgerschreckhaft genannt. Sieben Jahre später, nach dem dritten Wahlkampf und seitdem jenes Stück politische Arbeit, das er sich als Aufgabe gestellt hatte, zum anschaulichen Ergebnis geführt hat, nimmt er Abstand und findet sich wieder: mit Erfahrungen genudelt, gespickt mit politischen Details, selbst der verstocktesten Schwärze noch einen Grauton abgewinnend, doch mittlerweile um jegliche Feuilletonreputation gebracht: ziemlich zersaust und benutzt, vielleicht um einen Daumensprung Hoffnung reicher, doch skeptisch wie eh und je.«

Meine Damen und Herren!

Warum nicht heute und hier die Bilanz ziehen? Ich lade Sie ein, kritisch an den Nägeln zu kauen, Rechnungshof zu sein. Denn es gilt, offenbar zu machen: die nationale Pleite – das literarische Falschgeld – die sich als Person bestätigt fühlende Hybris – und das Sprüche klopfende Gewissen einer nicht existenten Nation.

Das also war es: Zweiundfünfzigmal in volle Säle gepustet, damit sich der Staub nicht legte. Die Landkarte abgesteckt und das Vaterland an die Brust genommen. Die Stimme beim Frühstück geschont und mit weichen Eiern gesalbt, damit sie, wenn's losging, selbst die letzte Stuhlreihe küßte. Worte zum Docht gedreht und jenem ins Ohr, der den Zwischenruf schon seit Anbeginn auf der Zunge zur Murmel rollte. Und rasch gelernt und gerochen, wo sich die Junge Union formierte: schlecht einstudierte Chöre, deren Mut dunklere Säle verlangte. Doch die Beleuchtung war auf des Wahlredners Seite. Meistens kämpfte er nur mit dem Mikrophon. Einmal schlug ihn sein Echo. Gelegentlich sang er wie gegen Watte an. War es in Marl, Hildesheim oder Bielefeld? War es in Scharbeutz, als ich ohne Mikrophon wem was beweisen wollte? Ochsengebrüll wider vierhundert mürrische Urlauber, die das Pensionsessen, die Ostsee und das Wetter haßten, denen der Überdruß Falten warf, die sich verbissen nach Erholung abstrampelten, die sie verdient hatten laut Vertrauensarzt. Erzählt dem Kummerspeck von der »Wiedervereinigung«! Kann man mittlere Beamte und Sekretärinnen, die sich um die lebensnotwendige Körperbräune in diesem Sommer betrogen fühlten, für den zähflüssigen Fortgang der Passierscheingespräche interessieren? – doch Steffen meinte, da müssen wir hin: Eutin, Scharbeutz, Haffkrug, Timmendorf. Und abends, zur Belohnung, Lübeck, großes Haus, hanseatische Bildungsbürger, mit Siegfried Lenz zusammen, das zählt, da rappelt der Stimmkasten. – Und wenn es nun gießt? – Macht gar nichts, sagte Steffen. Schon mit dem Kurdirektor gesprochen. Der klagte: Was, bloß zwanzig Minuten? Dann können Sie Ihre Rede auch im Koffer lassen! Verlängern Sie auf 'ne halbe Stunde, und ich stelle Ihnen fünfhundert Leute in den Kursaal, daß es nur so summt. Alles Stimmen – besonders bei Regenwetter. Mal scharf ins Gewissen reden, sonst reisen sie ab nach dem Süden. Immer feste drauf: Wiedervereinigung, Opfer bringen, Zonengrenze ganz nahe und deutlich, bei guter Sicht auszumachen. Das haben sie gerne, unsere Kurgäste, bei Regen so einen richtigen moralischen Katzenjammer. Man muß ihnen ab und zu mal die Schlagsahne vermiesen und laut und deutlich DDR sagen. Das geht in die Knochen für zehn Minuten. Und nah 'ran ans Mikrophon. Hinterher wird bißchen Gebäck serviert und Halbgefrorenes.

Und so war es dann auch. Nur in Timmendorf – oder war es Scharbeutz? – da machte die Sonne mit. Und die Jungs vom Fernsehen stellten mich in die offene Kurorchestermuschel, ehe ich die Strandrede sortiert hatte: »Badende Bundesbürger! . . . Wir sind in all den Jahren, mit Ludwig Erhards CDU, doch wirklich gut gefahren . . . so trumpft auf und so versucht zu beschwichtigen das Wahlkampflied der CDU.

Aber wagen wir das Exempel und singen wir unseren Landsleuten in der DDR diesen Choral des krassesten Egoismus mehrstimmig vor, und wir werden an den Reaktionen unserer Landsleute erkennen, was man heutzutage in Walter Ulbrichts Diktatur von uns hält: Nämlich nichts! – Stumme Verachtung halten unsere Landsleute für jene bereit, die in all den Jahren mit Ludwig Erhards CDU so erschreckend gut gefahren sind . . .«

Und in dieser Stimmlage etwa zwanzig Minuten lang ohne Mikrophon. Einige junge Burschen räumten ihren Kaugummis satzlange Pausen ein. Die gezielte Passage: »Denn wer mit Reichtum prahlen will, versteckt gern seine armen Verwandten!« wurde von einem Pensionär mit »Richtig! Richtig!« quittiert. Und als die Strandrede in Timmendorf, Haffkrug oder Scharbeutz etwa dergestalt ihrem Ende entgegeneilte: »Sollten die Bundestagswahlen am 19. September der Koalitionsregierung unter Ludwig Erhard abermals eine Mehrheit sichern, wird bewußt oder unbewußt der endgültige Verzicht auf die Wiedervereinigung beider Teile Deutschlands ausgesprochen!« . . . als also mit diesen Worten das tatsächliche Wahlergebnis an den blaßblauen bis verregneten Ostseehimmel gemalt worden war, klatschten die Kurgäste und erfreuten sich an der Abwechslung.

Nachher hat mir ein kleines, aber nicht schüchternes Mädchen, die Tochter des SPD-Kandidaten, einen geräucherten Aal geschenkt. Womit bewiesen ist, daß sich die Sozialdemokraten selbst an der Ostseeküste und nahe der sogenannten Zonengrenze von mir und meiner Rede nicht distanziert haben.

Das also war es: Anekdoten, Anekdoten! Sollen etwa hübsch runde Geschichten, die sich von Jahr zu Jahr mehr abschleifen werden, die Beute des Wahlkampfes sein? Oder zehntausendmal Filzschreiberspuren, weil ich, wie ein Affe, Plakate und Wahlreden signierte. Hatte am Ende, in Cloppenburg, Unterlängen wie ein Tiefseeforscher. Und möchte nun wissen, was dieser Sammlerfleiß sich gewählt hat. Und immerzu positiv ausgestrahlt, daß mir im Schlaf noch die Mundwinkel spannten: Klar doch, wir schaffen es! Und im Vorbeifahren Wahlkampftaktik gelernt. Und Zwischenrufe mit Rückhand aufgenommen. Nur manchmal Schwierigkeiten mit Dialekten. Überhaupt Ortswechsel. Immerfort über Seebohms Straßen und Umleitungen. Stundenlang links, rechts Kühe, gefleckt, und selbst mit den besseren Argumenten nicht zu beeinflussen. Aber immer, bis auf Erlangen, pünktlich. Und jeweils, während Steffen die letzten zwanzig Kilometer abknabbert, rasch alle Konzepte und Reden durcheinandergeschüttelt: Solltest du nicht in Augsburg den ersten Teil streichen und die neun Punkte zur Wiedervereinigung an den Schluß setzen? Oder den Schwanengesang vorziehen? Gestern erst getippt, die Olivetti auf den Knien und die Autobahn, kurz vor Ulm, zum Büro gemacht. Sollte die siebenstrophige Arie nicht schon in Mannheim über die Rampe? Denn Philipp Rosenthals Sorge ums Porzellan und also sein Votum für die Sozialdemokraten sind noch taufrisch und müssen dreimal täglich serviert werden. »Man sagt, sterbende Schwäne können singen . . .« Also im Saal mit immer tieferer Stimme den wackligen Autobahntext aus der Taufe gehoben. Von der ersten bis zur letzten Strophe: »Bürger der Stadt Mannheim! . . . Herr Ludwig Erhard – um unseren Volkskanzler nicht ganz zu vergessen – singt uns seine Strophe in der Stimmlage sterbender Schwäne vor. Indem er redlich, volklich, tüchtig und unheimlich gemütlich die Königin von England vor seinen parteipolitischen Karren spannt und uns mit manipulierten Filmen beweist, wie unredlich seine formierten Gesellschaftsvorstellungen sind, wird das teure Porzellan der deutsch-englischen Beziehungen rücksichtslos zertäppert. Kein Wunder, wenn angesichts solcher Elefantenmanieren der bekannte Industrielle Philipp Rosenthal um sein Porzellan bangt und vorausblickend in aller Öffentlichkeit für die SPD plädiert!«

Da freuten sich die Mannheimer und es rappelte im Stimmkasten.[. . .]

Zweiundfünfzigmal habe ich zur Wahl gesprochen. Kein Wunder also, wenn vor und nach der Niederlage Neuwähler und Unentschlossene, Zwischenrufer und Fragesteller mit ihrem echogesättigten Brustton den Schlaf eines Wahlredners bevölkern und dem Schlafenden Antwort um Antwort abfordern: »Glauben Sie . . . Ist Ihnen bekannt, daß . . . Es wird behauptet, der Kanzlerkandidat der SPD habe als norwegischer Offizier mit der Waffe in der Hand . . .« Nein! Morgens weiß der Wahlredner nicht, wie die Stadt heißt, in der er übernachtete und während zermürbendem Schlaf sieben Reden halten mußte und inquisitorische Diskussionen durchzustehen hatte, mit deren einzigem Thema die Köpfe sämtlicher Diskutanten vernagelt gewesen waren: »Darf in Deutschland ein Emigrant Bundeskanzler werden?«

Zwar sprach man während Wochen über Volksrente, Vermögensbildung, Gesundheitsschutz und bis nahe dem Überdruß zum Thema Sicherheit; aber in der Tat und abgesehen von den Alpträumen eines privaten Wahlreisenden, ging es während des Wahlkampfes vor der Bundestagswahl 1965 um die Beantwortung dieser leitmotivischen Frage: Darf in Deutschland ein Emigrant Bundeskanzler werden? Und am 19. September hat die Mehrheit der Bevölkerung in der Bundesrepublik neben das unbewußte »Nein« zur Wiedervereinigung und den damit verbundenen Opfern ein bewußtes »Nein« gesetzt. Die Entscheidung gegen Willy Brandt, das heißt, gegen den Emigranten Willy Brandt und also gegen die gesamtdeutsche Emigration schlägt zu Buche als ein »Ja« zum Opportunismus, als ein »Ja« zum unreflektierten Materialismus, als Bestätigung eines Ludwig Erhard: Unter der Schirmherrschaft sich christlich nennender Parteien darf der Tanz ums Goldene Kalb vier Jahre lang fortgesetzt werden.

Den Managern dieses fragwürdigen Sieges ist jedes Mittel, selbst das der Verleumdung, recht gewesen. Es kam ihnen darauf an, den Gegensatz zwischen zwei in der Tat konträren deutschen Politikern so lange zu vereinfachen, bis das Schwarzweißbildchen dem Wähler zwingend vor Augen stand, bis die Wahl leichtfiel. Wieder einmal hat sich das Wort »Emigrant«, auf deutsch ausgesprochen, als diffamierendes Schimpfwort bewährt. Was dem heimkehrenden Emigranten Thomas Mann nach dem Krieg an Demütigung zuteil wurde, was ihm, dem großen Toten, der immer noch nicht heimisch geworden ist, bis heutzutage am Tatort »Universität Bonn« zugemutet wird, widerfuhr in noch erschreckenderem Maße dem Regierenden Bürgermeister von Berlin, Willy Brandt; denn ein ungeschriebenes Gesetz lautet in Deutschland: Emigranten haben nicht heimzukehren! Sie mögen, wie Heinrich Heine oder Georg Büchner, in Paris oder Zürich ihr Grab finden. Andererseits wurde über ein Jahrzehnt lang der Bevölkerung in der Bundesrepublik und also auch der heranwachsenden Nachkriegsgeneration der Kommentator der Nürnberger Rassengesetze, Hans Globke, als Staatssekretär zugemutet. Dem angeblichen politischen Genie Konrad Adenauers wurde von den sich christlich nennenden Parteien freie Hand gegeben: Das Verbrechen von Auschwitz verlängerte sich bis in unsere Tage, es wurden ihm Amt und Würden zuteil. So und nur so vermag man zu begreifen, daß die unvergängliche und immer wieder nachwachsende Familie der Mitläufer, Mittäter, Mitwisser und Mitschuldigen den Haß in sich wirken ließ, als ein Emigrant sich bereit erklärte, für das Amt des Bundeskanzlers in diesem Land zu kandidieren. [. . .]

Meine Damen und Herren! Zweiundfünfzig Säle oder Marktplätze. Ich weiß, es ist zu spät, auch Ihnen das Notwendige nahezulegen und das Naheliegende anzuraten, zumal die Sozialdemokraten und Willy Brandt am 19. September Ihrer Stimme gewiß sein konnten. Ich spreche also in einen Saal hinein voller Besiegter oder – genauer gesagt – voller Geschlagener.

Denn diese unsere Niederlage läßt sich nicht schminken. Wir mögen sie streicheln, ihr mit Zucker schön tun: sie gibt uns nicht Pfötchen. Wer der Katastrophe vom 19. September – und niemand glaube, sie beträfe nur und wie üblich die Sozialdemokraten –, wer dieser wahrlich gesamtdeutschen Misere die übliche Magermilch, also Trost, Läuterung und Katharsis abmelken möchte, der lasse sich sagen: diese Ziege ist trocken. Ihr Meckern ist Hohn und wiederholt die Prozente. Wer genau hinhört, dem lärmt sie die dürftigen Werte hinter dem Komma.

Zwar sollte von Georg Büchner hier, heute die Rede sein, aber mein Papier – Sie verzeihen – ist fleckig vom Wahlkampf. Während fünf Wochen volontierte ich, ein Saisonreisender, und sammelte Stimmen, das Kleingeld der Demokratie. Wenig abgesichert, auf dem Seil, ohne Netz – es durfte sich jedermann von mir distanzieren –, war ich dennoch gewiß, das Selbstverständliche zu tun. Das alles nicht ohne Anstrengung. Wem fiele es leicht, jeden zweiten Konjunktio zu vermeiden. So rief ich in volle Säle hinein und setzte auf Sieg. Doch zwischen fehlendem Schlaf und beginnender Heiserkeit vermehrten sich die Notizen. Während Eisenbahnfahrten, deren Schienengeräusche die Sprechchöre der Jungen Union persiflierten, oder beim Hotelfrühstück widerlegten sich kleine Hoffnung und immer fetter werdende Zweifel. Da, zwischen die *Bild*-Zeitung und die *Frankfurter Allgemeine* gepflanzt, sitzt er, der stumme Wahlredner. Die groben und die gepflegten Lügen löffelt er mit den weichen Eiern im Glas. Dialektgefärbte Zwischenrufe von gestern bewohnen unkündbar sein Gehör. Schon greift die Unruhe von übermorgen nach der ersten Zigarette des soeben beginnenden Tages. Wird dieser Satz hinlangen? Ist er zu kurzarmig? Ist er beweglich genug, mit einer Versammlung spielen zu können? Ist das ein Rezept, das vorgestern wirkte: die Galerie bevorzugen, wegdenken, wieder entstehen lassen und mit dem Parkett im Beifall vereinen? Bleibt immer das Ungesagte als Bodensatz – lege den Löffel fort! Nur nicht aufrühren! Es könnte der Zorn läufig werden. Er ist nicht stubenrein und pißt alle Ecken an. Es könnte zum Himmel stinken und weiträumige Gelehrtenrepubliken zu Rieselfeldern machen. – Sag nur die Hälfte und packe die Andersen-Rede zwischen die Hemden und Socken. Was richtest du aus gegen tausend im Gespräch liebenswürdige, gelegentlich von Skrupeln zerfressene, aber hoffnungslos eingekaufte Journalisten. Sie stülpen deinem Wort den Magen um. Mit Andacht zitieren sie falsch – morgen steht in der *Welt:* »Blechtrommler ist für Abtreibung.« Schau sie dir an, deine Generation! Bierernst und überernährt brütet sie hinter dem Steuer, sucht Parkplätze und folgt verbissen dem Kreisverkehr.

Unheiliger Büchner, steh mir bei! Ich soll eine Rede halten angesichts dieser Festversammlung. Frei schwimmend im zähflüssigen Ruhm, gepriesen, gehaßt und freundlich zum Kopfstand ermuntert, soll ich mit Deinem Namen Kerzen anzünden, damit es uns heimelig werde, damit die Tradition unter Übermalungen und der Firnisschicht schimmere: Büchner als Erbe, Verpflichtung und Dauerengagement? Der Hessische Landbote und der Wahlkampf? Büchner, Weidig, Minnigerode und die Folgen? Das hüpft nur so von den Lippen und möchte Ostern feiern in den Aufsätzen all jener Primaner, die sich samt Mama und Papa kurz vor den Wahlen mit einem erbärmlichen Schülertaschengeld allzu willig bestechen ließen.

Nein, kein Anlaß besteht, die Sprache anmutig tänzeln zu lassen. Diese Sauce ist mehlgebunden. Wem der Löffel zum Maul paßt, der mag sich mit solcher Pampe einig finden. Ich ergreife Partei. Und lobe und preise jenen geschundenen und ewig bedrückten SPD-Funktionär, der sich im Wahlkreis Bocholt gegen die siebzigprozentige Ignoranz mit wenig Erfolg anstemmt; und ich klage den Hochmut aller Professoren und Studenten an, denen die Politik bloßes Parteigezänk, denen die Realität Ekel und allein die Utopie süß ist.

Ich lobe und preise jenen Münsterländer Bauern, der zum ersten Male, sich vorher und nachher bekreuzigend, die Sozis gewählt hat. Ihm ist etwas aufgegangen. Er hat, müde von den Rüben, den Rehwinkel in sich besiegt, hat es dreimal gegen den Wind gesprochen, fünfmal im voraus gebeichtet und dann getan. Um ihn zu ehren, klage ich an unsere Hohenpriester der knitterfreien Biographie, die das possierliche Vorrecht, Gewissen der Nation spielen zu dürfen, jeweils im Feuilleton irgendeiner halbliberalen Zeitung sich abverdienen. Wer kennt sie nicht, ihre feinziselierten Entrüstungsschreie? Wer genösse nicht, prompt jeden Donnerstag, ihre Einerseits-andererseits-Springprozession? Dem einen fällt zu jeder Affäre ein manierlich Bonmot ein. Dem anderen versagt geistreich und zeilenschindend die Sprache. »Peinlich, peinlich . . .«, murmelt erschüttert der dritte. So klopfen sie ihre tollkühnen Sprüche und besingen in windstillen Reservaten, jeweils nach Anfrage: die Freiheit des Geistes, die Unabhängigkeit der Intellektuellen und die Schwierigkeiten beim Schreiben der Wahrheit. Gottähnlich, tänzelnd über den Abgasen unserer Gesellschaft, ordnen sie ihren Seminar-Marxismus gleich Schäfchenwolken und sorgen sich um Indochina und Persien, also um weitentlegenes Elend, das sie, dank ihrer geistigen Hochstände, mühelos einsehen können. Eher gelänge ihrer Tinte ein hymnisch langes Heldenepos auf Fidel Castro und die Zuckerrohrinsel, als daß ihnen einfiele, mit einem schlichten Plädoyer für Willy Brandt der Lüge im eigenen Land die Beine zu verkürzen. Wer wollte auch verlangen, daß sich diese kleidsam weltbürgerliche Elite mit unseren kleinbürgerlichen Sozialdemokraten und ihren mühseligen Reformbestrebungen einließe? Zwar meine ich, daß sich der »Große Hessenplan« des hessischen Ministerpräsidenten Georg August Zinn mit seiner volkswirtschaftlich begründeten Architektur von Büchners und Weidigs Flugblatt, dem Hessischen Landboten, also unserem ersten Zeugnis moderner politischer Agitation, herleiten läßt, aber was wiegt solch ein »Großer Hessenplan«, gewogen an dem utopischen Wurf eines Gesellschaftsbildes, in dem sich das reine Nordlicht mit einem pfötchengebenden Marxismus in kosmopolitischer Eleganz finden und hoch über Schaum und Kleinbürgertum, ohne Neckermanns Katalog und enthoben dem Straßenbahnmief sein Elysium begründet?

Nein! Nicht mehr ernst, sondern mittels Gelächter huckepack nehmen und schon zu Lebzeiten auf marmornen Sockeln abstellen. Seht, das Gewissen unserer Nation! Es kannte keine Kompromisse und ließ sich nicht mit dem Mittelmaß ein. Trotz aller Verlockung stieg es nie zum Volk herab, sondern blieb immer hübsch säuberlich unter sich – und lobte den Frieden und verdammte die Atombombe. Und verabscheute den Kapitalismus einerseits und die Diktatur des Proletariats andererseits. Aber für die Sozialdemokraten, mit ihren abgeschliffenen Ecken und ihrem zum Hinken verurteilen Elan, vermochten wir dieser Elite kein freundliches Ja zu entlocken.

Ob unsere Feuilleton-Ritter am 19. September bemerkt haben, daß auch ihnen die Quittung gereicht worden ist? – Denn diese Niederlage läßt sich nicht allein auf dem lastengewohnten Rücken der Sozialdemokratie abbuchen. Wer immer sich einerseits freischaffendem Geist verpflichtet fühlte und andererseits meinte, nicht Partei ergreifen zu dürfen: er ist abgewählt worden und fortan ohne Mandat.

Meine Damen und Herren! Wie peinlich. Ich betrüge Sie in aller Öffentlichkeit um den Genuß einer Festrede und verschleppe den profanen Wahlkampf über den Termin hinaus bis in den Windschatten dieser Akademie. Ohne Abstand, ja, noch immer betroffen von den ruckenden Prozentzahlen auf dem Fernsehschirm, betrat ich diesen Saal und erteilte dem Zorn das Wort.

Seien Sie versichert: vorsorglich und mit dem notwendigen Respekt hielt ich Rücksprache mit Georg Büchner. Er wußte ums Scheitern. Nachdem ihm die Flugblattaktion schiefgegangen war und die Bauern das schöne teure Papier zum nächsten Polizeiposten getragen hatten, nach Clemms Verrat und dem vergeblichen Versuch, den gefolterten Minnigerode zu befreien, blieben ihm: die Resignation in Straßburg, der subtile Selbstmord durch Arbeit, ätzender Spott für die damals schon von Dünkel und Kleinmut befangenen deutschen Liberalen und die grimmig ins Gelächter gekehrte Forderung seiner Wut, es möge Mißernte herrschen und nur der Hanf gedeihen. Georg Büchner gab mir den Freipaß: Sag es! Sei ein schlechter Verlierer! Scheue Dich nicht, blind für vergilbte Verdienste zu sein! Wenn es geht, vermeide Zitate! Und tu es gleich, noch vor dem 19. – es geht um Stimmen. Also ruhig und gezielt den Preis in die Waage werfen. Später, das zählt nicht. Warum denn Rücksicht nehmen auf eine Akademie?[. . .]

Meine Damen und Herren! Anfangs versprach ich, Bilanz zu ziehen. Der Anlaß dieser Rede gab mir die Möglichkeit, mit Georg Büchner die deutsche Emigration zu ehren. Wenn unsere Jugend nicht lernt, sie als gewichtigen und oft besseren Teil unserer Geistesgeschichte zu werten, wenn, wie heute, abermals zu befürchten ist, daß uns der Geist und die Künste, zum wievielten Male, emigrieren, dann wird es an der Zeit sein, unsere Nachbarn zu warnen: Gebt acht, ihr Tschechen, Polen, Holländer und Franzosen: die Deutschen sind wieder zum Fürchten! – Soll so die Bilanz schließen? Es wollen noch einige Zahlen für sich sprechen. Wenn es in Georg Büchners »Hessischem Landboten« darum geht, den getretenen Bauern vorzurechnen, wie im Großherzogtum Hessen mit ihren Steuergulden umgegangen wird, wenn Büchner die über sechs Millionen Gulden den »Blutzehnten« nennt, der »vom Leib des Volkes genommen wird«, dann fällt es mir schwer, die bemessenen Erfolge meiner zwei Wahlreisen auf Heller und Pfennig abzurechnen. Wir konnten nur Akzente setzen und – alles in allem – das Selbstverständliche tun. Ich danke den Schriftstellern Siegfried Lenz, Paul Schallück, Max von der Grün und dem Komponisten Hans Werner Henze, die »selbstverständlich!« sagten, als ich sie bat, zur Wahl zu sprechen. Wenn also diese Rede einen Titel haben soll, dann mag sie heißen: *Rede über das Selbstverständliche.* Den Mund aufmachen – der Vernunft das Wort reden – die Verleumder beim Namen nennen. Wird es morgen schon selbstverständlich werden, das Selbstverständliche und seinen Sieg vorbereiten? Sieg! – Ausrufezeichen. Sieg? – Fragezeichen. Sieg: – Doppelpunkt.

Ernst Bloch:
Prophet mit Marx- und Engelszungen

Der hier gekürzt wiedergegebene Essay von Martin Walser (geb. 1927, Autor zeitkritischer Romane und Dramen, darunter *Ehen in Philippsburg, Halbzeit, Das Einhorn*) wurde aus Anlaß des Erscheinens des Hauptwerks von Ernst Bloch in Westdeutschland in der *Süddeutschen Zeitung* am 26./27. September 1959 veröffentlicht – zu einem Zeitpunkt, als Bloch noch in der DDR lebte und wirkte.

Ernst Bloch wurde 1885 in Ludwigshafen als Sohn jüdischer Eltern geboren; er studierte in München und Würzburg Musik, Physik und Philosophie. Nach der Promotion verbrachte er weitere Studienjahre in Berlin und Heidelberg, wo er neben Georg Lukács führender Kopf eines Kreises junger Wissenschaftler war; nach 1933 emigrierte er in die Tschechoslowakei, dann über Paris in die USA. Nach dem Krieg übernahm Bloch einen Lehrstuhl in Leipzig; 1957 wurde er wegen »liberaler Tendenzen« seines Amtes enthoben; er ging 1961 in die Bundesrepublik; dort ist er 1977 gestorben.

»Ein Polyhistor, der in verwegenen Assoziationen Fakultätsgrenzen sprengte, Marx, den Tod und die Apokalypse in einem Atemzug nannte und sich dennoch nie im ›Arabeskenhaft-Ornamentalen‹ verlor. Jedes Detail steht hier an seinem Ort – nicht beliebig, sondern unverwechselbar; die Phantasie ist gezügelt; die entzückte Rede wird durch Realismus und umgangssprachliche Wendung verfremdet. Metaphorik und Kombinationskunst, die Bloch eigene Technik, über Zeiten und Räume hinweg ein Bezugsspiel zu inszenieren, wird eingebunden in ein strenges, auf eine mathematische Formel reduzierbares System.« (Walter Jens in der *Zeit*, 12. August 1977)

Als ich vor ein paar Jahren, infiziert vom Gerücht Bloch, in Ostberlin den ersten Band des »Prinzips« kaufen wollte, mußte ich mir zuerst einen Studenten chartern, der das Buch für mich erwerben und ausführen konnte. Nun, da Bloch, nicht mehr auf das Gerücht angewiesen, bei uns vorliegt, müssen, wenn sie über das Gerücht vom vollendeten Werk hinausdringen wollen, DDR-Bürger bei uns eindringen, um den III. Band heimzutragen, weil dem offensichtlich drüben kein Papier bewilligt wird. Dieser Tatbestand ist eher ein Grund zur Schwermut als zum selbstgerechten Jubel. Denn heimisch ist das Werk bei uns so wenig wie drüben. Bloch ist noch Marxist wie eh und je, der spätkapitalistische Westen ist ihm genauso zuwider wie die »mehreren und doch allesamt verrotteten Berlin-W« der zwanziger und dreißiger Jahre, deren vieles Licht nach seiner Meinung nur dazu diente, »die Dunkelheit zu vermehren«. Aber die Art von Marxismus, die die seine von Anfang an war, eine chiliastische Art, der zur Hochreligion nur noch Gott fehlt, diese Art muß denen drüben ein Greuel und uns ein Ärgernis sein.

Man kann Bloch nicht lesen, ohne auf taktische Erwägungen zu kommen, man sorgt sich um ihn, denn es sprudelt aus dem Riesenwerk ein so vehementer Katalog von Versündigungen gegen die Ideologie des Ostens und gegen die Ideologie des Westens: Man könnte das Werk ruhiger lesen, wenn man seinen Schöpfer in irgendeiner gleichgültigen Schweiz wüßte, vom SD ebensoweit wie von *Hearings*. Der Einwand, das sei kein Kriterium bei einer sozusagen öffentlichen Beurteilung, zieht nicht, denn daß das »Prinzip Hoffnung«, beziehungsweise sein Apostel, daß beide, wie die nächstverwandten Gracchen, keinen Platz haben, worauf sie unangefochten und unbedroht sich niederlegen könnten, das charakterisiert Blochs Werk ebenso wie die beiden Demimondes. Zur Verteidigung der unseren muß allerdings jetzt doch gesagt werden, daß sie keinen Spezialfall an Ruchlosigkeit darstellt, sondern eben den üblichen irdischen Befund repräsentiert, während die drüben ja ganz andere Ansprüche stellen.

Es sei uns nur allzugut gelungen, das Fürchten zu lernen, jetzt komme es darauf an, das Hoffen zu lernen. Bloch intoniert das wie einen Orgelton, und er läßt ihn in zwanzigjähriger Arbeit immer mächtiger werden, schickt ihn quer durch alle Zeiten, daß er alles aufstöbere, was je an Hoffnung, an Träumen nach Vorwärts, an Entwürfen einer besseren Welt in der Menschheit dämmerte, aufleuchtete und wieder versank. In den Tag-Träumen sucht er die Spur des Noch-nicht-Bewußten, des Noch-nicht-Gewordenen, meint aber nicht den »kränklichen Feinsinn« der Hellseher und »Zwerchfellpropheten«, auch nicht den kleinbürgerlichen Träumer, der sich bloß selbst besser stellen möchte; den, der es beim Träumen nicht bewenden läßt, meint er. Und es ist schon ein ungewohnt ungeheurer Ton in diesem Aufbruch, in dieser beleidigend schroffen Abwendung von uns allen und Freude in der Behauptung, das Unbewußte sei nicht bloß die »Mondscheinlandschaft des zerebralen Verlusts«, es gebe auch eine »Dämmerung nach Vorwärts«. In ihr entspringt die Hoffnung, die dann vorschweift ins »utopische Feld«; »cum ira et studio« wird nun untersucht, was war und »was der Fall zu sein hat«, daran arbeitet »das Kombinat *Docta Spes*« mit »Parteilichkeit für die begriffene Phantasie nach vorwärts, für das objektiv mögliche«.

Unter den Philosophen findet er nicht viel Gesellschaft. Der Kategorialbegriff Möglichkeit »ist der Benjamin unter den großen Begriffen«. Bloch hätte besser gesagt, der David, dem er die Steinschleuder bastelt, daß er gegen den Riesen Gewordenheit angehe. Alle haben sie vor ihm nur das Vergangene bedacht. Und nicht bloß die, die der Welt überhaupt keine Veränderungsmöglichkeit zubilligten, auch die Prozeß-Denker. Sogar der sehr verehrte Hegel hat ja in der Zukunft bloß Gestaltlosigkeit gesehen, auch bei Bergson ist das »Neue« bloß eine Art schöpferischer Wiederholung, Platon gar hat das ganze mögliche Wissen zu einer beschworenen Erinnerung gestempelt; da sieht sich der auf die Zukunft versessene, von Jugend an der Utopie von der besseren Welt ergebene Bloch ziemlich allein, sieht sich einem riesigen »Antiquarium des unverrückbar Gewordenen« gegenüber und will nicht daran glauben, daß es zur Philosophie gehöre, immer zu spät kommen zu müssen; er will die Eule endlich einmal ins Morgenrot fliegen lassen, und da begegnet er Marx: der hat wenigstens eine Wirtschaftslehre geliefert, die nicht nur nach hinten liebäugelt und nach vorne beißt oder schweigt. Mit Marx kann man die Hoffnung lehren, klug zu sein, Tatsachensinn, Sinn für das mögliche zu erwerben.

In einer Zeit, in der es weniger wissenschaftlich hergegangen wäre, in der man keine Philosophie zur Ausbreitung und Entwicklung einer so unbändigen Hoffnungsnatur gebraucht hätte, wäre Bloch vielleicht Religionsstifter oder Prophet oder Apostel oder Revolutionär geworden, so aber, um seiner eschatologischen Hoffnung irdisches Schrittmaß und heute notwendige Wissenschaftlichkeit beizubringen, ist er Marxist geworden, ist aber doch ein Prophet geblieben, wenn auch einer mit Marx- und Engelszungen: zornig singend gegen den »riesengroßen Schlaf der Dummheit oder Disparatheit in dem so schweren Fahrwasser unserer Prozeßwelt«.

Die Hoffnung wird also marxistisch auf Kiel gelegt, erhält rote Segel, die Instrumente sind östlich geeicht, Bloch erfindet noch ein paar neue, schöne dazu: Die Fahrt kann beginnen! Zuerst die Fahrt in die Vergangenheit, um Gefährten zu suchen; nicht bloß in der Philosophie, sondern in Heilkunst, Architektur, Geographie, in den geträumten besseren Welten der Sozialutopien. Bloch läßt nichts aus. Er hat ein methodisches Organ für »unabgegoltene Zukunft« in allem Vergangenen entwickelt, eine sensible Wünschelrute, die zu singen beginnt, wenn irgendwo Utopisches verschüttet liegt. Aber diese Ausfahrt ist nicht *Sightseeing,* sie ist »Konstruktion«, sie ist Umfunktionierung des Alten in Noch-Brauchbares, Heraussprengung zukunftsträchtiger Kerne. Und da erweist es sich einige Male, daß Bloch ein seltsamer, ein so noch nicht dagewesener Marx ist. Wenn er zum Beispiel die Technik in Vergangenheit und Gegenwart betrachtet und sich nicht helfen kann, die nicht euklidische Technik immer wieder zu kritisieren wegen ihrer Unanschaulichkeit, wegen ihres »immer weiteren Überhangs in vermathematisiertes Niemandsland«. Er trauert den verschwundenen qualitativen Naturbegriffen nach, er will materielle Gesetze, den Glauben, daß es wirklich so ist; verhaßt sind ihm Gesetze, die, relativitätsbewußt, nur von Zusammenhängen, von statistischen Wahrscheinlichkeiten handeln, die sich selbst als Konvention, als Benennung, verstehen. Er will, und das ist noch durchaus gängig marxistisch, den subjektiven Faktor nicht übertrieben sehen; wo käme man hin, wendete man das aufs Ökonomische an!

Aber was ihn über den Marxismus hinausträgt, das ist seine Sehnsucht nach dem Subjekt der Natur, das er mit dem Menschen vermittelt sehen will; der bürgerliche Dompteursstandpunkt (Schillers Glocke!) soll überwunden, eine *natura naturans* gefunden, die schöpferische Materie aus der Abstraktheit relativierter Gesetze erlöst und zur Mitproduktivität befreit werden. Natürlich ist sein »Subjekt der Natur« in ein ebenso großes Inkognito gehüllt wie der eigentlich erwünschte Kern des Menschen, der mit diesem Natursubjekt vermittelt werden soll. Selbst ein universelles Feldgesetz würde Bloch nicht genügen, um dieses Inkognito zu lüften. Bloch denkt paracelsischer, wehrt sich zwar gegen Animismus und Mythologie, will aber eine Naturwissenschaft, die so fundamentale Qualitäten wie Sturm, Gewitter, nicht bloß mit Ionisierung der höheren Luftschichten erklärt, er will eine Naturwissenschaft, die das Physische nicht zum »Leichnam des abstrakten Verstandes« macht. Heisenberg und Hölderlin in einer Person, das wäre wahrscheinlich der Mann, der jenes Inkognito in Bloch gemäßer Weise formulieren und die Vermittlung leisten könnte.

Musik und Tod und Religion und höchstes Gut sind die Themen des letzten Bandes, die Hochplateaus dieses Gedankengebirges; und wenn man diese hochgelegenen Gegenden erreicht hat, dann nehmen sich die marxistischen Grundlegungen des ersten Bandes als dumpfere enge Nebeltäler aus. Die Beschimpfungen des Westens werden seltener, und jetzt erst wird es ganz klar, wer Bloch eigentlich ist: nicht nur der zornige Moralist, der, vom Gegenwärtigen entsetzt, eine bessere Zukunft fordert, und der den Marxismus wählt, weil dort eine »Theorie-Praxis« des Zukunftmachens im Schwange ist, jetzt erst wird Bloch erkennbar als der Verfasser einer Utopie, die sich nicht mit dem Erfinden besserer Abwässeranlagen, klügerer Verfassungen und milderer Klimate beschäftigt, sondern der eine Utopie des menschlichen Heils entwirft und dabei ohne Gott auszukommen versucht. Eine Utopie, die, trotz marxistischer Grundlegung, den Ökonomismus des Marxismus weit hinter sich läßt. »Nichts mag im Überbau sein, was nicht im wirtschaftlichen Unterbau war – mit Ausnahme des Überbaus selber«, formuliert er jetzt, Leibniz paraphrasierend. Es genügt nicht, die »miserable Gesellschaft« endlich zu verändern, der Babbit würde, wenn jeder seinen Eisschrank hätte, allenfalls ein »kommunistischer Spießbürger« sein. Noch einmal erzählt Bloch die Menschengeschichte, diesmal als Geschichte der Religionen, der Musik und der Todesvorstellungen. Wo Religion ist, da ist in der Tat Hoffnung, heißt es jetzt, und im Christentum sei das Wesen der Religion am reinsten hervorgetreten. Und der Satz Jahwes an Moses: »Ich werde sein, der ich sein werde« ist der vollkommenste Ausdruck, den sich Bloch für seine ins Bessere zielende Prozeßlehre wünschen kann. Gott gibt es zwar nicht, aber die Stelle, die Gott einnahm, wird von Deus Spes eingenommen, denn das höchste Gut, das die Hoffnung meint, das »Reich der Freiheit«, wäre »allerletzt nicht intentionierbar, wenn das Feld der religiösen Hypostasen nicht dauerhafter wäre als die religiösen Hypostasen selbst«. Und mit dem Mut zur »Ungarantiertheit« gesteht er, daß er sich hier im absolut Unbekannten bewegt: Es läßt sich über das endgültige, schon im Christentum anvisierte und vielleicht in der Gestalt Buddhas vorübergehend Figur gewordene Menschenbild nichts sagen, als daß sowohl der Kern des Menschen, sein mögliches Wesen, eben noch so ungeworden, so exterritorial sind wie das Reich der Freiheit, die endgültige *Heimat*.

Der einzige Bezug zu diesem »messianischen Omega« ist Hoffnung. So marxistisch Bloch am Anfang die Hoffnung als den wichtigsten Erwartungsaffekt aus dem kleinen Abc der gängigen Psychologie hervorinterpretierte, so sehr zeigt es sich jetzt, daß er auch über den Tendenz-Sinn des Marxismus hinausgetrieben ist: Die jetzt verlangte Hoffnung hat nichts mehr mit dem möglichen zu tun, das man als das partiell Bedingte mit geschultem Theorie-Praxis-Verstand erkennen und zur Realisierung treiben kann: Was Bloch jetzt nach dem Durchgang durch die Religion verlangt, ist unbedingte Hoffnung. Als er noch sagte: »Ubi Lenin ibi Jerusalem«, da bewegte er sich noch im Reiche hegelscher und marxistischer Vermittlungsprozesse, seine letzte Reichsfigur *Heimat* aber, die die Genesis weit hinaus ins Ende verlegt und ein Reich verlangt, in dem die Erfüllung nicht geringer ist als die Sehnsucht (während er im ersten Band noch konzedierte, daß kein irdisches Paradies beim Eintritt ohne den Schatten bleibe, den der Eintretende noch wirft), seine jetzige »Endfigur« ist eigentlich nicht mehr auf dem Wege der Vermittlung zu erhoffen, sondern nur noch durch den Sprung (den wir, wie Bloch anderswo sagt, vom christlichen Wunder gelernt haben). Manchmal erscheint es bloß noch als eine besonders stolze Hartnäckigkeit, daß Bloch, der das »schlechthin paradoxe Dur im Trauermarsch« so deutlich hört, daß er seine Hoffnung nicht auch noch Gott nennt. Das Ziel seines »inhaltlichen Atheismus« sei »genau das gleiche« wie das »aller höheren Religionen«, bloß: »ohne Gott, aber mit aufgedecktem Angesicht unseres Absconditum und der Heils-Latenz in der schwierigen Erde«.

(3) *Georg Picht*
Vom Bildungsnotstand zum Notstand
der Bildungspolitik

Der Text wurde als Vortrag am 16. Juli 1973 in der Evangelischen
Akademie Tutzing gehalten. Er erschien in der *Zeitschrift für Pädagogik*, Nr. 5, 1973, S. 665-678 (hier gekürzt abgedruckt). Georg Picht
wurde 1913 in Straßburg geboren; er studierte Klassische Philologie und
Philosophie, wurde dann Lehrer im Landerziehungsheim Birklehof
und ist seit 1965 Inhaber des Lehrstuhls für Religionsphilosophie an der
Universität Heidelberg.

Der Hauptschuldige für die Überproduktion an Abiturienten
wird auf die Anklagebank gestellt. Es wird aufgefordert, den
Prozeß zu führen, und man hat die Chance, einer Exekution beizuwohnen. Steht am Beginn die rituelle Schlachtung eines Sündenbockes, so ist der Erfolg der Veranstaltung gesichert. Ich gestehe, daß diese Situation mich verlockt hat, obwohl ich mich aus
der aktiven Bildungspolitik seit einigen Jahren zurückgezogen
habe. Ich beobachte sie aus großer Distanz. Auf diesem Feld gibt
es keine Interessen, die ich verteidigen müßte, ich erstrebe hier
keine Position und sehe auch persönlich keinerlei Veranlassung
zu apologetischen Erklärungen irgendwelcher Art. Aber ich
halte die weit verbreitete Neigung, die Kritik am Numerus clausus auf mich abzulenken, für objektiv schädlich, weil sie die tatsächlichen Probleme verdunkelt. Der Zeitpunkt ist gekommen,
wo es wieder sinnvoll wird, gewisse Sachverhalte klarzustellen,
die niemand wahrhaben will.

Fassen wir zunächst noch einmal die Situation des Jahres 1964
ins Auge – jenes Jahres, in dem ich meine Artikelserie über die
»Deutsche Bildungskatastrophe« veröffentlicht habe. Der damalige Zustand der westdeutschen Schulen und Universitäten
war durch drei politische Entscheidungen bestimmt, die schon
bei der Gründung der Bundesrepublik Deutschland getroffen
wurden und bis heute den Gang der Ereignisse beherrschen.

1. Die Verfasser des Grundgesetzes haben sich der Forderung
der Alliierten gebeugt und diesem Staat eine föderative Struktur
gegeben. Auf dem Gebiet der Bildungspolitik wurde den einzel-

nen Ländern der Status souveräner Staaten zugestanden. Die Bundesregierung hat keine nennenswerten bildungspolitischen Kompetenzen. Sie hat aber die Schlüsselstellung in der Finanzpolitik. Man kann von Bundesregierung und Bundestag billigerweise nicht erwarten, daß sie einer staatlichen Aufgabe, für die sie keine Verantwortung tragen, finanzpolitische Priorität zugestehen. Die erste Folge des *Kulturföderalismus* war deshalb, daß der Anteil der Bildungsausgaben am Bruttosozialprodukt und an den Staatsausgaben bis heute weit unterhalb der Durchschnittszahlen in den vergleichbaren Industriestaaten liegt. Aus der Bedarfsfeststellung der Kultusminister ließ sich ablesen, wie man bis 1963 fünfzehn Jahre lang die unentbehrlichen Investitionen für Schulen und Hochschulen vor sich hergeschoben hatte. Eine zweite Konsequenz des Kulturföderalismus wurde ebenfalls schon sichtbar: Die Länder hatten sich so weit auseinanderentwickelt, daß ihre Schulsysteme, ihre Zeugnisse und die Verteilung der Bildungschancen kaum noch vergleichbar waren. Die verfassungswidrige Notkonstruktion der auf Einstimmigkeit verpflichteten Kultusministerkonferenz war der Aufgabe einer bildungspolitischen Koordination der Länder nicht gewachsen. Inzwischen hat sich bekanntlich die Disparität der Schul- und damit zugleich der Lebensverhältnisse so gesteigert, daß eine einheitliche Bewertung der Abschlußzeugnisse nicht mehr möglich ist. Ich habe der Bildungspolitik vor allem deshalb den Rücken gekehrt, weil ich aufgrund verschiedener Erfahrungen zu dem Ergebnis gelangt war, daß eine Neuordnung der Schulen und Hochschulen erst möglich wird, wenn der Bund eine Rahmenkompetenz erhält. Der Kulturföderalismus ist gescheitert; eine konstruktive Bildungspolitik ist in der gegenwärtigen Verfassung nicht möglich.

2. Der Wiederaufbau des deutschen Bildungswesens nach dem Kriege fiel in eine Epoche, die Walter Dirks in einem berühmten Aufsatz in den »Frankfurter Heften« als »Epoche der Restauration« bezeichnet hat. Schon 1947 sagte mir ein hoher Kultusbeamter, das deutsche Schulwesen hätte sein höchstes Niveau im Jahre 1880 erreicht; diesen Zustand gelte es wieder herzustellen. Hier sprach sich eine Bewußtseinslage aus, die noch heute, vor allem an den Universitäten, das Denken und Handeln einflußreicher Gruppen bestimmt. Während alle anderen Industriestaaten der Dynamik der technisch-industriellen Entwicklung und den

von ihr ausgelösten gesellschaftlichen Veränderungen durch einschneidende Reformen des Bildungswesens gerecht zu werden versuchten, war man in Westdeutschland bemüht, das bewährte Alte zu restituieren. Nur wenige machten sich klar, daß ein Bildungssystem, dessen Struktur zur wirtschaftlichen und gesellschaftlichen Entwicklung im Widerspruch steht, in eine tiefe Krise geraten muß. Die Brisanz des sich hier anhäufenden sozialen Sprengstoffes wurde deutlich, als Schelsky in einem vom »Deutschen Ausschuß für das Erziehungs- und Bildungswesen« erbetenen Gutachten zeigte, daß das Bildungssystem gesellschaftspolitisch als ein Apparat der Zwangsbewirtschaftung von Sozialchancen zu betrachten ist. Der Numerus clausus bestätigt heute die Richtigkeit dieser These auf drastische Weise. Im Widerspruch zur deutschen Bildungsideologie war man genötigt einzusehen, daß das Bildungssystem in der Sozialpolitik eine Schlüsselstellung einnimmt. Man konnte schon damals voraussagen, daß die rückständige Struktur unseres Bildungswesens dramatische gesellschaftliche Konflikte produzieren würde. Die Radikalisierung eines Teiles der Jugend war vorherzuberechnen. Aber die Koordination von Bildungspolitik und Sozialpolitik scheiterte einerseits an der Verfassungsstruktur; sie scheiterte andererseits daran, daß die Vorstellungswelt der professionellen Sozialpolitiker aller Parteien und Verbände ebenso rückständig ist wie unser Bildungswesen.

3. Eine der folgenreichsten Entscheidungen der ersten Nachkriegszeit ist es gewesen, daß der sogenannte Wiederaufbau im Zeichen der absoluten *Priorität der Wirtschaftspolitik* unternommen wurde. Die Investitionen für die wirtschaftliche Infrastruktur hatten vor allem anderen den Vorrang. Zugunsten des »Wirtschaftswunders« wurden die übrigen Sektoren der Infrastruktur vernachlässigt. Das Wachstum des Sozialprodukts, die Steigerung des privaten Wohlstandes, die Expansion der Bedürfnisse und der Ansprüche galten bei allen Parteien undiskutiert als höchste Werte. Sämtliche Staatsaufgaben wurden dem Ziel der Steigerung des Wirtschaftswachstums untergeordnet. Auch in der Sozialpolitik wurden die der Allgemeinheit dienenden Einrichtungen wie Krankenhäuser, Altersheime usw. auf Kosten des privaten Konsums vernachlässigt. Derselbe Staat, der in der Finanzierung seiner Bildungseinrichtungen hinter den Durchschnitt der anderen Industrieländer weit zurückfiel, wurde in der

Höhe der Renten und Vergünstigungen zum internationalen Spitzenreiter. Man erkannte nicht, daß zwischen forciertem Wirtschaftswachstum und konservativer Bildungspolitik ein unüberbrückbarer Widerspruch besteht. Durch keine politische Revolution lassen sich die gesellschaftlichen Verhältnisse so wirksam umpflügen wie durch industrielle Expansion. Sie hat eine permanente Veränderung der sozialen Zustände, der Bedürfnisse und Ansprüche und des objektiven Bedarfes zur Folge. Die wirklichen Systemveränderer sitzen in den Direktionsetagen der großen Betriebe und an den Schaltstellen jener politischen Organisationen, die sich nach außen hin als konservativ ausgeben. Wer A sagt, muß auch B sagen. Wer durch Wirtschaftswachstum eine Transformation, um nicht zu sagen: eine Revolution der gesamten Gesellschaft auslöst, der muß auch die Bildungsreform in Angriff nehmen, die durch diesen Kurs erzwungen wird. Aber das wollte damals wie heute niemand begreifen.

Zehn Jahre Mitarbeit im »Deutschen Ausschuß für das Erziehungs- und Bildungswesen« hatten mich darüber belehrt, daß die Probleme der Schul- und Universitätsreform in dem allgemeinen politischen Kontext analysiert werden müssen, der durch diese drei Grundentscheidungen bestimmt ist. Im Unterschied zu anderen Bildungspolitikern habe ich die Bildungspolitik immer als einen integrierenden Bestandteil der gesamten Infrastrukturpolitik betrachtet. Die Infrastrukturpolitik eines modernen Industriestaates bildet wegen der wachsenden Verdichtung der Interdependenzen zwischen allen Lebensbereichen ein unteilbares Ganzes. Bald nach der Veröffentlichung meiner Artikelserie über die Bildungskatastrophe habe ich im »Merkur« einen Aufsatz geschrieben (»Die Grundlagen eines neuen deutschen Nationalbewußtseins«, 1967), der zeigen sollte, daß eine Staatskrise unvermeidlich ist, wenn wir versäumen, ein politisches Instrumentarium zu entwickeln, das eine integrierte Planung der gesamten Infrastrukturpolitik möglich macht. Bis heute gibt es nicht einmal eine Gesamtbilanz für den Infrastrukturbedarf in Bund, Ländern und Kommunen. Die sogenannte Bildungsplanung wird ohne jede Rücksicht auf die anderen lebenswichtigen Sektoren der Infrastrukturpolitik ins Leere hinein entworfen. Wenn man so altmodisch ist, noch an Adam Riese zu glauben, kann man die Augen nicht davor verschließen, daß der Bildungspolitik allein schon aus diesem Grund ein Bankrott bevorsteht, dessen Konsequenzen sich schwer absehen lassen. Im Hinblick auf diese Gefahr habe ich damals ein Notprogramm vorgeschlagen. Ein Plan, der kurzfristig realisierbar sein soll, muß von den gegebenen Verhältnissen ausgehen. Gewiß: ich war schon längst zu der Überzeugung gelangt, daß die gesamte Struktur unseres Bildungssystems – sein dreigliedriger Stufenbau, die Trennung von Berufsbildung und Allgemeinbildung, die Verkoppelung der Zeugnisse mit einem Berechtigungswesen, das die Klassenstruktur der Gesellschaft des 19. Jahrhunderts zementiert, die Vernachlässigung der Erwachsenenbildung und ein durch nichts mehr gedeckter Bildungsbegriff – den gesellschaftlichen Realitäten und der geistigen Lage des 20. Jahrhunderts nicht mehr entspricht. Auf eine Umfrage des Stifterverbandes, wie viele Abiturienten wir bräuchten, gab ich die Antwort: gar keine; denn ich war der Meinung, daß der in den Reifeprüfungsordnungen kanonisierte Bildungstyp weder einem realen Bedarf noch einem ausweisbaren Bildungsbegriff entspricht. Aber im Hinblick auf die wirklichen Notstände und auf die Kürze der vielleicht noch vergönnten Zeit wäre es offensichtlich sinnlos gewesen, sich bildungsreformerischen Utopien hinzugeben. Es mußte versucht werden, vorzuschlagen, was unter den gegebenen institutionellen Voraussetzungen kurzfristig zu verwirklichen war, und was von einer bildungspolitisch unaufgeklärten Öffentlichkeit akzeptiert werden konnte. [. . .]

Jede politische Neuordnung setzt einen sachgemäßen Planungsrahmen voraus. Die Probleme der Hochschulen können nicht gelöst werden, solange man sich nicht zu der Erkenntnis durchringt, daß sämtliche Sektoren unseres Bildungswesens zueinander in einem funktionalen Wechselverhältnis stehen. Jede Planung wird scheitern, die sich auf isolierte Teilstücke – sei es das allgemeinbildende Schulwesen, sei es die Berufsbildung, seien es die Hochschulen – beschränkt. Mir scheint es deshalb nicht sinnvoll, hier über die internen Probleme der Hochschulreform zu sprechen; ich bin ohnehin überzeugt, daß die zentralen Fragen, um die es geht – die Organisation der Forschung, die Neubestimmung des Verhältnisses von Forschung und Lehre, die Neubestimmung der Aufgaben, die von den Hochschulen als berufsbildenden Einrichtungen zu erfüllen sind, die Verwaltungsreform im Hochschulbereich, vor allem aber eine neue Definition des Begriffes der Autonomie von Forschung und Lehre –, noch nicht ins Bewußtsein getreten und deshalb auch noch nicht diskussionsreif sind. Die Zukunft der Hochschulen wird sich nicht durch hochschulinterne Symptomtherapie beeinflussen lassen; sie hängt von der Gesamtentwicklung unseres Bildungssystems ab und wird das Ergebnis von politischen Entscheidungen sein, deren Relevanz die Hochschulen noch nicht begreifen. Politische Grundentscheidungen, die für die gesamte Infrastrukturpolitik unseres Staates die Weichen stellten, haben die gegenwärtige Situation der Hochschulen verursacht; nur durch politische Grundentscheidungen kann sie verbessert werden. Der Kompetenzenwirrwarr und die unglaubliche Planlosigkeit der westdeutschen Bildungspolitik treiben uns von Misere zu Misere. Nur eine durchgreifende Reorganisation der politischen Instanzen und die Entwicklung eines funktionsfähigen politischen Instrumentariums können das allgemeine Chaos an unseren Bildungsinstitutionen beseitigen. Im Rahmen des Kulturföderalismus ist eine Sanierung der Schulen und Hochschulen technisch unmöglich. Wir stehen vor der Frage, ob wir den subalternen Interessen deutscher Kleinstaaterei die Zukunft unseres Bildungswesens und damit die Zukunft der nächsten Generation wirklich opfern wollen.

Ich wende mich deshalb wieder dem Gesamtproblem der Bildungspolitik in der BRD zu und erörtere kurz drei Themen: 1. die Finanzierung, 2. die Bildungsplanung, 3. die Chancengleichheit.

1. Das Kernproblem der Bildungspolitik ist heute das Problem der *Finanzierung*. Ich habe schon darauf hingewiesen, wie schlecht sich die Bundesrepublik im internationalen Vergleich ausnimmt, und habe die politischen Grundentscheidungen genannt, die unsere Rückständigkeit verursacht haben. Als ich 1964 meine Artikelserie veröffentlichte, hielt ich es noch für möglich – eine Minute vor zwölf –, den Vorsprung der vergleichbaren Staaten aufzuholen; aber allerdings nur unter der Voraussetzung, daß der Anteil der Bildungsausgaben am Bruttosozialprodukt sofort auf 5 % angehoben würde. Das entsprach etwa dem europäischen Durchschnitt, war also keine übertriebene Forderung. In der Bundesrepublik betrug der Anteil drei Jahre später (im Jahre 1967) 3,6 %, 1968: 3,5 %, 1969: 3,6 % – mit anderen Worten: die vielberufene Expansion, die durch meine Artikelserie angeblich mit ausgelöst wurde, hat lediglich dazu

geführt, daß der Anteil der Bildungsausgaben am wachsenden Bruttosozialprodukt nicht zurückging. Inzwischen haben wir bei den Bildungsausgaben, wenn ich recht informiert bin, die 4%-Grenze des Anteils am Bruttosozialprodukt überschritten. Das erklärt sich aber zu einem nicht geringen Teil aus den automatischen Rückwirkungen von überproportionalen Gehaltserhöhungen auf personalintensive Haushalte und erlaubt keinen Rückschluß auf Strukturverbesserungen. Bildungspolitik und Bildungsplanung leben ausnahmslos von der Spekulation auf zukünftiges Wirtschaftswachstum. Sie hoffen, sich einen größeren Anteil am künftigen Zuwachs sichern zu können; denn der heute verfügbare Kuchen ist verteilt. Aber diese Hoffnungen sind illusionär, weil andere lebenswichtige Sektoren der Infrastruktur sich in noch größerer Notlage befinden und ebenfalls alle ihre Zuversicht auf das künftige Wirtschaftswachstum setzen. Wenn unsere Energiewirtschaft und unsere Wasserversorgung zusammenbrechen, ist uns auch mit den fortschrittlichsten Gesamtschulen nichts geholfen. Die Bildungsfinanzierung läßt sich also nur dann auf eine solide Basis stellen, wenn sie in einem Gesamtentwurf der Infrastrukturpolitik fest verankert ist. Die Planung, die dazu erforderlich wäre, ist aber im Rahmen unserer Verfassung nicht möglich. Der Föderalismus verbaut uns auch die Möglichkeit, durch Rationalisierung die begrenzten Mittel, die allenfalls verfügbar sind, optimal zu verteilen. Wenn wir zu den erforderlichen Verfassungsänderungen nicht bereit sind, haben wir jedenfalls kein Recht, uns über die bevorstehenden Restriktionen zu beklagen. So oder so werden wir uns darauf einrichten müssen, daß eine weitere Steigerung des Anteils der Bildungsausgaben am Gesamthaushalt der öffentlichen Hände nicht zu erreichen sein wird. Ich halte deshalb sämtliche bisher vorliegenden Planungen für Kartenhäuser.

2. Im Unterschied zu anderen Sektoren des politischen Lebens ist Bildungspolitik eine Funktion der *Bildungsplanung*. Das ergibt sich aus der Struktur der Sache: wegen der Langfristigkeit der Ausbildungsgänge wirken sich Maßnahmen, die man heute trifft oder unterläßt, frühestens in zehn Jahren aus; dann aber wirken sie sich unausweichlich aus. Es ist der Bildungspolitik nicht möglich, kurzfristig auf politische oder wirtschaftliche Situationen zu reagieren. Sie ist, mindestens in unserem gegenwärtigen System, auf langfristige Dispositionen festgelegt. Werden

diese Dispositionen planvoll getroffen, so ist es möglich, die Funktionsfähigkeit des Bildungssystems auch bei raschem Wandel der Verhältnisse zu erhalten. Erfolgen sie planlos, so ist die Bildungspolitik nicht weniger auf die einmal getroffenen Weichenstellungen festgelegt. Aber diese Weichenstellungen widersprechen einander; es entsteht ein Chaos. Das ist es, was wir heute erleben. Man hat zusammenhanglos für die verschiedenen Stufen unseres Bildungssystems, für Schulen, Hochschulen und Berufsausbildung isolierte Teilplanungen entwickelt, die nicht miteinander koordiniert werden können und sich außerdem von Bundesland zu Bundesland widersprechen. Der Numerus clausus ist nur eines der Symptome, an denen sich herausstellt, daß die bürokratisch organisierte Planlosigkeit mit einem erbarmungslosen Automatismus den Zusammenbruch des ganzen Gebäudes zur Folge haben muß.

Das modische Gerede über Bildungsplanung hat die Öffentlichkeit darüber hinweggetäuscht, daß es eine Planung, die diesen Namen verdient, in unserem Staat nicht gibt und nach unserer Verfassung auch nicht geben kann. Wovon hängt die Möglichkeit einer sachgerechten Bildungsplanung ab?

a) Jede Planung setzt eine politische Instanz voraus, die über die Kompetenzen und die Ressourcen verfügt, um die Verwirklichung sämtlicher Teilabschnitte des aufgestellten Planes garantieren zu können. Ist diese Voraussetzung nicht gegeben, bleibt Planung ein fiktives Gedankenspiel, das mit den politischen und wirtschaftlichen Realitäten nichts mehr zu tun hat. Bildungsplanung ist etwas anderes als die Befriedigung einer möglichst großen Summe von Interessentenwünschen oder der Entwurf von ideologischen Phantasmagorien. Ihre wichtigste Aufgabe bestünde in der Disposition über beschränkte Ressourcen an Mitteln und Menschen, die nach Kriterien verteilt werden müssen, die sich aus der voraussehbaren gesellschaftlichen und ökonomischen Entwicklung ergeben. Es gibt heute keine Instanz, die dazu qualifiziert wäre, jene Koordination von Finanzpolitik, Bildungspolitik, Sozialpolitik und Strukturpolitik vorzunehmen, ohne die Bildungsplanung keine Basis hat. Sowohl der »Deutsche Ausschuß für das Erziehungs- und Bildungswesen« wie der Bildungsrat und der Wissenschaftsrat mußten scheitern, weil sie in einem verfassungsrechtlichen Niemandsland angesiedelt waren. Daß die Kultusministerien der Länder – um von dem verfassungswidrigen Monstrum der Kultusministerkonferenz zu schweigen – zu einer soliden Planung nicht fähig sind, ist empirisch bewiesen. Diese unförmigen Behörden sind politisch derart desorganisiert, daß sie schon an dem Problem der Koordination ihrer eigenen Abteilungen zu scheitern pflegen. Die Staatsstruktur eines Bundeslandes ist viel zu schwach, um dem Druck kollidierender Einzelinteressen Widerstand leisten zu können. Die Landesregierungen sind nicht in der Lage, jene überregionalen Entwicklungstendenzen zu steuern, aus denen sich der Anforderungsdruck ergibt, dem Bildungsplanung gerecht werden müßte. Ihre Scheinsouveränität reicht nicht aus, um einer langfristigen Bildungspolitik Konsistenz zu verleihen.

b) Planung ist eine politische Aufgabe, die der Hilfe der Wissenschaft bedarf. Das bildungspolitische Vakuum unserer Verfassung hat die Entwicklung einer wissenschaftlich vertretbaren Bildungsplanung nicht begünstigt. Gewiß, es war ein Lichtblick, daß es gelungen ist, am Max-Planck-Institut für Bildungsforschung in Berlin und an einigen anderen Stellen für die in Deutschland vorher unbekannte Disziplin der Bildungsforschung eine Basis zu schaffen. In kurzer Zeit konnte eine beträchtliche Reihe von qualifizierten Arbeiten vorgelegt werden, die als erste Vorstöße in unbekanntes Gelände höchste Anerkennung verdienen. Aber es besteht die Gefahr, daß dieser junge Forschungszweig dadurch kompromittiert wird, daß man seine bisher noch partikulären Ansätze und Methoden viel zu rasch und kurzschlüssig in pseudopolitische Scheinplanungen übersetzt hat. Die Organisation einer komplexen interdisziplinären Forschung auf einem unbekannten Feld ist eine langfristige Aufgabe, die nur gelingen kann, wenn der politische Rahmen einer solchen Forschung richtig definiert ist. Die deutsche Bildungsforschung ist dadurch bedroht, daß ihr an Stelle eines solchen Rahmens nur jenes Vakuum offensteht, in dem bisher alle Bildungsplanung zu einer unverbindlichen Projektemacherei degeneriert ist. Sie hat sich in Fortführung der »autonomen Pädagogik« der Weimarer Zeit als autonome Disziplin organisiert und ist wegen des Fehlens politischer Partner nur ungenügend dagegen geschützt, in eine Abhängigkeit von den Aspirationen engagierter gesellschaftlicher Gruppen zu geraten oder sich auf Allianzen mit den Interessen des organisierten Bildungsprofessionalismus einzulassen. Der mangelnde Kontakt zu den Zentren der politischen Macht und zu den Realitäten der finanz- und gesellschaftspolitischen Entwicklung hatte die unvermeidliche Folge, daß rein funktionale Kategorien, wie etwa der Begriff »Curriculum«, auf sachwidrige und fragwürdige Weise ideologisiert worden sind.

Ich fasse das über Bildungsplanung Gesagte zusammen: Wir haben keine Bildungsplanung, weil nie ernsthaft versucht worden ist, den sachgemäßen Planungsrahmen zu bestimmen. Auf seiten der Politik ist das zunächst ein institutionelles Problem. Hier wäre der Planungsrahmen für die Bildungspolitik durch eine Neuordnung der Kompetenzen zu schaffen. Das ist ohne Grundgesetzänderung nicht zu leisten. Langfristige Bildungsplanung setzt voraus, daß die Bereitstellung der finanziellen Ressourcen gesichert ist. Wir werden das erst erreichen, wenn die Bildungsbilanz in einer umfassenden Infrastrukturbilanz eingebaut ist. Die Wissenschaft wird einen fundierten Beitrag zur Bildungsplanung nur leisten können, wenn sie begreift, daß autonome Bildungsforschung zur Planung weder berufen noch qualifiziert ist. Sie hat die Aufgabe, das Netz der Interdependenzen durchsichtig zu machen, in die das Bildungssystem eines modernen Industriestaates eingebettet ist. Solange sie diese Aufgabe noch nicht bewältigt hat, kann Bildungsforschung nicht den Anspruch erheben, die für eine moderne Bildungspolitik richtungweisende Planungswissenschaft zu sein.

3. Das Grundprinzip des Bildungswesens eines demokratischen Staates ist das Prinzip der *Chancengleichheit*; denn die Wahrnehmung der politischen Rechte und Pflichten des Staatsbürgers und seine Teilnahme am öffentlichen Leben, kurz: seine Freiheit, hängen in der heutigen Welt von seinem Bildungsstand ab. Solange die Ausübung demokratischer Freiheit privilegierten Schichten vorbehalten bleibt, steht die Verfassungswirklichkeit im Widerspruch zur demokratischen Grundordnung unseres Staates. Es kann nicht bestritten werden, daß unser Bildungssystem die Herstellung der Chancengleichheit verhindert – genau zu diesem Zwecke ist es nämlich im 19. Jahrhundert erfunden worden. Unter den Studenten an wissenschaftlichen Hochschulen waren im Jahre 1966 nur 5,7% Kinder von Arbeitern, nur 2,6% Kinder von Landwirten. Gymnasien und Hochschulen sind Institutionen, die dem Erwerb von Privilegien dienen und deren Selektionsmechanismen so eingerichtet sind, daß sie den

ohnehin schon Privilegierten einen Vorsprung sichern. Vergleichbare Statistiken aus anderen Ländern zeigen, daß in keinem demokratischen Industriestaat der Welt die Sozialstruktur des Bildungswesens so archaisch ist wie in der BRD. Nun besitzt aber das Prinzip der Chancengleichheit in einer Demokratie eine unwiderstehliche Macht. Gewiß sind die demokratischen Grundrechte in dem politischen und gesellschaftlichen Kontext, in dem wir leben, nur unzureichend verwirklicht. Aber das Maß an demokratischer Freiheit, das wir in der BRD besitzen, hat bereits ausgereicht, um einen Wandel des Bewußtseins zu erzeugen, der nicht mehr rückgängig gemacht werden kann. Diese Gesellschaft wird es nicht ertragen, daß ihr das Grundrecht auf Bildung vorenthalten wird. Die Restriktionen, die jetzt in der Hochschulgesetzgebung und auf anderen Sektoren des Bildungswesens vorgesehen sind, werden die elementare Gewalt des Bewußtseinswandels einer Gesellschaft nicht eindämmen können, die sich von jahrhundertealten Vorurteilen und von den künstlichen Zwängen einer reaktionären bürokratischen Herrschaft emanzipiert. Der Versuch, Ordnungen zu stabilisieren, die durch die gesamtgesellschaftliche Entwicklung – nicht zuletzt durch die Auswirkungen des Wirtschaftswachstums – längst unterspült worden sind, ist lebensgefährlich. Hier wird ein Brennstoff für soziale Konflikte aufgehäuft, die jederzeit explosiv zum Ausbruch gelangen können. Andererseits ist es im Rahmen des bestehenden Systems unmöglich, die durch seine eigene Struktur erzeugten sozialen Ansprüche zu befriedigen. Hier liegt ein objektiver Widerspruch vor. Er ergibt sich daraus, daß die Bildungsgänge einem bürokratisch regulierten und hierarchischen Laufbahnsystem zugeordnet sind; durch dieses System wird der Begriff der Chance erst definiert. Da der gesamte Schematismus der Gehaltsstufen, Renten und Pensionen von dieser Ordnung abhängt, besteht ein sozialer Zwang, die in unser Bildungssystem einzementierte Definition von Chance zu akzeptieren. Sie ist trotzdem falsch und unhaltbar geworden. Ist das System in seiner Gesamtheit veraltet, so ist auch der herrschende Begriff der Chance und damit der Chancengleichheit veraltet. Wir müssen uns also neu überlegen, was im Kontext unserer Gesellschaft das Wort »Chance« eigentlich bedeutet; ich beschränke mich auf wenige Anmerkungen zu dieser Frage.

Auch eine sozialistische Revolution könnte die Ungleichheit

der Ausgangslage von Kindern nicht beseitigen. Sie ist durch das Milieu der Eltern, durch die sozialen und ökologischen Bedingungen der gesamten Umgebung und durch ihr Bildungsklima – sie ist also in hohem Maße durch Faktoren bestimmt, die außerhalb der Schule liegen. In der Bundesrepublik Deutschland wirkt sich das regionale Gefälle im Angebot von Bildungsmöglichkeiten mindestens ebenso aus wie die sozialen Unterschiede. Das Scheitern der Raumordnung verursacht ebenso schlimme Ungerechtigkeiten wie das Scheitern der Bildungspolitik – eine bundesweite Raumordnung ist aber im Rahmen unserer Verfassung ebenfalls nicht möglich. Da Gunst oder Ungunst der Startbedingungen durch Faktoren bestimmt sind, die außerhalb der Schule liegen, können sie durch eine Schulreform auch nicht beseitigt werden – ist es doch ohnehin eine Fiktion zu meinen, daß in einer arbeitsteiligen Gesellschaft Gleichheit der Lebenssituationen möglich wäre. Trotzdem sind unsere Schulreformer von dem Wahn besessen, man könnte die Vor- und Unterstufe unseres Schulsystems so einrichten, daß alle Kinder schon beim Start ins Leben die gleichen Aufstiegschancen erhalten. Auf diese Weise werden die falschen Prinzipien unserer bisherigen Ordnung nicht außer Kraft gesetzt, sondern festgeschrieben.

Der Grundfehler unseres bürokratischen Bildungswesens besteht in dem Zwang, die Lebenschancen ausschließlich unter der Perspektive der Aufstiegschancen zu betrachten. »Aufstieg« ist ein Begriff der bourgeoisen Klassengesellschaft. Unser Schulsystem trägt auch in den Varianten, die uns die Reformer anbieten wollen, viel dazu bei, daß wir diese Erbschaft des 19. Jahrhunderts nicht loswerden können. Trotzdem entwickelt sich unsere Gesellschaft durch die Dynamik der internationalen Prozesse zu einem mehrdimensionalen und offenen System, in dem sich Prestigechancen, Einkommenschancen, Chancen der Lebensqualität und Chancen der Selbstverwirklichung nicht mehr auf eine einheitliche Skala abbilden lassen. Die Vielgestaltigkeit der Lebens- und Bildungsbedürfnisse, der Interessen, der geforderten Leistungen und des politischen Bewußtseins einer Gesellschaft, die sich gegen den Wellengang der Umwälzungen, die heute die Welt erschüttern, nicht mehr abschirmen kann, lassen sich nicht länger in den Käfig normierter Bildungsgänge zwängen. Die größten Chancen haben heute jene Menschen, die nicht auf vorgeschriebene Bildungsgänge und starre Laufbahnen festgelegt sind, sondern sich ihre Mobilität zu erhalten wußten. Das gilt für die aktiven Minderheiten in allen Schichten und allen Wirkungsfeldern. Deshalb muß eine Gesellschaft, die Gleichheit der Bildungschancen fordert, eine Erweiterung der Spielräume für die Entfaltung jedes einzelnen verlangen; sie muß jedem die Möglichkeit eröffnen, die Ungunst seiner Startbedingungen in späteren Lebensphasen auszugleichen. Das ließe sich erreichen, wenn

1. das Bildungswesen vom Laufbahnsystem abgekettet wird,
2. die nur durch das Berechtigungswesen legitimierte bürokratische Reglementierung der Bildungsgänge abgeschafft wird,
3. der Erwerb zusätzlicher Bildungschancen das ganze Leben hindurch möglich bleibt.

Daraus ergibt sich eine Forderung, die in Deutschland Friedrich Edding und Hildegard Hamm-Brücher, im Rahmen der UNESCO die Kommission der sieben Weisen unter dem Vorsitz von Edgar Faure aufgestellt haben: Wir müssen die auf eine stabile Klassengesellschaft zugeschnittene gegenwärtige Ordnung unseres Bildungswesens in ein System des lifelong learning transformieren. Durch die zunehmende Entwertung des Abiturs ist diese Entwicklung faktisch bereits eingeleitet; denn die Gleichsetzung von Abitur und Hochschulreife war bisher die Klammer, die unser ganzes Bildungssystem zusammengehalten hat. Gingen wir zu einem System des lifelong learning über, so fänden sich Wege, mit den verfügbaren Kapazitäten auszukommen und einen Ausweg aus den ökonomischen Engpässen zu finden, in denen sich sowohl die konservative wie die fortschrittliche Bildungspolitik festgefahren hat. Ich sehe keine andere Möglichkeit, das Schiff der Bildungspolitik wieder flottzumachen.

In einem Rückblick auf die bildungspolitische Aktion, die ich mit der Artikelserie über die »Deutsche Bildungskatastrophe« eingeleitet hatte, schrieb ich für die Taschenbuchausgabe zur Zeit der Regierung Erhard folgendes: »Nur der Bundeskanzler kann die Finanzreform in Angriff nehmen. Nur der Bundeskanzler kann jene Neuordnung des Verhältnisses zwischen Bund und Ländern in die Wege leiten, von der die gesamte Entwicklung der Kulturpolitik abhängig ist. Nur der Bundeskanzler hat kraft seines Amtes die Autorität, vom Bundestag und von den Ländern die Maßnahmen zu fordern, die nötig sind. Er ist bevollmächtigt, im Namen des ganzen Volkes auch an die Länder

Forderungen zu stellen, denn Schulen und Hochschulen sind das Fundament des gesamten Staates und der gesamten Gesellschaft.« (München 1965, dtv-Taschenbuch Nr. 349, S. 151)

Ich halte diese Sätze noch heute für richtig. Erhard und Kiesinger haben diese Aufgabe – eine der wichtigsten, die der Kanzler zu lösen hat – nicht erkannt. Brandt hat die Priorität der Bildungspolitik in zwei Regierungserklärungen verbal bestätigt, aber er hat bisher nicht gehandelt. Die Autorität des Kanzlers würde mißbraucht, wenn man von ihm verlangen wollte, daß er sich für die unhaltbaren Konstruktionen der bisherigen Bildungsplanung einsetzt, oder daß er gar die faulen Kompromisse der Bund-Länder-Kommission mit seinem Namen deckt. Seine Aufgabe liegt auf jenem Feld, das bisher vernachlässigt wurde: Er müßte das politische Instrumentarium für die Bewältigung eines der schwersten Probleme unseres Staates schaffen. Die Möglichkeit zu handeln erhält er aber erst, wenn sich eine öffentliche Meinung artikuliert, die einer großen politischen Aktion den nötigen Rückhalt bietet. Wir alle könnten dazu beitragen.

Meine Artikelserie über die Bildungskatastrophe mündete in den Satz: »Jedes Volk hat das Bildungswesen, das es verdient.« Heute füge ich hinzu: »Jedes Volk hat die Bildungspolitik, die es verdient.«

(4) *Jean Améry*
Jargon der Dialektik

Jean Amérys Aufsatz erschien in Nr. 236 der Zeitschrift *Merkur* (November 1967, S. 1041-1059; der nachfolgende Abdruck ist gekürzt).

Die Definitionen der gängigen Nachschlagewerke sind recht undeutlich. So sagt beispielsweise das Duden-Fremdwörterbuch, der Jargon sei eine »schlechte, unverständliche Sondersprache einer Berufsgruppe oder einer Gesellschaftsschicht, z. B. der Börsenleute oder der Gauner . . .«. Wiewohl eine Formulierung, welche »Börsenleute und Gauner« gleich hintereinandersetzt, sowohl sozialpsychologisch aufschlußreich als auch stark humoristisch ist, kann man hier nur kopfschüttelnd sagen: das kommt davon, wenn man Fachsprache und Jargon nicht auseinanderzuhalten weiß. Es mag sein, daß da und dort ohne viel Federlesens vom Mathematiker-Jargon, vom Jargon der Snobs und Jargon der Börsenmakler gesprochen wird. Im allgemeinen aber macht heute der Sprachgebrauch doch langsam jenen Unterschied, der von der Sache her gefordert wird: den Ausdruck »Jargon der Atomphysiker« hört man weniger häufig als einfach »Sprache der Atomphysiker«; kaum spricht jemand von einem »Mechaniker-Jargon«, einem »Schneider-Jargon«, einem »Jargon der Biochemie«, sehr viele dagegen vom »psychoanalytischen Jargon«, dem »Philosophen-Jargon«, dem – um hier einen Buchtitel Theodor W. Adornos einzuschmuggeln – »Jargon der Eigentlichkeit«. Daneben bleiben der Diebsjargon und der Börsenjargon weiterhin in Gebrauch, wiewohl hier vielleicht richtiger von *Argot* gesprochen werden sollte.

Halten wir also, zwecks genauerer Begriffsbestimmung, den folgenden Tatbestand fest: Einmal ist die wirkliche Fachsprache, zum Unterschied vom Jargon, der von einem speziellen Kenntnis- und Erkenntnisvorgang erzwungene sprachliche Ausdruck; zum anderen läuft die Sprache eines Fachbezirks, je »fachlicher«, das heißt, in seinen Begriffen definierter, in seiner Praxis eindeutiger er ist, desto weniger Gefahr, zum Jargon als einem regellosen Sprachspiel zu entarten. Die Beispiele drängen sich auf. Es ist ziemlich undenkbar, daß in eine gesellschaftliche Konversation plötzlich die Sprache der Thermodynamik eindränge – nicht nur, weil deren Gesetze weitum nicht bekannt sind und sich kaum reizvolle Pointen mit einer solchen Sprache erzielen lassen; sondern weil jedermann berechtigte Angst hat, er könne hierbei Nonsens reden und sich vor einem vielleicht zufällig anwesenden Fachmann lächerlich machen. Wer hinwiederum vom Sein und vom Nichts, von der Reflektiertheit und von der Entfremdung und der, nun ja: der Dialektik redet, läuft diese Gefahr nicht. Spricht er in einer Unterhaltung über Existenzphilosophie ausgleitenderweise vom Seienden, das sich im Sein verbirgt, statt umgekehrt, gilt das gleichviel; mit hoher Wahrscheinlichkeit darf gerechnet werden, daß der etwa anwesende Philosoph über den Gesprächspartner, statt verächtlich die Achseln zu zucken, sich überlegt, ob ihm selbst nicht diese Variation Heideggers in der Fülle der Literatur entgangen sei und er darum die ontologischen Chancen dieser neuen Spielart mit Sorgfalt zu erwägen habe.

Überaus aufschlußreich erscheint mir in diesem Zusammenhang das Beispiel der Psychoanalyse, die heimatlos im Grenzbereich zwischen Natur- und Geisteswissenschaften steht und dort unsanft herumgestoßen wird. Eben darum ist sehr schwer auszumachen, ob ihre Sprache in unserem Sinne eine Fachsprache ist oder ein Jargon. Es, Ich, Über-Ich, Ödipuskomplex – sie stehen begrifflich nicht auf so festen Beinen wie die Protonen, die Gene, das Differentiat (sic!) etc., wenngleich auch nicht auf gar so rachitischen wie die Jemeinigkeit oder die Grenzsituation. Spricht Anna Freud vom Über-Ich, dann haben wir es ganz offenbar nicht mit einem Jargonwort zu tun; gebraucht es die Frau von Pollack des berühmten jüdischen Witzes oder der Herr Wendriner, wird es jargonisiert. Die Psychoanalyse gibt uns überhaupt die frappierendsten Exempel für die jargonhafte Degeneration einer Fachsprache, die das Unglück hat, eine solche nicht in ganzer Strenge zu sein. Des öfteren liest man in der Presse etwas von einer Psychoanalyse eines Volkes oder Kontinentes, etwa des schwarzen Afrika, was offenkundig Jargon-Unsinn ist, da nur ein Individuum psychoanalysiert werden kann. Verwüstungen hat das dem psychoanalytischen beziehungsweise individualpsychologischen Vokabular entstammende Wort »Komplex« veranstaltet: man sagt »Angstkomplex vor der Atombombe«, wiewohl es sich da überhaupt nicht um einen Komplex handelt, sondern um reale und rational begründbare Furcht; man redet von Minderwertigkeitskomplexen, wo Minderwertigkeitsgefühle gemeint sind, von Mutterkomplex, wo Mutterbindung ausreichen würde. [. . .]

Ist der Prozeß der Jargonisierung einmal in Gang geraten, entsteht das, was einst Heinrich Mann in seinem Zola-Essay die »Tiefschwätzerei« genannt hat (wobei freilich gleich hinzuzusetzen ist, daß sie von wirklicher Gedankentiefe nicht nur kaum unterscheidbar ist, sondern auch in ihrem verdorbenen Zustand stets noch Elemente authentischen Denkens in sich trägt). Heinrich Mann prägte das polemische Wort in der Auseinandersetzung mit seinem Bruder: das war eine große Ungerechtigkeit; denn, ach, wie klar und treu und fast bieder klingen uns Thomas Manns Tiefsinnigkeiten heute im Ohr, die wir inzwischen viel Ärgeres haben erfahren müssen, als selbst die Schlafstrohgespräche der Studenten aus dem »Faustus« parodistisch uns zumuteten. Wir hatten namentlich den von Heidegger geschaffenen, in Th. W. Adornos durchdringender Schrift als überständiges Denken entschleierten »Jargon der Eigentlichkeit« im Sinne. Dieser Jargon hat sich parodiert in der von Adorno angeführten pseudo-dichterischen Blut-und-Boden-Betulichkeit. – Ja: »Wenn in tiefer Winternacht ein wilder Schneesturm mit seinen Stößen um die Hütte rast und alles verhängt und verhüllt, dann ist die hohe Zeit der Philosophie. Ihr Fragen muß dann einfach und wesentlich werden . . . Und die philosophische Arbeit verläuft nicht als abseitige Beschäftigung eines Sonderlings. Sie gehört mitten hinein in die Arbeit des Bauern.« – So ging das zu in den goldenen zwanziger und den blutigen dreißiger Jahren. Dieser Jargon, wie er hier zwar in seiner krudesten, aus dem Zusammenhang gerissenen Form aus Heidegger zitiert wird, ist geradezu wehrlos der Tiefschwätzerei ausgeliefert, die in diesem Fall ja dann so deutlich den üblichen Weg nahm: aus dem Hörsaal und der philosophischen Fachzeitschrift über das gehobene literarische Periodikum bis in den Provinzzeitungs-Leitartikel, ja, bis auf die Tribüne des Wahlredners. Im übrigen war er rückwärts gewandt und dementsprechend, legt man ihm einen präzisen politischen Wortsinn zugrunde, reaktionär (der Konservative spricht anders).

Es geht uns hier nicht um die Kritik einer bestimmten Philosophie. Kaum eine, sagten wir eben, »die nicht Jargon geworden wäre«. Halten wir uns also an den Jargon. Der eben erwähnte findet sich nach wie vor in Bruchstücken bis in die Zeitungssprache. Die »echte Aussage« ist noch immer da, das »gültige Gespräch« auch, man lebt noch »wahrhaft in der Welt«, voll von »Seinsbejahung« und »Seinsgläubigkeit«. Doch beginnt die Phraseologie dieser Art vor unseren Augen zu verwelken und zu vergilben. Es gibt schon wieder Leute, die nicht »echt« unbedingt dort schreiben, wo man früher »wirklich« geschrieben hätte. Die »Gültigkeit« gilt nicht mehr allerorten. Ein Gespräch hat gute Chancen, wieder zur urbaneren Diskussion zu werden, und für den Verfall der Seinsgläubigkeit sorgen schon die täglichen Rundfunk-Nachrichten. Der Jargon der Eigentlichkeit hat sich als sehr uneigentlich oder, wie Sartre sagen würde, als »inauthentique« erwiesen. Die Tiefschwätzerei solchen Musters versickert.

Dafür steht ein anderer Jargon im Begriffe, die Sprache aufzublähen. Dieser ist nicht reaktionär, im Gegenteil: er gibt sich progressiv bis progressistisch. Er ist nicht raunend, sondern schneidend, nicht wuchtig-gewichtig, sondern scharf-elegant. Er trieft nicht von Serenität, sondern tritt aggressiv auf. Seine Heimat ist nicht die schneesturmumbrauste Schihütte, sondern – nein: zu sagen, das Café, wäre eine Unwahrheit, denn in den heute aussterbenden Cafés war man witzig, klar, geistig schlank wie Polgar oder volkstümlich derb wie Tucholsky – seine Heimat ist das mit allem Komfort ausgestattete Arbeitszimmer, das Funk- oder Fernsehstudio, der Sitzungsraum konferierender Redaktoren. Es ist der Jargon der Dialektik. Dort geht es hoch her mit Reflektiertheit und negativer Positivität, mit Verdinglichung, unglücklichem Bewußtsein und Fungibilität. Wie dieser Jargon seinerseits am Ende politisch reaktionär zu wirken Gefahr läuft, wird noch zu zeigen sein. [. . .]

Man entwischt aber dem Jargon nicht, sondern wird allerorten von ihm eingeholt, in Deutschland vielleicht noch nicht mit solcher Rapidität wie in Frankreich, doch auch schon geschwind genug. *Ludwig Marcuse*, von einer Zeitung befragt, welches Buch man seiner Meinung nach zur Zeit schreiben solle, hat geantwortet: »Ich schlage vor ein sehr seriöses, Titel ›Ganz ohne Dialektik geht die Chose nicht – Zur Pathologie des Zeitgeistes‹.

Damit es kein Wälzer wird, Begrenzung auf die letzten fünf Jahre. Kapitel eins: Wie oft ist das Wort ›dialektisch‹ gebraucht worden? Es genügt, wenn die Zählung bis zu einer Million durchgeführt wird.« – Damit man diesen ironisch gemeinten Ausspruch auch ironisch verstehe: der Gebrauch des nichts aufschließenden Schlüsselwortes ist in vielen Fällen nur eine oberflächliche Erscheinung, auch geistig nicht gefährlich. Liest man darüber hinweg, hat man oft genug sachhaltige Aussagen, die richtig oder unrichtig sein mögen, jedenfalls aber nicht sinnleer sind. Die Gefahr liegt anderwärts. Wo? Vielleicht im Jargon der Dialektik, wie er in den kommunistischen Staaten offiziell und in der Presse gesprochen wird?

Die Frage ist längst fällig, doch werden wir sie kürzer und bündiger beantworten, als mancher Leser es erwarten oder auch akzeptieren wird. Was man in den kommunistischen Gesellschaften »Diamat« nennt und was behördlicherseits (nicht etwa von Außenseitern wie Lukács und auch Kolakowski) gedacht und gesprochen wird, ist nicht Dialektik, nicht einmal Jargon der Dialektik: es ist eine rituelle, wenn man will, eine sakrale Sprache von Leerformeln, deren Gültigkeit nicht diskutiert wird. »Was bei Marx«, schreibt Alfred Schmidt in einem Aufsatz zum Verhältnis von Natur und Geschichte, »zur Kritik steht, wurde im Stalinismus in den Rang einer wissenschaftlichen Norm erhoben.« Den Stalinismus gibt es nicht mehr. Die stalinistische Pseudodialektik aber hat sich erhalten und degenerierte sogar von der Norm zum sinnentleerten sprachlichen Ritual. Der Diamat ist keine Methode, nach der gedacht, noch eine unbewußt kollektiv übernommene Kunstsprache, die gesprochen wird. Er ist Teil eines sich selbst zelebrierenden Machtstils, vergleichbar den patriotischen Tiraden aus Elementarschul-Lesebüchern in den Monarchien einer nahen Vergangenheit. Was *wir* hier Jargon der Dialektik nennen, das suchen und finden wir bis zum Überdruß in der intellektuellen Welt der westlichen Länder, in Deutschland und Frankreich namentlich: hier ist er auch Gefahr. [. . .]

Die Dialektik ist keine Methode; sie ist auch keine Eigenschaft der Natur. Was aber ist sie dann? Ich proponiere, im vollen Bewußtsein der Vorläufigkeit meines Vorschlags, eine Definition, die bereits angedeutet war: Dialektik ist eine Allüre, eine spezifische *Gangart des Denkens.* Vielleicht, wahrscheinlich, ist sie die Art geistigen Gehens und Stehens, die wir in diesen Tagen nötig haben. Doch ist sie ein sehr unsicheres, schwankes Ausschreiten und zualledem: sie ist so erschreckend leicht nachahmbar, wobei zur Nachahmung auch *Selbst*nachahmung gehört. Nicht selten sehen wir denn authentische dialektische Denker als Opfer ihres eigenen Jargons, an den sie sich gewöhnt haben und den sie nun serienmäßig reproduzieren. Daß aber die dialektische Allüre so spielend leicht zu mimen ist, hat wenig zu tun mit der mehr oder minder starken imitatorischen Begabung der dialektischen Denker; es liegt in der Dialektik selbst, in der als Überdeutlichkeit sich selbst spielenden Undeutlichkeit, in der essentiellen Problematik ihres wankenden Vorwärtsschreitens, das ihre Größe ist, aber auch ihre Misere.

Nicht unstatthafte Anmaßung ist es, wenn ich von torkelndem Schritt spreche. »Das Wahre ist so der bacchantische Taumel, an dem kein Glied nicht trunken ist, und weil jedes, indem es sich absondert, so unmittelbar sich auflöst – ist er ebenso die durchsichtige und einfache Ruhe. In dem Gerichte jener Bewegung bestehen zwar die einzelnen Gestalten des Geistes, wie die bestimmten Gedanken nicht, aber sie sind so sehr auch positive notwendige Momente als sie negativ und verschwindend sind.« Wer hat das geschrieben? Wer von Taumel gesprochen und zugleich die Zweideutigkeit dialektischen Denkens exemplifiziert durch die Behauptung, daß dieser Taumel ebenso durchsichtige und einfache Ruhe sei? *Georg Wilhelm Friedrich Hegel*, nachzulesen in der Phänomenologie. Das ist gewiß keine originelle Entdeckung. Man kennt die Hegelsche Logik beziehungsweise Anti-Logik, von der Bertrand Russell unmutig gesagt hat, es werden in ihr »die Gedanken zu etwas Fließendem, Ineinander-Übergehendem, Wahrheit und Irrtum sind nicht mehr scharf abgegrenzte Gegensätze . . .«. Welch pueriles Unterfangen wäre es jedoch, auf wenigen Seiten eine Kritik der Dialektik zu wagen. Die Logistik hat es leicht, die Dialektik zu »widerlegen«, doch wie wenig getan ist mit der positivistischen Beweisführung, hat uns die Wirklichkeit gezeigt. Carnap nahm sich einmal einen Heideggerschen Satz her und behandelte ihn, nach Wittgensteins Vorschrift, »wie man eine Krankheit behandelt«, das heißt: er wies nach, daß er sinnlos ist. Das hat aber keinen nachdenklichen Menschen gehindert, der Faszination Heideggers zu erliegen. So wenig wie logistische Analyse die Existenzphilosophie zerschlug, wird sie jemals dialektisches Denken zu ersticken vermögen.

Doch noch einmal: es geht uns hier nicht in erster Linie um die Dialektik, sondern um den durch sie produzierten Jargon. Dargetan werden soll, daß die Dialektik leichter als irgendeine andere Gangart philosophischen Denkens zum Jargon deformiert werden kann. Das Positive ist das Negative; das Wort ist das Schweigen; das Licht ist das Dunkel; der Überwältigte bewältigt . . . dialektische Sätze oder auch paradoxe? Robert Heiss hat in seinem Buch über Wesen und Formen der Dialektik der »Dialektik der Sprache«, die er im Paradoxon zu erkennen meint, einen ganzen Abschnitt gewidmet und hierbei nicht nur berühmte logische Widersprüche angeführt wie die Antinomie des lügenden Kreters und das Grellingsche Paradoxon heterologisch-autologisch; er hat ganz ausdrücklich auch den alten Kindervers als Beispiel herangeholt: »Dunkel war's, der Mond schien helle / Schnee lag auf der grünen Flur / als ein Wagen blitzeschnelle / langsam um die Ecke fuhr. Drinnen saßen stehend Leute / schweigend ins Gespräch vertieft / als ein totgeschoß'ner Hase / auf der Sandbank Schlittschuh lief.« Heiss hat dieses Exempel für *leerlaufende* Dialektik hingesetzt. Wer aber kann, wenn es sich nicht mehr um einen Kindervers handelt, sondern etwa um den oben zitierten Ausspruch, daß die Literatur ebenso aus Schweigen wie aus Worten besteht, in solchem bacchantischen Denktaumel, den zugleich als einfache Ruhe zu erkennen überaus schwer fällt – wer kann, frage ich, im Gebiete solch erwachsener Hochschwätzerei mit einiger Gewißheit die inhaltlich gedankenträchtige von der inhaltslosen Dialektik, wer kann die notwendig antithetischer Formulierung sich bedienende Philosophensprache so ohne weiteres vom Jargon unterscheiden? Hier stehen wir dem Verhängnis der Dialektik gegenüber, dem vom Denken über sie und von ihr über uns verhängten.

Nur eines ist inmitten dialektischer Spiegelfechterei sicher: *banal ist der dialektische Satz niemals.* Drinnen saßen Leute, ein Wagen fuhr langsam um die Ecke, finster war's: das ist natürlich hoffnungslose Binsenwahrheit, verglichen mit der im Kindervers sogar poetische Potenz gewinnenden sibyllischen Erzählung vom Wagen, der *blitzeschnelle* langsam um die Ecke fuhr, von der *Finsternis* des Mondlichts, den Leuten, die zugleich stehen und sitzen. Ich glaube, daß die eingeborene Eigenschaft der, wenn dieser Ausdruck erlaubt ist, »Anti-Banalität« dialektisch-paradoxen Sprechens uns den Schlüssel an die Hand gibt zum Verständnis wenn nicht der Dialektik, so doch ihres Jargons. In einem Aufsatz von *Theodor W. Adorno* »Meinung, Wahn, Gesellschaft« lese ich einen Satz, der uns Auskunft gibt über die vorgebliche Banalität des im Positivismus geläuterten gesunden Menschenverstandes, über die forcierte Anti-Banalität dialektischen Denkens und die Furcht vor der Banalität, die allenthalben geistige Panik erzeugt. »Das Banale kann nicht wahr sein«, heißt es da. Nun sehe der naiv mit empirischer Wahrheitsprüfung und logischer Deduktion operierende Zeitgenosse zu, wie er zurechtkommt! Der Satz stammt aus der Werkstatt eines bedeutenden Denkers, der eine große Leistung im Felde des dialektischen Denkens vollbracht hat. Um so trauriger, daß im deutschen Sprachraum gerade er – so wie im französischen Jean-Paul Sartre – für den Jargon der Dialektik die Hauptverantwortung trägt. »Das Banale kann nicht wahr sein«: da haben wir eine geradezu terroristische Behauptung, die sich stützt auf die mehr als nur legitime, nämlich notwendige, unerläßliche Überlegung, daß sich der Gedanke erprobt in der »Liquidation der Meinung: buchstäblich: der herrschenden. Diese ist nicht bloße Unzulänglichkeit der Erkennenden, sondern ihnen aufgedrungen von der gesellschaftlichen Gesamtverfassung und damit von den Herrschaftsverhältnissen.« Dennoch ist das Verdammungsurteil über die Banalität, in der ja durchaus nicht immer und überall »Meinung« steckt, sondern auch zu Recht so und nicht anders Gemeintes, in dieser allgemeinen apodiktischen Form nicht akzeptabel.

»Das Banale kann nicht wahr sein.« Warum eigentlich und was soll das überhaupt heißen? Adorno sagt es: »Was in einem falschen Zustand von allen akzeptiert wird, hat, indem es diesen Zustand als den ihren bestätigt, vor jedem besonderen Inhalt schon sein ideologisches Unwesen.« Darüber läßt sich reden. Es könnte ein solcher Satz sogar als kritische Warnungstafel errichtet werden in weiten Gebieten der Sozialphilosophie. Er gilt jedoch nicht mehr in der im engeren Sinne banalen Sphäre, der alltäglichen nämlich, wo Sätze ständig einer Realitätsprüfung niedrigen Grades unterworfen sind, von einer Information etwa über das eben herrschende Wetter bis zur Rechnung im Restaurant.

Das »ideologische Unwesen« redet hier, wie oft, eben nicht drein und die »Kruste verdinglichter Meinungen beschirmt« – in solchen Fällen keineswegs – »das Bestehende und sein Gesetz«. Noch weniger gilt der Satz natürlich für die exakten Wissenschaften, in denen jede einmal erzielte Erkenntnis »banal« wird und sich entbanalisiert erst im Moment der von Erfahrung erzwungenen Überschreitung. Hier steht das Banale durchaus und immer auf dem leidlich tragbaren Grund der von Philipp Frank so genannten »relativen Wahrheit«, die jeweils abgelöst wird durch eine andere, wiederum relative, die aber ganz unabhängig ist von Ideologie oder »verdinglichter« Meinung oder »falschem« Bewußtsein. [. . .]

Den dialektischen Denkern sitzt allerwegen die Furcht vor der Banalität im Nacken – etwa der Banalität, Opfer Opfer und Quäler Quäler sein zu lassen, wie sie es beide waren, als geschlachtet wurde. Revel schreibt in seinem Buch »Contre-Censures« über das Werk von *Claude Lévi-Strauss*: »Weil ich ihn bewundere, beschwöre ich ihn, sich einer Platitüden- und Banalitätskur von fünf bis sechs Jahren zu unterziehen.« Die Banalitätskur, genauer gesagt: eine Geistes- und Psychotherapie gegen die Furcht, banal zu werden, ist manchen Denkern und Schriftstellern, die Dialektik treiben und in den Jargon verfallen, dringend zu empfehlen. In Frankreich haben wir alle die ursprünglich vom dialektischen Sartre stark beeinflußten, aber heute den »après-Sartrismus« vorbereitenden Autoren im Sinne: neben dem Anthropologen Lévi-Strauss den Philosophen Michel Foucault, den die Psychoanalyse zur Philosophie, ja Ideologie aufsteilenden Psychoanalytiker Lacan, den Marxisten Althusser, bei denen übrigens der Dialektik-Jargon schon überlagert ist von der jüngsten Version: der Modesprache des Strukturalismus. Sie reden eine Sprache antithetischer Unverbindlichkeit, in einem verletzend hochfahrenden Tonfall, als wollten sie sich rächen an einer exakten Wissenschaft, die ganz undialektisch täglich ihre kleineren oder größeren, immer aber sicher gesetzten Schritte vorwärts tut und sich um sie sehr wenig kümmert. Damit schaden sie der wertfrei und, zugegeben, ohne jede moralische und gesellschaftliche Verantwortlichkeit operierenden, oftmals heillosen Wissenschaft sehr wenig. Sie nützen aber auch der Philosophie nicht, im Gegenteil. Und schon gar nicht wirken sie dem zugunsten, was wir hier ohne weiteren Definitionsversuch die soziale und politische Emanzipation des Menschen nennen, von der sie doch sagen, daß sie ihnen so sehr am Herzen liege. Der Jargon stößt ab, entmutigt. Er ist nicht nur den inkurablen geistigen Vernunftbanausen ein Verdruß, auch allen jenen dialektisch geschulten Lesern, die sich gleichwohl nicht davon abbringen lassen wollen, daß es das Wahre und das Falsche gibt, das Gute und das Böse, und daß unter Umständen sehr wohl, was wahr und gut ist, sich aufs souveränste in Sätzen sagen läßt, die den allzu Gewitzten, allzu Gespitzten als banal erscheinen. Als Sartre in einer Auseinandersetzung über moderne Literatur einmal sagte: »Angesichts eines am Hunger sterbenden Kindes hat mein Buch ›La nausée‹ kein Gewicht«, brach helles Entsetzen aus über einen so von allen guten Geistern der Dialektik verlassenen Ausspruch. Es gab aber solche, die befreit Atem holten, als sie dieses Wort hörten, in dem mehr verborgen lag als »Wörter«.

Die Emanzipation des Menschen, die sich ohne dialektisches Denken bis zum augenblicklichen Stadium gewiß nicht vollziehen hätte können, und die weniger als je auf das Risiko des dialektischen schwankenden Schreitens verzichten kann – ist sie nicht zugleich auch angewiesen darauf, daß da und dort das undialektisch grade, das eindeutige, meinetwegen: das banale Wort furchtlos gesagt wird? Das ist dann leicht lächerlich zu machen in einer Kunstsprache, die sich übrigens spielend präfabrizieren läßt mittels der Lektüre von Hegel plus Karl Kraus. Doch sagt die polemische Überlegenheit des dialektischen Jargons so gut wie nichts aus über den Wert seiner mühelos errungenen Triumphe. Gerade in der sozialen und politischen Auseinandersetzung versagt die Dialektik, wenn sie sich nicht äußerste Zucht auferlegt. Der hochachtenswerteste moralische Elan, die geistreichste dialektische Formulierung kommt da nicht auf *für* und nicht auf *gegen* die Einfachheit, vor der die Dialektiker einen Horror haben, weil sie sie mit Einfältigkeit verwechseln.

Wie redet der politisch engagierte Dialektiker, wenn er der Gefahr der Jargonisierung seiner eigenen Sprache nicht entgangen ist? Vor mir liegt ein Buch, das mir Beispiele an die Hand gibt, ein sehr gescheites Buch. Es führt den eindringlichen Titel »Die Einübung des Ungehorsams in Deutschland«, und sein Verfasser, *Ulrich Sonnemann*, führt einen guten Krieg. Aber wie? So: »Um das Böse der Banalität zu begreifen, reicht es nicht hin, den Blick auf deren historische Anfälligkeit für das Böse zu richten, denn diese selbst bedarf der Klärung; andererseits ist die Banalität, wo sie mit ihrer Gegenwelt gar nicht kollidiert, in erster Linie schlecht und nicht böse. Gleichwohl muß sie mit dem Bösen von allem Anfang an irgend etwas zu tun haben, denn eine Selbstabsperrung des Menschen gegen das Wahre in der Welt, als die die Banalität bestimmt werden muß, ist etwas Aktives; es ist, da solche Schranken eine Ableugnung des Wahren sind, ein Angriff auf dieses selbst. Das setzt voraus, daß die Banalität des Wahren inne ist, das Innesein aber nicht aushalten kann, und also aus der Spannung eines pervertierten Gewissens sowohl ist was sie ist, als auch die Gewißheit, daß eben dieses *nichts ist*, nicht erträgt; in welchem Nicht-Ertragen ihrer selbst, das in ihrer Weltrolle zugleich dann als Nicht-Ertragen des Wahren und Unerträglichkeit für dieses in Erscheinung tritt, ihr Sein besteht.« – Hier ist nun so ziemlich alles, was den Jargon der Dialektik kennzeichnet. Wieder muß denn auch die Banalität herhalten, die in diesem Falle nicht nur niemals wahr sein kann, sondern gleichweg das Böse ist. Warum sie es, wird freilich nicht auseinandergelegt. Nur *wie* sie es ist, wird uns in dialektischer Schein-Schärfe vorexerziert, und wenn wir's nicht begreifen, sind wir selbst banal, ergo böse. Die Banalität ist des Wahren inne. Wie und auf welche Weise? Das kann sie nicht aushalten. Und warum nicht? Sie hat ein pervertiertes Gewissen, sowohl zu sein, was sie ist, und hat dazu die Gewißheit, daß dieses (was sie ist) nichts ist. Das erzeugt Spannung, und diese Spannung erträgt sie, die Banalität, nicht. Warum nicht? Man würde meinen, es sei ihr ganz kannibalisch wohl als wie fünfhundert Säuen! Jedenfalls: Hier erträgt sie sich eben nicht, und das Nicht-Ertragen ihrer selbst läßt sie in der Welt die Rolle des Nicht-Ertragens des Wahren spielen, worin zugleich ihre Unerträglichkeit für dieses beschlossen ist. Das ganze aber ist ihr, der Banalität, Sein.

Inhaltlich zu argumentieren, hat hier wenig Sinn. Denn alles Ausgesagte ist weder Erschlossenes noch Exemplifiziertes, bleibt vielmehr im Bereich der rein spekulativen Behauptung. Der Autor meint, so jedenfalls übersetze ich seine Worte ins böse Banale, daß der Mensch, der sich mit Denk-Klischees zufrieden gibt, statt sie zu zerstören, durch Unterlassungsschuld zum Feind der Wahrheit wird. Er meint außerdem, daß, wer mit Binsenwahrheiten sich abfindet, ein schlechtes Gewissen hat, weil er spürt, daß er damit seiner menschlichen Verpflichtung zur Wahrheit nicht genügt hat. Nun: das mag ja stimmen, in Gottes Namen, aber muß es unbedingt so inextrikabel und unter Spekulationen keuchend gesagt werden? Muß gerade ein Buch des politischen Kampfes, in dem es auf Wurf, Machtwort, Passion ankommt, in einer solchen, gewiß erlernbaren, leider von nur allzuvielen bereits erlernten Geheimsprache geschrieben sein?

Die Frage führt uns zurück zur anfangs hingesetzten Andeutung, daß der Jargon der Dialektik, so gewiß sich diese auch als fortschrittlich verstehen mag, am Ende Gefahr läuft, reaktionär zu werden. Abgesehen von dem, jedem authentischen Denken innewohnenden Element des Zweideutigen und Spielerischen; abgesehen auch von der anziehenden, weil mit Kontradiktionen jonglierenden und darum allerwegen amüsant auftretenden dialektischen Manier, die zur Manieriertheit auszuarten eine kongeniale Bereitschaft zeigt; abgesehen schließlich von allen logistischen Einwänden, die sich rechtens vorbringen lassen gegen dialektisches Verfahren – es droht der Dialektik, nachdem sie erst in den Jargon ihrer selbst abglitt, die Gefahr, zum Verständigungsmittel einer sich als Elite achtenden Schicht zu werden, die das, was zu verteidigen sie sich anschickt, hoffnungslos kompromittiert.

In wessen Augen? Nicht in den Augen des »Volkes«, leider, wir sind noch nicht dort, wohin zu gelangen wir hoffen müssen; um so mehr freilich darf man auch nicht eine Sekunde lang aus den Augen verlieren, daß jede Sprache, die sich mehr und mehr dem Volk entfremdet, sich selbst herausnimmt aus jenem Prozeß, den zu beschleunigen sie sich verpflichtet. Nicht nur dem Volk aber, sondern auch der Mehrzahl der Intellektuellen hat sich der Jargon der Dialektik entfremdet. An die Stelle der terribles simplificateurs treten die nicht weniger schrecklichen Komplikatoren: sie werden morgen in geistiger Inzucht verkümmern, wenn sie nicht bereit sind, das Risiko dessen einzugehen, was sie heute die »Banalität« nennen.

Die geistige Gangart der modernen, geschichtlichen Dialektik begreift sich als das Unternehmen, gesellschaftliche Prozesse zu erhellen und durch die Erhellung zugleich auch zu verändern. Wo freilich nicht erhellt, sondern durch rein verbale Schein-Auflösung von Kontradiktionen verdunkelt wird, unterliegt der

Prozeß gleichfalls einer Beeinflussung: nur daß er nicht vorangetrieben wird, sondern aufgehalten. Diese der Dialektik inhärenten Gefahren – Robert Heiss spricht davon, daß sie sich »in den Bahnen eines konstruktiven universellen Denkens bewegt, welches es mit der *Wahrheit nicht so genau nimmt*« – erreichen katastrophale Dimensionen, wo das dialektische Sprechen sich jargonisiert und wo (nochmals Heiss) »die Dialektik sich der Aufgabe entzieht, ihren Wahrheitsbegriff zu kontrollieren«.

So ist denn die Dialektik zunächst einmal radikal zu entjargonisieren. Des weiteren ist eine dialektische Sprache zu finden, die in äußerster Zucht und unter Verzicht auf jeden polemischen Effekt das schwankende dialektische Vorwärtsschreiten nacherzählt. Herbert Marcuse gibt hier das glänzende Beispiel. Schließlich muß der Marxsche Gewaltakt, die Dialektik, wo sie auf dem Kopfe steht, auf ihre Füße zu stellen, in Permanenz neu vollzogen werden. Fortschrittliches Denken kann auf die dialektische Allüre nicht verzichten; es kann aber nicht bestehen, wenn die Allüre zur sakralen Pantomime wird. Die kritische Aufklärung steht, gesellschaftlich, an einem Punkt, wo sie sich sozial nur bewähren kann, wenn sie sich sprachlich radikal entschlackt. Anders wird sie versagen – vielleicht früher und dramatischer, als wir es uns in den schlimmsten Befürchtungen auszumalen vermögen.

(5) *Hartmut von Hentig*
  Die große Beschwichtigung
  Zum Aufstand der Studenten und Schüler

Der Aufsatz, ursprünglich als Rede beim »Nürnberger Gespräch« 1967 gehalten, erschien – überarbeitet nach dem Attentat auf den Berliner Studentenführer Rudi Dutschke am 11. April 1968 – in der Zeitschrift *Merkur*, Nr. 241, Mai 1968, S. 385-400 (bei nachfolgendem Text handelt es sich um Auszüge).

1. Der Konflikt mit den Jugendlichen ist eine Folge einer lange gehegten falschen Konfliktlosigkeit

Es scheint mir kein Zufall, daß diejenigen, die sich heute gegen das »System« auflehnen, etwa so alt sind wie die staatlichen und ideologischen Gebilde, in denen sie aufgewachsen sind. Ich nehme die Bundesrepublik als Beispiel für Entwicklungen und Enttäuschungen, wie sie im Prinzip überall eingetreten sind. Von Unterschieden spreche ich später.

Die Bundesrepublik ist rund 20 Jahre alt. In diesen 20 Jahren hat sie nicht Menschen und Ideen, wohl aber den Konflikt unterdrückt. Die Nazis und Kommunisten wurden »verboten«, das heißt, sie und damit ein Teil unserer bedrängendsten Probleme verschwanden von der Oberfläche, und was wir sonst an Konflikten auszutragen gehabt hätten, wurde nach außen verlegt: der böse Feind war jenseits der Elbe, des Eisernen Vorhangs, des Potsdamer Abkommens zu suchen – der Verhinderer der Nationalen Einheit, der Anlaß zu Wiederbewaffnung, die Herausforderung in allem, was wir taten und vor allem nicht taten (von der Agrarreform über die Entflechtung der Konzerne, die Mitbestimmung, die Erneuerung der Schulen und Universitäten bis zur Eliminierung von Nazis aus hohen öffentlichen Ämtern). Demokratie hieß 20 Jahre lang Burgfrieden im Angesicht der kommunistischen Gefahr, Einmütigkeit in der beschwichtigenden Behandlung der NS-Vergangenheit, Wiederanknüpfung beim guten Deutschland, als sei die Hitlerei nichts als eine Panne gewesen, Kooperation aller »Partner« hinsichtlich der Wiederherstellung des Wohlstandes – unter Ausnutzung des materiellen Mangels und des wiederentdeckten Profitmotivs. Man rehabilitierte das Sachgesetz des freien Marktes und verketzerte alle gesellschaftliche Planung: Jeder durfte alles, wenn es nur den Aufbau nicht störte und die Gespenster der Vergangenheit dort ließ, wo sie hingehörten.

In diesen zwanzig Jahren hat man in der BRD nicht gelernt und konnte man in ihr nicht lernen, wie man mit Menschen zusammen lebt, die gründlich anderer Meinung sind als man selbst. Die Folge ist, daß heute ein Mann einen anderen niederschießt, »weil er Kommunist ist«, und daß der Regierungschef in einer eigens hierzu veranstalteten Fernsehansprache nicht von dem Mordanschlag, sondern ausschließlich von der daraus entstandenen Unordnung spricht. Bei uns wird »vor den Folgen gewarnt« und rechtzeitig festgelegt, wer in jedem Fall »die volle Verantwortung zu tragen haben wird«; an die Anlässe und allgemeinen Voraussetzungen wird nicht gerührt. So will man auch mit Studenten nur über studentische Angelegenheiten verhandeln, aber nicht über das, was sie im Rahmen der Gesellschaft als solche definiert. Künftige Konflikte werden schon im voraus geregelt: durch Notstandsverordnungen. Wir *wollen* nicht auf den Grund des Konflikts gehen.

Der Attentäter von Rudi Dutschke war selbst ein junger Mann – jünger als sein Opfer. In seinem bewußten Leben wie in dem der Studenten, die seit eineinhalb Jahren die »Ordnungsmächte« in der BRD herausfordern und die auf den Anschlag mit Angriffen auf die Druckereien des Springerkonzerns reagierten, fehlt die Erfahrung des harten, aber geregelten öffentlichen Kampfes – eines Kampfes, der zu etwas führt. Nicht dagegen fehlt die Erfahrung von öffentlicher Beschimpfung und Verdächtigung, von Parteiverboten und Ausschlüssen; von Fertigmachen zum Schlagabtausch; von Abbrechen der Verhandlungen; von ohnmächtigen Protesten, Unterschriftensammlungen, Schweigemärschen; von verschleppten, vergessenen, vertuschten Affären . . . Wenn der Senat der Stadt Bremen seine Fahrpreiserhöhung widerruft, was also fiskalisch doch möglich war, heißt es: er habe vor dem Terror der Straße »kapituliert«. Was dieses Wort in der Seele eines Volkes auslöst, das 1918 und 1945 durchlebt

hat, kann sich jeder Sekundaner ausrechnen. Den Konflikt bejahen (in der Theorie) und sein notwendiges Gefolge: Sieg, Niederlage, Kompromiß dann öffentlich denunzieren, das macht auf
die Dauer Politik überhaupt unglaubwürdig und unratsam und
ersetzt sie durch alternierende Beschwichtigung.

Die erwachsene Generation hat gegenüber dem Aufbegehren
der Jugend nur zwei Reaktionen:
– »im Keime ersticken«, »unnachsichtig zuschlagen«, »mit allem, was das Gesetz hergibt«, oder
– »die Jugend in ihrem Sturm und Drang verstehen«, »das Vorrecht der Jugend auf Radikalität anerkennen«, »Mißstände abstellen, soweit sie mit Recht angegriffen werden«.

Das heißt, in der Politik werden Gegensätze niedergeschlagen
oder aufgeweicht – nicht ausgetragen. In beiden Fällen ist der
Angreifer und Kritiker düpiert, und die an der Macht erhalten
sich in ihr.

2. Der Konflikt mit der Jugend drückt ein zutiefst verworrenes Verhältnis zur Macht aus

Wie die Erfahrung vom notwendigen politischen Kampf, so fehlt
die Erfahrung von der redlich ausgeübten Macht. Nach der ungeheuerlichen Machtkonzentration und dem Machtmißbrauch
durch die totalen Herrscher hielt man es für geboten, die Macht
in der neuen Demokratie zu verschweigen. »Stabilität«, »plurali-
stische und dynamische Gesellschaft«, »Föderalismus«, »keine
Experimente« – diese und andere Schlagworte haben geholfen,
sie zu verschleiern, bis die ersten Krisen kamen und es opportun
erschien, die Macht deutlicher auszusprechen und ins Spiel zu
bringen: »wir sind wieder wer« und »diese Stadt gehört (!) denen, die sie wieder aufgebaut haben«, und »Knüppel frei«, vor allem gegenüber einer akademischen Jugend, die Folgerungen aus
dem Vietnamkrieg, dem drohenden *numerus clausus*, den Theorien von der hergestellten Öffentlichkeit und der repressiven Gesellschaft zog.

Beide Seiten waren zunächst überrascht von der Konfrontation mit der unverhüllten Macht – die einen davon, daß sie anwenden mußten, was sie bereitgestellt hatten, und daß ihnen die
Mehrheit dabei akklamierte; die anderen davon, daß die Macht
so schnell bloßzustellen war – und daß das nichts nützte. Beide

erfahren die Folgen einer jahrzehntelangen Unterschlagung. In der Industriegesellschaft ist das Machtproblem nicht mehr ohne weiteres unter die Formel von Mehrheitsbeschluß, Minderheitenschutz und Gewaltenteilung zu subsumieren. Die Demokratie muß hier vielmehr aus einer Institution zu einem Prozeß werden, durch den unermüdlich Herrschaft abgebaut wird, die ebenso unermüdlich wieder nachwächst. Die wahre Demokratie hat das Machtproblem in keinem Augenblick gelöst, etwa durch eine mustergültige Verfassung und dadurch, daß man diese »einhält«; sie funktioniert vielmehr nur, indem sie das Machtproblem ständig aufdeckt: wenn ihre Verfassung dazu dient, die Macht immer wieder neu zu verteilen. – In der BRD sind wir freilich anders verfahren; wir haben die paritätische Machtverfestigung erfunden: Parteien, Wirtschaftsverbände, Zeitungsmonopole, Gewerkschaften, Kirchen und Universitäten haben die Machtverhältnisse in gegenseitigem Einvernehmen fixiert und lassen sich von der Verfassung vornehmlich bestätigen, daß es sich dabei nicht um solche Macht handelt, über deren Verteilung sie zu gebieten hätte. Und so ist nichts so alarmierend – weil eigentlich unabweisbar – wie wenn ein Neuling nach gleichem Prinzip paritätische Beteiligung verlangt.

Während die Inhaber von Macht nun erfahren, daß sie sie auch zeigen und anwenden müssen, wenn sie für keine anderen Mittel der Auseinandersetzung vorgesorgt haben, und während sie darum panisch an der Konsolidierung von Macht zu Herrschaft arbeiten – durch Wahlrechtsreform, Parteienfinanzierung, Notstandsgesetze und große Koalitionen –, erfahren die anderen, wie man ein System, das seine Machtverhältnisse öffentlich verleugnet, mühelos kurzschließen kann: 200 noch unmündigen Schülern gelingt es, mit einer ungenehmigten Demonstration den öffentlichen Busverkehr zum Erliegen und die Stadtväter zum Widerruf ihrer Maßnahme zu bringen; mit der Vorbereitung von einigen Puddingbeuteln kann man das Aufsehen der Nation auf sich ziehen; die bloße Forderung nach studentischer Mitbestimmung vermag die tiefe Uneinigkeit von Staatsverwaltung und Universität aufzudecken: eine Fülle ungenutzter Machtmöglichkeiten, die zwischen den schlecht definierten Mächten liegen und nach Anwendung schreien.

Beide Seiten sind im Begriff, mit je zwei falschen und gefährlichen Folgerungen zu reagieren:

- die Etablierten damit, daß sie die Macht entweder zynisch einsetzen oder sie abschieben;
- die Aufbegehrenden damit, daß sie sich entweder mit der Entlarvung oder mit der Usurpation begnügen.

Die Möglichkeiten der Etablierten lassen sich auf Grund früherer Erfahrungen abschätzen und stehen vor allem in keinem prinzipiellen Widerspruch zu ihren Absichten. Die der protestierenden Schüler und Studenten münden in einer Gesellschaftsfeindlichkeit, die ihrem ursprünglichen Ansatz widerspricht. Sie gehen auf die Straße, um eine von den zwei Möglichkeiten zu erzwingen: die anderen müssen zurückweichen oder zurückschlagen. Und das gelingt unfehlbar, weil die Gesellschaft nichts anderes gelernt hat! – In beiden Fällen beweist sie, daß sie im Unrecht ist, und in beiden Fällen muß sie darin verharren. Denn sie kann die Jugendlichen von daher nicht mehr belehren, wie falsch, hohl, kurzlebig eine Macht ist, die darin besteht, daß man Polizisten, Lehrer, Professoren, Bürgermeister auf die Probe ihrer Nerven stellt – darin, daß man ihre Hemmungen strapaziert, bis ihre »wahre«, die gewalttätige, die »faschistische« Natur zum Vorschein kommt. Es war heilsam für unsere Gesellschaft, zu erfahren, daß sie so liberal, so tolerant, so gewaltlos nicht ist, wie sie sich seit 20 Jahren mangels Herausforderung einbildet. Nein, sie ist nicht tolerant! Aber dann: *wer* von uns ist es? An irgendeinem Punkt schlagen wir alle zurück. Die Provokationstheorie der Jugendlichen beruht auf einer falschen Anthropologie. Es ist eben leider gar nichts damit gewonnen, wenn man »die öffentliche Ordnung stört, um ihre Inhumanität zu beweisen« (Rechtsanwalt Mahler). Wir müssen froh sein über jedes bißchen Hemmung, das sich über unsere Natur legt, dankbar für die Umstände, die den wahren »repressiven« Charakter nicht hervor- und in Aktion treten lassen.

Die Entlarvung beginnt schon heute eine Wirkung zu haben, die die Entlarver gewiß nicht wollen konnten: die Öffentlichkeit entsetzt sich nicht über sich selbst, sie gewöhnt sich an die Manifestationen der eigenen Intoleranz. Hierin zerstört also die Protestwelle der Jugendlichen ihre anfänglichen heilsamen Ergebnisse.

Das irreale Verhältnis zur Macht in unserer Gesellschaft wird zuungusten derer ausgehen, die sie nicht haben und die sich ihrer doch nur mit der Anmaßung von Macht erwehren können. Wir werden der heutigen Studentengeneration in fünf bis zehn Jahren Denkmäler setzen müssen – nicht nur, weil sie diesen Widerspruch in unserer Demokratie aufgedeckt hat, sondern weil sie im vergeblichen Kampf auf der Strecke geblieben ist. Denn die Krise unserer Demokratie besteht nicht darin, daß sie auf einmal eine außerparlamentarische Opposition hat, die auf die Straße geht, weil keine Partei sich ihres Protestes annimmt, und auch nicht im Einsatz von Polizei und Notstandsgesetzen zur »Aufrechterhaltung von Ruhe und Ordnung«, sondern darin, daß sie aufgehört hat, ein Instrument der Veränderung zu sein; und das wiederum hängt nicht so sehr an unserer Staatsverfassung wie an der Gesellschaftsstruktur, die sich selbst ununterbrochen reproduziert. Es scheint, daß wir uns an dieser Stelle – nach über 20 Jahren – immer noch nicht darüber geeinigt haben, was wir unter Demokratie verstehen wollen, ja daß das Mißverständnis sich hierüber verfestigt hat:

- sie ist kein angenehmer Besitz, kein Ausweis, daß man Freiheit kennt, liebt und hat
- sie ist auch nicht nützliches und nutzbares Mittel zur Einführung der Diktatur einer noch revolutionären Gruppe
- sie ist u. a. und vor allem ein Mittel kontrollierter gesellschaftlicher Veränderung ohne Gewalt; wenn sich nichts ändern soll, braucht man die Demokratie nicht, dann genügt eine stabile herrschaftliche Verwaltung.

Die Industriegesellschaft aber lebt von der Veränderung. Vollzieht sich diese Veränderung unöffentlich und unkontrolliert, dann kommt das einem Herrschaftssystem gleich; die Veränderung ist dann, wie man sagt, »manipuliert« und führt folgerichtig zur immer stärkeren Kumulierung der Mittel auf der einen Seite und zu immer massiveren Bewußtseinsschranken auf der anderen. Entwicklung und Wirkung der Springer-Presse geben davon ein deutliches Beispiel. Wenn unser Bundeskanzler zu den Angriffen der Studenten auf die Springer-Erzeugnisse sagt: »Das Recht jeden Bürgers, sich aus jedermann zugänglichen Mitteln zu informieren, wird auch in Zukunft garantiert werden. In unserem Lande muß jeder die Zeitung lesen können, die er will«, dann verdrängt er die Tatsache, daß man an westdeutschen Zeitungskiosken einst das »Neue Deutschland« kaufen konnte und heute nicht mehr und daß es sehr wohl einmal einen allen zugänglichen »Stürmer« geben könnte, den vielleicht jetzt schon viele Menschen lesen wollen. – Wenn ein Volk durch eine sich vielfältig präsentierende, aber einheitlich und einseitig vorgehende Presse vergiftet und nach diesem Gift süchtig geworden ist, dann muß ihm dieses Gift erst entzogen werden, bevor man von einem freien Willen sprechen kann. Das ist ein sehr kompliziertes Problem und nicht mit der schönen liberalen Maxime beiseitezuschieben: jeder was und wie er will.

3. Der Konflikt mit der Jugend mündet notwendig in der Frage nach dem Sinn und dem Unsinn des Kapitalismus

In den ersten 15 Jahren hat uns der Kapitalismus Wohlstand beschert; seitdem kommen Zweifel auf, ob er in der Lage sein wird, ihn uns zu erhalten. Und selbst wo dieser Zweifel nicht Fuß faßt, bleibt die Frage, ob wir den Wohlstand so überhaupt ertragen. Die kapitalistische Demokratie läßt offenbar nur noch eine Art von Veränderung zu – die wirtschaftliche Expansion beziehungsweise den technischen Fortschritt, die für notwendig und automatisch erklärt werden. Wie soll der, der über Folgen und Richtung solcher Veränderung nachdenkt und sie mißbilligt, der kleinen Freiheit froh werden, die sie ihm beläßt?

Ein sozialdemokratischer (also nicht notwendig ein sozialistischer) Wirtschaftsminister gibt – im Tal der Wirtschaftskrise – der Automobilindustrie eine »Konjunkturspritze«. Das symbolisiert unseren Zustand: wir werden genötigt, mehr Autos herzustellen, von denen wir schon so viel haben, und zwar weil wir tiefergreifende Veränderungen, eine gesellschaftliche Planung unserer Bedürfnisse und Kräfte nicht innerhalb von Legislaturperioden und eines von der Großindustrie bestimmten Konkurrenzsystems vornehmen können. Nicht, daß wir gegen jede Planung wären – wir planen sehr viel, aber fast ausschließlich im privatwirtschaftlichen Rahmen und mit Faktoren, deren Erhaltung man vorsorglich mit der Erhaltung der Freiheit identifiziert hat.

Heute rächt sich, daß man 20 Jahre lang in den Schulen vulgär-liberalistische Theorien gegen vulgär-marxistische ausgespielt hat; nun fallen die geistvollen Wirtschafts- und Gesellschaftsanalysen auf einen unvorbereiteten und hungrigen Boden. Unbewegt von der geschichtlichen Bildung, von den Darstellungen und »Bewertungen« irrationaler Abläufe, fasziniert von der neu entdeckten Möglichkeit rationaler Systemkritik, ha-

ben sich die heute 25jährigen in kurzer Zeit so viel Nationalöko-
nomie und Soziologie angelesen, daß sie Verbindungen zwischen
Wachstumsrate und Militärbudget, zwischen Subventionspoli-
tik und Ausbau der Hochschulen, zwischen einem Besuch des
Schahs von Persien, der Fahrpreiserhöhung und dem offiziellen
Schweigen zum Vietnam-Krieg ziehen können. Diese Verbindungen mögen nicht oder nicht immer richtig sein – aber weder
auf der unpolitischen Schule noch auf der unpolitischen Universität werden sie widerlegt. Sie sind im übrigen die Verlängerung
einer Linie, die sich unwidersprochen durch unsere öffentlichen
Angelegenheiten zieht:
– die Haushalte der Länder brechen sporadisch zusammen und
  sind überhaupt ihren Aufgaben nicht gewachsen
– die Nachwuchsprobleme verschärfen sich auf allen Gebieten
– die wirtschaftlichen Umstellungen erfolgen zu spät und unter
  Bedingungen, deren Verkehrtheit sich am deutlichsten in dem
  Wort »Rationalisierungs-Schutz« ausspricht
– der Druck der Wirtschaft auf das Parlament ist größer als die
  Vernunft seiner Parteien
– die Entwicklungshilfe steht in keinem Verhältnis zur Dringlichkeit und Schwierigkeit der bekannten (!) Probleme
– die Gefahr des Springer-Konzerns für die freie Meinungsbildung wird überall, aber nicht in unserem Parlament erörtert,
  das doch dafür da ist.
So sehen es nicht alle Jugendlichen, aber so sehen es diejenigen, die an den Universitäten die Folgen der Überfüllung, des
Fehlens von Planung, des unbedenklichen laissez-aller erfahren
und die die Gründe bedenken; so sehen es alle diejenigen, die erleben, wie die Erwachsenen und Etablierten die Widersprüche
des Systems zu decken bemüht sind, mit autoritären Gesten und
dem schäbigen Argument von der Abhängigkeit der Jüngeren.
Die Älteren haben es dabei unverdient einfach: weil die ver-
wirklichten Alternativen des Sozialismus so abschreckend sind.
Aber die Abschreckung ist relativ, wie sich heute schon zeigt.
Am Ende wird dasjenige System die Jugend an sich ziehen, das
ihr inmitten der immer komplizierteren und abstrakteren Industriegesellschaft die konkreteren und fordernderen Aufgaben
stellt, die ihr einen *sense of purpose* gibt und die Möglichkeit, ihm
mit Mitteln nachzugehen, die den Zielen nicht offensichtlich widersprechen.

4. Der Konflikt mit der Jugend deckt die philosophische Unfruchtbarkeit des Pluralismus auf

Pluralismus klingt nach Fülle. Aber dann haben wir Pluralismus mit Pluralität verwechselt. In Wirklichkeit ist Pluralismus die zum Prinzip erhobene und damit aller Spannung beraubte Pluralität. In dem Augenblick, in dem der Pluralismus den in ihm versammelten Anschauungen keine Anstrengung und Anfechtung mehr kostet, ist er so uninteressant wie der Totalitarismus, ja dieser hat dann die Chance der Macht für sich.

Wer den Nationalsozialismus oder den Bolschewismus erlebt hat und ihnen nicht endgültig erlegen ist, behält den Horror vor allem Totalen. Wir fürchteten damals und fürchten noch immer – und mit Recht – die »Sonnenfinsternis« in Koestlers GPU-Staat, »1984«, die »Schöne neue Welt«; wir nahmen fast blind gegen Créon für Antigone Partei; der »Weißen Rose« hätten wir gern angehört: wir hätten gern erfüllt, was dem Individuum möglich ist.

Ohne daß 1984 eingetreten wäre, auf dieser Seite der Mauer, in einem Land, in dem die Geschwister Scholl gefeiert werden und 22 Schergen von Auschwitz in Frankfurt 22 Jahre danach ihr Urteil finden – hier erfährt nun eine Jugend, die unsere Fixierungen nicht teilt und nach allzu viel Vergangenheitsbewältigung nicht teilen will, daß Vietnam trotzdem geschieht und daß kein Individuum das hindern kann. Die Freiheit des Protests erweist sich als leer. Das Mögliche wird irreal, weil es nichts bewegt; das Unmögliche wird real, weil es die Gemüter mitreißt oder empört. In der Freien Welt scheint die Freiheit unnütz geworden zu sein; im Pluralismus ist die Vielfalt langweilig; in einem System der mühelosen und pflichtgemäßen Objektivierung wird die Utopie zu einem machtvollen Skandal.

Die Utopie von den gerechten, gewaltlosen, syndikalistischen, arkadischen Gemeinschaften spiegelt, was unsere Gesellschaft entbehrt. Sie spiegelt gerade nicht, was ihr möglich ist oder bevorsteht. Sie spiegelt auch nicht, was sie jetzt braucht. Die Auflösung unseres Staatswesens in ein Rätesystem stünde in einem grotesken Widerspruch zu den Koordinierungs- und Planungsaufgaben in der Industriegesellschaft. Daß Herbert Marcuse seine unerbittliche Analyse der bis zur Heimtücke toleranten Gesellschaft mit so schlechten, so kitschigen Visionen von der

Zukunft versieht, ist seine Sache – bis zu dem Augenblick, wo man sie ihm glaubt. Die philosophische Auszehrung, die gesellschaftliche Isolierung, der Mangel an wirklich politischer Erfahrung haben die Studenten schnell dazu gebracht! Und nun lenken diese Utopien und der ferne Ho Chi Minh von der Berechnung der einzelnen Schritte und ihrer Wirkung ab, sie steigern die Emotionalität, sie vermehren am Ende die Frustration – und damit die Bereitschaft zum Widerruf, wenn die Studenten dereinst als Examinierte und Promovierte in das Establishment einziehen. Solange die gesellschaftliche Wirklichkeit entweder der hellsichtigen Phantasie ohne realistische Strategien oder einem Pragmatismus ohne Vision ausgeliefert ist, wird der Konflikt wenn nicht andauern, so doch immer wieder aufleben. – Ja, man muß dann wünschen, daß er es tut.

5. Der Konflikt mit der Jugend hat so lange keine Aussicht, gelöst zu werden, wie die Wissenschaft nicht gesellschaftlich wird

Die Auseinandersetzung mit der Beschwichtigungs- und Status-quo-Gesellschaft hat mit gutem Grund an den Universitäten begonnen. Die Gesellschaft besitzt ein Instrument der Selbstkritik und Erneuerung, das die verfaßten Organe der Demokratie hinterschreitet und das Bewußtsein der Menschen direkt erreicht – die Wissenschaft. Aber die Wissenschaft muß diese Aufgabe erkennen und anerkennen; sie muß sie sich vor allem selbst stellen und nicht von außen vorschreiben lassen.

Die Mehrzahl der deutschen Professoren lehnt es jedoch ab, die politischen Voraussetzungen und die politischen Folgen ihrer Wissenschaft in diese einzubeziehen oder auch nur sie öffentlich – in ihren Schriften und in ihrer Lehre – zu bedenken. Der Unmut der Studenten gegenüber den Professoren, die als »Fach-Idioten« Positionen von größter gesellschaftlicher Tragweite verwalten, ist verständlich, aber – in der Bereitschaft zu pauschaler und ungeduldiger Verdammung – auch ungerecht. Die Mehrzahl der Professoren hat selbst nie gelernt, die politische Seite ihres Amtes zu reflektieren; nicht wenige haben einmal die Folgen der Überschreitung ihrer Fachkompetenz erfahren, und gerade diejenigen, deren Wissenschaften selbst sie auf die Politik verweisen, sehen gute Gründe, vor einer plötzlichen und radikalen Politisierung der Hochschulen und Schulen zu warnen. Umgekehrt haben die Studenten keine Zeit zu verlieren: sie verlassen die Universität nach fünf Jahren, von denen das erste dem Erleiden der Probleme, die letzten zwei der Examensvorbereitung gehören. [. . .]

Die politische Herausforderung gilt vorerst in beiden Richtungen. Die Wirkungen, die die Professoren durch Mangel an Selbstkritik und Gesellschaftsbewußtsein nicht haben, haben die Studenten durch Mangel an Verständlichkeit nicht. Weil sie in der Systemanalyse über ein Jahrzehnt ohne Gesprächspartner geblieben sind, haben sie ihre Argumente nicht geschmeidig gemacht und differenziert, ja sie haben sie sich z. T. nicht einmal wirklich angeeignet. Sie sind ihrem eigenen Jargon aufgesessen. Noch bevor man sich zur Diskussion mit ihnen bereitgefunden hat, sind sie zu Sprechchören übergegangen.

Aber so werden sie die Aufklärung der Massen nicht erreichen, eine Aufklärung, auf die sie ihrem Konzept zufolge so sehr angewiesen sind und die in den letzten 20 Jahren so schamlos unterblieb. Ja, sie werden sie weiter erschweren, wenn nicht verhindern.

Die Professoren aber verkennen, daß sie in dieser Stunde ihren wahren Bundesgenossen zu verlieren im Begriff sind und sich ihrem wahren Gegner ausliefern. Statt mit den Studenten gegen das träge öffentliche Bewußtsein anzutreten, statt den Kampf für den Ausbau der Wissenschaft und gegen die falschen Prioritäten der Finanzminister, für eine gründliche Schulreform und gegen die angepaßten Leistungszwänge der Wirtschaft, für einen Entwicklungsspielraum und gegen die überkommenen Ausleseverfahren aufzunehmen, suchen sie Schutz für ihre eigene Stellung bei restriktiven Maßnahmen, Kleinem Latinum, weiterer Hierarchisierung des Studiums und dem Appell an das doch so notwendige Vertrauen. [. . .]

Wie verhindern wir, daß der Protest die Tatbestände verschlimmert, gegen die er protestiert? Wie hindern wir ihn an der Radikalisierung, an der falschen Forschheit, hinter der die bare Angst steht und der darum nicht mehr naive, sondern mutwillige Mutwille?

– Kann man den Protestierenden raten, nicht zu protestieren, bloß weil der Protest mißbraucht wird – ich meine nicht von der DDR oder der vielzitierten Mini-Minderheit –, sondern von der angegriffenen Gesellschaft: indem sie ihn unter die Beweise ihrer Freiheit zählt, ihn zum Hors d'œuvre ihres täglichen Nachrichteneinerleis gemacht hat, ihn in die Reihe der interessanten Untersuchungsgegenstände ihrer Forschungsinstitute einbringt?

– Kann man ihnen im Ernst raten, auszuharren und »ohne Provokation« weiter zu diskutieren?

– Kann man ihnen im Ernst raten, brav zu werden und – nach bestandenem Examen – dereinst aus den Positionen der heute noch attackierten Macht zu handeln?

– Kann man ihnen im Ernst raten, sich auf die parlamentarische Demokratie zu verlassen, in der bisher der kleinste Unmut der Rentner, Vertriebenen und Bauern registriert wird, aber die Fragen und Forschungen der Studenten keinen Widerhall finden?

– Kann man ihnen und ihren Freunden im Ernst raten, auf »Solidarität« zu setzen, sie untereinander auszurufen wie ein allgemeines Gesetz? Solidarität heißt so viel wie: es im einzelnen nicht genaunehmen. Aber es kommt doch gerade darauf an, daß wir wieder genaunehmen, was wir uns in unserer Gesellschaft vorgenommen haben – die Demokratie, die Rechtsstaatlichkeit, die Vermeidung von Gewalt, die Selbstbestimmung.

Wir haben die jungen Menschen gelehrt, die Demokratie lebe von der Kritik, und daß Wachsamkeit geboten sei, wo immer diese eingeschränkt werde: *principiis obsta!* Wenn sich heute die Schüler vor die Busse setzen oder die Studenten die Ausfahrten des Springer-Konzerns blockieren, werden die verantwortlichen »Ordnungshüter« ungehalten und greifen durch. Hätten sie sich selbst 1941 vor die Züge nach Auschwitz gesetzt, wäre das vor Gott eine große Tat gewesen, aber sie lebten heute nicht mehr, und man wüßte nicht einmal, wo sie geblieben sind. Denn: 1941 war es zu spät, so haben wir den Jungen auf ihre Fragen gesagt. Aber wann ist es zu spät, wenn es denn immer noch zu früh ist? Vielleicht ist es in der Tat zu spät, wenn in diesen Tagen ein angesehener Politologe, der sich große Verdienste um die Aufhellung des Nationalsozialismus erworben hat, in einer großen liberalen Zeitung schreiben kann:

»Wer allerdings heute die positiven Gesetze als ›Formalismus‹ abtut und eine Veränderung des gesellschaftlichen Bewußtseins erzwingen will, weist genau die Denkstrukturen auf, die eine Gestapo einmal wieder möglich machen könnten.« (Hans Buchheim in der FAZ vom 6. 3. 1968)

Es könnte zu spät sein, weil der Bestand der Demokratie in der Veränderbarkeit des Bewußtseins liegt. Wenn dieses öffentliche Bewußtsein sich nun nicht mehr verändern lassen *will*, haben wir den Totalitarismus schon erreicht; alles weitere ist eine Sache des Grades; der Systemzwang kann dann sich ungestört nach positiven Gesetzen vollziehen.

Ich habe also kein Rezept für die Studenten. Ich habe Sympathie für sie und weiß, daß das nichts nützt. – Ich habe immerhin Rezepte für uns.

Wenn wir wieder regulierbare Verhältnisse und Humanität in unserer Welt haben wollen, dann müssen wir zunächst sehr viel mehr Unordnung in Kauf nehmen – gestörten Busverkehr, gestörte Fakultätssitzungen, gestörte Gedenkfeiern, gestörte Gottesdienste, einen mitunter »unziemlichen« Ton, lange Haare, kurze Röcke und selbst die schmerzliche Abwehr unseres guten Willens. Das ist ein geringer Preis für das, was auf dem Spiel steht. Und er soll gezahlt werden, nicht, um es hingehen zu lassen, sondern um uns und unsere Einrichtungen zu ändern, sie redlich und wirksam zu machen oder um standzuhalten. Es genügt eben nicht, die Jugend »zu verstehen, aber . . .«; es genügt nicht, den Mordanschlag eiligst zu verabscheuen und im nächsten Absatz schon befriedigt festzustellen, wie »erstaunlich schnell« es der Berliner Polizei gelungen ist, die Straßen von der Demonstration »frei zu machen«. Der Friede in unserer Gesellschaft wird nur im Austrag der Konflikte möglich, nicht in ihrer schnellen Beseitigung, Verschleppung oder Bagatellisierung. Denn mehr als durch die Heftigkeit der Gegensätze ist die Demokratie durch das Gefühl gefährdet, daß sich in ihr nichts mehr bewirken lasse, nichts mitbestimmen, als was nicht schon von selbst geschieht, nichts als Trivialitäten – die Wahl zwischen Erhard und Kiesinger, ESSO und ARAL. – *Darum* maßt man sich den Eingriff an.

Sodann müssen wir den Menschen in der Gewaltlosigkeit einüben, und das ist ein sehr langwieriger, sehr schwieriger, bisher fast unbekannter Vorgang. Solange das nicht geschehen ist, müssen wir ein Tabu vor der Gewalt aufrichten. Wir haben viele andere Tabus, die wir dafür in Kauf geben können! Die Einübung in der Gewaltlosigkeit geschieht dadurch, daß man die Menschen den Erfolg anderer Mittel erfahren läßt, wo Gewalt anzuwenden nahe lag. Unter diesen Mitteln ist in der »interdependenten« Industriegesellschaft das machtvollste: nicht mitzumachen – die große Verweigerung. Man stelle sich vor, die Professoren verweigerten den Parteien jedes Gutachten, jeden Vortrag, jede Mitarbeit, bis sich in den Haushalten die verkehrten Rangordnungen ändern; man stelle sich vor, die Studenten hätten die Professoren in Hamburg in eine leere Aula einziehen und den mißbilligten »muffigen« Pomp für sich allein zelebrieren lassen; man stelle sich vor, die Studentenschaft setzte sich ein ganzes Semester in die Stadtanlagen statt in die Vorlesungen und Examen; man stelle sich vor, Schüler denken geschlossen den törichten Unterricht nicht mit . . .

Schließlich müssen wir die Veränderbarkeit in unserer Gesellschaft neu institutionalisieren. Die Demokratie selbst meinte diese Veränderbarkeit, aber sie glaubte, es genüge, sie prinzipiell zu ermöglichen. Wenn jedoch die Bereitschaft dazu fehlt, kann auch die Demokratie mit allen Einrichtungen, die der Kritik, der Revision, der Kommunikation, der Innovation dienen sollen, versteinern. Die Bereitschaft zur Veränderung muß darum durch Erziehung angelegt und bestätigt werden. Kinder sind den Erwachsenen und ihren angenommenen Ordnungen gegenüber immer potentielle Abweichler. Darum konzentrieren sich die Erwachsenen so sehr auf ihre Abrichtung; und darum wiederum müssen die Kinder, wo sie sich nicht anpassen, am Ende immer wieder rebellieren. Haben sich die Erwachsenen obendrein daran gewöhnt, daß die Kinder ihnen ausgeliefert sind, dann reagieren sie auf eine Rebellion der Jugendlichen mit panischer Härte – also unfrei und falsch. Die einzigen, an denen wir in einer relativ geschlossenen Zivilisation das Aushalten mit dem unbegreiflich und unbelehrbar Anderen lernen könnten, werden durch einen einseitig aufgefaßten Erziehungsvorgang daran gehindert, uns ernsthaft zu belehren. Amerika hat hierfür die Neger; unsere Neger sind die Kinder – und wir verfahren mit ihnen insgesamt so falsch wie die Amerikaner mit ihrer vernachlässigten Minorität.

Diese Ratschläge mögen unpraktisch erscheinen. Sie müssen es im Angesicht der entfesselten Angst. Man kann eben die Fehler von 20 Jahren nicht »einfach« wieder gutmachen. Was falsch ist, sind nicht falsche Maßnahmen, sondern ein falsches Bewußtsein. Wenn wir das wirklich begreifen und alle anfangen, uns das gegenseitig so nachzusehen wie einen falschen Haarschnitt, der sich auswachsen muß, könnten wir es vielleicht aushalten, bis Veränderung durch Politik wieder möglich ist: mit etwas mehr Humor.

Können wir es nicht dahin bringen, daß den Studenten ihre eigene Politik wenigstens etwas Spaß macht? Das wäre keine Beschwichtigung, sondern das Gegenteil: es nähme ihren Plänen und Taten den Zug der bleichen Verzweiflung, es gäbe ihnen Mut, es noch einmal im Ernst mit dem Gegner aufzunehmen – nicht nur mit Wasserwerfern. Auch die Gewalt, mit der so unbeherrscht auf die Provokationen geantwortet wird, ist ein Stück Beschwichtigung; sie behauptet, das Problem liege dort auf der Straße und bei den Steinwürfen. Von Anbeginn behaupten die Studenten, daß es dort nicht liegt, sondern allenfalls sichtbar wird. Und damit haben sie fraglos recht.

Wenn die Parteien darauf bestehen, erst müsse die Achtung vor dem Gesetz wiederhergestellt werden, vorher könne mit den Studenten nicht diskutiert werden, dann verallgemeinern sie nicht nur ihre eigenen Verhinderungen, sie bekunden vor allem eine äußerst bedrohliche Auffassung von der *res publica*. Die Achtung des Bürgers vor den Gesetzen entspringt nicht der Angst vor dem Polizeieinsatz; er gehorcht den Gesetzen, weil er an den Sinn der von ihnen gestifteten Ordnung glaubt. Wo man an diesem Sinn zweifelt, wird er durch die gewaltsame »Wiederherstellung der Achtung« endgültig zerstört. Solange man überhaupt noch die Alternative zwischen Diskutieren und Durchsetzen sieht, muß in unserer Demokratie diskutiert werden. Der Fetischcharakter, den das Diskutieren gerade für die Studenten angenommen hat, kann durch nichts anderes aufgehoben werden als durch Diskussion.

Die Sorge, die Bundesrepublik (und ihre Währung, wie man eilig hinzufügt) möchte im Ausland ihre Vertrauenswürdigkeit verlieren, wenn sie der Unruhen nicht schnell Herr wird, oder die Sorge, mangelnder Wille zur Autorität möchte der NPD Wahlhilfe leisten – diese vordringlich geäußerten Sorgen zeigen, daß wir noch immer Symptome meinen und nicht Ursachen. Muß dies die Radikalität und die Solidarität der Studenten nicht steigern, wenn sie sehen, daß wir schwere Störungen unseres öffentlichen Lebens gerade nicht benutzen, um den Problemen auf den Grund zu gehen und Veränderungen einzuleiten, sondern um aus den bisher verlegenen Beschwichtigungen die gerechte, die gründliche, die große Beschwichtigung zu machen?

(6) *Jürgen Habermas*
Protestbewegung

Jürgen Habermas wurde 1929 in Gummersbach geboren. (»Ich bin aufgewachsen in der Provinz, in einer Stadt, in der Strukturen der bürgerlichen Gesellschaft wie im Einweckglas konserviert waren.«) Studium in
Göttingen, Zürich, Bonn. (»Mein Studium ist charakterisiert durch eine
Dichotomie: meine philosophischen und meine politischen Überzeugungen. Erst später wurde mir klar: zwischen beiden bestand eigentlich
keine Verbindung.«) Seit Habermas sein Buch *Student und Politik* (eine
Untersuchung des politischen Bewußtseins von Frankfurter Studenten)
1961 veröffentlicht hatte, gehörte er, inzwischen Professor für Philosophie und Soziologie, zu den Wissenschaftlern, deren Philosophie von
einer aktiven Minderheit in die politische Praxis getragen wurde. Neben
Bloch, Abendroth und Adorno wurde er zum Mentor linker Studenten.
Habermas' Zerwürfnis mit den Führern der Protestbewegung begann,
als er nach dem Tod von Benno Ohnesorg auf dem Studentenkongreß in
Hannover das Wort vom »linken Faschismus« prägte und sich so zum
Angriffsziel militanter SDS-Gruppen machte. »›Linker Faschismus‹,
diese Formel kam mir in den Sinn, weil ich an Sorel dachte, an dessen
subjektivistisches Selbstbewußtsein, an Theorien, die politische Bewegung zur Kategorie an sich erhoben.« (Sämtliche Zitate von Habermas
nach Claus Grossner: »Der letzte Richter der Kritischen Theorie?« In:
Die Zeit, 13. März 1970) – Der Band *Prostestbewegung und Hochschulreform,* Frankfurt am Main 1969, dem der nachfolgende Text (S. 14-17,
34-42) entnommen ist, vereint die wichtigsten Aufsätze von Habermas
zur Universitätsreform, Hochschulgesetzgebung und zur studentischen
Protestbewegung.

Drei Intentionen

Wenn man sich an das hält, was die aktivsten Gruppen unter
den Studenten zum Ausdruck bringen und wie sie sich verhalten,
dann zeichnen sich drei Intentionen ab.

Die Parole der Großen Weigerung bezeichnet eine verbreitete
Einstellung, die die Erfahrung der Unwirksamkeit politischer
Opposition in den westlichen Massendemokratien widerspie-
gelt. Diese Erfahrung des absorbierten Widerspruchs ist Ausgangspunkt des Widerstandes. Er will sich nicht integrieren lassen; ein alles durchdringendes System der Massenmedien soll an

ihm abprallen und sich seiner nicht als Alibi für Scheinliberalität bedienen können. Die neuen Techniken des Protestes richten sich gegen beliebige Symptome, weil jedes recht ist, um die Ablehnung eines abstrakt erfaßten und nur, wie es scheint, von außen denunzierbaren Ganzen auszudrücken. Die Demonstrationen haben die Form sinnfälliger Provokation angenommen, die sofort konsumierbare Kränkungen oder Gegenaggressionen erzeugt. Der eigentümliche Charakter der Selbstbefriedigung, die der Protest dadurch gewinnt, macht von Kriterien des Erfolges zweckrationalen Handelns unabhängig. Beide Momente verbinden sich auch in dem Bestreben, Gegenwelten zu schaffen: sie sollen gegen die Gefahr der Integration abschirmen und den Protest in eine Lebensform überführen, die davon dispensiert, sich der Wirksamkeit des Protests zu vergewissern. Die dem antisemitischen Sprachgebrauch in aller historischen Unbefangenheit entlehnte Vokabel des »Mauschelns« richtet sich unmittelbar gegen den Stil nichtöffentlichen Verhandelns in repräsentativen Gremien; mittelbar trifft sie jedoch jede kalkulierte Durchsetzung von Interesse. Dabei ist unerheblich, ob es sich um Interessen der Erhaltung oder der Veränderung des Systems handelt.

Die Abwertung der politischen Sphäre als eines Bereichs zweckrationalen Handelns hängt mit einer weiteren Intention zusammen. Die anti-autoritäre Einstellung wehrt Leistungsimperative ab. Sie richtet sich nicht eigentlich gegen bestimmte Persönlichkeitsmerkmale und personale Abhängigkeiten, sondern gegen die objektivierten Zwänge einer, wie die Formel heißt, autoritären Leistungsgesellschaft. Auch darin ist eine Erfahrung aufgenommen. Denn die Disziplinierungen, die in den industriell fortgeschrittenen Gesellschaften dem einzelnen nach wie vor auferlegt werden, haben nicht mehr den Augenschein einer Ökonomie der Armut für sich; sie müssen sich vielmehr, zumal in den Elternhäusern unserer aktivsten Studenten, gegen die Evidenz von Überfluß und potentiellem Reichtum behaupten. Nachdem sich im prototypischen Bereich der Sexualität bürgerliche Tugend als ein System überflüssig gewordener Opfer und dysfunktionaler Verdrängung lautlos aufzulösen beginnen, geraten die Werte possessiver Verdinglichung allgemein in den Verdacht, historisch überfällig und damit »repressiv« zu sein. Die Ethik des Leistungswettbewerbs und das Diktat der Berufsarbeit, überhaupt die Antriebe einer auf Statuskonkurrenz gegründeten Gesellschaft werden zumal in einer sozialen Umgebung fragwürdig, in der die Heranwachsenden weitab von der Produktionssphäre leben und der Wirklichkeit nur durch die Filterschicht von Konsumentenorientierungen und Massenmedien begegnen.

Gegenüber Formen der bürokratisierten Herrschaft gewinnt das Modell rätedemokratischer Willensbildung an Überzeugungskraft, je mehr die Rechtfertigungen für bestehende Normen auf undurchsichtige Weise mit traditionell eingespielten und der Diskussion entzogenen Positionsvorteilen verbunden sind. An dieser Verfilzung von funktionalen Imperativen mit naturwüchsiger Herrschaft, für die die Organisation der Lehre und Forschung in Universitäten genügend Beispiele liefert, bilden und bestätigen sich der Begriff von Technokratie – und der Haß gegen sie. Freilich mischt sich das berechtigte Mißtrauen gegen technokratische Entwicklungen, die Herrschaftsnormen durch Hinweis auf sogenannte Sachzwänge rechtfertigen, mit übertriebenen Verallgemeinerungen, die in einen Affekt gegen Wissenschaft und Technik als solche umschlagen können. Gerade unter den aktivsten Studenten finden sich manche, die auf psychisch bedingte Lernschwierigkeiten mit einer fast zwanghaften Abwehr von Kompetenzforderungen und Leistungsorientierungen antworten und dann bisweilen die Grenze zur erklärten Theoriefeindschaft überschreiten.

Diese Abwertung von Theorie und die eilfertige Unterordnung theoretischer Arbeit unter ad-hoc-Bedürfnisse der Praxis hängen mit einer dritten Intention zusammen. Die Parole der Neuen Unmittelbarkeit bezeichnet eine Einstellung, die die Bereitschaft, sich an verselbständigte Systeme anzupassen, radikal zugunsten unmittelbarer Befriedigung aufkündigt. Dem liegt die Erfahrung zugrunde, daß die komplexen Umwege in den Systemen zweckrationalen Handelns die Ziele immer weiter hinausschieben. Die Motive des Handelns werden heute immer mehr an die verallgemeinerten Medien der Verwirklichung beliebiger Ziele gebunden und durch abstrakte Anstrengungen für den Erwerb von Einkommen, freier Zeit, Ansehen, Einfluß usw. verbraucht – und das unter der Kruste einer spezifischen Langeweile. Darauf reagiert nun ein Teil der Studenten mit dem Anspruch, ästhetische Erfahrung, Triebbefriedigung und Expression hier und jetzt zur Geltung zu bringen.

Die Lebensform des Protestes ist durch sinnliche Qualitäten bestimmt; die hippiesken Züge haben sich alsbald von den Zentren der Hippiekultur abgelöst und verbreitet – sie sind nicht bloße Drapierung. Die Kerne der Protestbewegung – in den angelsächsischen Ländern vor allem, aber auch in der Bundesrepublik – sind Subkulturen, die die Vereinzelung der privaten Lernsituation zugunsten solidarischer Gruppenerfahrungen aufheben sollen. Damit erhalten Kategorien des geschwisterlichen Umgangs eine neue Bedeutung; zugleich tritt der bürgerliche Bildungsprozeß, der für den Jugendlichen die einsame Lektüre des gedruckten Wortes als Weg zur Individuierung gewiesen hat, in den Hintergrund. Natürlich machen die jugendbewegten Experimente mit Formen des »nichtentfremdeten« Zusammenlebens nicht nur sensibel für verkümmerte Erfahrungsbereiche der Interaktion, sie schaffen auch neue Konflikte. Zu ihrer Kehrseite gehören Aktionen, die kaum noch in einem politischen Kontext stehen und in der Tat einer unmittelbaren Triebbefriedigung ihrer Initiatoren, nämlich schlicht der ungehemmten Abfuhr von Aggression, dienen.

Die summarische Beschreibung der drei Intentionen kann zunächst nur ein Potential abgrenzen, mit dem niemand gerechnet hat, und das bis heute auch nicht befriedigend erklärt werden kann. Jenes Bündel von Grundorientierungen deckt sich freilich nicht mit den Interpretationen, die das Selbstverständnis der Protestgruppen bestimmen. Diese Rechtfertigungen sitzen locker auf den ihnen zugrunde liegenden Einstellungen. Ich halte es nicht für ausgeschlossen, daß die heute herrschenden Deutungen von nachwachsenden Generationen unbekümmert abgestreift werden, sobald sich das Protestpotential in unpolitische Bereiche verlagert (wofür es Anzeichen gibt). [. . .]

Die Herkunft des Potentials

Das Protestpotential wird offensichtlich in bürgerlichen Elternhäusern erzeugt, auch wenn es in Bildungssystemen und später in Berufssituationen erst aktualisiert wird, die unabhängiges Konfliktpotential enthalten. Ich möchte, in gebotener Vereinfachung, zwei Erklärungsversuche diskutieren. Der erste führt zu einer Interpretation, die den neuen Aktivismus als Ausdruck einer »befreiten Generation« (Richard W. Flacks) begreift; die andere Erklärung legt eine Interpretation nahe, die die jungen Aktivisten eher als Vertreter einer »vaterlosen Generation« (Alexander Mitscherlich) erscheinen läßt*.

Die These der »befreiten Generation«. Amerikanische Untersuchungen stimmen darin überein, daß die aktiven Studenten aus Elternhäusern stammen, die einen privilegierten Status haben. Die Familien- und Berufsorientierung der Kinder ist schwächer ausgeprägt. Ihre akademischen Leistungen liegen gemeinhin über dem Durchschnitt, die Dropout-Rate ist gering. Unter den Eltern befinden sich überproportional viele Angehörige der oberen Mittelschicht, insbesondere akademischer Berufsgruppen. Verglichen mit den Eltern konservativ eingestellter Aktivisten sind für sie höheres Einkommen, bessere formale Schulbildung, städtische Herkunft und ein geringeres Maß an Statusangst und -ehrgeiz charakteristisch. Außerdem besteht in diesen Familien eine akademische Tradition oft über mehrere Generationen. Auch die Mütter haben relativ häufig eine höhere Schule oder die Universität besucht und sind berufstätig.

Die Familienstruktur ist durch liberale und egalitäre Wertorientierungen der Eltern bestimmt. Der typische Mittelschichtenstil scheint in diesen Familien extrem ausgebildet zu sein. Zwischen den Eltern besteht ein balanciertes Verhältnis. Sie gehen auf die Intentionen des Kindes ein und prämieren dessen Selbständigkeit; sie verbalisieren und begründen ihre Erwartungen; sie strafen eher durch Liebesentzug als durch äußere Sanktionen. Der Protest der Jugendlichen, die aus solchen »progressiven« Elternhäusern stammen, entspringt nicht mehr dem seit Generationen eingeschliffenen Muster des bürgerlichen Autoritätskonfliktes mit einer starken Vaterfigur. Die Kinder identifizieren sich eher mit einer Mutter, die Rücksichtnahme auf andere vorlebt und den Sinn für die Unerträglichkeit von Repressionen schärft. Ein Ergebnis der individuierenden Erziehung ist jedenfalls Sensibilität für Verletzungen und expressive Qualitäten in zwischenmenschlichen Beziehungen.

Der Aufstand ist daher nicht eine Rebellion gegen die Eltern;

---

* Vgl. die Literatur bei: K. Keniston, *The Sources of Student Dissent*, in: *Sozial Issues*, Vol. 23, No. 3, 1967, S. 108 ff., und W. A. Watts, D. Wittaker, *Profile of a Non-Conformist Youth Culture*, in: *Sociology of Education*, Vol. 41, No. 2, 1968, S. 178 ff.

es spricht vieles dafür, daß sich die aktiven Jugendlichen gerade für die Intentionen, die ihre Eltern freilich mehr verbal ausgedrückt als praktisch vertreten haben, mit Nachdruck engagieren (»living out expressed but unimplemented parental values«).

Die These der »vaterlosen Generation«. Das Bild der befreiten Generation ist auch dann, wenn wir uns der idealtypischen Vereinfachung bewußt sind, unbefriedigend. Offensichtlich deckt es nicht den Teil der Studenten (und vor allem die am Rande der Hochschulen angesiedelten Nicht- und Nichtmehr-Studenten), die von Anbeginn zur Protestbewegung gehört haben. Kenneth Keniston hat für diesen Teil den Ausdruck »kulturell Entfremdete« eingeführt. Dieser Typus scheint, je mehr sich die Protestbewegung radikalisiert hat, wachsenden Einfluß auf die Aktionen selber gewonnen zu haben. Gewisse Züge (wie informationsarme Situationsdeutungen und projektive Handlungsorientierungen, starke narzißtische Besetzungen und mangelnde Affektkontrolle), die inzwischen gerade das Verhalten der aktionistischen Gruppen bestimmen, sind kaum zu erklären, wenn man nicht den dargestellten Sozialisationstypus als Grenzfall einer Typologie von Erziehungsmustern relativiert.

Der Gegentypus bezieht sich auf Studenten vergleichbarer sozialer Herkunft, deren Resistenz gegen die Belastungen des Massenstudiums jedoch geringer ist, was in der Regel zu höheren Dropout-Raten und schwächeren Leistungen führt.

Die Wertorientierungen der Eltern sind ebenfalls liberaler als bei den Vergleichsgruppen, drücken aber Unentschiedenheit angesichts eines verselbständigten Pluralismus unvereinbarer Werte aus. In gleicher Richtung verschieben sich die Erziehungstechniken, die zwar permissiv sind, aber Momente der Vernachlässigung enthalten und die für ein Autonomietraining unerläßlichen Einstellungen nicht einschließen. Die Balance in der Elternbeziehung ist so weit gestört, daß bei Koalitionsbildungen zwischen Kindern und einem Elternteil die Mutter bevorzugt ist; sie kann eine betont fürsorgliche Kontrolle übernehmen. Das Identifikationsmodell des Vaters bleibt unscharf, die Internalisierung von Vorbildern und Normen ist eher schwach, und die Ausbildung von Über-Ich-Strukturen wird gehemmt. Trotz dem Schein von Liberalität fördert ein solches Erziehungsmuster nicht die Autonomie der Ich-Organisation. Anstelle der Neuen Sensibilität tritt vielmehr eine neue Insensibilität, die sich gerade in der Unfähigkeit ausdrückt, von den Intentionen des anderen her zu handeln. Ein gewisser Narzißmus geht Hand in Hand mit der unbekümmerten Instrumentalisierung der empfindlichsten Zonen zwischenmenschlichen Umgangs und einer Verletzung kulturell tiefsitzender Tabuierungen – wie etwa der der Integrität des menschlichen Leibes.

Die beiden umrissenen Sozialisationstypen sind Grenzfälle, die das Grundmuster der Familienstruktur und des Erziehungsstils bestimmter Mittelschichtgruppen nur variieren. Wahrscheinlich ergibt sich dieses Grundmuster aus jenem langfristigen Rationalisierungsprozeß, den Max Weber einst analysiert hat: das Protestpotential scheint sich am ehesten in den Subkulturen zu bilden, für die die privatisierten »Glaubensmächte« (und damit der in der bürgerlichen Gesellschaft herrschende Geltungsmodus von Überlieferung überhaupt) am nachhaltigsten erschüttert worden sind[*]. Wenn künftige Untersuchungen die angedeuteten sozialpsychologischen Konstruktionen bestätigen sollten, könnten jene beiden Typen der befreiten und der vaterlosen Generation helfen, das Janusgesicht des Jugendprotestes zu erklären. In der Protestbewegung haben sich von Anbeginn emanzipatorische Kräfte mit regressiven verbunden. Das hat auch die Diagnose für diejenigen erschwert, die in dem Protest die Aufnahme ihrer eigenen, inzwischen von Resignation bestimmten Kritik sehen mußten. Der Studentenprotest fand in der Bundesrepublik Unterstützung, mindestens Sympathien bei der Linken, wobei das Spektrum dieser Linken von den altsozialistischen Splittergruppen bis zu den etablierten Liberalen reicht. Die Technokraten des verselbständigten Protestes haben in dieser Linken einen Zersetzungsprozeß ausgelöst, der weniger auf konsequente Strategie als vielmehr auf die Ambivalenz des Protestpotentials selber zurückzuführen ist.

Reaktionen

Radikalität hält die wechselnden Inhalte des Protestes zusammen. Diejenige Taktik hat die bessere Chance, sich durchzuset-

[*] Vgl. P. L. Berger, *The Sacred Canopy*, N. Y. 1967, und meine Abhandlung *Technik und Wissenschaft als ›Ideologie‹*, Frankfurt/M. 1968.

zen, die kompromißlose Gesinnung in abstrakter Reinheit verkörpert – radikal ist, was nach dem Anspruch dieser Moral nicht
überboten werden kann. Jugendbewegungen haben diesen Charakter stets. Darin liegt ein Grund für die Konflikte innerhalb
der Linken. Der andere Grund ist darin zu sehen, daß die Aktio-
nisten, je enger ihr Handlungsspielraum wird, um so eher auf
Aktionsbereiche größter Toleranz und geringster Reaktionsbe-
reitschaft angewiesen sind. Dort, wo relativ große Freiheitsga-
rantien bestehen, ist einerseits die Konkurrenz eines erfolgrei-
chen Reformismus am gefährlichsten und umgekehrt die Basis
für eine gefahrlose Anwendung von Techniken der Regelverlet-
zung am breitesten. Zudem läßt sich in diesem weichen Gelände
die Illusion eines Machtkampfes zwischen revolutionären Kräften und blinder Reaktion am leichtesten wahren: denn wie weit
muß die »Faschisierung« fortgeschritten sein, wenn schon etablierte Linke, wie es scheint, dem politischen Gegner in die Arme
getrieben werden. Darüber geht das Bewußtsein verloren, daß
die Organe dieses Staates, und zwar in der Nachkriegsperiode
deutlicher denn je in der deutschen Geschichte, auch freiheitssi-
chernde Funktionen ausüben. Man kann nicht ernsthaft die autoritären Gefahren des bestehenden politischen Systems erkennen und bekämpfen, wenn das Klischee des faschistischen Staats-
apparates nicht einmal mehr erlaubt, Unfreiheit von Freiheit zu
unterscheiden und *die* Freiheiten zu erkennen, von denen der eigene Protest seit Jahren, und mit Aussicht auf Erfolge, lebt.

Die Konstellationen der Linken haben sich unter dem Druck
des Aktionismus verändert. Die Traditionalisten, die eine kaum
modifizierte Klassentheorie auch auf spätkapitalistische Gesellschaften anwenden, haben mit der Neugründung der Kommunistischen Partei ihre Zersplitterung überwunden und sogleich die
alte Bündnispolitik wieder aufgenommen. Damit hat sich eine
Gruppe formiert, die Parteien und Parlament als Rahmen für die
politische Durchsetzung langfristig revolutionärer Ziele anerkennt. Der neue Impuls trägt freilich nicht weit; denn die DKP
ist nicht unabhängig genug, um sich der Linie des italienischen
Reformkommunismus anzuschließen: die Tschechoslowakei
blieb tabu.

Anders hat sich die alte Garde der Neuen Linken verhalten;
das sind diejenigen, die im SDS während der ersten Hälfte der
60er Jahre, als vorwiegend theoretisch gearbeitet wurde, aufge-

wachsen sind. Einige von ihnen, die als Assistenten an der Hochschule geblieben sind, haben für die Neueste Linke wichtige Funktionen übernommen. Zunächst haben sie die überraschende und unartikulierte Bewegung, die von aktivistischen Randgruppen des SDS ausging, kanalisiert. Alsbald sind jedoch die Interpreten selber ins Schlepptau genommen worden: sie mußten ad hoc für die Aktionen und Erfindungen der jungen Genossen Legitimationen finden. Die alte Neue Linke hat das Geschäft der nachträglichen Legitimationshilfe für Aktionen, auf deren Planung und Verlauf sie immer weniger Einfluß hatte, gelegentlich bis an die Grenze einer von Skrupeln nicht freien Preisgabe besserer Einsichten betrieben – und sich dabei verbraucht. Heute ist sie ohnehin überflüssig geworden für den verzweifelten Aktionismus derer, die sich auf Handstreiche spezialisieren und neuer Begründungen nicht mehr bedürfen.

Für die publizistische Verstärkerwirkung des Protestes und die Fortpflanzung kulturrevolutionärer Anstöße ist eine Gruppe von Journalisten, Künstlern, Literaten, Verlegern und Lektoren wichtig geworden. Hier haben virulente Einstellungen und Meinungen durch die Protestbewegung einen neuen Focus erhalten, hier hat die Ambivalenz des zugrunde liegenden Protestpotentials zu teilweise merkwürdigen Einschätzungen und Fehleinschätzungen geführt. Die relative Entfernung vom Ort des Geschehens, die primäre Erfahrungen mit den Akteuren erspart, mag die meist abstrakte Bewunderung und eine zuweilen aufgeregte Solidarisierung erleichtert haben. Es hat neue Konvertiten und viele neue Begründungen für alte Konflikte gegeben. Aufgeklärte Geister waren unkontrolliert übereifrig, so wenn Karl Markus Michel Sätze von Ernst Jünger schreibt und Walter Boehlich mit revolutionärem Anspruch Vorgestriges verkündet. Und mancher linke Liberale hat aus freien Stücken die Rolle des nützlichen Idioten übernommen, die andere ihm zugedacht haben. Auf diese Sphäre mag noch am ehesten die ansonsten fragwürdige Diagnose zutreffen, daß der Protest die wissenschaftsferne, romantische Abwehrgebärde einer in ihren Funktionen sich bedroht fühlenden humanistischen Intelligenz sei.

Für die Protestbewegung in der Bundesrepublik ist schließlich auch die »Kritische Theorie« von Einfluß gewesen. Pauschale Zurechnungen halte ich freilich für naiv; die Vorstellung, daß eine Handvoll Autoren eine Welle des Jugendprotestes von San

Francisco bis Tokio, von New York bis London, Rom und Paris hervorgebracht haben könnte, hätte Ähnlichkeit mit Omnipotenzphantasien. Ebenso unsinnig wäre es andererseits, einen Zusammenhang der Kritischen Theorie mit Auffassungen zumal der älteren und der durch ein Studium in Frankfurt oder Berlin geprägten Mitglieder des SDS in Abrede zu stellen. Aber ich möchte falschen Konstruktionen entgegentreten. Der einen Seite stellt es sich so dar, daß jene Theorie von den jungen Aktivisten nur beim Wort genommen und dadurch als haltloses intellektuelles Spiel entlarvt worden sei. Das ist die komplementäre Version zu dem Vorwurf der anderen Seite, die Lehrer zögerten, aus ihren Analysen die fälligen praktischen Konsequenzen zu ziehen. Eine Legende stützt so die andere.

An den Arbeiten des alten Instituts für Sozialforschung läßt sich ablesen, daß die kritische Anknüpfung an marxistische Ökonomie, die zur Zeit der Weltwirtschaftskrise und des heraufziehenden Faschismus wesentliche Konflikte noch zu erklären schien, in den Hintergrund getreten ist. Seit dem Ende der Dreißiger Jahre sind es nicht die Antagonismen des Spätkapitalismus, sondern die Integrationsleistungen eines veränderten Systems, auf die sich in erster Linie die analytische Kraft richtet. In dem 1944 fertiggestellten Buch *Dialektik der Aufklärung* haben Horkheimer und Adorno die für Marcuse bedeutsam gewordene These entfaltet, daß technische Rationalität heute mit der Rationalität der Herrschaft selber verschmilzt. Diese Kritik der instrumentellen Vernunft verbinden sie mit einer Untersuchung der Massenmedien, welche im Scheine subjektiver Freiheit autoritäres Potential binden und zugleich stabilisieren: »In der Tat ist es der Zirkel von Manipulation und rückwirkendem Bedürfnis, in dem die Einheit des Systems immer dichter zusammenschießt.« Der charakteristische Vorgriff auf die Totalität des Lebenszusammenhanges hat den Vorzug, die Mechanismen der zwanghaften Integration eines hochgradig interdependenten Gesellschaftssystems freizulegen. Die totalisierende Perspektive erlaubt andererseits nicht, partielle Vorgänge so weit zu isolieren, daß sie in die Reichweite eines verändernden Zugriffs rücken. Forschungsstrategisch hat sie deshalb einen unbeabsichtigten Entmutigungseffekt, der das ganze Unwahre gegen praktische Veränderungen unterhalb des Niveaus der Veränderung des Ganzen immunisiert. Insofern war die Kritische Theorie, wenn man auf die indirekten Folgen achtet, eher von einem gewissen Attentismus begleitet; in dieser Weise ist sie auch in Deutschland nach dem Kriege rezipiert worden. Sie hat, wenn diese autobiographische Nebenbemerkung gestattet ist, unter uns Jüngeren eine politische Resignation bekräftigt, die sich mit der durch die Bundestagswahlen von 1953 besiegelten Niederlage der Opposition ausgebreitet hatte.

Die Mitglieder des alten Frankfurter Instituts haben auf den neuen Protest verschieden reagiert. Für Marcuse hat die Jugendrevolte von Anbeginn einen anderen Stellenwert gehabt als für Adorno. In den USA hatte diese sich im Kontext der Bürgerrechtsbewegung entwickelt. Sie hatte an Konflikte angeknüpft, die das politische System der Vereinigten Staaten herausfordern. Das mag dazu beigetragen haben, daß gerade der Theoretiker, der die Gewalt der zwanghaften Integration jedes irgend abweichenden Motivs ohne Einschränkung betont und mit tiefem Pessimismus untersucht hat, nun plötzlich revolutionäre Hoffnungen auf die nichtintegrierten Randgruppen, vor allem auf die revoltierende Jugend, setzte. Marcuse muß freilich auf anthropologische Kategorien zurückgreifen und eine »biologische Grundlage für den Sozialismus« suchen, um solche Hoffnungen zu stützen.

Adorno hingegen hat seine Theorie streng gegen jeden Versuch abgeriegelt, der in seinen Augen Praktizismus darstellt. Die Tendenz, der sein beharrliches Denken stets gefolgt ist, hat sich nur versteift: er spürt den Repressionen des gesellschaftlichen Zwangszusammenhangs entlang den Entstellungen des objektiven Geistes gleichsam inwendig nach. Die Bezwingung des Labyrinths ist eher das Ziel dieser hermetischen Anstrengung als ein handfestes Praktischwerden der Philosophie. Dabei leitet den Hoffnungslosen das fast idealistische Vertrauen in die analytische, ja sprengende Kraft der enträtselnden Erkenntnis. Adornos Stellung zur Protestbewegung deckt sich mit der, die Horkheimer jüngst im Vorwort zur Neupublikation seiner Arbeiten aus den dreißiger Jahren formuliert hat: »Der Unterschied betrifft das Verhältnis zur Gewalt, die in ihrer Ohnmacht den Gegnern gelegen kommt. Offen zu sagen, die fragwürdige Demokratie sei bei allen Mängeln immer noch besser als die Diktatur, die ein Umsturz heute bewirken müßte, scheint mir um der Wahrheit willen notwendig zu sein.« Wenn Horkheimer und Adorno ein Versäumnis vorzuhalten wäre, dann allein die Ungewißheit, in der sie andere darüber gelassen haben, ob sie jene defensive Pragmatik genauso triftig aus theoretischen Einsichten wie aus nur zu gut fundierten lebensgeschichtlichen Erfahrungen gewonnen haben.

Die Schattenseiten der Utopie

Wenn man die Geschichte der Protestjahre nachvollzieht, muß man sich im besonderen mit dem von Hans Magnus Enzensberger begründeten und von ihm lange Zeit herausgegebenen *Kursbuch* befassen: eine Zeitschrift, die sich als Seismograph der eruptiven, analytischen und selbstkritischen »Schwingungen« der linken Bewegung erwies (und erweist). In Heft 1 (erschienen am 10. Juni 1965) wurde die Zeitschrift mit folgenden Worten angekündigt:

»Absicht: Kursbücher schreiben keine Richtungen vor. Sie geben Verbindungen an, und sie gelten so lange wie diese Verbindungen. So versteht die Zeitschrift ihre Aktualität.

Programm: Eine Revue, von der sich, noch ehe sie vorhanden ist, angeben ließe, wie sie es meint und was darin stehen wird, wäre überflüssig; man könnte an ihrer Statt ein Verzeichnis von Ansichten publizieren. Derartige Programme können weder das Bewußtsein dessen verändern, der sie niederschreibt, noch das Bewußtsein ihrer Leser; sie dienen der Bestätigung dessen, was schon da ist. Was schon da ist, muß aber erst aufgeklärt, und das heißt revidiert werden.

Thema: Die Gegenstände einer solchen Revision lassen keine Beschränkung zu. Sie sind nur durch die Fähigkeiten und die Kenntnisse der Mitarbeiter begrenzt, die das Kursbuch findet. In seinem ersten Heft wird gehandelt von Grenzübertritten in Berlin, vom Verlust einer Kneipe, von einer Stadt in Finnland, von der Lage der Intelligenz, von den Rechten und den Möglichkeiten der Schriftsteller, vom Frankfurter Auschwitz-Prozeß. Eine Überschrift heißt: Ein Streit um Worte, eine andere: Was geschieht in Wirklichkeit.

In künftigen Heften der Zeitschrift wird die Rede sein von den Thesen der Kommunistischen Partei Chinas und von der mathematischen Grundlagenforschung, ferner von Ballonfahrern, ferner davon, was der Ausdruck bedeutet: Es wird von etwas die Rede sein.

Belletristik: Die Zeitschrift steht neuer Poesie und neuer Prosa offen, ohne Rücksicht darauf, wie bekannt oder unbekannt ihre Autoren sind, und ohne Rücksicht auf ihre Sprache und ihre Nationalität. Insofern ist das Kursbuch eine literarische Zeitschrift. Sie ist es nicht, sofern sie sich auch dem öffnet, wodurch die Literatur sich herausgefordert sieht, wessen sie aber nicht Herr wird. Unser literarisches Bewußtsein ist begrenzt; es ignoriert weite Zonen der zivilisatorischen Realität. Wo die literarische Vermittlung versagt, wird das Kursbuch den unvermittelten Niederschlag der Realien zu fassen suchen: in Protokollen, Gutachten, Reportagen, Aktenstücken, polemischen und unpolemischen Gesprächen. Diesem Zweck dient die Einrichtung der ›Dossiers‹, die sich in jeder Nummer finden werden.

Literaturkritik: Da das Kursbuch keine Beschränkung der Gegenstände, von denen es handelt, kennt, wird auch von Büchern darin die Rede sein. Die Zeitschrift versteht sich jedoch nicht als Vehikel für Rezensionen, die Noten verteilen wollen. Die üblichen literarischen Zwistigkeiten, deren kein anderes als ein rein lokales Interesse zukommt, können anderswo ausgetragen werden.«

Immer mehr wandte sich die Zeitschrift von der Literatur ab und der Revolution auf der Straße sowie der Anatomie des Spätkapitalismus in seinen internationalen Verflechtungen zu. Während die Mitarbeiter des *Kursbuch* den Tod der Literatur und Literaturkritik verkündeten (7), auch Enzensberger sich von der liberalen, lediglich feuilletonistisch tätigen linken Intelligenz abgrenzte und das Handeln pries, blieb er jedoch, zumindest im »Kämmerlein«, literarisch tätig – so daß er, als die Literatur nach dem Tod der Literatur auferstand (und zwar in einer sehr verinnerlichten und privaten, ja privatistischen Form), gleich wieder mit »dabei sein« konnte. (8) »Wer ist Enzensberger?« fragt Christian Linder in seinem Essay über Enzensberger (»Der Lange Sommer der Romantik«, *Literaturmagazin* 4, Reinbek bei Hamburg 1975, S. 88) und antwortet, daß das, was Enzensberger über Brentano gesagt habe, auch ein Psychogramm seines eigenen Wesens entwerfe: »Gebieter über ein phantastisches Fürstentum zwischen Himmel und Erde; ein Kobold und Bürgerschreck . . ., ein Komödiant, Tagdieb und Gitarrenspieler; ein strahlender Jüngling, der im erleuchteten Kreis . . . rücksichtslos zu spotten und bezaubernd zu erzählen verstand; ein leidenschaftlicher, unsteter Mann, zur Hingabe, zum gefährlichen Spiel . . . fähig.« Enzensberger, an den Habermas auch gedacht haben dürfte, als er auf dem Frankfurter Pfingstkongreß des Verbandes der Deutschen Studentenschaften 1966 von »zugereisten Harlekins am Hof der Scheinrevolutionäre« sprach, hat nicht nur die revolutionäre Rolle bravourös gespielt, sondern sie auch seziert; seine geistige Sensibilität hat Ideologie stets transzendiert und relativiert. (9)

Blüte und Altern der Neuen Linken: zur Bilanz des Scheiterns, oft von den ehemaligen Angehörigen der Protestgeneration mit besonders schonungsloser Offenheit gezogen, trat die Hoffnung, daß der lange Marsch durch die Institutionen eines Tages sein Ziel erreichen werde bzw. die Zeit, auch wenn sie für den Sozialismus noch nicht reif sei, jedenfalls für ihn reife.

War die Protestbewegung aber vielleicht doch nur ein »langsamer Abschied vom Sozialismus« (10), Phänomen der Verzweiflung mit selbstmörderischer Konsequenz? – Die »linke Kneipe« erweist sich dabei als spezifischer, wenn auch das Problem nur punktuell markierender Topos der Kommunikationslosigkeit und Einsamkeit sowie des Verlusts von Sozialisationsfähigkeit – auch wenn die dort zutage tretenden Attitüden zunächst Solidarität vermuten lassen. So konstatierte der Berliner Soziologe Klaus Laermann (»Kneipengerede«, *Kursbuch* 37, Oktober 1974, S. 175 f.):

»Auffällig ist allgemein zunächst eine gewisse Vertraulichkeit zwischen den Kneipenbesuchern. Ihren deutlichsten Ausdruck findet sie darin, daß man sich duzt, ohne sich zu kennen. Würde einer darauf bestehen, mit ›Sie‹ angesprochen zu werden, würde er sich ›unmöglich‹ machen. Man fände das ›bürgerlich‹. Nun ist aber der unterschiedslose Gebrauch des ›Du‹ allen gegenüber nicht ohne weiteres das Gegenteil. Denn die Art, in der Arbeiter es untereinander verwenden, unterscheidet sich vom Sprachgebrauch der ›linken‹ Subkultur, die die Arbeiter nachahmt. Zwar lebt auch das ›Du‹ in der Arbeitersprache vom Gegensatz zum ›Sie‹, das ›denen da oben‹ vorbehalten bleibt, aber ihm fehlt das Moment von veranstalteter Vertraulichkeit, das in der Subkultur mit ihm evoziert wird. Wenn Arbeiter sich duzen, verbinden sie damit keinen emotionalen Anspruch, sondern bringen ihre objektive Lage zum Ausdruck, die sie zu enger Kooperation und Solidarität zwingt. In der Sprache der ›linken‹ Subkultur aber scheint ein diffuses Zärtlichkeitsbedürfnis für den Gebrauch des ›Du‹ verantwortlich zu sein. Ihm haften weit eher als bei den Arbeitern regressive Züge an. Sie werden vor allem an seiner häufigen Wiederholung deutlich. ›Du, weißt du, ich bring das nicht, du, ich bring das echt nicht mehr.‹ Die wiederholte Verwendung des Personalpronomens als Vokativ erheischt immer erneute Aufmerksamkeit und Zuwendung seitens des Angesprochenen. Das läßt darauf schließen, daß das global gebrauchte ›Du‹ der Intimität keineswegs sicher ist, die es herstellen möchte und behauptet. Denn die diffuse Zärtlichkeit, die sich in ihm ausdrückt, nutzt sich durch seinen gleichförmigen Gebrauch allen gegenüber ab. ›Du‹ ist eben jeder und keiner. Das aber hat Folgen für die Kommunikationsformen der Subkultur. Denn das ›Du‹ erschwert die Möglichkeit, den anderen als einen bestimmten anderen anzuerkennen. Charakteristisch ist, daß es häufig einen Namen ersetzt, den man entweder nicht weiß oder sich nicht hat merken können. Es schafft jene vertrauliche Anonymität, die der diffusen Zärtlichkeit entspricht, und errichtet damit zugleich eine dem ersten Blick kaum erkennbare Distanzschranke. Als gleichförmig allen zugesprochenes Personalpronomen verdeckt es die Namen der Gesprächsteilnehmer und täuscht sie darüber hinweg, daß sie sich gegenseitig im Dialog nicht identifizieren. Es scheint, als sei es ihnen genug, wechselseitig füreinander ›Du‹ zu sein, ohne sich gegenseitig als ein bestimmtes ›Du‹ anerkennen oder ablehnen zu müssen.«

Blüte und Altern der Neuen Linken – auch in den »Verkehrsformen«! Aber was man bald modisch »Tendenzwende« nannte, hatte und hat durchaus ambivalente Züge, geprägt von einer komplexen Erfahrung, die mehr ist als die eines bloßen Scheiterns, eher die einer alle traditionellen Denk- und Handlungsmuster erfassende Krise. Während Max Horkheimer, »Altmeister« linken kritischen Denkens, sich mehr und mehr, die Frage des Sinns umkreisend, für »Bewahrung« denn für Veränderung aussprach (11), entwickelte der aufkommende Neokonservativismus eine einigermaßen stringente Theorie, löste sich dabei von der dumpfen Trotzhaltung nationalistischer Provenienz und bekannte sich zu einer »ökologischen Vernunft«. (12) Gerade darin konvergieren heute linke und konservative Strömungen: Die Grenzen des Wachstums lassen politisches Denken und Handeln von verschiedenen Positionen her zu Gemeinsamkeiten gelangen. Was den »Liberalismus heute« betrifft, so versucht er, »in einem Horizont der grundsätzlichen Ungewißheit« sowohl der konservativ-autoritären als auch der revolutionär-sozialistischen

Bewegung – zwei »Kollektivismen« also – entgegenzutreten und Kräfte freizusetzen, »die am Ende Kräfte einzelner Menschen sind« (Ralf Dahrendorf). (13)

Auf der anderen Seite impliziert »Tendenzwende« den Aufstieg reaktionärer Kräfte, die Reformhaltung und kritisches Bewußtsein in den ideologischen Winkel abzudrängen und unter das Verdikt des Radikalismus zu stellen suchen, um entsprechende Negativemotionen einschnappen zu lassen. Blindwütiger Terror von kleinen Gruppen, die, wie selbst Horst Mahler, einst einer ihrer prominentesten Exponenten, kürzlich in einem Interview erklärte (*Die Zeit* vom 11. November 1977), »in gewisser Weise schon faschistisch« sind, sich aber ein linkes Mäntelchen umhängen, scheint den Law-and-Order-Aposteln recht zu geben. Die Auseinandersetzung um »Linke, Terroristen, Sympathisanten« (14) bedürfte, damit die Prinzipien des freiheitlichen Rechtsstaates nicht verlorengehen, argumentativer Trennschärfe und rationaler Gelassenheit. Die geistige Freiheit wirkt jedoch zunehmend schwächlich – zumal nun auch die von der linken Bewegung lange vernachlässigten oder verdrängten persönlichen und privaten Bedürfnisse voll ihr Recht verlangen und die damit einhergehende »neue Innerlichkeit« (die sich auch in Lyrik und Romanen spiegelt) den gesellschaftlichen Begründungszusammenhang mehr und mehr negiert. Demgegenüber hat Walter Jens in einer Analyse der literarischen Situation in der Bundesrepublik den Gegensatz von Phantasie und gesellschaftlicher Verantwortung als einen Scheinwiderspruch bezeichnet und die wechselseitige »Auf-hebung« des Künstlerischen im Politischen und umgekehrt gefordert. (15)

»Wohin treibt die Bundesrepublik?« Eine alte Frage – sie ist heute neu zu stellen! Wird die Freiheit erhalten und weiter ausgebaut werden können oder wird eine Regression auf autoritäre Strukturen stattfinden, die damit auch die Errungenschaften des Ausbruchs und Aufbruchs der Trümmerzeit zunichte macht? Wird die »Moralisierung der Politik als Beispiel für die Ambivalenz des Fortschritts« (Carl Friedrich von Weizsäcker) zu einer neuen Moral der Politik führen? (16) Sind die Widersprüche der Modernität, die im Zusammenhang mit wirtschaftlichen Krisenerscheinungen weite Teile der Jugend zu einer hoffnungslosen Generation zu machen drohen, lösbar? Und wird die Bundesrepublik sich als »demokratisches Kontinuum« erhalten können? Werden die »Schattenseiten der Utopie« stärker hervortreten, oder kann der »Schneckengang des Fortschritts« (Günter Grass) beschleunigt werden?

Der scheidende Bundespräsident Gustav Heinemann sprach von der Notwendigkeit, auch wenn »uns manchmal Gefühle der Ratlosigkeit und der Ohnmacht anfechten«, am Leitbild der »relativen Utopie einer besseren Welt« festzuhalten (17); sein Nachfolger Walter Scheel forderte den Bürger auf, gerade in Krisenzeiten »kritische Sympathie mit dem demokratischen Staat« zu bekunden. (18) Werden sich für die Bundesrepublik, auf ihrem Weg zur Jahrhundertwende, solche Hoffnungen erfüllen?

Drei Jahrzehnte geistiger Auseinandersetzung: der Vorhang zu – und viele Fragen offen!

Der Text von Walter Boehlich (geb. 1921; Lektor bei Suhrkamp, nach
Anschluß an die Protestbewegung aus dem Verlag ausgeschieden, seit-
her als freier Publizist tätig) erschien als »Kursbogen« zu *Kursbuch* 15,
November 1968.

Im gleichen Heft schrieb Hans Magnus Enzensberger in »Gemeinplätze, die Neueste Literatur betreffend«: »Jetzt also hören wir es wieder läuten, das Sterbeglöcklein für die Literatur. Kleine sorgfältige
Blechkränze werden ihr gewunden. Einladungen hagelt es zur Grablegung. Die Leichenschmäuse sind, wie es heißt, sehr gut besucht: ein
Messeschlager. Unter den Trauergästen scheint wenig Schwermut zu
herrschen. Eher macht sich eine manische Ausgelassenheit breit, eine
angeheiterte Wut. Nur scheinbar stören vereinzelte Grübler im Abseits
das Fest. Sie machen ihren Trip auf eigene Faust, sorglos, als hätten sie
Tee im Pfeifchen. Der Leichenzug hinterläßt eine Staubwolke von
Theorien, an denen wenig Neues ist. Die Literaten feiern das Ende der
Literatur. Die Poeten beweisen sich und andern die Unmöglichkeit,
Poesie zu machen. Die Kritiker besingen den definitiven Hinschied der
Kritik. Die Bildhauer stellen Plastiksärge her für die Plastik. Die ganze
Veranstaltung schmückt sich mit dem Namen der Kulturrevolution,
aber sie sieht einem Jahrmarkt verzweifelt ähnlich. Die Sekunden, in
denen es ernst wird, sind selten und verglimmen rasch. Was bleibt, stif-
tet das Fernsehen: Podiumsdiskussionen über die Rolle des Schriftstellers in der Gesellschaft.« (S. 187)

trágala, trágala, trágala, perro!
Die Kritik ist tot.
Welche?
Die bürgerliche, die herrschende.
Sie ist gestorben an sich selbst, gestorben mit der bürgerlichen
Welt, zu der sie gehört hat, gestorben mit der bürgerlichen Litera-
tur, die sie schulterklopfend begleitet hat, gestorben mit der bür-
gerlichen Ästhetik, auf die sie ihre Regeln gegründet hat, gestor-
ben mit dem bürgerlichen Gott, der ihr seinen Segen gegeben hat.
Aber werden dem toten Gott nicht immer neue Kirchen ge-
baut?
Hilft die tote Ästhetik nicht nach wie vor, das zu annihilieren,
was lebendig ist?

Blüht die tote Literatur nicht prächtiger als je?

Entfaltet die tote Welt nicht eine unvorhersehbare Macht?

Findet die tote Kritik nicht den größten Glauben?

Ist das wirklich alles tot?

Nicht nur scheintot?

Es ist scheinlebendig.

Was wie Leben aussieht, ist Agonie.

Was wie Agonie aussieht, ist Tod.

Die bürgerliche Kritik ist zum Gesellschaftsspiel geworden.

Die bürgerliche Welt zerstört sich selbst, indem sie sich zu verteidigen glaubt.

An die bürgerliche Literatur glauben nicht einmal mehr die bürgerlichen Literaten.

Die bürgerliche Ästhetik unterhält sich mit sich selbst über ihre eigenen Fiktionen.

Die Kirchen des bürgerlichen Gottes stehen leer.

Die Füße derer, die den toten Gott begraben haben, sind vor der Tür und werden die Kritik hinaustragen.

Man weiß das.

Man weiß das längst.

Man weiß es seit spätestens vierzig Jahren.

Aber die Herrschenden, die über die Kommunikationsmittel verfügen, sträuben sich.

Da sie ein Monopol besitzen, stellen sie die Welt dar, die sie gern hätten, und hoffen, daß die dargestellte Welt sich durch Reproduktion als reale erweist.

Ihr Monopol bröckelt.

Das Neue, das Nichtbürgerliche, das Lebendige findet Unterstützung, Zustimmung. Es artikuliert sich, es wirkt.

Das Unbehagen wächst, und mit ihm die Angst.

Wie tot ist die bürgerliche Kritik?

Sie ist so tot, daß sie nicht einmal mehr hervorbringt, was die bürgerliche Welt allemal hervorgebracht hat: »Größe«.

Es gibt keine »großen« Kritiker mehr.

Es gibt höchstens Großkritiker.

Die bürgerliche Kritik wirkt nicht mehr über den ersten Tag hinaus. Sie bewirkt ihr eigenes Vergessen. Sie produziert Eintagsfliegen. Jeder Kritiker produziert seine eigenen. Alle widersprechen einander, alle sind unglaubwürdig.

Wo die bürgerliche Kritik für die Dauer zu produzieren vorgibt, nicht auf Zeitungspapier also, sondern zwischen Buchdek-keln, schauderts selbst die Bürger.

Wird nach drei Jahren, oder nach fünf Jahren, oder nach zehn Jahren glaubwürdiger, was Glaubwürdigkeit schon im ersten Augenblick nicht besaß? Was sogar innerhalb des Systems, dem es sich geliehen hat, desavouiert ist durch Widerspruch, durch Veränderung, durch den schleichenden Tod?

Die bürgerliche Kritik hält Kultur für Kultur. Sie hält Kunstwerke für Kunstwerke. Sie hält Politik für das eine und die Welt des Geistes für das andere.

Sie ist nicht fähig, zu verstehen, daß es einen politikfreien Raum nicht länger gibt, daß auch Geist politisch ist, wenn er Geist ist, daß auch das vorgeblich Unpolitische politische Folgen hat.

Sie ist nicht fähig, zu begreifen, daß sie selbst dem Geist, den zu verteidigen sie vorgibt, im Wege steht.

Sie ist nicht fähig, einzusehen, daß sie mit toten Begriffen von toten Dingen redet.

Sie glaubt noch immer, daß der Geist das Höchste sei, daß Geist sich ohne Macht verwirklichen könne, daß Geist Macht sei; sie hat ihre eigene Entmachtung dankbar hingenommen. Sie hat sich verbannen lassen auf die letzten Seiten der Zeitungen, der Wochenschriften, der Zeitschriften. Sie nimmt hin, daß die Politik, die auf den ersten Seiten gemacht wird, selbst in ihren eigenen Augen der Kritik widerspricht, die sie auf den letzten Seiten übt.

Sie glaubt immer noch, daß sie trotzdem etwas bewirken könne. Sie nimmt sich hin als liberalen Flitter einer längst nicht mehr liberalen Gewalt. Sie läßt sich jeden Tag demütigen, weil sie ja jeden Tag ihre Meinung sagen darf. Ihre bürgerliche Meinung.

Dürfte sie auch ihre Bürgermeinung sagen?

Dürfte in der bürgerlichen Welt Kritik sich politisch verstehen, das Leben gegen den Tod ausspielen?

Dürfte in der bürgerlichen Welt Kritik aufhören, mit einem nutzlosen und hilflosen, längst dem Gelächter preisgegebenen Vokabular das Sterbende, das Tote, für lebendig auszugeben und mit einem neuen Vokabular, gewiß tastend, gewiß experimentierend, gewiß den Versuch nur einen Versuch nennend, das Unbürgerliche, Gegenbürgerliche als das Neue und Künftige verstehen?

Können wir keine Kritik haben, die nicht um Jahrzehnte hinter der Praxis zurück ist, die alles über Bord wirft, was sie hindert, zu verstehen, was noch nicht verstanden ist, aber verstanden werden muß, wenn die Agonie nicht noch Jahrzehnte dauern soll?

Können wir keine Kritik haben, die den fadenscheinig gewordenen Kunstwerk-Begriff über Bord wirft und endlich die gesellschaftliche Funktion jeglicher Literatur als das Entscheidende versteht und damit die künstlerische Funktion als eine beiläufige erkennt?

Können wir keine Kritik haben, deren Scheinautorität sich nicht länger darauf gründet, daß der Kritiker mehr gelesen hat als seine Leser, Fachmann im Lesen ist, ein besseres Gespür hat, seine Ästhetik studiert hat?

Können wir keine Kritik haben, deren Autorität sich darauf gründet, daß der Kritiker sich über die Funktion klar ist, die Literatur hat, und daß von dieser Funktion abhängen muß, was über Literatur gesagt wird?

Können wir keine Kritik haben, die nicht vom überzeitlichen Charakter des Kunstwerks ausgeht, sondern vom jeweils zeitlichen Charakter, die Literatur nicht länger als das begreift, was sie angeblich ist, sondern als das, wozu sie dient und was mit ihr geschieht?

Diese Kritik wäre lebendig; sie ließe keine Trauer über die tote Kritik aufkommen.

(8) *Hans Magnus Enzensberger*
Über die Schwierigkeiten der Umerziehung

Hans Magnus Enzensbergers Gedicht erschien in dem Suhrkamp-Band *Gedichte 1955–1970*, Frankfurt am Main 1971, S. 128. Die Auswahl aus den Gedichtbänden *verteidigung der wölfe, landessprache* und *blindenschrift* enthielt auch rund dreißig Gedichte, die Enzensberger zwischen 1965 und 1970 geschrieben hatte und die nun hier erstmals veröffentlicht wurden. (»Das Gedicht als montiertes Zitat, als ironische Umkehrung, als Antithese, als Ratschlag oder als einfache, hintergründige Aussage trägt bei zur ›politischen Alphabetisierung‹ derer, denen die Sprache noch Indiz für das sich in ihr manifestierende Bewußtsein ist.«)

Einfach vortrefflich
all diese großen Pläne:
das Goldene Zeitalter
das Reich Gottes auf Erden
das Absterben des Staates.
Durchaus einleuchtend.

Wenn nur die Leute nicht wären!
Immer und überall stören die Leute.
Alles bringen sie durcheinander.

Wenn es um die Befreiung der Menschheit geht
laufen sie zum Friseur.
Statt begeistert hinter der Vorhut herzutrippeln
sagen sie: Jetzt wär ein Bier gut.
Statt um die gerechte Sache
kämpfen sie mit Krampfadern und mit Masern.
Im entscheidenden Augenblick
suchen sie einen Briefkasten oder ein Bett.
Kurz bevor das Millenium anbricht
kochen sie Windeln.

An den Leuten scheitert eben alles.
Mit denen ist kein Staat zu machen.
Ein Sack Flöhe ist nichts dagegen.

Kleinbürgerliches Schwanken!
Konsum-Idioten!
Überreste der Vergangenheit!

Man kann sie doch nicht alle umbringen!
Man kann doch nicht den ganzen Tag auf sie einreden!

Ja wenn die Leute nicht wären
dann sähe die Sache schon anders aus.

Ja wenn die Leute nicht wären
dann gings ruckzuck.
Ja wenn die Leute nicht wären
ja dann!
(Dann möchte auch ich hier nicht weiter stören.)

Die nachfolgend wiedergegebene Rede (veröffentlicht in *Pardon*, Nr. 11, November 1976, S. 14-16) hielt Hans Magnus Enzensberger 1976 beim »Römerberggespräch« in Frankfurt. Das vorwiegend »linke« Publikum, das enthusiasmiert in Enzensberger einen Veteranen der Revolution begrüßt hatte, war tief enttäuscht. Enzensberger sei einer grundsätzlichen Frage feuilletonistisch ausgewichen; er habe die Revolution verraten, da er die eigene Position und die der anderen verunsichere. Er sei keine Versicherungsanstalt, replizierte Enzensberger und schwieg ansonsten in der Diskussion.

Zensur und Selbstzensur, das ist wie Henne und Ei. Es erhebt sich also die berühmte Frage, wo der Diskurs darüber anzufangen habe. Aus Gründen der Handlichkeit schlage ich vor, bei der Henne, sie ist leichter zu fassen, sie gackert lauter, und sie sitzt nicht unscheinbar im Dunkeln, still und heimlich unter der Hirnschale. Also zuerst ein paar naheliegende Auskünfte über die Zensur, in fünf Minuten. Dabei bliebe ich gerne auf dem Boden des Grundgesetzes. Das aber wird mir kaum gelingen, und zwar deshalb nicht, weil dieser Boden so himmlisch ist. Immer auf Wolken und mit dem Kopf nach unten, dazu müßte man Akrobat sein. Zum Beispiel: »Die Würde des Menschen ist unantastbar« – das wäre schön! – und: »Eine Zensur findet nicht statt.« Nun ist uns bedauerlicherweise keine Gesellschaft bekannt, die ohne Zensur auskäme, und zwar finden wir sie allemal, ich fasse mich kurz, in zweierlei Gestalt:

Erstens die strukturelle Zensur, die den Zugang zu den Produktionsmitteln regelt und kontrolliert. Sie arbeitet gewöhnlich lautlos und stellt sich dar als Selbstverständlichkeit. Das heißt, beispielsweise, die Zeitungen gehören den Zeitungsbesitzern, wem denn sonst, oder es lebe die führende Rolle der Partei im Pressewesen und damit basta. In den andern großen Medien verhält sich das nicht anders, ich erinnere nur an gewisse Rituale, die jeder, der fürs Fernsehen arbeitet, zur Genüge kennt, Abnahme des Exposes, Abnahme des Drehbuchs, Genehmigung durch den Verwaltungsrat, Rohschnittabnahme, Feinschnittabnahme, redaktionelle Endabnahme, wir verstehen uns schon, also Schwamm drüber.

Die strukturelle Zensur wirkt nicht mit absoluter, hundertprozentiger Perfektion, sondern nach den Regeln der Wahrscheinlichkeitsrechnung. Mit ihr unvereinbare Signale werden, je nach dem Grad ihrer Unvereinbarkeit, gedämpft, gestört oder ganz ausgeschleudert. Niemand soll sich persönlich getroffen fühlen, es geht hier ganz objektiv und statistisch zu. Was von den Zentrifugalkräften der strukturellen Zensur an die Wand gedrückt worden ist, bleibt dann, als eine Art Restöffentlichkeit, an der gesellschaftlichen Peripherie hängen. Aber die Wand fungiert als Klagemauer, und der aus dem Zentrum verbannte Lärm organisiert sich selbst, zum Beispiel Xerox, Kleinoffset, Samizdat usw.

Mit diesen Randerscheinungen versucht dann die zweite Form der Zensur fertigzuwerden, die nicht strukturell operiert, sondern sich auf Einzelfälle spezialisiert. Sie geht gewöhnlich polizei- und justizförmig vor, von Fall zu Fall, also sagen wir mal Trikont, oder Peter Paul Zahl, oder *Roter Morgen*, um nur ein paar Fälle aus dem neuesten Deutschland zu nennen. Während die produktionsorientierte Zensur den zentralen Öffentlichkeitsbereich säubert, räumt die justizförmige, als Komplementärin, die Peripherie ab. So unauffällig die eine, so polternd tritt die andere auf: die punktuelle Zensur gibt sich gern spektakulär, sie macht von sich reden, das ist sie sich schuldig, denn ihre Aktionen verfolgen demonstrative Absichten. Uniformen und Roben drücken den symbolischen Charakter ihres Zugriffs aus: Hergeschaut Leute, im Namen des Volkes, demnächst seid ihr an der Reihe.

Der verfassungsmäßig garantierte blaue Himmel also ist nirgends zu entdecken, statt dessen überall Grauzonen, Schattierungen, formale und methodische Varianten.

Aber Moment mal, gerade auf diese Nuancen kommt es doch an; denn wir leben und arbeiten nicht in einer Stratosphäre von Prinzipien und Postulaten. Also *vive la petite difference*, es lebe der kleine Unterschied, wir wollen ihn mal versuchsweise nennen: die Demokratie. Der politische Kampf gegen die Zensur ist immer Millimeterarbeit, dazu sind wir doch hier. Und das einfachste wäre, wir versprächen uns gegenseitig in die Hand und gäben es den Zensoren aller Spielarten zu Protokoll, daß wir nicht gesonnen sind, uns einschüchtern zu lassen; und zwar nicht allein, weil es dabei um die Sache der Arbeiterklasse oder um das Schöne Wahre Gute ginge, sondern auch und sogar zuerst um unser eigenes Interesse und um unser Überleben als Produzenten. Soweit also das Einfachste.

Leider ist jedoch das Einfachste nicht immer gut genug. Etwas umständlicher wird die Sache, und der moralische Komfort nimmt erheblich ab, wenn wir uns nun der Tatsache zuwenden, daß der Zensor nicht immer der andere ist: ein System von Institutionen, das uns äußerlich wäre. Sondern jeder von uns ist zugleich auch immer schon Komplize des Denk- und Schreibverbotes, das die Zensur verhängt.

Wenn nämlich der Berliner Polizeipräsident sich von Klaus Wagenbach beleidigt fühlt und dieser muß dafür zahlen, so empört uns das von Herzen. Wenn Heinrich Böll sich von Matthias Walden beleidigt fühlt und dieser muß dafür zahlen, so geht ein Leuchten der Genugtuung über die Gesichter. Nun hat Wagenbach Mord genannt, was Mord ist, Walden dagegen wollte aus einem braven Mann einen Terroristen machen. Der eine sagt die Wahrheit, der andere hat gelogen. Vor dem Gesetz jedoch sind bekanntlich alle gleich, also verknackt wurden beide.

Der Staatsanwalt möchte immer wieder mal irgendeine Rote Fahne, Robe oder Grütze verboten haben, die Feministinnen hingegen einen Film, den sie für frauenfeindlich halten. Also Strafanzeige gemäß § 130 StGB.

Das können wir doch alle unterschreiben, oder? Ist es etwa kein Skandal, daß die *National- und Soldatenzeitung* ganz offen . . . daß *Bild* ganz ungehindert . . . daß der *Bayern-Kurier* ganz hemmungslos . . .? Müßte nicht irgendwas dagegen unternommen werden? Sind wir allesamt Parteigänger der Zensur? Keine Angst, ich frage ja nur. Oder soll ich lieber den Mund halten?

Damit wären wir endlich beim Thema angelangt. Denn natürlich ist es die Selbstzensur, die sich da erkundigt, ob ich nicht lieber den Mund halten sollte. Niemand braucht mir diese Frage zuzurufen, ich stelle sie mir ganz freiwillig, obwohl sie mir keinen Spaß macht.

Von der Zensur hat nichts begriffen, wer sie einzig und allein für eine Sache der Bullen hält. Nie könnte sie funktionieren ohne ihre nimmermüde Zwillingsschwester. Die Selbstzensur, das behaupte ich zunächst einfach, ist allgegenwärtig.

Selbst vom teuersten, perfektesten, gründlichsten Verfassungsschutz, also vom deutschen, kann man das nicht behaupten. An Eleganz und Schlauheit übertrifft die Selbstzensur alles, was ein Innenminister sich träumen läßt. Vom bloßen Schreib- und Publikationsverbot wird sie nicht satt, sie will höher hinaus. Worauf sie es abgesehen hat und was sie tatsächlich oft genug erreicht, das ist das Denkverbot. Die Selbstzensur schläft überhaupt nie, und sie läßt sich nicht einwiegen von liberalen Abendliedern wie dem, das da behauptet, Gedanken seien zollfrei.

Aber nur Mut, höre ich einige unter uns sagen, und zwar nicht einmal die schlechtesten, das kriegen wir schon hin, wir machen das so: wir schaffen die Selbstzensur ab. So gefährlich kann sie doch gar nicht sein, dieses schwächliche Geschöpf, ohne Tränengas, ohne Knast und Computer, also ohne die üblichen Hoheits-Attribute, das wäre doch gelacht.

Darauf muß ich aber einwenden, und zwar zu meinem Leidwesen: ein solcher Gegenangriff wäre aussichtslos. Er stützt sich auf eine Arglosigkeit, die nur Idealisten frommt. Versuch es doch einer, ganz frei und unbefangen, spontan und skrupellos daherzudenken und zu reden, als ginge er im Walde so vor sich hin, als hätte er nicht ein paar Jahrzehnte Sozialisation auf dem Buckel, als hätte er keinerlei Interessen, Vorurteile und Loyalitäten aufgebaut, als wäre er gleichermaßen unfähig zur Solidarität und zum Verrat, zur Anpassung und zur Aggression, zur List und zur Selbsttäuschung. Das ist doch Blödsinn.

Einen Naturzustand diesseits der Selbstzensur hat es nie gegeben. In allen bisher erforschten Gesellschaften hat sie geblüht. Der Vorschlag, sie schlichtweg abzuschaffen, ist schlechte Utopie. Und schließlich: Wer sich einbildet, er sei gegen ihre Einflüsterungen gefeit, der ist ihr am ehesten verfallen. Die intellektuelle und moralische Ahnungslosigkeit ist das Kraftfutter, an dem sie sich mästet. Wer sich für einen Schlemihl hält und nicht glauben will, daß sein Denken und Reden den Schatten der Selbstzensur immer schon mit sich schleppt, der endet, je mehr er da verleugnet und verdrängt, durchaus nicht als Mann ohne Schatten, sondern als Schatten ohne Mann.

Wäre die Selbstzensur freilich nur das, was wir meist in ihr vermuten, der kleine Polizist im eigenen Kopf; wäre sie weiter nichts als der Statthalter der nackten Gewalt, des nackten Vorteils, der nackten Angst – sie ließe sich vielleicht schwer überwältigen, aber mühelos dingfest machen. Aber so dumm ist sie nicht, die Selbstzensur. Sie spricht mit den Engelszungen der Rücksicht, der Vernunft und der Loyalität. Sie tritt als Moralistin auf, sie rechnet sich zu den klugen Jungfrauen, und sie verteidigt am liebsten das, was uns am liebsten ist.

Eine kleine und eher belanglose Geschichte in Klammern, nur damit wir uns, wenn möglich, besser verstehen. Vor fast zehn Jahren war ich längere Zeit in Kuba, einem Land, das mir sehr gut gefiel. Ich hatte vor, mich dort so genau wie möglich umzusehen und über das, was ich vorfand, in Europa Rechenschaft abzulegen. Ich wurde in Kuba ganz vortrefflich aufgenommen. Aber mit meinem Buch wuchs auch meine Erbitterung über die kubanische Führung. Mit jedem Tag erfuhr ich mehr über ihre Deformationen, ihre Lügen, ihren Dilettantismus, ihren Größenwahn, ihren Wirrwarr und ihren Despotismus. Mein Text wuchs sich zur Krankengeschichte einer Revolution aus. Erst nach meiner Rückkehr erkannte ich, in welches Dilemma ich geraten war. Kuba hatte den politischen und ökonomischen Tiefpunkt seiner nachrevolutionären Geschichte erreicht, die 10-Millionen-Zuckerernte war katastrophal fehlgeschlagen, in der Provinz Matanzas war es zu Hungerrevolten gekommen. Die Gründe kannte ich nur allzugut. Einer Publikation stand nichts im Wege; das Thema war brisant, an Vorschüssen hätte es nicht gefehlt, das Risiko eines Bucherfolges war durchaus gegeben. Zu meiner eigenen Überraschung stellte ich fest, daß ich nicht die geringste Lust hatte, meine Aufzeichnungen zu veröffentlichen. Was mir in Habana notwendig erschienen war, in Frankfurt am Main kam es mir überflüssig, ja fast obszön vor. Ich entschloß mich zur Selbstzensur. Das Buch blieb ungedruckt.

Meine Gründe und Gegengründe waren weitläufig, ein Hin und Her, das ich niemandem zumuten möchte. Ein paar Kürzel tun es auch. Am wenigsten hätten mich die Beschimpfungen meiner Freunde und die Jubelrufe meiner Gegner gestört: so etwas ist zwar ärgerlich, läßt sich aber kaum vermeiden. Gewichtiger fand ich die politischen Kalküle. Es ist notorisch schwierig, Prognosen über den möglichen Nutzen und Schaden eines solchen Unternehmens zu machen. Kuba war damals mehr denn je auf Kredit und Goodwill angewiesen, auch in Europa; Möglichkeiten einer Korrektur von außen hätte sich nur ein Träumer ausrechnen können. Was die Linke in Europa anging, so war da eine fünfzigjährige Tradition zu berücksichtigen: so lange schon pflegt sie sich ja in die eigene Tasche zu lügen, ein Verfahren, das sich bekanntlich immer rächt.

Dann das Adressaten-Problem: die Diskussion über Kuba mußte ein reiner Zuschauersport bleiben; denn die Kubaner selber hätten nie von ihr gehört.

Schließlich aber, und das hat vermutlich den Ausschlag gegeben, das Problem meiner eigenen Legitimation und meiner Kompetenz: der Revolutions-Tourist befindet sich immer in einer fatalen Lage, die ihn bereits diskreditiert, ehe er den Mund aufmacht, und zwar unabhängig davon, ob er als serviler Lobredner auftritt oder als rücksichtsloser Kritiker. Alles in allem war das ein langer, zäher Streit, ein Streit, der für mich wichtiger und interessanter gewesen ist als das Buch, das schließlich keine Lücke hinterlassen hat.

Selbstverständlich ist das, was ich hier erzähle, eine Geschichte, die nichts beweist, und aus der sich keine Anleitung zum Handeln gewinnen läßt. Es ist ja durchaus möglich, daß meine Entscheidung falsch war. Immerhin verdanke ich ihr ein paar minimale Einsichten. Seit dem kubanischen Abenteuer sehe ich den Kampf mit der Selbstzensur nicht mehr als ein simples Nullsummenspiel, das heißt, als eine Partei, bei der einer der Kontrahenten genau in dem Maß verliert, in dem der andere gewinnt, und umgekehrt, sondern als eine kontinuierliche Arbeit, die von unserm künstlerischen und intellektuellen Produktionsprozeß gar nicht zu trennen ist.

Eine der Regeln bei diesem endlosen Match lautet: Du mußt die Selbstzensur aus dem Dunkel hervorlocken. Also die Ecken ausleuchten, so gut es geht und zehntausend Watt auf den Ring. Gratisangst und Gratismut sind die schlechtesten Trainer. Standfestigkeit allein tut es nicht, im Gegenteil, es gehört gute Fußarbeit dazu, und wer stehenbleibt, hat schon verloren. Das Biest ist nämlich glatt wie ein Aal, kein Trick ist ihm zu raffiniert und kein Griff zu schmutzig. Ich fürchte, es ist kein herrschaftsfreier Diskurs, was sich hier abspielt, es gleicht schon eher dem berüchtigten Kampf mit dem Engel, und wer sich darauf einläßt, muß froh sein, wenn er ohne lahme Glieder daraus hervorgeht.

Ich sehe, liebe Sportsfreunde, Sie sind enttäuscht. Sie hätten mehr erwartet, zumindest ein technisches k.o., aber an einen Sieg ist hier nicht zu denken, ein paar Punkte sind herauszuholen im besten Fall, dann kommt der Gong, und die nächste Runde wird eingeläutet.

   Der langsame Abschied vom Sozialismus
   Die Rebellion

In »Sechs Briefen an einen jungen Freund« zog Hans Werner Richter
1973 in einer Rundfunkvortragsfolge (später als Buch unter dem Titel
Briefe an einen jungen Sozialisten veröffentlicht) eine Bilanz seines politischen Lebens. »Es ist eine Absage an den etablierten Sozialismus, an
die Utopien seiner Jugend und wohl gerade deswegen an einen jungen
Sozialisten gerichtet, der einmal sagte: ›Erfahrungen, lieber Richter,
machen reaktionär.‹ Ein böser, bedrohlicher Satz; Richter kontert mit
dem Hinweis, Erfahrungsverweigerung führe zur ›spindeldürren Or-
thodoxie‹ (man könnte wohl hinzufügen: unter Umständen zum Terror).« (Wolfgang Hädecke) – Richter kommt zu dem Ergebnis, daß die
Erneuerung des Sozialismus nur durch Wiederentdeckung des Prinzips
Freiheit möglich sei (versage hier der Sozialismus, führe dies zur Diktatur, zur bürokratischen Erstarrung). Angesichts der »Grenzen des
Wachstums« sei das Ende der Fortschrittsideologie gekommen. Der
Gang der Geschichte könne nicht mehr als ein klar vorgezeichneter, dialektisch sich entwickelnder Weg zu einem vorgezeichneten Ziel gedacht
werden; ein radikales Umdenken sei notwendig, wenn die ins Selbst-
mörderische umschlagende Ausbeutung der Natur durch kapitalistische
wie sozialistische Leistungs- und Produktionsgesellschaft verhindert
werden solle.
   Der nachfolgende Text ist der »sechste Brief« des Rundfunkmanu-
skripts (Bayerischer Rundfunk, Nachtstudio, 24. Oktober 1973).

Mein Freund,
   alle meine Briefe an Dich gingen von dem Grundsatz aus, daß
allein die Erfahrung unser politisches Denken und Handeln bestimmen sollte. Sie waren gegen ideologische Kraftakte geschrieben, die in den letzten Jahren wieder in Mode kamen, und
denen auch ich in meinem Leben oft verfallen bin. Ideologische
Akrobatik, dient sie nicht immer nur der eigenen Genugtuung?
Seht, kann ein solcher Akrobat sagen, wie ich turnen kann. Sie
sind recht häufig nur eine Selbstbefriedigung und richten Verwirrungen und Verzerrungen an, die dann durch bittere Erfahrungen wieder korrigiert werden müssen.
   Nun lassen sich selbstverständlich Erfahrungen nicht unmittelbar in Politik umsetzen, und nichts liegt mir ferner als einen

billigen Pragmatismus zu predigen, aber Erfahrungen sind nun einmal das Korrektiv aller Ideen, Konzeptionen und Ideologien der Vergangenheit, und zugleich die Grundlage neuer Entwürfe und Konzeptionen der Zukunft. Von ihnen zu abstrahieren ist legitim, sie zu ignorieren, ist illegitim.

Ich habe Dir in meinem letzten Brief vom Staatskapitalismus oder, wie man früher sagte, vom Staatssozialismus geschrieben. Er war in der Mitte des vorigen Jahrhunderts bereits eine Streitfrage unter den Sozialisten. Es war ein Streit der Theorien. Erfahrungen besaß man nicht. Heute ist dieser Streit durch die Erfahrungen mit der Realität entschieden, und zwar gegen den Staatssozialismus oder, in der heutigen Bezeichnung, gegen den Staatskapitalismus. Es ist dabei gleichgültig, wieviel Siege, Erfolge, Vormärsche er noch feiern mag, wichtig ist, daß er den sozialistischen Vorstellungen nicht entspricht und nicht entsprechen kann.

Und die Gegentheorie? Die sozialistische Selbstverwaltung, die ihre Anhänger im vorigen Jahrhundert hatte und heute noch hat? Die Erfahrungen sind gering, aber die Entwicklung in der Sowjetunion beweist uns, daß auch eine solche Selbstverwaltung in der reinen Form nicht möglich ist. Wo sie versucht wurde, liquidierte man sie, nicht etwa aus Freude am Liquidieren – nichts hat Lenin mehr Sorge bereitet als Kronstadt und seine eigenen Linken –, sondern weil der Konflikt zwischen Staat und Arbeiter-Selbstverwaltung unvermeidbar war, es sei denn der Staat wäre abgestorben, was das Chaos bedeutet hätte.

Heute noch an das Absterben des Staates zu glauben, hieße einer nicht nur dummen, längst überständigen, sondern auch gefährlichen Illusion Tür und Tor öffnen. Diese Annahme gehört in das Reich der Fabel, aber nicht in den Bereich politischer Möglichkeiten der nahen, aber auch der ferneren Zukunft. Wahrscheinlich gibt es nur den Weg der Koordinierung zwischen Staat und Selbstverwaltung, eine Möglichkeit, die sich abzuzeichnen beginnt. Und damit bin ich bei dem, was sich heute »demokratischer Sozialismus« nennt, ein Wort, das ebenfalls vieles umfaßt, recht unklar ist, sobald es sich um reale Vorstellungen handelt, und aus berufenem Mund, aus dem wir es jetzt öfter hören, vorerst eigentlich gar nichts besagt.

Doch bevor ich darauf zu sprechen komme, möchte ich noch auf etwas eingehen, was Dich und Deine Generation unmittelbar angeht: die Studentenrebellion von 1968. Ich stand dieser Studentenrevolte skeptisch gegenüber. Wo sie sich auf überalterte Universitätsstrukturen bezog, war sie berechtigt und notwendig. Wo sie darüber hinausging, mußte sie versagen. Wie immer bei einem nicht vorbereiteten, nicht organisierten Aufbegehren, traten starke emotionale und irrationale Züge in den Vordergrund, die schon die Keime des schnellen Verfalls in sich trugen. Zuviel wurde auf einmal gewollt und zuviel lief nebeneinander her, was sich gegenseitig aufhob: die antiautoritäre Strömung, die sozialistische Strömung, die anarchistische Strömung, um nur die wichtigsten zu nennen. Es war ein Gemisch von antibürgerlichen Ressentiments, von berechtigten Forderungen, von angelesenen soziologischen Kenntnissen, von schlecht oder halb verarbeiteter Philosophie, und nicht zuletzt von einem revolutionären Nachholbedürfnis, das auch jene mit in den Chor einstimmen ließ, die immer von Revolutionen träumen und denen sie ein intellektuelles Spiel sind. Jedoch fehlten – und das für jeden erkennbar – die wesentlichen Voraussetzungen für eine Revolution, ihre Triebkräfte, nämlich die zerrütteten sozialen und ökonomischen Verhältnisse. Es ist für mich noch heute unbegreiflich, daß auch intelligente Studentenführer wie Rudi Dutschke dies nicht erkannt haben.

Meine Vorbehalte waren jedoch andere, und ich will, um sie zu verdeutlichen, noch einmal eine biographische Notiz einflechten. Es geht um ein Gespräch mit damaligen Studentenführern, an dem auch Leo Bauer, der im letzten Jahr verstorbene Berater Willy Brandts, teilnahm. Bauer war mit mir 1933 in Paris gewesen, damals, zwanzigjährig, ein Anhänger der Generallinie der Kommunistischen Partei, was zu heftigen Auseinandersetzungen geführt hatte, war dann in die Schweiz gegangen, wurde dort eingesperrt, kam 1945 nach Deutschland zurück, wurde Fraktionschef der Kommunistischen Partei im hessischen Landtag, ging nach Ostberlin und arbeitete dort als Chefredakteur des Deutschland-Senders. Die Russen verhafteten ihn unter dem Vorwurf des Titoismus 1949, verurteilten ihn in Moskau zum Tode, und begnadigten ihn nach einem Jahr Einzelhaft zu fünfundzwanzig Jahren Zwangsarbeit in sibirischen Straflagern. Erst 1955 kehrte er von dort auf Grund der russischen Adenauer-Amnestie zurück – ein gesundheitlich gebrochener Mann. Ich erwähne dies, weil das Nachfolgende dadurch vielleicht verständlicher wird. In dem Gespräch in Berlin im Winter 1968/69 wandten wir uns beide gegen die Verächtlichmachung der Demokratie und gegen jede Gewaltanwendung. Die Studentenführer warfen uns daraufhin vor:

»Ihr leidet unter einem Trauma. Es ist das Trauma der Diktatur. Aber für uns ist das unwichtig. Mit einem Trauma kann man keine Politik treiben.«

Ich will hier nicht auf das Ende dieser Auseinandersetzungen eingehen. Es ist nicht wichtig.

Natürlich wurde hier ein Generationsbruch sichtbar, der wahrscheinlich nicht überbrückbar ist: die Erfahrungen auf der einen Seite und ihre Unkenntnis auf der anderen, die durch keine Lektüre zu ersetzen ist, denn die Erfahrung ist hier eine psychische, und oft, wie im Fall Leo Bauer, sogar eine physische. Sie läßt sich nicht nachempfinden. Aber hatten die Studentenführer recht? Sie hatten recht. Wir leben mit diesem Trauma, und keine noch so aufgeschlossene und progressive Generation, auch wenn sie teilweise unsere eigenen Ideen vertritt, kann uns dieses Trauma nehmen. Die Verherrlichung der Gewalt zur Durchsetzung politischer Ziele führt für uns immer zur Diktatur, und wir können, belastet mit diesem Trauma, keiner Diktatur zustimmen, selbst wenn wir es wollten und unabhängig davon, wofür diese Diktatur eintritt. Insofern war das Erlebnis der nationalsozialistischen wie der stalinistischen Diktatur das entscheidende Korrektiv unserer Anschauungen. Ich gebe unumwunden zu, daß auch mein Verhalten zur politischen Entwicklung der Nachkriegszeit von diesem Trauma mit bestimmt wurde.

Was ich bei dieser Grundhaltung nicht verstand, ist das Verhalten jener rebellierenden Jugend von 1968 zu den gleichzeitigen Vorgängen in der Tschechoslowakei. Was dort geschah, hätte auch ihre Sache sein müssen, aber sie war es nicht, höchstens sporadisch, am Rande, und das auch noch mit mehr oder weniger schlechtem Gewissen. So jedenfalls sah die Demonstration für die Prager Reformer und gegen den sowjetischen Einmarsch in Prag aus, die ich in Berlin erlebt hatte – notwendig vielleicht, aber lustlos.

Gewiß, in diesem Augenblick war kein Stuhl mehr da, auf den man sich hätte setzen können, und den Mut, sich zwischen alle Stühle zu setzen, hatten nur wenige Gruppen. Das russische Engagement in Vietnam, das die Studenten unterstützten, und der

Einmarsch in Prag ließen sich schlecht vereinbaren, nichts ließ sich ideologisch unter einen Hut bringen, und so traten statt dessen die Palästinenser in den Vordergrund, kamen die Anklagen gegen Israel, und kam allmählich auch das sowjetrussische Modell wieder ins Spiel, zu dem sich heute viele bekennen. Ich habe diese Entwicklung bedauert, obwohl ich nicht verkenne, daß indirekte Anstöße von dieser Jugendrebellion für die Entwicklung in der Bundesrepublik ausgegangen sind. Es war eine Rebellion, keine Revolution.

Aber wie wir es auch immer nennen wollen, Bezeichnungen und Namen sind hier Schall und Rauch – historisch wichtiger sind für mich die Vorgänge in Prag, weil hier wiederum, wenn nicht eine neue, so doch andere Definition des Sozialismus versucht wurde. Mich stört das Wort »Sozialismus mit menschlichem Antlitz«. Menschlich ist alles, selbst der Einmarsch der Roten Armee in Prag. Das Zentralkomitee der KPdSU konnte wahrscheinlich gar nicht anders handeln. Erstaunlich war wiederum nur die Fehleinschätzung der gegebenen Machtverhältnisse durch die Prager Sozialisten. Sie verfielen in den alten Fehler, dem auch ich immer wieder verfalle, nämlich zu glauben, der Besitz der Macht entwickele nicht seine eigenen Gesetze, die immer stärker sind als jede Ideologie.

Was aber wollten sie? Demokratie ja, das haben sie uns demonstriert, sogar in einer vorbildlichen Art und Weise. Aber wie sollte der Sozialismus in der Wirtschaft aussehen, nach welchem Konzept wollte man sie aufbauen, wie sollte sie funktionieren? Hier zeigte sich wieder die alte Krankheit. Man hatte kein Konzept. Wohl ging man nicht von den alten überständigen Utopien aus, aber man baute sie auch nicht ganz ab, wohl versuchte man der Realität des modernen Wirtschaftslebens Rechnung zu tragen, Markt und Planung in Einklang zu bringen, aber zugleich traten auch die alten sozialistischen Bestrebungen auf: Arbeiter-Selbstverwaltung, Rätesystem und so fort. Klarheit gab es nicht und konnte es in der kurzen Zeit – einen Frühling lang – auch nicht geben, es sei denn, man hätte vorher gewußt, was man wollte. Aber eben das wußte man nicht, oder nur mangelhaft, und der alte Fehler der ganzen sozialistischen Bewegung, der bis auf Marx zurückzuführen ist, trat wieder in Erscheinung: das Nichtvorhandensein eines in der Realität brauchbaren Konzepts für den Aufbau einer sozialistischen Wirtschaftsordnung. Dennoch bleibt dieser Versuch – eine Häresie im Weltanschaulichen ähnlich der Häresie der Hussiten im fünfzehnten Jahrhundert – wahrscheinlich bedeutsamer für die Zukunft als alle anderen Ereignisse in diesen zwei Nachkriegs-Jahrzehnten. Indirekte Auswirkungen, auch in den Ostblockstaaten, sind auf die Dauer unvermeidbar.

Die tschechoslowakischen Reformer nannten sich »demokratische Sozialisten«, und neuerdings, wie zu Anfang bereits erwähnt, taucht dieses Wort auch in der Bundesrepublik auf, und zwar offiziell.

Die Sozialdemokratie spricht vom demokratischen Sozialismus, den es zu verwirklichen gelte. Auch hier weiß ich nicht genau, was gemeint ist. Demokratisch, das ist in diesem Fall das alte parlamentarische System, immer noch das denkbar beste unter den möglichen Regierungsmodellen. Aber was bedeutet hier: Sozialismus?

Liegt diese Bezeichnung in der Nähe des Staatssozialismus? Natürlich nicht. Oder in der Nähe der Prager Reformer? Wahrscheinlich auch nicht. Was aber meint es dann? Fragen sind hier berechtigt, denn offensichtlich hat die Sozialdemokratische Partei noch keinen »Chefideologen«, den ich ihr auch nicht wünsche, aber auch keine Theoriekommission oder ähnliches, die Klarheit schaffen und Auskunft geben könnte. Was also kann gemeint sein? Verstaatlichung? Überführung der Schlüsselindustrien und der Banken in den Besitz des Staates? Würde eine solche Maßnahme nicht auch das gesamte heutige Marktsystem verändern, und müßte man dann nicht Pläne haben, wie es unter solchen Umständen verändert werden kann? Und noch dies – eine Verstaatlichung in einem solchen Umfang zieht zwangsläufig neue Verstaatlichungen nach sich, eine Schraube, die sich dreht und dreht, bis am Ende das alleinige Monopol des Staates steht. Was dabei herauskommt? Nun, wieder ein Riesenapparat, schwerfällig, nur diktatorisch überhaupt lenkbar, eine Bürokratie, die sich ebenfalls zwangsläufig zum Staat im Staate entwickelt, und natürlich, wie es uns die Sowjetrussen vorgespielt haben, wiederum die Herrschaft des Menschen über den Menschen.

Das ist nicht gemeint. Es widerspräche allen Traditionen der Sozialdemokratie, deren Begründer und Anhänger ja als soziale Demokraten antraten und deren Ziel niemals ein solches Planungs-Monstrum war.

661

Und das andere Prager Modell? Übernahme der Betriebe durch die Arbeiter, Selbstverwaltung, Koordinierung von Markt und Planung? Das läge sehr viel näher, ist aber wohl auch nicht gemeint. Es erforderte ebenfalls einen völligen Umbau unserer Gesellschaft, die auf evolutionärem Weg kaum zu erreichen sein wird. Keine Regierung dieser Republik hätte die Macht dazu. Was aber bleibt dann? Doch wohl der soziale Rechtsstaat, wie er im Grundgesetz verankert ist, und natürlich der Ausbau dieses Rechtsstaates zu einer gerechteren demokratischen Gesellschaft, auch im wirtschaftlichen und sozialen Bereich. Ob man das »Sozialismus« nennen kann? Oder so nennen sollte? Nun, das ist Sache der Sozialdemokratie. Sie wird nicht daran vorbeikommen, diese Frage eines Tages zu beantworten. Es ist die Frage nach der Definition des Wortes »demokratischer Sozialismus«. Das Godesberger Programm reicht dazu nicht aus. Programme veralten schnell in dieser Zeit, schneller noch als im vorigen Jahrhundert. Sie unterliegen den kurzfristig wechselnden politischen Moden.

Ich will aber zum Schluß dieser Briefe an Dich von meinen eigenen Anschauungen sprechen. Es ist dabei unwichtig, ob ich mich noch als Sozialist bezeichne. Worte sagen hier nichts mehr aus. Sie schwimmen und lassen jede und oft ganz entgegengesetzte Interpretationen zu.

Laß mich mit dem Klassenstaat beginnen. Ist die Bundesrepublik eine nur bourgeoise Republik, getragen von nur einer Klasse, nämlich dem Bürgertum, das seine Herrschaft vorwiegend durch wirtschaftliche Macht ausübt? Das ist eine höchst einseitige, wenn nicht primitive Auffassung, geprägt von dem Klassenschema des letzten Jahrhunderts.

Dieser Staat wird von zwei Klassen getragen, vom Bürgertum und von der Arbeiterschaft. Ich weiß, Du wirst dies bestreiten und sicherlich irgendeine Schublade finden, in die Du mich hinein tun kannst, etwa in die der sogenannten Reformisten, ebenfalls ein Wort, das recht veraltet ist. Doch ich will wieder einen Vergleich versuchen. Das Kaiserreich nach Bismarck wurde ebenfalls von zwei Klassen getragen, vom Adel und vom Bürgertum, wobei das Bürgertum seine Macht ständig vergrößerte, natürlich immer in Treue zu Kaiser und Reich. Der Adel wurde allmählich zur Attrappe deformiert, bis er schließlich zuerst von der ökonomischen und dann von der politischen Macht so gut wie verschwand. Ähnlich ist es heute, wenn auch unter ganz anderen wirtschaftlichen, technologischen und politischen, ja weltpolitischen Voraussetzungen. Die Arbeiterschaft ist eine Macht in diesem Staat und in dieser Gesellschaft, die zu unterschätzen billige Ignoranz ist. Keine Regierung, selbst eine streng konservative, kann es sich leisten, gegen die Gewerkschaften zu regieren. Ja, ich gehe noch weiter: diese Gewerkschaften sind sehr viel besser organisiert als der ihr gegenüberstehende Klassengegner: die Unternehmerverbände. Dementsprechend funktionieren sie auch besser. Und sind die Unternehmerverbände nicht die sichtbaren Vertretungen des Bürgertums? Sie sind es. Tarifpartner, sagt man. Aber in dieser Tarifpartnerschaft treffen sich zur gleichen Zeit Interessengegensätze wie Interessengemeinsamkeiten. Es sind die Vertreter zweier Klassen, die eines gemeinsam haben, nämlich diesen Staat zu erhalten, auch bei Interessengegensätzen, und auch, wenn die Vertreter der einen Klasse Reformen verlangen und durchsetzen wollen, und die Vertreter der anderen sie zu verhindern versuchen.

Selbstverständlich will die Arbeiterschaft mit ihren Gewerkschaften ihre Macht, ihren Spielraum, und ihren Einfluß innerhalb des Wirtschaftsprozesses vergrößern. Natürlich wollen die Unternehmer eine solche Entwicklung verhindern. Beides scheint mir legitim. Aber es steht auch außer Zweifel, daß die Gewerkschaften auf Zeit am längeren ökonomischen Hebel sitzen, ähnlich wie in der zu Ende gehenden Adelsgesellschaft das Bürgertum. Sie werden das erreichen, was sie wollen, nämlich die paritätische Mitbestimmung, also die gleichwertige und gleichrangige Stellung von Kapital und Arbeit. Das braucht Zeit, viel Zeit sogar. Aber schnelle Reformen waren fast immer schlechte Reformen.

Nur eins könnte diesen Prozeß stören, die akademische, intellektuelle und zugleich ideologische Unterwanderung der Gewerkschaften. Sie könnte diesen Entwicklungsprozeß ins Politisch-Revolutionäre verwandeln und damit nicht nur stoppen, sondern auch umkehren und in sein Gegenteil verändern. Doch noch ein Wort zur Lage der Arbeiterklasse in dieser Bundesrepublik. Sitzen ihre Vertreter nicht zahlreich im Parlament, sitzen sie nicht in der Regierung oder in anderen Gremien? Und sind diese Arbeiter noch vergleichbar mit jenen des neunzehnten Jahrhunderts, die zwar wußten, was sie wollten, aber sich oft in den Gesetzen des Wirtschaftslebens nicht auskannten? Solltest

Du das annehmen, dann kann ich Dir nur sagen, Du täuschst Dich. Sie kennen sich besser aus als ein Soziologiestudent im vierten oder auch im zehnten Semester. Ihr Bewußtsein von den Universitäten her verändern zu wollen, halte ich für reine Arroganz.

Gewiß, ich habe in einem meiner ersten Briefe das Klassenbewußtsein als theoretischen Begriff angezweifelt – ich hoffe, ich habe mich darüber klar ausgedrückt –, aber der politische Instinkt der deutschen Studenten hinkt weit hinter dem der Gewerkschaftsfunktionäre her. Daran wird sich auch in naher Zukunft nicht viel ändern.

Doch weiter – zum Kapitalismus. Ist er wirklich so degeneriert, so in sich zerfallen, so entsetzlich unfähig, so am Ende, daß man ihn nur noch mit dem Wort »spät« belegen kann? Also in der schönen Reihenfolge: Frühkapitalismus, Hochkapitalismus, Spätkapitalismus. Woher willst Du wissen, daß der jetzige Kapitalismus ein später ist? Kennst Du die Zukunft? Oder anders gefragt: Wußten die Bürger Roms, die im späten Rom lebten, daß sie in der spätrömischen Gesellschaft leben? Sicherlich nicht. Es ist immer wieder dieselbe alte Leier wie 1932. Der Geschichtsablauf ist determiniert, also muß er auch so erfolgen, wie das Gesetz es befiehlt. Doch es war damals nicht so, es ist auch heute nicht so. Mit solcher fatalistischer Prophetie bereitet man nur immer wieder seine eigene Niederlage vor. Du wirst mir entgegenhalten, das Wort Spätkapitalismus käme aus der Wissenschaft. Ich bin nicht wissenschaftsgläubig. Ich würde statt Spätkapitalismus Neokapitalismus sagen, und ich will Dir erklären, warum.

In den Jahren 1946/47 glaubten wir, nur der Sozialismus sei fähig, Deutschland wieder aufzubauen. Wir rechneten mit einem Zeitraum von fünfzig Jahren. Es war ein Irrtum. Der Kapitalismus erwies sich als viel fähiger und dynamischer als wir angenommen hatten. Er brauchte nur ein Jahrzehnt für diesen Wiederaufbau. Dies ist eine Feststellung, keine Verteidigung des Kapitalismus. Seine Schattenseiten sind bekannt. Es gibt eine Flut von Analysen seines Systems, und es ist hier nicht notwendig, diesen Analysen noch eine weitere hinzuzufügen. Nur – der Kapitalismus von heute ist ein anderer als etwa der der zwanziger Jahre. Er ist anders strukturiert und besser organisiert, und er ist, was seine Mentalität betrifft, in technologischer Hinsicht noch fortschrittsgläubiger als in jenen Jahren. Dies hebt seine Grundgesetze natürlich nicht auf. Die schnelle Entwicklung der letzten zwei Jahrzehnte ist auf seine Dynamik zurückzuführen, was zugleich den technologischen Rückstand der Sowjetunion erklärt, der aus einem Mangel an Dynamik im zentralistischen Plan-System entstanden ist. Doch auch diese Dynamik, und die durch sie bewirkte anhaltende Expansion, stößt neuerdings auf Grenzen, die jetzt erschreckend sichtbar werden, an die in letzter Zeit viel zitierten Grenzen des Wachstums. Auch wenn man den Pessimisten nicht unbedingt folgt, bleibt die Erkenntnis, daß der Ausbeutung der Erde in naher Zukunft ein Ende gesetzt ist, und damit auch jener Fortschrittsgläubigkeit, aus der beide Weltwirtschafts-Systeme entstanden sind.

Auch in der Sowjetunion hat man, jedenfalls unter den Wissenschaftlern, diese Grenzen erkannt. Aber erkennen bedeutet noch nicht handeln. Das gilt auch für uns, gilt auch für das kapitalistische System. Was aber kann man tun? Man muß planen, ob man will oder nicht. Planen muß nicht Verstaatlichung bedeuten, auch nicht ein zentralistisches Plan-System. Es gilt hier das Wort von Karl Schiller: Planen so weit wie nötig, Freiheit soviel wie möglich.

Aber die Gefahren sind groß. Sollte sich der Kapitalismus nicht als reformfreudig und reformfähig erweisen, sollten sich die demokratischen Parlamente als viel zu schwerfällig zeigen, um diesen Problemen gewachsen zu sein, muß mit dem Entstehen neuer Diktaturen gerechnet werden. Ob dann das Plan-System der Sowjetunion sich infolge seiner diktatorischen Möglichkeiten als vorteilhafter erweist, steht dahin. Ich glaube, es wird sich als noch unelastischer zeigen, weil man hier dazu noch von einer zur Staatsreligion erhobenen Ideologie des Fortschritts Abschied nehmen muß.

Ich bin, mein Freund, am Ende meiner Briefe an Dich. Ich habe die Utopien verworfen, die sicherlich einmal Antriebsfaktoren der Entwicklung waren, etwa im achtzehnten und neunzehnten Jahrhundert, heute aber mehr als schädlich sind. Sie treiben uns einem Zustand entgegen, in dem es kein Zurück, aber auch kein Vorwärts geben könnte. Auch der Glaube an einen permanenten Fortschritt erweist sich heute als Utopie. Darunter fällt auch die sozialistische Utopie, der Glaube an einen Endzustand in Permanenz, in dem es keine Widersprüche, keine Konflikte, keine Gegensätze mehr gibt, ja, selbst das Nur- oder Allzumenschliche in anhaltendes Glück umgeschlagen ist. Ein solcher Zustand ist nie erreichbar, weder mit diesem noch mit jenem System, noch mit einem bisher nicht erfundenen. Er widerspricht jeder historischen Erfahrung, auch jeder Erfahrung mit dem Menschen. Es ist ein Glaube, und von heute aus gesehen: ein Aberglaube. Dies bedeutet nicht, daß man den Weg des sozialen und wirtschaftlichen Ausgleichs, auch und besonders gegenüber der dritten Welt, nicht weitergehen soll und muß, aber das wird um so beschwerlicher werden, je mehr die ökologischen Probleme in den Vordergrund treten, und je weniger es gelingt, sich aus der Halskrause ideologischer Vorurteile, ja veralteter Ideologien zu befreien. Die Überschätzung der ökonomischen Expansion, die beiden Weltsystemen eigen ist, ist auch zugleich ihr Handikap für die Zukunft. Wo aber sind die Hoffnungen? Sie liegen heute ausschließlich im Bereich des Politischen. Wenn es gelingt, was jetzt begonnen hat, die Annäherung zwischen den beiden Weltsystemen weiter auszubauen, die Barrieren allmählich einzureißen, wenn man sich auf beiden Seiten bewußt wird, daß die Probleme von morgen nur gemeinsam gelöst werden können, wenn die Konfrontation durch eine echte Koordination abgelöst wird, dann bestehen wohl Hoffnungen. Es könnte sein, daß dann im zentralistischen Plansystem mehr Liberalität in der Wirtschaft und Freiheit für die Bürger entsteht, was wiederum dem System zugute käme, und hier, im kapitalistischen System, mehr notwendige Planung, die nicht die Freiheit des Menschen einschränken muß. Vielleicht wird man dann auch mit den ökologischen Problemen fertig – vielleicht.

Aber das sind Hoffnungen. Es ist ein langer Weg, den man ständig verkürzen muß, will man den Gefahren entrinnen, die auf uns zukommen. Er erfordert Politiker, die sich aller Probleme bewußt sind, der heutigen Probleme, nicht der gestrigen – und die die Fähigkeiten besitzen, danach zu handeln. Doch vielleicht ist auch das schon wieder eine Utopie.

Es geht um die Moral der Deutschen

Max Horkheimer (1895-1973) faßte im nachstehend wiedergegebenen *Spiegel*-Gespräch die Erfahrungen seines Lebens zusammen und gab eine Prognose der Zukunftsgesellschaft. Kurz vor seinem Tode erklärte er noch, daß ihm dieses Gespräch besonders wichtig gewesen sei.

In Würdigung des kurz darauf verstorbenen Denkers veröffentlichte der Spiegel einen Lebensabriß, der dem Gesprächstext vorangestellt war (*Der Spiegel*, Nr. 29, 1973, S. 94-98):

»Ich will«, so notiert er 1915, als Zwanzigjähriger, »nach meinem Wahrheitsdrang leben und erforschen, was ich wissen möchte, den Gequälten helfen, meinen Haß des Unrechts befriedigen und die Pharisäer besiegen.«

Max Horkheimer, Begründer der Kritischen Theorie und unumstrittenes Oberhaupt der Frankfurter Schule, die in den sechziger Jahren als Hort der studentischen Rebellion galt, hat diese emphatische Radikalität nie aufgegeben.

So wurde er in den zwanziger Jahren Marxist und später einer der schärfsten Kritiker des stalinistischen Terrors. So plädierte er 1960 dafür, Israel möge den Judenmörder Eichmann »an das Land zurückgeben, aus dem man ihn entwendet hat«, und so fand er, als »Non-nonconformist«, Worte des Verstehens für die Pillen-Enzyklika Pauls VI.

Als 18jähriger designierter Herr über die väterliche Textilfabrik hatte er zum ersten Male Schopenhauer gelesen und den Entschluß gefaßt zu studieren. Was ihn damals an Schopenhauer faszinierte, waren nicht nur verwandte Gedanken, es war auch die biographische Parallele. Wie Schopenhauer entstammte Horkheimer einer wohlhabenden Kaufmannsfamilie. Wie Schopenhauer war Horkheimer zum Nachfolger im väterlichen Geschäft bestimmt und wurde es nicht.

Als Untersekundaner hatte er das Gymnasium verlassen, um als Lehrling in die Fabrik des Vaters einzutreten. Gemeinsam mit Friedrich Pollock, der bis zu seinem Tode im Herbst 1970 Horkheimer ein ergebener Freund war, reiste er nach Paris, Brüssel und London, um bei Geschäftsfreunden des Vaters zu volontieren.

Freilich, mehr als kaufmännisches Wissen erwarb er dabei jene »Weltkenntnis«, die später Theodor W. Adorno an ihm bewunderte und die ihn 1914 in Konflikt mit seinem deutschnationalen Vater brachte.

»Mein Glaube an die Lehren des Vaterhauses über das Deutsche

Reich«, so schrieb er Jahre später, »geriet ins Wanken, und ich hatte das Gefühl, daß etwas Furchtbares, etwas nie wieder Gutzumachendes in Europa, ja in der Menschheit sich ereignete. Am schlimmsten schien mir – ohne daß ich es damals hätte formulieren können –, daß die historische Aufgabe, gleichsam die Mission der europäischen Völker, insbesondere des deutschen, dem ich angehörte, unrettbar preisgegeben war.«

Die Revolution von 1918 befreite Horkheimer von den Idealen und der Herrschaft des Vaters. In einem unveröffentlichten literarischen Versuch spiegelte er sich selbst als »Commis Jochai«: »Nicht zu morden zwang ihn, den Juden, die Empörung, sondern die Verzweiflung aller Sklaven hinauszuschreien zu den Ohren der Herren, selbstzufriedenen Gleichmut, gewissenstrügende Scheinwelt zu zerstören . . . mit unentrinnbaren Gründen zu überreden: geistig siegen.«

Nach dem Krieg holte er das Abitur nach, begann in Frankfurt zu studieren und schloß sich einem Kreis marxistisch orientierter Studenten an.

Dem Rat seines Lehrers Hans Cornelius folgend, ging Horkheimer für ein Semester zu Edmund Husserl nach Freiburg, wo er zum ersten und einzigen Male Martin Heidegger traf. In einem bisher unveröffentlichten Brief an Rose Riekher, die er 1916 kennengelernt hatte und später gegen den Willen seines Vaters heiratete, schrieb er im November 1921: »Ich weiß heute, daß Heidegger eine der bedeutendsten Persönlichkeiten war, die zu mir gesprochen haben. Ob ich ihm recht gebe? – Wie sollte ich, da ich doch nur das eine sicher von ihm weiß, daß für ihn das Motiv zum Philosophieren nicht aus intellektuellem Ehrgeiz und einer vorgefaßten Theorie, sondern jeden Tag neu aus eigenem Erlebnis entspringt.«

1923 lernte er Theodor W. Adorno, seinen späteren philosophischen Weggenossen, kennen. Er arbeitete über Kant und Hegel, studierte Freud und die moderne Soziologie und diskutierte auf Spaziergängen mit Paul Tillich, dem Theologen.

1930 berief ihn die Universität Frankfurt auf den neugeschaffenen Lehrstuhl für Sozialphilosophie. Freund Tillich hatte ihn gefördert. Im gleichen Jahr wurde er Direktor jenes Instituts für Sozialforschung, das sich unter ihm zur politisch einflußreichsten Philosophenschule entwickelte. Ihre »Kritische Theorie« überdauerte Krieg und Emigration und formte in den fünfziger Jahren die studentische Nachkriegsgeneration.

Horkheimer bekannte sich zum Marxismus, weil er damals in ihm die einzige Kraft sah, die Hitler aufhalten könnte. Gleichwohl hatte er, wie Adorno berichtete, nur ein »distanziertes Interesse am Marxismus«. Der »junge Herr aus wohlhabendem Haus« (Adorno) zeigte sich unbekümmert als eleganter Herrenreiter und am Steuer eines Automobils. Der »Flüchtling von Geburt« (Adorno) spürte die Gefahr, die ihm als

Juden vom Nationalsozialismus drohte. Über Zwischenstationen verlegte er das »Institut« nach New York. Es wurde zum Sammelpunkt der Geflohenen.

Adorno und Marcuse, Bloch, Weil und andere fanden im neugegründeten »Institute for Social Research« eine Heimstatt. Die Zeitschrift für Sozialforschung, von Horkheimer 1932 gegründet, erschien weiterhin in deutscher Sprache bis 1940 in Paris. Es war das Sprachrohr eines anderen, in der Emigration weiterlebenden Deutschland.

In Amerika wandte sich Horkheimer vom Marxismus ab. Bereits 1935 hatte er vor dem »blöden Optimismus« der Gesellschaft, »vor dem Aufspreizen ihres eigenen Wissens als einer neuen Religion« gewarnt.

Mehr und mehr beunruhigte ihn die »Endgültigkeit«, die »unabänderliche Verlassenheit des Menschen«. Er meinte zu erkennen, daß die »immanente Logik der Geschichte« nicht das »Reich der Freiheit« heraufführe, sondern die »totale Verwaltung der Welt«.

In der »Verfinsterung der Vernunft«, 1947 veröffentlicht unter dem Eindruck sowohl der stalinistischen Schreckensherrschaft als auch der amerikanischen Zivilisationsgläubigkeit, proklamierte Horkheimer die Absage an die »instrumentelle Vernunft«, die Absage auch an eine Philosophie, die sich als Ideologie mißbrauchen ließ.

1949 kehrte er nach Deutschland zurück, für viele behaftet mit dem Ruf des Marxisten und Revolutionärs, obwohl in seinem Denken schon zuvor der Rückgriff auf jüdische Religiosität deutlich geworden war.

»Es gilt vor allem, die Idole zu entmachten«, schrieb er 1962 in einem Aufsatz über Kant, die Idole, »die an Stelle der Religion sich zum absoluten Sinn erheben wollen, den Lebensstandard, die Nationalismen, den Diamat«.

Freilich, den Gang der »immanenten Logik« in eine Verwaltete Welt, in der die Menschen glücklich, aber ohne Geist, bequem, aber ohne Phantasie, ohne Sehnsucht und Liebe leben, schien ihm unaufhaltsam. Philosophie aber blieb für ihn bis zuletzt das »Gewissen der Menschheit«, Ausdruck auch des Beharrens auf der Forderung, daß der »Mörder nicht über das unschuldige Opfer triumphieren« darf.

Spiegel: Herr Horkheimer, man spricht allenthalben vom Ende der Philosophie. Was ist das für eine Welt, die da heraufzieht?

Horkheimer: Meine Prognose ist pessimistisch und optimistisch zugleich. Denn es ist ein und derselbe Gang des Fortschritts, der auf der einen Seite dazu führt, den Menschen ein angenehmeres und gerechteres Dasein zu bieten, und auf der anderen Seite dazu, daß die Ideen des Geistes, zumal der Religion und der Philosophie, ausgelöscht werden. Entscheidend richtig ist nur noch die Wissenschaft, doch eben sie enthält keine moralischen Gebote.

Spiegel: . . . wobei Sie unter »Wissenschaft« wohl vornehmlich die Naturwissenschaften verstehen?

Horkheimer: Ja.

Spiegel: Bedeutet das, die Religion sollte wiederbelebt werden?

Horkheimer: Nein, das ist nicht nur nicht möglich, sondern auch dem Wesen nach problematisch. Die Wiederbelebung der auf Dogmen begründeten Religion ließe sich eben einfach nicht mit dem Fortschritt der Wissenschaft und der Technik vereinigen. Die Lehre von einem allgütigen und allmächtigen Gott sollte nicht als Gewißheit doziert, sondern als Sehnsucht in den Menschen erweckt werden, die sie schließlich im Sinne des Guten miteinander verbinden könnte.

Spiegel: Technik und Wissenschaft machen Religion überflüssig?

Horkheimer: Nicht nur die Religion, sondern den Geist überhaupt.

Spiegel: Religion und Philosophie sind ja Produkte der Auseinandersetzungen des Menschen mit der Realität, also mit seiner Entfremdung. Ihre Prognose, wonach Philosophie und Religion nichts mehr zu sagen hätten, bedeutet also, daß der zukünftige Mensch in einem Zustand totaler Zufriedenheit leben wird, ohne Geist, aber glücklich.

Horkheimer: Ich glaube, daß in dem Zeitalter, in dem den Menschen vor allen Dingen ein gesichertes Dasein geboten werden kann, das »Unbehagen in der Kultur«, von dem Freud einst sprach, also auch das Unbehagen an der Realität einfach deshalb verschwinden wird, weil die Menschen sich schließlich an die für ihr sicheres Leben notwendigen technischen Bedingungen ohne allgemeine Reflexionen gewöhnen werden. Das richtige Reagieren auf diese technischen Bedingungen wird schließlich zur Selbstverständlichkeit werden.

Spiegel: Die Tatsache, daß unsere Jugend so offenkundig auf moralische Positionen festgelegt ist, läßt da Zweifel aufkommen. Vom »richtigen Reagieren« auf die technischen Bedingungen ist ja heute wenig zu spüren. Eher das Gegenteil: Protest gegen die Zwänge der modernen Gesellschaft.

Horkheimer: Zwar ist da natürlich ein bestimmter Widerspruch. Aber wir leben ja noch nicht in der Gesellschaft der Zukunft. Noch haben wir nicht erreicht, daß jedem Menschen ein anständiges und sicheres Leben geboten werden kann. Vor allen Dingen ist durch die Zerrissenheit der Völker und Völkergruppen heute noch die Notwendigkeit der Rüstung da, denn wenn ein Land keine Rüstung hätte, würde es selbstverständlich von dem Mächtigeren einfach besetzt und abhängig gemacht werden. Entscheidend ist, daß durch Erziehung vielleicht dazu beigetragen werden könnte, auch in dem höchst gefährlichen Zustand des Übergangs, in dem wir uns heute befinden, wenigstens einiges gegen den Schrecken, gegen den Terror zu tun. Wir sollten jedenfalls versuchen, den einzelnen Menschen zu Zielen zu verhelfen, die, ohne aggressive Tendenzen, Befriedigung bringen.

Spiegel: Was für Ziele?

Horkheimer: Dabei denke ich eben etwa an die Solidarität von menschlichen Gruppen, was heute sehr schwierig ist; denn die meisten der sogenannten Kollektive sind ja selbst durch aggressive Züge gekennzeichnet.

Spiegel: Aus Tradition?

Horkheimer: Nicht einmal aus Tradition, sondern weil sie sich noch gegen ähnliche Kollektive zu wehren haben. Solange es Freiheit gibt, werden solche Probleme immer entstehen.

Spiegel: Entschuldigen Sie: Das müssen wir festhalten. Sie sagen also, daß, solange es noch Freiheit gibt, die Kollektive aggressiv bleiben werden?

Horkheimer: Ich möchte auf keinen Fall verschleiern, daß der Gang der Gesellschaft meiner Ansicht nach auf einen Zustand hinläuft, in dem ihre zukünftige rationale Struktur nur mit dem Verschwinden der Freiheit des einzelnen und des Geistigen selbst erkauft werden kann.

Spiegel: Sie sprachen vorhin einerseits davon, daß Rüstung »noch« nötig ist. Andererseits aber sagten Sie, die Jugend solle für die »Solidarität von menschlichen Gruppen« eintreten. Ist das nicht ein Widerspruch?

Horkheimer: Gewiß! Doch wir sollten zwei Dinge zusammen sehen. Einmal gibt es den technologischen Zwang zum Frieden – zum Beispiel durch die globale Zerstörungskraft der modernen Waffen. Zum anderen aber wollen einige Völker aus derzeit noch durchaus berechtigten Gründen ihre Bewaffnung nicht aufgeben. Sie haben, wenn sie schwach sind, Angst vor ihren mächtigen Nachbarn. Oder sie glauben, wenn sie groß sind, deswegen nicht auf Rüstung verzichten zu können, weil sie meinen, nur so die jeweils andere Macht abschrecken zu können. Dieses gegenseitige, nicht unberechtigte Mißtrauen kann nur langsam abgebaut werden. Auch ist die Entwicklung des Instrumentariums der zukünftigen Verwalteten Welt noch keineswegs abgeschlossen. Und deswegen, meine ich, brauchen wir heute, selbst in der Außenpolitik, noch Moral. Ich glaube sogar, daß wir, zumal hier im Westen, allzu schnell auf eine moralische Beurteilung der Politik verzichten.

Spiegel: Wieso?

Horkheimer: Ich gestehe ganz offen, daß mir das überfreundliche Zeremoniell bei Begegnungen zwischen demokratischen und nichtdemokratischen Staatsmännern mißfällt.

Spiegel: Aber, wie soll das anders sein?

Horkheimer: Natürlich weiß ich, daß die Politik der Verständigung richtig ist. Aber sie ist doch eigentlich nicht mehr als der Vollzug des rational Notwendigen. Wozu da diese Herzlichkeit? Die für die terroristische Herrschaft kennzeichnende Gewalt sollte doch nicht völlig in Vergessenheit geraten. Ich sage das vor allem deswegen, weil ich befürchte, daß dieses übertriebene Zeremoniell die moralischen Maßstäbe im Westen, vor allem im Bewußtsein des deutschen Volkes, beschädigen könnte. Wenn man bedenkt, daß die Massenmedien gerne über das freundliche Drum und Dran solcher Staatsmänner-Begegnungen berichten, dann sieht man, daß dabei die Vorstellung vom Wert des demokratischen und humanen Systems des Westens zu kurz kommt. Es geht um die politische Moral der Deutschen.

Spiegel: Moral ist »noch« notwendig, sagen Sie. Aber eines Tages wird sie abgelöst werden durch das Funktionieren einer Menschheit, die in ihre technische Umwelt sozusagen nahtlos eingepaßt ist. Wie unterscheidet sich die Zukunftsgesellschaft von totalitären Konzeptionen, zum Beispiel der des Nationalsozialismus?

Horkheimer: Der Faschismus wie die terroristischen Formen der Linken waren und sind die gewaltsame Vorwegnahme der universal verwalteten Gesellschaft.

Spiegel: Was verstehen Sie unter der terroristischen Linken? Den Stalinismus?

Horkheimer: Ja, aber auch, wenngleich nicht so entschieden,

den modernen Faschismus und Kommunismus schlechthin. Der Einmarsch in die ČSSR war sicher terroristisch.

Spiegel: Offenkundig aber gibt es Unterschiede zwischen der von Ihnen vorausgesagten Verwalteten Welt und dem Hitler- oder Stalin-Regime. Schließlich würde es Ihrem Konzept einer praktisch konfliktlos funktionierenden Gesellschaft widersprechen, wenn von ihr Millionen Menschen umgebracht werden würden.

Horkheimer: Der Nationalsozialismus ist deshalb nicht zu einem reibungslosen Funktionieren gelangt, weil die Instrumente zur Beherrschung der Natur noch nicht perfektioniert waren. Deshalb mußte diese Verwaltung Zwang und Terror bedeuten. Im Prinzip aber hatte der Nationalsozialismus schon die sozusagen vollautomatisierte Gesellschaft entworfen – eine Gesellschaft ohne Moral, ohne Geist.

Spiegel: Kann man sich überhaupt eine Menschheit ohne Geist, ohne Religion und Philosophie vorstellen?

Horkheimer: Der Geist ist eine Übergangserscheinung. Er gehört zur Kindheitsepoche der Menschheit, wenngleich er die realistischen Voraussagen der Experten nicht selten relativiert. Wir können allenfalls hoffen, daß die künftige Menschheit etwas von Religion und Philosophie bewahrt – so wie der wahrhaft erwachsene Mensch ein Stück seiner Kindheit.

Spiegel: Das Kind trägt also die Hoffnung – ein christlicher Gedanke.

Horkheimer: Ja.

Spiegel: Würden Sie uns übelnehmen, wenn wir sagen würden, an Ihnen selbst und an Ihrer Philosophie sei etwas Kindliches?

Horkheimer: Keineswegs, im Gegenteil!

Spiegel: Würden Sie die Vermutung akzeptieren, daß die Anziehungskraft, die Ihre Philosophie auf junge Menschen ausübt, mit diesem Element von – sagen wir: Naivität zusammenhängt?

Horkheimer: Möglich.

Spiegel: Durch Ihre Philosophie geht, scheint uns, ein Riß. Auf der einen Seite entwerfen Sie das Bild einer zwar gerechten, aber geistlosen, einer zwar wissenschaftlich perfekt organisierten, aber lieblosen Welt. Auf der anderen Seite aber sprechen Sie die Hoffnung aus, es könne ein Gegengewicht zu dieser Welt aus Stahl und Eisen, aus Technologie und Bürokratie geben. Dieses Gegengewicht könnte, sagten Sie, darin liegen, daß sich der zukünftige Mensch »ein Stück seiner Kindheit« bewahrt. Ist das nicht völlig ungleichwertig – in der einen Waagschale Wissenschaft, Technik, totale Regulation, in der anderen etwas Federleichtes, ein Hauch: das Kindliche des Menschen?

Horkheimer: Bei dem Stück der Kindheit, das es in der späteren Zukunft noch zu bewahren gilt, denke ich an eben jene Kennzeichen des Jugendalters der Menschheit, in welchem so etwas wie Phantasie, Geist, Kultur noch ihre notwendige Rolle spielen; sie waren ja die Voraussetzung der Technik und der total verwalteten Gesellschaft. Ich sehe in der Bewahrung jener seelischen Freiheit, ohne den technischen Fortschritt aufzuhalten, eine der wichtigsten menschlichen Aufgaben der Gegenwart – trotz aller bedenklichen Perspektiven der Zukunft.

Spiegel: Es ist ja offenkundig, daß es Ihnen schwerfällt, das zu definieren, was Sie vorhin »ein Stück Kindheit« genannt haben. Uns fiel etwas Ähnliches schon auf, als Sie zu sagen versuchten, was Ihnen an den »überfreundlichen« Staatsmännern mißfällt. Ist es aber nicht naiv – also »kindlich« –, dem protokollarischen Gesichtsausdruck von Politikern eine so große moralische Bedeutung beizumessen? Nun gut, Sie tun das, weil Sie – wie Sie sagten – sich Sorgen um die Moral der Menschen machen. Aber: Was ist der Inhalt dieser Moral? Wo sind ihre Maßstäbe? Oder anders ausgedrückt: Wie ist das »Gute« zu benennen, das uns eine freundliche Miene bei politischen Begegnungen verbietet, obwohl diese Begegnungen nötig sind, um den Frieden, also das Überleben der Menschen, zu sichern.

Horkheimer: Naiv und kindlich sind nicht identische Begriffe. Naivität bedeutet nicht Herzensreinheit, Kindlichkeit ist nicht unbedingt töricht. Es geht hier um Nuancen, um feinste Unterschiede. Wenn ich ein kritisches Wort über freundliche Mienen bei gewissen politischen Begegnungen sage, so denke ich an den Gegensatz zwischen dem Zeremoniell und wirklicher Herzlichkeit, und ich hege die vielleicht übertriebene Erwartung, daß zwischen dem Händeschütteln mit einem menschenfreundlichen Staatsmann und dem Teilhaber einer Macht, dessen Karriere durch Untaten gekennzeichnet ist, ein Unterschied spürbar sein sollte. Vielleicht erwarte ich zuviel, aber ich meine, die Differenz könnte von nicht wenigen Menschen, bewußt oder halb bewußt, empfunden werden.

Spiegel: Das »Gute« hat keinen Namen. Man soll sich kein

Bild von Gott machen, weil ein solches Bild zum Fetisch wird und damit zur Schein-Legitimation von Gewalt. Unsere Jugend hat jedoch viele Namen für das »Gute« – »Herrschaftslosigkeit«, »Systemüberwindung«, »klassenlose Gesellschaft«, »befriedetes Dasein« und so fort. Ist es das, was Sie heute von der Jugendbewegung trennt?

Horkheimer: Das Gute ist nicht schlechthin bestimmbar. Was mich von der Jugend trennt, scheint mir zunächst mehr die räumliche Entfernung als der Inhalt von Überzeugungen. Die Hauptschwierigkeit wird wohl darin liegen, daß es infolge der Lenkung der Kollektive, wenn überhaupt, nur sehr schwer zu einer wirklichen Diskussion kommen kann. Der Lenkung geht es, so will es mir scheinen, bei der Jugend wie bei den Erwachsenen, mehr um die Gefolgschaft als um die Wahrheit.

Spiegel: Herr Horkheimer, wir danken Ihnen für das Gespräch.

(12) *Gerd-Klaus Kaltenbrunner*
Der Konservative im nachliberalen Zeitalter

Gerd-Klaus Kaltenbrunner, 1939 in Wien geboren, wo er Rechts- und Staatswissenschaften studierte, ist neben seiner umfangreichen publizistischen Tätigkeit Herausgeber der im Verlag Herder erscheinenden *Initiative*. (»Es wird Zeit, gegen das Duckmäusertum in der Politik, gegen die ideologische Fernsteuerung der Jugend, gegen die Verharmlosung des Weltbürgerkrieges, gegen den Hochmut der Technokraten, gegen die feige Selbstentwaffnung der Bürger, gegen die Bürokratisierung und ihre inflationären Folgen, gegen die Entwendung demokratischer Freiheitsrechte, gegen die Diskriminierung der Geschichte, gegen die permanente Verteufelung unserer Wirtschafts- und Gesellschaftsordnung, gegen die progressive Verschandelung der Lebenswelt eine klare Alternative zu entwickeln.«) Kaltenbrunners (hier gekürzter) Aufsatz erschien in Heft 1, 1974, S. 7–22, der *Neuen Rundschau*.

[. . .] Ich versuche, in sechs Abschnitten einige konservative Prinzipien und die Aufgaben eines schöpferischen, auf der Höhe der Zeit stehenden Konservatismus zu umreißen.

1. Erbe

Konservativ ist das Bewußtsein, wesentlich Erbe zu sein. Der Mensch gewinnt seine Würde, seinen Reichtum und sich selbst, indem er teilhat an einem die unmittelbare Gegenwart transzendierenden Zusammenhang. Dieser Zusammenhang ist gemeint, wo in einem anspruchsvollen Sinne von Überlieferung und Tradition gesprochen wird. Wenn aber der Mensch wesentlich Erbe ist, dann kommt es darauf an, Verhältnisse zu schaffen, die auch dem geringsten Zeitgenossen die Möglichkeit geben, sich nicht als enterbte und traditionslose Kreatur, sondern als Erbe und Treuhänder einer nicht mit dem Tag vergehenden Überlieferung zu erfahren. Es geht um die materiellen und geistigen Bedingungen, die in einem Gemeinwesen Tradition, Erbe und Kontinuität überhaupt möglich und sinnvoll machen. Diese Aufgabe hat nicht nur einen sozialpolitisch-ökonomischen Aspekt, sie berührt auch unser Verhältnis zu Erziehung und Schule sowie zur gesamten natürlichen Umwelt. Wer sie begriffen hat, wird zögern, voreilig jene Brücken abzubrechen, die uns noch mit der Religiosität, Philosophie und Literatur der Antike sowie mit den großen Kulturepochen unseres eigenen Volkes verbinden. Er wird sich der unter dem Deckmantel eines ›Kampfes gegen Privilegien‹ operierenden Kulturrevolution widersetzen, die die Schulen zu behördlich anerkannten Freistätten programmierter Dekultivierung umzufunktionieren sich anschickt. Er wird sich widmen der Rückgewinnung der geistigen Substanz unserer Überlieferung, also dem Kampf gegen die nihilistische Destruktion dieses Erbes, wie sie heute unter emanzipatorischem Vorzeichen erfolgt. Er wird eine Idee in Ehren halten, die bereits auf dem Wege ist, in die Katakomben zu exilieren: die Idee der Bildung. Für all dies gilt freilich, was T. S. Eliot vor etwa fünfzig Jahren gesagt hat: »Tradition kann nicht einfach geerbt werden; wer sie besitzen will, muß sie sich in harter Arbeit erwerben.«

2. Stabilität

Die konservative Einsicht, daß der Mensch primär Erbe und unaufhebbar auf Tradition angewiesen ist, verbindet sich mit einem ausgeprägten Sinn für den Wert stabiler Verhältnisse. Konservativ sein heißt, Stabilität zu verstehen als Verkörperung eines Wertes, mehr noch: als Bedingung der Möglichkeit, überhaupt Werte zu verwirklichen. Stabilität bedeutet nicht Wandellosigkeit, sondern die Voraussetzung von Wandel, der dem Menschen zumutbar ist. Im Hinblick auf unsere Zeit heißt das konkret: In einer Gesellschaft mit steigender Revolutionsanfälligkeit und exponentiell anwachsenden Veränderungsraten gehört Stabilisierung zu den vordringlichsten Aufgaben. Nicht die ›Aufsprengung verkrusteter Strukturen‹ ist aktuell, sondern die Gewinnung von Stabilität. Wir leiden heute weniger an versteinerten reaktionären Traditionen denn an einem Überfluß von nicht mehr zu bewältigenden Neuerungen. Humanität besteht, gewiß, auch darin, daß man das Recht hat, ein anderer zu werden. Weil aber das menschliche Veränderungspotential begrenzt ist, versteht sich der Konservative als Hüter eines nicht weniger aktuellen Menschenrechts: des Rechts, man selbst zu bleiben. Zur Humanität gehört auch, daß dem Menschen nicht zugemutet wird, in jedem Augenblick sich wandeln, ständig von vorne beginnen und stets nur von der Zukunft leben zu müssen. Der

Konservative steht für das Recht auf Identität. Unsere Identität gewinnen wir aber durch die bejahte Zugehörigkeit zu konkreten sprachlichen, kulturellen und nationalen Traditionen, zu einem durch Stabilität ausgezeichneten vertrauten Milieu, das uns Heimat ist. Für dieses Recht, man selbst zu bleiben, kämpfen heute die katholischen Iren in Nordirland und die Flamen in Belgien, die Bretonen und Occitanier in Frankreich, die Frankokanadier in Kanada, die Ukrainer, Esten und andere Nationalitäten in der Sowjetunion, die Türken auf Zypern, die Kurden im Irak, die Basken und Katalonen in Spanien und so fort.[1]

Ich kann dieses Problem hier nicht näher erörtern und möchte nur darauf Nachdruck legen, daß es sich bei dem konservativen Sinn für den Wert stabiler Lebensverhältnisse um mehr als spießbürgerliche Abneigung gegen schöpferische Initiativen handelt. Es handelt sich hier um eine allgemeinmenschliche Konstante. Selbst der Revolutionär muß, wenn er erfolgreich sein will, von Beständen an Stabilität im Sozialen ausgehen und insofern stillschweigend auf das zurückgreifen, was er leugnet und bekämpft. Im Hinblick auf die Ergebnisse der ›Club of Rome‹-Studien ergeben sich daraus weitere Konsequenzen: Verpestung der Elemente, Verknappung der Energie, Zerstörung der Landschaften und der Vielfalt des Lebens können nur dann eingedämmt werden, wenn es uns gelingt, das bisherige starke materielle Wachstum auf unserem endlichen Planeten in einen globalen Gleichgewichtszustand überzuführen. Hier handelt es sich zweifellos um eine erzkonservative Aufgabe, der allerdings nur eine politische Ökologie gewachsen sein wird, die auch vor radikalen Maßnahmen nicht zurückschreckt und manche bequeme Weisen von Konservativsein verwirft. Wer dies als unzumutbar ablehnt, ist mitverantwortlich, wenn die Bedingungen für ein menschenwürdiges Leben in einer einigermaßen ausbalancierten Ökosphäre sich so weit verschlechtern, bis möglicherweise bioprotektionistische Diktaturen alle geschichtlich erworbenen Freiheiten abbauen und die Sicherung des nackten Überlebens als ihre einzige Pflicht deklarieren.[2]

3. Ordnung

Erbe, Überlieferung und Stabilität sind nur möglich, wo das Chaos nicht die Regel ist, in einer Ordnung. Dem Konservativen ist eigentümlich der Sinn für Ordnung, die nach einem Wort von Burke »das Fundament aller guten Dinge« ist. Deshalb ist der Konservative davon überzeugt, daß auch eine demokratische Gesellschaft unaufhebbar auf Autorität und Gehorsam, Unterschiede der Kompetenz und der Macht, kurz: gewisse Formen von Über- und Unterordnung angewiesen ist. Er widersetzt sich deshalb einem zur puren Wut gewordenen Progressismus, der Freiheit auf bloßes Sichbefreien reduziert und alle Ordnungen als Ausfluß nackter Gewalt, als getarnte Repression und Ausbeutung verdächtigt. Gewiß: Ordnung kann dies sein, aber ihre Funktion erschöpft sich nicht in der bloßen Fixierung und Sicherung von Privilegien, Besitz- und Klassendifferenzen. Ordnung hat einen Mehrwert, der ihre Funktion als Überbau oder Kodifikation von Gewaltverhältnissen übersteigt. Wer Ordnung sagt, meint Institutionen. Wie notwendig, leben- und arterhaltend, den durch partiellen Instinktverlust verunsicherten Menschen stützend und entlastend diese Institutionen – Ehe, Familie, Beruf, Recht, Wirtschaft und Staat – sind, hat Arnold Gehlen gezeigt.[3] Den Menschen aus allen institutionellen Ordnungen herauszulösen, ist kein Akt der Befreiung, sondern der Vergewaltigung. Wer den Menschen für ein Mängelwesen hält und dessen natürliche Güte nicht überschätzt, wird im Institutionenverfall nicht die Morgenröte des Reiches der Freiheit erblicken, sondern das Vorspiel zu Reprimitivisierung, Chaos und schließlich Gewalt.

Als Institutionalist steht der Konservative für eine Tugend, die heute in beklagenswert niederen Ehren steht: die Tugend der Loyalität. Gewiß: Loyalität kann einer schlechten Sache dienen, sie kann enttäuscht werden, sie kann zu blindem Fanatismus entarten. Dennoch gehört sie zu jenen Grundhaltungen, ohne die keine Ordnung Bestand hat. Es ist eine bedeutende Aufgabe der Konservativen, sich Gedanken darüber zu machen, wie etwa durch neue Gemeinschaftsformen, Disziplinen und Symbole der Geist der Loyalität erneuert werden könnte. Dabei sollten sie sich von dem kategorischen Imperativ leiten lassen: »Sei bei der Wahl und beim Dienst an der Sache, zu der du loyal sein sollst, in jedem Falle loyal zur Loyalität.« Oder anders gesagt: Eine Loyalität ist schlecht, wenn sie sich einer Sache gegenüber so äußert, daß diese dadurch nicht gefördert, sondern gehemmt wird, oder wenn sie einer Sache gilt, die trotz der durch sie in mir erweckten

Loyalität auf die Loyalität meiner Mitmenschen, auf jene Welt, »in der alle Loyalen zu Hause sind«, zerstörend wirkt.[4]

4. Staatsautorität

Ordnung bedarf aber, solange wir nicht im Paradies leben, neben freiwilliger Loyalität des Schutzes durch Autorität, der im Ernstfall auch Zwangsmittel zur Verfügung stehen. Statthalter des Prinzips Ordnung in den großen menschlichen Gesellschaften ist jedoch der Staat. Im Zusammenhang mit den teilweise bereits erwähnten Herausforderungen wie Umweltschutz und Sicherung persönlicher Freiheiten bedarf es einer Renaissance der im eigentlichen Sinne politischen Kräfte, konkret: des Staates, gegenüber der Eigenmacht der divergierenden gesellschaftlichen Interessen und der immer gefährlicher werdenden technologischen Entwicklungen, die bis in die genetische Substanz des Menschen hineinwirken. Es geht um das Problem, »eine regierbare Welt von regierbaren Menschen zu schaffen – auf jeder nur möglichen Ebene« (Geoffrey Vickers). Aktuell ist im nachliberalen Zeitalter nicht die kritiklose Kritik, sondern die Stärkung und Legitimierung staatlicher Macht – jener ›haltenden Macht‹, die notwendig ist, wenn wir den Fortbestand unserer Zivilisation sichern wollen. – Eine solche Stärkung der Staatsautorität bedeutet keineswegs, die Regierung habe das Recht oder die Pflicht, sich in alles und jedes einzumischen. Sie bedeutet jedoch, daß der Staat fähig sein muß, in einer pluralistischen Gesellschaft jene Disziplin sicherzustellen, ohne die jene bedrohlichen Mächte überhandnehmen, deren Gefahr der Konservative von Natur aus deutlicher spürt als der nach Emanzipation lechzende Radikale. Dieser verhält sich insofern paradox, als er einerseits vom Staat immer mehr Leistungen fordert, andererseits aber einen drastischen Abbau der staatlichen Autorität für wünschbar hält. Welch ein Widerspruch, daß der Regierung zum Beispiel die Verantwortung für die Vollbeschäftigung aufgebürdet wird, ohne daß sie gleichzeitig überhaupt irgendeine Kontrolle über die gesellschaftlichen, verbandlichen und preispolitischen Aktionen haben soll, die dieses Ziel gefährden! In dem Maße, in dem die staatliche Autorität untergraben wird, in dem der Staat an moralischer Würde und Überzeugungskraft verliert, vermindern sich die Chancen für ein friedliches Zusammenleben.

Diese Einsicht vermittelt bereits eine kurze historische Besinnung auf die Ursprünge des modernen Staates im Zeitalter der großen europäischen Religionskriege. Was immer er sonst gewesen und noch sein mag: etwa Unternehmer, Umverteiler oder Agent konfessioneller, ökonomischer und militärischer Interessen, so ist der Staat stets auch zugleich eine haltende Macht, ein nicht zu ersetzendes Instrument gegen Anarchie, Gesetzlosigkeit und Aggression. Im Zusammenhang damit lenkt der Konservative seine Aufmerksamkeit nicht nur auf die nach wie vor bestehende Gefahr einer Totalisierung des Staates und eines Mißbrauchs der politischen Gewalt von seiten der Regierenden, sondern auch auf die heute vielleicht noch viel größere Gefahr einer Totalisierung der Gesellschaft und eines Mißbrauchs der von der Verfassung garantierten Freiheiten durch verfassungsfeindliche Minderheiten.[5] Grundrechte und Grundpflichten bedingen einander. Wenn es mit den Menschenrechten bis zur Stunde nicht bestens bestellt ist, dann auch deshalb, weil der Gedanke an ihnen korrespondierende Menschenpflichten geradezu diffamiert wird.

5. Freiheit

Obwohl Hierarchist, Liebhaber der Ordnung und ausgestattet mit einem Sinn für die anthropologische Notwendigkeit von Institutionen einschließlich des Staates, ist der Konservative dennoch ein Mann der Freiheit. Freilich kennt er keine abstrakte, bindungslose Freiheit. Freiheit ist für ihn weder mit Anarchie noch mit einer auf bloßes Sichbefreien reduzierten Totalemanzipation identisch. Vernünftige Freiheit erfordert ein grundlegendes Maß an Autorität und Ordnung. Freiheit gewinnt der Mensch nur durch Bindungen: indem er sich in ihn übergreifende Ordnungen hineinbegibt. Freiheit ist, um es provozierend zu sagen, nur möglich durch die Bejahung eines gewissen Ausmaßes an Entfremdung: durch die Bereitschaft des Menschen, sich von sich selbst zu lösen durch Bindung an andere und überhaupt an das, was anders ist als er. Der Konservative hält den berühmten Satz Rousseaus »Der Mensch ist frei geboren« (Contrat Social, 1. Buch, 1. Kap.) für falsch. Der Mensch wird abhängig geboren, bleibt zeitlebens abhängig und gewinnt seine Freiheit, seine relative Autonomie und sich selbst nur, indem er seine

Grenzen erfährt und obligatorische Bindungen annimmt. Freiheit ist nichts Natürliches, sondern ein gesellschaftliches Artefakt; sie ist uns nicht angeboren, sondern wird uns verliehen aufgrund konkreter institutioneller und kultureller Voraussetzungen, ohne die sie nicht leben kann.

Zur hierarchischen Ordnung, wie sie der Konservative anerkennt, gehören sich gegenseitig begrenzende Autoritäten, Instanzen und Autonomien. Diese Ordnung widerstrebt dem Prinzip einer durchgehenden Weisungsgebundenheit. Ihr Grundsatz ist, daß es schon an der Basis und dann auf jeder höheren Stufe der sozialen Pyramide unbestreitbare Freiheiten, Freistätten für individuelle und gesellschaftliche Initiativen, Entscheidungen und Zuständigkeiten geben soll. Deshalb spricht der Konservative lieber von Freiheiten als von Freiheit in der Einzahl. Eben weil er die Ablösung von Herrschaft durch einen universellen herrschaftsfreien Dialog aller mit allen für irreal hält und in der Utopie einer klassenlosen Gesellschaft mit totaler Selbstbestimmung eine mögliche Legitimierung unkontrollierter revolutionärer Gewalt erblickt, ist sich der Konservative nur zu gut bewußt, daß Herrschaft der Kontrolle bedarf. Die von Lord Acton, Alexis de Tocqueville, Jacob Burckhardt, Henry Adams und anderen Konservativen erkannte Gefahr, daß absolute Macht absolut verdirbt, ist der Grund, weshalb die konservative Staatstheorie sich von jeher orientiert an der antiken, vor allem von Aristoteles und Polybios formulierten Idee eines ›regimen mixtum‹, einer ›vermischten Constitution‹, wie Friedrich Gentz, oder eines ›mixed government‹, wie die amerikanische Verfassungslehre es nennt. Es ist dies die Idee von ›checks and balances‹, die den Menschen zwar als zur Freiheit berufenes Wesen ansieht, doch zugleich seine kreatürliche Korrumpierbarkeit berücksichtigt, die ihn auf Herrschaft angewiesen sein läßt, aber auch die mißtrauische Kontrolle von Herrschaft, ein gemischtes ›System der relativen Selbständigkeiten‹ notwendig macht.[6] Hier liegt, nebenbei gesagt, auch die Wurzel der konservativen Vorliebe für förderalistische Verfassungen, für die Idee, daß das dem Menschen angemessenste Gemeinwesen »eine Korporation von Korporationen« (Heinrich Strakosch), eine organisch-strukturreiche, gesellschaftshaltige und kulturell vielfältige »consociatio consociationum« (Martin Buber) sei.

In einer Zeit, in der der Ruf nach Sicherheit immer stärker

wird und die meisten Linksbewegungen eine Zunahme politischer Reglementierung und Intervention, ausgenommen nur das Gebiet des Eherechts, bejahen, liegt es an den Konservativen, auf die Idee der Freiheit zu schwören. Wenn ich recht sehe, dann geht es heute um einen Konservatismus, der sich, bei aller Kritik an der liberalistischen Ideologie, als Erbe der institutionellen Errungenschaften des Liberalismus versteht. Es geht um einen Konservatismus, der das, was an den Erträgnissen des liberalen Zeitalters wertvoll ist, gegen einen dekadenten Liberalismus mit Zähnen und Klauen zu bewahren trachtet. Für diesen Liberalismus, der feige, gut- oder mutwillig seine eigenen Werke und Werte verrät, gilt auch heute noch das Wort Samuel Butlers aus dem Jahre 1893: »Ich fürchte mich vor dem Liberalismus oder, genauer gesagt, vor Leuten, die sich Liberale nennen; diese flirten mit Radikalen, die mit Sozialisten flirten, die wiederum mit Anarchisten flirten, die ihrerseits aber mehr tun als mit dem Dynamit nur zu flirten.«[7] Den institutionellen Errungenschaften des klassischen Liberalismus, wie Rechts- und Verfassungsstaat, Meinungs- und Gewissensfreiheit, Schutz religiöser und ethnischer Minderheiten, gilt jedoch das Bekenntnis Alexis de Tocquevilles, dieses großen Konservativen, der zugleich ein großer Liberaler war: »Ich hätte die Freiheit zu allen Zeiten geliebt; in der heutigen aber neige ich dazu, sie zu vergöttern.«[8]

Der Konservative muß gegenüber allen Versuchen, die angeblich nur formelle, abstrakte und bürgerliche Freiheit durch eine materielle, konkrete und soziale zu ersetzen, darauf bestehen, daß der Sieg solcher Bestrebungen mit dem Ende der Freiheit überhaupt identisch wäre. Die formelle, abstrakte und bürgerliche Freiheit ist die Freiheit schlechthin: die Freiheit, innerhalb einer gesetzlich-bestimmten Sphäre seine eigene Individualität ausdrücken und ohne Rücksicht auf Weisungen von oben oder unten selbständig entscheiden zu können. Diese Freiheit schließt auch die Freiheit des Unpolitischen ein, die Freiheit, sich von den öffentlichen Geschäften fernzuhalten, weil man davon zu wenig zu verstehen glaubt oder weil man einfach in Ruhe gelassen werden will oder es vorzieht, sich Dingen jenseits der Politik zu widmen – eines der politisch bedeutsamsten Elemente der christlichen Überlieferung. Doch sosehr auch die Behauptung richtig ist, daß alle Grundrechte nichts Rechtes taugen, wenn diese Freiheit ausgehöhlt wird, so wenig kann sich der die liberalen Errungenschaften verteidigende Konservative der Einsicht verschließen, daß sich im nachliberalen Zeitalter das Freiheitsstreben zunehmend auch auf Teilhabe an den gesellschaftlich relevanten Entscheidungsprozessen richtet. Das ist der gute Sinn der Forderung nach Mitbestimmung, die man nicht nur als Ausdruck von Leistungsfeindlichkeit, Ressentiment und linksextremen Machtergreifungsgelüsten abtun kann, wenngleich es darauf ankommt, ihren ideologisch-utopischen Radikalismus zu entschärfen, damit sie nicht der Etablierung neuer unkontrollierter Herrschaftsansprüche Vorschub leistet.

Man kennt den inzwischen schon rituell zitierten Satz von Max Horkheimer aus dem Jahre 1937: Wer nicht vom Kapitalismus reden wolle, der soll auch vom Faschismus schweigen. Ich möchte dieser These die nüchterne Feststellung entgegenhalten: Keine der seit 1917 existierenden antikapitalistischen Gesellschaften hat bislang ihren Mitgliedern jenes Ausmaß an Freiheit gewährt, das in den westlichen Demokratien mit Marktwirtschaft, Unternehmertum und Privateigentum auch an den Produktionsmitteln nach wie vor genossen wird – vor allem von jenen, die, nur auf dem Boden dieser Gesellschaft überhaupt lebensfähig, deren revolutionäre Abschaffung sich zum Ziel gesetzt haben. Wer vom Sozialismus reden will, der soll auch vom Stalinismus reden, der soll auch erklären, wie es kommt, daß sozialistische Systeme bisher stets nur in Gestalt illiberaler Regime aufgetreten sind.

6. Pessimismus

Der Konservative ist zwar nicht unbedingt philosophischer Pessimist, doch stimmt er dem Worte Schopenhauers vom »ruchlosen Optimismus« zu.[9] Konservativ ist eine gewisse Trauer in Weltbegegnung und Daseinsgefühl, ein gewisses Mißtrauen gegen alle noch so menschenfreundlichen Weltumbaupläne, die das Paradies auf Erden verheißen. Der Konservative glaubt, daß in Staat und Gesellschaft keine Vollkommenheit, keine letzte Harmonie und absolute Gerechtigkeit möglich sind – aus ontologischen, nicht aus historischen oder sozialen Gründen; er hält dafür, daß es in der Regel zwischen zwei Übeln zu wählen gilt. Er geht davon aus, daß unsere irdischen Glücksmöglichkeiten schon aufgrund unserer Konstitution erheblich eingeschränkt sind, während es weit weniger schwierig ist, Leid und Unglück zu erfahren: »Es (das Lustprinzip) ist überhaupt nicht durchführbar, alle Einrichtungen des Alls widerstreben ihm; man möchte sagen, die Absicht, daß der Mensch ›glücklich‹ sei, ist im ›Plan der Schöpfung‹ nicht enthalten.« Soweit der tief dem Erbe Schopenhauers verpflichtete Sigmund Freud.[10]

So gehört zu jeder pessimistischen Weltanschauung auch eine eigene Anthropologie, eine bestimmte Lehre von der Natur des Menschen. Die uns bekannteste Form einer solchen pessimistischen Anthropologie ist die christliche Lehre von der Erbsünde.[11]

Es ist offenkundig, daß sich eine Haltung wie diese wenig dazu eignet, große Massen zu mobilisieren. Wo sie sich intellektuell artikuliert, nimmt sie vorwiegend den Charakter einer Geheimlehre für kleine Zirkel an: tiefsinnig, manchmal auch zynisch, auf jeden Fall wenig tröstlich und politisch anrüchig. Freilich machen es sich diejenigen zu leicht, die jede pessimistische Haltung für faschismusverdächtig halten. Immerhin hatten Untergangsphilosophen wie Oswald Spengler und Ludwig Klages ihre Schwierigkeiten mit dem Hitler-Reich. Der Pessimismus ist so alt wie das Denken der Menschheit. Er findet sich bereits im Alten Testament, etwa in den Büchern Hiob und Ekklesiastes, in der Botschaft Buddhas und in der Antike bei Hesiod, Theognis, Sophokles und den Orphikern. Wer freilich nie gefühlt hat, daß es nicht nur ein Leiden an irdischer Not, sondern auch so etwas wie eine Not des Irdischen gibt, die sich allen sozialpolitischen Veränderungsmaßnahmen entzieht, der wird im Pessimismus nur ein Ärgernis, bestenfalls eine psychologische Absonderlichkeit erblicken können. Er wird blind sein für die Tatsache, daß man, wie immer bei menschlichen Aussagen, auch hier unterscheiden kann zwischen den vielleicht problematischen Ursprüngen und Veranlassungen, den möglichen praktischen Folgen und dem Wahrheitsgehalt einer Lehre.[12]

Dazu einige abschließende Worte. Ich glaube, daß für eine Rehabilitierung des Pessimismus drei Argumente sprechen: das Argument der Erfahrung, das Argument der Humanität und das der Tiefe. Was das erste betrifft, so genügt es, an die schlichte Tatsache zu erinnern, daß wir als einzelne sterben müssen und als Gattung ein Zwischenspiel in einem verlorenen Winkel des Universums darstellen. Das Argument der Humanität läßt sich etwa so formulieren: Ein gewisses Ausmaß an Pessimismus bewahrt uns vor Illusionen über die Glücksmöglichkeiten des Menschen und die Reichweite gesellschaftlicher Reformen. In diesem Sinne sagte der Abbé Galiani zu Madame d'Epinay: Wichtig ist nicht, gesund zu werden, sondern mit seinen Krankheiten zu leben. Gewiß: der konservative Pessimist, der kein Heiliger ist, neigt leichter als der Optimist dazu, bestehendes Unrecht für unvermeidbar zu halten. Doch ist eine pessimistische Haltung nicht notwendig handlungshemmend und quietistisch. Sie geht davon aus, daß es eher darauf ankommt, aktuelle Nöte und Leiden zu lindern, als das größtmögliche Glück der größtmöglichen Zahl oder ein Optimum an ›Lebensqualität‹ zu bewirken. Und deshalb gerät sie auch weniger in Versuchung, die Übel dieser Welt bestimmten Menschen oder Menschengruppen zuzuschreiben. Fremd ist dem Konservativen der in jeder militant optimistischen Weltanschauung enthaltene Gedanke der notwendigen Vernichtung irgendwelcher Feinde oder Agenten, die der Verwirklichung des Glücks angeblich entgegenstehen. Fremd ist ihm jener sterile Weltveränderungswahn, der die Menschen seit zwei Jahrhunderten maßlos überfordert und überreizt. Der Konservative steht für die Wahrheit, daß der Mensch nur dann menschlich ist, ein homo humanus, wenn er imstande ist, auch mit dem Vorletzten fürlieb zu nehmen und sich in Unabwendbares mit Gelassenheit zu schicken.

Diese trüben Gedanken lenken unsere Aufmerksamkeit auf die Tatsache, daß alle politische Theorie und Praxis auf metapolitischen Grundannahmen und Grundentscheidungen beruht, wenngleich diese nicht immer explizit gesetzt werden. Hinter den Handlungen und Formeln stehen, wie Tocqueville wußte, ›les croyances‹, elementare Glaubungen – wenn dieses ungewöhnliche Wort erlaubt ist –, die nicht logisch abgeleitet und auch nicht auszudefinieren sind, auf die aber ein Volk nur um den Preis verzichten kann, in Schlamperei, Würdelosigkeit und moralischem Marasmus zu versinken.

Der Konservatismus bietet keine Patentrezepte und Heilslehren. Allerdings vermag er der Gegenwart einen anspruchsvolleren Rat zu geben als den bloßer Anpassung ans Gegebene. Er erinnert daran, wie wenig sich der Mensch heute einfach anpassen darf, wenn er überhaupt etwas und sich selbst erhalten will. Er ist Kritik, Korrektiv und Widerstand gegen eine Welt des Verschleißes und des Vergessens; Eingedenken dessen, was sich nicht ändert; Sorge um die Bedingungen humaner Selbsterhaltung und der Erhaltung des Individuellen, Organischen sowie der Freiheit selbst in einer auf Katastrophen zutreibenden Welt.

Der schöpferische Konservative wird die Beständigkeit seiner Prinzipien, das, was er als ›ewig‹ ansieht, in Tiefen suchen müssen, die einem bequemen Konservatismus der guten Verdauung fremd sind. Ernst Jünger gehört zu den Pionieren einer solchen Vertiefung des konservativen Ansatzes, indem er schon früh von der Notwendigkeit einer »organischen Konstruktion« sprach. Er meint damit radikale Maßnahmen, um Bedingungen zu schaffen, die wieder ›Natur‹ und damit Gegenstand von Bewahrung zu werden vermögen.

Der schöpferische Konservative weiß auch, daß er in dieser Welt mit seinem Gegenspieler, dem Revolutionär und dem Utopisten, zusammenleben muß. Dies wußte bereits Alexis de Tocqueville, dieser vornehmste, liberalste und vielleicht am meisten in die Zukunft weisende Konservative des vorigen Jahrhunderts, als er im Juli 1848, mitten in einer ganz Europa erschütternden Revolution, an einen Freund folgende Sätze schrieb, die frisch sind wie an dem Tag, an dem sie formuliert wurden:

»Wir haben den Anfang dieser großen Revolution der menschlichen Art nicht gesehen, wir werden ihr Ende nicht sehen. Wenn ich Kinder hätte, so würde ich ihnen immerzu dies wiederholen, und ich würde ihnen alle Tage sagen, daß wir in einer Zeit und in einer Gesellschaft leben, in der man für alles bereit sein und sich für alles vorbereiten muß; daß man gerade in diesem Land auf nichts, was auch immer, rechnen soll, das einem weggenommen werden kann, sondern daß man nur daran denken möge, allein das zu erwerben, war nur verloren werden kann, wenn man zu leben aufhört: die Energie, den Mut, das Wissen, die moralische Haltung. Lebe wohl, lieber Freund. Von dem Dunklen, das ich Dir über die Zukunft sage, schreibe einen Teil meiner melancholischen Neigung zu, in die mich der Augenblick wirft, da ich Dir schreibe, und glaube immer an meine zärtliche Freundschaft.«[13]

1 Vgl. Iring Fetscher: Konservative Reflexionen eines Nicht-Konservativen. In: Merkur, 27. Jg. (1973), H. 305, S. 917 ff.
2 Vgl. Gerhard Helmuth Schwabe: Fünfzig Thesen zur Umweltkrise. In: Scheidewege. Vierteljahresschrift für skeptisches Denken, 2. Jg. (1972), H. 1, S. 26-37; ders.: Zur Mechanik der Ökokatastrophe. In: Harald Sioli (Hrsg.): Ökologie und Lebensschutz in internationaler Sicht. Freiburg i. Br. 1973, S. 355-389: Harald Sioli: Ökologische Aspekte der technisch-kommerziellen Zivilisation und ihrer Lebensform. In: Biogeographica. Bd. 1 (1972), S. 1-13.
3 Vgl. Arnold Gehlen: Der Mensch. Seine Natur und seine Stellung in der Welt.[7] Frankfurt a. M.-Bonn 1962; ders.: Urmensch und Spätkultur. Philosophische Ergebnisse und Aussagen,[2] Frankfurt a. M.-Bonn 1964; ders.: Studien zur Anthropologie und Soziologie. Neuwied-Berlin 1963.
4 Vgl. Josiah Royce: Philosophy of Loyalty. New York 1908.
5 Vgl. dazu Ernst Forsthoff: Der Staat in der Industriegesellschaft. München 1971; Roman Herzog: Allgemeine Staatslehre. Frankfurt a. M. 1971; Otto Kimminich: Einführung in das öffentliche Recht. Freiburg i. Br. 1972.
6 Vgl. Ernst Nolte: Kapitalismus – Marxismus – Faschismus. In: Merkur, 27. Jg. (1973), H. 297, S. 113 ff.
7 Zit. bei Erik von Kuehnelt-Leddihn: Konservative Intellektuelle in der englischsprechenden Welt. In: Konservatismus international. Stuttgart 1973, S. 137.
8 Vgl. dazu Otto Vossler: Alexis de Tocqueville. Freiheit und Gleichheit. Frankfurt a. M. 1973.
9 Vgl. Arthur Schopenhauer: Sämtliche Werke. Leipzig (Reclam) o. J., Bd. 1, S. 422.
10 Vgl. Sigmund Freud: Das Unbehagen in der Kultur (1930). In: Das Unbewußte. Schriften zur Psychoanalyse. Frankfurt a. M. 1960, S. 352.
11 Vgl. dazu Carl Schmitt: Donoso Cortés in gesamteuropäischer Interpretation. Köln 1950, S. 26 ff.
12 Vgl. Ludwig Marcuse: Pessimismus. Ein Stadium der Reife. Hamburg 1953; Gottfried Benn: Pessimismus. In: Gesammelte Werke in acht Bänden. Wiesbaden 1968, Bd. 3, S. 918-923.
13 Zit. bei Jacob Peter Mayer: Alexis de Tocqueville und Karl Marx: Affinitäten und Gegensätze. In: Zeitschrift für Politik. Jg. 13 (Neue Folge, 1966), H. 1, S. 13.

(13) *Ralf Dahrendorf*
Liberalismus heute – wofür und wogegen?

Ralf Dahrendorf, geb. 1929 in Hamburg, zunächst Professor für Soziologie, dann Parlamentarischer Staatssekretär im Auswärtigen Amt, später Mitglied der Kommission der Europäischen Gemeinschaft, ist heute Direktor der London School of Economics. Autor zahlreicher Bücher: u. a. *Gesellschaft und Freiheit*, 1961; *Gesellschaft und Demokratie in Deutschland*, 1965; *Bildung ist Bürgerrecht*, 1965; *Für eine Erneuerung der Demokratie in der Bundesrepublik*, 1968. (Der folgende Text erschien im *Merkur*, Heft 328, September 1975, S. 795–802.)

Anarchie ist schön, aber unpraktisch. Wer den Gedanken gleicher Lebenschancen für alle zu Ende denkt, kommt fast unausweichlich zum Begriff einer Gesellschaft, in der Menschen nicht über Menschen herrschen; aber wer den Gedanken einer herrschaftsfreien Gesellschaft zu Ende gedacht hat, ist in der Regel mit Hobbes, oder etwas zurückhaltender vielleicht mit Locke, zu dem Schluß gekommen, daß der »Naturzustand Unzulänglichkeiten mit sich bringt, für die der Bürgerstaat die richtige Medizin ist«. So wie die Menschen sind, bedarf Gesellschaft jeder Art gewisser Regeln, und diese müssen geschützt, sanktioniert werden; zumindest ein »minimaler Staat« ist unumgänglich. So wie die Menschen sind, können diese Regeln und die zu ihrem Schutz ersonnenen Instanzen sich als irrig erweisen, sie müssen daher veränderbar bleiben; die Chance des Fortschritts ist Voraussetzung der Bekämpfung des Irrtums. Womit der Liberalismus beinahe schon definiert wäre: Misanthropie plus Hoffnung, der Versuch, die praktische Notwendigkeit von Herrschaft so intim wie möglich mit den größten Lebenschancen der größten Zahl zu verbinden, der Glaube an die Kraft und das Recht des einzelnen Menschen, getaucht in den Zweifel an der Vollkommenheit der menschlichen Dinge, ein Stück Moral und ein Stück Erkenntnistheorie.

Der Unterschied zum reinen Konservatismus und zu progressistischen Heilslehren liegt auf der Hand. Der Konservative kann Wandel nur als organisch, somit als marginal und ungerichtet, ohne Sinn, begreifen; der Progressist zieht sein Pathos in aller Regel aus einem gefährlichen Absolutheitsanspruch seiner Programme; beide haben, wenn auch mit unterschiedlicher Stoßrichtung, eine verdächtige Vorliebe für kollektive soziale Größen, den Staat, die Nation, die Familie, die Organisation, die Klasse, das Volk. Der Unterschied zum Liberalismus wird vollends zum Widerspruch angesichts jener Mischung von organisierter Immobilität und dogmatischem Anspruch, die man Faschismus nennen kann. Moralisch ist am Liberalismus die Überzeugung, daß es auf den einzelnen ankommt, auf die Verteidigung seiner Unversehrtheit, auf die Entfaltung seiner Möglichkeiten, auf seine Lebenschancen. Gruppen, Organisationen, Institutionen sind nicht Selbstzweck, sondern Mittel zum Zweck der individuellen Entwicklung. Zugleich ist der einzelne mit seinen Motiven und Interessen Triebkraft der gesellschaftlichen Entwicklung. Gesellschaft muß also vor allem Spielräume schaffen, Kräfte freisetzen, die am Ende Kräfte einzelner Menschen sind. Begriffe wie Rechtsstaat und Marktwirtschaft haben hier ihren Ort. Der Individualismus des Liberalen gewinnt jedoch seinen Sinn erst im Kontext der erkenntnistheoretischen Annahme, daß kein Mensch alle Antworten weiß, daß es zumindest keine Gewißheit darüber gibt, ob die jeweilige Antwort richtig ist und richtig bleibt oder nicht. Wir leben in einem Horizont der grundsätzlichen Ungewißheit. Solcher Zweifel am Absoluten führt zu der Forderung nach Verhältnissen, die es erlauben, zu jedem Zeitpunkt verschiedene und über die Zeit hin immer neue Antworten zu geben, nach einer offenen Gesellschaft. Das Interesse der Liberalen an der Meinungsfreiheit, aber auch an politischen Institutionen, die den Wandel zum Prinzip erheben, in diesem Sinne an Demokratie, hat hier seinen Grund.

So viel zur reinen Lehre. Sie ist wichtig, gerade weil »liberal« für viele mit bestimmten historischen Positionen, noch dazu solchen, die ihre Bedeutung längst verloren haben, identifiziert wird. Viele haben sich in der Geschichte Liberale genannt, Freihändler und Nationalisten, Verfechter des Privateigentums und Gegner der Kirche, Libertinisten, Leute ohne bestimmten Standpunkt, um nicht zu sagen Opportunisten, Freunde großer Ideen und solche, die ihre fehlenden Ideen mit großen Worten zu verbrämen suchten. Der Hauptstrom liberaler Politik ist selbst manchen Wandlungen unterworfen gewesen; die Geschichte liberaler Parteien ist nicht zufällig eine Geschichte von Spaltungen und Wendungen. Das heutige Bild muß verwirren: In Australien nennen sich die Konservativen Liberale, in Kanada die Sozialisten; in Italien hat sich die Liberale Partei bis zur Selbstaufgabe an einen älteren Privilegien- und Honoratiorenliberalismus geklammert, in der Bundesrepublik hat die FDP in halsbrecherischer Fahrt die Kurve zur Modernität genommen, in Dänemark und andernorts hat ihre Beschleunigung die Radikalliberalen aus dieser Kurve getragen und zu Lehrer- und Studentenparteien gemacht. Da bietet die Realität wenig Anknüpfungspunkte der Analyse, und der Rekurs auf die reine Lehre hat seinen Sinn, wobei dann allerdings die Skepsis von Hayek bestätigt wird, wonach der Liberalismus (»zur Zeit noch«, wie er liebenswürdigerweise sagt) »mehr eine intellektuelle als eine politische Bewegung darstellt«.

Zwei Kollektivismen bedrohen entwickelte Gesellschaften (und von ihnen soll hier vornehmlich die Rede sein): die konservativ-autoritäre Bewegung über Ruhe-und-Ordnung-Parolen zurück zu einer eher modern formierten Gesellschaft, und die revolutionär-sozialistische Bewegung von Parolen der Steuer- und Investitionspolitik hin zu einer terroristischen Gleichheit, wie sie George Orwell endgültig beschrieben hat. Ob gegenüber diesen Gefahren eine liberale Position noch eine Chance hat, hängt von zwei Dingen ab: von der Fähigkeit der Liberalen, ihre Prinzipien in neuer Weise auf eine veränderte sozialökonomische Großwetterlage anzuwenden, und von gewissen sozialen und politischen Entwicklungen, die Liberale selbst nur zum Teil kontrollieren können. Sehen wir uns beide nacheinander etwas genauer an.

Privateigentum und Wettbewerbswirtschaft sind unbestrittene Erkennungszeichen zumindest des traditionellen europäischen Liberalismus. Hinter den Zielen steht die Hoffnung, wachsende Bedürfnisse der Menschen auf die zwangloseste Weise zu befriedigen. Der Augenschein lehrt, daß keine Wirtschaftsordnung dies jemals wirksamer und umfassender geleistet hat als die liberale. Wenn sie die Wahl hätten, würden die meisten Menschen auf der Welt in Ländern leben wollen wie den Vereinigten Staaten und Kanada, Australien und Neuseeland, der Bundesrepublik Deutschland und der Schweiz. Doch hat die Marktwirtschaft liberaler Prägung sich im Prozeß ihres Erfolges auch verändert; gerade sie bezeugt, daß die Spielregeln von gestern zu den Fesseln von heute werden können. Marktwirtschaft ist auf Wachstum durch die Eigentätigkeit vieler angelegt; die beiden Momente treten aber von einem bestimmten Punkt an in Widerspruch. Wachstum der Produktion verlangt Wirtschaftseinheiten (zumindest in wichtigen Branchen), die nicht mehr mit ihresgleichen konkurrieren, darunter in wichtigen Bereichen die »öffentliche Hand«, den Staat; Wachstum des Realeinkommens verlangt Organisationen, die wie die Gewerkschaften ihrerseits Monopolstellungen ausnützen. Gegenüber solchen faktischen Entwicklungen ist eine neoliberale Theorie à la Friedmann eher idyllisch, und sind selbst Institutionen wie die Anti-Trust-Gesetze der USA, das Kartellgesetz der Bundesrepublik oder das Wettbewerbsrecht der Europäischen Gemeinschaft Rückzugsgefechte. Die Realität moderner Volkswirtschaften ist ein System gemischt privat-öffentlicher Eigentumsordnungen und oligozentrischer Entscheidungsstrukturen.

Unter diesen Bedingungen wird die bloße Wiederholung liberaler Glaubenssätze von gestern leicht zum Alibi für die Nicht-Kontrolle der Mächtigen von heute: Wettbewerbsfreiheit wird in Wahrheit zur Freiheit der Großen, allen anderen ihr Gesetz zu diktieren; Tarifautonomie wird in Wahrheit zur Freiheit der Organisierten, ihre Interessen zum Bestimmungsgrund der Lebensverhältnisse aller zu machen. Viele Liberale haben sich dieser neuen Lage noch nicht gestellt. Sie geraten dadurch in Gefahr, zu Sprechern zweitrangiger Wirtschaftszweige zu werden, in denen die klassische marktwirtschaftliche Theorie noch halbwegs funktioniert, und die Kernfrage zu ignorieren, wie denn die Anwendung liberaler Prinzipien unter Bedingungen hoher Konzentration, hoher Organisation und verminderter Wachstumserwartungen aussieht.

Das ist eine Doppelfrage: Wie können die Träger der neuen Macht in ihrem Handeln ebenso kontrolliert werden wie demokratische Regierungen? Ist es möglich, das Thema des Wirtschaftens zu wechseln und an die Stelle naiver Wachstumserwartungen die Melioration des Lebens der Menschen zu setzen? Die Zielrichtung der Antwort ist in den Fragen gegeben. Wo immer marktwirtschaftliche Formen möglich sind, sind sie zu erhalten, zu stärken, gegebenenfalls wiederherzustellen. In den Schlüsselbereichen, in denen dies Illusion wäre, ist indes die Korruptionsregierung staatlicher und die Geheimregierung privater Monopole und Kartelle gleichermaßen unbefriedigend, zumal beide sich selbst und anderen kaum Aufschluß über ihre Zielrichtungen geben. Demokratisierung, Dezentralisierung, Mitbestimmung, politische Determination gewisser wirtschaftlicher Leitlinien sind Stichworte, die sämtlich nur dann Sinn haben, wenn sie mit einem gewissen Verzicht auf volle Ausnutzung aller Wachstumschancen Hand in Hand gehen: von einer Ökonomie der besinnungslosen Expansion zu einer Ökonomie des guten Haushaltens. Das heißt natürlich die Auflösung der Ehe von Liberalismus und Kapitalismus.

Der gesellschaftliche Prozeß der entwickelten Länder zeigt eine dem Wirtschaftsprozeß analoge Entwicklungsfigur. Die Freisetzung neuer Möglichkeiten durch Modernisierung, symbolisiert vielleicht in der Französischen Revolution, hat unerhörte Fortschritte an Lebenschancen für viele Menschen gebracht. Es war ein dynamischer Prozeß, der mit dem Rechtsstaat, dem geschützten Formalstatus des Staatsbürgers, begann, und mit dem Sozialstaat, den umfassend und inhaltlich verstandenen Bürgerrechten, endete. Die Liberalen haben sich übrigens, verständlicherweise und doch mißlicherweise, schwer getan bei diesem Prozeß. Ihre Liebe zum traditionellen Minimalstaat hat sie lange Zeit übersehen lassen, daß die große Revolution der prinzipiellen rechtlichen Gleichstellung aller Staatsbürger und des allgemeinen Wahlrechts unvollkommen bleiben muß ohne Versorgung in unverschuldeter Not als Bürgerrecht, Beschäftigung und Minimaleinkommen als Bürgerrecht, Bildung als Bürgerrecht und andere soziale Rechte. Mit hängender Zunge sind manche liberale Parteien hinter dem sozialpolitischen Zug der Zeit hinterhergelaufen, um ihn am Ende – wie die deutschen Freien Demokraten in ihrem Freiburger Programm von 1971 – zu erreichen, als der Zug zumindest das liberale Reiseziel schon hinter sich gelassen hatte: die Versöhnung mit der Geschichte läßt sie die Gegenwart verlieren.

Heute ist Sozialpolitik vielfach zu einem kostspieligen Instrument der Unbeweglichkeit geworden. Schlimmer noch, die Dynamik der Gleichheit hat in zunehmendem Maße die Grenze zwischen notwendiger Gleichheit der Chancen und entmutigender Gleichheit der tatsächlichen Lebenslagen verwischt; extreme Formen progressiver Besteuerung und mißverstandene Vorstellungen der Gesamtschule sind aktuelle Beispiele. Bürokratisierung einerseits, Nivellierung andererseits sind Herausforderungen an eine liberale Gesellschaftspolitik, die die sozialen Errungenschaften respektiert, aber unermüdlich insistiert, daß der Sinn dieser Errungenschaften darin liegt, dem einzelnen mehr Lebenschancen, und das heißt mehr Bewegungsspielraum und mehr Wahlmöglichkeiten zu geben. In der säkularen Dialektik von Freiheit und Gleichheit ist die Stunde der Freiheit, nämlich die ihrer Bedrohung durch falschen Egalitarismus, gekommen. Die Allianz von Liberalismus und Sozialismus hat insoweit ihren Sinn erschöpft.

Interesse und Verdienst des Liberalismus werden am sinnfälligsten in einem dritten Bereich der Politik, der Verfassungspolitik. Der demokratische Rechtsstaat und seine Fortentwicklung ist liberale Errungenschaft. Dabei hat Fortentwicklung vor allem insoweit stattgefunden, als Rechte des einzelnen betroffen wurden. Der von unabhängigen Professoren erarbeitete Alternativentwurf zum deutschen Strafgesetzbuch ist ein klassisches Dokument liberaler Rechtspolitik. Hingegen haben die Liberalen vielerorts auf die Aushöhlung der parlamentarischen Demokratie nur mit der Forderung nach Rückkehr zur reinen Lehre antworten können: Auflösung der »Grauzonen«, in denen Verbände und Organisationen wirken, mehr Aktionäre zur Kontrolle der Entscheidungen großer Unternehmungen, Ermutigungen von Bürgerinitiativen, gelegentlich bis hin zu Volksentscheiden, Proportionalwahlrecht und anderes mehr. Das indessen reicht nicht. Der »Strukturwandel der Öffentlichkeit« (Habermas) in entwickelten Gesellschaften ist so tiefgreifend, daß die alten repräsentativ-demokratischen Litaneien entweder zur Illusion oder zur Phrase werden. Ein Teil dieses Strukturwandels ist die Veränderung der politischen Räume. Nicht nur die Multinationalen haben die Bedeutung über- und internationaler Räume entdeckt. Die Schaffung effektiver Kontrollen und Gegengewichte für die Ausübung von Herrschaft in solchen weiteren Räumen ist ein liberales Desiderat erster Größenordnung, und eines, bei dem einfache Lösungen (wie die Direktwahl des Europäischen Parlaments) schwerlich zureichen. Gleichzeitig mit der Erweiterung politischer Räume erleben wir aber auch deren Verengung; Bürgerteilnahme in überschaubaren Räumen ist ein legitimes und erfreuliches Resultat erweiterter Staatsbürgerrechte, wenn sie auch ihre effektiven Formen noch sucht.

Es bleibt indes der andere Teil des Strukturwandels der Öffentlichkeit, ihre Auflösung in organisierte Teilöffentlichkeiten, der »neue Feudalismus«, die Gefahr des korporativen Staates, die Versteinerung des Gemeinwesens zur Neutralisierung rivalisierender Teilmächte. Hier ist der Liberalismus in seinen Prinzipien herausgefordert, der Verteidigung des einzelnen und der Forderung nach Wandelbarkeit und Offenheit. Doch wäre es illusorisch, aus diesen Prinzipien die Notwendigkeit einer Konfrontation mit den außerparlamentarischen Teilmächten abzuleiten. Wer diese Konfrontation gesucht hat, hat sie verloren; Willy Brandt und Edward Heath sind prominente Beispiele. Individuen in entwickelten Gesellschaften sind in aller Regel sowohl einzelne Staatsbürger, Wähler, die in der Wahlzelle ihre eigene Entscheidung treffen, als auch Mitglieder von Organisationen, Firmenangehörige oder Gewerkschaftsmitglieder, denen die Entscheidungen ihrer Firma und die Erfolge ihrer Gewerkschaft letzten Endes wichtiger sind als die Politik von Regierungen. Die Quadratur des Zirkels, die sich aus solchen Beobachtungen als Aufgabe ergibt, also die Schaffung einer neuen Öffentlichkeit, die die einzelnen und die Organisationen einschließt und dennoch der allgemeinen Öffentlichkeit von einzelnen den Primat läßt, ist das ungelöste Hauptthema liberaler Verfassungspolitik heute. Seine Bewältigung wird dadurch nicht erleichtert, daß es Argumente für eine neue Form des »Minimalstaats« gibt*, für eine Art Absterben des Staates, die dem Liberalen plausibel erscheinen müssen.

Die ökonomischen Theoretiker der zweiten großen Wachstumsperiode der modernen Geschichte haben sich Neoliberale genannt. Die liberalen Reformer der späten 6oer Jahre führten gerne das Wort »sozialliberal« im Mund, wobei manche weitergehen wollten und sich »radikalliberal« nannten. Die neue Freiheit, um die es dem Liberalismus in einer veränderten Großwetterlage geht, ist mit solchen Vokabeln nur teilweise zu beschreiben. Es ist die Freiheit von den Begrenzungen einer kapitalistischen oder sozialistischen Expansionsgesellschaft, damit die Freiheit zur Verbesserung der Qualität des individuellen Lebens unter veränderten »Produktionsverhältnissen«. Vielleicht könnte man von einem Programm *Liberale Zukunft* sprechen.

---

* Nach einer Formel des amerikanischen Politologen *Robert Nozick* (vgl. sein kürzlich erschienenes Buch *»Anarchy, State, and Utopia«;* Basic Books New York).

Aber hat der Liberalismus eine Zukunft? Genauer: hat es der politisch organisierte Liberalismus? Und da alle Ankündigungen des baldigen Ablebens von Parteien, die es gestatten, sich liberal nennen zu lassen, in Zukunft so falsch sein werden wie in der Vergangenheit, hier also nicht von der FDP, der *Radikale Venstre* oder der *Liberal Party of Great Britain* die Rede ist: Wird die politische Zugkraft eines liberalen Zukunftsprogramms groß genug sein, um wirksame politische Organisationen zu tragen? Das ist die Frage der Unterstützung für liberale Positionen, und die Antwort heißt Zweifel.

Die Veränderung der sozialökonomischen Großwetterlage, die seit der Verselbständigung des amerikanischen Dollar 1971 manchen, seit der sogenannten Energiekrise 1973 vielen und seit der stagflatorischen Rezession 1975 nahezu allen bewußt ist, hat zu einer erstaunlichen Renaissance des linken und rechten Konservatismus geführt. Auf der demokratischen Linken hat dies die Form einer Verteidigung des sozialen Besitzstandes gegen jede »soziale Demontage« und zugleich die der Abkehr von einer Politik der Reformen zu einer Politik der Stabilität; die Linke ist insoweit die im strengen Sinn konservative Gruppierung. Auf der demokratischen Rechten, die bei beträchtlichen sozialen Gruppen Unterstützung findet, geht der Prozeß der Tendenzwende weiter zur Sehnsucht nach vormodernen Strukturen, nach einem bißchen Angst um den Arbeitsplatz als Nachhilfe für Arbeitsmoral, dem Abbau sozialer Leistungen bis zu dem Punkt, den sich das Gemeinwesen »leisten kann«, Elementen sozialer und politischer Disziplinierung, die auch vor der Pressefreiheit nicht haltmachen, der Lobpreis der guten alten Werte von Autorität, Disziplin, Ordnung, Strafe und dergleichen. Die Koalition der beiden Konservatismen ist schwer zu schlagen.

Derselbe Prozeß einer Veränderung des Kontexts hat die ungeduldigen Reformer der späten 60er Jahre an den Rand gedrängt. Sie beeinflussen den politischen Prozeß nicht mehr wie die Bündnispartner der Mai-Unruhen von Paris 1968 oder die Wähler von Brandt und Scheel 1969, sondern sie sind Sektierer geworden, Verschwörer, zuweilen Terroristen. Das verändert den Habitus, die Organisationsform, die Breite des Spektrums der Teilnahme. Kleine Gruppen von Lehrern und Studenten, die Ortsvereine von Parteien erobern und nach dem darauf (manchmal) folgenden Parteiausschluß eigene Gruppen bilden, verängstigen die Mehrzahl der Wähler, prägen aber nicht die Politik ihres Landes. Da sie fast notwendig zunehmend utopisch und verbal-revolutionär werden, entfernen sie sich im gleichen Rhythmus von Liberalen.

In einer solchen Situation bleiben dem politischen Liberalismus im wesentlichen zwei Möglichkeiten. Die eine liegt in der Organisation der »denkenden Minderheiten«, also jener vier, fünf, sechs Prozent, die unter allen Umständen Zweifel an großen Organisationen haben, verbunden mit der Hoffnung auf Situationswähler, die sich jeweils nicht entscheiden wollen zwischen gleichermaßen verdächtigen Alternativen. Der Spielraum liegt zwischen unter fünf und beinahe zwanzig Prozent der Stimmen bei allgemeinen Wahlen; er kann entscheidend sein für politische Systeme; mit Liberalismus in einem dezidierteren Sinn hat er nur dies zu tun, daß er unbequem ist, ein Ärgernis für andere.

Die andere Möglichkeit ist komplexer und weniger interessant für den Generalsekretär, oder gar den Vorsitzenden einer Partei. Menschen in modernen Gesellschaften leben – glücklicherweise – komplizierte Leben. Sie sind Gewerkschaftsmitglieder oder gehören einer Kirche an oder sind gegen den Bau eines Kernkraftwerkes, und es gibt Zeiten, in denen diese Tatsachen wichtiger für sie sind als alle anderen. Das sind die Zeiten, in denen sie für sozialistische Parteien votieren oder für christliche oder für eine außerparlamentarische Opposition. Aber dieselben Menschen sind auch vieles andere, Werkmeister zum Beispiel, Anhänger von Bayern München, jung, Popmusik-Fans, Caravan-Besitzer, im Elternbeirat einer Volksschule und in Dutzenden anderer sozialer Rollen. Dieselben Menschen haben Hoffnungen und Wünsche von vielerlei Art, nicht an den Staat unbedingt, oder an ihre Firma oder Organisation, einfach Hoffnungen auf Lebenschancen. Sie kreieren keine neue soziale Frage. Mit ihren unmittelbaren Dingen werden sie schon fertig. Aber es liegt in ihrem Interesse und möglicherweise im Interesse einer freien Gesellschaft der Zukunft, daß Konstellationen geschaffen werden, in denen diese Menschen sich nicht durch eine und nur eine ihrer sozialen Rollen leiten lassen; sie sind eben nicht nur Kirchenangehörige oder Gewerkschaftsmitglieder oder selbst Kernkraftwerksgegner. Man könnte die praktische Aufgabe des Programms Liberale Zukunft definieren als Versuch, die Bedingungen des Lebens in modernen Gesellschaften so zu verändern, daß eine wachsende Zahl von Menschen es möglich findet, nicht spezifische Zugehörigkeiten, sondern komplexe Interessenkonstellationen zur Grundlage der Wahlentscheidungen zu machen. Das ist die Definition des Liberalismus als Programm einer Volkspartei.

Der Weg dahin ist länger als der intellektuelle Weg dieses kurzen Arguments. Liberalismus und sich liberal nennende Parteien sind nicht dasselbe. Das Programm Liberale Zukunft wird nicht von Parteifunktionären entworfen werden; eher schon nach dem Modell der »Alternativprofessoren« im deutschen Strafrecht. Daß dies im Gegenwind geschehen muß, mag der intellektuellen Frische des Unternehmens eher dienlich sein; für das Leben in modernen Gesellschaften ist es weniger erbaulich, daß die großen Konservatismen, der harmlosere der Sozialdemokraten und der bedrohliche der Neuen Rechten, einstweilen die Szene beherrschen. Wir haben das Potential, um Wohlstand und Sicherheit mit einer neuen Freiheit für viele zu verbinden; aber wir verheddern uns in den Institutionen einer auf andere Ziele gerichteten Wirtschaft, Gesellschaft und Politik (und in der konstitutionellen Phantasielosigkeit des Gegebenen und derer, die es gerne repräsentieren). Ein neuer Liberalismus ist einstweilen die einzige erkennbare Hoffnung, die Realität nach dem Potential zu beschneiden – zugegebenermaßen eine abstrakte Hoffnung, die wie die deutsche Philosophie in Heines klassischer Analyse die Revolution radikaler vollzieht, als das zwischen der Erstürmung der Bastille und dem Thermidor geschah, aber eben nur im Geiste.

Im Herbst 1977 schrieb Jürgen Habermas einen offenen Brief an Kurt
Sontheimer (geb. 1928, Professor der Politologie in München, Verfasser
zahlreicher Bücher, u. a. *Antidemokratisches Denken in der Weimarer
Republik*, 1962; *Das Elend unserer Intellektuellen*, 1976), der im Oktoberheft des *Merkur* veröffentlicht wurde und dann noch einmal in dem
von Freimut Duve, Heinrich Böll und Klaus Staeck herausgegebenen
Sammelband *Briefe zur Verteidigung der Republik* (Reinbek 1977). Die
beiden nachfolgenden Texte sind Auszüge aus der Replik von Sontheimer und der Erwiderung von Habermas, beide erschienen in der *Süddeutschen Zeitung* vom 26./27. November 1977.

Lieber Herr Habermas,
    Sie haben mich als Adressaten für einen offenen Brief »zur
Verteidigung der Republik« erkoren, der dieser Tage in einem
schnell auf den Markt geworfenen Taschenbuch dieses Titels
erschien. Den flüchtigen Gedanken, mir sei damit eine besondere Ehre widerfahren, da Sie doch in vieler – auch in meinen –
Augen als der fruchtbarste und einflußreichste deutsche Philosoph und Sozialtheoretiker der Gegenwart gelten, habe ich bei
genauerer Lektüre freilich verwerfen müssen. Sie sagen zwar
in Ihrem Begleitschreiben, ich sei von den »Opponenten« derjenige, mit dem Sie noch einiges gemeinsam zu haben glaubten,
aber es ist mir nicht geglückt, in Ihrem offenen Brief Stellen zu
entdecken, die ein Interesse erkennen ließen, den Rest an Gemeinsamkeit zu bewahren. Als Produzent von geistig unerheblicher »Tendenz-« bzw. »Reaktionsliteratur«, als Befürworter eines »Gesinnungsstrafrechts«, der mit seinen Ideen noch hinter
Thomas Hobbes zurückgeht, als »geistiger Wasserträger« der
Opposition, als einer, dem es Lust macht, den Selbsthaß der Intellektuellen zu schüren – mit solchen Worten charakterisieren
Sie meine jetzige Rolle – bin ich natürlich auch kaum würdig,
»die Werte eines geschwisterlichen Umgangs« auf mich ange-
wandt zu sehen, deren Ausblendung aus unserer Politik Sie so
beklagen.

Sie verstehen unter der Verteidigung der Republik den »Kampf für die Positionen der Aufklärung in unserem Lande«. Da Sie mich als einen Vertreter der Gegenaufklärung charakterisieren, dessen Waffen stumpf geworden seien, frage ich mich, ob wir noch die gleiche Republik verteidigen. Wenn dies nicht so wäre, so wäre dies sicherlich Grund zur Besorgnis. Wenn ich mir von diesem Briefwechsel etwas erhoffe, so dies, daß wir einander zubilligen können, es mit der Verteidigung der Demokratie in diesem Lande ernst zu meinen und, wenn schon nicht in unseren Analysen und Meinungen, so doch wenigstens in diesem Willen solidarisch zu sein und zu bleiben. Vielleicht kann diese Antwort ein wenig dazu beitragen, die so schmal gewordene Basis der Gemeinsamkeit zu verbreitern.

Was Sie und viele andere linke Intellektuelle in diesen Wochen so erregt, ist die mehr oder weniger subtil oder plump vorgebrachte These, der Terrorismus, unter dem die Bundesrepublik so schwer zu leiden hat, stehe in einem ursächlichen Zusammenhang mit den geistigen Umbrüchen und Veränderungen, die sich seit der Studentenrevolte bei uns ergeben haben. Ich selbst habe in einem improvisierten, nicht durchgängig subtilen Fernsehstatement gesagt, der Terrorismus habe seinen geistigen Nährboden in linken, revolutionären Theorien. Dazu stehe ich nach wie vor.

Eine derartige Behauptung ist für Sie Teil einer Diskreditierungskampagne gegen linke Intellektuelle, von der Sie befürchten, daß sie noch schlimmer werden wird; darum geben Sie sich auch alle Mühe, mich als eine Art intellektueller Über-Dregger zu stilisieren. Nun, unabhängig von Dregger oder Strauß: Ich glaube in der Tat, daß ein Zusammenhang besteht zwischen dem massiven Eindringen linker revolutionärer Theorien in das politische Bewußtsein der Bundesrepublik seit der Studentenrevolte und dem terroristischen Aktionismus, dem wir seit 1972 in sich immer stärker brutalisierender Form ausgesetzt sind. Ich sage nicht, daß linke Theorien, wie sie seitdem in der Bundesrepublik propagiert werden, zum Terrorismus führen; ich behaupte auch nicht, daß eine *direkte,* also kausale Verantwortung linker Intellektueller für terroristische Akte besteht – wie könnte ich? – aber ich habe die Überzeugung gewonnen, daß der politische Terrorismus, den wir seit der Studentenrevolte in Deutschland kennengelernt haben, ohne die radikale Politisierung in der Studentenbewegung, ohne den von linken Theorien ausstaffierten geistigen Hintergrund der Akteure, ohne das durch ein neues kritisches Bewußtsein bis zum Überdruß geschürte Unbehagen an unseren politischen Verhältnissen nicht *zureichend* erklärt werden kann.

Ich will mich nicht auf die wenig hilfreiche Debatte einlassen, wessen Kinder die Terroristen sind, die Hitlers, oder wie Sie zu bedenken geben, die Mussolinis oder Sorels oder gar Nietzsches, wofür empirisch, nämlich was die Biographien von Terroristen angeht, überhaupt nichts spricht. Ich möchte nur daran erinnern, daß die Sprache der Terroristen, ihr Milieu, auch ihre »Sympathisanten« allesamt der radikalen linken Szene zuzurechnen sind, wie sie sich bei uns entwickelt hat. »Es ist Augenwischerei, die linken Wurzeln des Terrors zu leugnen; es ist eine Zwecklüge zu behaupten, daß aus linken Wurzeln zwangsläufig Terror erwachse.« (Dieter E. Zimmer in *Die Zeit*, 21. 10. 1977.)

Doch auch diese klare Aussage, die sich mit meiner eigenen Auffassung völlig deckt, geht Ihnen, lieber Herr Habermas, offensichtlich viel zu weit. Der Grund ist leicht zu erschließen. Sie verstehen sich selbst als ein Linker; Sie müssen es deshalb als eine ungeheuerliche Zumutung empfinden, wenn »die Linke« in einen Zusammenhang mit dem Terrorismus gerückt wird. Sie selbst haben bei einer Reihe von Gelegenheiten, und zwar schon sehr früh, unmißverständlich klargemacht, daß Gewalt oder die »systematisch betriebene Provokation« niemals Mittel linker Politiker sein können. Sie verweisen jetzt auf eine Anti-Terror-Rede Oskar Negts, durch die im Sommer 1972 ein ununterbrochener Prozeß der Selbstaufklärung innerhalb der Linken zu seinem definitiven Abschluß gebracht worden sei. Weil Sie und einige andere so unmißverständlich gesprochen haben, nehmen Sie für die gesamte neue Linke in Anspruch, daß von deren Theorien und Einstellungen keine Brücke zu den Terroristen der RAF führe. Darin kann ich Ihnen nicht ganz folgen, denn das klingt so, als ob Sie oder Oskar Negt, dem Papst vergleichbar, eine geistige Kommandogewalt über die gesamte neue Linke hätten. Sie erledigen das komplexe Problem der möglichen Verbindungslinien zwischen Terrorismus und der heutigen Linken mit dem lapidaren Satz: »Eine Linke ohne Argumente gibt es nicht.« Da die Terroristen nicht (mehr) argumentieren, sind sie eben keine Linken. Hier machen Sie es sich zu einfach: Darf ich Ihnen in Erinnerung rufen, daß es die *neue Linke* (in einigen ihrer vielen Varianten) war, die im Zuge der Studentenrevolte alsbald der Argumente überdrüssig wurde und zu anderen Mitteln der Auseinandersetzung griff? Daß es die *neue Linke* war, in der erstmals nach 1945 das Thema Gewalt aufkam und seither immer wieder eine wichtige Rolle sowohl in der Theorie wie auch in der Praxis des politischen Kampfes gespielt hat? Daß es Linke wie Sie waren und sind, die andere Linke stets von neuem davon zu überzeugen suchen müssen, daß die Gewalt, insbesondere die terroristische Gewalt, in der Bundesrepublik kein Mittel der Politik sein dürfe? Daß es linke Professoren waren, die meinten, sie sollten durch die Veröffentlichung des Buback-Nachrufes eine neuerliche Gewalt-Diskussion in unseren Universitäten einleiten, ohne daß sie selbst durchblicken ließen, warum sie diesen schmählichen Nachruf für diskussionswürdig hielten? Waren es nicht ebenfalls linke Professoren, die, konfrontiert mit den Einzelheiten dieses Buback-Nachrufes, kein vernünftig zu nennendes Argument zu seiner Veröffentlichung vorzubringen wußten? Folge ich Ihren anspruchsvollen Kriterien, Herr Habermas, so handelt es sich bei all diesen Fällen wohl nur um »Verirrungen und Verwirrungen« in der linken Szene, doch wenn deren Urheber alle keine echten Linken sind, bitte, was sind sie dann?

Nun ist »Linke Theorie« gewiß ein pauschaler Begriff für eine kaum zu ordnende Vielfalt von kritischen geistigen Strömungen, die seit der Studentenrevolte in massiver Form auf unser politisches Bewußtsein einwirken. In meinem Buch »Das Elend unserer Intellektuellen«, das Sie so scharf kritisieren, habe ich den Versuch gemacht, einige Denkformen und Argumente der linken Theorie vorzustellen und ihre Wirkung auf das politische Bewußtsein der Bundesrepublik zu untersuchen. Ich war von der Haltlosigkeit, der theoretischen Überspanntheit, der empirischen Unzuverlässigkeit vieler Veröffentlichungen des linken Lagers so überzeugt, daß ich mich vielfach damit begnügt habe, linke Argumentationen bloß vorzuführen, anstatt sie einzeln zu widerlegen, weil ich der Auffassung war, daß sich solche Thesen und Theorien selbst ad absurdum führen. Dies führt Sie zu der Feststellung, mein Buch erwecke den Eindruck, linke Theorie müsse das »besonders konfuse Erzeugnis einiger besonders törichter Personen« sein. Nun habe ich weder Zitate gefälscht, noch mich auf den eben so reichhaltigen wie obskuren Markt linker Druckschriften begeben, noch glaube ich, die Aussagen linker Theorie, die ich im Rahmen meiner Untersuchung für relevant hielt, völlig mißverstanden zu haben, so daß ich aus Ihrer Beurteilung dieses Buches nur den Schluß ziehen kann, ich hätte es mit lauter linken »Idioten« zu tun gehabt.

Das mag sein, denn ich habe bei den zahlreichen linken Schriften, die ich studiert habe, in der Tat wenig von jenen sozialwissenschaftlichen Traditionen entdecken können, von denen Sie sagen, daß der westliche Marxismus sie in sich aufgenommen habe. Ich erkenne zwar, daß Sie damit Ihre eigene Position umschreiben, aber Sie werden doch kaum bestreiten wollen, daß es auch zahlreiche andere Positionen gibt, die sich bei uns links nennen und die dafür gute Gründe vorbringen. Wenn Sie die linken Theorien, die ich vor allem im Visier hatte, für linke Idiotien halten, von denen es auch nach Ihrer Auffassung leider viel zu viele gibt, nun, dann kann ich nicht umhin festzustellen, daß die politische und akademische Diskussion der letzten Jahre zeitweilig zu einem Tummelplatz von »Idioten« geworden sein muß, daß manche dieser linken »Idioten« unsere Kollegen als Professoren sind, daß selbst angesehene deutsche Verlage sich eine Zeitlang darum rissen, derlei »Idiotien« zu drucken, kurz, daß das Ganze offenbar nur ein groteskes oder böswilliges Mißverständnis der wahren, seriösen linken Theorie war.

Schon zu Zeiten der Studentenrevolte hielt »die Linke«, zu deren pauschalem Verteidiger Sie sich heute machen, es für angezeigt, Ihnen zu antworten (»Die Linke antwortet Habermas«), weil Sie anscheinend nicht auf dem richtigen Wege waren, insbesondere, weil Sie das Wort vom »linken Faschismus« in die Debatte geworfen hatten, das Sie heute als eine »Überreaktion« Ihrerseits bedauern. Daß aber jene Linke, der Sie sich selbst gar nicht zurechnen, etwas zu tun hat mit dem Phänomen der »Verwilderung der Argumente« (Buschbeck), mit der maßlosen Diffamierung unserer Demokratie, ja, daß auch der Terrorismus als eine wahnwitzige politische Option einzelner nur begreifbar wird vor dem Hintergrund einer böswilligen Verteufelung unserer demokratischen Lebensordnung, in der angeblich alle möglichen Formen von Repression, Ausbeutung und Terror bereits praktiziert werden (Konsumterror, Leistungsterror, Meinungsterror etc.), können Sie dies so einfach ignorieren und negieren?

Walter Jens bedient sich übrigens des gleichen Denkmodells, wenn er rundheraus erklärt, die linken Intellektuellen in der

Bundesrepublik hätten nicht den geringsten Anlaß zur Selbstbezichtigung. Sie seien seit eh und je für Toleranz und friedlichen Austrag der Gegensätze, für den Pluralismus von Wissenschaft und Kunst, für Freiheit, für Radikalität im Denken und für die Absage an die Gewalt eingetreten. Schön, wenn's so wäre! Ich empfehle Walter Jens unter anderem das »Kursbuch« zur gewissenhaften Lektüre, etwa den Satz von Peter Weiß: »Er (Che Guevara) zeigte: Das einzig Richtige ist, ein Gewehr zu nehmen und zu kämpfen.« (*Kursbuch* Nr. 11)

Selbstbezichtigungen sind natürlich nicht zu erwarten, ich weiß es, sie werden auch nicht verlangt, aber es wäre vielleicht doch gut, wenn manche Intellektuelle, die sich heute so über jeden Tadel erhaben fühlen, und die jene anderen, die nach den geistigen Ursachen des Terrorismus fragen, sogleich der Hexenjagd beschuldigen, etwas mehr von jener Haltung verinnerlicht hätten, die Sie, Herr Habermas, in Ihrem Beitrag im *Spiegel* vom 10. 10. 1977 (Zu den Anklagen gegen die Intellektuellen) so eindrucksvoll beschrieben haben.

Meine eigene intellektuelle Biographie war übrigens von der gleichen Erfahrung bestimmt, die Sie schildern, der Entdeckung nämlich, daß führende Vertreter des deutschen Geistes, wenn ich mich so pauschal fassen darf, Pate gestanden hatten bei der Zerstörung der Weimarer Republik und sogar bei der Machtorgie des Nationalsozialismus. Dies war das Erkenntnis-Motiv für meine frühe Untersuchung über »Antidemokratisches Denken in der Weimarer Republik«; dies ist auch das Motiv, das mich im Blick auf die Verhältnisse in unserer Gegenwart zu einer analogen Untersuchung über die linke Theorie in der Bundesrepublik bewogen hat. Was wir seit einem Dutzend Jahren bei uns erleben, das ist in meinen Augen gegenüber dem System der Bundesrepublik nichts weniger als die Aufkündigung der Loyalität (auch der kritischen) von seiten seines Teils der deutschen Intelligenz. In dieser Hinsicht, nur in dieser, erleben wir heute die Wiederkehr von Weimar, wenngleich es damals eher die rechte Intelligenz war, welche der Republik die Unterstützung versagt hat. Doch ist für die konkrete Verteidigung dieser unserer Republik »links« doch wohl eo ipso nicht besser als »rechts«, wenn es um die entscheidende Frage geht, wodurch ein demokratisches System seinen Grundkonsensus zu verlieren droht, d. h. jene breite Übereinstimmung über die Wertgrundlagen des Gemeinwesens, ohne die es auf die Dauer nicht gedeihlich und in Frieden leben kann.

Die heutige Linke sollte durch die historische Erfahrung mit sozialistischen Systemen im 20. Jahrhundert gewitzt genug sein, von der von ihr so eifrig betriebenen Überwindung der bürgerlichen Gesellschaft unseres Zuschnitts zugunsten einer sozialistischen Ordnung nicht schon die Erfüllung ihrer Menschheitsvisionen zu erwarten. Sie täte darum besser, die Ideale des »kritischen bürgerlichen Denkens«, die ihr so unverzichtbar sind, im Rahmen dieser Verfassungsordnung und ihrer Spielregeln zur Geltung zu bringen, anstatt, wie viele es tun, zur radikalen Opposition gegen das bürgerlich-demokratische System zu ermuntern. Kaum besser erscheint es mir, wie Sie es tun, zu suggerieren, der Terrorismus diene gewissen Politikern nur als Vorwand für eine geistfeindliche Kampagne, die mit 200 Jahren kritischen bürgerlichen Denkens aufräumen wolle. Von solchen Aussagen ist es nicht weit zu jenen absurden Theorien, die uns weismachen wollen, die »Reaktionäre« (auch dies ein neues, an Weimar erinnerndes Wort in der politischen Diskussion der Bundesrepublik) freuten sich insgeheim über den Terror, weil er ihnen Gelegenheit gäbe, die Linke auszuschalten. Ich stimme Ihnen zu, wenn Sie feststellen, es sei in den ersten zweieinhalb Jahrzehnten nach 1945 zum erstenmal gelungen, die verdrängte Tradition der Aufklärung von Lessing bis Marx in ganzer Breite zur Geltung zu bringen, aber nicht mehr, wenn Sie anschließen, ein Augenblick Jugendrevolte habe dann genügt, um Jahre der Reaktion einzuleiten. Das klingt so, als hätten wir ein Vierteljahrhundert geistig gute Zeiten gehabt und befänden uns seit sieben Jahren auf dem Marsch in die Reaktion. Ist es nicht einigermaßen merkwürdig, daß die Zeit in der Bundesrepublik ausgerechnet mit dem Zeitraum zusammenfallen soll, in dem erstmals eine sozial-liberale Koalition die Bundesrepublik regiert? Andererseits erwähnen Sie in Ihrem Brief an mich, daß entscheidende sozialwissenschaftliche Begriffe wie Sozialstaat, Demokratie, Rechtsstaat usw. heute, d. h. nach der Jugendrevolte, tatsächlich nicht mehr nur nach den Definitionsregeln gebraucht würden, die eine bestimmte politische Theorie in Zeiten des Kalten Krieges festgelegt habe. Damit hätten sich in den Sozialwissenschaften »unbefangenere Sichtweisen« durchgesetzt.

Beide Aussagen lassen sich für mich schlecht vereinbaren.

Wenn es in der Tat so ist, daß die Tradition der Aufklärung in Deutschland erstmals nach dem Zweiten Weltkrieg ungehindert zum Zuge kommen konnte, wieso war sie dann, zumindest in den Sozialwissenschaften, noch bis zur Studentenrevolte unterdrückt und hat sich erst mit ihr vom ideologischen Druck des Kalten Krieges befreien können? Aber wie immer man diese Ungereimtheiten interpretieren will, die entscheidende Frage bleibt, ob nach Ihrer Auffassung erst die Studentenrevolte den vollen Durchbruch der aufklärerischen Tradition geschafft und dann eine entsprechende Gegenreaktion ausgelöst hat (Tendenzwende), oder ob es nicht vielmehr – wie ich meine – gerade die Studentenrevolte und ihre intellektuellen Folgeerscheinungen waren, durch die aufklärerische Positionen über den mit der Idee der Humanität und Toleranz vereinbarten kritischen Punkt hinausgetrieben worden sind, so daß sie in der liberalen Demokratie nicht mehr konsens- und kompromißfähig sein konnten. [. . .]

Ich war mir bisher nicht bewußt, mit Waffen aus dem Arsenal der Gegenaufklärung zu hantieren. Wer etwas gegen die Linke sagt (verzeihen Sie den schwer vermeidbaren Pauschalbegriff), wer nicht alle Überspanntheiten, Einseitigkeiten und auch Dummheiten, die linke Intellektuelle produzieren, billigt oder wohlwollend zudeckt, ist der darum schon ein Gegenaufklärer? Sie haben dankenswerterweise auch davon gesprochen, worin Sie die heutige Aufgabe der Intellektuellen erblicken: Sie sollten zusammenwirken, um eine neue und weithin unbegriffene Lage zu analysieren. Sie geben dafür selbst einige tentative Hinweise, denen nachzugehen sich lohnt. Das macht Ihren Beitrag, über die Polemik gegen mich hinaus, lesens- und nachdenkenswert. Indessen wäre es unredlich, bei dieser Bemühung um ein besseres Verständnis unserer Lage, zu der auch das Terroristenphänomen gehört, die Hypothese für tabu zu erklären, daß der politische Terrorismus in der Bundesrepublik mit der radikalen Linken, mit linken Theorien, mit politischer Sozialisation in linken Zirkeln etc., etwas zu tun haben könnte. Ich meine, daß einige Anhaltspunkte dafür sprechen und lasse mir nicht nehmen, diese Prüfung auch für ein Stück Aufklärung zu halten.

Sie wollen die Republik verteidigen, Herr Habermas, ich will es auch, und ich habe mein publizistisches und sonstiges wissenschaftliches Wirken immer so verstanden. Vielleicht ist heute der Augenblick gekommen, in dem es mehr als je zuvor darum geht, daß wir diese Verteidigung der Republik – und zwar nicht ihrer abstrakten Idee, sondern ihrer unvollkommenen und entwicklungsfähigen Wirklichkeit – als unsere gemeinsame Aufgabe erkennen und praktizieren. Dazu möchte ich Ihnen gerne die Hand reichen.

Mit freundlichen Grüßen
Ihr Kurt Sontheimer

Lieber Herr Sontheimer,

Sie werden nicht erwarten, daß mich der Tenor Ihrer Antwort beruhigt hat. Sie nehmen mich von dem Vorwurf, die Linke habe den Terrorismus vorbereitet und nun auch zu verantworten, aus; aber Sie üben in meinem Falle nur Großmut, um den Vorwurf als solchen zu bekräftigen. Sie sagen, daß ich mich den wie immer substanzlosen Schuldzurechnungen so lange aussetzen werde, wie ich mich von den »Idioten« unter den Linken nicht deutlicher distanziere. Wenn das eine Voraussage ist, mögen Sie wohl recht haben, wenn Sie mir damit einen Rat geben wollen, bedaure ich, ihn nicht befolgen zu können.

Dem Zwang zu einer Solidarisierung gegen besseres Wissen habe ich mich stets widersetzt; in der Absicht einer Kritik um gemeinsamer Ziele willen, habe ich Distanzierungen vollzogen zu einer Zeit, als das noch unbequem war. Aber von wem sollte ich mich heute distanzieren? Von denen, die den Terror üben? Mit ihnen hat niemals eine Gemeinsamkeit bestanden. Von denen, die den Terror rechtfertigen? Wo gibt es die? Und wenn es sie gäbe – ich wäre der letzte, der sie mit Worten erreichen könnte. Oder schließlich von den Sozialisten, die heute verleumderisch mit dem Terror in Verbindung gebracht werden? Nein, von dieser Linken distanziere ich mich nicht. Differenzen sind während der letzten Jahre fast gleichgültig geworden im Anblick der Gefahren, die Sie, Herr Sontheimer, so wenig zu sehen scheinen, daß Sie ihnen publizistisch sogar Vorschub leisten. Lassen Sie mich die drei wichtigsten Gefahren erläutern.

1. Es besteht heute die Gefahr, daß in Rechtsprechung, Politik, Verwaltung und Publizistik, in Schulen, Universitäten und Betrieben Carl Schmitts Theorie der »innerstaatlichen Feinderklärung« zur Routine wird. Nach dieser Theorie beweist der Staat seine Autorität in Gefahrensituationen dadurch, daß er

»den inneren Feind« bestimmt. Nun könnte man meinen, daß sich die Terroristen selbst als Feinde des Staates definieren. Aber ihnen gegenüber beweist, wie wir wissen, der Rechtsstaat seine Autorität gerade dadurch, daß er sie nicht als Feinde, sondern als Kriminelle behandelt, die unter dem Gesetz stehen. Nur ein Staat, der sich das faschistische Selbstverständnis Carl Schmitts zu eigen machen würde, brauchte innere Feinde, die er, wie im Kriegsfall die äußeren Feinde, bekämpfen darf.

Vor diesem Hintergrund erhält die systematische Suche nach Sympathisanten einen makabren Sinn. Die »geistig-politische Auseinandersetzung« verwandelt sich in dem Maße, wie sie zur Intellektuellenhetze ausartet, zum Versuch, den inneren Feind zu definieren. Demgegenüber erscheint die polizeiliche Fahndung nach den Tätern beinahe als Nebensache. So macht beispielsweise Karl Friedrich Fromme seinen Lesern klar, wer die eigentlichen Täter sind: »Die Sympathisanten, die nie einem Terroristen Nachtlager und Reisegeld gegeben haben, sind die wirklich Gefährlichen. Sie haben zwar ›nichts getan‹, sie haben nur ihre Meinung gesagt, sie haben nur nachgedacht.« (FAZ vom 2. 8. 77) Nach den geistigen Wurzeln von Herrn Fromme brauchen wir wenigstens nicht zu suchen.

Strauß hat in der Bundestagssitzung vom 5. Oktober seine Rede mit der Bemerkung beendet, er habe Respekt vor den demokratischen Linken, aber unter »demokratischem Sozialismus« könne er sich nichts mehr vorstellen: »Was wir als Bürger und als die Erbauer dieses Staates gemeinsam verlangen müssen, sind endlich die geistige Klärung und die politische Schlußfolgerung aus dieser Klärung.« Da möchte man denn doch gerne wissen, welche Schlußfolgerungen Strauß aus der Tatsache ziehen will, daß der »demokratische Sozialismus« seine, für den Staat offenbar repräsentative Vorstellungskraft übersteigt. Soll vielleicht die Bandbreite der politischen Auffassungen, die noch als legitim gelten dürfen, bei den Befürwortern des gezielten Todesschusses, also irgendwo in der Nähe des Bundesjustizministers enden? Egon Bahr jedenfalls sah Grund genug, um auf dem Hamburger Parteitag seinen Genossen nahezulegen, »vor dem Wort ›demokratischer Sozialismus‹ keine verbale Fahnenflucht anzutreten«.

Sie werden denken, ich dramatisiere Entgleisungen. Nur deshalb erwähne ich einen Artikel der *New York Times* vom 13.

November, der mir in diesem Augenblick, wo ich an Sie schreibe, mit dem Brief eines Freundes auf den Tisch kommt. Diesem Bericht zufolge hat Graf Stauffenberg die Meinung vertreten, daß nicht die Terroristen die Sympathisanten, sondern die Sympathisanten die Terroristen erzeugt hätten, um dann in bekannter Manier Roß und Reiter zu nennen: »Die Frankfurter Schule hat gelehrt, daß Gewalt gegen Sachen gerechtfertigt ist, und natürlich hat das zum nächsten Schritt der Gewalt gegen Personen geführt.« So trägt der Starnberger Bundestagsabgeordnete zur internationalen Verbreitung von Lügen bei, von deren Unwahrheit er sich nicht erst durch mühsame Archivarbeit, sondern in der nächstbesten Buchhandlung hätte überzeugen können.

Ich stoße in einem soeben erschienenen Buch auf eine hübsche Sammlung von Zitaten über linke Intellektuelle, über »Schreibtischtäter«, die »ihr Gift mit Druckerschwärze verschießen«, über die »intellektuellen Steinwerfer«, deren »mit sauberen Fingern auf unschuldigem Papier niedergelegte Theorien die Baaders zu mörderischen Konsequenzen getrieben haben«; so geht das weiter in einem Stil, den wir inzwischen alle kennen. Erstaunt haben mich nur die Belege. Die Zitate stammen aus den Jahren 1972 bis 1975. Der Sympathisantenbegriff ist in der Bundesrepublik seit dem Jahre 1971 im Umlauf. Als ein Schatten des Terrors ist er aufgetaucht; für die Nutznießer des Terrors ist er längst zu dessen eigentlicher Substanz geworden. Ihnen bietet der Terrorismus endlich die Gelegenheit, den inneren Feind zu definieren. Und in dieses Geschäft lassen Sie sich, Herr Sontheimer, ein erklärter Liberaler, hereinziehen?

2. Eine zweite Gefahr sehe ich darin, daß die über öffentliche Bürokratien gezielt ausgeübte Demoralisierung der Linken tatsächlich Erfolg haben könnte. Die ersten Anzeichen sind nicht mehr zu übersehen. Sie brauchen sich, wie ich annehme, nicht erst von dem Präsidenten der westdeutschen Rektorenkonferenz, dem Forstwissenschaftler Steinlin, über die »erschreckend unkritische Haltung der Studenten« aufklären zu lassen. Selbst in Fragen, wo dies wissenschaftlich geboten sei, wage es niemand mehr, sich zu exponieren. Wie sollte das auch anders sein, nach fünf Jahren lückenloser bürokratischer Gesinnungskontrolle für Anwärter des öffentlichen Dienstes? Ich will die Mittel politischer Einschüchterung nicht noch einmal inspizieren. Sie reichen von den harten Bandagen eines zum Einschüchterungsin-

strument umfunktionierten Beamtenrechts bis zu einfallsreichen Finessen wie dem Verbot des bayerischen Kultusministers für Kriegsdienstverweigerer, ihren Ersatzdienst in Institutionen abzuleisten, wo sie einen schlechten politischen Einfluß auf Jugendliche haben könnten! Was mich mehr bedrückt als diese Praxis selbst, ist deren Wirkung: die Linke wird demoralisiert.

Ein Beispiel aus jüngerer Zeit bietet die Erklärung, die der niedersächsische Kultusminister elf Hochschullehrern seines Landes im Zusammenhang mit der umstrittenen Mescalero-Dokumentation abverlangt hat. Mit ihrer Unterschrift unter die ministeriell vorformulierte Erklärung mußten die Hochschullehrer Behauptungen dementieren, die sie nie aufgestellt haben (die Rechtfertigung des Terrorismus), und erneut eine Loyalität bekräftigen, die sie nie aufgekündigt haben (die Treuepflicht des Beamten). Der psychologische Kern institutioneller Selbstentwürdigung ist aus den geschichtlichen Beispielen ritueller Selbstkritik wohl bekannt. Schlimm genug, daß ein Minister Hochschullehrer zu Kreaturen machen möchte; aber schlimmer ist doch wohl, daß die Betroffenen das unsägliche Dokument (das sich auch noch hinter dem Wortlaut eines höchstrichterlichen Urteils verschanzt) tatsächlich unterzeichnet haben.

Sie finden es merkwürdig, daß die Zeit der Reaktion in der Bundesrepublik ausgerechnet mit der Regierungszeit der sozialliberalen Koalition zusammenfallen soll. Da müssen wir schon etwas genauer periodisieren (wobei mir klar ist, daß jede geschichtliche Periodisierung eine grobe Vereinfachung verlangt). Während der Adenauer-Erhard-Ära ist die innenpolitische Entwicklung der Bundesrepublik durch eine auffällige Arbeitsteilung bestimmt worden: die Regierung hat für eine (alles in allem erfolgreiche) ökonomisch-gesellschaftliche Restauration gesorgt, während die Intellektuellen, im Gegenzug zur Mentalität des Kalten Krieges und des kapitalistischen Wiederaufbaus, die verdrängte Tradition der Aufklärung von Lessing bis Marx in ihrer ganzen Breite zur Geltung gebracht haben. Der Augenblick der Jugendrevolte deckte sich ziemlich genau mit den drei Jahren der Großen Koalition. Und wenn es bei uns überhaupt je eine Konvergenz zwischen den Antrieben der Regierungsprogrammatik und den Grundüberzeugungen der meisten Intellektuellen gegeben hat, dann in den Jahren, die auf die Wahl Heinemanns zum Bundespräsidenten gefolgt sind, also während der ersten sozial-liberalen Regierung. Diese kurze Periode wird heute belächelt, im vornehmen Ton des CSU-Vorsitzenden als eine Periode der Spinner, Traumtänzer und Wolkenschieber. Wir haben dann ja auch mit dem Radikalenerlaß alsbald zu einer Realpolitik zurückgefunden, die sich nun, weil sie auf eine Revolte von links reagieren konnte, der Hemmungen ledig fühlen durfte, die der Diskreditierungseffekt der Naziperiode den gesunden deutschen Traditionen bis dahin auferlegt hatte. Diese Enthemmung ist auch ein Verdienst der Schriftsteller, die die Tendenzwende propagiert haben. Der Weg der Reaktion hat über das Hochschulrahmengesetz, über das Bundesgerichtsurteil zum § 218, über die Art. 88a und 130a des Strafgesetzbuches, über den Verfassungsbruch der Traubeaffäre, der den ehemals liberalen Verfassungsminister *nicht* zum Rücktritt bewogen hat, und über diverse Basteleien am Strafprozeßrecht vorerst bis zu jener erschreckenden Minute geführt, als Wehner im Bundestag die Rede des Abgeordneten Coppik, die, hätten wir eins, ins republikanische Lesebuch gehörte, unterbrach.

Verstehen Sie mich nicht falsch, die überragende politische Bedeutung Wehners steht auf einem anderen Blatt. Aber man fragt sich doch, was es bedeutet, wenn der Fraktionsvorsitzende jenen Abgeordneten schlicht die Ehre abschneidet, die einen klaren Kopf bewahren und wissen, was einigen anderen erst nachher dämmerte: daß das Kontaktsperregesetz nicht nur hastig zusammengeflickt ist, sondern an die rechtsstaatliche Substanz geht. Der Sozialdemokratische Parteitag hat einen Schweizer Schriftsteller, unseren verehrten Max Frisch, eingeladen, um sich von draußen Mut machen zu lassen: »Kampf gegen die Hysterie, die einspurt auf Kristallnacht-Mentalität, und Kampf für mehr Demokratie.« Kann die SPD eine solche Aufforderung schon nicht mehr akzeptieren, wenn sie aus den eigenen Reihen kommt? Kann diese Partei den Augenblick noch erkennen, wenn sie, gegebenenfalls, wählen muß zwischen Regierungsmacht und ihrer eigenen Identität? Sie zerstört diese Identität, wenn sie, und wir sind nahe genug daran, das Existenzrecht der Linken in der Bundesrepublik preisgibt, *auch* derjenigen Linken, die den Demokratischen Sozialismus nicht gerade auf der Linie der gegenwärtigen Regierungspolitik anstreben. Wir können nur hoffen, daß die Schweizer Schwalbe einen bundesrepublikanischen Sommer macht.

3. Aus den ersten beiden Gefahren ergibt sich eine dritte. Wenn diesmal die linken Intellektuellen zum innerstaatlichen Feind erklärt und wenn sie durch breitenwirksame Verleumdung moralisch entwaffnet würden, wäre dann nicht die Front derer empfindlich geschwächt, die rechtzeitig einer Aushöhlung der republikanischen Identität unseres Gemeinwesens entgegentreten? Die Wiederbelebung historistischer Denkweisen auf vielen Gebieten, die Abkehr vom abstrakten Universalismus der Aufklärung, die Diskreditierung von Fortschrittsperspektiven, die Aufwertung traditionaler Lebensformen, die subkulturelle Aneignung fernöstlicher Traditionen, der Sinn fürs Partikulare – wie immer wir die neukonservativen Stimmungslagen der 70er Jahre umschreiben wollen, sie begeistern mich nicht, aber sie haben auch ein Gutes. Sie erinnern uns daran, daß die geschichtliche Identität eines Gemeinswesens eine konkrete Gestalt hat und von Prinzipien allein nicht leben kann.

Bei uns läuft freilich diese Besinnung sogleich auf Positivitätshuberei hinaus. Erwünscht sind die konkreten Ordnungsdenker, unerwünscht die Kritiker, die unsere heile Welt verteufeln. Auch Sie, Herr Sontheimer, rufen die linken Intellektuellen zur Ordnung; wir sollen alle wieder etwas positiver werden. Herr Dregger führt neuerdings den Terrorismus in unserem Lande darauf zurück, daß unsere nationale Identität durch den verlorenen Krieg erschüttert worden ist, und daß die Linke nach dem Kriege alles daran gesetzt hat, mit dem Rest an geschichtlichen Kontinuitäten aufzuräumen. Ich halte nicht alles, was Herr Dregger sagt (und nur weil er es sagt) für falsch. Aber wenn es darum geht, die Identität unseres Gemeinwesens, und zwar eine dezidiert republikanische, zu sichern, wie sollten Dregger und seine nationalkonservativen Freunde das zustande bringen? Eine Anknüpfung an die Nazizeit kann (trotz der Sympathien für Südafrika) nicht gemeint sein; eine Anknüpfung an die Weimarer Republik, die vor den Nazis kapituliert hat, nicht so ohne weiteres. Herrn Dreggers Perspektiven können eigentlich nur ins Kaiserreich zurückweisen. Und wenn man will, entdeckt man unter den Stichworten Realpolitik, Kulturkampf und Sozialistengesetz schon entfernte Parallelen. Auch die Sozialdemokraten laufen Gefahr, daß ihre Mentalität unter dem massiven Druck der Neuen Rechten so verformt wird wie seinerzeit, und folgenreich genug, die der Liberalen unter dem Druck Bismarcks.

Diese simple Überlegung soll zeigen, daß in einem Volke, von dem Marx sagen konnte, daß es nur die Restaurationen der modernen Völker geteilt hat, ohne ihre Revolutionen zu teilen, eine republikanische Identität allein von Leuten wachgehalten werden kann, die nicht zu positiv denken, d. h.: die sich nicht, wie Benjamin der Geschichtsschreibung des Historismus vorgehalten hat, in den Sieger einfühlen. Die wenigen Freiheitskämpfe, die die deutsche Geschichte von den Bauernkriegen über die badischen Aufstände des Vormärz bis zur Rätebewegung und die vereinzelten Widerstandshandlungen gegen das Naziregime aufzuweisen hat, bilden, wenn nicht in der Geschichte der Ideen, so doch der Taten, den hauchdünnen Traditionsfaden einer deutschen Republik.

Ich habe, Herr Sontheimer, drei akute Gefahren benannt, die mich wünschen lassen, daß sich die Linke in der Bundesrepublik nicht weiter entmutigen läßt durch den Versuch, sie mit der historisch-politischen Verantwortung für die Terroranschläge zu belasten. Auch Sie können diese fatale Assoziation nur herstellen, wenn Sie sich über wesentliche Asymmetrien hinwegsetzen. [. . .]

Lieber Herr Sontheimer, ich gestehe, daß die Distanz zu manchem Altersgenossen unter unseren Kollegen fast schon unüberbrückbar geworden ist. Ich habe auch in diesem Brief kein Blatt vor den Mund genommen, die Zeiten sind nicht danach. Aber diese Schroffheit sollte, was uns betrifft, keinen falschen Eindruck hinterlassen. An Sie habe ich geschrieben, und nicht an einen Entfernteren, weil, wenn nicht einmal mehr zwischen uns die Distanzen zu überbrücken wären, der Riß, der heute durch die Universität geht, noch tiefer klaffen würde, als ich im Augenblick anzunehmen bereit bin. Ich wünsche uns beiden, daß er sich nicht vertieft und bin

mit freundlichen Grüßen
Ihr J. H.

(15) *Walter Jens*
    Phantasie und gesellschaftliche Verantwortung

Walter Jens, geb. 1923, Professor für klassische Philologie und allgemeine Rhetorik in Tübingen, Autor belletristischer wie essayistischer
Werke (darunter *Nein – Die Welt der Angeklagten,* 1950; *Vergessene
Gesichter,* 1952; *Deutsche Literatur der Gegenwart,* 1961; *Von deutscher Rede,* 1969) hielt die nachfolgend abgedruckte Rede »zur literarischen Situation in der Bundesrepublik« auf dem Kongreß des Verbandes deutscher Schriftsteller in Frankfurt 1974 (zitiert nach Walter Jens:
Republikanische Reden, München 1976, S. 81–92).

Phantasie und gesellschaftliche Verantwortung: Das ist, auf den
ersten Blick, ein Begriffspaar wie Himmel und Hölle, Feuer und
Wasser, Kunst und Natur: Eine kontradiktorische Formel, die
auf den alten Kampf zwischen den Anwälten einer zweckfernen,
autonomen, gegen soziale Rezeption protestierenden »poésie
pure« und den Advokaten jener engagierten Literatur verweist,
die zuallererst den Gebrauchswert künstlerischer Produktion
betont.

Phantasie und gesellschaftliche Verantwortung: Da wird
»Ästhetik« gegen »Politik«, »Distanz« gegen »Propaganda«,
»Verweigerung« gegen »Parteilichkeit«, die »totale Negation«
gegen die sogenannte »richtige Gesinnung« ausgespielt; da werfen die einen den anderen vor, die These »Kunst ist auf Politik
abzustellen« verriete die Kunst, und die anderen antworten den
einen, es sei immer noch besser, die Kunst als – durch eine Ästhe-
tisierung des Politischen – den sozialen Auftrag der Literatur zu
verraten.

Phantasie und gesellschaftliche Verantwortung: Das ist das
Thema des großen Streitgesprächs zwischen Adorno und Lukács
(einer Redeschlacht à la Settembrini und Naphta), in deren Verlauf Freunde zu Feinden, Feinde zu Freunden werden: Walter
Benjamin, die Identität von authentischer politischer Einstellung
und künstlerischer Qualität betonend, widerspricht der Frankfurter These, daß das gesellschaftliche Verhältnis der Kunst auf
der Werkimmanenz der Gesellschaft und nicht auf der Gesell-
schaftsimmanenz des Kunstwerks beruhe; Lukács und Brecht

versöhnen sich in gemeinsamer Opposition gegen die kritische Schule, Adorno wiederum erhält Schützenhilfe aus unerwarteter Richtung: stellvertretend für eine Gruppe von revolutionär gesonnenen Sozialdemokraten erklärt Wilhelm Liebknecht, daß die große Kunst, als »Bildnerin« des Volkes, parteilos sei und mit Klassen-Agitation und Propaganda nichts zu tun haben dürfe.

Phantasie und gesellschaftliche Verantwortung: Das sind, heute so gut wie zu Zeiten von Liebknecht und Mehring, die Parolen zweier linker Fraktionen (die Rechte hält sich heraus), die sich darüber einig sind, daß es die Aufgabe der Kunst sei, denen zu helfen, die gezwungen sind, im wörtlichen und übertragenen Sinne ein kunstloses Leben zu führen: den Deklassierten. Die Frage ist nur – und hier beginnt der Streit –, ob die Kunst eher ihrer Verpflichtung nachkommt, wenn sie, als Kunst, Hilfe verweigert: also den Standpunkt eines »revolutionären« Ästhetizismus bezieht, oder wenn sie, Partei nehmend und »reformerisch« unmittelbar in die politischen Auseinandersetzungen eingreift.

Die Fronten, so scheint es, sind klar; die Positionen stehen einander schroff gegenüber: Hier – von der Gegenpartei als Elfenbeinturm etikettiert – der Hort der Ästheten, die darauf pochen, daß in einer Welt der totalen Verwaltung nur noch die große Kunst das Einverständnis mit dem Bestehenden aufkündigen könne: aufkündigen durch ihren Entzug; dort – von den Artisten als eine Agitationszentrale verketzert, deren Methoden den Praktiken der Herrschenden glichen – die Werkstatt der Literaten.

Tertium non datur, so scheint es. Aber es scheint eben nur so. In Wahrheit ist der Gegensatz zwischen Phantasie und gesellschaftlicher Verantwortung, zwischen einer Kunst, die die Partei der Deklassierten ergreift, indem sie sich, auf Autonomie pochend, der Verwertung und Vermarktung zu entziehen sucht, und einer Literatur, die den Markt zur Verteilung von Konterbande und Kassibern benutzt . . . in Wahrheit ist dieser Gegensatz illusionär. Auf der einen Seite hat das »autonome Gebilde«, wie es die Frankfurter Ästhetik beschwört, allenfalls die Bedeutung einer idealtypischen Fiktion, und es ist bezeichnend, daß Adorno sich gehütet hat, sein »Kunstwerk höchster Dignität« jemals beim Namen zu nennen, ihm eine Geschichte zu geben, seinen Autor zu zitieren und den Rezeptionsprozeß zu analysieren: Dann nämlich hätte sich sehr schnell gezeigt, daß es oft genug die sogenannte »reine Kunst« gewesen ist, die in extremem Maße Politik gemacht hat. Das Beispiel George spricht für sich selbst. Auf der anderen Seite aber zeugt es von Blindheit, wenn nicht nur die Autonomie-Ideologen, sondern auch die Vertreter der Zweckkunst: die Gebrauchskünstler selbst, die spezifisch ästhetische Qualität ihrer Produkte verkennen und nicht bemerken, wie sehr die adressatenbezogene Struktur ihrer Texte jenen rhetorischen Mustern verpflichtet ist, die den *Junius-Briefen,* der Miltonschen *Areopagitica* oder Swifts *Bescheidenem Vorschlag* einen Kunstcharakter gibt, der die Agitation nicht verharmlost, sondern verschärft, weil er – nachzuprüfen am *Hessischen Landboten* – der Propaganda die Evidenz des Katechismus verleiht: das Zeichen des ›so und nicht anders‹. Unter solchen Aspekten erweist sich die scheinbar kontradiktorische Formel *Phantasie und gesellschaftliche Verantwortung* als Zeichen, das auf ein dialektisches Spannungsverhältnis verweist. Wer auf Autonomie pocht, bezieht Partei, und wer, als Schriftsteller, politisch wirken will, bedarf jener Phantasie, zu der, mit Hegel zu reden, »zunächst die Gabe und der Sinn für das Auffassen der Wirklichkeit . . . sowie das aufbewahrende Gedächtnis für die bunte Welt« gehören. Phantasie, das ist hier zu lernen, hat also nichts mit subjektivistischer Willkür und »selbst gemachten Einbildungen« zu tun – »ein idealistischer Anfang in der Kunst«, schreibt Hegel, »ist immer verdächtig . . . der Künstler hat aus der Überfülle des Lebens zu schaffen«.

So betrachtet, sind autonome und wirkungsintentionale Literatur – einander weniger widersprechend als einander ergänzend – gleichberechtigte Möglichkeiten, um – hier mittelbar, dort direkt, hier distanziert, dort parteiisch – den politischen status quo zu verändern. Beide Literaturen – deren Gemeinsamkeit auf der Weigerung beruht, der Affirmation bestehenden Unrechts zu dienen – haben ihre Chancen, beide ihre Gefahren. Die *Chance* der einen: Mit Hilfe der Dunkelsprache dort Widersprüche sichtbar zu machen, wo kein Widerspruch geduldet wird: unter dem Diktat des Marktes und der Macht. Die Chance der anderen: Den – noch bestehenden – Freiraum der Literatur zu nutzen, um Parolen zu formulieren, die in politischer Praxis einklagbar sind. Die *Gefahr* der einen: Die Aussage so weit zu verschlüsseln: die Utopie so vag zu beschreiben, als irrealen Traum und nicht, im Sinne Blochs, als höchst konkrete Utopie, daß Literatur die schlechte Praxis nicht widerlegt, sondern – dem Manichäismus der Regierenden zunutze – befördert: Das Leben bitter, angenehm die Kunst; am Tag die Juden vergast, am Abend Gedichte gelesen: Literatur als Alibi. Die Gefahr der anderen: Das Schreiben mit der Aktion zu verwechseln, Wort und Tat zu identifizieren und so die Kluft zu ignorieren, der zwischen dem Gedanken und der Verwirklichung des Gedankens besteht.

Was jeweils politisch durchschlägt oder was sein Ziel verfehlt, in emanzipatorischer Absicht Bewußtsein zu bilden, hängt von der Situation ab. Wenn sie sich wandelt, wandelt sich die Rezeption: Das ist der Grund, warum Kafkas Romane, die man in unseren Gymnasien unter dem Aspekt »Die Autoren-Perspektive und ihre Bedeutung« als Bildungsgut konsumiert, in Liblice politische Sprengkraft gewannen. Das erklärt es, warum sich, auf der einen Seite, Kommerzienräte bei der *Dreigroschenoper* königlich amüsierten, während, auf der anderen Seite, Wolfgang Borcherts – scheinbar höchst abstraktes, dem O-Mensch-Pathos verpflichtetes – »Manifest« als Dokument der Zersetzung den Bonner Bundestag beschäftigte. Es gibt offenbar Zeiten, in denen sich die Herrschenden so sicher fühlen, daß sie selbst das beklatschen, was bestimmt ist, ihren Untergang zu besiegeln, und es gibt andere Zeiten, in denen die regierende Schicht, da sie verunsichert ist, sogar Naturlyriker als Konspirateure verdächtigt . . . und wie viel mehr erst diejenigen, deren Credo Brechts Gedicht *Schlechte Zeiten für Lyrik* ist: »In mir streiten sich die Begeisterung über den blühenden Apfelbaum und das Entsetzen über die Reden des Anstreichers. Aber nur das zweite drängt mich zum Schreibtisch.«

Kurzum, wir kennen Epochen, in denen die Society es sich glaubt leisten zu können, einem Drama wie dem Vietnam-Diskurs von Peter Weiss zu applaudieren, weil es hier ja nur um Literatur geht, und wir kennen andere Epochen, Zeiten wie unsere – Bundesrepublik Deutschland, Herbst 1974 –, in denen die regierende Klasse demonstrieren will, wer Herr im Hause ist. Dann auf einmal wird nicht mehr geklatscht und nicht einmal mehr toleriert, ja, dann wird das Erwünschte noch nicht einmal auf dem bewährten Weg der Internalisierung durchgesetzt. Dann wird verboten. Dann wird zensiert. Noch sind's Einzelfälle: Der Siemens-Konzern setzt sich, mit Hilfe des Gerichts, gegen den Schriftsteller Delius durch. Das Schweizer Kapital verhindert ein eher liberal als klassenkämpferisch akzentuiertes Projekt und hält dem Chef des Hauses Suhrkamp ein Hegel-Kolleg. *Phänomenologie des Geistes*, Teil IV, Kapitel A: Herr und Knecht.

Noch, wie gesagt, sind's Einzelfälle; aber auch diese bereits könnten genügen, die Selbstzensur, die schon jetzt in unseren Verlagen und Rundfunkhäusern grassiert, so perfekt zu organisieren, daß sich ein direktes Verbot künftig erübrigt. Die Möglichkeiten der Schriftsteller sind geringer geworden, daran gibt's nichts zu deuteln; das Diktat der Macht, ablesbar an den Befehlen von Siemens und Co., wird ergänzt durch das Diktat des Markts: Im Zeichen des großen Roll back ist linke Literatur nicht mehr gefragt . . . wenn überhaupt, dann allenfalls in Memoiren-Form; man muß Böll heißen, um, vor den Kameras, ein Gespräch mit einer Kommunistin führen zu können, man muß die Mutter eines zum Renegaten gestempelten Schriftstellers sein, um sich als Kommunistin bekennen zu dürfen, man muß anno 74 zu den Prominenten gehören, um nicht als Roter verschrien zu werden, nur, weil man Thesen vertritt, die Anno 47 die Programme der Christdemokraten bestimmten. – Konservatismus ist wieder en vogue. Ein Mann, der die Stirn hatte, Hitlers Raubkrieg mit dem Satz zu kommentieren: »Das Strittige ist so gehäuft, daß nur das Feuer es aufarbeiten kann«: der Schriftsteller Jünger empfängt – so als sei das die selbstverständlichste Sache der Welt – ausgerechnet einen Preis, der den Namen eines bürgerlichen Aufklärers: den Namen Friedrich Schillers trägt. Mag der Name des Preisträgers austauschbar sein: Es ist kein Zufall, daß eine Ehrung wie diese in einer Stunde erfolgt, da die Reaktion im Lande, um endgültig zu triumphieren, im ideologischen Bereich der Dialektik von Gassen-Jargon und feudalem Geplauder bedarf: Auf der Straße den Ziesel und den Jünger im Olymp!

In der Tat, das Aktionsfeld der demokratisch gesonnenen Schriftsteller hat sich, in diesem Lande, verkleinert; der politische Rückhalt der Vielen – das sind die hier Versammelten: die gewerkschaftlich organisierten Autoren – ist geringer, die Machtbasis der Wenigen – zentriert um den Springer-Konzern – größer geworden. Aber auf der anderen Seite ist das Feld, das uns blieb, ein *Aktions*-Feld – und keine Spielwiese mehr. So lange wir Hofnarren waren: Literaten, die gesellschaftlichen Ruhms dann am gewissesten sein durften, wenn sie die Gesellschaft beschimpften, konnten wir tun, was wir wollten. Das ist jetzt anders geworden. In einem Augenblick, da die sozialen Antagonismen immer deutlicher werden – private Macht und öffentliche Armut, gesellschaftliche Produktion und individuelle Aneignung, hier die Soziale Marktwirtschaft und dort die Kapitalkonzentration, die die Soziale Marktwirtschaft längst außer Kraft gesetzt hat . . . in diesem Augenblick gewinnt die Poesie ihre politische Funktion zurück – und mit dieser Funktion jenes Maß an Relevanz und Einfluß, ohne das sie unverbindlich bleibt. So paradox es klingt: Als die Literatur mächtig zu sein schien – ganze Buchreihen in der Hand von Marxisten! –, war sie in Wahrheit gesellschaftlich ohne Belang. Jetzt, da sie sich in jenes reale Bezugssystem eingepaßt sieht, das unsere Ordnung charakterisiert (wenige, die viel, und viele, die wenig besitzen): jetzt, da sie, der Basis näher, die Herrschaft im Wolkenkuckucksheim gegen den Frondienst auf der Erde eingetauscht hat – dem Markt ausgeliefert, von politischer Disziplinierung bedroht –, jetzt, da sie auf schwachen Beinen steht (und nicht mehr auf Märchen-Stelzen), kommt für sie die Stunde, da sie sich bewähren muß.

Sie hat nun die Wahl: Sie kann – unter dem Vorwand, die Manipulationsmöglichkeit der Kulturindustrie sei so total, der Appell des Markts so unwiderstehlich, daß sich selbst der Widerstand eingeplant sähe – eine Politik der Anpassung treiben: Rückverwandlung in den Einzelgänger; Monologe am Schreibtisch; Retirade aus der Politik; die Begeisterung über den blühenden Apfelbaum bringt das Entsetzen über die Reden der Anstreicher zum Schweigen. Sie kann aber auch jene gesellschaftlichen Widersprüche verstärken und dramatisieren, die, auf ideologischem Feld, die Beschwörung einer Kulturindustrie à la Frankenstein (alles verzerrt, alles verblendet) als Legende enthüllen. Sie kann – in einem Moment, da alle Kunst entweder Bestätigung oder Verweigerung bestehender Herrschaftsverhältnisse, Stützung oder Gefährdung, aber kein unverbindliches Spiel mehr ist – ihre durch die Arbeitsteilung gegebene Autonomie ausschöpfen (mag die auch so bescheiden sein, wie sie will), und sie kann die ihr gewährte Distanz gegenüber gesellschaftlichen Vorgängen dazu nützen, um hinter dem Wirklichen das Mögliche und hinter dem Gegebenen jenes andere sichtbar zu machen, das, weil es uns aufgegeben ist, nicht aufgegeben werden darf. Diesem Auftrag aber

– und es *ist* ihr Auftrag – wird die Literatur nur gerecht werden können, wenn sie sich ihrer Grenzen bewußt bleibt: Wenn sie also realisiert, daß sie selber keine Produktivkraft ist. (Das zu behaupten, hieße, man kann es nicht oft genug sagen, den Unterschied zwischen materieller Produktion und ideeller Verarbeitung der Produktionsweise aus dem Blick zu verlieren.) Sie kann ihn nur erfüllen, den Auftrag, wenn sie begreift, daß sie Politik vertritt, aber nicht die Alternative von Politik ist und daß sie Praxis verändert, aber keine Praxis ist. Auf der anderen Seite aber wird sie, allen vulgärmarxistischen Dekreten zum Trotz, mit Nachdruck darauf verweisen, daß sie – auch wenn sie im *hic et nunc* wirkungslos ist – auf die Dauer als bewußtseinsprägende Kraft die Realität nachhaltig verändert: Sie, die die Wirklichkeit nicht reflektiert, sondern verarbeitet! Sie, die die Realität nicht spiegelt, sondern ihr den Spiegel vorhält! Sie, die dank ihrer Distanz zur ökonomischen Basis: als Anwältin der Ungleichzeitigkeit die Möglichkeit der Stellvertretung des Vergangenen (aber noch Unverzichtbaren) so gut wie die Fähigkeit der Antizipation des Künftigen (aber bereits Realisierbaren) hat: Literatur, die, statt Basis-Phänomene zu verdoppeln, Basis-Phänomene erst zur Kenntlichkeit entstellt und dadurch, wenngleich auf ideologische Weise, Ideologie transzendiert!

Ich denke, es wird hohe Zeit, daß wir uns, in einer nüchternen Bestandsaufnahme, die Grenzen, aber auch die Chancen einer Literatur vergegenwärtigen, die zu schreiben möglich ist. Kein Zweifel, viele von uns – verführt nicht durch Karl Marx, wohl aber durch borniert Marx-Exegeten – haben sich einschüchtern lassen, haben geglaubt – da sie Bürger seien: ausgegrenzt zwar aus der Gesellschaft und dank ihrer Privilegien entlastet: aber eben doch Bürger! –, sei ihr gesellschaftliches Bewußtsein rebus sic stantibus notwendig falsches Bewußtsein, und darum gäbe es für sie auch keine Möglichkeit, die alltägliche Misere jedenfalls im Spiegel der Literatur aufzuheben, die Vergangenheit, unser literarisches Erbe zumal, mit kritischem Blick zu durchmustern und künftigen Lösungen vorgreifend im Sinne jener Brechtschen Sentenz zu imaginieren, die da besagt: »Die Art, auf die Überbau entsteht, ist: Antizipation.« Jawohl, viele von uns sind in den letzten Jahren einer Art von ökonomischem Schematismus verfallen; viele haben, mechanistisch denkend: eher dogmatisch als dialektisch operierend, immer wieder darauf verwiesen, daß es die Gesellschaft sei, die den Menschen in seinem Menschsein determiniere, und haben darüber vergessen, daß die Gesellschaft auch durch den Menschen bestimmt wird; viele haben, scheinbar marxistisch: in Wahrheit einem bornierten Idealismus verfallend, »Gesellschaft« und »Individuum« einander gegenübergestellt und dabei – nachzulesen in Marxens Ökonomisch-philosophischen Manuskripten von 1844 – nicht genügend bedacht, daß der Mensch beides zugleich ist: Besonderes Individuum, individuelles Gemeinwesen und subjektives Dasein der Gesellschaft. Da wurde das Kind mit dem Bad ausgeschüttet; da sprachen diejenigen, die gestern noch die Autarkie der Kunst verteidigten, der ideellen Produktion jede, auch die bescheidenste Selbständigkeit ab; da wurde mit der Autarkie auch gleich die Autonomie exekutiert; da sah sich – ein Beispiel für viele – Franz Kafkas Werk als Ausdruck des verdinglichten Bewußtseins eines kleinbürgerlichen, von Entfremdung ausgezehrten Intellektuellen definiert; da wurde vergessen, daß man eben das »besondere Individuum« Kafka sein muß, um den Satz niederschreiben zu können: »Jemand mußte Josef K. verleumdet haben.«

Ein wahrhaft schimärenhafter Dualismus, der »die Gesellschaft« als abstrakten Opponenten des Individuums ausmachen wollte, ohne zu berücksichtigen, daß, wie es in der ersten Feuerbach-These heißt, die Wirklichkeit aus »menschlich sinnlicher Tätigkeit besteht« und »subjektive Praxis« ist: Praxis, in der sich nicht zuletzt Spirituelles realisiert hat – Bewußtsein, das zum Sein geworden ist, verwirklichte Reflexion . . . ein wahrhaft schimärenhafter Dualismus hat hier gewütet und seine Opfer gefordert. Und so kam es dann schließlich, daß man den »subjektiven Faktor« im Produktionsprozeß, den gesellschaftlich tätigen, Gesellschaft verändernden Menschen, nahezu ganz aus den Augen verlor. Und die Folge war, daß viele von uns kleinmütig wurden und, einer mechanischen Abbildtheorie verfallend, zu resignieren begannen und sich die Frage vorlegten: Was kann ich schon ausrichten, mit meinem falschen Bewußtsein, das sich aus meiner Klassenzugehörigkeit ergibt? Die Kulturindustrie ist allmächtig; was ich auch tue – alles nützt dem Kapital; eine Möglichkeit, die Ideologie außer Kraft zu setzen: in meinem Werk, gibt es für mich, als bürgerlichen Künstler, nicht: es ist ein Unding, mit Hilfe der bürgerlichen Kunst die bestehende Ordnung transzendieren zu wollen.

Auf Klassen-Determinanten starrend, haben wir – ausgerechnet wir! – jene Eigenart, Individualität und Unverwechselbarkeit künstlerischer Positionen unterschätzt, deren Signifikanz Lukács am Beispiel der unterschiedlichen Entwicklung dreier Tübinger Stiftler – Hegel, Hölderlin und Schelling – analysiert hat. Der Phantasie mißtrauend: der Phantasie als einer produktiven Kraft, die in der Lage ist, die Welt, in der wir leben, mit den Mitteln des Scheins, auf der Gleichnisebene der Kunst, als Scheinwelt zu widerlegen . . . der Phantasie mißtrauend, skeptisch gegenüber der Fähigkeit der Literatur: Bestehendes zu transzendieren, skeptisch gegenüber der von Ernst Bloch beschworenen – utopischen – Funktion der Poesie und skeptisch gegenüber dem Vorgriffs-Charakter der Kunst überhaupt, haben wir, historisch unbewandert, nicht genügend bedacht, daß es sehr wohl möglich ist, eine Literatur zu entwickeln, die, weil sie, wortwörtlich überschüssig ist, dem Gesetz der Zeit radikal widerspricht: Marx hat es am Beispiel des Homerischen Epos, Bloch und Eisler haben es am Exempel der großen, in der Verfallphase der bürgerlichen Gesellschaft entstandenen Kunst vorexerziert.

Und was damals galt, gilt auch noch heute: Der Verblendungszusammenhang ist nicht total; es gibt Widersprüche, die ausnutzbar sind: die Literatur, die sich progressiv und politisch versteht, hat eine Chance. Sie kann Gegen-Modelle entwickeln – Modelle, die deutlich machen, daß das auf der Fiktionsebene Realisierte in Wirklichkeit noch nicht realisiert worden ist. Das heißt: Statt Ersatz-Lösungen anzubieten – der Glanz von innen versöhnt mit dem Dunkel da draußen – und von der Wirklichkeit abzulenken, macht die Literatur Ansprüche sichtbar, die einklagbar sind, und verweist auf eine Gesellschaftsordnung, in der sich materialisiert, was jetzt nur Vorschein ist. So betrachtet, bringt die Poesie, mit Benjamin zu reden, begründete Nachfragen auf den Begriff, die noch nicht bedient werden können, und fordert dazu auf, eine Welt in Besitz zu nehmen, in der das Wolfsgesetz außer Kraft gesetzt ist und das Vergnügen, wie Brecht es formuliert hat, sich nicht mehr auszuweisen braucht. Das ist die Aufgabe, die uns gestellt ist: Ein Anspruch, dem wir nur dann nachkommen können, wenn wir – Möglichkeiten von aufklärerischer Literatur hier und heute bedenkend – uns die gesellschaftliche Rolle vor Augen führen, die wir in diesem Land spielen. Machen wir einander nichts vor: Wir sind keine politische Avantgarde. Wir – die überwältigende Mehrheit der Schreibenden – sind Bürger: privilegiert, weil wir über die Sprachkraft und die Reflexionsfähigkeit verfügen, die bürgerliche Bildung uns gegeben hat, und weil wir, die bürgerlichen Schriftsteller in einer bürgerlichen Gesellschaft, von Kind an gelernt haben, wie man mit Kulturgütern umgehen kann. In der Tat, darauf verstehen wir uns, wir Schriftsteller bürgerlicher Provenienz . . . und es ist wichtig: es ist unabdingbar, daß wir uns darauf verstehen – wichtig für diejenigen nämlich, die bis heute ausgeschlossen sind von dieser Kultur: die Unterprivilegierten, die von uns Solidarität und Hilfe erwarten und darauf vertrauen, daß wir, statt von Überdruß und Langeweile zeugende Autodafés zu veranstalten, ihnen behilflich sind, unter emanzipatorischen Aspekten eine Literatur zu beerben, die von der Bourgeoisie selbst längst verramscht worden ist. Verramscht zugunsten jener kleinen, kaum zwanzig Prozent der Gesamtbevölkerung repräsentierenden Schicht, die, mit Hilfe der von ihnen usurpierten bürgerlichen Ideologie, den proletarisierten achtzig Prozent einreden möchte, sie seien noch Bürger. Nicht um die Verleugnung also, sondern um die Innovation des kulturellen Erbes: um seine Verteidigung zugunsten der Abhängigen handelt es sich – um die demokratische Universalisierung einer Kultur, die, so Brecht, »immerhin die letzte Etappe darstellt, die die Menschheit überhaupt erreicht hat – einer Kultur, in der alles steckt, was jemals erzeugt worden ist«.

Einer Kultur, die ihre Klasse überleben wird – schon jetzt ist die Bourgeoisie längst nicht mehr das gesellschaftliche Subjekt, das sie trägt . . . (Ganz zu schweigen von den Monopolisten, die sich in Ermangelung eigener, ihre Herrschaft legitimierender Gedanken eine Art von obsoleter Lehen-Ideologie zugelegt haben.)

Einer Kultur, deren Methoden und Techniken revolutionär beerbbar sind. Benjamins Traum von der plebejischen Umschmelzung der bürgerlichen Literatur war eine Phantasmagorie: Die Kunst des Sozialismus, man schaue sich um, ist, was die Form angeht, bürgerlich durch und durch; aber das spricht nicht gegen den Sozialismus, sondern allenfalls für eine Kunst – und nicht zuletzt für eine Literatur –, die, so bürgerlich beschränkt sie sich über weite Zeitläufe gab, doch immer wieder – und nicht nur in ihrer sogenannten »heroischen Phase« – über sich selbst hinausgewiesen hat.

In einer Situation, in der das Adjektiv »bürgerlich« mehr und mehr den Charakter einer pejorativen Leerformel annimmt, ist es die Aufgabe der Schriftsteller, die sich als Radikaldemokraten begreifen, mit Nachdruck daran zu erinnern, daß auch die bürgerliche Gesellschaft neben dem Bornierten, das ins Auge fällt, eine utopisch-revolutionäre Komponente enthält: ein Jakobiner-Element, das aus dem Blick geraten ist. Wer diesen Tatbestand leugnet; wer den roten Schimmer in der Trikolore nicht wahrnehmen will; wer bestreitet, daß Paris auf Petersburg verweist, und wer statt dessen eine gerade Linie zwischen der Französischen Revolution und der Machtergreifung des Faschismus zu ziehen versucht; wer unter dem Oberbegriff »bürgerlich« Kant und Schiller, Flick und Krupp wenn nicht in einem, so doch in zwei Atemzügen nennt, der operiert in einem geschichtsfernen Raum. (Nachzulesen bei Ernst Bloch: *Naturrecht und menschliche Würde*. Kapitel: Aporie und Erbe an der Trikolore. Kapitel: Freiheit, Gleichheit, Brüderlichkeit.)

Die Wirklichkeit sieht anders aus. Es hat – auch bei uns! – eine progressive, dem Citoyen-Gedanken verpflichtete Tradition gegeben, deren Vertretern Freiheit mehr als Freiheit der Wirtschaftssubjekte und Gleichheit mehr als die normale Gleichheit vor dem Gesetz war. Es *hat* sie gegeben, die Schriftsteller – und es waren nicht einmal wenige –, die hierzulande unter Freiheit die freie Assoziation der arbeitenden Menschen und unter Gleichheit Gleichheit des Vermögens verstanden. Aber wer kennt sie schon? Ist es wirklich Zufall, daß es ein Amerikaner war, Noam Chomsky, der, am Beispiel Wilhelm von Humboldts, jene antikapitalistische Komponente aufgedeckt hat, die es im Liberalismus, unter anderm, hierzulande auch noch gab?

Dies alles zu bedenken, heißt nicht: Nostalgie und Rückblick in Wehmut. Es heißt im Gegenteil: Formulierung eines Programms. Es heißt: Die Citoyen-Ideologie mit der Bourgeois-Realität zu konfrontieren. Es heißt: Die Trinitätsformel der Französischen Revolution einer Wirklichkeit gegenüberzustellen, in der die wenigen Freien den vielen Gleichen einzureden versuchen, daß man brüderlich miteinander verkehre. Es heißt: Unseren Staat an seinem eigenen Anspruch zu messen und die Frage zu stellen, was ihn berechtigt, sich, bei gebotenem Anlaß, ausgerechnet auf jene Aufklärer bürgerlicher Provenienz zu berufen, deren Maximen seine Praxis Jahr für Jahr mehr widerspricht. *Humboldt und Triumph des Siemenskonzerns, Thomas Mann und Antikommunismus: Das geht nicht zusammen. Das sind Antithesen.* Da sieht sich eine Tradition preisgegeben, eine Vergangenheit an den Pranger gestellt, vor der man sich fürchtet . . . und diese Furcht zu befördern, ist unseres Amtes. Das Amt von Schriftstellern, die, so glaube ich, ihrem politischen Auftrag in dieser Gesellschaft nur dann gerecht werden können, wenn sie jene Versprechungen der großen bürgerlichen Revolution, die liberale Freiheits- und die sozialistische Gleichheitsverheißung, einklagen, die nicht abgegolten, sondern verraten worden sind. (Wobei endlich realisiert werden sollte, daß Freiheit mehr ist als formale Freiheit vor dem Gesetz und daß Gleichheit nicht Gleichmacherei bedeutet, sondern Gleichheit der Chancen: Gleichheit als Prämisse – nicht als Resultat!) Das aber heißt, sich zu einer Sentenz bekennen, die besagt, daß die Demokratie »heute nur noch in der Gestalt des Sozialismus eine moralische Existenz« hat.

Das ist kein Satz von Rosa Luxemburg. Das ist ein Satz von Thomas Mann. Das ist eine Maxime, die heute weit weniger staunenswert klänge, wenn wir Schriftsteller, statt, als Verbalradikalisten Revolutionäre zu spielen, jene von Thomas und mehr noch von Heinrich Mann artikulierten Thesen fortgeführt hätten, die auf die Erweiterung, Universalisierung und, schließlich, Aufhebung der bürgerlichen Kultur (Aufhebung im Hegelschen Sinne) abzielten.

Hier gilt es anzuknüpfen: *Hier,* wo von republikanisch gesonnenen Schriftstellern, Sympathisanten der Volksfront, mit dem Pathos bürgerlicher Humanität dargestellt wurde, daß eine kapitalistische Demokratie so gut ein Widerspruch in sich selbst sei wie eine sozialistische Republik, in der man die Freiheit von Schrift und Rede nicht duldet. Hier gilt es anzuknüpfen. Hier und nirgendwo anders.

Dies ist, was uns Schriftsteller angeht, nicht die Stunde jener Konvertiten aus den Kreisen der Jeunesse dorée, die, von Denkerstörung gequält, das Proletariat fetischisieren und für plebejische Frische ansehen, was in Wahrheit kleinbürgerlicher Kultur-Abhub ist. (Sie täten besser daran, des Konvertiten Trotzkis These zu beherzigen: »Der Idealist kann, wenn er sich dem Proletariat zuwendet, einen Reichtum an menschlicher Erfahrung, Wissen, Talent, kurz alle Schätze, die ihm die Menschheit dieses

Jahrhunderts anvertraut hat, in die Waagschale werfen.«)

Dies ist nicht die Stunde derer, die ein Sacrificium intellectus hinter sich haben und, als unsichere Kantonisten, niemals bündnis- und aktionsfähig sein werden. Dies ist schon gar nicht die Stunde gewalttätiger Ultras, der Agents provocateurs wider Willen und Helfershelfer der Reaktion. Dies ist, die Hetzkampagne gegen Böll hat's bewiesen, die Stunde der Rebellen im eigenen Lager.

Ihr Realitätssinn, ihre Intelligenz, ihre Moral, ihre Phantasie werden gebraucht.

Die Rede, die am 16. November 1974 auf dem Kongreß des Verbandes deutscher Schriftsteller in Frankfurt/Main gehalten wurde, ist vor allem folgenden Arbeiten verpflichtet: Ernst Bloch, Ästhetik des Vorscheins. Herausgegeben von Gerd Ueding, Frankfurt/M 1974. Heinz Brüggemann, Literarische Technik und soziale Revolution, Frankfurt/M 1974. Noam Chomsky, For Reasons of State, New York 1973. Urs Jaeggi, Literatur und Politik, Frankfurt/M 1974. Michael Müller u. a., Autonomie der Kunst, Frankfurt/M 1972. Dieter Richter, Geschichte und Dialektik in der materialistischen Literaturtheorie; in »Alternative«, 82/1972. Ders., Widerspiegeln oder den Spiegel vorhalten?; in: »Alternative«, 94/1972. Bernd Jürgen Warneken, Abriß einer Analyse literarischer Produktion; in: »Das Argument«, 72/1972. Ders., Wie kann sich das Subjekt literarisch entfalten; in »Das Argument«, 86/1974.

(16) *Carl Friedrich von Weizsäcker*
Das moralische Problem der Linken und das moralische Problem der Moral

Carl Friedrich von Weizsäckers Aufsatz erschien in Heft 350 des *Merkur*, Juli 1977 (S. 611-615) als Vorabdruck von Beiträgen zur geschichtlichen Anthropologie, die unter dem Titel *Der Garten des Menschlichen* 1977 im Hanser Verlag veröffentlicht wurden. Der Verfasser, Direktor des »Max-Planck-Instituts zur Erforschung der Lebensbedingungen der wissenschaftlich-technischen Welt«, wurde 1912 in Kiel geboren; nach dem Studium der Physik war er Professor an den Universitäten Straßburg, Göttingen und Hamburg. Weizsäcker beschäftigte sich immer wieder mit Fragen der politischen Moral, u. a. in *Die Verantwortung der Wissenschaft im Atomzeitalter*, 1957; *Bedingungen des Friedens*, 1963; *Der ungesicherte Friede*, 1969; *Wege in der Gefahr*, 1976. (»Die kommenden Jahrzehnte sind eine Zeit erhöhter Gefahr für die Menschheit. Die Gefahr braucht nicht tödlich zu sein. Es gibt Wege in der Gefahr. Unser Wille, die Wege zu beschreiten, hängt daran, daß wir die Gefahr sehen. Unsere Fähigkeit, diese Wege zu beschreiten, hängt daran, daß wir die Wege sehen.«)

Vorbemerkung: Die Moralisierung der Politik
In unserer Zeit findet eine Politisierung der Menschheit statt. Nie zuvor hat sich ein so großer Prozentsatz der Menschen um Politik gekümmert. Dies ist ein Aspekt der Demokratisierung der Politik.

Dieser Vorgang führt zugleich zu einer Moralisierung der Politik. Politik wird weniger als das Spiel der Großen, als Geschäft der Fachleute, als Schicksal betrachtet, sondern als Thema moralisch beurteilter Entscheidungen, zu denen jeder aufgefordert ist. Ob die Politik dadurch moralischer wird, kann man bezweifeln. Sicher wird sie moralisierender. Der Appell an moralische Urteile gehört zu den immer unentbehrlicheren Mitteln der Politik. Die in der Politik uralten Verhaltensweisen der Lüge, und der Selbstbestätigung durch Selbstbetrug, nehmen heute immer mehr die Gestalt der Ideologie, d. h. der Berufung auf allgemeingültige moralische Prinzipien an. Die Moralisierung der Politik ist ein Beispiel für die Ambivalenz des Fortschritts.

Die nachfolgende Niederschrift erörtert dies an einem aktuellen Beispiel. Ein konkreter Anlaß hat in mir die Emotionen noch einmal wachgerufen, die ich in ihrem Anfang schildere. Die Niederschrift entstand als Versuch, dieser Emotionen durch Objektivierung, also durch Analyse ihrer Gründe, Herr zu werden. Sie spiegelt wegen dieser Entstehungsweise unverhohlener als andere, kontrolliertere Äußerungen meine Empfindungen gegenüber dem Phänomen der »Linken«. Sie schneidet aber zugleich Probleme an, die mir weit über die Geschichte der linken Bewegung der vergangenen Jahre hinaus von zentraler Bedeutung zu sein scheinen. Um dieser Probleme willen wollte ich sie in die Hand von Freunden geben, zumal von solchen, die der Linken in ihrem elementaren Empfinden näherstehen als ich. Nicht die Emotion, sondern ihre Überwindung durch Klärung der Gründe der Ambivalenz des den Fortschritt wollenden Verhaltens ist das, worum es ihr geht.

Niederschrift

Diese Betrachtung strebt vom Besonderen zum Grundsätzlichen. Sie beginnt mit einem Beispiel aus dem Erfahrungsbereich der Berufs- und Generationsgenossen des Verfassers.

Das Wort »die Linke« bzw. »die »Linken« sei zunächst zur Bezeichnung derjenigen politischen Tendenz gebraucht, die in der Studentenbewegung der letzten zehn Jahre in Ländern wie dem unseren bestimmend war. Mit diesen Linken haben liberale Professoren (ähnlich auch liberale Politiker, Richter usw.) oft folgende Erfahrung gemacht. Der betreffende Professor war ein entschiedener Kritiker vieler Strukturen der Gesellschaft, in der er lebte. Er begrüßte die Anfänge der linken Studentenbewegung mit Sympathie und mit großer Lernbereitschaft. Er sah die gedankliche Kraft der meist irgendwie von Marx bestimmten globalen Betrachtung der Gesellschaft, die Wichtigkeit einer politisch-ökonomischen Betrachtungsweise. Er bewunderte den entschlossenen Einsatz, nicht ohne Selbstkritik, die er seinem eigenen faktischen bürgerlichen Konformismus zudachte. Letztlich beruhte diese seine Sympathie mit den Linken nicht auf einer theoretischen Übereinstimmung – dazu fand er die linken Theorien denn doch zu konfus –, aber auf dem tiefen Eindruck, den die *moralische* Motivation dieser jungen Menschen machte. Die bürgerlichen Schockiertheiten über rüde Umgangsformen, sexuelle Libertinage und ähnliche Brüche mit der traditionellen Moral überwand er leicht, denn auch in diesen Brüchen, selbst wenn er sie persönlich nirgends mitmachte, spürte er den moralischen Sinn eines Bedürfnisses nach Wahrhaftigkeit, er spürte den moralisch motivierten Protest gegen die moralische Verlogenheit herrschender äußerer Formen. Er bot den Linken offenes Gespräch, freie Kooperation, Schutz gegen die Repressionen des herrschenden Systems an. Nicht in jedem Fall, aber in signifikant vielen Fällen erlebte er nach kurzer oder längerer Zeit, daß gerade sein moralisches Zutrauen gröblich und unheilbar mißbraucht und verletzt wurde. Er sah sich einer planvollen Machtergreifung gegenüber, der er nur gerade solange interessant war, als sie seiner bedurfte. Er erkannte, daß er ein »nützlicher Idiot« gewesen war.

Von hierher erklärt sich das heute unheilbar gewordene Trauma gerade vieler aufrichtig fortschrittlich gewesener Liberaler gegen die Linken, das seine Träger oft zu einer reaktionären Haltung bringt, die sie selbst noch vor zehn Jahren aufs schärfste mißbilligt hätten. Ich vermute, daß dies auch der tiefste Grund des, wenigstens vorläufig, radikalen und kläglichen Scheiterns der linken Bewegung in allen hochindustrialisierten Gesellschaften mit repräsentativer Demokratie ist. So berechtigt die Vorwürfe gegen das in dieser Gesellschaft hinter der formellen Rechtsstaatlichkeit bestehende Herrschaftssystem sind, so konnte doch die Linke sich gerade bei dem einfachen, aber nicht ganz leicht zu täuschenden *moralischen* Urteil der Nicht-Intellektuellen, zumal der Arbeiter, auf die sie sich so oft beruft, nicht durchsetzen. Die Linke ist bisher gegen ein moralisch durchaus anfechtbares und von ihr mit Recht kritisiertes System deshalb unterlegen, weil ihre eigene faktische Moral einen moralischen Schrecken verbreitet, der, auch wenn er sich oft ungewandt ausspricht, im Kern voll begründet ist. Gerade die moralisch hochmotivierte Linke scheitert an ihren systematischen Verstößen gegen die Moral.

Es ist klar, daß eine Analyse, wie ich sie hier versuche, im Faktischen hochkontrovers bleiben wird. Ich wäre bereit, mich einer Diskussion über ihre Richtigkeit zu stellen und auch, sie zum Zweck der Kontrolle in weiten Details in unserer Gesellschaft und in anderen Gesellschaften auszubreiten. In der vorliegenden

Notiz gehe ich von der Vermutung aus, diese Analyse habe wenigstens einen Zug des Geschehens richtig bezeichnet. Dann entsteht die Frage, wie so etwas zu erklären sein mag. Das moralische Problem der Linken leitet über zum moralischen Problem der Moral.

Es handelt sich zunächst um das Verhältnis von Moral und Gesellschaft. Unter Moral sei hier abkürzend die wohl höchste bisher entwickelte Form von moralischen Prinzipien verstanden, die universalistische Moral. Sie hat ihre alte Formulierung in der goldenen Regel: »Was du nicht willst, daß man dir tu, das füg auch keinem andern zu«, ihre philosophisch durchdachteste Fassung in Kants kategorischem Imperativ: »Handle so, daß die Maxime deines Handelns jederzeit Prinzip einer allgemeinen Gesetzgebung sein könne.« Nun gibt es in der menschlichen Geschichte seit Jahrtausenden das Phänomen der Herrschaft, also einer manifesten Ungleichheit der gesellschaftlich gesicherten Rechte der Menschen. Die meist religiös verankerte traditionelle Moral hat zwischen der Anerkennung dieses Faktums und der universalistischen Moral Kompromisse gefunden. Dazu gehört das Ethos der höheren Verpflichtung des Herrschenden, dessen große reale Bedeutung die heutige linke Kritik meist in einem zum Realitätsschwund führenden Grade mißachtet. Ein anderer Ausweg ist der Verzicht von Individuen auf die eigene Teilhabe am Herrschafts- und Reichtumssystem bei Eremiten, Bettelmönchen, Sekten. Sowohl im Kern des Ethos der Vornehmen wie offenkundig im Ethos der Verzichtenden steckt die Überzeugung, daß die Forderung der Gleichheit der Behandlung der Mitmenschen nur erfüllt werden kann, wenn ich von mir selbst mehr verlange, als ich meinem Partner zumute. Dies ist in diesen Formen der Ethik möglich gewesen durch ihren religiösen Kern: nicht die selbstgeleistete – und nie glückende – eigene Gerechtigkeit ist die Basis moralischen Verhaltens, sondern die göttliche Gnade, welche die Lücken ausfüllt, die jedes Handeln, auch bei bestem Willen, lassen muß. Diese religiöse Erfahrung ist in nicht geringerem Grade eine Realität als die Erfahrung der unwidersprechlichen Gültigkeit der universalistischen Moral.

Die radikale europäische Aufklärung, in deren Tradition die heutige Linke steht, attackiert das Faktum der Herrschaft selbst. Sie tendiert dazu, Herrschaft abzuschaffen. Ich spreche jetzt nicht davon, ob das im radikalen Sinne eines Tages möglich sein

wird; ich muß es nach meinem anthropologischen Urteil grundsätzlich für möglich halten, aber in einer auf lange Zeit uner-
reichbaren Zukunft. Ich spreche von den Problemen, die entstehen, wenn man hofft und versucht, dergleichen direkt, also in einem Anlauf zu erreichen. Die Linken, die dies entweder in einem
revolutionären Anlauf oder in dem noch immer phantastisch
kurzen Schritt eines einmaligen »langen Marschs durch die Institutionen« zu erreichen hoffen, kritisieren direkt die Einrichtung
der Herrschaft selbst vom Standpunkt der Moral aus. Sie nennen
dies die Forderung nach Gerechtigkeit. Sie durchschauen und
kritisieren das Verhalten der Herrschenden, die sich auf das
Ethos der Vornehmheit im wesentlichen dort berufen, wo es ihrer eigenen Herrschaft keinen Abbruch tut.

Diese linke Kritik stößt nun auf das uralte moralische Problem
von Zweck und Mitteln. Sie erkennt die gesellschaftliche Be-
dingtheit und den seinen Trägern verborgenen (»ideologischen«)
Zweck moralischer Urteile. Sie ist überzeugt, daß eine Änderung
der Gesellschaft, welche die Herrschaft als die faktische Vorbedingung der moralischen Lüge abschaffen würde, allein eine echt
universalistische Moral gesellschaftlich möglich machen würde.
Ihre Träger fühlen sich daher legitimiert, gegen die Träger des
bestehenden Systems eine ungleiche Moral anzuwenden, d. h.
sie so zu behandeln, wie sie von diesen nicht behandelt werden
möchten. Sie verdrängen die Wahrheit, daß sie die Moral, die sie
selbst etablieren wollen, auf dem Wege zu ihrer Etablierung
durch die Tat verraten, und daß jeder halbwegs Sensible diesen
Verrat merkt. So schaffen sie ihre eigene moralische Diskrediti-
rung, von der eingangs die Rede war. Sie geraten aber, wenn ihnen diese Erkenntnis dämmert, in eine verzweifelte Lage. Denn
sie wissen andererseits, daß das herrschende System mit anderen
als den von ihnen versuchten Mitteln nicht gestürzt werden
kann. Versagen diese Mittel, so wird das System eben auf absehf-
bare Zeit nicht gestürzt.

Ich spreche nun nicht davon, was langfristig mit dem System geschehen mag, sondern von dem moralischen Problem der Linken. Es ist in folgendem Sinne das moralische Problem der Moral
selbst. Moral in einem einigermaßen radikalen Sinne ist möglich,
wenn man auf gesellschaftliche Sicherung verzichtet, wie die
vorhin genannten religiösen Gruppen. Es dürfte jedoch eine

echte Verpflichtung für politisch verantwortlich denkende Menschen sein, zum Entstehen solcher gesellschaftlicher Zustände beizutragen, in denen auch den normalen Menschen, die keine radikalen Nonkonformisten sind, ein möglichst moralisches Handeln möglich wird. Wie, wenn dies gegen bestehende Macht nur unter Verletzung moralischer Prinzipien durchsetzbar ist?

Ich behaupte, daß dieses Problem zwar viele pragmatische Lösungen von Fall zu Fall zuläßt, aber auf der Basis einer *bloßen Moral* keine grundsätzliche Lösung besitzen *kann*. Unter bloßer Moral verstehe ich hier eine Moral, die zwar die goldene Regel oder den kategorischen Imperativ zugrundelegt, aber nicht noch tiefer in dem begründet ist, was ich vorhin die religiöse Erfahrung genannt habe. Dies ist die Erfahrung der Gnade, der erlösenden Kraft der Nächstenliebe, und zwar in der Liebe, Verehrung und Furcht jenes tiefsten Selbst, das in der religiösen Tradition Gott heißt. Ohne diese Erfahrung gibt es zwischen unerfüllbarer Kompromißlosigkeit und faulen Kompromissen keinen gangbaren Weg. Beide Verhaltensweisen führen bei einem moralisch sensiblen Menschen zum Selbsthaß, und durch den psychologischen Mechanismus der Projektionen zum Haß gegen andere. Dieser Haß liegt auf dem Grund des moralischen Versagens der Linken. Ich glaube, man sieht in diesem Gedankengang die »Dialektik« der linken Moralität: Gerade *weil* die Linke primär moralisch motiviert ist, verfällt sie tieferen moralischen Fehlern als ihre moralisch weniger aktivierten Gegner. Darum liegt mir fern, diese moralischen Fehler moralisch zu verdammen; sie sind im Grunde ein Phänomen der Verzweiflung. Aber sie haben die den Produkten der Verzweiflung innewohnenden selbstmörderischen Konsequenzen.

Nicht wer diese Versuchungen nie gehabt hat, hat Anlaß zur moralischen Selbstzufriedenheit. Der eigentliche, fruchtbare Weg endet nicht in dieser Verzweiflung, sondern beginnt, wo wir ihr ins Auge zu schauen wagen. Man kann das moralische Problem der Moral auf eine Formel bringen, wegen deren Simplizität man sich als Intellektueller normalerweise schämen würde: letzter Grund der Möglichkeit menschlichen Zusammenlebens ist die Liebe und nicht die Moral. Die Moral ist ein vorletzter Grund.

(17) *Gustav Heinemann*
Wofür ich zu danken habe, worum es mir ging und was ich mir wünsche

Bei seinem Ausscheiden aus dem Amt des Bundespräsidenten hielt Gustav Heinemann die nachstehend wiedergegebene Rede (veröffentlicht in der *Süddeutschen Zeitung* vom 2. Juli 1974).
Gustav Heinemann, geb. 1899; nach dem Studium Rechtsanwalt und Justitiar. 1945-1967 Mitglied des Rats Evangelischer Kirchen, Oberbürgermeister in Essen, 1957-1969 Mitglied des Bundestags; erst Mitglied der CDU, dann der SPD; Bundesminister des Inneren 1949-1950; Bundesminister der Justiz 1966-1969; Bundespräsident 1969 bis 1974; gestorben 1976.

Heute verabschiede ich mich aus dem letzten und zugleich höchsten politischen Amt, das mir zuteil geworden ist. Die Anfänge meiner politischen Betätigung reichen in den Januar 1919 zurück. Damals meldete ich mich als Student in einer Versammlung zur Wahl der Weimarer Nationalversammlung zu Wort. Nach dem Zweiten Weltkrieg habe ich, zunächst in meiner Heimatstadt Essen und im Lande Nordrhein-Westfalen sowie schließlich im Bund, ununterbrochen am politischen Leben teilgenommen. Erfüllt von guten und weniger guten Erlebnissen trete ich nun als einer der letzten noch im vorigen Jahrhundert geborenen aktiven Politiker in die Reihen der Bürger zurück.

Als ich vor fünf Jahren das Amt des Bundespräsidenten antrat, habe ich hier gesagt: »Die Leistungen von gestern werden morgen schon nicht mehr zählen.« Ich habe Anlaß, heute mich selbst an dieses Wort zu erinnern. Es macht bescheiden und selbstkritisch.

Die anerkennenden Worte, mit denen in diesen Tagen des Abschieds meine Tätigkeit gewürdigt wird, höre ich dankbar. Wie sollte es mich nicht freuen, daß mein Wollen und Tun bei vielen Verständnis und Zustimmung gefunden hat.

Damit ist aber die Frage nicht abgetan, ob in den Jahren von 1969 bis 1974 von mir und von uns allen, die wir in politischer Verantwortung stehen, getan oder versäumt worden ist, was nötig war, um den Aufgaben unserer Zeit gerecht zu werden. Dieser Frage hat sich jeder zu stellen, zumal aber der, der sein Amt in andere Hände gibt. Sie ist die Frage derer, für die wir arbeiten und die Frage derer, die nach uns kommen. Jeder muß sie für sich selbst beantworten.

In dieser Stunde aber möchte ich nach diesen fünf Jahren dreierlei aussprechen: Wofür ich zu danken habe, worum es mir ging, und was ich wünsche.

Ich danke zuerst meinen Mitarbeitern im Bundespräsidialamt. Ich danke darüber hinaus allen denen, die mir durch hilfreiche Beratung, durch stärkende Ermunterung und durch mitdenkende Kritik geholfen haben. Darin sind eingeschlossen Anhänger verschiedener politischer Richtungen, wie denn auch Freundschaften und persönliche Beziehungen über die Grenzen der Parteien hinweg ungetrübt geblieben sind.

Ein Bundespräsident hat den Vorzug, dieses Land kennenzulernen wie wenige andere, seine verschiedenen Gegenden, unzählige Menschen, die unterschiedlichsten Einrichtungen, Gruppen und Bestrebungen.

Dabei war es für mich immer erneut bewegend zu erfahren, wieviel aufopfernder Einsatz, wieviel treue Pflichterfüllung, wie vielfältige Initiativen es gibt, um auf herkömmliche oder neuartige Weise Notstände zu lindern, kleine und große Probleme anzugehen, neue Möglichkeiten des Lebens zu gestalten, zugleich auch, wie wach und mitsorgend öffentliche Angelegenheiten mitbedacht werden. Dies alles hat mich in der Gewißheit bestärkt, daß freiheitliche Demokratie die menschenwürdigste Form von Staat und Gesellschaft ist. Nur in ihr kann sich so viel Eigenständiges und so viel Teilnahme an den Fragen des Gemeinwohls entwickeln. Es hat mich in der Zuversicht bestärkt, daß die Demokratie nun endlich tiefe Wurzeln in unserem Volk schlägt. Dies ist der sicherste Schutz, den ein demokratischer Staat haben kann.

Worum ging es mir?

Die Bestimmungen des Grundgesetzes über die Aufgaben des Bundespräsidenten haben sich aus meiner Erfahrung bewährt. Nur was die Dauer der Amtszeit des Bundespräsidenten anlangt, frage ich, ob es nicht angebracht wäre, sie etwa auf sieben Jahre zu stellen, jedenfalls aber eine Wiederwahl auszuschließen. So wenig ich selbst angesichts meines Alters das Verlangen hätte, noch länger zu amtieren, so könnte eine etwas längere, aber dann nicht weiter verlängerbare Amtszeit die Verwertung von Erfahrungen verbessern und allseitig eindeutige Gegebenheiten schaffen.

Nach außen kam es darauf an, die Verständigung zu unterstützen, die auf friedliche Beziehungen zu allen Staaten, sonderlich zu den europäischen Nachbarn, zielt. Dabei konnten die Belastungen, die durch das Unheil des Nationalsozialismus, das über die Nachbarn und über uns selbst gekommen ist, nicht ausgespart werden. Es mußte darüber in Offenheit gesprochen werden, damit deutlich würde, was wir daraus gelernt haben.

Darum habe ich zum Beispiel bei der ersten Auslandsreise in Amsterdam die Schowbourg, den Sammelort der holländischen Juden vor ihrem Abtransport in die Vernichtungslager, und bei der letzten Auslandsreise in Belgien das Fort Breendonk, die Hinrichtungsstätte der belgischen Widerstandskämpfer, besucht. Ich bin dankbar dafür, daß ich auf diese Weise helfen konnte, über das Geschehene hinweg einen gemeinsamen Weg unserer Völker in die Zukunft zu ebnen. Die an mich ergangene Einladung zum Besuch der Sowjetunion habe ich leider nicht mehr wahrnehmen können. Zu Hause soll der Bundespräsident unbeschadet seiner eigenen politischen Meinung über den Parteien stehen. Er soll zu allen Gruppen im Lande Fühlung halten und zu ihrer Zusammenarbeit beitragen.

Man hat mich manchmal Bürgerpräsident genannt. Damit ist wohl meine Bemühung gemeint, den Abstand, der mit dem höchsten Staatsamt zu den Bürgern gegeben ist, soweit wie möglich zu verringern. Ich wollte nicht abgetrennt sein von den alltäglichen Sorgen und Hoffnungen meiner Mitbürger. Ich wollte helfen, Untertanengesinnung und Unterwürfigkeit in staatsbürgerliches Selbstbewußtsein und Mitverantwortung zu verwandeln.

Wir alle wissen, daß hier eine Vergangenheit nachklingt, die sich mit lebendiger Demokratie nicht verträgt. Hier liegt auch der Grund dafür, daß ich mich bemüht habe, die Erinnerung an freiheitliche Bewegungen in unserer Geschichte lebendig zu machen. Von daher auch meine Versuche, am steifen Protokoll einiges zu lockern.

Die vielen Bittschriften an den Bundespräsidenten als »Bundesklagemauer« deuten auf vielfältige Nöte und Bedrängnisse. Viel zu groß sind dabei freilich die Erwartungen. Denn die

Vollmachten dieses Amtes sind sehr begrenzt und müssen in einem Rechtsstaat begrenzt sein. Ich bin froh, wenn es mit Hilfe des Bundespräsidialamtes in manchen Fällen gelungen ist, die Maschinerie der Behörden etwas beweglicher zu machen und zu vermenschlichen.

Den verschiedenen Randgruppen in unserer Gesellschaft hat die besondere Aufmerksamkeit von meiner Frau und mir gegolten. Die großen und an Zahl leider zunehmenden Gruppen der körperlich und geistig Behinderten sind eine Aufgabe für alle, die über gesunde Glieder verfügen. Unsere so sehr auf Leistung und Wettbewerb ausgerichtete Gesellschaft ist ja nur dann eine menschliche Ordnung, wenn sie behinderten Minderheiten volle Achtung, volle Gemeinschaft und ein Höchstmaß an Eingliederung gewährt.

Die ausländischen Arbeiter in unserer Mitte dürfen nicht Objekte der Ausbeutung sein. Sie müssen als Mitarbeiter gewertet werden, die mit uns Anspruch auf die Früchte der gemeinsamen Arbeit haben.

Hilfreich war es, daß meine Frau zum Bereich der Künste eine Brücke schlagen konnte.

In alledem ging es mir darum, einen Beitrag zu leisten für ein Leben unserer Bürger in Frieden und Freiheit, für die Verankerung der Demokratie, für die Festigung und Humanisierung des Rechtsstaates und für seine Entwicklung zu einer sozialen Demokratie. Eben darauf zielen auch meine Wünsche für die Bundesrepublik Deutschland.

Oft und immer wieder habe ich auf die Schatten über dem heutigen Weg der Menschheit hingewiesen: Hunger, Unterdrückung, Rohstoffkrisen, Zerrüttung des Gefüges der Weltwirtschaft, Umweltzerstörung und Rüstungswettlauf – um nur einige der Bedrängnisse zu nennen. Diese Schatten sind in den letzten fünf Jahren nicht heller, eher noch dunkler geworden. Es kann uns nicht beruhigen, daß wir noch so gut dran sind. Wie sollen Kinder und Enkel auf einer Erde leben können, die wir ausrauben und zerstören?

Mich erfüllen Unruhe und Ungeduld über die noch immer bei uns herrschende Kurzsichtigkeit. Vieles von dem, was wir treiben und worüber wir uns streiten, müßte uns endlich klein erscheinen im Verhältnis zur Größe der Gefahr, die wir abzuwenden haben. Wer heute nur für sich selbst sorgen will, verspielt mit der Zukunft anderer auch seine eigene. Das richtet sich auch gegen Reformmüdigkeit, von der heute oft gesprochen wird. Wir erfahren, wie schwer Reformen durchzuführen sind. Aber es muß uns klar sein: In einer so schnell sich verändernden Welt kann nur bewahren, wer zu verändern bereit ist. Wer nicht verändern will, wird auch das verlieren, was er bewahren möchte.

Ich gebe zu, daß ich erst im Laufe der Jahre erkannt habe, wieviel Vordergründiges auch mich vom Wesentlicheren abgelenkt hat. Um so dringender wünsche ich allen Verantwortlichen in den Parlamenten wie außerhalb der Parlamente, daß sie näher zusammenrücken möchten und daß jede unserer Regierungen, wie immer sie aussieht, Mut und Tatkraft finde, ohne Rücksicht auf Wählerstimmen offen auszusprechen, was vor uns steht und wie sie dem begegnen will. Ist das ganze Haus bedroht, verzankt sich die Familie nicht um Haushaltsgeld oder Küchenzettel. Sie wird sich im Not-Wendenden zusammenfinden. So gilt es auch für uns heute, nüchtern, unerschrocken und mit Weitblick unsere Arbeit auf die Zukunft auszurichten – mögen uns auch manchmal Gefühle der Ratlosigkeit und der Ohnmacht anfechten. Es gilt, ihnen zum Trotz die relative Utopie einer besseren Welt, von der ich in meiner Antrittsrede sprach, als Leitbild festzuhalten. In einer Erörterung der Frage nach dem Sinn des Lebens las ich kürzlich folgende Begebenheit:

In der Mitte des vorigen Jahrhunderts tagte in einem Staat des nordamerikanischen Mittelwestens das Parlament dieses Staates. Wie es dort manchmal vorkommt, zog ein fürchterliches Unwetter herauf, ein Orkan, und verdunkelte den Himmel. Es wurde schwarz wie die Nacht.

Die Parlamentarier wollten voll Entsetzen die Sitzung abbrechen und aus dem Sitzungssaal stürmen. Darauf sagte der Sprecher des Parlaments: »Meine Herren! Entweder die Welt geht jetzt nicht unter und unser Herr kommt noch nicht, dann ist kein Grund vorhanden, die Sitzung abzubrechen. Oder unser Herr kommt jetzt – dann soll er uns bei der Arbeit finden. Die Sitzung geht weiter!«

Mit solcher Gesinnung möchte ich selber, solange Gott mir Kraft gibt, auf meine Weise an unseren gemeinsamen Aufgaben weiterhin beteiligt bleiben.

Ich verabschiede mich von Ihnen allen mit herzlichen Wünschen für Ihre Arbeit und Ihr persönliches Ergehen.

Ich grüße alle Bürger unseres Staates und die Bürger des anderen deutschen Staates mit dem Wunsche einer friedlichen Zukunft.

(18) *Walter Scheel*
Kritische Sympathie des Bürgers mit
dem demokratischen Staat

Walter Scheel wurde 1919 in Solingen als Sohn eines Stellmachers geboren; von 1950 bis 1953 war er als FDP-Politiker Mitglied des Landtags
von Nordrhein-Westfalen, ab 1953 Mitglied des Bundestags. Ehe er
1974 zum Bundespräsidenten gewählt wurde, war er u. a. als Bundesminister für wirtschaftliche Zusammenarbeit sowie (1969–1974) als Außenminister und Vizekanzler tätig; 1968–1974 war er außerdem Bun-
desvorsitzender der FDP. Der nachfolgende Text – zitiert nach dem
Bulletin vom 11. Oktober 1977 des Presse- und Informationsamtes der
Bundesregierung – ist ein Auszug aus Walter Scheels am 8. Oktober
1977 gehaltenen Rede zur 500-Jahr-Feier der Universität Tübingen.

Politiker, Journalisten, Professoren denken heute öffentlich
über Themen nach, die vor gar nicht so langer Zeit höchstens
Gegenstand von Seminaren oder Akademien waren, Themen
wie: Zusammenhang zwischen Politik und Moral, Grenzen des
Wachstums, Änderung unseres Lebensstils. Man spricht über
den Zusammenhang zwischen Freiheit und Verantwortung,
über die Mißachtung der Spielregeln, über die Bedeutung des politischen Stils in der Demokratie.

Ins Zentrum dieser Debatte rückt immer mehr die Frage nach
den Grundwerten, besonders nach dem Schock, den das öffentliche Bewußtsein durch die Mordtaten der Terroristen erfuhr.

Die Tatsache, daß wir uns heute viele Fragen stellen, ist im In-
und Ausland als Symptom einer Identitätskrise der Deutschen
gedeutet worden. Ich halte sie, als Deutscher, für einen ganz
normalen Vorgang. Es mag sein, daß wir uns unserer Identität
nicht allzu sicher sind, und vielleicht waren wir uns ihrer nie so
sicher wie unsere Nachbarn. Das ist ein Ergebnis unserer Geschichte – und insoweit Geschichte Ergebnis geistiger Haltung
ist, einer geistigen Haltung.

Es ist einer der Vorteile der Geschichte, daß sie einen sicher
machen kann in dem, was man ist. Wenn man die Geschichte
z. B. der Tübinger Universität an sich vorüberziehen läßt, so hat
sie ganz offensichtlich ihre großen Augenblicke dann gehabt,
wenn sie die allgemeinen Selbstverständlichkeiten in Frage stell-

te: daß die Sonne sich um die Erde drehe – zu Zeiten Keplers z. B.; oder daß Gott das angestammte Fürstenhaus von Ewigkeit zu Ewigkeit eingesetzt habe – zu Zeiten der Französischen Revolution, als man die Studenten »demokratischer Umtriebe« bezichtigte. Neue Erkenntnisse kommen meist deshalb zustande, weil man das angeblich Selbstverständliche in Zweifel zieht.

Wir sind uns heute z. B. nicht mehr so sicher, daß der Nationalstaat der Weisheit allerletzter Schluß ist. Aber vielleicht haben wir gerade deshalb ein besonderes Gespür dafür, daß größere, umfassendere Organisationsformen, wie z. B. ein Vereinigtes Europa, verbunden mit starken Kompetenzen bei den Regionen, wie z. B. in unseren Bundesländern, mehr der Zeit entsprechen können, als die hergebrachten Formen der europäischen Geschichte.

Und natürlich sind wir heute nicht mehr so sicher, daß die wissenschaftlich-technische Zivilisation notwendig zum immer Besseren führe. Aber vielleicht setzt uns gerade das instand, die Entwicklung so vorzudenken, daß sie uns nicht unvorbereitet trifft. Ich halte es durchaus für möglich, sein Selbstbewußtsein, seine Identität darauf zu gründen, daß man seiner selbst nicht gar so sicher ist.

Ein solches Selbstbewußtsein führt zur Toleranz, da es die Möglichkeit des eigenen Irrtums nicht ausschließt. Und die Toleranz werden wir nötig haben, wenn, wie offenbar unvermeidlich, die Positionen zu Grundfragen unserer Gesellschaft, zu Themen wie Wachstum und Energieversorgung, um nur zwei zu nennen, diskutiert und die Positionen dazu festgelegt werden.

In den letzten Wochen nun gibt es auch eine Diskussion über die Ursachen des Terrorismus. Das ist eine sehr komplexe Frage, die gründlich untersucht werden muß. Wir sind hier zunächst alle auf Vermutungen angewiesen, wenn manche auch schon so tun, als hätten sie *die* Ursache bereits gefunden. Namen von Politikern und Schriftstellern werden genannt.

Ich glaube, nichts könnte unsere politische Atmosphäre so vergiften wie eine Diskussion, in der die Namen geachteter Männer und Frauen mit Mordtaten in Beziehung gesetzt werden; unversöhnliche Feindschaft wäre die notwendige Folge.

Wir dürfen uns diese Diskussion nicht so einfach machen. Wir müssen uns vielmehr alle fragen: Was haben wir getan, was haben wir versäumt, daß junge Mitbürger auf so furchtbare Abwege geraten konnten? Wir sollten uns bei dieser Diskussion vor Selbstgerechtigkeit hüten.

Und wir sollten auch unangenehmen Fragen nicht ausweichen, wie zum Beispiel: Was haben wir zu Beginn der Studentenunruhe am Ende der 60er Jahre, die auch moralische Antriebe hatte, den Studenten geantwortet? Waren unsere Antworten angemessen und ausreichend? Haben wir ihre Fragen überhaupt richtig verstanden? Wie kam es überhaupt zu der Unruhe der Studenten? Haben die staatlichen Stellen auf die Forderungen der Studenten nicht erst reagiert, als sie Gewalt angewendet hatten? Haben wir die politischen Dimensionen des Kernenergieproblems nicht erst erkannt, als in Wyhl und Brokdorf Gewalt angewendet wurde? Ich schließe mich aus dem Kreis derer, die sich solche Fragen stellen müssen, nicht aus.

Der Rat der Evangelischen Kirche in Deutschland hat den mutigen Satz gesprochen: »Das Aufkommen des Terrorismus in unserem Land weist auf Versäumnisse und Fehlentwicklungen hin, an denen *alle* Gruppen unserer Gesellschaft beteiligt sind. Auch die evangelische Kirche bekennt ihre Mithaftung an dem Geschehen dieser Wochen.«

Ich glaube, die Haltung, die in diesen Sätzen zum Ausdruck kommt, kann als Vorbild für alle dienen. Jeder einzelne und jede gesellschaftliche und politische Gruppe sollte sich zunächst selbst fragen, was *sie* versäumt oder falsch gemacht hat. Ich bin sicher, jede Gruppe wird da etwas finden. Solange eine solche Selbstbesinnung nicht stattgefunden hat, wirken die Hände, die auf den politischen oder weltanschaulichen Gegner zeigen, unglaubwürdig. Mein Vorgänger im Amt, Gustav Heinemann, hat darauf aufmerksam gemacht, daß bei einem ausgestreckten Zeigefinger immer drei Finger auf einen selbst zurückweisen.

Die Diskussion über die Ursachen des Terrorismus birgt große Gefahren – aber sie ist auch eine große Chance. Sie birgt die Gefahr, daß unser Land, wegen kurzfristiger und kurzsichtiger Interessen, in zwei feindliche Lager auseinanderfällt, in dem eines dem anderen Schuld am Terrorismus gibt. Sie birgt die Chance, daß wir uns der Versäumnisse und Fehlleistungen, die der Demokratie als Menschenwerk anhaften, bewußt werden. Aber gerade dadurch werden uns die gemeinsamen Werte, denen wir als Demokraten verpflichtet sind, deutlich ins Bewußtsein treten. Bannen wir die Gefahr und nutzen wir die Chance!

Bei einer solchen Diskussion wird es ohne Kritik nicht abgehen. Und das ist auch gut so. Kritik ist das Lebenselixier der Demokratie. Die Kritiker, die diesen richtigen Satz verkünden, vergessen nur zu häufig, ihn auf sich selbst anzuwenden. Schier niemand scheint mir so empfindlich gegen Kritik zu sein, wie die Menschen, die das Kritisieren zu ihrem Beruf gemacht haben.

Die Kritik hat es nicht ganz leicht bei uns, ebensowenig wie der Konflikt. Kritik und Konflikt aber sind die Kennzeichen einer offenen Gesellschaft. Eine Gesellschaft ohne Konflikt gibt es nicht. Es ist nicht ganz unnötig heutzutage, solch selbstverständliche Dinge zu sagen. Nicht darauf kommt es an, das Phänomen des Konflikts zu beseitigen, sondern darauf, die auftauchenden Konflikte auf eine vernünftige und demokratische Weise auszugleichen.

Die Kritik ihrerseits wird häufig mit so wenig liebenswürdigen Worten wie »negativ« oder »zersetzend« bedacht, oder man verlangt von ihr, sie solle »positiv«, »konstruktiv« oder »ausgewogen« sein. Solche Bezeichnungen und Forderungen halte ich für sehr problematisch. Sie zeigen nur, daß man die elementare Funktion der Kritik für die Demokratie noch nicht so recht verstanden hat.

Die Forderungen, die man jedoch an den Kritiker stellen muß, sind: daß er den Mut zum *eigenen* Urteil hat, daß er seine Kritik ständiger Selbstkritik unterzieht, und daß er sich für die Demokratie engagiert. Und daran hapert es mancherorten, auch, nach meinem Eindruck, zuweilen an den Universitäten. Man beugt sich irgendwelchen kritischen Moden – und eine »kritische Mode« ist in meinen Augen etwas Lächerliches.

So ist es seit einigen Jahren Mode, bei einigen Schriftstellern, Journalisten und bestimmten Universitätskreisen, wozu ich Studenten und Professoren zähle, kein gutes Haar an diesem Staat zu lassen. Regierung, Parlament, Gewerkschaft, Gerichte, Behörden, die Wirtschaft, die Kirchen und nicht zuletzt die Universitäten selbst werden lächerlich gemacht und verdächtigt – vom Bundespräsidenten gar nicht zu reden –, jede Art von Leistung wird ihnen abgesprochen, sie werden dargestellt als Feinde des Volkes, die zu bekämpfen seien, während man selbst in strahlender Reinheit, flammend vor Engagement und Geist erscheint. Ein Weltbild von erstaunlicher Simplizität – Schafe und Böcke klar getrennt – und von wirklicher Kritik, deren Hauptaufgabe ja im Differenzieren des scheinbar Einfachen besteht, völlig unberührt; eine Kritik ohne Maß, eine Kritik ohne Selbstkritik, tief davon überzeugt, daß sie die Wahrheit verwalte – eine undemokratische Kritik also. Unter Menschen, die sich immerhin mit Wissenschaft beschäftigen, wird Kritik mit »Madigmachen« verwechselt. Kritik aber ist eine reinliche Tätigkeit, Madigmachen dagegen – das Wort sagt es.

Im übrigen hat Kritik, wie gesagt, mit Mut zu tun. Eine Kritik, die sich des johlenden Beifalls der Menge schon im voraus gewiß ist, scheint mir nicht besonders vertrauenswürdig. Der wahre Kritiker folgt seinem Mut. Ich glaube, es erfordert, leider, in mancher Universität mehr Mut, von den durchaus ja erkennbaren Vorzügen dieses Staates zu sprechen als von seinen Mängeln.

Woher kommt diese Haltung eines Teils unserer Jugend? Ist die ältere Generation daran so ganz unschuldig? Vielleicht hat sie, bewußt oder unbewußt, vom Nationalsozialismustrauma geplagt, den Eindruck vermittelt, man könne den Staat eher lächerlich machen als ihn vergötzen. Beides ist gleich falsch. Aber man fällt von einem Fehler allzuleicht in den nächsten.

Das richtige Verhältnis eines demokratischen Bürgers zu seinem Staat würde ich mit den Worten »kritische Sympathie« beschreiben. Haben wir so etwas unseren Kindern vorgelebt?

Es ist nur zu verständlich, daß das Erlebnis der Diktatur und des Krieges uns geprägt hat. Wir wollten uns jetzt anders verhalten, als es in unserer Jugend von uns verlangt wurde. Und wir hatten das Recht und die Freiheit dazu. Vielleicht sind wir da zu weit gegangen. Man hatte uns in unserer Jugend den unmenschlichen Satz gesagt: »Du bist nichts – dein Volk ist alles.« Und wir reagierten darauf mit einer Haltung, die man mit dem Satz umschreiben könnte: »Dein wirtschaftliches Wohlergehen ist nahezu alles, und das übrige wird sich schon irgendwie ergeben.« Das Gegenteil einer Dummheit ist meistens keine Weisheit. Man hatte uns Kritik verboten. Vielleicht hängt das damit zusammen, daß es in den 60er Jahren Mode wurde, Kritik um ihrer selbst willen zu betreiben.

So wurden junge Menschen erzogen, die – ich überzeichne etwas – noch kein Buch gelesen hatten, aber alle Bücher schon kritisieren konnten. Wir Älteren hatten die Erfahrung eines autoritären Staates gemacht – und also verdächtigten wir jede Autorität. Begriffe wie Nation, Vaterland, Staat, Ehre waren dem Wort und der Sache nach mißbraucht worden. Also brachten wir diesen Worten und den Sachen, die sie bezeichneten, tiefes Mißtrauen entgegen. Man hatte uns mit »ewigen Werten« so überfüttert, daß wir von Werten eine ganze Zeitlang nichts hören wollten. Ist es nicht verständlich, daß in den 60er Jahren junge Lehrer auf den Gedanken kamen, vor ihren Schülern die Werte verdächtig zu machen? Aber damit geriet der ganze Begriff der Erziehung ins Rutschen; denn was ist Erziehung eigentlich anderes als die Vermittlung von Werten?

Und so kam man zur »antiautoritären Erziehung«, der eine ganze Zeitlang der erstaunliche Jugendlichkeitswahn der Erwachsenen entsprach. Der Halbwüchsige wurde zum Leitbild der Gesellschaft, dem sich die ältere Generation anpaßte. Im übrigen kümmerten wir uns um so praktische und notwendige Dinge wie den Wiederaufbau unseres Landes, der uns ja auch genügend beschäftigte.

Heute entdecken wir zweierlei: Einmal, daß ein Abbau gemeinsamer Werte eingesetzt hat, der, wie ich vor ein paar Tagen gesagt habe, u. a. daran zu erkennen ist, daß die Spielregeln in der Gesellschaft zunehmend außer Kraft gesetzt werden. Und zum anderen besinnen wir uns darauf, daß es gerade die gemeinsamen Wertvorstellungen sind, die eine Gemeinschaft begründen. Und wir fragen uns, welches die Werte sind, auf die wir uns einigen können.

Wir haben eine Verfassung, das Grundgesetz, und darin lesen wir von der »Würde des Menschen«, von der »Freiheit der Person« und von der »freien Entfaltung der Persönlichkeit«. Mir ist die Folge der Ausdrücke »Mensch – Person – Persönlichkeit« immer auffällig gewesen. Offenbar setzt die »freie Entfaltung der Persönlichkeit« die Anerkennung der »Würde des Menschen« und die »Freiheit der Person« voraus. Das alles sind freilich zunächst nur große Worte, hinter denen sich vielerlei verbergen läßt. Wir müssen sie konkretisieren.

Das geschieht am besten, indem wir uns zunächst fragen, wie sich Werte überhaupt im Menschen bilden, d. h. vom Menschen als Werte erkannt und anerkannt werden. Ich meine nicht die Grundwerte, sondern Werte überhaupt. Drei kleine Beispiele: Wenn man eine Landschaft betritt, die wegen ihrer Schönheit bekannt ist, trifft man häufig die nicht übersehbaren Spuren der Touristen in Form von Flaschen, Papier, Konservendosen etc. In der Zeitung lesen wir, daß zu Beginn der Sommerferien viele Hunde aus den Autos geworfen werden, mit denen man gerade in Urlaub fährt. Die Statistik weist aus, daß vor den Weihnachtsfeiertagen viele alte Leute aus den Familien ins Krankenhaus abgeschoben werden, damit man ungestört von ihnen feiern kann.

Was man auch sonst zu diesen sehr unterschiedlichen Verhaltensweisen sagen mag, etwas ist ihnen gemeinsam: hier sind Bezüge der Menschen verlorengegangen. Die ja nicht wenigen Menschen, die so handeln, haben keinen rechten Bezug mehr zu ihren Eltern, zu einem Hund oder zu einer Landschaft.

Ich verstehe unter Bezug ein Verhältnis der Sympathie, die bewirkt, daß man sich um den Gegenstand, den man gern mag, sorgt, an ihm hängt, ihn verteidigt und pflegt, daß man sich freut, wenn man ihn sieht. Solche Bezüge kann man haben zu allem möglichen, zu seinen Eltern und Geschwistern, zu dem Haus, in dem man groß wird, der Straße, der Stadt, zum Lehrer, zu Freunden, zur eigenen Klasse, zum Schulgebäude, zu Büchern und Bildern, zur Kunst, zum Beruf, ja auch zu so scheinbar abstrakten Dingen wie der Gemeinschaft, dem Gemeinwohl, dem Staat, der Freiheit.

Jeder dieser Bezüge fordert im Grunde eine neue Seite des Menschen heraus und bildet sie aus. Je mehr solche Bezüge er hat, desto mehr entfaltet sich seine Persönlichkeit. Jeder dieser Bezüge ist ihr »wertvoll«.

Goethe, einer der reichsten Geister unseres Landes, ist es eben geworden auf Grund seiner Fähigkeit, für nahezu alles in Natur und Menschenwelt Sympathie zu empfinden – Tübingen ist da ein Ausnahmefall. Von ihm stammt das Wort: »Bezüge sind das Leben.«Es erschiene mir nicht unvernünftig, einmal zu untersuchen, wieweit nicht nur das Wertgefühl, sondern auch der Geist eines Menschen von der Fülle, Dichte und Intensität seiner Bezüge abhängt.

Der Aufbau eines Bezuges ist eine Erfahrung, an der nicht nur der Verstand, sondern alle Fähigkeiten des Menschen beteiligt sind. Er setzt eine Begegnung voraus, die nur in einem Raum der Stille stattfindet. Vielleicht ist nicht zuletzt unsere Betriebsamkeit, unsere Angst vor der Stille daran schuld, daß die Menschen weniger Bezüge aufbauen.

Ich habe mir sagen lassen, daß »Scholae« ursprünglich »Muße« bedeute. Wieviel davon übriggeblieben ist, werden Sie auf der Universität besser als ich beurteilen können. Wir haben eine »Freizeitindustrie«. Dieses Wort zeigt mit großer Deutlichkeit, wie weit auch in diesen persönlichen Bereich der Freiheit, in unsere freie Zeit, wirtschaftliches Denken und wirtschaftliche Mechanismen eingedrungen sind, ja den Raum unserer freien Zeit schon fast ausgefüllt haben. Wenn wir schon unsere Freizeit von der Wirtschaft abhängig gemacht haben, dann haben wir allen Grund darüber nachzudenken, ob wir nicht auch unsere Freiheit von der Wirtschaft, vom Geld, vom Konsum abhängig gemacht haben.

Und so habe ich den Eindruck, daß Zahl und Dichte der Bezüge, die heute ein junger Mensch hat, abnehmen. Die Eltern sind überlastet, möglicherweise beide berufstätig, und abends sitzen sie vor dem Fernseher. Es gibt in den Städten kaum noch ein »Elternhaus«, man zieht ja dauernd um; Klassengemeinschaften sind häufig schon durch das Kurssystem aufgelöst, einen Klassenlehrer gibt es nicht mehr. Eine neue Wohnsiedlung empfindet das Kind kaum noch als Heimat; die Kinder können vielfach wegen des Verkehrs nicht mehr auf der Straße spielen, es gibt weniger Straßengemeinschaften, die in meiner Jugend noch selbstverständlich waren.

Und was lernen unsere Kinder auf den Schulen? Lernen sie noch Bezüge zu geistigen Inhalten herzustellen und über diese Bezüge nachzudenken, um so ihr eigenes Verhältnis zur Welt zu finden? Oder werden die Inhalte nicht beziehungslos in ihren Kopf hineingestopft, wo sie dann, in großem Durcheinander, mehr Schaden als Erkenntnis stiften? Werden im Deutschunterricht z. B. noch Bezüge zu den großen Autoren unserer Literatur hergestellt, oder legt man es nicht vielmehr darauf an, diese möglichen Bezüge unter dem Vorwand zu zerstören, man müsse ihre »gesellschaftliche Relevanz« untersuchen? Werden nicht die Fächer, in denen das Kind noch die Möglichkeit hat, sich aktiv mit seiner Umgebung in bezug zu setzen, wie der Kunst- und Musikunterricht, zunehmend zurückgedrängt?

Und bewirkt dieses alles nicht, daß die jungen Menschen wohl vielerlei Meinungen, z. T. sehr gescheite Meinungen, aber keine Überzeugungen mehr haben; daß sie über alles reden, aber sich für kaum noch etwas einsetzen können? Sind sie nicht allein auf ihren Intellekt angewiesen, der das immer größer werdende Loch in ihrer Welterfahrung jedoch nicht zudecken kann?

Alles Fragen, die ich als Vater schulpflichtiger Kinder stelle.

Ich glaube nicht, daß die Bedeutung des Aufbaus von Bezügen für das Wertbewußtsein einer Gesellschaft schon genügend erkannt ist. Sonst wäre es unmöglich, daß wir z. B. ein Steuergesetz haben, das geschiedene Väter vor die Alternative stellt, entweder einen finanziellen Nachteil in Kauf zu nehmen oder aber gegen ihre eigenen Kinder vor Gericht zu ziehen und damit einen der engsten menschlichen Bezüge zu gefährden, wenn nicht gar zu zerstören.

Wenn es uns ernst ist mit den Werten in unserer Gesellschaft, dann müssen wir unsere Gesetze, die vorhandenen und die zukünftigen, daraufhin prüfen, inwieweit sie auf menschliche Bezüge – denn das sind natürlich die wichtigsten – Rücksicht nehmen.

Aber nicht nur die Gesetze müssen wir prüfen. Wir müssen die einzelnen Bereiche unserer Gesellschaft: Büro, Arbeitsplatz, Schule, Straßenverkehr, Straßenbau, Universität, Städte- und Wohnungsbau etc., etc., in diese Prüfung einbeziehen. Wir müssen prüfen, welche Faktoren, Mächte, Interessen, Mechanismen, Ideologien daran mitwirken, daß Bezüge nicht aufgebaut werden können, daß vorhandene Bezüge zerstört werden.

Und wenn wir das festgestellt haben, dann müssen wir daran gehen, diese Faktoren zu ändern, diese Mächte zu zügeln, diese Interessen in ihre Schranken zu weisen, diese Mechanismen auszuschalten, diese Ideologien zu korrigieren. Wir werden feststellen, was geändert werden muß. Zu lange haben wir wirtschaftlichen Erwägungen, dem reibungslosen Funktionieren technischer Abläufe eine zu große Priorität eingeräumt und dabei zu wenig daran gedacht, was denn an Humanität dabei beschädigt werden könnte.

Es ist eine legitime Verhaltensweise der Studenten in der ganzen Welt, denen *nicht* zu glauben, die ihnen vormachen möchten, es sei alles in Ordnung. Auch die deutschen Studenten glauben zu Recht nicht daran.

Nun denn, dann helfen Sie mit, die humanen Defizite unserer Gesellschaft ans Licht zu bringen. Spüren Sie ihnen nach, gebrauchen Sie Ihren Verstand und durchforschen Sie die ganze Weite unseres gesellschaftlichen Lebens. Beißen Sie sich nicht jahrelang in ein einziges Problem fest, das häufig ein Vorwand ist, sich gegen den Staat zu stellen.

Nicht darauf kommt es an, den Staat zu schwächen und ihn ins Unrecht zu setzen, sondern ihm und den Bürgern zu größerer Klarheit zu verhelfen. Unser Staat und unsere Gesellschaft sind veränderungsfähig, und Sie können daran mitwirken, sie zum Besseren zu verändern. Es erfordert freilich viel Engagement, Kraft und – das vor allem – Geduld, um ein 60-Millionen-Land und seine Institutionen zu verändern. Verharren Sie nicht in einer Abwehrhaltung oder in einem egoistischen Desinteresse. Die Studenten haben bei der Bildungsreform entscheidende Anstöße gegeben. Denken Sie auch über Ihren unmittelbaren Lebensbereich hinaus und tun Sie das in kritischer Sympathie.

Die Neubewertung der Erscheinungen unseres gesellschaftlichen Lebens wird, wenn sie mit Mut und Konsequenz erfolgen würde, völlig neue politische Prioritäten setzen. Sie wird uns die Augen für das öffnen, was wirklich wichtig ist. Und das müßte dann auch der Inhalt von Parteiprogrammen werden, die unser Land zum Guten hin verändern. Und wenn die Parteien, von ihrem Verständnis der Grundwerte aus, sich diesen Fragen widmen und ihre Lösungsvorschläge erarbeiten, dann brauchen sie sich um ihre Attraktivität für den Bürger nicht mehr zu sorgen, dann werden die Parteiprogramme eine vielgelesene Lektüre sein.

All das erfordert sehr, sehr viel Arbeit, geistige Arbeit, politische Arbeit. Und es ist eine Arbeit, die es wohl lohnt, daß sich auch die akademische Jugend daran beteiligt, daß sich die Professoren und die Journalisten, daß sich alle daran beteiligen.

Hermann Glaser
Autobiographische Nachsätze

›O du mein liebes Vaterland‹

Dies war, wenn ich mich recht erinnere, eine Verszeile, die ich
von meinem Vater zum ersten Mal in den Sommertagen des Jah-
res 1944 zitiert hörte. Vor den Luftangriffen waren wir aufs Land
verschlagen; er kam für ein paar Tage Urlaub von der »Heimat-
front« – so hieß das damals, wenn man im Luftschutz oder an-
derweitig kriegsverpflichtet war. Er las den Wehrmachtsbericht
aus der Zeitung vor: die Invasion war geglückt – Durchbruch bei
Avranche. Wir suchten den Ort auf der Karte und waren er-
staunt, daß die alliierten Panzerspitzen bereits so tief im französi-
schen Hinterland operierten. Wir saßen in der Gartenlaube; es
war ein schöner, heißer Sommertag; Mittagsstunde; panische
Stunde. Kurze Zeit später flogen hoch am Himmel die Stahlge-
schwader der amerikanischen Luftwaffe vorüber, um Städte in
Thüringen und Sachsen zu bombardieren. »O du mein liebes Va-
terland!« sprach er inmitten des unheimlichen Idylls, und die
Szene hat sich mir tief eingeprägt: Ironie und Wehmut eines
Mannes, der im Wilhelminischen Kaiserreich geboren und auf-
gewachsen war, in der Weimarer Republik seine Hoffnungen
enttäuscht fand und nun den Nationalsozialismus erlitt, ohne
daß er sich je zu einer Aktion des Widerstandes hatte aufringen
können; wir waren froh, daß er es nicht tat, denn die Angst ging
um; ein defätistischer Witz konnte schon das Todesurteil bedeu-
ten! Es war eine lyrische Bilanz (denn er rezitierte gerne), in der
sich die Ahnung von der heraufziehenden Katastrophe mit der
Hoffnung paarte, daß danach, nach der Sintflut, vielleicht doch
ein Leben in Freiheit und Friede möglich sei. Die Stimmung war
voller Lust am Untergang.
*   Die unerheblichsten »Bildungserlebnisse« können sich tief ein-*
prägen – so ging es mir auch mit dieser Verszeile; sie hat sich bei
mir immer wieder eingestellt; unergiebig in ihrer allgemeinen
Aussagekraft, hatte sie einen wichtigen biographischen Stellen-
wert. Erst sehr spät, als ich die Texte für diesen Band auswählte,
und mir des öfteren das familiär-geflügelte Wort aus dem Unter-

bewußtsein in den Kommentar rutschen wollte, versuchte ich, die Quelle zu finden. Es gibt die Sentenz wohl gar nicht. Zwar hat Hoffmann von Fallersleben das schöne, liebe Vaterland oft besungen; die »Wacht am Rhein« spricht vom lieben Vaterland, das ruhig sein mag; das Nationale hatte es jedoch meinem Vater wenig angetan. So wird er die Zeile aus Gottfried Kellers Text der Schweizer Landeshymne übernommen und verändert haben; die drei Zeilen, aus denen sich wohl für ihn das Konzentrat ergab, treffen übrigens – in ironischer Zitierung – die doppelbödige Stimmung im Kontext der uns damals betreffenden Wirklichkeit noch besser:

O mein Heimatland!
O mein Vaterland!
Wie so innig feurig lieb' ich dich!

Ich habe in meiner Jugendzeit, die ohne besondere Vorkommnisse verlief, dieses liebe Vaterland gehaßt. Die nationalsozialistische Wirklichkeit hat mich traumatisch bestimmt. Wie mit Überheblichkeit die Stärkeren die Schwachen verfolgten und verhöhnten. Wie etwa in der Nacht vom 9. auf den 10. November 1938 den Juden die Wohnungen zerstört und ihre Möbel in die Hinterhöfe heruntergeworfen wurden. Wie die Kinder schrien, die Frauen, und auch die Männer, weinten . . .

Dieses liebe böse Vaterland verdichtet sich für mich, auf der Suche nach der verlorenen, so gern verlorenen Zeit, in makabren Genrebildern; es sind Bilder von »zerbrochenen Häusern«, in denen bürgerliche Wohlanständigkeit nicht mehr wohnte; deren Fassaden aber weiterhin schmuck gehalten wurden; drinnen wie draußen waltete das Sekundärtugendsystem; offensichtlich ohne erkennbare Identitätsgefährdung wurde das Gute, Schöne und Wahre seiner moralischen Wirksamkeit beraubt, bis nurmehr Worthülsen blieben, in die man jedwede Barbarei stecken konnte.

Da waren etwa die Schulzes. Grundlage der Solidität war ein mehrstöckiges Haus aus der Gründerära, seit langem Familienbesitz. Der Großhandel für Molkereiprodukte war am Anfang fast nicht umfangreicher als ein Kleinhandel. Erst ein dreirädriger Hanomag, dann ein vierrädriger Elektrokarren mit hohem gelben Aufbau. Der Umsatz stieg. Der Hof war stets sauber ge-

kehrt. Auf der Terrasse über dem Lager wurde jeden Montag die Wäsche aufgehängt. Und das Vorgärtchen und die Beete bei der Einfahrt waren stets geharkt und gesprengt, und die leeren Eierkisten und Butterschachteln säuberlich rechts hinten aufgestapelt. Unterm Birnbaum wurde das Fallobst regelmäßig gelesen. Der Efeu um die Fenster war säuberlich geschnitten. Und der Sohn wuchs ins Geschäft hinein; und die Töchter bekamen solide Männer; später wurde eine geschieden. Der alte Schulze war bereits frühmorgens an der Arbeit. Milch zum Vesper und dicke gelbe Butter auf kernigem Schwarzbrot. Und am Sonntag Familienausflug; später motorisiert. Wenn die Tür vom Lagerraum offen stand, roch es kühl-appetitlich nach Molkereiprodukten. Alles war so frisch wie die Menschen in den Heften der »Staatlichen Milchversorgung«, in denen über lange Monate hinweg die ganze Nibelungensage in Bildern erzählt wurde. Siegfried und Kriemhild – das sah man – aßen sicher viel Butter und tranken Buttermilch; ranziger schaute Hagen drein. Es war gediegenes Glanzpapier, und hinten im Heft las man die Lobpreisung von offener und Flaschen-Frischmilch; später war es dann Magermilch, die leicht bläulich schimmerte, wenn sie aus den großen Bottichen mit der Kelle geschöpft wurde. Eines Nachts schellte es nebenan ganz laut und lang; da unser Wohnzimmer genau dem Eingang vom Nachbarhaus gegenüberlag, machten wir das Licht aus und lauschten. Der SA-Kamerad Schulze sollte mit den Kameraden zum Großeinsatz – in einer Stunde, und alles sei geheim. Nach einer halben Stunde war er marschbereit; Schaftstiefel, Schulterriemen, Braunhemd mit Hakenkreuzbinde und auf dem weißen Haar die Mütze; Schnauzbart; er war so jovial. In dieser Nacht zerschlugen sie den Juden die Wohnungen und Läden. Am nächsten Morgen war das Braunhemd schon gewaschen und hing auf der Terrasse über dem Lager; ganz allein flatterte es im Morgenwind; die große Wäsche war gerade erst gewesen. Schulze in seinem weißen Schutzmantel stapelte die Eierkisten säuberlich aufeinander, rechts hinten im Hof neben dem Birnbaum.

Und dann die Knöchleins. Die Wohnung des Oberlehrers Knöchlein befand sich im obersten Stockwerk; einige Zimmer hatten geschrägte Wände, deshalb war es dort so gemütlich. Auf einem Schreibtisch standen einige Fotos: zwei Söhne in Uniform; fünf Bleistifte gespitzt, genau ausgerichtet; ein Stoß Hefte, exakt

751

aufeinander geschichtet; zwei Kaktusstöckchen. Im Bücherschrank Bücher und Mokkatassen. Ein zerbeulter Stahlhelm an
der Wand; von Verdun. Ich kannte die Wohnung ziemlich gut,
denn immer, wenn die Ferien kamen, schleppten wir die Blumen-
töpfe aus dem Klassenzimmer in die Oberlehrerwohnung, wo sie
gepflegt wurden. Zu Hause hatte der Oberlehrer eine Raucher-
joppe an; aber er rauchte nicht. In der Schule trug er einen braunen Arbeitsmantel, auf dem man weiße und bunte Kreidespuren
sah. Die Anzugjacke hängte er sofort in den Schrank, in dem
auch Handtuch und Seife waren; oben auf dem Schrank lag das
Spanisch-Röhrchen, mit dem man gelegentlich Hiebe bekam.
Häufig waren »Pfötchen«: entweder hielt der Lehrer die Hand
des Delinquenten am Daumen fest, oder dieser mußte sie frei
hinhalten; wenn man sie wegzuckte, mußte der Lehrer Knöchlein sehr lachen; er schlug dann auf die Oberseite der Finger, was
schmerzlicher war; so zuckten wenige. – Wir malten, wo der
Führer geboren wurde: Braunau mit viel Fachwerk und zwei
Türmen; ich bekam ein »Sehr gut«; dann, wie der Führer die
NSDAP gründete und zum Retter Deutschlands wurde; das Ha-
kenkreuz mußte ich wieder wegradieren, da ich es umgekehrt
gezeichnet hatte. Nach der Heimatkunde das Singen; er hatte
eine volle Stimme – »Wem Gott will rechte Gunst erweisen . . .«
Oberlehrer Knöchlein war deutschnational; aus alter Lehrerfamilie; ich war auch aus einer alten Lehrerfamilie; im Lehrerver-
ein traf er mit meinem Großvater zusammen. – Als man den Juden November 1938 die Läden zerschlug und die Wohnungen
verwüstete, als wir uns ängstlich an dem aus den Fenstern geworfenen, zerschellten Mobiliar vorbeidrückten – in vielen Häusern
waren die Türen aus den Angeln gerissen und die Fensterscheiben zersplittert –, als wir am Morgen zur Schule gingen, trafen
wir auf dem Weg unseren Oberlehrer; da fühlten wir uns wieder
geborgen. Und er munterte uns auf und lachte freundlich, strich
seinen Schnurrbart. Vor einem Haus lag ein Haufen Federn, der
beim Vorbeigehen aufstiebte, aus einem aufgeschlitzten Inlett
herausgequollen war. Haben die doch heute nacht ein bißchen
Frau Holle gespielt, meinte er; und er zupfte mir den Tafellappen
zurecht, der beim Zumachen der Mappe eingeklemmt worden
war und nun wieder wie ein Fähnchen herunterhing. Und er
lachte nochmals, und in der Heimatkunde erzählte er uns, wie
dem Führer erstmals in Wien über Alljuda die Augen aufgegan-

gen seien. Blumenstöcke trug ich nicht mehr in seine Wohnung.
Im nächsten Jahr kam ich allerdings sowieso in die Oberschule.
  Und dann kam der Krieg . . . Und dann kam der Frie-
de . . . Am 15. April 1945 schrieb ich in mein Tagebuch – Tage-
bücher waren üblich, säkularisierter Pietismus sozusagen –: »O
du mein liebes Vaterland am Ende nun«. Und darunter: »Der
Weg in die Freiheit beginnt.« Das Pathos einer »großen Zeit«
wirkte eben nach. Die amerikanischen Panzer hatten uns er-
reicht. Tagelang vorher waren die deutschen Truppen abgezo-
gen; nach Süden zur Alpenfestung; der »Endsieg« sei nah, hieß es
im Batterieradio. In der Nacht unregelmäßige Schießerei; wir
waren in einem Bauernhaus etwas außerhalb untergekommen;
man fürchtete, daß der Ort zusammengeschossen würde. Nach-
mittags gegen vier setzten sich die örtlichen Parteispitzen ab; in
Zivil und mit Fahrrad; einer mit Motorrad. Einige Stunden
wurde noch geschossen. Ruhe. Wir gingen in den Ort zurück und
schwenkten eine weiße Fahne. Überall standen Jeeps; aus den
Fenstern schauten amerikanische Soldaten. In der Straße ging es
recht lebhaft zu: die Kinder bekamen Kaugummi und Schokola-
de; die Kampftruppen kümmerten sich nicht ums Fraternisie-
rungsverbot. Zum provisorischen Bürgermeister wurde einer
eingesetzt, der einmal in Dachau gewesen war. Auch bei uns war
Besatzung; Offiziere; sie sprachen deutsch. Als wir ankamen, las
einer Karl May, den er aus dem Bücherschrank gezogen hatte.
Meine Mutter fragte, ob sie nicht ins leere Zimmer den Herrn Of-
fizieren Tisch und Stühle stellen dürfe; wenn sie sich so mit ihren
Stiefeln und Uniformen im guten Zimmer mit den vielen polier-
ten Sachen aufhalten würden, wären Kratzer nicht zu vermei-
den. Man war damit einverstanden. Später kamen einige, die
nicht damit einverstanden waren. Beim Einmarsch hatte einer
den Großvater mit dem Revolver bedroht, sich den Keller zeigen
lassen und dort einen Krug Beerenwein geleert und fünf rohe Eier
verschlungen. Meine Großmutter saß bereits wieder in der Küche
und schälte Kartoffeln; meine Tante befürchtete, daß die frisch
getünchten Fremdenzimmer verschmutzt würden. Ein paar Wo-
chen später hörte ich im Radio vom Abwurf der Atombombe; ich
lief in die Küche zurück und sagte, daß ein neues Zeitalter ange-
brochen sei; die Tanten lachten und meinten, so schlimm wird's
schon nicht sein. Auf einem anderen Sender hörte ich Beethoven;
die Musik erfaßte mich tief; die Unruhe ließ mich nicht mehr los.

Irgendwie hatte ich das Gefühl, daß nun das Leben beginnen müsse. Ich wollte weg. Mit dem Rad fuhr ich eines Morgens los; alle zehn Kilometer war eine Kontrolle; ich sah aus wie einer vom nächsten Dorf. Als ich ankam, erkannte ich die Stadt nicht wieder. Eine Stadt war nicht mehr da.

Ich begann von der vergangenen Zeit, die doch noch ganz nahe schien, gewissermaßen archetypisch zu träumen; ich holte sie immer wieder »hervor«, voller Angst, daß sie sich wiederholen könnte. Im Schlaf grub ich unterirdische Gänge und hortete alles, was man zum Leben brauchte, rollte Felsen vor den Eingang, um im Mutterschoß so lange zu überwintern, bis draußen die Welt wieder freundlich und sonnig war. Die Alpträume ließen nach; die Lebenslust erwachte . . . Das heiße Bad, auf das hin man acht Tage lang dürres Holz sammelte, damit der Badeofen gespeist werden konnte . . . Die Zeitung einmal in der Woche (wenn man überhaupt eine bekam): mit den geistigen Wunderdingen, von denen man in der Stunde Null keine Ahnung gehabt hatte . . . Hemingway. Wem die Stunde schlägt. Uns schlug (mit Gruseln vollzog man nach, was einen nicht selbst ereilt hatte!) eine bessere Stunde . . . Die Backsteine waren aus dem Schutt herauszuklauben; mit einem alten, rostigen Maurerhaken wurde der alte Mörtel abgeschlagen – der Wiederaufbau konnte beginnen . . . Die Schulbücher im Brotbeutel; in der alten Penne nur ein Raum, der notdürftig verglast war, damit die Spätheimkehrer zusammen mit einigen Jüngeren, die es jetzt schon wagen wollten, das Abitur nachmachen konnten . . . »Kinderspeisung« – den 18- bis 20jährigen süßer Quäker-Grießbrei in das zerbeulte Kochgeschirr geschöpft – ich schmecke die großen saftigen Rosinen noch heute . . . Eingerostete Luftschutzsirenen . . . Auf den Wanderungen die dicken gestohlenen Rüben, zerkaut und wieder ausgespuckt; der Hunger wurde dadurch doch etwas gelindert . . .

Mit Nostalgie rekapituliere ich, welche Glücksgefühle der neue Staat, der noch gar keiner war, entband. Alles floß. Meine Generation hat die Chance gehabt zu erfahren, was »Ausbruch« und »Aufbruch« bedeuten können. Wir standen zugleich auf dem Kopf und auf den Füßen. Der Eskapismus der Stunde war Konditionierung fürs Engagement. Hatte früher ein Gespräch über Bäume bereits Widerstand bedeutet, weil man sich damit der

Ideologisierung, die alles »in Dienst« zu stellen sich mühte, ent-
zog, so wurde der »Entzug« nun zur Vorstufe für die revolutio-
näre Umgestaltung von Wirklichkeit. Gewiß, man flüchtete viel-
fach in eine imaginäre Scheinwelt; aber man erwartete eben, daß
die Wirklichkeit sich der Idee anpassen würde. Freilich: manche
Sehnsucht verdarb, trocknete rasch ein. Die Katharsis, an die
man geglaubt hatte, fand nicht statt. Nach Auschwitz war kein
Gedicht mehr möglich? Bald war wieder vieles möglich. Was
hatte es mit einem Volk für eine Bewandtnis, das sich so furcht-
bare Verbrechen hatte zuschulden kommen lassen? Man sah die
vielen, die nun wieder aus ihren Schlupflöchern krochen – der
Schoß war fruchtbar noch; man erlebte, wie viele vergaßen, was
sie nicht hätten vergessen dürfen. Mit vehementer Kritik attak-
kierten wir die Restauration; das Spießertum mußte endgültig
ausgetrieben, die Erneuerung in der Tiefe verankert werden.
Zumindest die nachfolgende Generation sollte, als Delegierte ih-
rer Eltern, die sich ins Etablierte zurückzogen, das nicht Er-
reichte erreichen, das nicht Vollendete vollenden.

Erinnert man sich solchen, in die Erziehung hineinprojizierten
»Auftrags«, schmilzt man bei den eigenen Kohlen. Die Nachge-
borenen aber sprechen das Verdikt. »Die Wiedergeburt des na-
tionalen Selbstgefühls aus dem Geist der Tragödie« sei ein Irrweg
gewesen. Affirmative Kultur. So Jürgen Manthey im »Litera-
turmagazin 7« (1977):

»Wollte man zynisch sein, könnte man sagen, daß ein verlore-
ner Weltkrieg dem Kulturbetrieb ausgesprochen förderlich ist.
Nach der Devise: Der Führer ist tot, die Oberspielleiter treten
auf den Plan. Als ob die Davongekommenen mit letzter Kraft ge-
schworen hätten: das kulturelle Leben geht weiter . . . Erziehung im Geiste Goethes, Stifters und Hermann Hesses – war das
das Konzept für eine deutsche Literatur nach Auschwitz und Hi-
roshima? . . . Die Geschichte vermittelt eine Stimmung von ent-
spanntem Befreitsein, eine idyllische Genügsamkeit, wie
Adorno sie übrigens schon damals charakteristisch fand für das
Dezennium überhaupt: ›Der Umgang mit Kultur im Nachkriegsdeutschland hat etwas von dem gefährlichen und zweideutigen Trost der Geborgenheit im Provinziellen.‹ . . . Wer nur
eine der zahlreichen Kulturzeitschriften von damals aufschlägt,
glaubt sogleich, er habe sich in der Tür geirrt. Ein Herren-Club,
die meisten seiner Mitglieder bereits im fortgeschrittenen Alter,

setzt Maßstäbe für die ästhetische Gegenwartsbewältigung. Eine erschreckende Menschenleere und Gesellschaftsferne kennzeichnet den Inhalt all dieser Korrespondenzen mit dem antikisch-christlichen Ideenreich. So erweist sich Benn, auch wenn die Mehrzahl der Gleichgesinnten ihm intellektuell nicht das Wasser reichen kann, tatsächlich als ›Phänotyp der Stunde‹.«

Ich gestehe unumwunden: solche Abkanzelung des Eskapismus empört mich. Sollte mein Zorn jedoch allein dadurch hervorgerufen sein, daß sie zu Recht erfolgt? Sind wir blind gegenüber der eigenen Schwäche gewesen? Haben wir unsere Tagträume zur Beute der Betrüger werden lassen? —Aber: ist denn die »Gartenlaube« der Innerlichkeit wirklich ein gefährlicher Topos für diejenigen, die doch immer nur Augen-Blicke in ihr verweilen können, ansonsten die Abgründe entlang getrieben werden? Hat der Friede wirklich seine Kinder gefressen? Peter Weiß läßt Marx zu Hölderlin sagen:

> Zwei Wege sind gangbar
> zur Vorbereitung
> grundlegender Veränderungen
> Der eine Weg ist
> die Analyse der konkreten
> historischen Situation
> Der andere Weg ist
> die visionäre Formung
> tiefster persönlicher Erfahrung.

Sind nicht diejenigen, die den Romantizismus der Trümmerjahre verurteilen, heute selbst so weit, daß sie den »objektiven Faktor Subjektivität« entdecken und in den Mittelpunkt ihres Interesses, ihrer Recherchen, aber auch ihrer Obsessionen stellen?

Indem ich die dreißig Jahre geistiger Auseinandersetzung in und mit der Bundesrepublik noch einmal für mich, ganz persönlich, nachvollziehe, wird mir deutlich, daß alles aus dem »Idyll« begann; aus der »panischen Stunde« der Untergangslust. Die Trümmerzeit: das war »erschreckte« Ruhe; aber nicht Ruhe der Angst oder der Erschlaffung, sondern der Ich-Stärkung, da eine neue Form von Innerlichkeit, gepaart mit einer an geistigen Fragen orientierten Aktivität, sich ausbildete (wenn auch oft in alten

Sprachmustern artikuliert). In der »Normalität« von Zerstörung entwickelten sich die Tagträume von »Unversehrtheit«, und allenthalben wuchs die Hoffnung, daß die Sehnsüchte sich verwirklichen ließen.

Die Entwicklung der Bundesrepublik zeigte jedoch, daß der Aufbau von Häusern rascher vor sich ging als der von Bewußtsein. An der Anreicherung personaler Substanz sind die gesellschaftsrelevanten Kräfte recht wenig interessiert gewesen – zumal »Radikalität« (die des Denkens und Fühlens) nicht als notwendiges Movens gesellschaftlichen Bewußtseins begriffen, sondern gerne als Objekt von Diffamierungsstrategien gewählt wurde – auf die vordergründige Sicherung bestehender Herrschaftsverhältnisse abzielend. Daß man zu weit gehen muß, um zu erproben, wie weit man gehen kann, wäre jedoch, wenn man dies als geistiges Prinzip begreift, für die dialektische Weiterentwicklung der Gesellschaft – ich würde es ihren Fortschritt nennen – unabdingbar. Der Mut zum diskursiven Engagement als dem Bemühen, in der Auseinandersetzung zwischen verschiedenen Standpunkten zu verbindlichen Einsichten zu gelangen, fehlte dann freilich auch der linken Protestbewegung. Realismus, der die Forderung einschließt, daß man der Welt entgegenkommen muß, um sie zu verändern, blieb suspendiert. Statt dessen die Ideologeme einander diffamierender Denkungsarten. Der Mangel an Nüchternheit und die beliebte Praxis, sich aus der Realität in Illusionen und Fiktionen hinauszuprojizieren, haben nicht nur das politische Handeln in vielem lahmgelegt, sondern auch verhindert, daß eine solide »Werktagsgesinnung« sich fundieren konnte. – Intelligenz, die sich am »Machbaren« orientiert, gehört nicht zu den hervorstechendsten Errungenschaften des deutschen Geistes nach 1945.

Dennoch entwickelte sich in der Trümmerzeit ein neues gesellschaftliches Integrationsmodell, das die Klassengegensätze zu überwinden hoffte. Die antiquierten Betrachtungsweisen eines Marxismus aus zweiter oder dritter Hand haben auf diesem Weg genauso geschadet wie die retardierenden Versuche des Konservativismus, ständestaatliche Strukturen, zumindest subkutan, wieder einzuführen.

Die Forderung nach dem sozialen Rechtsstaat, Auftrag der Verfassung, bedeutet einen mühevollen Weg, den es zielbewußt und konsequent zu begehen gilt – wobei ständig »mehr Demo-

kratie« gewagt werden muß. Ist dieser Weg von den Parteien, die sich nach der Stunde Null alle zu sozialen bzw. sozialistischen Prinzipien bekannten, konsequent weiterbeschritten worden, oder haben die restaurativen Tendenzen in der Wirtschaftswunderära das Ziel völlig vernebelt? Die »Nachrichten aus der Provinz«, die in dieser Zeit die Erschlaffung des sozialen wie demokratischen Bewußtseins signalisierten, dürfen freilich nicht zu einseitig gesehen werden. Es gehört grundsätzlich zum Wesen des Idylls, daß dieses gefährdet ist; aus dem Konjunktivischen leicht ins Indikativische abgleitet. Wenn nämlich das Bewußtsein von der »panischen Stunde« verloren geht, wenn man sich der Gefährdung enthoben fühlt, statt in ihr »aufgehoben« zu sein, ist humaner Substanzverlust unausweichlich. Der dialektische Pendelschlag zwischen Aufbruch und Ruhe, Aktivität und Resignation bedeutet – topographisch gesprochen –, daß der Geist bald in Labors, bald in Gartenlauben, Boutiquen oder gar Mausoleen seinen »Ort« findet. Ständiger »Ortswechsel« tut not; dann ist auch ein Ausruhen auf dem Polster der Platitüde, eben auf Zeit, erträglich. – Man muß jedoch bedauern, daß die Verprovinzialisierung des deutschen Geistes zu intensiv war und zu lange dauerte. Auch die neue Woge der Privatheit, die nun nach der Protestphase sowohl diejenigen, die sich ursprünglich zur Revolution aufgerufen fühlten, als auch insgesamt die von der »Ressource Sinn« abgeschnittene jüngere Generation erfaßt hat, bedarf der Abdämmung – damit nicht eine totale »Privatisierung« der Gefühle, Empfindungen, Denkweisen herbeiströmt.

»Heimat« hat einen deutschen Klang. Gerade weil die geschichtliche Entwicklung des deutschsprachigen Bereichs so partikularistisch vor sich ging und der bergende Raum der Nation mehr Sehnsucht blieb als Wirklichkeit wurde, hatte sich eine Verinnerlichung des Heimatbegriffs entwickelt, der freilich im 19. und 20. Jahrhundert, vor allem auch in der Zeit des Nationalsozialismus, der schlimmsten Perversion anheimfiel. Romantik als deutsches Schicksal: Erlebnisraum, der tiefste Gefährdung wie rhapsodische Enthebung gleichermaßen einschließt; das Sentimentale wie das Sentimentalische, den Höhenflug des Idealismus wie das Verlieren im ideologischen Wahn. Es gehört zu den Defiziten der Bundesrepublik, daß der (nicht nur vom Marxismus unternommene) Versuch, den deutschen Idealismus auf die Füße zu stellen, d. h. die irrationale Sehnsucht nach der blauen Blume mit rationaler konkreter Demokratie zu verbinden (im Sinne von Ernst Bloch ein »Traum nach vorwärts«) verhältnismäßig wenig Resonanz fand bzw. findet. Denn die heutige Nostalgie als Sehnsucht nach Geborgenheit sucht sich ihre Ambiente mehr in epigonalen Versatzstücken; sie ist nicht »option auf ein grundstück«, d. h. auf Bereiche, in denen der Mensch jenseits von entfremdeter Arbeit ganz er selbst, und das heißt auch »heimisch« sein kann, sondern warenästhetisch vermarktetes Surrogat. Dort, wo »Sinn« versiegt, ist Gefahr, daß das mentale Vakuum mit Wahn sich auffüllt. Romantik als deutsches Schicksal – freilich auch als deutsche Chance: verhilft sie doch zu Gegenmodellen alternativer Kultur, welche die Welt der Wirklichkeit, der Zwänge, der stereotypen Szenarien und der nach den Gesetzen von Kosten-Ertrags-Analysen entwickelten Verhaltensformen kontrastieren.

Man kann dieses »imaginäre«, aus vielerlei Eindrücken abstrahierte Profil ambivalenter Romantik auch in der Biographie eines deutschen »Dichters und Denkers« aufspüren, dessen geistiger Werdegang (geboren 1929) den der Bundesrepublik gleichermaßen inkorporiert wie kritisch reflektiert. Ich denke an Hans Magnus Enzensberger. Sein romantisches Profil spiegelt die Physiognomie einer Generation, die inmitten einer Welt, die dazu neigt, die Menschen durch affirmative Zwänge fest-zulegen, »Spielverhalten« zeigt. Auf vielerlei Weise werden die versteinerten Verhältnisse zum Tanzen gebracht, nicht nur, indem man ihnen ihre eigene Melodie, sondern auch, indem man ihnen eine ganz andere Melodie vorspielt. Sind die »Spielformen« heute erstarrt, die Spielregeln verloren gegangen? Wir kennen die – vor allem auch in letzter Zeit wieder vehement vorgetragene – Klage deutscher Schriftsteller und Künstler, daß die Gesellschaft der Bundesrepublik keine »Bewegung« mehr zeige, jede Dynamik verloren habe. Natürlich sind solche Feststellungen nicht »blind« dahergesagt; sie beziehen sich meist auf konkrete gesellschaftliche Tatbestände, zum Beispiel auf den Mangel an Verständnis für soziale Fragen oder, viel aktueller, auf die fehlende Toleranzbreite angesichts linker »Abweichler«. Opportunismus macht sich breit, aber auch die Angst, daß die Restauration alles unter sich platt walze. Aber wer die Gesamtkonturen der Bundesrepublik in Sicht behält, wird phasenbestimmten Pessimismus leichter überwinden können als derjenige, der sich auf die jeweils augenblickliche Misere fixiert. Es ist, um ein Gedicht von Enzensberger zu zitieren, sehr tröstlich, daß die Arbeit des Sisyphos (»Was du tust, ist aussichtslos. gut. / aber finde dich damit ab / mann mit dem stein. niemand dankt dir . . .«) in diesem Land nicht erfolglos verläuft: Denjenigen, die ihren Zorn auf die Berge rollen, wird durchaus gedankt. Die Larmoyanz mancher Intellektueller mag dies nicht wahrhaben; es verhilft zu einem guten Image, wenn man sich zum Märtyrer stilisiert; dies ändert nichts an der Tatsache, daß die Bedeutung des kritischen Intellektuellen in Deutschlands Geistesgeschichte noch nie so groß war wie heute.

Doch kaum hat man derartiges gesagt oder geschrieben, möchte man es schon wieder zurücknehmen; man erinnert sich an Max Frischs Wort von der durchschlagenden Wirkungslosigkeit des Geistes und sieht fatale Praktiken z. B. in Verbindung mit dem, was sich »Radikalenerlaß« nennt, am Werk. Und man fragt sich, ob eben »kritische Potenz« lediglich das sei, was Enzensberger wie folgt charakterisiert:

> Der ganz echte Revolutionär
> kriegt das Maul nicht zu
> Er ist ungeheuer gefährlich
> Er ist unser Lieblingsclown . . .

Alibi-Kultur? Image-, Prestige-, Festival-, Progressivkultur, mit der sich die Mächtigen umgeben? Diese sind kulturell »gesprächig«, haben aber wohl gerade deshalb das Sagen, weil sie sonst, in Hinblick auf allgemeine Transparenz, wenig oder nichts sagen. Die Gefahr, die oft nur auf leisen Sohlen daherkommt, nämlich daß die Kluft zwischen den »zwei Gesellschaften« sich vertieft, ist durchaus gegeben: auf der einen Seite Demokratisierung und Artikulation des Bürgerwillens, auf der anderen Spiel der Mächtigen (weniger der einzelnen als der »Apparaturen«), die wissen, wie man die Bälle plaziert. Darüber der Firnis der Kultur.

Wenn man sich an die Anfangsphase der Bundesrepublik erinnert, wird man immer wieder auf ausgedehnte und intensive Kontroversen über Grundsatzfragen stoßen. Die Feststellung, daß Bonn nicht Weimar sei, mag heute mit viel größerer Ruhe und Sicherheit getroffen werden als zu einer Zeit, da Adenauer und seine Gegenspieler wirkten, die NPD sich erfolgreich entwickelte, der gute Mensch vom Tegernsee, der spätere Bundeskanzler *Erhard*, als freigebiger Onkel unserer Wegwerfgesellschaft fungierte und die Grenzen des Wachstums fern zu liegen schienen. Nur: die Qualität der geistigen Auseinandersetzung war damals besser, die Intensität des Diskurses groß! Manche der hart geschnittenen Züge von damals sind verflossen; das Bild ist damit zugleich vager, das Profil nichtssagender geworden.

Dafür geht das Gespenst des Terrorismus um – aber es ist kein Phantom, sondern real, wenn auch weitgehend unsichtbar. »Hitler's children« sind am Werk; man wird freilich eine solche Genealogie sehr differenziert sehen müssen; direkte Wege führen vom Nationalsozialismus nicht zum »linken Faschismus«, wohl aber Umwege – die häufig in jener Zeit ihren Ursprung haben, in der die Geburtsdaten so vieler Terroristen liegen: in der Wirtschaftswunderzeit. Es war eine Welt ohne Väter, eine »vaterlose Gesellschaft«, ohne die »Fähigkeit zu trauern«; sie hat »Kinder von Karl Marx und Coca-Cola« hervorgebracht, die nun Amok laufen; die möglichst viel zu vernichten trachten, ehe sie ihre Selbstzerstörung vollenden. An der Biographie Bernward Vespers (»Die Reise«) kann man freilich auch den direkten Bezug zu den nationalsozialistischen Vätern erkennen: Bilanz einer durch autoritäre Erziehung und nationalistische Pseudo-Ideale verpfuschten Existenz. »Vesper erzählt von seiner lebenslangen Totgeburt ins deutsche Vater-Land. In seines Vaters Deutschland, und dieses und diese Väter und ihre Kinder, die gibt's noch heute (neben anderen, gewiß).« *(Peter von Becker)*

So schlimm der Terror sich auch erweist, noch viel gefährlicher ist die zunehmende Gleichgültigkeit von Teilen der Jugend den primären Werten gegenüber, die diesen Staat und seine Gesellschaft fundieren, die es nach der Stunde Null, begraben vom ideologischen Schutt, freizulegen und zu festigen galt. Da aber diese Jugend – auch wenn es noch viele weiße Flecken auf der sozialen Landkarte gibt, die es zu erforschen gälte – kaum Erfahrungen von Not, Gewalt, Schutzlosigkeit und Brutalität gemacht hat, ist ihr vielfach der Sinn für das verloren gegangen, was Angst und Not ausmachen. Klaus Rainer Röhl schrieb in »das da«: »Offenbar ist die Zahl der potentiellen Sympathisanten und Nachfolger der Terroristen sehr groß: sie ist so groß wie die Anzahl der gelangweilten höheren Töchter und Söhne der Villenvororte von Hamburg, Berlin, Düsseldorf und München. Jedenfalls bringen sie eine Voraussetzung für den ›bewaffneten Kampf‹ mit: sie haben die Kaviarfresserei satt. Die Austern satt, Krebse satt, Langusten satt, Champagner satt, in Blankenese wohnen satt, Reiten, Tennis und Golfspielen satt. Und aus dieser Sattheit heraus spielen sie mit uns ein neues Spiel: Rollerball.« *Man wird, glaube ich, der Terrorszene am besten gerecht, wenn man sie als ein sozial-pathologisches Phänomen des Wohlstands und orientierungsloser Erziehung begreift: Wohlstandskriminalität, die sich eine total-negative Gesellschaftskritik suggeriert, um auf diese Weise Brutalität als Abreaktionsphänomen legitimieren zu können.*

Ich habe stets diesen bundesrepublikanischen Staat mit Leidenschaft kritisiert. Aber darüber nicht die Identifikation mit ihm verloren. Wie hätte man solche Verbundenheit aufgeben können, wenn man die bösartige Gegenwelt der Zeit vor 1945 im Auge behielt? Meine Allergie gegenüber denjenigen ist stark, die diese Demokratie aus tiefgreifender Gleichgültigkeit oder Verdrossenheit heraus monoton attackieren – ohne jede Liebe, ohne jede Zuneigung zu dem, was sie doch auch trägt. Aber ich erschrecke auch, wenn ich bedenke, daß eben dieser Staat, seine Gesellschaft, vor allem seine Familien und Schulen, solche Kälte hervorgebracht haben und ständig weiter »(re-)produzieren«.

Dennoch bin ich optimistisch, wenn ich das moralische Klima, die geistige Situation von heute mit derjenigen vor 40 oder 35 Jahren vergleiche, da man doch kaum einen aufgeklärten Kopf finden, ein integres Verhalten erleben, ein offenes Wort hören konnte; der Geist nicht dort, wo er wollte, sondern nur dort, wo er sollte, wehte. Es mag schon sein, daß die moralische Widerstandskraft nachläßt, wenn es einem gut oder zu gut geht. Aber diejenigen, die meist selbst in vollen Zügen den Wohlstand dieses Staates nutzen und ihn konstant diffamieren, gehen mir genauso auf die Nerven wie diejenigen, denen ihre abendländische Überheblichkeit aus allen Poren schwitzt. Ich habe genug Möglichkeit, monströse Kulturheuchelei zu erleben – und befürchte, daß sie mich auch schon erfaßt hat. Aber wenn man auf der anderen Seite zu viel Frustrationsaggressivität erfährt, gewinnt man selbst einem Satz wie »Ruhe ist die erste Bürgerpflicht« eine gewisse Sympathie ab. – Der »Jargon der Eigentlichkeit« kotzte mich stets an; inmitten des »Jargons der Dialektik« tut manchmal freilich ein »einfaches« gutdeutsches Wort recht wohl. – Der Leerlauf des Historismus konnte mich bis zum Ekel reizen; doch der ge-

schichtslose Dogmatismus, der die nun schon wieder alte neueste Stimmung im Westen charakterisiert, wirft mich auf die Tradition zurück. Das warenästhetische oder ideologische »Frischwärts« der Jugend flößt mir Widerwillen ein; das Altern der Avantgarde bereitet mir einen gewissen Genuß.

»O du mein liebes Vaterland!« Es ist schön, in der Heimat zu sein, Heimat zu haben. In einem Staat zu leben, der zwar nicht davor gefeit ist, Humanität zu mißachten, der sich aber grundsätzlich zu ihr bekennt. In einem Staat, in dem nicht mehr das Unrecht brüllend seine Macht demonstriert, sondern ein Abhörgerät in der Wohnung eines möglicherweise Verdächtigen beinahe eine Regierungskrise auslöst. – Die Weinerlichkeit, mit der viele die (nicht zu bagatellisierenden) Mängel und Mißstände dieses Staatswesens beklagen, stört mich genauso wie die Art und Weise, in der »pädagogische Männlein« zum »Kindlein« sich herabkauern, statt Erziehung mit Anspruch zu wagen. Starke Reformen müßten wieder blühen – und nicht verwelkt am Boden kriechen. Schlimm, daß autoritäre Autorität (Autorität ohne Kompetenz) sich breit macht und im Boden verbreiteter und manipulierter Existenzangst fest einwurzelt.

Im Tagebuch einer Schnecke *von Günter Grass heißt es:* »Nur wer den Stillstand im Fortschritt kennt und achtet, wer schon einmal, wer mehrmals aufgegeben hat, wer auf dem leeren Schneckenhaus gesessen und die Schattenseiten der Utopie bewohnt hat, kann Fortschritt ermessen.«

So ist es. Und auch so, wie es G. F. Jonke im Geometrischen Heimatroman *formuliert – und ich glaube, seine nachfolgend zitierte »Ortsbestimmung« vermittelt einen Begriff von geistiger Heimat, wie er dem deutschen Selbstverständnis auf seinem Weg zur Jahrhundertwende nur guttun kann, wenn er das Hegelsche »Aufheben« (Überwinden, Bewahren, Erhöhen) zu verinnerlichen bereit ist:*

»Man geht meistens viel eher mit der Zeit indem man gegen die Zeit geht in letzter Zeit ist es allerdings vielfach üblich geworden gegen die Zeit zu gehen so daß das Gegendiezeitgehen zum Schluß ein Mitderzeitgehen wieder geworden ist deshalb gehen manche wieder mit der Zeit in des Wortes ursprünglichster Bedeutung um so wiederum auf ihre ganz eigene Art und Weise gegen die Zeit zu gehen eigentlich und vor allem um dadurch wiederum viel eher mit der Zeit gehen zu können!«

Nachweis der Druckorte

Die eingangs unter (1) versammelten Texte wurden nach der Zusammenstellung von Henning Schlüter in der *Frankfurter Allgemeinen Zeitung (FAZ)* vom 3. 5. 1975 zitiert. Bei allen übrigen wurde – aus dokumentarischen Gründen – nach Möglichkeit die Erstveröffentlichung zugrundegelegt. Der Abdruck erfolgte, wo nicht anders angegeben, jeweils mit freundlicher Genehmigung des Autors bzw. des Verlags. Gegenwärtig stehen die Texte

Teil 1

(2) in: *Merkur* 5/1975
(3) in: Marion Gräfin Dönhoff, *Namen, die keiner mehr nennt,* Eugen Diederichs Verlag, Düsseldorf und Köln 1962
(4) in: Reinhold Schneider, *Das Unzerstörbare,* Freiburg 1945 (Abdruck mit freundlicher Genehmigung der Erbin)
(5) in: Wolfgang Borchert, *Draußen vor der Tür,* rororo 170, Rowohlt Verlag, Hamburg 1956
(6) in: *Süddeutsche Zeitung (SZ)* vom 27. 3. 1971
(7) in: Gottfried Benn, *Gesammelte Werke,* Bd. 1, Limes Verlag, Wiesbaden und München 1959
(8) in: *FAZ* vom 3. 3. 1977
(9) in: *Neue Zeitung* vom 18. 2. 1946
(10) in: Hermann Hesse, *Gesammelte Werke,* Suhrkamp Verlag, Frankfurt am Main
(11) in: *Briefe von und an Ludwig Marcuse.* Herausgegeben und eingeleitet von Harold von Hofe, Diogenes Verlag, Zürich 1975
(12) in: *Der Monat* 14/November 1949
(13) – (hier erstmals veröffentlicht)
(14) in: Carl Zuckmayer, *Als wär's ein Stück von mir,* S. Fischer Verlag, Frankfurt am Main 1969
(15) in: *SZ* vom 13. 3. 1971
(16) in: *Die Sammlung* 11/1947 (Abdruck mit freundlicher Genehmigung der Erben)
(17) in: Gerhard Storz, *Zwischen Amt und Neigung,* Klett-Cotta Verlag, Stuttgart 1976
(18) in: *Das Goldene Tor,* September 1946 (Abdruck mit freundlicher Genehmigung der Erbengemeinschaft Döblin und der Walter Verlag AG, Olten)
(19) in: Karl Jaspers, *Rechenschaft und Ausblick. Reden und Aufsätze,* Piper Verlag, München, 2. Aufl. 1958
Frankfurter Hefte 1/April 1946 (Abdruck mit freundlicher Genehmigung von Dr. Walter Dirks)
Merkur 100/Juni 1956 (Abdruck mit freundlicher Genehmigung von Hans Paeschke)

(20) in: Hans A. Neunzig (Hg.), *Der Ruf. Unabhängige Blätter für eine junge Generation.* Eine Auswahl, München 1976 (Abdruck mit freundlicher Genehmigung des Autors und der Diogenes Verlag AG, Zürich)
(21) in: *Die Wandlung* 9/Dezember 1947
(22) in: *Die Wandlung* 3/April 1947
(23) in: Max Frisch, *Tagebuch 1946–49*, Suhrkamp Verlag, Frankfurt 1950
(24) in: Erich Kästner, *Der tägliche Kram*, Atrium Verlag, Zürich
(25) in: Karl Jaspers, *Rechenschaft und Ausblick. Reden und Aufsätze*, Piper Verlag, München, 2. Aufl. 1958
(26) in: *Die Wandlung* 4/April 1946 (Abdruck mit freundlicher Genehmigung der Harcourt Brace Jovanovich, Inc., New York)
(27) in: *Die Wandlung* 6/August 1947
(28) in: Horst Krüger, *Das zerbrochene Haus. Eine Jugend in Deutschland*, Hoffmann und Campe Verlag, Hamburg 1976
(29) in: Jean Améry, *Jenseits von Schuld und Sühne. Bewältigungsversuche eines Überwältigten*, unveränderte Neuausgabe bei Klett-Cotta, Stuttgart 1977

Teil II

(1) in: *Der Monat* 8–9/1949
(2) in: *FAZ*, vom 14. 2. 1976
(3) in: *Die Zeit* vom 1. 11. 1963 (sowie in: *Die Tat*, Zürich, vom 11. 10. 1963)
(4) in: Theodor Heuss, *Die großen Reden. Der Staatsmann*, Rainer Wunderlich Verlag Hermann Leins, Tübingen 1965
(5) in: *Das Parlament* Nr. 17/1977 vom 30. April 1977
(6) in: Willy Brandt, *Draußen. Schriften während der Emigration*, Kindler Verlag, München 1966
(7) in: *Der Monat* 244/Januar 1969
(8) in: *Der Monat* 76/Januar 1955
(9) in: Theodor W. Adorno, *Gesammelte Schriften*, Suhrkamp Verlag, Frankfurt am Main
(10) in: Alexander und Margarete Mitscherlich, *Die Unfähigkeit zu trauern*, Piper Verlag, München 1967
(11) in: Karl Jaspers, *Wohin treibt die Bundesrepublik?*, Piper Verlag, München 1966
(12) in: *Der Monat* 63/Dezember 1953
(13) in: Hans Magnus Enzensberger, *Einzelheiten*, Suhrkamp Verlag, Frankfurt am Main 1962
(14) in: *Der Monat* 266/November 1970
(15) in: Wolfgang Koeppen, *Das Treibhaus*, Suhrkamp Verlag, Frankfurt am Main 1972
(16) in: Carl Amery (Hg.), *Die Provinz. Kritik einer Lebensform*, München 1966
(17) in: *Neue Rundschau* 2/1975
(18) in: *Frankfurter Hefte* 2/Februar 1964
(19) in: Erich Kuby, *Das ist des Deutschen Vaterland*, München 1957
(20) in: *Der Monat* 135/Dezember 1959
(21) in: *Merkur* 165/November 1961

(22) in: *Merkur* 206/Mai 1965 (Schroers)
      Merkur 209/August 1965 (Böll)

(23) in: Walter Höllerer (Hg.), *Transit. Lyrikbuch der Jahrhundertmitte*, Frankfurt 1956

(24) in: *SZ* vom 12./13. 1. 1974

(25) in: Heinrich Böll, *Aufsätze, Kritiken, Reden*, Verlag Kiepenheuer & Witsch, Köln/Berlin 1967

(26) in: *Merkur* 186/August 1963

(27) in: Günter Eich, *Träume*, Suhrkamp Verlag, Frankfurt am Main 1953

(28) in: Thomas Mann, *Gesammelte Werke* Bd. IX (©1960), S. Fischer Verlag, Frankfurt am Main 1974

Teil III

(1) in: Günter Grass, *Über das Selbstverständliche*, Luchterhand Verlag, Darmstadt/Neuwied 1968

(2) in: *SZ* vom 26./27. 9. 1959

(3) in: *Zeitschrift für Pädagogik* 5/1973

(4) in: *Merkur* 236/November 1967

(5) in: Hartmut von Hentig, *Spielraum und Ernstfall*. Gesammelte Aufsätze zur Pädagogik der Selbstbestimmung, Klett-Cotta, Stuttgart 1969

(6) in: Jürgen Habermas, *Protestbewegung und Hochschulreform*, Suhrkamp Verlag, Frankfurt am Main 1970

(7) in: *Kursbuch* 15/November 1968

(8) in: Hans Magnus Enzensberger, *Gedichte 1955–1970*, Suhrkamp Verlag, Frankfurt am Main 1971

(9) in: *Pardon* 11/November 1976

(10) in: Hans W. Richter, *Briefe an einen jungen Sozialisten*, Hoffmann und Campe Verlag, Hamburg 1974

(11) in: *Der Spiegel* 29/1973

(12) in: *Neue Rundschau* 1/1974 (sowie erweitert in: Gerd-Klaus Kaltenbrunner, *Der schwierige Konservativismus*, Nicolaische Verlagsbuchhandlung, Berlin 1977)

(13) in: *Merkur* 328/September 1975

(14) in: *SZ* vom 26./27. 11. 1977

(15) in: Walter Jens, *Republikanische Reden*, Kindler Verlag, München 1976

(16) in: Carl Friedrich von Weizsäcker, *Der Garten des Menschlichen*, Hanser Verlag, München 1977

(17) in: Gustav Heinemann, *Reden aus der Präsidialzeit*, Suhrkamp Verlag, Frankfurt am Main 1975

(18) in: Bulletin des Presse- und Informationsamtes der Bundesregierung, 8. 10. 1977

Wir danken allen Autoren, Verlagen und Rechtsinhabern für die Erteilung der Abdrucksgenehmigungen.

Personenregister

Zusammengestellt von Mainhard Hasenbein,
Kursivsetzungen bezeichnen Autoren, die mit eigenen Texten vertreten sind.